广东省自然村落历史人文普查资料全集

全粤村情

清远市佛冈县卷（一）

广东省人民政府地方志办公室 编

方志出版社
Publishing House of Local Records

图书在版编目（CIP）数据

全粤村情．清远市佛冈县卷．一 / 广东省人民政府地方志办公室编．-- 北京：方志出版社，2018.2

（广东省自然村落历史人文普查资料全集）

ISBN 978-7-5144-2993-0

Ⅰ.①全⋯ Ⅱ.①广⋯ Ⅲ.①村落—概况—佛冈县 Ⅳ.①K926.55

中国版本图书馆 CIP 数据核字（2018）第 043442 号

Quanyue Cunqing · Qingyuan Shi Fogang Xian Juan(Yi)

全粤村情·清远市佛冈县卷（一）

编　　者：广东省人民政府地方志办公室
责任编辑：刘方圆

出 版 人：冀祥德
出 版 者：方志出版社
地址　北京市朝阳区潘家园东里 9 号（国家方志馆 4 层）
邮编　100021
网址　http：//www.fzph.org
发　　行：方志出版社图书经销中心
电话　（010）67110500
排　　版：北京纺印图文设计制作有限公司
印　　刷：雅昌文化（集团）有限公司

开　　本：889 × 1194　1/16
印　　张：51.5
字　　数：1435 千字
印　　数：001~800 册
版　　次：2018 年 2 月第 1 版　2018 年 2 月第 1 次印刷

ISBN 978-7-5144-2993-0　　**定价：**618.00 元

广东省自然村落历史人文普查工作领导小组

2016 年 1 月—2017 年 9 月

组　　长：徐少华

副 组 长：陈世庆　温捷香

成　　员：陈　强　饶美奕　蔡　瀛　张小兰　李劲堃　龙家有　马建和　丘洪松
吕克坚　欧阳卫民　吴以环　龙广艳　林依民　王　玲　陈　波　朱蔚蔚
陈丽霞　刘冠贤　邹　广　张　科　吴月霞　陈佳林　袁古洁　梁志鹏
崔　爽　陈宣群　曾贤林　张　帆　林丽娇　何　婧

2017 年 9 月—

组　　长：黄宁生

副 组 长：李贻伟　陈华康

成　　员：陈　强　温捷香　饶美奕　蔡　瀛　张小兰　李劲堃　龙家有　丘洪松
刘　卫　吕克坚　黎　明　吴以环　阎　武　林依民　俞　进　许志新
庞启彪　张　晨　陈高燕　余　红　张冠梓　徐小莉　赖燕芬　程凤英
崔　青　崔　爽　陈宣群　李新全　王文森　姚丽璇　何　婧

广东省自然村落历史人文普查学术委员会

主任委员：李培林

委　　员：冀祥德　邱新立　武　力　王智勇　吴茂芹　林有能　邱　俊　徐颂军
李庆新　曾庆榴　倪俊明　肖洽龙　陈泽泓

清远市自然村落历史人文普查工作领导小组

组　　长：曾贤林

副 组 长：吴家辉　邓翠萍

成　　员：韦家平　李举烈　陈　泳　赖付标　肖　进　高常立　蔡少玲　罗婉玲
禤建辉　张　光　李伯伦　谭　兵　梁积书　李一贵　江绍勇　王卓越

佛冈县自然村落历史人文普查工作领导小组

组　　长：谭　兵

副 组 长：石尚明　王卓越

成　　员：丘韶文　黄序南　何　昊　梁浩锋　郑从军　曾道明　李协湖　李　富
郑从志　陈湛其　陈志锋　刘玉星　梁艳文　谢春江

石角镇自然村落历史人文普查工作领导小组

组　　长：陈志锋

常务副组长：陈志民

副 组 长：陈权芳　陈少霞

成　　员：陈伟胜　陈　格　冯宝华　李国辉　黄海宁　朱荣桂　曾志林　曾伟强　刘国才　吕满胜　陈才金　高启用　黄英贤　黄荣炽　宋振求　邱观先　郑石岐　陈金条　林荣锡　刘国城　何谷胜　黄兰芳

水头镇自然村落历史人文普查工作领导小组

组　　长：梁沛英

副 组 长：周玉明　李国政

成　　员：曾榕明　邓雪梅　廖红星　黄敏韶　刘伟华　黄锻文　黄福坚　陈湛其　朱远志　赖晶晶　易惠多　朱玉河　廖魏宁　黄常珍　黄石金　陈昌洪　邹经全　邹昌奎　黄列中　黄奔腾

《全粤村情·清远市佛冈县卷》编辑部

主　　编：李协湖

副 主 编：谢春江

编　　辑：黄春苗　钟榕斌　李阳光　刘瑞生　何东树　何道井　陈国材　郑中扬　黄常远　朱家佑　朱南岳　周翠花

《全粤村情·清远市佛冈县卷（一）》审查验收人员

初　　审：石角镇：陈国材　陈少霞

水头镇：何东树　李国政

复　　审：李协湖　谢春江　李阳光

终　　审：韦家平　邓春阳　邓翠萍　李宗矿　李举烈　刘立法　许廷镜　陈　泳　陈　确　肖　进　邹锡恒　杨振林　孟淑芹　吴卓谊　高　峰　高常立　谈锦钊　董兴宝　雷焕勤　蔡少玲

前言

习近平总书记指出，“乡村文明是中华民族文明史的主体，村庄是这种文明的载体，耕读文明是我们的软实力”，强调新农村建设要“望得见山，看得见水，记得住乡愁”。为贯彻落实习近平总书记的重要讲话精神，省委办公厅、省政府办公厅印发《关于加强地方志工作的通知》（粤委办〔2015〕19号），部署开展广东全省自然村落历史人文普查，由省地方志办牵头，实行“各级党委政府领导、地方志工作机构牵头、有关部门配合、以乡镇街道为单位组织实施”的工作机制，对全省10多万个自然村落的历史文化遗产进行地毯式的抢救性调查挖掘。自2015年5月起，历时3年，直接投入力量超过17万人，上百万人参与，收集数亿文字、数十万张图片和一批音像、实物资料。中国社科院将其列入国情调研广东基地建设任务，中国社科院副院长、著名社会学家李培林称广东自然村落历史人文普查在全世界都是绝无仅有的。

广东的自然村落大多由中原氏族迁入而形成，在发展过程中既保留了中原文化，又融合了土著文化和外来文明，创造了独具一格的岭南文化，形成了语言、建筑、风俗各异的各具特色的村落。清末开始，广东得风气之先，西方传教士或出洋谋生的华侨带回的西方文明，对村落文化产生深刻影响。近代广东，村民在抵御外敌、参加民主革命以及人民解放事业中，形成了许多军事重地、革命老区。近几十年，广东是中国改革开放的窗口和前沿阵地，经济社会发生巨变，体现在基层社会的乡镇、村落、家庭领域更为深刻。伴随着经济社会的发展和城镇化进程的加快，一部分自然村正在快速消失，这些自然村落中保存的重要文化遗产也随之湮没。然而，村落消失，并不一定是村落文化的终结，它的历史可能以另一种形式传承下去，如广州猎德村在城市化改造后，原来的村落变成了整齐划一的高楼大厦，但重修保留下来的宗祠和每年开展的龙舟赛、醒狮活动，不断引起人们的集体记忆和情感共鸣。

党的十九大报告提出乡村振兴战略。新农村建设一定要走符合农村实际的路子，遵循乡村自身发展规律，充分体现农村特点，注重乡土味道，保留乡村风貌，望得见山，看得见水，记得住乡愁。开展自然村落历史人文普查是省委、省政府贯彻落实习近平总书记重要讲话精神的重大举措，是保护和抢救岭南历史文化遗产的迫切需要，属全国首创性举措。全省自然村落历史人文普查，抓住中华民族文化起源和传承发展的根脉，通过田野调查的方式，走入村落，触摸历史，与村民面对面访谈，普查内容涵盖村落的基本状况和历史人文，包括村落名称、地理环境、历史沿革、民居宗祠、风俗习惯、文物遗址、掌故传说、历史事件、主要人物、华人华侨与港澳台同胞等众多内容。在普查基本情况的同时，注重挖掘村落由来、姓氏源流、家规家训、楹联碑刻、人物故事、风俗习惯、美食特产等承载村落历史文脉和道德风范并能反映村落文化传承的内容。普查资料包括文字、图片、音像、实物等，做到全面、真实地记录了村落的历史人文状况。它不仅为党委政府相关决策提供基础性的资政信息，也为经济学、社会学、政治学、人类学、民俗学等众多领域的研究提供宝贵素材，为正在消失的村落留下历史印记，留住乡愁，留住精神归宿，为寻根溯祖、保护文脉提供帮助。

《全粤村情》是本次普查的重要成果。在这部总共110卷、600册、近6亿字的巨著中，集中展示了全省10多万个村落缤纷多彩的风情，每个在广东乡村成长与走出去的人，都能找到自己的根脉。那一栋栋老房子、一种种乡村小吃、一片片水田旱地、一桩桩传说故事、一个个英雄人物，都会唤起心底最温馨的记忆。每个新广东人和关心支持广东发展的各界人士，都能从中探寻岭南文化形成和发展的根源，从而更好地在广东投资、建设、生活。

文化是民族的血脉，是人民的精神家园。文化自信是更基本、更深沉、更持久的力量。乡村文明作为中华文化的基石，其独一无二的理念、智慧、气度、神韵，增添了中华民族内心深处的自信和自豪。开展全省自然村落普查，编写出版《全粤村情》，只是普查成果展示的一个方面，我们还将构建权威准确、开放共享、持续发展的村落文化资源数据服务平台，把普查成果转化利用不断引向深入，使之成为各级党委政府决策、科研机构开展课题研究、社会各界查阅使用的大数据，使之成为推动国家经济社会发展的不竭动力，从坚定文化自信、实现中华民族伟大复兴的高度，更加自觉、更加主动地推动中华优秀传统文化的传承与发展，为有力增强中华优秀传统文化的凝聚力、影响力、创造力做出积极贡献。

编辑说明

一、本书是广东省自然村落历史人文普查成果。本次普查以自然村为单位，按照“能查尽查”的原则，全面普查广东省内现存自然村、“城中村”和虽已改为居委会但普查内容仍基本清晰的原自然村（村名采用改居委会前的最后名称）。在普查的基础上，按统一体例编写各村简介，全面客观地反映广东现存可查的历史人文状况。

二、本书分设110卷，东莞市、中山市及各县（县级市）单独立卷，地级以上市辖区根据自然村数目多少单独立卷或数区合并立卷编纂；自然村数量较多的，卷下分设若干册。本卷（册）收录佛冈县石角镇、水头镇336个村简介，约143万字、1574张图片，卷前设佛冈县概况。

三、各村简介按照属地原则，记述2015年末该村区域内的事物，不涉及权属关系。记述时间上限不限，尽量追溯到村落形成时，下限原则上为2015年12月31日。因普查工作需要，部分图片拍摄时间延至出版印制前。

四、本书以自然村为记述实体，各乡镇（街道）、自然村一般依当地约定俗成顺序排列。

五、本书收录的人物为本村（含祖籍为某村或在某村出生、主要活动在外地的人员）历代志书中立传人物，有科举功名人物，当代人物中副县级（副团）级以上党政军领导干部、获省部级以上嘉奖人员、战斗英雄、经认定的烈士、高职技术职称人员、博士、博士后、有特殊技艺的人才、对本地发展有较大贡献或影响的各界人物。

六、本书收录的村落荣誉为省级以上机构授予，以村落为评比对象的历史人文方面的荣誉。

七、因各村落保存的历史人文资源丰度程度不同，本书各村落简介内容、篇幅存在差异。

八、本书资料来源于广东省自然村落历史人文普查，包括实地调查、部门供稿、史料摘录等。一些主管部门没有统计的数据，通过实地采访获得。

九、本书收录的地图由广东省地图院编制，不作为权属争议依据。

十、本书记述历史朝代、机构、官职、地名、人名，均依当时称谓。历史纪年加注公元纪年。

十一、本书标点、数字按国家GB/T 15834—2011《标点符号用法》、GB/T 15835—2011《出版物上数字用法》标准执行。计量单位采用法定标准，记述历史上的计量时，仍按当时的计量单位记载。

十二、书中字体，除必要时使用繁体字外，一律使用国家规定的规范汉字。

目 录
CONTENTS

佛冈县地图

比例尺 1:20000

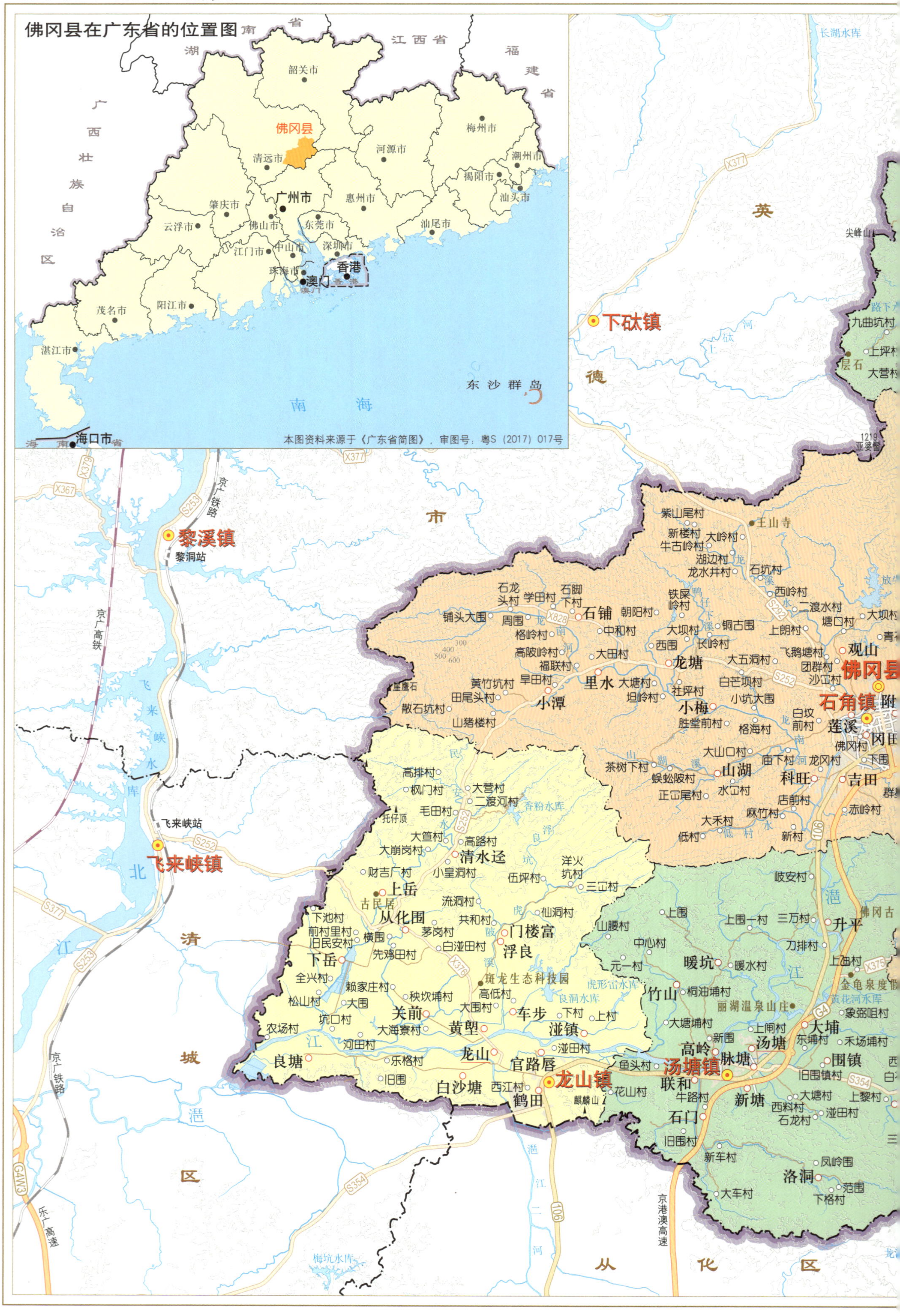

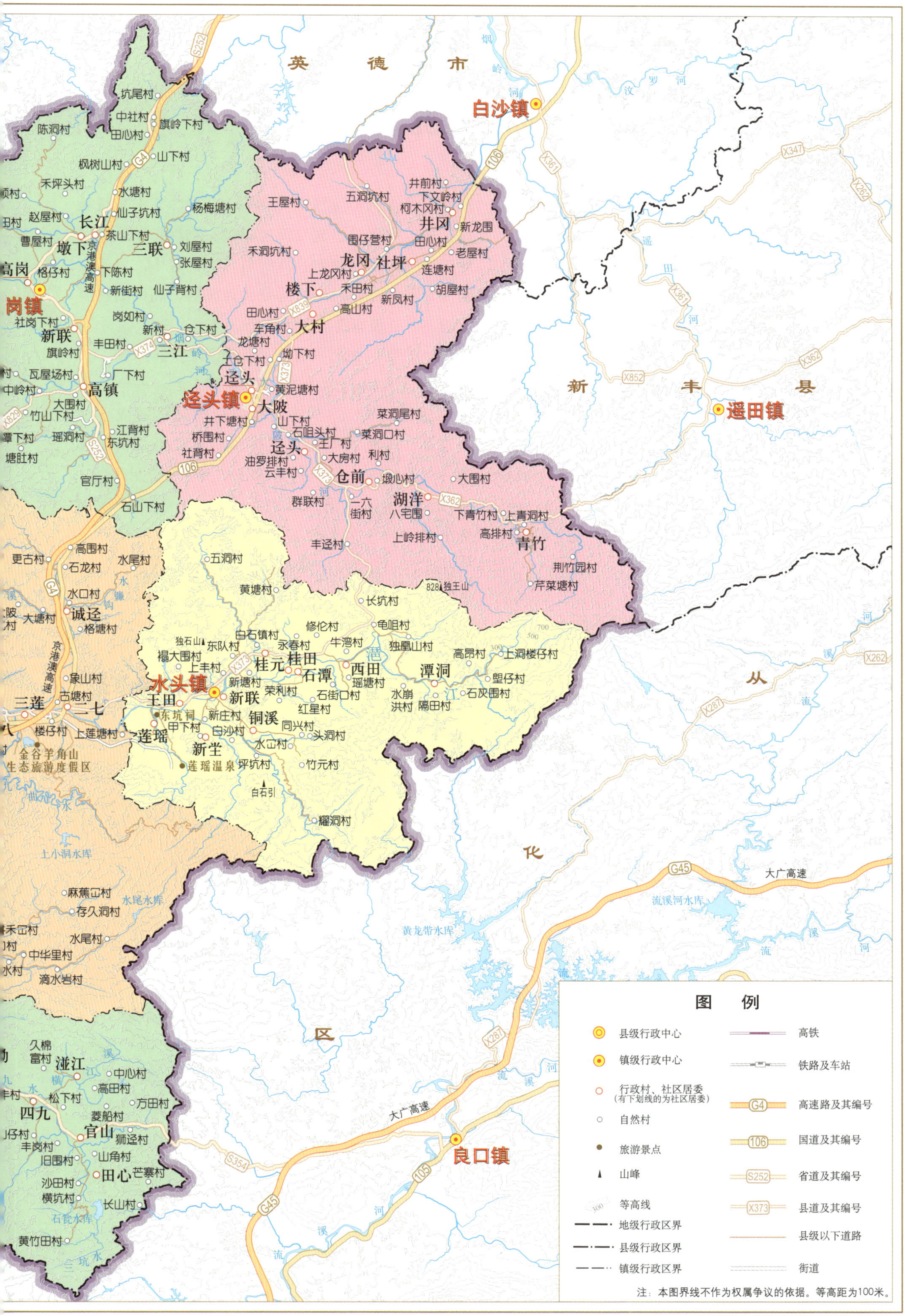

审图号：粤S（清远2018）001号

佛冈县概况

佛冈县位于广东省中部，总面积1295.17平方千米。2015年，全县设有6个镇78个村委会和12个社区居委会，另有省级林场和自然保护区各1个，户籍人口33.38万人。佛冈地域两汉时分属南海郡中宿县、桂阳郡浈阳县，此后归属屡有变动。隋唐时起，分属清远县、英德县。清嘉庆十八年（1813年），设立佛冈直隶军民厅（简称“佛冈厅”）。1914年撤厅改县，始称佛冈县。中华人民共和国成立后，佛冈县的行政区划归属多次变动，先后划归北江专署、粤北专署、佛山专署、韶关专区管辖，1952年与从化县合署办公，1958年10月并入从化县，1961年5月恢复佛冈县建制。1983年7月划归广州市管辖，1988年1月划归清远市管辖。

佛冈县地形为东北高、西南低。全县以低山丘陵为主，主要山脉有观音山（海拔1218.8米）、独凰山、羊角山等。全年平均气温20.8℃，多年平均降雨量为2050.0毫米，属全省3个暴雨中心地区之一。县境内主要河流有潖江、烟岭河。有京港澳高速公路、国道G106线和3条省道通过，京港澳高速公路在佛冈境域设有3个互通口。其旅游资源丰富，改革开放后建成黄花湖、观音山自然保护区、王山寺、羊角山，以及聚龙湾温泉、森波拉度假森林、篁胜国际温泉酒店等旅游景区。

佛冈历史上以传统农业经济为主，改革开放后逐步兴办工业，并大力发展第三产业。进入21世纪后，确立“工业兴县、工业富县、工业强县”的发展思路，通过招商引资，工业成为全县的主导产业，推动其他产业的发展。成功创建为省级教育强县、旅游强县、文明县城、卫生县城，以及全国兴果富农百强优质示范县。

佛冈具有深厚的历史文化底蕴，县博物馆馆藏文物有新石器时代和西周、战国时期以来的文物335件（套），其中国家一、二、三级文物38件。全县已登记录入的不可移动文物有127处，其中东坑黄氏宗祠、上岳村古建筑群为省级文物保护单位。民间习俗有舞狮、舞龙、舞鲤鱼灯、舞春牛，以及豆腐节、赛龙舟等，汤塘的妇女舞被狮、高岗的豆腐节被评为省级非物质文化遗产。

全县现存并列入普查范围的自然村有830个，其中清代及以前形成的古村落774个，占全县自然村总数的93.3%。佛冈地域村落最早形成于战国时期。根据对本次自然村落普查成果分析，佛冈元代及以前建立的村落很少，到明代逐步增多，清代数量最多，民国以来逐步减少。其中，现存最早建立村庄的为南宋时期，有代表性的是佛冈村（在今石角镇），佛冈厅因佛冈村而得名。元末至明初形成的村庄以上岳村（在今龙山镇）为代表，被评为中国历史文化名村、广东省古村落。明代形成的村庄，北部地区以社岗下村、墩下村为代表（在今高岗镇），均为客家民系，社岗下村豆腐节被评为省级非物质文化遗产；中部地区以莲瑶村、王田村、丰年村（均在今水头镇），龙蟠村、大坝村（均在今石角镇）为代表，莲瑶村东坑黄氏宗祠被核定为省级文物保护单位，王田村舞春牛被评为市级非物质文化遗产；南部地区以汤塘围、围镇村（均在今汤塘镇）为代表，汤塘围被评为广东省传统古村落，围镇村的舞狮被评为省级非物质文化遗产。佛冈在清代建成的古村落，在生产生活、民俗习惯、使用语言等方面，北、中、南部也各有特点。其中北部为客家民系聚居地区，具有客家人的习俗特色；中部为广府民系和客家民系混居地区，具有广府民俗兼客家民俗特色；南部处于潖江下游，主要为广府民系，具有广府民俗特色。此外，佛冈古驿道有12条，主要有大庙峡古驿道、黄塘径古驿道等，古驿道通过的村庄有50多个，分布于全县北部、中部和南部地区。

石角镇

石角镇地图

比例尺　1:145000

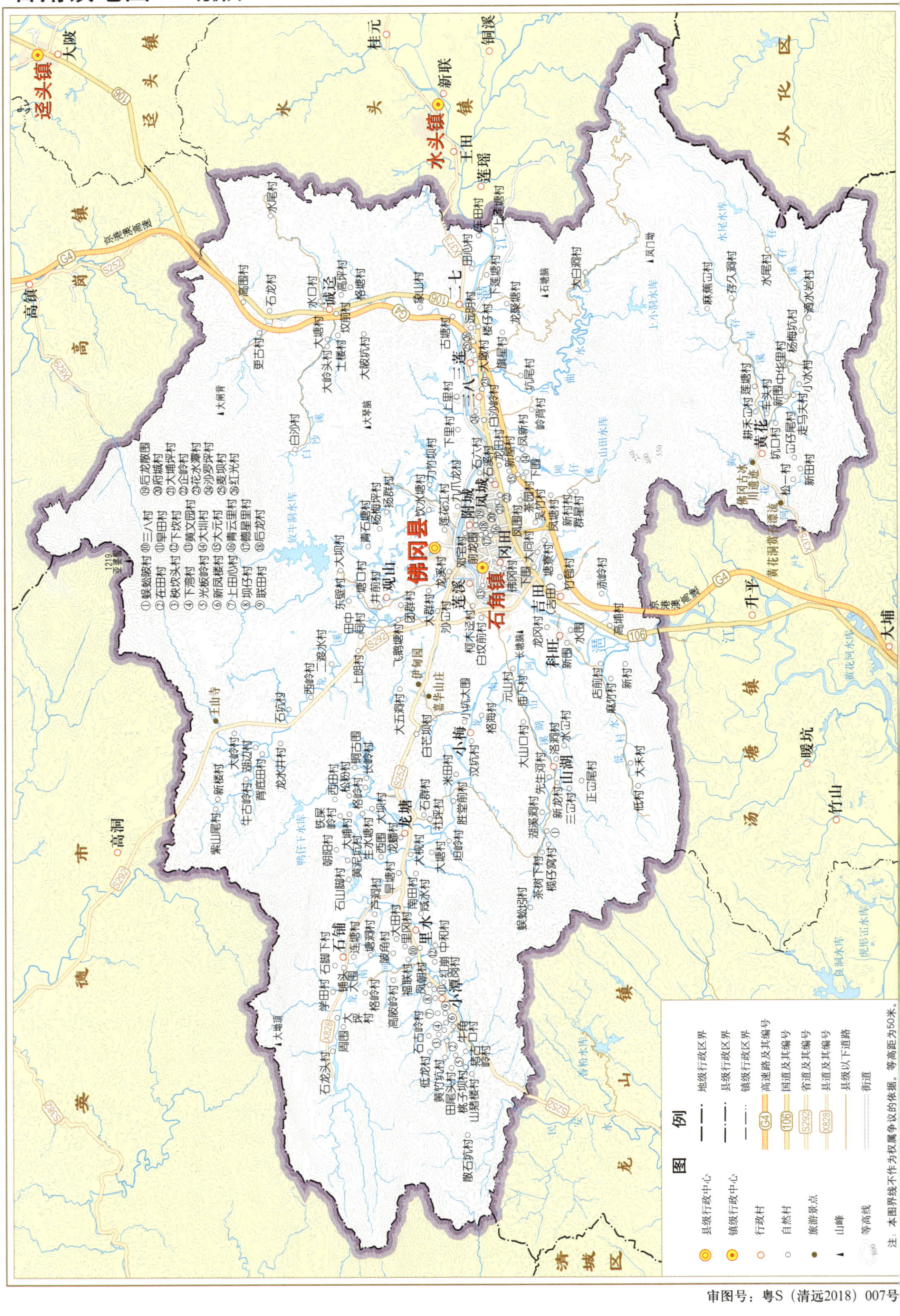

审图号：粤S（清远2018）007号

○龙塘行政村

龙蟠村

◎ 龙蟠村村貌（摄于2016年）

龙蟠村， 位于石角镇西部，距镇政府8千米。始建于明永乐年间，因村庄坐落的山形呈蟠龙状而得名。20世纪50年代起，形成龙蟠大围、中围、长江3个居民点。1970年后，在省道S252线龙蟠村段南边新建居民点。

该村坐落于丘陵地带，坐北向南。村东为石群村，南为大枧村，西为旱塘村，北为牛头山（海拔300米）。有条溪水自西向东流至不远处的龙南河。省道S252线从村前通过。

村落形成时，属清远县吉河乡龙蟠堡。清嘉庆十八年(1813年)，属佛冈厅吉河乡龙蟠堡。民国时期，属佛冈县一区龙冈乡（后改为龙潭乡）。中华人民共和国成立初期，属佛冈县一区龙潭乡。1958年，属从化县佛冈人民公社龙南大队。1961年，属佛冈县龙南人民公社龙塘大队。1983年，属龙南区龙塘乡。1987年，属龙南乡龙塘行政村。1989年，属龙南乡龙塘管理区。1994年，属龙南镇龙塘管理区。1998年，属龙南镇龙塘行政村。2004年至今，属石角镇龙塘行政村。

世居村民为刘姓、林姓、陈姓、戈姓、谢姓。刘姓，据《刘氏族谱》记载，宋末由福建迁入广东兴宁后迁从化，明初刘从龙由从化迁至该村。林姓，明中期由英德县高岗（今佛冈县高岗镇）周洞村迁至该村。陈姓，清中期由附近生水塘村迁至该村。戈姓，中华人民共和国成立后由佛冈县龙南镇（今石角镇）里水大田村迁至该村。谢姓，清后期由清远县龙山(今佛冈县龙山镇）浮梁村迁至该村。

2015年末，户籍人口1500人，其中男性740人，女性760人。60岁以上375人，其中80岁以上24人，最年长者95岁（女）。16岁以下300人，其中留守儿童10人。实际在村居住和生活主要依靠农业收入1300人，常年在城镇生活和务工200人。村民均为汉族，广府民系，使用粤方言。祖籍该村的港澳台同胞50人。祖籍该村的华人华侨60人，主要分布在泰国、美国等国家。

村有山地面积169.8公顷，耕地面积75.67公顷。

◎ 村民在田间耙田（摄于 2016 年）

◎ 龙蟠村五龙过脊祖屋（摄于 2016 年）

传统经济以农业为主，主要作物有水稻、番薯、木薯、花生、大豆等。特色农产品有青花梨、山楂和澳洲坚果。1984 年 9 月，在分田到户责任制基础上，该村实行家庭联产承包责任制，延长土地承包期 15 年。1999 年 4 月，开展第二轮土地承包，再延长土地承包期 30 年。1990 年以后，许多青壮年外出打工，村民主要收入来源为农业和外出务工。20 世纪 90 年代后期，村民逐步扩种沙糖桔，2011 年全村种植沙糖桔面积 130 多公顷，总产值 800 万元。2013 年起，沙糖桔产业消退，村民改种绿化树苗以及澳洲坚果等。传统节庆食品有糯米糍、粽子、甜酒等。

20 世纪 70 年代后期通电、电话，1998 年村道实现水泥硬底化，2010 年通网络，2013 年通自来水。村中建有垃圾收集站。

该村坐北向南，大围、中围、长江 3 个居民点成一字横排，从东向西排列，其中大围为最早的居住区。全村传统民居为广府民居，现存 300 多座。代表性民居称五龙过脊，先后建于明、清及民国期间，占地面积每座 180 平方米。整座房屋分为前后紧密相连的两排，布局为四廊四房一厅一天井，现大部分保存较好。村旁有文武古庙，始建于清中期，供奉关圣帝。

该村修有《刘氏族谱·彭城郡》，1995 年由刘氏从龙公族谱续谱委员会编修。《刘氏族谱·彭城郡》中有祖训，内容为："非生父母，能孝能敬，孝敬祖父母同兄弟妻妯娌姑嫂，相敬相爱，任劳携逸，相劝改过。兄弟财产相让，兄弟之子无依，相亲如同己子，收善教训。为妇者孝顺翁姑，敬重丈夫，宽恕待下，耕俭治家。教训子孙，弟侄一样，不刻不纵，以致成人。"1995 年重修刘氏大宗祠时，族人在正厅墙上悬挂"尊老爱幼"匾额，倡导以"孝""爱"为中心的厚德善行。

村里建有刘氏大宗祠，始建于明永乐期间，重修于清乾隆三十年（1765 年）、1917 年、1993 年，现占地 598 平方米。宗祠为三进三间两廊二天井建筑布局，砖木结构，青砖墙，龙船脊，硬山顶。祠堂主架采用花岗岩石圆柱、方柱，石块铺地。头门斗拱和门檐额有精美木雕，屋顶有形制独特的灰塑。宗祠头进壁屏两边有楹联："重纲常睦族敦伦敬所尊爱所亲怀宗念祖；本魄力腾蛟起凤励其志展其才造极登峰。"由该村刘氏后裔刘达滋题于 1994 年。1993 年重修刘氏大宗祠时，在正厅墙上悬挂"尊老

◎ 刘氏大宗祠（摄于 2016 年）

爱幼”匾额，倡导以“孝”“爱”的厚德善行。2012年，刘氏大宗祠被列入佛冈县不可移动文物名录。

龙南革命烈士纪念碑，位于龙蟠村大围花果山。原址位于龙南乡石联村（1950年建），是为纪念革命烈士蓝凤金而建。1974年，由县政府迁建现址。蓝凤金，女，1950年3月15日县政府征粮工作队到象龙石坑村开展征粮工作时，晚上遭土匪袭击，4名男队员在战斗中牺牲，4名女队员被抓走，3月29日，3名女队员获剿匪部队营救，蓝凤金因有孕在身，行走不便被土匪杀害。2012年，该碑被列入佛冈县不可移动文物名录。

该村是龙南武术的传承地之一。民国中期，龙蟠村延请佛山人祝景武到村传授武术，刘炳耀与村中青少年一起学武，后刘炳耀成为该村武术教头，该村武术成为龙南武术的一个重要分支。

村中主要宗族活动是接三王习俗。接三王是指接送刘泉（元朝清远黄田都即今佛冈水头王田村人）及其左右护卫（邹钦、赖全）的神像活动。活动起源于元末明初，至今已有600多年，在清远吉河乡（今佛冈水头镇、石角镇）地域举办。由吉河乡10个村轮流主持，每年农历十月初一举办，龙蟠村为10个村之一。该习俗参加民众多，仪式隆重，场面热闹。2012年，被列入清远市非物质文化遗产名录。每年农历正月初四举行祭祀刘氏大宗祠活动，县内外刘氏族人前来进行祭祖。重大节日活动、村民有喜事时，有舞猪头狮、舞火龙、龙南武术的习俗。

舞猪头狮的由来：300多年前一个除夕，村民捆起一头猪准备宰杀，猪挣脱逃走，村民在村旁寻找时，发现该猪在地里刨出一缸金银元宝。村民认为该猪是吉祥物，把猪放走，并将这一缸金银元宝分发村民。后来，村民制作猪头形状的狮子舞动，称“猪头狮”，是该村特有的舞狮种类，为祈求风调雨顺，五谷丰登，六畜兴旺。

传统节日习俗有春节、清明节、四月八、端午节、七夕、七月十四（中元节）、中秋节、冬至等。传统婚嫁习俗，男女相识交往后，女方家亲友要到男方家探家，结婚前要担定婚茶，报日子、送聘金、定嫁妆，行结婚礼时，要摆酒请客，迎亲和送亲。

◎ 龙蟠村猪头狮（摄于2015年）

传统丧事习俗以土葬为主，1990年以后逐步实行火葬。其程序为举丧、入殓、出殡、送葬和做法事，将亡灵牌送入祠堂。

清嘉庆十八年（1813年），建立佛冈厅，由厅署在龙蟠村西北面设置龙蟠汛（兵站）。1925—1926年，受湿江联乡、合乡械斗风的影响，龙蟠村因刘、黄两姓械斗，烧毁民居多间。1938年10月，日本侵略军飞机轰炸石角圩后，接着轰炸龙蟠村，刘氏大宗祠附近数座民房被炸毁。1939年，国民政府第十二集团军六十二军从广州退驻龙南后，集团军独立第九旅辖下的1个团部驻刘氏大宗祠，驻防时间1年多，因调防而撤出。

村中有国民学校（小学），始建于民国初，中华人民共和国成立后，该校与其他学校合并后外迁，现址为龙南中心小学。该村主要人物：刘三顾，清乾隆十七年（1752年）清远学岁贡生，任肇庆府开平学训导。刘健文（1962—），现服役于中国人民解放军某部师级干部。刘永红（1978—），2011年创办佛冈县智垄农业有限公司，建立澳洲坚果繁育基地（该基地总面积23.33公顷），该项目为佛冈县省级现代农业示范基地，在“公司＋基地＋农户”模式带动下，在周边多个村庄种植澳洲坚果达60公顷，2015年被共青团中央、农业部评为第九届“全国农村青年致富带头人”。

（资料填报：刘南标、刘国平，初稿撰写：刘南标、刘国平，总纂：李协湖）

大坝村

◎ 大坝村村貌（摄于 2016 年）

大坝村，位于石角镇西部，距镇政府 7 千米。始建于清乾隆期间，由刘氏移民聚居而形成。因村庄溪流（龙南河支流）有拦河坝而得名。

该村坐落于丘陵地带，坐北向南，呈散居分布。村东为格岭村、长岭村，南面、西面为龙蟠村，北面为生水塘村。村内有溪水自北向西流至不远处的龙南河。省道 S252 线距该村 1 千米，有县道（省道 S252 线—西田村）经过该村。

村落形成时，属清远县吉河乡龙蟠堡。清嘉庆十八年(1813 年)，属佛冈厅吉河乡龙蟠堡。民国时期，属佛冈县一区龙冈乡（后改为龙潭乡）。中华人民共和国成立初期，属佛冈县一区龙潭乡。1958 年，属从化县佛冈人民公社龙南大队。1961 年，属佛冈县龙南人民公社龙塘大队。1983 年，属龙南区龙塘乡。1987 年，属龙南乡龙塘行政村。1989 年，属龙南乡龙塘管理区。1994 年，属龙南镇龙塘管理区。1998 年，属龙南镇龙塘行政村。2004 年至今，属石角镇龙塘行政村。

世居村民为刘姓、邓姓。刘姓，据《刘氏族谱·彭城郡》记载，宋末刘氏族人由福建迁入广东兴宁后迁入从化，清乾隆年间从附近龙蟠村迁到该村。邓姓，清乾隆年间由英德潭头迁入清远县吉河乡龙潭堡（今佛冈县石角镇）里水村，清后期迁到该村。

2015 年末，户籍人口 60 人，其中男性 29 人，女性 31 人。60 岁以上 15 人，其中 80 岁以上 1 人，最年长者 80 岁（女）。16 岁以下 8 人。实际在村居住和生活主要依靠农业收入 50 人，常年在城镇生活和务工 10 人。村民均为汉族，广府民系，使用粤方言。

村有山地面积 11.6 公顷，耕地面积 76.87 公顷。传统经济以农业为主，主要作物有水稻、番薯、木薯、

◎ 大坝村养鸡场（摄于 2016 年）

◎ 大坝村养猪场（摄于 2016 年）

花生、大豆等。现多种植水稻、番薯、花生。20 世纪 90 年代后期，村民逐步扩种沙糖桔，2011 年全村种植沙糖桔面积 2 公顷，总产值 12 万元。2013 年起，沙糖桔产业消退，村民改种其他农作物。2013 年以后，部分青壮年外出打工。村民主要收入来源为农业和外出务工。有村民创办年产 2 万只鸡的养鸡场和年产 3000 头猪的养猪场。传统节庆食品有粽子、糯米糍、白切鸡、蒸鹅等。

◎ 大坝村传统民居（摄于 2016 年）

1980 年通电话，1981 年通电，1992 年村道实现水泥硬底化，1995 年通自来水，2010 年通网络。村中建有垃圾收集站。

传统民居现存 3 座，基本完好。为一厅两廊四房一天井布局。土木结构，三合土墙，硬山顶，盖灰瓦。正座有两廊门为出入口，屋内以方砖铺地，天井用鹅卵石铺砌，排水设施完备，一般占地面积 68 平方米。

民国初，该村建有炮楼，楼高 3 层，为砖木结构，大门为趟栊门，墙体留有瞭望孔和枪眼。建造炮楼，是为防避姓氏械斗和盗贼入侵，炮楼现已毁塌不存。

传统节日以春节、清明节、四月八、端午节、中秋节、冬至等为主。传统婚嫁习俗，结婚前要担定婚茶，报日子、送聘金、定嫁妆，行结婚礼时，要摆酒请客，迎亲和送亲。传统丧事习俗以土葬为主，1990 年以后逐步实行火葬。老人去世要守灵、小俭、大俭、买水、跪迎前外婆家人、八人抬棺材，一路上敲锣打鼓，放鞭炮，抛撒纸钱到下葬地。办丧事只能做白饭、花菜、黄豆煮猪肉等简单的饭菜。

1938 年，国民革命军第十二集团军六十二军（军长张达）由广州退驻龙南石脚下村，军医院驻大坝村。1939 年，国民政府第十二集团军独立第九旅旅部驻大坝村炮楼。1960 年，县创办龙南农业中学，校址设在该村，1969 年改为龙南中学，迁到黄泥坑村。1975 年，该村大搞农田基本建设，平整土地，改造低产田 2 公顷，改善农田生产条件。1986 年 12 月，根据县侨务办要求，落实侨房政策，退还该村刘涛育（侨属）在土改时没收房屋 18 间，面积 857 平方米。

（资料填报：邝特权，初稿撰写：邝特权，总纂：李协湖）

大楖村

◎ 大楖村村貌（摄于 2016 年）

大楖村，位于石角镇西部，距镇政府 8 千米。始建于清初期，因建村时有一大水坑（俗称水涧）取谐音而得名大楖村。

该村坐落于丘陵地带，坐南向北，呈聚居分布。村东为龙蟠村，南为大塘村，西为旱塘村，北为龙塘村。有溪水自北向南流至不远处的龙南河。省道 S252 线从村旁南面通过。

村落形成时，属清远县吉河乡龙蟠堡。清嘉庆十八年（1813 年），属佛冈厅吉河乡龙蟠堡。民国时期，属佛冈县一区龙冈乡（后改为龙潭乡）。中华人民共和国成立初期，属佛冈县一区龙潭乡。1958 年，属从化县佛冈人民公社龙南大队。1961 年，属佛冈县龙南人民公社龙塘大队。1983 年，属龙南区龙塘乡。1987 年，属龙南乡龙塘行政村。1989 年，属龙南乡龙塘管理区。1994 年，属龙南镇龙塘管理区。1998 年，属龙南镇龙塘行政村。2004 年至今，属石角镇龙塘行政村。

世居村民为邝姓、谢姓、何姓。邝姓，宋末从南京迁移到广东河源，清初从英德迁至该村。谢姓，清初由英德县迳头乡（今佛冈县迳头镇）迁入该村。何姓，清初由英德县高台乡（今佛冈县高岗镇）迁入该村。

2015 年末，户籍人口 90 人，其中男性 47 人，女性 43 人。60 岁以上 12 人，其中 80 岁以上 2 人，最年长者 82 岁（女）。16 岁以下 21 人。实际在村居住 80 人，生活主要依靠农业收入 80 人，常年在城镇生活和务工 10 人。村民均为汉族，广府民系，使用粤方言。

村有山地面积 13.47 公顷，耕地面积 12.6 公顷。村民种植的农作物主要有水稻、番薯、木薯、花生、

◎ 大楖村村民养殖的走地鸡（摄于 2016 年）

大豆等。现多种植水稻、番薯、花生。1998 年开始，村民逐步扩种沙糖桔，2011 年全村种植沙糖桔面积 13.33 公顷，总产值 70 万元。2013 年起，沙糖桔产业消退，村民改种其他果树。有村民利用闲置屋舍空地养鸡。传统节日食品有糯米糍、粽子、甜酒等。其中，甜酒以糯米饭拌匀酒饼（发酵原料），装入瓦埕（罐）中发酵数日而成，制作简单，味道甘甜，性能温补，多用于妇女产后补身体，新生儿三朝和满月时也用于招待亲朋好友。

1980 年通电话，1981 年通电，1992 年村道实现水泥硬底化，1995 年通自来水，2010 年通网络。村中建有垃圾收集站。

传统民居为广府民居，现存 5 座，基本完好，现有人居住。正座有两廊门为出入口，屋内以方砖

◎ 大枧村传统民居（摄于 2016 年）

◎ 大枧村门楼（摄于 2016 年）

◎ 1999 年建成的大枧桥（摄于 2016 年）

铺地，天井用鹅卵石（或石板条）铺砌，排水设施完备，一般占地面积 68 平方米。围水屋为单间砖木平房，土木结构，三合土墙（或火砖墙），硬山顶，盖灰瓦，一般占地面积 20 平方米。

传统节日有春节、清明节、四月八、端午节、七夕、七月十四、中秋节、十月朝、冬至等。其中，农历十月初一称“十月朝”或“牛生日”。过去牛是农村耕作的畜力，村民有做“牛生日”的习俗。由农家做糯米糍粑贴在牛角、牛额、牛背脊、牛腰、牛尾部位，贴后三四天，牧童从牛身上将糯米糍粑剥下用火烤熟来吃。传说吃了“牛生日”贴在牛身上的糍粑，能像牛一样力气大。传统婚嫁习俗，男女相识交往后，女方家亲友要到男方家探家，结婚前要担定婚茶，报日子、送聘金、定嫁妆，行结婚礼时，要摆酒请客，迎亲和送亲。传统丧事习俗以土葬为主，1990 年以后逐步实行火葬。其程序为举丧、入殓、出殡、送葬和做法事，将亡灵牌送入祠堂。办丧事只能做白饭、花菜、黄豆煮猪肉等简单的饭菜，用餐时不坐高台高凳，拆下事主家的门板放于门前的巷地上当饭台。

中华人民共和国成立前，由村中族长管理村中事务。1965 年，参加龙南公社组织的县社造林大会战，该村消灭荒山 6.67 万平方米。1969 年，在村南面通过的石社线（石角—社坪）建成大枧桥，为永久性石拱桥，桥长 11.4 米。1999 年，将石社线扩建为省道 S252 线，为钢筋混凝土永久桥梁。

（资料填报：刘朝生，初稿撰写：刘朝生，总纂：李协湖）

大塘村

◎ 大塘村村貌（摄于 2016 年）

大塘村，位于石角镇西部，距镇政府 8 千米。始建于清初期，由温氏移民聚居而形成。清初期，温氏族人从翁源迁到清远县吉河乡黄田堡（今佛冈县水头镇），后迁徙到此地，因建村时村口有一大水塘而得名。

该村坐落于丘陵地带，坐西向东，呈聚居分布。村东为社坪村，南为坦岭村，西为南田村，北为大枧村。村背靠大塘山，海拔 150 米，村东面有龙南河经过。省道 S252 线距村 1 千米，有乡道连接。

村落形成时，属清远县吉河乡龙蟠堡。清嘉庆十八年（1813 年），属佛冈厅吉河乡龙蟠堡。民国时期，属佛冈县一区龙冈乡（后改为龙潭乡）。中华人民共和国成立初期，属佛冈县一区龙潭乡。1958 年，属从化县佛冈人民公社龙南大队。1961 年，属佛冈县龙南人民公社龙塘大队。1983 年，属龙南区龙塘乡。1987 年，属龙南乡龙塘行政村。1989 年，属龙南乡龙塘管理区。1994 年，属龙南镇龙塘管理区。1998 年，属龙南镇龙塘行政村。2004 年至今，属石角镇龙塘行政村。

世居村民为温姓、李姓。温姓，明成化年间从江西迁入广东翁源，清初从翁源迁到清远县吉河乡黄田堡（今佛冈县水头镇），其后裔迁至该村。李姓，清代中期从英德县虎山乡（今佛冈县高岗镇）迁至该村。

2015 年末，户籍人口 74 人，其中男性 36 人，女性 38 人。60 岁以上 12 人，其中 80 岁以上 1 人，最年长者 80 岁（男）。16 岁以下 21 人，其中留守儿童 3 人。实际在村居住和生活主要依靠农业收入 70 人，常年在城镇生活和务工 4 人。村民均为汉族，

◎ 大塘村木薯种植（摄于 2016 年）

广府民系，使用粤方言。

村有山地面积 25.93 公顷，耕地面积 2.73 公顷。传统农业生产主要是种植水稻、番薯、木薯、花生、大豆等。1990 年后，大部分青壮年外出打工。村民主要收入来源为农业和外出务工。20 世纪 90 年代后期，村民逐步扩种沙糖桔，2011 年全村种植沙糖桔面积 5.33 公顷，总产值 32 万元。2013 年起，沙糖桔产业消退，村民改种其他果树。传统节庆食品有糯米糍、粽子、甜酒等。

1980 年通电话，1980 年通电，1993 年村道实现水泥硬底化，1995 年通自来水，2010 年通网络。村中建有垃圾收集站。

传统民居为正座民居，现存 8 座，基本完好，正座有两廊门为出入口，屋内以方砖铺地，天井用鹅卵石（或石板条）铺砌，排水设施完备，一般占地面积 68 平方米。围水则为单间砖木平房，土木结构，三合土墙（或火砖墙），硬山顶，盖灰瓦，一般占地面积 20 平方米。

◎ 大塘村民居（摄于 2016 年）

传统节日有春节、清明节、四月八、端午节、七夕、七月十四、中秋节、十月朝、冬至等。其中，正月十五为元宵节，有蒸发糕、食汤圆、做糍的习俗，以示庆贺春节圆满结束。传统婚嫁习俗，男女结婚前要担定婚茶，报日子、送聘金、定嫁妆，行结婚礼时，要摆酒请客，迎亲和送亲。传统丧事习俗以土葬为主，为传统的二次葬，即先葬遗体，后葬遗骨。举丧时孝子要披麻戴孝守灵，跪迎前来参加葬礼的外婆家人，亡者入殓（入棺）后要到村溪买水（用陶壶装村溪水）为死者洗面，出殡时，长孝子要双手恭抬亡者灵牌，长女婿要举幡（俗称名旌红），土葬后，将亡灵牌送入祠堂，三天后要到坟前进行复坟。1990 年以后，逐步实行火葬。

龙南河大塘段过去有一大水潭，村民称之为洗马潭。关于洗马潭由来的传说：在很久以前的某一天，天上看守神马的童子睡着了，有一匹独脚神马乘机偷偷地出了南天门，降落人间，不偏不斜恰好落在石嘴潭边的一块石上，留下了一个马足印。独脚神马在天上难有机会到天河洗澡，所以跳下潭中嬉戏起来。独脚神马在潭中洗够了之后，趁天未亮，便飞回天庭。村中有一老渔翁，每隔一天便到潭边垂钓。这一天，他突然发现本是光滑的石板上竟然有一只马的脚印，且留有一缕黑毛，经过仔细辨认，最后确定是马身上的毛。随后，渔翁又把发现马毛的地方指给大家看，大家都相信神马下凡到潭中洗澡的事实，便把潭名定为“洗马潭”。

1975 年，村民大量种树绿化荒山，在村中山场种松树、杉树，至今仍受益。1992 年，建成大塘桥，为钢筋混凝土永久性桥梁。虽然桥面不宽，构造简单，但方便村民出行。

◎ 1992 年建成的大塘桥（摄于 2016 年）

（资料填报：刘朝生，初稿撰写：刘朝生，总纂：李协湖）

格岭村

◎ 格岭村村貌（摄于 2016 年）

格岭村，位于石角镇西部，距镇政府 8 千米。始建于清嘉庆年间，由英德上砊邝氏族人分村移民聚居而形成。邝其桓迁徙居住，因与长岭村相隔一山岗而取名隔岭村，后因谐音改为格岭村。

该村坐落于丘陵地带，呈散居分布。村东为铜古围，南为长岭村，西为松粉村，北为西田村。村旁有庙岭山，有小溪自北向南流至不远处的东门坝河。省道 S252 线距该村 1 千米，有县道（省道 S252 线—西田村）经过该村。

村落形成时，属清远县吉河乡龙蟠堡。清嘉庆十八年（1813 年），属佛冈厅吉河乡龙蟠堡。民国时期，属佛冈县一区龙冈乡（后改为龙潭乡）。中华人民共和国成立初期，属佛冈县一区龙潭乡。1958 年，属从化县佛冈人民公社龙南大队。1961 年，属佛冈县龙南人民公社龙塘大队。1983 年，属龙南区龙塘乡。1987 年，属龙南乡龙塘行政村。1989 年，属龙南乡龙塘管理区。1994 年，属龙南镇龙塘管理区。1998 年，属龙南镇龙塘行政村。2004 年至今，属石角镇龙塘行政村。

世居村民为邝姓。据《邝氏族谱》记载，宋末，邝姓族人由南京宁国府迁入广东河源。清嘉庆年间，始祖邝其桓从英德上砊移居该村。

2015 年末，户籍人口 222 人，其中男性 105 人，女性 117 人。60 岁以上 25 人，其中 80 岁以上 6 人，最年长者 92 岁（女）。16 岁以下 35 人，其中留守儿童 3 人。实际在村居住和生活主要依靠农业收入 200 人，常年在城镇生活和务工 22 人。村民均为汉族，客家民系，使用客家方言。祖籍该村的港澳台同胞 28 人，主要居住在香港元朗地区。

◎ 格岭村建设规划图（摄于 2016 年）

村有山地面积 105.67 公顷，耕地面积 11 公顷。传统经济以农业为主，主要作物有水稻、番薯、木薯、花生、大豆等。现多种植水稻、番薯、花生。村民主要收入来源为农业和外出务工。20 世纪 90 年代后期，村民逐步扩种沙糖桔，2011 年全村种植沙糖桔面积 6.67 公顷，总产值 40 万元。2013 年起，沙糖桔产业消退，村民改种其他果树。传统节庆食品有客家腍肉、粽子、糯米糍等。1990 年以后，大部分青壮年外出打工。

1980 年通电话，1980 年通电，1983 年村道实现水泥硬底化，1995 年通自来水，2010 年通网络。村中建有垃圾收集站。

传统民居为客家护水屋，现存 10 座。护水屋坐北向南，土木结构，三合土墙，硬山顶。20 世纪 90 年代后期，村民逐步建起钢筋混凝土二层楼房，各项设施完备。

◎ 格岭村一角（摄于 2016 年）

该村修有《邝氏族谱》，于 1967 年由邝仁安编修。

村旁山边建有慈恩堂，建于 2012 年，是龙塘石群村及附近村林氏族人筹资建成的建筑物，用于纪念当地的林氏祖先。慈恩堂为两进结构，设有前门楼和正厅，中设一天井。前门楼有对联，上联为“慈爱为怀永泽后裔”；下联为“恩德如海长留世间”。

传统节日有春节、清明节、四月八、端午节、七夕、七月十四、中秋节、冬至等。其中，农历七月初七为七夕节，清晨各家贮存七月七日水，晚间

◎ 格岭村旁的慈恩堂（摄于 2016 年）

◎ 格岭村公园（摄于 2016 年）

举行“拜七仙”活动。传统婚嫁习俗，要担定婚茶，报日子、送聘金、定嫁妆，行结婚礼时，要摆酒请客，迎亲和送亲。传统丧事习俗以土葬为主，1990 年以后逐步实行火葬。其程序为举丧、入殓、出殡、送葬和做法事，将亡灵牌送入祠堂。办丧事只能做白饭、花菜、黄豆煮猪肉等简单的饭菜招待。

1976 年，参加龙塘大队组织的改河造田。2014 年，格岭新村建设全部竣工，建有格岭村公园和文化室。2011 年 5 月，被列为佛冈县第一批社会主义新农村建设示范村，由政府投入和村民集资 200 多万元，开展楼房外立面装饰、安装路灯等工程建设。

（资料填报：邝德坤，初稿撰写：邝德坤，总纂：李协湖）

旱塘村

◎ 旱塘村村貌（摄于 2016 年）

旱塘村，位于石角镇西部，距镇政府 10 千米。始建于明中期，由刘氏移民聚居而形成。因村中的水塘经常受旱而得名。后因人口增多，部分村民迁出，先后形成在田、新田两个居住点。

◎ 旱塘村门楼（摄于 2016 年）

该村坐落于丘陵地带，呈聚居分布。村东为龙蟠村，南为南田村，西为里水大田村，北为西围。村内有佛仔坳山，有龙南河自村南面流过。省道 S252 线从村中穿过。

村落形成时，属清远县吉河乡龙蟠堡。清嘉庆十八年（1813 年），属佛冈厅吉河乡龙蟠堡。民国时期，属佛冈县一区龙冈乡（后改为龙潭乡）。中华人民共和国成立初期，属佛冈县一区龙潭乡。1958 年，属从化县佛冈人民公社龙南大队。1961 年，属佛冈县龙南人民公社龙塘大队。1983 年，属龙南区龙塘乡。1987 年，属龙南乡龙塘行政村。1989 年，属龙南乡龙塘管理区。1994 年，属龙南镇龙塘管理区。1998 年，属龙南镇龙塘行政村。2004 年至今，属石角镇龙塘行政村。

世居村民为刘姓、谢姓、曾姓、邝姓、朱姓。刘姓，

◎ 村加工场（摄于2016年）

据《刘氏族谱·彭城郡》记载，宋末由福建迁入广东潮州、兴宁后迁从化，明中期先祖刘巨川从附近龙蟠村移居该村。谢姓，清后期由清远县滘江乡（今佛冈县龙山镇）浮良村迁至该村。曾姓，清末民国初由佛冈县石角镇迁至该村。邝姓，清末民国初由附近大枧村迁至该村。朱姓，清后期由佛冈县高岗镇礼溪村迁至该村。

2015年末，户籍人口471人，其中男性232人，女性239人。60岁以上82人，其中80岁以上10人，最年长者90岁（女）。16岁以下136人，其中留守儿童12人。实际在村居住和生活主要依靠农业收入436人，常年在城镇生活和务工35人。村民均为汉族，广府民系，使用粤方言。祖籍该村的港澳同胞3人。祖籍该村的华人华侨1人，居住在新加坡。

村有山地面积38.27公顷，耕地面积22.2公顷。传统经济以农业为主，主要作物有水稻、番薯、木薯、花生、大豆等。20世纪70年代，村办有集体养猪场，并支持村民养猪。1977年，全村养猪共454头，其中集体养猪场养猪250头。1977年12月，由县委、县革委印发该村发展养猪业的经验材料。1990年以后，大部分青壮年外出打工。村民主要收入来源为农业和外出务工。20世纪90年代后期，村民逐步扩种沙糖桔，2011年全村种植沙糖桔面积20公顷，总产值120万元。2013年起，沙糖桔产业消退，村民改种其他果树。传统节庆食品有蒸鹅、白切鸡、豉汁鸭、粽子、甜酒等。

1980年通电话，1980年通电，1983年村道实现水泥硬底化，1995年通自来水，2010年通网络。村中建有垃圾收集站。

现存传统民居80座，其中300年以上历史的有2座，200年以上的有10座。村中民居建筑基本保存完整。该村有刘氏宗祠，始建于明后期，占地面积50平方米。正座民居为一厅两廊四房一天井布局。土木结构，三合土墙，硬山顶，盖灰瓦。屋内以方砖铺地，天井用鹅卵石铺砌，排水设施完备。村祖祠为刘氏大宗祠，位于龙蟠村，2012年被列入佛冈县不可移动文物名录。在村中建有刘氏分支宗祠，名为刘氏宗祠。宗祠砖木结构，面积60平方米。因

◎ 位于旱塘村的龙塘村委会办公场所（摄于2016年）

建成后年岁久远，没有维修，损毁严重。该村与龙蟠等刘姓村合编有《刘氏族谱·彭城郡》，1995 年由刘氏从龙公族谱续谱委员会编修。

传统节日有春节、清明节、四月八、端午节、七夕、七月十四、中秋节、冬至等。农历八月十五为中秋节，或团圆节。每逢中秋之夜，村中男女老少一起赏月，品尝月饼、柚子及石螺等食品，热闹非常。传统婚嫁习俗，男女相识交往后，女方家要到男方家探家，结婚前要担定婚茶，报日子、送聘金、定嫁妆，行结婚礼时，要摆酒请客，迎亲和送亲。传统丧事习俗以土葬为主，1990 年以后逐步实行火葬。其程序为举丧、入殓、出殡、送葬和做法事，将亡灵牌送入祠堂。办丧事做白饭、花菜、黄豆煮猪肉等简单的饭菜。

20 世纪初，成立氏族组织，进行村落自治管理。1965 年，龙南公社驻地从里水三八圩迁到该村。1976 年，该村整治河道 600 米。

◎ 1991 年建成的龙南市场（摄于 2016 年）

祖籍该村的新加坡归国华侨刘礼金（1899—1971），1951 年从新加坡归国回乡，从事农田管理，1958 年，被评为“中国农村优秀田间管理工作者”。1958 年起，先后任佛冈县人大代表、佛冈县人民委员会委员、广州市第四届和第五届人大代表。刘恩祺（1940—），广州市中医院医生，曾获评广州市十大名中医之一。刘恩带（1947—），女，20 世纪 70 年代初在村集体养猪场工作，凭她勤劳的双手，使养猪场成为推广肉猪养殖示范点，省市县有关领导及相关人员前来参观学习和借鉴经验。刘卫琪（1954—），女，1972 年应征入伍，1979 年参加中越边境自卫还击作战，荣立三等功（集体），在东莞海军医院任团级干部，享受副师级待遇，已退休。

（资料填报：刘恩田，初稿撰写：刘恩田，总纂：李协湖）

黄泥坑村

◎ 黄泥坑村村貌（摄于 2016 年）

黄泥坑村，位于石角镇西部，距镇政府 12 千米。始建于清后期，由移民聚居而形成。因村所在山场多为赤土（俗称“黄泥”）而得名。

该村坐落于丘陵地带，坐北向南，沿山边居住分布。村东为铁屎岭村，南为西围，西为石山脚村，北为英德市铁溪林场。村背靠鸡公纪石山（俗称“大石山”），有溪水自北向南流至不远处的龙南河。省道 S252 线距该村 2 千米，有乡道（旱塘村—黄泥坑村）连接。

清嘉庆十八年（1813 年），属佛冈厅吉河乡龙蟠堡。民国时期，属佛冈县一区龙冈乡（后改为龙潭乡）。中华人民共和国成立初期，属佛冈县一区龙潭乡。1958 年，属从化县佛冈人民公社龙南大队。1961 年，属佛冈县龙南人民公社龙塘大队。1983 年，属龙南区龙塘乡。1987 年，属龙南乡龙塘行政村。1989 年，属龙南乡龙塘管理区。1994 年，属龙南镇龙塘管理区。1998 年，属龙南镇龙塘行政村。2004 年至今，属石角镇龙塘行政村。

世居村民有陈姓、周姓。陈姓，据《陈氏族谱》记载，明中期由福建迁入广东新丰，清后期陈万良从新丰迁至该村，后迁至该村。周姓，清后期由清远县滘江乡（今佛冈县汤塘）迁至该村。

2015 年，户籍人口 161 人，其中男性 78 人，女性 83 人。60 岁以上 30 人，其中 80 岁以上 1 人，最年长者 84 岁（男）。16 岁以下 40 人，其中留守儿童 8 人。实际在村居住和生活主要依靠农业收入 126 人，常年在城镇生活和务工 35 人。村民均为汉族，客家民系，使用客家方言。

村有山地面积 16.67 公顷，耕地面积 11.27 公顷。传统经济以农业为主，主要作物有水稻、番薯、木薯、花生、大豆等。现多种植水稻、番薯、花生。1990 年以后，大部分青壮年外出打工。村民主要收入来源为农业和外出务工。20 世纪 90 年代后期，村民逐步扩种沙糖桔，2011 年全村种植沙糖桔面积 20 公顷，总产值 120 万元。2013 年起，沙糖桔产业消退，村民改种其他果树。该村有永圣木业有限公司（原龙南中学址），由李志辉（石铺村人）创办于 2014 年，占地总面积 0.67 平方米，建有加工场、晒板场、介板场、办公室，主要加工、销售夹板，产值达 300 万元。传统节庆食品有粽子、糯米糍、白切鸡、蒸

◎ 永圣木业有限公司（摄于 2016 年）

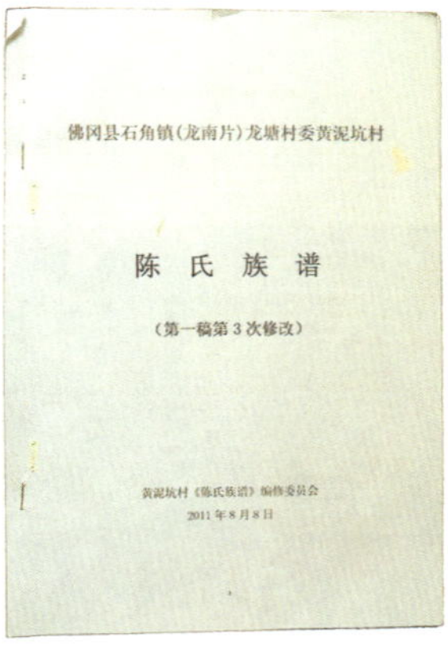

佛冈县石角镇(龙南片)龙塘村委黄泥坑村

陈 氏 族 谱

(第一稿第3次修改)

黄泥坑村《陈氏族谱》编修委员会
2011年8月8日

◎《陈氏族谱》（摄于 2016 年）

鹅等。

1980 年通电话，1980 年通电，1983 年村道实现水泥硬底化，1995 年通自来水，2010 年通网络。村中建有垃圾收集站。

现存传统民居 43 座，建于清代后期至民国期间，其中 100 年以上历史的有 5 座。村中民居建筑基本保存完整。大体分为正座和围水两种建筑。正座民居为一厅两廊四房一天井布局。土木结构，三合土墙，硬山顶，盖灰瓦。正座有两廊门为出入口，屋内以方砖铺地，天井用鹅卵石（或石板条）铺砌，排水设施完备，一般占地面积 68 平方米。围水则为单间砖木平房，土木结构，三合土墙（或火砖墙），硬山顶，盖灰瓦，一般占地面积 20 平方米。

◎ 黄泥坑村民居（摄于 2016 年）

村修有《陈氏族谱》，2011 年由该村《陈氏族谱》编修委员会编修。

传统节日有春节、清明节、四月八、端午节、七夕、七月十四、中秋节、冬至等。其中，农历七月十四为盂兰节或鬼节。相传在元朝以前每年的农历七月十五，民间都举行祭祀祖宗活动，故称七月半。后为避元兵入侵的战乱，民间提前一天祭祀祖宗，从此每年农历七月十四过七月半。村民仍有用制作米糍或杀鸡加菜等方式进行简单庆贺的习俗。传统婚嫁习俗中，中华人民共和国成立前，男婚女嫁由“父母之命，媒妁之言”所决定。有些村民存有抱养穷人家女童作“童养媳”，未生男孩的人家抱养“等郎妹”的习俗。男女婚嫁要经过相亲、订婚、迎亲等程序。传统丧事习俗以土葬为主，1990 年以后逐步实行火葬。其程序为举丧、入殓、出殡、送葬和做法事，将亡灵牌送入祠堂。办丧事只能做白饭、花菜、黄豆煮猪肉等简单的饭菜，用餐时不坐高台高凳，拆下事主家的门板放于门前的巷地上当饭桌。

1969 年春，龙南中学迁到该村办学（1981 年迁到旱塘村）。20 世纪 70 年代中期，改河造田，大搞农田基本建设，改造低产农田 6.67 公顷。

（资料填报：朱永凡，初稿撰写：朱永凡，总纂：李协湖）

南田村

◎ 南田村村貌（摄于 2016 年）

南田村，位于石角镇西部，距镇政府 11 千米。始建于明初，由刘氏移民聚居而形成。刘从龙于明永乐年间迁徙到此地，建成龙蟠村，有部分村民从龙蟠村迁出新建南田村，因位于龙蟠村南面而得名。

该村坐落于丘陵地带，坐南朝北，呈聚居分布。村东为大塘村，南为磨刀坑山，西为里水咸水村，北为旱塘村、龙蟠村。村旁有南山脑山（俗称“背底山”）、园山岑仔山（俗称“园山仔山”），有龙南河自村前流过。省道 S252 线距村 1 千米，有乡道连接。

村落形成时，属清远县吉河乡龙蟠堡。清嘉庆十八年(1813 年)，属佛冈厅吉河乡龙蟠堡。民国时期，属佛冈县一区龙冈乡（后改为龙潭乡）。中华人民共和国成立初期，属佛冈县一区龙潭乡。1958 年，属从化县佛冈人民公社龙南大队。1961 年，属佛冈县龙南人民公社龙塘大队。1983 年，属龙南区龙塘乡。1987 年，属龙南乡龙塘行政村。1989 年，属龙南乡龙塘管理区。1994 年，属龙南镇龙塘管理区。1998 年，属龙南镇龙塘行政村。2004 年至今，属石角镇龙塘行政村。

世居村民为刘姓、周姓、钟姓。刘姓，据《刘氏族谱·彭城郡》记载，宋末由福建迁入广东潮州、兴宁后迁从化，明永乐年间刘槐祖从附近龙蟠村移居该村。周姓，明弘治年间从清远县浥江（今佛冈县汤塘镇）迁入该村。钟姓，明代后期从清远县浥江（今佛冈县汤塘镇）迁入该村。

2015 年末，户籍人口 370 人，其中男性 182 人，女性 188 人。80 岁以上老人 2 人，最年长者 89 岁（女）。16 岁以下 74 人，其中留守儿童 7 人。实际在村居住和生活的村民主要依靠农业收入 311 人，常年在城镇生活和务工 59 人。村民均为汉族，广府民系，使用粤方言。祖籍该村的港澳台同胞 1 人。

村有山地面积 80.4 公顷，耕地面积 21.39 公顷。有矿产（稀土、铁矿）和林业资源。传统经济以农业为主，主要作物有水稻、番薯、木薯、花生、大豆等。20 世纪 60 年代后期至 70 年代前期，按照县、公社关于农村发展多种经营的部署，该村办有养猪

◎ 南田村澳洲坚果种植（摄于 2015 年）

◎ 南田村优质茄子种植园（摄于 2016 年）

场、养鸡场、养鸭场、养兔场和砖瓦厂。其中，砖瓦厂的砖瓦产品，均由村内组织采泥、制坯、煅烧，砖瓦成品，1972 年，该村砖瓦厂产值达 6 万多元。1973 年 2 月，县召开“农业学大寨”誓师大会，印发南田生产队发展多种经营的事迹和经验。1990 年以后，大部分青壮年外出打工。村民主要收入来源为农业和外出务工。1995 年后，村民逐步扩种沙糖桔，2011 年全村种植沙糖桔面积 13.33 公顷，总产值 80 万元。2013 年起，沙糖桔产业消退，村民改种其他果树。该村有南山区综合场，由龙塘村直接管理，始建于 20 世纪 60 年代初。始建时名为大队林场，1968 年接收知青在此集体生产生活时，改名为知青农场。1979 年知青撤离后，改名为南山区综合场，内有林业、种植业、养殖业和加工业。总面积 166.67 公顷，内有山塘、水溪、水田及旱地。其中，杉林 100 多公顷，竹林 46.67 公顷。20 世纪 90 年代起种植沙糖桔，2012 年起逐步改种火龙果、澳洲坚果等品种。同时，场内还建有白鸽场、饲料加工厂。传统节庆食品有糯米糍、粽子、甜酒等。

◎ 南田村传统民居（摄于 2016 年）

1980 年通电话，1980 年通电，1983 年村道实现水泥硬底化，1995 年通自来水，2010 年通网络。村中建有垃圾收集站。

现存传统民居 60 座，其中 200 年以上历史的有 15 座。分为正座和围水两种建筑。正座民居为一厅两廊四房一天井布局。土木结构，三合土墙（或火砖墙），硬山顶，盖灰瓦。正座有两廊门为出入口，屋内以方砖铺地，天井用鹅卵石（或石板条）铺砌，排水设施完备，一般占地面积 68 平方米。围水则为单间砖木平房，土木结构，三合土墙（或火砖墙），硬山顶，盖灰瓦，一般占地面积 20 平方米。1990 年后，村民先后搬进自建钢筋混凝土楼房。

该村与龙蟠村共有刘氏大宗祠，宗祠位于龙蟠村，2012 年被列入佛冈县不可移动文物名录。该村与龙蟠等刘姓村合编有《刘氏族谱·彭城郡》，1995 年由刘氏从龙公族谱续谱委员会编修。《刘氏族谱》中有祖训。

村中有九子无年过的传说。村里有一富户邓九如，生有九子一女，女儿已出嫁，九个儿子已成家分居，他因年老失偶，独自居住。有一年的除夕，他等儿子来请自己吃年夜饭，怎知九个儿子没有一个来请他。后来女儿在大年初四来探望他，他把部

◎ 2007 年通车的南田大桥（摄于 2016 年）

分山契、田契赠送给女儿，其他的全部捐给村中的飞来寺，现仍有飞来寺的残存遗址。村民们用这传说，教人要孝顺父母，崇尚美德。

传统节日有春节、清明节、四月八、端午节、七夕、七月十四、中秋节、冬至等。传统婚嫁习俗，男女相识交往后，女方家亲友要到男方家探家，结婚前要担定婚茶，报日子、送聘金、定嫁妆，行结婚礼时，要摆酒请客，迎亲和送亲。传统丧事习俗以土葬为主，1990 年以后逐步实行火葬。其程序为举丧、入殓、出殡、送葬和做法事，将亡灵牌送入祠堂。

20 世纪初，南田村成立氏族组织，进行村落自治管理。20 世纪 70 年代初期，广州市知识青年上山下乡，在该村设立知青安置点，当时有 80 人，几年后安置点撤销。2007 年，建成南田大桥，横跨龙南河，桥长 60 米。2012 年，该村在政府支持下，实施高标准基本农田建设工程，完成主干圳、产业道路、农田排泄渠建设，2014 年 10 月通过竣工验收。

该村的刘礼良（1895—1998），一生以铁匠为业，其制作的农具、刀具实用、耐用，价格公道，名闻乡里。

（资料填报：刘朝生，初稿撰写：刘朝生，总纂：李协湖）

社坪村

◎ 社坪村村貌（摄于 2016 年）

社坪村，位于石角镇西部，距镇政府 8 千米。始建于明中期，欧氏族人从顺德迁徙到此地，建村而居，因位于龙南河与东门坝水交汇处平地而得名。

该村坐落于丘陵地带，呈聚居分布。村东为白芒坝村，南为坦岭村，西为大塘村，北为龙蟠村。村旁有斜田山，海拔 200 米。有溪水自北向南流至不远处的龙南河。省道 S252 线从村旁穿过。

村落形成时，清乾隆十一年（1672 年）属清远县吉河乡龙蟠堡。清嘉庆十八年（1813），属佛冈厅吉河乡龙蟠堡。民国时期，属佛冈县一区龙冈乡（后改为龙潭乡）。中华人民共和国成立初期，属佛冈县一区龙潭乡。1958 年，属从化县佛冈人民公社龙南大队。1961 年，属佛冈县龙南人民公社龙塘大队。1983 年，属龙南区龙塘乡。1987 年，属龙南乡龙塘行政村。1989 年，属龙南乡龙塘管理区。1994 年，属龙南镇龙塘管理区。1998 年，属龙南镇龙塘行政村。2004 年至今，属石角镇龙塘行政村。

世居村民为欧姓。据《欧氏族谱》记载，宋代欧氏族人从中原迁移到广东佛山顺德，明中期从佛山顺德迁至该村。

2015 年，户籍人口 159 人，其中男性 75 人，女性 84 人。60 岁以上 14 人，其中 80 岁以上 2 人，最年长者 85 岁（男）。16 岁以下 39 人，其中留守儿童 5 人。实际在村居住和生活主要依靠农业收入 141 人，常年在城镇生活和务工 18 人。村民均为汉族，广府民系，使用粤方言。

村有山地面积 38.8 公顷，耕地面积 6 公顷。传统经济以农业为主，主要作物有水稻、番薯、木薯、花生、大豆等。现多种植水稻、番薯、花生。1995

◎ 社坪村毛竹林（摄于 2016 年）

◎ 手指糍（摄于 2016 年）

◎ 社坪村传统民居（摄于 2016 年）

年后，村民逐步扩种沙糖桔，2011 年全村种植沙糖桔面积 13.33 公顷，总产值 100 万元。2013 年起，沙糖桔产业消退，村民改种其他果树。1990 年以后，大部分青壮年外出打工。村民主要收入来源为农业和外出务工。传统节庆食品有粽子、手指糍、甜酒等。

1980 年通电话，1980 年通电，1983 年村道实现水泥硬底化，1995 年通自来水，2010 年通网络。村中建有垃圾收集站。

传统民居为广府民居，现存 6 座。正座民居为一厅两廊四房一天井布局。土木结构，三合土墙（或火砖墙），硬山顶盖灰瓦。正座有两廊门为出入口，屋内以方砖铺地，天井用鹅卵石（或石板条）铺砌，排水设施完备，一般占地面积 68 平方米。围水则为单间砖木平房，土木结构，三合土墙（或火砖墙），硬山顶，盖灰瓦，一般占地面积 20 平方米。保存基本良好，有人居住。

传统节日有春节、清明节、四月八、端午节、七月十四、中秋节、冬至等。清明节是悼念祖先的节日，家家户户门楣插柳枝和桃叶以驱邪，采艾做糍，名为“艾糍”，并进行扫墓活动。扫墓一般从清明前的春分起到农历四月初八，扫墓期间在外地谋生的人都尽可能赶回来祭扫祖墓。传统婚嫁习俗，结婚前要担定婚茶，报日子、送聘金、定嫁妆，行结婚礼时，要摆酒请客，迎亲和送亲。传统丧事习俗以土葬为主，1990 年以后逐步实行火葬。其程序为举丧、入殓、出殡、送葬和做法事，将亡灵牌送入祠堂。办丧事只能做白饭、花菜、黄豆煮猪肉等简单的饭菜，用餐时不坐高台高凳，拆下事主家的门板放于门前的巷地上当饭桌。

村民流传社坪坳龙脉的传说。在很久以前，没有通路，村民来往都要绕一个大圈从龟嘴庙的山边走过去，走许多冤枉路。村民便商量在山梁较低的

◎ 振龙古庙（摄于 2016 年）

地方开辟一条路，贯通南北。但是，村民发现白天搬开的泥土，第二天又自动回到原处。原来，在龟仔嘴有一座振龙古庙，位于龙蟠堡三江水口，龟仔山和社坪后山连成一气。而村民所掘之处正是庙中龙脉所在地。该庙主为保存龙脉不被破坏，每天便唤小神把村民白天搬走的泥土搬回原地填平。后来，村民用锯和铁耙破了神法，把山梁掘开。山土里流出的红水，相传是龙尾的龙筋血；底下是大石掘不动，据说是龙的骨架。后来人们经过这个山坳，总能发现在坳顶处有一潭红水，相传是神龙的血水，道路通车后此水绝迹。

村中还流传契乸石的传说。在村旁盘古皇庙附近，有一块巨石矗立，高3米多，五围粗，人们称其为“契乸石”，传说石头是南海观音徒弟的化身。一天，南海观音要去天庭和王母娘娘小聚，带徒弟一同前去。当他们从盘古皇庙上空经过时，看见霞光万道挡住去路。原来霞光是从盘古皇庙射出的。有位徒弟趁观世音与王母娘娘叙谈时，偷偷到庙前的空地上，想霸占此地。盘古王与之相斗，南海观音前来调解，罚徒弟留守不准离开。三万六千年后，南海观音的徒弟得道成仙，本体化为一块巨石留在原地。有一回，有个母亲带着病重的孩子经过这里，在石头下休息，忍不住哭诉着自己的痛苦。巨石被伟大的母爱感动，暗施神通，让孩子转危为安。此事传开来，大家都说巨石能显灵保佑小孩，所以邻近村民把经常啼哭或经常生病的小孩带到石前许愿，让小孩认它作契乸（“干妈”的意思），保佑小孩平安，从此人们称这石头作“契乸石”。

20世纪初，成立氏族组织，进行村落自治管理。1972年10月，改造东门坝堤围建设，改善该村农田灌溉面积3.33公顷。

（资料填报：欧伟良，初稿撰写：欧伟良，总纂：李协湖）

生水塘村

◎ 生水塘新村村貌（摄于2016年）

生水塘村，位于石角镇西部偏北，距镇政府8千米。始建于明中期，由多姓氏移民聚居而形成。因村庄水塘多、地下水涌出而得名。

该村坐落于丘陵地带，呈聚居状分布。村东为松粉村，南为大坝村，西为黄泥坑村，北面为联和村。村旁有溪水自北向西流至不远处的龙南河。省道S252线距村2千米，有县道（省道S252线—生水塘村）连接。

村落形成时，属清远县吉河乡龙蟠堡。清嘉庆十八年(1813年)，属佛冈厅吉河乡龙蟠堡。民国时期，属佛冈县一区龙冈乡（后改为龙潭乡）。中华人民共和国成立初期，属佛冈县一区龙潭乡。1958年，属从化县佛冈人民公社龙南大队。1961年，属佛冈县龙南人民公社龙塘大队。1983年，属龙南区龙塘乡。1987年，属龙南乡龙塘行政村。1989年，属龙南乡龙塘管理区。1994年，属龙南镇龙塘管理区。1998年，属龙南镇龙塘行政村。2004年至今，属石角镇龙塘行政村。

世居村民为黄姓、陆姓、陈姓。黄姓，宋代由江西迁至广东佛山顺德，明中期从佛山顺德迁至该村。陆姓，明中期从英德迁至该村。陈姓，清后期由新丰迁至该村。

2015年末，户籍人口100人，其中男性48人，女性52人。60岁以上老人25人，其中80岁以上2人，最年长者84岁（男）。16岁以下20人，其中留守儿童2人。实际在村居住和生活主要依靠农业收入80人，常年在城镇生活和务工20人。村民均为汉族，客家民系，使用客家方言。

村有山地面积14.73公顷，耕地面积10.73公顷。

◎ 村民饲养的温氏猪（摄于2016年）

传统经济以农业为主，主要作物有水稻、番薯、木薯、花生、大豆等。现多种植水稻、番薯、花生。20 世纪 90 年代后期，村民逐步扩种沙糖桔，2011 年全村种植沙糖桔面积 13.33 公顷，总产值 80 万元。2013 年起，沙糖桔产业消退，村民改种其他果树。20 世纪 90 年代以后，部分青壮年外出打工。村民主要收入来源为农业和外出务工。有村民利用“公司 + 农户”模式，养殖“温氏猪”。传统节庆食品有粽子、糯米糍、白切鸡、蒸鹅等。

1980 年通电话，1980 年通电，1983 年村道实现水泥硬底化，1995 年通自来水，2010 年通网络。村中建有垃圾收集站。

传统民居为砖木结构平房。生水塘新村于 2011 年由佛冈碧桂园投资建设，新村占地面积 3.6 万平方米，总投资 1500 万元，建设联排式别墅安居房 52 套，每套面积 140 平方米。2014 年 12 月，新村建设（含公用设施）全部竣工。2015 年 1 月 23 日，生水塘新村举办住户抽签分房仪式，住户迁入新居。生水塘新村牌楼上刻“生水塘新村”5 个大字，两边有内层、外层对联各一副。内层对联为：“生态和谐湖碧景美巍巍琼楼功在党；水山统协政善猷新浩浩厚德惠于民。”外层对联为：“民心工程齐来奔向小康社会；农村建设合力营造大气佛冈。”

◎ 生水塘村传统民居（摄于 2016 年）

◎ 生水塘村新村民居（摄于 2016 年）

◎ 生水塘新村文化室（摄于 2016 年）

传统节日有春节、清明节、四月八、端午节、七月十四、中秋节、冬至等。传统婚嫁礼仪：男女相识交往后，女方家要到男方家探家，结婚前要担定婚茶，报日子、送聘金、定嫁妆，行结婚礼时，要摆酒请客，迎亲和送亲。发生丧事时，传统习俗以土葬为主，1990 年以后逐步实行火葬。其程序为举丧、入殓、出殡、送葬和做法事，将亡灵牌送入祠堂。办丧事只能做白饭、花菜、黄豆煮猪肉等简单的饭菜。

2012 年 12 月 24 日，时任中共中央政治局委员、广东省委书记汪洋，广东省委副书记、省长朱小丹在市、县领导的陪同下，到生水塘村考察。

（资料填报：邝特权，初稿撰写：邝特权，总纂：李协湖）

石群村

◎ 石群村村貌（摄于 2016 年）

石群村，位于石角镇西部，距镇政府 8 千米。始建于清初，由林氏移民聚居而形成。因村域内多大石而得名。

该村坐落于丘陵地带，东为小梅白芒坝村，南为坦岭村，西为社坪村，北为龙蟠村。村旁有高脑顶山，高 300 米。有溪流自北向南流至不远处的龙南河。省道 S252 线从村旁穿过。

村落形成时，属清远县吉河乡龙蟠堡。清嘉庆十八年（1813 年），属佛冈厅吉河乡龙蟠堡。民国时期，属佛冈县一区龙冈乡（后改为龙潭乡）。中华人民共和国成立初期，属佛冈县一区龙潭乡。1958 年，属从化县佛冈人民公社龙南大队。1961 年，属佛冈县龙南人民公社龙塘大队。1983 年，属龙南区龙塘乡。1987 年，属龙南乡龙塘行政村。1989 年，属龙南乡龙塘管理区。1994 年，属龙南镇龙塘管理区。1998 年，属龙南镇龙塘行政村。2004 年至今，属石角镇龙塘行政村。

世居村民为林姓。据《林氏得聪联谱》记载，宋代林氏族人由福建迁入广东，明末清初林氏始祖自英德周洞迁至石群村。

2015 年末，户籍人口 280 人，其中男性 145 人，女性 135 人。60 岁以上 70 人，其中 80 岁以上 6 人，最年长者 87 岁（女）。16 岁以下 56 人，其中留守儿童 4 人。实际在村居住和生活主要依靠农业收入 250 人，常年在城镇生活和务工 30 人。村民均为汉族，客家民系，使用客家方言。

村有山地面积 43.47 公顷，耕地面积 14.6 公顷。村有矿产（石英石）和林业资源，主要作物有水稻、番薯、木薯、花生、大豆等。现多种植水稻、番薯、花生。20 世纪 90 年代后期，村民逐

◎ 位于省道 S252 线旁的石英粉厂（摄于 2016 年）

◎ 村旁龙泉酒厂生产的米酒（摄于2016年）

◎ 石群村新民居（摄于2016年）

步扩种沙糖桔，2011年全村种植沙糖桔面积6.67公顷，总产值40万元。2013年起，沙糖桔产业消退，村民改种其他果树。1990年以后，大部分青壮年外出打工。村民主要收入来源为农业和外出务工。该村有石英粉厂、龙泉酒厂，石英粉厂由林荣锡创办于1992年，该厂总面积约4000平方米，主要生产销售石英粉，2014年产值250万元。传统节庆食品有粽子、甜酒等。

1980年通电话，20世纪80年代初年通电，80年代村道实现水泥硬底化，90年代通自来水，2010年通网络。村中建有垃圾收集站。

传统民居为砖木结构平房。大厅设在中间，两边为侧房，有的二门归厅，有的四门归厅，有的是围水，前面设院墙，厨房设在侧房或在院中另建，柴房、猪舍、牛栏、厕所建在屋外。现存传统民居10座，保存基本完好，有人居住。

◎ 石群村传统民居（摄于2016年）

该村与佛冈县高岗镇社冈村林姓合编有《林氏得聪联谱》，2006年由联谱理事会纂修。

传统节庆习俗为春节、清明节、四月八、端午节、七月十四、中秋节、冬至等。端午节，村农户在门楣挂艾叶、菖蒲等，以避邪逐恶。这一天青年人开始到江河游泳，称洗龙舟水，意为祈消灾去祸。传统婚嫁习俗，男女相识交往后，女方家亲友要到男方家探家，结婚前要担定婚茶，报日子、送聘金、定嫁妆，行结婚礼时，要摆酒请客，迎亲和送亲。传统丧事习俗以土葬为主，为传统的二次葬，即先用棺材葬遗体，后用陶埕葬遗骨。1990年以后，逐步实行火葬。其程序为举丧、入殓、出殡、送葬和做法事，将亡灵牌送入祠堂。办丧事用简单的饭菜招待参与葬礼人，用餐时不坐高台高凳，拆下事主家的门板放于门前的巷地上当饭桌。

村建有特色民居五贤庄。五贤庄于2010年由林荣锡兄弟5人出资建造，建有牌楼。牌楼上方有匾额，上书“五贤庄”，两边有对联，牌楼墙上有壁画。庄内为传统正座民居，并有新建的现代钢筋混凝土楼房。在该村不远处的山地上建有慈恩堂。

◎ 五贤庄（摄于 2016 年）

2003 年，林荣锡在省道 S252 线（盘谷路路口）出资建造纪念母亲刘求圆的求圆亭，为敞开式凉亭，方便路人小憩。

清代及民国期间，村中管理主要由族中太公父老负责，设有“太公田”（村中公田），将所收租谷、租金设立“公尝”（村公共财产），用于村中公益事业。1972 年，村民参加龙塘大队组织的东门坝堤围改造，有效改善灌溉面积 2.67 公顷。

该村主要人物：林观星（1875—1935），当地知名武师，清末参加武举人考试，虽未中举，但后来培养徒弟林长金、林长沥成为武师，并带领村民练武，使研习武艺、讲求武德成为村风。林社炳（1947—），创办企业，为当地经济发展做出突出贡献，曾被广东省委、省政府评为山区建设优秀人才。林荣锡（1952—），1995 年起任龙塘村党支部书记，2015 年获广东省优秀农村（社区）党组织书记称号，2015 年担任《佛冈县石角镇龙塘村志》编委会主任，该书为佛冈县第一部行政村级志书。林亦（1988—），任四川省成都市残联击剑总教练，兼翼烽击剑俱乐部教练，在省级以上击剑竞赛中获多项名次。

（资料填报：欧伟良，初稿撰写：欧伟良，总纂：李协湖）

石山脚村

◎ 石山脚村村貌（摄于2016年）

石山脚村，位于石角镇西部偏北，距镇政府12千米。始建于清后期，由朱氏移民聚居而形成。据《紫阳朱氏礼溪族谱》记载，朱秀耀迁徙到此地，因村位于石山脚下而得名。

该村坐落于丘陵地带，坐北向南，呈聚居分布。村东为黄泥坑村，南为石铺村，西为里水芦洞村，北为英德市茶坑村。村后有峰门坳山，有溪流自西向东流至不远处的龙南河。省道S252线在村2千米处，有乡道（石山脚—旱塘）连接。

清嘉庆十八年（1813年），属佛冈厅吉河乡龙蟠堡。民国时期，属佛冈县一区龙冈乡（后改为龙潭乡）。中华人民共和国成立初期，属佛冈县一区龙潭乡。1958年，属从化县佛冈人民公社龙南大队。1961年，属佛冈县龙南公社龙塘大队。1983年，属龙南区龙塘乡。1987年，属龙南乡龙塘行政村。1989年，属龙南乡龙塘管理区。1994年，属龙南镇龙塘管理区。1998年，属龙南镇龙塘行政村。2004年至今，属石角镇龙塘行政村。

世居村民为朱姓。据《紫阳朱氏礼溪族谱》记载，宋末明初朱氏族人由福建迁入广东，清后期朱秀耀先祖由英德虎山乡（今佛冈高岗镇）礼溪村迁至该村。

2015年末，户籍人口38人，其中男性18人，女性20人。60岁以上3人，其中80岁以上1人，最年长者89岁（男）。16岁以下10人。实际在村居住和生活主要依靠农业收入29人，常年在城镇生活和务工9人。村民均为汉族，客家民系，使用客家方言。

村有山地面积98.8公顷，耕地面积17.07公顷。村后山名为峰门坳山（当地人称“大石山”），

◎ 峰门坳山（摄于2016年）

◎ 石山脚村养鱼基地（摄于 2016 年）

◎《紫阳朱氏礼溪族谱》（摄于 2016 年）

海拔 300 多米，为龙塘村域内的最高山，山上有松树、杂树和竹林，还有石英石矿。村民传统种植业主要有水稻、番薯、木薯、花生、大豆等。1990 年以后，大部分青壮年外出打工。20 世纪 90 年代后期，村民逐步扩种沙糖桔，2011 年全村种植沙糖桔面积 2 公顷，总产值 10 多万元。2013 年起，沙糖桔产业消退，村民改种其他果树。传统节庆食品有粽子、糯米糍、白切鸡等。

1988 年通电话，1984 年通电，1995 年村道实现水泥硬底化，1998 年通自来水，2010 年通网络。村中建有垃圾收集站。

现存传统民居有 7 座，其中 50 年以上的有 2 座。正座民居为一厅两廊四房一天井布局。土木结构，三合土墙（或火砖墙），硬山顶，盖灰瓦。正座有两廊门为出入口，屋内以方砖铺地，天井用鹅卵石（或石板条）铺砌，排水设施完备，一般占地面积 68 平方米。围水为单间砖木平房，土木结构，三合土墙（或火砖墙），硬山顶，盖灰瓦，一般占地面积 20 平方米。

该村与高岗朱氏族人合编有《紫阳朱氏礼溪族谱》，2001 年编印。

该村人数较少，但各家各户仍以各种方式开展节庆活动，在春节、端午节、中秋节、冬至等节日尤为热闹。婴儿出生的第三天称“三朝”，请亲友饮甜酒、吃甜醋。满一个月时称“满月”，亦称“弥月”，在家中或酒店摆满月酒，设宴款待前来庆贺的亲友。婚嫁习俗，中华人民共和国成立前，男婚女嫁由“父母之命，媒妁之言”所决定。有抱养穷人家女童作“童养媳”，未生男孩的人家抱养“等郎妹”的习俗。中华人民共和国成立后，男女婚嫁仍经过相亲、订婚、迎亲等仪式。

传统丧事习俗以土葬为主，为传统的二次葬，即先用棺材葬遗体，后用陶埕葬遗骨。举丧时孝子要披麻戴孝守灵，跪迎前来参加葬礼的外婆家人，亡者入殓后要到村溪买水为死者洗面，出殡时，长孝子要双手恭抬亡者灵牌，在主持人引领到亡者土葬地，土葬后，将亡灵牌送入祠堂，三天后要到坟前进行复坟。办丧事用简单的饭菜招待参与者，用餐时不坐高台高凳，拆下事主家的门板放于门前的巷地上当饭桌。1990 年以后，逐步实行火葬。

20 世纪初，成立氏族组织，进行村落自治管理。20 世纪 70 年代中期，进行改河造田，大搞农田基本建设，该村改造低产田 0.67 公顷，粮食产量每亩提高 50 千克。

（资料填报：朱永凡，初稿撰写：朱永凡，总纂：李协湖）

松粉村

◎ 松粉村村貌（摄于2016年）

松粉村，位于石角镇西部，距镇政府8千米。始建于清嘉庆年间，由南迁移民聚居而形成。据《邝氏族谱》记载，邝咸伍迁徙到此地，因村域山上多松树而得名。

该村坐落于丘陵地带，坐北向南，呈聚居住分布。村东为铜古围，南为格岭村，西为大埔村，北为西田村。村内有溪水流向龙南河。省道S252线距村1.5千米，有县道（省道S252线—西田）经过该村。

清嘉庆十八年（1813年），属佛冈厅吉河乡龙蟠堡。民国时期，属佛冈县一区龙冈乡（后改为龙潭乡）。中华人民共和国成立初期，属佛冈县一区龙潭乡。1958年，属从化县佛冈人民公社龙南大队。1961年，属佛冈县龙南人民公社龙塘大队。1983年，属龙南区龙塘乡。1987年，属龙南乡龙塘行政村。1989年，属龙南乡龙塘管理区。1994年，属龙南镇龙塘管理区。1998年，属龙南镇龙塘行政村。2004年至今，属石角镇龙塘行政村。

世居村民有邝姓、黄姓、陆姓、郑姓。邝姓，据《邝氏族谱》记载，宋末从南京宁国府迁移至广东河源，清嘉庆年间从英德上砝分村迁至该村。黄姓，清后期由佛冈县水头迁至该村。陆姓，清后期由英德上砝迁至该村。郑姓，清末民国初由附近石联村迁至该村。

2015年末，户籍人口122人，其中男性60人，女性62人。80岁以上5人，最年长者87岁（女）。16岁以下30人，其中留守儿童3人。实际在村居住110人，生活主要依靠农业收入110人，常年在城镇生活和务工12人。村民均为汉族，客家民系，使用客家方言。

◎ 松粉村油茶园（摄于2016年）

村有山地面积 16.4 公顷，耕地面积 5.33 公顷。传统经济以种植水稻、番薯、木薯、花生、大豆等为主。20 世纪 90 年代后期，村民逐步扩种沙糖桔，2011 年全村种植沙糖桔面积 13.33 公顷，总产值 80 万元。2013 年起，沙糖桔产业消退，村民改种其他果树。1990 年以后，部分青壮年外出打工。村民主要收入来源为农业收入，外出务工收入。传统节庆食品有粽子、糯米糍、豆腐、腍肉等。

1984 年通电，1988 年通电话，1995 年村道实现水泥硬底化，1998 年通自来水，2010 年通网络。村中建有垃圾收集站。

传统民居现存 20 座。由护水屋和门楼组成，呈“回”字形状布局。坐北向南，土木结构，三合土墙，硬山顶，盖灰瓦，排水设施完备。1960 年，办松粉小学，后因并校而撤销。

◎ 松粉村新民居（摄于 2016 年）

村修有《邝氏族谱》，1967 年由邝仁安编修。

村旁山坡建有盘古王庙。该庙建于明末，是附近多村共建共用的庙宇。位于松粉村域内的山麓，用以祭祀相传开天辟地的盘古王。该庙坐北向南，为单进结构，庙前有一块较大的地坪。方圆数十里的村民都来拜祭，春节和元宵节期间，在庙前空地上举行抢花炮活动。该庙因年长日久，损毁严重，由村民于 1993 年集资重修，重修后的门楣按原样刻有“盘古王庙”4 个大字，并在该庙旁边建成敞开式砖瓦屋。

◎ 盘古王庙（摄于 2015 年）

传统节日有春节、清明节、四月八、端午节、七夕、七月十四、中秋节、十月朝、冬至等。传统婚嫁习俗，男女相识交往后，女方家要到男方家探家，结婚前要担定婚茶，报日子、送聘金、定嫁妆，行结婚礼时，要摆酒请客，迎亲和送亲。传统丧事习俗以土葬为主，1990 年以后逐步实行火葬。其程序为举丧、入殓、出殡、送葬和做法事，将亡灵牌送入祠堂。

20 世纪初，成立氏族组织，进行村落自治管理。村民有良好的文明习惯，2012 年制定全村卫生管理公约，生活垃圾集中堆放和清运，村民自觉保持文明整洁的居住环境。

◎ 松粉村卫生管理公约（摄于 2016 年）

（资料填报：杨作喜，初稿撰写：杨作喜，总纂：李协湖）

坦岭村

◎ 坦岭村村貌（摄于 2016 年）

坦岭村，位于石角镇西部，距镇政府 9 千米。始建于清中期，因村庄位于较低缓平坦的山地而得名。坦岭村东南面原有杉山村，因山上多杉树而得名。20 世纪 60 年代初，杉山村并入坦岭村。

该村坐落于丘陵地带。村东、南为小梅村，西为南山，北为大塘村。村旁有黄泥山。村东北面龙南河自西向东流至滘江河。省道 S252 线距村 1.5 千米。有乡道（石群村—山湖村）连接。

清嘉庆十八年（1813 年），属佛冈厅吉河乡龙蟠堡。民国时期，属佛冈县一区龙冈乡（后改为龙潭乡）。中华人民共和国成立初期，属佛冈县一区龙潭乡。1958 年，属从化县佛冈人民公社龙南大队。1961 年，属佛冈县龙南人民公社龙塘大队。1983 年，属龙南区龙塘乡。1987 年，属龙南乡龙塘行政村。1989 年，属龙南乡龙塘管理区。1994 年，属龙南镇龙塘管理区。1998 年，属龙南镇龙塘行政村。2004 年至今，属石角镇龙塘行政村。

世居村民有罗姓、刘姓。罗姓，据《佛冈罗氏族谱》记载，明景泰年间罗氏族人由中原迁入广东南雄，清中期从广东南雄迁至该村。刘姓，清中期由附近的龙蟠村迁至该村。

2015 年，户籍人口 196 人，其中男性 95 人，女性 101 人。60 岁以上 49 人，其中 80 岁以上 6 人，最年长者 90 岁（男）。16 岁以下 39 人，其中留守儿童 5 人。实际在村居住和生活主要依靠农业收入 160 人，常年在城镇生活和务工 36 人。村民均为汉族，客家民系，使用客家方言。

村有山地面积 32.6 公顷，耕地面积 9.27 公顷。林业资源有杉树，矿产资源有石英石。以上资源均已开发，20 世纪 70—80 年代，建石英粉厂。村民主要种植水稻、番薯、木薯、花生、大豆等。改革

◎ 坦岭村淮山种植（摄于 2016 年）

◎ 坦岭村大果山楂种植（摄于 2016 年）

◎ 坦岭村大桥（摄于 2016 年）

开放后，该村发展毛兔（安哥拉兔）饲养业。1980 年，办集体兔场 2 个，养兔农户 11 户，兔存栏量 400 多只，交售兔毛年收入共 3000 元。20 世纪 90 年代后期，村民逐步扩种沙糖桔，2011 年全村种植沙糖桔面积 20 公顷，总产值 100 万元。2013 年起，沙糖桔产业消退，村民改种其他果树。1990 年以后，大部分青壮年外出打工。村民主要收入来源为农业和外出务工。传统节庆食品有粘米糍、腍肉、豆腐、甜酒等。

1984 年通电，1988 年通电话，1995 年村道实现水泥硬底化，1998 年通自来水，2010 年通网络。村中建有垃圾收集站。

现存传统民居 10 座，保存基本良好，有人居住。护水屋和门楼组成，呈回龙状布局。坐北向南，土木结构，三合土墙，硬山顶，盖灰瓦，排水设施完备。

传统节日有春节、清明节、四月八、端午节、七夕、七月十四、中秋节、十月朝、冬至等。其中，该村男人到虚年 51 岁，女人到虚年 50 岁才做生日，俗称“男单女双”。做生日时，一家人连同亲友围桌而坐，饮酒庆贺，享受盛宴，其乐融融，寿者要派红包（俗称“利是”）给儿孙们。请亲友光临，来宾则送寿礼祝贺。传统婚嫁礼仪，男女相识交往后，女方家亲友要到男方家看家风（俗称“睇家风”），结婚前要担定婚茶、报日子、送聘金、定嫁妆，行结婚礼时，要摆酒请客，迎亲和送亲，结婚后三朝回门。传统丧事习俗以土葬为主，1990 年以后逐步实行火葬。其程序为举丧、入殓、出殡、送葬和做法事，将亡灵牌送入祠堂。

◎ 坦岭村传统民居（摄于 2016 年）

村民流传冯师爷斗法的传说。冯旺，龙南学道之人，传说他道法超人，人称冯师爷。有一次，英德道士表演上刀山，当时冯师爷扮成乞丐，道士看不起他这个样子，冯旺见他以貌取人，非常恼火，立即施道法下禁令，令道士开不了坛，锣鼓都打不响，牛角也吹不响。道士这才发现遇到高人，马上热情招呼冯旺，才顺利开坛。当道士上刀山时，冯旺玩弄法术，将刀山上升到半空中，令道士上不了刀山，只好求冯旺从空中放下刀山，才了结这件事。

村中有喃呒广斗法的传说。相传村中有位道士名喃呒广，他从师学法成为神通广大的道士。曾与民安乡和尚斗法，曾在龙南振龙古庙化牛演法，惩恶扬善。

20 世纪初，成立氏族组织，进行村落自治管理。20 世纪 70 年代中期，改造东门坝堤围，改造低产田 1.33 公顷。

该村刘厚榕（1943—2004），曾参加中国人民解放军，转业后先后任佛冈县委政法委副书记、佛冈县人民法院院长。

（资料填报：欧伟良，初稿撰写：欧伟良，总纂：李协湖）

大埔村

◎ 大埔村村貌（摄于 2016 年）

大埔村，位于石角镇西部，距镇政府 10 千米。始建于清初期，由英德下砵迁移到本地移民聚居而形成。因村址位于群山下一大片平地间（俗称“山埔”）而取名大埔村。

该村坐落于丘陵地带，坐北向南，呈分散居住状分布。村东松粉村，南为生水塘村，西为黄泥坑村，北为铁屎岭村。村旁有石离牙山，海拔 200 米。村内有溪水自北向东流至龙南河。省道 S252 线距该村 2 千米，有县道（省道 S252 线—西田）经过该村。

村落形成时，属清远县吉河乡龙蟠堡。清嘉庆十八年（1813 年），属佛冈厅吉河乡龙蟠堡。民国时期，属佛冈县一区龙冈乡（后改为龙潭乡）。中华人民共和国成立初期，属佛冈县一区龙潭乡。1958 年，属从化县佛冈人民公社龙南大队。1961 年，属佛冈县龙南人民公社龙塘大队。1983 年，属龙南区龙塘乡。1987 年，属龙南乡龙塘行政村。1989 年，属龙南乡龙塘管理区。1994 年，属龙南镇龙塘管理区。1998 年，属龙南镇龙塘行政村。2004 年至今，属石角镇龙塘行政村。

世居村民有邝姓、邓姓。邝姓，宋末邝氏族人由南京宁国府迁入广东河源，清朝中期从英德下砵迁至该村。邓姓，清初由英德潭头迁至该村。

2015 年末，户籍人口 135 人，其中男性 65 人，女性 70 人。60 岁以上 20 人，其中 80 岁以上 1 人，最年长者 89 岁（女）。16 岁以下 40 人，其中留守儿童 5 人。实际在村居住和生活主要依靠农业收入 120 人，常年在城镇生活和务工 15 人。村民均为汉族，客家民系，使用客家方言。

该村有山地面积 49.93 公顷，耕地面积 8.93 公顷。有松树、杂树等林业资源。建村以来，村民主

◎ 大埔村番薯种植（摄于 2016 年）

◎ 大埔村水产养殖场（摄于2016年）

要种植水稻、番薯、木薯、花生、大豆等。村民利用山地多杂树的资源，发展蜜蜂养殖业，养蜜蜂较多的年份达50多群（箱）。1971年，村集体养蜜蜂133群（箱），当年产值达3万多元，曾获县有关部门表彰。1990年后，部分青壮年外出打工，在家务农的村民逐步发展种养业。1996年后，村民逐步扩种沙糖桔，2011年全村种植沙糖桔面积4.67公顷，总产值28万元。2013年起，沙糖桔产业消退，村民改种李、桃等其他果树。大埔山塘水产养殖场位于村域，由村民邝金华创办于2012年。养殖场实行综合养殖，山塘养鱼面积4公顷，放养蛋鸭3000多只，年产“四大家鱼”20多吨，产鸭蛋5吨多。罗志焕养猪场位于大埔村，创办于2005年，建有猪栏、鱼塘，罗志焕夫妇负责管理，2014年养猪700多头。有鱼塘0.67公顷，年产草鱼、鲢鱼、鳙鱼5吨。传统节庆食品有粽子、糯米糍、白切鸡、蒸鹅等。

◎ 大埔村传统民居（摄于2016年）

1984年通电，1988年通电话，1998年通自来水，2003年村道实现水泥硬底化，2010年通网络。村中建有垃圾收集站。

传统民居现存10座，基本完好。正座有两廊门为出入口，屋内以方砖铺地，天井用鹅卵石（或石板条）铺砌，排水设施完备，一般占地面积68平方米。围水则为单间砖木平房，土木结构，三合土墙（或火砖墙），硬山顶，盖灰瓦，一般占地面积20平方米。

传统节日有春节、端午节、中秋节、冬至等。各家各户分别宰鸡杀鸭，还进行祭祀活动。其中，春节俗称“过年”，是送旧迎新的大节，农历腊月二十三称“小年”，家家户户打扫庭院、做年货。有“小年”晚饭后送灶君，年三十晚接灶君的习俗。年三十，全家一起吃“团年饭”，饭后长者要给小孩“压岁钱”。年初一清早，各家各户相互拜年，年初二回娘家探亲或访友。正月十五为元宵节，有蒸发糕、食汤圆、做糍的习俗，以示庆贺春节圆满结束。

村民把男女婚嫁作为重大喜事。村中男女结婚前要担定婚茶，报日子、送聘金、定嫁妆，行结婚礼时，要摆酒请客，迎亲和送亲。传统丧事习俗以土葬为主。土葬为二次葬，即村民去世后先用棺木掩埋遗体，过几年后把遗骨取出（俗称“起骨”或“起身”），用金埕（陶罐）装好后，选址再装，年年祭拜。1990年以后，逐步实行火葬。其程序为举丧、入殓、出殡、送葬和做法事，将亡灵牌送入祠堂，再选址将骨灰葬于墓地。

20世纪70年代初期，在村的山谷建山塘，蓄水灌溉6.67公顷。2012年，政府投资15万元，完成该山塘除险加固工程。

该村的邝作根（1912—1949），革命烈士，解放战争时期任游击队中队长，1949年在英德县战斗中牺牲。

（资料填报：邝特权，初稿撰写：邝特权，总纂：李协湖）

铁屎岭村

◎ 铁屎岭村村貌（摄于 2016 年）

铁屎岭村，位于石角镇西部偏北，距镇政府 10 千米。始建于清初，由清远分村迁入的刘氏移民聚居而形成，因村内有铁屎岭山而取名为铁屎岭村。

该村坐落于丘陵，坐北向南，呈聚居分布。村东为松粉村，南为生水塘村，西为黄泥坑村，北为西田村。村后有铁屎岭山，海拔 200 米。村内有溪水自北向东流至龙南河。省道 S252 线距该村 2 千米，有县道（省道 S252 线—西田村）经过该村。

村落形成时，属清远县吉河乡龙蟠堡。清嘉庆十八年（1813 年），属佛冈厅吉河乡龙蟠堡。民国时期，属佛冈县一区龙冈乡（后改为龙潭乡）。中华人民共和国成立初期，属佛冈县一区龙潭乡。1958 年，属从化县佛冈人民公社龙南大队。1961 年，属佛冈县龙南人民公社龙塘大队。1983 年，属龙南区龙塘乡。1987 年，属龙南乡龙塘行政村。1989 年，属龙南乡龙塘管理区。1994 年，属龙南镇龙塘管理区。1998 年，属龙南镇龙塘行政村。2004 年至今，属石角镇龙塘行政村。

世居村民为刘姓。宋末，刘氏族人由福建迁入广东潮州、清远，清初从清远县迁至该村，其后代该村繁衍生息。至清代中期，发展至 50 人。

2015 年末，户籍人口 110 人，其中男性 53 人，女性 57 人。60 岁以上 25 人，其中 80 岁以上 1 人，最年长者 80 岁（男）。16 岁以下 35 人。实际在村居住和生活主要依靠农业收入 100 人，常年在城镇生活和务工 10 人。村民均为汉族，广府民系，使用粤方言。

村有山地面积 49.93 公顷，耕地面积 8.93 公顷。村有矿产（石灰石）和林业资源。传统经济以农业为主，主要作物有水稻、番薯、木薯、花生、大豆等。

◎ 铁屎岭村桃树种植（摄于 2016 年）

◎ 铁屎岭村养蜂园一角（摄于 2016 年）

村民利用山岭杂树多的资源养蜜蜂。1970—1975 年，铁屎岭和大埔村合办砖瓦厂、养兔场、养鸡场、养猪场，增加村集体经济收入。其中，砖瓦厂由两村挑选村民管理，自行挖泥、制坯和烧制，砖瓦主要用于村民自建房屋，部分出售给外村。每年仅砖瓦厂产值（按当时价格）达到 5 万多元。该村（含大埔村）发展农业、副业的事迹，于 1971 年由县革委会总结并印发经验材料到全县各地。20 世纪 90 年代后期，村民逐步扩种沙糖桔，2011 年全村种植沙糖桔面积约 4 公顷，总产值 24 万元。2013 年起，沙糖桔产业消退，村民改种其他果树。有村民承包鱼塘或养殖蜜蜂。20 世纪 90 年代以后，部分青壮年外出打工。村民主要收入来源为农业和外出务工。传统节庆食品有粽子、糯米糍、白切鸡、蒸鹅等。

1984 年通电，1988 年通电话，1998 年通自来水，2003 年村道实现水泥硬底化，2010 年通网络。村中建有垃圾收集站。

◎ 铁屎岭村民居（摄于 2016 年）

传统民居为砖木结构平房。大厅设在中间，两边为侧房，有的二门归厅，有的四门归厅，有的是围水，前面设院墙，厨房设在侧房或在院中另建，柴房、猪舍、牛栏、厕所建在屋外。现存传统民居 16 座，保存基本完好。

传统节日有春节、清明节、四月八、端午节、七夕、七月十四、中秋节、十月朝、冬至等。新生儿出生的第三天称“三朝”，请亲友饮甜酒、吃甜醋。满一个月时称“满月”，很多人家在家中或酒店摆满月酒，设宴款待前来庆贺的亲友。

传统婚嫁习俗，男女相识交往后，女方家亲友要到男方家看家风，结婚前要担定婚茶，报日子、送聘金、定嫁妆，行结婚礼时，要摆酒请客，迎亲和送亲，结婚礼后，三朝回门。传统丧事习俗以土葬为主，举丧时孝子要披麻戴孝守灵，跪迎前来参加葬礼的外婆家人，亡者入殓后要到村溪买水为死者洗面，出殡时，长孝子要双手恭抬亡者灵牌，长女婿要抬幡，土葬后，将亡灵牌送入祠堂，三天后要到坟前进行复坟。办丧事时用简单的饭菜招待参与葬礼者，用餐时不坐高台高凳，拆下事主家的门板放于门前的巷地上当饭桌。1990 年以后，逐步实行火葬。

村民流传有铁屎岭炼铁的传说。铁屎岭村的背后山名为铁屎岭。相传在清初，有反清复明人士 200 多人在山上扎寨，开挖铁矿用土法炼铁，制造兵器，以对抗清廷，后遭清兵追剿而逃散。这些人挖矿炼铁的矿渣，在山上到处可见，故村民把该山称为铁屎岭山。

20 世纪初，成立民族组织，进行村落自治管理。2012 年，该村在政府支持下，实施高标准农田建设改造工程，受益面积 20 公顷。

（资料填报：邝特权，初稿撰写：邝特权，总纂：李协湖）

铜古围

◎ 铜古围村貌（摄于 2016 年）

铜古围，位于石角镇西部，距镇政府 9 千米。始建于清道光元年（1821 年），由英德上纮移民聚居而形成。据《邝氏族谱》记载，邝永意迁徙到此地，因村前有一座圆形小山凸起，像一个铜鼓而得名。

该村坐落于丘陵地带，坐北朝南，村东为小梅村，南为长岭村，西为松粉村、格岭村，北为英德铁溪林场。村内有犁头咀山、寨子脑山，有溪流自北向南流至不远处的东门坝河。省道 S252 线距该村 1.5 千米，有县道经过该村。

村落形成时，属佛冈厅吉河乡龙蟠堡。民国时期，属佛冈县一区龙冈乡（后改为龙潭乡）。中华人民共和国成立初期，属佛冈县一区龙潭乡。1958 年，属从化县佛冈人民公社龙南大队。1961 年，属佛冈县龙南人民公社龙塘大队。1983 年，属佛冈县龙南区龙塘乡。1987 年，属佛冈县龙南乡龙塘行政村。1989 年，属佛冈县龙南乡龙塘管理区。1994 年，属佛冈县龙南镇龙塘管理区。1998 年，属佛冈县龙南镇龙塘行政村。2004 年至今，属佛冈县石角镇龙塘行政村。

世居村民为邝姓、邓姓。邝姓，据《邝氏族谱》记载，宋末由南京宁国府迁入广东河源，清道光元年邝永意由英德上纮迁至该村。邓姓，清后期由佛冈县龙南乡里水村迁至该村。

2015 年末，户籍人口 201 人，其中男性 98 人，女性 103 人。80 岁以上 8 人，最年长者 93 岁（女）。16 岁以下 35 人，其中留守儿童 5 人。实际在村居住和生活主要依靠农业收入 188 人，常年在城镇生活和务工 13 人。村民均为汉族，客家民系，使用客家方言。

村有山地面积 84 公顷，耕地面积 10.47 公顷。

◎ 铜古围花生试种基地（摄于 2016 年）

◎ 村民承包的鱼塘和养猪场（摄于 2016 年）

传统经济以农业为主，主要作物有水稻、番薯、木薯、花生、大豆等。现多种植水稻、番薯、花生。村民利用废弃旧石场改建鱼塘和养猪场。2000 年以后，大部分青壮年外出打工。村民主要收入来源为农业和外出务工。1995 年后，村民逐步扩种沙糖桔，2011 年全村种植沙糖桔面积 6.67 公顷，总产值 40 万元。2013 年起，沙糖桔产业消退，村民改种其他果树。传统节庆食品有卷糍、糯米糍、豆腐、脍肉等。

1984 年通电，1988 年通电话，1998 年通自来水，2003 年村道实现水泥硬底化，2010 年通网络。村中建有垃圾收集站。

现存传统民居 10 座，建于民国时期，占地面积 130 平方米。坐北向南，土木结构，三合土墙，硬山顶，盖灰瓦。村民崇文尚教，清末民国初，建有长岭学堂。

该村修有《邝氏族谱》，1967 年由邝仁安编修。族谱中记载宋朝时，在该村附近发现石灰石，开始有人开采，后逐渐形成石场。

◎《邝氏族谱》（摄于 2016 年）

传统节日有春节、清明节、四月八、端午节、七夕、七月十四、中秋节、十月朝、冬至等。其中，迁入新居称“进火”。不论贫富人家，“进火”时，都有请客庆贺的习俗。现在入住新购房屋，此俗仍用。传统婚嫁习俗，男女相识交往后，女方家亲友要到男方家探家，结婚前要担定婚茶，报日子、送聘金、定嫁妆，行结婚礼时，要摆酒请客，迎亲和送亲。传统丧事习俗以土葬为主，1990 年以后逐步实行火葬。其程序为举丧、入殓、出殡、送葬和做法事，将亡灵牌送入祠堂。办丧事只能做白饭、豆腐、黄豆等简单的饭菜招待。

村中流传有铜古围采石的传说。宋朝初期，当地有几人围在一块大石头面上用火烧烤食物，烧熟后去取食物，用清水熄灭火后见石头裂开化成石灰。其中，有一个人把石灰撒入附近一片稻田里，几天后见禾苗生长得特别快高、茂盛，石灰的作用传开了。不久，有人便把石灰加入清水变成黏性糊状，拌入三合土使墙体坚固。于是人们便进行开采，后来又采取先用钢钉打孔后用炸药炸的方法，进行大批量生产。每年入秋季节，雨水少时便进行开采。每年都有几百人参与作业、生产、销售。运输时，有人挑、鸡公车运、牛力车拉等方式。佛冈各地及英德上、下砝都有很多人前来购买石灰石，一直盛行至 20 世纪 70 年代。佛冈县政府在此地办商业农场，后来又办科技实验场，石场才结束采石。

◎ 铜古围民居（摄于 2016 年）

（资料填报：邝德坤，初稿撰写：邝德坤，总纂：李协湖）

西田村

◎ 西田村村貌（摄于 2016 年）

西田村，位于石角镇西部偏北，距镇政府 10 千米。始建于清初，由邝氏移民聚居而形成。据《邝氏族谱》记载，邝咸伍迁徙到此地，因耕地多在龙蟠堡西边而得名。

该村坐落于丘陵地带，东为朝阳村，南为松粉村，西为铁屎岭村，北为英德市铁溪林场。村旁有田螺寨山，有溪流自北向南流至不远处的东门坝河。省道 S252 线距该村 1.5 千米，有县道连接。

村落形成时，属清远县吉河乡龙蟠堡。清嘉庆十八年(1813 年)，属佛冈厅吉河乡龙蟠堡。民国时期，属佛冈县一区龙冈乡（后改为龙潭乡）。中华人民共和国成立初期，属佛冈县一区龙潭乡。1958 年，属从化县佛冈人民公社龙南大队。1961 年，属佛冈县龙南人民公社龙塘大队。1983 年，属龙南区龙塘乡。1987 年，属龙南乡龙塘行政村。1989 年，属龙南乡龙塘管理区。1994 年，属龙南镇龙塘管理区。1998 年，属龙南镇龙塘行政村。2004 年至今，属石角镇龙塘行政村。

世居村民有邝姓、张姓、陆姓、邓姓、林姓、高姓、陈姓。邝姓，据《邝氏族谱》记载，宋末从南京宁国府迁移至广东河源，清中期咸伍祖从英德下破分村迁入该村。张姓，清初期由英德县虎山乡（今佛冈县高岗镇）迁至该村。陆姓，清中期由英德下破迁入该村。邓姓，清后期由附近里水村迁入该村。林姓，清中期由英德县虎山乡（今佛冈县高岗镇）迁入该村。高姓，清中期由清远县吉河乡（今佛冈县水头镇）迁入该村。陈姓，清后期由新丰迁入该村。

2015 年末，户籍人口 470 人，其中男性 240 人，女性 230 人。80 岁以上 4 人，最年长者 87 岁（女）。16 岁以下 50 人，其中留守儿童 8 人。实际在村居住和生活主要依靠农业收入 440 人，常年在城镇生活和务工 30 人。村民均为汉族，客家民系，使用客家方言。

村有山地面积 154.07 公顷，耕地面积 25.6 公顷。村有丰富矿产（石英石、铁矿）和林业资源。传统经济以农业为主，主要作物有水稻、番薯、木薯、花生、大豆等。现多种植水稻、番薯、花生。20 世纪 90 年代后期，村民逐步扩种沙糖桔，2011 年全村种植沙糖桔面积 33.33 公顷，总产值 200 万元。2013 年起，沙糖桔产业消退。村民改种绿化树苗（用

◎ 西田村澳洲坚果示范基地（摄于2016年）

◎ 西田村建设社会主义新农村示范区效果图（摄于2016年）

于出售）及其他水果品种。1990年以后，部分青壮年外出打工。村民主要收入来源为农业和外出务工。位于西田村大茅坪的澳洲坚果种植基地，为龙皤村人刘永红兴建，占地面积0.2平方千米，是佛冈县省级现代农业示范基地。传统节庆食品有客家腍肉、糯米糍、酿豆腐等。

1984年通电，1988年通电话，1998年通自来水，2003年村道实现水泥硬底化，2010年通网络。村中建有文化室和垃圾收集站。

◎ 西田村文化室（摄于2016年）

◎ 西田村饮水安全工程（摄于2016年）

传统民居为砖木结构平房。大厅设在中间，两边为侧房，有的二门归厅，有的四门归厅，有的是围水，前面设院墙，厨房设在侧房或在院中另建。现存传统民居50座。2011年，被定为佛冈县社会主义新农村建设示范村，开展工程项目建设，总投资200多万元。村内楼房进行外立面装饰，新建西田村公园，内设文化室（框架2层）。

该村修有《邝氏族谱》，1967年由邝仁安编修。

传统节日习俗为春节、清明节、四月八、端午节、七夕、七月十四、中秋节、十月朝、冬至等。冬至俗称“过冬”，该节日意味着一年农事已做完，全家欢聚吃一顿丰盛晚餐表示庆贺。传统婚嫁习俗，男女相识交往后，女方家亲友要到男方家探家，结婚前要担定婚茶、报日子、送聘金、定嫁妆，行结婚礼时，要摆酒请客，迎亲和送亲。传统丧事习俗以土葬为主，1990年以后逐步实行火葬。其程序为举丧、入殓、出殡、送葬和做法事，将亡灵牌送入祠堂。

1967年，在政府支持下，该村建成鸭仔下水库，总库容80万立方米。农田受益面积66.67公顷。2008年12月，该水库入选“广东省农村饮水安全工程”，受益人口3000人。2009年9月建成后，佛冈县人民政府在工程所在地立碑刻文。

该村的张金良（1955—），1976—1997年参加中国人民解放军，转业后曾在深圳边防检查总站工作。

（资料填报：杨作喜，初稿撰写：杨作喜，总纂：李协湖）

西 围

◎ 西围村貌（摄于 2016 年）

西围，位于石角镇西部，距镇政府 9 千米，始建于清初，据《谢氏宗系—胝源流族谱》记载，谢祖公迁徙到此地，在此居住，因位于龙蟠堡西面而得名。

该村坐落于丘陵地带，坐北朝南，靠山呈聚居分布。村东、南面为龙蟠村，西为旱塘村，北为黄泥坑村。村后有山，有溪水自西向南流至龙南河。省道 S252 线距该村 1 千米，有乡道连接。

村落形成时，属清远县吉河乡龙蟠堡。清嘉庆十八年(1813 年)，属佛冈厅吉河乡龙蟠堡。民国时期，属佛冈县一区龙冈乡（后改为龙潭乡）。中华人民共和国成立初期，属佛冈县一区龙潭乡。1958 年，属从化县佛冈人民公社龙南大队。1961 年，属佛冈县龙南人民公社龙塘大队。1983 年，属龙南区龙塘乡。1987 年，属龙南乡龙塘行政村。1989 年，属龙南乡龙塘管理区。1994 年，属龙南镇龙塘管理区。1998 年，属龙南镇龙塘行政村。2004 年至今，属石角镇龙塘行政村。

世居村民有谢姓、林姓。谢姓，明末由福建迁入广东英德，清初自英德白石乡（今佛冈迳头）迁入西围。林姓，清初由英德县虎山乡（今佛冈县高岗镇）迁入西围。

2015 年末，户籍人口 106 人，其中男性 50 人，女性 56 人。60 岁以上 30 人，其中 80 岁以上 1 人，最年长者 86 岁（女）。16 岁以下 35 人，其中留守儿童 3 人。实际在村居住和生活主要依靠农业收入有 86 人，常年在城镇生活和务工 20 人。村民均为汉族，客家民系，使用客家方言。

村有山地面积 18.87 公顷，耕地面积 5.93 公顷。村有丰富矿产（石英石、铁矿）和林业资源，传统经济以农业为主，主要作物有水稻、番薯、木薯、

◎ 西围竹林和木薯地（摄于 2016 年）

花生、大豆等。现多种植水稻、番薯、花生。1990年以后，大部分青壮年外出打工。20世纪90年代后期，村民逐步扩种沙糖桔，2011年全村种植沙糖桔面积13.33公顷，总产值80万元。2013年起，沙糖桔产业消退，村民改种其他果树。村民主要收入来源为农业和外出务工。传统节庆食品有粽子、糯米糍、捏糍。其中，捏糍的制作，是用当地种植的糯米经过浸透舂成粉，加入草木灰水搓成粉团，将粉团做皮，以半熟的肉粒、韭菜、笋干、冬菇或萝卜、青菜为馅，将皮包上馅料捏起花边，最后用瓦托盘蒸熟。

1984年通电，1988年通电话，1998年通自来水，2003年村道实现水泥硬底化，2010年通网络。村中建有垃圾收集站。

现存传统民居22座，建于清代中后期至民国初期，其中200年以上历史的有5座。坐北向南，土木结构，三合土墙，硬山顶，盖灰瓦。屋内以方砖铺地，排水设施完备。

◎ 西围传统民居（摄于2016年）

该村与烟岭谢氏合编有《谢氏宗系—胝源流族谱》，1949年由居烟岭的谢氏后人编修。

传统节日有春节、清明节、四月八、端午节、七夕、

◎ 西围300多年树龄的古榕（摄于2016年）

七月十四、中秋节、十月朝、冬至等。其中，农历八月十五为中秋节，中秋之夜，男女老少一起赏月，品尝月饼、柚子及石螺等食品，在外地工作的亲人都尽量回家与家人团聚，共度佳节。

春节，俗称“过年”，是送旧迎新的大节。春节节庆要经过几道程序：农历腊月二十三称“小年”，家家户户打扫庭院、做年货。有“小年”夜晚饭后送灶君，年三十晚接灶君的习俗。年三十，吃“团年饭”，饭后长者要给小孩“压岁钱”。年初一清早，各家各户相互拜年。传统婚嫁礼仪，结婚前要担定婚茶，报日子、送聘金、定嫁妆，行结婚礼时，要摆酒请客，迎亲和送亲，婚礼后三朝要回门。传统丧事习俗以土葬为主，1990年后逐步实行火葬。其程序为举丧、入殓、出殡、送葬和做法事，神主牌送往祠堂入位，至此丧事才告完结。

20世纪初，成立氏族组织，进行村落自治管理。2013年，国家资助农田水利高标准改造建设，实行排灌圳“三面光”（水泥铺砌），该村受益农田面积13.33公顷。

（资料填报：朱永凡，初稿撰写：朱永凡，总纂：李协湖）

长岭村

◎ 长岭村村貌（摄于2016年）

长岭村，位于石角镇西部，距镇政府8千米。始建于清嘉庆年间，由英德上砝分村移民聚居而形成。据《邝氏族谱》记载，邝其轼迁徙到此地，因村落后有一座山岗长1千米而得名。

该村坐落于丘陵地带，坐北向南，靠山呈聚居状分布。村东、南面为小梅村大五洞，村西、北面与格岭村相邻。村有寨子脑山，村旁有溪水自东向西流至不远处的东门坝河。省道S252线距该村1千米，有县道经过该村。

清嘉庆十八年（1813年），属佛冈厅吉河乡龙蟠堡。民国时期，属佛冈县一区龙冈乡（后改为龙潭乡）。中华人民共和国成立初期，属佛冈县一区龙潭乡。1958年，属从化县佛冈人民公社龙南大队。1961年，属佛冈县龙南人民公社龙塘大队。1983年，属龙南区龙塘乡。1987年，属龙南乡龙塘行政村。1989年，属龙南乡龙塘管理区。1994年，属龙南镇龙塘管理区。1998年，属龙南镇龙塘行政村。2004年至今，属石角镇龙塘行政村。

世居村民为邝姓。邝姓，据《邝氏族谱》记载，宋末由南京宁国府迁入广东河源，清嘉庆年间，邝轼公从英德上砝迁至该村，2003年村搬迁至附近寨子脑山旁新建村庄（现址）。

2015年末，户籍人口108人，其中男性52人，女性56人。80岁以上3人，最年长者89岁（女）。16岁以下15人。实际在村居住和生活主要依靠农业收入97人，常年在城镇生活和务工11人。村民均为汉族，客家民系，使用客家方言。

村有山地面积42.8公顷，耕地面积4.8公顷。该村主要作物有水稻、番薯、木薯、花生、大豆等。村中的畜牧业品种有猪、兔。村民主要收入来源为

◎ 大可以农业科技实验场（摄于2016年）

农业和外出务工。20 世纪 70 年代初，村集体办有养猪场、养鸡场，其中养猪场养猪 50 多头。1973 年，村集体和农户养猪共有 80 多头，实现“一人一猪”目标，受到龙南公社的表彰。20 世纪 90 年代后期，村民逐步扩种沙糖桔，2011 年全村种植沙糖桔面积 33.33 公顷，总产值 200 万元。2013 年起，沙糖桔产业消退，村民改种其他果树。该村有大可以农业科技实验场，其前身为县财贸农场（曾先后称机关农场、商业农场），创建于 20 世纪 60 年代中期。1984 年 3 月，由县政府将农场移交给县科委后，改名为科委农场，在此建立佛冈县农科试验示范基地。20 世纪 90 年代后期，为发展“三高”农业，县委、县政府将农科试验示范基地改为大可以农科实验场。该场总面积 66.67 公顷，有一片低矮山坡，场内有水田、旱地和山坡地、鱼塘。林业有松林、杉林、竹林；农作物有水稻及其他经济作物；养殖业有养猪场、养鸡场、养鸭场，利用鱼塘养鱼。2012 年起，将沙糖桔部分改种沉香珍贵树种，种植面积 6.67 公顷，种下的 2 万多棵沉香已有 3 年树龄，待树龄达到 10 年以上即有收成。传统节庆食品有脍肉、豆腐、糯米糍、舂糍。

1980 年通电，1988 年通电话，1998 年通自来水，2003 年村道实现水泥硬底化，2010 年通网络。村中建有文化室和休闲公园，并设有垃圾收集站。

◎ 长岭文化室（摄于 2016 年）

◎ 长岭村公园（摄于 2016 年）

传统民居为客家围屋。围水屋、门楼、坐北向南，土木结构，三合土墙，硬山顶，屋内以方砖铺地，围屋内巷道纵横成线互通，巷道用鹅卵石铺砌，排

◎ 长岭村民居（摄于 2016 年）

水设施完备。现存10座。

该村修有《邝氏族谱》，1967年由邝仁安编修。在民国初期建有长岭小学，中华人民共和国成立初期撤销。2013年，建成长岭村公园，面积2000平方米；长岭文化室，面积130平方米，内设图书室，藏书300多册。

清代及民国期间，有放花炮（俗称“烧炮”）习俗。放花炮地点在盘古王庙，农历正月十四上午10时左右，开始放花炮。人们齐集盘古王庙，放地墩3炮，然后敲锣打鼓到神庙，鞭炮、牛角齐鸣。接着的仪式有点香烛、请神、托菩萨、分派红包（铜钱）、迎神等。

传统节日有春节、清明节、四月八、端午节、七夕、七月十四、中秋节、十月朝、冬至等。五月初五，各家各户包粽子纪念爱国诗人屈原，农村农户在门楣挂艾叶、菖蒲，点燃蚊香，以避邪逐恶。粽子为端午节传统食品，用料为糯米、碱水、生油。先将糯米淘洗干净，沥去水，倒入碱水拌匀，待碱水被米粒吸收后，再倒入生油拌匀。用长芒粽叶洗净焯过浸泡在清水里。先取长芒粽叶两三张，折拢成筒形，放置一头齐一头尖的竹通，倒入糯米，轻轻抽出竹通，折好粽叶，包裹成圆柱形粽子，用细小的竹篾或线绳扎牢。然后，将粽子放入锅内加入井水旺火煮1小时，再改用文火焖煮约2小时即可。吃时剥去粽叶，撒上白糖，或蘸些红糖水均可。

传统婚嫁习俗中，结婚前要担定婚茶，报日子、送聘金、定嫁妆，行结婚礼时，要摆酒请客，迎亲和送亲，婚礼后三朝要回门。传统丧事习俗以土葬为主，1990年以后逐步实行火葬。其程序为举丧、入殓、出殡、送葬和做法事，将亡灵牌送入祠堂。

20世纪70年代中期，进行改河造田，大搞农田基本建设，改善该村农田2公顷。20世纪70年代中后期，生产队建猪栏，实行养猪积肥一条龙的做法。2012年，县政府选定长岭村为省级“幸福安居示范村”，启动民居及村公共设施建设。2013年，将原民居拆掉，新建成20多栋混凝土楼房。建筑施工所需经费由县政府补助和村民自筹的方式解决。

村民屋舍整洁，居住环境保持良好。2012年，被评为佛冈县美丽乡村。2015年，获广东省爱国卫生运动委员会授予的“广东省卫生村”称号。

（资料填报：朱永凡，初稿撰写：朱永凡，总纂：李协湖）

朝阳村

◎ 朝阳村村貌（摄于 2016 年）

朝阳村（原名鸭仔下村），位于石角镇西部偏北，距镇政府 10 千米。始建于清初期，由陆氏移民聚居而形成。后因建设鸭仔下水库，原村搬迁至现址，因位于大山南边向阳处而取名朝阳村。

该村坐落于丘陵地带，坐北朝南，呈聚居分布。村东为格岭村，南为松粉村，西为西田村，北为英德铁溪林场。村旁有田螺寨山，村南有溪水自北向南流至不远处的龙南河。省道 S252 线距村 1.5 千米，有县道连接。

村落形成时，属清远县吉河乡龙蟠堡。清嘉庆十八年（1813 年），属佛冈厅吉河乡龙蟠堡。民国时期，属佛冈县一区龙冈乡（后改为龙潭乡）。中华人民共和国成立初期，属佛冈县一区龙潭乡。1958 年，属从化县佛冈人民公社龙南大队。1961 年，属佛冈县龙南人民公社龙塘大队。1983 年，属龙南区龙塘乡。1987 年，属龙南乡龙塘行政村。1989 年，属龙南乡龙塘管理区。1994 年，属龙南镇龙塘管理区。1998 年，属龙南镇龙塘行政村。2004 年至今，属石角镇龙塘行政村。

世居村民为邓姓、张姓、陆姓。陆姓，清康熙年间从福建迁移至广东，后由英德高沙田迁至该村。邓姓，清后期由佛冈县龙南乡里水村迁至该村。张姓，清初期由英德县虎山乡（今佛冈县高岗镇）迁至该村。

2015 年末，户籍人口 85 人，其中男性 45 人，女性 40 人。60 岁以上 5 人，其中 80 岁以上 2 人，最年长者 82 岁（男）。16 岁以下 20 人，其中留守儿童 3 人。实际在村居住和生活主要依靠农业收入

◎ 村民的风谷农具（摄于 1996 年）

80人，常年在城镇生活和务工5人。村民均为汉族，客家民系，使用客家方言。

村有山地面积42.8公顷，耕地面积4.8公顷。村有丰富矿产（石英石、石灰石）和林业资源。传统经济以农业为主，主要作物有水稻、番薯、木薯、花生、大豆等。现多种植水稻、番薯、花生。20世纪90年代后期，村民逐步扩种沙糖桔，2011年全村种植沙糖桔面积2.67公顷，总产值16万元。2013年起，沙糖桔产业消退，村民改种其他果树。2000年以后，部分青壮年外出打工。村民主要收入来源为农业和外出务工。传统节庆食品有粽子、糯米糍、白切鸡、蒸鹅等。

1984年通电，1988年通电话，1998年通自来水，2003年村道实现水泥硬底化，2010年通网络。村中建有垃圾收集站。

传统民居现存15座。20世纪60年代初，因建设鸭仔下水库，村民迁到新建的朝阳村居住。该村是多姓氏村民混居的村庄，如有村民发生婚事、丧事及意外事时，全村人互相关心，守望相助，汇集一起帮忙筹办。

◎ 朝阳村民居（摄于2016年）

传统节日有春节、清明节、四月八、端午节、七夕、七月十四、中秋节、十月朝、冬至等。其中，元宵节前有上灯、放丁炮的活动。传统婚嫁习俗，男女相识交往后，女方家亲友要到男方家看家风，结婚前要担定婚茶，报日子、送聘金、定嫁妆，行结婚礼时，要摆酒请客，迎亲和送亲，三朝回娘家。传统丧事习俗以土葬为主，1990年以后逐步实行火葬。其程序为举丧、入殓、出殡、送葬和做法事，将亡灵牌送入祠堂。办丧事只能做简单的饭菜招待。

该村原址在鸭仔下山谷。1967年，县政府在此修建鸭仔下水库，将村庄整体搬迁至现址。水库建成后为小（二）型水库，集雨面积2.1平方千米，总库容80万立方米，坝高13.5米，受益农田66.67公顷。2011年，该水库进行加固整治工程，2012年全面完成。

◎ 位于朝阳村北面的鸭仔下水库（摄于2016年）

（资料填报：杨作喜，初稿撰写：杨作喜，总纂：李协湖）

○小潭行政村

新凤楼村

◎ 新凤楼村村貌（摄于 2016 年）

新凤楼村，位于石角镇西部，距镇政府 14.3 千米，始建于清乾隆五十三年（1788 年）。由里水陂角村族长派刘义济到小潭村管理田地，代收地租，刘义济建一间土墙瓦房暂住，形成村庄时，因村庄的地形像凤形，故取名为新凤楼村。

该村坐落于小潭村的中部。村庄坐北朝南，呈散居分布。村东为小潭行政村、公园，南为省道 S252 线，西为小潭小学，北为竹木林以及邻村农田。有省道 S252 线在村南面通过。

村落形成时，属清远县吉河乡龙潭堡。清嘉庆十八年（1813 年），属佛冈厅吉河乡龙潭堡。民国时期，属佛冈县一区龙潭乡。中华人民共和国成立初期，属佛冈县一区龙潭乡。1958 年，属从化县佛冈人民公社小潭大队。1961 年，属佛冈县龙南人民公社小潭大队。1983 年，属龙南区小潭乡。1987 年，属龙南乡小潭行政村。1989 年，属龙南乡小潭管理区。1994 年，属龙南镇小潭管理区。1998 年，属龙南镇小潭行政村。2004 年至今，属石角镇小潭行政村。

世居村民为刘姓。据《刘氏族谱》记载，清乾隆五十三年（1788 年），刘义济从里水陂角村迁居该村。另一分支刘巨江后裔，在清末民国初由佛冈厅吉河乡龙蟠堡（今佛冈县石角镇）龙蟠村迁至里水陂角村，再迁移至此居住。

2015 年末，户籍人口 87 人，其中男性 41 人，女性 46 人。60 岁以上 12 人，其中 80 岁以上 3 人，最年长者 82 岁（女）。16 岁以下 14 人，其中留守儿童 3 人。实际在村居住和主要依靠农业收入 75 人，常年在城镇生活和务工 12 人。世居村民为汉族，客家民系，使用客家方言。

该村山地面积 8.27 公顷，耕地面积 3.13 公顷。传统经济以农业为主，主要农作物有水稻、薯类、花生、蔬菜、水果。以个体经营为主，产值较低。改革开放后，部分青壮年村民出外务工。村民主要收入来源为农业和外出务工收入。1998 年后，村民逐步扩种沙糖桔，2011 年全村种植沙糖桔面积 5.33 公顷，总产值 30 万元。2013 年起，沙糖桔产业消退，

◎ 村中山涧（摄于 2016 年）

村民改种其他果树。村民把 1.33 公顷土地租给个体户承包，用来办养殖场（养鱼、温氏猪）及种植场（种以色列优质草莓），村民按年收地租。该村传统食品有焖鹅、烧鸭、白切鸡、豆腐鱼、粽子等。

1972 年自建小水电照明，1982 年通国家电网，2001 年通电话，2006 年通无线电话，2009 年通有线电视，2014 年通自来水，2015 年村道实现水泥硬底化。村中建有垃圾回收站。

传统民居为客家民居。现存民居 17 座，分别建于清代、民国及中华人民共和国成立后，保存基本完好。民居整齐划一，为四门归厅一天井二厨房布局，每座占地面积 120 平方米。1990 年后，村民先后搬进自建钢筋混凝土楼房，多数楼房都为两层半。

该村与龙蟠村合编《刘氏族谱·彭城郡》，于 1994 年付印成书。该书记载刘姓由来、世系沿革、家规祖训、祖祠简介、辈序排列等。刘氏辈序是：“仁义修家振，诗礼达恩宏。文章光上国，德业显高明。”

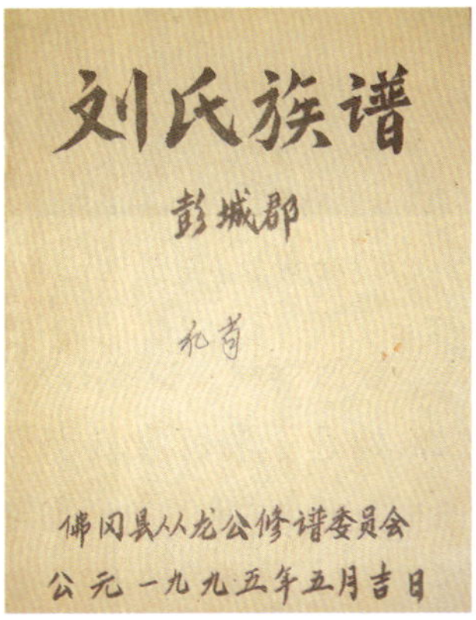
刘氏族谱
彭城郡
佛冈县从龙公修谱委员会
公元一九九五年五月吉日

◎《刘氏族谱》（摄于 2016 年）

村旁有水口社坛，位于村南面约 50 米处村道旁边的一棵榕树下，是村民祭祀的场所。逢年过节或村民家遇喜事，村民们都会带上供品拜祭。

传统节日有春节、清明节、四月八、端午节、七夕、七月十四、中秋节、冬至等。其中，正月十五为元宵节，有蒸发糕、食汤圆、做糍的习俗，以示庆贺春节圆满结束。中华人民共和国成立前，男婚女嫁由“父母之命，媒妁之言”所决定。有抱养穷人家女童作“童养媳”，未生男孩的人家抱养“等郎妹”的习俗。婚嫁礼仪，先是媒妁之言，再是女方家到男方家探家，男方家担定婚茶到女方家，然后报日子、送礼金、定嫁妆、举行婚礼。行婚当天要摆酒席，迎亲送新，晚上举行茶话会，直到深夜才散。第三天，新婚夫妇在兄长的陪伴下到女方家拜访父母，称“回门”。新婚的第一个春节，妻子偕同丈夫回娘家探亲，称“关门”。传统丧事习俗以土葬为主，1990 年后

◎ 新凤楼村传统民居（摄于 2016 年）

◎ 村民舞猪头狮（摄于 2016 年）

逐步实行火化。其程序为竖灵、入殓、出殡、送葬、火化、安放、做法事。第二天，丧事家属子女探望娘家，邀请亲朋好友来做客。在当年除夕，将亡灵送入祖祠。

特色习俗是舞猪头狮。猪头狮形似猪头，鼓点步法独树一帜。舞猪头狮源于龙蟠村有猪魋刨金济民的传说，该习俗活动有 300 年历史。春节期间及新居落成、拜祖祠时都要舞猪头狮。该村宗族活动有农历正月初四拜祖祠，元宵节后暖符头，清明节祭祖等。村民祭神活动一年举行 4 次，具体时间分别为春节、元宵节、清明节、重阳节。

读书茶，是 2000 年后村民形成的一种喜庆活动，当有村民子女考上大学时，村里都参加读书茶活动，吃饭饮酒庆贺，鼓励青少年学生努力学习上进，成为有用人才。全体村民遵循祖训，尊老爱幼，相敬如宾，照顾村里一些贫困户免费使用自来水。

20 世纪 70 年代初，开展“农业学大寨”运动，改河造田，平整土地，该村平整土地 1.33 公顷，开荒造田 0.67 公顷。20 世纪 70 年代中期，开展养猪积肥一条龙活动，建有猪舍 15 间。20 世纪 90 年代后期，村民集资 5 万元修建村道、巷道，改善村中排涝、排污设施。

（资料填报：刘永初，初稿撰写：刘永初，总纂：李协湖）

秧坎头村

◎ 秧坎头村村貌（摄于2016年）

秧坎头村，位于石角镇的西部，距镇政府17千米。始建于清乾隆年间，因将村建在培育秧苗的坡地上，所以取名秧坎头村，曾用名为南洋长更里。

该村坐西向东，三面环山，呈聚居分布。村东为石古岭村，南为丘陵山，西为低龙村，北为山丘。省道S252线距该村1千米，有从省道S252线至低龙村的乡道从秧坎头村通过。

清乾隆年间建村时，属清远县吉河乡龙潭堡。清嘉庆十八年（1813年），属佛冈厅吉河乡龙潭堡。民国时期，属佛冈县一区龙潭乡。中华人民共和国成立初期，属佛冈县一区龙潭乡。1958年，属从化县佛冈人民公社小潭大队。1961年，属佛冈县龙南人民公社小潭大队。1983年，属龙南区小潭乡。1987年，属龙南乡小潭行政村。1989年，属龙南乡小潭管理区。1994年，属龙南镇小潭管理区。1998年，属龙南镇小潭行政村。2004年至今，属石角镇小潭行政村。

世居村民为邓姓。明末清初，邓姓从英德潭头迁至清远县吉河乡龙潭堡（今佛冈县石角镇小潭村）胜皇岭（上田村）居住，清中期分村迁至该村。

2015年，户籍人口323人，其中男性178人，女性145人。60岁以上32人，其中80岁以上6人，最年长者92岁（女）。16岁以下60人，其中留守儿童5人。实际在村居住和生活主要依靠农业收入263人，常年在城镇生活和务工60人。村民为汉族，客家民系，使用客家方言。

该村有山地面积69公顷，耕地面积10.87公顷。村域山上有杉树、松树及杂树林，野生中草药种类多，野猪、芒鼠时有出没。传统经济以农业为主，主要

◎ 秧坎头村黑豚养殖场（摄于2016年）

作物有水稻、番薯、木薯、花生。特色农产品为蜂蜜。村民主要收入来源为农业和外出务工。1996年后，村民逐步扩种沙糖桔，2011年全村种植沙糖桔面积13.33公顷，总产值80万元。2013年起，沙糖桔产业消退，村民改种李子等其他果树。有村民建黑豚养殖场，2015年产值达50万元。节庆传统食品有焖鹅、烧鸭、豆腐鱼、粽子、糍粑等。

1972年自建小水电，1982年通国家电网，2001年通电话，2009年通有线电视，2012年通自来水，2013年实现村道水泥硬底化，村道每隔20米装有路灯。村中建有垃圾回收站。

传统民居现存26座。其中，5座是民国时期建筑，其他均是20世纪50年代后建成的。民居整齐归一，四门归厅一天井二厨房，每座占地面积120平方米，现保存完好，有村民居住。1990年后，村民先后搬进自建钢筋混凝土楼房。该村有37座楼房，均为二层半以上，占地面积120平方米。

该村有《邓氏族谱》，2005年由邓成佳主编，该书记载邓氏来历、辈序世系沿革等内容。

村里有爵公祠，是村民为纪念先祖爵公而建的祖祠，占地面积120平方米，始建于清后期，1996年重建。逢年过节，村民都会前去拜祭。

主要宗族活动是元宵节后暖符头、清明祭祖、旺龙、中秋节放天灯等。每年春节、清明节、中秋节、重阳节，举行祭神活动。传统技艺是舞狮子，春节、拜祖祠、新居落成等喜庆活动都会舞狮子。

传统节庆习俗为春节、清明节、四月八、端午节、七夕、七月十四、中秋节、冬至等。其中，清明节是悼念祖先的节日，家家户户门楣插柳枝和桃叶以驱邪，采艾做糍，名为“艾糍”，并进行扫墓活动。扫墓一般从清明前的春分起到农历四月初八，扫墓期间在外地谋生的人都尽可能赶回来祭扫祖墓。传统婚礼仪式有媒妁之言、相互探家、报日子、聘金、举行婚礼。传统丧事习俗以土葬为主，1990年后逐步实行火葬。程序为入殓、出殡、送葬、请道士、设灵堂、做灵屋、做法事、将亡灵神主放入灵屋，头七过后，送入祠堂或厅堂。

1972年，该村同低龙村一起合建水电站，装机容量20千瓦。1976年，开展“农业学大寨”运动，该村平整土地3.33公顷，开荒造田1.33公顷，山边种竹3.33公顷。20世纪70年代后期，开展养猪积肥一条龙活动，建有猪舍20间，养猪100多头。2013年，与低龙村村民一起集资，安装村道路灯。

该村邓成佳（1935—），1960年毕业于北京地质学院，曾任广西壮族自治区水电局高级工程师。邓伟雄（1982—），在村旁创办华帝图有限公司养殖场，养殖黑豚3000只，年产值达80万元。他热心村公益事业，捐资并带动群众实施村道维修和安装路灯工程。

◎ 秧坎头村民居（摄于2016年）

（资料填报：刘永初，初稿撰写：刘永初，总纂：李协湖）

下湾村

◎ 下湾村村貌（摄于 2016 年）

下湾村，位于石角镇西部，距镇政府 14.5 千米。始建于清乾隆二十四年（1759 年），因村建在地形向下弯去的山丘，所以取名为下湾村。曾用名为福兴隆村。

该村坐落于山区，村庄坐西向东，呈散居分布。村东新凤楼村，南为小谭学校，西为在田村，北靠着石古岭村。有小潭水流过，省道 S252 线从村旁通过。

村落形成时，属清远县吉河乡龙潭堡。清嘉庆十八年（1813 年），属佛冈厅吉河乡龙潭堡。民国时期，属佛冈县一区龙潭乡。中华人民共和国成立初期，属佛冈县一区龙潭乡。1958 年，属从化县佛冈人民公社小潭大队。1961 年，属佛冈县龙南人民公社小潭大队。1983 年，属龙南区小潭乡。1987 年，属龙南乡小潭行政村。1989 年，属龙南乡小潭管理区。1994 年，属龙南镇小潭管理区。1998 年，属龙南镇小潭行政村。2004 年至今，属石角镇小潭行政村。

世居村民为朱姓。由两朱姓分支先后迁入。一支为朱品三后裔，清乾隆二十四年从英德县大陂乡（今佛冈县迳头）迁至该村。另一支为朱光珍后裔，于清同治三年（1864 年）从佛冈厅高台乡（今佛冈县高岗镇）礼溪枫树山村迁至佛冈厅吉河乡（今佛冈县石角镇）龙塘石山脚村，民国中期从石山脚村迁至该村。

2015 年末，户籍人口 146 人，其中男性 88 人，女性 58 人。60 岁以上 18 人，其中 80 岁以上 5 人，最年长者 88 岁（男）。16 岁以下 30 人，其中留守儿童 3 人。实际在村居住和生活主要依靠农业收入 125 人，常年在城镇生活和务工 21 人。村民为汉族，客家民系，使用客家方言。

该村有山地面积 14.33 公顷，耕地面积 5.47 公顷。传统经济以农业为主，主要作物有水稻、番薯、木薯及花生。1990 年以后，部分青壮年外出务工。村民主要收入来源为农业和外出务工。1996 年开始，村民逐

◎ 村民在春耕平整秧地（摄于 2016 年）

步扩种沙糖桔，2011 年全村种植沙糖桔面积 3.33 公顷，总产值 20 万元。2013 年起，沙糖桔产业消退，村民改种其他果树。村民传统节庆食品有焖鹅、角粉等。

1972 年用相邻村水电站照明，1982 年通国家电网，2001 年通电话，2009 年通有线电视，2012 年通自来水，2013 年村道实现水泥硬底化。

传统民居由围水屋、正座组成。民居坐北向南，土木结构，三合土墙，硬山顶，盖灰瓦。屋内以方砖铺地。村中巷道纵横成线互通，巷道用鹅卵石铺砌，排水设施完备。民居为四门归厅一天井二厨房布局，每座占地面积 120 平方米。现存传统民居 32 座。这些民居分别是清末、民国及中华人民共和国成立后建成的。2001 年后，许多村民先后搬进自建筋混凝土楼房，现有 28 座新楼，多数楼房都为二层半。

◎ 下湾村新民居（摄于 2016 年）

该村编有《朱氏源流谱》，2010 年由族人朱金树编写。该书记载祖宗由来，朱氏序，家训家规，朱氏源流等。记载族规为：“不许忤逆双亲；不许嫖娼赌博；不许逞强欺人，不许辱骂尊长；不许兄弟

◎ 下湾村族谱（摄于 2016 年）

斗争；不许抗粮抗税；不许偷抢营生；不许虐妇弃婴；不许叛国投敌；不许盗棺掘墓。”

传统节庆为春节、清明节、四月八、端午节、七夕、中秋节、十月朝、冬至等。春节期间或新居落成时舞狮子。主要宗族活动有元宵节后暖符头、清明节祭祖。村民在春节、清明、中秋和重阳节举行民间祭神活动。传统婚嫁习俗为媒妁之言，看家风，担定婚茶，报日子，送礼金，定婚嫁，行婚礼。传统丧事习俗以土葬为主，1990 年后逐步实行火化。其程序为竖灵、入殓、出殡、送葬、火化、安放、做法事等。

民国中期，开办一间小学堂，校址设在该村打谷场的旁边，面积 50 平方米。在校学生 20 多人，利用祖尝和父老集资聘请先生教学。中华人民共和国成立后，创办小潭小学，该小学堂才撤销。

◎ 小潭小学（摄于 2016 年）

1965 年，该村参加龙南公社组织的县社造林大会战，在村公路沿线全部种上杉木。1970 年，进行改河造田，平整土地，平整土地 3.33 公顷，开荒 0.67 公顷。

村中的朱品三（1812—1878），清同治五年（1866 年）岁贡，一生热爱教育事业，清咸丰元年（1851 年），他在祖籍迳头筹建紫阳书院，并作建院序言。清同治五年，他和佛冈举人宋铨山在府城创建凤梧书院。清光绪三年（1877 年），清政府特授他为广州府龙门县训导。他 65 岁高龄时仍从事教育工作，清光绪四年（1878 年）在任时辞世。

（资料填报：刘永初，初稿撰写：刘永初，总纂：李协湖）

坝仔村

◎ 坝仔村村貌（摄于 2016 年）

坝仔村，位于石角镇西部，距离镇政府 13 千米。始建于清中期，由附近里水福联分村迁入而形成。因地处大坝坑边坝上，故取名坝仔村。

该村坐落于山间谷地之上，村庄坐北朝南，呈长条状散居分布。村东为旱田村，南为红崩岗村，西为联田村，北为旱田村。村中有水塘 5 口。省道 S252 线在村旁经过。有大坝坑溪流，流经该村约 1 千米。

清嘉庆十八年（1813 年），属佛冈厅吉河乡龙潭堡。民国时期，属佛冈县一区龙潭乡。中华人民共和国成立初期，属佛冈县一区龙潭乡。1958 年，属从化县佛冈人民公社小潭大队。1961 年，属佛冈县龙南人民公社小潭大队。1983 年，属龙南区小潭乡。1987 年，属龙南乡小潭行政村。1989 年，属龙南乡小潭管理区。1994 年，属龙南镇小潭管理区。1998 年，属龙南镇小潭行政村。2004 年至今，属石角镇小潭行政村。

世居村民为陈姓。陈氏奇二公于清乾隆二年（1737 年）从新丰遥田桃源迁到清远县吉河乡（今佛冈石角镇）石联村，后迁至里水福联村，其分迁至该村，至今繁衍 13 代。

2015 年末，户籍人口 293 人，其中男性 149 人，女性 144 人。60 岁以上 35 人，其中 80 岁以上 4 人，最年长者 87 岁（女）。16 岁以下 74 人，其中留守儿童 8 人。实际在村居住和生活主要依靠农业收入 238 人，常年在城镇生活和务工 55 人。村民为汉族，客家民系，使用客家方言。

该村有山地面积 106.07 公顷，耕地面积 9.2 公

◎ 坝仔村花生种植园（摄于 2016 年）

顷。村域山上有杉树、松树及杂树林，野生中草药种类多，野猪、芒鼠时有出没。传统经济以农业为主，兼有林副产品经营。主要农作物有水稻、花生、番薯等。1980 年以后，大部分青壮年村民外出打工，村民主要收入来源为农业、林副产品经营和外出务工。20 世纪 90 年代后期，村民逐步扩种沙糖桔，2011 年全村种植沙糖桔面积 6.67 公顷，总产值 40 万元。2013 年起，沙糖桔产业消退，村民改种其他果树。传统节庆食品为春节的糖环、油角、炒米饼，清明的艾糍，五月节的咸肉粽子。其中，咸肉粽子的制作方法：用料为糯米、猪肋条肉、香菇、花生仁、花生油等，包成立体三角形粽子，用湿咸水草或细篾片拦腰捆系好。将包好的粽子放入锅内，加入清水用旺火煮约 2 小时，再用文火焖约 3 小时，即可食用。

◎ 村民在编织竹制品（摄于 2016 年）

1978 年通电话，1981 年通电，2008 年通自来水，2008 年村道实现水泥硬底化，2009 年通网络。村中建有垃圾收集站。

◎ 坝仔村新民居（摄于 2016 年）

传统民居由围水屋、门楼组成，呈“回”字形布局。民居坐北向南，土木结构，三合土墙，硬山顶，盖灰瓦，屋内以方砖铺地。村中巷道纵横成线互通，巷道用鹅卵石（或石板条）铺砌，排水设施完备。村巷建设有序，村中有 8 条直巷，1 条横巷。建于 1980 年以前的砖瓦平房有 25 座，为围水屋，建于 1980 年以后的钢筋混凝土结构楼房有 46 座。楼房每座占地面积 120 平方米，多为二层半楼房，首层布局为三房二厅一厨一卫。陈氏祖祠位于村落正中央，陈氏祖祠建于清朝初期。1988 年重修，每逢年节村民都会去祠里拜祭。

万福楼，位于村口，省道 S252 线旁。此楼建于清末，墙厚 50 厘米，属土木结构，石脚、夯土墙，内有木梯登楼，楼高 12 米，4 层，每层四周有枪眼。为抵御外敌入侵而建。匾额“万福楼”是朱友庚所写，字用黄糖和糯米粉合成，坚硬无比。在万福楼旁有条古道石桥，建于清朝初期。

◎ 万福楼（摄于 2016 年）

村旁有条古道，以石角镇（县城）为起点，经龙南、坝仔村（古道石桥）、龙山的上迳和下迳、民安圩、社岗到达清远旧横石。全程约 30 千米，路宽 1.5 米，有部分用河卵石路面铺砌，山路较为崎岖不平。此道是清代、民国时期佛冈中部通向清

◎ 古道石桥（摄于2016年）

远的古道，20世纪60年代，省道S252线开通后，此道逐渐废置。

传统节日有春节、清明节、四月八、端午节、七夕、七月十四、中秋节、十月朝、冬至等。其中，端午节俗称“五月节”，各家各户包粽子纪念爱国诗人屈原，农村农户在门楣挂艾叶、菖蒲，点燃蚊香，以避邪逐恶，祈求消灾去祸。婚嫁礼仪有媒人介绍，看家风，担定婚茶，送日子，行结婚礼。传统丧事习俗以土葬为主，1990年以后逐步实行火化。丧葬程序为举丧、入殓、出殡、送葬、做法事、安葬。

20世纪60年代后期至70年代初期，该村利用山溪水资源，先后兴建2座小水电站，装机容量分别为50千瓦、30千瓦，方便该村及相邻村的生产和生活用电，1982年改用国家电网后才撤销。2008年，外出工作人员与村民共同集资50万元，修村道和桥，村巷实现水泥硬底化，修建饮水工程，村庄面貌发生变化。

该村的陈文照（1919—1995），民间石匠，所做石磨、石狮子等产品，销往中国香港及东南亚等地。陈仕发（1951—），1983—1993年任广西龙州县人民武装部部长，1988年被授予上校军衔，1989年《解放军报》以《龙城飞将》为题报道其事迹。1993年，转业任清远市经济技术协作办公室副主任，1998年，任清远市审计局局长。

（资料填报：陈耀存，初稿撰写：陈耀存，总纂：李协湖）

低龙村

◎ 低龙村村貌（摄于 2016 年）

低龙村，位于石角镇的西部，距镇政府 17 千米，始建于清后期，根据《何氏族谱》记载，何天俊从英德县高台乡（今佛冈县高岗镇）迁徙到此地，在三面环山的低谷建房居住，因而取名低龙村。

该村坐落在三面环山谷地，坐西向东，呈聚居分布。村东为秧坎头村，村西、北、南三面为群山，村后不远处有丫髻山，海拔 500 米。从丫髻山脚下发源而来的清清小溪从村旁流过，先向东后向北汇入龙南河。省道 S252 线从村东面通过，有乡道连接至该村。

村落形成时，属佛冈厅吉河乡龙潭堡。民国时期，属佛冈县一区龙潭乡。中华人民共和国成立初期，属佛冈县一区龙潭乡。1958 年，属从化县佛冈人民公社小潭大队。1961 年，属佛冈县龙南人民公社小潭大队。1983 年，属龙南区小潭乡。1987 年，属龙南乡小潭行政村。1989 年，属龙南乡小潭管理区。1994 年，属龙南镇小潭管理区。1998 年，属龙南镇小潭行政村。2004 年至今，属石角镇小潭行政村。

世居村民为何姓，据《何氏族谱》记载，南宋咸淳九年（1273 年），太祖贞五郎从福建迁移广东南雄府保昌县沙木村珠玑巷后至始兴居住。南宋景炎二年（1277 年），何汝高、何汝宗搬至翁源县江子镇上下坝村。明洪武十四年（1381 年），邱太娘及钟氏三娘携子从翁源县江子镇迁到英德县高台乡（今佛冈高岗镇）定居。清末，钟氏三娘的嗣孙天俊从高岗迁到该村。

2015 年末，户籍人口 76 人，其中男性 42 人，女性 34 人。60 岁以上 12 人，其中 80 岁以上 2 人，最年长者 94 岁（女）。16 岁以下 20 人，其中留守儿童 3 人。实际在村居住和生活主要依靠农业收入 30 人，常年在城镇生活和务工 46 人。村民为汉族，客

◎ 低龙村生态公益林（摄于 2016 年）

家民系，使用客家方言。

该村有山地面积 14.6 公顷，耕地面积 2.87 公顷。村域山上有杉树、松树及杂树林，野生中草药种类多，野猪、芒鼠时有出没。传统经济以农业为主，兼有林副产品经营。种植作物有水稻、番薯、木薯、花生，改革开放以后，大部分青壮村民都外出打工，村民主要收入来源为农业和外出打工。1996 年开始，村民逐步扩种沙糖桔，2011 年全村种植沙糖桔面积 3.33 公顷，总产值 20 万元。2013 年起，沙糖桔产业消退，村民改种其他果树。传统节庆食品有焖鹅、烧鸭、腍肉、粽子、糍粑等。

1972 年用邻村小水电站照明，1982 年通国家电网，2001 年通电话，2009 年通有线电视，2012 年通自来水，2013 年实现村道水泥硬底化。从村委通到该村的村道，每隔 20 米装有一盏路灯。

传统民居为客家民居，建有半月形水塘、围水屋、门楼、宗祠，呈“回”字形四点金布局。门楼为中轴线对称，围屋建筑坐北向南，土木结构，三合土墙，硬山顶，屋内以方砖铺地。村中巷道纵横成线互通，巷道用鹅卵石铺砌，排水设施完备。现存民居 20 座，建于中华人民共和国成立后。正座为四门归厅，一天井二廊四房布局，每座占地面积 120 平方米，民居保存完好，现仍有人居住。2000 年后，村民先后搬进自建筑钢筋混凝土楼房。

◎ 低龙村传统民居（摄于 2016 年）

该村与高岗何氏族人联合编纂《何氏族谱》，该书记载何氏姓源、远近世系、太郎公与仙姑的传奇故事、何氏治家格言等。

◎《何氏族谱》（摄于 2016 年）

宗族活动是元宵节后暖符头、上灯，清明祭祖。传统节日有春节、清明节、四月八、端午节、七夕、七月十四、中秋节、十月朝、冬至等。其中，元宵节前有上灯、放丁炮的活动。传统婚嫁习俗有媒妁之言，相互探家，报日子，聘金，举行婚礼。传统丧事习俗以土葬为主，1990 年以后逐步实行火葬。程序为入殓、出殡、送葬、请道士、设灵堂、做灵屋、做法事、将亡灵牌放入祖屋。

20 世纪 60 年代中期，参加县社造林大会战，种植杉木。20 世纪 70 年代中期，开展“农业学大寨”运动，改河造田，平整土地 1.33 公顷，开荒造田 0.67 公顷。2006 年，建村道并安装村道路灯，大大改善村居环境。

该村的何胜柱（1955—），在县城龙溪办龙胜石英粉厂，是一家总投资超过 200 万元的私营企业。他热心村中的公益事业，多次捐资修建村道并安装村道路灯。

（资料填报：刘永初，初稿撰写：刘永初，总纂：李协湖）

凤朝村

◎ 凤朝村村貌（摄于 2016 年）

凤朝村，位于石角镇西部，距镇政府 13 千米。始建于清初，因位于鸡冚凤山下而取名凤朝村。该村坐落在丘陵谷地，坐北向南，呈沿山边聚居分布。村庄门口坪现存两口古代食水井。西邻山塘口，有山塘子泉水圳，南邻旱田村，北邻后龙山风水山（鸡冚凤山）田野绿世界旅游区。省道 S252 线在村东 200 米，有乡道连接至该村。

清嘉庆十八年（1813 年），属佛冈厅吉河乡龙潭堡。民国时期，属佛冈县一区龙潭乡。中华人民共和国成立初期，属佛冈县一区龙潭乡。1958 年，属从化县佛冈人民公社小潭大队。1961 年，属佛冈县龙南人民公社小潭大队。1983 年，属龙南区小潭乡。1987 年，属龙南乡小潭行政村。1989 年，属龙南乡小潭管理区。1994 年，属龙南镇小潭管理区。1998 年，属龙南镇小潭行政村。2004 年至今，属石角镇小潭行政村。

世居村民有袁、石、林、高、刘、郑、韦、叶、朱、余、邱 11 个姓氏。袁姓，清顺治年间从英德下砆迁入该村。石姓，清中期由连县迁至该村。林姓，明中期从南海迁入佛冈，清初迁至该村。高姓，清中期从佛冈水头独王山迁至该村。刘姓，清中期从佛冈龙蟠村迁至该村。郑姓，清中期先居佛冈石角飞蛾塘村，随母迁龙南大田村，后迁至到该村。韦姓，清后期迁至该村。叶姓，清后期由佛冈县一区天水乡（今佛冈县水头镇）潭洞村后裔分支迁入该村。余姓，始祖英德大镇“余、徐、途”同族同宗支族，清初迁至该村。邱姓，20 世纪 80 年代从石龙头村迁至该村。朱姓，清末民国初从旱坑村迁至该村。

2015 年末，户籍人口 199 人，其中男性 98 人，女性 101 人。60 岁以上 24 人，其中 80 岁以上 2 人，最年长者 83 岁（女）。16 岁以下 43 人，其中留守儿童 12 人。实际在村居住和生活主要依靠农业收入 138 人，常年在城镇生活和务工 61 人。村民为汉族，客家民系，使用客家方言。

该村有山地面积 101.87 公顷，耕地面积 8.73 公顷。村域山上有杉树、松树及杂树林，野生中草药种类多，野猪、芒鼠时有出没。传统经济以农业为主，兼有林副产品经营。主要作物有水稻、花生、薯类。1980 年以后，大部分青年外出打工，村民主要收入来源为农业和外出务工。1996 年开始，村民逐步扩种沙糖桔，2011年全村种植沙糖桔面积6.67公顷，总产值40万元。2013年起，沙糖桔产业消退，村民改种其他果树。传统节庆食品有白切鸡、豉汁鸭、芋头鹅和粽子、糯米糍、广菜包。其中，广菜包是将一种名为猪婆菜的叶子放在锅中煮软捞起，然后在每片叶子中放上猪肉拌糯米饭等为馅料，包成圆形菜包，放在锅中蒸熟或焖熟即可。

1981年通电，2001年通电话，2009年通网络、有线电视，2010年通自来水，2005年实现村道水泥硬底化。村中建有垃圾收集站。

传统民居现存32座。村中巷道纵横交错，2条直巷、13条横巷贯穿全村。民居大体分为正座和围水两种建筑。其中，围水为单间房屋，设有木板铺的屋棚。土木结构，三合土墙（或火砖墙），硬山顶，盖灰瓦，一般占地面积20平方米。正座为一厅两廊四房一天井布局，正座有两廊门为出入口，屋内以方砖铺地，天井用鹅卵石铺砌，排水设施完备，一般占地面积68平方米。建于1980年以前的砖瓦房有19座，建于1980年以后的钢筋混凝土结构楼房一层的有12座，二层的有21座。楼房占地面积100平方米。村旁有口古井，建于清中期。

◎ 凤朝村古井（摄于2016年）

民众供奉龙镇古庙。古庙内供奉冯旺师爷、三皇爷、守护探官、流主、飞云驾马等多尊神像。古庙建于清康熙年间，1958年被毁，重建于1993年11月。每逢年节，村民都会到古庙拜神，每年正月定吉日做法事，县内外（从化、清远、佛冈）等地村民扛彩旗、舞狮子，组成歌舞队前去祈福。

传统节日习俗有春节、清明节、四月八、端午节、七夕、七月十四、中秋节、十月朝、冬至等。农历腊月二十三称“小年”，家家户户打扫庭院、做年货。有在“小年”的晚饭后送灶君，年三十晚接灶君的习俗。年三十除夕，合家一起吃“团年饭”，饭后长者要给小孩“压岁钱”。年初二，夫妻一起带小孩到娘家及亲友家探亲。传统婚嫁习俗为媒人介绍，看家风，担定婚茶，行婚礼，办酒席，请客，送礼等。传统丧事习俗以土葬为主，1990年后实行火葬。办丧事过程为入殓、出殡、送葬、做法事、安葬、将亡灵送入祠堂。

◎ 凤朝村传统民居（摄于2016年）

位于该村北面的鸡冚凤山（主峰海拔502米）下的田野绿世界景区，为台湾商人于1998年投资兴办的生态观

◎ 田野绿世界景区一角（摄于 2016 年）

光农业项目，占地（耕地、山地）面积 3.59 平方千米。田野绿世界原名田野休闲农庄，2014 年开展佛冈县乡村风情长廊建设时改名为田野绿世界。该景区具有台湾风情，集度假、休闲、运动、养生、生态、农场、会议、美食、教育九大功能于一体。园内五步一景，十步一潭，构成自然生态景观。近年来，广州、香港及珠三角等地有许多游客前来观光游览。凤朝村许多村民从事景区服务工作。

该村的叶龙房（1931—2001），在部队服役时曾任团长，转业后曾任江西省盘古山钨矿党委书记。叶军强（1968—），曾任佛冈县公安局副局长，中共汤塘镇委书记，2015 年任清远市清新区副区长、区公安局局长。

（资料填报：熊宗富，初稿撰写：熊宗富，总纂：李协湖）

◎ 田野绿世界景区欢乐区（摄于 2016 年）

光板岭村

◎ 光板岭村村貌（摄于2016年）

光板岭村，位于石角镇西面，距镇政府14千米。始建于清乾隆年间，因村后有一座光山没有树木，山下有个坪，前面一片荒田，北靠丫髻山，南靠猪脚脑山，因而取名光板岭村。

该村坐落于丫髻山脚下丘陵地带，坐北向南，呈散居分布。村东为小潭小学，南为猪脚脑山，西为田尾头村，北为丫髻山。有山溪水从东边流入龙南河。省道S252线从村旁通过。

村落形成时，属清远县吉河乡龙潭堡。清嘉庆十八年（1813年），属佛冈厅吉河乡龙潭堡。民国时期，属佛冈县一区龙潭乡。中华人民共和国成立初期，属佛冈县一区龙潭乡。1958年，属从化县佛冈人民公社小潭大队。1961年，属佛冈县龙南人民公社小潭大队。1983年，属龙南区小潭乡。1987年，属龙南乡小潭行政村。1989年，属龙南乡小潭管理区。1994年，属龙南镇小潭管理区。1998年11月，属龙南镇小潭行政村。2004年5月至今，属石角镇小潭行政村。

世居村民为朱姓。由安徽、福建断续迁入广东英德，清乾隆年间再从英德大陂乡（今佛冈迳头镇）迁至该村。

2015年末，户籍人口42人，其中男性18人，女性24人。60岁以上1人，其中80岁以上1人，最年长者84岁（女）。16岁以下8人。实际在村居住和生活主要依靠农业收入40人，常年在城镇生活和务工2人。村民为汉族，客家民系，使用客家方言。

该村有山地面积6.93公顷，耕地面积1.4公顷。主要作物是水稻、番薯、木薯、黄豆。20世纪90年代后期，村民逐步扩种沙糖桔，2011年全村种植沙糖桔面积3.33公顷，总产值20万元。2013年

◎ 光板岭村青枣园（摄于2016年）

起，沙糖桔产业消退，村民改种其他果树。1980年后，大部分青年外出打工，村民主要收入来源为农业和外出务工。传统节庆食品有腍肉、焖鹅、烧鸭、粽子、油糍。其中，油糍为春节的食品和礼品，其制作方法：先将糯米碾成粉，按每500克米粉配200克糖的比例，把糖煮溶后拌粉搓匀，做成球形或椭圆形糍粑，然后用油炸熟即成。

1981年通电，2001年通电话，2009年通网络、有线电视，2008年村道实现水泥硬底化，2010年通自来水。村中建有垃圾收集站。

传统民居由围水屋、正座、门楼组成，呈“回”字形四点金布局。门楼沿中轴线对称，坐北向南，土木结构，三合土墙，硬山顶，盖灰瓦，屋内以方砖铺地。村中巷道纵横成线互通，村巷纵2条横1条，巷道用鹅卵石铺砌，排水设施完备。该村有传统民房45座，建筑基本保存完整的10座。村旁建有香火堂，是村民祭祀的场所，每逢佳节村民都会烧香拜祭，祈求福佑。2000年后的楼房多为二层半楼房，建筑面积每座约120平方米，属钢筋混凝土结构。

◎ 光板岭村民居（摄于2016年）

传统节日有春节、清明节、四月八、端午节、七夕、七月十四、中秋节、十月朝、冬至等。其中，端午节俗称“五月节”，村民包粽子纪念爱国诗人屈原，农户在门楣挂艾叶、菖蒲，点燃蚊香，以避邪逐恶。传统婚嫁习俗为：男女相识交往后，女方家亲友要到男方家探亲，结婚前要担定茶、挑日子、送聘金，行婚礼时，要摆酒请客、迎亲和送亲。传统丧事习俗以土葬为主，1990年以后逐步实行火葬。程序为举丧、入殓、出殡送葬、做法事、将亡灵牌送入祠堂或厅堂，办丧事用简单素菜饭（只能单数菜式）招待。

清光绪十四年（1888年），有英德浛洸、横石塘流寇劫匪200多人到龙潭堡打劫。有在英德打工的村民回来报信，民众在大湾肚设伏，将犯匪击退。1938年，国民党六十二军（军长黄涛）驻黄竹坑村，将粮仓设在桃子坝村，军械库设在清水迳西坑。六十二军撤退时，龙潭堡组织民夫搬运枪支弹药，日本飞机轰炸民夫，炸军部。1945年，队长黄渠成带领东江游击队进驻该村，阻击日本侵略军进犯粤汉铁路。2015年，村民集资3万元修建村道，实现水泥硬底化1千米，方便村民出行和生产需要。

（资料填报：李启泉，初稿撰写：李启泉，总纂：李协湖）

旱田村

◎ 旱田村村貌（摄于 2016 年）

旱田村，位于石角镇西部，距镇政府 13 千米。始建于清中期，因该村旱地较多，而取名旱田村，曾用名为凤岗里。该村坐落于山间谷地，村东临田野绿世界景区，南邻大坝旱地兰花种植基地，西邻坝仔村，北为凤朝村。村旁有大坝坑溪水自西向东流入龙南河，水面建有一座水泥钢筋混合结构桥通向红崩岗村、上下坎村。溪水自西向东流入龙南河，省道 S252 线从村旁自西向东穿过。

清嘉庆十八年（1813 年），属佛冈厅吉河乡龙潭堡。民国时期，属佛冈县一区龙潭乡。中华人民共和国成立初期，属佛冈县一区龙潭乡。1958 年，属从化县佛冈人民公社小潭大队。1961 年，属佛冈县龙南人民公社小潭大队。1983 年，属龙南区小潭乡。1987 年，属龙南乡小潭行政村。1989 年，属龙南乡小潭管理区。1994 年，属龙南镇小潭管理区。1998 年，属龙南镇小潭行政村。2004 年 5 月至今，属石角镇小潭行政村。

世居村民为熊姓。据《熊氏通谱》第五卷广东省英德下砝虾公坑一世祖录记载，熊衮公，南北朝御史大夫。20 世祖熊应球支族（大成公）生四子其中一支系。清代中期，由英德下砝迁至该村。

◎《熊氏通谱》（摄于 2016 年）

2015 年末，户籍人口 252 人，其中男性 136 人，女性 116 人。60 岁以上 28 人，其中 80 岁以上 5 人，最年长者 89 岁（女）。16 岁以下 52 人，其中留守儿童 5 人。实际在村居住和生活主要依靠农业收入 150 人，常年在城镇生活和务工 102 人。村民为汉族，客家民系，使用客家方言。

该村有山地面积 6.93 公顷，耕地面积 8.07 公顷。传统经济以农业为主，主要作物有水稻、花生、薯类，以个体经营为主，产值较低。20 世纪 90 年代后期，村民逐步扩种沙糖桔，2011 年全村种植沙糖桔面积 6.67 公顷，总产值 40 万元。2013 年起，沙糖桔产业消退，村民改种其他果树。1980 年以后，大部分青壮年外出打工，村民主要收入来源为农业和外出务工。2015 年，有村民种植百香果达 1.13 公顷。传统节庆食品有粽子、粘米糍、芋头糍等。

◎ 旱田村百香果园（摄于 2016 年）

1981 年通电，2000 年村道实现水泥硬底化，2002 年通电话，2009 年通网络、有线电视，2010 年通自来水。村中建有垃圾收集站。

传统民居由围水屋、门楼、正座组成，呈“回”字形四点金布局。门楼沿中轴线对称，坐北向南，土木结构，三合土墙，硬山顶，盖灰瓦，屋内以方砖铺地。村中巷道纵横成线互通，村巷纵横交错，13 条直巷、4 条横巷贯穿全村。巷道用鹅卵石（或石板条）铺砌，排水设施完备。现有传统民房 25 座，均建于 1980 年以前。1980 年以后，建钢筋混凝土结构楼房，一层 16 座，二层的 25 座。楼房占地面积 100 平方米。村中有熊氏宗祠，建于清康熙年间，民国中期因火灾被毁，1980 年重建，面积 50 平方米。每逢年节喜庆，村民都会到宗祠拜祭，祈求福佑。

◎ 旱田村传统民居（摄于 2016 年）

村民每逢年节庆日，村民都会到龙镇古庙拜神。传统节庆有春节、清明节、四月八、端午节、七夕、七月十四、中秋节、冬至等。村民迁入新屋称“进火”。不论贫富人家，“进火”时，都有请客庆贺的习俗。现在入住新购房屋，也沿此例。传统结婚风俗为媒人介绍、看家风、担定婚茶、行婚礼、办酒席、请客、送礼等。传统丧事习俗以土葬为主，1990 年后实行火葬。丧事过程为入殓、出殡、送葬、做法事、安葬、将亡灵牌送入祠堂。

村民中流传冯师爷借莳插秧的传说。冯旺，龙南人，学道之人，传说他道法超人，所以人称冯师爷。他原来住凤朝村，后来移居到土坡坑（又名千家村）。传说，冯旺的法术一般道士不能及。有一天，冯旺去一个叫旱田厂的地方耙田，坦岭村一名叫刘石妹的道士路过那里，冯旺便招呼他聊天。两人坐下后，刘石妹为了展示自己的法术，将伞和行李抛上天。冯旺见状，同样把牛和耙抛到天上。两人在分别的时候，冯旺把牛和耙放下继续耙田，而刘石妹的伞和行李就是放不下来，于是刘石妹惭愧地跪下，冯旺才把伞和行李放下来。

20 世纪 70 年代中期，改河造田，平整土地 0.53 公顷。2015 年 11 月，由国家投资，修造水泥钢筋混合结构堤，长 875 米。

（资料填报：熊宗富，初稿撰写：熊宗富，总纂：李协湖）

红崩岗村

◎ 红崩岗村村貌（摄于 2016 年）

红崩岗村，原名凤其村，位于石角镇西部，距镇政府 13 千米。始建于清中期，因村落在形似马背窝的后龙山，附近有大崩岗而取名红崩岗村。该村坐落于马安山窝，村庄坐南向北，呈聚居分布。村东为下坎村，南为马安山，西为茶冚路口，北为大坝坑、防洪堤。有溪水自西向东经村前流入龙南河。有省道 S252 线从村旁通过。

清嘉庆十八年(1813 年)，属佛冈厅吉河乡龙潭堡。民国时期，属佛冈县一区龙潭乡。中华人民共和国成立初期，属佛冈县一区龙潭乡。1958 年，属从化县佛冈人民公社小潭大队。1961 年，属佛冈县龙南人民公社小潭大队。1983 年，属龙南区小潭乡。1987 年，属龙南乡小潭行政村。1989 年，属龙南乡小潭管理区。1994 年，属龙南镇小潭管理区。1998 年，属龙南镇小潭行政村。2004 年至今，属石角镇小潭行政村。

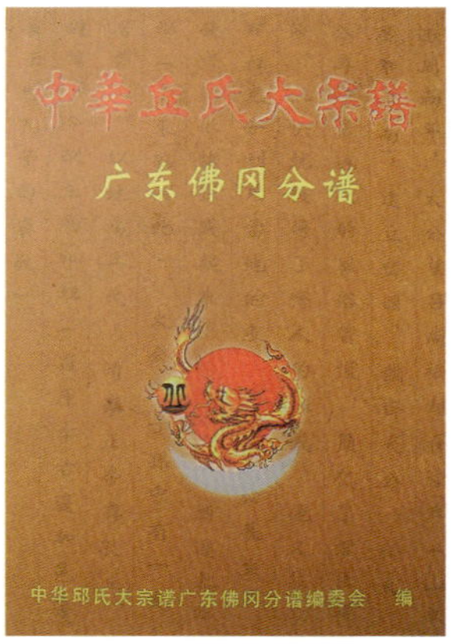

◎《中华邱氏大宗谱·广东佛冈分谱》(摄于 2016 年)

世居村民有邱姓、陈姓、王姓、徐姓。邱姓，据《中华邱氏大宗谱·广东佛冈分谱》记载，明中期邱姓支族迁入广东，清中期迁至该村。陈姓，民国时期由附近坝仔村分村迁至该村。徐姓，原居清远浥江乡(今佛冈县龙山镇)乐格村，清后期随母迁至该村。王姓，清后期由附近联田村迁至该村。

2015 年末，户籍人口 102 人，其中男性 54 人，女性 48 人。60 岁以上 14 人，其中 80 岁以上 4 人，最年长者 87 岁（男）。16 岁以下 33 人，其中留守儿童 9 人。实际在村居住和生活主要依靠农业收入有 41 人，常年在城镇生活和务工 61 人。村民为汉族，客家民系，使用客家方言。

该村有山地面积 106.67 公顷，耕地面积 6 公顷。村域山上有杉树、松树及杂树林，野生中草药种类多，野猪、芒鼠时有出没。传统经济以农业为主，兼有林副产品经营。主要作物有水稻、花生、薯类。1980 年以后，大部分青年外出打工，村民主要收入来源为农业和外出务工。1998 年开始，村民

◎ 红崩岗村稻田一角（摄于 2016 年）

◎ 红崩岗村民居（摄于 2016 年）

◎ 红崩岗村兰花种植基地一角（摄于 2016 年）

逐步扩种沙糖桔，2011 年全村种植沙糖桔面积 3.33 公顷，总产值 20 万元。2013 年起，沙糖桔产业消退。有村民租地 0.67 公顷，创办兰花种植基地，2015 年产值 100 万元。传统节庆食品有冬菇蒸鸡、烧鸭、焖鹅和粽子、粘米糍及糯米糍等。

1980 年通电，2001 年通电话，2005 年村道实现水泥硬底化，2007 年通自来水，2009 年通网络、有线电视，2015 年建起文化室、篮球场等文体设施。村中建有垃圾站。

传统民居有围水屋、正座，坐北向南，土木结构，三合土墙，硬山顶，盖灰瓦，屋内以方砖铺地。村中巷道纵横成线互通，村巷纵横交错，6 条直巷、2 条横巷贯穿全村。巷道用鹅卵石（或石板条）铺砌，排水设施完备。现有传统民房 16 座，均建于 1980 年以前。1980 年以后，开始建造钢筋混凝土结构楼房，一层的 5 幢，二层的 8 幢，每幢楼面积 110 平方米。

传统节日有春节、清明节、四月八、端午节、七夕、七月十四、中秋节、十月朝、冬至等。婴儿出生的第三天称“三朝”，请亲友饮甜酒、吃甜醋。满一个月时称“满月”，婴儿满月，饮酒须有姜酒，答谢亲友礼品须有红鸡蛋，很多人家在家中或酒店摆满月酒，设宴款待前来庆贺的亲友。农历八月十五日为中秋节，或团圆节。每逢中秋之夜，男女老少一起赏月，品尝月饼、柚子及熟石螺等食品，在外地工作的亲人都尽量回家与家人团聚，共度佳节。传统结婚习俗为媒人介绍、看家风、担定婚茶、行婚礼、办酒席、请客、送礼等。

传统丧事习俗以土葬为主，临去世前的人要先移至厅堂。去世后由子孙日夜守孝，死者入殓前，子孙要到河里取水，为死者擦身、更衣，亲视入殓。出殡时，请巫师开路，吹响牛角，送殡队敲锣打鼓、燃放爆竹送行。死者埋葬后，孝子孝女等从坟上抓回一把黄土，并且同牵一条寿红（红布）由另一路线回家。葬后要为死者做头七、二七、三七的法事，灵牌送往祠堂入位。至此丧事才告完结。办丧事做白饭、花菜、黄豆煮猪肉等简单饭菜。1990 年以后，逐步实行火葬。

1963 年，该村遭遇一场特大暴雨，河水涌入村内，大部分农田受浸，多间房屋损毁。20 世纪 70 年代，改河造田，平整土地 0.53 公顷。村民造林种植杉树 3.33 公顷。

（资料填报：熊宗富，初稿撰写：熊宗富，总纂：李协湖）

黄竹坑村

◎ 黄竹坑村村貌（摄于 2016 年）

黄竹坑村，位于石角镇西面，距镇政府 14.5 千米。始建于清乾隆年间，因村落周围种有黄竹，前边有一条坑，名黄竹坜村，后改为黄竹坑村。该村坐落于丘陵地带，村庄坐北向南，坑水向东流入龙南河，省道 S252 线距村 800 米，有县道（省道 S252 线—黄竹坑村）连接。村东在田村，南光板岭村，西为丫髻山，有清代佛冈十景之一“丫髻古碑”，北为背底山。

村落形成时，属清远县吉河乡龙潭堡。清嘉庆十八年（1813 年），属佛冈厅吉河乡龙潭堡。民国时期，属佛冈县一区龙潭乡。中华人民共和国成立初期，属佛冈县一区龙潭乡。1958 年，属从化县佛冈人民公社小潭大队。1961 年，属佛冈县龙南人民公社小潭大队。1983 年，属龙南区小潭乡。1987 年，属龙南乡小潭行政村。1989 年，属龙南乡小潭管理区。1994 年，属龙南镇小潭管理区。1998 年，属龙南镇小潭行政村。2004 年至今，属石角镇小潭行政村。

世居村民为曾姓，明初由江西迁入广东南雄珠玑巷，后迁往增城，清乾隆年间由增城迁至该村居住。

2015 年末，户籍人口 173 人，其中男性 98 人，女性 75 人。60 岁以上 20 人，其中 80 岁以上 4 人，最年长者 83 岁（女）。16 岁以下 33 人。实际在村居住和生活主要依靠农业收入 146 人，常年在城镇生活和务工 27 人。村民为汉族，客家民系，使用客家方言。

该村有山地面积 69.47 公顷，耕地面积 9.87 公顷。林业资源丰富，有杉树、松树及杂树林，野生中草药种类多。野猪、黄猄、芒鼠等时有出没。传

◎ 黄竹坑村青花梨果园（摄于 2016 年）

统经济以农业为主，兼有林副产品经营。主要作物是水稻、番薯、木薯、花生，产值比较低。1996年开始，村民逐步扩种沙糖桔，2011年全村种植沙糖桔面积6.67公顷，总产值40万元。2013年起，沙糖桔产业消退，村民改种其他果树。村民经济来源为农业收入和外出务工收入。传统节庆食品有白切鸡、焖鹅、烧鸭、粽子、米饼。其中，米饼的做法：将糯米用开水浸泡片刻，捞起滤干后炒熟，磨成粉，碾碎花生米、芝麻，连同米粉加黄糖或白糖水搓匀，再将加工好的米粉用饼模印成一个个的米饼，这种米饼久放不坏，既可自吃，也可送礼。

1982年通电，1993年通电话，2001年通自来水，2009年村道实现水泥硬底化。村中建有垃圾收集点。

传统民居现存40座，每座建筑占地面积120平方米。1980年以后，民居以钢筋混凝土结构为主。

◎ 黄竹坑村民居（摄于2016年）

村旁有香火堂，是村民祭祀的场所。1978年重建，面积40平方米。每逢喜庆节日，村民烧香拜祭，祈求福佑。

该村编有《黄竹坑村史》。记述民国时期，村民与该县民安、冈田、上下迳等村民一起传授拳术知识。

传统节日有春节、清明节、四月八、端午节、七夕、

◎ 黄竹坑村香火堂（摄于2016年）

七月十四、中秋节、十月朝、冬至等。其中，该村男人到虚年50岁，女人到虚年51岁做生日，俗称“男双女单”。做生日时，一家人连同亲友围桌而坐，寿者要派红包给儿孙们及亲友。传统婚礼习俗为：男女相识交往后，女方家亲友要到男方家看家风探亲，结婚前要担定茶、挑日子、送聘金，行婚礼时，要摆酒请客、迎亲和送亲。传统丧事习俗以土葬为主，1990年后逐步实行火葬。程序为举丧、入殓、出殡送葬、做法事，将亡灵牌送入祠堂或厅堂。

舞狮子是该村的传统，每逢村里有婚嫁喜事，舞狮队都举行迎接亲友和送亲活动。春节期间，村民舞狮子参加镇、县的表演。

清光绪十四年（1888年），有英德浛洸、横石塘流寇劫匪200多人到龙潭堡打劫。有在英德打工的乡民回来报信，民众在大湾肚设伏，将犯匪击退。20世纪70年代中期，村中开展造林绿化，周围山头全部种上杉树。2008年，村民集资修建通向村外的水泥村道500米。

（资料填报：李启泉，初稿撰写：李启泉，总纂：李协湖）

联田村

◎ 联田村村貌（摄于 2016 年）

联田村，位于石角镇西部，距镇政府 14 千米。始建于清乾隆年间，因为该村处在小潭中部，四面都有田地相连而取名联田村，原名下田心村，曾用名洪门楼村、新农村。建村时村址在上田村的东面坡地上，取名胜皇岭，清末迁到现址。该村坐落于丘陵地带，呈聚居分布。村东为坝仔村，南为大坝坑，西为新坑水流向龙南河，北靠上田村。省道 S252 线从村旁经过。

村落形成时，属清远县吉河乡龙潭堡。清嘉庆十八年（1813 年），属佛冈厅吉河乡龙潭堡。民国时期，属佛冈县一区龙潭乡。中华人民共和国成立初期，属佛冈县一区龙潭乡。1958 年，属从化县佛冈人民公社小潭大队。1961 年，属佛冈县龙南人民公社小潭大队。1983 年，属龙南区小潭乡。1987 年，属龙南乡小潭行政村。1989 年，属龙南乡小潭管理区。1994 年，属龙南镇小潭管理区。1998 年，属龙南镇小潭行政村。2004 年至今，属石角镇小潭行政村。

世居村民有黄姓、王姓。黄姓，明初由河北迁移到广东南雄再迁入从化，清乾隆年间由从化迁至该村。王姓，明正统五年（1440 年）迁入英德迳头乡（今佛冈迳头镇），民国初期由迳头迁至该村。

2015 年末，户籍人口 306 人，其中男性 160 人，女性 146 人。60 岁以上 32 人，其中 80 岁以上 5 人，最年长者 89 岁（女）。16 岁以下 71 人，其中留守儿童 9 人。实际在村居住和生活主要依靠农业收入 290 人，常年在城镇生活和务工 16 人。村民为汉族，客家民系，使用客家方言。

该村有山地面积 62.6 公顷，耕地面积 10.4 公顷。林业资源丰富，有杉树、松树及杂树林，野生中草药种类多。野猪、黄猄、芒鼠等时有出没。传统经济以农业为主，兼有林副产品经营。主要农作物有水稻、花生、薯类，兼养家畜、家禽，部分村民外出打工，村民经济来源为农业收入和外出务工收入。传统节庆食品有白切鸡、焖鹅、烧鸭、粽子、糖环等。其中，糖环是用水浸透糯米滤干碾成粉，将糖入锅煮成糖水起锅，再将米粉放在锅中炒热，然后趁热拌糖水搓匀，捏成小圆条，圈成半边窗式称“半边糖环”，或圈成圆形、六角形，称为“六耳球”，用油炸熟即成，这种糖环既可自吃，也可送礼。

1981 年通电，2001 年通电话，2006 年通自来水

◎ 联田村杉树林（摄于 2016 年）

◎ 联田村传统民居（摄于 2016 年）

（引山泉水），2009 年通网络。有篮球场 1 个，乒乓球台 2 张，广场 1 个，公园占地面积 0.67 万平方千米。有村文化室，设 3 层书架，藏书 1000 册。有卫生站，村头南面有小商店 7 间。村中建有垃圾收集点。

随着村人口发展，原村居住环境受限。1963 年，全村统一规划在村域内的庙山坝兴建新村。新村民居为四门归厅正座的土墙木瓦结构，现存 28 座。2009 年后，许多村民先后搬进自建钢筋混凝土楼房。

村有黄氏宗祠，始建于清末，1995 年因宗祠香火堂倒塌重建。该祠堂占地面积 300 多平方米，是该村祭祖的祠堂，神台有对联：“如意花开春色满园耀华堂；祖德扶荫子孙繁衍绍书香。”

该村的宗族活动有暖符头、清明扫墓、祠堂祭祖、旺龙，等等。传统节日有春节、清明节、四月八、端午节、七夕、七月十四、中秋节、十月朝、冬至等。冬至，意味着一年农事已做完，全家应欢聚吃一顿丰盛晚餐表示庆贺。村中有民间舞鸡公狮的习俗，春节期间到各户拜年，各户有喜事可请舞狮队上门，舞狮子助兴，有唱歌祝贺婚庆风俗。传统婚嫁习俗为媒婆引线、相互探访家庭、送日子、聘金、举行婚礼、宴请亲朋好友。传统丧事习俗以土葬为主，20 世纪 90 年代后逐步实行火葬。程序为入殓、出殡、送葬、请道士、设灵堂、做灵屋、做法事、将亡灵牌放入灵屋，做七过后，送入祠堂或厅堂。

◎ 联田村公园一角（摄于 2016 年）

20 世纪 60 年代后期，国家支持，村民出力，兴建战备粮仓，面积 300 平方米，方便相邻村交纳国家公购余粮和发放救济粮。20 世纪 70 年代初，改河造田 0.67 公顷。1990 年 7 月 22 日，该村遭受龙卷风袭击，农舍、农作物受到不同程度破坏。

2015 年，该村被广东省爱国卫生运动委员会评为“广东省卫生村”。

该村的黄谷招（1912—1948），革命烈士，参加北江支队四团团长黄渠成领导的地方游击队并任中队长，由于叛徒告密，1948 年 4 月在龙潭乡被捕遇害。

（资料填报：黄其和，初稿撰写：黄其和，总纂：李协湖）

牛角口村

◎ 牛角口村村貌（摄于 2016 年）

牛角口村，位于石角镇的西部，距镇政府 14.5 千米。始建于清中期，因为村子是建在形似牛角的山旁而取名牛角口村。该村坐落在小潭村中部，村东为小潭村委驻地，南为省道 S252 线，西是小潭小学，北为新风楼村。有小潭河（龙南河支流）经该村，河长 500 米。

清嘉庆十八年（1813 年），属佛冈厅吉河乡龙潭堡。民国时期，属佛冈县一区龙潭乡。中华人民共和国成立初期，属佛冈县一区龙潭乡。1958 年，属从化县佛冈人民公社小潭大队。1961 年，属佛冈县龙南人民公社小潭大队。1983 年，属龙南区小潭乡。1987 年，属龙南乡小潭行政村。1989 年，属龙南乡小潭管理区。1994 年，属龙南镇小潭管理区。1998 年 11 月，属龙南镇小潭行政村。2004 年至今，属石角镇小潭行政村。

该村世居村民为朱姓。据《牛角口朱姓族谱》记载，清初朱贵伴从英德迳头乡（今佛冈迳头镇）中心坝村迁至小潭凤朝村居住，清中期迁到该村。

2015 年末，户籍人口 164 人，其中男性 84 人，女性 80 人。60 岁以上 15 人，其中 80 岁以上 2 人，最年长者 87 岁（男）。16 岁以下 26 人，其中留守儿童 5 人。实际在村居住和生活主要依靠农业收入 132 人，常年在城镇生活和务工 32 人。村民属汉族，客家民系，使用客家方言。

◎ 牛角口村竹林园（摄于 2016 年）

◎ 格林草莓生产示范基地（摄于 2016 年）

该村有山地面积 28.8 公顷，耕地面积 6.53 公顷。林业资源丰富，有杉树、松树及杂树林，传统经济以农业为主，兼有林副产品经营。种植作物有水稻、番薯、木薯、花生。改革开放以后，大部分青壮村民都外出打工，村民主要收入来源为农业和外出务工。20 世纪 90 年代后期，村民逐步扩种沙糖桔，2011 年全村种植沙糖桔面积 6.67 公顷，总产值 40 万元。2013 年起，沙糖桔产业消退，村民改种其他果树。村民建有以色列草莓生产基地，面积 0.67 公顷。

传统节日食品有焖鹅、烧鸭、白切鸡、豆腐鱼、粽子、糍粑等。逢年过节，谁家先做好糍粑、饼果，都要送些如亲朋好友品尝。平时，即使煮番薯、芋头，也要拿到巷口，请人共享，邻里关系十分融洽。

◎ 牛角口村传统民居（摄于 2016 年）

20 世纪 70 年代开始用小水电，80 年代通国家电网，2001 年通电话，2009 年通有线电视，2012 年通自来水。村中建有垃圾收集点。

传统民居现存 21 座，民居先后于清代、民国及中华人民共和国成立后建造。民居整齐划一，为四门归厅布局，每座占地面积是 120 平方米。2005 年后，村民先后搬进自建钢筋混凝土楼房，现建有 20 座楼房，多数为二层半。

村编有《牛角口朱姓族谱》，2003 年由村籍退休干部朱观胜编纂。该书有村史简介、朱氏辈序以及牛角口村的朱氏世系。牛角口村辈序为："秀士文如玉，光明照上方，拔才连伯仲，际会运春长。"

宗族活动有元宵节后暖符头拜祭，清明祭祖。传统节日有春节、清明节、四月八、端午节、七夕、七月十四、中秋节、十月朝、冬至等。其中，端午节俗称"五月节"，各家各户包粽子纪念爱国诗人屈原，农户在门楣挂艾叶、菖蒲，点燃硫黄香，以避邪逐恶。传统婚嫁习俗为媒妁之言、相互探家、报日子、聘金、举行婚礼。传统丧事习俗以土葬为主，1990 年后逐步实行火葬。程序为入殓、出殡、送葬、请道士、设灵堂、做灵屋、做法事、将亡灵牌放入灵屋，做七过后，送入祠堂或厅堂。

20 世纪 60 年代中期，参加县社造林大会战，村旁山边全部种上杉木。70 年代初期，由新凤楼村、下湾村、上田村、牛角口村合建小水电站，安装旋转式机组，装机容量 30 千瓦，方便村民照明、碾米、电动打禾，80 年代初期改用国家电网。70 年代中期，改河造田 0.67 公顷，平整土地 3.33 公顷。70 年代后期，建有猪 20 多间，养猪 100 多头，实行养猪积肥一条龙。

该村的朱玉珍（1916—1996），民国末期任龙潭乡乡长、龙潭小学校长。

（资料填报：刘永初，初稿撰写：刘永初，总纂：李协湖）

散石坑村

◎ 散石坑村一角（摄于 2016 年）

散石坑村，位于石角镇西部，距镇政府 17 千米。始建于清代中期，因村旁山脚下坑水中多散石而取名散石坑村。该村地处丫髻山与狮子尾、天堂脑山之间，四面环山。村庄为零星分布，四面环山。狮子尾溪水自北向南流入清水迳再汇入潖江，省道 S252 线在该村东面 1.5 千米，有乡道连接该村与省道 S252 线。

清嘉庆十八年（1813 年），属佛冈厅吉河乡龙潭堡。民国时期，属佛冈县一区龙潭乡。中华人民共和国成立初期，属佛冈县一区龙潭乡。1958 年，属从化县佛冈人民公社小潭大队。1961 年，属佛冈县龙南人民公社小潭大队。1983 年，属龙南区小潭乡。1987 年，属龙南乡小潭行政村。1989 年，属龙南乡小潭管理区。1994 年，属龙南镇小潭管理区。1998 年，属龙南镇小潭行政村。2004 年至今，属石角镇小潭行政村。

世居村民为朱姓。朱姓，元末明初从福建迁入广东和平，再迁入英德迳头乡（今佛冈迳头镇），清中期从迳头迁至猪古岭，再迁至该村，为朱赞发后裔。

2015 年末，户籍人口 77 人，其中男性 40 人，女性 37 人。60 岁以上 12 人，其中 80 岁以上 5 人。最年长者 91 岁（女）。16 岁以下 18 人。实际在村居住和生活主要依靠农业收入 47 人，常年在城镇生活和务工 30 人。汉族，客家民系，使用客家方言。

该村有山地面积 142.4 公顷，耕地面积 2.27 公顷，是一个典型的深山小村，有丰富的林业资源，山上有樟树、杉树、松树及灌木林等，野生动物有果子狸、黄猄、蛇类等。传统经济以农业为主，兼有林副产品经营。主要农作物有水稻、番薯、芋头、

◎ 散石坑村乳猪养殖场（摄于 2016 年）

木薯、花生。20世纪90年代后期，村民逐步扩种沙糖桔，2011年全村种植沙糖桔面积3.33公顷，总产值20万元。2013年起，沙糖桔产业消退，村民改种其他果树。近年来，村民办起养猪繁殖基地，年产值达200万元。村民主要经济来源，以农业收入、林副产品经营收入、村集体经济分红收入和外出务工收入为主。

传统节日食品有客家清水煮鸡、扣猪肉、过年发糍、清明艾糍、端午粽子、山水豆腐、盖子糍。其中，盖子糍是用自产稻米加工米粉浆，再用竹篾织成的平底器具（俗称“盖子”）蒸熟而成，其特点是滑、嫩、可口。

1985年通电，1995年村集体利用水资源建水电站，2001年通电话，2009年通网络、有线电视，2012年村道实现水泥硬底化、通自来水。村中建有垃圾收集点。

◎ 散石坑村水电站（摄于2016年）

传统民居现存4座，均建于20世纪50年代后期，属正座四门归厅砖木结构房。1980年后，建有钢筋水泥结构二层半楼房13座，面积120平方米。

逢年过节，该村民都会拜祭符头公，祈求福佑。传统节日有春节、清明节、四月八、端午节、七夕、七月十四、中秋节、十月朝、冬至等。传统婚事习俗要担定婚茶、送聘礼聘金，男方家长到女方家要女方生辰八字，选择吉日，授意媒人向女方家长提出完婚成亲日。届时男方迎亲队伍，带着礼帖、礼物，

◎ 散石坑村民居（摄于2016年）

吹起八音，敲锣打鼓抬着花轿到女方家迎新娘，女方家把嫁妆礼物随新娘送到男方家（俗称“送亲”）。新娘回到男方家后，男方家举行迎亲仪式，选择两位子女多的妇女把新娘扶出花轿，送入洞房。傍晚举行拜堂仪式，吃过拜堂酒饭后，打堂媒，闹洞房。传统丧事习俗以土葬为主，程序为入殓、出殡、送葬、请道士、设灵堂、做灵屋、做法事、将亡灵牌放入灵屋，做七过后，送入祠堂或厅堂。1990年后，逐步推行殡葬改革，实行火葬。

清光绪十四年（1888年），英德浛洸、横石塘共150多个流寇劫匪到龙潭堡打劫，在英德打工的乡民，回来报信，乡民组织在该村大湾肚设伏，将犯匪击退。

1944年，黄渠成、黄信明、邓大猷带领的抗日游击队进驻散石坑，龙潭中队长黄谷招组织。村民朱彰池、朱彰顺、朱彰集参加。同年，在黎溪鸡坑老虎头龙设伏阻击日本侵略军向粤北进犯。

20世纪70年代初期，广州知识青年上山下乡，在该村设安置点，有30人，几年后，知青安置点撤销。70年代中期，龙南人民公社组织农民1000人，在该村大湾肚改河造田平整土地3.33公顷，其事迹受县有关部门作经验介绍推广。

（资料填报：朱社连，初稿撰写：朱社连，总纂：李协湖）

山猪楼村

◎ 山猪楼村村貌（摄于 2016 年）

山猪楼村，位于石角镇西部，距镇政府 17 千米。始建于清嘉庆年间，因当地山猪损害作物，村民搭建草木楼在此看守，鸣锣报警，后来建村而取名山猪楼村。该村坐落于丫髻山与猪脚脑山之间谷地，村庄坐西向东，呈散居状分布。村东为猪古岭村，南为猪脚脑山，西为散石坑村，北为丫髻山。白水寨水流经村东北面汇入龙南河。省道 S252 线从村旁通过。

清嘉庆十八年（1813 年），属佛冈厅吉河乡龙潭堡。民国时期，属佛冈县一区龙潭乡。中华人民共和国成立初期，属佛冈县一区龙潭乡。1958 年，属从化县佛冈人民公社小潭大队。1961 年，属佛冈县龙南人民公社小潭大队。1983 年，属龙南区小潭乡。1987 年，属龙南乡小潭行政村。1989 年，属龙南乡小潭管理区。1994 年，属龙南镇小潭管理区。1998 年，属龙南镇小潭行政村。2004 年至今，属石角镇小潭行政村。

世居村民为朱姓、郑姓。朱姓、郑姓，清中期先后从英德迳头乡（今佛冈迳头镇）大陂迁入该村居住。

2015 年末，户籍人口 175 人，其中男性 91 人，女性 84 人。60 岁以上 22 人，其中 80 岁以上 2 人，最年长者 85 岁（女）。16 以下 40 人，其中留守儿童 5 人。实际在村居住和生活主要依靠农业收入 165 人，常年在城镇生活和务工 10 人。村民属汉族客家民系，使用客家方言。

该村有山地面积 32.87 公顷，耕地面积 5.93 公顷。林业资源有杉树、松树及杂树林，有野生金银花、佛手等中草药资源，野猪、黄猄、果子狸、穿山甲、

◎ 山猪楼村百香果种植（摄于 2016 年）

◎ 村民使用的木制工具（摄于 2016 年）

◎ 山猪楼村传统民居（摄于 2016 年）

白鹇、山鸡等动物时有出没。传统经济以农业为主，兼有林副产品经营。主要农作物有水稻、番薯、芋头、木薯、花生。1980 年后，部分青年外出打工，以工资收入为主。20 世纪 90 年代后期，村民逐步扩种沙糖桔，2011 年全村种植沙糖桔面积 13.33 公顷，总产值 80 万元。2013 年起，沙糖桔产业消退，村民改种百香果树。有村民办猪场，饲养温氏猪。村民主要经济来源以农业收入、林副产品经营收入、外出务工收入为主。

传统节庆食品有客家清水煮鸡鸭鹅、扣猪肉、发糍、艾糍、粽子、山水豆腐。山水豆腐用自产黄豆、当地山泉水制作，其特点是嫩、滑，在煲豆腐时配以葱、蒜和鲜鱼，更为鲜味。

1983 年通电，2001 年通电话，2008 年村道实现水泥硬底化，2009 年通网络、有线电视。村中建有垃圾收集点。

传统民居现存 6 座。正座民居为一厅两廊四房一天井布局，土木结构，三合土墙（或火砖墙），硬山顶，盖灰瓦，屋内以方砖铺地，天井用鹅卵石铺砌，排水设施完备，一般占地面积 68 平方米。围水则为单间砖木平房，土木结构，三合土墙（或火砖墙），硬山顶，盖灰瓦，一般占地面积 20 平方米。20 世纪 80 年代后，建有许多钢筋混凝土混合结构楼房，底层面积一般为 120 平方米。

村民逢年过节和办喜事时都会拜祭符头公，祈求福佑。传统节庆有春节、清明节、四月八、端午节、七月十四、中秋节、冬至等。端午节，俗称“五月节”，村民各家各户包粽子纪念爱国诗人屈原，村民在门楣挂艾叶、菖蒲等，以避邪逐恶。许多青少年到江河游泳，称洗龙舟水，以祈消灾去祸。

传统婚嫁习俗为男女相识交往后，女方家亲友要到男方家探家，结婚前要担定婚茶，报日子、送聘金、定嫁妆，行结婚礼时，要摆酒请客，迎亲和送亲。传统丧事习俗以木棺土葬为主，死者未满 18 岁（俗称“夭折”或“夭亡”）的只能用普通木料做棺材，竹杠抬，不上肩。死者在 60 岁以上（俗称“寿终”或“归天”）的，临去世前要移至厅堂或廊下。去世后由子孙日夜守孝，死者入殓前，子孙要到河里取水，为死者擦身、更衣，亲视入殓。出殡时，请巫师开路，吹响牛角，送殡队敲锣打鼓、燃放爆竹送行。死者埋葬后，孝子孝女等从坟上抓回一把黄土，并且同牵一条寿红由另一路线回家。葬后要为死者做头七、二七、三七的法事，灵牌送往祠堂入位，至此丧事才告完结。20 世纪 90 年代后，实行火葬。

20 世纪 60 年代中期，村旁山边全部种上杉树。70 年代中期，改河造田平整土地 3.33 公顷。

（资料填报：朱社连，初稿撰写：朱社连，总纂：李协湖）

上田心村

◎ 上田心村村貌（摄于 2016 年）

上田心村，位于石角镇西部，距镇政府 14 千米。该村始建于清初。曾用名为胜皇岭、大围子。因山洪冲坏屋后的山，而搬迁到四面都是农田的田心里建房屋，在上部称上田心村，下部（联田村）称下田心村。该村坐落于丫髻山东部猪脚脑山脚下的田中间，村庄坐北向南，村东临大顶山，南临小潭村委，西为下湾村，北为秧坎头村。丫髻山溪水从村西边流入龙南河。省道 S252 线从村旁通过。

村落形成时，属清远县吉河乡龙潭堡。清嘉庆十八年（1813 年），属佛冈厅吉河乡龙潭堡。民国时期，属佛冈县一区龙潭乡。中华人民共和国成立初期，属佛冈县一区龙潭乡。1958 年，属从化县佛冈人民公社小潭大队。1961 年，属佛冈县龙南人民公社小潭大队。1983 年，属龙南区小潭乡。1987 年，属龙南乡小潭行政村。1989 年，属龙南乡小潭管理区。1994 年，属龙南镇小潭管理区。1998 年，属龙南镇小潭行政村。2004 年至今，属石角镇小潭行政村。

◎《英德潭头·邓氏族谱》（摄于 2016 年）

世居村民为邓姓、肖姓。邓姓，明末邓瑜公从英德潭头迁至清远县吉河乡（今佛冈县石角镇）龙蟠村，后迁至附近南田村、再到附近里水格岭村，清初迁至该村。肖姓，清中期由清远县滘江乡（今佛冈汤塘镇）迁至该村。

2015 年末，户籍人口 330 人，其中男 190 人，女 140 人。60 岁以上 43 人，其中 80 岁以上 8 人，最年长者 91 岁（女）。16 岁以下 68 人，其中留守儿童 15 人。实际在村居住和生活主要依靠农业收入 270 人，常年在城镇生活和务工 60 人。村民为汉族，客家民系，使用客家方言。

该村有山地面积 32.87 公顷，耕地面积 12.6 公

◎ 上田心村生态公益林（摄于 2016 年）

顷。林业资源有杉树、松树及杂树林，有野生金银花、佛手等中草药资源，野猪、黄猄、山鸡等动物。传统经济以农业为主，兼有林副产品经营。主要作物有水稻、番薯、芋头、花生、玉米、黄豆。1983 年以后，部分青年外出打工，村民主要经济来源为农业生产收入、林副产品经营收入、外出务工收入。传统节庆食品有冬菇蒸鸡、焖鹅鸭、粽子、米角糍、酿豆腐等。

1981 年通电，2001 年通电话，同年建成小潭村委至上田心村的村道，2008 年通自来水，2009 年通网络、有线电视，2012 年村道实现水泥硬底化，2014 年村安装照明路灯。将原生产队的两间 90 平方米的房屋，改建为村文化室。村中建有垃圾收集站。

传统村民居现存 50 座，由正座、围水屋和门楼组成，呈回龙形状布局。民居坐北向南，土木结构，三合土墙，硬山顶，盖灰瓦，屋内以方砖铺地，天井用鹅卵石铺砌，排水设施完备。村中巷道纵横交错，有 10 条直巷、3 条大横巷贯穿全村。1990 年开始，新建混凝土楼房 43 座，其中 1 层的 18 座，2 层的 25 座。每座占地面积 120 平方米。

该村的东南面 100 米处原建有一座祈福庙，在 1958 年拆掉。1981 年，村民重建一间小型的庙屋。

◎ 米角糍（摄于 2016 年）

◎ 邓氏文清公祠（摄于 2016 年）

◎ 萧氏宗祠（摄于2016年）

每到节庆节、喜庆婚事等，都有很多人去拜祭，祈求福佑。此外，村中建有2座邓氏宗祠和1座肖氏宗祠。

村民中流传，明代胜皇岭地名被皇帝知晓，在地形图上用笔一画，这个村的后龙山便出现了崩塌。为怕日后再出现崩塌，村民即将胜皇岭改为敬皇岭。

传统节日有春节、清明节、四月八、端午节、七月十四、中秋节、冬至等。传统婚嫁习俗为男女相识交往后，女方亲友要到男方家探家、担定婚茶、送日子、聘金、嫁妆、举行婚礼、打堂媒、三朝回娘家转门。传统习俗丧事以土葬为主，程序为举丧、入殓、出殡、送葬、请道士、设灵堂、做灵屋、做法事、将亡灵牌放入灵屋，做七过后，送入祠堂或厅堂，参与殡礼人用餐时不用高台、高凳，意表哀痛。1998年殡葬改革后，全部实行火葬。

1957年8月办高级社时，遇上大旱。村里13.33公顷水稻受到严重影响，许多农田水稻枯死，政府组织村民用人力水车进行抗旱缓解旱情。1958年，由政府组织全大队群众修建一条大水圳，大水圳从猪古岭、旱坑村至旱田村，全长3.5千米，沿途有陂头4座，陂槽4座。有一条半山石壁水路长300多米，将水送到受旱的田地上，解决53.33公顷受旱农田灌溉的问题，其中该村有4.67公顷实现旱涝保收。该水利设施经多次整修，现仍在使用。

2012年，村民推选村民理事会，逐项落实村中的建设规划，维修村道，改造危房，造福于村民。青年邓民军任村理事会会长后，发动群众植树造林66.67公顷，并规划该村建设方案，在建设村中文化室时，贡献出自己家的旧房子，在他的带动下，很多群众都参与建设。

该村的邓能珍，清代人，曾在佛冈厅署任职。邓汉扬（1955—），1979年参加中越边境自卫还击作战，荣立三等功。

（资料填报：邓炳枢，初稿撰写：邓炳枢，总纂：李协湖）

石古岭村

◎ 石古岭村村貌（摄于 2016 年）

石古岭村，位于石角镇的西部，距镇政府 16 千米。始建于清乾隆年间，从附近铺岭村分村迁入而形成，开村老祖是黄奕阳，因将村址选在一个石头较多的山岭上，旁边还有好几块圆形大石而取名为石古岭村。该村坐落于丫髻山（海拔 500 米）下，坐北向南，呈聚居分布。村东为杨梅头村，南为开阔农田，西为秧坎头村，北为农田，远处为高山将军脑山。有村道与省道 S252 线相连接。

村落形成时，属清远县吉河乡龙潭堡。清嘉庆十八年（1813 年），属佛冈厅吉河乡龙潭堡。民国时期，属佛冈县一区龙潭乡。中华人民共和国成立初期，属佛冈县一区龙潭乡。1958 年，属从化县佛冈人民公社小潭大队。1961 年，属佛冈县龙南人民公社小潭大队。1983 年，属龙南区小潭乡。1987 年，属龙南乡小潭行政村。1989 年，属龙南乡小潭管理区。1994 年，属龙南镇小潭管理区。1998 年，属龙南镇小潭行政村。2004 年至今，属石角镇小潭行政村。

世居村民有黄姓、赖姓。黄姓，清初由新丰黄屋角村迁至清远县吉河乡龙潭堡（今佛冈县石角镇）铺岭村，清乾隆年间由铺岭分支迁到该村。赖姓，清中期其祖先赖必填由新丰遥田村迁至该村，有分支向外移居。

2015 年末，户籍人口 268 人，其中男性 137 人，女性 131 人。60 岁以上 25 人，其中 80 岁以上 5 人，最年长者 84 岁（女）。16 岁以下 64 人，其中留守儿童 5 人。实际在村居住和生活主要依靠农业收入 237 人，常年在城镇生活和务工 31 人。村民为汉族，客家和广府民系，使用客家方言和粤方言。

该村有山地面积 38.67 公顷，耕地面积 4.93 公顷。林业资源有杉树、松树及杂树林，有野生金银花、佛手等中草药资源，野猪、黄猄、山鸡等动物。传统经济以农业为主，兼有林副产品经营。种植作物有水稻、番薯、木薯、花生。特色农产品为蜂蜜。改革开放以后，大部分青壮村民都外出打工，村民主要收入来源为农业收入、林副产品经营收入和外出务工收入。1998 年开始，村民逐步扩种沙糖桔，2011 年全村种植沙糖桔面积 13.33 公顷，总产值 80 万元。2013 年起，沙糖桔产业消退，村民改种其他果树。

◎ 石古岭村山林、果园（摄于 2016 年）

村民节庆传统食品有豆腐鱼、粽子、糍粑、脍肉等。其中，脍肉的制作方法：将猪肉（最带皮的半肥瘦五花肉）先吊起来晾水，然后切成 100—150 克的肉块，配以五香粉、蒜苗、蚝油、陈皮、烧酒、豆豉、南乳、白糖、味精等，将佐料与猪肉拌匀，装瓦钵放在锅里蒸熟。蒸熟的脍肉要放在通风干爽处保存，食用时再蒸一次即可。蒸时加以笋干、冬菇等配料，其味道更加香醇可口。

1974 年同邻村联合建小水电站照明，1983 年通国家电网供电，2001 年通有线电话，2006 年通无线电话，2009 年通有线电视，2012 年通上自来水，2013 年实现村道水泥硬底化。

传统民居现存 39 座，有小部分是清代至民国期间建造，大部分中华人民共和国成立后建造。民居整齐归一，为四门归厅一天井二房布局，每座占地面积 120 平方米，这些民居保存基本完好，有村民居住。1990 年后，村民开始建筑钢筋混凝土楼房，全村建有 40 座楼房，均为二层半以上，每座占地面积 120 平方米。村中有黄氏宗祠和赖氏宗祠，均建于清末民国初，近年均有修缮。村中黄氏村民与佛冈县水头黄氏合编《黄氏族谱》，1995 年由黄治平编修，该书记载黄氏世系沿革、祖宗安

◎《黄氏族谱》（摄于 2016 年）

◎ 赖氏宗祠（摄于 2016 年）

◎ 黄氏宗祠（摄于 2016 年）

置地等内容。

宗族活动有暖符头、清明祭祖、中秋放孔明灯、旺龙等习俗。其中，旺龙又称旺祠堂，起源于清中期。相传村民在捕猎获得野猪时，带着猎物穿街过巷，展示猎手彪悍的体魄和胆色，最后到祠堂庆贺，用猎物奉神，村民齐聚在祠堂共享猎物的喜悦，慢慢地演变成旺龙的习俗活动。传统习俗活动为舞狮子，春节期间、拜祖祠、新居落成都会舞狮子增添喜庆气氛。

传统节日习俗为春节、清明节、四月八、端午节、七月十四、中秋节、冬至等。传统婚礼为媒妁之言、相互探家、报日子、聘金、举行婚礼。传统丧事以土葬为主，1990 年后逐步实行火葬。程序为入殓、出殡、送葬、请道士、设灵堂、做灵屋、做法事、将亡灵牌放入灵屋，做七过后，送入祠堂或厅堂。

20 世纪 70 年代中期，开展“农业学大寨”运动，改河造田，平整土地，该村平整土地 3.33 公顷，开荒造田 1.33 公顷。70 年代后期，建猪舍 20 间，养猪 100 多头，实行养猪积肥一条龙。

该村的黄北杨（1918—1951），革命烈士，1950 年参军，在一次剿匪中牺牲。黄光汉（1917—1996），参加东江游击队，在一次战役中光荣负伤，被定为二级伤残，后退役疗伤。

（资料填报：刘永初，初稿撰写：刘永初，总纂：李协湖）

桃子坝村

◎ 桃子坝村村貌（摄于 2016 年）

桃子坝村，位于石角镇西部，距镇政府 16 千米。建于清中期，因村周围种植许多桃树而取名桃子坝村。该村坐落于丫髻山与猪脚脑山之间的谷地，村庄坐北向南，呈聚居分布。村东为猪古岭村，南为山猪楼村，西为散石坑村，北为丫髻山，白水寨水由村前经过流入龙南河。省道 S252 线从村旁通过。

清嘉庆十八年（1813 年），属佛冈厅吉河乡龙潭堡。民国时期，属佛冈县一区龙潭乡。中华人民共和国成立初期，属佛冈县一区龙潭乡。1958 年，属从化县佛冈人民公社小潭大队。1961 年，属佛冈县龙南人民公社小潭大队。1983 年，属龙南区小潭乡。1987 年，属龙南乡小潭行政村。1989 年，属龙南乡小潭管理区。1994 年，属龙南镇小潭管理区。1998 年，属龙南镇小潭行政村。2004 年至今，属石角镇小潭行政村。

世居村民有何姓、朱姓。何姓，清中期从附近下湾村迁至低龙村，清中期迁至该村。朱姓，清中期从附近坝仔村迁入该村。村民均为汉族，客家民系，使用客家方言。

2015 年末，户籍人口 76 人，其中男性 34 人，女性 42 人。60 岁以上 5 人，其中 80 岁以上 3 人，最年长者 83 岁（男）。16 以下 18 人，其中留守儿童 4 人。实际在村居住和生活主要依靠农业收入 35 人，常年在城镇生活和务工 41 人。

该村有山地面积 22.2 公顷，耕地面积 5.27 公顷。林业资源有杉树、松树及杂树林，有野生金银花、佛手等中草药资源，传统经济以农业为主，兼有林副产品经营。传统经济以农业为主，主要农作物有水稻、番薯、芋头、木薯、花生。20 世纪 90 年代后期，

◎ 桃子坝村玉米种植园（摄于 2016 年）

◎ 村民储备粮食的缸（摄于2016年）

村民逐步扩种沙糖桔，2011年全村种植沙糖桔面积4.67公顷，总产值28万元。2013年起，沙糖桔产业消退，村民改种其他果树和玉米等。村民主要经济来源为农业生产收入、林副产品经营收入、外出务工收入。

1980年通电，2001年通电话，2006年通无线电话，2009年通有线电话，2012年通自来水，2013年实现村道水泥硬底化。

传统节庆食品有客家清水煮鸡鸭鹅、扣猪肉、过年发糍、清明艾糍、端午粽子、山水豆腐、盖子糍等。其中，艾糍的做法：先将艾叶稍煮一下，去掉苦味，将糯米碾成粉，与艾叶混合搓匀。用糖、花生碎粒、芝麻作馅，捏为小块，包成三角形或圆形，蒸熟即可；或是捏成椭圆形，不放馅，蒸熟即可。

◎ 桃子坝村传统民居（摄于2016年）

传统民居由正座、围水屋和门楼组成，呈回龙形状布局。民居坐北向南，土木结构，三合土墙，硬山顶，盖灰瓦，屋内以方砖铺地，天井用鹅卵石铺砌，排水设施完备。现存传统民居22座，多建于清代、民国时期。1980年前，多为土木结构，四门归厅（俗称“正座”）木瓦房。1980年后，建钢筋混凝土楼房，楼房二层半的有10座，用地面积均为120平方米，装有铝合金窗、不锈钢门。

传统节日有春节、清明节、四月八、端午节、七月十四、中秋节、冬至等。传统民俗有村民参加猪古岭村大醮活动，有抢花炮、叩红朝、暖符头等。逢年过节或遇喜事，该村民都会拜祭符头公，祈求福佑。传统婚嫁习俗由父母包办，媒婆说媒撮合，担定始茶、送聘礼聘金，男方家长到女方家要女方生辰八字，选择吉日，届时男方迎亲队伍，带着礼帖、礼物，吹起八音，敲锣打鼓抬着花轿到女方家迎新娘，女方家把嫁妆礼物随新娘送到男方家。新娘回到男方家后，男方家举行迎亲仪式，选择两位子女多的妇女把新娘扶出花轿，送入洞房。傍晚举行拜堂仪式，吃过拜堂酒饭后，打堂媒，闹洞房。传统习俗丧事以土葬为主，1990年后逐步实行火葬。程序为入殓、出殡、送葬、请道士、设灵堂、做灵屋、做法事、将亡灵牌放入灵屋，做七过后，送入祠堂或厅堂。

1954年，成立常年互助合作组，农忙时村民互助互帮，促进生产发展，1955年成立初级合作社。20世纪70年代中期，在村旁山边进行造林绿化，种植杉树6.67公顷。2012年，村民集资4万元，修建通往村外的水泥村道700米，方便村民出行。

该村的何正益（1898—1958），铁匠，附近邻村村民家用铁器和习武铁具大多由该人打造。何正应（1908—2012），铁匠、木匠，技术精湛，甚受群众赞誉。何坤钊（1947—2012），木匠，从事木工数十年，技术精湛，在当地有较高声誉。

（资料填报：朱社连，初稿撰写：朱社连，总纂：李协湖）

田尾头村

◎ 田尾头村村貌（摄于 2016 年）

田尾头村，位于石角镇西面，距离镇政府 15 千米。始建于清乾隆年间，因村连接山脚下的田尽头处而取名田尾头村。该村坐落于丫髻山脚下，三面环山，村庄坐西向东。村东为小溪，南邻丫髻山，“丫髻古碑”被列为古代佛冈十景之一，西为背底山，北为黄竹坑村。山溪水向东边流入龙南河，省道 S252 线在该村东面 1 千米处经过，有乡道（省道 S252 线—田尾头村）接通。

村落形成时，属清远吉河乡龙蟠堡。清嘉庆十八年（1813 年），属佛冈厅吉河乡龙潭堡。民国时期，属佛冈县一区龙潭乡。中华人民共和国成立初期，属佛冈县一区龙潭乡。1958 年，属从化县佛冈人民公社小潭大队。1961 年，属佛冈县龙南人民公社小潭大队。1983 年，属龙南区小潭乡。1987 年，属龙南乡小潭行政村。1989 年，属龙南乡小潭管理区。1994 年，属龙南镇小潭管理区。1998 年，属龙南镇小潭行政村。2004 年至今，属石角镇小潭行政村。

世居村民为李姓。明初迁入福建汀州府上杭县东门口梅花岭半朗岗，后迁入广东南雄珠玑巷定居，再迁入广东新丰遥田岐岭下，清乾隆年间迁入该村居住。

2015 年末，户籍人口 33 人，其中男性 15 人，女性 18 人。60 岁以上 4 人，最年长者 63 岁（男）。16 岁以下 9 人。实际在村居住和生活主要依靠农业收入 25 人，常年在城镇生活和务工 8 人。村民为汉族，客家民系，使用客家方言。

该村有山地面积 12.27 公顷，耕地面积 2.53 公

◎ 田尾头村桃树种植（摄于 2016 年）

◎ 耙田农具（摄于2016年）

顷。林业资源有杉树、松树及杂树林，有野生金银花、佛手等中草药资源，传统经济以农业为主，兼有林副产品经营。主要作物是水稻、番薯、木薯、花生。1980年以后，大部分青壮年村民外出务工，以工资性收入为主。20世纪90年代后期，村民逐步扩种沙糖桔，2011年全村种植沙糖桔面积2公顷，总产值12万元。2013年起，沙糖桔产业消退，村民改种其他果树。传统节庆食品有白切鸡、焖鹅、烧鸭、粽子。

◎ 田尾头村传统民居（摄于2016年）

1981年通电，1983年通电话，1985年通自来水。1999年村道实现水泥硬底化。

传统民居由正座、围水屋和门楼组成。民居坐北向南，土木结构，三合土墙，硬山顶，盖灰瓦，屋内以方砖铺地，天井用鹅卵石铺砌，排水设施完备。传统民居7座，村巷纵4条横1条，贯穿全村。建于1980年前的民居为土木结构，布局是四房一厅一厨卫，建筑面积120平方米。村旁建有香火堂，是村民祭祀的场所。

据田尾头村史记述，清后期村里办过一间私塾，附近的村民都在私塾读过书，到民国初期解散。

传统节庆习俗为春节、清明节、四月八、端午节、七月十四、中秋节、冬至等。其中，农历十月初一称“十月朝”或“牛生日”。过去牛是农村耕作的畜力，村民有做“牛生日”的习俗。由农家做糯米糍粑贴在牛角、牛额、牛背脊、牛腰、牛尾部位，贴过后，牧童从牛身上将糯米糍粑剥下用火烤熟来吃。传说吃了“牛生日”贴在牛身上的糍粑，能像牛一样力气大。传统婚嫁习俗，男女相识交往后，女方亲友要到男方家探亲，结婚前要担定茶、定日子、送聘金，行婚礼时，要摆酒请客、迎亲和送亲。传统丧事习俗以土葬为主，1990年后逐步实行火葬。程序为举丧、入殓、出殡送葬、做法事，将亡灵牌送入祠堂或厅堂，办丧事只能吃白饭、花菜、黄豆等简单的饭菜，用事主门板当饭桌。

村南边山冚田是烂塱田，只能靠人力耕作。1975年“农业学大寨”高潮时期，小潭大队组织专业队以及村民通过深翻土地、开沟排水、打木桩等措施，将0.53公顷烂塱田建成高产稳产农田。

（资料填报：李启泉，初稿撰写：李启泉，总纂：李协湖）

下坎村

◎ 下坎村村貌（摄于 2016 年）

下坎村，原名上下坎村，位于石角镇西部，距镇政府 13 千米。始建于清顺治年间，因该村位于有上坎和下坎的地形，而取名上下坎村，后改为下坎村。该村坐落于山间谷地。村庄坐南向北。村前有圳水流入龙南河，村东邻生鸡塱水田，南为大顶山，西邻庙冚山坑，北为里水中和村。马尿潭坑水流入村前圳水，再汇入龙南河。省道 S252 线距 1.2 千米有村道连接。

村落形成时，属清远县吉河乡龙潭堡。清嘉庆十八年（1813 年），属佛冈厅吉河乡龙潭堡。民国时期，属佛冈县一区龙潭乡。中华人民共和国成立初期，属佛冈县一区龙潭乡。1958 年，属从化县佛冈人民公社小潭大队。1961 年，属佛冈县龙南人民公社小潭大队。1983 年，属龙南区小潭乡。1987 年，属龙南乡小潭行政村。1989 年，属龙南乡小潭管理区。1994 年，属龙南镇小潭管理区。1998 年，属龙南镇小潭行政村。2004 年至今，属石角镇小潭行政村。

世居村民有陈姓、叶姓。陈姓，清顺治年间由附近坝仔村分村到下坎村。叶姓，清初由清远吉河乡（今佛冈水头镇）潭洞村，迁入附近福联村居住，清中期迁到下坎村定居。

2015 年末，户籍人口 124 人，其中男性 68 人，女性 56 人。60 岁以上 11 人，最年长者 86 岁（女）。16 岁以下的 36 人，其中留守儿童 10 人。实际在村居住和生活主要依靠农业收入 89 人，常年在城镇生活和务工 35 人。村民为汉族，客家民系，使用客家方言。

该村有山地面积 14.13 公顷，耕地面积 4.87 公

◎ 下坎村花生种植园（摄于 2016 年）

顷。林业资源有杉树、松树及杂树林，有野生金银花、佛手等中草药资源，传统经济以农业为主，兼有林副产品经营。主要作物有水稻、花生、薯类。1980年以后，许多青壮年外出打工，村民主要经济来源为农业收入和外出务工收入。20世纪90年代后期，村民逐步扩种沙糖桔，2011年全村种植沙糖桔面积5.33公顷，总产值32万元。2013年起，沙糖桔产业消退，村民改种其他果树。传统节庆食品有粽子、糯米糍等。

1981年通电，2001年通电话，2006年村道实现水泥硬底化，2008年通自来水，2009年通网络、有线电视。村中建有垃圾回收站。

传统民居现存23座。村中巷道纵横交错，9条直巷、6条横巷贯穿全村。建于1980年以前的砖瓦房有14座，建于1980年以后的钢筋混凝土结构楼房一层的6座，二层的13座。楼房布局多为三房一厅一厨卫，建筑面积110平方米。

◎ 下坎村传统民居（摄于2016年）

◎ 陈氏宗祠（摄于2016年）

◎ 叶氏宗祠（摄于2016年）

村内建有叶氏宗祠、陈氏宗祠。

传统节庆习俗为春节、清明节、四月八、端午节、七夕、七月十四、中秋节、冬至等。其中，农历八月十五日为中秋节，每逢中秋之夜，男女老少一起品尝月饼、柚子及石螺等食品赏月。在外地工作的亲人都尽量回家与家人团聚，共度佳节。

传统婚嫁习俗为媒人介绍、看家风、担定婚茶、行婚礼、办酒席、请客、行婚礼等。传统丧事习俗以土葬为主。20世纪90年代后实行火葬。程序为入殓、出殡、送葬、做法事、安葬、将亡灵送入祠堂。办丧事用餐时，用简单饭菜招待。

20世纪70年代初，村民在村山上造林种杉6.67公顷。70年代末，改河造田，平整黄竹坝土地1.2公顷。2006年，村民自筹资金5万元，修建通向村外水泥村道1千米，方便村民出行。

该村的陈文龙（1927—1981），民国时期至中华人民共和国成立初期曾任龙潭乡副乡长。叶社长（1927—1997），1950年参加中国人民志愿军，参加抗美援朝，战争胜利后回国，曾任韶关乌石电厂厂长。

（资料填报：熊宗富，初稿撰写：熊宗富，总纂：李协湖）

在田村

◎ 在田村村貌（摄于 2016 年）

在田村，位于石角镇西部，距镇政府 15 千米。始建于清初，由英德县迳头乡（今佛冈县迳头镇）鸭麻坑移民聚居而形成。因村后有后龙山，村前有水口山，村两旁为水田，故名椤田村，因村外暗塘（地名）山如轿顶形似水田而改名为在田村。

该村坐落于丘陵地带的山间谷地。村庄坐北向南，村东凹仔山，村南为光板岭村，村西黄竹坑村，村北为背底山。有溪河自西向东经村前流入龙南河再汇入滘江，村道往东 1 千米通县道 S252 线。

◎ 在田村门楼（摄于 2016 年）

清嘉庆十八年（1813 年），属佛冈厅吉河乡龙潭堡。民国时期，属佛冈县一区龙潭乡。中华人民共和国成立初期，属佛冈县一区龙潭乡。1958 年，属从化县佛冈人民公社小潭大队。1961 年，属佛冈县龙南人民公社小潭大队。1983 年，属龙南区小潭乡。1987 年，属龙南乡小潭行政村。1989 年，属龙南乡小潭管理区。1994 年，属龙南镇小潭管理区。1998 年 11 月，属龙南镇小潭行政村。2004 年至今，属石角镇小潭行政村。

世居村民为朱姓，明中期福建分支到广东兴宁，在兴宁再分支到英德迳头乡（今佛冈迳头镇）鸭麻坑村，清初分支迁到该村。

2015 年末，户籍人口 111 人，其中男性 60 人，女性 51 人。60 岁以上 12 人，其中 80 岁以上 5 人，年最长 85 岁（女）。16 岁以下 29 人，其中留守儿童 8 人。实际在村居住和生活主要依靠农业收入有 99 人，常年在城镇生活和务工 12 人。村民为客家民系，使用客家方言。

该村有山地面积 23.47 公顷，耕地面积 2.6 公顷。林业资源有杉树、松树及杂树林，有野生金银花、

◎ 在田村杉树林（摄于2016年）

佛手等中草药资源，传统经济以农业为主，兼有林副产品经营。主要农作物有水稻、番薯、芋头、木薯、花生。20世纪90年代后期，村民逐步扩种沙糖桔，2011年全村种植沙糖桔面积3.33公顷，总产值20万元。2013年起，沙糖桔产业消退，村民改种其他果树。村民主要经济来源为农业收入、林副产品经营收入和外出务工收入。传统节日食品有客家清水煮鸡鸭鹅、扣肉、过年发糍、清明艾糍、端午粽子，还有山水豆腐、盖子糍。

1981年通电，2001年通电话，2007年村道实现水泥硬底化，2009年通网络、自来水。

传统民居为客家民居，保持着聚族而居的习惯。客家民居最简单的形式是长方形居室，正中是堂屋，两侧是住房，现存20座。村内有1条大直巷，5条横巷。建于1980年以前的民居大多为土木结构瓦房。1990年以后，建钢筋混凝土混合结构楼房，底层面积多为120平方米。

传统节庆习俗为春节、清明节、四月八、端午节、七夕、七月十四、中秋节、冬至等。其中，农历七月十四，为盂兰节或鬼节。相传在元朝以前每年的农历七月十五，民间都举行祭祀祖宗活动，故称七月半。后为避元兵入侵的战乱，民间提前一天祭祀祖宗，从此每年农历七月十四过七月半。此习沿袭至今，村民用制作米糍或杀鸡加菜等方式进行简单的庆贺。传统婚嫁习俗为媒人介绍，踏

◎ 在田村民居（摄于2016年）

◎ 木刻牌匾（摄于 2000 年）

◎ 木刻牌匾（摄于 2000 年）

门口，担定茶，送日子，拜堂行婚礼完婚。女子婚后梳髻，头戴头帕，围身裙。传统丧事习俗以土葬形式，举丧、入殓、出殡、送葬、请道士、设灵堂、做灵屋、做法事、将亡灵神主放入灵屋，做七过后，送入祠堂或厅堂。1990 年殡葬改革后，实行火葬。

该村的朱定章一门三秀才。第一代，朱定章，清光绪三年（1877 年）获封大庆山文昌庙主持，龙潭堡云从社学艺主持，还曾任迳头紫阳书院、韶州府文公祠、佛冈吉河乡书院主持。第二代，朱品三（1812—1878），清同治五年（1866 年）岁贡，系六品顶戴。其三子朱崇玮是清光绪二十八年（1903 年）的岁贡，钦命礼部右侍郎广东提督学政朱祖谋为朱定章、朱品三、朱崇玮父子立有一块“父子明经”题匾。第三代，朱星五，7 岁进考，考官出上联:“骑父作马。”他答曰 :“望子成龙。”后来考取秀才。朱炳仁（1916—1988），抗日战争后期，参加黄渠成带领的抗日游击队，中华人民共和国成立初期，任中共小潭乡支部书记，他带领村民兴建猪古岭旱坑至凤朝水利工程，修建渡水槽 4 条，引水渠 3.5 千米，造林种杉树 300 公顷，建粮食加工厂、农具修理站、水电站、广播站。

（资料填报:李启泉，初稿撰写:李启泉，总纂:李协湖）

猪古岭村

◎ 猪古岭村（摄于 2016 年）

猪古岭村，位于石角镇西部，距镇政府 16 千米。始建于清初，由多姓氏移民聚居而形成。因村背后的风水山形似猪牯而取名猪古岭村。

该村坐落于丫髻山与猪脚脑山之间谷地，村庄坐西南向东北。村东为牛角口村，南为猪脚脑山，西为散石坑村，北为光板岭村，村域的大冚水与白水寨水交汇处，水从两边流入里水三八村小溪再汇入龙南河。省道 S252 线在村南通过。

清嘉庆十八年（1813 年），属佛冈厅吉河乡龙潭堡。民国时期，属佛冈县一区龙潭乡。中华人民共和国成立后，属佛冈县一区龙潭乡。1958 年，属从化县佛冈人民公社小潭大队。1961 年，属佛冈县龙南人民公社小潭大队。1983 年，属龙南区小潭乡。1987 年，属龙南乡小潭行政村。1989 年，属龙南乡小潭管理区。1994 年，属龙南镇小潭管理区。1998 年 11 月，属龙南镇小潭行政村。2004 年至今，属石角镇小潭行政村。

世居村民有朱姓、黎姓、袁姓、邱姓、李姓、邓姓。朱姓，明成化年间从福建迁入广东惠州、兴宁，后迁入英德大陂都迳头乡（今佛冈县迳头），清初从迳头乡迁入该村。黎姓，清初期从清远吉河乡（今佛冈县水头镇）茶园村迁入该村。袁姓，清中期从英德下砝迁入该村。邱氏，民国期间从佛冈县高岗乡路下村迁入该村。李氏，民国期间由佛冈县烟岭乡随母李氏迁入该村。邓姓，民国期间由附近村迁入该村。

2015 年末，户籍人口 298 人，男性 159 人，女性 139 人。60 岁以上 15 人，其中 80 岁以上 5 人，最年长者 89 岁（男）。16 岁以下 78 人，其中留守儿童 6 人。实际在村居住和生活主要依靠农业收入 276 人，常年在城镇生活和打务工 22 人。村民为汉族，客家民系，使用客家方言。

村有林地面积 210 公顷，耕地面积 7.8 公顷。林业资源有杉树、松树及杂树林，有野生金银花、佛手等中草药资源，野猪、黄猄、山鸡等动物在山谷时有出没。传统经济以农业为主，兼有林副产品经营。主要农作物有水稻、番薯、芋头、木薯、花生。村民主要经济来源为农业生产收入、林副产品经营收入和外出务工收入。2001 年种植沙糖桔，2011 年全村种植沙糖桔面积 10 公顷，总产值 55 万元。还有村民兴办猪场，饲养温氏猪。传统食品有客家清水煮鸡鸭鹅、扣猪肉、发糍、艾糍、粽子、豆腐、盖子糍。

1980年通电，2001年通电话，2002年村道实现水泥硬底化，2009年通网络、电视，2011年通自来水。全村巷道有电灯照明，村中建有垃圾收集站。

传统民居由围水屋、正座、门楼组成。门楼为中轴线对称，坐北向南，土木结构，三合土墙，硬山顶，盖灰瓦。村巷均为十字巷，7条直巷、2条横巷贯穿全村。围屋内巷道纵横互通，巷道用鹅卵石铺砌，排水设施完备。现存传统民居45座，建于清代、民国及中华人民共和国成立后，多为灰砂墙，四门归厅木瓦房。建于20世纪80年代后的钢筋混凝土混合结构楼房，楼层二层半的31座，三层至四层半的3座，底层面积多为120平方米。众人屋位于该村西北面，面积约100平方米，建于清中期，泥砖瓦房。20世纪60年代前，是猪古岭一带（猪古岭、散石坑、山猪楼、桃子坝）的文化娱乐中心兼议政场所。清末民国初，建猪古岭学堂，于民国后期撤销。

◎ 猪古岭村传统民居（摄于2016年）

◎ 猪古岭村新民居（摄于2016年）

◎ 猪古岭村300年树龄的古榕树（摄于2016年）

村旁省道S252线路边有一棵300年树龄的古榕树，荫蔽面积2000平方米，是路人歇息之处。古榕树是明、清时期，石角圩、龙南至旧横石（清远）古道路人歇息之处。此古道形成于明代，以石角圩为起点，走山路经龙南里水三八村，过小潭坝仔村石桥、猪古岭村古榕树之处，经过上迳、下迳、民安圩、社岗到达清远旧横石火车站。全程约30千米，路宽1.5米。民国时期，县内中部的人需乘粤汉线火车多取此道前往旧横石搭乘，是龙南、民安两地民众日常往来的必经之路。20世纪60年代，省道S252线在其基础上修建，原古道消失。

村民及相邻村民都有打大醮做神功、放花炮、叩红朝、拜祭符头公习俗活动，祈求福佑。这些活动年复一年，起源于清朝初期。

打大醮做神功：醮会神功为10年一届（猪古岭麻公坛醮）。每逢丁年做神功的理事，最大为正主缘，由他主持做神功一切活动事项，根据正总缘的生辰八字选择吉日做神功日子。醮会资金来源于捐集。醮坛设置很具规模，猪古岭麻公坛醮遗址面积约2000平方米。醮会搭建蓬厂僧厂、道厂、总神坛各1座，还有花红总会厂10多间，大缘道大厂3—4间。醮会开始后每天有和尚、法师到坛念经，善男信女则跪拜祈祷，做神功时还请来戏班演大戏，连演3天3夜。醮会转入尾声时，由道士们念符咒，进行上刀山、镰山、走火屎链、过油锅等表演，醮会进入高潮。最后烧地墩子、点花炮，村民抢到花

◎ 村民在祭麻公坛举行拜祭活动（摄于2016年）

炮寓意会带来好运，吉祥兴旺。

放花炮：花炮是民间用竹篾扎在支架上，用五彩纸张粘贴并缀在精致的蜡公仔（神像），花炮按顺序（丁财贵福寿）编号。每逢抢花炮时，由主持组织人员，选择开阔之地，道士和庙祝带领敲锣打鼓、舞狮子、燃放鞭炮，将寺庙菩萨请到抢花炮地点。在菩萨侧边预先搭建好炮棚，按花炮编号放置棚内。花炮放在多个地墩子（用生铁铸成的火炮筒）上，放上有花炮编号的铜环（常用红布包裹）。炮手点燃地墩子发出“轰”的巨响，铜环直接飞上天空，抢花炮的人群向铜环飞出的方向奔去抢夺铜环。抢到铜环者立即跑到菩萨面前报告，经主持人认可登记，即为花炮得主，并把花炮抬回村中供奉。

叩红朝：叩红朝比做神功规模小。叩红朝时，有法师、道士设坛，抬菩萨、迎神、鸣锣、念符咒，按人丁捐钱，到村外折蕉树进行杀邪活动等程序。中华人民共和国成立前，叩红朝有基金会，由司理人员管理账目。叩红朝一般是两年一届。

暖符头：设有一个总符头，称沙罗符，按全村人口集资。每年一次到龙镇庙拜菩萨（红师爷）。红师爷是法术高强、为百姓做好事的高人。传说红师爷将老虎制服后，骑着老虎到处为百姓办事，为百姓消灾灭害，为百姓解苦解难，百姓为红师爷立庙纪念。拜红师爷菩萨要立神坛，由庙祝鸣锣，村民上香、上供品叩拜。念符咒、鸣锣、烧爆竹，宣读人丁红榜后，抬着红师爷神像在村走一圈。传说凡红师爷行走过的地方，邪神野鬼退避。由主办人发放符条给各户张贴，保佑人丁平安、六畜兴旺。相邻村立有暖符头公，村民逢年过节、办喜事去祭拜符头公。

传统节日习俗为春节、清明节、四月八、端午节、七夕、七月十四、中秋节、冬至等，传统婚嫁习俗，男女相识交往后，女方亲友要到男方家探家，结婚前要担定婚茶，报日子、送聘金、定嫁妆，行结婚礼时，要摆酒请客，迎亲和送亲。传统丧事习俗以土葬为主，1990年以后逐步实行火葬。其程序为举丧、入殓、出殡、送葬和做法事，将亡灵牌送入祠堂。办丧事只能做白饭、花菜、黄豆煮猪肉等简单的饭菜。

清乾隆年间，该村作为军事要地，建有白牛迳汛，设驻军，建有营房、哨楼、闸房、旗杆、烟墩，组织青壮乡民维护地方治安，对抗外匪来犯。自制装备有生铁大炮、抬抢、挑刀、大斩刀、快耙，自造火药、炸药。发现匪情，鸣锣报警传信，一村一围相传讯（放哨捻线），烟墩以火烟报警。建有石阶古道，白牛迳、佛仔凹等地建有凉亭。

在抗日战争时期，为阻止日本侵略军通行，在涠塘仔筑拦河水坝蓄水，水深2米多。同时，在大冚一段古道开挖圳沟，在佛仔凹旧马路各处设制高点，开挖坑道战壕，搭建军用哨台。国民革命军六十二军（军长黄涛）军需处曾设在该村，粮库设在桃子坝，弹药枪械库设在清水迳西坑。1944年，黄渠成、黄信明、邓大猷带领共产党领导的抗日游击队进驻散石坑村，该村参加人员有朱三龙、朱庚源、朱彰榕、朱彰添、朱社银、朱洪方。20世纪70年代初期，该村同山猪楼村、桃仔坝村在佐坑口（俗称）合建小水电站，安装冲击式机组，装机容量30千瓦，1983年撤销，改用国家电网供电。

村民有良好的文明习惯，房屋整洁，生活垃圾集中堆放和清运，保持文明整洁的居住环境。村民朱沐仁（1956—），1979年参加中越边境自卫还击作战，荣立三等功。

（资料填报：朱社连，初稿撰写：朱社连，总纂：李协湖）

○三八行政村

沙罗坪村

◎ 沙罗坪村村貌（摄于 2016 年）

沙罗坪村，位于石角镇东部，距镇政府 3 千米。始建于清康熙二十三年（1684 年），因村位于河沙堆积形成的地坪而取名沙罗坪村。村落由沙罗坪、枧新围、新兴围、枧头围 4 个居住点组成。村东为花水潭村，南为岭背村，西为白沙岭村，北为潖江。国道 G106 自东向西穿村而过。

清初，属清远县吉河乡九围堡。清嘉庆十八年（1813 年），属佛冈厅吉河乡九围堡。民国时期，属佛冈南冈乡。中华人民共和国成立初期，属佛冈县第一区三八乡。1958 年，属从化县佛冈人民公社三八大队。1961 年，属佛冈县三八人民公社三八大队。1983 年，属三八区三八乡。1987 年，属三八乡三八行政村。1989 年，属三八乡三八管理区。1994 年，属三八镇三八管理区。1998 年，属三八镇三八行政村。2004 年至今，属石角镇三八行政村。

世居村民为宋姓、邵姓、陈姓、何姓、黄姓。宋姓，据沙罗坪《宋氏族谱》记载，清康熙二十三年宋邦重带领其子待聘、待举由清远吉河乡九围堡

◎ 沙罗坪村门楼（摄于 2016 年）

（今佛冈石角镇）迁到该地建村。当时该村原居住有龚姓、麦姓、朱姓，后来均先后迁走，留下宋氏居该村。邵姓，清嘉庆年间邵恭朝由清远县滘江乡（今佛冈县汤塘镇）围镇迁到村西南建立枧新围。陈姓，清末陈良公由清远县滘江乡龙山（今佛冈县龙山镇）黄塱村迁到村南建立枧头围。何姓，清同治七年（1868年）何名芳由佛冈厅渭江堡（佛冈县石角镇凤城）企岭村迁到村西南枧新围侧建新兴围。黄姓，中华人民共和国成立初期由佛冈县三八乡二七大队象山村随母迁入该村。宋、邵、陈、何、黄四姓居民和睦相处，中华人民共和国成立后，合并为沙罗坪村。

◎ 沙罗坪村菜地（摄于2016年）

2015年末，户籍人口675人，其中男性335人，女性340人。60岁以上83人，其中80岁以上8人，最年长者94岁（男）。16岁以下107人，其中留守儿童10人。实际在村居住有565人，生活主要依靠农业收入564人，常年在城镇生活和务工111人。非户籍外来人口13人。村民均为汉族，广府民系，使用粤方言。

村有耕地面积21.33公顷。传统经济以农业为主，主要作物有水稻、番薯、木薯、芋头、花生、蔬菜等。特色农产品苦麦菜，叶细而尖，其性温，不凉不败，不燥不热，四时食用皆宜。村民的主要经济来源为农业和务工收入等。传统节庆食品有米粉、糯米糍、艾糍、咸肉粽等。

1966年通电，1986年通电话，1995年村道实现水泥硬底化，2010年通网络。全村建有4个垃圾收集点，保障全村的环境卫生。

传统民居为正座和围水屋。村落以门楼为中心，围水屋包围正座屋。正座民居为一厅两廊四房一天井布局，土木结构，三合土墙（或青砖墙），硬山顶，盖灰瓦。正座有两廊门为出入口，屋内用方砖铺地，天井用鹅卵石铺砌，排水设施完备，一般占地面积68平方米。围水则为单间砖木平房，土木结构，三合土墙（或青砖墙），硬山顶，盖灰瓦，一般占地面积20平方米。现存的传统民居13座。1994年，国道G106线重修改道由何氏围水屋通过，何氏古民居

◎ 沙罗坪帝简宋公祠（摄于2016年）

全部拆迁。1990年后，村民兴建钢筋混凝土楼房，传统民居大部分闲置。该村各姓氏建有祠堂，其中建于清康熙初期的宋公祖祠于1958年被拆毁，近年重建。

◎ 石角镇三八中心小学（摄于2016年）

过节庆祝是村民生活习俗的一种，通过节庆活动，可以加强与亲友的联谊，愉悦身心。传统节日有春节、清明节、四月八、端午节、七夕、中元节、中秋节、冬至等。男婚女嫁是村中的喜事，村民都乐意帮忙，把婚事办得热闹圆满。传统婚娶习俗是相亲、看家风、择吉日、送聘礼、摆酒请客行婚礼、三朝回娘家。传统丧事称为“白事”，亲人去世，其直系亲属要披麻戴孝，在遗体前守灵，直至出殡为止。其程序包括守灵、收殓、买水奠礼、出殡、火化、安葬。1990年后，由土葬逐步改为火葬。

1934年，该村利用各姓氏祖尝创办一所小学，由村中父老集资聘请先生教学。当时村办学堂规模较小。中华人民共和国成立后，改为一区公办小学，随后为沙罗坪小学，现为三八中心小学。该村为学校提供11617平方米的教学用地。2015年，学校有6个级、13个教学班，在校学生521人，教职工24人。另设有幼儿班131人，教职工12人。

20世纪50年代后期，在该村旁滘江段修建水圳，引渠兴建佛冈县水电站。2014年，加固该河段河堤，使其防洪能力提高到50年一遇。

该村的宋礼本（1908—1957），1937年参加抗日战争，1941年晋升为国民革命军某军少将军衔。宋学林（1916—1999），1927年考取广州燕塘陆军军官学校（黄埔军校广州分校）学习，抗日战争时期任国民革命军六十五军一八七师军医处书记，多年后转业到韶关市乌石任商会会长。

（资料填报：何社壬，初稿撰写：何社壬，总纂：李协湖）

花水潭村

◎ 花水潭村村貌（摄于 2016 年）

花水潭村，位于石角镇东部，距镇政府 5 千米。始建于清初期，因村旁有滘江水潭（又名三升米粮潭、十八潭），村地处于水田的中间，而取名花水潭村。村东为大墩村，南为坑尾村，西为沙罗坪村，北与上里村隔滘江相望。国道 G106 自东向西穿村而过。

该村清初期，属清远县吉河乡。清嘉庆十八年（1813 年），属佛冈厅吉河乡九围堡。民国时期，属佛冈县第一区南冈乡。中华人民共和国成立初期，属佛冈县第一区三八乡。1958 年，属从化县佛冈人民公社三八大队。1961 年，属佛冈县三八人民公社三八大队。1983 年，属三八区三八乡。1987 年，属三八乡三八行政村。1989 年，属三八乡三八管理区。1994 年，属三八镇三八管理区。1998 年，属三八镇三八行政村。2004 年至今，属石角镇三八行政村。

世居村民为蓝姓、潘姓、刘姓、范姓。均为清初期南迁移民。据花水潭《蓝氏族谱》《潘氏族谱》《刘氏族谱》《范氏族谱》记载，4 个姓氏的祖先是亲戚关系，蓝氏始祖从英德县鱼湾蓝屋村南迁到花水潭村，后来带着潘氏、刘氏、范氏的始祖先后迁入该地居住。

2015 年末，户籍人口 670 人，其中男性 332 人，女性 338 人。60 岁以上 130 人，其中 80 岁以上 15 人，最年长者 96 岁（女）。16 岁以下 150 人，其中留守儿童 10 人。实际在村居住和生活主要依靠农业收入 570 人，常年在城镇生活和务工 100 人。村民均为汉族，广府民系，使用粤方言。

村有耕地面积 13.33 公顷。中华人民共和国成

◎ 五丰园蔬菜智能水培种植基地（摄于 2014 年）

◎ 糯米汤圆糍（摄于 2016 年）

◎ 花水潭村传统民居（摄于 2016 年）

立前，村民主要以拉船、出外做木工、打短工为生。中华人民共和国成立后，村民分有田地，以农业为主，主要作物有水稻、番薯、花生、大豆等。村里种植的大头菜、花菜面积大，产量高，质量好，在县内外享有盛名。2012 年，引进五丰园蔬菜智能水培种植基地，租用耕地 3.33 公顷，大棚种植时菜供应广州、深圳等地。主要经济来源为农业和外出务工收入等。传统节庆食品有糯米汤圆糍、艾糍、粽子、焖鹅、焖鸭、卤猪肉、酿豆腐等。

1980 年初通电、通电话，1990 年实现村道水泥硬底化，2011 年通网络，2014 年通自来水。该村建有 2000 平方米的乡村公园，公园内建有村文化室（200 平方米）、篮球场以及文体设施。村中建有垃圾收集站点。

传统民居为广府民居。村落以门楼为中心，围水屋包围正座屋，呈“回”字形四点金布局。正座为一厅两廊四房一天井布局。土木结构，三合土墙（或火砖墙），硬山顶，龙船脊，盖灰瓦。正座有两廊门

◎ 花水潭村文化室和篮球场（摄于 2016 年）

为出入口，屋内用方砖铺地，天井用鹅卵石（或石板条）铺砌，一般占地面积68平方米。围水为单间砖木平房，土木结构，三合土墙（或火砖墙），硬山顶，盖灰瓦，一般占地面积20平方米。现存传统民居正座四房一厅一天井有25座，排式民居有200多间，现仍有人居住。20世纪90年代起，村民先后建成钢筋混凝土楼房100多座。

过节是村民的一项重要生活内容，一年之中大大小小的节日有10多个。过节时，全体村民都显得和谐舒畅。传统节日为春节、清明节、四月八、端午节、七夕、七月十四、中秋节、冬至等。传统婚嫁习俗，男女相识交往后，女方家亲友要到男方家探家，结婚前要担定婚茶、报吉日、送聘金、定嫁妆。举行结婚礼时，要摆酒请客，迎客和送亲。传统丧葬以土葬为主，办丧事时只能煮白饭、花菜（本地腌制咸菜）、黄豆煮猪肉等简单饭菜，用餐时不坐高台高凳，拆下事主家的门板放于门前的巷地上当餐桌使用。尸体下葬后，在回来的路上，事主家要派人在路边向送葬人派发花生、糖果，以示吉利。第二天，丧事主家的晚辈要到母亲长辈亲友家中回访。1990年以后，逐步实行火葬，其程序为举丧、入殓、出殡、送葬和做法事、将亡灵送入祠堂。

清代，该村的范荣林、范立子、范昌奎3人加入清兵并担任小头目，后在清军攻打台湾时阵亡，当时清政府还发给银币、两面铜锣作抚恤。1941年10月19日中午约12点，一架日本侵略军飞机从县境北面向吉河低飞，临近县城石角，最后降落在村口约20米处的桥下沙滩上。驻扎在附近的国民革命军一八七师立刻派兵把飞机包围起来，欲活捉日本侵略军飞行员，日本侵略军飞行员持枪顽抗。一排长往机舱扔手榴弹将其炸死。入夜，驻军将飞机上主要部件拆走，用树枝将飞机残骸掩盖起来。事后两天相继有日军飞机来侦察。据悉，该日军飞机是在别处被国军飞机击中后迫降的。

民国后期，村成立以范茂标为首的舞狮队。范茂标教头还率领狮子队成员到江坝村和龙溪村、柯木迳村拜师学艺。后来在县文化馆的帮助下，录制该鼓谱“十点梅花”，以作民间鼓乐保存。

村民具有良好的文明习惯，生活垃圾集中堆放和清运，保持文明整洁的居住环境。2015年，获广东省爱国卫生运动委员会授予的“广东省卫生村”称号。

该村主要人物：范从军（1951—），曾任佛冈县人民法院院长、广州市芳村区民政局局长。范海岩（1962—），曾任连州市副市长，现任清远市人大常委会联络任免工作委员会主任。范桂宁（1962—），曾任佛冈中学校长，现任佛冈县政协副主席。蓝应禄（1963—），曾任佛冈县人民政府副县长，现任佛冈县人大常委会副主任。

（资料填报：范秀蒲，初稿撰写：范秀蒲，总纂：李协湖）

岭背村

◎ 岭背村村貌（摄于 2016 年）

岭背村，位于石角镇东部，距镇政府 5 千米，始建于清中期。因村建在山岭背侧而得名。村坐东北向西南，村前有围背山，东边有九曲水山溪自南向北流入潖江。村东为坑尾村，南为羊角山，西为了哥塘山，北为京港澳高速公路。有乡道在村旁经过，连接国道 G106。

该村清中期，属清远县吉河乡九围堡。清嘉庆十八年（1813 年），属佛冈厅吉河乡九围堡。民国时期，属佛冈县第一区南冈乡。中华人民共和国成立初期，属佛冈县第一区三八乡。1958 年，属从化县佛冈人民公社三八大队。1961 年，属佛冈县三八人民公社三八大队。1983 年，属三八区三八乡。1987 年，属三八乡三八行政村。1989 年，属三八乡三八管理区。1994 年，属三八镇三八管理区。1998 年，属三八镇三八行政村。2004 年至今，属石角镇三八行政村。

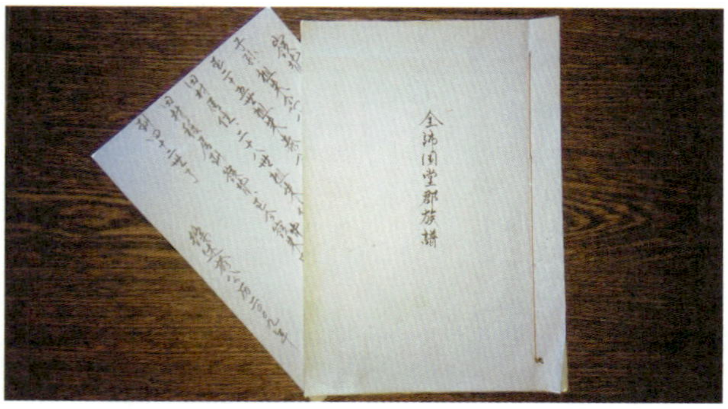

◎《全沛国堂郡族谱》（摄于 2016 年）

世居村民为朱姓、谢姓、何姓。朱姓始祖朱仕朝与谢姓始祖是襟兄弟，同时迁到此地。朱姓，据《朱氏族谱》记载，清初由南迁移民迁入广东增城朱村，清中期分支迁到该村。谢姓，清初由从化分支到清远龙山（今佛冈龙山镇）浮良，清中期由分支迁至该村。何姓，清初从英德县高台乡（今佛冈县高岗镇）分支到清远县吉河乡（今佛冈县水头镇）独凰山村，清中期由分支迁至该村。

2015 年末，户籍人口 485 人，其中男性 245 人，女性 240 人。60 岁以上 77 人，其中 80 岁以上 9 人，最年长者 96 岁（女）。16 岁以下 86 人。实际在村居住和生活主要依靠农业收入有 335 人，常年在城镇生活和务工有 150 人。祖籍该村的香港同胞 12 人。村民均为汉族，广府民系，使用粤方言。

村有山地面积 100 公顷，耕地面积 24.67 公顷。传统经济以农业为主。主要农作物有水稻、番薯、

◎ 岭背村玉米园（摄于 2016 年）

◎ 岭背村传统民居（摄于 2016 年）

木薯、花生、香芋、莲藕等。1980 年后，大部分青壮年村民务工经商。村民主要经济来源为农业收入和外出务工收入。传统节庆食品有清明节的艾糍，端午节的粽子，中秋节的月饼，春节的发糍、糯米糍、炒米饼、糖环、油炸角等。传统食品有白切鸡、南乳焖鹅等。其中，南乳焖鹅制作方法：把拔光毛洗干净的鹅用文火焗至半熟，调好味料，慢慢焖熟，便可食用。

1975 年通电，1990 年通电话，2007 年实现村道水泥硬底化，2008 年通网络、有线电视，2011 年通自来水。村中建有岭背村文化室。

传统民居为广府民居。村落以门楼为中心，围水屋包围正座屋。正座民居为一厅两廊四房一天井布局。土木结构，三合土墙（或火砖墙），硬山顶，盖灰瓦。正座有两廊门为出入口，屋内用方砖铺地，天井用鹅卵石铺砌，排水设施完备，一般占地面积 90 平方米。围水则为单间砖木平房，土木结构，三合土墙（或火砖墙），硬山顶，盖灰瓦，一般占地面积 20 平方米。现存传统正座民居 6 座。1990 年后，该村居民逐步建成钢筋混凝土楼房，大部分村民迁入楼房居住。村中有朱氏香火堂，建于清初，占地面积 100 平方米，砖木结构，2012 年毁于火灾，2013 年由该村居民集资，按原规模结构重建。

◎ 岭背村门楼（摄于 2016 年）

村民注重热热闹闹度过节日，在全年的不同节日中，巧手的农妇会利用稻米和蔬菜做出花样繁多的食品，在外地工作和务工的中青年也尽量在过节时回家团聚，农家节日显得温馨欢乐，充满爱意。传统节日以春节、元宵节、清明节、端午节、中秋节、冬至为主，还有四月八、七月十四、重阳节等节日。特色习俗有每年正月十一举行上灯活动。主要宗族活动有清明祭祖、重阳祭祖等。

传统婚嫁习俗，男女相识交往后，女方家亲友要到男方家探家，结婚前要担定婚茶、择吉日、送聘金、定嫁妆，行结婚礼时要摆酒请客，迎亲和送亲。传统婚嫁礼仪中，最隆重的是男方家迎娶。在办婚事当天，男方家会在村门楼和住宅门口贴上喜庆的对联，并准备好迎亲的喜席。传统丧事以土葬为主，其程序为举丧、入殓、出殡、送葬和做法事、将亡灵牌送入香火堂。办丧事只能做白饭，花菜、黄豆煮猪肉等简单饭菜。1990 年后，逐步实行火葬。

20 世纪 70 年代中期，村民在村后山边全部种上松树、杉树 20 公顷。2007 年，村民自筹资金 5 万元，修建通向国道 G106 的村道 1 千米，方便村民出行。

（资料填报：朱金华，初稿撰写：朱金华，总纂：李协湖）

白沙岭村

◎ 白沙岭村村貌（摄于 2016 年）

白沙岭村，位于石角镇东部，距镇政府 3 千米。始建于明后期，由诚迳迁入移民聚居而形成。因村旁有白沙山岭而得名。村落由永隆、禾塘、中围、上围、新屋等 5 个居住区组成。村东为沙罗坪村，南为岭背村，西为凤城石溪村，北为潖江。村坐落于羊角山余脉下围山旁，属丘陵地区，国道 G106 线从村旁经过。

该村形成时，属清远县吉河乡九围堡。清嘉庆十八年（1813 年），属佛冈厅吉河乡九围堡。民国时期，属佛冈县第一区南冈乡。中华人民共和国成立后，属佛冈县第一区三八乡。1958 年，属从化县佛冈人民公社三八大队。1961 年，属佛冈县三八人民公社三八大队。1983 年，属三八区三八乡。1987 年，属三八乡三八行政村。1989 年，属三八乡三八管理区。1994 年，属三八镇三八管理区。1998 年，属三八镇三八行政村。2004 年至今，属石角镇三八行政村。

世居村民为宋姓、潘姓。宋姓，据《宋氏族谱》记载，明末由河南开封迁入广东，后始祖宋宜忠由清远县吉河乡（今佛冈县石角镇）诚迳迁至该村。潘姓，清末民国初，由佛冈厅吉河乡（今佛冈县石角镇）诚迳大陂坑村迁至该村。

2015 年末，户籍人口 770 人，其中男性 390 人，女性 380 人。60 岁以上 180 人，其中 80 岁以上 20 人，最年长者 96 岁（男）。16 岁以下 150 人，其中留守儿童 15 人。实际在村居住 680 人，生活主要依靠农业收入 680 人，常年在城镇生活和务工 90 人。村民均为汉族，广府民系，使用粤方言。

村有耕地面积 12 公顷。传统经济以农业为主，主要作物有水稻、番薯、木薯、花生、大豆等。现

◎ 白沙岭村舂粉坊（摄于 1998 年）

多种植水稻、蔬菜。20 世纪 90 年代以后，大部分青壮年外出打工。村民主要收入来源为农业和外出务工。传统节庆食品有糯米糍、艾糍、粽子等。其中，艾糍是清明节庆食品，其制作方法：先将艾叶稍煮一下，去掉苦味，再将糯米碾成粉，与艾叶混合搓匀，用糖、花生碎粒、芝麻作馅，捏成小块，包成三角形或圆形，蒸熟即可；或是捏成椭圆形，不放馅，蒸熟即可。

1980 年通电，1995 年实现村道水泥硬底化，1997 年通电话，2002 年通网络。村中建有垃圾收集点。建有文化室，面积 500 多平方米。有休闲公园 1 个，面积 600 多平方米。

◎ 白沙岭文化室（摄于 2016 年）

◎ 白沙岭村门楼（摄于 2016 年）

传统民居为广府民居，现存传统正座民居 30 多座，建于明、清及民国初期。建筑年代距今 200 年以上的有 2 座。一厅两房布局，屋顶为硬山顶，墙体多为青砖，也有部分用泥砖砌成，每座占地面积 68 平方米。1990 年后，居民逐步建成钢筋混凝土楼房，大部分村民迁入楼房居住。

主要宗族活动有清明节扫墓、春节拜祖等。民间节日以春节、元宵节、清明节、端午节、中秋节、冬至为主，还有四月八、七月十四、重阳等节日。传统婚嫁习俗，男女相识交往后，女方家亲友要到男方家探家，结婚前要担定婚茶、择吉日、送聘金、定嫁妆，行结婚礼时要摆酒请客，迎亲和送亲。传统丧事以土葬为主，其程序为举丧、入殓、出殡、送葬和做法事、将灵牌送入香火堂。在回来的路上，事主家要派人在路边向送葬人派发花生、糖果，以示吉利。第二天，丧事主家的晚辈要到母亲长辈亲友家中回访。1990 年后，逐步实行火葬。

1954 年，村民成立季节性互助生产组，互相帮助生产。1957 年，在互助组基础上，成立农业生产初级合作社，使村民走上集体生产方式。20 世纪 70 年代中期，村所属山上种植松、杉树，消灭荒山。

2015 年，村辖内的永隆村（居住点）获广东省爱国卫生运动委员会授予的“广东省卫生村”称号。

该村主要人物：宋业才（1912—1992），1947 年参加东江纵队游击队，中华人民共和国成立后曾在增城市公安局任职。宋神标（1955—），1979 年参加中越边境自卫还击作战，荣立两次三等功，退伍后在佛冈县工商银行任职。

（资料填报：宋钊明，初稿撰写：宋钊明，总纂：李协湖）

上里村

◎ 上里村村貌（摄于 2016 年）

上里村，曾用名聚龙村，位于石角镇东部，距镇政府 4 千米。始建于清乾隆年间，因村旁山岭为鲤鱼形，村中有鱼塘，按村上、下方位而取名上鲤鱼塘村，现简称上里村。村坐落于丘陵地带，呈长条带状分布。村东为花水潭村，南为沙罗坪村，西为下里村，北为诚迳村山地。村门前有一条河流入潖江，北边有一座高山名为响水山，乡村公路从村旁经过。

该村形成时，属清远县吉河乡。清嘉庆十八年（1813 年），属佛冈厅吉河乡九围堡。民国时期，属佛冈县第一区南冈乡。中华人民共和国成立初期，属佛冈县第一区三八乡。1958 年，属从化县佛冈人民公社三八大队。1961 年，属佛冈县三八人民公社上里大队。1983 年，属三八区上里乡。1987 年，属三八乡上里行政村。1989 年，属三八乡上里管理区。1994 年，属三八镇双里管理区。1995 年，属三八镇上里行政村。1998 年，属三八镇三八行政村。2004 年至今，属石角镇三八行政村。

世居村民为宋姓。据诚迳大塘《宋氏族谱》记载，清乾隆年间，始祖宋宜捷夫妻带 4 个儿子由清远县吉河乡（今佛冈县石角镇）诚迳大塘村迁居到该村定居。

2015 年末，户籍人口 1250 人，其中男性 620 人，女性 630 人。60 岁以上 300 人，其中 80 岁以上 32 人，最年长者 97 岁（男）。16 岁以下 400 人，其中留守儿童 10 人。实际在村居住和生活主要依靠农业收入 1100 人，常年在城镇生活和务工 150 人。村民均为汉族，广府民系，使用粤方言。

1970 年通电，1995 年村道实现水泥硬底化，1997 年通电话，2002 年通网络。村中建有垃圾收集点。建有面积 200 平方米以上的文化室 4 间，500 平方米的水泥灯光篮球场 1 个。2002 年，建起两层约 300 平方米的自然村办公大楼。

该村有山地面积 233.33 公顷，耕地面积 43.33 公顷。传统经济以农业为主，主要农作物有水稻、番薯、花生、大豆等。1990 年后，大部分青壮年外出打工。现村民主要收入来源为外出务工和农业。传统节庆食品有糯米糍、粽子等，年节期间有焖鹅、焖鸭、油炸角、油糍仔等。

传统民居为正座和围水屋。村落以门楼为中心，

◎ 上里村养鸭场（摄于 2016 年）

◎ 上里村门楼和传统民居（摄于 2016 年）

围水屋包围正座屋，呈“回”字形四点金布局。正座民居为一厅两廊四房一天井布局，土木结构，三合土墙（或火砖墙），硬山顶，盖灰瓦，正座有两廊门为出入口，屋内以方砖铺地，天井用鹅卵石铺砌，排水设施完备，一般占地面积 68 平方米，现存传统民居正座 30 多座。围水则为单间砖木平房，土木结构，三合土墙（或火砖墙），硬山顶，盖灰瓦，一般占地面积 20 平方米，现存上百间。20 世纪 80 年代后，村建有 300 多座混凝土楼房，多数居民迁至楼房居住。

村建有宜捷宋公祠、上里门楼、文武庙。公祠建于清乾隆年间，清光绪年间重修。文武庙建于清代中期，2000 年重修，逢年过节村民前往拜祭。村有舞狮队。

宗族活动有清明节扫墓、春节拜祖等。民间节日以春节、元宵节、清明节、端午节、中秋节、冬至为主。传统嫁娶习俗，男女相识交往后，女方家亲友到男方家探家，结婚前担定婚茶，报吉日，送礼定嫁妆，行婚礼时要摆酒请客、迎亲和送新亲。传统婚嫁礼仪中，最隆重的是男方家迎娶。在办婚事当天，男方家会在村门楼和住宅门口贴上喜庆的对联，并准备好迎亲的喜席。传统丧事以土葬为主，1990 年后逐步实行火葬。其程序为举丧、入殓、出殡、送葬和做法事、将灵牌送入祠堂。

1942—1949 年，中共地下党组织在该村的永业学校，建立党小组，村中有宋学钟、宋学彬、

◎ 上里村文武庙（摄于 2016 年）

◎ 重建后的上里大桥（摄于 2016 年）

宋学雅参加中共地方党组织。1993 年 3 月，经清远市人民政府批准认定该村为解放战争游击根据地。

中华人民共和国成立初期，在国家支持下，修建上里水库，受益农田 53.33 公顷。2005 年，加固该水库，保障受益农田灌溉。20 世纪 90 年代初修建上里水泥大桥，2010 年该桥受洪水冲毁，2012 年国家投资重建该大桥。

该村主要人物：宋榕安（1918—1951），中山大学毕业后，在佛冈中学任教，民国时期在任佛冈县参议长期间，支持当地中共地下党组织活动。宋学中（1928—），曾任韶关地区中级人民法院院长。宋学雅（1928—），曾任广东民族学院院长。宋学榕（1930—2010），曾任佛冈县人大常委会副主任。梁秀珍（1933—），女，曾任韶关市中级人民法院院长。宋添明（1956—），曾任高岗镇镇长、民安镇党委书记、佛冈县供销社主任。

（资料填报：宋焯然，初稿撰写：宋焯然，总纂：李协湖）

下里村

◎ 下里村村貌（摄于 2016 年）

下里村，位于佛冈县石角镇东部，距镇政府 4 千米。始建于清乾隆四十一年（1702 年）。因村旁山岭为鲤鱼形，村中有鱼塘，按村上、下方位而取名下鲤鱼塘村，简称下里村。村落由下里大围、吊牛岭 2 个居住点组成。村坐落于丘陵地带，村东为上里村，南为是潖江，西为连溪九爪龙村，北为大象山、马头脑山。

该村建村时，属清远县吉河乡。清嘉庆十八年（1813 年），属佛冈厅吉河乡九围堡。民国时期，属佛冈县第一区南冈乡。中华人民共和国成立初期，属佛冈县第一区三八乡。1958 年，属从化县佛冈人民公社三八大队。1961 年，属佛冈县三八人民公社下里大队。1983 年，属三八区下里乡。1987 年，属三八乡下里行政村。1989 年，属三八乡下里管理区。1994 年，属三八镇双里管理区。1995 年，属三八乡下里行政村。1998 年，属三八镇三八行政村。2004 年至今，属石角镇三八行政村。

世居村民为李姓、温姓。李姓，据下里村《李氏族谱》记载，李姓，李火德为入粤始祖，李火德第十代后裔李加、李权、李勇、李伟兄弟，在清康熙四十一年由英德县白石乡（今佛冈县迳头烟岭）迁入该村。温姓，清末由新丰遥田迁入该村。

2015 年末，户籍人口 985 人，其中男性 495 人，女性 490 人。60 岁以上 160 人，其中 80 岁以上 12 人，最年长者 91 岁（男）。16 岁以下 400 人，其中留守儿童 15 人。实际在村居住和生活主要依靠农业收入 900 人，常年在城镇生活和务工 185 人。村民为汉族，广府民系，使用粤语。

村有山地面积 166.67 公顷，耕地面积 33.33 公顷。传统经济以农业为主，兼有养殖鲤鱼和养兔。农作物有水稻、番薯、花生、蔬菜等。当地养殖的鲤鱼，肉质好、肥大，颇有名气。20 世纪 90 年代后期，村域内建有佛冈奥园商住社区，有数十幢楼房和别墅。许多村民在社区内从事家政服务。有村民利用当地优美环境办农庄餐饮服务业。传统节庆食品有糯米糍、角仔糍等。该村周边地有许多假芫荽野菜，其味与普通芫荽近似而得名，城乡人们选鲜嫩假芫荽煲汤食用，制作方法：煲汤时加入猪骨、瘦肉、少量瑶柱、红枣一起熬汤，味道鲜美、浓郁，对清肝毒、降乙肝大小三阳有疗效。

◎ 佛冈奥园一角（摄于 2016 年）

◎ 李氏宗祠（摄于 2016 年）

1969 年通电，20 世纪 90 年代初通电话，2001 年村道实现水泥硬底化。建有文化室 3 间，面积 400 平方米，平时为群众活动中心。

现存传统民居 70 座，建于清末民国初，建筑年代距今 100 年以上的有 15 座。村中民居建筑基本保存完好，为一厅四房一天井两廊布局，屋顶为硬山顶，青砖墙（有部分为三合土墙），盖灰瓦，每座占地面积 100 平方米。1980 年后，许多村民先后搬进自建钢筋混凝土楼房。

村有李氏宗祠、温氏宗祠和关帝庙。其中，李氏宗祠始建于清道光二十三年（1843 年），曾于 1943 年修缮，1990 年重修。宗祠坐北向南，为三进三间两廊，青砖墙，宗祠占地面积 606.4 平方米。2012 年，被列入佛冈县不可移动文物名录。在村旁有关帝庙，庙内有关公像，庙前有榕树一棵。该村编有《李氏族谱》，1998 年由村民李东桓编修。

过节庆祝是村民生活习俗的一种，通过节庆活动，可以加强与亲友的联谊，愉悦身心。节日在每年四季都有，还有大小节之分。传统节日以春节、元宵、清明、端午、中秋、冬至为主。春节期间，有舞狮子习俗。婴儿出生的第三天称“三朝”，请亲友饮甜酒、吃甜醋。满一个月时称“满月”，亦称“弥月”，很多人在家中或酒店摆满月酒，设宴款待前来庆贺的亲友。传统婚嫁习俗为：男女相识交往后，女方家亲友到男方家探家，结婚前担定婚茶，报吉日，送礼定嫁妆，行婚礼时要摆酒请客、迎亲和送亲。传统丧事以土葬为主，1990 年后逐步实行火葬。其程序为举丧、入殓、出殡、送葬和做法事、将灵牌送入祠堂。丧事办完后，第二天丧主家人要到坟地“复坟”。复坟时，要清理好坟墓的杂草污泥，并用竹篮装载供品供奉，然后烧香、纸钱、纸衣，还鸣放鞭炮。

◎ 温氏宗祠（摄于 2016 年）

1942—1949 年期间，中共地下党组织利用该村的永业学校，开展党的宣传教育和发动群众，建立党组织。成立双里地区农会（该村李谷金为副会长），建立民兵组织，开展减租减息斗争，筹粮筹物，支援部队，1993 年 3 月，经清远市人民政府批准认定该村为解放战争游击根据地。

20 世纪 70 年代初期，开展改河造田，改造低产田 2 公顷，并在村后山种植三华李果树 6.67 公顷，几年后收到良好的经济效益。2012 年，在国家支持下，对潖江实施堤围加固工程，使防洪能力提高到 50 年一遇标准。

（资料填报：李文镜，初稿撰写：李文镜，总纂：李协湖）

〇山湖行政村

茶树下村

◎ 茶树下村村貌（摄于 2016 年）

茶树下村，位于石角镇西南部，距镇政府 11 千米。始建于清末，因山上长有茶树，而取名茶树下村。村坐落于两面环山的山谷，村东为榄仔窝村，南、西面为背底山，北与蜈蚣陂村相邻。有山湖水通过后汇入龙南河。县道龙砝线（龙溪—蜈蚣坳）通过村旁。

村落形成时，属佛冈厅吉河乡小坑堡。民国时期，属佛冈县第一区龙冈乡。中华人民共和国成立初期，属佛冈县第一区龙冈乡。1958 年，属从化县佛冈人民公社山湖大队。1961 年，属佛冈县龙南人民公社山湖大队。1983 年，属龙南区山湖乡。1987 年，属龙南乡山湖行政村。1989 年，属佛冈县龙南乡山湖管理区。1994 年，属龙南镇山湖管理区。1998 年，属龙南镇山湖行政村。2004 年至今，属石角镇山湖行政村。

世居村民为陆姓。据《陆氏族谱》记载，清康熙十二年（1673 年）由福建迁入广东南雄，清末从连平迁移到该村。

2015 年末，户籍人口 89 人，其中男性 47 人，女性 42 人。60 岁以上 23 人，其中 80 岁以上 4 人，最年长者 94 岁（男）。16 岁以下 15 人，其中留守儿童 2 人。实际在村居住和生活主要依靠农业收入 70 人，常年在城镇生活和务工 19 人。村民为汉族，客家民系，客家方言。

村有山地面积 39.53 公顷，耕地面积 3.79 公顷。村域周边山高林密，资源丰富，野猪、黄猄时有出没。

◎ 茶树下村火龙果种植（摄于 2016 年）

◎ 茶树下村公园（摄于2016年）

传统经济以农业为主，兼有林业经营。主要作物有水稻、番薯、花生、蔬菜等。20世纪90年代后期，村民逐步扩种沙糖桔，2011年种植沙糖桔面积3.33公顷，总产值20万元。2013年起，沙糖桔产业消退，村民改种李、粉蕉等果树。传统节庆食品有白切鸡、焖鹅、烧鸭、粽子、油糍。其中，油糍为春节的特色食品，许多农户人家都做，制作方法：先将糯米碾成粉，把适量红糖煮溶后拌粉搓匀，做成球形或椭圆形糍粑，然后用油炸熟即成。

◎ 陆氏宗祠（摄于2016年）

1980年通电灯，1997年通自来水，2001年通电话，2005年实现村道水泥硬底化，2007年通网络、有线电视。村中建有公园，公园配有篮球场和健身器材。建有垃圾集中站。

传统民居现存23座，建于清末、民国及中华人民共和国成立初期，每座占地面积120平方米，保存基本完好，现仍有人居住。现有多户村民建起钢筋混凝土楼房。村有陆氏宗祠，建于民国初期，1990年重修，宗祠占地面积60平方米，门楣上方刻有“陆氏宗祠”4个大字。

村旁有一座山叫南脑山，民国时期在山脚下建有一座寺庙，内设斋堂，有和尚天天撞钟、拜佛、烧香，中华人民共和国成立初期拆毁。

传统节日形式多样，内容丰富，是中华民族悠久历史文化的一个组成部分。传统节日为春节、清明节、四月八、端午节、七夕、七月十四、中秋节、十月朝、冬至等。其中，七月十四亦称盂兰节或鬼节。相传在元朝以前每年的农历七月十五，民间都举行祭祀祖宗活动，故称七月半。后为避元兵入侵的战乱，民间提前一天祭祀祖宗，从此每年农历七月十四过七月半，此习沿袭至今。在七月十四当天，村民有制作米糍或杀鸡做菜进行简单祭祀的习俗。传统婚嫁礼仪，开始交往时女方家要到男方家探亲，结婚前要担定婚茶、报日子、报日子、送聘金、定嫁妆，行结婚礼时，要摆酒请客，迎亲和送亲。传统丧事习俗以土葬为主，1990年以后逐步实行火葬。其程序为举丧、入殓、出殡、送葬和做法事，将亡灵送入祠堂。办丧事只能做白饭、花菜、黄豆煮猪肉等简单饭菜，用餐时不坐高台高凳，拆下事主家的门板放于门前的巷地上当饭台。

20世纪50年代末，创办集体饭堂，半年后撤销，其房屋改为村集体仓库，现经修整后为村民活动室。70年代后期，消灭荒山大会战，村后山场改种柯树和松树6.67公顷。至今，该山场保护完好，树木茂盛。

（资料填报：谢锦堂，初稿撰写：谢锦堂，总纂：李协湖）

大山口村

◎ 大山口村村貌（摄于 2016 年）

大山口村，位于石角镇西部，距镇政府 7 千米。始建于明末，中华人民共和国成立后先后有铁发围居住点、枫木山居住点并入该村。因村落位于山湖群山口处，故取名大山口村。

该村坐落于丘陵地带。村庄坐西北向东南，沿山间边 3 个居住点分布。村东为元山村和庙下村，南为枫木山，西为洛洞村，北为后背山。村南有山湖溪流由西向东流经该村 800 米，汇入龙南河。有县道龙玔线（龙溪—蜈蚣玔）从村旁南面通过，交通方便。

村落形成时，属清远县吉河乡小坑堡。清嘉庆十八年(1813 年)，属佛冈厅吉河乡小坑堡。民国时期，属佛冈县第一区龙冈乡。中华人民共和国成立初期，属佛冈县第一区龙冈乡。1958 年，属从化县佛冈人民公社山湖大队。1961 年，属佛冈县龙南人民公社山湖大队。1983 年，属龙南区山湖乡。1987 年，属龙南乡山湖行政村。1989 年，属龙南乡山湖管理区。1994 年，属龙南镇山湖管理区。1998 年，属龙南镇山湖行政村。2004 年至今，属石角镇山湖行政村。

世居村民为陈姓。据《陈氏族谱》记载，宋天圣年间，陈軝（始祖）由江西迁入广东南雄珠玑巷，再迁增城。明嘉靖年间，从增城岭心村迁至清远县吉河乡（今佛冈县石角镇）科旺黄竹塱村。明末，始祖庙孙从科旺黄竹塱村迁至该地。其后代在村中繁衍生息，并开始向外迁移分支。

2015 年，户籍人口 145 人，其中男性 75 人，女性 70 人。60 岁以上 20 人，其中 80 岁以上 8 人，最年长者 90 岁（女）。16 岁以下 19 人。实际在村居住和生活主要依靠农业收入 120 人，常年在城镇

◎《大山口村史》《陈氏族谱》(摄于 2016 年)

◎ 大山口村象草园（摄于 2016 年）

◎ 大山口村公园一角（摄于 2016 年）

◎ 村民养殖豪猪（摄于 2016 年）

生活和务工 25 人。祖籍该村的港澳台同胞 10 人。村民均为汉族，属广府民系，使用粤方言。

村有山地面积 59.87 公顷，耕地面积 11.87 公顷。林业、野生动物资源丰富，野猪、黄猄、芒鼠时有出没。传统经济以农业为主，主要作物有水稻、番薯、花生、蔬菜等，林业产品有木材、木柴、木炭、竹等。1990 年后，随着经济发展，大部分青壮年外出打工。现村民主要经济来源为农业收入、林副产品经营收入和外出务工收入。1996 年后，村民逐步扩种沙糖桔，2008 年沙糖桔种植面积 10 公顷，总产值 120 万元。2012 年起，沙糖桔产业消退，村民改种杂李、水果、木瓜、玉米及其他农作物。2014 年，有一专业户种植象草 2 公顷，开办养牛场，年产值 50 万元。有村民养殖豪猪，年产值 10 万元。传统节庆食品有酱油鸡、焖鸭、艾糍，粽子、山枣糕。其中，山枣糕利用野生山枣果制作，其特点是开胃、消食。

1980 年通电，2001 年通电话，2005 年通自来水，2010 年通有线电视、网络，2011 年实现村道水泥硬底化。2014 年，建成休闲公园，购置一批文体健身器材。村中建有垃圾集中站。

传统民居为广府民居。村落由水塘（呈弓箭形）、门楼、围水屋、正座屋、宗祠组成，以门楼为中心，围水屋包围正座屋，呈“回”字形四点金布局。村内巷道纵横交错，巷道铺砌河卵石。村中四角有垛房，村中有门楼。门楼始建于清中期，于 2003 年重修，为龙船脊，盖灰瓦，三合土泥砖墙，木条趟栊门，方砖地板，占地面积 30 平方米。门楼前有一口半月形水塘。民居以正座为主，一厅一天井二廊、二房分布，每座占地面积 80 平方米。屋顶为硬山顶，盖灰瓦，三合土泥砖墙。现保存比较完整的有 4 座、围水屋有 20 间。1990 年后，村民陆续建成钢筋混凝土楼房，迁入居住。村内祖堂始建于清代中期，

◎ 大山口村民居（摄于 2016 年）

2013年重修，现占地面积100平方米。祠堂为硬山顶，盖灰瓦，三合土泥砖墙，砖木结构。

传统的节庆文化，内容繁多，异彩纷呈，民众喜爱，积极热情，通过节庆文化的展现，体现人与人、人与自然社会的和谐。传统习俗有拜观音、拜土地公、祭灶君、清明祭祖。传统节日为春节、元宵节、清明节、端午节、中秋节、冬至。每逢中秋之夜，男女老少一起品尝月饼、柚子及石螺等食品赏月，在外地工作的亲人都尽量回家与家人团聚，共度佳节。

婚嫁习俗为：男女双方开始交往时，女方家亲友要到男方家看家风，结婚时要担求亲酒、送礼金、报日子、定嫁妆、行婚礼、摆酒请客、迎亲、送亲和三朝回娘家等仪式。在欢送女儿出嫁的家庭，也同样喜庆热闹，新娘由一群女伴护送到男家。传统丧事习俗以土葬为主。土葬为二次葬，即村民去世后先用棺木掩埋遗体，过几年后把遗骨取出，用金埕装好后，选址再装，年年祭拜。举丧时孝子要披麻戴孝守灵，跪迎前来参加葬礼的外婆家人，亡者入殓后要到河溪买水为死者洗面，出殡时，长孝子要双手恭抬亡者灵牌，长女婿要举幡，土葬，三天后要到坟前进行复坟。办丧事用简单的饭菜招待参与者。1990年以后，逐步实行火葬。

20世纪70年代初期，村民引大窝水源筑陂蓄水，开水渠，用瓦管替代压力水管，建成风车叶型木制水轮发电装置，每天发电照明2小时。由于管理不善，2年后报废。1985年，在县爱国卫生运动委员会办公室拨款支持下，引大窝水渠兴建“山泉蓄水型自来水”工程，建有引水渠200米和钢筋水泥混凝土结构近30立方米蓄水池，安装近400米长的锌铁水管到农户家中，是当时佛冈县自然村“农村卫生饮用水”示范工程之一。

1943年，村办有一所龙冈乡第五保国民学校，后撤销。1980年后，该村出了30多名大学生。该村主要人物：陈文正（1910—1959），曾任龙冈乡第五保国民学校校长、龙冈乡公所文书；在龙冈乡任职期间，办事公道，深得龙冈乡村民好评；中华人民共和国成立后，曾任佛冈县工商联合会文书、会计。陈杏环（1942—），女，曾任中山大学附属第一医院儿科主任护理师。陈神榕（1942—1999），在第四次全国人口普查中，成绩显著，1991年被全国人普办评为“第四次人口普查国家级先进个人”称号。陈建新（1946—），1967年参加中国人民解放军赴越南参与援越抗美战争，在部队荣获三等功，转业后在佛冈县公安局工作，热心家乡公益事业，致力编修《陈氏族谱》。陈小平（1955—），曾任佛冈县疾控中心主治医师，对中风、心血管疾病有较高医术，有县内外患病者慕名前来就诊。陈志明（1955—），1976年参加中国人民解放军，曾参加中越边境自卫还击作战，在部队受到7次嘉奖，1981年复员回乡，带领村民种植沙糖桔脱贫致富。陈江华（1967—），现任佛冈第一中学教研处主任，中学数学高级教师，市、县数学学科带头人，曾获“广东省优秀辅导员”称号，撰写的教学论文多次在省、市教育教学书刊发表并获奖励。

（资料填报：刘小明，初稿撰写：刘小明，总纂：李协湖）

榄仔窝村

◎ 榄仔窝村村貌（摄于 2016 年）

榄仔窝村，位于石角镇西南部，距镇政府 11 千米。始建于清康熙十一年（1672 年），因村边山窝生长着很多榄树，而取名为榄仔窝村。清末，在原址对面山坡迁建成新村。

该村坐落在两面环山地带，村东为蜈蚣陂村，南为背底山，西邻蜈蚣陂村，北为背底山。有山湖水流经村旁，自西向东流入龙南河。有县道龙坬线(龙溪—蜈蚣坬）从村旁经过。

村落形成时，属清远县吉河乡小坑堡。清嘉庆十八年(1813 年)，属佛冈厅吉河乡小坑堡。民国时期，属佛冈县第一区龙冈乡。中华人民共和国成立初期，属佛冈县第一区龙冈乡。1958 年，属从化县佛冈人民公社山湖大队。1961 年，属佛冈县龙南人民公社山湖大队。1983 年，属龙南区山湖乡。1987 年，属龙南乡山湖行政村。1989 年，属龙南乡山湖管理区。1994 年，属龙南镇山湖管理区。1998 年，属龙南镇山湖行政村。2004 年至今，属石角镇山湖行政村。

世居村民为林姓。林姓，宋末从福建迁移至广东南雄珠玑巷，清康熙十一年（1672 年）从英德虎山乡（今佛冈县高岗镇）社岗下村迁移至该地。

2015 年末，户籍人口 90 人，其中男性 46 人，女性 44 人。60 岁以上 14 人，其中 80 岁以上 3 人，最年长者一女一男都是 92 岁，16 岁以下 14 人。实际在村居住和生活主要依靠农业收入 80 人，常年在城镇生活和务工 10 人。村民为汉族，属客家民系，使用客家方言。

村有山地面积 35.4 公顷，耕地面积 4.6 公顷。林业、野生动物资源丰富，野猪、黄猄、芒鼠时有出没。背后有一座大山，名为石牛脑，山上长着许多高大的松树，年轻人到山里采松脂，时有村民到山上狩猎。传统经济以农业为主，兼有林业经营。主要作物有水稻、番薯、花生等。20 世纪 90 年代后期，村民逐步扩种沙糖桔，2011 年全村种植沙糖桔面积 3.33 公顷，总产值 20 万元。2013 年起，沙糖桔产业消退，村民改种青梅、杂李及其他果树。传统节庆食品有白切鸡、焖鹅、烧鸭、糯米糍、碱水粽。其中，碱水粽为端午节传统食品，制作方法：用料为糯米、碱水、花生油。先将糯米淘洗干净，沥去水，倒上碱水拌匀，待碱水被米粒吸收后，再倒入生油拌匀。长芒粽叶洗净焯过浸泡在清水里。先取长芒粽叶两

◎ 榄仔窝村休闲园一角（摄于 2016 年）

◎ 洞主古庙（摄于 2016 年）

三张，折拢成筒形，放置一头大一头尖的竹筒，放入糯米，抽出竹筒，折好粽叶，包裹成圆柱形粽子，用细小的竹篾或线绳扎牢。然后将米粽放入锅内加入井水旺火煮 1 小时，再改用文火焖煮约 2 小时即可。吃时剥去粽叶，撒上白糖，或蘸些红糖水均可。

1980 年通电，1997 年通自来水，2001 年通电话，2007 年通网络及有线电视，2010 年实现村道水泥路面硬底化。

传统民居为单间砖瓦房（俗称围水屋）、正座、门楼，现有 20 座，建于清代、民国及中华人民共和国成立初期。村中建有林氏宗祠，建于清康熙十一年（1672 年）。1970 年重修，占地面积 100 平方米。村旁有座洞主古庙，占地面积 40 平方米，坐北向南，土木结构，火砖墙，龙船脊，盖灰瓦。庙门前两条石础火砖柱。庙里供奉洞主神像，周围村庄民众在节庆日及喜事，带上供品前来拜祭。

村民有欢度四大节（春节、端午节、中秋节、冬至）的习俗，也还有其他节庆。传统节日为春节、清明节、四月八、端午节、七夕、七月十四、中秋节、十月朝、冬至等。其中，寿宴习俗较为隆重，保留客家传统，村中德高望族者做生日时，邀请亲友及全村人光临，来宾则送寿礼祝贺，上第一道菜为鸿运当头（客家脍肉），随后为客家酿豆腐等九道菜，饮自家酿造甜酒以及捏糍（客家传统糕点）。

◎ 榄仔窝村传统民居（摄于 2016 年）

传统婚嫁礼仪，开始交往时女方家要到男方家探亲，结婚前要担定婚茶、报日子、送聘金、定嫁妆，行结婚礼时，要摆酒请客，迎亲和送亲。传统婚嫁礼仪中，最隆重的是男方家迎娶。在办婚事当天，男方家会在村门楼和住宅门口贴上喜庆的对联，并准备好迎亲的喜席。传统丧事习俗以土葬为主，临去世前的人要先移至厅堂。去世后由子孙日夜守孝，死者入殓前，子孙要到河里取水，为死者擦身、更衣，亲视入殓。出殡时，请巫师开路，吹响牛角，送殡队敲锣打鼓、燃放爆竹送行。死者埋葬后，孝子孝女等从坟上抓回一把黄土，并且同牵一条寿红由另一路线回家。葬后要为死者做头七、二七、三七的法事，亡灵牌送往祠堂入位。至此丧事才告完结。办丧事只能做白饭、花菜、黄豆煮猪肉等简单饭菜。1990 年以后，逐步实行火葬。

1975 年，县社掀起造林大会战，村民种植杉树和白坭树 20 公顷。至今，村域的山头树木茂密，多年未出现大雨过后山泥倾斜的现象。

（资料填报：谢锦堂，初稿撰写：谢锦堂，总纂：李协湖）

湖溪洞村

◎ 湖溪洞村村貌（摄于 2016 年）

湖溪洞村，位于石角镇西南部，距镇政府 10 千米。始建于清中期，因村坐落在石牛脑山脚下，且有溪水，故而取名为湖溪洞村。

该村坐落在山间峡谷中，坐北向南，村东与先生河村相邻，南为山地，西与蜈蚣陂村相接，北为山地。山湖溪流通过该村后汇入龙南河。县道龙圳线（龙溪—蜈蚣圳）经过村旁。

清嘉庆十八年（1813 年），属佛冈厅吉河乡小坑堡。民国时期，属佛冈县第一区龙冈乡。中华人民共和国成立初期，属佛冈县第一区龙冈乡。1958 年，属从化县佛冈人民公社山湖大队。1961 年，属佛冈县龙南人民公社山湖大队。1983 年，属龙南区山湖乡。1987 年，属龙南乡山湖行政村。1989 年，属龙南乡山湖管理区。1994 年，属龙南镇山湖管理区。1998 年，属龙南镇山湖行政村。2004 年至今，属石角镇山湖行政村。

世居村民有何、张两姓。何姓，据《何氏族谱》记载，清中期从英德高台乡（今佛冈高岗）迁至该地。张姓，明初由江西吉安入粤，清中期从英德迁至该村。

2015 年末，户籍人口 325 人，其中男性 169 人，女性 156 人。60 岁以上 64 人，其中 80 岁以上 6 人，最年长者 86 岁（男）。16 岁以下 48 人，其中留守儿童 3 人。实际在村居住和生活主要依靠农业收入 305 人，常年在城镇生活和务工 20 人。村民为汉族，属客家民系，使用客家方言。

村有山地面积 89.07 公顷，耕地面积 15.53 公顷。村域山上有杉树、松树及杂树林，野生中草药种类多，野猪、芒鼠时有出没。传统经济以农业为主，兼有林副产品经营。主要作物有水稻、番薯、花生。特色农产品为大油茶，果大、产油率高，而且产量多。每年

◎ 湖溪洞村山楂园（摄于 2016 年）

◎ 湖溪洞村文化室（摄于 2016 年）

◎ 何尚禹公祖堂（摄于 2016 年）

油茶收成后，通过自己土榨的茶油，在市场销售颇受喜爱。20 世纪 90 年代后期，村民逐步扩种沙糖桔，2011 年全村种植沙糖桔面积 13.33 公顷，总产值 80 万元。2013 年起，沙糖桔产业消退，村民改种油茶树及火龙果树。1980 年后，大部分青壮年村民外出打工。村民主要收入来源为农业收入、林副产品经营收入和外出务工收入。传统节庆食品有白切鸡、焖鹅、粽子、艾糍。其中，艾糍是清明食品，制作方法：采摘山地野生艾草，将艾叶稍煮一下，去掉苦味。将糯米碾成粉，与艾叶混合搓匀。用糖、花生碎粒、芝麻作馅，捏为小块，包成三角形或圆形，蒸熟即可。

1980 年通电，1997 年通自来水，2001 年通电话，2009 年通网络、有线电视，2012 年实现村道水泥硬底化，2014 年建文化室，作为村民议事及办喜事场所。村中建有垃圾收集站。

传统民居由单间砖瓦房、正座、门楼组成，现有 40 座，其中正座 3 座。建于清代、民国及中华人民共和国成立初期。村前 1 千米处建有长镇古庙，供奉“长镇爷爷财神”。每逢年节喜事，村民到古庙里拜祭、祈求福佑。村中建有何尚禹公祖堂，为何氏宗祠。

村民注重热热闹闹度过节日，在全年的不同节日中，巧手的农妇会利用稻米和蔬菜做出花样繁多的食品，在外地工作和务工的中青年也尽量在过节时回家团聚，农家节日显得温馨欢乐，充满爱意。传统节日为春节、清明节、四月八、端午节、七夕、七月十四、中秋节、十月朝、冬至等。清明节家家户户门楣插柳枝和桃叶以驱邪，采艾做糍，名为“艾糍”，并进行扫墓活动。扫墓一般从清明前的春分起到农历四月初八，扫墓期间在外地谋生的人都尽可能赶回来祭扫祖墓。

迎亲嫁娶是村中的大事，全村显现出一派忙碌和喜庆的气氛。传统婚嫁礼仪，开始交往时女方家要到男方家探亲，结婚前要担定婚茶、报日子、送聘金、定嫁妆，行结婚礼时，要摆酒请客，迎亲和送亲。传统丧事习俗以土葬为主，1990 年以后逐步实行火葬。其程序为举丧、入殓、出殡、送葬和做法事，将灵牌送入祠堂。

1998 年，该村何道祀 3 个儿子何东汉、何金欢、何坚营，热心捐资修建山湖至石角水泥硬底公路和桥梁。张邦旺的 3 个儿子张国增、张西全、张细明为家乡捐资建成村文化室。

◎ 湖溪洞村新民居（摄于 2016 年）

（资料填报：谢锦堂，初稿撰写：谢锦堂，总纂：李协湖）

洛洞村

◎ 洛洞村村貌（摄于2016年）

洛洞村，位于石角镇西南部，距镇政府7.5千米。始建于清中期，由附近小坑大围分村迁入聚居形成。因村前河有花岗岩石拦河水冲击（俗称洛水冲洞）而取名洛洞村。

该村坐落于丘陵地带，村旁有座山称为“三福脑山”，村东、南面是群山，西面与山湖行政村驻地相邻，北面为山溪。村前有山湖溪流自西向东流至不远的龙南河。有县道龙坜线（龙溪—蜈蚣坜）经过该村。

村落形成时，属清远县吉河乡小坑堡。清嘉庆十八年（1813年），属佛冈厅吉河乡小坑堡。民国时期，属佛冈县第一区龙冈乡。中华人民共和国成立初期，属佛冈县第一区龙冈乡。1958年，属从化县佛冈人民公社山湖大队。1961年，属佛冈县龙南人民公社山湖大队。1983年，属龙南区山湖乡。1987年，属龙南乡山湖行政村。1989年，属龙南乡山湖管理区。1994年，属龙南镇山湖管理区。1998年，属龙南镇山湖行政村。2004年至今，属石角镇山湖行政村。

世居村民为刘姓。据《刘氏族谱》记载，宋末刘氏族人由福建迁入广东，明初迁至清远吉河乡（今佛冈石角）龙蟠村，清中期其分支由小坑村大围迁入该村。

2015年，户籍人口93人，其中男性49人，女性44人。60岁以上15人，其中80岁以上1人，最年长者92岁（女）。16岁以下14人。实际在村居住和生活主要依靠农业收入75人，常年在城镇生活和务工18人。村民为汉族，广府民系，使用粤方言。

村有山地面积66.8公顷，耕地面积5.33公顷。村域有丰富松树、杂树、竹林资源，有野生金银花、砂仁等中药材，山涧有石蛤出没。传统经济以农林

◎ 洛洞村种养基地（摄于2016年）

为主，主要农作物有水稻、番薯、花生、水果等。村民主要收入来源为农业收入、林果收入、外出务工收入。20 世纪 90 年代后期，村民逐步扩种沙糖桔，2011 年全村种植沙糖桔面积 3.33 公顷，总产值 20 万元。2013 年起，沙糖桔产业消退，村民改种绿化树和青梅、山楂等果树。传统节庆食品有白切鸡、焖鹅、扣肉、糕点、糯米糍。在节假日、亲朋来访的时候，或者收花生、豆子的时节都会做糯米糍。其馅料有红豆馅、眉豆馅、花生白糖馅、猪肉韭菜馅等。制作过程并不复杂，首先将糯米粉倒入容器中，放入适当的水碱砂搅拌成糊状后，装入盘中（盘底放少许花生油）用锅蒸约 20 分钟，蒸熟后，将糯米糍搓成糍团，用手指捏成勺子形状，把馅料放进去，再包成饼状，即可食用，其质感嫩滑可口。

1980 年通电，2001 年通电话，2005 年实现村道水泥硬底化，2008 年通有线电视、网络，2012 年通自来水。

传统民居为围水屋、正座屋。正座民居为一厅两廊四房一天井布局，土木结构，三合土墙（或火砖墙），硬山顶、盖灰瓦。有两廊门为出入口，屋内以方砖铺地，天井用鹅卵石铺砌，排水设施完备。一般占地面积 68 平方米。围水则为单间砖木平房，土木结构，三合土墙（或火砖墙），硬山顶，盖灰瓦。一般占地面积 20 平方米。村内巷道纵横交错，有围水屋 80 多间。近年，新建楼房 20 座，楼房布局多为三房一厅一厨一卫，装修较好，现大部分村民住上新楼房。村内有达修刘公堂，是 2011 年为村始祖

◎ 洛洞村民居（摄于 2016 年）

◎ 达修刘公堂（摄于 2016 年）

刘达修而建。

传统节日活动是民间传统文化的组成部分，展示人与人、人与自然之间的和谐文化，对构建和谐社会有重要作用。传统节日为春节、清明节、四月八、端午节、七夕、七月十四、中秋节、冬至等。其中，民间把农历四月初八仍无人祭扫的坟墓视为无主孤坟，村民集中在山岗上祭拜。传统婚嫁礼仪，开始交往时女方家要到男方家探亲，结婚前要担定婚茶，报日子、送聘金、定嫁妆，行结婚礼时，要摆酒请客，迎亲和送亲。传统婚嫁礼仪中，最隆重的是男方家迎娶。在办婚事当天，男方家会在村门楼和住宅门口贴上喜庆的对联，并准备好迎亲的喜席。发生丧事时，传统以土葬为主，1990 年以后逐步实行火葬。其程序为举丧、入殓、出殡、送葬和做法事，将亡灵牌送入祠堂。办丧事只能煮白饭、花菜、黄豆煮猪肉等简单饭菜，用餐时不坐高台高凳，拆下事主家的门板放于门前的巷地上当饭桌。

20 世纪 70 年代初期，村利用山泉水修建水电站，发电供该村使用，后被冲毁。

村中父老经常教育儿童，勤耕苦读是为人立身之本。村有教师 9 人，具有执业医师资格医务人员 5 人，大学以上学历村民（含在读）21 人，其中毕业于中山大学、华南理工大学、广东外语外贸大学等名牌大学人员 5 人。

该村的刘达铭（1918—2008），佛冈县中医院主治医师，从事中医 60 年，在当地享受有较高声誉。

（资料填报：刘小明，初稿撰写：刘小明，总纂：李协湖）

庙下村

◎ 庙下村村貌（摄于 2016 年）

庙下村，位于石角镇西部，距镇政府 4 千米。始建于清初，由英德下砝分村移民聚居形成。因村建在一座庙宇的下方，而取名庙下村。

该村坐落于丘陵地带，村背后有背底山。村东、西为群山，南为农田，北与元山村相邻。山湖水自西向东流向不远处龙南河再汇入滘江。县道龙坰线（龙溪—蜈蚣坰）在村北面 200 米处通过。

村落形成时，属清远县吉河乡小坑堡。清嘉庆十八年（1813 年），属佛冈厅吉河乡小坑堡。民国时期，属佛冈县龙冈乡。中华人民共和国成立初期，属佛冈县一区龙冈乡。1958 年，属从化县佛冈人民公社山湖大队。1961 年，属佛冈县龙南人民公社山湖大队。1983 年，属龙南区山湖乡。1987 年，属龙南乡山湖行政村。1989 年，属龙南乡山湖管理区。1994 年，属龙南镇山湖管理区。1998 年，属龙南镇山湖行政村。2004 年至今，属石角镇山湖行政村。

世居村民为罗姓、吴姓。罗姓，清初由英德县下砝迁至该村。吴姓，清末从清远县滘江地区（今佛冈汤塘四九）迁至该村。

2015 年末，户籍人口 147 人，其中男性 77 人，女性 70 人。60 岁以上 23 人，其中 80 岁以上 3 人，最年长者 85 岁（男）。16 岁以下 26 人，其中留守儿童 3 人。实际在村居住和生活主要依靠农业收入 100 人，常年在城镇生活和务工 47 人。村民为汉族，广府民系，使用粤方言。

◎《罗氏族谱》（摄于 2016 年）

村有山地面积 52.47 公顷，耕地面积 5.27 公顷。传统经济主要以农业为主。主要农作物有水稻、花生、番薯、蔬果。20 世纪 90 年代后期，村民逐步扩种沙糖桔，2011 年全村种植沙糖桔面积 13.33 公顷，总产值 80 万元。2013 年起，沙糖桔产业消

◎ 庙下村丰产林（摄于 2016 年）

退，村民改种蔬菜、水稻及三华李果树。村民主要经济来源为农业收入、林副产品经营收入、蔬果产品收入和外出务工收入。由于庙下村距离县城较近，许多村民在搞好农耕后都到县城做短工。传统节日食品有白切鸡、焖鹅、扣肉、粽子、油糍等。其中，油糍是春节的特色食品，制作方法：先将糯米碾成粉，把糖煮溶后拌粉搓匀，做成球形或椭圆形糍粑，然后用油炸熟即成。

1981 年通电，1990 年通电话，2008 年通网络、有线电视，2009 年实现村道水泥硬底化。村中建有垃圾收集站。

◎ 庙下村传统民居（摄于 2016 年）

传统民居为围水屋、正座。正座为一厅两廊四房一天井布局。三合土墙（或火砖墙）、硬山顶、盖灰瓦土木结构，有两廊门为出入口，屋内以方砖铺地，天井用鹅卵石铺砌，排水设施完备，一般占地面积 68 平方米。围水屋则为单间砖木平房，土木结构，三合土墙（或火砖墙），硬山顶，盖灰瓦，一般占地面积 20 平方米，现存 40 间。20 世纪 90 年代以后新建楼房，楼房布局多为三房一厅一厨一卫，宽敞明亮，居住舒适。村内建成全罗公祠，是罗氏族人于 2005 年为纪念始祖罗有全而建。村旁约 100 米处有座沥镇古庙，建于清初，20 世纪 90 年代重修。庙内有菩萨神像，每逢年节，附近村民都会去庙里拜祭，祈求福佑。

传统的节庆文化，内容繁多，异彩纷呈，民众喜爱，积极热情，通过节庆文化的展现，体现人与人、人与自然社会的和谐。传统节日有春节、清明节、四月八、端午节、七夕、七月十四、中秋节、十月朝、冬至等。该村男人年满 51 岁，女人年满 50 岁做大生日，俗称“男单女双”。做生日时，寿者要派红包给儿孙们。老人做生日，则邀请亲友光临，来宾则送寿礼祝贺。传统婚嫁礼仪，开始交往时女方家要到男方家探亲，结婚前要担定婚茶、报日子、送聘金、定嫁妆，行结婚礼时，要摆酒请客，迎亲和送亲。发生丧事时，传统以土葬为主，1990 年以后逐步实行火葬。其程序为举丧、入殓、出殡、送葬和做法事，将灵牌送入祠堂。

20 世纪 70 年代中期，该村进行改河造田，大搞农田基本建设，受益农田 3.33 公顷。2014 年，整治龙南河山湖段堤围加固工程，提高使该村防洪能力提高到 50 年一遇。

（资料填报：刘小明，初稿撰写：刘小明，总纂：李协湖）

三冚村

◎ 三冚村村貌（摄于 2016 年）

三冚村，位于石角镇西部，距镇政府 9 千米。始建于 1950 年，由原刀庄冚、子竹冚村民搬迁到此聚居而成。村原名锅𡶴冚（部分村民于 20 世纪 50 年代初搬迁新龙村居住）。随后，由锅𡶴冚、刀庄冚、子竹冚 3 个居住点的村民聚居后改为三冚村。

该村坐落于一座山前的小谷地，村东为新龙村，南、西、北面都是山。村前有山湖水自西向东流入龙南河。有村道连接县道龙坍线（龙溪—蜈蚣坍）。

建村时属佛冈县第一区龙冈乡。1958 年，属从化县佛冈人民公社山湖大队。1961 年，属佛冈县龙南人民公社山湖大队。1983 年，属龙南区山湖。1987 年，属龙南乡山湖行政村。1989 年，属龙南乡山湖管理区。1994 年，属龙南镇山湖管理区。1998 年，属龙南镇山湖行政村。2004 年至今，属石角镇山湖行政村。

世居村民有张、汤、郑 3 个姓氏。张姓，宋中期从福建迁入广东连平，清后期由连平迁入该地的刀庄冚村、子竹冚村，1950 年从子竹冚村搬迁至三冚村。汤姓、郑姓，1950 年从子竹冚村搬迁至三冚村。

2015 年末，户籍人口 250 人，其中男性 130 人，女性 120 人。60 岁以上 37 人，其中 80 岁以上 7 人，最年长者 91 岁（男）。16 岁以下 49 人，其中留守儿童 6 人。实际在村居住和生活主要依靠农业收入 230 人，常年在城镇生活和务工 20 人。村民为汉族，广府民系，使用粤方言。

村有山地面积 185.33 公顷，耕地面积 13.93 公顷。村域山地面积广，有松树及杂树、竹林等丰富的林业资源，有野生金银花、砂仁等中药材，山涧有石蛤出没。村民主要经济来源有农业收入、林

◎ 三冚村蜜蜂养殖（摄于 2016 年）

◎ 三冚村林产基地（摄于 2016 年）

果产品收入、外出务工收入。该村养蜜蜂人员较多，20 世纪 60—80 年代，村民养有大量的蜂群，年产蜂蜜较多，成为村民收入的重要来源。至今，村中仍饲养 500 多群蜜蜂，故有“养蜂村”之称。传统经济以农业种植、林果种植为主。主要作物有水稻、花生、番薯。1996 年后，村民逐步扩种沙糖桔，2011 年全村种植沙糖桔面积 9.33 公顷，总产值 60 万元。2013 年起，沙糖桔产业消退，村民改种石榴、李树及油茶树。传统节庆食品有白切鸡、焖鹅、扣肉、糕点。

1980 年通电，2001 年通电话，2010 年通有线电视、网络，2012 年实现村道水泥硬底化。村中建有垃圾收集站。

◎ 三冚村民居（摄于 2016 年）

传统居民围水屋为单间砖木平房，土木结构，三合土墙（或火砖墙），硬山顶，盖灰瓦。一般占地面积 20 平方米。村内巷道纵横交错，现存 50 多间。20 世纪 90 年代中期，新建楼房 20 座。楼房布局多为三房一厅一厨一卫，内外装修较好。

村民注重热热闹闹度过节日，在全年的不同节日中，巧手的农妇会利用稻米和蔬菜做出花样繁多的食品，在外地工作和务工的中青年也尽量在过节时回家团聚，农家节日显得温馨欢乐，充满爱意。传统节日为春节、清明节、四月八、端午节、七夕、七月十四、中秋节、十月朝、冬至等。其中，迁入新居称“进伙”。不论贫富人家，“进伙”时，都有请客庆贺习俗。传统婚嫁礼仪，开始交往时女方家要到男方家探亲，结婚前要担定婚茶，报日子、送聘金、定嫁妆，行结婚礼时，要摆酒请客，迎亲和送亲。传统丧事习俗以土葬为主，1990 年以后逐步实行火葬。其程序为举丧、入殓、出殡、送葬和做法事，将亡灵送入祠堂。办丧事只能做白饭、花菜、黄豆煮猪肉等简单饭菜，用餐时不坐高台高凳，拆下事主家的门板放于门前的巷地上当饭桌。丧事办完后，第二天丧主家人要到坟地复坟。复坟时要清理好坟墓的杂草污泥，并用竹篮装载供品供奉，然后烧香、纸钱、纸衣，还鸣放鞭炮。

20 世纪 60 年代中期，在政府支持下，村民自发修建通往外面的简易沙土公路。2012 年，村民自筹部分资金，政府补助修建原通往外面的水泥公路。

该村的张家黎（1933—），是山湖行政村较早的养蜂人，20 世纪 70 年代初至 90 年代末，养蜂 400 多箱，是当时的养蜂大户，有山湖“蜂王”之称。

（资料填报：刘小明，初稿撰写：刘小明，总纂：李协湖）

水冚村

◎ 水冚村村貌（摄于 2016 年）

水冚村，位于石角镇西南部，距镇政府 9 千米。始建于清中期，由大山口村分村迁入聚居而成。据说当年大山口村民放养鸭子，沿水溪而上放鸭至水冚村位置，便在该地建屋立村。因地处山间谷地，两边是高山，谷地较狭窄，且地势较低，积水较多，故取名水冚村。

该村坐落于两座山之间狭窄谷地，村东、南、北为群山，西与山湖行政村驻地相隔。山湖水从村旁由西向东流入不远的龙南河。有村道通往山湖行政村驻地。

清嘉庆十八年（1813 年），属佛冈厅吉河乡小坑堡。民国时期，属佛冈县第一区龙冈乡。中华人民共和国成立初期，属佛冈县第一区龙冈乡。1958 年，属从化县佛冈人民公社山湖大队。1961 年，属佛冈县龙南人民公社山湖大队。1983 年，属龙南区山湖乡。1987 年，属龙南乡山湖行政村。1989 年，属龙南乡山湖管理区。1994 年，属龙南镇山湖管理区。1998 年，属龙南镇山湖行政村。2004 年至今，属石角镇山湖行政村。

世居村民有陈姓、邓姓。陈姓，宋代迁入广东南雄、增城，明末迁至附近大山口村，清中期由大山口分村迁至该村。邓姓，清末从科旺低村迁至该村。

2015 年末，户籍人口 157 人，其中男性 81 人，女性 76 人。60 岁以上 30 人，其中 80 岁以上 4 人，最年长者 91 岁（女）。16 岁以下 21 人，其中留守儿童 2 人。实际在村居住和生活主要依靠农业收入 140 人，常年在城镇生活和务工 17 人。村民为汉族，广府民系，使用粤方言。

◎ 水冚村养蜂园（摄于 2016 年）

村有山地面积75.47公顷，耕地面积11.53公顷。村域有丰富的林业资源，且有金银花、砂仁、佛手等中草药，野猪、芒鼠时有出没，村民有养蜂的习惯。传统经济以农业为主，兼有林产经营。主要农作物有水稻、番薯、花生等。村民主要经济来源为农业收入、林副产品收入、外出务工收入。20世纪90年代后期，村民逐步扩种沙糖桔，2011年全村种植沙糖桔面积6.67公顷，总产值40万元。2013年起，沙糖桔产业消退，村民改种山楂果树和部分农田恢复种植水稻以及其他农作物。传统节庆食品有白切鸡、焖鹅、扣肉、陶盘芋头糍。其中，陶盘芋头糍的制作方法：把自产芋头去皮洗净，剁碎，拌上米浆或米粉，调以肉粒、盐水搓匀，倒入陶盘蒸熟即成。食时有嫩、滑的农家风味。

1980年通电，2001年通电话，2008年通有线电视、网络，2008年实现村道水泥硬底化，2010年通自来水。村中建有垃圾收集站。

传统民居建在两座山的山脚下，分别是坐南向北、坐北向南。围水屋为单间砖木平房，土木结构，三合土墙（或火砖墙），硬山顶，盖灰瓦，一般占地面积20平方米。村内巷道纵横交错，现存30多间。现代楼房布局多为三房一厅一厨一卫。

20世纪60年代中期，在政府支持下，村民修建通往外界公路1千米，方便村民出行。90年代中期，利用集体房屋修建村文化活动室。

过节庆祝是村民生活习俗的一种，通过节庆活动，可以加强与亲友的联谊，愉悦身心。传统节日为春节、清明节、四月八、端午节、七夕、七月十四、中秋节、十月朝、冬至等。喜事礼仪饮食习俗。举办老人生日、婴儿满月、新居入伙时，宴请亲朋好友时，每围（一桌）肉菜，在“三牲”或“五牲”以上。“三牲”指鸡、鱼、猪肉；“五牲”除上述三样外，再加鸭、鹅或牛、羊肉样味。厨师在“三牲”或“五牲”之中，可以做出许多菜式，例如白切鸡、冬菇鸡、扣肉、炒肉片、炒猪肠、焖鸭、烧鸭、蒸鱼、炸鱼等。

◎ 水冚村民居（二）（摄于2016年）

◎ 水冚村民居（一）（摄于2016年）

传统婚嫁习俗，开始交往时女方家要到男方家探亲，结婚前要担定婚茶、报日子、送聘金、定嫁妆，行结婚礼时，要摆酒请客，迎亲和送亲。发生丧事时，传统以土葬为主，1990年以后逐步实行火葬。其程序为举丧、入殓、出殡、送葬和做法事，将亡灵牌送入祠堂。办丧事只能做白饭、花菜、黄豆煮猪肉等简单饭菜，用餐时不坐高台高凳，拆下事主家的门板放于门前的巷地上当饭桌。在回来的路上，事主家要派人在路边向送葬人派发花生、糖果，以示吉利。第二天，丧事主家的晚辈要到母亲长辈亲友家中回访。

（资料填报：刘小明，初稿撰写：刘小明，总纂：李协湖）

蜈蚣陂村

◎ 蜈蚣陂村村貌（摄于 2016 年）

蜈蚣陂村，位于石角镇西部，距镇政府 10 千米。始建于清中期，由刘姓族人从龙蟠村分村迁移而形成。因村背后山形似蜈蚣而取名蜈蚣陂村。

该村坐落于丘陵地带，村东为湖溪洞村，南为群山，西与榄仔窝村相邻，北为临山。在村两旁为南山脑（山名）。有山湖水经该村汇入龙南河。村旁有县道（龙溪—蜈蚣坜村）经过。

清嘉庆十八年（1813 年），属佛冈厅吉河乡小坑堡。民国时期，属佛冈县第一区龙冈乡。中华人民共和国成立初期，属佛冈县第一区龙冈乡。1958 年，属从化县佛冈人民公社山湖大队。1961 年，属佛冈县龙南人民公社山湖大队。1983 年，属龙南区山湖乡。1987 年，属龙南乡山湖行政村。1989 年，属龙南乡山湖管理区。1994 年，属龙南镇山湖管理区。1998 年，属龙南镇山湖行政村。2004 年至今，属石角镇山湖行政村。

世居村民为刘姓、陈姓、黄姓、冯姓、林姓。据《刘氏族谱·彭城郡》记载，刘姓，宋末由先祖从福建迁到潮州、兴宁、从化，明初，先祖刘从龙由从化迁到清远县吉河乡（今佛冈县石角镇）龙蟠村，清中期，刘姓一支从龙蟠村迁到该村。陈姓，清末民国初由清远县滘江乡（今佛冈县龙山镇）迁入该村。林姓，清中期由龙蟠村迁入该村。冯姓，中华人民共和国成立初期，由佛冈县汤塘三门随母迁入该村。黄姓，中华人民共和国成立初期，由佛冈县龙南乡迁入该村。

2015 年末，户籍人口 273 人，其中男 140 人，

◎ 村民种植的沙糖桔（摄于 2016 年）

女 133 人。60 岁以上 36 人，其中 80 岁以上 6 人，最年长者 97 岁（女）。16 岁以下 43 人，其中留守儿童 3 人。实际在村居住和生活主要依靠农业收入 243 人，常年在城镇生活和务工 30 人。村民均为汉族，广府民系，使用粤方言。

◎ 蜈蚣陂村祖堂（摄于 2016 年）

村有山地面积 132.8 公顷，耕地面积 11.33 公顷。村域有林业、瓷土资源。20 世纪 60 年代中期开发瓷土，因其土质纯净品质较高，加工制成瓷器食具用于外贸出口，1990 年后因瓷土储量枯竭停止开采。传统经济以种植水稻、番薯、花生为主，特色农产品有木产品、木薯、药材。1998 年后，村民逐步扩种沙糖桔，2011 年全村种植沙糖桔面积 6.67 公顷，年总产值 40 多万元。2013 年起，沙糖桔产业消退，现只有少量沙糖桔树，许多村民改种火龙果树和桉树。传统节庆食品有白切鸡、焖鹅，烧鸭、发糕等。其中，春笋焖腩肉是清明期间采摘山上竹仔笋用水泡后，配上腩肉烹饪后食用，颇有特色。

1980 年通电话，1982 年通电，2006 年村道实现水泥硬底化，2010 年通网络。村中建有垃圾收集站。村建有龙西公园，占地面积 300 平方米，建有篮球场和占地面积 180 平方米的文化室。

传统民居有正座屋、围水屋两种，现存 40 座，建于清代、民国及中华人民共和国成立初期。正座屋为一厅两廊四房一天井布局。土木结构，三合土墙（或火砖墙），硬山顶、盖灰瓦。有两廊门为出入口，屋内以方砖铺地，天井用鹅卵石铺砌，排水设施完备，一般占地面积 68 平方米。围水屋则为单间砖木平房，土木结构，三合土墙（或火砖墙），硬山顶，盖灰瓦，一般占地面积 20 平方米。村巷纵横交错，现存 40 座。20 世纪 90 年代后，村民新建楼房居住，

◎ 山湖碉楼（摄于 2016 年）

楼房布局多为三房一厅一厨一卫。

村内有座山湖碉楼，建于清末民国初。山湖碉楼是村民为躲避姓氏械斗和土匪劫掠而建，碉堡坐东向西，面阔4.4米，建深4.6米，高11米，共4层，墙厚1.2米，土木结构，属土墙，盖泥瓦，硬山顶，山墙楣处有灰塑草尾，部分存留有壁画、石脚、木楼板和楼梯，碉堡的四面留有枪眼，还有用大理石围成的小窗。整体布局合理，保存完整。2012年，被列入佛冈县不可移动文物名录。

传统的节庆文化，内容繁多，异彩纷呈，民众喜爱，积极热情，通过节庆文化的展现，体现人与人、人与自然社会的和谐。传统节日为春节、清明节、四月八、端午节、七夕、七月十四、中秋节、十月朝、冬至。传统婚嫁礼仪，开始交往时女方家要到男方家探家，探家满意后男方家要向女方家担定婚茶，然后择结婚吉日报送女家，之后与女方家商洽送聘金，接着摆酒结婚，男、女两家都要摆酒请客。女方家摆酒用的酒肉米菜是由男方家负责筹备。摆酒时要迎亲和送亲。新娘入门后，不兴拜天地、拜高堂、夫妻对拜。但新郎新娘要双双向婚宴上的来宾敬酒奉茶。结婚后第三日，新娘在新郎偕同下回访娘家。传统丧事习俗以土葬为主，1990年以后逐步实行火葬。其程序为举丧、入殓、出殡、送葬和做法事，将亡灵送入祠堂。死者外家来吊唁，事主家要到门前跪接，前来吊丧的亲友一般不送现金吊礼，只送炮烛纸钱给死者。封棺时要有外家见证，封棺后立即出殡，孝子贤孙、村民、亲戚送灵柩至村前停放在预备的条凳上，让法师为死者祈祷，祈祷后放鞭炮送灵车。办丧事只能煮白饭、花菜、黄豆煮猪肉等简单的饭菜，用餐时不坐高台高凳，拆下事主家的门板放于门前的巷地上当饭桌。完丧次日，亲友要回访事主家，予以安慰。

（资料填报：谢锦堂，初稿撰写：谢锦堂，总纂：李协湖）

蜈蚣圳村

◎ 蜈蚣圳村村貌（摄于2016年）

蜈蚣圳村，位于石角镇西部，距镇政府12千米。始建于清中期，因村背后山形似蜈蚣而取名蜈蚣圳村。该村坐落于丘陵地带，村东为茶树下村，村南、西、北面为群山。村北面1千米处有南山脑（山名）。县道（龙溪—蜈蚣圳村）到村为终点。

清嘉庆十八年（1813年），属佛冈厅吉河乡小坑堡。民国时期，属佛冈县第一区龙冈乡。中华人民共和国成立初期，属佛冈县第一区龙冈乡。1958年，属从化县佛冈人民公社山湖大队。1961年，属佛冈县龙南人民公社山湖大队。1983年，属龙南区山湖乡。1987年，属龙南乡山湖行政村。1989年，属龙南乡山湖管理区。1994年，属龙南镇山湖管理区。1998年，属龙南镇山湖行政村。2004年至今，属石角镇山湖行政村。

世居村民有李姓、林姓、陆姓、朱姓。据《李氏族谱》记载，李姓，明中期由福建迁移至广东英德，清中期从英德白石乡（今佛冈迳头烟岭）迁移到该村。林姓，明末从福建迁移到南雄，清中期从英德虎山乡（今佛冈高岗）迁移到该村。陆姓，清初从福建迁移到南雄，清中期从英德茶树下村迁到该村。朱姓，清末民国初由佛冈县迳头大陂迁到该村。

2015年末，户籍人口331人，其中男性173人，女性158人。60岁以上50人，其中80岁以上6人，最年长者95岁（男）。16岁以下63人，其中留守儿童10人。实际在村居住和生活主要依靠农业收入300人，常年在城镇生活和务工31人。村民为汉族，属客家民系，使用客家方言。

村有山地面积138.13公顷，耕地面积10.93公顷。村域有丰富的林业资源，且有金银花、砂仁、佛手等中草药，野猪、芒鼠时有出没。村民有养

◎ 蜈蚣圳村生态林（摄于2016年）

蜂的习惯。该村传统经济以农业为主，兼有林产品经营。主要作物有水稻、番薯、花生，林产品有木柴、木炭、药材。1980年后，部分青年人外出打工。1998年后，村民逐步扩种沙糖桔，2011年全村种植沙糖桔面积10公顷，总产值60万元。2013年起，沙糖桔产业消退，村民改种青花梨果树、金银花等。传统节庆食品碱水粽，是端午节传统食品。用料为糯米、碱水、生油。制作方法：先将糯米淘洗干净，沥去水，倒上碱水拌匀，待碱水被米粒吸收后，再倒入生油拌匀。长芒粽叶洗净焯过浸泡在清水里。先取长芒粽叶两三张，折拢成筒形，放置一头大一头尖的竹筒，放入糯米，抽出竹筒，折好粽叶，包裹成圆柱形粽子，用细小的竹篾或线绳扎牢。然后将米粽放入锅内加入井水旺火煮1小时，吃时剥去粽叶，蘸些蜜糖即可。

1980年通电话，1993年通电，1997年通自来水，2005年实现村道水泥硬底化。2014年，建龙坜公园，公园配有篮球场和健身器材，占地面积300平方米。2014年，在村道投资5万元安装太阳能路灯。村中建有垃圾收集站。

◎ 村道太阳能路灯（摄于2015年）

传统民居现存50座，为硬山顶，三合土墙，一厅一天井二房二廊结构，保存基本完好，有人居住。1990年后，许多农户新建楼房，楼房结构布局多为三房一厅一厨一卫。村中有李氏宗祠，建于清中期。宗祠为三进两廊，占地面积180平方米。宗祠于1990年重修。宗祠门前有一口水塘，水塘与宗祠组合形似弓箭。村东1千米处建一间古庙“洞主庙”，

◎ 李氏宗祠（摄于2016年）

供奉“洞主爷财神”。每逢农历初一、十五以及节庆喜事，村民带上供品前来拜祭

李姓族人于2000年编印《李氏族谱》。

村民注重热热闹闹度过节日，在全年的不同节日中，巧手的农妇会利用稻米和蔬菜做出花样繁多的食品，在外地工作和务工的中青年也尽量在过节时回家团聚，农家节日显得温馨欢乐，充满爱意。传统节日为春节、清明节、四月八、端午节、七夕、七月十四、中秋节、十月朝、冬至等。传统婚嫁礼仪，开始交往时女方家要到男方家探亲，结婚前要担定婚茶、报日子、送聘金、定嫁妆，行结婚礼时，要摆酒请客，迎亲和送亲。传统丧事习俗以土葬为主，1990年以后逐步实行火葬。其程序为举丧、入殓、出殡、送葬和做法事，将灵牌送入祠堂。办丧事只能用简单的饭菜招待前来送葬或办丧做工的人，吃饭时不能喝酒，不能喧哗谈笑，以示对丧者和办丧事人家的尊重。

村民传承客家人待客礼仪，来宾客人到时，一般先敬茶烟，随后宴请就餐敬食。如是婚宴，先敬喜糖，如是小孩满月，先饮姜酒（黄酒煮姜），再敬红鸡蛋。

该村的李门生（1941—），1971年自创用松树制成60多米长的水管，从高处引水向下冲转木水轮带动发电机发电，进行碾米、锣板、照明，受到全村群众一致好评，并有省、市、县领导来参观，被称为“小水电专家”。

（资料填报：谢锦堂，初稿撰写：谢锦堂，总纂：李协湖）

先生河村

◎ 先生河村村貌（摄于 2016 年）

先生河村，位于石角镇西部偏南，距镇政府 8 千米。始建于 1950 年，由邻村正冚尾村和三冚村等村移居迁入而形成。因村前有学校，学校边有条小河，而取名先生河村。该村坐落于丘陵地带，村庄坐北向南。村东与洛洞村相邻，南与新龙村相靠，西为山湖小学，北靠背底山，村前有小溪自西向东流至不远的龙南河。县道龙坜线（龙溪—蜈蚣坜）从村旁经过。

村落形成时，属佛冈县一区龙冈乡。1958 年，属从化县佛冈人民公社山湖大队。1961 年，属佛冈县龙人民公社山湖大队。1983 年，属龙南区山湖乡。1987 年，属龙南乡山湖行政村。1989 年，属龙南乡山湖管理区。1994 年，属龙南镇山湖管理区。1998 年，属龙南镇山湖行政村。2004 年至今，属石角镇山湖行政村。

村民有谢姓、汤姓、陈姓、刘姓。谢姓，1950 年从正冚尾村分村迁入。1950 年，汤姓、陈姓、刘姓先后从水冚村、洛洞村等附近村迁入该村

2015 年末，户籍人口 136 人，其中男性 70 人，女性 66 人。60 岁以上 22 人，其中 80 岁以上 2 人，最年长者 89 岁（男）。16 岁以下 13 人。实际在村居住和生活主要依靠农业收入 100 人，常年在城镇生活和务工 36 人。村民为汉族，广府民系，使用粤方言。

村有山地面积 44.2 公顷，耕地面积 5.93 公顷。村域山上有杉树、松树及杂树林，野生中草药种类多，野生猪、芒鼠时有出没。传统经济以农业为主，兼有林副产品经营。主要农作物有水稻、番薯、花生及林果等。村民主要以农业生产收入、林副产品

◎ 先生河村杂李果园（摄于 2016 年）

经营收入和外出务工收入。20 世纪 90 年代后期，村民逐步扩种沙糖桔，2011 年全村种植沙糖桔面积 4.67 公顷，总产值 30 多万元。2013 年起，沙糖桔产业消退，村民改种粉蕉、火龙果树和佛手中药材。传统食品主要有白切鸡、焖鹅、扣肉、糕点等。

1980 年通电，2001 年通电话，2008 年通有线电视、网络，实现村道水泥硬底化，2010 年通自来水。村中建有垃圾收集站。

传统民居围水屋为单间砖木平房，土木结构，三合土墙（或火砖墙），硬山顶，盖灰瓦，一般占地面积 20 平方米。村内巷道纵横交错，民居现存 20 多间。20 世纪 90 年代后期，先后新建楼房有 15 座，楼房多建为 2—3 层，布局为三房一厅一厨卫，居住条件较好。村建有谢氏祠堂、陈氏祖堂。

◎ 谢氏祖堂（摄于 2016 年）

◎ 陈氏祖堂（摄于 2016 年）

村旁有山湖小学。2015 年，山湖小学有班级 4 个，学生 87 人，教职工 5 人，学校有 3000 平方米的运动场，有篮球场等体育场所。

传统节庆活动是民族民间传统文化的组成部分，

◎ 山湖小学（摄于 2016 年）

◎ 先生河村民居（摄于 2016 年）

展示人与人、人与自然之间的和谐文化，对构建和谐社会有重要作用。传统节日为春节、清明节、四月八、端午节、七夕、七月十四、中秋节、十月朝、冬至等。其中，冬至俗称“过冬”，有“冬大过年”之说，这个节日意味着一年农事已做完，全家应欢聚吃一顿丰盛晚餐表示庆贺。传统婚嫁礼仪，开始交往时女方家要到男方家探亲，结婚前要担定婚茶，报日子、送聘金、定嫁妆，行结婚礼时，要摆酒请客，迎亲和送亲。传统婚嫁礼仪中，最隆重的是男方家迎娶。在办婚事当天，男方家会在村门楼和住宅门口贴上喜庆的对联，并准备好迎亲的喜席。传统丧事习俗以土葬为主，1990 年以后逐步实行火葬。其程序为举丧、入殓、出殡、送葬和做法事，将亡灵牌送入祠堂。办丧事只能用简单饭菜招待，用餐时不坐高台高凳，拆下事主家的门板放于门前的巷地上当饭桌。

（资料填报：刘小明，初稿撰写：刘小明，总纂：李协湖）

新龙村

◎ 新龙村村貌（摄于 2016 年）

新龙村，位于石角镇西部偏南，距镇政府 8 千米。始建于清中期，由英德白石乡（今佛冈迳头烟岭）楼下村分村聚居而形成。因位于龙形的山脉前，村落在龙形山嘴，因此取名龙形嘴村。20 世纪 50 年代，三冚村人迁入聚居形成新村，70 年代初并村，故取名新龙村。

该村坐落于丘陵地带，村东是群山，南与三冚村相邻，西与湖溪洞村相接，北与先生河村相连。村前有小溪自西向东流至不远的龙南河。县道龙玔线（龙溪—蜈蚣玔）从村旁经过。

清嘉庆十八年（1813 年），属佛冈厅吉河乡小坑堡。民国时期，属佛冈县第一区龙冈乡。中华人民共和国成立初期，属佛冈县第一区龙冈乡。1958 年，属从化县佛冈人民公社山湖大队。1961 年，属佛冈县龙南人民公社山湖大队。1983 年，属龙南区山湖乡。1987 年，属龙南乡山湖行政村。1989 年，属龙南镇山湖管理区。1994 年，属龙南镇山湖管理区。1998 年，属龙南镇山湖行政村。2004 年至今，属石角镇山湖行政村。

2015 年末，户籍人口 234 人，其中男性 113 人，女性 121 人。60 岁以上 45 人，其中 80 岁以上 5 人，最年长者 92 岁（女）。16 岁以下 35 人，其中留守儿童 2 人。实际在村居住和生活主要依靠农业收入 220 人，常年在城镇生活和务工 14 人。村民为汉族，广府民系，使用粤方言。

世居村民有范姓、张姓、朱姓、邓姓、谢姓。范姓，清中期从英德白石乡（今迳头镇烟岭）楼下分村迁至该村，朱姓，民国初期由佛冈县迳头乡鸭嶋村迁至该村。张姓、邓姓、谢姓，1950 年先后从邻村迁至该村。

村有山地面积 76.67 公顷，耕地面积 10.73 公顷。村域有丰富的林业资源，有金银花、砂仁、佛手等中草药，野猪、芒鼠时有出没。传统经济以农、林业为主，主要作物有水稻、番薯、蔬菜、花生、林果等。村民有养蜂习惯。20 世纪 90 年代后期，村民逐步扩种沙糖桔，2011 年全村种植沙糖桔面积 8 公顷，总产值 50 多万元。2013 年起，沙糖桔产业消退，村民改种番石榴、杂李以及中草药。村民主要经济来源为农业收入、林果产品收入、村民外出务工收入。传统节庆食品有白切鸡、焖鹅、扣肉、陶盘发糕。

◎ 新龙村桃园（摄于 2016 年）

◎ 新龙村门楼（摄于 2016 年）

陶盘发糕用自产粘米磨成粉浆发酵后，加入红糖水，倒入陶盘蒸煮熟后即可。其特点是甘甜、软松，是村民节庆喜事必备食品。

1980 年通电，2001 年通电话，2000 年实现村道水泥硬底化，2008 年通有线电视、网络。村中建有垃圾收集站。

传统民居围水屋为单间砖木平房，土木结构，三合土墙（或火砖墙），硬山顶，盖灰瓦，一般占地面积 20 平方米，现存 25 间。村内巷道纵横交错，排水设施完备。20 世纪 90 年代后期，村民新建楼房 10 座，楼房多为 2 层，布局三房一厅一厨卫。

传统节日形式多样，内容丰富，是中华民族悠久历史文化的一个组成部分。传统节日有春节、清明节、四月八、端午节、七夕、七月十四、中秋节、十月朝、冬至等。其中，农历十月初一称“十月朝”或“牛生日”。过去牛是农村耕作的畜力，各地均有做“牛生日”的习俗。由农家做糯米糍粑贴在牛角、牛额、牛背脊、牛腰、牛尾部位，牧童从牛身上将糯米糍粑剥下用火烤熟来吃。传说吃了“牛生日”贴在牛身上的糍粑，能像牛一样力气大。传统婚嫁习俗，中华人民共和国成立前，男婚女嫁为“父母之命，媒妁之言”。有抱养穷人家女童作“童养媳”，未生男孩的人家抱养“等郎妹”的习俗。中华人民共和国成立后，婚嫁礼仪，男女相识交往后，女方家亲友要到男方家探亲，结婚前要担定婚茶、报日子、送聘金、定嫁妆，行结婚礼时，要摆酒请客，迎亲和送亲。传统丧事习俗以土葬为主，1990 年以后逐步实行火葬。其程序为举丧、入殓、出殡、送葬和做法事，将灵牌送入祠堂。办丧事只能做白饭、花菜、黄豆煮猪肉等简单菜招待。

20 世纪 60 年代中期，开展造林绿化大会战，在周边山岭种植松树、荷树、白榈树，在河间地种竹，村庄现仍保持原生态环境。

该村的范发（1911—2006），抗战老兵，1949 年赴台湾。1990 年，他回乡寻祖，并带上礼品探访村里年长老人。

（资料填报：刘小明，初稿撰写：刘小明，总纂：李协湖）

元山村

◎ 元山村村貌（摄于 2016 年）

元山村，位于石角镇西部偏南，距镇政府 4 千米。始建于清康熙年间，由英德县鱼湾分村迁移聚居而成。因村建于一座小圆山旁边而取名园山村，后改为元山村。

该村坐落在丘陵地带，是龙南河与山湖水交汇处的三角地带，故村地势较低且较平坦。现村有两个居住点，地处龙南河两岸，一边坐西向东，另一边坐西北向东南。村东为山，南与庙下村相邻，西、北为小山。龙南河从村中间穿过，自西向东流汇入潖江。县道龙圳线（龙溪—蜈蚣圳）从村旁经过。

清嘉庆十八年（1813 年），属佛冈厅吉河乡小坑堡。民国时期，属佛冈县一区龙冈乡。1949 年，中华人民共和国成立初期属佛冈县一区龙冈乡。1958 年，属从化县佛冈人民公社山湖大队。1961 年，属佛冈县龙南人民公社山湖大队。1983 年，属龙南区山湖。1987 年，属龙南乡山湖行政村。1989 年，属龙南乡山湖管理区。1994 年，属龙南镇山湖管理区。1998 年，属龙南镇山湖行政村。2004 年至今，属石角镇山湖行政村。

世居村民为蓝姓、熊姓、邝姓。蓝姓，宋代迁入广东翁源，后又迁移英德鱼湾，清康熙年间从英德县鱼湾分村迁入该村。熊姓，清末从英德县迁入该村。邝姓，20 世纪 50 年代由附近龙塘长岭村迁入该村。

2015 年末，户籍人口 391 人，其中男性 201 人，女性 190 人。60 岁以上 71 人，其中 80 岁以上 19 人，

◎ 元山村门楼（摄于 2016 年）

最年长者94岁（男）。16岁以下64人。实际在村居住和生活主要依靠农业收入280人，常年在城镇生活和务工111人。村民为汉族人，广府民系，使用粤方言。

村有山地面积123.4公顷，耕地面积28.2公顷。传统经济以农业为主。主要农作物有水稻、花生、番薯、蔬果。主要以个体经营为主，规模小、产值低。20世纪90年代后期，村民逐步扩种沙糖桔，2011年全村种植沙糖桔面积20公顷，总产值120万元。2013年起，沙糖桔产业消退，村民改种蔬菜及其他农作物。因村距县城较近，许多村民在耕作之余，到城镇务工、经商。村民主要收入来源为农业、外出务工等。传统节庆食品有白切鸡、扣肉、糕点、香芋焖鹅。在冬至节，许多农家都焖鹅，制作方法：先把鹅肉用文火煀至半熟，调好味料，再用香芋垫底，慢慢焖熟，便可以上桌了。

1980年通电，2001年通电话，2009年通网络、有线电视，实现村道水泥硬底化。村中建有垃圾收集站。

传统民居有正座屋和围水屋两种。正座民居为一厅两廊二房一天井布局。土木结构，三合土墙（或火砖墙），硬山顶，盖灰瓦，有两廊门为出入口，屋内以方砖铺地，天井用鹅卵石铺砌，排水设施完备，一般占地面积68平方米。围水屋则为单间砖木平房，土木结构，三合土墙（或火砖墙），硬山顶，盖灰瓦，一般占地面积20平方米，现存50间。1990年后，村民新建楼房居住，楼房布局多三房一厅一厨一卫。

◎ 元山小学旧址（摄于2016年）

20世纪30年代，建有国民初级小学，中华人民共和国成立后改为元山小学，后因并入山湖小学而撤销。元山小学坐落在村内，民国时期是中国共产党佛冈区委的一个地下活动据点。党员以教师职业作掩护，开展党的活动。1993年，该校旧址被列为石角镇革命史迹保护单位。

◎ 泰山石敢当石牌（摄于2016年）

村民有欢度四大节（春节、端午节、中秋节、冬至）的习俗，也还有其他节庆。村民在传统节日带上供品到村旁泰山石敢当石牌处拜祭，祀求福佑。传统婚嫁礼仪，开始交往时女方家要到男方家探亲，结婚前要担定婚茶、报日子、送聘金、定嫁妆，行结婚礼时，要摆酒请客，迎亲和送亲。传统婚嫁礼仪中，最隆重的是男方家迎娶。在办婚事当天，男方家会在村门楼和住宅门口贴上喜庆的对联，并准备好迎亲的喜席。传统丧事习俗以土葬为主，1990年以后逐步实行火葬。其程序为举丧、入殓出殡、送葬和做法事，将亡灵牌送入祠堂。办丧事只能做白饭、花菜、黄豆煮猪肉等简单饭菜招待。

1980年前，山湖村民要涉水过河或架临时小木桥过河出行到县城。1980年，山湖村民出人力，国家出资，在县道龙坍线龙南河中建成一座100米长、6米多宽的水泥大桥，方便山湖村民生活出行和生产活动。村落由于地处龙南河边，地势较低，每逢特大洪水都遭洪涝灾难，水浸村庄，冲毁庄稼，给农业造成重大损失。2014年，政府出资整治龙南河元山段，筑坝、清理河床，使防洪能力提高到50年一遇。2005年，在村旁建220千伏滘江变电站。

◎ 元山大桥（摄于 2016 年）

◎ 220 千伏滘江变电站（摄于 2016 年）

该村的蓝纯湘（1948—），在任县人口普查办副主任期间，由于工作成绩突出，1991 年被全国人口普查办评为第四次人口普查国家级先进个人，1996 年被全国人口抽查办评为第四次人口普查国家级先进个人。蓝榕概（1968—），现任佛冈县人民法院汤塘法庭庭长，2012 年被授予“广东省先进工作者”和“全国优秀法官”称号，2014 年获广东省人民政府授予的“人民满意的公务员”称号，2015 年获中共中央、国务院授予的“全国先进工作者”称号。

（资料填报：刘小明，初稿撰写：刘小明，总纂：李协湖）

正冚尾村

◎ 正冚尾村村貌（摄于2016年）

正冚尾村，位于石角镇西部偏南，距镇政府6千米。原村始建于清中期，因村位于山谷深处，取名正冚尾村。村民因生活及出行不便，1984年后搬迁至现址（车仔围）。

该村坐落于丘陵地带，村庄坐西南向东北。村东与庙下村相邻，南为独山，西面是农田，北为元山村。山湖水自西向东经村前流过，县道龙坰线（龙溪—蜈蚣坰）在村北300米处经过。

清嘉庆十八年（1813年），属佛冈厅吉河乡小坑堡。民国时期，属佛冈县一区龙冈乡。中华人民共和国成立初期，属佛冈县一区龙冈乡。1958年，属从化县佛冈人民公社山湖大队。1961年，属佛冈县龙南人民公社山湖大队。1983年，属龙南区山湖乡。1987年，属龙南乡山湖行政村。1989年，属龙南乡山湖管理区。1994年，属龙南镇山湖管理区。1998年，属龙南镇山湖行政村。2004年至今，属石角镇山湖行政村。

世居村民为谢姓。谢姓于宋代迁入广东，清中期再由英德白石乡（今佛冈县迳头烟岭）迁至正冚尾村原村址。正冚尾原村坐落在深山谷地，离乡道3千米，交通不便，农产品需用人力挑至乡道，才能用交通工具运载，对村民生活、生产带来严重的影响，且居住环境较差。部分村民于20世纪50年代初期搬迁至新龙村、先生河村居住，部分迁至县城居住，剩下部分村民于1984年搬迁至现正冚尾村（车仔围）居住。

2015年末，户籍人口35人，其中男性19人，女性16人。60岁以上8人，其中80岁以上1人(女)，16岁以下3人。实际在村居住和生活主要依靠农业收入30人，常年在城镇生活和务工5人。村民为汉族，广府民系，使用粤方言。

村有山地面积13.93公顷，耕地面积2.34公顷。村域林业、野生中药资源丰富。村民经营木材、木柴、木炭、冬菇等林产品，种植农作物主要有水稻、木薯、花生、番薯等。改革开放后，村民主要收入来源为农业、林果、外出务工。20世纪90年代后期，村民逐步扩种沙糖桔，2011年全村种植沙糖桔面积2公顷，总产值12万元。2013年起，沙糖桔产业消退，村民改种中药材、养殖家畜和家禽。传统节庆食品有白切鸡、扣肉、发糕、油角。其中，油角为

◎ 村民种植的砂仁药材（摄于 2016 年）

◎ 村民正在观看电视节目（摄于 2009 年）

◎ 村民的竹叶雨具（摄于 1988 年）

春节盛行食品和礼品，制作方法：用面粉加清水搓匀，分成小团，用圆木棒碾成薄面块，再用圆形印模印成小圆形面块，然后在面块上放以碎花生、芝麻、白糖等馅，捏花边包好，用油炸熟。油角香脆可口。

1980 年通电，2009 年通网络、有线电视，2010 年实现村道水泥硬底化。

民居有砖瓦平房 20 间，20 世纪 80 年代建造。

传统的节庆文化，内容繁多，异彩纷呈，民众喜爱，积极热情，通过节庆文化的展现，体现人与人、人与自然社会的和谐。传统节日为春节、清明节、四月八、端午节、七夕、七月十四、中秋节、十月朝、冬至等。其中，冬至是农历的 24 个节令之一，俗称“过冬”。这个节日意味着一年农事已做完，全家应欢聚吃一顿丰盛晚餐表示庆贺。传统婚嫁礼仪，开始交往时女方家要到男方家探亲，结婚前要担定婚茶、报日子、送聘金、定嫁妆，行结婚礼时，要摆酒请客，迎亲和送亲。传统丧事习俗以土葬为主，1990 年以后逐步实行火葬。其程序为举丧、入殓、出殡、送葬和做法事，将亡灵牌送入祠堂。办丧事只能煮白饭、花菜、黄豆煮猪肉等简单饭菜，用餐时不坐高台高凳，拆下事主家的门板放于门前的巷地上当饭桌。尸体埋葬后，在回来的路上，事主家要派人在路边向送葬人派发花生、糖果，以示吉利。第二天，丧事主家的晚辈要到母亲长辈亲友家中回访。

礼仪饮食习俗。村民多用四方桌，俗称“八仙桌”。坐桌的规矩是以房屋座身左边为大边，右边为小边。第一排大边为首席，两旁又各依左右为序，坐桌入席时，按辈分长幼一一入席，座席位置，多有讲究，如果安排不妥，会引起长者不快。逢年过节，谁家先做好糍粑、饼果，都要送些亲朋好友品尝，请邻居共享，邻里关系十分融洽。

（资料填报：刘小明，初稿撰写：刘小明，总纂：李协湖）

○石铺行政村

石脚下村

◎ 石脚下村村貌（摄于 2016 年）

石脚下村，位于石角镇西北部，距镇政府 15 千米。始建于清初，由分村移民聚居而形成。据《郑氏族谱》记载，郑周依迁到此地，在麒麟山猪嵋脑山脚下建村，因位于石山脚下而得名。

该村坐落于大石山脚下，村庄坐北向南。村东为石联大同小学，南为石铺小溪，西为学田村，北为猪嵋脑山。山溪自西向东经村前流入龙南河。县道 X828 线（省道 S252 线—石联）从村东面 2 千米穿过。

村落形成时，属清远县吉河乡龙潭堡。清嘉庆十八年（1813）年，属佛冈厅吉河乡龙潭堡。民国时期，属佛冈县一区龙潭乡。中华人民共和国成立初期，属佛冈县一区龙潭乡。1958 年，属从化县佛冈人民公社石联大队。1961 年，属佛冈县龙南人民公社石联大队。1983 年，属龙南区石联乡。1987 年，属龙南乡石联行政村。1989 年，属龙南乡石联管理区。1994 年，属龙南镇石联管理区。1998 年，属龙南镇石联行政村。2004 年，属石角镇石联行政村。2005 年至今，属石角镇石铺行政村。

世居村民姓氏为郑姓、华姓、邱姓、王姓、黄姓、戈姓、李姓。郑姓，据《郑氏族谱》记载，清初从英德县大陂都大陂乡迁至该村。华姓，清中期从英德县横石迁到该地。邱姓，清中期从英德县虎山乡（今佛冈高岗）迁至该村。王姓，清中期从佛冈县迳头（今佛冈县迳头大陂）迁至该地。黄姓，清中期由英德县独石乡（今佛冈高岗）迁入该村。戈姓，民国初期由佛冈县龙南乡里水大田村迁入该地。李姓，清末民国初由佛冈县高岗乡罗石村迁入该地。

2015 年末，户籍人口 819 人，其中男性 409 人，女性 410 人。60 岁以上 78 人，其中 80 岁以上 23 人，最年长者 90 岁（女）。16 岁以下 45 人，其中留守儿童 4 人。实际在村居住和生活主要依靠农业收入 675 人，常年在城镇生活和务工 144 人。村民均为汉族，客家民系，使用客家方言。

该村有山地面积 100 公顷，耕地面积 90 公顷。村域林业资源有松树、柯树、杉树、枫树、樟树及

◎ 石脚下村丰产林（摄于 2016 年）

其他杂树，野生动物有野猪、黄猄、芒鼠、蛇类、禽类等。传统经济以农业为主，兼有林副产品经营。主要作物有水稻、番薯、木薯、花生、大豆等。现多种植水稻、番薯、花生。1980 年以后，大部分青壮年外出打工。村民主要收入来源为农业、林副产品经营和外出务工。1995 年后，村民逐步扩种沙糖桔，2011 年全村种植沙糖桔面积 26.67 公顷，总产值 160 多万元。2013 年起，沙糖桔产业消退，村民改种其他果树。传统节庆食品有白切鸡、芋头焖鸭、焖鹅、手捏糍。其中，捏糍是客家传统糕点，村民利用当地种植的糯米经过浸透舂成粉，然后加入过滤的草木灰水搓成粉团，将粉团做皮，馅是肉粒、韭菜、笋干、冬菇或萝卜、青菜，将粉皮包上馅料捏起花边，最后用瓦托盘蒸熟。其口感爽滑、清醇，色、香、味俱全。

◎ 石脚下村旁的石联大同学校（摄于 2016 年）

1980 年通电，1997 年通电话，2009 年通自来水、网络，实现村道水泥路面硬底化。村中建有垃圾收集站。在村旁有祖籍该村的香港同胞捐建的石联大同学校（完全小学），该校原为龙南石联小学。1999 年 9 月，祖籍该村的香港同胞周月龄兄妹捐资 60 万元建教学楼。2005 年，由周全浩捐资 80 万元新建教学楼。2006 年 3 月，将石联小学改名为石联大同学校。2014 年 4 月，周月龄兄妹捐资 50 万元，完善该校电教、文体设施，并设立师生奖教奖学基金。2015 年，学校开设 6 个教学班，在校学生 125 人，教职工 8 人。幼儿园有 1 个，在园幼儿 18 人。

传统民居现存 207 座，建于清代、民国及中华人民共和国成立初期。建筑年代距今 100 年以上的有 120 座。传统民居为两廊四房一厅一天井布局（俗称正座）均为砖木平房，也有部分单间砖瓦房。村中民居建筑基本保存完整。村内有座碉楼，由郑氏先人建成于清末民国初，碉楼高五层，面阔 7.8 米、进深 7.8 米，面积 80 平方米，每层有射击孔，灰沙舂墙，土木结构。2012 年，被列入佛冈县不可移动文物名录。主要宗祠有郑氏宗祠，始建于清代，占地面积 300 多平方米，1999 年屡有修缮。正厅墙体采用火砖建筑。

◎ 石脚下村碉楼（摄于 2016 年）

村东半山腰建有回龙庙，是村民烧香拜神场所，1958 年被毁，于 1999 年重建，每逢过节、过年村民都去庙里拜祭，祈求福佑。

过节庆祝是村民生活习俗的一种，通过节庆活动，可以加强与亲友的联谊，愉悦身心。节日在每年四季都有，也还有大小节之分。传统节日为春节、清明节、四月八、端午节、七夕、七月十四、中秋节、冬至等。清明节是悼念祖先的节日，家家户户门楣插柳枝和桃叶以驱邪，采艾做糍，名为“艾糍”，并进行扫墓活动。扫墓一般从清明前的春分起到农历四月初八，扫墓期间在外地谋生的人都尽可能赶回来祭扫祖墓。传统婚嫁礼仪，男女相识交往后，女方亲友到男方探家，结婚前要担定婚茶、送日子、送聘礼、定嫁妆，然后摆酒请客，接亲和送亲等。传统丧事习俗以土葬为主，1990年后逐步实行火葬。其程序为举丧、入殓、出宾、送葬、做法事将灵牌送祠堂。丧事办完后，第二天丧主家人要到坟地“复坟”。复坟时要清理好坟墓的杂草污泥，并用竹篮装载供品供奉，然后烧香、纸钱、纸衣，还鸣放鞭炮。

该村有习武（龙南武术）传统。龙南武术源于石联地区，由郑开太在清中期首创，以生产或生活用具如扁担、木棍、锄头耙、木长板凳等为武器，根据自己的掌、拳、腿自创武术套路，并教授村民，

◎ 村民表演龙南武术（摄于2010年）

在重大节日或重要活动中进行演练。2012年，龙南武术被列入清远市非物质文化遗产。

1938年10月，日本侵略军攻占广州后，国民革命军第十二集团军六十二军（军长张达）由广州退驻石脚下村，六十二军辖一五二、一五七两个师。1940年1月，六十二军调防休整，由六十五军（军长黄国梁）接防，下辖一六〇、一八七两个师，军部仍设在石脚下村。

该村有个不领官饷（俗称不吃皇粮）人物的传说。华英观，清末民国初人，粗通医术和古学，无功名，一生躬耕，为人刚直不阿，扬善惩恶，乐于助人，兼之能言善辩，甚得乡邻乃至官衙信赖。佛冈厅署也常邀请他议事、解难。因他办事有方，被公推为民间长老。其事迹在2016年5月出版的中共广东省委宣传部讲师团编《郡县治天下安》（岭南古代先贤故事选）一书中记载。

该村历史渊源深厚，涌现许多人才。郑镜初（1890—？），北京大学毕业，创办佛冈县第一初级中学，并任教师。郑道庄（1902—1951），原名郑肃初，毕业于国立中山大学法科，曾先后任佛冈县、恩平县立中学训育主任、教务主任兼教员、佛冈县政府秘书及区长、国民党佛冈县党部秘书及书记长、佛冈县立初级中学校长等职。郑大柱（1925—1949），革命烈士，北江第一支队战士，1949年在佛冈县战斗中牺牲。华成通（1952—），曾任佛冈县烟岭镇党委书记、佛冈县老干部局局长。

（资料填报：郑大堤、邓洁玲，初稿撰写：郑大堤、邓洁玲，总纂：李协湖）

大坪村

◎ 大坪村村貌（摄于 2016 年）

大坪村，位于石角镇西北部，距镇政府 15.5 千米。始建于清末，由英德等地居民迁入形成。村坐落于南北丘陵带之中的山间谷地，因谷地面积大而且平坦而定名为大坪村。村东为一片田畴，南为石铺河，西与石龙头村相邻，北为山地。村域内有北山（又称偷牛引山），南山（又称将军脑山），在两山之间有一条河自西向东流形成龙南河。县道 X828 线、省道 S252 线在村旁经过。

村落形成时，属佛冈厅吉河乡龙潭堡。民国时期，属佛冈县一区龙潭乡。中华人民共和国成立初期，属佛冈县一区龙潭乡。1958 年，属从化县佛冈人民公社石联大队。1961 年，属佛冈县龙南人民公社石联大队。1983 年，属龙南区石联乡。1987 年，属龙南乡石联行政村。1989 年，属龙南乡石联管理区。1994 年，属龙南镇石联管理区。1998 年，属龙南镇石联行政村。2004 年，属石角镇石联行政村。2005 年至今，属石角镇石铺行政村。

世居民为邓姓、邱姓。邓姓，一部分北宋后期从河南迁移至广东南雄、广州府，清末从英德潭头迁至该村，另一部分清末从邻村迁至该村。邱姓，宋中期从福建迁移至广东韶关、新丰、清远浛江（今佛冈县龙山），清末从清远浛江乡（今佛冈县龙山）迁至该村。

2015 年末，户籍人口 265 人，其中男性 134 人，女性 131 人。60 岁以上 25 人，其中 80 岁以上 4 人，最年长者 87 岁（女）。16 岁以下 21 人。实际在村居住和生活主要依靠农业收入 230 人，常年在城镇生活和务工 35 人。村民均为汉族，客家民系，使用客家方言。

◎ 大坪村生态公益林（摄于 2015 年）

◎ 大坪村龙眼树果园（摄于 2016 年）

村有山地面积 200 公顷，耕地面积 36.67 公顷。村域林业资源有松树、柯树、枫树、杉树及其他杂树，野生动物有石蛤、芒鼠、蛇类等。传统经济以农业为主，兼有林副产品经营。主要作物有水稻、番薯、木薯、花生、大豆等。现多种植水稻、番薯、花生、蔬菜。1980 年以后，大部分青壮年外出打工。村民主要收入来源为农业、林副产品经营和外出务工。20 世纪 90 年代后期，村民逐步扩种沙糖桔，2011 年种沙糖桔面积 10 公顷，总产值达 60 多万元。近年，沙糖桔产业消退，村民改种其他果树。传统节庆食品有白切鸡、烧鸭、粽子、脸肉。其中，脸肉为客家人春节主道菜。客家人的所谓“脸肉味”，就是“味道十分好”的意思。脸肉制法简易，先将买回的五花腩猪肉每块切成 100—150 克，然后配以五香粉、蒜苗、蚝油、陈皮、烧酒、豆豉、南乳、白糖、味精等，将佐料与猪肉拌匀，装瓦钵放在锅里蒸熟，不可一次蒸脸，要分多次蒸制。蒸熟的脸肉放在通风干爽的保存，食用时再蒸一次即成。蒸制时加以笋干、冬菇等配料，其味道更加香醇可口。

1980 年通电，2003 年村道实现水泥硬底化，2008 年通自来水。村中建有垃圾收集站。

传统民居为客家围屋。客家围屋是长方形的居室，正中是堂屋，两侧是住房（单间砖瓦房），现存传统民居 91 座。1980 年以后，新建房屋以钢筋混凝土结构楼房为主，楼房布局多为三房一厅一厨一卫结构，也有部分单间砖瓦房。村中民居建筑基本保存完整。

过节是村民的一项重要生活内容，一年之中

◎ 大坪村传统民居（摄于 2016 年）

◎ 石联清洞（摄于 2001 年）

大大小小的节日有许多个。主要传统节日有春节、清明节、四月八、端午节、七夕、七月十四、中秋节、十月朝、冬至等。其中，农历十月初一称“十月朝”或“牛生日”，过去牛是农村耕作的畜力，各地均有做“牛生日”的习俗。“牛生日”时，由农家做糯米糍粑贴在牛角、牛额、牛背脊、牛腰、牛尾部位，牧童从牛身上将糯米糍粑剥下用火烤熟来吃。传说吃了“牛生日”贴在牛身上的糍粑，能像牛一样力气大。传统婚嫁习俗，结婚前要担定婚茶，报日子、送聘金、定嫁妆。结婚时，要摆酒请客。男、女两家都要摆，女方家摆酒用的肉米酒菜由男方家筹备，新郎新娘向亲友敬酒奉茶，亲友也要回赠红包。传统丧事习俗以土葬为主，1990 年以后逐步实行火葬。其过程为举丧、入殓、送葬、做法事，将灵牌送入祠堂，死者外家前来吊唁，事主家必须到门前跪接，前来吊丧只送炮烛纸钱给死者。办丧事用简单饭菜招待。丧事办完后，第二天丧主家人要到坟地复坟。复坟时要清理好坟墓的杂草污泥，并用竹篮装载供品供奉，然后烧香、纸钱、纸衣，还鸣放鞭炮。

20 世纪 60 年代中期，村民参加龙南人民公社组织的县社造林大会战，在该村山上大量种植杉树，形成生态公益林 33.33 公顷。

（资料填报：郑大堤、邓洁玲，初稿撰写：郑大堤、邓洁玲，总纂：李协湖）

高陂岭村

◎ 高陂岭村村貌（摄于 2016 年）

高陂岭村，位于石角镇西面偏北，距镇政府 14 千米。始建于清咸丰年间，由英德白石乡（今佛冈迳头烟岭）前所上汶岭迁入聚居而形成。因该村地势较高，地方窄小形似陂头，故取名高陂岭村。

该村坐落于丘陵地带，坐西向东，村东为马路口村，南与龙背村相邻，西为铺头大围，北为田野绿世界旅游风景区。村后有虎头山，北为马面冚山。溪水自西向东环流该村 500 米，流入龙南河。省道 S252 线距该村 1 千米，并有乡道接通。

村落形成时，属清远县吉河乡龙潭堡。清嘉庆十八年（1813 年），属佛冈厅吉河乡龙潭堡。民国时期，属佛冈县一区龙潭乡。中华人民共和国成立初期，属佛冈县一区龙潭乡。1958 年，属从化县佛冈人民公社铺岭大队。1961 年，属佛冈县龙南人民公社铺岭大队。1983 年，属龙南区铺岭乡。1987 年，属龙南乡铺岭行政村。1989 年，属龙南乡铺岭管理区。1994 年，属龙南镇铺岭管理区。1998 年，属龙南镇铺岭行政村。2004 年，属石角镇铺岭行政村。2005 年至今，属石角镇石铺行政村。

世居村民为李姓。宋代从福建迁徙丰定居，清初从新丰南迁到英德白石乡（今佛冈迳头烟岭）前所上汶岭居住，清咸丰年间南迁至该村。

2015 年末，户籍人口 160 人，其中男性 93 人，女性 67 人。60 岁以上 9 人，其中 80 岁以上 4 人，最年长者 87 岁（女）。16 岁以下 25 人。实际在村居住和生活主要依靠农业收入 145 人，常年在城镇生活和务工 15 人。村民均为汉族，客家民系，使用客家方言。

村有山地面积 13.33 公顷，耕地面积 12 公顷。

◎ 高陂岭村林产品加工场（摄于 2016 年）

◎ 高陂岭村稻田收割（摄于 2016 年）

◎ 李氏祠堂（摄于 2016 年）

村中林业及野生中草药资源丰富。传统经济以农业为主，兼有林副产品经营。主要作物有水稻、番薯、木薯、花生、大豆等。现多种植水稻、番茄、花生。1980 年以后，部分青壮年外出打工。20 世纪 90 年代后期，村民逐步扩种沙糖桔，2011 年全村种植沙糖桔面积 6.67 公顷，总产值 40 多万元。2013 年起，沙糖桔产业消退，村民改种其他果树。传统节庆食品有糯米糍、粘米角、葱油鸡、烧鸭、焖鹅、粽子等。村民主要收入来源为农业生产、林副产品经营和外出务工。2004 年，该村民李启普投资办板厂，占地面积约 3000 平方米。主要经营夹板材料（半成品），板厂规模中等，年产值达 100 万元。吸收当地村民约 130 人，带动村民就业和当地经济的发展。同时，他对当地公益事业给予大力支持，投资扩宽省道 S252 线至铺岭村的乡村水泥道路，投资建设自来水工程、村道路改建工程及村文化室建设。

1980 年通电，2000 年通电话，2004 实现村道水泥硬底化，2011 年通自来水，2013 年通网络。村中建有垃圾收集站。水塘南面建有文化室，为钢筋混凝土结构，高 2 层，占地面积 120 平方米。

现存传统民居 28 座，建于清代、民国及中华人民共和国成立初期。建于 1980 年以前的正座 8 座，结构为两廊四房一厅一天井布局。1980 年后建成的钢筋混凝土结构楼房有 20 座，楼房布局多三房一厅一卫，一般为二层半，建筑占地面积 120 平方米。该村现存祠堂 1 座，为李氏宗祠，始建于清后期，占地面积 100 平方米。

传统节日形式多样，内容丰富，是中华民族悠久历史文化的一个组成部分。传统节日有春节、元宵节、清明节、四月八、端午节、七夕、七月十四、中秋节、十月朝、冬至等。其中，农历八月十五为中秋节，或团圆节。每逢中秋之夜，男女老少一起赏月，品尝月饼、柚子及石螺等食品，放孔明灯，热闹非常，在外地工作的村民都尽量回家与家人团聚，共度佳节。传统婚嫁礼仪，开始交往时女方到男方探家，结婚前要担定婚茶、送日子、送聘礼、定嫁妆，摆酒请客，接亲和送亲等礼俗还存在。传统婚嫁礼仪中，最隆重的是男方家迎娶。在办婚事当天，男方家会在村门楼和住宅门口贴上喜庆的对联，并准备好迎亲的喜席。传统丧事习俗以土葬为主，1990 年后逐步实行火葬。其程序为举丧、入殓、出宾、送葬、做法事将灵牌送祠堂。办丧事只能做白饭、花菜、黄豆、猪肉等简单饭菜，用门板放门口当饭桌以表哀痛。

20 世纪 60 年代中期，参与建设铺岭山塘。1978 年，在村旁三担塘开荒造田 6.67 公顷。1980 年，在田螺坝围河造田 4 公顷。

该村的李宗文（1933—），曾任佛冈县企业局局长、佛冈县政协副主席。

（资料填报：刘贤沛，初稿撰写：刘贤沛，总纂：李协湖）

格岭村

◎ 格岭村村貌（摄于 2016 年）

格岭村，位于石角镇西面偏北，距镇政府 16 千米。始建于清顺治年间，由英德移民聚居而形成。因地势较高，与南面铺头大围有一山之隔，故取名隔岭村，后以谐音称格岭村。

该村坐落于将军脑山下，村庄坐西向东，村东为铺头大围，南为田野绿世界旅游风景区，西为将军脑山，北为石铺河。村东有龙南河自北向南流经该村 1000 米。距省道 S252 线 2 千米，有乡道经铺头大围连接省道 S252 线。

村落形成时，属清远县吉河乡龙潭堡。清嘉庆十八年（1813 年），属佛冈厅吉河乡龙潭堡。民国时期，属佛冈县一区龙潭乡。中华人民共和国成立初期，属佛冈县一区龙潭乡。1958 年，属从化县佛冈人民公社铺岭大队。1961 年，属佛冈县龙南人民公社铺岭大队。1983 年，属龙南区铺岭乡。1987 年，属龙南乡铺岭行政村。1989 年，属龙南乡铺岭管理区。1994 年，属龙南镇铺岭管理区。1998 年，属龙南镇铺岭行政村。2004 年，属石角镇铺岭行政村。2005 年至今，属石角镇石铺行政村。

世居村民原有刘姓、丘姓、李姓、蓝姓、曾姓、黎姓，后蓝姓、曾姓、黎姓村民外迁，现有刘姓、丘姓、李姓。李姓，清顺治年间从英德白石乡（今佛冈迳头烟岭）迁至该村。刘姓，清嘉庆年间从英德高台（今佛冈高岗）迁至该村。丘姓，清末民国初由英德迁至该村。

2015 年末，户籍人口 260 人，其中男性 140 人，女性 120 人。60 岁以上 60 人，其中 80 岁以上 6 人，最年长者 96 岁（女）。16 岁以下 40 人，其中留守儿童 8 人。实际在村居住 205 人，生活主要依靠农业收入 205 人，常年在城镇生活和务工 55 人。民国期间，部分村民到东南亚谋生。据统计，祖籍该村在国外发展的人口约 180 人，主要分布在新加坡、马来西亚、泰国。村民均为汉族，客家民系，使用客家方言。

村有山地面积 20 公顷，耕地面积 21.33 公顷。村有丰富林业和中草药资源。传统经济以农业为主，兼有林副产品经营。主要作物有水稻、番薯、木薯、花生、大豆等。1980 年以后，大部分青壮年外出打工。村民主要收入来源为农业和外出务工。1990 年后，村民逐步扩种沙糖桔，2011 年全村种植沙糖桔面积 12 公顷，总产值 70 万元。2013 年起，沙糖桔产业

◎ 格岭村粉蕉园（摄于 2016 年）

◎ 格岭村旁石联风景（摄于 2003 年）

消退，村民改种其他果树。传统节庆食品有白切鸡、烧鸭、芋头焖鹅、粽子、舂糍。其中，舂糍为客家传统糕点。村民利用当地种植的糯米经过浸透舂成粉，然后加入过滤的草木灰水搓成粉团，将粉团做皮，馅是半熟的肉粒、韭菜、笋干、冬菇或萝卜、青菜，粉皮比饺子皮大，包上馅料，捏起花边，最后用瓦托盘蒸熟。其口感爽滑、清醇，色、香、味俱全。

◎ 格岭村门楼（摄于 2016 年）

1980 年通电，2000 年通电话，2011 年通自来水，2013 年通网络，2004 年村道实现水泥硬底化。村中建有垃圾收集站。

传统民居为客家围屋。客家围屋由围水屋、门楼、宗祠组成。村落呈“回”字形四点金布局，门楼居中，坐北向南，门楼土木结构、三合土墙、硬山顶、盖灰瓦，屋内以方砖铺地。围屋内巷有 8 条纵巷、7 条横巷道纵横成线互通，巷道用鹅卵石铺砌，排水设施完备。现存传统民居，建于 1980 年以前的砖瓦平房 18 座，两廊四房一厅一天井布局。1980 年后建成的钢筋混凝土楼房有 36 座，楼房布局多三房一厅一卫，一般为二层半，建筑占地面积 100 平方米。村有宗祠 2 座，分别为丘氏宗祠、刘氏宗祠，均始建于清初，占地面积均为 120 平方米。

传统节庆活动是民族民间传统文化的组成部分，展示人与人、人与自然之间的和谐文化，对构建和

◎ 丘氏宗祠（摄于 2016 年）

谐社会有重要作用。传统节日为春节、清明节、四月八、端午节、七夕、七月十四、中秋节、十月朝、冬至等。清明节是悼念祖先的节日，家家户户门楣插柳枝和桃叶以驱邪，采艾做糍，名为“艾糍”，并进行扫墓活动。扫墓一般从清明前的春分起到农历四月初八，扫墓期间在外地谋生及外地工作的亲人都尽可能赶回来祭扫祖墓。农历八月十五为中秋节，或团圆节。每逢中秋之夜，男女老少一起品尝月饼、柚子及石螺等食品赏月，热闹非常。传统婚嫁礼仪，开始交往时女方到男方探家，结婚前要担定婚茶、送日子、送聘礼、定嫁妆，摆酒请客，接亲和送亲等。在欢送女儿出嫁的家庭，也同样喜庆热闹，新娘由一群女伴护送到男方家。传统丧事习俗以土葬为主，20 世纪 90 年代后逐步实行火葬。其程序为举丧、入殓、出宾、送葬、做法事将灵牌送祠堂。办丧事

◎ 担杆拦水陂（摄于 1993 年）

◎ 耕地旁的灌溉水渠（摄于 2016 年）

只能做白饭、花菜、黄豆、猪肉等简单的饭菜招待。

1964 年 5 月，一场特大暴雨引发洪灾，龙南河北一段河堤被冲毁，村东面农田汪洋一片，造成粮食失收，村民粮食奇缺，国家及时给予救济。1975 年，由政府投资，村民以工代资在该村旁石联河段兴建担干陂水利设施，受益农田 100 公顷。村民有良好的文明习惯，屋舍整洁，规划有序，村中出资实现村中横直巷水泥硬底化，各户通自来水。

该村的刘添（1928—2001），1950 年参加中国人民志愿军赴朝参战，曾任班长，负过伤，荣获个人二等功，所在班集体三等功。转业后一直在家乡务农。丘沐绍（1946—），工程师，曾任南海机械厂厂长。

（资料填报：刘贤沛，初稿撰写：刘贤沛，总纂：李协湖）

连塘村

◎ 连塘村村貌（摄于2016年）

连塘村，位于石角镇西部偏北，距镇政府15千米。始建于清初期，由佛山南海移迁而形成。因村旁原有一口莲藕塘而得名。村坐落于丘陵地带。村庄坐东向西，三面环山，村东紧靠背底岭山，南为龙南河（上游）经过村旁，西为石联山涧小溪，北为县道石龙线经村旁。

村落形成时，属清远县吉河乡龙潭堡。清嘉庆十八年（1813年），年属佛冈厅吉河乡龙潭堡。民国时期，属佛冈县一区龙潭乡。中华人民共和国成立初期，属佛冈县一区龙潭乡。1958年，属从化县佛冈人民公社石联大队。1961年，属佛冈县龙南公社石联大队。1983年，属龙南区石联乡。1987年，属龙南乡石联行政村。1989年，属龙南乡石联管理区。1994年，属龙南镇石联管理区。1998年，属龙南镇石联行政村。2004年，属石角镇石联行政村。2005年至今，属石角镇石铺行政村。

世居村民为郑氏。据《郑氏族谱》记载，清初期郑氏周依公从佛山南海迁至该村，其后裔在连塘村繁衍生息，分支外迁。

2015年末，户籍人口230人，其中男性130人，女性100人。60岁以上28人，其中80岁以上4人，最年长者89岁（女）。16岁以下65人，其中留守儿童10人。实际在村居住和生活主要依靠农业收入210人，常年在城镇生活和务工20人。村民均为汉族，客家民系，使用客家方言。

村有山地面积18.67公顷，耕地面积17.33公顷。林业资源有松树、杉树及阔叶杂树等，野生动物有石硆、芒鼠、果子狸等。传统经济以农业为主，兼有林副产品经营。主要作物有水稻、番薯、木薯、花生、

◎ 连塘村村民饲养的鹅（摄于2016年）

大豆等。1980年以后，部分青壮年外出打工。村民主要收入来源为农业和外出务工。1990年后，村民逐步扩种沙糖桔。2011年，种植沙糖桔面积达8公顷，总产值50多万元。2013年起，沙糖桔产业衰退，村民改种其他果树。有5户村民办起猪场，饲养温氏猪，年产肉猪500多头，年产值120万元。传统节庆食品有白切鸡、蒸脍肉、酿豆腐、舂糍。其中，舂糍的制作方法：用糯米经水浸泡数小时，洗净滤干后放入饭笼蒸熟或用锅煮熟，然后倒入石臼里，把糯米饭舂打成黏稠泥状，用舂打好的糍粑搓成丸子，和肉丝（或肉片）、笋干、冬菇、菜心等一起拌炒，吃起来甘和可口。

1980年通电，1997年通电话，2006年通自来水，2009年通网络，2010年实现村道水泥路面硬底化。村中建有垃圾收集站。县道X828线（省道S252线—石联）通过该村。

传统民居为客家围屋。正座大厅设在中间，两边为侧房，有的二门归厅，有的四门归厅。有的是围水，前面设院墙，厨房设在侧房或在院中另建，柴房、猪舍、牛栏、厕所建在屋外。现存传统民居正座35座，建筑年代距今200年以上的有15座。1980年以后建的房屋多为钢筋混凝土结构楼房，布局为三房一厅一厨一卫结构，也有部分单间砖瓦房。

村内有郑氏宗祠，始建于清中期，占地面积50平方米，2010年重修。村民逢节庆及办喜事，带上供品前来烧香拜祭。

传统节日为春节、清明节、四月八、端午节、七夕、七月十四、中秋节、十月朝、冬至等。其中，农历八月十五为中秋节，每逢中秋之夜，男女老少一起品尝月饼、柚子及石螺等食品赏月。

传统婚嫁习俗，结婚时要担定婚茶、报日子、送聘金、定嫁妆。结婚时，要摆酒请客，男、女两家都要摆，女方家摆酒用的肉米酒菜也是男方家出的。摆酒时，新郎新娘向亲友敬酒，宾客也要回赠红包。传统丧葬习俗以土葬为主，1990年以后逐步实行火葬。其过程为举丧、入殓、送葬、做法事，

◎ 连塘村新民居（摄于2016年8月）

将灵牌送入祠堂。举丧时，要登门报丧。死者外家前来吊唁时，事主家必须到门前跪接。办丧事用简单饭菜招待。完丧次日，亲友要回访事主家。

该村及相邻村有习武（龙南武术）传统，龙南武术源于石联地区附近村，由郑开太在清中期首创，从生产或生活用具如扁担、木棍、锄头耙、木长板凳等为武器，根据自己的掌、拳、腿自创武术套路，并教授村民，在重大节日或重要活动中进行演练。2012年，龙南武术被列入清远市非物质文化遗产。

2015年，该村被广东省爱国卫生运动委员会评为"广东省卫生村"。

◎ 村民练习龙南武术（摄于2014年）

（资料填报：郑大堤、邓洁玲，初稿撰写：郑大堤、邓洁玲，总纂：李协湖）

铺头大围

◎ 铺头大围村貌（摄于 2016 年）

铺头大围，位于石角镇西北部，距镇政府 15 千米。始建于清初，分为上铺头、下铺头 2 个居住点。因地势较开阔，人口较集中，生意店铺较多，故取名铺头大围。

村坐落于将军脑山下，坐北朝南。村东为开阔大片农田，南为高陂岭村，西为将军脑山，北与格岭村仅一小溪之隔。省道 S252 线距该村 1.5 千米，有乡道相通。

村落形成时，属清远县吉河乡龙潭堡。清嘉庆十八年（1813 年），属佛冈厅吉河乡龙潭堡。民国时期，属佛冈县一区龙潭乡。中华人民共和国成立初期，属佛冈县一区龙潭乡。1958 年，属从化县佛冈人民公社铺岭大队。1961 年，属佛冈县龙南人民公社铺岭大队。1983 年，属龙南区铺岭乡。1987 年，属龙南乡铺岭行政村。1989 年，属龙南乡铺岭管理区。1994 年，属龙南镇铺岭管理区。1998 年，属龙南镇铺岭行政村。2005 年至今，属石角镇石铺行政村。

世居村民为黄姓、陈姓、曾姓、蔡姓、张姓、袁姓。黄姓，清初从清远吉河乡黄田堡（今佛冈水头）迁至该村。陈姓，清初从新丰遥田迁至该村。曾氏，清初从新丰迁至该村。袁姓，清中期从英德下砝迁至该村。蔡姓，清初从翁源周陂迁至该村。张姓，清中期由英德迳头迁至该村。袁姓，清末由附近村迁入该村。

2015 年末，户籍人口 880 人，其中男性 460 人，女性 420 人。60 岁以上 159 人，其中 80 岁以上 22 人，最年长者 94 岁（女）。16 岁以下 179 人，其中留守儿童 15 人。实际在村居住和生活主要依靠农业收入 830 人，常年在城镇生活和务工 50 人。村民均为汉族，客家民系，使用客家方言。

◎ 铺头大围生态公益林（摄于 2016 年）

◎ 铺头大围甘蔗种植园（摄于2016年）

村有山地面积80公顷，耕地面积73.33公顷。林业资源有松树、杉树、柯树、枫树及阔叶类杂树。传统经济以农业为主，兼有林副产品经营。主要作物有水稻、番薯、木薯、花生、大豆等。现多种植水稻、番薯、花生。1980年以后，大部分青壮年外出打工。村民主要收入来源为农业生产、林副产品经营和外出务工。20世纪90年代后期，村民逐步扩种沙糖桔，2011年全村种植沙糖桔面积20多公顷，总产值120多万元。2013年起，沙糖桔产业消退，村民改种其他果树。传统食品有糯米糍、粘米角、葱油鸡、烧鸭、芋头焖鹅、碱水粽子。其中，碱水粽子，用料为糯米、碱水、生油。先将糯米淘洗干净，沥去水，倒上碱水拌匀，待碱水被米粒吸收后，再倒入生油拌匀。将长芒粽叶洗净焯水浸泡在清水里。先取长芒粽叶两三张，折拢成筒形，放置一头齐一头尖的竹通，放入糯米，轻轻抽出竹通，折好粽叶，包裹成圆柱形粽子，用细小的竹篾或草绳扎牢。然后将米粽放入锅内加入井水旺火煮1小时，再改用文火焖煮约2小时即可。

1972年自建水电站通电，1981年通国家电网，2000年通电话，2004年实现村道水泥硬底化，2011年通自来水，2013年通网络。村中建有垃圾收集站。

清代至民国时期，该村是相邻村的交汇之地，因地势较开阔，人口较集中，多姓氏客商云集定居进行商贸，因而生意店铺较多，村已成为亦农亦商的传统村落。

传统民居为客家围屋。由围水屋、门楼、宗祠组成围屋建筑，坐北向南。围屋内巷道纵横成线互通，巷道用鹅卵石铺砌，排水设施完备。现存传统民居220座，建于清代、民国及中华人民共和国成立初期，两廊四房一厅一天井布局。1980年后建成的钢筋混凝土楼房有125座，楼房布局多三房一厅一卫，一般为二层半，占地面积100平方米。大围有宗祠3座，分别为黄氏宗祠、陈氏宗祠、曾氏宗祠，始建于清代，曾氏宗祠于2010年重修。陈氏宗祠内有楹联："树大桠多铺满地；孙枝果种播全球。"各姓宗祠占地面积均为100平方米。在村旁有座关帝庙，建于清后期，2002年重修，占地面积40平方米，每逢农历初一、十五及节庆日有村民前来拜祭。

◎ 关帝庙（摄于2016年）

传统的节庆文化，内容繁多，异彩纷呈，民众喜爱，积极热情，通过节庆文化的展现，体现出人与人、人与自然社会的和谐。传统节日为春节、清明节、四月八、

◎ 农家石砍（摄于1995年）

端午节、七夕、七月十四、中秋节、十月朝、冬至等。其中，端午节当天各家各户包粽子纪念爱国诗人屈原，农村农户在门楣挂艾叶、菖蒲，点燃蚊香，以避邪逐恶。传统婚嫁礼仪，男女相识交往后，女方亲友到男方探家，结婚前要担定婚茶、送日子、送聘礼、定嫁妆，摆酒请客，接亲和送亲等。男婚女嫁是村中的喜事，村民都乐意帮忙，把婚事办得热闹、圆满。传统丧事习俗以土葬为主，20世纪90年代后逐步实行火葬。其程序为举丧、入殓、出殡、送葬、做法事，将灵牌送入祠堂。办丧事做白饭、花菜、黄豆、猪肉等简单的饭菜，用餐时不坐高台高凳，作门板放门口当饭桌。

1965年，在村旁马面冚上段挖山筑堤建山塘解决6.67公顷地的灌溉。1972年，联合格岭村、高陂岭村民众在铺墩下建成第一座村级水电站，使村民用电进行碾米、照明，告别以木磨磨谷、水碓舂米和火柴（竹杆）、煤油灯照明的历史。

该村的陈东眉（1966—），现任清远市水务局科长。

（资料填报：刘贤沛，初稿撰写：刘贤沛，总纂：李协湖）

石龙头村

◎ 石龙头村村貌（摄于 2016 年）

石龙头村，位于石角镇西部偏北，距镇政府 16 千米。始建于清末，由清远湿江乡（今佛冈龙山）从化围移民聚居形成。因村头有一个大石形似龙头，而定名为石龙头村，现在这块石头位于村庄中间。

该村坐落于丘陵地带之中的山间谷地，坐北向南，村东与大坪村毗邻，南为石铺河，西为广州时代公司开发区。北有史鱼坑山，南有将军脑山，在两山之间有龙南河自西向东流，流经该村河长约 400 多米。佛冈十景之一“龙潭飞瀑”在该村与英德交界的天花兰山上。石龙头村地理环境优越、山清水秀，是一个供休闲、游乐之圣地。

村落形成时，属佛冈厅吉河乡龙潭堡。民国时期，属佛冈县一区龙潭乡。中华人民共和国成立初期，属佛冈县一区龙潭乡。1958 年，属从化县佛冈人民公社石联大队。1961 年，属佛冈县龙南人民公社石联大队。1983 年，属龙南区石联乡。1987 年，属龙南乡石联行政村。1989 年，属龙南乡石联管理区。1994 年，属龙南镇石联管理区。1998 年，属龙南镇石联行政村。2004 年，属石角镇石联行政村。2005 年至今，属石角镇石铺行政村。

世居村民为邱姓，宋初从福建迁入广东韶关、新丰，清末从清远湿江乡（今佛冈龙山）从化围迁至该村。

2015 年末，户籍人口 270 人，其中男性 136 人，女性 134 人。60 岁以上 13 人，其中 80 岁以上 8 人，最年长者 90 岁（女）。16 岁以下 15 人。实际在村居住和生活主要依靠农业收入 225 人，常年在城镇生活和务工 45 人。村民均为汉族，客家民系，使用客家方言。

村有山地面积 21.33 公顷，耕地面积 8.67 公顷。林业资源有杉树、松树、竹树及杂树等，有野生金银花等中草药，野生动物有野猪、黄猄、石蛤、芒鼠等。村附近有一条山间溪河，盛产山坑螺，其品质鲜甜、甘口。传统经济以农业为主，兼有林副产品经营。主要作物有水稻、番薯、木薯、花生、大豆等。现多种植水稻、番薯、花生。1980 年以后，大部分青壮年外出打工。村民主要收入来源为农业、林副产品经营和外出务工。1996 年后，村民逐步扩种沙糖桔，2011 年全村种植沙糖桔面积 10 多公顷，总产值 60 多万元。2013 年起，沙糖桔产业消退，

◎ 时代花园（摄于 2016 年）

村民注重热热闹闹度过节日，在全年的不同节日中，巧手的农妇会利用稻米和蔬菜做出花样繁多的食品，在外地工作和务工的中青年也尽量在过节时回家团聚，农家节日显得温馨欢乐，充满爱意。传统节日为春节、清明节、四月八、端午节、七夕、七月十四、中秋节、十月朝、冬至。其中，七月十四亦称盂兰节或鬼节。相传在元朝以前每年的农历七月十五，民间都举行

村民改种其他果树。传统节庆食品有葱油鸡、粽子、酿豆腐等。其中，豆腐用自产黄豆、当地山泉水制作，其特点为嫩、滑、爽，如果在煲豆腐时配以葱、蒜和鲜鱼，味道更佳。

1985 年通电，2005 年实现村道水泥硬底化，2008 年通自来水。村中建有垃圾收集站。县道 X828 线（省道 S252 线—石联）通往该村。

传统民居为客家围屋。围屋由单间砖瓦房（俗称围水屋）、正座、门楼、宗祠组成，现存 27 座。建筑年代 100 年以上的有 10 座，基本保存完整。1980 年以后建设的房屋多以钢筋混凝土为主，楼房布局多为三房一厅一厨一卫结构。

◎ 石龙头村民居（摄于 2016 年）

◎ 雷公潭瀑布（摄于 2003 年）

◎ 水电站压力水管（摄于 2010 年）

祭祀祖宗活动，故称七月半。后为避元兵入侵的战乱，民间提前一天祭祀祖宗，从此每年农历七月十四过七月半。此习沿袭至今，还有七月十四制作米糍或杀鸡加菜等方式进行简单庆贺的习俗。传统婚嫁习俗中，结婚前要担定婚茶，报日子、送聘金、定嫁妆。结婚时，要摆酒请客。迎亲和送亲，男方要到女方家迎接新娘和亲友。然后新郎新娘向亲友敬酒奉茶，亲友也要回赠红包。传统丧事习俗以土葬为主，1990 年以后逐步实行火葬。其过程为举丧、入殓、送葬、做法事，将亡灵牌送入祠堂，死者外家人前来吊唁，事主家必须到门前跪接，前来吊丧只送炮烛纸钱给死者。办丧事做白饭、花菜、黄豆煮猪肉等简单饭菜，用餐不坐高台凳，拆下主家门板放地上当饭桌。完丧次日，亲友要回访事主家。

1985 年，在该村动工兴建石联水电站（龙南水电站），修建山间水圳 500 米，压力水管 100 米，安装 2 台冲击式发电机组，2 台装机容量 520 千瓦，同时修灌溉水渠 500 米，受益农田 33.33 公顷。

该村的邱亦南（1941—），曾担任村长 15 年，正直无私，处事公道，带领村民劳动致富，关心村道等公益事业，被村民称为乡贤。

（资料填报：郑大堤、邓洁玲，初稿撰写：郑大堤、邓洁玲，总纂：李协湖）

塘洞村

◎ 塘洞村村貌（摄于 2016 年）

塘洞村，位于石角镇西北部，距镇政府 13 千米。始建于清末，由清远滘江乡（今佛冈龙山）从化围移民聚居形成，因村旁有水塘而取名塘洞村。村坐落于丘陵地带的山间谷地，坐北向南，村东为黄狗冚山，南、西为一片农田，北为背底岭山。有龙南河自西向东流经村旁约 300 多米。县道 X828 线（省道 S252 线—石联）通过该村。

村落形成时，属佛冈厅龙潭堡。民国时期，属佛冈县一区龙潭乡。中华人民共和国成立初期，属佛冈县一区龙潭乡。1958 年，属从化县佛冈人民公社石联大队。1961 年，属佛冈县龙南人民公社石联大队。1983 年，属龙南区石联乡。1987 年，属龙南乡石联行政村。1989 年，属龙南乡石联管理区。1994 年，属龙南镇石联管理区。1998 年，属龙南镇石联行政村。2004 年，属石角镇石联行政村。2005 年至今，属石角镇石铺行政村。

世居村民为李氏，明初从福建迁入广东英德、新丰、清远滘江乡（今佛冈龙山）从化围，清末由从化围分支迁至该村。

2015 年末，户籍人口 60 人，其中男性 35 人，女性 25 人。60 岁以上 6 人，其中 80 岁以上 3 人，最年长者 82 岁（男）。16 岁以下 16 人。实际在村居住和生活主要依靠农业收入 48 人，常年在城镇生活和务工 12 人。村民均为汉族，客家民系，使用客家方言。

该村有山地面积 6.67 公顷，耕地面积 6.67 公顷。村域林业资源有松树、杉树及阔叶杂树，有多种野生中药材，野生动物有野猪、芒鼠、石蛤等时。村域山涧的山竹春笋较出名，每年春天，村民上山采摘。传统经济以农业为主，兼有林副产品经营。主要作

◎ 塘洞村丰产林（摄于 2016 年）

物有水稻、番薯、木薯、花生、大豆等。1980 年以后，大部分青壮年外出打工。村民主要收入为农业和外出务工。20 世纪 90 年代后期，村民逐步扩种沙糖桔，2011 年全村种植沙糖桔面积 2 公顷多，总产值 10 多万元。2013 年起，沙糖桔产业消退，村民改种其他果树。传统节庆食品有白切鸡、烧鸭、焖鹅、糯米粽子、艾糍。艾糍是农家人清明食品。清明期间，采摘山地或田边的艾叶，先将艾叶稍煮一下，去掉苦味，将糯米碾成粉，与艾叶混合搓匀。用糖、花生碎粒、芝麻作馅，捏为小块，包成三角形或圆形，蒸熟即可，或是捏成椭圆形，不放馅，蒸熟即可。

1980 年通电，2007 年通自来水，2008 年村道实现水泥硬底化。村中建有垃圾收集站。

传统民居为客家围屋。现存传统民居 12 座。建筑年代距今 100 年以上的有 3 座。1980 年以后新建的房屋多为钢筋混凝土结构，楼房布局多为三房一厅一厨一卫结构，也有部分单间砖瓦房。

◎ 塘洞村民居（摄于 2016 年）

过节庆祝是村民生活习俗的一种，通过节庆活动，可以加强与亲友的联谊，愉悦身心。节日在每年四季都有，还有大小节之分。传统节日为春节、清明节、四月八、端午节、七夕、七月十四、中秋节、十月朝、冬至等，其中农历十月初一称“十月朝”或“牛生日”。过去牛是农村耕作的畜力，各地均有做“牛生日”的习俗。由农家做糯米糍粑贴在牛角、牛额、牛背脊、牛腰、牛尾部位，牧童从牛身上将糯米糍粑剥下用火烤熟来吃。传说吃了“牛生日”贴在牛身上的糍粑，能像牛一样力气大。该村传统

◎ 塘洞村绿道（摄于 2016 年）

婚嫁习俗，新娘出嫁前，要绞脸（俗称“开脸”“摘额”，又称“打线刀”）。绞脸时，绞脸婆先在姑娘的脸上均匀地涂上一层白粉，使皮肤干爽，绞脸时两人对面而坐，绞脸婆右手执细棉（麻）线一头，用门牙咬着另一头，左手虎口在线中间叉开 10 厘米左右，反复拧转，把纱线张开的口子贴着脸部，三点协调用力，来回拧“8”字形，让线一张一合，一起一落，借助纱线的交叉、开合、拧动之势，把脸、额、颈的汗毛和绒发绞去。姑娘经过绞脸、修眉后，两颊白里透红，眉清目秀，令人生爱。结婚时，要摆酒请客。男、女两家都要摆，女方家摆酒用的肉米酒菜也是男方家出的，迎亲和送亲，新郎新娘向亲友敬酒奉茶，亲友也要回赠红包。

传统丧事习俗以土葬为主，1990 年以后逐步实行火葬。其过程为举丧、入殓、送葬、做法事，将灵牌送入祠堂。举丧死者外家前来吊唁，事主家必须到门前跪接，前来吊丧只送炮烛纸钱给死者。办丧事煮白饭、花菜、黄豆煮猪肉等简单饭菜，用餐不坐高台凳，拆下主家门板放地上当饭桌。完丧次日，亲友要回访事主家。

1976 年，进行改河造田，大搞农田基本建设，该村改造低产田 6.67 公顷。

该村的李谷林（1949—），曾任佛冈县粮食局局长。

（资料填报：郑大堤、邓洁玲，初稿撰写：郑大堤、邓洁玲，总纂：李协湖）

学田村

◎ 学田村村貌（摄于 2016 年）

学田村，位于石角镇西部偏北，距镇政府 15 千米。始建于清末，由英德移民聚居形成。原村名为茶树下村，后来改名为新凤里村。由于当时欠下外村的债，为逃避追债又迁到现址，因现址田地附近有学校，故取名学田村。

该村坐落于大山脚下，村庄坐北向南，呈长条状散居分布。村东与石脚下村相邻，南为石铺小溪，西与大坪村接壤，北紧靠猪嗮脑山。村境内有佛冈十景之一的“飞桥双柱”。村旁有一条山溪，溪水流入龙南河。县道 X828 线（省道 S252 线—石联）从村前面穿过。

村落形成时，属佛冈厅吉河乡龙潭堡。民国时期，属佛冈县一区龙潭乡。中华人民共和国成立初期，属佛冈县一区龙潭乡。1958 年，属从化县佛冈人民公社石联大队。1961 年，属佛冈县龙南人民公社石联大队。1983 年，属龙南区石联乡。1987 年，属龙南乡石联行政村。1989 年，属龙南乡石联管理区。1994 年，属龙南镇石联管理区。1998 年，属龙南镇石联行政村。2004 年，属石角镇石联行政村。2005 年至今，属石角镇石铺行政村。

世居村民为宋氏。据《宋氏族谱》记载，清末从英德热水塘迁至该村，其后代在学田村繁衍生息。村有宋氏宗祠，始建于清末年，重修于 1999 年，占地面积约 30 平方米。

2015 年末，户籍人口 129 人，其中男性 65 人，女性 64 人。60 岁以上 8 人，其中 80 岁以上 2 人，最年长者 86 岁（女）。16 岁以下 10 人。实际在村居住和生活主要依靠农业收入 95 人，常年在城镇生活和务工 34 人。村民均为汉族，客家民系，使用客家方言。

该村有山地面积 23.33 公顷，耕地面积 11.33 公顷。村域林业资源有松树、杉树及阔叶杂树，有多种野生中草药材。传统经济以农业为主，兼有林副产品经营。主要作物有水稻、番薯、木薯、花生、大豆等。现多种植水稻、番薯、花生。1980 年以后，大部分青壮年外出打工。村民主要收入来源为农业生产、林副产品经营和外出务工。1997 年后，村民逐步扩种沙糖桔，2011 年全村种植沙糖桔面积 6.67 公顷，总产值 40 多万元。2013 年起，沙糖桔产业消退，村民改种其他果树。传统节庆食品有白切鸡、卤水鸭、

◎ 学田村连片稻田（摄于 2016 年）

焖鹅、粽子、铜盘芋头糕。其中，铜盘芋头糕是用铜质盘装蒸制芋头糕，其特点是鲜、滑、嫩。

1980 年通电，1997 年通电话，2009 年通自来水、网络，2011 村道实现水泥硬底化。村中建有垃圾收集站。

◎ 宋氏祖祠（摄于 2016 年）

◎ 学田村门楼（摄于 2016 年）

传统民居现存 19 座，建于清末、民国及中华人民共和国成立初期。距今 100 年以上的有 10 座。1980 年以后建设的房屋多以钢筋混凝土结构为主，楼房布局多为三房一厅一厨一卫，也有部分单间砖瓦房（俗称围水屋）。村中民居建筑基本保存完整。该村大门楼建于清末民国初，2015 年重修。村内有宋氏宗祠，建于民国初期，1999 年重修，占地面积 30 平方米。

传统的节庆文化，内容繁多，异彩纷呈，民众喜爱，积极热情，通过节庆文化的展现，体现出人与人、人与自然社会的和谐。传统节庆日为春节、清明节、四月八、端午节、七夕、七月十四、中秋节、十月朝、冬至等。其中，农历十月初一称“十月朝”或“牛生日”。过去牛是农村耕作的畜力，各地均有做“牛生日”的习俗。由农家做糯米糍粑贴在牛角、牛额、牛背脊、牛腰、牛尾部位，牧童从牛身上将糯米糍粑剥下用火烤熟来吃。传说吃了“牛生日”贴在牛身上的糍粑，能像牛一样力气大。

传统婚嫁习俗，中华人民共和国成立前，男婚女嫁为“父母之命，媒妁之言”所决定。一些农家存有抱养穷人家女童作“童养媳”，未生男孩的人家抱养“等郎妹”的习俗。中华人民共和国成立后，男女婚嫁是终身大事，仍保留相亲、订婚、迎亲等习俗。传统丧事习俗以土葬为主，1990 年以后逐步实行火葬。其过程为举丧、入殓、送葬、做法事，将亡灵牌送入祠堂，举丧尽可能不用电话而要登门报丧。死者外家前来吊唁，事主家必须到门前跪接，前来吊丧只送炮烛纸钱给死者。办丧事做白饭、花菜、黄豆煮猪肉等简单饭菜，用餐不坐高台凳，拆下主家门板放地上当饭桌。完丧次日，亲友要回访事主家。

20 世纪 60 年代中期，开展造林绿化，消灭荒山，种植公益松树林 6.67 公顷。70 年代中期，进行改河造田，大搞农田基本建设，改造低产农田 3.33 公顷。

（资料填报：郑大堤、邓洁玲，初稿撰写：郑大堤、邓洁玲，总纂：李协湖）

周 围

◎ 周围村貌（摄于 2015 年）

周围，位于石角镇西部偏北，距镇政府 15 千米。始建于清末，由清远县滘江乡（今佛冈县汤塘镇）搬迁而形成。刚移居到此地时，因村庄坐南向北，村前面有 3 条琴线溪流，田中间有块石形状像琴，故定名为"琴在塘"。后来有人把田中间的弹琴石损坏，因村民姓周，把村名改为周围。

该村坐落于丘陵地带中的山间谷地，村东与石脚下村相邻，南为石铺小溪，西为大坪村，北为猪嘛脑山。村旁有将军脑山，有山溪自西向东流入龙南河。村道北约 0.5 千米与县道 X828 线（省道 S252 线—石联）相接。

村落形成时，属佛冈厅吉河乡龙潭堡。民国时期，属佛冈县一区龙潭乡。中华人民共和国成立初期，属佛冈县一区龙潭乡。1958 年，属从化县佛冈人民公社石联大队。1961 年，隶属佛冈县龙南人民公社石联大队。1983 年，属龙南区石联乡。1987 年，属龙南乡石联行政村。1989 年，属龙南乡石联管理区。1994 年，属龙南镇石联管理区。1998 年，属龙南镇石联行政村。2004 年，属石角镇石联行政村。2005 年至今，属石角镇石铺行政村。

世居村民姓氏为周氏，北宋初期从福建迁入广东新丰、清远县滘江乡（今佛冈汤塘），清末从清远县滘江乡迁至该村。

2015 年末，户籍人口 55 人，其中男性 29 人，女性 26 人。60 岁以上 5 人，其中 80 岁以上 2 人，最年长者 86 岁（女）。16 岁以下 7 人。实际在村居住和生活主要依靠农业收入 50 人，常年在城镇生活和务工 5 人。村民均为汉族，客家民系，使用客家方言。

村有山地面积 8 公顷，耕地面积 6 公顷。村域林业、竹业资源丰富，有许多野生中药材，野猪、芒鼠、石蛤等时有出没，山涧的山竹春笋较出名。

◎ 周围竹林地（摄于 2016 年）

传统经济以农业为主，兼有林副产品经营。主要作物有水稻、番薯、木薯、花生、大豆等。1980 年以后，部分青壮年外出打工。村民主要收入来源为农业生产、林副产品经营和外出务工。现多种植水稻、番茄、花生。20 世纪 90 年代后期，村民逐步扩种沙糖桔，2011 年全村种植沙糖桔面积 1.33 公顷，总产值 7 万多元。2013 年起，沙糖桔产业消退，村民改种其他果树。传统节庆食品有白切鸡、烧鸭、芋头焖鹅、糯米粽子、手捏糍。

1980 年通电，1997 年通电话，2009 年通自来水、网络，2012 年村道实现水泥硬底化。村中建有垃圾收集站。

传统民居为广府民居，由围水屋、正座、门楼组成，坐北向南，土木结构，三合土墙，硬山顶，盖灰瓦，屋内以方砖铺地。围屋内巷道纵横成线互通，巷道用鹅卵石（或石板条）铺砌，排水设施完备。现存传统民居 27 座，建筑年代距今 100 年以上的有 14 座。1980 年以后建设的房屋多以钢筋混凝土结构为主，楼房布局多为三房一厅一厨一卫，村中民居建筑基本保存完整。

◎ 周围传统民居（摄于 2016 年）

◎ 周围村口桥（摄于 2016 年）

传统节日为春节、清明节、四月八、端午节、七夕、七月十四、中秋节、十月朝、冬至等。婴儿出生的第三天称“三朝”，请亲友饮甜酒、吃甜醋。满一个月时称“满月”，亦称“弥月”，很多人家在家中或酒店摆满月酒，设宴款待前来庆贺的亲友。传统婚嫁习俗，相亲是由媒人牵线，约男方家的人去女方家看人。若男家有意，即授意媒人向女方家长索取其女儿出生的年月日时（俗称“生辰八字”），带回男方家。男方家长请人卜算后，如男女“相生”，则男方家叫媒人陪伴送礼去女方家“报合”；如男女“相克”，则将女子“生辰八字”退回女方家，喻示婚事不成。订婚的第一步是下定礼（俗称“座茶”“小担”），即男方送定金、酒米、肉类给女方，表示合成婚事。结婚前要担定婚茶，报日子、送聘金、定嫁妆。结婚时，要摆酒请客。

传统丧事习俗以土葬为主，临去世前的人要移至厅堂或廊下。去世后由子孙日夜守孝，死者入殓前，子孙要到河里取水，为死者擦身、更衣，亲视入殓。出殡时，请巫师开路，吹响牛角，送殡队敲锣打鼓、燃放爆竹送行。死者埋葬后，孝子孝女等从坟上抓回一把黄土，并且同牵一条寿红由另一路线回家。葬后要为死者做头七、二七、三七的法事，将灵牌送往祠堂入位，至此丧事才告完结。办丧事做白饭、花菜、黄豆煮猪肉等简单饭菜。1990 年以后，逐步实行火葬。丧事办完后，第二天丧主家人要到坟地“复坟”。复坟时要清理好坟墓的杂草污泥，并用竹篮装载供品供奉，然后烧香、纸钱、纸衣，还鸣放鞭炮。

20 世纪 60 年代中期，由国家支持，村民兴修通往龙南的简易沙土公路，方便村民出行。2012 年，兴建盘谷水泥公路，使该村交通更加畅顺。

（资料填报：郑大堤、邓洁玲，初稿撰写：郑大堤、邓洁玲，总纂：李协湖）

○里水行政村

陂角村

◎ 陂角村村貌（摄于 2016 年）

陂角村，位于石角镇西部，距镇政府 13 千米。始建于清康熙年间，因村后山形似飞凤，而取名为凤岭村。后因村子西北面的龙南河横筑一条拦河坝（俗称“陂头”）蓄水灌田，村落地处陂头的一角，因此改名陂角村。

该村坐落于丘陵地带，坐东北向西南，村东为大片农田连接瓦田寮村，南为里冈村，西为铺岭村，北为山地和温氏猪场。省道 S252 线从村南 400 米处经过。龙南河从村西旁流过，转向南流经中和村、福联村。

村落形成时，属清远县吉河乡龙潭堡。清嘉庆十八年（1813 年），属佛冈厅吉河乡龙潭堡。民国时期，属佛冈县一区龙潭乡。中华人民共和国成立初期，属佛冈县一区龙潭乡。1958 年，属从化县佛冈人民公社里水大队。1961 年，属佛冈县龙南人民公社里水大队。1983 年，属龙南区里水乡。1987 年，属龙南乡里水行政村。1989 年，属龙南乡里水管理区。1994 年，属龙南镇里水管理区。1998 年，属龙南镇里水行政村。2004 年至今，属石角镇里水行政村。

世居村民为刘氏。据《刘氏族谱》记载，明初刘从龙（第 105 世）由从化棋杆小坑村迁到清远县吉河乡龙谭堡（今佛冈县石角镇）龙蟠村定居，清康熙年间，后裔分支迁至该村。

2015 年末，户籍人口 250 人，其中男性 152 人，女性 98 人。60 岁以上 29 人，其中 80 岁以上 6 人，最年长者 101 岁（女）。16 岁以下 61 人，其中留守

◎ 陂角村稻田一角（摄于 2016 年）

儿童5人。实际在村居住和生活主要依靠农业收入有162人，常年在城镇生活和务工的88人。村民为汉族，广府民系，使用粤方言。有祖籍该村的华人华侨86人，主要分布在马来西亚。

村有山地面积36公顷，耕地面积16.67公顷。村域有松树、杉树及杂树资源，传统经济以农业为主，兼有林副产品经营。传统经济以农业为主，以种植水稻、薯类、花生、水果等。村民主要收入来源为农业和外出务工。1998年开始，村民逐步扩种沙糖桔，2011年全村种植沙糖桔面积共6.67公顷，总产值40万元。2013年起，沙糖桔产业消退，村民改种其他果树。

传统节庆食品有白切鸡、焖鹅、烧鸭、豆腐、油角等。其中，油角（俗称“角仔”）做法用面粉加清水搓匀，分成小团，用圆木棒碾成薄面块，再用圆形印模印成小圆形面块，然后在面块上放以碎花生、芝麻、白糖等馅料，捏花边包好，用油炸熟，香脆可口。

1968年通电，1997年通电话，2007年实现村道水泥硬底化，2012年通有线电视、网络。村中建有垃圾收集站。

传统民居为正座和围水两种。正座民居为一厅两廊四房一天井布局。土木结构，三合土墙（或火砖墙），硬山顶，盖灰瓦。正座有两廊门为出入口，屋内以方砖铺地，天井用鹅卵石（或石板条）铺砌，排水设施完备，一般占地面积68平方米。围水则为单间砖木平房，土木结构，三合土墙（或火砖墙），硬山顶，盖灰瓦，一般占地面积20平方米。现存26座，建于清代、民国及中华人民共和国成立后，全村巷道纵横交错。建于1990年前的砖木结构有51座。建于1990年以后的钢筋混凝土结构的楼房一层的31座，其中二层的20座。楼房底层面积多为100平方米，三房一厅一厨一卫的布局。

◎ 陂角村传统民居（摄于2016年）

村内建有庭兴公宗祠、庭玉公宗祠、庭英公宗祠，均建于民国初期，砖木结构。村北有座陂角古庙，建于民国中期，2012年由民间募捐，拆旧建新。庙内供奉三王爷、七姐仙姑等菩萨。宗祠和古庙是村民祭祀拜神之场所，春节、清明节、端午节、中秋节村民均前往祭拜。庙设有专人看管，主持每年农历的正月十七叩福、八月初一菩萨诞期、十一月

◎ 陂角村民居（摄于2016年）

◎ 陂角村宗祠（摄于2016年）

十四还神祭庙活动。宗族活动是每年正月初四，村民们到2千米外的龙蟠村刘氏大宗祠祭祖。

过节庆祝是村民生活习俗的一种，通过节庆活动，可以加强与亲友的联谊，愉悦身心。节日在每年四季都有，还有大小节之分。传统节日为春节、清明节、四月八、端午节、七夕、七月十四、中秋节、十月朝、冬至等。婚嫁习俗，中华人民共和国成立前，子女要听从父母之命，媒妁之言，穷苦人家养童养媳的封建习俗。中华人民共和国成立后，实行自由恋爱，自主结婚的新风尚。但是探家、定亲、择送吉日、摆酒结婚、迎亲送亲礼俗仍存在。结婚的第三日，新娘在新郎的陪同回访娘家，称为“回门”。传统丧葬习俗以土葬为主，举丧时，死者的外家前来吊唁，事主家晚辈须在门前跪接，待外家的尊长允许后方可平身。前来吊丧的亲友送炮烛纸钱以表哀悼；封棺后立即出殡，送灵柩到村前预备的条凳上，让巫师为死者祈祷。接着送上灵车。1990年后，逐步实行火葬。其程序为举丧、入殓、出殡、火葬、骨灰收入金埕安置山边、巫师将灵牌引入祠堂。

1965年，村民开展造林大会战，在村背后山种植6.67公顷杉木苗，至今仍受益。1972年，村民自发修建沙土村道500米通往龙南。2007年，村民自筹资金3万元，在原村道修建水泥路。2008年1月下旬，发生大面积严重冰灾，导致村应节上市沙糖桔无法采收、外销，村民遭受严重损失。

（资料填报：刘达福，初稿撰写：谢太河，总纂：李协湖）

大田村

◎ 大田村村貌（摄于 2016 年）

大田村，位于石角镇西部，距镇政府约 12 千米。始建于明中期，大田村始祖戈明汉带领子孙昼夜不息开垦很多块地，其中一块面积 0.27 公顷，为当地少见的水田，故称为大份田。1954 年，大份田村属里水乡，其时大份田农业社在里水乡率先成立，改名为大田农业社。大田村名由此而来。

该村坐落在省道 S252 线里水段北面的丘陵地带，坐北朝南，呈聚居分布。村东临瓦田寮村，西与里冈村、陂角村相望。北为村背小山。村东、南为大片开阔平坦农田，村道有 300 米与省道 S252 线连接。

村落形成时，属清远县吉河乡龙蟠堡。清嘉庆十八年（1813 年），属佛冈厅吉河乡龙蟠堡。民国时期，属佛冈县一区龙潭乡。中华人民共和国成立初期，属佛冈县一区龙潭乡。1958 年，属从化县佛冈人民公社里水大队。1961 年，属佛冈县龙南人民公社里水大队。1983 年，属龙南区里水乡。1987 年，属龙南乡里水行政村。1989 年，属龙南乡里水管理区。1994 年，属龙南镇里水管理区。1998 年，属龙南镇里水行政村。2004 年至今，属石角镇里水行政村。

世居村民为戈氏。据《大田村志》记载，明中期，大田村的始祖戈明汉祖孙四人是江湖手艺人，从江西吉安府太和县早禾司老家一路南下，以耍猴营生。在返回江西的路途中，行至大田村一带时，因赖以营生的猴子死了，断了营生的手段，生活难以为继，无法返乡，只好定居谋生。原村姓麦人家，有一对无嗣老夫妇收留戈明汉及子孙 4 人，在旁边搭建茅屋，开荒种养。从此戈氏族人在村繁衍生息，形成大田村。

2015 年，户籍人口 283 人，其中男性 140 人，女性 143 人。60 岁以上 33 人，最年长者 83 岁（女）。16 岁以下 45 人。实际在村居住和生活主要依靠农业收入 250 人，常年在城镇生活和务工 33 人。村民为汉族，广府民系，使用粤方言。

◎ 大田村油菜花种植基地（摄于 2014 年）

村有山地面积 38.4 公顷，耕地面积 19.67 公顷。村域林业资源丰富。传统经济以农业为主，兼有林副产品经营。传统经营以种植水稻、薯类、花生、水果等为主。1980 年后，部分青壮年村民外出打工收入，在家务农村民以农业收入为主。1998 年开始，村民种沙糖桔，2011 年全村种植沙糖桔面积 6.67 公顷，总产值 40 多万元。2013 年起，沙糖桔产业消退，村民改种其他果树。2013 年，大田村组成农民经济合作社，探索“企业 + 合作社 + 农户”的经济发展新模式，以“基本地租 + 年终分红”的经营方式，将全村的旱地收归集体所有。集约土地 14.2 公顷，与广州华琪生物科技有限公司合作，打造华琪生态村项目，发展种水稻—养鸭、稻菜轮作等立体农业生产，建成灵芝种植大棚、灵芝猪养殖场和蚯蚓养殖场，规模年产值 580 万元。公司向村民支付每年每亩地 400 千克稻谷的保底租金，并向村集体公益金捐资 3 万元。使村民人均年增收益 1000 元以上。大田村民传统的食品有猪肉、鸡、鹅、鸭、米饭、糕点。

◎ 村民春耕播种（摄于 2016 年）

1982 年通电，2001 年通电话，2006 年实现村道水泥硬底化，2011 年通网络，2014 年通自来水。村中建有垃圾收集站。新建 1100 平方米供村民休息娱乐的绿化公园和活动场所，内有体育设施、广场、公园、大田之家文化室、图书室（藏书 800 册）。

传统民居现存 55 座，建于民国及中华人民共和国成立后，每座占地面积 120 平方米。1990 年后建的钢筋混凝土结构的楼房有 52 座，其中一层的 16 座，二层的 34 座，三层的 2 座，底层面积 130 平方米。

村有戈氏宗祠，始建于 1926 年，曾在民国后期发生姓氏械斗中被烧毁，重建之后于“文化大革命”

◎ 大田村民居（摄于 2016 年）

期间又被毁，1988 年再次重建。重建后的戈氏宗祠为两进，面积为 250 平方米。平时按户轮值烧香祭拜，每天香火不断。每逢年节，尤其是清明节，村民都来祭祀，缅怀宗功祖德。

村修有《大田村史》，2015 年由大田村史编纂委员会编写，聘请博士吴记峰为主编。全书分为八章，详细记载村落起源、自然生态、宗族情况、经济发展、民间习俗情况、文化建设、社会政治等。

村民注重热热闹闹度过节日，在全年的不同节日中，巧手的农妇会利用稻米和蔬菜做出花样繁多的食品，在外地工作和务工的中青年也尽量在过节时回家团聚，农家节日显得温馨欢乐，充满爱意。传统节日为春节、清明节、四月八、端午节、七夕、

◎ 大田之家文化室（摄于 2015 年）

◎ 戈氏宗祠（摄于 2015 年）

七月十四、中秋节、冬至等。传统婚嫁习俗，男女相识交往后，女方亲友到男方探家，结婚前要担定婚茶、送日子、送聘礼、定嫁妆，摆酒请客，接亲和送亲等。传统丧事习俗以土葬为主，1990 年后逐步实行火葬。其程序为举丧、入殓、出殡、送葬、做法事将灵牌送祠堂。办丧事用简单饭菜招待，用餐时不坐高台高凳，用门板放门口当饭台，以表哀痛。丧事办完后，第二天丧主家人要到坟地“复坟”。复坟时要清理好坟墓的杂草污泥，并用竹篮装载供品供奉，然后烧香、纸钱、纸衣，还鸣放鞭炮。

村主要特色活动有旺龙（又称旺祠堂）习俗，起源于明末。起因是村民在捕获野猪时，带着猎物穿街过巷，展示猎手彪悍的体魄和胆色，最后到祠堂庆贺，用猎物奉神，村民齐聚在祠堂共享猎物的喜悦。后来形成习惯，演变成旺龙的习俗活动。每隔若干年的农历冬至前，择吉日举办旺龙祭祀活动，活动时间为两天。通过这一活动，表达村民祈求兴龙旺脉、纳福吉祥、龙马精神、五谷丰登、六畜兴旺的美好愿望，成为该村特有的习俗活动。

村民有研习武术（龙南武术）的习俗，用于强身健体，抵御盗贼。龙南武术源于石联地区附近村，由郑开太在清中期首创。武器为生产、生活用具如扁担、木棍、锄头耙、木长板凳等，根据自己的掌、拳、腿自创武术套路，村民戈帮利师从郑开太学武术，并传授给村民，在重大节日或重要活动中进行演练。2012 年，龙南武术被列入清远市非物质文化遗产。

2011 年开始，大田村被列为广东省社会主义新农村建设试验区之一。该村社会主义新农村建设的目标模式是：“推进村级组织改革实践，提高村民自治功能；推进经营体制创新，激活农村经济发展活力；发展绿色健康食品和乡村生态游，实现绿色生态目标；推进村公共设施建设，打造幸福美丽村居；培育现代乡土文明，打造乡村和谐社会。”取得的主要成效有“五美”，即政治生态美、自然生态美、经济生态美、文化生态美、社会生态美。2014 年，被评为广东省“美丽乡村”，被誉为“美丽大田”。2015 年，大田村成为广东名村、广东省宜居示范村庄、广东省卫生村。

◎ 大田村荣誉牌匾（摄于 2016 年）

2014 年 7 月 26 日，新农村建设试验区在大田村举办 2014 年龙南农耕节暨“农信杯”农民趣味运动会，以“新农村、新农民、新体育”为主题，运用趣味体育运动的表现形式，进一步丰富村民的精神文化、体育生活。

该村主要人物：戈东水（1928—2001），中华人民共和国成立初期，担任村长时，规划村容建设，制定建房公约，使村保持至今整齐，后曾任龙南公社副社长，汤塘区副区长。戈绍顺（1952—），曾任清远市委党校（广东行政学院清远分院）副校长（副院长）。

◎ 大田村乡村游（摄于 2014 年）

（资料填报：谢太河，初稿撰写：谢太河，总纂：李协湖）

福联村

◎ 福联村村貌（摄于 2016 年）

福联村，原名福头村。位于石角镇西部，距镇政府 12 千米。始建于清康熙年间。1958 年成立人民公社后，把原大围生产队、新屋生产队合并成一个生产队而改名为福联村。

该村坐落在低矮的南北走向形似鲤鱼的山冈西边，坐东向西。村东为鲤冈（今称里冈）村，西为中和村，南邻省道 S252 线，北为陂角村。龙南河自北向南从村前流过。

村落形成时，属清远县吉河乡龙蟠堡。清嘉庆十八年（1813 年），属佛冈厅吉河乡龙蟠堡。民国时期，属佛冈县一区龙潭乡。中华人民共和国成立初期，属佛冈县一区龙潭乡。1958 年，属从化县佛冈人民公社里水大队。1961 年，属佛冈县龙南人民公社里水大队。1983 年，属龙南区里水乡。1987 年，属龙南乡里水行政村。1989 年，属龙南乡里水管理区；1994 年，属龙南镇里水管理区。1998 年，属龙南镇里水管理区。2004 年至今，属石角镇里水行政村。

世居村民原有黄姓、陆姓、苏姓，现有黄姓、陆姓、张姓、陈姓。黄姓，元朝初期从江西迁入广东梅州、佛冈水头莲瑶东坑村、石角龙溪，清康熙年间从龙溪迁至该村。陆姓，中华人民共和国成立后，从佛冈县石角象龙牛牯岭迁至该村。张姓，中华人民共和国成立后，从民安迁至该村。陈姓，清中期从新丰迁至该村。

2015 年末，户籍人口 300 人，其中男性 170 人，女性 130 人。60 岁以上 80 人，其中 80 岁以上 8 人，最年长者 86 岁（男）。16 岁以下有 60 人，其中留守儿童 5 人。实际在村居住和生活主要依靠农业收入 240 人，常年在城镇生活和务工 60 人。村民为汉族，客家民系，使用客家方言。

村有山地面积 63.33 公顷，耕地面积 14 公顷。

◎ 福联村大棚葡萄园（摄于 2016 年）

村域林业资源丰富，野猪、黄猄、芒鼠时有出没。传统经济以农业为主，兼有林副产品经营。传统经济以农业种养为主，主要作物是水稻、番薯、花生。20 世纪 50—70 年代是集体经营，80 年代以后是个体经营，农业产值较低。1980 年后，部分青壮年村民外出打工。1998 年开始，村民逐步扩种沙糖桔，2011 年全村种植沙糖桔面积共 13.33 公顷，总产值 80 万元。2013 年起，沙糖桔产业消退，村民改种其他果树。村民收入来源为农业生产、林副产品经营、外出务工。传统节庆食品有猪肉、白切鸡、焖鹅、烧鸭、舂糍。其中，舂糍的制作方法：用糯米经水浸泡数小时，洗净滤干后放入饭笼蒸熟或用锅煮熟，然后倒入石臼里，把糯米饭舂打成黏稠泥状，然后将糍团搓成一个个丸子，放进装有炒熟的芝麻、花生碎、糖粉的碗滚过沾满后即可食用。

◎ 舂糍（摄于 2016 年）

1981 年通电，1998 年通电话，2001 年实现村道水泥硬底化，2011 年通网络，2012 年通自来水。村中建有垃圾收集站。文体设施有体育场、公园、文化室。

传统民居为客家围屋，全村建筑布局错落有致，保持聚族而居的习惯。正中是堂屋，两侧是住房，现有传统民居 48 座，建成于清代、民国及中华人民共和国成立后。全村建于 1980 年以前的有 18 座；建于 1980 年以后的钢筋混凝土结构楼房一层的 3 座；二层的 27 座。楼房布局大多三房一厅一厨一卫，底层面积 160 平方米。设置停车位。村内有黄氏宗祠 1 座，陈氏宗祠 2 座。黄氏宗祠建于清初，建筑占地面积 30 平方米。

◎ 福联文化室（摄于 2016 年）

◎ 福联村民居（摄于 2016 年）

村旁有龙镇古庙，是村民逢年过节焚香拜祭的处所。该庙始建于清康熙年间，毁于 20 世纪 50 年代，1995 年重建，之后续建几次。所需资金来自佛冈周边县市之善男信女的募捐。古庙里供奉着冯旺师爷、三王爷、三清圣帝、太白星君、七姑仙女、雷公电母等等 42 位神像，其中冯师爷为庙主神。

村中及邻村民众流传冯师爷斗法传说。有一奇人姓冯名旺，其道法超人。清康熙初期，近村有虎患，人畜不宁。冯旺用法术捕捉一只老虎，驯养后，骑着它去驱赶众虎，众虎归山匿迹，村里人畜从此安宁免遭虎患。冯旺死后，这虎绝食数日而死，村民认为这只虎很有义气，把它葬于冯旺墓旁，称为“义虎冢”。

传统节日形式多样，内容丰富，是中华民族悠久历史文化的一个组成部分。传统节日为春节、清明节、四月八、端午节、七夕、七月十四、中秋节、十月朝、冬至等。其中，农历八月十五为中秋节，男女老少一起赏月，品尝月饼、柚子及熟石螺等食品，在外地工作的亲人都尽量回家与家人团聚，共度佳节。传统婚俗，男女相识交往后，女方家亲友要到男方家探家；双方认可后，男方家要向女方家担定婚茶，此为定亲；然后男方家择吉日报送女方家；征得女方家同意送聘金、摆酒结婚时，双方要摆酒请客。新娘入门后，兴拜天地、拜高堂、夫妻对拜之礼节，摆酒结婚的第三日，新娘在新郎的偕同下回访娘家，谓之回门。

传统丧葬习俗以土葬为主，1990 年以后逐步实行火葬。其程序为举丧、入殓、出殡、送葬、做法事，将亡灵送入祠堂。举丧时，死者的外家前来吊唁，事主家必须到门前下跪泣接，待外家的尊长允许后方可平身，若死者生前受虐的，外家会借此机会让事主久跪，当面羞辱，让他无地自容，入殓封棺时要有外家当场见证；前来吊丧的亲友送炮烛纸钱给死者，出殡时燃放；办丧事只能做白饭、花菜、黄豆煮猪肉等简单的饭菜，用餐时不坐高台高凳，拆下事主家的门板放于门前的巷地上当饭桌，完丧次日，亲友要回访安慰事主家。

2008 年 1 月下旬，发生大面积严重冰灾，导致沙糖桔无法采收、外销，村民遭受严重损失。2014 年 5 月 13 日，遭受百年一遇洪水袭击，村民遭受严重损失。

2015 年，获广东省爱国卫生运动委员会授予的“广东省卫生村”称号。

该村的黄金钊（1964—），现任广州铁路西站党委书记。

（资料填报：黄万南，初稿撰写：谢太河，总纂：李协湖）

里冈村

◎ 里冈村村貌（摄于 2016 年）

里冈村，位于石角镇西面，距镇政府 12 千米。始建于明前期，因村背后是一条鲤鱼形的丘陵土冈，而取名鲤冈村。清代《佛冈厅志》的“吉河乡地舆图”中是鲤冈村。现存的鲤冈门楼“鲤冈”村名赫然在目。20 世纪 50 年代，人们为书写方便，改写成里冈村。

该村坐落在一条南北走向鲤鱼形的山脉东面，靠冈而建，坐西向东，呈聚居分布。村东为大片平坦农田，南邻省道 S252 线，西为龙南河，北靠陂角村。从龙南河石联段小溪经自北而南穿村而过。省道 S252 线从村旁经过。

村落形成时，属清远县吉河乡龙蟠堡。清嘉庆十八年（1813 年），属佛冈厅吉河乡龙潭堡。民国时期，属佛冈县一区龙潭乡。中华人民共和国成立初期，属佛冈县一区龙潭乡。1958 年，属从化县佛冈人民公社里水大队。1961 年，属佛冈县龙南人民公社里水大队。1983 年，属龙南区里水乡。1987 年，属龙南乡里水行政村。1989 年，属龙南乡里水管理区。1994 年，属龙南镇里水管理区。1998 年，属龙南镇里水行政村。2004 年至今，属石角镇里水行政村。

世居村民原有麦、苏、朱、陈四姓。现有朱、陈两姓。朱姓，明初朱千公从闽入粤，居英德县大陂都迳头乡（今佛冈县迳头镇），清初其分支迁入该村。陈氏，据《陈仕兵公家谱》记载，明代从江西柳溪乡迁入广东长宁黄陂（现新丰县丰城镇黄陂村），后迁至腊溪田心围（现在新丰县遥田镇高墩村、维新村）。明末清初，从英德县大陂都迳头乡（今佛冈县迳头镇）菜洞村南下，以阉鸡营生，后与朱姓村民深交，迁入该村。

2015 年末，户籍人口 700 人，其中男性 400 人，女性 300 人。60 岁以上 62 人，其中 80 岁以上 10 人，最年长者 92 岁（女）。16 岁以下 150 人，其中留守

◎ 里冈村番石榴种植园（摄于 2016 年）

儿童10人。实际在村居住和生活主要依靠农业收入600人，常年在城镇生活和务工100人。村民为汉族，客家民系，使用客家方言。祖籍该村的华人华侨20人，主要分布在新加坡。

村有山地面积121.53公顷，耕地面积29.33公顷。村域林业资源丰富，野猪、黄猄、芒鼠及鸟雀类时有出没。传统经济以农业为主，兼有林副产品经营。传统经济以农业为主，种植水稻、薯类、花生、水果等。1980年以后，大部分青壮年村民外出打工。20世纪90年代后期，村民逐步扩种沙糖桔，2011年全村种植沙糖桔面积33.33公顷，总产值200万元。2013年起，沙糖桔产业消退，村民改种其他果树。村民主要收入来源于农业种养收入、林副产品经营收入和外出务工收入。传统节庆食品有白切鸡、焖鹅、烧鸭、豆腐、米饼。其中，米饼为春节食品，制作方法：把糯米或粘米用开水浸泡片刻，捞起滤干后炒熟，磨成粉，碾碎花生米、芝麻，连同米粉加黄糖或白糖水搓匀，再将加工好的米粉用饼模印成一个个的米饼，这种米饼久放不坏，既可自吃，也可送礼。

◎ 里冈村门楼（摄于2016年）

1982年通电，1985年通电话，2000年实现村道水泥硬底化，2007年通自来水，2010年通有线电视、网络。村中建有垃圾收集站，文化设施有村文化室。

传统民居为客家围屋。村落由正座、护水屋、门楼、宗祠组成围屋建筑，坐北向南，土木结构，三合土墙，硬山顶，盖灰瓦，屋内以方砖铺地，围屋内巷道纵横成线互通，巷道用鹅卵石（或石板条）铺砌，排水设施完备。现存50座，建于1980年前，为砖木结构。建于1980年以后的钢筋混凝土结构楼房，一层的15座，二层的80座，底层面积大多为130平方米，为三房一厅一厨一卫的布局。村内有朱氏宗祠、陈氏宗祠。每年春节、元宵、清明节、端午节、中秋节村民都来龙潭祖庙、朱氏宗祠、陈氏宗祠焚香祭拜，缅怀祖先恩德。

村旁有座龙潭祖庙，建于民国初期。祖庙坐西南向东北，建筑占地面积130平方米，面阔11.4

◎ 龙潭祖庙（摄于2016年）

米，进深 11.4 米，高 5 米，为二进二廊一天井格局，属砖木结构，青砖墙，石柱上刻有对联，方砖铺地，盖灰瓦，屋顶上有形制独特的灰塑。庙里供奉着王标龙、华成总、叶梦龙、朱久斌四座塑像。2012 年，龙潭祖庙被列入佛冈县不可移动文物名录。龙潭祖庙因椽木腐烂断裂，2015 年由村民捐资重修。

传统节庆活动是民族民间传统文化的组成部分，展示人与人、人与自然之间的和谐文化，对构建和谐社会有重要作用。传统节日为春节、清明节、四月八、端午节、七夕、七月十四、中秋节、十月朝、冬至等。其中，端午节俗称“五月节”。各家各户包粽子纪念爱国诗人屈原，农村农户在门楣挂艾叶、菖蒲，点燃蚊香，以避邪逐恶。农历八月十五为中秋节，男女老少一起品尝月饼、柚子及石螺等食品赏月，热闹非常。在外地工作的亲人都尽量回家与家人团聚，共度佳节。传统婚嫁习俗，中华人民共和国成立前，子女要听从父母之命，媒妁之言，穷苦人家养童养媳的封建习俗。中华人民共和国成立后，实行自由恋爱，自主结婚。但是探家、定亲、择送吉日、迎亲送亲、结婚宴客、回门礼俗仍进行。传统婚嫁礼仪中，最隆重的是男方家迎娶。在办婚事当天，男方家会在村门楼和住宅门口贴上喜庆的对联，并准备好迎亲的喜席。

传统丧葬以土葬为主，1990 年以后逐步实行火葬。其过程为举丧、入殓、送葬、做法事，将灵牌送入祠堂，举丧要登门报丧。死者外家前来吊唁，事主家必须到门前跪接，前来吊丧只送炮烛纸钱给死者。办丧事做白饭、花菜、黄豆煮猪肉等简单饭菜，用餐不坐高台凳，拆下主家门板放地上当饭卓，以表哀痛。完丧次日，亲友要回访事主家。

2000 年，村民自筹资金，在原村简易村道改造水泥硬底化道路，全长 665 米。2008 年 1 月下旬，发生严重冰灾，导致沙糖桔无法采收、外销，村民遭受严重损失。2014 年 5 月 13 日，遭受百年一遇洪水袭击，村民遭受严重损失。2015 年，国家支持 40 万元，在该村建设高标准农田基础设施。

（资料填报：陈沛池，初稿撰写：谢太河，总纂：李协湖）

芦洞村

◎ 芦洞村村貌（摄于 2016 年）

芦洞村，曾用名留洞、炉洞。位于石角镇西部，距镇政府 12 千米。村北大肚蛇山（今温氏猪场内）有一座坐北向南面向芦洞的古墓，古墓碑文风化剥落，难以辨认成句，仔细辨认，还可见到“大明……葬于芦洞……崇祯肆年拾壹月……葬”字样。可见，明崇祯四年（1631 年）以前已形成芦洞村。传说以前芦洞河畔芦苇丛生，为地处偏僻如洞的山间谷地，故而得名。根据《佛冈厅志》的“吉河乡地舆图”有留洞村名，可见清嘉庆十八年（1813 年）前，芦洞村已改名为留洞村。据当地老人说，原因是：有一年流民作乱，官兵进剿平乱时到处杀人灭口。芦洞村民为躲避追杀，在村前小河里杀猪，让猪血染红河水。官兵在远处的钳颈口，见到血红的河水，误认为村里人已被杀光，就没有进村。芦洞村就此巧妙避过灭顶之灾而留下来，因此将芦洞改名为留洞。后来将留洞改为炉洞。直到 1969 年，村中一位曾当过私塾先生的老人提议改村名，他说芦生水边发万朵，洞在山中耀千秋，芦才有生气。村民议同，于是把炉洞改为芦洞。

该村坐落于大顶山风门凹下茶龙山与洪水山之间窄长的谷地，村庄坐西向东。芦洞河自北向南经村前流入龙南河后再汇入潖江。省道 S252 线距村 1 千米，县道 X828 线（省道 S252 线—石联）从村东边穿过。南望挂榜山（榜山西为古代佛冈十景之一），东眺观音山。

村落形成时，属清远县吉河乡龙蟠堡。清嘉庆十八年，属佛冈厅吉河乡龙蟠堡。民国时期，属佛冈县一区龙潭乡。中华人民共和国成立后，属佛冈县一区龙潭乡。1958 年，属从化县佛冈人民公社里水大队。1961 年，属佛冈县龙南人民公社里水大队。1983 年，属龙南区里水乡。1987 年，属龙南乡里水行政村。1989 年，属龙南乡里水管理区。1994 年，属龙南镇里水管理区。1998 年，属龙南镇里水行政村。2004 年至今，属佛冈县石角镇里水行政村。

世居村民原有郑姓、李姓、谢姓、陆姓、邓姓、何姓、朱姓、邹姓，现有李姓、谢姓、陆姓、邓姓、何姓、郭姓。谢姓，元末明初从福建上杭远徙于广东省连平县，明末清初，始祖谢昌盛从深坑村迁至该村。陆姓，根据《陆氏族谱》记载，明正统三年（1438 年）迁至广东潮州程乡县松岭石甲寨，清顺治年间，其分支从英德的高沙冈，再迁居到马下村、佛冈凤围的横塘村，其分支迁到该村。邓姓，《邓氏族谱》记载，宋元丰年间从南雄珠玑巷迁广州府河下宿答，清雍正年间其分支迁到附近的龙蟠村后移居南田村，其分支迁至该村。何姓，明洪武十四年（1381 年）从翁源新江迁徙到英德高台乡（今佛冈高岗）墩下村，后再迁至清远滘江（今佛冈汤塘）竹山。清中期，有一何姓男童随母嫁到该村与谢姓开枝散叶。有一座祖墓是谢、何两姓公祭的，乃为谢、何两姓之母。故此，谢、何两姓皆遵循祖上遗训，红白喜事总是两姓人一起操办。郭姓和李姓，均在清末期迁入该村。

2015 年末，户籍人口 330 人，其中男性 170 人，女性 160 人。60 岁以上 60 人，最年长者 87 岁（男）。16 岁以下 45 人，其中留守儿童 3 人。实际在村居住 250 人，生活主要依靠农业收入 250 人，常年在城镇生活和务工 80 人。村民为汉族，广府民系，使用粤方言。

村有山地面积 190.67 公顷，耕地面积 25.33 公顷。村域林业资源丰富，野猪、黄猄、芒鼠时有出没。传统经济以农业为主，兼有林副产品经营。传统经济以农业为主，主要作物有水稻、番薯、木薯、花生。1980 年以后，部分青壮年村民外出打工。1998 年开始，村民逐步扩种沙糖桔，2011 年全村种植沙糖桔，2011 年全村种植沙糖桔面积共 13.33 公顷，总产值 80 万元。2013 年起，沙糖桔产业消退，村民改种其他果树。村民主要收入来源为农业、林副产品经营和外出务工。传统节庆食品有白切鸡、焖鹅、烧鸭、豆腐、粽子、糕点等。

◎ 村民在春耕劳作（摄于 2016 年）

1980 年通电，2001 年通电话，2009 年通有线电视、网络，2012 年通自来水，2013 年实现村道水泥硬底化。村中建有垃圾收集站，文化设施有芦洞村文化室。

传统民居现存 72 座。村中巷道纵横交错，6 条东西向直巷、2 条横巷贯穿全村。建于 1980 年以前的砖瓦平房 24 座。建于 1980 年以后的钢筋混凝土结构楼房一层的 22 座，二层的 26 座。楼房布局多为三房一厅一厨一卫，底层面积 100 平方米。有的楼房留有停车位。

◎ 芦洞村民居（摄于 2016 年）

兴隆古庙位于芦洞村南面约 200 米的芦洞河水口，是村民烧香拜佛的场所。古庙供奉有三兄弟、黄花仙女、菊花小娘等多座神像。兴隆古庙约建于清嘉庆初年，清咸丰八年（1858 年）重修。1958 年被毁后，于 2007 年重建。每逢年节，村民都会去寺里拜祭，祈求福佑。此外，村内还建有陆氏、何氏、邓氏、谢氏宗祠。

传统节日有春节、清明节、四月八、端午节、七夕、七月十四、中秋节、十月朝、冬至等。男人到 60 岁，

◎ 兴隆古庙匾额（摄于 2016 年）

女人到61岁才做大生日，俗称“男双女单”。做生日时，一家人连同亲友围桌而坐，饮酒庆贺，享受盛宴，其乐融融，寿者要派红包给儿孙们。殷实人家的老人做生日，则遍请亲友光临，来宾则送寿礼祝贺。

传统婚嫁习俗，结婚前要担定婚茶，报日子、送聘金、定嫁妆。结婚时，要摆酒请客。男、女两家都要摆，女方家摆酒用的肉米酒菜由男方家出的，新郎新娘向亲友敬酒奉茶，当然酒友也要回赠红包。传统丧事习俗以土葬为主，1990年以后逐步实行火葬。其过程为举丧、入殓、送葬、做法事，将灵牌送入祠堂，举丧时，死者外家前来吊唁，事主家必须到门前跪接，前来吊丧只送炮烛纸钱给死者。办丧事用简单饭菜，用餐不坐高台凳，拆下主家门板放地上当饭台，以表哀痛。完丧次日，亲友要回访事主家。

该村有传说人物谢天然。相传有一年，附近龙蟠村请广州的戏班来做大戏。一通开场锣鼓之后，戏班在戏棚上挂出一副对联，上联为“猎狗上山石砸狗脚啃哐”，要观众对出下联才开台唱戏。当场观众无人能对，打马请来秀才也对不出，村民最后请来芦洞村的谢天然。谢天然到场后吩咐多磨些墨水，他见到上联稍思片刻，便挥笔在下联纸上写下“水牛下海水浸牛头吙咈”。联义对偶，平仄相对，书法漂亮。这时戏班只好打响锣鼓，好戏开台，有村民还负气将余墨洒向戏子。戏子叹道：“没有想到禾沟坑也藏着一条这么大的鲩鱼。”

据《炉洞村史》记载，1941年，一场特大暴雨引发洪灾，将位于芦洞村的芦洞河前段河堤冲垮，洪水淹没大片农田。1943年，村里发生猪、牛瘟疫，大部分生猪、耕牛死亡，村民唯有以人代牛耕作，苦不堪言。1975年“农业学大寨”高潮期间，投入农田基本建设，小田整合成大田、深翻改土、水利裁弯改直、开沟排水等措施，全面改造芦洞村的20.67公顷水田、5公顷旱地。2008年1月下旬，发生大面积严重冰灾，导致沙糖桔无法采收、外销，村民遭受严重损失。2014年5月13日，遭受百年一遇洪水袭击，村民遭受严重损失。

◎ 村旁的“鹿树”（摄于2016年）

民国后期，在村里的众屋、楼阁办起了私塾，由村中父老用公尝延师，教村中子弟读书。村中子弟在乡试中考有名次时，设有奖励，鼓励子弟继续求学进取。20世纪60年代，办耕读班。2013年，由芦洞村退休干部陆光林编纂《炉洞村史》，记录芦洞村的原貌概况、中华人民共和国成立后新貌、村中大事、自然资源等情况。

（资料填报：陆光林，初稿撰写：谢太河，总纂：李协湖）

三八村

◎ 三八村村貌（摄于 2016 年）

三八村，位于石角镇西部，距镇政府 12 千米。始建于明末清初。清嘉庆十八年（1813 年）已有三八圩，直至 1965 年是龙南地区的政治、经济、文化中心，由三八圩附近村落的商贾移居至此经商聚居而形成，因每逢农历三、八日为圩期而得名三八圩，又因与县治东面九围堡的三八圩同名，人们一般称它为龙潭市。1965 年后，龙南政府机构移至现在的旱塘村（龙南圩），三八圩变成民居改名为三八村。村东为在田村，南为龙南河，西为福连村，北为省道 S252 线。

该村坐落在古代佛冈十景之一的挂榜山麓龙南河的北岸，村中央有一块长方形空地是原三八圩场，圩场东是云从社学（今里水小学），村东为里水行政村驻地。村道北 200 米通省道 S252 线。

村落形成时，属清远县吉河乡龙蟠堡。清嘉庆十八年（1813 年），属佛冈厅吉河乡龙蟠堡。民国时期，属佛冈县一区龙潭乡。中华人民共和国成立初期，属佛冈县一区龙潭乡。1958 年，属从化县佛冈人民公社里水大队。1961 年，属佛冈县龙南人民公社里水大队。1983 年，属龙南区里水乡。1987 年，属龙南乡里水行政村。1989 年，属龙南乡里水管理区。1994 年，属龙南镇里水管理区。1998 年，属龙南镇里水行政村。2004 年至今，属石角镇里水行政村。

世居村民有郑姓、陈姓、刘姓、朱姓、李姓、王姓、冯姓等七姓。刘姓，清中期从英德县独石乡（今佛县高岗镇）漏坑村迁至清远县迳江乡（今佛冈县龙山镇）民安风门村再迁至附近的铁屎岭村，后迁到附近大枧村，最后迁到该村。郑姓，太祖冯乐宣居福建河州府，宋中期迁至广东省翁源等地，明末清

◎ 三八村金源种植基地（摄于 2016 年）

初迁至附近石脚下村，其分支迁至该村。王姓、陈姓、朱姓、李姓、冯姓，在清中期先后由附近的里冈村、坟窝村、咸水村移居该村。

2015年末，户籍人口125人，其中男性65人，女性60人。60岁以上17人，最年长者84岁（男）。16岁以下20人。实际在村人口有和生活主要依靠农业收入100人，常年在城镇生活和务工25人。祖籍该村的香港同胞7人。村民为汉族，村民为客家民系和广府民系，使用客家方言和粤方言。

村有山地面积13公顷，耕地面积5.67公顷。村域林业杂树资源丰富，野猪、黄猄、芒鼠时有出没。传统经济以农业为主，兼有林副产品经营。传统经济以农业种养为主，个体商贸活动为辅。主要作物是水稻、番薯、花生。1980年后，部分青壮年村民外出打工，村民收入来源为农业收入、外出务工。1998年开始，村民逐步扩种沙糖桔，2011年全村种植沙糖桔面积共5.33公顷，总产值30多万元。2013年起，沙糖桔产业消退，村民改种其他果树。有金源农业专业公司建有爱心果园种植百香果园、葡萄园近2公顷。传统节庆食品有猪肉、白切鸡、焖鹅、烧鸭、糕点。

1980年通电，2002年实现村道水泥硬底化，2005年通电话，2010年通网络，2012年通自来水。村中建有垃圾收集站。

◎ 三八村民居（摄于2016年）

传统民居现存66座，建于清代、民国及佛冈解放后。建于1980年以前的有36座。建于1980年以后的钢筋混凝土结构楼房，一层的2座，二层的28座。楼房布局三房一厅一厨一卫的15座，四房一厅一厨一卫的15座，底层面积120平方米。

◎ 云从社学旧址（摄于2016年）

◎ 云从社学匾额（摄于2016年）

村东旁为云从社学旧址。清同治七年（1868年）在龙潭堡创建云从社学，以教育民众。社学取“云从”之名，源于“云生从龙，风生从虎”之句，意为社学能培养如龙似虎的人才。社学坐东向西，原为四合院建筑形式，后栋为祭祀堂，两翼为厢房，中堂为议事厅，前中为大门，两侧为讲学堂。1932年，在祭祀堂后建了一座三层楼房。云从社学原校舍已拆除，改建成为里水小学，只保留中间大门，大门正门楣上刻赐进士佛冈县同知陈祚康题书“云从社学”。逢年过节，村民都来云从社学正门焚香祭拜。因为“社”是土地神，社学是祭神和读书的场所。

村旁省道S252线路边有一棵300年树龄的古榕树，树冠覆盖面积2000平方米。古榕树位于石角圩至龙南至旧横石（清远）古道旁，可供路人歇息。此古道形成于明代，以石角圩为起点，走山路经龙南里水三八村、小潭坝仔村石桥、猪古岭村古榕树

◎ 位于省道 S252 线旁古榕树（摄于 2016 年）

之处，经过上迳、下迳、民安圩、社岗到达清远旧横石火车站。全程约 30 千米，路宽 1.5 米。民国时期，县内中部的人需乘粤汉线火车多取此道前往旧横石搭乘，是龙南、民安两地民众日常往来的必经之路。20 世纪 60 年代，省道 S252 线在其基础上修建，原古道消失。

古三八圩市，又称龙潭市，民国时期是历届乡公所的驻地，还设有监狱，是龙潭乡的政治、经济、文化中心，也是龙潭乡的农副产品集散地。每逢农历三、八日为圩期，圩日热闹。赶圩的人来自四面八方，不仅是龙潭地区的，龙蟠堡、石角、水头、龙山的关前、清远的横石、从化的鳌头等地商贩都来此赶圩。

传统的节庆文化，内容繁多，异彩纷呈，民众喜爱，积极热情，通过节庆文化的展现，体现人与人、人与自然社会的和谐。传统节日有春节、清明节、四月八、端午节、七夕、七月十四、中秋节、十月朝、冬至等。传统婚嫁习俗，男女相识交往后，女方亲友到男方探家，结婚前要担定婚茶、送日子、送聘礼、定嫁妆，摆酒请客，接亲和送亲等。村民家庭操办迎亲或出嫁的喜事，当然是该家庭的大事，但也是全村人共同关心的事情，大家都会自动帮忙。传统丧事习俗以土葬为主，20 世纪 90 年代后逐步实行火葬。其程序为举丧、入殓、出殡、送葬、做法事将亡灵牌送祠堂。办丧事做白饭、花菜、黄豆、猪肉等简单的饭菜，用餐时不坐高台高凳，用当事人门板放门口当饭台，以表哀痛。

村里老人说，1941 年发生过一次特大暴雨，引发特大的洪灾，其时住在村庄河对面一家的房屋被洪水冲走成为平地，村里一些房屋被洪水冲垮。2008 年 1 月下旬，发生大面积严重冰灾，导致村应节上市沙糖桔无法采收、外销，村民遭受严重损失。

祖籍该村的郑炳奎（1936—）、郑大钳（1946—）两兄弟均为香港同胞，1988 年在龙南创办筷子厂，吸收附近村民到厂就业，该厂是当时佛冈县少数港资企业之一。他们热心支持村公益事业，捐资给村中维修村道和水利设施。

（资料填报：陈珍，初稿撰写：谢太河，总纂：李协湖）

咸水村

◎ 咸水村村貌（摄于 2016 年）

咸水村，位于石角镇西部，距镇政府 12 千米。村建于明末清初，因村旁有一个面积 2000 多平方米的大湖（今遗一泉眼），其水味咸，冬天湖水凝结成盐状晶粒，故叫咸水湖，咸水村因此而得名。

该村坐落在古时佛冈十景之一的“榜山西列”的挂榜山麓，坐南向北。村东为南田村，南为稻田和山地，西为龙南河、三八村，北为龙南河和省道 S252 线。龙南河自村西边的三八河段经村前流过，蜿蜒东去流入龙塘地域。省道 S252 线在村北面 600 米处。

村落形成时，属清远县吉河乡龙蟠堡。清嘉庆十八年（1813 年），属佛冈厅吉河乡龙蟠堡。民国时期，属佛冈县一区龙潭乡。中华人民共和国成立初期，属佛冈县一区龙潭乡。1958 年，属从化县佛冈人民公社里水大队。1961 年，属佛冈县龙南人民公社里水大队。1983 年，属龙南区里水乡。1987 年，属龙南乡里水行政村。1989 年，属龙南乡里水管理区。1994 年，属龙南镇里水管理区。1998 年，属龙南镇里水行政村。2004 年至今，属石角镇里水行政村。

世居村民原有柴姓、米姓、陈姓、苏姓、胡姓、廖姓、朱姓、黄姓、李姓、张姓。民国时期，姓氏械斗祸及咸水村，以致柴姓、米姓、陈姓、胡姓、廖姓、朱姓、张姓先后外迁，现存苏姓、黄姓、李姓、郑姓、徐姓。苏姓，始祖是从山西迁四川峨眉山，然后入广东南雄珠玑巷，又迁英德太平车头苏屋，明末清初迁至该村。黄姓，据《黄氏族谱》记载，明后期黄乐耕之子明庵迁附近龙蟠堡福头村（今石角镇里水福联村），清中期再迁至该村。李氏，据咸水村李氏宗祠碑刻载，清中期李其光从英德县白石乡（今佛冈县迳头镇烟岭）迁至清远县吉河乡龙蟠堡（今佛冈县石角镇石铺村）高陂岭村，其分支迁至该村。郑姓、徐姓，均为中华人民共和国成立初期，随母从附近村迁入该村。

2015 年末，户籍人口 410 人，其中男性 210 人，女性 200 人。60 岁以上 70 人，其中 80 岁以上 16 人，最年长者 93 岁 2 人（男）。16 岁以下 170 人，其中留守儿童 5 人。实际在村居住和生活主要依靠农业收入 350 人，常年在城镇生活和务工 60 人。村民为汉族，客家民系，使用客家方言。

村有山地面积 77.73 公顷，耕地面积 18.07 公

◎ 咸水村红葱种植基地（摄于 2016 年）

◎ 咸水村民居（摄于 2016 年）

顷。村域林业资源丰富，野猪、黄猄、芒鼠时有出没。传统经济以农业为主，兼有林副产品经营。传统经济以农业为主，以种植水稻、薯类、花生、水果等。1980 年以后，大部分青壮年村民外出打工。20 世纪 90 年代后期，村民逐步扩种沙糖桔，2011 年全村种植沙糖桔面积共 20 公顷，总产值 120 万元。2013 年起，沙糖桔产业消退，村民改种其他果树。近年，以“公司 + 专业户”模式，引进种植红葱基地 1.67 公顷。村民主要收入来源于农业种养和外出务工。传统节庆美食白切鸡、焖鹅、烧鸭、豆腐、糍、糖环。其中，糖环是春节食品，制作方法：用水浸透糯米（掺 1/3 粘米），滤干碾成粉，将糖入锅煮成糖水起锅，再将米粉放在锅中炒热。然后趁热拌糖水搓匀，捏成小圆条。有的圈成半边窗式，称“半边糖环”；有的圈成圆形、六角形，称为“六耳球”。成形后，用油炸熟即成，可作美食和礼品。

1980 年通电，2001 年通电话，2009 年通有线电视、网络，2012 年实现村道水泥硬底化。村中建有垃圾收集站。

传统民居为客家民居。由正座、围水屋、门楼组成围屋，坐北向南，土木结构，三合土墙，硬山顶，盖灰瓦，屋内以方砖铺地。传统民居现存 46 座。全村有东西走向横巷 6 条，南北走向直巷 7 条。围屋内巷道纵横成线互通，巷道用鹅卵石（或石板条）铺砌，排水设施完备。建于 1990 年前的砖木结构楼房有 46 座，建于 1990 年以后的钢筋混凝土结构楼房一层的有 8 座，二层的有 60 座，三层的有 2 座，底层面积 110 平方米。大多数为四房一厅二厨一卫的布局。村中建有私塾，一位 90 岁老者回忆，他小时候就在村里读私塾，直至 1952 年才停办。塾舍保留至今，但已作他用。

村中有苏氏宗祠、李氏宗祠、黄氏宗祠。其中，

◎ 咸水自然村文化体育公园（摄于 2016 年）

◎ 咸水村门楼（摄于 2016 年）

李氏宗祠建于民国初期，于2010年重修，占地面积40平方米。村旁有座咸溪古庙，清嘉庆年间的黄邦杰，一见咸溪古庙的匾额便口出一联：“咸乐青山常不老；溪回秀水庆长流。”这些祠堂庙宇均建于清嘉庆年间。“文化大革命”期间，咸溪古庙被拆毁，20世纪80年代村民筹款重建，2014年重修。庙内供奉着一洞主、二洞主、三洞主等十尊菩萨和邓龙一郎公牌位。逢年过节，村民都到各自宗祠和咸溪古庙焚香祭拜，以求消灾纳福。

传统节庆活动是民族民间传统文化的组成部分，展示人与人、人与自然之间的和谐文化，对构建和谐社会有重要作用。传统节日为春节、清明节、四月八、端午节、七夕、七月十四、中秋节、十月朝、冬至等。其中，农历十月初一称“十月朝”或“牛生日”。过去，牛是农村耕作的畜力，各地均有做“牛生日”的习俗。由农家做糯米糍粑贴在牛角、牛额、牛背脊、牛腰、牛尾部位，贴后牧童从牛身上将糯米糍粑剥下用火烤熟来吃。传说吃了“牛生日”贴在牛身上的糍粑，能像牛一样力气大。传统婚嫁习俗：中华人民共和国成立前是封建包办，有穷苦人家养童养媳、无子嗣人家养囤花女的封建习俗。1950年后新婚姻法实施，实行自由恋爱，自主结婚。但是探家、定亲、择送吉日、摆酒结婚、迎亲送亲、回门的习俗仍存在。传统婚嫁礼仪中，最隆重的是男方家迎娶。在办婚事当天，男方家会在村门楼和住宅门口贴上喜庆的对联，并准备好迎亲的喜席。

传统丧葬习俗以土葬为主，1990年后逐步实行火葬。其程序为举丧、入殓、出殡、火葬、骨灰收入金埕安置山边，巫师将亡灵牌引入祠堂。办丧事不摆酒，煮白饭、花菜、黄豆煮猪肉等简单的饭菜。

咸水村在民国期间发生三次火灾。1912年、1926年皆因姓氏械斗，房屋被烧毁，第三次是民国后期，因龙潭匪贼到英德行劫，致英德出兵剿匪，因匪贼诬陷咸水村，英德兵不辨是非黑白，火烧咸水全村。2014年5月13日，遭受百年一遇洪水袭击，村民遭受严重损失。

该村的黄方洪（1973—），现任中共佛冈县龙山镇委书记，主管县工业重镇。2014年，龙山镇规模工业总产值实现44.8亿元，被列入广东省高新科技示范镇名录。他热心家乡新农村建设，带头捐资兴建村文化室、篮球场、公园、路灯、巷灯等基础设施建设，受到村民好评。

（资料填报：黄文质，初稿撰写：谢太河，总纂：李协湖）

中和村

◎ 中和村村貌（摄于 2016 年）

中和村，位于石角镇西面，距镇政府 13 千米。始建于清初，由龙背、坟窝、马路口 3 个村民居住点组成。3 个居住点中最早的龙背居住点，始建于清初，坟窝、马路口居住点的形成比龙背居住点晚些时候。中和之名起用于民国时期，停用于中华人民共和国成立后。2010 年，3 个村民居住点共建中和村文化室，因而恢复中和村之名。

该村坐落在龙南河福联段的西河畔，村东为福联村隔河相望，南为省道 S252 线，西为山地（田野绿世界），北为铺岭村。福联河段两边为村道。省道 S252 线与福联村道、铺岭村道交汇后从村南逕过。黄沙河经村南向东 100 米流入龙南河。

村落形成时，属清远县吉河乡龙蟠堡。清嘉庆十八年（1813 年），属佛冈厅吉河乡龙蟠堡。民国时期，属佛冈县一区龙潭乡。中华人民共和国成立初期，属佛冈县一区龙潭乡。1958 年，属从化县佛冈人民公社里水大队。1961 年，属佛冈县龙南人民公社里水大队。1983 年，属龙南区里水乡。1987 年，属龙南乡里水行政村。1989 年，属龙南乡里水管理区。1994 年，属龙南镇里水管理区。1998 年，属龙南镇里水行政村。2004 年至今，属石角镇里水行政村。

世居村民为陈姓、李姓、黄姓。陈、李两姓是同时在中和村开村建屋的。陈姓，清初从新丰遥田镇桃源村，迁入英德县逕头乡（今佛冈逕头镇）荆竹园，再迁附近福联村定居，其分支迁至该村。李姓，清初从英德县白石乡（今佛冈县逕头镇烟岭）迁至该村。黄姓，民国初由佛冈县石角观山村迁至该村。

2015 年末，户籍人口 370 人，其中男性 200 人，女性 170 人。60 岁以上 38 人，其中 80 岁以上 12 人，最年长者 92 岁（女）。16 岁以下 78 人，其中留儿童 5 人。实际在村居住和生活主要依靠农业收入 290 人，常年在城镇生活和务工 80 人。村民为汉族，客家民系，使用客家方言。

村有山地面积 128 公顷，耕地面积 21.6 公顷。村域林业杂树资源丰富，野猪、黄猄、芒鼠时有出没。传统经济以农业为主，兼有林副产品经营。传统经济以农业种养为主，主要作物有水稻、番薯、花生、水果。1995 年后，村民逐步扩种沙糖桔，2011 年全村种植沙糖桔面积共 13.33 公顷，总产值 80 万元。2013 年起，沙糖桔产业消退，村民改种其他果树。

◎ 村民收获番薯（摄于 2016 年）

村民主要收入来源为农业、林副产品经营和外出务工。传统节庆食品有猪肉、白切鸡、烧鹅、鸭肉、粉葛扣肉及糕点等。

1980 年通电，1997 年通电话，2000 年实现村道水泥硬底化，2003 年通有线电视、网络，2010 年通自来水。村中建有垃圾收集站，文体设施有体育场、公园、文化室。

◎ 村中公园一角（摄于 2016 年）

传统民居为客家民居。现存传统民居 59 座，建成于清代、民国及中华人民共和国成立后。村中巷纵横交错，建于清末的砖瓦平房 6 座，现已无人居用。1990 年后建的钢筋混凝土结构楼房，一层及四层以下的有 50 座，楼房布局多为三房一厅一厨一卫。主要宗祠为陈氏宗祠，始建于民国初期。重修于 2010 年，现占地面积 40 平方米。

龙镇古庙位于中和村的背后，始建于清康熙年间，毁于 20 世纪 50 年后期。1995 年重建。古庙里

◎ 中和村传统民居（摄于 2016 年）

◎ 中和村新民居（摄于 2016 年）

◎ 龙镇古庙（摄于 2016 年）

供奉着冯旺师爷、三王爷、三清圣帝、太白星君、七姑仙女、雷公电母等 42 位神像，其中冯师爷为庙主神。逢年过节，龙镇古庙香火鼎盛，方圆数十里善男信女前来祭拜。

村民有欢度四大节（春节、端午节、中秋节、冬至）的习俗，也还有其他节庆。传统节日为春节、

清明节、四月八、端午节、七夕、七月十四、中秋节、十月朝、冬至等。其中，农历七月初七为七夕，传说这天是七仙女“下凡”的日子，村民杀鸡鸭聚餐，晚间举行“拜七仙”活动。这天清晨各家到露天取水，贮存七夕水。村民根据七夕水可长期贮存而不变质的特点，用来浸泡冬瓜、凉粉，还是夏天的清凉饮料。传统婚嫁习俗，相识、定亲、择吉日、摆酒结婚、迎亲送亲、回门习俗仍存在。传统婚嫁礼仪中，最隆重的是男方家迎娶。在办婚事当天，男方家会在村门楼和住宅门口贴上喜庆的对联，并准备好迎亲的喜席。

传统丧葬习俗以土葬为主，1990 年以后逐步实行火葬。其程序为举丧、入殓、出殡、火葬、骨灰收入金埕安置山边、巫师将灵牌引入祠堂。举丧时，死者的外家前来吊唁，事主家须于门前下跪泣接，待外家的尊长允许后方可平身。前来吊丧的亲友送炮烛纸钱以表哀悼。出殡时送灵柩到村前停放在预备的条凳上，让巫师为死者祈祷。办丧事用简单的饭菜招待。

民国期间，村利用祖尝公房设立学堂，由村中父老集资聘请先生教学。当时村办学堂规模较小，到学堂学习的儿童一般只有 10 多人。2001 年，订立《村民自治章程》，进行自治管理。开展普法教育，办有普法橱窗，教育村民做守法公民。2008 年 1 月下旬，发生大面积严重冰灾，导致沙糖桔无法及时采收、外销，村民遭受严重损失。2014 年 5 月 13 日，遭受百年一遇洪水袭击，村民遭受严重损失。

2001 年，被佛冈县评为文明村。2012 年，被佛冈县评为平安村。

该村的陈文枢（1933—2008），曾在佛冈县地方税务局任职，1965 年获“广东省财贸系统五好职工”称号。陈东培（1964—），深圳市东露阳公司董事长，资助家乡建设达 50 多万元，建村文化室、安装路灯等公共设施。

（资料填报：陈文华，初稿撰写：谢太河，总纂：李协湖）

○小梅行政村

白芒坝村

◎ 白芒坝村村貌（摄于 2016 年）

白芒坝村，位于石角镇西部，距镇政府 5 千米。始建于明后期，从当地小坑大围分村移居而形成，村落由白芒坝、马塘 2 个村民居住点组成。因坑坝多白芒草而取名白芒坝。该村位于丘陵地带，东、西均为山地，南与小坑大围相邻，北有 150 多米高的马臀脑山。省道 S252 线从村中通过。

村落形成时，属清远县吉河乡小坑堡。清嘉庆十八年（1813 年），属佛冈厅吉河乡小坑堡。民国时期，属佛冈县第一区龙冈乡。中华人民共和国成立初期，属佛冈县第一区龙冈乡。1958 年，属从化县佛冈人民公社小坑大队。1961 年，属佛冈县龙南人民公社小坑大队。1983 年，属龙南区小坑乡。1987 年，属龙南乡小坑行政村。1989 年，属龙南乡小坑管理区。1994 年，属龙南镇小坑管理区。1998 年，属龙南镇小坑行政村。2004 年，属石角镇小坑行政村。2005 年至今，属石角镇小梅行政村。

世居村民为刘姓。据《刘氏族谱•彭城郡》记载，宋代从福建迁移到广东兴宁，明后期从附近小坑大围迁至该村。

2015 年末，户籍人口 97 人，其中男性 53 人，女性 44 人。60 岁以上 11 人，其中 80 岁以上 3 人，最年长者 92 岁（女）。16 岁以下 21 人，其中留守儿童 2 人。实际在村居住和生活主要依靠农业收入 72 人，常年在城镇生活和务工 25 人。村民均为汉族，广府民系，使用粤方言。

村有山地面积 17.6 公顷，耕地面积 5.73 公顷。林业资源丰富，在村旁沿省道 S252 线两边山头大片

◎ 白芒坝村果园（摄于 2016 年）

杉树林。传统经济以农业为主，主要种植水稻、花生、蔬菜、水果等。1995年开始，村民逐步扩种沙糖桔，2011年全村种植沙糖桔面积5.33公顷，总产值32万元。2013年起，沙糖桔产业消退，村民改种其他果树。村民主要收入来源为农业生产、林副产品经营和外出务工。传统节庆食品有粽子、糯米糕、豆腐、白切鸡、蒸鹅。

1978年通电，1986年通自来水，1998年通电话，2011年村道实现水泥硬底化。村中建有垃圾集中站。

传统民居为广府民居，围水屋、正座屋。正座民居为一厅两廊二房一天井布局，土木结构，三合土墙（或火砖墙），硬山顶、盖灰瓦，廊门为出入口，屋内以方砖铺地，天井用鹅卵石铺砌，排水设施完备，一般占地面积68平方米。围水则为单间砖木平房，土木结构，三合土墙（或火砖墙），硬山顶，盖灰瓦，一般占地面积20平方米。传统民居现存20座，基本完好，有人居住。近年新建楼房，楼房布局多为三房一厅一厨一卫，装修较好。现大部分村民住上新楼房。

宗族活动有：每年农历十月初一接三王，与古吉河乡十甲同办。每年农历正月初四到小坑大围祭悦云刘公祠。每年农历正月十五，村民到小坑大围刘公祠参与打醮活动；村民一年参与4次民间祭神活动，具体时间为春节、清明、冬至、中秋节。村中立有“泰山石敢当”石碑，用于辟邪保平安。

◎ 白芒坝村新民居（摄于2016年）

◎ 泰山石敢当石碑（摄于2016年）

传统节日有春节、清明节、四月八、端午节、七夕、七月十四、中秋节、冬至等。其中，民间把至农历四月初八仍无人祭扫的坟墓视为无主孤坟，村民在山岗上祭拜。传统婚嫁习俗中，男女相识交往后，女方家亲友要到男方家看家风，结婚前要担定婚茶、报日子、送聘金、定嫁妆，行结婚礼时，要摆酒请客，迎亲和送亲。发生丧事时，传统以土葬为主，1990年以后逐步实行火葬。其程序为举丧、入殓、出殡、送葬和做法事，将亡灵送入祠堂。办丧事做白饭、萝卜和黄豆煮猪肉等简单饭菜，用餐时不坐高台高凳，拆下事主家的门板放于门前的巷地上当饭桌。

清末民国初，因姓氏矛盾引起械斗，该村全部房屋（茅屋）被烧毁。1949年10月12日，该村附近山头发生过解放佛冈战斗。

该村的刘恩定（1916—1994），曾任韶关市红岭矿山党委副书记。

（资料填报：刘北满、刘志荣、刘祥如，初稿撰写：刘北满、刘志荣、刘祥如，总纂：李协湖）

大五洞村

◎ 大五洞村村貌（摄于 2016 年）

大五洞村，位于石角镇西北部，距镇政府 4 千米。始建于明后期，由当地小坑大围分村迁居而形成，因当地有五条山冚而取名大五洞村。该村位于丘陵地带，四面群山环绕。村旁有海拔 150 多米高的马臀脑山。省道 S252 线在村南面 500 米处经过。

村落形成时，属清远县吉河乡小坑堡。清嘉庆十八年（1813 年），属佛冈厅吉河乡小坑堡。民国时期，属佛冈县第一区龙冈乡。中华人民共和国成立初期，属佛冈县第一区龙冈乡。1958 年，属从化县佛冈人民公社小坑大队。1961 年，属佛冈县龙南人民公社小坑大队。1983 年，属龙南区小坑乡。1987 年，属龙南乡小坑行政村。1989 年，属龙南乡小坑管理区。1994 年，属龙南镇小坑管理区。1998 年，属龙南镇小坑行政村。2004 年，属石角镇小坑行政村。2005 年至今，属石角镇小梅行政村。

世居村民为刘姓，据《刘氏族谱·彭城郡》记载，宋代从福建迁移到广东兴宁，明末从附近小坑大围迁至该村。

2015 年末，户籍人口 128 人，其中男性 70 人，女性 58 人。60 岁以上 30 人，其中 80 岁以上 2 人，最年长者 82 岁（男）。16 岁以下 23 人。实际在村居住和生活主要依靠农业收入 80 人，常年在城镇生活和务工 48 人。村民均为汉族，属广府民系，使用粤方言。

村有山地面积 111.73 公顷，耕地面积 9.67 公顷。林业资源丰富，野生中药材、山涧的山竹春笋较出名。传统经济以农业为主，兼有林副产品经营。主要种植水稻、番薯、花生、水果。村内有鱼塘 8 口，面积 13.33 公顷。1996 年后，村民逐步扩种沙糖桔，2011 年全村种植沙糖桔面积 3.33 公顷，总产值 20

◎ 伊甸园（摄于 2016 年）

◎ 大五洞村乌鬃鹅养殖场（摄于 2016 年）

万元。2013 年起，沙糖桔产业消退，村民改种其他果树、发展养殖渔业。2000 年，引进台商开办伊甸园，种植台湾青枣 6.67 公顷及名贵树种，该园是佛冈旅游观光农业基地。村民主要收入来源为农业生产、林副产品经营和外出务工。传统节庆食品有粽子、糯米糕、豆腐、白切鸡、香芋焖鹅。其中，香芋焖鹅是村民喜爱的美食，制作方法：把光鹅用文火焗至半熟，调好味料，再用香芋垫底，慢慢焖熟，便可以上桌。鹅肉鲜美可口。

1978 年通电，1986 年通自来水，1998 年通电话，2008 年通有线电视，2011 年村道实现水泥硬底化。村中建有垃圾集中站。

传统民居有四门归厅和围水屋两种，均坐北向

◎ 大五洞村新民居（摄于 2016 年）

南。正座为两廊一天井一厅四房布局，现存 10 座。围水屋为单间砖木平房，土木结构，三合土墙（或火砖墙），硬山顶，盖灰瓦，一般占地面积 20 平方米，现存 10 间。新建民居 20 座。

该村与龙蟠村刘氏合编《刘氏族谱·彭城郡》，1995 年由刘氏修谱委员会编修。与小坑大围刘氏合编《刘氏悦云族谱》，2004 年由刘氏悦云编修委员会编修，族谱记载以元末明初军事家、政治家、文学家刘伯温所作《传家宝》（又称《百孝经》）为祖训。

主要宗族活动有农历十月初一接三王（与古吉河乡十甲同办）。每年农历正月初四到小坑大围悦云刘公祠拜祭宗祠。每年农历正月十五，村民到小坑大围刘公祠参与打醮活动。村民一年参与 4 次民间祭神活动，具体时间为春节、清明、冬至、中秋节。

传统节日有春节、清明节、四月八、端午节、七夕、七月十四、中秋节、十月朝、冬至等。在村婴儿出生的第三天称“三朝”，请亲友饮甜酒、吃甜醋。满一个月时称“满月”，饮酒须有姜酒，答谢亲友礼品须有红鸡蛋，很多人家在家中或酒店摆满月酒，设宴款待前来庆贺的亲友。传统婚嫁习俗为：结婚前女方家亲友要到男方家看家风，结婚时要担定婚茶、报日子、送聘金、定嫁妆，行结婚礼时，要进行送亲、迎亲、摆酒宴客，举行三朝回门仪式。发生丧事时，传统以土葬为主，1990 年以后逐步实行火葬。其程序为举丧、入殓、出殡、送葬和做法事，将亡灵牌送入祠堂。办丧事煮白饭、花菜或黄豆煮猪肉等简单饭菜，用餐时不坐高台高凳，拆下事主家的门板放于门前的巷地上当饭桌。

20 世纪 70 年代后期，在村旁两边山头及沿省道 S252 线两边种植杉树 33.33 公顷。

（资料填报：刘北满、刘志荣、刘祥如，初稿撰写：刘北满、刘志荣、刘祥如，总纂：李协湖）

格海村

◎ 格海村村貌（摄于 2016 年）

格海村，曾用名隔海村、南坑村，位于石角镇西部，距镇政府 6 千米。始建于清末，由当地小坑大围分村迁入而形成。因与小坑大围相隔龙南河而取名为隔海村，以谐音取名格海村。

该村坐落于丘陵地带，村庄坐南向北，沿山边条状建居。龙南河自北向东经格海村前流入滘江。省道 S252 线从村北边 1.7 千米处穿过。村东为龙南河，南为山湖的大山口村，西为汶坑村，北与小坑大围隔龙南河相望。

村落形成时，属佛冈厅吉河乡小坑堡。民国时期，属佛冈县第一区龙冈乡。中华人民共和国成立初期，属佛冈县第一区龙冈乡。1958 年，属从化县佛冈人民公社汶坑大队。1961 年，属佛冈县龙南人民公社汶坑大队。1983 年，属龙南区汶坑乡。1987 年，属龙南乡汶坑行政村。1989 年，属龙南乡汶坑管理区。1994 年，属龙南镇汶坑管理区。1998 年，属龙南镇汶坑行政村。2004 年，属石角镇汶坑行政村。2005 年至今，属石角镇小梅行政村。

世居村民为刘姓，清末从附近小坑大围迁到该村。

2015 年，户籍人口 346 人，其中男性 180 人，女性 166 人。60 岁以上 58 人，其中 80 岁以上 7 人，最年长者 93 岁（男）。16 岁以下 50 人，其中留守儿童 3 人。实际在村居住和生活主要依靠农业收入 268 人，常年在城镇生活和务工 78 人。村民为汉族，广府民系，使用粤方言。

村有山地面积 120 公顷，耕地面积 24.67 公顷。林业资源丰富，有金银花、砂仁、佛手等中草药。传统经济以农业为主，兼有林副产品经营。主要作物有水稻、番薯、花生。1982 年后，大部分青壮年

◎ 村民春耕时用拖拉机耙田（摄于 2016 年）

外出打工。1990年后，村民逐步扩种沙糖桔，2011年全村种植沙糖桔面积20多公顷，总产值120万元。2013年起，沙糖桔产业消退，村民改种火龙果、番石榴。村民主要收入来源为农业生产，林副产品经营和外出务工。传统食品有粽子、陶盘发糕。其中，陶盘发糕的制作方法：用自产粘米磨成粉浆发酵后，加入红糖水，倒入陶盘蒸煮熟后即可。

1980年通电，1990年通电话，2009年通有线电视，2012年通自来水，2014年村道实现水泥硬底化。村中建有垃圾收集站，文体设施有文化室，篮球场等。

传统民居有正座和围水屋。正座民居为一厅两廊二房一天井布局。土木结构，三合土墙（或火砖墙），硬山顶，盖灰瓦，有两廊门为出入口，屋内以方砖铺地，天井用鹅卵石铺砌，排水设施完备，一般占地面积68平方米。围水则为单间砖木平房，土木结构，三合土墙（或火砖墙），硬山顶，盖灰瓦，一般占地面积20平方米。现存传统民居52座。村内巷道纵横交错，6条直巷、2条横巷穿全村。1990年后，村民先后搬进自建钢筋混凝土结构楼房，楼房布局为三房一厅一厨一卫，楼房内外装修华丽并留有停车位。

◎ 格海村民居（摄于2016年）

传统节日有春节、清明节、四月八、端午节、七夕、七月十四、中秋节、十月朝、冬至等。春节期间的习俗：农历腊月二十三称“小年”，家家户户打扫庭院、做年货。过去还有在“小年”的晚饭后送灶君，

◎ 龙南河格海段（摄于2016年）

年三十晚接灶君的拜祭习俗。年三十，全家一起吃“团年饭”，饭后长者要给小孩“压岁钱”。传统婚嫁习俗为：结婚前要担定婚茶、报日子、送聘金、定嫁妆，行结婚礼时，要摆酒请客，迎亲和送亲。传统丧事习俗以土葬为主，1990年以后逐步实行火葬。其程序为举丧、入殓、出殡、送葬和做法事，将亡灵送入祠堂。办丧事煮白饭和花菜、黄豆煮猪肉等简单的饭菜，用餐时不坐高台高凳，拆下事主家的门板放于门前的巷地上当饭桌。

1976年“农业学大寨”期间，在附近村抽调劳力3000多人，投入农田基本建设，在苦战40天的口号下，通过小田整合成大田，深翻改土，河道裁弯改直500米，开沟排水等措施，全面改造格海村的7.33公顷水田。2013年，国家支持改造龙南河（格海段）堤围工程，建有亲水平台、绿道，使防洪能力提高到50年一遇。

该村的刘荣镜（1958—1979），革命烈士，在1979年2月中越边境自卫还击作战中牺牲。刘展伟（1983—），创办新青年苗木专业合作社，支持村道和公共设施建设，2009年获广东省人民政府授予的“广东高校大学生创业先进个人”称号，先后于2011年、2015年获共青团中央授予的“国家农村青年致富带头人”称号。

（资料填报：刘庙扬，初稿撰写：刘庙扬，总纂：李协湖）

米田村

◎ 米田村村貌（摄于2016年）

米田村，位于石角镇西部，距镇政府7千米。始建于清康熙十一年（1672年），由龙蟠村刘氏族人分村迁居而形成。传说村庄旁的牛角冚有个山洞可以出米，故取名出米田，曾用名赤米田村，后改称米田村。

该村坐落于丘陵地带，村东为汶坑村，南为胜堂前村，西有县道（省道S252线—胜堂前）连接，北与小坑大围隔龙南河相望。龙南河由西向东流经该村约2千米。

清康熙十一年，属清远县吉河乡小坑堡。清嘉庆十八年（1813年），属佛冈厅吉河乡小坑堡。民国时期，属佛冈县第一区龙冈乡。中华人民共和国成立初期，属佛冈县第一区龙冈乡。1958年，属从化县佛冈人民公社汶坑大队。1961年，属佛冈县龙南人民公社汶坑大队。1983年，属龙南区汶坑乡。1987年，属龙南乡汶坑行政村。1989年，属龙南乡汶坑管理区。1994年，属龙南镇汶坑管理区。1998年，属龙南镇汶坑行政村。2004年，属石角镇汶坑行政村。2005年至今，属石角镇小梅行政村。

世居村民为刘姓，宋末从福建迁移至广东潮州、兴宁，后迁从化，清康熙十一年从清远县吉河乡龙潭堡（今佛冈县石角镇龙塘村）龙蟠村迁至该村。

2015年末，户籍人口198人，其中男性100人，女性98人。60岁以上25人，其中80岁以上4人，最年长者92岁（男）。16岁以下45人。实际在村居住和生活主要依靠农业收入150人，常年在城镇生活和务工48人。村民为汉族，属广府民系，使用粤方言。

村有山地面积31.27公顷，耕地面积13公顷。传统经济以农业为主，主要作物有水稻、蔬菜、番薯、

◎ 米田村生态林（摄于2016年）

花生等。1982年后，大部分青壮年外出打工。1990年后，村民逐步扩种沙糖桔，2011年全村种植沙糖桔面积6.67公顷，总产值40多万元。2013年起，沙糖桔产业消退，村民改种其他果树。村民主要收入来源为农业和外出务工。传统节庆食品有白切鸡、焖鹅、烧鸭、咸肉粽。咸肉粽的制作方法：用料为糯米、猪肋条肉、香菇、花生仁、花生油等，包成立体三角形粽子，用湿咸水草或细篾片拦腰捆系好。将包好的粽子放入锅内，加入清水用旺火煮约2小时，即可食用。此咸肉粽子的特色是气味郁香，油润适口。

1981年通电，1987通电话，2009年通网络，2011年村道实现水泥硬底化，2013年通自来水。

传统民居为围水屋、正座屋两种，正座民居为一厅两廊四房一天井布局。土木结构，三合土墙（或火砖墙），硬山顶、盖灰瓦。有两廊门为出入口，屋内以方砖铺地，天井用鹅卵石铺砌，排水设施完备。一般占地面积68平方米。围水则为单间砖木平房，土木结构，三合土墙（或火砖墙），硬山顶，盖灰瓦。一般占地面积20平方米。现存3座，保存基本完好，有人居住。1990年后，村民先后搬进自建钢筋混凝土楼房，楼房布局多为三房一厅一厨一卫，装修较好。

◎ 米田村传统民居（摄于2016年）

村旁1千米处有一间明善寺，建于清光绪年间，坐北向南，门楣为石刻“明善寺”匾额，民国初有僧田40余亩。现寺内摆放观音神像，附近村民每年农历三月初三到寺拜祭。

传统节日有春节、清明节、四月八、端午节、七夕、

◎ 米田村明善寺（摄于2016年）

◎ 明善寺匾额（摄于2016年）

七月十四、中秋节、十月朝、冬至等。其中，每年农历正月十五为元宵节，有蒸发糕、食汤圆、做糍的习俗，以示庆贺春节圆满结束。传统婚嫁礼仪：结婚前要担定婚茶、报日子、送聘金、定嫁妆，行结婚礼时，要摆酒请客，迎亲和送亲。传统丧事习俗以土葬为主，1990年以后逐步实行火葬。其程序为举丧、入殓、出殡、送葬和做法事，将亡灵送入祠堂。办丧事只能煮白饭、花菜、黄豆煮猪肉等简单的饭菜。

村有赤米田的传说。传说村后面有座名为牛角冚的山，山中有一个石洞能自动出大米，故该村称为出米田。后来被贪婪成性的一位财主知道，提着米袋和工具，带着家丁去石洞，想取米一万石，因洞口太小，才流几升米，财主不满足，叫家丁凿大洞口，以便流出更多米。家丁挖了一时，突然一条大蛇窜出来，吓死了财主，家丁吓得落荒而逃，而出米洞再也不出米。后来，一位叫何赤的年轻人经过时，听到有水流声，于是在洞口凿下去，一股甘甜山水从洞口涌出来，灌溉周边的荒田，于是村民把村名定为赤米田村。

（资料填报：刘荣标，初稿撰写：刘荣标，总纂：李协湖）

胜堂前村

◎ 胜堂前村村貌（摄于 2016 年）

胜堂前村，曾用名圣堂前村，位于石角镇西部，距镇政府 10 千米。始建于清后期，由当地龙蟠村、小坑大围分村迁入而形成。因村庄位于南山庵下一片平坦地面（俗称地堂）而得名。

该村坐落于丘陵地带，村庄坐北向南。村东为汶坑村，南为山地，西为南山脑山，北为龙南河。省道 S252 线从村东 600 米处经过，村北 600 米处有县道（省道 S252 线—胜堂前）连接。

该村清嘉庆十八年（1813 年），属佛冈厅吉河乡小坑堡。民国时期，属佛冈县第一区龙冈乡。中华人民共和国成立初期，属佛冈县第一区龙冈乡。1958 年，属从化县佛冈人民公社汶坑大队。1961 年，属佛冈县龙南人民公社汶坑大队。1983 年，属龙南区汶坑乡。1987 年，属龙南乡汶坑行政村。1989 年，月属龙南乡汶坑管理区。1994 年，属龙南镇汶坑管理区。1998 年，属龙南镇汶坑行政村。2004 年，属石角镇汶坑行政村。2005 年至今，属石角镇小梅行政村。

世居村民有刘姓、陆姓。刘姓，清末从附近龙蟠村、小坑大围迁到该村。陆姓，1955 年由佛冈县龙南乡山湖茶树下村迁至该村。

2015 年末，户籍人口 354 人，其中男性 190 人，女性 164 人。60 岁以上 56 人，其中 80 岁以上 7 人，最年长者 93 岁（女）。16 岁以下 45 人，其中留守儿童 3 人。实际在村居住和生活主要依靠农业收入 285 人，常年在城镇生活和务工 69 人。村民为汉族，广府民系，使用粤方言。

村有山地面积 188.93 公顷，耕地面积 7.87 公顷。村域林业资源丰富，有许多野生中药材，野山

◎ 沉香、牛大力种植基地（摄于 2016 年）

◎ 淮山种植基地（摄于 2016 年）

◎ 胜堂前村民居（摄于 2015 年）

猪、芒鼠、石蛤等时有出没。传统经济以农业为主，兼有林副产品经营。主要作物有水稻、番薯、花生，以个体经营为主，产值比较低。20 世纪 90 年代后期，村民逐步扩种沙糖桔，2011 年全村种植沙糖桔面积 13.33 公顷，总产值 80 多万元。2013 年起，沙糖桔产业消退，村民创办鸿荣种养专业社种植沉香、牛大力基地，嘉华专业社淮山和蔬菜基地。1982 年后，大部分青壮年外出打工。村民主要收入来源为农业、林副产品经营和外出务工。传统食品有粽子、发糕、油糍。其中，油糍为节庆食品和礼品，制作方法：先将糯米碾成粉，每 500 克米粉配 200 克糖的比例，把糖煮溶后拌粉搓匀，做成球形或椭圆形糍粑，然后用油炸熟即成。

1981 年通电，1987 年通电话，2009 年通有线电视，2013 年村道实现水泥硬底化、通自来水。村中建有垃圾收集站。

传统民居大多为广府民居。村庄由门楼、单间砖瓦房、正座、门楼、宗祠组成。村旁南山脑建有大佛庙，附近村民逢节庆日带上供品，进行供奉和拜祭。

传统节日有春节、清明节、四月八、端午节、七夕、七月十四、中秋节、十月朝、冬至等。传统婚礼习俗为报日子，送聘礼，定嫁妆，行结婚礼时要摆喜酒，请客迎亲和送亲。传统丧事习俗以土葬为主，1990 年以后逐步实行火化。其程序为举丧、入殓、出殡、送葬和做法事，将亡灵送入祠堂。办丧事只能做白饭、花菜、黄豆猪肉等简单的饭菜。

◎ 胜堂前村门楼（摄于 2016 年）

村民中有圣堂前村仙人迹的传说。村旁不远的一个山谷入口处，有一块巨石静卧在溪涧之中。大石上深嵌着两个形似脚印，人称"仙人迹"。相传在远古的时候，该村的原山水混浊，山上有妖气，村民体弱多病，玉皇大帝派独脚圣君下凡除妖。独脚圣君接旨后，骑着独脚神马出了南天门，趁着夜色来到圣堂前的上空。见一条黑色巨蟒盘踞在一个石洞里吐着毒雾。独脚圣君从半空中伸出他那巨型独脚，把巨蟒的头踩扁。因为用力过猛，把半壁山都踩塌。除去蛇妖，独脚神群降落在溪涧边巨石上，因为圣君和神马都只有一只脚，所以圣君和神马都在石上各自留下一只深深脚印。混浊腥臭的溪水也变得干净清澈了。从此村民饮上干净的水，村民的疾病都慢慢痊愈。为纪念神仙显圣除害、去浊扬清，村民在仙人迹对面山坡一棵大枫树下立了一个社坛，年年供奉祭祀，并把村庄改名为"圣堂前"。

1956年，在村旁荷木坪建佛冈县麻风病医院，将全县104个麻风病人集中安置医治。1987年，佛冈县成为首批广东省防治麻风病达标县。麻风病医院与县皮肤病防治站合并，迁到县城。1976年"农业学大寨"高潮期间，龙南公社抽调附近村劳力3000多人，投入农田基本建设，苦战40天，改造水田面积6.67公顷，小田整合成大田，深翻改土，河流裁弯改直，开排水渠等，全面改造该村的6.67公顷水田。

该村主要人物：刘思一（1883—1951），终生从事教育事业，1912年参与创办佛冈县立第一小学，并任教导主任。教书育人，桃李满门，在县教育界威望较高，其后辈有多人从事教育事业，其家庭堪称教育世家。刘礼复（1910—1969），民国时期毕业于中山大学，1940年佛冈中学迁往水头莲瑶黄氏宗祠续办期间任校长。刘一驹（1944—2014），曾任佛冈公路局局长、清远市公路局工会主席。刘西华（1964—），农村经济发展带头人，2007年开办嘉华水果专业合作社，被评为省级示范社单位，热心公益事业，现任政协第九届佛冈县委员会常委。刘祥清（1966—），毕业于广东武警学校，现任广州市荔湾区公安局副局长。

（资料填报：刘庙扬，初稿撰写：刘庙扬，总纂：李协湖）

汶坑村

◎ 汶坑村村貌（摄于2016年）

汶坑村，位于石角镇西部，距镇政府6千米。始建于清康熙年间，由当地龙蟠村分村，搬迁而形成。因村庄近水多蚊取名蚊坑围，后改为汶坑村。

该村坐落于丘陵地带，村庄坐南向北，村东为格海村，南为山地，西为米田村，北为小坑大围（龙南河相望）。龙南河自西向东经村旁流过后汇入滘江。省道S252线在村北面1.5千米处，有县道、乡道连接到该村。

村落形成时，属清远县吉河乡小坑堡。清嘉庆十八年(1813年)，属佛冈厅吉河乡小坑堡。民国时期，属佛冈县第一区龙冈乡。中华人民共和国成立初期，属佛冈县第一区龙冈乡。1958年，属从化县佛冈人民公社汶坑大队。1961年，属佛冈县龙南人民公社汶坑大队。1983年，属龙南区汶坑乡。1987年，属龙南乡汶坑行政村。1989年，属龙南乡汶坑管理区。1994年，属龙南镇汶坑管理区。1998年，属龙南镇汶坑行政村。2004年，属石角镇汶坑行政村。2005年至今，属石角镇小梅行政村。

世居村民有刘、周、廖三姓。刘姓，《刘氏族谱•彭城郡》记载，在宋末从福建迁移至广东潮州、兴宁，后迁从化，明初由从化迁入清远吉河乡（今佛冈石角镇）龙蟠村，清康熙年间从龙蟠村迁至该村。周姓，1947年由清远县汤塘（今佛冈县汤塘镇）迁入该村。廖姓，1957年由佛冈县汤塘镇迁入该村。

2015年末，户籍人口621人，其中男性320人，女性301人。60岁以上75人，其中80岁以上25人，最年长者101岁（女）。16岁以下130人。实际在村居住和生活主要依靠农业收入382人，常年在城镇生活和务工239人。村民均为汉族，广府民系，使用粤方言。

村有山地面积93.07公顷，耕地面积47.67公顷。林业资源丰富，有许多野生中药材，野山猪、芒鼠、石蛤等时有出没，山涧的山竹春笋较出名。传统经济以农业为主，兼有林副产品经营。主要种植水稻，蔬菜、番薯、花生、水果等。1995年后，村民逐步扩种沙糖桔，2011年全村种植沙糖桔面积40公顷，总产值240万元。2013年起，沙糖桔产业消退，村民改种其他果树及恢复种植汶坑红桔。2014年，引进瑞丰公司种植石斛基地。村民主要收入来源为农业生产、林副产品经营和外出务工。传统节庆食品

◎ 瑞丰石斛种植园（摄于 2016 年）

◎ 灌溉水车（摄于 1991 年）

有糯米糍、艾糍、粽子、白切鸡、扣肉、陶盘萝卜糍。陶盘萝卜糍的制作方法：将自产萝卜去皮洗净，剁碎、拌上粘米浆，加入肉粒或腊肉粒，少量盐水搓匀，倒入陶盘蒸熟即成，其特点为清香、嫩滑、可口，如配上炒熟花生米，味道更佳。

汶坑红桔（又名汶坑蜜桔）是该村特有水果品种。在村的桔仔冚（土名）生长一野生桔树，树主杆 1 米多高，树径 0.25 米，生长有三枝大丫，年年挂果，果实大呈橙红色鲜艳夺目，品质清甜爽口。由于它粗生易管，年年挂果，惹人喜爱，村民于 1962 年进行圈枝繁育，1966 年利用这棵树圈枝 30 棵培植成功，后来发展少量规模种植，近年逐渐扩大种植。

1981 年通电，1987 年通电话，2009 年通电视，

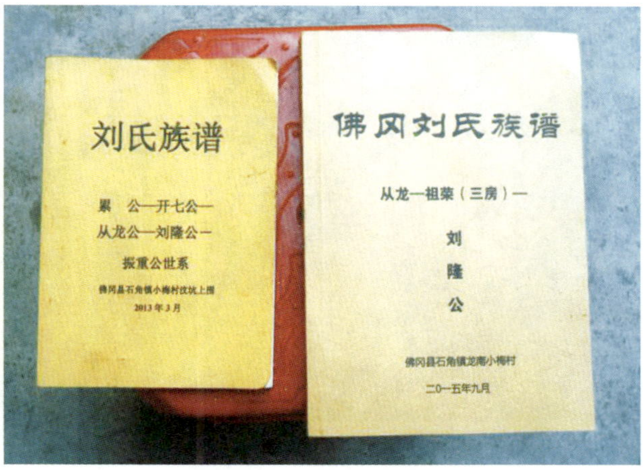

◎《刘氏族谱》《佛冈刘氏族谱》（摄于 2015 年）

2011 年村道实现水泥硬底化，2013 年通自来水。村中建有垃圾收集站。

传统民居为广府民居。围水屋，三合土墙（或火砖墙），硬山顶，盖灰瓦，一般占地面积 20 平方米。建于民国及中华人民共和国成立后，保存完好，均有人居住。1990 年后，村民先后搬进自建钢筋混凝土楼房。村中有刘氏宗祠，始建于 1935 年，重修于 1947 年，现占地面积 100 平方米。宗祠内有楹联“修复堂阶丽；昂壮志气高”。

村民宗族活动是每年农历正月初四，到龙蟠拜祭刘氏大宗祠，举行接三王活动。

传统节日有春节、清明节、四月八、端午节、七夕、七月十四、中秋节、冬至等。其中，农历七月初为七夕，传说是七仙女下凡的日子，村民杀鸡鸭聚餐，晚间举行“拜七仙”活动。当天清晨各家贮存七月七日水。传说七月七日水可长期贮存而不变质，是夏天的清凉饮料。

传统婚嫁礼仪，男女相识交往后，女方家亲友要到男方家看家风，结婚前要担定婚茶、报日子、送礼金、定嫁妆，行结婚礼时，要摆酒请客，迎亲和送亲。传统丧事以土葬为主，1990 年以后逐步实行火葬。其程序为举丧、入殓、出殡、送葬和做法事，将亡灵牌送入祠堂。

1915 年，因姓氏械斗，汶坑村房屋全部烧毁，于民国时期重建。1957 年，建杉山陂水利工程，河长 5 千米，至 1960 年建成。1976 年，进行汶坑河改造，

◎ 汶坑村传统民居（摄于 2016 年）

◎ 汶坑大桥（摄于 2016 年）

全长约 3 千米，建汶坑大桥（2005 年被洪水冲毁）。2006 年，重建汶坑大桥。2013 年，整治龙南河（汶坑段）堤围工程 1200 米。

该村的刘北源（1926—1990），曾任乳源县人大常委会副主任。刘华浪（1954—），曾任汶坑村（管理区）党支部书记，曾当选为清远市第四届人大代表，带动村民种植沙糖桔，该村的沙糖桔参评 2005 年清远市农博会，获金鸡奖。

（资料填报：刘荣标，初稿撰写：刘荣标，总纂：李协湖）

小坑大围

◎ 小坑大围村貌（摄于 2016 年）

小坑大围，位于石角镇西部，距镇政府 6 千米。始建于明中期，由当地的龙蟠村分村搬迁而形成，因村有一条小溪穿过而得名。后因人口发展居住外迁，便形成西围、中围、水围、格田 4 个居住点。

该村坐落于丘陵地带，坐北向南，村东为临山，南与龙南河对岸格海村相望，西与龙南河对岸汶坑村相望，北靠庭东脑山。龙南河自西向东流至不远的滘江河。省道 S252 线距村 1.2 千米，有乡道（省道 S252 线—小坑大围）连接。

村落形成时，属清远县吉河乡小坑堡。清嘉庆十八年（1813 年），属佛冈厅吉河乡小坑堡。民国时期，属佛冈县第一区龙冈乡。中华人民共和国成立初期，属佛冈县第一区龙冈乡。1958 年，属从化县佛冈人民公社小坑大队。1961 年，属佛冈县龙南人民公社小坑大队。1983 年，属龙南区小坑乡。1987 年，属龙南乡小坑行政村。1989 年，属龙南乡小坑管理区。1994 年，属龙南镇小坑管理区。1998 年，属龙南镇小坑行政村。2004 年，属石角镇小坑行政村。2005 年至今，属石角镇小梅行政村。

世居村民为刘姓。据《刘氏族谱•彭城郡》记载，刘氏族人由宋代从福建迁入广东兴宁，后迁入从化。明初，刘从龙由从化迁徙至清远吉河乡（佛冈石角镇）龙蟠村建村。明中期，刘胜至从龙蟠迁至小坑大围，清中期，开始向外迁移分支。

2015 年末，户籍人口 1335 人，其中男性 694 人，女性 641 人。60 岁以上 268 人，其中 80 岁以上 39 人，最年长者 96 岁（女）。16 岁以下 267 人，其中留守儿童 10 人。实际在村居住和生活主要依靠农业收入 1008 人，常年在城镇生活和务工 327 人。祖籍该村的港澳台同胞 19 人。祖籍该村的华人华侨 2 人，主要分布在美国。村民均为汉族，广府民系，使用粤方言。

村有山地面积 685.8 公顷，耕地面积 120.07 公顷。林业资源丰富，有许多野生中药材，芒鼠、石蛤等时有出没，山涧的山竹春笋较出名。传统经济以农业为主，兼有林副产品生产。主要作物有水稻、番薯、木薯、花生、大豆。现多种植水果蔬菜。1996 年开始，村民逐步扩种沙糖桔，2011 年全村种植沙糖桔面积 6.67 公顷，总产值 40 万元。2013 年起，沙糖桔产业消退，村民改种芦笋、蔬菜、青花梨及其他果树。2014 年，佛冈县惠文优质种养专业社整合土地 20 公顷，在大

◎ 村民在大棚收获芦笋（摄于2016年）

◎ 村民在玩具厂做工（摄于2016年）

棚种植优质蔬菜基地，该基地获广东省妇联、农业厅联合授予“广东省巾帼创业示范基业”的称号。村中吸引厂商办玩具装配工场，招收村中妇女做工。村民主要收入来源为农业和外出务工。传统节庆食品有粽子、糯米糕、豆腐、白切鸡、蒸鹅等。

20世纪60年代后期通电话，1978年通电，1984年通自来水，2010年村道实现水泥硬底化，2012年通电视、网络。有小坑公园，内有篮球场。有小坑文化室，设图书室1间，藏书800册。该村有小坑小学，2015年，在校学生74人，教职工4人。校内设有学前教育混合班1个，有幼儿12人。村中建有垃圾回收站。

传统民居有正座民居和围水屋两种。现存正座民居50座，保存基本完好。民居为一厅两廊四房一天井布局。砖木结构，三合土墙，硬山顶，盖灰瓦。正座有两廊门为出入口，屋内以方砖铺地，天井用鹅卵石铺砌，排水设施完备，一般占地面积68平方米。有许多围水屋，三合土墙（或火砖墙），硬山顶，盖灰瓦，一般占地面积20平方米。建于民国及中华人民共和国成立后，保存完好，均有人居住。1998年后，村民先后搬进自建钢筋混凝土二层楼房。

该村被列入佛冈县不可移动文物名录的有4处：大鸾刘公祠，始建于明末清初，占地面积373.8平

◎ 悦云刘公祠（摄于2016年）

◎ 小坑小学一角（摄于2016年）

◎ 大鸾刘公祠（摄于2016年）

方米，存有“大鸾刘公祠”的匾额。悦云刘公祠，始建于清顺治七年（1650年），占地面积338平方米。公祠有楹联：“传家学术推先哲；绎世文章按后昆。”代表性的匾额：“悦云刘公祠”和“武略骑尉”。镇江古庙，始建于清代，占地面积133平方米。存有记载两次维修古庙的石碑和记载移建古庙的石碑。刘冕董安人双墓，建于明嘉靖三十七年（1558年），占地面积133平方米。

◎ 镇江古庙（摄于2016年）

《刘氏族谱·悦云续修本》族谱，2004年由悦云公族谱修谱委员会编印。族谱中有家训：“敦考悌、和乡邻、睦宗族、端士品、务本业、戒淫恶、戒争讼、戒赌博。”另载广传公的诗，其中有：“早晚勿忘亲命语，辰昏镇祠欧祖炉香。”

主要宗族活动有：舞火龙，起源于清初期，火龙由稻草捆扎成草龙，插上点燃香枝。在农历正月十四、十五两晚进行，由十多人舞火龙，龙身十多米。舞火龙时打锣鼓，点爆竹，有舞狮、舞鸡公、舞鱼龙相伴，舞龙队伍由众多村民在鞭炮锣鼓沿村各家门前进行舞火龙。接三王活动，三王是指流传吉河洞（今佛冈水头、石角一带地区）被神化的人物（刘泉及左右护卫），是吉河洞民众祈盼和睦、兴旺、平安的拜祭活动，当时吉河洞十个村按顺序轮流接送，每年接送一次，循环不断，每个接送周期为十年。其中，小坑大围接两次，在农历十月初一到来之前就选定主持人。接方和送方准备的物品主要有纸钱、香烛、鞭炮、鸡、猪肉、茶、酒、发糕、谷米等祭祀用品。接方村庄要及早准备在祠堂正中供奉三王神位的位置，送方村庄要及早准备三王的新服装，以待送出神位时装扮。该习俗已有600多年，现被列入清远市非物质文化遗产名录。宗族拜祖活动，农历正月初四，到悦云刘公祠举行宗族祭祖，随后到龙蟠村刘氏大宗祠参加祭祀活动。打醮活动，农历正月初八、十五分两期，请法师在村做法事，祈求神灵保佑，消灾纳福。抢花炮活动，农历年初，组织村民到镇江庙抢花炮活动。

建村时村民饮用距300米的龙南河水，清代中期开挖一条1千米水渠，引龙南河水从村中穿过，解决村民食水。直至1984年引用山泉水建蓄水池，铺砌水管入农户，解决食水卫生。

民国期间，为制止乱伐后背山林木，制定对乱伐者给予重罚的族规，制止乱伐现象。1976年进行汶坑河改造，河道裁弯改直，整治该村河道1.2千米，平整水田13.33公顷。2013年，国家支持改造堤围工程，建小坑大围大桥，防洪能力提高到50年一遇。

村中代表人物：刘缓，明代后期人，据族谱记载是明后期进士。刘冕，又名刘悦云，清代人，据族谱记载，曾任县令。刘达志，民国时期人，曾任翁源县县长。刘特平（？—1927），又名刘达荣，革命烈士，1926年加入中国共青团，1927年在仲恺农校任共青团支部书记，1927年在广州被捕遇害。刘荣禄（1900—1950），革命烈士，北江第一支队战士，1949年参加游击队，1950年在清远县战斗中牺牲。刘健云（1908—1993），1925年参加中国共产党，1938年回到佛冈从事中共地下秘密工作，曾参加过省港罢工、广州起义。中华人民共和国成立后，曾任广东省公安厅处长职务。刘南锦（1934—2007），曾任广州轴承厂厂长、党委书记。刘北满（1934—），曾任佛冈县人民法院副院长，曾获广东省政法先进工作者、高级人民法院劳动模范、二等功臣称号。

（资料填报：刘北满、刘志荣，初稿撰写：刘北满、刘志荣，总纂：李协湖）

○诚迳行政村

大陂坑村

◎ 大陂坑村村貌（摄于 2016 年）

大陂坑村，位于石角镇北部，距镇政府 14 千米。始建于明正德年间，由新丰瑶田迁移聚居而成。因靠近大山，村旁有小溪，故取名为大坡坑村。后改为大陂坑村。

该村坐落于观音山（桃峰山）东南方丘陵地，三面环山。东为入村小路，南为桃峰山，西为背后山，北为大风脑山。溪流自西北向东南流至诚迳河，然后汇入潖江。京港澳高速公路、国道 G106 线从村旁 1 千米处经过。

村落形成时，属清远县吉河乡神迳堡。清嘉庆十八年（1813 年），属佛冈厅吉河乡神迳堡。民国时期，属佛冈县一区南冈乡。中华人民共和国成立初期，属佛冈县第一区三八乡。1958 年，属从化县佛冈人民公社诚迳大队。1961 年，属佛冈县三八人民公社诚迳大队。1983 年，属三八区诚迳乡。1987 年，属三八乡诚迳行政村。1994 年，属三八镇诚迳管理区。1998 年，属三八镇诚迳行政村。2004 年至今，属石角镇诚迳行政村。

世居村民为潘姓、宋姓。潘姓，据《潘氏族谱》记载，明天顺年间潘氏族人由江西迁入广东，明正德年间始祖潘仲瑄从英德县塔子下村迁至该村。宋姓，明正德年间由附近大岭头村迁至该村。

2015 年末，户籍人口 565 人，其中男性 281 人，女性 284 人。60 岁以上 64 人，其中 80 岁以上 15 人，最年长者 96 岁（女）。16 岁以下 100 人，其中留守

◎ 大陂坑村三华李果园（摄于 2016 年）

儿童 13 人。实际在村居住和生活主要依靠农业收入 527 人，常年在城镇生活和务工 38 人。村民均为汉族，广府民系，使用粤方言。

村有山地面积 447.73 公顷，耕地面积 24.47 公顷。村落地处观音山自然保护区，山高林密，阔叶林资源丰富，野猪、黄猄时有出没。传统经济以农业为主，兼有林业经营。传统林业有木材、木柴、木炭、中药材等产品。传统种植主要农作物有水稻、番薯、木薯、花生等。1980 年以后，大部分青壮年外出打工。村民收入来源为农业、林业和外出务工。特色野生食品有冬菇、竹笋。传统节庆食品有艾糍、碱水粽。其中，碱水粽为端午节传统食品，用料为糯米、碱水、生油，制作方法：先将糯米淘洗干净，沥去水，倒上碱水拌匀，待碱水被米粒吸收后，再倒入生油拌匀。将长芒粽叶洗净焯过浸泡在清水里。先取长芒粽叶两三张，折拢成筒形，放置一头大一头尖的竹筒，放入糯米，轻轻抽出竹筒，折好粽叶，包裹成圆柱形粽子，用细小的竹篾或线绳扎牢。然后将米粽放入锅内加入井水旺火煮 1 小时，再改用文火焖煮 2 个多小时即可。吃时剥去粽叶，撒上白糖，或蘸些红糖水均可。

1985 年通电，1998 年通电话，2006 年村道实现水泥硬底化，2010 年通电视，2013 年通自来水。2015 年，兴建篮球场和大陂坑村文化室。村中建有垃圾收集点。

传统民居现存正座屋（四门归厅）和围水屋（平房）共 50 座，建于民国以后。村中有潘氏宗祠，始建于明万历四十三年（1615 年），重修于 1990 年，占地面积 140 平方米，现作潘氏宗族祭祖使用。20 世纪 90 年代后期，村民先后搬进自建钢筋混凝土二

◎ 大陂坑村传统民居（摄于 2016 年）

◎ 大陂坑祠堂（摄于 2016 年）

◎ 雁岩石室（摄于 2010 年）

◎ 摩崖石刻（摄于 2010 年）

层楼房，各项设施完备。

雁岩石室（又称观音山窟寺）在该村境内。位于村后观音山上，清嘉庆年间开寺，有僧田和建筑物。寺坐北向南，面阔 1 米，进深 7 米，高 3.5 米，面积 76 平方米。由几块巨大天然石块组成，分上下共一层半，此岩旁立巨石，正壁刻着“永佛寺”三字，里面有一个神龛。雁岩石室上有一块大石作盖，内可容纳 100 多人，当门有一个石床，据《佛冈厅志》记载，雁岩石室是佛冈传统十景之一，2012 年被列入佛冈县不可移动文物保护名录。

距该村 1 千米的国道 G106 线旁，有座白石古庙，村民逢年过节和农历初一、十五前往烧香拜祭，祈求福佑。

村有舞鸡公狮习俗，起源于 100 多年前，属广东潘氏鸡公狮，每逢春节期间，村民舞动狮子走访别处兄弟，如英德塔子下、新丰县沙田、毛田一带。村民结婚时，舞狮子拜新郎新娘，祈求早生贵子，家庭和睦幸福，白头到老。春节期间瑞狮拜门，祈求新年行好运，旺丁旺财，人口平安，五谷丰登。

传统节日为春节、清明节、四月八、端午节、七夕、七月十四、中秋节、十月朝、冬至等。传统婚嫁习俗中，男女相识交往后，女方家亲友要到男方家看家风，结婚前要担定婚茶、报日子、送礼金、定嫁妆，行结婚礼时，要摆酒请客，迎亲和送亲，然后三朝回门。发生丧事时，传统以土葬为主，1990 年以后逐步实行火葬。其程序为举丧、入殓、出殡、送葬、做法事，将亡灵牌送入祠堂。办丧事只能做白饭，花菜、黄豆煮猪肉等简单的饭菜，用餐时不坐高台高凳，拆下事主家的门板放于门前的巷地上当饭桌。

1941 年，一场特大暴雨引发洪灾，洪水将该村前后两片农田淹没。1989 年 11 月，经清远市人民政府批准认定该村为抗日战争游击根据地。2013 年 5 月 15 日，一场特大暴雨造成大片农田淹没，沙土覆盖农田 1 公顷。

1949 年，该村的潘绪燕、潘绪森参加地方革命活动。后潘绪森被国民党当局逮捕，在佛冈塘二桥头（原名莲花江桥）遇害。该村的潘钢鸣（1965—），现任清远市清新区人民检察院检察长。

（资料填报：潘桂平，初稿撰写：潘桂平，总纂：李协湖）

更古村

◎ 更古村村貌（摄于 2016 年）

更古村，位于石角镇北部，距镇政府 13 千米。始建于清初，由南迁移民聚居而成。因背后山上与山下各有一块大石，传说会发出上叮下咄的打更声，故取名更古村。

村坐落于观音山东南，村东为石龙村，南为小河，西为小溪，北为背后山。溪流自西北向东南流至不远处的诚迳河。京港澳高速公路、国道 G106 线从村旁经过。该村乡道连接国道 G106 线。

村落形成时，属清远县吉河乡神迳堡。清嘉庆十八年（1813 年），属佛冈厅吉河乡神迳堡。民国时期，属佛冈县一区南冈乡。中华人民共和国成立初期，属佛冈县一区三八乡。1958 年，属从化县佛冈人民公社诚迳大队。1961 年，属佛冈县三八人民公社诚迳大队。1983 年，属三八区诚迳乡。1987 年，属三八乡诚迳行政村。1994 年，属三八镇诚迳管理区。1998 年，属三八镇诚迳行政村。2004 年至今，属石角镇诚迳行政村。

世居村民为罗姓。据《罗氏族谱》记载，北宋乾德二年（964 年），罗氏族人由河南迁入广东，清初开村始祖罗日瑞迁至该村，清代中期开始向外迁分支。

2015 年末，户籍人口 207 人，其中男性 102 人，女性 105 人。60 岁以上 8 人，其中 80 岁以上 3 人，最年长者 91 岁（男）。16 岁以下 38 人，其中留守儿童 3 人。实际在村居住和生活主要依靠农业收入 138 人，常年在城镇生活和务工 69 人。村民均为汉族，广府民系，使用粤方言。

村有山地面积 94 公顷，耕地面积 10.67 公顷。林业、中草药、野生动物资源丰富。传统经济以农

◎ 更古村林产品加工场（摄于 2016 年）

业为主，兼有林业经营。主要种植作物有水稻、番薯、木薯、花生等。1990 年后，大部分青壮年外出打工。村民收入来源为农业生产、林业经营和外出务工。传统食品有白切鸡、焖鹅等。传统节庆食品有艾糍、粽子、糯米糍等。

1979 年通电，1999 年通电话，2010 年通电视，2014 年村道实现水泥硬底化。村有文化休闲公园、文化室等文体设施，并建有垃圾收集点。

◎ 更古村休闲公园一角（摄于 2016 年）

◎ 更古村一角（摄于 2016 年）

传统民居为正座屋（四门归厅）和围水屋（平房），现存正座民居 2 座，建筑年代距今均 200 年以上，保存基本完好。许多民居为围水屋。村有门楼，建于 1964 年，占地面积约 20 平方米。村有宗祠有 1 座，

◎ 更古村传统民居（摄于 2016 年）

始建于清顺治年间，占地面积 100 平方米，2012 年重修。1990 年后，村民先后搬进自建钢筋混凝土二层楼房。村旁有白石庙，位于村东 0.5 千米外，是附近村庄民众烧香拜祭的场所。供奉多尊神像，农历每月初一、十五，村民都前来拜祭。

传统节日有春节、清明节、四月八、端午节、七月十四、中秋节、冬至等。清明节，家家户户门楣插柳枝和桃叶以驱邪，采艾做糍，名为“艾糍”，并进行扫墓活动。扫墓期间，在外地谋生的人都尽可能赶回来祭扫祖墓。该村传统习俗有拜观音、拜土地公、重阳祭祖。每年正月初十有上灯风俗。当天村民聚在一起迎灯、接灯、宴请亲朋好友。传统婚嫁习俗中，有定婚、送聘金、定嫁妆、迎亲、摆酒请客、回门等仪式。传统丧葬习俗以土葬为主，1990 年后逐步实行火葬。程序主要有竖灵、入殓、引灵、接体、奠礼、出殡、送葬、火化、安葬等。

2013 年 5 月 15 日晚上 12 时，百年一遇的特大洪水袭击该村。洪水涌入村庄，全村村民被迫转移到后山上，洪水持续 3 小时，造成农田水浸 1.33 公顷，房屋倒塌，财物损失达 15 万元，无人员伤亡。

（资料填报：罗社平，初稿撰写：罗社平，总纂：李协湖）

石龙村

◎ 石龙村村貌（摄于2016年）

石龙村，位于石角镇北部，距镇政府13千米。始建于清嘉庆十八年（1813年），由新丰移民聚居而成。因该村位于诚迳堡前，民间认为为龙脉之地，且山岗上石头多，故取名石龙村。

村坐落于丘陵地带，村东为国道G106线，南为诚迳河，西为隔河相望正冚尾山（又名白石山），北为南楼村。京港澳高速公路、国道G106线从村旁经过。

清嘉庆十八年，属佛冈厅吉河乡神迳堡。民国时期，属佛冈县一区南冈乡。中华人民共和国成立初期，属佛冈县一区三八乡。1958年，属从化县佛冈人民公社诚迳大队。1961年，属佛冈县三八人民公社诚迳大队。1983年，属三八区诚迳乡。1987年，属三八乡诚迳行政村。1994年，属三八镇诚迳管理区。1998年，属三八镇诚迳行政村。2004年至今，属石角镇诚迳行政村。

世居村民为陈姓。据《陈氏族谱》记载，清嘉庆十八年，由新丰迁到该村，定居后繁衍生息。

2015年末，户籍人口360人，其中男性185人，女性175人。60岁以上32人，其中80岁以上10人，最年长者88岁（女）。16岁以下35人，其中留守儿童5人。实际在村居住和生活主要依靠农业收入330人，常年在城镇生活和务工30人。村民均为汉族，广府民系，使用粤方言。

村有山地面积75.73公顷，耕地面积8.33公顷。自然资源主要有山林、中草药，野生动物有野猪、黄猄、蛇类。传统经济以农业为主，兼有林业经营。传统林业有木材、木柴、木炭、中药材及野生冬菇、木耳等产品。村地处观音山自然保护区，有大片野

◎ 石龙村番石榴果园（摄于2016年）

◎ 村民喂猪（摄于 2016 年）

◎ 石龙村传统民居（摄于 2016 年）

生枫树，在春节过后，村民上山采摘枫树芽蕾，用锅炒后晒干，成为枫木耳茶。此茶沸水泡饮清爽芳香，如密封存放三年以上，味道更佳。主要作物有水稻、番薯、木薯、花生等。1990 年后，大部分青壮年外出打工。村民收入来源为农业、林业和外出务工。传统节庆食品有白切鸡、焖鹅、艾糍、粽子、糯米糍等。

1981 年通电，1990 年通电话，2000 年通电视，2010 年村道实现水泥硬底化。村中有文化室、篮球场。

村旁有条挂牌径古道（原名界牌古道），此道北起高岗朱洞村（今石山下村）经石龙村交界处，南至石角莲溪饮水塘村。此古道是羊肠小道，道旁高山对峙，挂牌径是佛冈建厅前位于清远县吉河乡与英德县观音乡交界的地方，全长 4 千米多，路宽 1.8 米，有部分为石阶路面铺砌。有部分为石阶路面铺砌。北可通栗坑和牛角塘。径北口有官厅村，跨高岗圩和烟岭圩各 15 千米。径南口有洋浦塘村，距石角约 20 千米。挂牌径曾是佛冈南北交通的咽喉。20 世纪 50 年代初，广韶公路开通后，此道行人甚少，逐渐荒废。

传统民居为广府民居。正座民居（四门归厅）现存 50 座，每座面积 68 平方米。单间平房（围水屋）12 间，每间面积 20 平方米。民居为砖木结构。1990 年后，村民先后搬进自建钢筋混凝土楼房。村旁有白石庙，摆有观音塑像，逢年过节或农历初一、十五村民带上供品到庙里拜祭。

村中有座济常陈公祠，始建于清代，占地面积 220 平方米。该祠堂坐东向西，三进三间两廊一天井布局，面阔 10 米，进深 22 米，墙厚 35 厘米。土木结构，泥砖墙，石块铺地，木柱，硬山顶，盖灰瓦，有木雕。民国期间，该祠堂曾作为中共佛冈地下组织秘密会议地点。2012 年，被列入佛冈县不可移动文物名录。

◎ 白石庙（摄于 2016 年）

◎ 济常陈公祠（摄于 2016 年）

传统节日为春节、清明节、四月八、端午节、七夕、七月十四、中秋节、十月朝、冬至等。春节期间民间习俗：农历腊月二十三称“小年”，家家户户打扫庭院、做年货。有在“小年”的晚饭后送灶君，年三十晚接灶君的拜祭习俗。年三十，合家吃“团年饭”，饭后长者要给小孩“压岁钱”。年初一清早，各家各户相互拜年，年初二回娘家或探亲。传统婚嫁习俗中，结婚前要担定婚茶、报日子、送聘金、定嫁妆，行结婚礼时，要摆酒请客，迎亲、送亲和三朝回门。传统丧事习俗以土葬为主，1990年后逐步实行火葬。其程序为举丧、入殓、出殡、送葬和做法事，将亡灵牌送入祠堂。办丧事只能做白饭和花菜、黄豆煮猪肉等简单的饭菜招待。

该村是诚迳革命老区之一，在中国共产党领导下，从大革命时期至中华人民共和国成立前，老区人民为民族解放事业，先后有44人英勇牺牲，128人被国民党投入监狱，被烧毁房屋200余间。1989年11月，经清远市人民政府批准认定该村为抗日战争游击根据地。2013年5月15日，石龙村遭遇特大洪灾，造成一人死亡。

该村的陈祥图（1927—1948），革命烈士，1948年初参加佛冈人民义勇大队，1948年3月8日在大陂坑战斗中被俘遇害。陈国祥（1930—2008），曾任佛冈县人民政府副县长、广州经济技术开发区财政局局长。

（资料填报：陈灶休，初稿撰写：陈灶休，总纂：李协湖）

高 围

◎ 高围村貌（摄于 2016 年）

高围，位于石角镇北部，距镇政府 12 千米。始建于明后期，由英德县高台乡（今佛冈县高岗镇）下湾村分村搬迁而成，因村中水域有瀑布、石寨多处，水中所产甜鱼，故名甜鱼寨。中华人民共和国成立初期该村分为上围、下围，以高围顶为界，将高围顶、散围、上佛 3 个居住点称为上围，将围脚、春昌、杨布塘 3 个居住点称为下围，后简称为高围。

该村坐落于诚迳河畔，诚迳河水自北向南经村流过。村东有国道 G106 线，南为石龙村，村西有京港澳高速公路经过，西为后背山，北为石山下村。

村落形成时，属清远县吉河乡神迳堡。清嘉庆十八年（1813 年），属佛冈厅吉河乡神迳堡。民国时期，属佛冈县一区南冈乡。中华人民共和国成立初期，属佛冈县一区三八乡。1958 年，属从化县佛冈人民公社诚迳大队。1961 年，属佛冈县三八人民公社诚迳大队。1983 年，属三八区诚迳乡。1987 年，属三八乡诚迳行政村。1994 年，属三八镇诚迳管理区。1998 年，属三八镇诚迳行政村。2004 年至今，属石角镇诚迳行政村。

世居村民为何姓、黎姓、赖姓、邓姓、朱姓、宋姓。何姓，明洪武十九年（1386 年），何氏帝龙由翁源县江子镇迁居英德县高台乡（今佛冈县高岗镇）下湾村，明末分支迁至该村。黎姓，明末自清远县吉河乡黄田堡（今佛冈县水头镇）茶园迁至该村。赖姓，清初由英德潭头迁至该村。朱姓，清初由英德县高台乡（今佛冈县高岗镇）礼溪村迁至该村。宋姓，清初期由附近诚迳高寨迁至该村。邓姓，清中期由清远县吉河乡（今佛冈县石角镇）科旺低村迁至该村。

2015 年末，户籍人口 590 人，其中男性 292 人，

◎ 村民养殖蜜蜂（摄于 2016 年）

女性298人。60岁以上90人，其中80岁以上22人，最年长者95岁（男）。16岁以下70人，其中留守儿童6人。实际在村居住和生活主要依靠农业收入410人，常年在城镇生活和务工180人。村民均为汉族，广府民系，使用粤方言。

村有山地面积305.47公顷，耕地面积12.8公顷。自然资源主要有山林、中草药，野生动物有野猪、黄猄、蛇类等。传统经济以农业为主，兼有林业经营。村地处观音山自然保护区，有许多野生锥子、杨梅、山楂等山果。主要农作物有水稻、番薯、木薯、花生、大豆等。1990年后，大部分青壮年外出打工。村民收入来源为农业生产、林业经营和外出务工。传统食品有白切鸡、焖鹅、客家豆腐等。传统节庆食品有艾糍、粽子、糯米糍等。

20世纪80年代初通电，90年代末通电话，2008年村道实现水泥硬底化，2010年通电视，2014年村中自筹资金在国道G106线旁建候车亭一座。

传统民居有正座屋和围水屋两种。正座大厅设在中间，两边为侧房，有二门归厅，或四门归厅，前面设院墙，厨房设在侧房。1990年后，许多村民在旧民居附近，先后搬进自建钢筋混凝土楼房。围内各姓均有祖祠，保存较好的为帝龙何氏祖祠。

传统节日为春节、清明节、四月八、端午节、七夕、七月十四、中秋节、十月朝、冬至等。传统婚嫁习俗中，男女相识交往后，女方家亲友要到男方家探家风，结婚时要担定婚茶、报日子、送聘金、定嫁妆，行结婚礼时，要摆酒请客、迎亲和送亲。发生丧事时，传统习俗以土葬为主，1990年以后逐步实行火葬。其程序为举丧、入殓、出殡、送葬、做法事，将亡灵牌送入祠堂。

◎ 帝龙何氏祖祠（摄于2016年）

该村是诚迳革命老区之一，在中国共产党领导下，从大革命时期至中华人民共和国成立前，先后有44人英勇牺牲，128人被国民党投入监狱，被烧毁房屋200余间。1949年5月30日，中国人民解放军粤赣湘边纵队北一支四团在该村北面（挂牌迳）处，歼灭国民党军第九十一师二七二团一个营。取得挂牌迳大捷战役的胜利。1989年11月，经清远市人民政府批准认定该村为抗日战争游击革命根据地。

2013年5月15日，一场暴雨引发特大洪灾，洪水淹没农田和水浸民居，给村民造成财产重大损失。

（资料填报：何桂林，初稿撰写：何桂林，总纂：李协湖）

水口村

◎ 水口村村貌（摄于 2016 年）

水口村，位于石角镇东北部，距镇政府 12 千米。建于清初期，由当地的大塘分村搬迁而成，因地处 3 条小溪汇合处而得名水口村。

该村坐落于丘陵地带，坐北向南，村东为水尾河，村南有京港澳高速公路、国道 G106 线在村前经过，西为诚迳河，北为塘冚山。村里有塘冚山，溪流自塘冚山流向不远处的潖江。

村落形成时，属清远县吉河乡神迳堡。清嘉庆十八年(1813 年)，属佛冈厅吉河乡神迳堡。民国时期，属南冈乡。中华人民共和国成立初期，属佛冈县第一区三八乡。1958 年，属从化县佛冈人民公社诚迳大队。1961 年，属佛冈县三八人民公社诚迳大队。1983 年，属三八区诚迳乡。1987 年，属三八乡诚迳行政村。1994 年，属三八镇诚迳管理区。1998 年，属三八镇诚迳行政村。2004 年至今，属石角镇诚迳行政村。

世居村民为宋姓。据《宋氏族谱》记载，宋氏清初由附近大塘村迁至该村。村民均为汉族，广府民系，使用粤方言。

2015 年末，户籍人口 600 人，其中男性 295 人，女性 305 人。60 岁以上 50 人，其中 80 岁以上 10 人，最年长者 96 岁（男）。16 岁以下有 50 人，其中留守儿童 3 人。实际在村居住和生活主要依靠农业收入 450 人，常年在城镇生活和务工 150 人。

村有山地面积 302.2 公顷，耕地面积 19.33 公顷。自然资源主要有杂树山林、中草药，野生动物有野猪、黄猄、蛇类等。传统经济以农业为主，兼有林产品经营。主要作物有水稻、番薯、木薯、花生等。1995 年后，大部分青壮年外出打工。村民主要收入来源为农业、林产品经营、外出务工。传统节庆食品有白切鸡、焖鹅、艾糍、粽子、糯米糍等。

1980 年通电，2001 年通电话，2010 年通电视，2010 年村道实现水泥硬底化。村中有文化室、篮球场等活动场所。建有垃圾收集点，

传统民居为砖木结构平房。正座大厅设在中间，两边为侧房，有二门归厅、有四门归厅，前面设院墙，厨房设在侧房。传统正座民居现存 30 座，每座面积 90 平方米。单间民居现存 10 间，每间面积 20 平方米。村内有水口祠堂，三合土墙，龙船脊，盖灰瓦。村民在节庆喜事时带上供品，到祠堂烧香拜祭。

◎ 水口村民居（摄于 2016 年）

◎ 水口祠堂（摄于 2016 年）

传统婚嫁习俗，男女相识交往后，女方家亲友到男方家探家风，结婚时担定婚茶、报日子、送礼金、迎亲等。该村发生丧事时，传统以土葬为主，1990 年以后逐步实行火葬。其程序为举丧、入殓、出殡、送葬、做法事，将亡灵送入祠堂。

◎ 水口桥石牌（摄于 2016 年）

该村是诚迳革命老区之一，在中国共产党领导下，从大革命时期至中华人民共和国成立前，老区人民为民族解放事业，坚持革命斗争。1989 年 11 月，经清远市人民政府批准认定该村为抗日战争游击根据地。

清道光十三年（1833 年），由村民捐资在村建石桥，并立石牌，此桥现已不存。1969 年 4 月 2 日，微型全贯流式水轮发电机组在该村建成并发电运行，该机组装容量 18 千瓦，是佛冈县第一个山区农村用电照明村庄。2013 年 5 月 15 日，该村遭遇百年一遇洪灾，农田、房屋、财产严重受损，一人死亡。

2015 年，获广东省爱国卫生运动委员会授予的“广东省卫生村”称号。

该村的代表人物：宋华（1902—1928），又名宋华兴，革命烈士。1922 年到广州花地东如泰油厂做工，1924 年被广州油业工会选送到广州农民运动讲习所为第二届学员，同年 8 月加入中国共产党。毕业后按照中共组织的安排以共产党员的身份加入国民党，在国民党任特派员，被派往国民党乐昌县当执行委员，组织乐昌河南、府城、坪石、脉塘等地农会。1927 年，宋华任清远工农革命独立团参谋长，曾率领北江部分农民自卫军，参加震惊中外的“八一”南昌起义和广州起义。12 月 11 日，宋华在广州起义时，率领敢死队配合教导团攻下国民党顽固堡垒——广州市公安局。广州起义失败后，1928 年 1 月，中共广东省委派宋华到南雄县指导工作，与南雄县党组织一起开展建立游击武装和游击根据地工作。参与指挥攻打坪田坳、大塘圩两次战斗，并取得两次战斗胜利。两次战斗结束后，宋华奉命前往香港向广东省委汇报工作，途经广州时，被叛徒出卖而被捕，1928 年于广州东校场英勇就义，时年 26 岁。

◎ 宋华烈士故居（摄于 2016 年）

（资料填报：宋海灯，初稿撰写：宋海灯，总纂：李协湖）

坟前村

◎ 坟前村村貌（摄于 2016 年）

坟前村，位于石角镇北部，距镇政府 13 千米。始建于清康熙四年（1665 年），由附近三八鲤鱼塘村分村迁入而成，因村背后山为坟葬岗，而取名坟前村。

该村坐落于丘陵地带，村东为国道 G106 线，村西有京港澳高速公路，北有小溪，相邻村南为背底山，西为土楼村。

村落形成时，属清远县吉河乡神迳堡。清嘉庆十八年（1813 年），属佛冈厅吉河乡神迳堡。民国时期，属佛冈县一区南冈乡。中华人民共和国成立初期，属佛冈县一区三八乡。1958 年，属从化县佛冈人民公社诚迳大队。1961 年，属佛冈县三八人民公社诚迳大队。1983 年，属三八区诚迳乡。1987 年，属三八乡诚迳行政村。1994 年，属三八镇诚迳管理区。1998 年，属三八镇诚迳行政村。2004 年至今，属石角镇诚迳行政村。

世居村民为宋姓。清康熙四年，由清远县吉河乡龙溪堡（今佛冈县石角镇）鲤鱼塘村兄弟分家，其中一分支迁至该村。村民均为汉族，广府民系，使用粤方言。

2015 年末，户籍人口 100 人，其中男性 48 人，女性 52 人。60 岁以上 16 人，其中 80 岁以上 3 人，最年长者 85 岁（女）。16 岁以下 17 人，其中留守儿童 2 人。实际在村居住和生活主要依靠农业收入 72 人，常年在城镇生活和务工 28 人。

该村有山地面积 33.33 公顷，耕地面积 2.25 公顷。自然资源主要有石英石矿产、山林，野生动物有野猪、穿山甲、蛇类等。传统经济以农业为主，兼有林业经营。传统主要农作物有水稻、番薯、木薯、

◎ 坟前村菜园（摄于 2016 年）

花生、大豆等。1990年后，大部分青壮年外出打工。村民主要收入来源为农业、林产品经营和外出务工。传统食品有白切鸡、焖鹅等。传统节庆食品有艾糍、粽子、糯米糍等。

20世纪70年代末通电，1999年通电话，2010年通网络，2014年村道实现水泥硬底化。村中建有垃圾收集点及文化休闲公园、文化室等娱乐设施。

◎ 坟前村传统民居（摄于2015年）

传统民居为正座民居和围水屋。正座民居大厅设在中间，两边为侧房，有的二门归厅，现存15座，由于年久失修，部分旧围屋已倒塌。围水屋部分仍有人居住。1990年后，村民先后在旧围屋附近，搬进自建钢筋混凝土楼房。

传统节日为春节、清明节、四月八、端午节、七月十四、中秋节、冬至等。清明节，家家户户门楣插柳枝和桃叶以驱邪，采艾做糍，名为“艾糍”。扫墓期间，在外地谋生的人都尽可能赶回来祭扫祖墓。传统婚嫁习俗中，男女介绍相识、求婚、看家风、定婚、送日子、接亲、送亲、请客婚庆、三朝回门的习俗依然存在。该村发生丧事时，传统以土葬为主，1990年以后逐步实行火葬。其程序为举丧、入殓、出殡、送葬、做法事，将亡灵送入祠堂。

2013年5月，发生百年一遇特大洪水，农田、房屋受浸严重，直接经济损失50多万元。由于组织转移及时，无人员伤亡。

（资料填报：宋振就，初稿撰写：宋振就，总纂：李协湖）

高坪村

◎ 高坪村村貌（摄于 2016 年）

高坪村，位于石角镇北部，距镇政府 10 千米。始建明隆庆五年（1571 年），由宋氏族人从附近土楼村迁入居住。因位于山地高处而取名高坪村。1949 年后，高坪村分为上、下 2 个居住点。该村坐落于诚迳河畔，河水自北向南流去。村东为背后山，南为诚迳河，西有京港澳高速公路、国道 G106 线从村旁经过，北为高寨村。

村落形成时，属清远县吉河乡神迳堡。清嘉庆十八年（1813 年），属佛冈厅吉河乡神迳堡。民国时期，属佛冈县一区南冈乡。中华人民共和国成立初期，属佛冈县一区三八乡。1958 年，属从化县佛冈人民公社诚迳大队。1961 年，属佛冈县三八人民公社诚迳大队。1983 年，属三八区诚迳乡。1987 年，属三八乡诚迳行政村。1994 年，属三八镇诚迳管理区。1998 年，属三八镇诚迳行政村。2004 年至今，属石角镇诚迳行政村。

世居村民为宋姓。明隆庆五年，开村始祖宋海天由附近土楼村迁至该村。

2015 年末，户籍人口 250 人，其中男性 122 人，女性 128 人。60 岁以上 30 人，其中 80 岁以上 3 人，最年长者 86 岁（男）。16 岁以下 45 人，其中留守儿童 2 人。实际在村居住和生活主要依靠农业收入 150 人，常年在城镇生活和务工 100 人。村民均为

◎ 高坪村门楼（摄于 2016 年）

汉族，广府民系，使用粤方言。

村有山地面积66.67公顷，耕地面积8公顷。自然资源主要有杂树山林、中草药，野生动物有野猪、黄猄、蛇类等。传统经济以农业为主，兼有林产品经营。主要作物有水稻、番薯、木薯、花生等。现多种植水稻。传统食品有白切鸡、焖鹅等。传统节庆食品有艾糍、粽子、糯米糍等。1990年以后，大部分青壮年外出打工。村民主要收入来源为农业和外出务工。传统食品有白切鸡、焖鹅等。传统节庆食品有艾糍、粽子、糯米糍等。

◎ 高坪村传统围水屋（摄于2016年）

传统民居大多为广府民居。村中有门楼、围水屋正座屋。正座民居为一厅两廊四房一天井布局。土木结构，三合土墙（或火砖墙），硬山顶，盖灰瓦。正座有两廊门为出入口，屋内用方砖铺地，天井用鹅卵石铺砌，排水设施完备，一般占地面积68平方米。围水则为单间砖木平房，土木结构，一般占地面积20平方米，部分旧围屋已倒塌。1980年后，村民先后在原居附近，搬进自建钢筋混凝土楼房。

传统节日为春节、清明节、四月八、端午节、七月十四、中秋节、冬至等。其中，农历十月初一称“十月朝”或“牛生日”。过去牛是农村耕作的畜力，各地均有做“牛生日”的习俗。由农家做糯米糍粑贴在牛角、牛额、牛背脊、牛腰、牛尾部位，牧童从牛身上将糯米糍粑剥下用火烤熟来吃。传说吃了“牛生日”贴在牛身上的糍粑，能像牛一样力气大。

传统婚嫁习俗，男女相识交往后，女方家亲友要到男方家探家风，结婚前要担定婚茶、报日子、送聘金、定嫁妆，行结婚礼时，要摆酒请客、迎亲和送亲。传统丧事以土葬为主，1990年以后逐步实行火葬，其程序为举丧、入殓、出殡、送葬、做法事，将亡灵牌送入祠堂。

2013年5月，发生百年一遇特大洪水，农田受浸、房屋受浸严重，直接经济损失30多万元。由于组织转移及时，无人员伤亡。

（资料填报：宋振胜，初稿撰写：宋振胜，总纂：李协湖）

格塘村

◎ 格塘村村貌（摄于 2016 年）

格塘村，位于石角镇东北部，距镇政府 12 千米。始建于清乾隆五年（1740 年），由多姓氏村民从附近村庄搬迁而成。因村有一水塘相隔，而取名为隔塘村，后用谐音取名格塘村。该村坐东北向西南，村后山有两口塘，面积 0.67 公顷，村前有 1 千米小溪流入诚迳河。村东为群山，南为入村小路，西有京港澳高速公路、国道 G106 线从村旁经过，北为高坪村。

村落形成时，属清远县吉河乡神迳堡。清嘉庆十八年（1813 年），属佛冈厅吉河乡神迳堡。民国时期，属佛冈县一区南冈乡。中华人民共和国成立初期，属佛冈县一区三八乡。1958 年，属从化县佛冈人民公社诚迳大队。1961 年，属佛冈县三八人民公社诚迳大队。1983 年，属三八区诚迳乡。1987 年，属三八乡诚迳行政村。1994 年，属三八镇诚迳管理区。1998 年，属三八镇诚迳行政村。2004 年至今，属石角镇诚迳行政村。

世居村民为张姓、黄姓、李姓。张姓，据《张氏族谱》记载，清乾隆三十年（1765 年）从英德县高台乡（今佛冈县高岗镇）岗仔头村迁至该村。黄姓，清乾隆五年（1740 年）从清远县吉河乡田心堡（今佛冈县石角镇二七）古塘村迁至该村。李姓，清乾隆十一年（1746 年）从清远县吉河乡龙溪堡（今佛冈县石角镇三八）下里村迁至该村。村民均为汉族，广府民系，使用粤方言。

2015 年末，户籍人口 366 人，其中男性 186，女性 180 人。60 岁以上 48 人，其中 80 岁以上 8 人，最年长者 93 岁（男）。16 岁以下 83 人，其中留守儿童 15 人。实际在村居住和生活主要依靠农业收入 300 人，常年在城镇生活和务工 66 人。

村有山地面积 104.33 公顷，耕地面积 16.23

◎ 格塘村粉蕉园（摄于 2016 年）

公顷。自然资源主要有杂树山林、中草药。传统经济以农业为主，兼有林产品经营。传统经济以农业为主，主要作物有水稻、番薯、木薯、花生等。现以种植水稻为主。1980 年以后，大部分青壮年外出打工。村民主要收入来源为农业、林业和外出务工。传统节庆食品有白切鸡、焖鹅、艾糍、粽子、糯米糍等。

1981 年通电，1990 年通电话，2000 年通电视，2010 年村道实现水泥硬底化。村中有文化室、篮球场。

传统民居主要有正座和围水屋。正座有两廊门为出入口，屋内用方砖铺地，天井用鹅卵石铺砌，排水设施完备。一般占地面积 68 平方米。围水屋为单间砖木平房，土木结构，三合土墙（或火砖墙），硬山顶，盖灰瓦。一般占地面积 20 平方米。现存正座民居 30 座，围水屋 100 多间。1980 年后，村民先后在原民居附近自建钢筋混凝土楼房，现有 45 幢，每幢占地面积约 100 平方米。村南面 500 米，有三凤古庙，建于清初，是村民烧香拜祭的场所。

◎ 格塘村文化室（摄于 2016 年）

传统节日为春节、清明节、四月八、端午节、七夕、七月十四、中秋节、冬至等。其中，正月十五有蒸发糕、食汤圆、做糍的习俗，以示庆贺春节圆满结束。传统婚嫁习俗，结婚前要担定婚茶、报日子、送聘金、定嫁妆，行结婚礼时，要摆酒请客，迎亲和送亲。传统丧事习俗以土葬为主，1990 年以后逐步实行火葬。其程序为举丧、入殓、出殡、送葬和做法事，将亡灵牌送入祠堂。办丧事只能做白饭、萝卜、咸菜、黄豆煮猪肉等简单的饭菜，用餐时不坐高台高凳，拆下事主家的门板放于门前的巷地上当饭桌。

该村是诚迳革命老区之一，在中国共产党领导下，从大革命时期至中华人民共和国成立前，老区人民不怕流血牺牲，前仆后继，坚持革命斗争。1989 年 11 月，经清远市人民政府批准认定该村为抗日战争游击根据地。

20 世纪 60 年代后期，村民在村旁山头及公路两边种上杉树 13.33 公顷。70 年代中期，兴修水利设施，整治河涌堤围，使该村农田 3.33 公顷改为高产田。2010 年，村民集资 5 万元修建村道水泥硬底化，方便村民出行。

◎ 格塘村门楼（摄于 2016 年）

该村的黄其西（1965—），曾任佛冈县公安局刑警大队长，2003 年荣立三等功，清远市优秀共产党员。黄永军（1966—），曾任佛冈县公安局巡警大队长，1996 年荣立三等功，2006 年获广东省优秀人民警察称号。黄永红（1966—），曾任佛冈县公安局督察大队长，1995 年获广东省优秀人民警察称号。

（资料填报：黄奇滔，初稿撰写：黄奇滔，总纂：李协湖）

水尾村

◎ 水尾村村貌（摄于 2016 年）

水尾村，位于石角镇北部，距镇政府 16 千米。始建于清康熙年间，由附近村分村移民聚居而成。因村地势较高，山上的溪流分别流向高岗、水头、三八等地，而取名水尾村。该村坐落于观音山间，村前溪水自北向南流入诚迳河，村东为黄牛山，西为国道 G106 线，南为村道，北为高寨村。村有最高山岭叫井公王山（又名黄牛山）海拔 700 米，山上有黄牛庙。村乡道由水口村至水尾村约 5 千米，现仍是黄泥路。

村落形成时，属清远县吉河乡神迳堡。清嘉庆十八年（1813 年），属佛冈厅吉河乡神迳堡。民国时期，属佛冈县一区南冈乡。中华人民共和国成立初期，属佛冈县一区三八乡。1958 年，属从化县佛冈人民公社诚迳大队。1961 年，属佛冈县三八人民公社诚迳大队。1983 年，属三八区诚迳乡。1987 年，属三八乡诚迳行政村。1994 年，属三八镇诚迳管理区。1998 年，属三八镇诚迳行政村。2004 年至今，属石角镇诚迳行政村。

世居村民为朱姓。据《朱氏族谱》记载，清康熙年间朱姓从附近诚迳塘尾村迁至该村。村民均为汉族，客家民系，使用客家方言。

2015 年末，户籍人口 140 人，其中男性 67 人，女性 73 人。60 岁以上 10 人，其中 80 岁以上 3 人，最年长者 85 岁（女）。16 岁以下 40 人，其中留守儿童 5 人。实际在村居住和生活主要依靠农业收入 110 人，常年在城镇生活和务工 30 人。

村有山地面积 280.87 公顷，耕地面积 3.67 公顷。自然资源丰富，有稀土矿，野生动物有野猪、芒鼠、蛇类等。特色食品是赤蕨，属野生亚热带蕨类植物，每年清明时节前后，上山采摘肥嫩的赤蕨，把赤蕨

◎ 水尾村水稻种植基地（摄于 2016 年）

焯熟，撕成两半，用清水泡浸1—2天，用腩肉炒赤蕨，是一道美味山珍佳肴。若用清水浸泡过的赤蕨晒干，然后珍藏起来，时间越长价值越高，有“十年赤蕨贵过参”之说，

传统经济以农业为主，兼林业产品经营。林业有松林、阔叶杂树林。主要农作物有水稻、番薯、花生等。1990年后，大部分青壮年外出打工。村民主要收入来源为农业收入、林业收入和外出务工收入。传统食品有白切鸡、焖鹅、客家腍肉、豆腐等。传统节庆食品有艾糍、粽子等。其中，客家腍肉是客家人春节餐桌上的主菜。腍肉制法简易，将买回的猪肉（最好是五花肉）先吊起来晾水，然后切成100—150克的肉块，配以五香粉、蒜苗、蚝油、陈皮、烧酒、豆豉、南乳、白糖、味精等，将佐料与猪肉拌匀，装瓦钵放在锅里蒸熟。蒸熟的腍肉放在通风干爽的棚上藏好，以后每餐食用时再蒸一次即可。蒸时加以笋干、冬菇等配料，味道更佳。

◎ 水尾村门楼（摄于2016年）

◎ 水尾村传统民居（摄于2016年）

1983年通电，2005年通无线电话。

传统民居为客家围屋。村庄由围水屋、正座、门楼、宗祠组成。正座（四门归厅，两廊一天井布局），现存15座，围水屋10间。1990年后，村民先后搬进自建钢筋混凝土楼房，楼房单层布局多为三房一厅一厨一卫。

传统节日为春节、清明节、四月八、端午节、七夕、七月十四、中秋节、冬至等。每逢中秋之夜，村中男女老少一起赏月，品尝月饼、柚子及炒石螺等食品。传统婚嫁习俗为男女相识交往后、女方家亲友到男方家睇家风、定婚、送日子、接亲、送亲、宴请宾客、回门等仪式进。传统丧事以土葬为主，1990年以后逐步实行火葬。其程序为举丧、入殓、出殡、送葬、做法事，将亡灵牌送入祠堂。丧事礼仪饮食，习惯用白色。如白豆腐、白萝卜、白猪肉等。如果亡者高寿，宴席可当喜事办，但菜式只能7样。

2013年5月15日，一场特大暴雨引发洪灾，3.33公顷农田被洪水冲满沙石，损坏上万棵沙糖桔树，造成经济损失30万元。

（资料填报：朱光符，初稿撰写：朱光符，总纂：李协湖）

土楼村

◎ 土楼村村貌（摄于 2016 年）

土楼村，位于石角镇北部，距镇政府 12 千米。始建于清初，由附近诚迳大塘村分村移民聚居而成。因建村时用泥土建屋而取名土楼村，曾用名谷山村。

村坐落于观音山东南部丘陵地带，有溪流自西向东流向不远处的水口河。村东为白沙河，南为背后山，西为小溪，北为大塘村。县道在村旁经过。

该村落形成时，属清远县吉河乡神迳堡。清嘉庆十八年（1813 年），属佛冈厅吉河乡神迳堡。民国时期，属佛冈县一区南冈乡。中华人民共和国成立初期，属佛冈县一区三八乡。1958 年，属从化县佛冈人民公社诚迳大队。1961 年，属佛冈县三八人民公社诚迳大队。1983 年，属三八区诚迳乡。1987 年，属三八乡诚迳行政村。1994 年，属三八镇诚迳管理区。1998 年，属三八镇诚迳行政村。2004 年至今，属石角镇诚迳行政村。

世居村民为宋姓。据《宋氏族谱》记载，明正统五年（1440 年）宋氏从河南海丰迁移至广东，清初期开村始祖宋云庄从附近诚迳大塘村迁至该村。据村中老人讲述，建村时曾有麦姓、朱姓人居住，后陆续外迁。

2015 年末，户籍人口 275 人，其中男性 135 人，女性 140 人。60 岁以上 28 人，其中 80 岁以上 6 人，最年长者 86 岁（男）。16 岁以下 52 人，其中留守儿童 5 人。实际在村居住和生活主要依靠农业收入 230 人，常年在城镇生活和务工 45 人。村民均为汉族，广府民系，使用粤方言。

村有山地面积 84.13 公顷，耕地面积 5.6 公顷。山高林密，阔叶杂树资源丰富，野猪、黄猄时有出没。传统经济以农业为主，兼有林产品经营。主要作物有水稻、番薯、木薯、花生等。1990 年后，大

◎ 村民在红薯地耕作（摄于 2016 年）

部分青壮年外出打工。村民主要收入来源为农业生产、林产品经营和外出务工。现多种植水稻。传统节庆食品有白切鸡、焖鹅、艾糍、粽子、糯米糍等。

1965 年通电，1999 年通电话，2010 年通网络，2010 年村道实现水泥硬底化。村中有垃圾收集点。

传统民居有 3 座，四面归厅布局。门楼建于民国年代，泥砖房结构，占地面积为 20 平方米。土楼村有两个祖堂，一个是文宁、文裕两兄弟祖堂，另一个是发民祖堂。

◎ 土楼村民居（摄于 2016 年）

传统习俗有：每逢正月初十在庙旁烧猪仔炮，拾到猪仔炮者，预意来年行好运，下一年正月初十交回猪仔炮。村民有上年添男丁的，在正月初二买个猪头、花灯到祖堂上供，把花灯挂在灯梁上，正月十五元灯时，再把花灯取下来。

◎ 宋氏宗祠（摄于 2016 年）

村祖祠设在大塘村。据《宋氏族谱》记载，从十三世起统一字辈，20 世的排列是“文章继世业，礼学振家声，纯厚贻广大，仁贤盖玉成”，共有 20 辈。后来第二十世宋铨山中举人后，衡苑续成 20 辈诗是：“荣华伦纪萃，富贵德修贞。锡祚延昌盛，熙钥著显名。”

传统节日为春节、清明节、四月八、端午节、七夕、七月十四、中秋节、冬至等。其中，农历七月十四，称盂兰节或鬼节。相传在元朝以前每年的农历七月十五，民间都举行祭祀祖宗活动，故称七月半。后为避元兵入侵的战乱，民间提前一天祭祀祖宗，从此每年农历七月十四过七月半。村民仍有制作米糍或杀鸡加菜等方式简单祭祀习俗。传统婚嫁习俗，中华人民共和国成立前，男婚女嫁为“父母之命，媒妁之言”所决定。有些村民存有抱养穷人家女童作“童养媳”，未生男孩的人家抱养“等郎妹”的习俗。中华人民共和国成立后，男女婚嫁自主。婚嫁习俗有订婚、迎亲、结婚客宴、回门等仪式。传统丧事习俗以土葬为主，1990 年以后逐步实行火葬。其程序为举丧、入殓、出殡、送葬和做法事，将亡灵牌送入祠堂。办丧事只能做白饭、花菜、黄豆煮猪肉等简单的饭菜，用餐时不坐高台高凳，拆下事主家的门板放于门前的巷地上当饭桌。

20 世纪 60 年代中期，该村山地 33.33 公顷种植松树、杉树。70 年代初，开展“农业学大寨”运动，该村改河造田，平整土地，开荒造田 2 公顷。2010 年，村民自筹资金 5 万元，修建通向村外水泥村道 1 千米，方便村民出行。

该村的宋学丁（1951—），曾任佛冈县国土资源局副局长、县政协副主席。

（资料填报：宋学明，初稿撰写：宋学明，总纂：李协湖）

大塘村

◎ 大塘村村貌（摄于 2016 年）

大塘村，位于石角镇北部，距镇政府 1 千米。始建于明永乐十三年（1415 年），因村前有一大水塘而得名。村坐落于诚迳大塘龙颈山下，溪流自西向东流至不远处的诚迳河后汇入潖江。村东为京港澳高速公路和国道 G106 线，南与土楼村接壤，西与大岭头村相望，北为背后山。

村落形成时，属清远县吉河乡神迳堡。清嘉庆十八年（1813 年），属佛冈厅吉河乡神迳堡。民国时期，属佛冈县一区南冈乡。中华人民共和国成立初期，属佛冈县一区三八乡。1958 年，属从化县佛冈人民公社诚迳大队。1961 年，属佛冈县三八人民公社诚迳大队。1983 年，属三八区诚迳乡。1987 年，属三八乡诚迳行政村。1994 年，属三八镇诚迳管理区。1998 年，属三八镇诚迳行政村。2004 年至今，属石角镇诚迳行政村。

世居村民为宋姓。据《宋氏族谱》记载，元末明初，由河南迁入广东。明初，始祖宋秀源自清远县吉河乡黄华堡（今佛冈县石角镇黄花）走马夫村迁至该村，至清中期发展至 300 人，开始向外迁移分支。

2015 年末，户籍人口 660 人，其中男性 325 人，女性 335 人。60 岁以上 150 人，其中 80 岁以上 25 人，最年长者 94 岁（女）。16 岁以下 160 人，其中留守儿童 10 人。实际在村居住有和生活主要依靠农业收入 450 人，常年在城镇生活和务工 210 人。村民均为汉族，广府民系，使用粤方言。

村有山地面积 74.73 公顷，耕地面积 11.8 公顷。矿产资源主要有石英石、钾长石、稀土矿等。野生动物有野猪、黄猄、箭猪、果子狸等。传统经济以农业为主，兼有林副产品经营。主要作物

◎ 村民在晒谷（摄于 2016 年）

有水稻、番薯、木薯、花生、大豆等。现多种植水稻、薯类、水果、蔬菜等。1985年以后，大部分青壮年外出打工。村民主要收入来源为农业、林副产品经营和外出务工。传统食品有糯米糍、粽仔、甜发糕、角仔糍、沙河粉、芋头糍、萝卜糍、炒米饼、炸糖环等。

1982年通电，2000年通电话，2005年通电视，2006年村道实现水泥硬底化。村中建有垃圾收集站。建村初期，曾建有吉盘书馆。村有诚迳小学，2015年在校学生120人，教职工6人。

传统民居现存正座90座，建于明代、清代及民国初年。建筑年代距今500年以上的有10座，300年以上的有20座，200年以上的有60座。正座为一厅一天井、二廊四房布局，硬山顶，盖灰瓦，三合土墙或火砖墙。一般占地面积100平方米。许多民居为单间砖瓦房或三合土墙房。

◎ 宋氏宗祠（摄于2010年）

◎ 宋氏宗祠匾额（摄于2016年）

村旁的宋氏宗祠，始建于明万历十二年（1584年），占地面积780平方米。大塘宋氏宗祠坐东北向西南，三进三间两廊二天井格局，面阔11.1米，进深31.2米，砖木结构，青砖墙，博古脊，硬山顶，盖灰瓦。宗祠楹联为："铁石壮经纶相府梅花曾勃发；山川留翰墨元家红杏复荣开。"书于清光

◎ 举人宋铨山碑刻（摄于2015年）

绪十四年（1888年），现存于宋氏宗祠。匾额有"宋氏宗祠"，碑刻有同治元年壬戌岁恩科乡试中式第四十名宋铨山立，立于清同治元年（1862年）。头门斗拱上也刻有木雕，屋顶有形制独特的灰塑，屋檐墙楣处有灰塑草尾图案。建筑主架采用木圆柱，头门采用花岗岩方柱。方石砖铺地，青砖铺天井，头门花岗岩石铺地和阶梯。门墩上石雕精美，祠堂内保存有部分壁画、木雕和灰塑。祠堂的前面是一个大禾坪，禾坪上有旗杆夹，是当时宋氏族人立有功名的历史见证。2012年，被列入佛冈县不可移动保护文物名录。

该村修有《宋氏族谱》，1993年由宋氏族谱续谱委员会编印。族谱中有祖训"孝悌忠信、礼义廉耻、在家尽孝、为国尽忠、天经地义"等内容。

传统婚嫁习俗，男女相识交往后，以求婚、看家风、送日子、接亲、送亲、结婚宴客、回门等仪式进行。传统丧事以土葬为主，1990年以后逐步实行火葬。其程序为举丧、入殓、出殡、送葬、做法事，将亡灵牌送入祠堂。办丧事只能做白饭、花菜、黄豆煮猪肉等简单的饭菜。

村民流传村民宋五九教训盗贼故事。宋五九

（生卒年不详），清末人，在兄弟中排行第五，故名五九。长得身躯矮小，敏捷有力。14岁时，跟随同村兄弟到广州光孝寺，得到寺中老和尚的赏识，收他为徒，留他在寺里学武，直到20岁才艺成回家。五九的堂侄宋业祯在英德县城做生意，在准备回家娶妻时。担心回家路途盗贼时有出没，拦路抢劫之事时有发生。于是，宋业祯就事先写信与家中约定，派人到英德县城接应，其中就有五九。在宋业祯回家的路上，山路两边果然窜出10多个手持刀棒的贼人，拦住去路。只见五九一马当先，健步上前，挥动手中的湿布带，以迅雷不及掩耳之势打掉当头3个贼人手中的武器，乘机夺得一条木棍，一番横扫直打，打得贼人措手不及。贼人个个胆战心惊，落荒而逃。从此，宋五九的武艺名声远播。

该村是诚迳革命老区之一，1989年11月，经清远市人民政府批准认定该村为抗日战争游击根据地。2015年，被广东省爱国卫生运动委员会评为“广东省卫生村”。

该村主要人物：宋铨山（1824—1901），号衡苑，是举人。14岁赋《禹门鱼跃》，收载于《佛冈厅志》艺文卷。清同治元年（1862年）科举人。清同治五年（1866年），宋与佛冈厅岁贡朱品三等在附城创建凤梧书院。清同治十年（1871年），奉命筹建吉河书院。他毕生从事兴教办学，曾在清远、英德浛洸、从化凤院以及本县烟岭等地设坛讲学。宋求进（1911—1950），革命烈士，1950年在征粮时被土匪杀害。蓝凤金（1931—1950），女，革命烈士，宋新基妻，佛冈解放前参加中共游击队，到龙南征粮时被捕遇害。

（资料填报：宋家驹，初稿撰写：宋抗壹，总纂：李协湖）

大岭头村

◎ 大岭头村村貌（摄于2015年）

大岭头村，位于石角镇东北部，距镇政府12千米。始建于明永乐十三年（1415年），由当地的岗头村移居而形成，因在大山岭前面建村而取名大岭头村。

村坐落于诚迳大岭头龙颈山下。溪流自西向东流至不远处的诚迳河后汇入滘江。村东与土楼村接壤，南靠龙颈山，西接白沙村，北临白沙河。有京港澳高速公路、国道G106线从村旁经过。

村落形成时，属清远县吉河乡神迳堡。清嘉庆十八年（1813年），属佛冈厅吉河乡神迳堡。民国时期，属佛冈县一区南冈乡。中华人民共和国成立初期，属佛冈县一区三八乡。1958年，属从化县佛冈人民公社诚迳大队。1961年，属佛冈县三八人民公社诚迳大队。1983年，属三八区诚迳乡。1987年，属三八乡诚迳行政村。1994年，属三八镇诚迳管理区。1998年，属三八镇诚迳行政村。2004年至今，属石角镇诚迳行政村。

世居村民为宋姓。据《宋氏族谱》记载，元末明初由河南迁入广东，明永乐十三年三世祖宋应祖由附近岗头村迁至该村，清中期发展至300人，开始向外迁移分支。

2015年末，户籍人口500人，其中男性248人，女性252人。60岁以上50人，其中80岁以上25人，最年长者90岁（女）。16岁以下200人，其中留守儿童15人。实际在村居住和生活主要依靠农业收入400人，常年在城镇生活和务工100人。村民均为汉族，广府民系，使用粤方言。

村有山地面积363.4公顷，耕地面积20.67公顷。矿产资源主要有石英石、钾长石、稀土矿等。村域周边山高林密，阔叶杂树资源丰富，野猪、黄

◎ 大岭头村苗木园（摄于2016年）

猄、箭猪、果子狸时有出没。传统经济以农业为主，兼有林业经营。主要作物有水稻、番薯、木薯、花生、大豆等。现多种植水稻、薯类、水果、蔬菜等。1985 年以后，大部分青壮年外出打工。村民收入来源为农业、林业经营和外出务工。传统食品有糯米糍、粽子、甜发糕、角仔糍、沙河粉、芋头糍、萝卜糍、炒米饼、炸糖环等。

1982 年通电，2000 年通电话，2005 年通电视，2006 年村道实现水泥硬底化。文化设施有村文化室，藏书 100 册，还建有书屋。村中建有垃圾收集站。村原有诚迳大岭头小学，后并入诚迳小学。

传统民居现存正座民居 120 座，建于明代、清代及民国初年。建筑年代距今 500 年以上的有 20 座，300 年以上的有 30 座，200 年以上的有 70 座。村中民居建筑基本保存完整。

村中有禾塘墩高楼，占地面积近 150 平方米，为四层楼屋，一天井两廊及四门归厅布局，始建于清中晚期。20 世纪 60 年代，因雷击损坏屋顶一角，后修复。正厅墙壁采用三合土夯实灰沙墙到房顶，当地人称高楼。

◎ 大岭头村传统民居（摄于 2016 年）

◎ 禾塘墩高楼（摄于 2016 年）

代表性碑刻有大明祖墓及碑刻，为显妣宋门萧氏老孺人之墓及碑刻。该村修有《宋氏族谱》，1993 年由宋氏族谱续谱委员会编印。族谱中有祖训收录于《宋氏文化家风篇》：“孝悌忠信、礼义廉耻、在家尽孝、为国尽忠、天经地义。”

◎ 明代宋门萧氏老孺人墓（摄于 2016 年）

传统婚嫁习俗，男女相识交往后，以看家风、定婚、送日子、送亲、迎亲、结婚宴客、回门等仪式进行。传统丧事以土葬为主，1990 年以后逐步实行火葬。其程序为举丧、入殓、出殡、送葬、做法事，将亡灵送入祠堂。

村中有“金银堆笔斗”的说法：“大牛追细牛，追到大岭头，谁人葬得中，金银堆笔斗。”意思是：大岭头有个非常好的地理穴位，过去人们崇尚地理风水，只要能够找到一处好地方将自己先人安葬，以后就顺利兴旺。

村有五大潭的传说。传说很久以前，有一个地方名叫“上陂墩”，原有一处和尚寺，现在还有旧寺残墙。寺里有六个和尚。寺内主持和尚得病后，瞒着其他五个和尚将镇寺之宝——一尊金佛，扔在一个名为“深水龙”的水潭里，将另外一些珠宝金砖埋在寺前门的一块叫“壳蝈夫”的田底下。主持和尚临死时将宝物去向告诉五个和尚，但没有告诉他们准确的方位，就闭眼归西了。五个和尚办完主持和尚的后事后，念念不忘那尊金佛、金砖和珠宝，都拿锄头到“壳乪夫”去挖金砖和珠宝，将那块田翻了一遍又一遍，始终没有找到。因贪心，五个和尚一齐到深水龙潭，均被淹死。后来，人们发现潭里浮起五个和尚的遗体。从此，人们将深水龙潭改名为“五大潭”。

1949年3月15日早上，国民党军队突然包围该村，抓捕黄凤基、黎才影等30名共产党游击队员及家属，关押在马山监狱。1949年4月1日，中共东江北一支队游击队获悉国民党军队一部由县城到烟岭，游击队组织在七屎形埋伏，国民党军队进入伏击范围内打响战斗。这次战斗，游击队牺牲2人。1998年9月，经清远市人民政府批准认定该村为抗日战争游击根据地。

该村主要人物：宋业安（1916—1957），在广州广雅中学毕业后，参加抗日工作。1939年3月，加入中国共产党，服役第七战区军训处。1945年，任中共佛冈县工作委员会宣传委员兼一区总支书记、诚迳党支部书记。解放战争时期，参加粤中区游击队。中华人民共和国成立后，在高要县任卫生科科长，后因病不治而终。宋礼波（1925—1953），革命烈士，1953年在朝鲜战争牺牲。宋远平（1932—1968），又名世德、官德，字远平。1948年，他和礼拥、业海、碧浪、业林（戈平）、礼恩、玉清等同村人，借上山打猎为由，带枪参加共产党领导的东三支四团游击队。后选派学习外语做翻译工作，中华人民共和国成立后，调到外交部工作。1959年，随中国大使驻民主德国当翻译官，后在中国驻柬埔寨大使馆任职。

（资料填报：宋抗壹、宋伯恒，初稿撰写：宋抗壹，总纂：李协湖）

白沙村

◎ 白沙村村貌（摄于 2016 年）

白沙村，位于石角镇东北部，距镇政府 18 千米。始建于清初，由多姓村民南迁移民聚居而成。因村旁高山常年出现白雾因而取名白沙村。村坐落于观音山脚下，四面环山，溪流自北向南流向诚迳河，村道通往城迳行政村驻地。村东为背后山，南为入村小路，西为大松山，北为观音山。

村落形成时，属清远县吉河乡神迳堡。清嘉庆十八年（1813 年），属佛冈厅吉河乡神迳堡。民国时期，属佛冈县一区南冈乡。中华人民共和国成立初期，属佛冈县一区三八乡。1958 年，属从化县佛冈人民公社诚迳大队。1961 年，属佛冈县三八人民公社诚迳大队。1983 年，属三八区诚迳乡。1987 年，属三八乡诚迳行政村。1994 年，属三八镇诚迳管理区。1998 年属三八镇诚迳行政村。2004 年至今，属石角镇诚迳行政村。

世居村民为高、张、袁、李姓。根据各姓氏族谱记载，清初，各姓族人均由广东南雄珠玑巷迁至该村。开村始祖高方杨及后裔早先迁至该村，随后张、袁、李姓村民迁至该村。

2015 年末，户籍人口 500 人，其中男性 245 人，女性 255 人。60 岁以上 63 人，其中 80 岁以上 11 人，最年长者 93 岁（女）。16 岁以下 190 人，其中留守儿童 12 人。实际在村居住和生活主要依靠农业收入 300 人，常年在城镇生活和务工 200 人。村民均为汉族，客家民系，使用客家方言。

村有山地面积 540.8 公顷，耕地面积 20.07 公顷。村落地处省级观音山自然保护区内，自然资源主要有山林。矿产资源有萤石矿、石英石。野生动物有野猪、黄猄、芒鼠等。传统经济以农、林业为主，

◎ 白沙村晒谷场（摄于 2016 年）

主要作物有水稻、番薯、花生、蔬菜等，林业产品有木材、木柴、木炭、竹、药材等。有特色野生山果马牯踏。马牯踏，学名烟斗稠，又称益肾子，是产自观音山的野生坚果，外壳坚硬，外形像拱面绿色蘑菇状，果仁有一股奇香。因是野生坚果，采用泡酒饮用效果更佳。近年村民通过嫁接培育，形成规模种植。1990年后，大部分青壮年外出打工。村民主要收入来源为农业、林副产品经营和外出务工。21世纪初，种植沙糖桔。2013年后由于黄龙病的原因，沙糖桔产业逐渐枯毁。村民改种桉树及其他果树。传统节庆食品有白切鸡、焖鹅、客家豆腐、艾糍、粽子、捏糍等。其中，制作并食用捏糍的历史悠久，是客家传统糕点。村民利用当地种植的糯米经过浸透舂成粉，然后加入过滤的草木灰水搓成粉团，将粉团做皮，馅为肉粒、韭菜、笋干、冬菇或萝卜、青菜，用粉皮包上馅料捏起花边，最后用瓦托盘蒸熟，口感爽滑。

1978年通电，1996年通电话，2000年村道实现水泥硬底化，2014年通自来水。2012年，在原白沙小学旧校址建成两幢两层文化室，占地面积约500平方米。

◎ 白沙文化室（摄于2016年）

村旁有条挂牌径古道（原名界牌古道）经过。此道北起高岗朱洞村（今石山下村）经石龙村交界处，往南白沙村至石角莲溪饮水塘村。此古道是羊肠小道，道旁高山对峙，挂牌径是佛冈建厅前位于清远县吉河乡与英德县观音乡交界的地方，全长约4千米，路宽1.8米，有部分为石阶路面铺砌。有

◎ 古道遗址（摄于2016年）

部分为石阶路面铺砌。北可通栗坑和牛角塘。径北口有官厅村，跨高岗圩和烟岭圩各15千米。径南口有洋浦塘村，距石角约20千米。挂牌径曾是佛冈南北交通的咽喉。20世纪50年代初，广韶公路开通后，此道行人甚少，逐渐荒废。

传统民居现存正座4座，建于民国时期。村中姓氏族人均建有门楼，砖木结构，占地面积20平方米。民居为砖木结构平房。大厅设在中间，两边为侧房，有的二门归厅，有的四门归厅，前面设院墙，厨房设在侧房或在院中另建，柴房、猪舍、牛栏、厕所建在屋外。住房前后不包围墙，可一家独建，也可数家合建，形成檐街，通风好，采光好，邻居串门交往好。现在新建平房多为这种类型建筑。

◎ 白沙村新民居（摄于2016年）

传统饮食礼节：多用四方桌，俗称八仙桌。坐桌的规矩是以房屋座身中间为首，左边为大，右边为小。第一排大边为首席，两旁又各依左右为序。

◎ 白沙村祠堂（摄于 2016 年）

入席时，按辈分长幼顺序入席，座席位置，多有讲究，如果安排不妥，往往会引起长者不快。

传统节日有春节、清明节、四月八、端午节、七夕、七月十四、中秋节、冬至等。传统婚嫁习俗：男女相识交往后，女方家亲友要到男方家探家，结婚前要担定婚茶、报日子、送聘金、定嫁妆，行结婚礼时，要迎亲和送亲，摆酒请客，三朝回门。传统丧事习俗以土葬为主，1990 年以后逐步实行火葬。其程序为举丧、入殓、出殡、送葬和做法事，将亡灵牌送入祠堂。

1970 年，村民自发组织，靠手锄肩挑开挖可行驶拖拉机、汽车的通往外界的村道。1978 年，靠村民力量架电杆拉电线接通国家电网，成为诚迳大队首个用上国家电网的村落。该村是诚迳革命老区之一，1989 年 11 月，经清远市人民政府批准认定该村为抗日战争游击根据地。

该村的高大标（1901—1999），跟随宋华一起参加广州起义、省港工人大罢工。高启用（1960—），1978 年服役，1982 年、1987 年先后在部队分别荣获三等功，转业后，2002 年起任中共诚迳村支部书记，在 2013 年 5 月 15 日抗洪救灾中，带领村民脱险，参与灾后重建。

（资料填报：高志锋，初稿撰写：高志锋，总纂：李协湖）

〇二七行政村

象山村

◎ 象山村村貌（摄于2016年）

象山村，位于石角镇东北部，距镇政府7千米。始建明正德年间，由当地古塘村分村搬迁而形成。因村后背山形似大象而得名。

村坐落于丘陵地带，村落坐东向西，村东为田心村，南为古塘村，西为山岭，北为诚迳村。村旁有白山仔山、园山仔山，诚迳河自北向南流至不远处的滘江。国道G106线、京港澳高速公路分别从村东、村西经过。

该村形成时，属清远县吉河乡田心堡。清嘉庆十八年（1813年），属佛冈厅吉河乡田心堡。民国时期，属佛冈县一区南冈乡。中华人民共和国成立初期，属佛冈县一区南冈乡。1958年，属从化县佛冈人民公社二七大队。1961年，属佛冈县三八人民公社二七大队。1983年，属三八区二七乡。1989年，属三八乡二七行政村。1994年，属三八镇二七管理区。1998年，属三八镇二七行政村。2004年至今，属石角镇二七行政村。

世居村民为黄姓。据《黄氏传奇族谱》记载，南宋嘉定三年（1210年），黄氏族人由福建闽县迁入广东。明正德年间，其祖先黄石池从清远县吉河乡西田堡（今佛冈县水头镇西田村）火屎岭迁至清远县吉河乡田心堡（今佛冈县石角镇二七村）古塘村，其后裔黄梦杨迁至该村繁衍生息。有外迁分支。

2015年末，户籍人口998人，其中男性496人，女性502人。60岁以上145人，其中80岁以上35人，最年长者95岁（男）。16岁以下195人，其中留守儿童8人。实际在村居住和生活主要依靠农业收入966人，常年在城镇生活和务工32人。村民均为汉族，广府民系，使用粤方言。

村有山地面积393.33公顷，耕地面积50.97公顷。村域林业资源丰富，野生动物时有出没。特色

◎ 佛冈县盛发贸易有限公司厂区（摄于2016年）

食品是赤蕨，属野生亚热带蕨类植物，村民每年清明时节前后，上山采摘肥嫩的赤蕨，把赤蕨焯熟，撕成两半，用清水泡浸1—2天，用腩肉炒赤蕨，是一款美味山珍佳肴。若用清水浸泡过的赤蕨晒干，然后珍藏起来，时间越长价值越高，有“十年赤蕨贵过参”之说。传统经济以农业为主，主要作物有水稻、番薯、木薯、花生、大豆等。现多种植水稻、番薯、花生、芋头等。1980年以后，有部分青壮年外出打工。村民主要收入来源为农业和外出务工。佛冈县盛发贸易有限公司位于该村旁，2014年创办，占地面积约6.7万平方米，常年招收附近村民230人，所生产玩具出口欧美市场。传统食品有芋头糕、糯米糍、艾糍、粽子等。

1983年通电，1998年通电话，2004年通自来水，2008年通网络，2014年村道实现水泥硬底化。村中建有垃圾收集站。

传统民居现存40座，建于明后期至民国初期。建筑年代距今500年以上的有19座，300年以上的有9座，100年以上的有12座。代表性民居有怀远堂、祖聚堂、祐君堂、美君堂、德君堂。1990年后，村民先后搬进自建钢筋混凝土楼房，每幢占地面积80—130平方米。

村有梦杨黄公祠，始建于明万历二年（1574年），占地面积200平方米，1956年起屡有修缮。前厅为怀远堂，后堂为祖聚堂，正厅墙壁采用木屏风枋做成网架，隔后座墙壁有书画装饰。由左廊门入后座门楣有蝙蝠龙头，由右廊门出前厅门楣有蝙蝠的虎头，当地人称“左青龙右白虎”。

◎ 梦杨黄公祠（摄于2015年）

村修有《黄氏传奇族谱》，1996年由黄锡、黄德文纂修。族谱录有祖训为：“信马登程住异方，任寻胜地立纲常。年深外境犹吾境，日久他乡即故乡。朝夕莫忘亲命语，晨昏须荐祖宗香。惟愿苍天垂保佑，三七孩儿总炽昌。”

村旁有象镇古庙。建于明万历二年，位于象山村西南方约0.5千米。供奉有海龙王、地藏王、刘关张三兄弟和九天玄女等多尊神像。每逢农历初一、十五，村民都会去庙里拜祭。

传统节日为春节、清明节、四月八、端午节、七夕、七月十四、中秋节、十月朝、冬至等。传统婚嫁习俗中，有定婚，送礼金，定嫁妆，摆酒请客，回娘家等习俗。传统丧葬风俗，以土葬为主，1990年后逐步实行火葬。其程序包括举丧、入殓、送葬、做法事、复坟等。

村中有口距今500年的古井，井水清澈甘甜，是村民饮用水源。每年农历七月初七，村民都习惯去古井打水回家饮用或存放备用，多日不变质。

20世纪初，成立治安夜巡队，进行村落自治管理。1955年，发生大旱灾，村民每天采用吊桶、鱼骨水车等工具昼夜抽水抗旱，并把农田改种番薯。2013年5月，发生特大暴雨，将村前堤坝冲开决口，1.33公顷农田受浸，决堤处0.67公顷农田全被沙泥覆盖，当年粮食总产量损失三成以上。

2015年，获广东省爱国卫生运动委员会授予的“广东省卫生村”称号。

◎ 广东省卫生村牌匾（摄于2016年）

（资料填报：黄罗元，初稿撰写：黄罗元，总纂：李协湖）

古塘村

◎ 古塘村村貌（摄于2016年）

古塘村，位于石角镇东部，距离镇政府7千米。始建于明正德年间，由清远吉河乡天降坪堡（今佛冈县水头镇）东坑村分村搬迁而形成。因村前有一口天然水塘而取名古塘村。村落地处丘陵地带，坐东向西，村东为田心村，南为莲塘村，西为山，北为象山村。国道G106线在村旁东面通过。

该村形成时，属清远县吉河乡田心堡。清嘉庆十八年（1813年），属佛冈厅吉河乡田心堡。民国时期，属佛冈县一区南冈乡。中华人民共和国成立初期，属佛冈县一区南冈乡。1958年，属从化县佛冈人民公社二七大队。1961年，属佛冈县三八人民公社二七大队。1983年，属三八区二七乡。1989年，属三八乡二七行政村。1994年，属三八镇二七管理区。1998年，属三八镇二七行政村。2004年至今，属石角镇二七行政村。

世居村民为黄姓、赖姓。黄姓，据《黄氏族谱》记载，明初从福建南迁至广东南雄，因元朝战乱迁移至清远县吉河乡（今佛冈县水头镇）东坑村，明正德年间，黄月松从东坑村迁到该村，有分支向外迁。赖姓，明洪武年间从江西迁入英德，清初从英德迁到该村。

2015年末，户籍人口1080人，其中男性538人，女性542人。60岁以上116人，其中80岁以上27人，最年长者95岁（女）。16岁以下388人，其中留守儿童15人。实际在村居住和生活主要依靠农业收入900人，常年在城镇生活和务工108人。村民均为汉族，广府民系，使用粤方言。祖籍该村的港澳同胞15人。祖籍该村的华人华侨5人，主要分布在美国。

村有山地面积293.33公顷，耕地面积56.6公顷。传统经济以农业为主，主要作物有水稻、番薯、木薯、花生、大豆等。1990年后，大部分青壮年外出打工，村民主要收入来源为农业、外出务工、商业。传统节庆食品有春节的发糍、糯米糍。其中，糯米糍是用糯米碾成粉浆，以糖、花生碎粒、芝麻作馅，捏为小块，包成三角形或圆形，蒸熟即可。还有炒米饼、糖环、油炸角，以及清明节的艾糍、端午节的粽子，中秋节的月饼等。

1981年通电，2000年通电话，2005年通自来水，2010年通网络，2012年村道实现水泥硬底化。村中建有垃圾收集点，文化体育设施有篮球场、健身场、文化室。

传统民居现存正座26座，建于明末清初。建筑年代距今500年的有5座，300年的有7座，200年以上的有14座，为一厅二房一天井两廊布局，其建筑为硬山顶，青砖墙体，也有部分由泥砖砌成，每座占地面积100平方米。传统民居的匾额楹联众多，其中“立本堂”的楹联为：“月亮星明富贵荣华代代发，松青柏秀丁财福寿房房兴；月圆花好兰桂放艳彩，松青柏秀桃李竞芳华。”

◎ 古塘村春节舞鸡公狮活动（摄于2016年）

◎ 古塘村传统民居（摄于2016年）

◎ 古塘村接三王活动（摄于2014年）

牛皇古庙位于村东0.5千米，是村内外民众烧香拜祭的场所，供奉有牛皇神。白马祖庙与文武庙合并位于村西面0.5千米处，供奉有白马神、观音娘娘与十八罗汉等多尊神像。每逢农历初一、十五以及春节、清明节、端午节、中秋节、冬至，都会有民众前去参拜。

◎ 牛皇古庙（摄于2015年）

传统节日以春节、元宵节、清明节、端午节、中秋节、冬至为主，在春节期间有舞狮子习俗。还有四月八、七月十四、重阳节等民间节日。传统婚嫁习俗中，有定婚、送礼金、定嫁妆、摆酒请客、回娘家等习俗。传统丧葬习俗，以土葬为主，1990年后逐渐实行火葬。其程序包括举葬、收殓、刻灵、接体、奠礼、出殡、火化、安葬等。

该村民俗有：春节舞鸡公狮活动，正月初八上灯拜祖活动，清明拜祖，接三王活动。每逢喜庆、重要节日，都到祖庙烧香，祈求福禄。其中，接三王活动是元末明初以来在佛冈境内吉河洞举办的民间传统活动，在每年农历十月初一举行，是吉河洞民众祈盼团结、兴旺、平安的传统活动，当时吉河洞十个村按顺序轮流接送，每年接送一次，循环不断，每个接送周期为十年。该活动被列入清远市非物质文化名录。

清代，该村是人们从迳头、高岗、水头到石角的必经之地，逐渐形成圩市，农历逢二、七为圩日，每逢圩日，许多客商云集此地进行商贸交易，当时村已成为亦农亦商的传统村落。中华人民共和国成立后初期，该村的圩市随之撤销。

20世纪50年代末，村民集中大饭堂吃饭，不

◎ 村民参加养猪积肥一条龙现场会议（摄于1975年）

久撤销，大饭堂屋舍改为队仓库用房，1995年改建为村文化室。70年代中期，开展养猪积肥一条龙动，建有统一猪舍。2014年，由国家支持，整治河道，

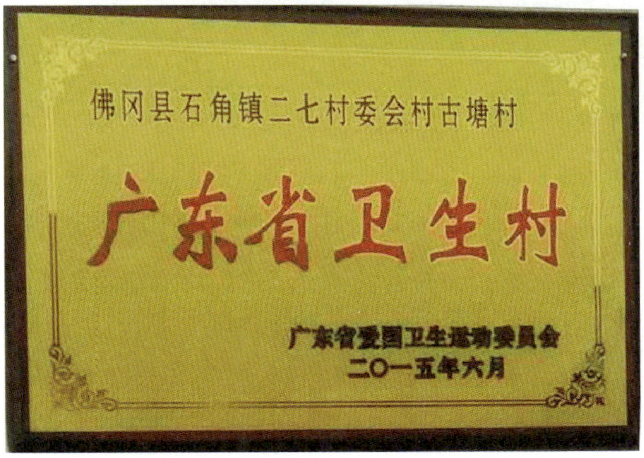

◎ 广东省卫生村牌匾（摄于2016年）

美化两岸景观1.5千米，防洪能力提高到50年一遇。

2015年，该村获广东省爱国卫生运动委员会授予“广东省卫生村”称号。

该村主要人物：黄祥光（1897—1987），1939年任佛冈县县长，1940年任国民革命军第六十二军上校高参，1945年任佛冈县国民党县委部书记长，1949年再任佛冈县县长。民国时期广东省编纂的《广东现代人物》，黄祥光是佛冈县的唯一入册者。黄汝新（1925—），1944年6月加入中国共产党。1947年春，由广州回家乡，与同学黄谷湛联系，以麦坝小学为联络点，建立麦坝革命据点，开展发动群众、动员青年参军等工作。1950年，参加中国人民志愿军，任加强营营长兼教导员，参加抗美援朝的第一战役和第二战役。离休后享受厅级待遇。黄亚油（1933—2012），高级工程师，曾任广东省冶金建筑设计研究院院长。黄云波（1938—1994），曾在中共广东省委办公厅任职，广东省检察院经济处处长。黄利新（1935—），曾任广州某炮兵部队司令部参谋，后任云南某部营参谋。黄荣志（1956—），现任华南师范大学教授。黄子奇（1963—），现任广东省高级人民法院法官。

（资料填报：黄其星，初稿撰写：黄其星，总纂：李协湖）

田心村

◎ 田心村村貌（摄于2015年）

田心村，位于石角镇东部，距镇政府8千米。始建于明正统五年（1440年），由清远吉河乡天降坪堡（今佛冈县水头镇）东坑村分村搬迁而形成。因在田野中心建村而得名。村落坐落于丘陵地带，坐北朝南，村东为莲瑶村，南为莲塘村，西为古塘村，北为是象山村。县道X373线经过村旁，村内有神鸦山、岭下塘山，诚迳河自东北向西南流至不远处的潖江。村内有佛冈十景之一“文笔东擎”山景（《佛冈厅志》记载）。

该村形成时，属清远县吉河乡田心堡。清嘉庆十八年（1813年），属佛冈厅吉河乡田心堡。民国时期，属佛冈县一区南冈乡。中华人民共和国成立初期，属佛冈县一区南冈乡。1958年，属从化县佛冈人民公社二七大队。1961年，属佛冈县三八人民公社二七大队。1983年，属三八区二七乡。1989年，属三八乡二七行政村。1994年，属三八镇二七管理区。1998年，属三八镇二七行政村。2004年至今，属石角镇二七行政村。

世居村民为黄姓、林姓。黄姓，据《黄氏族谱》记载，明中期由江西迁入广东，明正统五年（1440年）黄雪峰由清远县吉河乡（今佛冈县水头镇）东坑迁至该村，有后裔分支向外迁。林姓，清中期从新丰迁至该村。

2015年末，户籍人口1160人，其中男性575人，女性585人。60岁以上143人，其中80岁以上26人，最年长者96岁（女）。16岁以下235人，其中留守儿童10人。实际在村居住和生活主要依靠农业收入1020人，常年在城镇生活和务工140人。村民均为汉族，广府民系，使用粤方言。

◎ 村民春耕插秧（摄于2016年）

该村有山地面积 313.33 公顷，耕地面积 59.33 公顷。传统经济以农业为主，主要作物有水稻、番薯、木薯、花生、大豆等。现多种植水稻、番薯、花生等。1980 年后，大部分青壮年外出打工。村民主要收入来源为农业和外出务工。传统节日食品有白切鸡、烧鹅、烧鸭、香芋扣肉、手指糍、糯米糍、角粉、芋头糍、糕点等。

1967 年通电，1988 年通自来水，1998 年通电话，2004 年村道实现水泥硬底化，2009 年通网络。村中建有垃圾收集站，文化设施有篮球场、文化室。

村编修有《黄氏族谱》，1984 年由黄氏后人黄林儒、黄桂强编纂。

◎ 田心村文化室（摄于 2016 年）

传统民居现存 70 座，建于明代中后期至民国初期。建筑年代距今 500 年以上的有 15 座，300 年以上的有 25 座，100 年以上的有 30 座。村中民居建筑基本保存完整。1980 年后房屋，多以火砖、钢筋混凝土结构，外墙体用马赛克装修楼房，楼房单层多为三房一厅一厨一卫布局。

◎ 雪峰黄公祠（摄于 2016 年）

该村有雪峰黄公祠，始建于 1500 年，占地面积 375 平方米，1994 年起屡有修缮。正厅墙壁采用青火砖砌成。代表性匾额在雪峰黄公祠。主要楹联有：“雪上梅花芳北海绣出山河锦；峰高日月照南疆迎来子孙荣。”

文昌阁庙位于该村西方向，是附近村民烧香拜佛的场所。供奉有文昌帝君神等多尊神像。每逢农历初一、十五，村民都会去寺里拜祭。

◎ 文昌阁庙（摄于 2016 年）

传统节日以春节、元宵、清明、端午、中秋、冬至为主，在春节期间有舞狮子习俗。还有四月八、七月十四、重阳等节日。婴儿出生的第三天称“三朝”，请亲友饮甜酒、吃甜醋。满一个月时称“满月”，亦称“弥月”，很多人家在家中或酒店摆满月酒，设宴款待前来庆贺的亲友。传统婚嫁习俗中，结婚前要担定婚茶、报日子、送聘金、定嫁妆，行结婚礼时，要摆酒请客，迎亲和送亲，婚礼后三朝要回门。传统丧事习俗以土葬为主，1990 年以后逐步实行火葬。其程序为举丧、入殓、出殡、送葬和做法事，将亡灵送入祠堂。办丧事只能煮简单的饭菜招待。

村民流有传说。一位穷秀才在村里的一条散围居住，该村有一条石角至水头的必经之路，有一天，穷秀才放一双鞋在路当中，一位官人带着卫兵从此路经过，前面卫兵发现秀才鞋拦住路，结果官人下马，牵着马与卫兵从小路边而过，后来该村就称马闪皮村。

1964 年 6 月，暴雨成灾，全村约 80% 的农作物受损。2013 年 5 月 15 日，发生特大洪水，全村 95%

以上的房屋都进水，群众财物损失严重，政府救济粮物。

2015 年，被广东省爱国卫生运动委员会评为“广东省卫生村”。

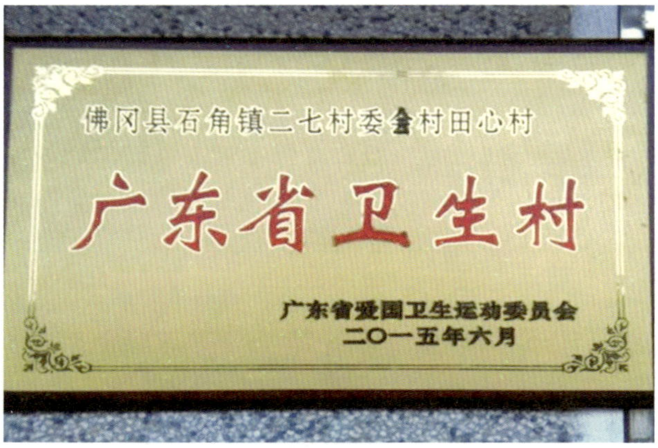

◎ 广东省卫生村牌匾（摄于 2016 年）

该村人才辈出，从宋代至清末废除科举制度前，有贡生、监生以上者 13 人。主要人物：黄社观（1917—1976），1968—1976 年任佛冈县革委副主任。黄谷（1934—），曾留学苏联，曾任兰州银川市副市长，主要著作有《塞上江南踏歌行》。黄煜波（1947—），曾任佛冈县纪委书记、县人大常委会常务副主任。黄坚明（1968—），曾任广州市公安法制处党委委员。黄超贤（1978—），现在佛冈县新闻信息中心工作，其摄影作品曾荣获美国《国家地理》全球摄影大赛中国赛区自然类一、二等奖。

（资料填报：黄义均，初稿撰写：黄义均，总纂：李协湖）

○凤城行政村

石溪村

◎ 石溪村村貌（摄于 2016 年）

石溪村，属佛冈县城郊区，位于石角镇东部，距镇政府 3 千米。始建于清乾隆五十八年(1793 年)，因村建在石砾之地，而且村前东北侧有小溪，因此取名为石溪村。曾用名石鼓墩村。

该村坐落于丘陵地带，村庄坐西向东，村东紧靠坝仔坑，南为国道 G106 线，再往南 500 米是京港澳高速公路，西为大埔坪村、企岭村，北与佛冈县气象局、环城路相邻。

村庄形成时，属清远县吉河乡滘江堡。清嘉庆十八年（1813 年），属佛冈厅吉河乡滘江堡。民国时期，属佛冈县卫冈乡。中华人民共和国成立初期，属佛冈县第一区卫冈乡。1958 年，属从化县石角人民公社石溪大队。1961 年，属佛冈县石角人民公社凤星大队。1983 年，属石角区凤星乡。1987 年，属石角镇凤星行政村。1989 年，属石角镇凤星管理区。1998 年，属石角镇凤星行政村。2005 年至今，属石角镇凤城行政村。

世居村民为黄姓。根据《黄氏族谱》记载，佛冈黄姓均为江夏堂。宋末，福建邵武黄氏后裔迁居入粤，其中分支房系于明初迁入清远县吉河乡天降坪堡（今佛冈县水头镇）莲瑶东坑村，黄六峰为始祖。清乾隆五十八年，其分支房系弼亨公从清远吉河乡田心堡（今佛冈县石角镇）象山村迁至该村。

2015 年末，户籍人口 1006 人，其中男性 498 人，

◎ 石溪村门楼（摄于 2016 年）

女性508人。60岁以上98人,其中80岁以上19人,最年长者99岁（女）。16岁以下156人。实际在村居住和生活主要依靠农业收入626人，常住城镇生活和务工380人。村民均为汉族，广府民系，使用粤方言。

村有山地面积19.13公顷,耕地面积15.2公顷。传统经济以农业为主,主要作物有水稻、蔬菜、番薯、花生、甘蔗、烟叶等。20世纪70年初期，村民养殖安哥拉兔（又名剪毛兔）在县内外颇具名气。传统农特产是黑皮甘蔗(果蔗)。黑皮甘蔗特点是皮脆、渣少、水分足、含糖分高，村民普遍种植，佛冈县城销售黑皮甘蔗大部分产自该村。1990年后，田地已被政府逐步征用，还剩小部分作耕地使用。村民主要收入来源为农业种植、养殖、房屋出租、商贸和外出务工。传统节庆食品有糯米糍、艾糍、粽子等。

1970年通电，1990年通电话，2003年村道实现水泥硬底化，2008年通网络。2013年，建两层300平方米的文化室和1750平方米配置健身器材的运动场。村中环境卫生由县环卫所接管。

清中期，村建有私塾学堂，学子所需学杂费，由祖尝的石场（现水泥厂石场）收入资助。民国初期，办私立初级小学，黄满光任校长。1931年，曾设立第一区私立竹轩小学，黄植臣为校长。1946年，更名为卫冈乡第三保国民小学。1953年，把该校改为佛冈县立小学，后迁往县城办学（今县一小）。原校址先后改名为石溪完全小学、石溪中心小学、凤星小学，石角镇中心小学。小学校园占地面积8960平方米，2015年学校开设21个班级，学生937人，教职工50人。内设凤城幼儿园1所，园内有幼儿172人，教职工13人。

传统民居为广府民居。为清代广府式建筑群。该村四周有围墙，坐西向东，整座建筑群呈“回”字形四点金的布局。面阔51.8米，进深45.2米，整条古村建筑占地面积2342平方米。村内有横巷2条，竖巷4条，巷道用鹅卵石铺地，防涝排污设施完善。古村原面积较大，后来由于修建国道G106线，把古村分成两半，现存6座正座民居、24间围水民居。有一口面积0.33公顷的圆形风水塘，村前有面积400平方米的晒禾坪。民居多为正座和围水式房屋。正座房屋建筑物一般占地建筑面积120平方米，为砖木结构，墙体为青砖，盖灰瓦，硬山顶，龙船脊。正座民居特点为二进三间两廊一天井格布局，屋檐下有壁画灰塑图案，寓意吉祥如意、福寿康宁。围水房屋为独立单间平房，一般占地面积约20平方米，大部分建在村的围墙边内，房屋都为砖木结构，硬山顶，墙体为青砖。村中门楼坐西向东，面阔5米，进深5.5米，高6米，硬山顶，龙船脊，青砖墙，盖灰瓦。门楼内有木趟栊,麻石块砖铺地。1990年后,居民先后搬进自建钢筋混凝土楼房。

◎ 石溪村传统民居（摄于2016年）

《黄氏宗谱》（江夏郡）收录中原南迁入籍佛冈始祖黄六峰后裔黄氏族人繁衍世系。族谱分章、节，除前言、凡例外，主要内容分为29个条目记述。其中，1—20条目记述黄氏历代源流、世代字派诗序、家训小引、家训条目、祠纪、历代人物赞等目录；21—29条目记述佛冈黄氏各房世系、东坑黄氏纲常序、历史参考、后记等。全书10万字，为简易平装本印刷。

石溪人民食堂旧址位于该村门楼东北方。1958年建成，占地面积432平方米。该旧址坐北向南，面阔11米，进深39.3米，高4米。属于砖木结构，悬山顶，四条方形砖砼，铁门，铁窗，灰沙覆墙（有小部分为青砖墙），水泥地面，盖灰瓦。正门欧式风格（参照石溪天主教堂门楼），门

◎ 石溪人民食堂旧址（摄于 2016 年）

楣处上圆弦形山墙有个五角星灰塑，是当时人民食堂标志。门额上有“石溪人民食堂”的灰塑字样，保留部分窗花。该建筑总体布局科学合理，对研究佛冈县“大跃进”和人民公社化运动的历史有研究价值。2012 年，石溪人民食堂旧址被列入佛冈县不可移动文物名录。

石溪天主教堂遗址。1922 年，有两名法国传教士到佛冈县第一区的石溪村设立天主教堂，至 1925 年每年派教徒到各地传教。石溪天主教堂建成于民国初期，位于石溪村西北面 300 米（今石角镇中心小学内），占地面积 1000 平方米。教堂为欧式意大利教堂建筑风格，内设礼堂、18 间教室、门楼、操场、食堂及卫生设施。教堂曾用作卫冈乡中心小学校舍，1944 年佛冈中学曾以该教堂作校址。2000 年后，由于教堂年久失修，变成危房而拆除，在原址新建石角镇中心小学教学楼。

村晒禾坪竖立四块旗杆石，旗杆石为麻石，每块高 1.5 米，宽 30 厘米，厚 12 厘米。旗杆石上刻有“贡生黄潜明监，咸丰年元年吉旦”“贡生黄深明监，同治二年吉旦”。旗杆石（亦称旗杆夹）是科举制度、功名彪炳的产物。是科举高中或皇恩钦点功名人士，族人在村中宗祠门前或村门楼前为其立旗杆石，竖起旗杆，以显示功名，是宗族、个人名誉树碑表彰及封赠的标志。

村民宗族祭祖活动在每年农历正月初八到水头莲瑶东坑祠祭祖，在祭祖时，群狮起舞，鞭炮、锣鼓齐鸣。传统婚嫁习俗中，仍沿用座茶、相亲、过礼、迎亲、按床、挎红、闹新房、打糖梅仪式。传统丧葬风俗，主要程序为报丧、上孝、买水、殓棺、煮寿饭、出殡、巡棺、复坟、葬礼。传统以土葬为主，1990 年后逐步实行火化。

1939 年，国民党第十二集团军独立第二十旅驻守该村。1943 年，驻龙南的国民党六十五军在该村天主教堂举办“佛冈县党政军民联席会议知识青年战时工作训练班”，课程以军事训练为主。1943 年，日本侵略军飞机空袭石溪村，炸死若干村民。

该村主要人物：黄德明，黄埔军校毕业，曾任国民党军某团参谋长，1949 年赴台湾。黄植生，民国时期任南海县县长。黄世荣（1930—），曾任英德县副县长兼财办主任。

◎ 石溪村旗杆石（摄于 2016 年）

（资料填报：黄庙南，初稿撰写：黄庙南，总纂：李协湖）

府城村

◎ 府城村村貌（摄于 2016 年）

府城村，位于石角镇中部，距镇政府 2 千米。始建于清乾隆年间。佛冈直隶军民厅设置在村西南面。村落与厅署四周修建城墙，形成城堡，因而得名府城村。村东为文明路，南为青松路，西为教育路，与佛冈中学仅一墙之隔，北面是青云路，四周被商品楼环绕。

村形成时，属清远县吉河乡渭江堡。清嘉庆十八年（1813 年），属佛冈厅吉河乡渭江堡。民国时期，属佛冈县卫冈乡。中华人民共和国成立初期，属佛冈县第一区卫冈乡。1958 年，属从化县佛冈人民公社凤围大队。1961 年，属佛冈县石角人民公社凤星大队。1983 年，属石角区凤星乡。1987 年，属石角镇凤星行政村。1989 年，属石角镇凤星管理区。1998 年，属石角镇凤星行政村。2005 年至今，属石角镇凤城行政村。

世居村民有钟、冯、温、张、高、陈、李、何、刘、朱、叶、谢、邝、廖、曾、罗、梁、陆、黄、郑等 20 个姓。钟姓，据《钟氏溯源》记载，明宣德二年（1427 年），钟氏始祖康养、胜养兄弟二人随族人自闽入粤迁居翁源鲁溪，第九代长子万邦（开村始祖）清乾隆年间从鲁溪迁至清远吉河乡（今佛冈石角镇）迁至该村。其余 19 个姓氏的村民，均在建厅署后清

◎ 府城村南门楼（摄于 2016 年）

末民国初期间先后迁至该村。

2015年末，户籍人口1206人，其中男性612人，女性594人。60岁以上112人，其中80岁以上17人，村中最年长者93岁（女）。16岁以下408人，其中留守儿童16人。该村为城中村，耕地大部分为建设用地，只有少量农田耕作。实际在村居住1054人，常在外地务工152人。非户籍560人。村民均为汉族，广府民系，使用粤方言。

村有耕地面积2.47公顷。传统经济以农业为主，主要作物有水稻、番薯、花生、豆类、蔬菜、芋头。2000年后，该村成为城中村，村民的主要收入来源为外出务工、商业经营以及房屋出租。传统节庆食品有糯米糍、艾糍、粽子等。

1963年通电，20世纪80年代通电话，2005年通自来水，2008年通网络，2010年村道实现水泥硬底化。建有文化室，藏书100多册。

传统民居多建于清代，现存传统民居20多座，基本保存完好。民居多为正座和围水房屋建筑。正座为四房归厅（一厅一天井二廊四房）布局，一般占地面积130平方米，砖木结构，硬山顶，墙体为青砖，也有部分有青砖包着泥砖砌墙，多为石门框、石窗框、石地板。每间房内加装一层木楼阁。屋檐下有壁画灰塑图案，寓意吉祥如意，福寿康宁。围水房为独立单间平房排列，占地面积约20平方米。为砖木结构，硬山顶，青砖墙体或三合土墙体，也有部分青砖包着泥砖砌墙。1990年后，村民先后在传统民居四周建成钢筋混凝土楼房，传统民居很少有人居住。

◎ 瑞桂祠堂（摄于2016年）

清嘉庆十八年（1813年），建立佛冈直隶军民厅，厅署设法院、监狱等地方行政机构。村中原烈士陵园（现为佛冈县福利院）为当时的军民厅衙门。军民厅署四周修建城墙，耗时10多年。其时城墙底座宽近10米，顶部宽约5米，高达数米，用桐油拌石灰浆用大砖砌成。城开四门，民国初期撤厅改县，原军民厅衙门改为县政府所在地。钟氏族人集中居住于村东门，南门和西门主要为军民厅所属行政机构所在地，设有圩场、店铺、书院。迁入异姓村民分散居住南门和西门，成为多姓氏杂居的村落。抗战期间，府城村遭日本侵略军飞机轰炸，部分城墙和一些民居被炸毁，为便于村民逃避日本侵略军飞机空袭，将剩余城墙全部拆除。

佛冈有3所书院均在该村创办。清代的佛冈厅第四任同知王禹甸倡导，在府城南门（俗称“竹仔

◎ 府城村传统民居（摄于2016年）

◎ 佛冈中学（摄于1991年）

园”）创办培英书院，占地面积约3000平方米。清同治五年（1866年），佛冈厅同知德馨安排宋铨山与朱品三等人创办凤梧书院，院址在府城东门（原佛冈军民厅衙门，现为佛冈县福利院）。清同治十年（1871年），在府城西门的城隍庙（今佛冈中学校园内）创办吉河书院。中华人民共和国成立后，凤梧书院1957年改建为佛冈县革命烈士陵园。1988年5月，烈士陵园选址搬迁，该址改建为佛冈县福利院。

主要民间习俗为清明祭祖、节庆喜事舞狮子、钟氏“烧丁炮”。其中，钟氏“烧丁炮”习俗源于清道光二年（1822年）。在每年农历正月初十，由上年生的男孩家，商议请人搭烧丁炮的棚架，当天按男孩出生时间先后为序，逐一“烧丁炮”。抢到“丁炮”者由事主家奖励红包一个，有舞狮助兴，同时宴请前来道贺的亲朋好友。在村中遇节庆喜日时，村民舞狮助庆。

传统节日为春节、清明节、四月八、端午节、七夕、七月十四、中秋节、冬至等。传统结婚礼仪有婚嫁要座茶、相亲、过礼、迎亲、按床、挎红、闹新房、打糖梅等仪式。传统丧葬风俗，主要程序为报丧、上孝、买水、殓棺、煮寿饭、出殡、巡棺、复坟。传统以土葬为主，1990年后逐步实行火化，再用陶埕安葬骨灰。

◎ 府城村舞狮队在县人民中心广场表演（摄于2017年）

位于该村域内的佛冈中学，1932年创办，现校名匾额是1991年由时任广东省省长叶选平题字。2015年，办56个教学班，学生2885人，教职员工260人。该校是国家级示范性普通高中学校。

2015年，该村被广东省爱国卫生运动委员会评为“广东省卫生村”。

该村既是佛冈厅署、县府所在地，又是佛冈文化教育的摇篮。村中主要人物：刘达全（1903—1978），佛冈县著名铁匠，从事铁匠数十年。叶挺生（1919—1999），民间跌打医生，医术高明。钟仑芳（1931—），曾在广东省公安厅工作。钟成满（1948—），曾任中共石角镇党委书记、县纪委副书记、县工商局局长。钟荣炽（1954—），硕士研究生，曾在广东省委机关工作。钟南炽（1954—），建筑工程师，曾任佛冈县住建局办公室主任。钟宁宁（1960—），硕士研究生，现任中国石油大学党委书记、教授。钟真真（1961—），中国人民大学毕业，法学硕士，现在国务院工作。钟伟君（1981—），医学硕士研究生，现任深圳市儿童医院医师。钟利乔（1982—），博士，现在中国科学院工作。钟惠珍（1982—），女，硕士研究生，现在华南农业大学任讲师。钟伟钊（1987—），法学硕士研究生，现任南京中级人民法院法官。

（资料填报：钟少军，初稿撰写：钟少军，总纂：李协湖）

凤 围

◎ 凤围村貌（摄于 2016 年）

凤围，位于石角镇中部，距镇政府约 2 千米。始建于清乾隆四十年（1775 年），由广东翁源鲁溪迁居而形成。因村地形像是一只背向南方、凤头向西、凤尾向东的睡凤，故取名凤尾围，后改为凤围。

该村位于佛冈县城南部，坐南向北，3 口水塘分布在村周围。村东为新开山村，南为京港澳高速公路，西为吴竹村，北为国道 G106 线。村域南面 3 千米处有一座山田水库。

村庄形成时，属清远县吉河乡渭江堡。清嘉庆十八年（1813 年），属佛冈厅吉河乡渭江堡。民国时期，属佛冈县卫冈乡。中华人民共和国成立初期，属佛冈县第一区卫冈乡。1958 年，属从化县佛冈人民公社凤围大队。1961 年，属佛冈县石角人民公社凤围大队。1983 年，属石角区凤围乡。1987 年，属石角镇凤围行政村。1989 年，属石角镇凤围管理区。1998 年，属石角镇凤围行政村。2005 年至今，属石角镇凤城行政村。

世居村民为钟姓。据《钟氏渊源》记载，始祖康养、胜养两兄弟于明万历十五年（1587 年）自闽迁至广东翁源鲁溪，其第九代孙世宁育有两子，次子万国（开村始祖）在清乾隆五十年（1785 年）从广东翁源鲁溪，迁至清远县吉河乡（今佛冈石角镇）该村，结庐繁衍后代。

2015 年末，户籍人口 1756 人，其中男性 872 人，女性 884 人。60 岁以上 176 人，其中 80 岁以上 33 人，最年长者 101 岁（女）。16 岁以下 710 人，其中留守儿童 10 人。因村处城郊，实际在村居住 1608 人，生活主要依靠农业收入 280 人，常年在外地务工 148 人，非户籍人口 362 人。村民均为汉族，广府民系，

◎ 凤围牌坊（摄于 2016 年）

◎ 凤围黑山羊养殖场（摄于 2016 年）

使用粤方言。

村有山地面积 410.13 公顷，耕地面积 6.67 公顷。村域地处羊角山余脉，有丰富林业资源，山上有樟树、杉树、松树及灌木林等，野生动物有果子狸、黄猄、蛇类等。传统经济以农业为主，兼有林副产品经营。主要作物有水稻、番薯、木薯、花生、豆类、蔬菜、芋头等。1990 年初，引进种植石硖龙眼，皮薄、肉爽、清甜，年产量达 5000 千克。1995 年后，土地被政府逐步征用，现有少量耕地。村民主要收入来源有农业种养、林副产品经营、商业经营和外出务工。传统节庆食品有糯米糍、艾糍、粽子等。

1968 年通电，1980 年通电话，2008 年通网络，2010 年村道实现水泥硬底化。2013 年，建两层面积 300 平方米的文化室。2015 年，建两层面积 400 平方米文化活动中心，内有图书室，藏书 200 册。建有水泥篮球场 1 个，篮球场边设有 11 种体育健身器材。村中建有垃圾收集站，

传统民居为广府民居。多建于清代，现存传统民居 21 座，保存基本完好。民居多为正座和围水屋建筑。围水屋呈“围”字形布局，门楼有正厅堂两厢房，高 6 米，硬山顶，龙船脊，三合土泥砖墙体，石窗，盖灰瓦，砖木结构，厅堂内以麻石块砖铺地，厅堂墙上有花鸟灰塑壁图。正座房屋为四房归厅（一厅一天井二廊四房）布局，占地面积 100 多平方米。房屋都为砖木结构，硬山顶，墙体为青砖，多为石门框、石窗框、石地板，高 5.8 米，每间房间内加装一层木楼阁。屋檐下有壁画灰塑图案，寓意吉祥如意、福寿康宁。围水屋为独立单间平房排列，一般占地建筑面积约 20 平方米，大部分建在村的围墙边内，房屋都为砖木结构，硬山顶，为青砖墙体或三合土墙体。1990 年后，民居先后搬进自建钢筋混凝土楼房。

◎ 凤围传统民居（摄于 2016 年）

清光绪年间，用祖尝延师，建有养元学校，校址在现凤围文化室。教族中子弟读书，并设有奖励，鼓励子弟继续求学进取。民国时期，为卫冈乡第四保国民学校。中华人民共和国成立后，曾办过完全小学。该校现搬迁至附近吴竹村。

传统习俗有烧丁炮活动，起源于清道光时期。每年正月十五元宵节，村中所有上年生的男孩家，商议请人搭烧丁炮的棚架，当天按男孩出生时间先后为序，逐一“烧丁炮”，抢到“丁炮”者由事主家奖励红包一个，红身狮子助兴，同时宴请前来道贺亲朋好友。宗族活动有清明祭祖、重阳祭祖等。

传统节日为春节、清明节、四月八、端午节、七夕、七月十四、中秋节、冬至等。传统婚嫁习俗，结婚前要担定婚茶、报日子、送聘金、定嫁妆，行结婚礼时，要摆酒请客，迎亲和送亲。传统习俗丧事以

◎ 凤围上灯舞狮（摄于 2015 年）

土葬为主，其程序为举丧、入殓、出殡、送葬、请道士、设灵堂、做灵屋、做法事、将亡灵神主放入灵屋，做七过后，送入祠堂或厅堂。1998 年殡葬改革后，全部实行火葬。

村旁有条古道，形成于清代初期。古道是清代佛冈中部通向从化县、龙门县的古盐道。以石角镇(县城）为起点，经凤围、大白洞村、翻过羊角山、至黄花水尾村到达从化东洞。全程约 25 千米，路宽 1.5 米，有部分用河卵石路面铺砌，山路较为崎岖不平。

在抗日战争期间，国民革命军一八七师（师长张光琼）驻防该村。1943 年初，日本侵略军飞机轰炸凤围，炸弹落在离师部附近的村民屋旁，无人员伤亡。

该村的钟贞黎（1885—1953），又名钟泽堂，曾任佛冈县参议员、东轩小学校长，兼任卫冈乡第四保国民学校校长。钟日盈（1895—1956），又名钟国材，抗日战争时期，曾任韶关地区抗日救国军

◎ 古道遗址（摄于 2016 年）

师长、佛冈抗日大刀队负责人之一，参加从化地区牛背脊抗击日本侵略军战斗。钟妙荣（1934—），1965 年 3 月荣获“广东省先进工作者”称号。钟金河（1947—），佛冈一中高级教师。钟彬祥（1955—），1976 年服兵役，1979 年参加中越边境自卫还击作战，受到嘉奖 2 次。

（资料填报：钟贞华，初稿撰写：钟贞华，总纂：李协湖）

凤新村

◎ 凤新村村貌（摄于 2016 年）

凤新村，位于石角镇中部，距镇政府 4.5 千米。始建于清中期，由附近新开山村（今下围）分村搬迁而形成。1967 年，因位于崩洪头村上游 1 千米处的大窝水库堤坝崩塌，洪水冲毁该村。该村搬迁到大圳村旁重新建村，因属凤星大队管辖，因而取名为凤新村。

该村位于佛冈县城东南方，村落坐东南向西北，村东南紧靠平脑山，西与大元村相邻，北为大圳村。有乡道在村旁经过。

村形成时，属清远县吉河乡滑江堡。清嘉庆十八年(1813 年)，属佛冈厅吉河乡滑江堡。民国时期，属佛冈县第一区卫冈乡。中华人民共和国成立初期，属佛冈县第一区卫冈乡。1958 年，属从化县佛冈人民公社凤星大队。1961 年，属佛冈县石角人民公社凤星大队。1983 年，属石角区凤星乡。1987 年，属石角镇凤星行政村。1989 年，属石角镇凤星管理区。1998 年，属石角镇凤星行政村。2005 年至今，属石角镇凤城行政村。

世居村民为曾姓。据《凤新曾氏族谱》记载，五十七世祖理桢于明代永乐年间由增城迁徙到清远吉河乡观音堡（今佛冈县石角镇）放牛洞（今放牛洞水库），后迁吉河乡天降坪堡（今佛冈县水头镇石潭）曾屋村，再迁吉河乡滑江堡新开山村，清中期再由新开山村（今下围）分支迁至该村。

2015 年末，户籍人口 142 人，其中男性 72 人，女性 70 人。60 岁以上 13 人，其中 80 岁以上 1 人，最年长者 92 岁（男）。16 岁以下 25 人，其中留守儿童 3 人。实际在村居住和生活主要依靠农业收入

◎ 凤新村果蔗种植（摄于 2016 年）

126人，常年在城镇生活和务工16人。村民均为汉族，广府民系，使用广府方言。

村有山地面积1.53公顷，耕地面积3.2公顷。传统经济以农业为主，主要作物有水稻、花生、甘蔗等。1990年后，许多青壮年外出打工。村民主要收入来源为农业和外出务工等。传统节庆食品有糯米糍、艾糍、粽子等。

1975年通电，1997年通电话，2000年通电视，2007年村道实现水泥硬底化，2012年宽带网络覆盖全村。村中建有文化室，为村民娱乐活动中心。该村建有垃圾收集站，每天清扫垃圾。

民居均为1968年后建的平房。村中房屋整齐排列，共分8排。房屋共有30多间，街巷纵横交错。其建筑为硬山顶，盖灰瓦，三合土或泥砖墙体。大部分成单间排列，也有部分是两房一厅布局。1990年后，在原平房四周建造钢筋混凝土楼房。

◎ 凤新村民居（摄于2016年）

村中有《曾氏族谱》，原称《南宗族谱》，又名《武城曾氏族谱》。清同治十一年（1872年）春，湖南宁乡学协对族谱进行第一次续修。1934—1938年，进行第二次续修，族谱收录由中原南迁增城后入籍佛冈理祯公后裔曾氏族人繁衍世系。族谱除前言、凡例外，主要记述曾氏历代源流、世代字派诗序、家规、祖训，全书20万字，为简易平装本。

理桢曾公祠位于村后侧，坐南向北。祠堂用琉璃瓦围墙。祠堂为二进二廊一天井布局。第一进保

◎ 理祯曾公祠（摄于2016年）

存有门官墩，石座木柱，两边衬祠都有祭坛。第二进设有神龛，正面墙上画有龙凤呈祥的壁画。头门门额石匾上刻有“理桢曾公祠”的字样。正门瓦檐额木雕人物花鸟，梁架木雕，正门墙体有灰塑壁画和题词，前檐装两条方形石柱、石梁架（又名虾公梁）、石块铺地。

主要宗族活动有正月初十上灯、清明祭祖、重阳祭祖等。传统节日为春节、清明节、四月八、端午节、七夕、七月十四、中秋节、冬至等。传统婚嫁习俗，结婚前要担定婚茶，报日子，送礼金、定嫁妆，最后结婚摆喜酒，迎亲和送亲。传统丧葬习俗为土葬，1990年后逐步实行火葬。其程序为举丧、入殓、出殡、送葬、做法事，将亡灵送入祖屋。办丧事做白饭，花菜、大白菜、黄豆、猪肉等简单的饭菜。在用餐时哀悼的人站立用餐，以表哀痛。

1967年5月23日晚上10时40分，山洪暴发，大窝水库堤坝突然崩塌，库内50多万立方米水直冲下游，冲毁该村房屋12间，毁坏农田20公顷，淹死村民5人。洪水过后，政府安置在大圳村旁重建新村。

该村的曾瑞儒（1957—），1976年参加中国人民解放军，1979年参加中越边境自卫还击作战，荣获三等功。

（资料填报：曾贤洲，初稿撰写：曾纯金，总纂：李协湖）

茶园村

◎ 茶园村村貌（摄于 2016 年）

茶园村，位于石角镇中部，距镇政府 4 千米。始建于民国初期，由附近凤塘村（又名横塘村）迁移聚居形成。陆氏族人先聚居于凤塘村，由于自然环境及姓氏纠纷等原因，后于茶山脚下建村，因而取名茶园村。

该村位于丘陵地带。村东与下围接壤，南为村背山（茶山），与凤围、横塘村相隔不远，西为京港澳高速公路，北为下围毗邻，有乡道连接国道 G106 线。

民国时期建村时，属佛冈县第一区卫冈乡。中华人民共和国成立初期，属佛冈县第一区卫冈乡。1958 年，属从化县佛冈人民公社凤星大队。1961 年，属佛冈县石角人民公社凤星大队。1983 年，属石角区凤星乡。1987 年，属石角镇凤星行政村。1989 年，属石角镇凤星管理区。1998 年，属石角镇凤星行政村。2005 年至今，属石角镇凤城行政村。

世居村民为陆姓、黎姓。陆姓，据《陆氏族谱》记载，清初陆太祖从英德下砵迁移清远吉河乡滑江堡（今佛冈县石角镇）横塘村，民国初期从横塘村迁至该村。黎姓，民国初期从佛冈县水头镇新坣茶园村迁至该村。

2015 年末，户籍人口 225 人，其中男性 108 人，女性 117 人。60 岁以上 23 人，其中 80 岁以上 4 人，最年长者 86 岁（女）。16 岁以下 55 人。实际在村居住和生活主要依靠农业收入 136 人，常年在城镇生活和务工 89 人。村民均为汉族，广府民系，使用粤方言。

村有山地面积 12.33 公顷，耕地面积 7.6 公顷。

◎ 茶园村祖堂（摄于 2016 年）

林业资源有杉树、松树和杂树林，有野生金银花等中草药资源。传统经济以农业为主，主要作物有水稻、番薯、芋头、木薯、花生、大豆等，现在村民主要收入来源为农业生产和外出务工等。传统节庆食品丰富，主要有春节的年糕、糖环、油角，元宵节的汤圆，清明节的艾糍，端午节的粽子，中秋节的月饼等。村里妇女坐月子，主要食品有糯米甜酒、甜醋煲猪脚等。

1970 年通电，1997 年通电话，2007 年村道实现水泥硬底化，2014 年光纤网络覆盖全村。村中建有垃圾收集站，一天清扫垃圾两次。

传统民居为广府围屋。民居多建于民国及中华人民共和国成立初期，现存传统民居 20 多间，保存基本完好。村落坐东南向西北，围屋呈“囲”字形布局，门楼居中，四周的围水屋包围中间的正座，街巷纵横贯通。正座为四房一厅，两廊一天井布局，每座建筑面积 130 平方米，硬山顶，盖灰瓦，三合土或青砖、泥砖墙体结构。1990 年后，村民先后搬进自建钢筋混凝土楼房。

◎ 茶园村传统民居（摄于 2016 年）

村编修有《陆氏族谱》，2002 年 6 月由族人陆奕瑞等人编纂。该族谱分为简史、旧谱集成、新世纪陆氏族谱、各项记录四部分。族规有“祖宗虽远，祭祀不可不诚”的古训，并载有族规：“要饮水思源，感恩祖荫，尊敬祖先；待人平等宽厚、诚信仁爱，

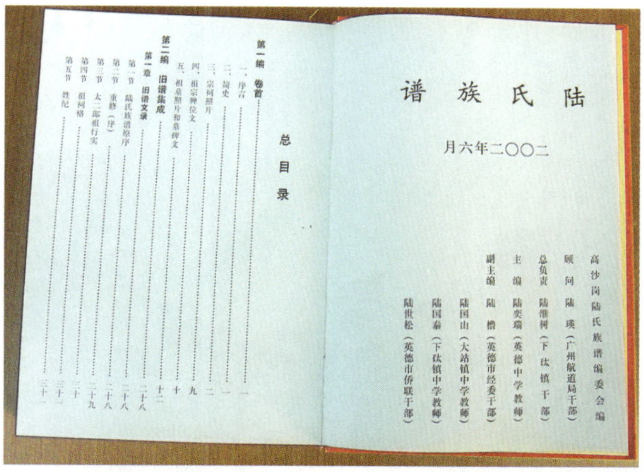

◎《陆氏族谱》（摄于 2016 年）

◎ 茶园村 100 年树龄的龙眼树（摄于 2016 年）

谨记德者庆，处事合情、合理、合法，珍惜和为贵；夫妻平等，家庭和睦，俭朴持家，劳动致富；赡养孝敬父母，家族团结互助。”

传统节日为春节、清明节、四月八、端午节、七夕、七月十四、中秋节、冬至等。传统婚嫁礼仪有担定婚茶、报日子、送聘礼、订嫁妆，行结婚礼时要摆酒请客，迎亲和送亲。该村传统丧葬风俗，以土葬为主，1990 年以后逐步实行火葬。其程序包括举丧、入殓、出殡、送丧，将亡灵牌送入祖堂。村民每年清明都会组织集体祭祖扫墓，缅怀先祖。

该村的陆锦添（1950—），1970 年入伍，在部队荣获三等功。

（资料填报：陆伟文，初稿撰写：钟石根，总纂：李协湖）

大埔坪村

◎ 大埔坪村村貌（摄于 2016 年）

大埔坪村，位于石角镇中部，距镇政府 3 千米。始建于清初期，是清初吉河地区（今佛冈县石角镇）商贸集市，多姓族人聚居而形成。由于地势比较平坦，周围无山岭，因而取名为大埔坪村。

该村位于佛冈县城东面，村东紧靠明珠花园住宅区，南为县城青松东路，西与府城村交界，北为名汇花园住宅区，往北 200 米便是潖江。国道 G106 线、京港澳高速公路在村南通过。

村形成时，属清远县吉河乡渭江堡。清嘉庆十八年（1813 年），属佛冈厅吉河乡渭江堡。民国时期，属佛冈县第一区卫冈乡。中华人民共和国成立初期，属佛冈县第一区卫冈乡。1958 年，属从化县佛冈人民公社凤星大队。1961 年，属佛冈县石角人民公社凤星大队。1983 年，属石角区凤星乡。1987 年，属石角镇凤星行政村。1989 年，属石角镇凤星管理区。1998 年，属石角镇凤星行政村。2005 年至今，属石角镇凤城行政村。

世居村民为黄姓、何姓、郭姓。黄姓，据《黄氏宗谱》记载，佛冈黄姓均为江夏郡。宋元时期，由福建邵武黄氏后裔迁居入粤，其中分支房系于明初，迁入清远县吉河乡天降坪堡（今佛冈县水头镇）莲瑶东坑村，黄六峰为始祖。清初，其后裔迁至该村，黄廷泽为开村始祖。清末，何、郭两姓族人迁至该村。

2015 年末，户籍人口 222 人，其中男性 112 人，女性 110 人。60 岁以上 19 人，其中 80 岁以上 2 人，最年长者 86 岁（女）。16 岁以下 38 人，其中留守儿童 5 人。因村土地被政府征用，成为城中村。实际在村居住 205 人，常年在外地务工 17 人。村民均

◎ 村民制作豆腐（摄于 1990 年）

为汉族，广府民系，使用粤方言。

◎ 工人检测味精质量（摄于 2003 年）

村有耕地面积4.13公顷，传统经济以农业为主，主要作物有水稻、番薯、木薯、花生、豆类、蔬菜、芋头等。1978 年，在村旁建佛冈县味精厂，该厂曾与广州味精联合生产双桥牌味精，并获国家味精食品金奖。1990 年后，土地被政府逐步征用，成为城中村，现村中已没有农业，村民经营小商品和进厂务工等。村民主要收入来源为商业经营、外出务工、房屋出租等。传统节庆食品有糯米糍、艾糍、粽子、油糍。其中，油糍是春节及喜事的食品和礼品，制作方法：先将糯米碾成粉，按 500 克米粉配 200 克糖的比例，把糖煮溶后拌粉搓匀，做成球形或椭圆形糍粑，然后用油炸熟即成。

1965 年通电，20 世纪 90 年代初通电话，2010 年村道实现水泥硬底化，2011 年通自来水，2013 年通网络。村中环境卫生由县环卫所接管。

传统民居建于清代初期，围屋呈“回”字形布局。

◎ 大埔坪村传统民居（摄于 2016 年）

1970 年后，村民在破旧的围屋前面建造房屋，形成新村落。村落坐南向北，呈“丰”字形布局，竖巷作为中轴线，房屋分两边排列，共分 6 排。每排房屋 16 间，两边各为 8 间。横巷 5 条，贯通全村。现存平房 20 多间，其建筑为硬山顶、盖灰瓦、三合土墙体、砖木结构。1990 年后，村民先后搬进自建钢筋混凝土楼房。

村西旁有大埔坪祖庙，建于清初，供奉 20 多个神像，是周边村民众每逢年过节或每月农历初一、十五烧香、拜祭的场所。20 世纪 60 年代“文化大革命”期间，庙堂、神像被毁。1990 年，府城、凤围、大埔坪、企岭 4 个村民众自发集资 2 万多元，重建庙堂，并安放 20 多个神像。1990 年 12 月 15 日，举行庙堂入伙及神像开光仪式。

◎ 大埔坪村祖庙（摄于 2016 年）

主要特色民俗有春节期间舞蚌习俗。据传起源于清雍正年间。当时佛冈地区治安混乱，盗贼猖獗，大埔坪农贸集市常有盗匪打劫，尤其是马口寨的贼人与观音山寨的贼人为争夺利益经常恶斗，扰乱大埔坪集市。清雍正九年（1731 年），朝廷在该村设捕盗同知，进驻军队维持地方治安。当年有一村民，根据鹬蚌相争寓言改编成蚌舞在集市表演，围观人看后，明白鹬蚌相争渔翁得利的道理。随后集市秩序日益好转。此后，每逢节日在集市表演舞蚌。现仍沿袭此俗。宗族活动有清明祭祖、重阳祭祖等。

传统节日为春节、清明节、四月八、端午节、七夕、

◎ 村旁青松东路的商业街（摄于 2016 年）

七月十四、中秋节、十月朝、冬至等。春节期间的传统习俗：农历腊月二十三称“小年”，家家户户打扫庭院、做年货。有在“小年夜”的晚饭后送灶君，年三十晚接灶君的习俗。年三十吃“团年饭”，饭后长者要给小孩“压岁钱”。年初一清早，各家各户相互拜年。年初七为“人日”，村民有相应的庆贺活动。传统嫁娶习俗，结婚前要担定婚茶，报日子、送聘金、定嫁妆，行结婚礼时，要摆酒请客，迎亲和送亲。传统丧事习俗以土葬为主，1990 年以后逐步实行火葬。其程序为举丧、入殓、出殡、送葬和做法事，将亡灵送入祠堂。

清雍正九年（1731 年），朝廷在该村设置捕盗同知，驻扎武装，分管清远、英德、从化、花县、广宁、长宁六县的治安事务，无管理社会和民众事务的职能。乾隆元年（1736 年）九月，清远县令陈哲在该村兴建的大埔坪城池竣工。1926 年 9 月，因姓氏械斗、火烧整条村庄，现村为在原地重建。

（资料填报：黄庙珍，初稿撰写：钟贞华，总纂：李协湖）

大元村

◎ 大元村村貌（摄于2016年）

大元村，位于石角镇中部，距镇政府3千米。始建于清末，由吉河乡九围堡（今佛冈县石角镇）枧头村分村搬迁形成。其祖陈圣芳受雇替别人养鸭，在距枧头村西南方约3千米的果园建屋居住，并率子孙在此定居下来。村名取自果园的“园”字的谐音，故名大元村。

该村位于佛冈县城东南部，村庄坐南向北，村东与凤新村接壤，村南有小丘陵叫坪脑，西为下围，北与新屋村相邻。京港澳高速公路从村前横贯东西，有村道通国道G106线。村北几百米处的坝仔坑溪水自南向北流入潖江。

村形成时，属佛冈厅吉河乡渭江堡。民国时期，属佛冈县卫冈乡。中华人民共和国成立初期，属佛冈县第一区卫冈乡。1958年，属从化县佛冈人民公社凤星大队。1961年，属佛冈县石角人民公社凤星大队。1983年，属石角区凤星乡。1987年，属石角镇凤星行政村。1989年，属石角镇凤星管理区。1998年，属石角镇凤星行政村。2005年至今，属石角镇凤城行政村。

世居村民为陈姓。据《陈氏族谱》记载，北宋天圣年间，祖先由江西泰和迁到广东增城九佛，后从九佛迁至清远县潖江（今佛冈县龙山镇）黄塱村，第十三世祖陈昌杰由龙山黄塱迁居吉河乡九围堡（今佛冈县石角镇）枧头村。清朝末期，昌杰之子陈圣

◎ 大元村粉葛园（摄于2016年）

芳（始祖）当时受雇替别人养鸭，在该村定居。

2015年末，户籍人口123人，其中男性63人，女性60人。60岁以上17人，其中80岁以上1人，最年长者90岁（女）。16岁以下23人。实际在村居住和生活主要依靠农业收入98人，常年在城镇务工25人，非户籍100人。村民均为汉族，广府民系，使用粤方言。

村有山地面积10.2公顷，耕地面积4.33公顷。林业资源有杉树、松树及杂树林。传统经济以农业为主。主要作物为水稻、番薯、蔬菜、芋头、花生等。至21世纪初，土地陆续被政府大面积征用，村民主要经济来源为种菜、小贩经营、外出务工和房屋出租。传统节庆食品有糯米糍、炒米饼、艾糍、粽子等。

◎ 村民春耕插秧（摄于2016年）

20世纪70年代初期通电，1997年通电话，2008年村道实现水泥硬底化，2013年通网络。村中建有垃圾收集站。

◎ 大元村门楼（摄于2016年）

传统民居多建于清代，现存传统民居20多座，方格形布局。排列比较整齐，保存基本完整。民居多为正座和围水房屋。正座房屋为四房一厅（一厅四房二廊一天井）布局，每座占地面积100多平方米，砖木结构，硬山顶，墙体为青砖，多为石门框、石窗框、石地板，高5.8米，每间房内加装一层木楼阁。屋檐下有壁画灰塑图案，寓意吉祥如意，福寿康宁。围水房为独立单间平房排列，一般占地面积20多平方米，砖木结构，硬山顶，青砖墙体或三合土墙体。1990年后，村民先后搬进自建钢筋混凝土楼房，传统民居已无人居住。

传统的民俗是“烧丁炮”活动，起源于清代。每年的正月初十，由上年新生的男孩的事主家，事前请人搭好烧丁炮的棚架，当天按上年新生男孩出生时间为序，依次烧丁炮，抢到丁炮者由事主奖励。

村中有陈老实打鬼的传说。清代，在佛冈衙门

◎ 大元村民居（摄于2016年）

◎ 大元村宗祠（摄于2016年）

有一位官老爷，平时专横跋扈，贪赃枉法。因平日坏事做多，老是觉得自己被冤鬼缠身。当地有位磨刀匠叫陈老实，知道此事后，决定教训这位专横贪官老爷，于是就取出祖传一块多棱宝镜求见官老爷，说自家祖传有块照妖镜，可让鬼现原形。官老爷胆战心惊地朝镜子一看，看见“鬼影”，认为有皂缠住自身，即叫随从拿棍棒打自己。打了多番后，官老爷朝镜子看一下，“鬼影”果真不见。官老爷连忙向陈老实致谢，并赏给白银。其实陈老实所谓照妖镜原是有两面，一面是多棱镜，另一面是普通镜，所以才能打了官老爷。现该地广为流传的一句歇后语：“陈老实打鬼——有打又有赏。”

传统节日为春节、清明节、四月八、端午节、七夕、七月十四、中秋节、十月朝、冬至等。清明期间，家家户户门楣插柳枝和桃叶以驱邪，采艾做糍，名为“艾糍”，并进行扫墓活动。扫墓期间，在外地谋生的人都尽可能赶回来祭扫祖墓。传统婚嫁习俗中，迎亲嫁娶等礼俗依然存在。传统丧葬习俗，以土葬为主，1990年后逐步实行火葬。其程序包括竖灵、买水洗身、收殓、巡寿、出殡、火化、安葬等。

该村的陈独醒（1910—1962），曾用名陈永神，曾任广州军飞直届第一门诊部主任军医（眼科专家），中华眼科学会广东分会会员，1954年获中国人民解放军中南军区第四野战军政治部颁发三等奖。陈永枢（1935—1996），曾在上海江南造船厂任工程师。陈维廉（1945—），曾任广州市第四十四中学物理教师（高级）。陈为明（1950—），曾任中共广州市红豆粤剧团书记、广州市文化文物稽查队队长、广州市城市管理综合执法局局长助理。

（资料填报：陈伯庭，初稿撰写：钟少军，总纂：李协湖）

大圳村

◎ 大圳村村貌（摄于 2016 年）

大圳村，位于石角镇中部，距镇政府 4 千米。始建于清中期，由于聚居在新开山村（今下围）的曾氏人口稠密，曾氏后裔宪琼公在距原村 800 米东北方择地建村。村落建在大水圳前面，因此称为崩洪头村，后改名为大圳村（当地人又称联德栈）。

该村位于佛冈县城东南面，村落坐南向北，呈六角形布局。村东为一片田畴及坝仔坑，南靠平脑山，西与新屋村相邻，北为松仔山。京港澳高速公路和国道 G106 线在村旁经过，

该村形成时，属清远县吉河乡渭江堡。清嘉庆十八年（1813 年），属佛冈厅吉河乡渭江堡。民国时期，属佛冈县卫冈乡。中华人民共和国成立初期，属佛冈县第一区卫冈乡。1958 年，属从化县佛冈人民公社凤星大队。1961 年，属佛冈县石角人民公社凤星大队。1983 年，属石角区凤星乡。1987 年，属石角镇凤星行政村。1989 年，属石角镇凤星管理区。1998 年，属石角镇凤星行政村。2005 年至今，属石角镇凤城行政村。

世居村民为曾姓。据《大圳曾氏族谱》记载，先祖世居江西吉阳，曾锡公带族人由赣入粤，择居南雄珠玑巷。由于兵患，其后裔由南雄珠玑巷迁居南海九江、增城。五十七世祖理桢于明代永乐年间由增城迁徙到清远县吉河乡（今佛冈县石角镇）观音堡放牛洞（今放牛洞水库），清中期其后裔曾宪琼从新开山村（今下围）分支迁到该村。

2015 年末，户籍人口 152 人，其中男性 80 人，女性 72 人。60 岁以上 29 人，其中 80 岁以上 1 人，最年长者 91 岁（女）。16 岁以下 36 人，其中留守儿童 3 人。实际在村居住和生活主要依靠农业收入

◎ 大圳村门楼（摄于 2016 年）

◎ 村民淋菜（摄于 2016 年）

140 人，常年在城镇生活和务工 12 人。村民均为汉族，广府民系，使用粤方言。

村有山地面积 1.27 公顷，耕地面积 3.6 公顷。林业资源有杉树、松树及杂树林。传统经济以农业为主，主要作物有水稻、花生、甘蔗、蔬菜等。村民养殖安哥拉兔（又名剪毛兔）在县内外颇具名气。1990 年后，许多土地被征用城市建设，在村旁国道 G106 线有多间商铺，村民主要收入来源为农业种养业、商务经营、房屋出租、外出务工等。传统节庆食品有糯米糍、艾糍、粽子等。

◎ 村民打谷工具（摄于 1980 年）

20 世纪 70 年代中期通电，1997 年通电话，2000 年通电视，2007 年村道实现水泥硬底化，2012 年宽带网络覆盖全村。村中建有文化室，为村民娱乐活动中心。该村建有垃圾收集站。

◎ 大圳村文化室（摄于 2016 年）

◎ 大圳村民居（摄于 2016 年）

传统民居现存 6 座，建于清代初期。村落坐南向北，成六角形围屋，门楼居中，四周为围水屋，中间为正座。街巷 3 横 6 纵，用鹅卵石铺成。正座房屋为四房归厅（一厅一天井二廊四房）布局，每座占地面积 100 平方米，砖木结构，硬山顶，墙体为青砖砌成，也有部分用青砖包着泥砖，多为石门框、石窗框、石地板，高 5.8 米，每间房间内加装一层木楼阁。屋檐下有壁画灰塑图案，寓意吉祥如意、福寿康宁。围水房屋为独立单间平房，每间占地面积 25 平方米，大部分建在村的围墙边内，房屋都为砖木结构，硬山顶，青砖墙体或三合土墙体，也有部分用青砖包着泥砖。门楼高 6 米，硬山顶，龙船脊，三合土泥砖墙，石窗，盖灰瓦，砖木结构，厅堂内以麻石块砖铺地，厅堂墙上有花鸟灰塑壁图。1985 年后，村民先后搬进自建钢筋混凝土楼房。

村中有《曾氏族谱》，又名《武城曾氏族谱》。

清同治十二年（1873年）春，湖南宁乡学协对族谱进行第一次续修。1934—1938年，进行第二次续修。族谱收录由中原南迁增城后入籍佛冈理祯公后裔曾氏族人繁衍世系。族谱除前言、凡例外，主要内容记述曾氏历代源流、世代字派诗序、家规、祖训，全书20万字，为简易平装本。

在石角圩（今佛冈县城）仍流传盲谷连和石角天花堂团的故事。盲谷连，姓曾名繁连，又名盲谷连，是现大圳村人，由于少失怙恃，加上双目失明而沦为乞丐，流落石角圩在街头行乞度日，后来并加入石角天花堂。因为谷连为人正直，慷慨侠义，1931年便被众乞丐推崇为石角天花堂团头。他虽被推为"乞儿王"，但视众乞丐们为手足兄弟，同甘共苦，见义勇为，使天花堂得到穷人的赞誉。有不少人主动挂名加入天花堂，甚至有些人让自己体弱多病的小孩拜盲谷连做"契爷"。每年的春节期间，谷连哥带领众乞丐沿途乞讨、散发"财神"，手持"摇钱树"，高唱木鱼歌，许多人家就赐发饼食和红包给他们。圩内无论谁家婚红丧白等事，天花堂均到场相帮。在当时社会，民不聊生境况下，有盲谷连带领这些最底层群体生存，确实可贵。当"一代乞王"盲谷连在病困交迫去世时，石角圩许多富贵人和贫困人以及受过其帮助的人纷纷前来送葬。

传统节日为春节、清明节、四月八、端午节、七夕、七月十四、中秋节、冬至等。主要特色民俗活动有正月初十上灯活动。宗族活动有清明祭祖、重阳祭祖等。传统婚嫁习俗为女方到男方家探家、定婚茶、送日子、聘金、嫁妆、举行婚礼、打堂媒、三朝回娘家转门。传统习俗丧事以土葬为主，程序包括举丧、入殓、出殡、送葬、请道士、设灵堂、做灵屋、做法事、将亡灵牌放入灵屋，做七过后，送入祠堂或厅堂，孝子用餐时不用高台、高凳，意表哀痛。1998年殡葬改革后，全部实行火葬。

1970年初，广东省进出口公司从西德进口几双安哥拉长毛兔送给该村，建安哥拉长毛兔养殖场，将安哥拉兔剪毛出售，后来成为省进出口公司的西德长毛兔生产基地。1977年，县放牛洞水库灌溉引水圳在原抽水圳加建成引水圳，在村前受益农田100公顷。

该村的曾楠（1929—2013），曾任韶关市凡口铅锌矿党委书记。曾鹏（1923—），曾任韶关市司法局局长。

（资料填报：曾令汉，初稿撰写：曾纯金，总纂：李协湖）

凤塘村

◎ 凤塘村村貌（摄于 2016 年）

凤塘村，位于石角镇中部，距镇政府 4 千米。始建于清中期，原村民为陆姓人居住，后来始祖钟世凤迁入后，原陆姓家族迁徙到茶园村定居。现村为钟姓村民。因村门楼前有一口风水塘，像横放的一样，而取名横塘村。中华人民共和国成立后，改名为凤塘村。

该村位于佛冈县城南面，属县城郊区，村庄坐西向东，村东与茶园村接壤，南为羊角山，山下有一座山田水库，西为紧靠背后山，有通往作落水村的乡道绕村经过，连接国道 G106 线，北为京港澳高速公路。

村落形成时，属清远县吉河乡渭江堡。清嘉庆十八年（1813 年），属佛冈厅吉河乡渭江堡。民国时期，属佛冈县卫冈乡。中华人民共和国成立初期，属佛冈县第一区卫冈乡。1958 年，属从化县佛冈人民公社凤围大队。1961 年，属佛冈县石角人民公社凤围大队。1983 年，属石角区凤围乡。1987 年，属石角镇凤围行政村。1989 年，属石角镇凤围管理区。1998 年，属石角镇凤围行政村。2005 年至今，属石角镇凤城行政村。

世居村民为钟姓。据《钟氏溯源》记载，清乾隆年间，始祖钟万国从福建汀州迁至广东翁源鲁溪，再从广东翁源鲁溪迁至清远吉河乡（今佛冈石角镇）东壁村，清中期钟世凤及妻子黄氏由东壁村迁至该村。

2015 年末，户籍人口 265 人，其中男性 144 人，女性 121 人。60 岁以上 27 人，其中 80 岁以上 6 人，最年长者 90 岁（女）。16 岁以下 35 人，其中留守儿童 3 人。实际在村居住和生活主要依靠农业收入

◎ 凤塘村养蜂场（摄于 2016 年）

236人，常年在城镇生活和务工29人。村民均为汉族，广府民系，使用粤方言。

村有山地面积28.27公顷，耕地面积17.47公顷。林业资源有杉树、松树及杂树林，有野生金银花等中草药资源。传统经济以农业为主，兼有林副产品经营。主要作物有水稻、番薯、木薯、花生、豆类、蔬菜、芋头等。村民主要收入来源为农业种养、林副产品经营和外出务工，有村民养蜂100箱，年产值达30万元。传统节庆食品有糯米糍、艾糍、粽子等。

1970年通电，2005年通电话，2013年通网络，2014年村道实现水泥硬底化。村中建有垃圾收集站，一天清扫垃圾两次。

◎ 凤塘村门楼（摄于2016年）

◎ 凤塘村新民居（摄于2016年）

传统民居大多为广府民居。村由两个居住点组成，门楼坐西向东，泥砖墙，盖灰瓦，砖木结构，门楼内以卵石铺地，两边有大木板的凳，供居民休息之用。村落为“回”字形布局。四周为围水房屋建筑，中间为正座房。正座为四房、一厅、二廊、一天井布局，每座占地建筑面积为100平方米，砖木结构，硬山顶，墙体为青砖或青砖包着泥砖砌墙，每间房间内加装一层木楼阁。屋檐下有壁画、灰塑图案。围水房屋为独立单间平房排列，一般占地建筑面积约20平方米。1990年后，村民先后搬进住建钢筋混凝土楼房。

传统民俗为正月初一村民到祖堂、门楼拜年接福活动，清明拜祖。传统节日为春节、清明节、四月八、端午节、七夕、七月十四、中秋节、冬至等。其中，农历七月十四为盂兰节或鬼节，民间举行祭祀祖宗活动。传统婚嫁习俗，结婚前要担定茶、定日子、送聘金，行婚礼时，要摆酒请客、迎亲和送亲。传统丧事习俗以土葬为主，1990年后逐步实行火葬。程序为举丧、入殓、出殡送葬、做法事，将亡灵牌送入祠堂或厅堂，办丧事用吃白饭花菜黄豆简单的饭菜招待。

1964年春，国家投资14万元，由附近村民以工抵款5万元，在村域相邻山谷建山田水库，该水库是过水土坝，1967年建成，坝高17米，库容108立方米，灌溉受益农田100公顷。

该村的钟林炳（1960—），1979年参加中国人民解放军，在部队荣获三等功。1982年，复员回乡务农，是村中致富带头人。

（资料填报：钟石根，初稿撰写：钟石根，总纂：李协湖）

龙田村

◎ 龙田村村貌（摄于 2016 年）

龙田村，位于石角镇中部，距镇政府 4 千米。始建于清中期，由当地的新开山村（今下围）分村搬迁而形成。因地形似龙状，且附近有一片低畦的田，故取名龙田村。后因行政村隶属排列曾称石五队。

该村位于国道 G106 线、佛冈县城东加油旁边，为县城郊区。村东紧靠樽仔山，南 800 米是京港澳高速公路，西为石溪村毗邻，北为环城东路，再往北 500 米是滘江。

村形成时，属清远县吉河乡渭江堡。清嘉庆十八年（1813 年），属佛冈厅吉河乡渭江堡。民国时期，属佛冈县卫冈乡。中华人民共和国成立初期，属佛冈县第一区卫冈乡。1958 年，属从化县佛冈人民公社凤星大队。1961 年，属佛冈县石角人民公社凤星大队。1983 年，属石角区凤星乡。1987 年，属石角镇凤星行政村。1989 年，属石角镇凤星管理区。1998 年，属石角镇凤星行政村。2005 年至今，属石角镇凤城行政村。

世居村民为曾姓。据《曾氏族谱》记载，开基祖理祯世居江西吉阳，由曾锡带族人由赣入粤，择居南雄珠玑巷。因兵患由南雄迁居南海九江、增城。五十七世理桢于明代永乐年间由增城迁到清远县吉河乡（佛冈县石角镇）放牛洞（今放牛洞水库内），清朝中期，由新开山村（今下围）迁至该村，并向外迁分支。

◎ 龙田村门楼（摄于 2016 年）

2015年末，户籍人口230人，其中男性120人，女性110人。60岁以上26人，其中80岁以上1人，最年长者86岁（女）。16岁以下50人，其中留守儿童5人。实际在村居住195人，常年在城镇生活和务工35人，非户籍200人。村民均为汉族，广府民系，使用粤方言。

村有山地面积1.93公顷，耕地面积0.4公顷。传统经济以农业为主，主要作物有水稻、番薯、木薯、花生、甘蔗等。1990年后，县城东拓，村已成为城中村，现村中只有少量农田耕作，村民主要收入来源有村集体经济分红、房屋出租、商业经营、外出务工等。传统节庆食品有清明节的艾糍，端午节的粽子，中秋节的月饼，春节的发糍、糯米糍、炒米饼、糖环、油炸角等。

◎ 炒米饼（摄于2016年）

1964年通电，20世纪90年代初通电话，2008年通网络，2010年村道实现水泥硬底化。文化设施有文化室，平时为村民活动中心。村中建有垃圾收集站。

传统民居多建于清代，现存较完好的有龙田旧围。村落坐南向北，村前有圆形风水塘一口。门楼前面有400平方米的晒禾坪。围屋建筑呈方格状布局，面阔70米，进深100米，占地面积6500平方米。村内巷道纵横有序，横巷1条，纵巷3条，巷道宽1.8米，并用河卵石及麻石铺设，排涝排污设施完备。正门楼有正厅堂两厢房，门楼高6米，其建筑为硬山顶，龙船脊，三合土泥砖墙，石窗，盖灰瓦，砖木结构，厅堂内以麻石块砖铺地，厅堂墙上有花鸟灰塑壁图。民居多为广府式正座和围水屋建筑。正座为四房归厅（一厅四房一天井二廊）布局，每座占地面积约120平方米。房屋都为砖木结构，硬山顶，墙体为青砖砌成，也有部分用青砖包着泥砖砌墙。围水房屋为独立单间平房，一般占地面积30平方米，在村的围墙内，房屋都为砖木结构，硬山顶，青砖或三合土墙体，也有部分用青砖包着泥砖砌墙。有些房屋是麻石条（高1.6米）砌屋角的墙体。村内有一口内圆外方形石古井，现村民仍作生活饮用水。1990年后，村民先后搬进自建钢筋混凝土楼房。

村中有缘宗曾公祠，建于明成化十五年（1479年）。2001年重修扩建，占地面积608平方米。祠堂前面是一个小院子，用琉璃瓦围墙围起。为该村曾缘宗后人祭祀纪念场地，保存情况较好。祠堂建筑整体布局完整，形制独特。

◎ 缘宗曾公祠（摄于2016年）

村中有《曾氏族谱》，原称《南宗族谱》，又名《武城曾氏族谱》，清同治十一年（1873年）春，湖南宁乡学协（相当于县级教育局）对族谱进行第一次续修，1934—1938年进行第二次续修。

传统习俗有正月初十上灯。主要宗族活动有清明祭祖、重阳祭祖等。

传统节日为春节、清明节、四月八、端午节、七夕、七月十四、中秋节、冬至等。传统婚嫁习俗，开始

◎《武城曾氏重修族谱》(摄于 2016 年)

◎ 牛洞水库引水高架渡槽(摄于 2016 年)

交往时女方家要到男方家探家，结婚前要担定婚茶，报日子、送聘金、定嫁妆，行结婚礼时，要摆酒请客，迎亲和送亲。传统丧事习俗以土葬为主，1990 年以后逐步实行火葬。其程序为举丧、入殓、出殡、送葬和做法事，将亡灵牌送入祠堂。

20 世纪 60 年代后期，在村东建抽水机房和排灌水渠。1977 年，建县放牛洞水库引水高架水槽，该村农田受益 6.67 公顷。

该村的曾惠桓（1950—），1969 年入伍，曾任原沈阳军区某团团长，转业后在长春红塔集团任职。曾庙章（1957—），1976 年入伍，1979 年参加中越自卫反击战，荣立三等功，1980 年复员在佛冈县电信局工作。

(资料填报:曾纯金，初稿撰写:曾纯金，总纂:李协湖)

企岭村

◎ 企岭村村貌（摄于 2016 年）

企岭村，位于石角镇中部，距镇政府 2 千米。始建于清道光十五年（1835 年），村民从附近大埔坪村迁入，因建在离大埔坪村 300 米处的山岗上，故取名为企岭村。

该村位于佛冈县城东面，文明路、青松路及国道 G106 线交汇处，为城中村。村落坐西向东，村东与城东中学毗邻，南紧靠国道 G106 线，西为文明路，北为青松东路。

村落形成时，属佛冈厅吉河乡滘江堡。民国时期，属佛冈县卫冈乡。中华人民共和国成立初期，属佛冈县第一区卫冈乡。1958 年，属从化县佛冈人民公社凤星大队。1961 年，属佛冈县石角人民公社凤星大队。1983 年，属石角区凤星乡。1987 年，属石角镇凤星行政村。1989 年，属石角镇凤星管理区。1998 年，属石角镇凤星行政村。2005 年至今，属石角镇凤城行政村。

世居村民为何姓。根据《何氏族谱》记载，南宋咸淳九年（1273 年），太祖何贞五郎从福建迁广东南雄府保昌县沙木村珠玑巷，后又至始兴县居住。宋景炎二年（1277 年），何贞五郎的后裔又迁至翁源县江子镇上、下坝村定居开基创业。太祖何贞五郎公其后裔五世祖海敬公迁至英德县高台乡（今佛冈县高岗镇）下湾村。何海敬其第七世祖何应裔，携带妻子儿女从高岗下湾村迁至清远县吉河乡（今佛冈县水头镇）西田堡独凰山村，后来又从独凰山村分支迁至佛冈厅吉河乡滘江堡（今石角镇凤城行政村）大埔坪居住。于清道光十五年（1835 年），又从大埔坪村迁至该村。

2015 年末，户籍人口 120 人，其中男性 65 人，女性 55 人。60 岁以上 13 人，其中 80 岁以上 1 人，最年长者 89 岁（男）。16 岁以下 28 人。实际在村人口 105 人，生活主要依靠农业收入 31 人，常年在城镇生活和务工 89 人。村民均为汉族，客家民系，由于长期生活在粤方言地区，现使用粤方言。

村有耕地面积 1.67 公顷，传统经济以农业为主，主要作物有水稻、番薯、木薯、花生、豆类、蔬菜、芋头等。1990 年初，县城东拓，田地被征用，已成为城中村，现村中没有农业生产。村民主要收入来源有商业经营、外出务工、房屋出租等。传统食品有春节的发糍、糯米糍。其中，糯米糍的制作方法：

◎ 20 世纪 70 年代的电动脱粒机（摄于 1990 年）

将糯米碾成粉浆，用糖、花生碎粒、芝麻作馅，捏为小块，包成三角形或圆形，蒸熟即可。此外，还有炒米饼、糖环、油炸角，清明节的艾糍、端午节的粽子，中秋节的月饼等。

◎ 村民犁田工具（摄于 1982 年）

1970 年通电，20 世纪 90 年代中期通电话，2000 年通自来水，2009 年村道实现水泥硬底化，2013 年通网络。村中环境卫生由县环卫所接管。

传统民居建于清代道光年间。围屋呈“回”字形布局。由于房屋比较简陋，容易坍塌，现存只有两间正座。正座为广府民居，四房一厅，两廊一天井布局。硬山顶、盖灰瓦、三合土墙体、砖木结构。1970 年初，村民在原围屋周围建造平房。由于受用地限制，房屋排列无序，现存平房只有几间。1990 年后，村民先后搬进自建钢筋混凝土楼房，原平房出租外来人居住。

◎ 企岭村传统民居（摄于 2016 年）

◎ 城东中学教学楼（摄于 2016 年）

佛冈县城东中学位于该村东面。2015 年，办有 42 个教学班，在校学生 1989 人，教职工 156 人。

村编修有《何氏族谱》，1999 年由何氏族人何忠尧编纂。该族谱记载了姬韩何氏、福建世系、粤

◎《何氏族谱》（摄于 2016 年）

韶何姓、高台庐江、立嘱簿书、闻传诗章、世派词咏、立祠安基、宗支居地等方面的内容。该族谱还收录了清远市清新县小樟山村族人何树芬及上塘尾村族人何泽南赋的《世派词咏》:“祖德远流芳，皆由积善长。兴仁能定国，正道可安邦。经论传家宝，礼为治世纲。存心宜友爱，和志贵忠良。广厚乾坤大，名齐日月彰。箕裘贻燕翼，蕃衍永书香。树高根自厚，畅茂益蕃昌。源本传程远，宁和乐裕强。新志耀先祖，南曲更奕扬。钟贺昭同庆，环宇万世长。”

村民在春节、端午节、中秋节、冬至等重要节日，各家各户分别劏鸡杀鸭、制作各式各样的米糍，还进行庆贺活动。春节期间的习俗为：农历腊月二十三称“小年”，家家户户打扫庭院、做年货。过去还有在“小年夜”的晚饭后送灶君，年三十晚接灶君拜祭习俗。年三十，全家一起吃“团年饭”，饭后长者要给小孩“压岁钱”。年初一清早，各家各户相互拜年。年初二开始，回娘家探亲或访友，年初七为“人日”，村民有相应的庆贺活动。正月十五为元宵节，有蒸发糕、食汤圆、做糍的习俗，以示庆贺春节圆满结束。

村中男女结婚前要担定婚茶、报日子、送聘金、定嫁妆，行结婚礼时，要摆酒请客、迎亲和送亲。传统丧事习俗以土葬为主。土葬为二次葬，即村民去世后先用棺木掩埋遗体，过几年后把遗骨取出，用金埕装好后，选址再安放，年年祭拜。1990 年以后逐步实行火葬。其程序为举丧、入殓、出殡、送葬和做法事，将亡灵牌送入祠堂，再选址将骨灰葬于墓地。

（资料填报：何华安，初稿撰写：黄德怀，总纂：李协湖）

群星村

◎ 群星村村貌（摄于 2016 年）

群星村，位于石角镇中部，距镇政府 4.5 千米。在清初期，由吉河乡（今佛冈石角）九围堡上里村迁徙到吉河乡渭江堡（今石角镇凤城行政村）。因建村时为旱年，族人祈求下雨，故取村名为作落水。后来因作落水村地势低洼，春夏雨季经常受洪水困扰，加上 1967 年 5 月 23 日凤城的大窝水库堤坝因洪水而崩塌，1969 年后逐渐搬迁到距原村约 800 米处地势较高的地方建成两个村落，其中一个名为群星村。

该村坐落于丘陵地带，村落坐南向北。村东与原作落水村相隔 800 米，南为羊角山，羊角山下有一座山田水库，西为一座已荒废了的肥猪仔矿山，北为新村。有乡道经过村旁。

村落（原作落水村）形成时，属清远县吉河乡渭江堡。清嘉庆十八年（1813 年），属佛冈厅吉河乡渭江堡。民国时期，属佛冈县一区卫冈乡。中华人民共和国成立初期，属佛冈县第一区卫冈乡。1958 年，属从化县佛冈人民公社凤围大队。1961 年，属佛冈县石角公社凤围大队。1983 年，属石角区凤围乡。1987 年，属石角镇凤围行政村。1989 年，属石角镇凤围管理区。1998 年，属石角镇凤围行政村。2005 年至今，属石角镇凤城行政村。

世居村民为钟姓。据《钟氏溯源》记载，明万历三年（1575 年），佛冈吉河乡（今石角镇）钟姓始祖康养、胜养两兄弟自闽来粤，其第九代孙世宁育有两子，次子万国，从福建汀州迁至广东翁源鲁溪，再从广东翁源鲁溪迁至清远县吉河乡（今佛冈县石角镇）九围堡上里村。清朝初期，钟氏后裔从吉河乡九围堡（今石角镇三八行政村）上里村迁到作落水村，1969 年因担心洪水灾害发生，村民集体迁移到现村。

2015 年，户籍人口 168 人，其中男性 91 人，女性 77 人。60 岁以上 19 人，其中 80 岁以上 4 人，最年长者 91 岁（女）。16 岁以下 30 人。实际在村居住和生活主要依靠农业收入 168 人，村民均为汉族，广府民系，使用粤方言。

村有山地面积 18.6 公顷，耕地面积 9.6 公顷。村原有硫铁矿资源肥猪仔矿山，有百年开发历史。20 世纪 60 年代初，因资源枯竭已荒废。村域山上有杉树、松树及杂树林，野生中草药种类多。传统

◎ 村民种植的龙眼（摄于2016年）

◎ 群星村传统民居（摄于2016年）

经济以农业为主，主要作物有水稻、番薯、木薯、花生、豆类等。村民主要收入来源有农业、外出务工、传统工艺等。许多村民有雕刻饼模的传统手艺，已有百年历史。每年秋天，家家户户都有人上山砍一种名为“山东瓜”的树，用其木材来雕刻饼模。饼模品种繁多，做工精细，有福、禄、寿、喜等图案。村民雕刻的饼模，远近闻名，畅销全县各地。现仍有许多村民掌握雕刻饼模传统手艺。传统节庆食品有艾糍、糯米糍、粽子等。

1964年春，在村域相邻山谷建成山田水库，是当时广东省内第一宗过水土坝（坝高17米，主坝顶长114.5米），库区集水面积6.9平方千米，正常库容为108万立方米，灌溉受益农田100公顷，2003年县政府投资进行加固工程后，为县城后备饮用水源。

20世纪70年代通电，2005年村道实现水泥硬底化，2008年通电话，2010年通网络，2013年通自来水。村中建有垃圾收集站。

传统民居均为20世纪60年代末建的砖木结构平房（俗称“围水屋”）。村庄坐南向北，没有围屋门楼，一排排的平房整齐有序，错落有致，呈“丰”字形结构。一条中轴线的巷道贯通村庄的前后，平房分列两边，共有6条小巷横穿村庄两侧。平房大都单间相连，也有两房一厅布局。房屋均为砖木结构，硬山顶，盖灰瓦，三合土或泥砖墙体。1990年后，村民在平房的周边先后自建钢筋混凝土结构的单家独院式楼房。通常是上下两层，也有多层的，有客厅，厅侧设有3—4室，有厨房、卫生间。

◎ 山田水库主坝（摄于2016年）

传统民间节日为春节、元宵、清明、端午、中秋、冬至。在春节期间有舞狮子习俗。婴儿出生的第三天称“三朝”，请亲友饮甜酒、吃甜醋。满一个月时称“满月”，亦称“弥月”，很多人家在家中或酒店摆满月酒，设宴款待前来庆贺的亲友。传统婚嫁礼仪，结婚前要看家风、报日子、送聘金，行结婚礼时，要摆酒请客，迎亲送亲，传统丧事习俗以土葬为主。其程序为守灵、买水、入殓、出殡、送葬、做法事，将亡灵牌送入祖堂。1990年后逐步实行火葬。

1955年4月，风城大窝水库竣工。1967年5月23日晚10时40分，该水库突然发生堤坝崩塌，库内50多万立方米水直泻而下，村民房屋财物损失严重。村民担心山田水库也会崩塌，于1969年后逐渐搬迁到距原村约800米处地势较高的地方建成两个村落，并改名为新村和群星村。群星村建在新村后面200米处，原作落水村现已荒废。

（资料填报：钟熙旺，初稿撰写：钟石根，总纂：李协湖）

新 村

◎ 新村村貌（摄于 2016 年）

新村，位于石角镇中部，距镇政府 4.5 千米。该村始建于清初期。由吉河乡（今佛冈石角）九围堡上里村迁徙到吉河乡渭江堡（今石角镇凤城行政村）。建村时遇上旱年，族人祈求下雨，故取村名为作落水。因村落地势低洼，春夏雨季经常受洪水困扰，加上 1967 年 5 月 23 日凤城的大窝水库堤坝因洪水而崩塌，1969 年后逐渐搬迁到距原村约 800 米处地势较高的地方建成两个村落，其中一个名为新村。

该村坐落于丘陵地带，村落坐南向北。村东与作落水村（今已荒废）相隔 800 米，南为羊角山，山下有一座山田水库，西面有一座已荒废的肥猪仔矿山，北与凤塘村相邻。村北有京港澳高速公路从东向西经过，有村道通往国道 G106 线。

原作落水村形成时，属清远县吉河乡渭江堡。清嘉庆十八年（1813 年），属佛冈厅吉河乡渭江堡。民国时期，属佛冈县一区卫冈乡。中华人民共和国成立初期，属佛冈县第一区卫冈乡。1958 年，属从化县佛冈人民公社凤围大队。1961 年，属佛冈县石角人民公社凤围大队。1983 年，属石角区凤围乡。1987 年，属石角镇凤围行政村委会。1989 年 11 月，属石角镇凤围管理区。1998 年，属石角镇凤围行政村。2005 年至今，属石角镇凤城行政村。

世居村民为钟姓、黄姓。钟姓，据《钟氏溯源》记载，明万历三年（1575 年），钟姓始祖康养、胜养两兄弟自闽到粤，其第九代孙世宁育有两子，次子万国，从福建汀州迁至广东翁源鲁溪，再从广东翁源鲁溪迁至清远吉河乡（今佛冈县石角镇）九围堡上里村。清朝初期，钟氏后裔从上里村（今石角镇三八行政村）迁到作落水村，1969 年搬迁至该村。黄姓，1954 年随母嫁入佛冈县水头镇迁移至该村。

2015 年，户籍人口 301 人，其中男性 178 人，女性 123 人。60 岁以上 27 人，其中 80 岁以上 4 人，最年长者 91 岁（女）。16 岁以下 45 人。实际在村居住和生活主要依靠农业收入 292 人，常年在城镇生活和务工 9 人。村民均为汉族，广府民系，使用粤方言。祖籍该村的华人华侨 3 人，主要分布在荷兰。

1970 年通电，2008 年通电话，2010 年村道实现水泥硬底化，2010 年通网络，2013 年通自来水。村中建有垃圾收集站。

村有山地面积 20.73 公顷，耕地面积 11.27 公顷。

◎ 新村紫罗兰花培育（摄于 2016 年）

◎ 新村民居（摄于 2016 年）

村域山上有杉树、松树及杂树林，野生中草药种类多。传统经济以农业为主，主要作物有水稻、番薯、木薯、花生、大豆等。村民主要收入来源为农业和外出务工。传统节庆食品有清明节的艾糍，端午节的咸肉粽子，中秋节的月饼，春节的发糍年糕、炒米饼、炸油糍等。

传统民居大多为广府民居。村落为围屋，坐南向北。围屋呈“回”字形，方格形布局，周围是围水屋，中间是正座屋。围屋门楼高 6 米，是用火砖砌成，硬山顶，门楼地面用卵石铺成，门楼与两边围水房对称。正座排列有序，五横六纵，街巷平坦宽敞。正座为四房一厅两廊一天井布局，硬山顶，墙体多用三合土或青砖、泥砖砌成，每座占地面积 180 平方米。围水屋呈单间排列，把正座房屋包围。1990 年后，村民开始在围屋正面和东侧建造钢筋混凝土楼房，许多村民入住新居。

传统婚礼习俗有相互探家、报日子、聘金、举行婚礼。传统殡葬以土葬为主，20 世纪 90 年代后逐步实行火葬。其程序为守灵、买水、入殓、出殡、送葬、做法事，将亡灵牌送入祖堂。办丧事只能用简单饭菜招待，在用餐时不坐高台高凳，拆下事主家的门板放于门前的巷地上当饭桌，哀悼的人站立用餐，以表哀痛。

◎ 新村传统民居群（摄于 2016 年）

原作落水村有一个民间传说。据村中老人讲，因作落水村的地形很像一只蝴蝶。在建村那一年遇上大旱，村民非常渴望苍天降雨。当年冬天的一天，本来冬天是很难见到蝴蝶的。说来也很奇怪，天上飞来很多蝴蝶，在村中上空翩翩起舞。突然间，乌云密布，电闪雷鸣。雷声震耳欲聋，吓跑了满天蝴蝶。刚下了几滴雨就停了，天空也转晴了。后来村民就把这一天当作是落水（下雨），于是取名作落水村。

1955 年 4 月，凤城大窝水库竣工。1967 年 5 月 23 日晚 10 时 40 分，该水库突然发生堤坝崩塌，库内 50 多万立方米水直泻而下，房屋财物损失严重。村民十分害怕，担心山田水库也会崩塌，1969 年后村搬迁距原村约 800 米处地势较高地方建成村落，并改名为新村，原作落水村现已荒废。

该村的钟祥章（1957—），曾任汤塘镇党委书记、佛冈县工商局局长，现任清远市工商局副局长。钟卓航（2002—），2014 年 8 月获国家体育总局颁发的第十五届“我爱祖国海疆”全国青少年航海模型教育竞赛（“自由”号遥控赛小学男子组）二等奖。

（资料填报：钟伍财，初稿撰写：钟石根，总纂：李协湖）

石六村

◎ 石六村村貌（摄于 2016 年）

石六村，位于石角镇中部，距镇政府 3 千米。始建于清中期，由附近各姓村民聚居而形成。因村东滘江南岸有一座陂头（拦河坝），名为九牛陂，因而取名陂角仔村。20 世纪 80 年代，村民会议提出，将陂角仔村名，改为贵国村。后因行政村隶属关系，改名为石六村。

该村坐落于佛冈县石角镇环城东路（锦绣江南居住小区大门口斜对面）。村落坐南向北，村东是一片菜地，南为环城东路，西与锦绣江南小区毗邻，村北紧靠滘江。

村形成时，属清远县吉河乡渭江堡。清嘉庆十八年（1813 年），属佛冈厅吉河乡渭江堡。民国时期，属佛冈县一区卫冈乡。中华人民共和国成立初期，属佛冈县第一区卫冈乡。1958 年，属从化县佛冈人民公社凤星大队。1961 年，属佛冈县石角人民公社凤星大队。1983 年，属石角区凤星乡。1987 年，属石角镇凤星行政村。1989 年 11 月，属石角镇凤星管理区。1998 年，属石角镇凤星行政村。2005 年至今，属石角镇凤城行政村。

世居村民为廖姓、黄姓、宋姓、刘姓。廖姓，清中期廖佰宁后代世孙，居住在佛冈厅吉河乡天降坪堡（今佛冈县水头镇石潭）新围，因家庭穷困，只身到吉河乡渭江堡（今佛冈县石角镇凤城行政村）山林烧炭、卖柴，生活逐渐好转，择地建屋，定居后繁衍生息。黄姓，清后期从附近石溪村迁至该村。宋姓，清后期从清远县吉河乡（今佛冈县石角镇）诚迳迁至该村。刘姓，民国时期从佛冈县龙冈乡（今佛冈县石角镇）科旺村迁至该村。

2015 年，户籍人口 66 人，其中男性 34 人，女性 32 人。60 岁以上 8 人，最年长者 79 岁（男）。16 岁以下 20 人，其中留守儿童 2 人。因村为城中村，只有少量农田耕作。实际在村居住和常年在城镇生活和务工 53 人，到外地务工 13 人。村民均为汉族，广府民系，使用粤方言。

村有山地面积 3.4 公顷，耕地面积 2.93 公顷。村域山上有杉树、松树及杂树林。传统经济以农业为主，主要作物有水稻、番薯、木薯、花生、甘蔗、蔬菜等。1988 年，在村旁建县床垫厂，其生产的“好运牌”床垫获省优质产品奖。20 世纪 90 年代初，土地被政府征用，该村成为城中村，已没有农业生产。

◎ 位于村旁的县床垫厂车间（摄于 2003 年）

◎ 石六村传统民居（摄于 2016 年）

村民主要收入来源有商业经营、房屋出租、外出务工等。传统节庆食品有春节的发糍、炒米饼、糖环、油炸角，清明节的艾糍，端午节的粽子，中秋节的月饼等。

1964 年通电，20 世纪 90 年代初通电话，2008 年通网络，2010 年村道实现水泥硬底化。村中建有文化室。村中环境卫生由县环卫所接管。

佛冈县第二小学位于该村西面。2015 年，学校办有 31 个教学班，在校学生 1329 人，教职工 66 人。

◎ 佛冈县第二小学（摄于 2016 年）

现存传统民居 1 座，其余都是 1970 年后建的平房，共有 2 排 10 多间。村巷纵横有序，两条直巷贯穿全村。1987 年后，村集体统一规划楼房建造，布局合理，排列有序。建成钢筋混凝土结构楼房，一层的 5 座，二层的 8 座，三层的 1 座。楼房的布局为三房一厅、二房一厅、一厨一卫，首层建筑面积均为 100 平方米。

村旁有座白马庙，逢年过节，村民带上供品到庙里拜祭。村民廖金焕、廖谷培于 1994 年编修《廖氏族谱》，记述族源和家训。

◎ 石六村旁的白马庙（摄于 2016 年）

该村东北面的潖江有一座拦河坝，名为九牛陂。相传在明代正德年间，曾氏先祖理祯公其由佛冈凤城新开山村移居到摩罗山附近的佛冈村，拓荒耕种。由于开垦的土地缺水，影响农作物生长。于是由曾氏族人牵头，利用本族的祖尝及受益农田的田主筹款，筑陂开渠。选定在潖江水坝仔坑处建造水坝，修渠引水，灌溉农田。这条水渠流经吉田村附近，

◎ 石六村旁的九牛陂水圳（摄于2016年）

渠长5千米，受益农田近70公顷。工程总投资按当时价格计，刚好能够购买9头耕牛，因此这座拦河坝取名九牛陂。水坝建成后，农户按受益的农田情况缴交谷物作为水务款，用作水利维护经费。20世纪50年代后期，政府投资在九牛陂上游1千米处兴建拦河坝，并对原水利工程进行大规模的改造，安装2台发电机组，让九牛陂水利工程发挥更大的作用。现该水利工程仍利国利民。

宗族活动有清明祭祖、重阳祭祖等。传统节日为春节、清明节、四月八、端午节、七夕、七月十四、中秋节、冬至等。传统婚嫁习俗，男女相识交往后，女方家亲友要到男方家探家，结婚前要担定婚茶，报日子，送礼金、定嫁妆，最后结婚摆喜酒，迎亲和送亲。传统丧葬习俗以土葬为主，1999年后逐步实行火葬。其程序为举丧入殓、出殡、送葬、做法事，将亡灵牌送入祖屋。办丧事做白饭，花菜、大白菜、黄豆、猪肉等简单的饭菜。在用餐时不坐高台、高凳，拆下户主家的门板放到门前巷边当成饭桌，孝子孝孙站着用餐，以表哀痛。

（资料填报：廖庙多，初稿撰写：廖庙多，总纂：李协湖）

吴竹村

◎ 吴竹村村貌（摄于 2016 年）

吴竹村，位于石角镇中部，距离镇政府 2 千米。始建于清宣统年间，由佛冈厅吉河乡观音堡（今石角镇观山行政村）上塱分村迁移至该地。因村的西面是一片竹林，故取名为吴竹村，曾用名塘廖村。

该村坐落于佛冈县城郊区。村落坐南向北，村东边与凤围小学相连，南距离京港澳高速公路约 600 米，西为京港澳高速公路佛冈出口及振兴南路，北为国道 G106 线。

村落形成时，属佛冈厅吉河乡滑江堡。民国时期，属佛冈县一区卫冈乡。中华人民共和国成立初期，属佛冈县第一区卫冈乡。1958 年，属从化县佛冈人民公社凤围大队。1961 年，属佛冈县石角人民公社凤围大队。1983 年，属石角区凤围乡。1987 年，属石角镇凤围行政村。1989 年，属石角镇凤围管理区。1998 年，属石角镇凤围行政村。2005 年至今，属石角镇凤城行政村。

世居村民为钟姓。据《钟氏溯源》记载，先祖自闽到粤，先从广东南雄珠玑巷迁移至广东从化屈洞，后迁移到清远县吉河乡（今佛冈县石角镇）观音堡上塱村。其后裔钟晚兴（又名“鸭乸公”）于清宣统年间从上塱村迁至该村。

2015 年，户籍人口 238 人，其中男性 130 人，女性 108 人。60 岁以上 25 人，其中 80 岁以上 4 人，最年长者 88 岁（女）。16 岁以下 53 人，其中留守儿童 5 人。实际在村居住 210 人，生活主要依靠农业收入 160 人，常年在城镇生活和务工 78 人。村民均为汉族，广府民系，使用粤方言。

村有山地面积 8.4 公顷，耕地面积 3.07 公顷。传统经济以农业为主，主要作物有水稻、番薯、木薯、

◎ 农家谷磨（摄于 2005 年）

花生、大豆等。现多种植水稻、花生、番薯。20 世纪 90 年代开始，土地被政府逐步征用，只有小部分自留种植耕地为村民所使用。村民主要收入来源有农业和外出务工等。传统节庆食品有炒米饼、艾糍、粽子、糯米糍等。

1968 年通电，1999 年通电话，2013 年通网络，2014 年村道实现水泥硬底化并安装路灯。建有文化室和垃圾收集站。凤围小学设在村东面，2015 年开设班级 13 个，在校学生 522 人，教职工 19 人。有幼儿园 1 所，在园幼儿 37 人，教职工 3 人。

◎ 吴竹村文化室（摄于 2016 年）

◎ 凤围小学（摄于 2016 年）

传统民居建于清末，现存 2 座，正座民居为四房一厅两廊一天井布局，现已无人居住，只作为祖堂，供奉祖先。20 世纪 70 年代，村民在旧围屋前面建造平房共为 6 排，每排 10 多间。街巷纵横有序，横巷 5 条，纵巷 4 条。平房均为单间排列，硬山顶，盖灰瓦，三合土或青砖、泥砖墙体。1990 年后，村民先后搬进自建钢筋混凝土楼房，平房闲置或堆放杂物。

◎ 吴竹村传统民居（摄于 2016 年）

传统节日为春节、清明节、四月八、端午节、七夕、七月十四、中秋节、十月朝、冬至等。其中，农历十月初一称“十月朝”或“牛生日”。过去牛是农村耕作的畜力，村民有做“牛生日”的习俗。由农家做糯米糍粑贴在牛角、牛额、牛背脊、牛腰、牛尾部位，牧童从牛身上将糯米糍粑剥下用火烤熟来吃。传说吃了“牛生日”贴在牛身上的糍粑，能像牛一样力气大。宗族活动有清明祭祖、重阳祭祖等。

传统婚嫁习俗，男女相识交往后，女方家亲友要到男方家探家，结婚前要担定婚茶，报日子、送聘金、定嫁妆，行结婚礼时，要摆酒请客，迎亲和送亲。传统丧葬习俗以土葬为主，1990 年后逐步实现火葬。其程序为举丧、入殓、出殡、送葬、做法事、火化、将亡灵牌送入祠堂。

该村的钟炽坤（1956—），1976 年入伍，1979 年参加中越边境自卫还击作战，荣立三等功，1981 年复员在家务农。钟神钦（1956—），1976 年入伍，1979 年参加中越边境自卫还击作战，荣立三等功，1981 年复员在家务农。钟卫文（1967—），1987 年在县城从事建筑和房地产开发。2014 年，任中共凤城吴竹村支部书记。他带头捐资并组织村民集资及社会热心人士捐资，筹集资金 20 万元，修建村主干道水泥硬底化，村道安装路灯。2015 年，带头捐资和组织建设村内巷道水泥路面，安装好该村的排雨排污管道。使村内外的卫生环境、村容村貌得到改善。

（资料填报：钟卫文，初稿撰写：钟卫文，总纂：李协湖）

下 围

◎ 下围村貌（摄于 2016 年）

下围， 曾用名新开山村，位于石角镇中部，距镇政府 5 千米。始建于清初期，由南迁移民聚居而形成。由于建在曾氏祠堂下面，后取名为下围。

该村位于佛冈县城东南方向，属县城郊区，村落坐东南向西北。村东紧靠平脑山，南与茶园村接壤，西约 60 米为京港澳高速公路，北与大元村相连。乡道由村旁经过。

村形成时，属清远县吉河乡渭江堡。清嘉庆十八年（1813 年），属佛冈厅吉河乡渭江堡。民国时期，属佛冈县卫冈乡。中华人民共和国成立初期，属佛冈县第一区卫冈乡。1958 年，属从化县佛冈人民公社凤星大队。1961 年，属佛冈县石角人民公社凤星大队。1983 年，属石角区凤星乡。1987 年，属石角镇凤星村。1989 年 11 月，属石角镇凤星管理区。1998 年，属石角镇凤星行政村。1998 年 11 月，属石角镇凤星村。2005 年 5 月至今，属石角镇凤城行政村。

世居村民为曾姓。据《下围曾氏族谱》记载，其先祖世居江西吉阳，曾锡公带族人由赣入粤，择居韶关南雄珠玑巷。由于兵患，其后裔由南雄珠玑巷迁居南海九江、增城。五十七世祖理桢于明永乐年间由增城迁徙到清远县吉河乡（今佛冈县石角镇）观音堡放牛洞，后迁吉河乡天降坪堡（今佛冈县水头镇石谭）曾屋村，清初再迁至该村，由于人口增多，分支向外迁。

2015 年末，户籍人口 120 人，其中男性 62 人，女性 58 人。60 岁以上 15 人，其中 80 岁以上 3 人，最年长者 98 岁（女）。16 岁以下 28 人，其中留守儿童 2 人。实际在村居住和生活主要依靠农业收入 102 人，常年在城镇生活和务工 18 人。村民均为汉族，

◎ 下围龙眼果园（摄于 2016 年）

广府民系，使用粤方言。

村有山地面积 5.33 公顷，耕地面积 1.33 公顷。村域山上有杉树、松树及杂树林，野生中草药种类多。传统经济以农业为主，主要作物有水稻、花生、甘蔗等。1990 年后，许多青壮年外出打工。村民主要收入来源为农业和外出务工等。传统节庆食品有糯米糍、艾糍、咸肉粽。其中，咸肉粽为端午节美食，用料为糯米、猪肋条肉、香菇、花生仁、花生油等，包成立体三角形粽子，用湿咸水草或细篾片拦腰捆系好。加入清水用旺火煮约 2 小时，再用文火焖约 3 小时，即可食用。

1975 年通电，1997 年通电话，2000 年通电视网络，2007 年村道实现水泥硬底化，2012 年宽带网络覆盖全村。村中建有文化室，为村民活动中心。该村建有垃圾收集站，每天清扫垃圾。

现存传统民居（正座）3 座，建于清初，为一厅两房一天井两廊布局，其建筑为硬山顶，墙体多用青砖，也有部分用泥砖砌成，每座占地面积 120 平方米。其他均为平房，建于 1970 年后。平房排列整齐，共分 3 排，每排 6 间。3 条横巷、2 条纵巷贯穿全村。1990 年后，村民先后搬进自建钢筋混凝土楼房。

◎ 下围民居（摄于 2016 年）

村有《曾氏族谱》，又名《武城曾氏族谱》。清

◎ 下围门楼（摄于 2016 年）

同治十二年（1873 年）春，湖南宁乡学协对族谱进行第一次续修，1934—1938 年进行第二次续修。族谱收录由中原南迁增城后入籍佛冈理祯公后裔曾氏族人繁衍世系。族谱分章、节，除前言、凡例外，主要内容记述曾氏历代源流、世代字派诗序、家规、祖训，全书 20 万字，为简易平装本。

传统节日为春节、清明节、四月八、端午节、七夕、七月十四、中秋节、十月朝、冬至等。其中，农历五月初五为端午节，俗称“五月节”。各家各户包粽子纪念爱国诗人屈原，在门楣挂艾叶、菖蒲，点燃蚊香，以避邪逐恶。村主要宗族活动有正月初十上灯活动，清明、重阳祭祖等。

传统婚嫁习俗，男女相识交往后，女方家亲友要到男方家探家，结婚前要担定婚茶，报日子，送礼金、定嫁妆，迎亲和送亲，最后结婚摆喜酒。传统丧葬习俗以土葬为主，1999 年后逐步实行火葬。其程序为举丧入殓、出殡、送葬、做法事，将亡灵牌送入祖屋。办丧事做白饭，花菜、大白菜、黄豆、猪肉等简单的饭菜招待。

1972 年，在村背后山办知青场，接收广州知识青年 30 多人，开荒造田 0.67 公顷，几年后撤销。

（资料填报：曾北洲，初稿撰写：曾纯金，总纂：李协湖）

新屋村

◎ 新屋村村貌（摄于 2016 年）

新屋村，位于石角镇中部，距镇政府 3 千米。始建于清乾隆五十年（1785 年）前后，由清远吉河乡（今佛冈县石角镇）府城村搬迁而形成。因钟万国后裔兄弟分家，需迁居新建，故取名为新屋村。

该村位于佛冈县城东南面，村落坐北向南。村东与凤新村接壤，南为下围，西与大元围毗邻，北与石溪村相望。村东 500 米处有坝仔坑河顺村而下，村后有小山丘，高 80 米。村东南面近 1 千米处有一座大窝水库。村前有水塘，面积 1330 平方米。有乡道经过村旁。

村形成时，属清远县吉河乡渭江堡。清嘉庆十八年（1813 年），属佛冈厅吉河乡渭江堡。民国时期，属佛冈县一区卫冈乡。中华人民共和国成立初期，属佛冈县第一区卫冈乡。1958 年，属从化县佛冈人民公社凤星大队。1961 年，属佛冈县石角人民公社凤星大队。1983 年，属石角区凤星乡。1987 年，属石角镇凤星行政村。1989 年，属石角镇凤星管理区。1998 年，属石角镇凤星行政村。2005 年至今，属石角镇凤城行政村。

世居村民为钟姓。据《钟氏溯源》记载，开村始祖为钟裴文。明朝宣德二年（1427 年）钟氏始祖康养胜养兄弟二人随族人自闽入粤，迁至翁源鲁溪，后又从鲁溪迁至清远县吉河乡（今佛冈县石角镇）府城村。清乾隆五十年（1785 年）因兄弟分家分别选址居住。长子、次子居府城，三子仍留居大埔坪，四子裴文选现址定居。

2015 年末，户籍人口 170 人，其中男性 92 人，女性 78 人。60 岁以上 18 人，其中 80 岁以上 5 人，最年长者 98 岁（女）。16 岁以下 49 人，其中留守儿童 3 人。实际在村居住和生活主要依靠农业收入 149 人，常年在城镇生活和务工约 21 人。村民均为汉族，广府民系，使用粤方言。

村有山地面积 1 公顷，耕地面积 2.4 公顷。传统经济以农业为主，主要作物有水稻、番薯、花生、豆类、蔬菜、芋头、蔬菜等。1998 年，土地被政府大面积征用，仅剩小部分耕地作自留地种植蔬菜。村民主要收入来源为农业和外出务工。传统节庆食品有清明节的艾糍，端午节的咸肉粽子，中秋节的月饼，春节的发糍年糕、炒米饼、炸油糍等。

20 世纪 70 年代初通电，70 年代中期通电话，

◎ 新屋村甘蔗种植（摄于 2016 年）

◎ 新屋村镇新古庙（摄于 2016 年）

2008 年通网络，2007 年村道实现水泥硬底化。村中建有垃圾收集站。

传统民居建于清乾隆时期，现存传统民居 10 座，保存基本良好，民居为正座和围水房屋。正座为四房归厅（四房一厅两廊一天井）布局，占地面积 100 平方米，其建筑为砖木结构，硬山顶，墙体为青砖，也有部分用青砖包着泥砖砌墙，多为石门框、石窗框、石地板，房高 5.8 米。每间房内加装一层木楼阁。屋檐下有壁画灰塑图案，寓意吉祥如意，福寿康宁。围水房屋为独立单间平房排列，一般占地面积 20 平方米，砖木结构，硬山顶，青砖墙体或三合土墙体。1995 年后，村民先后搬进建钢筋混凝土楼房。

◎ 新屋村门楼（摄于 2016 年）

村旁有座镇新古庙，始建于清末民国初，1995 年重修，庙内摆放观音、关帝、雷神等 10 位神像及灵牌，逢节庆喜事及每月农历初一、十五村民都前来拜祭。村民传统民俗活动为烧丁炮，起源于清朝道光年间。每年的农历正月十五元宵节，由上年新生男孩之家，请人搭好烧炮架，当日按上年新生男孩出生先后为序进行烧丁炮，抢到丁炮者由事主奖励大红包一个。事主遍请亲朋好友参与助兴。

传统节日为春节、清明节、四月八、端午节、七夕、七月十四、中秋节、十月朝、冬至等。婴儿出生的第三天称“三朝”，请亲友饮甜酒、吃甜醋。满一个月时称“满月”，亦称“弥月”，很多人家在家中或酒店摆满月酒，设宴款待前来庆贺的亲友。

传统婚嫁习俗，结婚前要担定婚茶，报日子，送礼金、定嫁妆、迎亲和送亲，最后结婚摆喜酒。传统丧葬风俗以土葬为主，1990 年后逐步实行火葬。其程序为举丧入殓、出殡、送葬、做法事，将亡灵牌送入祖屋。办丧事做白饭，花菜、大白菜、黄豆、猪肉等简单的饭菜招待。

该村的钟开付（1966—），现任佛冈县第四小学校长，语文小学高级教师，曾多次被评为县、市优秀教师、优秀校长，并有多篇教学论文在国家、省、市级的教育教学杂志发表。钟元武（1972—），曾任中共佛冈县汤塘镇党委副书记、镇长，负责汤塘镇政府工作突出，使汤塘镇入选全国重点镇名录，获“广东名镇”称号。现任中共佛冈县石角镇党委书记。

（资料填报：钟少军，初稿撰写：钟少军，总纂：李协湖）

○附城社区

后龙村

◎ 后龙村村貌（摄于 2016 年）

后龙村，位于石角镇中部，距镇政府 2 千米。始建于明正德年间，由清远县吉河乡黄田堡（今佛冈县水头镇）官田村分村搬迁而形成。因村位于地形像卧龙头部的小山岗，故取名后龙村，1964 年后曾用名后龙菜场。该村位于佛冈县城中心，现已成为城中村。村东为龙腾街，南为青云路，西为育才路，村北为环城中路。

村落形成时，属清远吉河乡渭江堡。清嘉庆十八年（1813 年），属佛冈厅吉河乡渭江堡。民国时期，属佛冈县一区卫冈乡。中华人民共和国成立初期，属佛冈县第一区卫冈乡。1958 年，属从化县佛冈人民公社冈田大队。1961 年，属佛冈县农科所。1964 年，属石角镇管理。1983 年，属石角镇城郊菜场管理区。1998 年，属石角镇城郊管理区。2005 年至今，属石角镇附城社区。

世居村民为陈姓。据《佛冈县后龙村德厚陈氏族谱》记载，入粤始祖陈軏原居江西泰和县柳溪乡古井巷，宋朝天圣年间，讲学至广东南雄，经举荐在番禺县任保昌尉一职。陈軏定居增城九佛枫下村，繁衍生息，人口增多分支外迁。明正德年间，陈德厚从清远县吉河乡黄田堡（今佛冈县水头镇）官田村迁至该村，陈德厚为该村始祖。其后裔分支向外迁。

2015 年末，户籍人口 287 人，其中男性 145 人，女性 142 人。60 岁以上 34 人，其中 80 岁以上 5 人，

◎ 村民在陶瓷厂制作陶瓷工艺品（摄于 2003 年）

◎ 后龙村旁的龙腾街（摄于 2016 年）

◎ 后龙村门楼（摄于 2016 年）

最年长者 94 岁（女）。16 岁以下 47 人。因县城拓展，实际在村居住和生活主要依靠商贸、房屋出租收入 273 人，常年在外务工 14 人。非户籍外来人口 350 人。村民均为汉族，广府民系，使用粤方言。

传统经济以农业收入为主。1960 年前，主要生产水稻、番薯、芋头、木薯、花生、大豆等作物。1961 年，划为佛冈县农科所，种植水稻，研究水稻品种。1964 年，改为佛冈县石角镇后龙菜场，主产蔬菜，供应县城各单位饭堂以及县城居民。1965 年，在村旁建县陶瓷厂，该厂曾是县重点工业，生产的日用陶瓷品大部分供出口，现厂址被开发为商住区。1990 年后，原村土地全部为城建开发，村庄为城中村，已无农业生产。村民的主要收入来源为外出务工、商铺及房屋出租、商业经营、集体经济分红等。村集体经济年收入约 15 万元。传统节庆食品有清明节的艾糍，端午节的咸肉粽子，中秋节的月饼，春节的发糍年糕、炒米饼、炸油糍等。

1967 年通电，1992 年通自来水、电话。2000 年实现村道硬底化，2005 年通光纤网络。村中有文化室（图书室）。该村设有垃圾收集站，每天清洁收集垃圾两次。

传统民居为广府围屋。原村落以门楼为中心，围水屋包围正座屋，呈“回”字形四点金布局建筑群。两条横巷，五条纵巷，贯通整个村落。巷道用鹅卵石铺成，现存传统民居 16 座，门楼 1 座，始建于明后期，门楼面积约 50 平方米，墙体采用青砖砌筑而成，门口用花岗岩石板拼装，为龙船脊，盖灰瓦。1938 年，门楼被日本侵略军飞机炸毁，后作重修。1997 年，因失火门楼被烧毁，当年由村民集资和集体经济解决一部分，按照原样重修。始祖德厚陈公灵位牌现安放在门楼内，供族人拜祭。民居以正座为主，一厅两房两廊一天井布局。硬山顶，墙体多为青砖或泥砖混合砌成，每座民居面积约 100 平方米，部分民居现仍有人居住，1980 年以后，村民新建钢筋混凝土结构楼房，内设有客厅，厅侧设有 3—4 室、厨房、卫生间。

清光绪二十五年（1899 年），在村西南方 600 米处（现佛冈县住建局对面）建有一座后龙村始祖德厚陈公祠。祠堂气势雄伟，屋檐雕龙画凤，造工精致，红墙灰瓦，硬山顶，龙船脊，门面采用石础木柱，拱形梁支撑，石雕匾额，外墙灰塑的花草、人物图案栩栩如生。祠堂共三进，占地面积 668 平方米。20 世纪 50 年代后期，将祠堂拆除用于建集体大饭堂。

◎ 德厚陈公祠石刻匾额（摄于 2016 年）

◎《陈氏谱源·凤翔社佛冈县后龙村德厚陈氏族谱》(摄于2016年)

现仅存德厚陈公祠的花岗岩牌匾在门楼内。

1943年，村曾创办卫岗乡第二保国民学校，校长由陈氏三十三世祖陈耀桓担任，中华人民共和国成立初期撤销。该校址于2010年拆除，改建成该村文化室，现成为村民的活动议事中心。

民国时期，由该村的陈金池（又名陈善池）和陈文余联合编纂《陈氏谱源·凤翔社佛冈县后龙村德厚陈氏族谱》，1993年由村民陈伯洪、陈国镕续修，使族谱内容更加具体和完善。族谱录有西昌柳溪世系顺序诗句："秉懋邦家善庆长，翼维明听焕文章；虞夏殷周汉唐宋，六经世受绍其芳；从来作述敦仁礼，万代声名启俊良；志据依由克念力，丕承祖德永光扬。"

主要宗族活动有正月初十上灯，清明祭祖扫墓，重阳节前往增城东莞等地拜祖祠，每年的正月初二至初六，宴请上一年迎娶的新娘，以示族人的亲情。传统节日有春节、清明节、四月八、端午节、七夕、七月十四、中秋节、冬至等。春节期间的习俗有：农历腊月二十三称"小年"，家家户户打扫庭院、做年货，在灶台摆供品拜祭灶君，年三十晚在灶台摆供品拜祭灶君习俗。除夕晚，合家一起吃"团年饭"。年初二开始，要探亲访友。正月十五为元宵节，蒸发糕、食汤圆、做糍。

传统婚嫁习俗，结婚前要担定婚茶，报日子、送聘金、定嫁妆。结婚时，要摆酒请客。男女双方家都要摆，女方家摆酒用的肉米酒菜由男方家筹办，新郎新娘向亲友敬酒奉茶，亲友也要回赠红包。婚礼结束后，三朝要回门。

传统丧葬习俗以土葬为主，举丧时孝子要披麻戴孝守灵，跪迎前来参加葬礼的外婆家人，亡者入殓后要到村溪买水为死者洗脸，出殡时，长孝子要双手恭抬亡者灵牌，长女婿要举幡，土葬后，将亡灵牌送入祠堂，三天后要到坟前进行复坟。办丧事用简单的饭菜招待参与者。1990年以后逐步实行火葬。

该村的陈章显（1911—1948），1935年毕业于佛冈中学，民国时期任佛冈县参议员。陈庙华(1933—)，船舶设计工程师，1959年毕业于华中工学院，曾在上海江南造船厂工作，参与中国第一艘万吨轮船东风号的设计和制造，后调回佛冈县经委，从事工业机械设计和安装工作。

（资料填报：陈伯洪，初稿撰写：陈伯洪，总纂：李协湖）

邓宅村

◎ 邓宅村村貌（摄于 2016 年）

邓宅村，位于石角镇中部，距镇政府 1.5 千米，由清远吉河乡天降坪堡（今佛冈县水头镇）分村搬迁而形成。村始建于清同治二年（1863 年）。因村东南方有后龙村、西南方有前龙村，该村位于后龙村与前龙村之间的田野，称为龙田，曾取名为龙田里，后因世居村民姓邓，改名为邓宅村，1975 年被佛冈县人民政府划为城郊菜场，又称邓宅菜场。该村位于佛冈县县城中心，为城中村。村东为教育路，村南为兴隆街，西与公安局相邻，北为环城路。

村落形成时，属佛冈厅吉河乡渭江堡。民国时期，属佛冈县第一区卫冈乡。中华人民共和国成立初期，属佛冈县第一区卫冈乡。1958 年，属从化县佛冈人民公社冈田大队。1961 年，属佛冈县石角公社冈田大队。1974 年，属石角镇管理。1989 年，属石角镇城郊菜场管理区。1998 年，属石角镇城郊村民委员会。2005 年至今，属石角镇附城社区。

世居村民为邓姓。据《邓宅村族谱》记载，明初，邓氏族人由江西南昌迁入广东南雄珠玑巷，其后分支迁入潭头。十二世祖邓昌英由英德潭头迁入佛冈水头，十五世祖高荣公于同治二年带领四个儿子创建龙田里（邓宅村）。民国时期，族人向外分支到英德、广州、深圳居住。

2015 年末，户籍人口 280 人，其中男性 145 人，女性 135 人。60 岁以上 40 人，其中 80 岁以上 4 人，最年长者 93 岁（女）。16 岁以下 63 人。村落为城中村，已无农业生产。实际在村居住和生活主要依靠商贸、房屋出租收入 265 人，常年在外务工 15 人。非户籍外来人口 400 人。祖籍该村的港澳同胞 5 人。村民均为汉族人，广府民系，使用粤方言。

◎ 邓宅村休闲公园（摄于 2016 年）

传统经济以农业收入为主，主要农作物有水稻、番薯、芋头、花生、大豆、蔬菜等。1975 年，改为佛冈县石角镇邓宅菜场，种植蔬菜为主，供应县城各单位饭堂以及县城居民。1990 年后，土地大部分被政府征用，村现有耕地面积 0.7 公顷。村民主要经济收入来源为房屋出租、商业经营、外出务工、村集体经济分红等。村集体经济年收入约 20 万元。传统节庆食品有春节的年糕、糖环、油角，元宵节的汤圆，清明节的糯米艾糍，端午节的粽子，中秋节的月饼等。妇女坐月子时，吃糯米甜酒、甜醋煲猪脚等。

◎ 邓宅村门楼（摄于 2016 年）

1964 年通电，1992 年通自来水，1993 年通电话，2002 年村道实现水泥硬底化，2007 年村内环境卫生清扫由县环卫所接管，2008 年通光纤网络。村中有文化公园，设有老人休闲和儿童游戏设施。1998 年，兴建篮球场 1 个。2001 年，建成文化室，配有棋牌室、乒乓球室、图书阅览室等，图书室藏书 2000 多册。

传统民居为广府式建筑。村落以门楼为中心，围水屋包围正座屋，呈回字形四点金布局建筑群，建筑占地面积 3500 平方米。门楼坐西向东。民居正座坐南向北共 3 排，每排 3 座。巷道宽 4 米，纵横交错，4 横 4 纵，井井有条。正座为四房一厅，两廊，一天井布局。其建筑为硬山顶，盖灰瓦、三合土墙体，部分用青砖或泥砖砌成。每座正座建筑占地面积 122 平方米。围水则为单间砖木平房，土木结构，

◎ 邓宅村传统民居（摄于 2016 年）

三合土墙（或火砖墙），硬山顶，盖灰瓦。一般占地面积 20 平方米。1990 年后，村民住进钢筋混凝土楼房。原旧居出租给外来工居住，增加村民的经济收入。

村东面有佛冈县第四小学，1992 年创办，占地面积 11333 平方米。2015 年，全校开设 57 个教学班，在校学生 2561 人，教职员工 139 人。

◎ 佛冈县第四小学（摄于 2016 年）

村民邓克良编纂《南阳邓氏族谱》，1982 年由邓文锦收集编纂。2011 年，邓文锦之长子邓仲林重修。族谱分为四部分：族规族戒、族史源流、邓氏辈序、世系概略。该村邓氏辈序为：“诗禹强存伯，琳梗云见冲。锡可良开高厚，毓克建尚书。本江南伟绩，作燕奕鸿基。盛德成大业，钟英发越奇。国宪和安世，先科振茂昌。精贤弘远志，步时耀华芳。”

◎《英德潭头·邓氏族谱》《南阳邓氏族谱》(摄于 2016 年)

传统节日有春节、清明节、四月八、端午节、七夕、七月十四、中秋节、十月朝、冬至等。每逢中秋节之夜，男女老少一起，品尝月饼、柚子及石螺等食品赏月，在外地工作人员都尽量回家与家人团聚，共度佳节。

传统婚嫁习俗中，男女相识交往后，女方亲友到男方探家，结婚前要担定婚茶、送日子、送聘礼、定嫁妆，摆酒请客，接亲和送亲等。传统丧葬习俗以土葬为主，1990 年后逐步实行火葬。其程序有竖灵、收敛、引灵、接体、奠礼、出殡、火化、安葬等。

主要宗族活动有正月初九上灯，清明祭祖扫墓，每年的正月初二至初六，各家各户都要宴请上一年迎娶的新娘，以示族人的亲情、和睦。

民国时期，英德下砵村发生姓氏纠纷，村被烧毁。后经全村人共同努力，于 1933 年秋，重建被烧毁的房屋，村民重返家园。1939 年 1 月 11 日，日本侵略军南撤经过县城，到处杀人、放火、抢夺，有村民刚巧与日本侵略军在村口相遇，躲避不及，当场被枪杀。次日早晨，日本侵略军撤离时，强迫村中 7 名男村民挑担日本侵略军抢来的财物。当他们返家途经龙山占果村附近时，被日本侵略军杀死，并放火焚尸弃于田中。

该村的邓毓祥（1835—1891），曾被朝廷授予六品军功徽章。邓克韶（1859—？），民间艺人，擅长雕刻碑文、图章等，属雕刻世家，至今延续 4 代。邓文锦（1926—1998），雕刻印章世家第三代传人，多才多艺，撰有《抗日献金台》《日寇暴行，佛邑遭灾》等文章，在《佛冈文史》等期刊发表。

（资料填报：邓仲林，初稿撰写：邓仲林，总纂：李协湖）

○观山行政村

田中间村

◎ 田中间村村貌（摄于 2016 年）

田中间村，位于石角镇西北部，距镇政府 4 千米。始建于清乾隆二十五年（1760 年），因该村四周是水田而取名田中间村，曾用名田龙村。

该村坐落于观音山西南面丘陵地带。村东为东壁村，南为井前村，西靠长岭山脉的大罗山、圳山，北面 300 米有省道 S292 线（英佛公路）经过。距离放牛洞水库主坝 1 千米。观音山象龙河从村前绕过，汇入潖江。

村落形成时，属清远县吉河乡观音堡。清嘉庆十八年(1813 年)，属佛冈厅吉河乡观音堡。民国时期，属佛冈县第一区南山乡。中华人民共和国成立初期，属佛冈县第一区观山乡。1958 年，属从化县佛冈人民公社东二大队。1961 年，属佛冈县石角人民公社东二大队。1983 年，属石角区东二乡。1987 年，属石角镇东二行政村。1989 年，属石角镇东二管理区。1998 年，属石角镇东二行政村。2005 年至今，属石角镇观山行政村。

世居村民为黄姓、邝姓。黄姓，据《黄氏族谱》记载，宋末从江西迁移至广东南雄珠玑巷，后由顺德迁至清远县吉河乡（今佛冈县水头镇）虎爪岭，黄六峰为佛冈黄姓始祖，清乾隆二十五年（1760 年）从清远县吉河乡观音堡（今佛冈县石角镇观山村）大岭村分支迁至该村。邝姓，据《邝氏族谱》记载，元末从南京庐州府迁移至广东南雄石羊巷，清末从英德上砆迁至该村。

2015 年末，户籍人口 423 人，其中男性 213 人，女性 210 人。60 岁以上 80 人，其中 80 岁以上 14 人，最年长者 93 岁（女）。16 岁以下 90 人，其中留守儿童 5 人。在村实际居住和生活主要依靠农业收入 380 人，常年在城镇生活和务工 43 人。村民均为汉族，黄氏村民为广府民系，使用粤方言。邝氏村民为客家民系，使用客家方言。

村有山地面积 172.07 公顷，耕地面积 28.86 公顷。村域山上有杉树、松树及杂树林，野生中草药种类多，传统经济以农业为主，兼有林副产品经营。传统作物有水稻、番薯、木薯、花生、大豆等。现多种植水稻、花生、番薯、大豆及丰产桉树。1990年后，许多青壮年外出打工。村民主要收入来源为农业生产、林副产品经营、外出务工、商贸。1995年后，村民种植沙糖桔，2010年种植20公顷产值120万元。近年来由于沙糖桔产业消退，村民改种桉树及其他果树。传统节庆食品有粽子、手指糍、糯米糍、酿豆腐、客家腍肉。其中，客家腍肉是节庆的第一道菜，制作方法：将猪肉（带皮的半肥瘦五花肉）先挂起晾干水，然后切成100—150克的肉块，配以五香粉、蒜苗、蚝油、陈皮、烧酒、豆豉、南乳、白糖、味精等，将佐料与猪肉拌匀，装瓦钵放在锅里蒸熟。蒸熟的腍肉放在通风干爽存放，在每餐食用时再蒸一次即成。蒸时加以笋干、冬菇等配料，其味道更加香醇可口。

◎ 田中间村门楼（摄于2016年）

1985年通电，2003年实现村道水泥路面硬底化、通电话，2005年通自来水，2008年通网络。建有文化室和篮球场。建有垃圾收集站。

传统民居融入客家围屋和广府建筑为一体，围屋成回字形村落。其中，五龙过脊建筑，为一厅一天井两廊五房布局，硬山顶，盖灰瓦，三合土墙及

◎ 田中间村门楼内匾额（摄于2016年）

◎ 田中间村曹娘庙（摄于2016年）

青砖墙，多为清代末期、民国时期建筑，现保存较好。村中门楼始建于清乾隆二十五年，2000年进行重修。屋顶盖黄色琉璃瓦，石门楣上刻有“田龙村”三个字，上面挂有“登仕朗”横匾，门楼内墙上挂有“庠序干城”牌匾。门楼前有半月形水塘，用于蓄水防火，养鱼。塘边有多排石板，供村民休息纳凉之用。村内有黄澄溪祖祠一座，建于1948年。一井一厅三廊四房布局，占地面积200平方米。村东南有曹娘庙，建筑面积40平方米，为青砖墙，用卷筒绿色琉璃瓦。庙里安置有大小神像多座，逢年过节村民携祭品供奉，1947年重修。庙附近有一棵大山枣树，又名阳元树，

◎ 田中间村举行上灯活动（摄于2012年）

树龄200多年，常年青绿。

传统节日有春节、清明节、四月八、端午节、七夕、七月十四、中秋节、冬至等。传统民俗活动丰富，主要宗族活动由清明祭祖、重阳祭祖、正月初六上灯等。传统婚嫁习俗有座茶、相亲、过礼、迎亲、按床、挎红、闹新房、打糖梅、回门等仪式。传统丧葬习俗，以土葬为主，其程序包括报死讯及葬期、上孝、买水、殓棺、煮寿饭、出殡、巡棺、复坟。1990年后，逐步实行火化。

龚耿光在道光十七年（1837年）至道光十八年（1838年）任佛冈厅同知，《佛冈厅志》由龚耿光任主编，黄澄溪（优生，本村人）、宋章锡（监生，本县人）任副主编，由20多人组成采访、资料搜集整理的写作班子，仅用一年完成《佛冈厅志》初稿，内容有区域、建置、物产、官职、军事设施、教育、典礼制度、自然现象与风俗、人物、文艺作品10个篇章，约10万字，村民至今仍流传黄澄溪协编厅志的故事。

◎ 原观山小学（摄于1965年）

村利用祖尝及公房设立学堂和集资聘请先生教学。1935年，创办南山乡中心学校。中华人民共和国成立后，改为观山小学、东二小学。从清中期起，该村有贡生1人、儒林学士5人、国子监学士12人。民国时期，政法大学1人，中华人民共和国成立初，军政大学2人。

该村主要人物：黄元青（1755—1826），为传承耕读、办学邦教，于清代嘉庆元年以“痒序干城”称号传承后世。黄澄溪（1802—1887），贡生，登仕朗。参与编修《佛冈厅志》及捐资付印，为《佛冈厅志》中“佛冈十景”赋诗13首。他的3个儿子黄越林、黄彰林、黄耀林分别曾任清代儒林学士、八品官员、国子监学生，其父子被称为“一溪三林”，传为佳话。黄荣基（生卒年不详），曾任佛冈抗日自卫大队长，主持建造观山小学，倡建澄溪祖祠。黄锦梅（1924—2009），解放战争时期参加中国人民解放军，参加淮海战役、渡江战役，抗美援朝，曾立战功。黄焜文（1940—），曾任佛冈县文化局局长，副处级干部，1995年、1996年分别被省人事厅、省文化厅和人事部、文化部评为全省、全国文化系统先进工作者。退休后仍关心佛冈县文化事业，参与《佛冈故事》《佛冈民俗》《佛冈文物》编纂。

（资料填报：黄一平、黄焜文，初稿撰写：黄跃源，总纂：李协湖）

背底田村

◎ 背底田村村貌（摄于 2016 年）

背底田村，位于石角镇北部，距镇政府 10 千米。始建于清中期，因村背后有一片水田而得名。由背底田、大塘 2 个居住点组成。

该村坐落于观音山西南面，距离王山寺旅游风景区 1.5 千米，村东有象龙河自北向南流，流经该村域有 200 米，汇入不远处的滘江。村南 200 米有省道 S292 线（英佛公路）经过，村西为背底山，北为龙背村。

村落形成时，属佛冈厅吉河乡观音堡。民国时期，属佛冈县一区南山乡。中华人民共和国成立初期，属佛冈县第一区观山乡。1958 年，属从化县佛冈人民公社象龙大队。1961 年，属佛冈县石角人民公社象龙大队。1983 年，属石角区象龙乡。1987 年，属石角镇象龙行政村。1989 年，属石角镇象龙管理区。1998 年，属石角镇象龙行政村。2005 年至今，属石角镇观山行政村。

世居村民姓氏为邝姓、陆姓。邝姓，元代从中原迁至广东河源，清中期从英德迁至清远县吉河乡观音堡（今佛冈县石角镇观山村）龙水井村，其分支再迁至该村。陆姓，明代从福建迁移至广东梅县，清中期从英德下砝高沙岗迁至该村。

2015 年末，户籍人口 186 人，其中男性 92 人，女性 94 人。60 岁以上 10 人，其中 80 岁以上 6 人，最年长者 93 岁（女）。16 岁以下 41 人，其中留守儿童 5 人。实际在村居住和生活主要依靠农业收入 120 人，常年在城镇生活和外出务工 66 人。村民均为汉族，客家民系，使用客家方言。

村有山地面积 341 公顷，耕地面积 14.2 公顷。村域山上有杉树、松树及杂树林，野生中草药种类多，

◎ 背底田村养鸭场（摄于 2016 年）

野猪、芒鼠时有出没。传统经济以农业为主，兼有林副产品经营。主要作物有水稻、番薯、木薯、花生、大豆等。现多种植水稻、蔬菜、番薯、花生及其他农作物。特色农产品有蜂蜜。1990年后，大部分青壮年外出打工。村民主要收入来源为农业、林副产品经营和外出务工。1996年后，村民开始种植沙糖桔，2010年种植沙糖桔面积达10公顷，产值80多万元。2012年开始，沙糖桔产业消退，许多村民改种益肾子（俗称"马牯踏"）和桉树。传统食品有糯米糍、芋头糕、粽子等。

1984年通电，2002年通自来水，2003年通电话，2010年实现村道水泥硬底化、通网络。村中文化设施有一间文化室，建有垃圾收集站。

传统民居为客家民居。现存2座，建于清末民国初。一厅一天井二廊四房布局，硬山顶，盖灰瓦，三合土墙或火砖墙，占地面积100平方米。许多民居是单间砖瓦房或三合土墙房，村中民居建筑基本保存完好。1980年后，许多村民先后搬进自建钢筋混凝土楼房。

◎ 背底田村民居（摄于2016年）

◎ 象龙小学（摄于2016年）

20世纪70年代初期，广州市知识青年上山下乡知青安置点设在该村，当时有50多人。村旁有象龙小学，2015年在校学生70人，分设3个班级和幼儿学前班1个，教职员工4人。

传统节庆习俗为春节、清明节、四月八、端午节、七夕、七月十四、中秋节、冬至等。其中，民间把农历四月初八仍无人祭扫的坟墓视为无主孤坟，村民在山岗上祭拜。传统婚嫁习俗，结婚前要担定婚茶、报日子、送聘金、定嫁妆，行结婚礼时要摆酒请客，迎亲和送亲。传统丧葬习俗以土葬为主，1990年以后逐步实行火葬。其程序为举丧、入殓、出殡、送葬和做法事，将亡灵牌送入祠堂。办丧事只能做白饭、花菜、黄豆煮猪肉等简单的饭菜。

村民之间互相尊重，互相理解和包容，保持和谐的民风。村民遇到红白事时，全村村民均自动集中帮忙，使主家办红事更加热闹，办白事更加顺利。

（资料填报：邝特基，初稿撰写：黄跃源，总纂：李协湖）

湖边村

◎ 湖边村村貌（摄于 2016 年）

湖边村，位于石角镇北部，距离镇政府 10 千米。始建于清后期，因村前有一片低洼地，长年积水形成湖而得名。由湖边、龙背、高地 3 个居住点组成。

该村坐落于观音山西南部丘陵地带，距离王山寺旅游风景区 1.5 千米，村旁东有象龙河自北向南流，流经村域约 500 米后汇入滘江。村南有省道 S292 线（英佛公路）经过，西为背底田村，北为大岭村。

村落形成时，属佛冈厅吉河乡观音堡。民国时期，属佛冈县一区南山乡。中华人民共和国成立初期，属佛冈县第一区观山乡。1958 年，属从化县佛冈人民公社象龙大队。1961 年，属佛冈县石角人民公社象龙大队。1983 年，属石角区象龙乡。1987 年，属石角镇象龙行政村。1989 年，属石角镇象龙管理区。1998 年，属石角镇象龙行政村，2005 年至今，属石角镇观山行政村。

世居村民为黄姓，据《黄氏族谱》记载，宋末从江西迁移至广东南雄珠玑巷，清后期从佛冈厅田心堡（今佛冈县石角镇二七）田心村，其分支迁到附近莲塘村再迁至该村。

2015 年末，户籍人口 243 人，其中男性 120 人，女性 123 人。60 岁以上 15 人，其中 80 岁以上 10 人，最年长者 82 岁（男）。16 岁以下 52 人，其中留守儿童 1 人。实际在村居住和生活主要依靠农业收入 213 人，常年在城镇生活和务工 30 人。村民均为汉族，广府民系，使用粤方言。

村有山地面积 158 公顷，耕地面积 12.87 公顷。村域山上有杉树、松树及杂树林，野生中草药种类多，

◎ 湖边村公益生态林（摄于 2016 年）

◎ 湖边村养鸭场一角（摄于 2016 年）

◎ 湖边村传统民居（摄于 2016 年）

野猪、鸟类时有出没。传统经济以农业为主，兼有林副产品经营。主要作物有水稻、番薯、木薯、花生、大豆等。现多种植水稻、蔬菜、番薯、花生及其他农作物。特色农产品为蜂蜜。1984 年 9 月，该村在分田到户责任制基础上，延长土地承包期 15 年。1999 年 4 月，该村开展第二轮土地承包，再延长土地承包期 30 年。20 世纪 90 年代后期，村民逐步种植沙糖桔，2010 年种植沙糖桔面积达 10 公顷，产值 80 多万元。2012 年开始，沙糖桔产业消退，许多村民改种益肾子和桉树。1990 年以后，大部分青壮年外出打工。村民主要收入来源为农业、林副产品经营、外出务工。

传统节日食品有春节的年糕，糖环，油角，元宵节的汤圆，清明节的艾糍，端午节的粽子，中秋节的月饼等。村里妇女坐月子时，主要食品有糯米甜酒、甜醋煲猪脚等。婴儿满月时宴请亲友，主家要制作手指糍招待。手指糍利用当地种植的稻米加工而成，晶莹、韧滑、可口，是婴儿满月时，村民必备的食品和礼品。

1984 年通电，2002 年通电话，2005 年通自来水，2008 年实现村道水泥硬底化、通电视。村中的文化设施有文化室，建有垃圾收集站。

传统民居多为单间房砖瓦房，现存正座传统民居 4 座，建于清末民国初。四门归厅布局，硬山顶，盖灰瓦，三合土墙或火砖墙，一般占地面积 25 平方米。1990 年后，许多村民先后搬进自建钢筋混凝土楼房，楼房单层多为三房一厅一厨一卫布局，一般占地面积 100 平方米。

传统节日为春节、清明节、四月八、端午节、七月十四、中秋节、冬至等。其中，春节俗称“过年”，是送旧迎新的大节。农历腊月二十三称“小年”，家家户户打扫庭院、做年货，在“小年”的晚饭前拜祭灶君，到年三十晚拜祭灶君。年三十晚，吃“团年饭”，饭后长者要给小孩“压岁钱”。正月十五为元宵节，有蒸发糕、食汤圆、做糍的习俗，以示庆贺春节圆满结束。传统婚嫁习俗，婚嫁以担小担、送彩礼、接新娘、摆酒席、闹洞房等仪式进行。传统丧葬习俗以土葬为主，20 世纪 90 年代后逐步实行火葬，其程序包括竖灵、收殓、引灵、接体、奠礼、出殡、火化、安葬等。

该村的黄丽（1975—），女，曾任共青团佛冈县委书记，现任佛冈县人民政府副县长，分管教育工作突出，2013 年佛冈县被评全国“两基”工作先进县。

（资料填报：黄观炽，初稿撰写：黄跃源，总纂：李协湖）

井前村

◎ 井前村村貌（摄于 2016 年）

井前村，位于石角镇西北部，距镇政府 4 千米。始建于清中期，由多个姓氏搬迁移民聚居而形成。因村前有水井而得名。

该村坐落于丘陵地带，村内有东元山、连塘山。村东为背底山，南为张田坑村，西为大坝村，北为东壁村。有龙溪水自北向南流经该村 500 米，再汇入不远处的潖江。距离放牛洞水库 1 千米。乡道龙放线（龙溪—放牛洞）从村旁穿过。观山行政村办公驻地在该村。

村落形成时，属清远县吉河乡观音堡。清嘉庆十八年（1813 年），属佛冈厅吉河乡观音堡。民国时期，属佛冈县一区南山乡。中华人民共和国成立初期，属佛冈县第一区观山乡。1958 年，属从化县佛冈人民公社东二大队。1961 年，属佛冈县石角人民公社东二大队。1983 年，属石角区东二乡。1987 年，属石角镇东二行政村。1989 年，属石角镇东二管理区。1998 年，属石角镇东二行政村。2005 年至今，属石角镇观山行政村。

世居村民为廖姓、谢姓、宋姓、郑姓、陆姓。廖姓，据族谱记载，清嘉庆二十年（1815 年）从江西迁移至广东南雄珠玑巷，清末从佛冈厅西田堡（今佛冈县水头镇）鸭仔坝村迁至该村。谢姓，清中期从江西迁至广东南雄珠玑巷，清末从佛冈厅白石乡（今佛冈县迳头镇烟岭）柯木村迁至该村。郑姓，清中期从江西迁移广东南雄珠玑巷，民国时期从附近大坝村迁至该村。宋姓，清中期从江西迁至广东南雄珠玑巷，清末从佛冈厅诚迳堡（今佛冈县石角镇）诚迳村迁至该村。陆姓，明末从福建迁至广东梅县，清中期从英德下砝高沙岗坝迁至该村。

2015 年末，户籍人口 153 人，其中男性 72 人，女性 81 人。60 岁以上 24 人，其中 80 岁以上 4 人，最年长者 90 岁（女）。16 岁以下 37 人，其中留守儿童 3 人。实际在村居住和生活主要依靠农业收入 130 人，常年在城镇生活和务工 23 人。村民均为汉族，廖氏、谢氏、宋氏村民为广府民系，使用粤方言；郑氏、陆氏村民为客家民系，使用客家方言。

村有山地面积 20 公顷，耕地面积 5.87 公顷。传统经济以农业为主，主要作物有水稻、番薯、木薯、花生、大豆等。现种植水稻、花生、番薯等。1983

年后，许多青壮年村民外出打工。村民主要收入来源为农业和外出务工。20 世纪 90 年代初，村租地给外省人，创办铸造业，现仍正常生产，年产值 500 万元。90 年代末，许多村民种植沙糖桔，2010 年产值 150 万元。近年来，由于沙糖桔产业消退，村民改种桉树及其他果树，利用村前开挖鱼塘 5.33 公顷，年产值 20 万元。传统节庆食品有客家脍肉、酿豆腐、陶盘芋头糍。其中，陶盘芋头糍制作方法：把自产芋头去皮洗净，剁碎，拌上粘米浆，配上少量腊肉、盐水搓匀，倒入陶盘蒸熟即可。

1984 年通电，20 世纪 90 年代初通电话，2008 年通网络，2012 年通自来水、实现村道水泥硬底化。村中有文化室、农家书屋。建有垃圾收集站。

◎ 观山行政村办公驻地（摄于 2016 年）

◎ 井前村新民居（摄于 2016 年）

现存传统正座民居 3 座，建于清末。许多单间（俗称围水屋）为砖瓦房或三合土墙房。1980 年以后建成的房屋，多为钢筋混凝土结构，外墙体用马赛克装修，楼房单层多为三房一厅一厨一卫布局。

20 世纪 70 年代初，广州市知识青年上山下乡设立知青安置点在井前村，当时有 40 人，几年后撤销。现为观山党政公共服务站所在地。

◎ 井前村广州知青安置点旧址（摄于 2016 年）

传统节日为春节、清明节、四月八、端午节、七夕、七月十四、中秋节、十月朝、冬至等。农历五月初五为端午节，俗称“五月节”。各家各户包粽子纪念爱国诗人屈原，村民在门楣挂艾叶、菖蒲，点燃蚊香，以避邪逐恶。青少年到河边游泳，称洗龙舟水，以祈消灾去祸。传统婚嫁习俗，以担小担、送彩礼、接新娘、摆酒席进行。传统丧葬以土葬为主，1990 年后逐步实行火葬。其程序守灵、收殓、奠礼、出殡、火化、安葬等。

该村是多姓氏村民混居的村庄，多年来形成友好和谐、安居乐业的民风。村民遇有婚事、丧事及意外事时，全村人汇集一起帮忙筹办。

该村的廖玉绸（1956—1979），革命烈士，中国人民解放军某部队战士，1979 年 2 月在中越边境自卫还击作战中牺牲。

（资料填报：郑中年，初稿撰写：黄跃源，总纂：李协湖）

上朗村

◎ 上朗村村貌（摄于 2016 年）

上朗村，位于石角镇西部偏北，距镇政府 4 千米。始建于清中期，由东壁村分村迁入而形成。因村落处在圆山仔脚下，地势较高而取名上朗村。

该村坐落于丘陵地带，村东为大坝村，南有省道 S292 线（英佛路）从村旁经过，村西面为背底山，村北有象龙河流经该村长约 300 米。村距放牛洞水库 2 千米。

村落形成时，属清远县吉河乡观音堡。清嘉庆十八年（1813 年），属佛冈厅吉河乡观音堡。民国时期，属佛冈县第一区南山乡。中华人民共和国成立初期，属佛冈县第一区观山乡。1958 年，属从化县佛冈人民公社东二大队。1961 年，属佛冈县石角人民公社东二大队。1983 年，属石角区东二乡。1987 年，属石角镇东二行政村。1989 年，属石角镇东二管理区。1998 年，属石角镇东二行政村。2005 年至今，属石角镇观山行政村。

世居村民为钟姓。据《钟氏溯源族谱》记载，明建文四年（1402 年）由中原迁入广东南雄珠玑巷，清中期，开村始祖钟晚兴带领后裔从附近东壁村迁至该村。

2015 年末，户籍人口 186 人，其中男性 91 人，女性 95 人。60 岁以上 31 人，其中 80 岁以上 8 人，最年长者 92 岁（男）。16 岁以下 38 人，其中留守儿童 2 人。实际在村居住和生活主要依靠农业收入 150 人，常年在城镇生活和务工 36 人。村民均为汉族，广府居民，使用粤方言。

村有山地面积 48.33 公顷，耕地面积 13.87 公顷。传统经济以农业为主，主要作物有水稻、番薯、木薯、花生、大豆等。现多种植水稻、番薯、花生、

◎ 上朗村菜园（摄于 2016 年）

蔬菜及其他作物。1990年后，大部分青壮年外出打工。村民主要收入来源为外出务工、农业生产。1998年后，村民种植沙糖桔，2010年产值120万元。多年后沙糖桔产业消退，村民改种桉树及其他果树。传统节庆特色食品有清明节艾糍，制作方法：先将野生艾叶稍煮一下，去掉苦味，将糯米碾成粉，与艾叶混合搓匀。用糖、花生碎粒、芝麻作馅，捏为小块，包成三角形或圆形，蒸熟即可；或是捏成椭圆形，不放馅，蒸熟即可。晶莹手指糍，用当地种植稻米加工而成，晶莹、韧滑、可口。

1980年通电，2003年通电话，2005年通自来水，2008年通网络，2010年实现村道水泥路面硬底化。村中建有文化室、垃圾收集站。

◎ 上朗村文化室（摄于2016年）

传统民居为正座和围水两种建筑。正座民居为一厅两廊四房一天井布局。土木结构，三合土墙（或火砖墙），硬山顶，盖灰瓦。正座有两廊门为出入口，屋内以方砖铺地，天井用鹅卵石铺砌，排水设施完备。一般占地面积68平方米。围水则为单间砖木平房，土木结构，三合土墙（或火砖墙），硬山顶，盖灰瓦。一般占地面积20平方米。1990年后，村民先后搬进自建成钢筋混凝土楼房。

村中建有晚兴公宗祠。据《钟氏族谱》记载，有耕读为本、族谊当敦、嫁娶当慎、教子宜严、贫而无谄、富而无骄、远族当亲、坟营当祭、谱牒宜宝等9条族规，并记载有《十二世祖咏》："维人友邦士，迁自元世良，定汝朝上立，于天永其昌。"

传统节日为春节、清明节、四月八、端午节、

◎ 上朗村宗祠（摄于2016年）

◎ 上朗村传统民居（摄于2016年）

七夕、七月十四、中秋节、冬至等。其中，农历十月初一称"十月朝"或"牛生日"。过去牛是农村耕作的畜力，村民有做"牛生日"习俗。由农家做糯米糍粑贴在牛角、牛额、牛背脊、牛腰、牛尾部位，牧童从牛身上将糯米糍粑剥下用火烤熟来吃。传说吃了"牛生日"贴在牛身上的糍粑，能像牛一样力气大。传统婚嫁仪式，要担定婚茶、报日子、送礼金、定嫁妆，宴请亲朋好友、接新娘、大摆宴席、回门等习俗。传统丧葬习俗以土葬为主，1990年后逐渐实行火葬。其过程为竖灵、收殓、引灵、接体、奠礼、出殡、火化、安葬等。

村民有整洁屋舍，保持卫生的传统习惯。2015年，该村获广东省爱国卫生运动委员会授予的"广东省卫生村"称号。

（资料填报：钟北浪，初稿撰写：黄跃源，总纂：李协湖）

西岭村

◎ 西岭村村貌（摄于 2016 年）

西岭村，位于石角镇北部，距镇政府 8 千米。始建于清中期，由多个姓氏移民聚居而形成。因村位于象龙河西边岭地而得名。

该村坐落于观音山西南部丘陵地带，呈山边聚居。距离王山寺旅游风景区 1 千米，村东为背山村，南为二渡水村，西靠群山，北为石坑村。村内有象龙河自北向南流经村前 100 米。乡道从村旁穿过，距离省道 S292 线 800 米。

村庄形成时，属清远县吉河乡观音堡。清嘉庆十八年（1813 年），属佛冈厅吉河乡观音堡。民国时期，属佛冈县一区南山乡。中华人民共和国成立初期，属佛冈县第一区观山乡。1958 年，属从化县佛冈人民公社象龙大队。1961 年，属佛冈县石角人民公社象龙大队。1983 年，属石角区象龙乡。1987 年，属石角镇象龙行政村。1989 年，属石角镇象龙管理区。1998 年，属石角镇象龙行政村。2005 年至今，属石角镇观山行政村。

世居村民为谢姓、吕姓、吴姓、黄姓、邝姓、陈姓、刘姓。谢姓，南宋初从江西迁至广东南雄朱玑巷，清末从英德迁至该村。吕姓，明代从福建迁至广东英德沙口，清初从英德迁至该村。吴姓，元末明初从福建上杭迁至广东，明末从英德迁至该村。黄姓，清末民国初从附近大岭村分支迁至该村。邝姓，在清末民国初从英德上砝迁至该村。陈姓，在清末民国初从英德鱼湾迁至该村。刘姓，民国时期从佛冈县龙南龙蟠村分支迁至该村。

2015 年末，户籍人口 108 人，其中男性 51 人，女性 57 人。60 岁以上 8 人，其中 80 岁以上 4 人，最年长者 82 岁（女）。16 岁以下 13 人。在村实际居住和生活主要依靠农业收入 80 人，常年在城镇生活和务工 28 人。村民均为汉族，广府民系，使用粤方言。

村有山地面积 66.67 公顷，耕地面积 9.33 公顷。村域山上有杉树、松树及杂树林，野生中草药种类多，野猪、芒鼠时有出没。传统经济以农业为主，兼有林副产品经营。主要作物有水稻、番薯、木薯、花生、大豆等。现多种植水稻、蔬菜、番薯、花生及其他农作物。特色农产品为蜂蜜。1983 年以后，村中大部分青壮年外出打工。村民主要收入来源为农业、林副产品经营、外出务工。1996 年后，村民种植沙

◎ 西岭村鸭场（摄于 2016 年）

◎ 西岭村鱼塘（摄于 2016 年）

糖桔，2010 年产值 100 万元。多年后沙糖桔产业消退，村民改种桉树及其他果树。传统节庆食品有糯米糍、芋头糕、粽子等。

1984 年通电，2001 年通电话，2003 年通自来水，2005 年实现村道水泥路面硬底化，2008 年通网络。村中有文化室，内有农家书屋藏书 500 册，有篮球场、健身休闲设施一批。建有垃圾收集站。

◎ 西岭村文化室（摄于 2016 年）

现存传统民居 2 座，建于清末民国初，为一厅一天井二廊四房布局，硬山顶，盖灰瓦，三合土墙式火砖墙。每座占地面积 100 平方米。许多民居为单间(俗称围水屋）砖瓦房或三合土墙房，硬山顶，盖灰瓦。一般占地面积 20 平方米。1980 年后，村民建造房屋，多以火砖、钢筋混凝土结构，外墙体用马赛克装修，楼房单层多为三房一厅一厨一卫布局。

◎ 西岭村传统民居（摄于 2016 年）

传统节日有春节、清明节、四月八、端午节、七夕、七月十四、中秋节、十月朝、冬至等。其中，春节俗称“过年”。腊月二十三为“小年”，晚饭前在灶台烧香拜祭灶君。年三十晚，在灶台烧香拜祭灶君。年三十除夕晚，全家大小一起吃“团年饭”，饭后长者要给小孩“压岁钱”。年初二，年轻夫妇带小孩到娘家拜年或探亲。正月十五为元宵节，有蒸发糕、食汤圆、做糍的习俗，以示庆贺春节圆满结束。传统婚嫁习俗，结婚前要担定婚茶，报日子、送聘金、定嫁妆，行结婚礼时，要摆酒请客，迎亲和送亲。传统丧葬习俗以土葬为主，1990 年以后逐步实行火葬。其程序为举丧、入殓、出殡、送葬和做法事，将亡灵牌送入祠堂。办丧事用简单的饭菜招待参与者。

该村的谢燕（1982—），华南理工大学新型材料博士，是村中第一个博士。

（资料填报：吕满胜，初稿撰写：黄跃源，总纂：李协湖）

新楼村

◎ 新楼村村貌（摄于 2016 年）

新楼村，位于石角镇北部，距镇政府 13 千米。村落由新楼、铺岭 2 个居住点组成。建于清中期，由英德县白石乡（今佛冈迳头镇烟岭）社坪村移民聚居而形成。村原名为下楼村，因同“下流”谐音不雅，“文化大革命”期间破旧立新而得名新楼村。

该村坐落于观音山西南部山间谷地，村内有枫树坳山，有溪流象龙河自北向南流，流经村域 500 米。村东距离省道 S292 线（英佛路）500 米，南为牛古岭村，西为紫山尾村，村北地界与英德市下砝山脉相邻。距离王山寺旅游风景区 2 千米。

村落形成时，属佛冈厅吉河乡观音堡。民国时期，属佛冈县一区南山乡。中华人民共和国成立初期，属佛冈县第一区观山乡。1958 年，属从化县佛冈人民公社象龙大队。1961 年，属佛冈县石角人民公社象龙大队。1983 年，属石角区象龙乡。1987 年，属石角镇象龙行政村。1989 年，属石角镇象龙管理区。1998 年，属石角镇象龙行政村。2005 年至今，属石角镇观山行政村。

世居村民为李姓。据族谱记载，在元中期从河北迁至广东南雄珠玑巷，清中期由英德县白石乡（今佛冈县迳头镇烟岭）社坪村迁至该村。

2015 年末，户籍人口 165 人，其中男性 82 人，女性 83 人。60 岁以上 8 人，其中 80 岁以上 5 人，最年长者 81 岁（男）。16 岁以下 38 人，其中留守儿童 5 人。实际在村居住和生活主要依靠农业收入 130 人，常年在城镇生活和务工 35 人。村民均为汉族，客家民系，使用客家方言。

村有山地面积 80 公顷，耕地面积 9.33 公顷。村落地处省级观音山自然保护区内，自然资源、森

◎ 农家石磨（摄于 2016 年）

◎ 农家风谷柜（摄于 2016 年）

◎ 新楼村民居（摄于 2016 年）

林资源丰富。山高林密，野生动物时有出没。有丰富传统特色食品是赤蕨，是野生亚热带蕨类植物，每年清明时节前后，上山采摘肥嫩的赤蕨，把赤蕨焯熟，撕成两半，用清水泡浸 1—2 天，用腩肉炒赤蕨，是一款美味山珍佳肴。若用清水浸泡过的赤蕨晒干，然后珍藏起来，时间越长价值越高，有“十年赤蕨贵过参”之说，

传统经济以农业为主，兼有林副产品经营。主要作物有水稻、番薯、木薯、花生、养蜂等。现多种植水稻、蔬菜、番薯、花生及其他农作物。1995 年后，村民种植沙糖桔 10 公顷，2010 年产值 180 万元，2012 年后，沙糖桔产业消退。村民改种其他树木及种植益肾子。现形成规模益肾子种植基地近 13.33 公顷，丰产桉树林基地 33.33 公顷。1983 年以后，大部分青壮年外出打工。村民主要收入来源为农业、林副产品经营、外出务工。传统节庆食品有豆腐、客家肥肉、客家甜酒、粽子等。

1985 年通电，2001 年通自来水，2003 年通电话，2005 年实现村道水泥硬底化，2008 年通网络。文化设施有文化室 1 间，占地面积 80 平方米，还有农家书屋等。村中建有垃圾收集站。

现存传统民居 2 间，建于清末，为四门归厅一天井两廊布局。屋顶为硬山顶，盖灰瓦，三合土墙式火砖墙。占地面积 100 平方米。村中大部分为围水屋，硬山顶，盖灰瓦，三合土墙，占地面积 30 平方米。1990 年后，村民先后搬进陆续建成钢筋混凝土楼房，楼房单层布局多为三房一厅一厨一卫结构，许多旧民居现已没有人居住。

传统习俗有拜观音，农历正月初四拜祖，正月十二上灯习俗，清明（春分前后）祭祖，重阳祭祖。传统节日为春节、清明节、四月八、端午节、七夕、七月十四、中秋节、十月朝、冬至等。农历八月十五为中秋节，男女老少一起用月饼、柚子及石螺等食品赏月，在外地工作的人都尽量回家与家人团聚，共度佳节。传统婚嫁习俗有小担、送日子、送彩礼、接新娘、摆酒席、回门仪式。传统丧葬习俗以土葬为主，1990 年后逐步实行火葬，其程序包括竖灵、收殓、引灵、接体、奠礼、出殡、火化、安葬等。

该村的李宗罗（1938—），1958 年应征入伍，退伍后，在村中担任队长至 20 世纪 80 年代后期，村民间遇到麻烦事时，常请他进行调解，被村民称为乡贤。

（资料填报：李宗罗，初稿撰写：黄跃源，总纂：李协湖）

紫山尾村

◎ 紫山尾村村貌（摄于2016年）

紫山尾村，位于石角镇西北部，距镇政府11千米。始建于清初，由陆氏移民及温氏移民聚居而形成。因距离乡圩最边远的村而取名紫山尾村。曾用名止山尾村。

该村坐落于观音山南面山区谷地，沿山边聚居，村内有牛屎塘山，有小溪源头从北向南流经村域300米，经象龙河，再后汇入滘江。村东200米有省道S292线（英佛公路）经过，南为牛古岭村，西为群山，北为后背山。

该村形成时，属清远县吉河乡观音堡。清嘉庆十八年（1813年），属佛冈厅吉河乡观音堡。民国时期，属佛冈县一区南山乡。中华人民共和国成立初期，属佛冈县第一区观山乡。1958年，属从化县佛冈人民公社象龙大队。1961年，属佛冈县石角人民公社象龙大队。1983年，属石角区象龙乡。1987年，属石角镇象龙行政村。1989年，属石角镇象龙管理区。1998年，属石角镇象龙行政村。2005年至今，属石角镇观山行政村。

世居村民姓氏有陆姓、温姓。陆姓，明正统二年（1437年）从福建迁至广东潮州，明成化六年（1470年）其分支迁至英德下砝高沙岗，清初分支迁至该村，陆荐公为村陆氏始祖。温姓，唐中期从中原迁至广东南雄珠玑巷，清中期从新丰迁至该村。

2015年末，户籍人口183人，其中男性94人，女性89人。60岁以上26人，其中80岁以上6人，最年长者91岁（女）。16岁以下40人，其中留守儿童3人。实际在村居住和生活主要依靠农业收入143人，常年在城镇生活和务工40人。村民均为汉族，客家民系，使用客家方言。

村有山地面积166.67公顷，耕地面积7.2公顷。村落地处省级观音山自然保护区内，有丰富林木资源、自然资源，有黄蜡石、稀土矿等矿产资源，由于储量少，现禁止开采。传统经济以农业为主，兼有林副产品经营。主要作物有水稻、番薯、木薯、花生、大豆等。现多种植水稻、水果、林木。特色农产品有林木、蜂蜜。1995年以后，大部分青壮年外出打工。村民主要收入来源为农业、林副产品经营、外出务工。1998年后，村民逐步种植沙糖桔，2010年种植沙糖桔面积达16.67公顷，产值120多万元。2012年开始，沙糖桔产业消退，许多村民改种益肾子和桉树。传统节庆食品有粽子、糯米糍、艾糍、酿豆腐、客家甜酒等。

1980年通电，1998年通电话，2000年通自来水，2006年实现村道水泥硬底化，2010年通网络。村中建有垃圾收集站。文化设施有文化室、农家书屋。村中建有垃圾收集站。

现存传统民居8座，建于民国中期，一厅一天井二廊四房布局，硬山顶，盖灰瓦，三合土墙或火砖墙，占地面积100平方米。许多民居为单间砖瓦房或三合土墙房。1990年后，村民先后搬进自建钢筋混凝土楼房，楼房单层多为三房一厅一厨一卫布局。村中有一座门楼，始建于民国中期，2014年重修，占地面积40平方米。村旁有棵祈福树（白颜香树），又名“求必应”，有200年树龄。在村南约1千米处，有座灵龟古庙，供奉有关公、观音娘娘等多座神像。每逢农历初一、十五及传统节日，附近村民到庙里拜祭。

◎ 灵龟古庙（摄于2016年）

◎ 紫山尾村民居（摄于2016年）

◎《陆氏族谱》（摄于2016年）

村编修有《陆氏族谱》，2000年由居高沙岗的陆氏后人编纂，2002年由高沙岗谱续谱委员会编印成书。陆氏族谱中有祖训，家庭教育五条。

村里有出米石传说。在村旁有一块大石头，很久以前这块石头有一个洞口，每天都有一定的米流出来，而煮饭量刚够朱姓家人一天食用。时间一长，朱家人想每天多出一些米，贪想成为卖米老板，认为将洞凿大，流出来的米就多。于是用铁锤和铁钎凿大出米洞口。结果，这个洞口从此再没有米流出。

传统节日有春节、清明节、四月八、端午节、七夕、七月十四、中秋节、十月朝、冬至等。农历七月初七为七夕，晚间举行“拜七仙”活动。当天清晨各家到露天取水，贮存七月七水。传说七夕水可长期贮存而不变质，用来浸泡冬瓜、凉粉，还是夏天的清凉饮料。

传统婚嫁习俗，以担小担、送彩礼、接新娘、摆酒席、闹洞房形式进行。传统丧葬习俗以土葬为主，1990年后逐步实行火葬，其程序包括竖灵、收殓、引灵、接体、奠礼、出殡、火化、安葬等。

据村老人讲述，清中期该村曾发生2次火灾、1次姓氏械斗事件。其中，姓氏械斗将全村烧光，村民四处投亲靠友。清末民国初，村民才回村重建村落。

该村主要人物：陆宗声，清中期任和平县知县。陆金桓（1943—），能工巧匠，从事石磨职业数十年，其石磨耐用，深得附近村民喜爱。

（资料填报：陆上礼，初稿撰写：黄跃源，总纂：李协湖）

大坝村

◎ 大坝村村貌（摄于2016年）

大坝村，位于石角镇西北部，距镇政府4.5千米。始建于清乾隆年间。由迳头大陂村郑氏分村移民聚居而形成，因村旁有拦河大坝而取名大坝村。

该村坐落于观音山西南面丘陵地带。东为和合村，距放牛洞水库主坝300米，南为塘口村，西靠东壁村，北靠西元村。村前有乡道龙放线（龙溪—放牛洞）通过。

村落形成时，属清远县吉河乡观音堡。清嘉庆十八年(1813年)，属佛冈厅吉河乡观音堡。民国时期，属佛冈县第一区南山乡。中华人民共和国成立初期，属佛冈县第一区观山乡。1958年，属从化县佛冈人民公社东二大队。1961年，属佛冈县石角人民公社东二大队。1983年，属石角区东二乡。1987年，属石角镇东二行政村。1989年，属石角镇东二管理区。1998年，属石角镇东二行政村。2005年至今，属石角镇观山行政村。

世居村民为郑姓。据《大陂郑氏族谱》记载，宋中期从河南迁至广东英德县，清乾隆年间从英德县迳头乡（今佛冈县迳头镇）大陂村迁至该村，郑开宁（十四世）为村始祖，其后代在此繁衍生息。

2015年末，户籍人口348人，其中男性172人，女性176人。60岁以上28人，其中80岁以上11人，最年长者91岁（女）。16岁以下31人，其中留守儿童2人。实际在村居住和生活主要依靠农业收入181人，城镇生活和务工167人。村民均为汉族，客家民系，使用客家方言。

村有山地面积117.4公顷，耕地面积11.6公顷。村域山脉蕴藏锡、金矿产资源，粗放开采有近百年历史，由于矿品位低、存量枯竭，1980年后停止开采。村域山上有杉树、松树及杂树林，野生中草药种类多，野猪、芒鼠时有出没。传统经济以农业为主，兼有林副产品经营。主要种植水稻，兼种薯类，以及林农副业、做豆腐、养猪乸、养鸭等。1970年，村民养殖安哥拉兔（又称剪毛兔）。1998年，许多村民种植沙糖桔，2010年产值200万元。后来沙糖桔产业消退，村民改种桉树及其他果树。村民主要收入来源为农业生产、林副产品经营、外出务工、商贸。2011年，有一位村民回乡开发家乡建设，计划投资近亿元，建设放牛洞水库度假山庄旅游项目，第一期工程已投资3000多万元，2016年上半年开始营业。

◎ 放牛洞水库度假山庄（摄于 2016 年）

◎ 父子联登匾额（摄于 2016 年）

传统节庆食品有鸭肉、捏糍、客家脍肉、客家酿豆腐、芋头糍等。

1985 年通电，2003 年实现村道水泥硬底化、通电话，2005 年通自来水，2008 年通网络。建有文化室、垃圾收集站。

传统民居为客家围屋。为清中期建筑群，呈“回”字形四点金的布局形式，面阔 88 米，进深 75 米，占地面积 6600 平方米。以正门楼为中轴线对称前后两侧均为民居住宅建筑，中路为宗祠形制建筑。

门楼有正门楼（有趟栊榧石柱门）、东门楼、西门楼。其中，正门楼石门框上镌刻“祖贻孙缵”（寓意继承世业光大）匾额。进入第二排门楼，石门框上镌刻“父子联登”匾额。

村内后排南北两角有碉楼 2 座，碉楼高 12.5 米，为三层半，三合土半墙、麻石青砖木结构，上面有铜钱、动物和花卉图案的灰塑，每座碉楼占地面积 80 平方米。村内建筑呈方格布局，巷道纵横成直线并用鹅卵石铺地。传统民居正座 20 座，村围墙均为围水房屋，大部分房屋为石门框、石窗框、石地板、青砖墙、盖灰瓦、悬山顶结构。村内有开宁郑公祠，公祠内两边有二联廊，祠堂后边有回巷，呈封闭式格局。整座祠堂占地面积约 300 平方米。铺砌石地板、硬山顶、龙船脊，瓦檐下绘有壁画、诗文和木雕花。在村前有半月形风水塘及晒坪。在村东门楼有一口正方形麻石古井，占地面积约 10 平方米。1995 年后，因村落处放牛洞水库下游，村民为水库移民，国家给予资助安置在附近山边，建起钢筋混凝土两层楼房。原旧民居很少有人居住。

◎ 大坝村碉楼（摄于 2016 年）

◎ 大坝村门楼（摄于 2016 年）

该村有武术、舞狮、上灯炮、客家女哭嫁等传统习俗。主要宗族活动有清明祭祖、重阳祭祖等。在正月初十上灯日，村民会聚在一起迎灯、接灯、宴请亲朋好友，唱上灯客家山歌（歌词：锣鼓一响闹咚咚，花灯吊在厅心中。今日佳期花灯日，各位令郎满笑容。金狮吐在金童上，步步长大步步兴)。结婚仪式以相亲、过礼、迎亲、闹新房进行，新娘出门时唱哭嫁女山歌［歌词：雕子（鸟）飞来梨木台，一心叫（哭）到厓（我）爷来;画眉飞来梳妆台，一心叫到厓哀(母)来］。传统丧葬风俗,以土葬为主,

◎ 放牛洞水库（摄于 1998 年）

◎ 广东省卫生村牌匾（摄于 2016 年）

1990 年后逐步实行火化。主要程序为报死讯和葬期、上孝、买水、殓棺、煮寿饭、出殡、巡棺、复坟。

中华人民共和国成立初期，村民自愿缴交长、短枪 50 多支及一批弹药。1973 年，在村境内建成放牛洞水库，该水库为佛冈县唯一的中型水库，其坝高 41 米、坝顶长 136 米、坝底宽 280 米，蓄水库容 1350 万立方米，现为县城生活用水和重点工业用水来源。

2009 年 6 月，该村获广东省爱国卫生运动委员会授予“广东省卫生村”称号。

民国时期，村内办有翠英初级小学，学生有 30 多人。学子考试成绩优秀的祖偿给予奖励，并资助升学读书。

该村的郑东昂，清末任江西按察司总厅长。郑大军，1947 年任佛冈县参议员。

（资料填报:郑英明，初稿撰写:黄跃源，总纂:李协湖）

大岭村

◎ 大岭村村貌（摄于2016年）

大岭村，位于石角镇北部，距镇政府10千米。始建于明成化十二年（1476年），因该村有一大片岭地而取名大岭村。

该村坐落于观音山西南面山间谷地。村东离象龙河100米，南为湖边村，西200米有省道S292线（英佛公路）经过，北为铺岭村。村域有王山寺旅游风景区。

村落形成时，属清远县吉河乡观音堡。清嘉庆十八年（1813年），属佛冈厅吉河乡观音堡。民国时期，属佛冈县一区南山乡。中华人民共和国成立初期，属佛冈县第一区观山乡。1958年，属从化县佛冈人民公社象龙大队。1961年，属佛冈县石角人民公社象龙大队。1983年，属石角象龙乡。1987年，属石角镇象龙行政村。1989年，属石角镇象龙管理区。1998年，属石角镇象龙行政村。2005年至今，属石角镇观山行政村。

世居村民为黄姓。据《黄氏族谱》记载，宋末从江西迁移广东南雄珠玑巷，明成化十二年从清远县吉河乡（今佛冈县水头镇）迁居到该村。黄六峰为佛冈黄姓始祖，其后代有分支外迁。

2015年末，户籍人口728人，其中男性人362，女性366人。60岁以上109人，其中80岁以上16人，最年长者94岁（男）。16岁以下123人，其中留守儿童10人。实际在村居住和生活主要依靠农业收入538人，常年在城镇生活和务工190人。村民均为汉族，广府民系，使用粤方言。

村有山地面积308.87公顷，耕地面积30.07公顷。村落地处广东省级观音山自然保护区内，自然资源、森林资源丰富，野生动物经常出没。有特色野生水果马牯踏。马牯踏（学名烟头稠，又称益肾子），是产自观音山的野生坚果，外壳坚硬，外形像蘑菇，果仁有一股奇香，用于泡酒。近年，村民通过嫁接培育，形成规模种植。

村旁有中华佛教名山佛冈观音山王山寺风景名胜区，占地面积30万平方米，是广东省级观音山自然保护区。景区内耸立天然仰卧观音像，自北宋开始就受到民间普罗大众顶礼拜祭，区内高山密林，国家保护类动植物达上千种。有众多旅游景观点，是禅宗、休闲、健身、野外考察的理想之处。近年来吸引众多游客前来观光，是佛冈

◎ 王山寺内的大雄宝殿（摄于 2016 年）

重要旅游品牌之一。

传统经济以农业为主，兼有林业及养蜂产品经营。主要作物有水稻、蔬菜、番薯、花生、大豆等。现多种植水稻、花生、番薯、大豆。1990 年后，大部分青壮年外出打工。村民主要收入来源为农业生产、外出务工、商贸。1996 年后，村民种植沙糖桔，2010 年种植 33.33 公顷，产值 200 万元。后来沙糖桔产业消退，村民改种桉树及其他果树。2012 年，开发茶叶基地 66.67 公顷，许多村民种植马牯踏近 33.33 公顷，年产值 20 万元，同时有 3 户村民办起 66.67 公顷速生丰产桉树林基地。传统节庆食品有粽子、手指糍、糯米糍、角粉、芋头糍等。

1985 年通电，2003 年实现村道水泥硬底化、通电话，2005 年通自来水，2008 年通网络。村中建有垃圾收集站。

◎ 村民在景区销售蜜糖（摄于 2016 年）

传统民居为一厅一天井两廊四房建筑布局，硬山顶，盖灰瓦，三合土墙及青砖墙，多为清代末期、民国时期建筑。有正座 5 座，建于清末民国初，每座占地面积 100 平方米，保存较好。村中现存有一座宗祠名为后峰黄公祠，始建于 1812 年，2005 年重修，占地面积 200 平方米。1990 年后，村民先后搬进自建钢筋混凝土楼房，楼房布局多为三房一厅一厨一卫结构，也有部分单间砖房。

◎ 大岭村民居（摄于 2016 年）

传统节日有春节、清明节、四月八、端午节、七夕、七月十四、中秋节、冬至等。传统主要宗族活动为清明祭祖。传统婚嫁习俗主要程序以小担、送彩礼、择日子、接新娘、摆酒席、闹洞房、回门传统进行。传统丧事习俗以土葬为主。主要程序为报死讯和葬期、上孝、买水、殓棺、煮寿饭、出殡、巡棺、将亡灵送入祠堂。办丧事只能用简单的饭菜招待。

该村的主要人物：黄榕林（1933—2006），1950 年参加中国人民志愿军，曾参战上甘岭战役，荣立三等功，转业后回地方工作，曾任佛冈县石角工商所所长。黄海卫（1968—），致富能人，在村承包 100 公顷山地，创办种植茶叶观光旅游生态基地，生产“卧仙峰”品牌系列茶叶，远销珠三角地区，带动村民种植茶叶，形成“公司 + 基地 + 农户”模式产业链。同时，多次带头捐资建设村公益事业。

（资料填报：黄锡基，初稿撰写：黄跃源，总纂：李协湖）

东壁村

◎ 东壁村村貌（摄于 2016 年）

东壁村，位于石角镇西北部，距镇政府 4 千米。始建于清雍正十年（1732 年）。因该村有东壁洞而取名东壁村。曾用名土楼仔村。清末民国初人口发展，向村周边外近定居，由九石围、土楼、西元、和合 4 个居住点组成。

该村坐落于观音山西南面丘陵地带。沿山边分散 4 个居住点聚居，距放牛洞水库主坝 300 米。村东有李坑山，南有龙溪水流经该村，西为大坝村，北为放牛洞水库。村旁有乡道龙放线（龙溪—放牛洞）经过。

村落形成时，清远县属吉河乡观音堡。清嘉庆十八年（1813 年），属佛冈厅吉河乡观音堡。民国时期，属佛冈县第一区南山乡。中华人民共和国成立初期，属佛冈县第一区观山乡。1958 年，属从化县佛冈人民公社东二大队。1961 年，属佛冈县石角人民公社东二大队。1983 年，属石角区东二乡。1987 年，属石角镇东二行政村。1989 年，属石角镇东二管理区。1998 年，属石角镇东二行政村。2005 年至今，属石角镇观山行政村。

世居村民为钟姓。钟姓，据《钟氏族谱》记载，清顺治七年（1650 年）由河南迁移至南雄珠玑巷，清雍正十年钟氏康养公由南雄珠玑巷迁入清远县吉河乡观音堡（今佛冈县石角镇）东壁村，有部分后裔外迁。

2015 年末，户籍人口 963 人，其中男性 478 人，女性 485 人。60 岁以上 192 人，其中 80 岁以上 14 人，最年长者 93 岁（男）。16 岁以下 240 人，其中留守儿童 4 人。实际在村居住和生活主要依靠农业收入 770 人，常年在城镇生活和务工 193 人。祖籍该村的港澳台同胞约 20 人。村民均为汉族，广府民系，使用粤方言。

村有山地面积 404.87 公顷，耕地面积 34.87 公顷。村域山上有杉树、松树及杂树林，野生中草药种类多，野猪、芒鼠时有出没。传统经济以农业为主，兼有林副产品经营。主要作物有水稻、番薯、木薯、花生、大豆等。1990 年后，大部分青壮年外出打工。村民主要收入来源为农业生产、外出务工和商贸。20 世纪 90 年代后期，村民种植沙糖桔，2010 年种植 33.33 公顷，产值 200 万元。后来沙糖桔产业消退，村民改种桉树及其他果树，2014 年有桉树速生丰产

◎ 放牛洞水库（摄于 2016 年）

◎ 东壁村火龙果园（摄于 2016 年）

林基地 133.33 公顷。传统节庆食品有粽子、萝卜糕、糯米糍、芋头糍等。

1985 年通电，2003 年实现村道水泥硬底化、通电话，2005 年通自来水，2008 年通网络。建有 3 个文化室，3 个图书室（藏书 1000 册），1 个篮球场，2 个农村公园，占地面积共 1000 平方米。村中建有垃圾收集站。

◎ 骑楼围水屋（摄于 2016 年）

传统民居现存正座 30 座和许多围水屋。正座建于清初至民国初，为一厅四房一天井两廊布局，硬山顶，盖灰瓦，三合土墙体或用青砖，也有部分用泥砖砌成，每座占地面积 100 多平方米。有部分为骑楼围水屋，每间占地面积 30 平方米。村内有古溪钟公祠，始建于清末，占地面积 200 平方米，2009 年重修，二进二廊一天井布局，工字梁，石柱墩木柱，鹅卵石地板，悬山顶，盖灰瓦，屋檐内有百花、鸟、鼠、鹿、麒麟、凤等木浮雕图案。壁墙内有壁画诗文，祠内有木板楹联："古祖源流家声振；溪祠蕃衍世泽长。"该祠曾是革命战争时期中共地下组织活动据点之一。1972 年建成的放牛洞水库（佛冈县唯一中型水库），东壁村处于水库主坝下游，为保障村民生命财产安全，1996 年国家给予资助，安置村民在附近山边，建起钢筋混凝土二层楼房，村民搬迁新楼房居住。

◎ 古溪钟公祠（摄于 2016 年）

在村中圆仔山内建有东二革命烈士纪念碑，由烈士墓、碑座和碑身三部分组成，基围为四边形围墙，设有出入口，碑座上刻有碑文。碑身为四边形锥柱体，上刻"革命烈士纪念碑"7 个大字。总建筑面积 60 平方米，为纪念钟国新、钟国良、廖玉绸 3 位烈士而兴建的。

据《钟氏族谱》记载，有耕读为本、族谊当敦、嫁娶当慎、教子宜严、贪而无谄、富而无骄、远族当亲、坟营当祭、谱牒宜宝等 9 条族规，并记载有《十二世祖咏》："维人有邦士，迁自元世良，定汝朝上立，

◎ 东壁村革命烈士纪念碑（摄于 2016 年）

◎ 游人在鱼塘垂钓（摄于 2016 年）

于天永其昌。”

传统宗族活动有清明祭祖、重阳祭祖等。农历正月初十上灯习俗，村民会聚在一起迎灯、接灯、宴请亲朋好友。传统节日有春节、清明节、四月八、端午节、七夕、七月十四、中秋节、冬至等。传统婚嫁礼仪，男女相识交往后，女方家亲友要到男方家探家，结婚前要担定婚茶，报日子、送聘金、定嫁妆，行结婚礼时，要摆酒请客，迎亲和送亲。传统丧葬习俗以土葬为主，1990 年以后逐步实行火葬。其程序为举丧、入殓、出殡、送葬和做法事，将亡灵送入祠堂。办丧事只能用简单的饭菜招待。

该村是中国共产党石角支部在解放战争时期建立的游击活动据点之一，中共地下组织在该村发展党员，建立农会、民兵、交通联络点，并相继组织武装起义，开展反三征、减租减息、停租废债等斗争。1993 年 3 月 19 日，清远市人民政府批准东壁村为解放战争游击根据地。

村民有屋舍整洁、生活垃圾集中堆放和清运的文明习惯。2009 年，村辖内西元居住点获广东省爱国卫生运动委员会授予的“广东省卫生村”称号。

村利用祖尝公房设立学堂，由村中父老集资聘请先生教学。有建于 1933 年的私塾私立英才小学，聘请黄沛春担任校长。村现有东二小学，2015 年有 3 教学班、1 个幼儿班，教职员工 5 个，学生 78 人。

该村的钟国良（1926—1950），革命烈士，1947 年参加游击队，1950 年在佛冈县征粮时被土匪杀害。钟国新（1926—1948），革命烈士，佛冈人民义勇大队泰山中队战士，1948 年 6 月 13 日在诚迳大陂坑战斗中被俘遇害。钟金尧（1923—），1963 年荣获“广东省劳动模范”称号。钟振军（1973—），广东省广州市荔湾区公安局刑警大队大队长。

（资料填报：钟谷洪，初稿撰写：黄跃源，总纂：李协湖）

二渡水村

◎ 二渡水村村貌（摄于2016年）

二渡水村（原名二度水村），位于石角镇西北部，距镇政府6千米。始建于清末，由分村移民聚居而成。因村西南面有多条溪流交汇而得名。

该村坐落于观音山西南面山间谷地。村内有龟山、先生塘山。龟山坐落于村西部，山形沿象龙河自西向东，形态犹如栩栩如生的水龟，因而得名龟山。村东有象龙河自北向南流，经过村域1千米，村南为上朗村，西为背山村，北为西岭村。省道S292（英佛公路）从村旁经过。

该村形成时，属佛冈厅吉河乡观音堡。民国时期，属佛冈县第一区南山乡。中华人民共和国成立初期，属佛冈县第一区观山乡。1958年，属从化县佛冈人民公社东二大队。1961年，属佛冈县石角人民公社东二大队。1983年，属石角区东二乡。1987年，属石角镇东二行政村。1989年，属石角镇东二管理区。1998年，属石角镇东二行政村。2005年至今，属石角镇观山行政村。

世居村民为邝姓、刘姓、张姓、徐四姓。邝姓，据《邝氏族谱》记载，元末从南京庐州府迁至广东南雄石羊巷，清末从英德上砝迁至该村。刘姓，明中期从福建迁至广东兴宁，1955年随其母由佛冈县石角镇科旺村迁至该村。张姓，宋末从中原迁到广东曲江，清末从阳山迁至该村。徐姓，1980年从广东五华县迁到该村。

2015年末，户籍人口280人，其中男性138人，女性142人。60岁以上42人，其中80岁以上9人，最年长者94岁（男）。16岁以下45人，其中留守5人。实际在村居住和生活主要依靠农业收入240人，常年在城镇生活和务工40人。祖籍该村的港澳台同胞约20人。村民均为汉族，有部分村民客家民系，使用客家方言，有部分村民广府民系，使用粤方言。

村有山地面积100.2公顷，耕地面积21.2公顷。村中矿产资源有稀土矿、锡矿，由于品质低及产量小，现已禁止开采。林业资源丰富，山多林密。传统经济以农业为主，兼有林业经营。主要作物有水稻、番薯、木薯、花生、大豆等。20世纪90年代后期，村民种植沙糖桔，2010年种植沙糖桔面积达10公顷，产值80多万元。2012年开始，沙糖桔产业消退，许多村民改种益肾子。桉树丰产林基地66.67公顷，产值10万元。建有一间木板片加工厂（建于2005

◎ 二渡水村林产品加工场（摄于 2016 年）

◎ 二渡水村门楼（摄于 2016 年）

年），年产值 200 万元。村民主要收入来源为农业生产、林业经营、外出务工、商贸。传统节庆食品有粽子、萝卜糕、糯米糍、客家脍肉、酿豆腐等。

1990 年通电，2003 年通电话，2005 年通自来水，2008 年通网络，2001 年实现村道水泥硬底化。村中建有文化室，占地面积 100 平方米。建有垃圾收集站。

◎ 二渡水村公园的龟石（摄于 2016 年）

传统民居现存正座有 3 座，建于清末民国初，占地面积 100 平方米，为硬山顶瓦木结构，墙体为三合土上砌青砖，是四门归厅（一厅二廊一天井四房）布局。许多民居是单间砖瓦房或三合土墙房，村中民居建筑基本保存完好。村中有门楼 1 座，始建于清末，2013 年重修，为硬山顶、盖灰瓦、石门框、麻石地板、三合土墙及砖木结构。1990 年后，村民先后搬进自建钢筋混凝土楼房，楼房布局单层多为三房一厅一厨一卫结构。

传统节日有春节、清明节、四月八、端午节、七夕、七月十四、中秋节、冬至等。其中，农历七月初七为七夕。传说这天是七仙女“下凡”的日子，村民杀鸡鸭聚餐，晚间举行“拜七仙”活动。当天清晨各家贮存七月七日水。传说七月七日水可长期贮存而不变质，是夏天的清凉饮料。

传统婚嫁婚礼仪，男女相识交往后，女方亲友要到男方家探家，结婚前要担定婚茶、报日子、送聘金、定嫁妆。结婚时要摆酒请客、迎亲和送亲及回门。传统丧葬习俗以土葬为主，1990 年后实行火葬。火葬的程序主要有竖灵、入殓、出殡、送葬、火化、安葬等。

（资料填报：邝谷均，初稿撰写：黄跃源，总纂：李协湖）

塘口村

◎ 塘口村村貌（摄于 2016 年）

塘口村，位于石角镇西北部，距镇政府 5 千米。始建于清末，由分村移民聚居而成。因村前有一口鱼塘而得名塘口村。

该村坐落于丘陵地带。村东为背山，南为井前村，西为大坝村。有龙溪河自东向西流经村旁 300 米，距离放牛洞水库主坝 800 米，有乡道龙放线（龙溪—放牛洞）经过村旁。

村形成时，属佛冈厅吉河乡观音堡。民国时期属佛冈县第一区南山乡。中华人民共和国成立初期，属佛冈县第一区观山乡。1958 年，属从化县佛冈人民公社东二大队。1961 年，属佛冈县石角人民公社东二大队。1983 年，属石角区东二乡。1987 年，属石角镇东二行政村。1989 年，属石角镇东二管理区。1998 年，属石角镇东二行政村。2005 年至今，属石角镇观山行政村。

世居村民为高姓、钟姓。高姓，据《高氏族谱》记载，元后期由河南迁至广东花县扬河，清末高廷华从清远县浛江乡龙山（今佛冈县龙山镇）河田村迁至该村。钟姓，据《钟氏族谱》记载，明后期由中原迁至广东南雄珠玑巷，清末从附近东壁村分支迁至该村。

2015 年末，户籍人口 100 人，其中男性 48 人，女性 52 人。60 岁以上 19 人，其中 80 岁以上 2 人，最年长者 86 岁（女）。16 岁以下 21 人。实际在村居住和生活主要依靠农业收入 80 人，常年城镇生活和务工 20 人。村民均为汉族，广府民系，主要使用粤方言。

村有山地面积 20.87 公顷，耕地面积 9.33 公顷。村自然资源主要有森林资源及高岭土，高岭土现已

◎ 塘口村毛竹种植基地（摄于 2016 年）

禁止开采。传统经济以农业为主，主要作物有水稻、番薯、木薯、花生、大豆等。现多种植水稻、花生、番薯、大豆，养殖“三鸟”及猪、鱼。1990年以后，大部分青壮年外出打工。村民主要收入来源为农业生产收入、外出务工收入、商贸收入。1998年后，村民种植沙糖桔，2010年种植10公顷，产值120万元。2012年后，沙糖桔产业消退，村民改种毛竹及其他果树，现形成毛竹生产基地3.33公顷。传统节庆食品有鸡、鹅、鸭、粽子、萝卜糕、糯米糍、芋头糍等。

1980年通电，20世纪90年代中期通电话，2001年实现村道水泥硬底化，2008年通网络，2011年通自来水。建有文化室，占地面积120平方米。村中建有垃圾收集站。

◎ 塘口村文化室（摄于2016年）

传统民居现存建于100年前的传统正座民居2座，状况良好。代表性民居为五龙过脊，始建于清代末期，占地面积100平方米，为一厅一天井二廊五房布局，为硬山顶，盖灰瓦，三合土墙体泥砖及青砖墙。村中民居多为围水屋，是硬山顶，盖灰瓦，三合土墙体，占地面积30平方米。村内有一座祠堂高廷华祖堂，始建于清代末年，占地面积100平方米，是硬山顶，盖灰瓦，三合土墙体及火砖墙体。1990

◎ 塘口村门楼（摄于2016年）

年后，村民先后搬进自建钢筋混凝土楼房，楼房单层多为三房一厅一厨一卫结构，许多的旧民居已经没有人居住。

传统节日有春节、清明节、四月八、端午节、七月十四、中秋节、冬至等。清明节是悼念祖先的节日，家家户户门楣插柳枝和桃叶以驱邪，采艾做糍，称“艾糍”。扫墓活动一般从清明前的春分起到农历四月初八，扫墓期间在外地谋生的人都尽可能赶回来祭扫祖墓。该村传统民俗有拜观音、拜土地公、重阳祭祖。正月初十有上灯习俗，村民会聚在一起迎灯、接灯、宴请亲朋好友。传统婚嫁仪式要定婚茶、送聘金、定嫁妆、迎亲、摆酒请客、回门进行。传统丧葬风俗以土葬为主，1990年后逐步实行火葬。程序主要有竖灵、入殓、引灵、接体、奠礼、出殡、送葬、火化、安葬等。

村民注重厚德善行，以和为贵，村民互尊互让，村民之间、家庭之间以及邻村之间保持和睦的风气。该村的高福金（1947—），曾任东二、观山行政村党支部书记、村委主任28年，1997年获“广东省两个文明建设先进工作者”称号。

（资料填报：高福金，初稿撰写：黄跃源，总纂：李协湖）

龙水井村

◎ 龙水井村村貌（摄于 2016 年）

龙水井村，位于石角镇北部，距镇政府 10 千米。始建于清中期，因村旁有一眼四季长流泉水，建村后在泉眼上建井而取名龙水井村。

该村坐落于观音山西南丘陵地带。村庄坐西向东，沿马房山呈条带状聚落，村前视野开阔。村东为石坑村，西为长岭山脉，北依观音山。象龙河从村前绕过，距王山寺旅风景区 2 千米。村南有省道 S292 线（英佛公路）经过。

村落形成时，属清远县吉河乡观音堡。清嘉庆十八年(1813 年)，属佛冈厅吉河乡观音堡。民国时期，属佛冈县第一区南山乡。中华人民共和国成立初期，属佛冈县第一区观山乡。1958 年，属从化县佛冈人民公社象龙大队。1961 年，属佛冈县石角人民公社象龙大队。1983 年，属石角区象龙乡。1987 年，属石角镇象龙行政村。1989 年，属石角镇象龙管理区。1998 年，属石角镇象龙行政村。2005 年至今，属石角镇观山行政村。

世居村民为黄姓、邝姓、邓姓、卢姓。黄姓，据《黄氏族谱》记载，由河南迁至广东南雄珠玑巷，后由清远县吉河乡黄田堡（今佛冈县水头镇）近至附近大岭村，清中期原居大岭村分支迁至该村。邝姓，据《邝氏族谱》记载，元中期从河南迁至广东河源，清中期从英德迁至该村。邓姓，据《邓氏族谱》记载，元中期从福建迁到广东南雄珠玑巷，清中期从英德县姓，据《卢氏族谱》记载，明中期从中原迁至广东南雄珠玑巷，清后期从佛山三水迁到该村。

2015 年末，户籍人口 289 人，其中男性 140 人，女性 149 人。60 岁以上 45 人，其中 80 岁以上 7 人，最年长者 92 岁（女）。16 岁以下 51 人，其中留守儿童 1 人。实际在村居住和生活主要依靠农业收入 88 人，常年在城镇生活和务工 201 人。村民均为汉族，黄氏、卢氏村民为广府民系，使用粤方言。邝氏、邓氏村民为客家民系，使用客家方言。

村有山地面积 19.07 公顷，耕地面积 14.07 公顷。传统经济以农业为主，主要作物有水稻、番薯、木薯、花生、大豆等。20 世纪 90 年代后期，村民种植沙糖桔，2010 年种植 20 公顷，产值 180 万元。后来沙糖桔产业消退，村民改种桉树及莲藕种植。2011 年，村民多种植益肾子。1990 年以后，大部分青壮年外

◎ 龙水井村莲藕种植基地（摄于2016年）

出打工。村民主要收入来源为农业生产、外出务工、商贸。传统节庆食品有粽子、手指糍、糯米糍、粉角、芋头糍、客家酿豆腐、客家脍肉。客家脍肉是客家人在春节餐桌上的第一道主菜。客家人的所谓“脍肉味”，就是“味道十分好”的意思。春节前后，客家人谈年货时一定会互相问：“今年打算蒸多少脍肉？”“年过得去么？”这话引申为“年是否过得丰盛”之意。脍肉制法简易，将买回的猪肉（带皮的半肥瘦五花肉）先吊起来晾水，然后切成100—150克的肉块，配以五香粉、蒜苗、蚝油、陈皮、烧酒、豆豉、南乳、白糖、味精等，将佐料与猪肉拌匀，装瓦钵放在锅里蒸熟。蒸熟的脍肉放在通风干爽的棚上藏好，以后每餐食用时再蒸一次即成。蒸时加以笋干、冬菇等配料，其味道更加香醇可口。

1980年通电，2003年通电话，2008年通网络，2013年通自来水，2010年实现村道水泥硬底化。村中建有垃圾收集站。

传统民居的建筑风格有客家围屋和广府民居两种。邝氏、邓氏村民为客家民系，保留客家围屋，保持客家人聚族而居的习惯，形式是一长方形的居室，正中是堂屋，两侧是住房，硬山顶、盖灰瓦、三合土墙及青砖墙。黄氏、卢氏村民为广府民系。广府民居为五龙过脊建筑，一厅一天井两廊五房布局，硬山顶、盖灰瓦、三合土墙及青砖墙。许多民居（围水屋）为单间砖木平房，土木结构，三合土墙（或火砖墙），硬山顶，盖灰瓦。一般占地面积20平方米。村落现状较好。村中有一黄氏祖堂，始建于清代，占地面积120平方米，硬山顶、盖灰瓦、三合土墙及青砖墙。1980年后，村民先后搬进钢筋混凝土楼房，为一厅三房一厨一卫布局。村民从旧民居迁到新楼房居住。

◎ 龙水井村山林一角（摄于2016年）

传统节日有春节、清明节、四月八、端午节、七月十四、中秋节、冬至等。其中，农历十月初一称“十月朝”或“牛生日”。过去牛是农村耕作的畜力，各地均有做“牛生日”的习俗。由农家做糯米糍粑贴在牛角、牛额、牛背脊、牛腰、牛尾部位，牧童从牛身上将糯米糍粑剥下用火烤熟来吃。传说吃了“牛生日”贴在牛身上的糍粑，能像牛一样力气大。宗族活动有正月十五上灯、清明祭祖。传统婚嫁习俗中，婚嫁程序以小担、送彩礼、择日子、接新娘、摆酒席、闹洞房。传统丧葬习俗，以土葬为主，主要程序有报死讯及葬期、上孝、买水、殓棺、煮寿饭、出殡、巡棺、葬礼做法事，将亡灵牌送入祠堂。办丧事只能用简单的饭菜招待。1990年后实行火葬。

该村是多姓氏村民混居的村庄，客家民系与广府民系交汇聚居，形成“同村不同俗，纯朴又奇特”的景象。村民注重厚德善行，以和为贵，村民互尊互让，村民之间、家庭之间以及邻村之间保持和睦的风气。如有村民发生婚事、丧事及意外事时，全村人互相关心，守望相助，汇集一起帮忙筹办。

（资料填报：邝北基，初稿撰写：黄跃源，总纂：李协湖）

牛古岭村

◎ 牛古岭村村貌（摄于 2016 年）

牛古岭村，位于石角镇西部，距镇政府 8 千米。始建于清末民国初，由附近紫山尾村族人分支迁入形成，因村后山岭形似牛头取名牛古岭。曾用名牛牯岭村。

该村坐落于观音山西南面丘陵山区地带。距王山寺旅游风景区 1 千米。村东为背底田村，南靠牛头大山，北依观音山，山青林茂。观音山象龙河从村前绕过。村南 300 米有省道 S292 线（英佛公路）经过。

该村形成时，属佛冈厅吉河乡观音堡。民国时期，属佛冈县第一区南山乡。中华人民共和国成立初期，属佛冈县第一区观山乡。1958 年，属从化县佛冈人民公社象龙大队。1961 年，属佛冈县石角人民公社象龙大队。1983 年，属石角区象龙乡。1987 年，属石角镇象龙行政村。1989 年，属石角镇象龙管理区。1998 年，属石角镇象龙行政村。2005 年至今，属石角镇观山行政村。

世居村民为陆姓。陆氏，据《陆氏族谱》记载，明成化六年（1470 年）从福建迁至广东潮州，清末民国初从附近紫山尾村迁至该村。

2015 年末，户籍人口 120 人，其中男性 57 人，女性 63 人。60 岁以上 13 人，其中 80 岁以上 4 人，最年长者 85 岁（男）。16 岁以下 20 人。实际在村居住和生活主要依靠农业收入 100 人，常年在城镇生活和务工 20 人。村民均为汉族，客家民系，使用客家方言。

村有山地面积 33.33 公顷，耕地面积 5.53 公顷。村落地处省级观音山自然保护区内，有丰富森林资源。传统经济以农业为主，兼有林产业经营。主要作物有水稻、番薯、木薯、花生、大豆等。现多种植水稻、花生、番薯、大豆等。并有林业、中药及

◎ 村旁的仰卧观音像山峰（摄于 2016 年）

◎ 20 世纪 70 年代的农家用具（摄于 1993 年）

◎ 牛古岭村传统民居（摄于 2016 年）

养蜂。1990 年后，大部分青壮年外出打工。村民主要收入来源为农业生产、外出务工、商贸。1998 年后，村民种植沙糖桔，2010 年种植 10 公顷，产值 100 万元。后来沙糖桔产业消退，村民改种桉树及其他果树。许多村民有养蜂习惯，所出产的蜜糖在王山寺旅游区销售，深得游客喜爱。传统节庆食品有酿豆腐、粽子、糯米糍、角粉、芋头糍、捏糍。捏糍是客家传统糕点。村民利用当地出产的糯米经过浸透舂成粉，然后加入过滤的草木灰水搓成粉团，馅是半熟的肉粒、韭菜、笋干、冬菇或萝卜、青菜，将粉皮包上馅料捏起花边，最后用瓦托盘蒸熟。其口感爽滑、清醇，色、香、味俱全。

1985 年通电，2003 年实现村道水泥硬底化、通电话，2005 年通自来水，2008 年通网络。村中建有垃圾收集站。

◎ 牛古岭村门楼（摄于 2016 年）

传统民居为客家围屋。由民居、护水屋和门楼组成，呈回龙形状布局。坐北向南，土木结构，三合土墙，硬山顶，盖灰瓦，屋内以方砖铺地，天井用鹅卵石铺砌，排水设施完备。民居正座，为一厅一天井两廊四房布局，多为清代末期或民国时期建筑，村落现保存较好。村中有一门楼，始建于清末民国初，硬山顶，盖灰瓦，三合土墙。1990 年后，村民先后搬进自建钢筋混凝土楼房，一厅三房一厨一卫布局。

传统节日有春节、清明节、四月八、端午节、七夕、七月十四、中秋节、十月朝、冬至等。传统主要宗族活动有正月十二上灯、清明祭祖、重阳祭祖等。传统结婚礼仪，中华人民共和国成立前，男婚女嫁为“父母之命，媒妁之言”，有抱养穷人家女童作“童养媳”，未生男孩的人家抱养“等郎妹”的习俗。中华人民共和国成立后，婚姻自由。传统婚嫁习俗，男女相识交往后，女方亲友要到男方家探家，婚嫁仪式以过礼、送亲、迎亲、闹新房、回门等进行。传统丧葬风俗，主要程序有报死讯及葬期、上孝、买水、殓棺、煮寿饭、出殡、巡棺、复坟。传统以土葬为主，1990 年后逐步实行火葬。

该村的陆国玲（1963—），养蜂能手，常年养蜂 800 多箱，产值 50 万元，并带领村民养蜂致富，形成养蜂产业链，其产品远销珠三角等地，同时热心支持村公益事业。

（资料填报：陆金容，初稿撰写：黄跃源，总纂：李协湖）

石坑村

◎ 石坑村村貌（摄于 2016 年）

石坑村，位于石角镇北部，距镇政府 10 千米。始建于清中期，因村旁有条石坑而得名石头坑村。曾用名黄屋村。村落由相邻石坑、新兴 2 个居住点组成。

该村坐落于观音山南面丘陵地带。村东为大塘村，西为龙水井村，村南 300 米有省道 S292 线（英佛公路）经过 1 千米。北依观音山，青山林茂。观音山象龙河从村前南面绕过，流经村域 200 米。距离王山寺旅游风景区 1.5 千米。

村落形成时，属清远县吉河乡观音堡。清嘉庆十八年（1813 年），属佛冈厅吉河乡观音堡。民国时期，属佛冈县第一区南山乡。中华人民共和国成立初期，属佛冈县第一区观山乡。1958 年，属从化县佛冈人民公社象龙大队。1961 年，属佛冈县石角人民公社象龙大队。1983 年，属石角区象龙乡。1987 年，属石角镇象龙行政村。1989 年，属石角镇象龙管理区。1998 年，属石角镇象龙行政村。2005 年至今，属石角镇观山行政村。

世居村民为黄姓。黄姓，据《黄氏族谱》记载，宋末从江西迁移至广东南雄珠玑巷，后由顺德迁至清远县吉河乡（今佛冈县水头镇）虎爪岭，黄六峰为佛冈黄姓始祖，清中期其后裔从佛冈县石角镇龙溪村迁至该村。

2015 年末，户籍人口 705 人，其中男性 348 人，女性 357 人。60 岁以上 106 人，其中 80 岁以上 12 人，最年长者 93 岁（女）。16 岁以下 120 人，其中留守儿童 10 人。实际在村居住和生活主要依靠农业收入 650 人，常年在城镇生活和务工 55 人。祖籍该村的港澳同胞 4 人。村民均为汉族，广府民系，使用粤方言。

村有山地面积 281.93 公顷，耕地面积 26.2 公顷。村落地处省级观音山自然保护区内，有丰富森林资源。传统经济以农业为主，兼有林产业经营。主要作物有水稻、番薯、木薯、花生、大豆等。1990 年后，许多青壮年村民外出打工，以劳务收入为主，种养收入为辅。1996 年后，村民种植沙糖桔，2010 年种植 33.33 公顷，产值 200 万元。后来沙糖桔产业消退，村民改种桉树及其他果树。许多人种植益肾子，形成产业基地，2015 年产值达 20 万元。有村民利用山涧办起养鹅场，2016 年产值达 30 万元。传统食

◎ 石坑村养鹅场（摄于 2016 年）

◎ 石坑村文化室（摄于 2016 年）

◎ 石坑村水泥桥（摄于 2016 年）

品有粽子、手指糍、糯米糍、角粉、芋头糍等。

1985 年通电，2003 年实现村道水泥硬底化、通电话，2005 年通自来水，2008 年通网络。建有篮球场、健身室、文化室。村中建有垃圾收集站。

传统民居为一厅一天井两廊四房布局，硬山顶，

◎ 石坑村门楼（摄于 2016 年）

盖灰瓦，三合土墙及青砖墙。多为清代末期、民国时期建筑，也有部分单间砖房。村中保存有一座门楼，始建于清后期。龙船脊、盖灰瓦、石门框、麻石地板、三合土墙。墙身有灰塑壁画，占地面积 40 平方米。1990 年后，村民经济收入明显改善，陆续建成钢筋混凝土楼房，楼房布局多为三房一厅一厨一卫结构。

村旁有一座白马庙，始建于清末民国初，重修于 20 世纪 90 年代后期，建筑特色龙船脊、盖灰瓦、火砖墙体、麻石地板、门前墙体有壁画（山水人物诗文）、庙内供奉观音及大小神像。村民及附近村民众在节庆喜事和农历初一、十五带供品前来烧拜祭。

◎ 石坑村白马庙（摄于 2016 年）

主要宗族活动清明祭祖、重阳祭祖等习俗。农历正月初二，村民宴请上年嫁入村里的新媳妇。农历正月初十有上灯民俗，当天村民聚在一起迎灯、接灯、宴请亲朋好友。农历正月十七，请道士主持

祭祖烧炮仗。传统结婚礼仪，婚嫁以相亲、过礼、迎亲、闹新房、打糖梅、回门等习俗进行。该村传统丧葬习俗以土葬为主，其程序有报死讯及葬期、上孝、买水、殓棺、煮寿饭、出殡、巡棺、复坟。1990年后逐步实行火葬。

民国期间，利用祖尝公房设立个峰学校。由村中父老集资聘请先生教学。当时村办学校规模较小，有学童10多人。1990年以后，先后有30多人考上各类大学，成为国家有用人才。

1950年3月15日，发生征粮队被袭事件。佛冈县征粮队前往象龙村开展征粮工作，当晚队员们在村开会时，该村的土匪婆向匪首宋现昌告密，以原国民党联防中队长黄南耀为首的土匪，突袭进驻该村征粮工作队，4位男队员牺牲，蓝凤金等4位女队员被掳走。匪徒把蓝凤金（有孕在身）拖到英德飞鹅大山的第三个山坪后，残忍地杀害，蓝金凤遇害时仅19岁，制造骇人听闻的"石坑事件"。"石坑事件"发生后，黄南耀等十分嚣张，在石坑、龙水井等村公开活动。面对反革命武装势力的猖狂挑衅，中共佛冈县委、县人民政府充分发动群众，于3月23日组成剿匪大队围剿该部土匪，把黄南耀等土匪全部歼灭，大获全胜，并解救其他3位女队员。1950年，龙南镇政府把蓝凤金的骸骨重新安葬在小潭龙镇庙对面的园山里，为其建墓立碑。1974年，迁葬龙塘龙蟠村花果山，立碑纪念。

该村代表人物：黄谷锐（1931—），20世纪50年代初，曾任象龙村民兵大队长，在村民间遇到问题发生冲突时，大家都乐于请他主持公道，使双方心服地接受，赢得村民赞誉。黄柳青（1951—），从事铸造业，创办铸造公司，产品出口东南亚等地，年产值1500万元。热心支持村道路及文体公益事业。

（资料填报：黄永锦，初稿撰写：黄跃源，总纂：李协湖）

○冈田行政村

佛冈村

◎ 佛冈村村貌（摄于 2016 年）

佛冈村，位于石角镇中部，距镇政府约 1 千米，地处县城中心，为城中村。始建于南宋端平元年(1234 年)，建村时因村后山有座佛爷庙，故取名佛冈村。该村坐落于丘陵地带，呈集聚分布。村东紧靠前龙围、振兴路，南边有国道 G106 线穿境内而过，西临摩罗山，北紧靠黄文园、佛冈建滔实业有限公司和县城环城路。

村落形成时，属清远县吉河乡王田都。清嘉庆十八年（1813 年）佛冈建厅后，属佛冈厅渭江堡。民国时期，属佛冈县一区卫冈乡。中华人民共和国成立初期，属佛冈县第一区卫冈乡。1951 年，属佛冈县第一区冈田乡。1958 年，属从化县佛冈人民公社冈田大队。1961 年，属佛冈县石角人民公社冈田大队。1983 年，属石角区冈田乡。1987 年，属石角镇冈田行政村。1989 年，属石角镇冈田管理区。1998 年至今，属石角镇冈田行政村。

该村姓氏原有麦姓、沈姓、曾姓。明代以前，在摩罗山有一间佛寺，麦、沈两姓村民得到佛寺和尚帮助，在冈田一带占地建村，因由佛家指点，且附近为低矮的山冈，称为佛冈村，后曾称佛冈围，佛冈村因佛寺而得名。曾氏来自广州增城，开基祖名理祯。曾氏五十七世理桢于明代永乐年间由增城迁徙到清远县吉河乡观音堡（今放牛洞水库内），其孙曾缘祖先居清远吉河乡渭江堡（今佛冈石角），后迁入佛冈村。村中居民因曾姓人口繁衍增多，麦、沈两姓村民先后外迁，故今该村世居村民均为曾姓。

◎ 佛冈村大围正门楼（摄于 2016 年）

随着佛冈村的发展和人口的增加，村民逐步向外扩迁，形成余庆里、大禾塘、民平、大围、陂头、楼仔、新一、仓地、联一、联二、联三、松树屯12个居住点，其中大围居住点为最早村落。

2015年末，户籍人口3598人，其中男性1734人，女性1864。60岁以上512人，其中80岁以上62人，最年长者99岁（男）。16岁以下585人，其中留守儿童5人。实际在村居住和生活主要依靠农业收入3218人，常年在城镇生活和务工380人，非户籍外来人口2547人。村内居民均为汉族，属广府民系，使用粤方言。

该村有山地面积8.33公顷，耕地面积6.2公顷。传统经济以农业收入为主，20世纪70年代前，主要农作物有水稻、番薯、芋头、花生、大豆、蔬菜等。其中，大萝卜、大白菜、莲藕为当地特色蔬菜品种。1990年后，县城规模不断扩大，村民从农业生产转为从事商业贸易、饮食、小油房作坊、榨糖作坊、打铁铺、房屋出租、建筑、运输等行业。1994年，在村旁有建滔工业园，生产经营项目有铜箔、化工产品、印刷线路板等，是国内同行业中规模大、自动化程度高、工艺先进、品种齐全的电解铜箔生产基地。提供当地人3000多个就业岗位，是佛冈县第二纳税大户。村民主要经济收入来源主要有商铺和住房出租、商业经营、外出务工、村集体经济分红等。传统节庆食品有春节的年糕、糖环、油角，元宵节的汤圆，清明节的糯米艾糍，端午节的粽子，中秋节的月饼等。妇女坐月子时，吃糯米甜酒、甜醋煲猪脚等。

1964年通电，1992年通自来水，1993年通电话，2002年村道实现水泥硬底化，2007年村内环境卫生由县环卫所接管，2008年通光纤网络。1998年起，建篮球场2个。2001年起，建文化室4间，配有棋牌室、乒乓球室、图书阅览室等，图书室藏书20000多册。

传统民居多建于清代，现存较完好的有大围、大禾塘居住点建筑群。其中，大围坐西向东，村后有摩罗山，村前有占地面积约3000平方米的半月形风水塘和400平方米的晒禾坪。整座建筑群是“回”字形四点金的布局，面阔75米，进深100米，占地面积7500平方米。以正门楼为中轴线对称，村内建筑布局呈方格状，横巷2条，竖巷5条，巷道有1.8米阔并用河卵石铺地。大围建筑群大多数房屋属正座建筑，防涝排污设施完善。有正座民居28座，为一厅一天井二廊四房布局，每座占地建筑面积约100平方米，砖木结构，硬山顶，石门框，石窗框，石地板，麻石条（每条高1.6米），或三合土（泥、灰、石），或火砖墙体，房高5.8米，每个房间内加装一层木楼阁。屋檐下有壁画灰塑图案，寓意吉祥如意、福寿康宁。村中还有围水房屋，为独立单间平房相连，一般每间占地建筑面积约20平方米，建在村的围墙边内，砖木结构，硬山顶，青砖或三合土墙体。正门楼有正厅堂两厢房，门楼高6米，硬山顶，龙船脊，三合土泥砖墙，石窗，盖灰瓦，砖木结构，厅堂内

◎ 村旁建滔工业园（摄于1998年）

◎ 佛冈村古民居瓦檐（摄于2016年）

◎ 佛冈村幼儿园（摄于 2016 年）

◎ 缘祖曾公祠（摄于 2016 年）

以麻石块砖铺地，厅堂墙上有花鸟灰塑壁图。1990 年后，许多村民建有水泥钢筋混凝土结构楼房，大部分村民逐渐住进楼房。

清中期，村中办有私塾学堂，由村中父老用祖尝延师，教族中子弟读书。村中子弟在乡试中考有名次的，族中还设有奖励，鼓励子弟继续求学进取。民国时期，办有私立一贯小学，后改为公办卫冈乡第十五保国民学校。中华人民共和国成立后，该校改为冈田中心小学，1996 年改为佛冈县第六小学，2005 年并入佛冈县第三小学。原校址现为青松路幼儿园和冈田行政村所在地。村内现有佛冈县振兴小学（含佛冈县启智学校），1995 年创办，2015 年有 51 个教学班，在校学生 2260 人，教职员工 111 人。

2012 年，该村曾氏理事会组织村民自愿捐资 180 万元，按统一规划、统一调配，改善村庄环境，兴建村曾氏宗亲理事会大楼。新重修的有大庄房系《武城曾氏重修族谱》，淡庄房系《武城曾氏重修族谱》，缘兴房系《武城曾氏重修族谱》等三部族谱。族谱收录由中原南迁增城后入籍佛冈理祯公后裔曾氏族人繁衍世系，记述曾氏历代源流、世代字派诗序、家规、祖训等，全书 20 万字，为简易平装本印刷。

◎《武城曾氏重修族谱》（摄于 2016 年）

缘祖曾公祠位于村东南边，县城福田路与青松路交汇处东侧。建成于明成化十五年（1479 年）。1938 年重修扩建，占地面积 703.5 平方米，为该村曾缘祖后人祭祀纪念场地。缘祖曾公祠是曾松轩的儿子为供奉祖父曾缘祖而建造。祠堂坐东南向西北，总面阔 21 米，进深 33.5 米，第一进高 6.5 米，第二进高 7 米。砖木结构，青砖墙，硬山顶，龙船脊，盖灰瓦。该建筑为二进二廊一天井布局，有衬祠。第一进保存有门官墩，青砖砌成，两边衬祠都有祭坛。头门门额石匾上刻有“缘祖曾公祠”字样。正门前封板瓦檐额木雕人物花鸟精美，梁架木雕，正门墙体有灰塑壁画和题词，前檐装两条方形石柱，石梁架（又名虾公梁），石块铺地。祠堂前面是一个小院子，用琉璃瓦围墙围起。有两座排坊式建筑，左右院门，左院门楼上刻有“报本”，右院门楼上刻有“诒谋”，意为报恩祖先，为子孙妥善谋划，使子孙繁衍安乐。左院门有一座旗杆夹石，上刻“光绪甲午恩科中试第九名贡士钦工部主政，臣曾文玉”字样。2012 年，该祠被列入佛冈县不可移动历史文物名录。2013 年，由曾代宗亲理事会牵头，村民捐资 150 万元修缮。

宗族活动有农历正月十二在村中舞火龙祈福，清明到缘祖曾公祠祭祖。传统节日以春节、元宵节、清明节、端午节、中秋节、冬至为主，还有四月八、

◎ 春节期间舞狮队在县人民中心广场表演（摄于 2017 年）

七月十四、重阳节等。村中遇节庆喜日时，村民往往舞狮助庆。传统婚嫁习俗，男女相亲、迎亲、回门等婚嫁仪式仍沿用。传统丧葬习俗以土葬为主，1990 年后逐步实行火葬。其程序包括竖灵、收殓、引灵、接体、奠礼、出殡、火化、安葬等。

1938 年，侵华日军飞机 3 次空袭佛冈县石角圩。其中一次，佛冈村一位村民病逝，其亲友前来祭奠时，遇侵华日军飞机突袭，投放炸弹，炸死参加葬礼 12 人，炸伤多人。1951 年 11 月，县在该村开展土改划分阶级试点工作，随后在全县推广。2015 年，村辖内新一居住点被广东省爱国卫生运动委员会评为“广东省卫生村”。

该村的曾文玉，清光绪甲午恩科中试第九名贡士钦工部主政。曾耀南（1937—），曾任广东华南农业大学教授。曾国祥（1939—），曾在广东省邮电部门任工程师。曾炳福（1952—），曾任中共佛冈县石角镇委书记、佛冈县国土局局长、广州市政府征地办公室主任、广州市土地开发中心主任。曾伟胜（1957—），曾任佛冈县石角镇文化站站长，广东省书法家协会会员，1996 年 8 月获全国人口抽查办公室授予的“全国 1% 人口抽查国家级先进个人”称号。

（资料填报：曾繁满、曾文洛、曾求兴、曾炜文、曾东桥，初稿撰写：曾妙锡，总纂：李协湖）

德星里村

◎ 德星里村村貌（摄于2016年）

德星里村，位于石角镇中部，距镇政府约1.8千米。始建于清后期，由迳头大陂村郑氏分村南迁形成。在府城西门口处择得一地建村。因该村地形好像一个倒着安装的鱼笱（捕鱼工具），当地人称“倒装鱼笱”村。后来村民以德待人，以德办事，取名为德星里村。

该村地处佛冈县城石角镇青云路、教育路、振兴路、文中街结合处，为城中村。村东为教育路，南为文中街，西为振兴路，村北为青云路。

清代嘉庆十八年（1813年），属佛冈厅吉河乡滑江堡。民国时期，属佛冈县第一区卫冈乡。中华人民共和国成立初期，属佛冈县第一区卫冈乡。1958年，属从化县佛冈人民公社冈田大队。1961年，属佛冈县石角人民公社冈田大队。1983年，属石角区冈田乡。1987年，属石角镇冈田行政村。1989年，属石角镇冈田管理区。1998年至今，属石角镇冈田行政村。

世居村民为郑姓。清后期大陂郑氏开宗始祖郑伯三后裔，一部分是由佛冈县迳头大陂河唇围迁至该村；另一部分由佛冈县迳头仓前墩心村迁至该村。该村编有《大陂郑氏族谱》，由大陂郑氏族谱编纂委员会编纂，族谱记载郑氏的历史变迁及世系繁衍。

2015年末，户籍人口138人，其中男性73人，女性65人。60岁以上17人，其中80岁以上2人，最年长者86岁（女）。16岁以下30人。实际在村居住130人，常年在外务工8人。村庄为城中村，无依靠农业收入人口。非户籍外来人口150人。村民均为汉族，客家民系，使用粤方言。

传统经济以农业为主，主要作物有水稻、番薯、木薯、花生、大豆等。1990年后，该村成为城中村，

◎ 村旁的临街商铺（摄于2016年）

没有耕地。村民主要收入来源有村集体经济分红、外出务工、商铺和住房出租等。传统节庆食品有糯米糍、艾糍、粽子等。

1964年通电，20世纪90年代初通电话，2000年通自来水，2008年通网络，2010年村道实现水泥硬底化。文化设施有文化室、村民活动中心。村中建有垃圾收集站，村清洁卫生由县环卫所接管，每天清扫垃圾3次。

传统民居为客家围屋。围屋坐西南向东北，呈“回”字形布局，门楼居中，围屋四个角为楼阁，高度与门楼一样。四周的围水屋比门楼、围屋稍矮，成单间排列。围屋中间为祠堂。祠堂为两进一天井，围屋外墙屋檐用青砖砌成，博古脊造型。民居为一厅两房，也有单间排列。屋顶盖青瓦，墙体多用青砖，也有部分用泥砖砌成。现存传统民居20多间，建于清代后期。1990年后，村在旧民居附近先后建成钢筋混凝土楼房，旧围屋出租给外来工居住。

传统节庆为春节、清明节、四月八、端午节、七夕、七月十四、中秋节、十月朝、冬至等。其中，正月十五为元宵节，有蒸发糕、食汤圆、做糍的习俗，以示庆贺春节圆满结束。主要宗族活动有正月初十上灯活动、清明祭祖、重阳祭祖等。传统婚嫁习俗，结婚前要担定婚茶，报日子、送聘金、定嫁妆，行结婚礼时，要摆酒请客，迎亲和送亲。传统丧葬习俗以土葬为主，1990年以后逐步实行火葬。其程序为举丧、入殓、出殡、送葬和做法事，将亡灵牌送入祠堂。办丧事只能做白饭、花菜、黄豆煮猪肉等简单的饭菜。

◎ 德星里村传统民居（摄于2016年）

◎ 德星里村门楼（摄于2016年）

该村的郑佑中（1925—1998），1945年在黄埔军校学习，曾在国民革命军某部担任炮兵连长。1950年回乡后，曾任石角镇冈田村委干部，佛冈县农艺师。郑亿忠（1946—），1975年10月参加教学工作，多次被评为县、市优秀教师，1990年获广东省人民政府表彰奖励。

（资料填报：郑亿忠，初稿撰写：郑亿忠，总纂：李协湖）

黄文园村

◎ 黄文园村村貌（摄于 2016 年）

黄文园村，位于石角镇中部，距镇政府 1 千米。始建于清同治九年（1870 年），由黄爱莲的后裔从清远县吉河乡西田堡（今水头镇）迳子村迁徙到清远县吉河乡渭江堡（今佛冈县石角镇），并在此地建村。建村时取名莲庆村。后因黄文园是众兄弟中的长兄，故更改村名为黄文园村。

该村坐落于佛冈县城的西部，村东与佛冈县第三小学相连，往东 100 米为县城环城西路，南为佛冈建滔实业有限公司，西为潖江，北为一片竹林。

村庄形成时，属佛冈厅吉河乡渭江堡。民国时期，属佛冈县第一区卫冈乡。中华人民共和国成立初期，属佛冈县第一区卫冈乡。1958 年，属从化县佛冈人民公社冈田大队。1961 年，属佛冈县石角人民公社冈田大队。1983 年，属石角区冈田乡。1987 年，属石角镇冈田行政村。1989 年 11 月，属石角镇冈田管理区。1998 年至今，属石角镇冈田行政村。

世居村民为黄姓。据《黄文园黄氏族谱》记载，佛冈黄姓均为江夏堂。由福建邵武黄氏后裔迁居入粤，其中分支房系于明代初期迁入清远县吉河乡天降坪堡（今佛冈县水头镇）莲瑶东坑村，黄六峰为始祖。其后裔分支在清同治九年迁入该村。

2015 年末，户籍人口 230 人，其中男性 118 人，女性 112 人。60 岁以上 27 人，其中 80 岁以上 1 人，最年长者 85 岁（女）。16 岁以下 30 人。村庄为城中村，已无从事农业耕作人口。实际在村居住 200 人，常年在城镇生活和务工 30 人，非户籍外来人口 150 人。村民均为汉族，广府民系，使用粤方言。

村有耕地面积 0.73 公顷。传统经济以农业为主，1980 年前，主要农作物有水稻、番薯、芋头、萝卜、花生、大豆、蔬菜等，后来逐步以种植蔬菜为主。村地处佛冈县城郊区，居民主要收入来源有房屋出

◎ 黄文园村传统民居（摄于 2016 年）

租、商业经贸、外出务工收入等。传统节庆食品丰富，主要有春节的年糕、糖环、油角，元宵节的汤圆，清明节的艾粑粑，端午节的粽子，中秋节的月饼等，其中该村的萝卜糕是选用自产萝卜制成的糕点，清甜、滑爽、可口。村里妇女产后坐月子，主要食品有糯米甜酒和甜醋煲猪脚。

1967 年通电，1992 年通自来水，1993 年通电话，2002 年实现村道水泥硬底化，2008 年通电视。村建有两层文化活动室，建筑面积约 400 平方米。文化活动室一楼为村民公共活动室，供村民聚会、休闲或操办红白喜事宴客之用。二楼出租外来人员居住，增加村集体收入。

◎ 黄文园村门楼（摄于 2016 年）

传统民居为广府民居。村落坐北向南，呈“回”字形聚居布局，门楼居中，四周的围水屋包围中间的正座。街巷五横四纵互通，防涝排污设施完备，巷道铺砌河卵石。民居正座为四房一厅、两廊一天井布局，硬山顶，盖灰瓦，三合土或青砖、泥砖墙体。围水屋（砖木平房），每间占地面积 20 平方米。1990 年后，村民先后搬出传统的瓦房旧屋，住进自建钢筋混凝土楼房，原民居出租给外来务工人员居住。

在村域内有佛冈县石角中学和佛冈县第三小学。2015 年，佛冈县石角中学有 15 个教学班，在校学生 655 人，教职工 65 人。佛冈县第三小学有 34 个教学班，在校学生 1429 人，教职工 76 人。

村民主要习俗有拜观音、拜土地公、祭灶君、清明集体祭祖扫墓等。传统节日有春节、清明节、四月八、端午节、七夕、七月十四、中秋节、冬至

◎ 佛冈县石角中学（摄于 2016 年）

等。其中，农历七月初七为七夕，晚间举行“拜七仙”活动。当天清晨各家贮存七月七日水，传说该水可长期贮存不变质，是夏天的清凉饮料。传统婚嫁习俗中，男女相识交往后，女方亲友要到男方家看家风，结婚前要担定婚茶、报日子、送礼金、定嫁妆，举行婚礼时要摆喜酒、迎亲和送亲。传统丧葬习俗以土葬为主，1999 年后逐步实行火葬。其程序为守灵、举丧入殓、出殡、送葬、做法事，将亡灵牌送入祖屋。

1985 年 11 月，县政府建设县城人工湖，在该村域潖江段兴建冈田陂加设水力自控翻板闸门工程，装设自动翻板闸门（宽 7 米、高 1.55 米）18 扇，总净宽 126 米，达到蓄水发电、灌溉、防洪效果。2003 年，县城结合水轴线整治工程，按照“城防堤、景观线、休闲路、亲水带”建设定位，在原址折旧新建“水力自控翻板闸门”，工程建成后，大大提高蓄水位。

◎ 工人在维修人工湖翻板闸门（摄于 2014 年）

该村的黄榕海（1966—），致富能手，从事农业专业经营，开办果园、鱼塘和养猪场，年产值 80 万元，热心支持村公益事业和帮扶困难农户。

（资料填报：黄金球，初稿撰写：曾伟胜，总纂：李协湖）

前龙围

◎ 前龙围村貌（摄于 2016 年）

前龙围，位于石角镇中部，距镇政府 1 千米。始建于清后期，由南迁移民聚居而形成。择地建村时，因地形像一条巨龙故取名为前龙围。该村坐落于佛冈县城中心，为城中村。村落坐东向西，呈聚居分布。村东背靠教育路，南紧接兴隆街，西临振兴中路，村北与佛冈县公安局毗邻。

村庄形成时，属佛冈厅吉河乡渭江堡。民国时期，属佛冈县第一区卫冈乡。中华人民共和国成立初期，属佛冈县第一区卫冈乡。1958 年，属从化县佛冈人民公社冈田大队。1961 年，属佛冈县石角人民公社冈田大队。1983 年，属石角区冈田乡。1987 年，属石角镇冈田行政村。1989 年，属石角镇冈田管理区。1998 年至今，属石角镇冈田行政村。

世居村民为利姓。据《前龙围利氏族谱》记载，北宋太平、兴国年间，利姓先祖从中原河南迁入东莞常平大沥。清嘉庆二十五年（1820 年），由广东从化神冈迁入佛冈厅吉河乡黄田堡铜墙村（今佛冈县水头镇铜溪村），清同治九年（1870 年）迁入该村，至今已传到 35 代。

2015 年末，户籍人口 150 人，其中男性 80 人，女性 70 人。60 岁以上 18 人，最年长者 74 岁（男）。16 岁以下 40 人。因县城拓展，村已没有土地。实际在村居住 135 人，常年外出务工 15 人，非户籍外来人口 350 人。村民均为汉族，广府民系，使用粤方言。

传统经济以农业为主，20 世纪 70 年代前，主要农作物有水稻、番薯、芋头、花生、大豆以及各类蔬菜等。后来逐步以种蔬菜为主，因地处县城，蔬菜供应给县城各单位饭堂以及县城居民。1990 年

◎ 村旁的兴隆街（摄于 2016 年）

后，县城拓展，村域土地全部政府征用，现成为城中村，村民经济来源由原来的农业收入转变为商业贸易收入、外出务工收入，以及商铺房屋出租收入等。传统节庆食品丰富，主要有春节的年糕、糖环、油角，元宵节的汤圆，清明节的艾粑粑，端午的粽子，中秋节的月饼等。村里妇女产后坐月子时，主要食品有糯米甜酒、甜醋煲猪脚等。

1964 年通电，20 世纪 90 年代通电话，2000 年通自来水，2001 年村道实现水泥硬底化，2008 年光纤网络覆盖全村。村中建有文化室。

◎ 前龙围门楼（摄于 2016 年）

传统民居为广府民居。以门楼为中心，围水屋包围正座屋，呈“回”字形四点金布局建筑群。民居排列比较整齐，成方格形布局，5 横 4 纵排列，横巷纵巷互通全村，巷道铺砌鹅卵石，防涝排污设施完备。现存房屋 20 多间，正座为四房一厅、两廊一天井布局，围水屋是单间排列，为硬山顶，盖灰瓦，部分龙船脊，三合土或青砖墙体。1990 年后，村民先后搬进在旧民居周围自建钢筋混凝土楼房，原旧居修缮后出租外来务工人居住。

村民有拜观音、拜土地公、祭灶君、农历正月初九上灯、清明祭祖等习俗。传统节日有春节、清明节、四月八、端午节、七夕、七月十四、中秋节、冬至等，农历八月十五为中秋节，或团圆节。每逢中秋之夜，村中男女老少一起品尝月饼、柚子及石螺等食品赏月，热闹非常。在传统婚嫁习俗中，男女相识交往后，女方家亲友要到男方家看家风，结婚前要担定婚茶、报日子、送礼金、定嫁妆，举行婚礼时要结婚摆喜酒、迎亲和送亲。传统丧葬习俗以土葬为主，1990 年后逐步实行火葬。其程序有守灵、收殓、引灵、接体、奠礼、出殡、火化、安葬。

该村的利耀坚（1963—），在广东省人民银行任职。利国振（1962—），曾任佛冈县人民政府副县长、清远市政府副秘书长，现任清远市国有资产管理委员会主任。

（资料填报：利耀其，初稿撰写：曾伟胜，总纂：李协湖）

青云里村

◎ 青云里村村貌（摄于 2016 年）

青云里村，位于石角镇中部，距镇政府 1 千米。始建于清乾隆五十五年（1790 年），由南迁移民聚居而成。村域平坦，周围均为耕地，村落独立其中，附近村民称该村为新围，故亦有“新围仔”之称。后因村民陈世扬考取秀才，故将该村命名为青云里。该村坐落于佛冈县城青云路、教育路、文中街、振兴路之间，为城中村。村落坐南向北，东为教育路，南为文中街，西为振兴路，北为青云路。

村落形成时，属清远县吉河乡滘江堡。清嘉庆十八年（1813 年），属佛冈厅吉河乡滘江堡。民国时期，属佛冈县第一区卫冈乡。中华人民共和国成立初期，属佛冈县第一区卫冈乡。1958 年，属从化县佛冈人民公社冈田大队。1961 年，属佛冈县石角人民公社冈田大队。1983 年，属石角区冈田乡。1987 年，属石角镇冈田行政村。1989 年，属石角镇冈田管理区。1998 年至今，属石角镇冈田行政村。

世居村民为陈姓。据《青云里陈氏族谱》记载，清雍正三年（1725 年），陈利左携带家眷由广东嘉应州（今梅州市）长乐县（五华县）迁至清远滘江龙山（今佛冈县龙山镇）关前村落户，清乾隆五十五年，其三世祖陈文亮（开村始祖）从关前村迁至该村，有分支外迁韶关等地。

2015 年末，户籍人口 127 人，其中男性 65 人，女性 62 人。60 岁以上 17 人，其中 80 岁以上 1 人，最年长者 80 岁（男）。16 岁以下 55 人。实际在村居住人 120 人，常年外出务工 7 人，非户籍外来人口 400 人。村民均为汉族，广府民系，使用粤方言。

传统经济以农业为主，20 世纪 70 年代前，主要农作物有水稻、番薯、芋头、花生、大豆以及各

◎ 村旁的临街商铺（摄于 2016 年）

◎ 春节前临街年桔市场（摄于 2017 年）

类蔬菜等。1970 年后，县城不断扩大，居民不断增加。村民改种蔬菜为主，以供县城居民日常生活需求。1990 年后，该村成为城中村，没有耕地。村民收入来源由原来的农业转变为商业贸易、外出务工、商铺房屋出租等。传统节庆食品丰富，主要有春节的年糕、糖环、油角，元宵节的汤圆，清明节的艾糍，端午节的粽子，中秋节的月饼等。村里妇女产后坐月子时，主要食品有糯米甜酒、甜醋煲猪脚等。

1964 年通电，1992 年通自来水，1993 年通电话，

◎ 青云里村传统民居（摄于 2016 年）

2002 年实现村道水泥硬底化，2007 年起村内环境卫生由佛冈县环卫所接管，2008 年光纤网络覆盖全村。

传统民居为广府民居，以门楼为中心，围水屋包围正座屋，呈“回”字形四点金布局建筑群。坐南向北，布局成方格形，3 横 4 纵排列，2 条纵巷贯通全村。现存房屋 10 多间，均为正座，四房一厅两廊一天井布局。为硬山顶，盖灰瓦，三合土或青砖墙体。围水屋则为单间砖木平房，土木结构，三合土墙（或火砖墙），硬山顶，盖灰瓦，一般每间占地面积 20 平方米。1990 年后，村民陆续搬出传统的瓦房旧屋，住进自建钢筋混凝土楼房。原旧民居出租给外来务工人员，用以增加经济收入。

习俗活动有拜观音、拜土地公、祭灶君、清明祭祖等，每年清明节村民都会组织集体祭祖扫墓。传统节日有春节、清明节、四月八、端午节、七月十四、中秋节、冬至等。其中，清明节是悼念祖先的节日，家家户户门楣插柳枝和桃叶以驱邪，采艾做糍，名为“艾糍”，并进行扫墓活动。扫墓一般从清明前的春分起到农历四月初八，其间在外地谋生的人都尽可能赶回来祭扫祖墓。

传统婚嫁礼仪，结婚前要担定婚茶，报日子、送聘金、定嫁妆，行结婚礼时要摆酒请客、迎亲和送亲。传统丧葬习俗以土葬为主，1990 年后逐步实行火葬。其程序为举丧、入殓、出殡、送葬和做法事，将亡灵牌送入祠堂。办丧事只能做白饭、花菜、黄豆煮猪肉等简单的饭菜，用餐时不坐高台高凳，用事主家的门板放于门前的巷地上当饭桌。

据《青云里陈氏族谱》记载，该村的陈世扬为清代秀才。

（资料填报：陈北添，初稿撰写：曾伟胜，总纂：李协湖）

后龙散围

◎ 后龙散围村貌（摄于 2016 年）

后龙散围，位于石角镇中部，距镇政府 2 千米。始建于清嘉庆四年（1799 年），由附近后龙村分迁聚居而形成。由于村民居住分散，因而得名后龙散围。

该村坐落于佛冈县城石角镇青云路与教育路、育才路结合处，为城中村。村东紧靠育才路，南面是青云路，村西面是教育路，村北面是环城路。

该村形成时，属清远县吉河乡滑江堡。清嘉庆十八年（1813 年），属佛冈厅吉河乡滑江堡。民国时期，属佛冈县卫冈乡。中华人民共和国成立初期，属佛冈县第一区卫冈乡。1958 年，属从化县佛冈人民公社冈田大队。1961 年，属佛冈县石角人民公社冈田大队。1983 年，属石角区冈田乡。1987 年，属石角镇冈田行政村。1989 年，属石角镇冈田管理区。1998 年至今，属石角镇冈田行政村。

世居村民为陈姓。根据《散围陈氏族谱》记载，明天顺年间由江西迁入广东。明正德年间，陈德厚从清远县吉河乡（今佛冈县水头镇）官田村迁到清远县吉河乡（今佛冈县石角镇）后龙村。清嘉庆四年，陈德厚第十二代陈邦炜、陈邦英兄弟在后龙村西南 200 米处建该村。其后裔发展至 300 多人。

2015 年末，户籍人口 207 人，其中男性 117 人，女性 90 人。60 岁以上 26 人，其中 80 岁以上 5 人，最年长者 96 岁（女）。16 岁以下 50 人。实际在村居住 198 人，常年外出务工 19 人。非户籍外来人口 300 人。祖籍该村的华人华侨 20 人，主要分布在美国。村民均为汉族，广府民系，使用粤方言。

村有耕地面积 0.67 公顷。传统经济以农业为主，主要作物有水稻、番薯、木薯、花生、大豆等。1990 年后，该村成为城中村。现村中已没有农业，

◎ 位于村旁的蓓蕾幼儿园（摄于 2016 年）

只有少量耕地，为村民种菜自用。村民主要收入来源有村集体经济分红、房屋出租、商业经营、外出务工。传统节庆食品有糯米糍、艾糍、粽子等。

1964 年通电，1993 年通电话，2000 年通自来水，2008 年通网络，2010 年村道实现水泥硬底化。村中建有垃圾收集站。文化设施有文化室（图书室），藏书 200 多册，平时为村民活动中心。

村落以门楼为中心，围水屋包围正座屋，呈回字形四点金布局建筑群，占地面积 700 多平方米。正座民居为一厅两廊二房一天井布局，土木结构，三合土墙（或火砖墙），硬山顶，盖灰瓦。正座有两廊门为出入口，屋内以方砖铺地，天井用鹅卵石铺砌，排水设施完备。一般每座占地面积 68 平方米。围水屋则为单间砖木平房，一般每间占地面积 20 平方米。现存传统民居 7 座，建于清代至民国初期，建筑年代距今 200 年以上的有 3 座，保存基本完整。1990 年后，居民先后建成钢筋混凝土楼房，旧民居出租给外来人员居住。

◎ 后龙散围门楼（摄于 2016 年）

村编修有《散围陈氏族谱》，1998 年由族人陈德显编纂。该族谱分为四部分：村史简介、陈氏辈序、散围陈氏世系、民间拾趣。散围辈序为：“秉懋邦家善庆长，翼维明听焕文章。虞夏殷周汉唐宋，六经世受绍其芳。从来作述敦仁礼，万代声名启俊良。志据依游克念力，丕承祖德永光扬。”

该村有黄公爱兰墓，建于明成化二十二年（1486 年），重修于 20 世纪 90 年代末。古墓坐东向西，长 13 米，宽 11 米，占地面积 143 平方米。墓分五阶，墓堂有矮围栏，栏下有蝙蝠浮雕，墓前拜台为花岗岩石砌成。2012 年，该墓被列入佛冈县不可移动文物名录。

◎ 黄公爱兰墓（摄于 2015 年）

传统节日有春节、清明节、四月八、端午节、七夕、七月十四、中秋节、十月朝、冬至等。村中婴儿出生的第三天称“三朝”，请亲友饮甜酒、吃甜醋。婴儿满一个月称“满月”，很多人家在家中或酒店摆满月酒，设宴款待前来庆贺的亲友。传统婚嫁礼仪，男女相识交往后，女方家亲友要到男方家看家风，结婚前要担定婚茶、报日子、送聘金、定嫁妆，行结婚礼时要摆酒请客、迎亲和送亲。传统丧葬习俗以土葬为主，1990 年以后逐步实行火葬。其程序为举丧、入殓、出殡、送葬和做法事，将亡灵牌送入祠堂。

村民主要宗族活动有正月初十上灯、清明祭祖、重阳祭祖等。其中，正月初十上灯活动，当天上午 9 时，由上年出生男丁家人带上供品，依照男丁出生时间顺序在祖堂举行上香拜祖仪式，随后在族谱登名入册，同时宴请前来亲友。

该村的陈伟宜（1953—），小学数学高级教师，曾任佛冈县教育局教研室副主任。

（资料填报：陈国添，初稿撰写：陈国添，总纂：李协湖）

○吉田行政村

大同村

◎ 大同村村貌（摄于 2016 年）

大同村，位于石角镇西南部，距镇政府 2 千米。始建于明正德年间，由从化迁入聚居而形成。因在老鸦山下山谷平地建村，塱田地大多为沼泽地，水深泥厚，故称大垯塱村，后改名为大同村。

该村坐落于丘陵地带，呈长条带状分布居住。村东为羊角山，南为大坪山，北为老鸦山。有溪流自东向西从羊角山源头汇入不远处的潖江河。国道 G106 线、京港澳高速公路分别从村旁经过。

村落形成时，属清远县吉河乡渭江堡。清嘉庆十八年（1813 年），属佛冈厅吉河乡渭江堡。民国时期，属佛冈县一区卫冈乡。中华人民共和国成立初期，属佛冈县一区卫冈乡。1958 年，属从化县佛冈人民公社吉田大队。1961 年，属佛冈县石角人民公社吉田大队。1983 年，属石角区吉田乡。1987 年，属石角镇吉田行政村。1989 年，属石角镇吉田管理区。1998 年至今，属石角镇吉田行政村。

世居村民为欧阳姓。据《从化欧阳氏族谱》记载，宋代年间，部分欧阳氏族人由江西吉安、永丰迁居广东从化一带。明正德年间，其祖欧阳雾文从化凤院迁至清远县吉河乡渭江堡（今佛冈县石角镇吉田村）该村。

2015 年末，户籍人口 249 人，其中男性 125 人，女性 124 人。60 岁以上 23 人，其中 80 岁以上 6 人，最年长者 90 岁（女）。16 岁以下 19 人，其中留守儿童 2 人。实际在村居住和生活主要依靠农业收入 200 人，常年在城镇生活和务工 49 人。村民均为汉族，广府民系，使用粤方言。

村有山地面积 43.2 公顷，耕地面积 10 公顷。村域山上有杉树、松树及杂树林，野生中草药种类多。传统经济以农业收入为主，兼有林副产品经营。主要作物有水稻、番薯、木薯、花生、甘蔗、黑烟

◎ 大同村菊花种植园（摄于 2016 年）

叶等。现多种植蔬菜、水稻、果树、桉树。1990年后，村成县城郊区，大部分青壮年外出打工。现村民主要收入来源为农业、外出务工和土地出租。其中，村有蔬菜种植基地，年产值约100万元，每天有大量新鲜蔬菜供应县城，村民有种植菊花应节传统。特色农产品有番薯干、柿饼、腊鸭等。传统节庆食品有清明节的艾糍、端午节的粽子，中秋节的月饼，春节的发糍、糯米糍、炒米饼、糖环、油炸角等。

1964年通电，1990年通电话，2000年实现村道水泥硬底化，2002年建垃圾收集池，2015年通光纤网络、村道安装路灯。

◎ 大同村门楼（摄于2016年）

传统民居现保存比较完整的正座有8座，建于清中期、民国初期。其中，建筑年代距今200年以上的有6座，300年以上的有2座。正座为一厅一天井两廊四房布局，占地面积100平方米。屋顶为硬山顶，盖灰瓦，墙体多为青砖或泥砖混合砌成，天井和门前街道用鹅卵石铺成。1990年后，村民先后搬进自建钢筋混凝土楼房。旧民居已没有人居住。

现存祠堂始建于清末，当地人称“香火堂”，占

◎ 大同村香火堂（摄于2016年）

地面积近120平方米，后屡经修缮。现存有石柱门楼，条石梯级、门槛，卵石道，青砖墙，盖灰瓦，龙船脊。每逢节日，村民携带供品和香火前来供奉。祠堂前为一口面积约0.2公顷的水塘（俗称“风水塘”），呈弓箭形，现已出租用作鱼塘。

民间节日以春节、元宵节、清明节、端午节、中秋节、冬至为主，还有四月八、七月十四、重阳节等。主要宗族活动有正月十一上灯，重阳节到广州从化凤院祭祖。传统婚嫁习俗有相亲、迎亲、结婚宴客、回门的婚嫁仪式。传统丧葬习俗以土葬为主，1990年后逐步实行火葬。其程序为竖灵、收殓、引灵、接体、奠礼、出殡、火化、安葬等。

在抗日战争时期，该村曾两次驻扎国民党军队。第一次是1940年前后，国民革命军余汉谋部一个师部设在村里，在村旁杉仔冚、老鸦山一带驻扎部队官兵。当时村里设有茶楼、集市，还有戏棚。第二次是国民革命军林森部一个师进驻，师部指挥所设在村里。当时村民生活过得非常艰苦，天还没有亮就要起床煮饭食，然后到大山躲避日本侵略者的狂轰滥炸。日军飞机曾轰炸该村，造成伤亡惨重，民房被烧毁，村中文笔、学堂、花厅、门楼两边的石狮子均被损毁。日军飞机轰炸的遗址至今尚存。

清末民国初建有私塾，聘请本村塾师教学，用祖尝延师，教子弟读书。村中子弟在乡试中考有名次的，设有奖励，鼓励子弟继续求学进取。该村的欧阳可拙，明万历年间被封为文林郎。欧阳可拙之子欧阳潢，明隆庆年间任福建漳州府南靖县知县。欧阳晖，明末举人，任广西乐州府贺县知县、刑部浙江司主事。其性格端谨正直，为东林党人，曾因与刘锋等7人弹劾奸臣魏忠贤而入狱。出狱后，游清远飞霞，赋诗：“弹檄何妨作谪臣，四维谁复秉丝纶。鹰颤已逐鸿鹏远，鹓鸪甘同海鸟亲。再嫁定知无令妇，三言宁复有完人。升沉不用君平卜，早向青山买隐沦。”遂溺水而殁，后被追赠为锦衣卫使。欧阳兰，清代中期秀才，曾任佛冈直隶军民厅厅长。

（资料填报：欧阳志勇，初稿撰写：欧阳志勇，总纂：李协湖）

赤岭村

◎ 赤岭村村貌（摄于 2016 年）

赤岭村，位于石角镇东南部，距镇政府 7 千米。建于清中期，由清远县吉河乡天降坪堡（今佛冈水头）瑶塘村迁居形成。因附近山岗土壤为赤色，而取名赤岭村，曾用名石井村。

该村坐落于丘陵地带，村庄呈聚居分布。村东为羊角山余脉，南为山地，西紧靠道国道 G106 线，北为吉田行政村，距滘江边大庙峡约 500 米，京港澳高速公路从村东旁经过。

村落形成时，属清远县吉河乡滑江堡。清嘉庆十八年（1813 年），属佛冈厅吉河乡滑江堡。民国时期，属佛冈县一区卫冈乡。中华人民共和国成立初期，属佛冈县一区卫冈乡。1958 年，属从化县佛冈人民公社吉田大队。1961 年，属佛冈县石角人民公社吉田大队。1983 年，属石角区吉田乡。1987 年，属石角镇吉田行政村。1989 年，属石角镇吉田管理区。1998 年至今，属石角镇吉田行政村。

世居村民为李姓。据李氏族谱记载，唐代后期从湖南迁入广东连州，其后裔再迁到广州、清远县吉河乡黄田堡（今佛冈县水头镇）瑶塘村，清中期其后裔分支迁到该村。

2015 年末，户籍人口 337 人，其中男性 170 人，女性 167 人。60 岁以上 38 人，其中 80 岁以上 4 人，最年长者 95 岁（女）。16 岁以下 67 人。实际在村居住和生活主要依靠农业收入 255 人，常年在城镇生活和务工 82 人。村民均为汉族，属广府民系，使用粤方言。

村域地处羊角山余脉，有硫铁矿、煤等矿产资源。从民国到 1980 年，曾有少量开采。由于矿品位低，储量少，已无开采。山谷有一口 1.33 公顷的山

◎ 赤岭村野生莲塘（摄于 2016 年）

◎ 赤岭村生态林（摄于 2016 年）

◎ 赤岭村民居（摄于 2016 年）

塘，塘内有野生莲，野生莲每年产量 2500 千克，产值 5 万元。盛夏时，县城许多摄影爱好人结伴前来拍摄盛开的莲花美景。深秋后采摘的莲子具有清甜、快熟、口感好等特点。据村中老人讲述，该野生莲在建村时就有生长。

村有山地面积 86.67 公顷，耕地面积 20 公顷。村域山上有杉树、松树、桉树及杂树林，野生中草药种类多。传统经济以农业为主，兼有林副产品经营。主要作物有水稻、番薯、木薯、花生等。1990 年后，随着经济的发展变化，村许多土地被征收或转让，村已成为县城郊区，大部分青壮年外出打工。村民主要收入来源为外出务工、农业和土地出租。传统节庆食品有春节的发糍、糯米糍、炒米饼、糖环、油炸角，清明节的艾糍、端午节的粽子，中秋节的月饼等。其中，糯米糍制作方法：把糯米碾成粉浆，用糖、花生碎粒、芝麻作馅，捏为小块，包成三角形或圆形，蒸熟即可。

1964 年通电，1995 年通电话，2010 年通网络、村道实现水泥硬底化，2011 年通自来水，2013 年建文化室，2015 年村道安装路灯。村中建有垃圾收集站。

传统民居建于清代中后期至民国初期。以正座为一厅四房两廊一天井布局。每座正座占地约 90 平方米。屋顶为硬山顶，盖灰瓦，墙体多由青砖或泥砖混合砌成。现保存比较完整的有 10 座。许多民居是单间砖瓦房或三合土墙房。村中民居建筑基本保存完好。1990 年后，村民先后搬进自建钢筋混凝土楼房。村有两座祖堂和两座门楼。始建于清代后期，均于 2011 年重修。

◎ 赤岭村门楼（一）（摄于 2016 年）

◎ 赤岭村门楼（二）（摄于 2016 年）

民间节日以春节、元宵节、清明节、端午节、中秋节、冬至为主，还有四月八、七月十四、重阳节等。其中，春节俗称“过年”，是送旧迎新的大节。农历腊月二十三称“小年”，家家户户打扫庭院、做年货。有在“小年”的晚饭后送灶君，年三十晚接灶君拜祭的习俗。年三十除夕，合家一起吃“团年饭”，饭后长者要给小孩“压岁钱”。年初二，夫妻带小孩到娘家及亲友家探亲。在春节期间，有舞狮子宗族活动。正月十五为元宵节，有蒸发糕、食汤圆、做糍的习俗，以示庆贺春节圆满结束。婴儿出生的第三天称“三朝”，请亲友饮甜酒、吃甜醋。满一个月时称“满月”，亦称“弥月”，很多人家在家中或酒店摆满月酒，设宴款待前来庆贺的亲友。

传统结婚习俗为媒人介绍、看家风、担定婚茶、行婚礼、办酒席、请客、送礼等。传统丧事习俗以土葬为主，临去世前的人要先移至厅堂。去世后由子孙日夜守孝，死者入殓前，子孙要到河里取水，为死者擦身、更衣，亲视入殓。出殡时，请巫师开路，吹响牛角，送殡队敲锣打鼓、燃放爆竹送行。死者埋葬后，孝子孝女等从坟上抓回一把黄土，并且同牵一条寿红由另一路线回家。葬后要为死者做头七、二七、三七的法事，神主牌送往祠堂入位，至此丧事才告完结。1990年后逐步实行火葬，葬俗简化。

2002年，建成京珠高速公路，从村前通过。2014年5月15日发生水灾，造成10多户房屋进水，农作物受损严重，直接经济损失10万元。

民国期间，该村利用祖尝及公房办学堂，由村中父老集资聘请先生教学，有学童10多人。对聘请教学的先生十分尊重，以礼相待，每逢年节，各家各户还争相邀请先生到家中吃饭，以感谢教师教育儿孙的辛勤劳动。

该村的李达忠（1927—），曾用名曾涛，原东江支队粤北联络络员，离休干部，中华人民共和国成立后，曾任南雄和始兴两县粮食局局长、从化县司法局局长。李坤洪（1977—），现任清远市公安局消防处处长。

（资料填报：李开桃，初稿撰写：李开桃，总纂：李协湖）

高埔村

◎ 高埔村村貌（摄于 2016 年）

高埔村，位于石角镇东南部，距镇政府 6 千米。建于清中期，由南迁移民聚居而形成。因村落所在的位置地势较高而取名高埔村。

该村坐落于丘陵地带，村南紧靠国道 G106 线，往前 200 米处为滘江河，村北为京港澳高速公路，村东为赤岭村，村西为大庙峡。

村落形成时，属清远县吉河乡滘江堡。清嘉庆十八年（1813 年），属佛冈厅吉河乡滘江堡。民国时期，属佛冈县一区卫冈乡。中华人民共和国成立初期，属佛冈县一区卫冈乡。1958 年，属从化县佛冈人民公社吉田大队。1961 年，属佛冈县石角人民公社吉田大队。1983 年，属石角区吉田乡。1987 年，属石角镇吉田行政村。1989 年，属石角镇吉田管理区。1998 年至今，属石角镇吉田行政村。

世居村民为朱姓、冯姓、刘姓、吴姓。朱姓，宋中期从福建迁至广东增城，清中期从佛冈厅虎山乡（今佛冈高岗）迁至该村。冯姓，宋中期从江西迁至广东南雄珠玑巷，清中期从清远县滘江乡（今佛冈县汤塘镇）围镇迁至该村。刘姓，明中期从福建迁至广东兴宁，清初迁至清远县吉河乡龙潭堡（今佛冈县石角镇龙塘村）龙蟠村，民国后期从附近科旺村迁到该村。吴姓，民国后期从清远县滘江乡（今佛冈县汤塘镇）四九迁到该村。

2015 年，户籍人口 199 人，其中男性 98 人，女性为 101 人。60 岁以上 20 人，其中 80 岁以上 4 人，最年长者 83 岁（男）。16 岁以下 14 人。实际在村居住和生活主要依靠农业收入 183 人，常年在城镇生活和务工 16 人。村民均为汉族，属广府民系，使用粤方言。

村有山地面积 21.6 公顷，耕地面积 5 公顷。传统经济以农业为主，主要作物有水稻、番薯、木薯、花生等。

◎ 村旁的新力（佛冈）化机有限公司（摄于 2016 年）

◎ 赤岭村旁国道 G106 线与滘江并行（摄于 2000 年）

◎ 高埔村香火堂（摄于 2016 年）

1990 年后，该村许多土地被政府征收，大部分青壮年外出打工。现村民主要收入来源为外出务工收入，农业收入和土地出租收入。其中，有 1 户村民专业养殖鸡、鹅多年，年产商品鸡、鹅 3 万只，年产值约 150 万元。村旁有新力（佛冈）化机有限公司，创办于 2005 年，2015 年产值 2000 万元，吸收村民入厂务工。传统节庆食品有春节的发糍、炒米饼、糖环、油炸角，清明节的艾糍、端午节的粽子，中秋节的月饼等。

1964 年通电，1995 年通自来水，2010 年通网络、实现村道水泥硬底化，2015 年村道安装路灯。建有文化室，占地面积 90 平方米，建有垃圾收集站。

传统民居建于清后期及民国初年，民居以正座为主，建筑特色为一厅四房两廊一天井，每座占地面积 90 平方米。屋顶为硬山顶，盖灰瓦，墙体多为青砖或泥砖混合砌成。现保存比较完整的正座有 4 座。1990 年后，村民先后建成钢筋混凝土楼房，许多旧民居已经没有人居住。

村内有 2 座祖堂（俗称“香火堂”），始建于清后期，2000 年重修，每座占地面积 40 平方米。硬山顶、盖灰瓦、三合土墙体，砖木结构。每逢节庆日，村民提带供品和香火前往供奉。

◎ 高埔村传统民居（摄于 2016 年）

大庙峡古驿道通过该村有 1 千米，村旁建有惠爱亭（驿亭），用于邮递文书，在此亭进行交接办理。该亭为砖木结构，有三间平房及一处凉亭，清末民国初修建。亭内有一块石刻碑文，记载驿道和邮路，后修建国道 G106 线时损毁。

民间节日以春节、元宵节、清明节、端午节、中秋节、冬至为主，还有四月八、七月十四、重阳节等。春节，俗称“过年”，是送旧迎新的大节。农历腊月二十三称“小年”，家家户户打扫庭院、做年货。到年三十，吃“团年饭”，饭后长者要给小孩“压岁钱”。除夕零时，年轻人在村地坪燃放鞭炮，从示辞旧迎新。年初二，回娘家或探亲，年初七为“人日”。正月十五为元宵节，有蒸发糕、食汤圆、做糍的习俗，以示庆贺春节圆满结束。传统婚嫁习俗，以相亲、迎亲、结婚宴客、回门的婚嫁仪式进行。传统丧葬习俗以土葬为主，1990 年后逐步实行火葬。其程序包括竖灵、收殓、引灵、接体、奠礼、出殡、火化、安葬等。

1985 年 11 月，在村的滘江段拦河筑坝建成高埔电站，装机容量 3 台、445 千瓦，年发电量 130 万千瓦时。至今仍有经济效益。

该村的冯石金（1962—），致富能人，专业养殖鸡、鹅多年，年产商品鸡、鹅 3 万多只，年产值约 150 万元，热心捐资村建公益事业，逢年过节慰问村中老人。

（资料填报：李开桃，初稿撰写：李开桃，总纂：李协湖）

吉田村

◎ 吉田村村貌（摄于 2016 年）

吉田村，位于石角镇西南部，距镇政府 5 千米。始建于清初，由广州增城朱村人迁入聚居而形成。因村民祈求天时地利，耕田顺利，人口兴旺，取名吉田村。随人口发展，迁出附近居住，形成高楼、横巷、围仔、新围和社前岭 5 个村居住点。

该村坐落于丘陵地带，滘江河从村东北往西南流过，流经村段约 2 千米。村西南为大庙峡，东南为羊角山余脉，东边为大坪山，东北为大同村。国道 G106 线和京港澳高速公路分别从村旁通过。

村庄形成时，属清远县吉河乡渭江堡。清嘉庆十八年（1813 年），属佛冈厅吉河乡渭江堡。民国时期，属佛冈县一区卫冈乡。中华人民共和国成立初期，属佛冈县第一区卫冈乡。1958 年，属从化县佛冈人民公社吉田大队。1961 年，属佛冈县石角人民公社吉田大队。1983 年，属石角区吉田乡。1987 年，属石角镇吉田行政村。1989 年，属石角镇吉田管理区。1998 年，属石角镇吉田行政村。

世居村民为朱姓。据族谱记载，南宋末年，朱姓族人从江西迁入广东南雄珠玑巷。清朝乾隆十年（1745 年），朱德兴带领两个儿子从广州府增城朱村迁至清远县吉河乡渭江堡（今佛冈县石角镇）该村居住。其后裔在该村繁衍生息，并开始向外迁移分支。村中按朱氏排辈为："耕有仲生庚，敬道显荣华，富贵福源昌。"

2015 年末，户籍人口 900 人，其中男性 460 人，女性 440 人。60 岁以上 130 人，其中 80 岁以上 17 人，最年长者 91 岁（男）。16 岁以下 180 人，其中留守儿童 5 人。实际在村居住和生活主要依靠农业收入 860 人，常年在城镇生活和务工 40 人。祖籍该村的

◎ 吉田村大棚柑桔无病苗圃基地（摄于 2016 年）

港澳台同胞30人。村民均为汉族，属广府民系，使用粤方言。村位于佛冈县城南工业区附近，外来务工人口较多，常年在村里居住外籍人员330人。

村有山地面积115.2公顷，耕地面积26.67公顷。传统经济以农业为主，主要作物有水稻、番薯、木薯、花生、蔬菜等。村民有养鸭乸为业的传统。1990年后，大部分青壮年外出打工。村旁有连片鱼塘约5.33公顷，主要养殖“四大家鱼”，年产值100多万元。佛冈县苗长农业科技有限公司在村旁租用耕地3.33公顷，建立柑桔无病苗圃基地。现村民主要收入来源为外出务工、农业和土地出租。特色农产品有番薯干、腊鸭等。传统节庆食品有春节的粉葛扣肉、糖发糕、炒米饼、糖环、油角，清明节的艾糍，端午节的粽子，中秋节的月饼等。

1964年通电，1995年通电话，2000年通自来水，2010年通网络、实现村道水泥硬底化，2015年村道安装路灯。石角镇敬老院建在该村，1990年建成，是佛冈县首个敬老院，占地面积约1000平方米，盖有两层楼房，现有在院老人约40多人。村中有文化室、篮球场、计生休闲公园及一批文体健身器材，是村民娱乐活动的主要场地。该村在每年的重阳敬老节都组织敬老活动，慰问五保老人。

◎ 石角镇敬老院（摄于2016年）

民国初期，利用祖尝公房设立养正书院，由村中父老集资聘请先生教学，书院规模较小。中华人民共和国成立后，办吉田小学，2015年该校有学生约200人（含幼儿班），教职工12人。

传统民居为广府民居。建于清代中后期、民国时期、中华人民共和国成立后，正座为一厅一天井两廊四房布局，每座占地面积约100平方米，硬山顶，盖灰瓦，墙体多由青砖或泥砖混合砌成，天井和门前街道用鹅卵石铺成。现保存比较完整的有10座。其中，吉田祖屋是朱辉南建造（清末民国初建造），坐东向西，面阔15.44米，进深21.44米。为二进二天井三间四合院式布局，大门为趟栊门，楼顶四角有角楼，有枪眼，属砖木结构。建筑有多处欧化装饰，是一处带有欧化风格的碉楼建筑。2012年，被列入佛冈县不可移动文物保护名录。村中有许多居民是单间砖瓦房或三合土墙房，现基本保存完好。1980年以后修建的房屋，多以火砖、钢筋混凝土结构，外墙体为马赛克装修二层楼房，楼房单层多为三房一厅一厨一卫布局。

村内有德兴祖祠，始建于清代中期，于民国中期、2008年进行两次重修，占地面积200平方米。硬山顶，盖灰瓦，三合土墙，砖木结构。现作宗族祭祖及节庆场所使用。

◎ 吉田村德兴祖祠（摄于2016年）

村内还有口古井，名为龙水井。占地面积30平方米，井口呈弯弓半月形，铺设麻石地板。水温冬暖夏凉，常年不枯。据村中老人讲，该井始建于清代中期，1990年对井的周边进行修缮，现仍作饮用水源使用。

民间节日以春节、元宵节、清明节、端午节、中秋节、冬至为主，还有四月八、七月十四、重阳节等。宗族活动有正月初十上灯、重阳节到广州增城朱村祭祖。传统婚嫁习俗以相亲、迎亲、送亲、结婚宴客、

◎ 龙水井（摄于 2016 年）

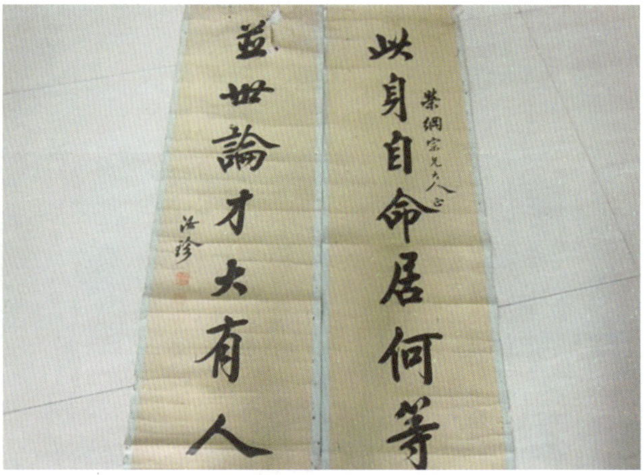

◎ 朱汝珍题写的对联（摄于 2015 年）

回门等仪式进行。传统殡葬习俗以土葬为主，1990 年后逐步实行火葬。其丧葬风俗程序包括竖灵、收殓、引灵、接体、奠礼、出殡、火化、安葬等。

清末民国初，滘江吉河段发生大水，村庄大片农田及房屋水浸损毁严重。1921 年，清代末期榜眼朱汝珍，到村探访宗亲，写下对联一副："此身自命居何等；并世论才大有人。"并留下汝珍聘三落款印章。1926 年，发生械斗，损失严重，大部分房屋及财物被毁。许多村民背井离乡迁到村外，至 1931 年后，村民才陆续迁回居住。1953 年 12 月，在村域山谷建成佛冈县第一宗蓄水工程（示范山塘），灌溉受益农田 20 公顷。

2015 年，该村辖内围仔居住点被广东省爱国卫生运动委员会授予"广东省卫生村"称号。

该村的朱壮华（1912—1944），广州黄埔军校第七期学生，抗日战争时期，担任国民革命军某部任连长，曾在从化鸡龙岗、清远大达等地抗击日本侵略军。后牺牲于战场，被国民政府授予抗日英烈。朱辉南（1902—？），曾任国民革命军某部处长，其子曾任国民革命军某部炮兵营营长，1949 年后赴台湾。在政府落实退还吉田祖屋后，其子在 1993 年回乡寻祖，带上礼品探访村中长老，受到村民热情接待。

（资料填报：朱神焯，初稿撰写：朱神焯，总纂：李协湖）

塘寮村

◎ 塘寮村村貌（摄于 2016 年）

塘寮村，位于石角镇东南部，距镇政府 2.5 千米。始建于民国初期，由大埗廊分村居住形成。因分村前曾在村地设厂煮糖（制作土糖）而取名塘寮村，曾用名荣业村。

该村坐落于丘陵地带，村东紧靠京港澳高速公路、羊角山余脉，西为大同村，北为老鸦山。有一条溪流自东向西从村前经过，汇入不远处的潖江河。

民国时期，属佛冈县第一区卫冈乡。中华人民共和国成立初期，属佛冈县第一区卫冈乡。1958 年，属从化县佛冈人民公社吉田大队。1961 年，属佛冈县石角人民公社吉田大队。1983年，属石角区吉田乡。1987 年，属石角镇吉田行政村。1989 年，属石角镇吉田管理区。1998 年至今，属石角镇吉田行政村。

世居村民为欧阳姓。在宋代，部分欧阳氏族人由江西吉安、永丰迁居广东广州从化一带。其祖先欧阳雾文于明正德年间迁入附近大埗廊村，民国初期，由大埗廊分村迁入该村居住。

2015 年末，户籍人口 148 人，其中男性 70 人，女性 78 人。60 岁以上 19 人，其中 80 岁以上 2 人，最年长者 81 岁（男）。16 岁以下 19 人。实际在村居住和生活主要靠农业收入 135 人，常年在城镇生活和务工 13 人。村民均为汉族，广府民系，使用粤方言。

村有山地面积 20.93 公顷，耕地面积 5 公顷。传统经济以农业为主，主要作物有水稻、番薯、木薯、花生、甘蔗等。现多种植水稻、蔬菜、果树、桉树等。特色农产品有番薯干、柿饼、腊肉等。1990 年后，许多田地已被政府征收，大部分青壮年外出打工。现村民的主要收入来源为外出务工、农业和土

◎ 塘寮村 50 年树龄荔枝园（摄于 2016 年）

地出租。其中，2 户村民办生猪养殖场，年产肉猪 400 多头，年产值 80 多万元。传统食品有春节的松糕、炒米饼、糖环、油糍。其中，油糍是春节的食品和礼品，制作方法：先将糯米碾成粉，按 500 克米粉配 200 克糖的比例，把糖煮溶后拌粉搓匀，做成球形或椭圆形糍粑，用油炸熟即成，食用时蒸软便可。此外，清明节的艾糍、端午节的粽子、中秋节的月饼等，也是村中的节庆食品。

1964 年通电，20 世纪 90 年代初通电话，2000 年村道实现水泥硬底化，2002 年建垃圾收集池，2015 年通光纤网络、村道安装路灯。

◎ 塘寮村民居（摄于 2016 年）

传统民居为广府民居。以正座为一厅一天井两廊四房布局。每座占地面积 100 平方米，屋顶为硬山顶、盖灰瓦，墙体多由青砖或泥砖混合砌成，天井和门前街道用麻石板铺成。1990 年后，村民逐渐建成钢筋混凝土楼房，许多传统民居逐渐无人居住。

◎ 塘寮村传统民居（摄于 2016 年）

正座民居保存比较完整有 6 座。村有门楼建于民国时期，屋顶硬山顶，盖灰瓦，墙体为青砖与三合土混合砌成，石门框。匾额有灰塑字“荣业村”。地板铺设麻石，建筑面积为 40 平方米。

民间节日以春节、元宵节、清明节、端午节、中秋节、冬至为主，还有四月八、七月十四、重阳节等。其中，清明节是悼念祖先的节日，家家户户门楣插柳枝和桃叶以驱邪，采艾做糍，名为“艾糍”，并进行扫墓活动。扫墓一般从清明前的春分起到农历四月初八，其间在外地谋生的人都尽可能赶回来祭扫祖墓。

宗族活动有正月十一上灯，重阳节到广州从化一带祭祖。传统婚嫁习俗中，仍保留相亲、迎亲、宴客、回门的仪式。传统殡葬习俗，以土葬为主，其程序包括竖灵、收殓、引灵、接体、奠礼、出殡、火化、安葬等。20 世纪 90 年代后逐步实行火葬。

20 世纪 70 年代初期，村开展大规模农田基本建设，改造低产农田和整合大块农田 1.33 公顷，修渠改善灌溉农田 2 公顷。同时，推行养猪一条龙积肥工程建设，大大改善粮食生产条件，使粮食生产每亩增加 100 千克，结束村民吃国家返销粮的历史。

◎ 荣业村门楼（摄于 2016 年）

该村的欧阳庙兴（1890—1966），民国时期曾任某煤炭出口贸易公司总裁，将煤炭销往新加坡等地，在塘寮村兴建 6 座大屋，并取名荣业村。

（资料填报：欧阳志勇，初稿撰写：欧阳志勇，总纂：李协湖）

下 围

◎ 下围村貌（摄于 2016 年）

下围，位于石角镇东南部，距镇政府 2 千米。始建于清后期，由中原南迁移民聚居而形成。因村在大同村下方建村，因而得名下围。曾用名下大垅廊。

该村坐落于丘陵地带。村东为大同村，南为大坪山，西紧靠国道 G106 线。村旁有溪流自东向西从羊角山源头流至不远处的潖江。

清嘉庆十八年（1813 年），属佛冈厅吉河乡渭江堡。民国时期，属佛冈县一区卫冈乡。中华人民共和国成立初期，属佛冈县一区卫冈乡。1958 年，属从化县佛冈人民公社吉田大队。1961 年，属佛冈县石角人民公社吉田大队。1983 年，属石角区吉田乡。1987 年，属石角镇吉田行政村。1989 年，属石角镇吉田管理区。1998 年至今，属石角镇吉田行政村。

世居村民为范姓。据《范氏族谱》记载，其祖先为范佛胜，是北宋名臣范仲淹的裔孙，久居福建，明代永乐年间，转迁到英德高基排，其中分支移到烟岭（今佛冈县迳头镇）范家庄。清后期有一分支从范家庄迁到该村。

2015 年，户籍人口 160 人，其中男性 78 人，女性 82 人。60 岁以上 13 人，最年长者 75 岁（男）。16 岁以下 19 人。实际在村居住和生活主要依靠农业收入 105 人，常年在城镇生活和务工 55 人。村民均为汉族，客家民系，现村民使用粤方言。

村有山地面积 11.47 公顷，耕地面积 3.73 公顷。传统经济以农业为主，主要作物有水稻、番薯、木薯、花生、香蕉等，后多种植水稻、蔬菜、果树、桉树。特色农产品有番薯干、禾笋等。在改革开放初期出现种养专业户，逐步发展为万元户。村中有一户村民办起生猪养殖规模化生产基地，年产肉猪 300 多头，年产值 60 多万元。1990 年后，县城向外拓展，村中大部分田地被政府征

◎ 下围农田（摄于 2016 年）

◎ 村头的古榕树（摄于 2016 年）

用，大部分青壮年外出打工。村民主要收入来源为外出务工收入、土地出租收入和农业收入。传统节庆食品有春节的松糕、糯米糍、炒米饼、糖环、油炸角，清明节的艾糍，端午节的粽子，中秋节的月饼，冬至的香芋焖鹅。其中，香芋焖鹅的制作方法：先把光鹅用文火焗至半熟，调好味料，再用香芋垫底，慢慢焖熟，便可以上桌。有的制法是把整只光鹅焖至半熟，再切件，用香芋垫底，然后蒸熟上桌，鹅肉鲜美可口。

1964 年通电，1993 年通电话，2000 年村道实现水泥硬底化，2012 年建垃圾收集池和收集站，2015 年通光纤网络，村道安装路灯。

传统民居为一厅一天井两廊四房布局。每座占地面积 100 平方米。屋顶为硬山顶、盖灰瓦，墙体多为青砖或泥砖混合砌成。天井和门前街道用鹅卵石铺成。有部分为单间砖木平房，一般占地面积 20 平方米。1990 年后，村民先后搬进自建钢筋混凝土楼房。村有祠堂始建于清末，当地人称“香火堂”，占地面积约 80 平方米。每逢节日、办喜事，村民携带供品和香火前来供奉。

民间节日以春节、元宵节、清明节、端午节、中秋节、冬至为主，还有农历四月八、七月十四、重阳节等。村民习俗有农历正月十一上灯，沿用客家民系上灯习俗举行仪式，在祖堂挂灯，宴请亲朋好友。农历七月初七装“七夕水”。这天清晨各家到露天取水，并贮存起来。传说“七夕水”可长期贮存而不变质，可用来浸泡冬瓜、凉粉，是夏天的清凉饮料。

传统婚嫁习俗中，婚嫁前要担定婚茶、择日子、送聘金、定嫁妆，结婚当天要迎亲、请客、行礼，婚后三天回门。传统丧葬风俗以土葬为主，1990 年后逐步实行火葬。其程序包括竖灵、收殓、引灵、接体、奠礼、出殡、火化、安葬等。

2002 年，建成京珠高速公路，在村前通过。2014 年 5 月 15 日，发生水灾，因村地势低，造成多户人家房屋进水，农作物受损严重，直接经济损失 5 万元。

该村在当地素有“阉鸡村”之称。其历史可追溯到清末民国初，由其祖先初迁入该村定居时，以阉鸡谋生。在传帮带下，许多村民掌握阉鸡、阉猪技能。村有位兽医技人名为范华荣（已故）。他技艺精湛，将阉鸡技能在村中传承和发展。民国以后，大部分村民以阉鸡谋生。现在一些年长的村民仍从事阉鸡行业。

（资料填报：欧阳志勇，初稿撰写：欧阳志勇，总纂：李协湖）

◎ 下围新民居（摄于 2016 年）

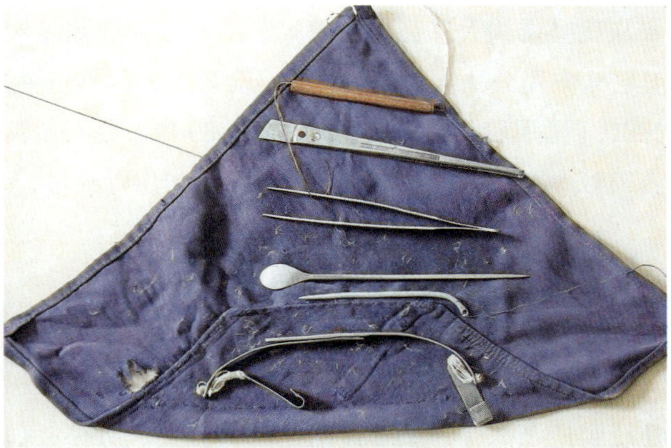

◎ 阉鸡工具（摄于 2016 年）

竹苞村

◎ 竹苞村村貌（摄于 2016 年）

竹苞村，位于石角镇东南部，距镇政府 3 千米。始建于清中期，由英德高沙村陆氏和英德迳头李氏迁入聚居而形成。因村旁有一片竹苞林而取名竹苞村。曾用名竹苞坳村。

该村坐落于丘陵地带，村东紧靠京港澳高速公路，南为将军山，西为国道 G106 线，北为大坪山。有溪流自东向西从村旁流经汇入滃江。

清嘉庆十八年（1813 年），属佛冈厅吉河乡滑江堡。民国时期，属佛冈县一区卫冈乡。中华人民共和国成立初期，属佛冈县一区卫冈乡。1958 年，属从化县佛冈人民公社吉田大队。1961 年，属佛冈县石角人民公社吉田大队。1983 年，属石角区吉田乡。1987 年，属石角镇吉田行政村。1989 年，属石角镇吉田管理区。1998 年至今，属石角镇吉田行政村。

世居村民有陆姓、李姓。陆姓，据《陆氏族谱》记载：明正统二年（1437 年）从福建迁至广东潮州、始兴，其分支迁居英德下砵高沙岗。清中期其分支又从英德下砵高沙岗迁至该村。李姓，于宋代从福建迁至广东兴宁、英德，清中期其分支从英德县白石乡（今佛冈县迳头镇）迁至该村。

2015 年末，户籍人口 155 人，其中男性 78 人，女性 77 人。60 岁以上 20 人，其中 80 岁以上 3 人，最年长者 86 岁（女）。16 岁以下 40 人，其中留守儿童 3 人。实际在村居住和生活主要依靠农业收入 120 人，常年在城镇生活和务工 35 人。村民均为汉族，广府民系，使用粤方言。

村有山地面积 25.33 公顷，耕地面积 8.4 公顷。

◎ 竹苞村竹林（摄于 2016 年）

◎ 竹苞村养鸭场（摄于 2016 年）

◎ 竹苞村传统民居（摄于 2016 年）

传统经济以农业为主，主要作物有水稻、番薯、木薯、花生、甘蔗等。现多种植水稻、蔬菜、果树、桉树等。20 世纪 70 年代后期，村民利用地理环境优势，进行家庭式养兔、养鸡、养鸭、养猪，养兔规模及经济效益显著，受到县有关部门表彰。随着资本积累和养殖技术提高，村民乐于投资养殖业生产，使村逐步成为规模化养殖生产基地。村中有养鸭专业户 3 户，年产规模 15000 只，产值约 75 万多元。特色农产品有番薯干、春冬笋。村旁有大片竹林，春冬季节采挖竹笋制作清水笋。该笋色泽嫩黄，甘甜可口。传统节庆食品有春节的年糕、炒米饼、糖环、油角，清明节的艾糍，端午节的粽子，中秋节的月饼等。20 世纪 90 年代后，随着经济发展，县城迅速向外拓展，许多土地已被政府征用，大部分青壮年外出打工。村民的主要收入来源为外出务工、农业和土地出租。

1964 年通电，1993 年通电话，2001 年通自来水，2008 年村道实现水泥硬底化，2015 年通光纤网络、安装村道路灯。

传统民居为一厅一天井两廊四房布局。每座占地面积约 120 平方米，屋顶为硬山顶、盖灰瓦，墙体多为青砖或泥砖混合砌成，天井和门前街道用鹅卵石铺成。许多居民是单间砖瓦房或三合土墙房。村中民居建筑基本保存完好。1980 年以后建造的房屋，多为火砖、钢筋混凝土结构，外墙体为马赛克装修，楼房单层多为三房一厅一厨一卫布局。许多旧民居无人居住。村中有座古庙，名为庙咀观，建于清代后期，庙供奉土地公像。每逢节日，村民前来上香供奉。

◎ 竹苞村旁京港澳高速公路（摄于 2000 年）

民间节日以春节、元宵节、清明节、端午节、中秋节、冬至为主，还有农历四月八、七月十四、重阳节等。每年重阳节，村里都组织敬老活动，慰问五保老人。农历初一、十五及喜庆节日等举行民间祭神活动。传统婚嫁习俗以相亲、迎亲、结婚宴客、回门等仪式进行。传统殡葬以土葬为主，1990 年后逐步实行火葬。其程序包括竖灵、收殓、引灵、接体、奠礼、出殡、火化、安葬等。

◎《陆氏族谱》(摄于2016年)

村中有《陆氏族谱》，2002年由英德市陆氏族谱编委会编修。陆氏族谱有家庭教育五条：(1) 常常对儿女进行爱祖国，爱人民，爱科学，爱劳动，爱护公共财物的五爱教育。(2) 发扬中华民民族的光荣传统，赡养孝敬父母；兄弟、叔侄、婶母、姑嫂和睦。(3) 夫妻平等相敬，勤劳致富，合法经营，俭朴持家，时刻关爱儿女健康成长，重视文化思想教育，使儿女成长为德、智、体全面发展的能兴国利民，光宗耀祖的好公民，好苗裔。(4) 待人要平待、宽厚、诚信、仁爱，谨记德者庆；处事要合情、合理、合法，留有余地，珍惜和为贵。(5) 不忘“祖宗虽远，祭祀不可不诚”这句古训，要饮水思源，感恩祖荫，尊敬祖先。

该村的陆华基（1957—），养鸭技术过硬，养鸭年产值达50万元，并带动村民发展养殖产业，使村成为养鸭专业村。

（资料填报：陆西强，初稿撰写：陆西强，总纂：李协湖）

○科旺行政村

大禾村

◎ 大禾村村貌（摄于 2016 年）

大禾村，位于石角镇西南部，距镇政府 3.5 千米。始建于清中期，由佛冈县龙南龙蟠村迁出移民聚居而形成，村由高禾、大禾、大围 3 个居住点组成，因村所处地势较平坦而取名为大禾村。

该村坐落于丘陵地带，坐北向南，东临滘江下游，村旁有龙南河自西北向西南流，流经本村域 700 米汇入滘江。村东有乡道 Y302 线（吉田—低村）连接国道 G106 线，与新围、龙冈村、水围相邻。

村落形成时，属清远县吉河乡小坑堡。清嘉庆十八年(1813 年)，属佛冈厅吉河乡小坑堡。民国时期，属佛冈县第一区龙冈乡。中华人民共和国成立初期，属佛冈县第一区龙冈乡。1958 年，属从化县佛冈人民公社科旺大队。1961 年，属佛冈县石角人民公社科旺大队。1983 年，属石角区科旺乡。1987 年，属石角镇科旺行政村民。1989 年，属石角镇科旺管理区。1998 年至今，属石角镇科旺行政村。

世居村民为刘姓、朱姓。据《刘氏族谱》记载，元代由徐州迁入广东兴宁。明初始祖刘从龙从兴宁移居从化，后迁到清远县吉河乡龙潭堡（今佛冈县石角镇）龙蟠村。至清代中期，开村始祖刘清霞及其后裔移居到该村，开始向外迁分支。朱姓，20 世纪 50 年代由附近科旺新村迁至该地。

2015 年，户籍人口 864 人，其中男性 430 人，女性 434 人。60 岁以上 86 人，其中 80 岁以上 18 人，最年长者 90 岁（男）。16 岁以下 172 人，其中留守儿童 11 人。实际在村居住和生活主要依靠农业收入 760 人，常年在城镇和务工 104 人。村民均为汉族，广府民系，使用粤方言。

村有山地面积 59.73 公顷，耕地面积 32.87 公顷。山林有松树、杉树及杂树资源。传统经济以农业为主，兼有林副产品经营。主要作物有水稻、番薯、木薯、花生、大豆等，现多种植水稻。20 世纪 90 年代起，村民逐渐种植沙糖桔。2012 年，种植沙糖桔 13.33 公顷，总产值 60 多万元。2013 年，沙糖桔产业消退，村民改种科旺年桔、粉葛、时令蔬菜。同时，不少农户养猪、养鸡和从事林、渔业。2005 年以后，大

◎ 村民在工场装配玩具（摄于 2016 年）

部分青壮年外出打工。村民主要收入来源为农业、林副产品经营、外出务工、商贸。2014 年，引进蔬菜生产基地项目，种植蔬菜 10 公顷，销往深圳、广州等地。同时，引进来料加工装配项目，吸引村民做工。村中科旺年桔是 100 年前从广州近郊引进种植，适应当地气候环境，逐步发展起来，其果形扁圆、颜色橙黄带红，味酸甜适中，汁多渣少，春节期间采摘。“要食桔到科旺”是城乡群众流传的口头禅。近年，许多村民扩大种植规模。传统节庆食品有香芋焖鹅、粽子、艾糍、发财糕等。

1970 年通电，2003 年通电话，2007 年村道实现水泥硬底化，2008 年通网络，2010 年通自来水。文化设施有文化室，占地面积 450 平方米。建有垃圾收集站。

◎ 1980 年通车的科旺大桥（摄于 2016 年）

现存传统民居有 10 座，建于民国时期，每座占地面积 100 平方米。四门归厅（一厅一天井二廊四房间）布局，硬山顶，盖灰瓦，三合土墙，砖木合结构。有部分单间砖瓦房，现保存完好。1990 年后，村民先后搬进自建钢筋混凝土结构楼房，楼房布局为三房一厅一厨一卫。

村内清霞刘公祠是科旺刘氏族人为祀奉先人刘清霞而建，坐西北向东南，二进三间两廊一天井格局，面阔 12.7 米，进深 21.5 米，高 6.5 米。砖木结构，双隅青砖及火墙，盖灰瓦，博古脊，硬山顶。门楣横匾为花岗岩，刻有“清霞刘公祠”字样，檐底以斗拱架梁，门头梁架和门头檐木雕工精美，花岗岩

◎ 清霞刘公祠（摄于 2016 年）

◎ 经魁匾额（摄于 2016 年）

石块铺地。内厅为圆石柱，门头为方石柱。屋顶有形制独特的灰塑，门头两个石雕石狮保存较好。第一进有木制屏门，左右两边各有一个门官墩。2012 年，被列入佛冈县不可移动文物名录。

◎ 清霞刘公祠旁的古井（摄于2016年）

◎ 舞狮队在县人民中心广场表演（摄于2017年）

在清霞刘公祠旁有一口方形古井，建于清中期，麻石铺砌，水质清澈。村内代表性匾额有“经魁匾额”。

村民有拜观音、拜土地公、祭灶君、清明祭祖、清霞祠堂祭祖、舞猪头狮的习俗。传统节日有春节、清明节、四月八、端午节、七夕、七月十四、中秋节、冬至等。每年正月初一举行上灯宗族活动，由上年添男丁家带上供品到清霞刘公祠上香，烧灯炮。围观者拾到灯炮采盒就交还事主人家，并得到红包还谢。村中遇节庆喜日，村民舞猪头狮助庆。传统婚嫁礼仪，结婚前要担定婚茶、报日子、送聘金、定嫁妆，行结婚礼时要摆酒请客、迎亲、送亲、回门。传统殡葬以土葬为主，1990年以后逐步实行火葬。其程序为举丧、入殓、出殡、送葬和做法事，将亡灵牌送入祠堂。办丧事只能做白饭、花菜、黄豆煮猪肉等简单饭菜招待来宾。

民国期间，利用祖尝公房设立直四学堂和尚美书院，由村中父老集资聘请先生教学。当时村办学堂规模较小，学童有10多人。族中还设有奖项，奖励在乡试中考有名次的子弟，鼓励其继续求学进取。1956年3月，在科旺地区发生麻疹流行病，患病208例，7人死亡，村里有人患有麻疹流行病。

该村的刘振扬，清代文举人。刘振拔，清代武举人。刘福田，民国末期任南雄县县长。

（资料填报：刘锦兴，初稿撰写：邓伟雄、李榕云，总纂：李协湖）

低 村

◎ 低村村貌（摄于 2016 年）

低村，位于石角镇西部，距镇政府 8 千米。始建于明末清初期，由多姓氏南迁移民聚居而形成。因村落处于山谷低洼地，而取名为低村。

该村坐落于山谷低洼地。村落呈分散点居住分布，分为 4 个居住点。村与相邻村有店前村、麻竹村。四面环山，所属山系与汤塘、龙山、山湖山系相邻。村域有多条溪水流入低村河向东流，流经该村 3 千米汇入滘江。乡道 Y302 线由村经过，距离国道 G106 线 4 千米。

村落形成时，属佛冈厅吉河乡小坑堡。民国时期，属佛冈县第一区龙冈乡。中华人民共和国成立初期，属佛冈县第一区龙冈乡。1958 年，属从化县佛冈人民公社科旺大队。1961 年，属佛冈县石角人民公社科旺大队。1983 年，属石角区科旺乡。1987 年，属石角镇科旺行政村。1989 年，属石角镇科旺管理区。1998 年至今，属石角镇科旺行政村。

世居村民为邓姓、邝姓、莫姓、罗姓、刘姓。邓姓，据《邓氏族谱》载，宋代从江西泰和县迁至广东南雄珠玑巷，明后期从英德下砝迁至该地。莫姓，据《莫氏族谱》记载，明中期从河南迁至广东番禺，清初期从清远县滘江乡（今佛冈县汤塘镇）迁至该地。邝姓，据《邝氏族谱》记载，明永乐年间从江西庐江迁至广东河源，清中期从英德下砝迁至该地。罗姓，据《罗氏族谱》记载，唐初期从福建迁移至广东丰顺，清中期从英德下砝迁至该地。刘姓，民国时期由清远县滘江乡（今佛冈县汤塘镇）升平村迁至该地。

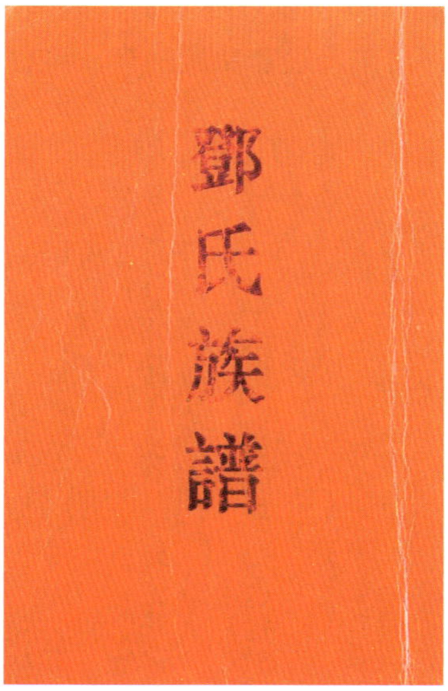

◎《邓氏族谱》（摄于 2016 年）

2015年末，户籍人口365人，其中男性181人，女性184人。60岁以上40人，其中80岁以上5人，最年长者89岁（女）。16岁以下75人，其中留守儿童6人。实际在村居住和主要依靠农业收入219人，常年在城镇居住和外出务工146人。村民均为汉族，广府民系，使用粤方言。

村有山地面积27.33公顷，耕地面积26.73公顷。村域地处山区，山林有松树、杉树及杂树资源。野生动物有白鹇、猫头鹰、穿山甲、果子狸等。传统经济以农业收入为主，兼有林副产品经营。主要作物有水稻、番薯、木薯、花生、大豆等。现多种植粮食作物、果树、经济林木。20世纪90年代后期起，村民扩种沙糖桔，2012年种植沙糖桔的面积大约33.33公顷，年产值500万元。2014年起，沙糖桔产业消退，村民改种火龙果、番石榴以及其他果树。其中，有2户村民办起山羊养殖场，年饲养量400头，年总产值60多万元。开办养猪场5户，年产肉猪2000头，年产值400多万元。现村民主要收入来源为农业生产、林副产品经营、商业经营、外出务工。传统节庆食品有春节的发糍、糖环、油角、炒米饼，元宵节的汤圆，清明节的糯米艾糍，端午节的粽子，中秋节的月饼等。妇女坐月子时，喝糯米甜酒，吃甜醋煲猪脚等。

◎ 低村火龙果种植（摄于2016年）

◎ 低村传统民居（摄于2016年）

1970年通电，2003年通电话，2008年通网络，2010年通自来水，2015年实现村道水泥硬底化。建有垃圾收集站。

传统民居为单间砖瓦房或三合土墙房，保存基本完好。村有祖祠1间，始建于清末期，占地面积80平方米。1990年以后，村民先后搬进自建钢筋混凝土结构楼房，占地面积100多平方米，为三房一厅一厨一卫的布局。村旁有土地庙，占地面积10平方米，每逢农历初一、十五村民带上供品到祖堂和土地庙拜祭，祈求福佑。

传统节日有春节、清明节、四月八、端午节、七夕、七月十四、中秋节、十月朝、冬至等。传统婚嫁习俗中，以相亲、订婚、迎亲、结婚宴客、回门仪式进行。传统丧葬风俗以土葬为主，20世纪90年代后逐步实行火葬。其程序包括竖灵、收殓、引灵、接体、奠礼、出殡、火化、安葬等。

民国后期，办小学堂1间，村中学童在小学堂就读，中华人民共和国成立初期撤销。

（资料填报：邓伟雄，初稿撰写：邓伟雄、李榕云，总纂：李协湖）

店前村

◎ 店前村村貌（摄于 2016 年）

店前村，位于石角镇西南部，距镇政府 3.5 千米。始建于明后期，由店前、瓦厂子 2 个居住点组成。大庙峡古道经过村前面，因村前有间店铺而取名店前村。

该村坐落于丘陵地区，村东有龙南河自北向南流经村域 300 米，村西有低村河。国道 G106 线从村东通过，乡道 Y302 线从村旁穿过，与麻竹村、新村相连。

村落形成时，属清远县吉河乡小坑堡。清嘉庆十八年（1813 年），属佛冈厅吉河乡小坑堡。民国时期，属佛冈县第一区龙冈乡。中华人民共和国成立初期，属佛冈县第一区龙冈乡。1958 年，属从化县佛冈人民公社科旺大队。1961 年，属佛冈县石角人民公社科旺大队。1983 年，属石角区科旺乡。1987 年，属石角镇科旺行政村。1989 年，属石角镇科旺管理区。1998 年至今，属石角镇科旺行政村。

世居村民为郭姓、刘姓。郭姓，据《郭氏族谱》记载，北宋末期从山西太原迁移至广东南雄珠玑巷，明正德七年（1512 年）从英德桥头潭坑迁至该地，是唐代名将郭子仪第六子郭暧的后裔。刘姓，清末民国初由附近科旺大禾村迁至该地。

2015 年末，户籍人口 230 人，其中男性 113 人，女性 117 人。60 岁以上 28 人，其中 80 岁以上 5 人，最年长者 89（女）。16 岁以下 34 人，其中留守儿童 1 人。实际在村居住和生活主要依靠农业收入 210 人，常年在城镇生活和务工 20 人。村民均为汉族，广府民系，使用粤方言。

村有山地面积 6.4 公顷，耕地面积 6.4 公顷。

◎ 店前村蔬菜园（摄于 2016 年）

◎ 店前村溪河两岸（摄于 2016 年）

◎ 店前村门楼（摄于 2016 年）

山林有松树、杉树及杂树资源。传统经济以农业为主，兼有林副产品经营。主要作物有水稻、番薯、木薯、花生、大豆等，现多种植水稻、蔬菜。2005 年以后，大部分青壮年外出打工。村民主要收入来源为农业生产、林副产品经营和外出务工。传统节庆食品有艾糍、发财糕、咸肉粽。其中，咸肉粽制作方法：用糯米、猪肋条肉、香菇、花生仁、花生油等，包成立体三角形，用水草或细篾片拦腰捆系好。将包好的粽子放入锅内，加入清水用旺火煮约 2 小时，再用文火焖约 3 小时，即可食用。咸肉粽子气味郁香，油润适口。

1970 年通电，2003 年通电话，2007 年村道实现水泥硬底化，2008 年通网络，2010 年通自来水。村内建有文化室 1 间，占地面积约 200 平方米。2010 年，整治村前溪河两岸。村中建有垃圾收集站。

传统民居现存有 3 座，建于民国时期，每座占地面积 100 平方米。一厅一天井二廊四间布局，硬山顶，盖灰瓦，三合土墙，砖木混合结构。许多居民是单间，砖瓦房或三合土墙房，村中传统民居基本保存完好。村前有一座门楼，建于清代，为龙船脊，盖灰瓦，三合土墙，麻石地板，砖木结构，占地面积 40 平方米。1980 年以后建造的房屋，多以火砖、钢筋混凝土结构，外墙体为马赛克装修，二层楼房，楼房单层多为三房一厅一厨一卫布局。

村域有余龙围山古遗址，位于该村余龙山上，海拔 65 米，总面积 2000 平方米。余龙山坐东向西，面临湛江、龙南河交汇处，是一座斜平山丘。东北面现仍残存明显的壕沟。壕沟虽经数千年的冲积，保留深约 3 米。1986 年，在遗址上发现石斧、石锛、石箭镞、石心遗迹陶器碎片。经县、市文物普查部门实地考察和鉴定，确认是新石器晚期遗址，距今

◎ 店前村民居（摄于 2016 年）

◎ 余龙围山古遗址（摄于 2016 年）

有五六千年。现因当地村民在遗址种果树，对遗址造成一定损坏。2012 年，被列入佛冈县不可移动文物名录。

传统节日为春节、清明节、四月八、端午节、七夕、七月十四、中秋节、十月朝、冬至等。其中，春节俗称“过年”，是送旧迎新的大节，农历腊月二十三称“小年”，家家户户打扫庭院、做年货，还有在“小年”晚饭后送灶君，年三十晚接灶君拜祭的习俗。年三十，合家一起吃“团年饭”，饭后长者要给小孩“压岁钱”。年初二后，到娘家及亲友家拜年。正月十五为元宵节，有蒸发糕、食汤圆、做糍的习俗，以示庆贺春节圆满结束。传统婚嫁习俗，结婚前要担定婚茶、报日子、送聘金、定嫁妆，行结婚礼时要摆酒请客、迎亲和送亲。传统丧葬习俗以土葬为主，其程序为举丧、入殓、出殡、送葬和做法事，将亡灵牌送入祠堂。办丧事用白饭、花菜、黄豆煮猪肉等简单的饭菜，用餐时不坐高台高凳，拆下事主家的门板放于门前的巷地上当饭桌。1990 年以后，逐步实行火葬，殡葬习俗已简化。

2007 年，由村居民集资 10 多万元，建文化室，并在文化室旁修建水坝，筑起人工湖，种植观赏树木。2009 年，该村被广东省爱国卫生运动委员会评为“广东省卫生村”。

该村的郭谷林（1934—2015），1956 年入伍，在部队曾任副团长，转业后，曾任韶关市五金矿产进出口公司副经理。郭福平（1946—），曾任韶关市艺术学校校长、韶关市文联主席。郭达华（1955—），曾任佛冈县水务局局长。

（资料填报：郭永炽，初稿撰写：邓伟雄、李榕云，总纂：李协湖）

龙冈村

◎ 龙冈村村貌（摄于2016年）

龙冈村，位于石角镇西南部，距镇政府3.5千米。始建于明末，由西潭、龙冈2个居住点组成。因村落的背后山地势似虎望岗形，因忌用“虎”与苦谐音，曾改为昆冈村、园岭村，现取名为龙冈村。

该村坐落于丘陵地区，村东临滘江（流经该村地域2千米）和省道S292线（英佛路），村南1千米处为国道G106线（佛冈段），村西为乡道Y302线（吉田—低村），北为村背后山。与大禾村相邻。

村落形成时，属清远县吉河乡小坑堡。清嘉庆十八年（1813年），属佛冈厅吉河乡小坑堡。民国时期，属佛冈县第一区龙冈乡。中华人民共和国成立初期，属佛冈县第一区龙冈乡。1958年，属从化县佛冈人民公社科旺大队。1961年，属佛冈县石角人民公社科旺大队。1983年，属石角区科旺乡。1987年，属石角镇科旺行政村。1989年，属石角镇科旺管理区。1998年至今，属石角镇科旺行政村。

世居村民为周姓、刘姓、何姓、黄姓、曾姓。周姓，据《周氏族谱》记载，明末由清远县滘江乡（今佛冈县汤塘镇）陂头村迁至该地。刘姓，据《刘氏族谱》记载，元代由中原迁至广东兴宁、从化，明初其后裔（始祖刘从龙）迁到清远县吉河乡龙潭堡（今佛冈县石角镇龙塘村）龙蟠村，清中期迁至该地。何姓，在宋代由中原迁到广东南雄珠玑巷，其后裔于清后期迁至该地。黄姓，在宋代由中原南迁到广东南雄珠玑巷，其分支在清末民初迁至该地。曾姓，民国时期由佛冈县冈田村迁入该村。

2015年，户籍人口480人，其中男性235人，女性245人。60岁以上48人，其中80岁以上12人，最年长者90岁（女）。16岁以下64人，其中留守

◎ 龙冈村香猪养殖场（摄于2016年）

儿童6人。实际在村居住和生活主要依靠农业收入有432人，常年在城镇生活及外出务工48人。村民均为汉族，广府民系，使用粤方言。

村有山地面积33.13公顷，耕地面积26.47公顷。山林有松树、杉树及杂树资源。传统经济以农业为主，兼有林副产品经营。在清代至中华人民共和国成立初期兼水上运输、商贸经营。主要农作物水稻、番薯、木薯、花生、大豆、蔬菜等。20世纪90年代起，村民种植沙糖桔，2011年种植面积达到6.67公顷，年产值收入30多万元。有一户农户种植粉焦3.33公顷，年产值10多万元，有村民利用山涧谷地养殖香猪，年产值达50万元。2005年以后，大部分青壮年外出打工。村民主要收入来源为农业生产、林副产品经营和外出务工。传统节庆食品有粽子、艾糍、发财糕、陶盘芋头糍。其中，陶盘芋头糍的制作方法：把芋头去皮洗净，剁碎，拌上粘米浆，加入腊肉、盐水搓匀，倒入陶盘中蒸熟即成，特点是香、嫩、滑、可口。

1970年通电，2007年实现村道水泥硬底化，2008年通网络、电话，2010年通自来水。2015年，建有2个垃圾收集站，方便生活垃圾的处理。文化设施有文化室、篮球场及一批健身设施。

◎ 龙冈村文化室（摄于2016年）

现存传统民居正座7座，建于民国时期及中华人民共和国成立后，正座为一厅二廊一天井四房布局，硬山顶，盖灰瓦，砖木结构，三合土墙，部分青砖墙身，每座占地面积100平方米。村内有周公宗善祖堂，建于清中期，重建2014年，占地面积

◎ 龙冈市石刻（摄于2016年）

76平方米。其墙是用混凝土砌成、灰砖瓦。是村民周氏族人烧香拜祖的场所，供奉周公善祖，逢年过节，族人都到祖堂拜祭祈求福佑。

传统节日有春节、清明节、四月八、端午节、七夕、七月十四、中秋节、冬至等。其中，农历七月初七为七夕。传说这天是七仙女“下凡”的日子，当天清晨各家贮存七月七日水。传说七月七日水可长期贮存而不变质，是夏天的清凉饮料。村民杀鸡鸭聚餐，晚间举行“拜七仙”活动。传统婚嫁习俗，结婚前要担定婚茶、报日子、送聘金、定嫁妆，行结婚礼时要摆酒请客、迎亲和送亲。传统丧葬习俗以土葬为主，1990年以后逐步实行火葬。其程序为举丧、入殓、出殡、送葬和做法事，将亡灵牌送入祠堂。办丧事只能做白饭、花菜、黄豆煮猪肉等简单的饭菜。

1940年10月中旬，石角附近村庄在吉河大庙举办大庙神功，清代称为大庙会。在举办神功期间，专请省粤剧团来唱大戏，并有做法事、拜祭、爬刀山、过火海等活动。20世纪70年代中期，湛江科

◎ 龙冈市古街（摄于 2016 年）

旺段进行一河两岸改直筑坝工程，全长 3 千米，经过该村段有 1 千米，使防洪能力由 10 年一遇提高到 50 年一遇。

该村有龙冈市古街，1926 年建成。刘姓人为便于村民赶集，在科旺村兴建龙冈市。古街只有一条街，全长 100 米，街巷宽 2.6 米，街内两侧有 2 米宽人行骑楼，方便群众购物和摆卖。街巷以鹅卵石铺地，街内建筑属砖木结构，青砖墙，盖灰瓦。有 40 多家铺面，每间有三至四进，深 20 多米。店铺有两层，楼上住人，楼下商铺。一些店铺壁上有壁画、诗文和灰塑。街内中间有一间乡公所。整条古街用 42 根柱子支撑，其中有 20 根柱是带有欧化的罗马柱。街头有一门楼，门楼青砖砌筑，悬山顶，石门框，门楼上方的石板上刻有“龙冈市”三个字。龙冈市古街建成后的几年，十分兴旺。每逢圩期日，附近的群众都来赶集。街内曾有私塾学堂，学生有 100 多人。中华人民共和国成立初期，成立科旺供销社，在龙冈市古街办公和设店。2006 年，龙冈市古街被列为佛冈县文物保护单位。

该村的刘达华，清末秀才，曾任小学校长，参与吉河大庙重修。刘恩成，清末民国初人，民国时期创办岭南小学（私塾），教授古文、珠算等课程，学生达 100 多人。邹雄芳（1918—2011），1938 年参加革命，1940 年参加中国共产党，曾在龙南山湖元山村小学以教书作掩护负责中共地下交通站，中华人民共和国成立后，曾任佛冈县石角镇妇联主任。刘音环（1919—1996），邹雄芳丈夫，1938 年参加中国共产党。曾在国民党六十五军任少尉，后在中国人民解放军东江纵队江北支队任职。中华人民共和国成立后，曾任台山市总工会主席。

（资料填报：周恩海，初稿撰写：邓伟雄，总纂：李协湖）

麻竹村

◎ 麻竹村村貌（摄于 2016 年）

麻竹村，位于石角镇西南部，距镇政府 7 千米。始建于清初，由迁移民聚居而形成，由麻竹、新群、老黄 3 个居住点组成。因村背山地有许多麻竹而得名麻竹村，曾用名为麻竹冚。

该村坐落于丘陵地区，坐南向北。村与店前、新村、低村相邻。有低村溪河自西向东流，流经村 500 米，乡道 Y302 线（吉田—低村）从村旁穿过。

村落形成时，属清远县吉河乡小坑堡。清嘉庆十八年(1813 年),属佛冈厅吉河乡小坑堡。民国时期，属佛冈县第一区龙冈乡。中华人民共和国成立初期，属佛冈县第一区龙冈乡。1958 年，属从化县佛冈人民公社科旺大队。1961 年，属佛冈县石角人民公社科旺大队。1983 年，属石角区科旺乡。1987 年，属石角镇科旺行政村。1989 年，属石角镇科旺管理区。1998 年至今，属石角镇科旺行政村。

世居村民为黄姓、刘姓。黄姓，据《黄氏族谱》记载，明初期由中原迁入广东珠矶巷，明后期移居清远县滘江乡（今佛冈县汤塘镇四九）菱塘村，清初期，黄氏族人一分支从菱塘村迁至该地。刘姓，清末民国初由佛冈县石角镇龙塘南田村迁至该地。

2015 年末，户籍人口 409 人，其中男性 215 人，女性 194 人。60 岁以上 70 人，其中 80 岁以上 2 人，最年长者 90 岁（女）。16 岁以下 86 人，其中留守儿童 4 人。实际在村居住和生活主要依靠农业收入 329 人，常年在城镇生活和外出务工 80 人。村民均为汉族，广府民系，使用粤方言。

村有山地面积 38.27 公顷，耕地面积 16.67 公顷。山林有松树、杉树及竹林，有多种野中草药村资源。

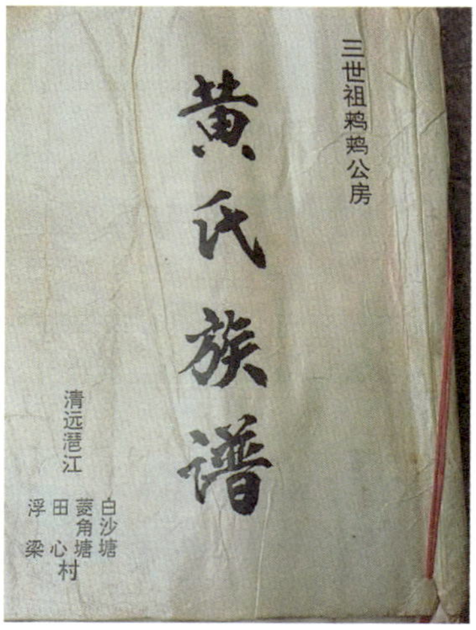

◎《黄氏族谱》(摄于 2016 年)

◎ 村民在竹林间饲养走地鸡（摄于2016年）

传统经济以农业为主，兼有林副产品经营。主要作物有水稻、番薯、木薯、花生、大豆等。20世纪90年代起，村民逐渐种植沙糖桔。2012年，种植沙糖桔6.67公顷，总产值25多万元。2013年，改种火龙果、杂李、责花梨或其他农作物。许多的农户发展养殖业，养猪、养鸡、养鱼。村民主要收入来源为农业收入、林副产品经营收入和外出务工收入。传统节庆食品有粽子、艾糍、发财糕。发财糕是节庆喜事必备食品，其制作方法：用粘米磨浆发酵后，加入适量红糖水匀拌，倒入陶盘蒸熟即可。其特点是清香甜、松透可口。

1970年通电，2003年通电话，2007年实现村道水泥硬底化，2008年通网络，2010年通自来水。2013年，建成占地面积200平方米的文化室。村中建有垃圾收集站。

◎ 麻竹村传统民居（摄于2016年）

现存传统正座民居11座，建于清代、民国及中华人民共和国成立初期。正座为一厅二廊一天井四房布局，三合土墙，硬山顶，盖灰瓦，砖木结构，建筑面积90平方米。单间民居，为砖瓦房或三合土墙房。村中民居基本完好。1980年后，许多村民先后搬进自建钢筋混凝土楼房结，楼房多为三房一厅一厨一卫布局。

传统节日有春节、清明节、四月八、端午节、七夕、七月十四、中秋节、冬至等。农历八月十五为中秋节，或团圆节。每逢中秋之夜，村中男女老少一起赏月，品尝月饼、柚子及石螺等食品。传统婚嫁习俗中，以相亲、报日子、送聘礼、送嫁妆、迎亲、结婚宴客、回门等仪式进行。传统丧葬风俗以土葬为主，20世纪90年代后逐步实行火葬。其程序包括竖灵、收殓、引灵、接体、奠礼、出殡、火化、安葬等。办丧事做白饭、花菜、黄豆煮猪肉等简单的菜式。用餐时不能做高台高凳，拆下事主的门板放在门前的放起当饭桌，以表伤痛。

1945年9月中旬，适逢中国人民抗日战争胜利之际。吉河大庙举办大庙神功，清代称大庙会，民国以后改称大庙神功（又称万年缘），五年一次，秋收后举办。此次规模、内容和形式为最大，举办时间7天。其间，专请省粤剧团来唱大戏，并有做法事、拜祭、爬刀山、过火海等活动，参加者达2万多人，场面热闹。中华人民共和国成立后，不再举办大庙神功。2013年5月，发生重大洪水灾害，冲毁村里部分农田、房屋及财物损失较大。

该村的黄坚强（1931—），1947年在国民党军队服兵役，淮海线战役投诚到中国人民解放军第十五军。1951年，参加抗美援朝，参战第五次战役，荣立三等功2次。

（资料填报：黄神波，初稿撰写：邓伟雄，总纂：李协湖）

水 围

◎ 水围村貌（摄于 2016 年）

水围，位于石角镇西南部，距镇政府 3.5 千米。始建于清初，村落东临滘江和龙南河交汇处，经常有水患，故名水围。该村由水围、榕树下 2 个居住点组成。村坐落于丘陵地区，村前有滘江，流经该村 1 千米。国道 G106 线在村东通过，乡道 Y302 线从村旁穿过。相邻有大禾村、新围。

村落形成时，属清远县吉河乡小坑堡。清嘉庆十八年(1813 年)，属佛冈厅吉河乡小坑堡。民国时期，属佛冈县第一区龙冈乡。中华人民共和国成立初期，属佛冈县第一区龙冈乡。1958 年，属从化县佛冈人民公社科旺大队。1961 年，属佛冈县石角人民公社科旺大队。1983 年，属石角区科旺乡。1987 年，属石角镇科旺行政村。1989 年，属石角镇科旺管理区。1998 年至今，属石角镇科旺行政村。

世居村民为刘姓、梁姓。刘姓，据《刘氏族谱》记载，宋代刘氏族人由徐州迁入广东兴宁，元代由兴宁移居从化，明后期迁到清远吉河乡（今佛冈县石角镇）龙蟠村（始祖刘从龙），清初由龙蟠村后裔分支迁至该地。梁姓，民国时期由顺德迁至该地。

2015 年末，户籍人口 833 人，其中男性 412 人，女性 421 人。60 岁以上 90 人，其中 80 岁以上 12 人，最年长者 93 岁（男）。16 岁以下有 170 人，其中留守儿童 10 人。实际在村居住和生活主要依靠农业收入 680 人，常年在城镇生活和务工 153 人。村民均为汉族，广府民系，使用粤方言。

村有山地面积 56.87 公顷，耕地面积 28 公顷。山林有松树、杉树及杂树资源。传统经济以农业为主，兼有林副产品经营。在清代至中华人民共和国成立

◎ 村民在大棚收获芦笋（摄于 2016 年）

初期兼有水上运输。主要作物有水稻、番薯、木薯、花生、大豆等。20世纪90年代起，村民逐渐种植沙糖桔。2012年，种植沙糖桔6.67公顷，总产值50多万元。2013年，改种蔬菜及其他农作物。2014年，开始种植芦笋，面积3.33公顷。部分农户从事养猪、养羊等养殖业。村民主要收入来源为农业生产、林副产品经营、商贸经营和外出务工。传统节庆食品有粽子、艾糍、发财糕、油糍。其中，油糍是春节及办婚事食品和礼品，制作方法：将糯米碾成粉，按500克米粉配200克红糖的比例，把糖煮溶后拌粉搓匀，做成球形或椭圆形糍粑，然后用油炸熟即成。

◎ 水围门楼（摄于2016年）

1970年通电，2003年电话，2008年通网络，2012年实现村道水泥硬底化，2014年通自来水。村建有文化室2间，占地面积共300平方米。村有垃圾收集站。

传统民居属清朝建造的广府围屋。围屋坐西向东南，由门楼、社坛、水井、民居和围屋组成，面阔54.9米，进深37.1米，高5.8米。属于砖木结构，青砖墙，盖灰瓦，悬山顶。全村有围屋16座，占地面积2037平方米。围屋由一个门楼进出，有横巷2条、竖巷5条。每栋民居为二进三间两廊一天井格局。第一进中间为天井，左右两边是厨房。第二进明间为大厅，左右两次间为住房。每栋建筑内用石块铺地，民居外墙壁上有部分明代砖块。村中门楼有一副对联："水平浪静；围大势雄。"门楼内有形制特别的门官墩，青砖砌成。围的西北方向有一个社坛。2012年，水围被列入佛冈县不可移动文物名录。

◎ 水围传统民居（摄于2016年）

村前有一口半月形"风水塘"，面积0.2公顷，水塘清澈。在村旁潖江堤边有一棵树龄250多年的古榕树。榕树阴影面积500平方米，榕树周围铺砌麻石地板，村民平时在树下交谈及进行健身活动。村规划在榕树周围建造休闲健身广场。

◎ 水围古榕树（摄于2016年）

每年农历正月初二，举行上灯贺丁宗族活动，由上年添男丁的村民家庭出资参加。村里组织狮子队，到村前小广场舞狮祝贺，集会活动结束后，狮子队到村中各家各户拜年。正月初四，村民带着狮子队前往龙蟠村刘氏大宗祠进行拜祖活动。

传统节日有春节、清明节、四月八、端午节、七夕、七月十四、中秋节、十月朝、冬至等。在婴儿满月习俗中，婴儿出生的第三天称"三朝"，请亲友饮甜酒、吃甜醋。满一个月时称"满月"，亦称"弥月"，村民在家中或村中摆满月酒，设宴款待前来庆贺的亲友。传统婚嫁习俗，男女相识交往后，女方家亲友要到男方家看家风，结婚前要担定婚茶、报日子、送聘金、定嫁妆，行结婚礼时要摆酒请客、迎亲和送亲。传统丧葬习俗以土葬为主，1990年以后逐步实行火葬。其程序为举丧、入殓、出殡、送葬和做法事，将亡灵牌送入祠堂。办丧事只能用简单的饭菜招待。

清道光十七年（1837年）初夏，龚耿光上任佛冈厅同知才一个多月，恰逢吉河乡连日暴雨，河水上涨，大庙峡宣泄不及，乡民们流离失所。龚耿光带领官员，坐小木船带上干粮到灾区视察灾情，他到该村及周围村庄，见到田园被淹没、房屋受浸，村民财物被洪水冲走，决定发动官员捐出养廉银赈济该村，村民至今仍流传龚耿光赈济灾民的故事。

◎ 西周青铜铙（摄于1996年）

1983年8月，村民刘江渊（1950—）在大庙峡勒冚果场（今县殡仪馆）挖地搭茅屋时，发现文物青铜铙上交县文化部门。1996年经广东省文物专家小组鉴定，为西周时期制作的铜铙，是广东省发现较早的一件铙类青铜乐器，属国家一级文物。该古铜铙铙身全重18千克，通高41.5厘米（身高29.5厘米、顶高12厘米），宽23厘米。铙身形状呈合瓦形，两面口缘如蛾眉月，全铙两面共有钟乳36个，框格、纹饰、钟乳方位对称，造型古朴典雅。现由佛冈县博物馆收藏。

2013年5月23日，发生重大洪水灾害，大庙峡溢水不及，洪水倒灌。村里农田大部分农作物受淹，地势低房屋全部水浸，财物损失达20多万元。

民国初期，利用村祖尝建有明仁伦家私塾学堂，哺育后代成才。该村的主要人物：刘达程，清末人，毕业于黄埔军校，曾任南雄县县长。刘恩靖，民国时期人，曾任吉林省政府秘书长。刘成才（1915—1995），1938年跟随老中医刘文光、钟友兰学习中医，1957年被选为广东省第一届人大代表，1959被评为广东省特等卫生工作者，1960年7月出席全国劳动模范大会。其擅长针灸、拔火罐、捏脊、推拿，治疗各种疑难杂症，是佛冈县知名中医师。刘植槐（1932—2000），曾任从化县公安局局长、法院院长。梁华勋（1948—），曾任佛冈县县长、清远市财政局局长。

（资料填报：刘荣炽，初稿撰写：邓伟雄、李榕云，总纂：李协湖）

新 村

◎ 新村村貌（摄于 2016 年）

新村，位于石角镇西南部，距镇政府 6 千米。始建于清中期。因地处吉河大庙附近，曾取名大庙角，后来取名新村。

该村坐落于大庙峡山间谷地，位于滘江与龙南河交汇处。村庄坐北朝南，呈聚居状分布，与麻竹村、店前村相邻。乡道 Y302 线（吉田—低村）从村旁经过，连接国道 G106 线。传统佛冈十景之一“神石滩潆”在村域境内。

村落形成时，属清远县吉河乡小坑堡。清嘉庆十八年（1813 年），属佛冈厅吉河乡小坑堡。民国时期，属佛冈县第一区龙冈乡。中华人民共和国成立初期，属佛冈县第一区龙冈乡。1958 年，属从化县佛冈人民公社科旺大队。1961 年，属佛冈县石角人民公社科旺大队。1983 年，属石角区科旺乡。1987 年，属石角镇科旺行政村。1989 年，属石角镇科旺管理区。1998 年至今，属石角镇科旺行政村。

世居村民为朱姓、廖姓。朱姓，据《朱氏族谱》记载，南宋末期由江西吉安县迁徙到广东增城朱村，清中期，由广东增城朱村迁至附近吉田村，其分支迁至该地。廖姓，宋中期从江西迁移至广东增城、从化，清中期从清远县滘江乡（今佛冈县龙山镇）迁至该地。

2015 年，户籍人口 178 人，其中男性 90 人，女性 88 人。60 岁以上 17 人，其中 80 岁以上 2 人，最年长者 91 岁（男）。16 岁以下 30 人，其中留守儿童 5 人。实际在村居住和生活主要依靠农业收入 115 人，常年在城镇居住和务工 63 人。村民均为汉族，广府民系，使用粤方言。

村有山地面积 10.4 公顷，耕地面积 5.93 公顷。

◎ 新村桃花种植园（摄于 2016 年）

山林有松树、杉树及杂树，有多种野生中草药资源。传统经济以农业为主，兼有林副产品经营。主要作物有水稻、番薯、木薯、花生、大豆等。1983年后，许多青壮村民外出打工。1995年后，村民逐渐种植沙糖桔。2012年，种植沙糖桔13.33公顷，总产值60多万元。2013年后，村民发展规模养猪、养羊、养鸡等养殖业。有一户农户种植花卉桃花近1.33公顷,年产值达5万元。村民主要收入来源为农业生产、林副产品经营和外出务工。特色农产品有粉葛。传统节庆食品有粽子、艾糍、发糕、糖环。糖环为春节食品和礼品，制法方法：用水浸透糯米（掺1/3粘米），滤干碾成粉，将糖入锅煮成糖水起锅，将米粉放在锅中炒热，然后趁热拌糖水搓匀，捏成小圆条，圈成半边窗式称“半边糖环”，圈成圆形、六角形，称“六耳球”，用油炸熟即成。

◎ 新村门楼（摄于2016年）

1970年通电，2003年通电话，2007年实现村道水泥硬底化，2008年通网络，2010年通自来水。村中有文化室，为两层楼房，建筑占地面积120平方米。

传统民居为广府民居。村庄布局呈回字形，巷道纵横成线，错落有致。巷道铺设河卵石，防涝排污设施较好。民居建筑为平房，现存30座，硬山顶，盖灰瓦，三合土墙，砖木结构，每间占地面积30平方米。1990年后，许多村民先后搬进住建钢筋混凝土楼房，楼房多为三房一厅一厨一卫生间结构。村中有一门楼，始建于清道光二十三年（1843年）。龙船脊，盖灰瓦，悬山顶，灰塑壁画，石门框，木趟栊，麻石地板，三合土及青砖墙体，占地面积30平方米。现保存良好。

大庙峡状元路遗址（古驿道）位于该村旁的大庙峡西岸，其古驿道形成于明代。大庙峡状元路遗址石刻上有“嘉靖己酉曾淡庄修”的字样，确定该遗址修于明代。该遗址东西走向，全长2000米，路面由碎石块筑成，状元该路500米处有一凉亭，供行人驻足休息之所。原凉亭已毁，只剩下几根石柱依然屹立在路旁。为保持该遗址原样，20世纪90年代佛冈县人民政府在凉亭原址50米处重建一个凉亭。在鹰嘴坪路边石壁上有一个长约1.5米、宽约1米的“魁”字石刻。大庙峡河床陡峭，水流湍急，两岸山势险要，为湟江上下的天然分隔之处。此路当时是南北交通主要通道，过往行人众多。2012年，被列入佛冈县不可移动文物名录。

大庙峡状元路旁有吉河大庙、北帝庙、黄大仙庙、三母庙4座古庙，是附近民众烧香拜佛的场所。

◎ 大庙峡状元路旁石刻（摄于2016年）

◎ 大庙峡状元路（摄于2010年）

◎ 吉河大庙（摄于 2016 年）

明万历元年（1573 年），吉河发生严重虎患，清远县令撰写“驱虎文”前来祭祷。吉河大庙曾被洪水冲毁，清道光元年（1821 年）重修。古庙阔 13.36 米，进深 21.9 米，高 6 米，为泥砖墙，龙船脊，硬山顶、盖灰瓦。民国时期，该庙曾被烧毁，1992 年重修。每月农历初一、十五，村民都会去庙寺里拜祭，祈求福佑。2012 年，被列入佛冈县不可移动文物名录。

◎ 旧时吉河大庙的庙会（翻摄于 2017 年，黄一平提供）

村中流传龚耿光重建大庙峡神庙的故事。大庙峡神庙建于明初，清道光十七年（1837 年）农历四月，吉河乡发生水灾，大庙被冲坍塌。是年冬，吉河乡的民众提出重建神庙的建议，时任佛冈厅同知龚耿光很赞成，带头捐献薪饷，带动民众捐资。重建神庙从翌年五月开始动工，十月落成。神庙开光之日，进香膜拜的人络绎不绝。龚耿光撰写《重建佛冈大庙峡神庙记》。

吉河大庙的庙会（亦称做神功），起源于明初。由祭祀刘泉（吉河大庙神）演化，后来以吉河乡十甲为单位，轮年主持祭祀，吉河乡附近村庄在吉河大庙举办做神功时，专请省粤剧团到来唱大戏，并有做法事、拜祭、爬刀山、过火海等活动。

传统节日为春节、清明节、四月八、端午节、七夕、七月十四、中秋节、十月朝、冬至等。该村男人到虚年 51 岁，女人到虚年 50 岁做大生日，俗称“男单女双”。做生日时，家人连同亲友围桌而坐，饮酒庆贺，寿者要派红包给儿孙及来宾。传统婚嫁习俗中，男女相识交往后，女方家亲友要到男方家看家风，结婚前要担定婚茶、报日子、送聘金、定嫁妆，行结婚礼时要摆酒请客、迎亲和送亲。传统丧葬习俗以土葬为主，1990 年后逐步实行火葬。其程序包括竖灵、收殓、引灵、接体、奠礼、出殡、火化、安葬等。办丧事只能做白饭、花菜、黄豆煮猪肉等简单的菜式招待。完丧次日，亲友要回访事主家。

2013 年 5 月 23 日，发生重大洪水灾害，大庙峡溢水不及，洪水倒灌，村里农田和部分房屋被淹，财物损失 10 多万元。

该村的朱庙棋（1941—1988），曾任原中共中央中南局第一书记陶铸的秘书。

（资料填报：朱文全，初稿撰写：邓伟雄、李榕云，总纂：李协湖）

新 围

◎ 新围村貌（摄于2016年）

新围，位于石角镇西南部，距镇政府3.5千米。始建于清中期，刘清霞及后裔从龙蟠村迁到此地，定居后繁衍生息。村由新围、排坊、高田、高月、月影5个居住点组成。因在分村后新建村而取名为新围。

该村坐落于丘陵地区，坐北朝南，由5个居住区呈聚居状分布。村与大禾村、水围自然村相邻。东临滘江，村后有龙南河从西北向南流汇入滘江。乡道Y302线（吉田—低村）从村中穿过连接国道G106线。

村落形成时，属清远县吉河乡小坑堡。清嘉庆十八年(1813年),属佛冈厅吉河乡小坑堡。民国时期，属佛冈县第一区龙冈乡。中华人民共和国成立初期，属佛冈县第一区龙冈乡。1958年，属从化县佛冈人民公社科旺大队。1961年，属佛冈县石角人民公社科旺大队。1983年，属石角区科旺乡。1987年，属石角镇科旺行政村。1989年，属石角镇科旺管理区。1998年至今，属石角镇科旺行政村。

世居村民为刘姓。《刘氏族谱》记载，明代刘氏族人由徐州迁入广东。明末，从兴宁移居从化，后迁到清远县吉河乡龙潭堡（今佛冈县石角镇）龙蟠村（始祖刘从龙）。清中期，刘清霞为村始祖，其后裔分支一部分迁至该地。

2015年，户籍人口619人，其中男性315人，女性304人。60岁以上65人，其中80岁以上9人，最年长者95岁（女）。16岁以下124人，其中留守儿童5人。实际在村居住和主要依靠农业收入510人，常年在城镇生活和务工109人。村民均为汉族，广府民系，使用粤方言。

村有山地面积36.93公顷，耕地面积20.33公顷。山地有松树、杉树及杂树，有多种中草药资源。传统经济以农业为主，兼有林副产品经营。主要作物有水稻、番薯、木薯、花生、大豆等。1983年后，许多青壮村民外出打工。1998年后，村民逐渐种植沙糖桔。2012年，种植沙糖桔13.33公顷，总产值60多万元。2013年后，改种杂李、青花梨、龙眼果树及其他农作物。村民利用山地种植丰产林桉树133.33公顷。有部分农户发展养殖业，养猪、养鸡。村民主要收入来源为农业生产、林副产品经营、商贸、外出务工。传统节庆食品有粉葛扣肉、粽子、艾糍、发财糕、芋头糍。其中，芋头糍制作方法：把芋头去皮洗净，剁碎，拌上粘米浆，调配腊肉，倒入陶盘蒸熟后，切成小块放入油锅煎两面成金黄色即可。

1970 年通电，2003 年通电话，2007 年实现水泥硬底化，2008 年通网络，2010 年通自来水。2015 年，建垃圾收集站。村中有一间两层楼高的文化室，占地面积 150 平方米。

传统民居为广府民居。村内有横巷 3 条，竖巷 3 条，门楼 1 座。门楼以青砖砌筑，龙船脊，悬山顶。传统民居有 4 座，占地面积 1733 平方米，保存情况一般。每座民居面阔 43 米，进深 40.3 米，高 5.7 米。二进三间二廊一天井布局，第一进中间为天井，左右两边是厨房；第二进明间为大厅，左右两次间为睡房。砖木结构，硬山顶，龙船脊，青砖瓦，院墙，盖灰瓦，屋内以石块砖铺地。巷道以鹅卵石铺设，居民两侧门，排列整齐，左右中心对称，清一色青砖到顶的清水墙。房屋上墙高出屋顶并显上面半圆流线形飞檐滴水“镬耳”状，故称“镬耳楼”，是典型广府围屋建筑特征。其形状与明清时期官帽相似，由于上墙高出屋脊和瓦面，又是密封，每座房屋之间有巷道相隔，一旦邻近发生火灾也不殃及四邻。2012 年，该民居被列入佛冈县不可移动文物名录。1990 年后，村民在原民居附近，先后建起钢筋水泥混凝土楼房。

◎ 新围镬耳楼民居（摄于 2016 年）

村有灵应庙，位于村文化室旁，是附近民众烧香拜佛的场所，供奉有观音菩萨等多座神像。该庙

◎ 新围灵应庙（摄于 2016 年）

占地面积 200 多平方米，始建于清末。每逢农历初一、十五，村民都会到庙里拜祭，祈求福佑。

传统节日有春节、清明节、四月八、端午节、七夕、七月十四、中秋节、十月朝、冬至等。村民迁入新屋称“进火”。不论贫富人家，“进火”时，都要请客庆贺的习俗。传统婚嫁习俗，男女相识交往后，女方家亲友要到男方家探家，结婚前要担定婚茶、报日子、送聘金、定嫁妆，行结婚礼时要摆酒请客、迎亲和送亲。传统丧葬习俗以土葬为主，1990 年以后逐步实行火葬。其程序为举丧、入殓、出殡、送葬和做法事，将亡灵牌送入祠堂。办丧事只能做白饭、豆腐、黄豆等简单的饭菜招待。

佛冈厅同知龚耿光关心老人刘修宾的故事在村中有广为流传。据说，道光十八年（1838 年），刘修宾已达百岁，他和睦邻里，乐做义事，深得乡人的敬仰。龚耿光听闻后，亲自调查核实，造册上报，给予刘修宾（80—90 岁老人）两倍的棉、帛、米、肉补贴，留一丁侍养，并免除差役。龚氏还为老人题写“寿迈期颐”匾额作为纪念，并为老人的画像撰写赞词，以示旌表。

村内有公办科旺小学，2015 年有 4 个班，共 180 多人，教职工 5 人。近年来，有多人大学毕业，成为国家有用人才。

1951 年 5 月，中共北江地委、北江专员公署组建土改工作队在该村及科旺地开展试点工作，随后

◎ 科旺小学（摄于 2016 年）

◎ 科旺水电站（摄于 2016 年）

在全县展开土改工作。1969 年，建成科旺水电站，安装两台发电机组，2015 年产值达 70 万元。

该村的朱金招（1910—1980）和何秀群（1921—1990），自 20 世纪 50 年代初期开始，从事乡村接生工作 20 多年。他们爱岗敬业，为众多村民接生小孩，受到群众的赞扬。20 世纪 60 年代初，朱金招被评为“广东省劳动模范”。

（资料填报：李榕云，初稿撰写：李榕云、邓伟雄，总纂：李协湖）

○三莲行政村

麦坝村

◎ 麦坝村村貌（摄于 2016 年）

麦坝村，位于石角镇中部，距镇政府 5 千米。始建于清中期，由二七古塘村分支迁居而形成。因位于滘江南岸边的坝地多种小麦，而取名麦坝村。村东为远明村，南为国道 G106 线，西为大墩村，北为京港澳高速公路。国道 G106 线、京港澳高速公路从村旁经过。

该村建成时，属清远县吉河乡田心堡。清嘉庆十八年（1813 年），属佛冈厅吉河乡田心堡。民国时期，属佛冈县一区南冈乡。中华人民共和国成立初期，属佛冈县第一区三八乡。1958 年，属从化县佛冈人民公社三联大队。1961 年，属佛冈县三八人民公社三联大队。1983 年，属三八区三联乡。1987 年，属三八乡三联行政村。1989 年，属三八乡三联管理区。1994 年，属三八镇三联管理区。1998 年，属三八镇三联行政村。2005 年至今，属石角镇三莲行政村。

世居村民为黄姓。根据《黄氏云祖公族谱》记载，南宋绍兴年间，由福建宁化迁入广东，清中期开村始祖黄瑞玟从清远县吉河乡（今佛冈县石角镇）二七古塘村迁至该村。

2015 年末，户籍人口 306 人，其中男性 152 人，女性 154 人。60 岁以上老人 25 人，其中 80 岁以上 6 人，最年长者 91 岁（女）。16 岁以下 60 人。实际在村居住和生活主要依靠农业收入 236 人，常年在城镇生活和务工 70 人。村民均为汉族，广府民系，使用粤方言。

◎ 麦坝村粉葛园（摄于 2016 年）

村有山地面积 1.33 公顷，耕地面积 9.53 公顷。传统经济以农业为主，主要作物有水稻、番薯、木薯、花生、大豆等，现多种植水稻、花生、番薯。2000 年后，许多青壮年外出打工。村民主要收入来源为农业、外出务工。传统食品有咸香鹅、三八蒜香鸡。其中，三八蒜香鸡的制作方法：用当地传统饲养鸡，用爆香的蒜蓉拌鸡肉，淋上生抽等调味料，加清水后用慢火煮 20 分钟即可，爆蒜蓉的香与鸡肉的香味觉分明，增强食欲。节庆食品有糯米糍、艾糍、粽子等。

◎ 革命老区麦坝村文化室（摄于 2016 年）

1969 年通电，1995 年通电话，2005 年通网络，2014 年村道实现水泥硬底化。村中建有垃圾收集站。文化设施有农村乡村休闲公园，文娱活动场所。

村落以门楼为中心，围水屋包围正座屋、宗祠，呈“回”字形四点金布局建筑群，占地面积 4850 平方米。村正门楼高 8 米，硬山顶，龙船脊，青砖墙，盖灰瓦，麻石块铺地。村内巷道错落有致，传统民居现存38座。村内有瑞玟黄公祠，始建于清中期，占地面积 800 平方米，并屡有修缮，现存主体建筑。正厅墙壁采用青砖及灰沙砌成，石门口，石门坎，祠堂门口两边有大圆柱，室内有木雕图案等。

◎ 麦坝村门楼（摄于 2016 年）

祠堂壁上有《上马诗》《下马诗》，俗称外八句、内八句。其中，外八句为：“骏马登程往异方，任从胜地立纲常。羊深外境犹吾境，日久他乡即故乡。旦夕莫忘亲命语，晨昏须荐祖宗香。惟愿苍天垂保佑，三七男儿总炽昌。”内八句为：“梅江江上旧华堂，阀阅久传江夏黄。百里花封留政绩，千

◎ 麦坝村民居（摄于 2016 年）

◎ 瑞玹黄公祠（摄于 2015 年）

年翰苑擅文章。绵绵世泽流孙子，赫赫家声自汉唐。一看谱族应许敬，令人远仰昔高阳。”黄氏族人后裔编有《祀祖谊纪念册》，成书于 1980 年。

主要宗族活动有正月初十上灯活动，清明祭祖、重阳祭祖等。传统节日为春节、清明节、四月八、端午节、七夕、七月十四、中秋节、十月朝、冬至等。传统婚嫁礼仪，男女相识交往后，女方家亲友要到男方家探家，结婚前要担定婚茶、报日子、送聘金、定嫁妆，行结婚礼时要摆酒请客、迎亲和送亲。传统丧葬习俗以土葬为主，1990 年以后逐步实行火葬。其程序为举丧、入殓、出殡、送葬和做法事，将亡灵牌送入祠堂。

1947 年，中共地下组织委派黄汝新（石角镇古塘村人）到该村小学以担任教师做掩护，建立革命活动据点，开展武装斗争，成立麦坝农会，发动青年参军，先后有 10 人参加武装组织，该村在解放战争时期有多位游击队员，建立一个游击小组。主要人员有：黄石绍（1922—1949），黄成振（1926—2012），黄谷湛（1924—1970），黄日如（1925—1999），黄新尧（1924—1983），黄谷良（1920—2000）。1993 年 3 月，该村经清远市人民政府批准认定该村为解放战争游击根据地。2013 年 8 月 8 日，由麦坝村民委员会制定并全体村民通过《麦坝村自治章程》。

该村的黄荣炽（1954—），2002 年至今，先后担任三联村委干部、中共三莲村书记、村委主任，当选县、镇党代表、人大代表，多次被评为县、镇优秀党务工作者、优秀共产党员。2013 年 5 月 15 日晚，三莲村遭受百年一遇的特大洪水袭击，他带领村干部深入灾区，指导转移灾民，确保村民生命安全。洪灾过后，又指导村民抗灾复产。在平时工作中，一心一意为村民服务，深得村民的好评。

（资料填报：黄国权，初稿撰写：黄国权，总纂：李协湖）

坑尾村

◎ 坑尾村村貌（摄于2016年）

坑尾村，位于石角镇东部，距镇政府6千米。始建于明嘉靖元年（1522年），因村地处羊角山一山溪旁而取名坑尾村。村坐落于南北两处丘陵地带。村东为森波拉度假区，南为羊角山，西为岭背村，北为大庙山。国道G106线在村旁经过。

该村建村时，属清远县吉河乡九围堡。清嘉庆十八年（1813年），属佛冈厅吉河乡九围堡。民国时期，属佛冈县一区南冈乡。中华人民共和国成立初期，属佛冈县第一区三八乡。1958年，属从化县佛冈人民公社三联大队。1961年，属佛冈县三八人民公社三联大队。1983年，属三八区三联乡。1987年，属三八乡三联行政村。1989年，属三八乡三联管理区。1994年属三八镇三联管理区。1998年，属三八镇三联行政村。2004年，石角镇三联行政村。2005年至今，属石角镇三莲行政村。

世居村民原有何、罗、巢、钟、谭、麦、徐7个姓氏，现有何、罗2个姓氏。何姓，据族谱记载，明嘉靖元年由广州南海小圃迁至该村。罗姓，清初由新丰迁至该村。

2015年末，户籍人口675人，其中男性335人，女性340人。60岁以上90人，其中80岁以上10人，最年长者96岁（女）。16岁以下105人，其中留守儿童8人。实际在村居住和生活主要依靠农业收入500人，常年在城镇生活和务工175人。村民均为汉族，广府民系，使用粤方言。

村有山地面积3.33公顷，耕地面积20.07公顷。村域林业资源丰富，野猪、黄猄时有出没。传统经济以农、林业为主，主要作物有水稻、番薯、花生、

◎ 坑尾村蔬菜基地（摄于2016年）

蔬菜等，林业产品有木材、木柴、木炭、竹、药材等。1990 年后，许多青壮年村民外出打工。村民主要收入来源为农业和外出务工。传统食品有葱油鸡、焖鹅、扣肉、粽子、饺子、糯米糍、艾糍、发糍等。

1969 年通电，1995 年通电话、通自来水，2003 年全村实现水泥硬底化，2006 年通网络、有线电视。村中建有垃圾收集站，文化设施有文化室、篮球场、乡村休闲公园等。

◎ 坑尾村休闲公园一角（摄于 2016 年）

传统民居为一厅四房两廊一天井布局，每座占地面积约 90 平方米。硬山顶、盖灰瓦，墙体多为青砖或泥砖混合砌成。许多民居是单间，砖瓦房或三合土墙房。现保存比较完整的有 20 座，保存基本完好。1990 年后，村民先后搬进自建钢筋混凝土楼房，传统民居已没有人居住。

◎ 坑尾村民居（摄于 2016 年）

传统习俗有拜观音、拜土地公、祭灶君、清明祭祖。传统节日以春节、元宵节、清明节、端午节、中秋、冬至为主。传统婚嫁习俗，男女相识交往、求婚、看家风、定婚、送日子、接亲、送亲等请客婚庆依然存在。传统丧葬习俗以土葬为主，1990 年以后逐步实行火葬。其程序为举丧、入殓、出殡、送葬和做法事，将亡灵牌送入祠堂。办丧事只能做白饭、花菜、黄豆煮猪肉等简单的饭菜，用餐时不坐高台高凳，用拆下事主家的门板放于门前的巷地上当饭台，以表哀痛。

◎ 坑尾村门楼（摄于 2016 年）

据族谱记载，村有位文人叫何义判（乳名西锦娜）。他天生聪明，过目不忘、出口成文。他写过两副大门楼对联，其一为：“坑水千秋流不尽；尾出万古步难穷。”其二为：“坑藏白玉；尾带黄金。”被当时国民革命军一八七师师长看上，要何义判做他的参谋长，但遭家人反对。何义判在家中写了一句“英雄被困”。

1944 年以来，在中共地下组织的领导下，该村建立农会组织，筹粮筹物，支援部队，开展减租减息，清除恶霸等斗争。1993 年，经清远市人民政府批准认定该村为解放战争游击根据地。

2015 年，获广东省爱国卫生运动委员会授予的“广东省卫生村”称号。

该村的何义灿（1924—），又叫胡仔，曾在黄埔军校学习。他在读书时加入中国共产党，从事中共地下工作，是解放战争时期北江游击队神枪手。中华人民共和国成立后，先后任肇庆地区专员、韶关地区专员、法院院长。

（资料填报：何昌洲，初稿撰写：何昌洲，总纂：李协湖）

下莲塘村

◎ 下莲塘村村貌（摄于 2016 年）

下莲塘村，位于佛冈县石角镇东南部，距镇政府约 7 千米。始建于清初，因分村而形成。据《黄氏族谱》记载，其祖先黄朝晋迁徙到此地，在潖江南岸边鹤脑山脚下，因盛产莲藕而得名。

该村坐落于鹤脑山下丘陵地带，村内有虎仔山、黄泥山。村东为上莲塘村，南为碧桂园大道，西为农田，北面为潖江。有溪流自东向西流至不远处的潖江。有乡道经过村旁连接国道 G106 线。

该村形成时，属清远县吉河乡田心堡。清嘉庆十八年（1813 年），属佛冈厅吉河乡田心堡。民国时期，属佛冈县一区南冈乡。中华人民共和国成立初期，属佛冈县第一区三八乡。1958 年，属从化县佛冈人民公社莲塘大队。1961 年，属佛冈县三八人民公社莲塘大队。1983 年，属三八区莲塘乡。1987 年，属三八乡莲塘行政村。1989 年，属三八乡莲塘管理区。1994 年，属三八镇莲塘管理区。1998 年，属三八镇莲塘行政村。2004 年，属石角镇莲塘行政村。2005 年至今，属石角镇三莲行政村。

世居村民为黄姓。清初，祖先黄朝晋由清远县吉河乡（今佛冈县水头镇）东坑村迁至该村。

2015 年末，户籍人口 860 人，其中男性 427 人，女性 433 人。60 岁以上 27 人，其中 80 岁以上 23 人，最年长者 97 岁（女）。16 岁以下 130 人，其中留守儿童 10 人。实际在村居住和生活主要依靠农业收入 475 人，常年在城镇居住和务工 385 人。村民为汉族，广府民系，使用粤方言。

村有山地面积 65.33 公顷，耕地面积 58.2 公顷。村域有硫黄矿产资源，20 世纪 60 年代，政府勘探并开采过，后因技术条件跟不上，未能开采。村域

◎ 下莲塘村旁广清电杆厂（摄于 2016 年）

山上有杉树、松树及杂树林，野生中草药种类多。传统经济以农业为主，主要作物有水稻、番薯、木薯、花生。1990 年后，许多青壮年村民外出打工。村民主要收入来源为农业收入及外出务工收入。村旁有广清电杆厂创办于 1992 年，占地面积 0.13 平方千米，2015 年产值达 2 亿元。2003 年，建有村水电站，年产值达 80 万元。传统食品有葱油鸡、焖鹅、扣肉、粽子、糯米糍、艾糍、发糍等。

1969 年通电，1995 年通电话，1988 年通自来水，2003 年村道实现水泥硬底化，2006 年通网络和有线电视。村中建有垃圾收集站，文化设施有文化室、篮球场。

◎ 下莲塘村水电站（摄于 2016 年）

传统民居为广府民居，现存正座民居 50 座，围水屋 80 间。民国初，建莹章学校，是坐南向北的围屋，中间设透光井，青砖瓦结构，前面直立四根柱，有走廊，占地面积 350 平方米，正门上方有“莹章学校”匾额，后学校停办。2003 年，在原址修建村文娱活动场所。

回龙祖庙位于该村东南方约 0.8 千米处，是附近村民烧香拜祭的场所，逢节日村民都去庙里烧香供奉。庙里摆有观音娘娘、十八罗汉、玉皇、龙神伯公等多座神像。青砖瓦结构，占地面积 25 平方米。正门两边挂有一副对联：“回龙镇吉水，祖庙显神圣。”该庙始建清中期，1995 年重修。

每年春节年初一清晨，村民们准备好祭品，敲锣打鼓，舞着狮子到东坑黄氏宗祠、上莲塘爱莲黄公祠进行拜祭，然后回村中的祖堂拜祭采青，热闹非凡。传统婚嫁习俗中，介绍相识、求婚、看家风、定婚、送日子、接亲、送亲等仪式进行。传统丧葬以土葬为主，1990 年后逐步实行火葬，其程序为举丧、入殓、出殡、送葬和做法事，将亡灵牌送入祠堂。

1990 年 1 月 22 日，中共中央政治局常委、中纪委书记乔石在省、市、县主要领导陪同下，到村民黄榕南家访问。2013 年 5 月 15 日，发生百年一遇的特大洪灾，村民房屋家具受浸，造成极大损失。由于组织村民及时脱险，无人员伤亡。

该村的黄品光（1940—），1963 年参加教学工作，曾在三八中学任教，撰写多篇论文，1991 年被评为广东省先进教育工作者。至今仍编写散文、诗句，印发给村中青少年，勉励他们要拒绝毒品，远离赌场。黄文（1967—），曾任清远市委组织部常务副部长。黄玉平（1969—），6 岁时因触电造成伤残，17 岁时单脚独臂，每天上山开荒种果。他的事迹被多家媒体报道，1991 年 5 月参加在北京召开的全国助残集体、个人暨自强模范表彰大会，被授予“全国自强模范称号”。黄永光（1971—），在广东省外经贸委员会任职，挂职澄海区副区长。

（资料填报：黄纯光，初稿撰写：黄纯光，总纂：李协湖）

红光村

◎ 红光村村貌（摄于 2015 年）

红光村，位于石角镇东南部，距镇政府约 5 千米。始建于明末，由英德县迳头乡（今佛冈迳头）迁入聚居而形成。因在羊角山下开垦荒地变沙坝为良田，而取名为江坝村，后改名红光村。

该村坐落于南北两条丘陵带，村东为楼仔村，南为美雅迪厂，西为三莲小学，北为国道 G106 线从村旁经过。村后有羊角山，有溪流自南向北流入滘江。

清嘉庆十八年（1813 年），属佛冈厅吉河乡田心堡。民国时期，属佛冈县一区南冈乡。中华人民共和国成立初期，属佛冈县第一区三八乡。1958 年，属从化县佛冈人民公社三联大队。1961 年，属佛冈县三八人民公社三联大队。1983 年，属三八区三联乡。1987 年，属三八乡三联行政村。1998 年，属三八镇三联行政村。2004 年，属石角镇三联行政村。2005 年至今，属石角镇三莲行政村。

世居村民为罗姓、胡姓、李姓、谢姓。罗姓，据族谱记载，明末由英德县迳头乡（今佛冈县迳头镇）迁至该村。胡姓，清初从新丰遥田迁至该村。李姓，清初由从化迁至该村。谢姓，清中期由今广州江高大田村（今属广州白云区）迁至该村。

2015 年末，户籍人口 402 人，其中男性 195 人，女性 207 人。60 岁以上 57 人，其中 80 岁以上 6 人，最年长者 90 岁（男）。16 岁以下 80 人，其中留守儿童 3 人。实际在村居住和生活主要依靠农业收入 300 人，常年在城镇居住和务工 102 人。村民均为汉族，广府民系，使用粤方言。

村有山地面积 6 公顷，耕地面积 10.67 公顷。有硫铁矿资源和林业资源。传统农业为主，主要种植水稻、香芋、花生、大豆。2000 年后，许多青壮

◎ 红光村蔬菜基地（摄于 2015 年）

◎ 工人在车间工作（摄于 2016 年）

◎ 红光村新民居（摄于 2015 年）

年外出打工，村民主要收入来源为农业、外出务工。2003 年，美雅迪（佛冈）家具制造有限公司在该村投资 1.5 亿元建厂，占地面积 0.13 平方千米，2015 年产值达 1.2 亿元，创税 700 多万元，吸收附近村民 500 多人进厂工作，产品出口欧美市场。

1970 年通电，1995 年通电话，2006 年通网络，2008 年村道实现水泥硬底化。建有垃圾收集站、文化室、休闲公园等。休闲公园设有老人休闲和儿童游戏设施。村属地域有三莲小学，2015 年有班 5 个，在校学生 180 多人，有教职工 8 人。

◎ 红光村休闲公园一角（摄于 2015 年）

传统民居现存正座 1 座，建于民国初。有许多单间砖木平房，土木结构，三合土墙（或火砖墙），硬山顶，盖灰瓦。1990 年后，村民先后搬进自建钢筋混凝土楼房，许多旧民居已经没有人居住。

传统节日以春节、元宵节、清明节、端午节、中秋节、冬至为主，还有农历四月八、七月十四、重阳节等。村民有七月初七装七夕水的传统，这天清晨大家到露天取水、贮存。传说七夕水可长期贮存而不变质，是夏天的清凉饮料，也可用来浸泡冬瓜、凉粉。传统婚礼仪式有媒妁之言、相互探家、报日子、聘金、举行婚礼。传统丧葬习俗以土葬为主，1990 年后逐步实行火葬。程序为入殓、出殡、送葬、请道士、设灵堂、做灵屋、做法事，做七过后，将亡灵牌放入祠堂或厅堂。

1947 年，在中共地下组织领导下，利用该村的江坝学校，建立革命据点，成立农会、民兵组织，开展革命活动。1993 年 3 月，经清远市人民政府批准认定该村为解放战争游击根据地。

1958 年 10 月，全县掀起大炼钢铁高潮，以该村为建高炉重点，抽调 500 多名青壮年农民参加炼铁大会战。该高炉炼出第一炉钢，向县人委报喜。随后，由于质量不合格，撤销该高炉。

2015 年，获广东省爱国卫生运动委员会授予的“广东省卫生村”称号。

（资料填报：罗西燕，初稿撰写：罗西燕，总纂：李协湖）

大墩村

◎ 大墩村村貌（摄于2016年）

大墩村，位于石角镇东部，距镇政府4千米。建于元末明初，因村坐落于羊角山“五虎擒羊”（当地俗称）山脉的大土墩，故取名大墩村。

村坐南向北，潖江自东向西从村门前而过。京港澳高速公路和国道G106线从村背后经过。村东为旗星村，南为大庙山和肩头山，西为九曲水小河，北为潖江。该村属地为原三八镇的政治、经济、文化中心，森波拉度假森林坐落于村旁。

明朝建村时，属清远县吉河乡九围堡。清嘉庆十八年（1813年），属佛冈厅吉河乡九围堡。民国时期，属佛冈县一区南冈乡。中华人民共和国成立初期，属佛冈县第一区三八乡。1958年，属从化县三八人民公社三联大队。1961年，属佛冈县三八人民公社三联乡。1983年，属三八区三联乡。1987年，属三八乡三联行政村。1998年，属三八镇三联行政村。2004年，属石角镇三联行政村。2005年至今，属石角镇三莲行政村。

世居村民为朱姓。据说村先有麦姓人居住，后来麦姓人外迁，现只有朱姓人居住。根据《朱氏族谱》记载，明弘治年间，其祖先朱镇院从清远县吉河乡（今佛冈县水头镇）白石冚村迁至该村，至今已传20代，有分支外迁。

2015年，户籍人口618人，其中男性308人，女性310人。60岁以上69人，其中80岁以上10人，最年长者88岁（女）。16岁以下90人，其中留守儿童3人。实际在村居住和生活主要依靠农业收入568人，常年在城镇居住和务工50人。祖籍该村的港澳同胞约100人。村民均为汉族，广府民系，使

◎ 大墩村双龙城酒店（摄于2016年）

用粤方言。

村有山地面积 1 公顷，耕地面积 5.65 公顷。传统经济以农业为主，主要作物有水稻、小麦、番薯、木薯、花生、大豆等。村民主要收入来源为农业生产、外出务工及商业经营。传统节庆食品有糯米糍、艾糍、粽子、芋头糕、松糕、角仔糍等。

1966 年通电，1996 年通电话，2006 年通网络，2010 年村道实现水泥硬底化。村中设有垃圾收集站，有固定清洁人员，每天清扫一次。村属地域有佛冈卫校，喜洋洋幼儿园，在园幼儿 200 人，有教职工 10 人。

传统民居为广府民居。村巷八纵三横，井然有序，村落四围各有一排平房围绕，民居保存基本完整。现存传统正座民居 30 座，每座民居为一厅两房一天

◎ 大墩村功名柱（摄于 2015 年）

◎ 大墩村传统民居（摄于 2016 年）

◎ 大墩村新民居（摄于 2016 年）

井两廊布局，现已无人居住。

村内有朱氏宗祠，始建于清雍正十一年（1733 年），重修于 1919 年。一进两栋（假三栋）布局，现保存完好，仍作宗祠使用。其他传统建筑有门楼 3 座，始建于清朝，分别位于该村正面和东面。村有碑刻清末榜眼朱汝珍立于 1904 年的功名柱两座，其碑文为：“光绪甲辰，恩科联捷进士，钦点榜眼及第，授职翰林院编修，朱汝珍立。”该碑刻现存该村地坪。

关岳庙位于村西 100 米，供奉关公和岳飞两位神像，建于清末，1997 年重修。每逢年节、婚嫁，村民都会去庙里拜祭，祈求福佑。

村民有舞狮的传统。该村所舞的是武狮类（鸡公狮），舞狮节目有拜四门、拜四角、拜门口、舞全棚采青等，并有锣鼓节奏配合。每到春节，该村的青壮年舞狮队到家家户户拜年道贺，场面非常热闹。

传统婚嫁习俗为男女相识交往后，女方家亲友要到男方家探家，结婚前要担定婚茶、报日子、送聘金、定嫁妆，行结婚礼时要摆酒请客、迎亲和送亲。传统丧葬习俗以土葬为主，1990 年后逐步实行火葬。其程序为举丧、入殓、出殡、送葬和做法事，将亡灵牌送入祠堂。

清末榜眼朱汝珍于 1904 年到该村谒拜宗亲，全村男女老幼打锣鼓舞狮在该村地界三升米潭处迎接，

四乡八里的乡人听闻新科榜眼到访，都前来夹道欢迎，争相一睹榜眼风采。朱汝珍亲笔书写的诗词、对联、称号等，在20世纪60年代破“四旧”时被烧毁。朱汝珍谒拜宗亲的事件，激励该村年青学子努力读书。清末民国初，建有私塾一间，名为世毓学堂。

村中有传说的人物朱鹿琚（1586—1669）。鹿琚又名磅古，传说他身体魁梧，食量惊人，力大无穷。有一回过节，他妻子在家做角仔糍，鹿琚公回到家，见到台上未煮的几托盘角仔糍，以为是夫人为他准备好的午餐，于是抓起就往嘴里送，一会儿工夫就吃完，摸着肚子笑着对夫人说：“今天的糍就好吃。”有一次，鹿琚担着柴回家，感觉柴担有点不平衡，刚好见路边有一块1米多长、五六十厘米宽、重约100千克的扁平大石，于是就顺手把它拿起担回家，那块大石头现还在，用作大门楼的门前台阶。鹿琚死后，安葬于高墩，传闻他的骨骸要用大水缸才能装得下，其墓至今仍保存完整。

1911年，佛冈发生姓氏械斗，该村被黄姓放火烧成灰烬，村民纷纷逃离家园，四处逃难，开始向外迁移分支。后来，陆续有部分村民返回重建屋宇。抗日战争时期，国民党军队在该村驻扎一个无线电班，后来被日本侵略军发现，派来几架飞机前来轰炸，该村乡绅朱树怀躲避不及，被炸死于村后龙眼树下。一架日本飞机被国民党军打下，坠落地该村属地三升米量潭。1947年，在中共地下组织领导下，大墩村建立革命据点，成立农会、民兵组织，开展各种革命活动。1993年3月，经清远市人民政府批准认定该村为解放战争游击根据地。

（资料填报：朱前伟、朱均池，初稿撰写：朱前伟，总纂：李协湖）

龙聚塘村

◎ 龙聚塘村村貌（摄于 2016 年）

龙聚塘村，位于石角镇东部，距镇政府 8 千米。始建于清初，由附近田心村分村移民聚居而形成。村周围三面环山，一条大坑南北直通，像条巨龙盘踞此地，故取名为龙聚塘村。

该村坐落于三面环山，丘陵地带。村东为龙清电力有限公司，南为金峰水泥厂，西为美雅迪厂，北为志伟家具厂。国道 G106 线在村旁经过。村内有大、小马秙山、虎仔山三座山。村内有溪流自南向北流至不远处的滘江。

建村时，属清远县吉河乡田心堡。清嘉庆十八年（1813 年），属佛冈厅吉河乡田心堡。民国时期，属佛冈县一区南冈乡。中华人民共和国成立初期，属佛冈县第一区三八乡。1958 年，属从化县佛冈人民公社三联大队。1961 年，属佛冈县三八人民公社三联大队。1983 年，属三八区三联乡。1987 年，属三八乡三联行政村。1998 年，属三八镇三联行政村。2004 年，属石角镇三联行政村。2005 年至今，属石角镇三莲行政村。

世居村民为黄姓、袁姓、胡姓。黄姓，据《田心族谱》记载，清初，因分支由清远县吉河乡（今佛冈县石角镇）二七田心村，后因村民较少，赶着鸭子到对面山脚下放养，看好择此地定居，袁姓，于清中期由东莞迁至该村。胡姓，清末由英德县烟岭（今佛冈县迳头镇）迁至该村。

2015 年末，户籍人口 650 人，其中男性 322 人，女性 328 人。60 岁以上 130 人，其中 80 岁以上 11 人，最年长者 86 岁（男）。16 岁以下 116 人。实际在村居住和生活主要依靠农业收入 500 人，常年在城镇居住和务工 150 人。村民为汉族，广府民系，使用

◎ 村民在菜园劳作（摄于 2016 年）

◎ 新型建筑材料厂（摄于 2016 年）

粤方言。

村有山地面积 2.67 公顷，耕地面积 22.4 公顷。村有丰富的石灰石资源，清初期，已开设石场。中华人民共和国成立初期，石场由政府接收创办国营石灰厂，随后建有水泥生产基地。传统经济以农业收入为主，主要作物有水稻、番薯、木薯、花生。水果有龙眼、黄皮。1990 年后，在村域的工厂有志伟家具厂、橡胶厂、石厂、汇美家私厂等近 10 家。其中，新型建筑厂，年产值 1200 万元。由于企业比较多，村民就近打工，年终有福利分红。村民主要收入来源为农业和外出务工。传统节庆食品有葱油鸡、焖鹅、扣肉、粽子、饺子、糯米糍、艾糍、发糍等。

◎ 龙聚塘文化室（摄于 2016 年）

1985 年通电，2000 年通电话、通自来水，2010 年通网络、有线电视，2012 年村道实现水泥硬底化。村中建有垃圾收集站，文化设施有文化室、篮球场。

◎ 龙聚塘村祖堂（摄于 2016 年）

传统正座民居有 20 座，始建于清代后期，每座占地面积 90 多平方米。村有祖堂、茅应堂及村前后的山神土地庙宇，逢节庆喜事村民都前往供奉。

传统婚嫁习俗中，介绍送日子、接亲、送亲、请客婚庆、回门等仪式进行。传统丧事以土葬为主，1990 年以后逐步实行火葬，其程序为举丧、入殓、出殡、送葬和做法事，将亡灵送入祠堂。办丧事用简单的饭菜招待，以表哀痛。

村中流传“年年月月一般过，丁丁财财三礼仪，人人健康系财路，免看郎中也是健”的说法。祖训留言：“大过天，宽过地，硬过铁，软过绵。”意思是孝顺父母大过天，结识朋友宽过地，兄弟同心硬过铁，夫妻和顺软过绵。

1938 年 10 月，黄如镜带领该村的黄北灿、黄显林、黄东榕、黄东炎等村民参加中共抗日游击队，前往从化地区打击日本侵略军。

该村的黄球胜（1920—），黄埔军校第七期学生，毕业后曾任海南岛琼崖中队独立团团长。黄妙景（1942—），曾任韶关市检察院检察长。黄泳文（1957—1979），革命烈士，在 1979 年中越边境自卫还击作战中牺牲。

（资料填报：黄永权、黄泽明，初稿撰写：黄永权，总纂：李协湖）

旗星村

◎ 旗星村村貌（摄于 2016 年）

旗星村，位于佛冈县石角镇东部，距县城 4.5 千米。建于清中期，因位于山间地带而取名为白洞仔村，后改为旗星村。

村坐落于县道 X373 线与国道 G106 线中间。村东南为麦坝村，南为国道 G106 线和京港澳高速公路，西为三八圩，北为潖江和县道 X373 线。

清嘉庆十八年（1813 年），属佛冈厅吉河乡九围堡。民国时期，属佛冈县一区南冈乡。中华人民共和国成立初期，属佛冈县第一区三八乡。1958 年，属从化县佛冈人民公社三联大队。1961 年，属佛冈县三八人民公社三联大队。1983 年，属三八区三联乡。1987 年，属三八乡三联行政村。1998 年，属三八镇三联行政村。2004 年，属石角镇三联行政村。2005 年至今，属石角镇三莲行政村。

◎ 旗星村门楼（摄于 2016 年）

世居村民原有张姓、利姓、钟姓，后钟姓外迁，现有张、利两姓村民居住。张姓，明初由江西迁入，清初期由韶关新丰遥田迁到英德县虎山乡（今佛冈县高岗镇）冈咀头村，清中期由高岗冈咀头分支迁到该村。利姓，于清后期由东莞常平迁至该村。

2015 年，户籍人口 240 人，其中男性 122 人，女性 118 人。60 岁以上 15 人，其中 80 岁以上 5 人，最年长者 93 岁（女）。16 岁以下 60 人。实际在村居住和生活主要依靠农业收入 220 人，常年在城镇居住和务工 20 人。村民均为汉族，广府民系，使用粤方言。

村有山地面积 20 公顷，耕地面积 8.6 公顷。传统经济以农业为主，主要作物有水稻、小麦、番薯、木薯、花生、大豆等，现多种植蔬菜、水稻。2000 年以后，村中大部分青壮年外出打工。村民主要收入来源有农业生产、外出务工及商业经营。特色食

◎ 旗星村麦菜园（摄于2016年）

◎ 旗星村黄皮果园（摄于2016年）

品为沙河粉。传统节庆食品有糯米糍、艾糍、粽子、芋头糕、角仔糍等。

1969年通电，1996年通电话，2006年通网络，2008年村道实现水泥硬底化。村中设有垃圾收集站，2015年11月，建成占地面积150平方米的文化室。村中建有篮球场、休闲公园，并种上绿化树，是村民休闲娱乐的好去处。

该传统民居以正座和单间为主。正座现存10间，为一厅一天井两廊四房布局，占地面积约100平方米。屋顶为硬山顶，盖灰瓦，墙体多为青砖或泥砖混合砌成。单间又称围水屋，现存20间，其面积大小不等。20世纪90年代以后，村民逐渐建成钢筋混凝土楼房，许多旧民居已经没有人居住。

村中竖刻有“泰山石敢当”的石柱，位于京珠高速下涵洞口入村处。每年逢传统节日和家中喜事，村民都去拜祭，以祈求保佑平安出入顺利。

民间节日以春节、元宵节、清明节、端午节、中秋节、冬至为主，还有四月八、七月十四、重阳节等。婚嫁礼仪，中华人民共和国成立前，男婚女嫁为“父母之命，媒妁之言”所决定，有抱养穷人家女童作“童养媳”，未生男孩的人家抱养“等郎妹”的习俗。中华人民共和国成立后，仍有求婚、看家风、定婚、送日子、接亲、送亲、请客婚庆等仪式。

◎ 泰山石敢当石柱（摄于2016年）

传统丧葬以土葬为主，有二次葬的习俗，即先用棺材葬遗体入土，数年后用陶埕葬遗骨。举丧时孝子要披麻戴孝守灵，跪迎前来参加葬礼的外婆家人，亡者入殓后要到村溪买水为死者洗脸，出殡时，长孝子要双手恭抬亡灵牌，在主持人引领到亡者土葬地，土葬后，将亡灵牌送入祠堂，三天后要到坟前进行复坟。办丧事用简单的饭菜招待参与者。1990年以后，逐步实行火葬。

1947年，在中共佛冈地方组织领导下，该村建立革命据点，成立农会、民兵组织，开展各种革命活动。1993年3月，经清远市人民政府批准认定该村为解放战争游击根据地。2013年5月15日，该村遭受百年一遇特大洪水灾害，水浸约1.5米，造成村民财产损失约8万元。

该村的张廷泰（1942—），曾在部队服役。退伍后，先后任佛冈县乡镇任武装部部长、党委副书记、镇长、佛冈县计生委主任、佛冈县人大财经委主任。

（资料填报：张水维，初稿撰写：张水维，总纂：李协湖）

楼仔村

◎ 楼仔村村貌（摄于 2015 年）

楼仔村，位于石角镇中部，距镇政府 5 千米。始建于清初期，由清远县吉河乡（今佛冈石角镇）二七象山村迁居而形成。因附近山形似楼房而取名楼仔村。村落靠山坐南朝北，村东为志伟家具厂，南为围背底山，西为红光村，北为国道 G106 线。距森波拉度假森林旅游区 0.5 千米，国道 G106 线、京港澳高速公路从村旁穿过。

清嘉庆十八年（1813 年），属佛冈厅吉河乡田心堡。民国时期，属佛冈县一区南冈乡。中华人民共和国成立初期，属佛冈县第一区三八乡。1958 年，属从化县佛冈人民公社三联大队。1961 年，属佛冈县三八人民公社三联大队。1983 年，属三八区三联乡。1987 年，属三八乡三联行政村。1998 年，属三八镇三联行政村。2004 年，属石角镇三联行政村。2005 年至今，属石角镇三莲行政村。

世居村民为黄姓。据《黄氏族谱》记载，由福建迁入广东，清初期由清远县吉河乡（今佛冈石角镇）二七象山村迁至该村。

2015 年末，户籍人口 208 人，其中男性 102 人，女性 106 人。60 岁以上 20 人，其中 80 岁以上 7 人，最年长者 87 岁（女）。16 岁以下 55 人。实际在村居住和生活主要依靠农业收入 183 人，常年在城镇生活及务工 25 人。村民均为汉族，广府民系，使用粤方言。

村有山地面积 0.47 公顷，耕地面积 4.8 公顷。传统经济以农业为主，主要作物有水稻、番薯、木薯、花生、大豆等，现多种植水稻、花生、番薯。2000 年后，许多青壮年外出打工。村民主要收入来源为农业收入，外出务工收入。村旁有国家 AAAA 级森波

◎ 森波拉度假森林景区（摄于 2016 年）

拉度假森林景区，背倚省级羊角山森林保护区，以原始森林为理念，种植桫椤木等远古珍稀树，建有仿真恐龙群、野生樱花林、湿地水松岛、水上游乐区、主题欢乐区、火山温泉区等旅游景区，2016 年接待游客 135 万人次。

在国道 G106 线旁，村民经营饮食一条街，经营早餐和快餐店，县城附近的人都慕名前来用餐。传统食品有咸香鹅、葱油鸡、白切鸡等。传统节庆食品有糯米糍、艾糍、粽子等。

◎ 国道 G106 线旁饮食一条街（摄于 2016 年）

1970 年通电，1996 年通电话，2006 年通网络，2014 年村道实现水泥硬底化。2015 年，建文化室等文娱活动场所。村中建有垃圾收集站。

传统民居现存正座 20 座，为四门归厅、两廊一天井布局。单间，又称围水屋，现存 20 间，每间面积大小不一。

主要宗族活动有正月初十上灯、清明祭祖、重阳祭祖等。传统节日有春节、清明节、四月八、端午节、七夕、七月十四、中秋节、十月朝、冬至等。其中，春节俗称“过年”，是送旧迎新的大节。农历腊月二十三称“小年”，家家户户打扫庭院、做年货，有在“小年”的晚饭后送灶君，年三十晚接灶君的拜祭习俗。年三十除夕，合家一起吃“团年饭”，饭后长者要给小孩“压岁钱”。年初一清早，各家各户

◎ 楼仔村文化室（摄于 2015 年）

相互拜年。年初二，夫妻一起带小孩到娘家及亲友家探亲。正月初十，举行上灯活动，娘家及亲友前来祝贺。正月十五为元宵节，村民有蒸发糕、食汤圆、做糍的习俗，以示庆贺春节圆满结束。传统婚嫁习俗为媒人介绍男女相识，看家风、担定婚茶、行婚礼、办酒席、请客、送礼等。传统丧葬习俗以土葬为主，20 世纪 90 年代后逐步实行火葬。其程序为入殓、出殡、送葬、做法事、安葬、将亡灵牌送入祠堂。

20 世纪 60 年代中期，村民参加县社造林大会战，公路沿途山上全都种上树，该村的山地种植杉树、松树 20 公顷，现已成林，保护村庄生态环境。70 年代后期，开展整治村庄卫生环境，实行人畜分舍，建公共厕所，改善村庄环境，受到县政府有关部门表彰。

该村的黄仰模（1945—），广州中医学院教授。

（资料填报：罗西燕，初稿撰写：罗西燕，总纂：李协湖）

远明村

◎ 远明村村貌（摄于 2015 年）

远明村，位于石角镇东南部，距镇政府 5 千米。始建于清中期。由龙聚塘村分村迁入而形成，因祖先开有远明商铺而取名远明村。

该村坐落于丘陵地带，村东为二七加油站，南为楼仔村，西为麦坝村，北为滘江。村坐落于京港澳高速公路与国道 G106 线之间，村旁有曲身山。

建村时，属清远县吉河乡田心堡。清嘉庆十八年（1813 年），属佛冈厅吉河乡田心堡。民国时期，属佛冈县一区南冈乡。中华人民共和国成立初期，属佛冈县第一区三八乡。1958 年，属从化县佛冈人民公社三联大队。1961 年，属佛冈县三八人民公社三联大队。1983 年，属三八区三联乡。1987 年，属三八乡三联行政村。1998 年，属三八镇三联行政村。2004 年，属石角镇三联行政村。2005 年至今，属石角镇三莲行政村。

世居村民为黄姓。据《黄氏族谱》记载，佛冈黄始祖六峰由福建迁入广东，清中期从附近龙聚塘村迁至该村。

2015 年末，户籍人口 168 人，其中男性 82 人，女性 86 人。60 岁以上 12 人，其中 80 岁以上 3 人，最年长者 81 岁（女）。16 岁以下 40 人。实际在村居住和生活主要依靠农业收入 138 人，常年在城镇生活和务工 30 人。村民均为汉族，广府民系，使用粤方言。

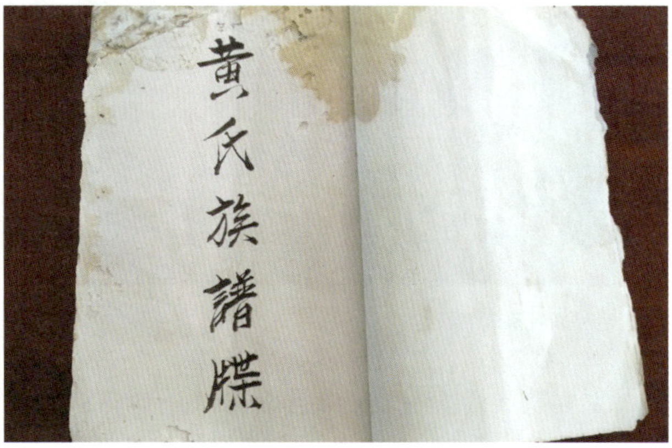

◎《黄氏族谱牒》（摄于 2015 年）

村有山地面积 0.47 公顷，耕地面积 4.67 公顷。传统经济以农业为主，主要作物有水稻、番薯、木薯、花生、大豆等。现多种植水稻、花生、番薯。2000 年后，许多青壮年外出打工。村民主要收入来源为农业和外出务工。传统节庆食品有清明节的艾糍、

◎ 村民收割蔬菜（摄于 2016 年）

◎ 远明村门楼（摄于 2015 年）

端午节的粽子，中秋节的月饼，春节的发糍、糯米糍、炒米饼、糖环、油炸角等。村特色食品有咸香鹅、葱油鸡。

1970 年通电，1995 年通电话，2006 年通网络，2015 年村道实现水泥硬底化。村中建有垃圾收集站，文娱活动场所有文化室。

现存传统正座民居 15 座，为四门归厅、两廊一天井布局。单间又称围水，现存 20 间，面积大小不等。

◎ 远明村新民居（摄于 2015 年）

主要宗族活动有正月初十上灯、清明祭祖、重阳祭祖等。传统节日有春节、清明节、四月八、端午节、七夕、七月十四、中秋节、十月朝、冬至等。春节习俗有农历腊月二十三，家家户户打扫庭院、做年货。年三十，吃“团年饭”，饭后长者要给小孩“压岁钱”。年初一清早，各家各户相互拜年。

传统婚嫁习俗中介绍男女相识、求婚、看家风、定婚、送日子、接亲、送亲、请客婚庆、回门依然存在。传统丧葬习俗以土葬为主，1990 年以后逐步实行火葬。其程序为举丧、入殓、出殡、送葬和做法事，将亡灵牌送入祠堂。办丧事只能做白饭、花菜、黄豆煮猪肉等简单的饭菜。

20 世纪 70 年代中期，整治滃江（三八段）堤坝，其中该村 500 米河段得到整治，平整土地 2 公顷，提高防洪能力。

该村的黄均明（1959—），从事饮食行业 20 多年，他带领村民在村旁国道 G106 线先后开办 8 间饮食店，形成饮食一条街，县城附近的人都慕名前来用餐。

（资料填报：罗西燕，初稿撰写：罗西燕，总纂：李协湖）

车田村

◎ 车田村村貌（摄于 2016 年）

车田村，位于石角镇东部，距镇政府 11 千米。始建清后期，由多姓氏移民聚居而形成。因村旁滘江有车田栏河陂而取名车田村。村东为水头莲瑶村，南为滘江，西为田心村，北为光头山。坐落于石角镇东部与水头镇莲瑶交界处，滘江从村旁流过。

村落形成时，属佛冈厅吉河乡田心堡。民国时期，属佛冈县一区南冈乡。中华人民共和国成立初期，属佛冈县第一区三八乡。1958 年，属从化县佛冈人民公社莲塘大队。1961 年，属佛冈县三八人民公社莲塘大队。1983 年，属三八区莲塘乡。1987 年，属三八乡莲塘行政村。1989 年，属三八乡莲塘管理区。1994 年，属三八镇莲塘管理区。1998 年，属三八镇莲塘行政村。2004 年，属石角镇莲塘行政村。2005 年至今，属石角镇三莲行政村。

◎ 车田村门楼（摄于 2016 年）

世居村民为刘姓、陈姓、黄姓。刘姓，于清后期由佛冈厅吉河乡科旺村迁入该村。陈姓，于清后期由佛冈厅吉河乡城迳村迁入该村。黄姓，于清后期由佛冈厅吉河乡二七村迁入。

2015 年末，户籍人口 265 人，其中男性 130 人，女性 135 人。60 岁以上 28 人，其中 80 岁以上 5 人，最年长者 85 岁（女）。16 岁以下 51 人，其中留守儿童 3 人。实际在村居住 151 人，生活主要依靠农业收入 150 人。常年在城镇生活和务工 115 人。村民均为汉族，广府民系，使用粤方言。

村有山地面积 13.33 公顷，耕地面积 7.07 公顷。传统经济以农业为主，主要作物有水稻、番薯、木薯、花生。1990 年后，许多青壮年村民外出打工。村民主要收入来源为农业和外出务工。传统食品有葱油鸡、焖鹅、扣肉、粽子、饺子、糯米糍、艾糍、发糍等。

◎ 村民收获葱（摄于 2016 年）

20 世纪 70 年代初年通电，90 年代中期通电话，2005 年通网络、有线电视，2007 年村道实现水泥硬底化。

传统民居由于年久失修，部分民居已倒塌，现存民居 10 座，为正座，四门归厅、两廊一天井布局，面积大小不等。

◎ 车田村民居一角（摄于 2016 年）

据村中年长者说，村头的榕树有 200 多年的历史，榕树脚下立有伯公社坛，是附近村民烧香拜佛的场所，每月农历初一、十五或喜庆节日，村民到伯公社坛拜祭，以祈求保佑一家平安。

◎ 车田村榕树（摄于 2016 年）

传统节庆习俗为春节、清明节、四月八、端午节、七夕、七月十四、中秋节、十月朝、冬至等。传统婚嫁习俗是介绍相识、求婚、看家风、定婚、送日子、接亲、送亲、请客婚庆、回门程序。传统丧葬以土葬为主，1990 年以后逐步实行火葬。其程序为举丧、入殓、出殡、送葬和做法事，将亡灵牌送入祠堂。

2013 年 5 月 15 日，遭遇百年一遇的特大洪灾，湛江车田陂河堤段被冲毁，河水漫入该村，水浸村庄约 1 米高，给村民财产造成较大损失。

（资料填报：刘庙灿，初稿撰写：刘庙灿，总纂：李协湖）

上莲塘村

◎ 上莲塘村村貌（摄于 2016 年）

上莲塘村，位于石角镇东部，距镇政府 8 千米。始建于清初，由水头莲瑶东坑村分村迁入而形成，因盛产莲藕而得名。村东为水头莲瑶村，南为碧桂园大道，西为下莲塘村，北为滘江。村坐落于龙埂山脚丘陵地带，村西南有溪水自东向西流至滘江。有乡道在村旁经过。

清嘉庆十八年（1813 年），属佛冈厅吉河乡田心堡。民国时期，属佛冈县一区南冈乡。中华人民共和国成立初期，属佛冈县第一区三八乡。1958 年，属从化县佛冈人民公社莲塘大队。1961 年，属佛冈县三八人民公社莲塘大队。1983 年，属三八区莲塘乡。1987 年，属三八乡莲塘行政村。1989 年，属三八乡莲塘管理区。1994 年，属三八镇莲塘管理区。1998 年，属三八镇莲塘行政村。2004 年，属石角镇莲塘行政村。2005 年至今，属石角镇三莲行政村。

世居村民为黄姓。据《黄氏族谱》记载，清朝初期由清远县吉河乡（今佛冈水头镇）莲瑶东坑村分村迁入该村。

2015 年末，户籍人口 580 人，其中男性 285 人，女性 295 人。60 岁以上 65 人，其中 80 岁以上 15 人，最年长者 93 岁（男）。16 岁以下 82 人，其中留守儿童 8 人。实际在村居住和生活主要依靠农业收入 450 人。常年在城镇生活和务工 130 人。村民均为汉族，广府民系，使用粤方言。

村有山地面积 33.33 公顷，耕地面积 11.47 公顷。村域周边山高林密，阔叶杂树资源丰富。传统经济以农业为主，兼有林业经营。主要作物有水稻、番薯、木薯、花生。20 世纪 90 年代以后，大部分青壮年村民外出打工。村民主要收入来源为农业、林

◎ 村民在花生地劳作（摄于 2016 年）

业经营及外出务工。传统食品有白切鸡、焖鹅、扣肉、粽子、饺子、糯米糍、艾糍、发糍等。

1972 年通电，1985 年通自来水，1996 年通电话，2006 年村道实现水泥硬底化，2010 年通网络、有线电视。村中建有垃圾收集站。

传统民居为正座，一厅一天井两廊四房布局，占地面积约 100 平方米。硬山顶，盖灰瓦，墙体多为青砖或泥砖混合砌成，天井和门前街道用鹅卵石铺成。1990 年后，村民先后搬进在旧围周边建起钢筋混凝土楼房。旧民居已经没有人居住。村内建有爱莲黄公祠，建于清嘉庆十六年（1811 年）。高约 89 米，占地面积 372 平方米，坐东向西，三进三间两廊一天井布局，面阔 12 米，进深 31 米，第一、第二进均高 6.5 米，第三进高 6.7 米。属砖木结构、青砖墙、盖灰瓦、博右脊、石础柱。前门刻有“爱莲公祠”和“清嘉庆十六年立”字样。第一进和第二进、第三进门檐上的木雕精美，保存完好。祠堂木架结构牢固，采用方砖铺地，砖雕窗花保存好，屋顶有形制独特的灰塑。

◎ 上莲塘村门楼（摄于 2016 年）

祠堂附近还保留着一座石屋古建筑，占地面积约 400 平方米，分东门楼和西门楼，墙体全以石条石块青砖建造而成，屋檐壁画清晰可见，墙体保存基本完好。1940 年 1 月，日本侵略军自英德白沙牛栏头经佛冈境内南撤经上莲塘村时，曾纵火烧石屋，由于石屋坚固，只是瓦面被烧一部分，余下的墙体

◎ 上莲塘村爱莲黄公祠（摄于 2016 年）

现仍保留。

清中期，在村西侧约 500 米处建有觉斋学校，为私塾，占地面积约 500 平方米。由村中父老用公尝延师，教族中子弟读书，并吸收附近村中学童读书。村中子弟在乡试中考有名次的，族中还设有奖励，鼓励子弟继续求学进取。中华人民共和国成立后，政府接管学校，更名莲塘小学。1990 年初，重建钢筋混凝土教学楼，属完全小学。2005 年，因调整教育布局，学校停办。

每年农历正月十一早上，村民准备好供品，随着舞狮队伍前往东坑黄氏宗祠拜祖和挂吊灯。

传统节日有春节、清明节、四月八、端午节、七夕、七月十四、中秋节、十月朝、冬至等。其中，正月十五为元宵节，有蒸发糕、食汤圆、做糍的习俗。

传统婚嫁习俗是男女介绍相识、求婚、看家风、定婚、送日子、接亲、送亲、请客婚庆的婚嫁仪式。传统丧葬习俗以土葬为主，1990 年后逐步实行火葬。其程序为举丧、入殓、出殡、送葬和做法事，将亡灵牌送入祠堂。

该村的黄北贵（1944—），农村种养专业能手，在村中办起养猪、果园、鱼塘生态农业基地，他致富不忘乡亲，为有困难村民发展生产提供垫资和技术指导，1993 年当选为清远市第二届人大代表。

（资料填报：黄纯光，初稿撰写：黄纯光，总纂：李协湖）

大白洞村

◎ 大白洞村（摄于 2016 年）

大白洞村，位于石角镇东南部，距镇政府约 16 千米。始建于清中期，因位于羊角山中部有一条山冚叫大白洞，而取名大白洞村。该村四面环山，东为峰仔山，南为尾洞脑山，西为羊角尖山，北为勺老顶山。有溪流自东南向西北流至不远处的九曲坍再而汇入湟江。《佛冈厅志》记载的传统佛冈十景之一“羊角归樵”在村境内。

清嘉庆十八年（1813 年），属佛冈厅吉河乡田心堡。民国时期，属佛冈县一区南冈乡。中华人民共和国成立初期，属佛冈县一区南冈乡。1958 年，属广东省国营羊角山地场（省级林业单位）属下一个农业队。2005 年至今，属石角镇三莲行政村。

世居村民为黄姓、胡姓。黄姓，清中期由附近下莲塘村居住，其分支迁至该村。胡姓，清后期由新丰迁至该村。

2015 年末，户籍人口 255 人，其中男性 126 人，女性 129。60 岁以上 40 人，其中 80 岁以上 7 人，最年长者 93 岁（女）。16 岁以下 65 人，其中留守儿童 8 人。实际在村居住和生活主要依靠农业收入 20 人，常年在城镇生活和务工 235 人。村民为汉族，广府民系，使用粤方言。

村有山地面积 126.67 公顷，耕地面积 8.07 公顷。村落地处广东省国有羊角山地场内，自然资源、森林资源丰富，野生动物常在山地出没。地理环境优越，溪流清澈见底。2006 年初，外商开发羊角山金谷漂流项目，吸引众多游客前来漂流。主要农作物有水稻、番薯、木薯、花生。由于许多村民外迁三八镇（后并入石角镇）、县城居住，村内有少数人居住，外迁居住村民早出晚归，白天到村中搞农

◎ 佛冈十景之一“羊角归樵”（摄于 2016 年）

◎ 羊角山金谷生态旅游度假区（摄于 2016 年）

业生产或林业作业，晚上返回居住地。1990 年后，大部分青壮年村民外出打工。村民主要收入来源为农业、林副产品经营及外出务工。传统节庆食品有葱油鸡、焖鹅、粽子、艾糍等。

20 世纪 80 年代初通电，2002 年使用净化过的山冚水。2012 年，在政府和企业援助下完成乡村公路 14 千米硬底化建设。

◎ 大白洞村水电站大坝（摄于 2016 年）

传统民居现存正座 20 座，为四门归厅、两廊一天井布局。单间 10 间，面积大小不一。

村境内有条古道，以石角镇为起点，经凤围、大白洞村、羊角山，至黄花水尾村到达从化东洞。全程约 25 千米，路宽 1.5 米，有部分为河卵石路面铺砌，山路崎岖不平，是明清时期县中部通向从化县、龙门县的古盐道。

村旁有水口庙、三位夫人庙、求子庙，是村民烧香拜祖佛的场所。供奉伯公、三位夫人（孟母、陶母、岳母）等多座神像。村民逢节庆喜日都去庙里烧香供奉，每逢农历年末都要去庙宇还神，年初祈福年末还神，以祈求保佑全家平安健康。

据该村老人传述，民国时期，大白洞村有个习俗，大年初二，上年添男丁农户摘李子花（白花），到全村农户家门前插上，以示白花添男孩。

传统节日有春节、清明节、四月八、端午节、七夕、七月十四、中秋节、十月朝、冬至等。传统习俗主要有拜观音、农历正月初四拜祖、正月十二上灯习俗、清明（春分前后）祭祖、重阳祭祖。

传统婚嫁习俗，婚嫁以担小担、送彩礼、接新娘、摆酒席、闹洞房等仪式进行。传统丧葬习俗以土葬为主，1990 年后逐步实行火葬。其程序包括竖灵、收殓、引灵、接体、奠礼、出殡、火化、安葬等。

解放战争期间，大白洞村民在中共地下组织领导下开展各项革命活动，减租减息，组织农会和建立民兵组织。收缴村太公枪有单响七九枪 8 支、六八枪 1 支、勾仔枪 2 支，各类枪支子弹 700 多发。农会民兵组织筹粮 2000 千克送给游击队，发动群众为游击队修 4 条主要山路。村民黄赖彬在 1947 年冬参加游击队。1993 年 3 月，经清远市人民政府批准认定该村为解放战争游击根据地。

1942 年，建大白洞小学，中华人民共和国成立后，一直办有小学。20 世纪 90 年代初，乡村女教师黄惠琼在小学任教，她为家乡学童教育无怨无悔、兢兢业业。由于近年来村民逐步外迁，学校条件非常简陋，该校现已撤销。

该村的黄尧（1922—2014），曾任佛冈县二七石灰厂主任、县水泥厂工会副主席、县水泥厂党支部副书记。1964 年，荣获广东省工业、交通、财贸五好职工称号。1977 年，当选为广东省第五届人大代表。

（资料填报：张水维，初稿撰写：张水维，总纂：李协湖）

○莲溪行政村

饮水塘村

◎ 饮水塘村（摄于 2016 年）

饮水塘村，位于石角镇北部，距镇政府 3 千米。始建于清康熙四十九年（1710 年），由村民从附近的红芹塘（今莲溪扬群村旁）迁来而形成。因祖先选定村址旁有口温泉鱼塘，意从“饮水思源”告诫后人，因而取名饮水塘。

村坐落于丘陵地带，村落坐西向东，呈长条形分布。村东为力竹坝村，南为莲花江村，西南为莲花江村耕地，北为山丘。主要河流有湛江河支流王坑小溪，流经该村 100 米。有乡道从村旁经过。村东有 0.2 公顷鱼塘。

村庄形成时，属清远县吉河乡龙溪堡。清嘉庆十八年（1813 年），属佛冈厅吉河乡龙溪堡。民国时期，属佛冈县第一区卫冈乡。中华人民共和国成立初期，属佛冈县第一区卫冈乡。1958 年，属从化县佛冈人民公社塘二大队。1961 年，属佛冈县石角人民公社塘二大队。1983 年，属石角区塘二乡。1987 年，属石角镇塘二行政村。1989 年，属石角镇塘二管理区。1998 年，属石角镇塘二行政村。2005 年至今，属石角镇莲溪行政村。

世居村民为赖姓、黄姓。赖姓，据《赖氏族谱》记载，明中期从福建汀州迁移至广东韶州府长宁（今新丰县），清顺治元年（1644 年）迁到清远县吉河乡（今佛冈县石角镇）九麓带（今石角镇杨梅坪村）、红芹塘（扬群村旁）。清康熙四十九年，开村始祖赖天成迁至该地。黄姓，清末民国初从佛冈厅水头东坑村

◎ 饮水塘村大棚蔬菜园（摄于 2016 年）

迁至佛冈县石角镇三八莲塘村，再迁至该地。

2015年，户籍人口583人，其中男性289人，女性294人。60岁以上63人，其中80岁以上35人，最年长者96岁（男）。16岁以下106人，其中留守儿童9人。实际在村居住411人，生活主要依靠农业收入386人，常年在城镇生活和务工172人。村民均为汉族，广府民系，通用方言为粤方言。

村有山地面积101.53公顷，耕地面积33公顷。村有丰富温泉水资源。温泉水常年水温37℃，日流量100立方米，现供森波拉旅游度假区和篁胜温泉酒店使用。传统经营以种植水稻、蔬菜为主，兼种薯类，以及制作豆腐、养猪、养鸭等。村民收入来源为农业生产、外出务工、房屋出租、商业经营等。传统节庆食品有清明节的艾糍，端午节的咸肉粽子，中秋节的月饼，春节的发糍年糕、炒米饼、炸油糍等。

1975年通电，1980年通电话，1986年通自来水，1995年村道实现水泥硬底化，2001年通网络。县城至青石塘的乡道从村旁经过。建有文化室，建筑面积400平方米，有图书室，藏书300册。体育设施有健身器2件。

传统民居为广府民居，清代围屋建筑，正座民居有12座而且相连，巷道纵横成线，民居整齐排列，构成整体民居群，至今保存完整。有门楼向东，门楼两旁为民居。村内有宗祠3座，宗祠里供奉祖先牌位，旁边一厢房，前面为天井。占地面积300平方米，2000年重修。

◎ 饮水塘村正座群（摄于2016年）

村旁有棵数百年树龄的大榕树，树下设有社坛。村域有座水口庙，建于清初，供奉土地公、观音娘娘。村民于每年农历正月初一和六月十九

◎ 饮水塘村传统民居（摄于2016年）

◎ 城北幼儿园（摄于2016年8月）

均举行祭拜活动。

在清代，村建有私塾，由村中父老用公尝延师，教族中子弟读书。村中子弟在乡试中考有名次的，族中还设有奖励，鼓励子弟继续求学进取。现村有城北公立幼儿园，在园幼儿450人，教职工56人。

村有醒狮队，原舞狮为鸡公狮，是从祖先传承。1950年后，师从南海人学习舞大头狮（俗称“艾寨头狮”）。醒狮队现有20多人，经常为商家开业庆典、重大节日、举办喜庆活动等受邀助兴表演。村中有《赖氏族谱》，由赖世权纂修于1997年。2002年，制定村民公约，规定全村村民要讲文明、讲道德，做守法公民。

传统节日有春节、清明节、四月八、端午节、七夕、七月十四、中秋节、冬至等。在婴儿出生的第三天

称“三朝”，请亲友饮甜酒、吃甜醋。满一个月时称“满月”，亦称“弥月”，很多人家在家中或酒店摆满月酒，设宴款待前来庆贺的亲友。

传统婚嫁习俗流行于清代，男方娶妻抬大花轿，敲锣打鼓，鞭炮齐鸣去迎亲。结婚前担定婚茶、报日子、送聘金、盘嫁妆、迎亲、吃祝贺饭送亲等婚嫁习俗。传统丧葬习俗以土葬为主，1990 年以后逐步实行火葬。老人去世要守灵、小俭、大俭、买水、跪迎外婆家人、八人抬棺材，一路上敲锣打鼓，放鞭炮，抛撒纸钱至下葬地等习俗。

◎ 古道遗址（摄于 2016 年）

村旁有条挂牌径古道，原名界牌古道，形成于清代。北起佛冈县高岗朱洞村（今石山下村）与石角诚迳村交界处，南至石角莲溪饮水塘村。此古道是羊肠小道，道旁高山对峙，西为巍峨的观音山，东为米子碎山河井公王山。挂牌径长 4000 多米，路宽 1.8 米，有部分路面为石阶铺砌。北可通栗坑和牛角塘。径北口有官厅村，跨高岗圩和烟岭圩各 15 千米。径南口有洋浦塘村，距石角 20 千米。挂牌径曾是佛冈南北交通的咽喉。20 世纪 50 年代初，广韶公路开通后，此道行人甚少，逐渐废置。

1986 年，在政府资助下，兴建山泉型自来水工程，使全村用上清洁卫生的自来水。

该村的赖隆，明永乐十三年（1415 年）考取乙未科进士。赖超溪（1900—1997），毕业于广东省立第一师范学校，民国时期，由于他治学严谨、教学方法独到，被多所学校聘为校长。赖世锦（1923—1998），济南部队兵工厂正团级干部。

（资料填报：赖宏仕、赖石崇，初稿撰写：赖宏仕、赖石崇，总纂：李协湖）

龙溪村

◎ 龙溪村村貌（摄于 2016 年）

龙溪村，位于石角镇北面，距镇政府 1 千米。始建于明正德元年（1506 年），因在凤尾山下建村，取名凤岭村。后因村背山形似龙，村前有一条小溪，故改名龙溪村。

该村坐落于丘陵地带，村落呈条状聚居村落。由大围、中围、下围 3 个居住点组成。村东为龙溪山，南为县城沿江大道，西接大群村，北为团群村。省道 S252 线和英佛路、县道沿江大道、乡道龙放线（龙溪—放牛洞）经过该村。有龙溪水在村旁流过。

村形成时，属清远县吉河乡龙溪堡。清嘉庆十八年（1813 年），属佛冈厅吉河乡龙溪堡。民国时期，属佛冈县第一区卫冈乡。中华人民共和国成立初期，属佛冈县第一区卫冈乡。1958 年，属从化县佛冈人民公社龙溪大队。1961 年，属佛冈县石角人民公社龙溪大队。1983 年，属石角区龙溪乡。1987 年，属石角镇龙溪行政村。1989 年，属石角镇龙溪管理区。1998 年，属石角镇龙溪行政村。2005 年至今，属石角镇莲溪行政村。

世居村民为黄姓。据《黄氏族谱》记载，元初从江西南丰县龙井乡双井头迁移至广东梅州，明洪武元年（1368 年），黄六峰迁移到清远县吉河乡（今佛冈县水头镇）莲瑶东坑村，为佛冈黄姓始祖。明成化元年（1465 年），分支迁徙到清远县吉河乡（今佛冈县石角镇）三八猪牯塘村。五世祖黄乐耕约在明正德元年迁移到该地，其分支外迁多地。

2015 年，户籍人口 1001 人，其中男性 495 人，女性 506 人。60 岁以上 62 人，其中 80 岁以上 48 人，最年长者 95 岁（女）。16 岁以下 190 人，其中留守儿童 15 人。实际在村居住 796 人，生活主要依靠农业收入 735 人，常年在城镇生活和务工 205 人。非户籍外来人 51 人。祖籍该村的港澳台同胞 60 人。村民均为汉族，广府民系，使用粤方言。

村有山地面积 240.67 公顷，耕地面积 32 公顷。传统经济以农业为主。主要农作物有水稻、番薯、木薯、花生、莜麦菜和芋头等。村民以个人经营为主。村旁有建于 1975 年的县酒厂，1994 年该厂生产的“南星牌”纯正米酒获全国名优食品博览会金奖。2001 年，引进外资企业盈展（佛冈）电子有限公司落户该村旁，提供就业 500 人岗位。1980 年以后，部分青壮年村民外出打工。村民主要收入来源为农业、集体土地

◎ 龙溪村火龙果种植（摄于 2016 年）

◎ 盈展（佛冈）电子有限公司（摄于 2016 年）

◎ 酒厂生产线（摄于 1996 年）

出租、少量集体分红、外出务工和商务。传统节庆食品有艾糍、粽子、米饼和炸油角。

1965 年通电，1993 年初通电话，1996 年通自来水，1998 年实现村道水泥硬底化，2003 年通电视。村建有文化室、篮球场，文化室占地面积 300 平方米。村中建有垃圾收集点。村内有龙溪小学，2015 年有

◎ 大围门楼（摄于 2016 年）

9 个教学班，330 名学生，13 名教职工。

传统民居为广府民居围屋。其中，大围居住点背靠龙溪山而建，以门楼为中心，围水屋包围正座屋，呈“回”字形四点金布局建筑群。门楼坐西向东，有四级阶梯，石板门框，三合土墙，盖灰瓦、龙船脊。穿过门楼，河卵石巷道直通民居，为左三排右三排。

◎ 旗杆石（摄于 2016 年）

1990年后，许多村民先后搬进自建钢筋混凝土楼房。

门楼前有4件旗杆夹石，下围居住区有2块旗杆夹石和占地面积666平方米的半月形风水塘。围水屋为单间平房，一般占地面积20平方米，大部分建在村的围墙边内，砖木结构，硬山顶，青砖墙体。

围内有乐耕公祠，为三进祠堂，祠堂占地面积237平方米，石墩木柱工字梁，三进四廊、两天井、龙船脊、青砖墙。第三进里供奉着乐耕公夫妇神位牌。2015年，对祠堂部分修缮。

村东旁有黄俊灵（乐耕公第四代孙）公祠，始建于清康熙四十二年（1703年）。为附近九爪龙村族人祖祠。

◎ 黄俊灵公祠（摄于2016年）

村里有棵近500年树龄的古榕树。根部直径约3米，树冠覆盖面积约1333平方米，为县级保护树木，县政府立有“龙溪奇榕”石刻大石。村民以古榕树为伯公树，附近村民前来烧香拜祭。

传统节日为春节、清明节、四月八、端午节、七夕、七月十四、中秋节、冬至等。传统嫁娶习俗，男女相识交往后，女方家亲友要到男方家看家风、结婚前担定婚茶、报日子、送聘金、盘嫁妆、迎亲、送亲、宴请亲友。传统丧葬习俗，其程序收殓、引灵、接体、做法事，送葬，将亡灵牌送入祖堂。1990年后，逐步实行火葬。

◎ 龙溪奇榕（摄于2016年）

清咸丰元年（1851年）农历十一月，因刘、黄两姓发生械斗，村庄有数十间房屋被烧毁。1949年10月11日，中国人民解放军第四野战军四十三军一二七师进入佛冈后，同驻守在县城北龙溪山上国民党军队发生激烈的战斗。经过一整天战斗，消灭国民党第三十九军一〇三师三〇七团和1个保安营，俘敌团长以下官兵2000余人，毙敌200余人，缴获全团美式装备。

该村的主要人物：黄锦彪，清光绪年间人，武举人。黄谷钊（1926—1950），革命烈士，1950年在佛冈县城粮仓与土匪搏斗中牺牲。黄敬文（1930—2008），中华人民共和国成立前参加工作，曾在中国人民解放军总参谋部任职，转业后先后在佛冈县龙南中学教师、佛冈县住建局任职，当选为县政协委员、民盟佛冈县支部主任委员，有撰写多篇文稿收录在《佛冈县志》《佛冈文史漫话》及有相关书刊。黄谷锐（1930—），1963年3月获“广东省先进工作者”称号。黄光崇（1953—），佛冈县民营企业协会会长，佛冈县长风机械厂总经理，其厂生产机械产品远销海外，年产值5000万元。同时，热心捐资县、镇、村教育和公益事业。

（资料填报：黄祯祥、黄南焕，初稿撰写：黄祯祥、黄南焕，总纂：李协湖）

大群村

◎ 大群村村貌（摄于 2016 年）

大群村，位于石角镇北部，距镇政府约 1.5 千米。始建于清乾隆五十七年（1792 年），因村后山形如大象，曾取名象岭村。后因地处山冚口，清中期更名为大冚口围，1958 年改为大群村。该村坐落于丘陵地带，坐北向南，沿山边聚居分布。村东靠乡道龙放线（龙溪—放牛洞）、龙溪村，南面为大片耕地，西南有滘江支流龙溪水，北临爬子山、团群村。

村落形成时，属清远县吉河乡龙溪堡。清嘉庆十八年（1813 年），属佛冈厅吉河乡龙溪堡。民国时期，属佛冈县第一区卫冈乡。中华人民共和国成立初期，属佛冈县第一区卫冈乡。1958 年，属从化县佛冈人民公社龙溪大队。1961 年，属佛冈县石角人民公社龙溪大队。1983 年，属石角区龙溪乡。1987 年，属石角镇龙溪行政村。1989 年，属石角镇龙溪管理区。1998 年，属石角镇龙溪行政村。2005 年至今，属石角镇莲溪行政村。

世居村民为黄姓。元初，从江西南丰县龙井乡双井头迁移至广东梅州。明洪武元年（1368 年），黄六峰迁到清远县吉河乡（今佛冈县水头镇）莲瑶东坑村，为佛冈黄姓始祖（佛冈黄姓一世祖）。明成化元年（1465 年），其后裔迁到清远县吉河乡（今佛冈县石角镇）三八猪牯塘村。五世祖黄乐耕在明正德元年（1506 年）迁到附近龙溪村。清乾隆五十七年，八世祖黄应初（卓仁）从龙溪村迁至该地。

2015 年，户籍人口 235 人，其中男性 115 人，女性 120 人。60 岁以上 40 人，其中 80 岁以上 13 人，最年长者 91 岁（女）。16 岁以下 45 人。实际在村居住 165 人，生活主要依靠农业收入 134 人，常年在城镇生活和务工 70 人。村民均为汉族，属广府民系，使用粤方言。

村有山地面积 20.07 公顷，耕地面积 17.2 公顷。传统经济以种植水稻为主，兼种木薯、花生、大豆，兼营制作豆腐、养猪、养鸭等。1990 年以后，许多青壮年外出打工。村民主要收入来源为农业、外出务工、商业经营等。传统节庆食品有糯米糍、粽子、油角等。其中，油角为春节食品及礼品。其做法为：用面粉加清水搓匀，分成小团，用圆木棒碾成薄面块，再用圆形印模印成小圆形面块，然后在面块上放上碎花生、芝麻、白糖等馅，捏花边包好，用油炸熟即可。

1976 年通电，2000 年村道实现水泥硬底化，

◎ 大群村青枣园（摄于 2016 年）

◎ 私塾德华学堂（摄于 2016 年）

2003 年通网络，2014 年通自来水。村中建有垃圾收集站。

传统民居为广府民居。现存 6 座正座民居，每座都是四门归厅，中间大门进大厅，两边各两个房间，房门通向大厅。厅门口是天井，两边有廊（厢），其中一廊为厨房，另一廊为通道。天井和廊前面或为照墙，或与前面另一正座连体。1990 年后，许多村民先后搬进自建钢筋混凝土楼房。

村内尚存碉楼 1 座，主楼和两间平房连成一体，村民黄培谦建于 1943 年。三层结构，二至三层均设置内宽外窄枪炮眼，与众不同是，住房、伙房等连同一体。该碉楼占地面积 40 平方米，建筑面积 80 多平方米。碉楼前的照墙上有草书“寿”字，两边有对联：“培植种栽成善果；谦恭礼让是福田。”1944 年秋，日本侵略军路过培谦碉楼时，打碎所有生活用品，日本投降后碉楼曾为国民党军队的团部。如今碉楼整体保存完好。据说原来还有另一座碉楼，被村民拆除。

该村有祠堂“中南堂”（狮队旗号），是为纪念黄成壮而修建的。门墙上有一块石刻，铭记其生卒年及品格。1990 年后，民居逐步建成钢筋混凝土楼房，越来越多的居民迁入楼房居住。

◎ 大群村碉楼（摄于 2016 年）

1935 年，村利用祖尝公房创办私塾德华学堂。由村中父老集资聘请先生教学。当时村办学堂规模较小，一般只有 10 多个学童。学堂主体为平房结构，三合土墙体，灰瓦天面，前面有围墙和大门。学堂内壁用石灰粉刷，墙上有花边和彩画及诗文。今学堂左边已被拆除以作通道，右边盖有楼房。村旁有棵 200 年树龄

◎ 200 年树龄的榕树（摄于 2016 年）

的老榕树，村民称之为伯公树，并在大树旁设社坛。逢年过节，村民都到此地烧香祈福。

传统节日有春节、清明节、四月八、端午节、七夕、七月十四、中秋节、冬至等。村民有清明祭祖的习俗。民间把农历四月初八仍无人祭扫的坟墓视为无主孤坟，村民集中在山岗上祭拜。

传统婚嫁习俗，中华人民共和国成立前，男婚女嫁为“父母之命，媒妁之言”。有抱养穷人家女童作“童养媳”，未生男孩的人家抱养穷人家女孩作“等郎妹”的习俗。男女婚嫁是终身大事，都要经过相亲、订婚、迎亲等程序。相亲是由媒人牵线，约男方家人去女方家看人。若男方家有意，即授意媒人向女方家长索取其女儿的生辰八字，带回男方家。男方家长请人卜算后，如男女“相生”，则男方家叫媒人陪伴送礼去女方家“报合”；如男女“相克”，则将女子生辰八字退回女方家，婚事作罢。订婚的第一步是下定礼，即男方送定金、酒米、肉类给女方，表示合成婚事。商定成亲日期及礼金后，按照礼规进行过礼，由男方出具礼帖，把礼物、聘金送给女方，女方要回一份礼帖给男方。迎亲是男方家叫算命先生择定结婚吉日，由媒人通知女方。届时男方的迎亲队伍带着礼物，吹起八音、敲锣打鼓、抬着花轿到女方家迎新娘。女方家把嫁妆、礼物随新娘一起送到男方家。新娘到达男方家后，宴请来宾，举行拜堂仪式，随后送入洞房，闹洞房后迎亲仪式即告结束。中华人民共和国成立后，婚嫁习俗逐渐发生变化，婚事新办较为简化。传统丧葬习俗以土葬为主，1990 年后逐步实行火葬。程序包括守灵、跪迎外婆家人、收殓、引灵、接体、奠礼、出殡等。

该村的黄伟棋（1960—），现任佛冈县发展和改革局局长。黄锦星（1962—），现任清远市机关事务管理局局长。

（资料填报：黄祯祥、黄南焕，初稿撰写：黄祯祥、黄南焕，总纂：李协湖）

九爪龙村

◎ 九爪龙村村貌（摄于 2016 年）

九爪龙村，位于石角镇东北部，距镇政府 3 千米。始建于清顺治三年（1646 年），村民从龙溪村迁移而形成。后因人口繁衍扩建，形成龙星、文明 2 个居住点。因村后有 9 个小山包，形同龙爪，故取名为九爪龙村。该村坐落于潖江北岸丘陵地带，坐北向南，呈 3 个分散聚居点分布。村东是耕地，南为县城潖江人工湖，西为城北中学、莲花江村，北为 9 个小山丘（龙爪）。东北山脚下为佛冈县职业技术学校。村落依山傍水，县城沿江路从村南经过。

村落形成时，属清远县吉河乡龙溪堡。清嘉庆十八年（1813 年），属佛冈厅吉河乡龙溪堡。民国时期，属佛冈县第一区卫冈乡。中华人民共和国成立初期，属佛冈县第一区卫冈乡。1958 年，属从化县佛冈人民公社塘二大队。1961 年，属佛冈县石角人民公社塘二大队。1983 年，属石角区塘二乡。1987 年，属石角镇塘二行政村。1989 年，属石角镇塘二管理区。1998 年，属石角镇塘二行政村。2005 年至今，属石角镇莲溪行政村。

世居村民为黄姓。据《黄氏宗谱》记载，元初，从江西南丰县龙井乡双井头迁移至广东梅州。明洪武元年（1368 年），黄六峰迁到清远县吉河乡（今佛冈县水头镇）黄田堡莲瑶东坑村，为佛冈黄姓始祖。明成化元年（1465 年），迁到清远县吉河乡（今佛冈县石角镇）三八猪牯塘村。明正德元年（1506 年），五世祖黄乐耕迁移到清远县吉河乡（今佛冈县石角镇）龙溪村。清顺治三年（1646 年），迁至该地，十世祖黄济卿为村始祖。

2015 年末，户籍人口 426 人，其中男性 210 人，女性 216 人。60 岁以上 46 人，其中 80 岁以上 29 人，最年长者 86 岁（男）。16 岁以下 71 人，其中留守儿童 5 人。实际在村居住 266 人，生活主要依靠农业收入 215 人，常年在城镇生活和务工 160 人。村民均为汉族，广府民系，使用粤方言。

村有山地面积 39 公顷，耕地面积 13.73 公顷。自然资源有山地资源和稀土矿资源，其中稀土矿资源现已禁止开采。主要树种有松树、杉树、樟树、枫树、柯树等。传统经济以农业为主，主要作物有水稻、番薯、木薯、花生、大豆等。现多种植粮食作物、果树、经济林木。村民主要收入来源于农业、外出务工，有少量来源于经商。传统节庆食品有豆腐、

◎ 九爪龙村山地一角（摄于 2016 年）

糖环、油角、艾糍、粽子、炒米饼等。炒米饼制作：将糯米用开水浸泡片刻，捞起滤干后炒熟，磨成粉，碾碎花生米、芝麻，连同米粉加黄糖或白糖水搓匀，再将加工好的米粉用饼模印成米饼。该米饼久放不坏，既可自吃，也可送礼。

1976 年通电，1985 年通电话，1993 年村道实现水泥硬底化，1996 年通自来水，2006 年通网络。村中建有垃圾收集站、文化室。

◎ 九爪龙村文化室（摄于 2016 年）

传统民居为广府民居。村落早期建在现佛冈县职业技术学校内。现存民居建于清末。有正座（四门归厅加两廊）和围水屋两种。村有东门楼和西门楼，包围正座的围水屋多为单间排列结构，墙体下部为三合土，上部为砌泥砖，灰瓦天面。许多旧民居已无人居住。1990 年后，村民先后自建新楼。其中，龙星居住点居民在潖江岸边和老村西面新建楼房，文明居住点居民拆旧建新楼。

村有《黄氏族谱（九爪龙支系）》，由黄玉浪于 2005 年纂修，收录黄氏家训的内容为敦孝悌、睦宗族、和乡邻、明礼让、务本业、端士品、隆师道、修坟墓、戒犯讳、戒非为、戒犯上、戒异端、戒法律、戒轻谱等。

村民以乐耕公重孙黄俊灵的祠堂为祖祠。该祠堂位于龙溪村内，始建于清康熙四十一年（1702 年），前后重修 6 次，占地面积 377 平方米。坐东向西偏西南，二进三间两廊一天井格局。面阔 13 米，进深 29 米，高 6.2 米，砖木结构，青砖墙，盖灰瓦，龙船脊，硬山顶。祠内用方砖铺地，正门用石板铺地。现祠内还保留部分木雕，正门楣木牌匾已毁，门楣处的祥云灰塑和草尾灰塑保存完好。2012 年，该祠堂被列入佛冈县不可移动文物。

村有座水口庙，庙内有土地公、观音塑像，村民在每月农历初一、十五及春节、清明节、四月八、端午节、中秋节等节日，带供品前去烧香拜祭。

村域内有两所全日制公立学校，一所是佛冈县职业技术学校，2015 年有学生 1083 人，教职工 153 人；另一所是佛冈县城北中学，2015 年有 40 个教学班，1789 名学生，159 名教职工。

传统节日有春节、清明节、四月八、端午节、七夕、七月十四、中秋节、冬至等。七月十四，亦称盂兰节或鬼节。相传在元朝以前每年的农历七月

◎ 佛冈县职业技术学校（摄于 2016 年）

◎ 佛冈县城北中学（摄于 2016 年）

十五，民间都举行祭祀祖宗活动，故称七月半。后为避元兵入侵，民间提前一天祭祀祖宗，从此每年农历七月十四过七月半。此习沿袭至今，村民有农历七月十四制作米糍或杀鸡的习俗。

传统嫁娶习俗，男女相识交往后，女方家亲友要到男方家看家，结婚前要担定婚茶、报日子、送聘金、盘嫁妆，行婚礼时要迎亲、吃贺饭、送亲。传统丧葬是以土葬为主，20 世纪 90 年代以后逐步实行火葬。程序包括举丧成服、入殓、出殡、做法事、送葬、将亡灵牌送入祖堂。

1949 年 10 月 11 日，解放军一二七师三八〇团解放佛冈时，在村的水口庙山歼敌 1 个排。20 世纪 50 年代末，在现佛冈县职业技术学校校址上曾建县万头猪场。1975 年 10 月，县政府实施县城河道改造工程，全县有 2 万名劳动力参与，改造工程上自坝仔坑口村，下至高埔村对面，堤长 19 千米，两岸堤坡砌石护堤 17 千米，经过该村 1 千米，该改造工程使河道防洪能力由 10 年一遇提高到 50 年一遇。

该村的黄常佳（1958—），曾先后任黄花镇党委书记、佛冈县纪律检查委员会副书记。

（资料填报：赖宏仕、赖石崇，初稿撰写：赖宏仕、赖石崇，总纂：李协湖）

力竹坝村

◎ 力竹坝村村貌（摄于 2016 年）

力竹坝村（原名簕竹坝村），位于石角镇东北面，距镇政府 4 千米。始建于清同治年间，由新围仔、新围、力竹坝 3 个居住点组成。因该村村前小溪坝上生有大片簕竹而得名。村坐落于丘陵地带，东、南、北三面环山，西接饮水塘村。

村落形成时，属佛冈厅吉河乡龙溪堡。民国时期，属佛冈县第一区卫冈乡。中华人民共和国成立初期，属佛冈县第一区卫冈乡。1958 年，属从化县佛冈人民公社塘二大队。1961 年，属佛冈县石角人民公社塘二大队。1983 年，属石角区塘二乡。1987 年，属石角镇塘二行政村。1989 年，属石角镇塘二管理区。1998 年，属石角镇塘二行政村。2005 年至今，属石角镇莲溪行政村。

世居村民为黄姓、郑姓。黄姓，元初从江西迁至广东南雄珠玑巷，明洪武元年（1368 年），黄六峰迁到清远县吉河乡（今佛冈水头镇）莲瑶东坑村，其分支于清同治四年（1865 年）迁入该村。郑姓，村民属英德县大陂乡（今佛冈县迳头镇大陂村）郑氏后人，清嘉庆至道光年间，郑开贵（力竹坝郑姓始祖）迁居马山（力竹坝村内山名），1958 年迁入现址。

2015 年末，户籍人口 150 人，其中男性 78 人，女性 72 人。60 岁以上 11 人，其中 80 岁以上 5 人，最年长者 88 岁（男）。16 岁以下 28 人。实际在村居住 104 人，生活主要依靠农业收入 96 人，常年在城镇生活和务工 46 人。村民均为汉族，广府民系，使用粤方言。

村有山地面积 41.33 公顷，耕地面积 10.81 公顷。村域周边山高林密，阔叶杂树资源丰富，野猪、鸟类时有出没。传统经济以农业为主，兼有林业经济。主

◎ 力竹坝村农家乐（摄于 2016 年）

◎ 力竹坝村麦菜种植（摄于 2016 年）

◎ 在建的 110 千伏变电站（摄于 2016 年）

要作物有水稻、番薯、木薯、花生、大豆等。现多种植水稻、蔬菜、番薯、花生及其他农作物。1983 年以后，许多青壮年外出打工。村民主要收入来源为农业、外出务工。2012 年，政府开发城北，建 110 千伏变电站。村中特色农产品为苦麦菜，该菜叶细而尖，性温，四时食用皆宜，全年可种植。传统节庆食品有糯米糍、芋头糕、粽子等。

1984 年通电，2002 年通电话，2005 年村道实现水泥硬底化，2008 年通网络。村中建有垃圾收集站和占地面积 200 平方米的文化室，文化室前面有一个篮球场。

◎ 力竹坝文化室（摄于 2016 年）

传统民居有正座和围水屋两种建筑。正座民居为一厅两廊四房一天井布局，土木结构，三合土墙（或火砖墙），硬山顶，盖灰瓦，有两廊门为出入口，屋内以方砖铺地，天井用鹅卵石（或石板条）铺砌，排水设施完备，一般每座占地面积 68 平方米。围水屋则为单间砖木平房，土木结构，三合土墙（或火砖墙），硬山顶，盖灰瓦，一般每间占地面积 20 平方米。现存正座 3 座，整体完好。1990 年后，许多村民陆续建造钢筋混凝土楼房，为两层、三层、四层建筑。

传统节日有春节、清明节、四月八、端午节、七夕、七月十四、中秋节、冬至等。其中，民间把农历四月初八仍无人祭扫的坟墓视为无主孤坟，村民集中在山岗上祭拜。

传统婚嫁习俗，以担小担、送彩礼、接新娘、摆酒席、闹洞房为婚嫁仪式。传统丧葬习俗以土葬为主，1990 年后逐步实行火葬。其程序包括竖灵、收殓、引灵、接体、奠礼、出殡、火化、安葬等。

1939 年，县政府从莲花江国恩寺迁至簕竹坝旧围仔。1939 年，国民政府在村的马山郑姓居住点征用民房作监狱，有多名中共党员及游击队员在该监狱被迫害。中华人民共和国成立初，该监狱被撤销。1940 年 2 月，时任广东省主席李汉魂到佛冈考察，在该村召开民众大会，表彰佛冈、滘江抗日军民。1987 年，县林业局在该村建成 6.67 公顷的苗圃场。

（资料填报：赖宏仕、赖石崇，初稿撰写：赖宏仕、赖石崇，总纂：李协湖）

莲花江村

◎ 莲花江村村貌（摄于 2016 年）

莲花江村，位于石角镇北面，距镇政府 2 千米。村始建于明景泰七年（1456 年），村民从大群村（大冚口）迁居而来。因村旁水塘盛开莲花和村临滘江，而取名莲花江村。村地处滘江北岸旁，坐北向南。村东为城北中学、九爪龙村，南为县自来水厂、县城人工湖，西为县政府驻地、城市春天社区，北为山丘，东北为饮水塘村。村前有县城沿江路。

村落形成时，属清远县吉河乡龙溪堡。清嘉庆十八年（1813 年），属佛冈厅吉河乡龙溪堡。民国时期，属佛冈县第一区卫冈乡。中华人民共和国成立初期，属佛冈县第一区卫冈乡。1958 年，属从化县佛冈人民公社塘二大队。1961 年，属佛冈县石角人民公社塘二大队。1983 年，属石角区塘二乡。1987 年，属石角镇塘二行政村。1989 年，属石角镇塘二管理区。1998 年，属石角镇塘二行政村。2005 年至今，属石角镇莲溪行政村。

世居村民为曾姓。明洪武年间，曾姓先祖从江西吉阳迁至广东南海九江村。五十六世祖曾孟迁至增城。五十七世祖曾理祯迁至清远县吉河乡（今佛冈县石角镇）放牛洞。五十八世祖曾伟保迁往新开山，六十世祖曾缘迁佛冈村。明景泰七年开村始祖曾有智从大群村（大冚口）迁至该地。

2015 年末，户籍人口 346 人，其中男性 171 人，女性 175 人。60 岁及以上 25 人，其中 80 岁以上 16 人，最年长者 89 岁（男）。16 岁以下 84 人。因县城拓展，村只有少量耕地。实际在村居住 293 人，生活主要

◎ 村旁的金宝制衣厂（摄于 2000 年）

依靠农业收入 276 人，常年在城镇生活和务工 53 人。非户籍外来人口 258 人。祖籍该村的香港同胞约 20 人。村民均为汉族，属广府民系，使用粤方言。

村有山地面积 53.33 公顷，耕地面积 6.93 公顷。传统经济以农业为主，作物种植以水稻为主，兼种番薯、木薯、花生、大豆、蔬菜等。20 世纪 90 年代初，因县城拓展，该村已成为城中村，只有少量耕地，少数村民从事农田耕作。1988 年，村旁建有港商投资的金宝制衣厂，制衣厂吸收了附近众多村民入厂打工。村民主要收入来源有村集体经济分红、房屋出租、商业经营、外出务工及部分农业生产。传统食品有糯米糍、粽子、油角等。

1965 年通电，1978 年通自来水，1979 年通电话，1980 年村道实现水泥硬底化，2003 年通网络。村中设有垃圾收集站。

传统民居为广府围屋。坐西向东，以门楼为中心，围水屋包围正座屋，呈“回”字形四点金布局。民居既有向南的正座（四门一厅加两廊布局），也有向西、向南的围水屋，三合土和泥砖墙体，盖灰瓦，鹅卵石铺设巷道。民居保存完好，有村民居住。1980 年后，村民陆续建成钢筋混凝土楼房，建筑风格各有特色。

◎ 莲花江村新民居（摄于 2016 年）

◎ 曾氏宗祠（摄于 2016 年）

村旁建有曾氏祠堂。头进内有木屏风，二进供奉曾氏祖先牌位，两进间有天井。曾氏宗祠为木梁砖柱，石板门框、门额。门额上雕有“有智曾公祠”五个大字。宗祠面积 230 平方米。村修有《曾谷志家谱》。该家谱主要记载 77 代人（含谷志的儿孙）的血缘关系，

◎ 莲花江村门楼（摄于 2016 年）

从原籍山东武成县启圣公开始至今，跨越近2100年。

传统节日有春节、清明节、四月八、端午节、七夕、七月十四、中秋节、十月朝、冬至等。其中春节，俗称“过年”，是送旧迎新的大节。农历腊月二十三称“小年”，家家户户打扫庭院、买年货。在灶台摆供品拜祭灶君，年三十晚在灶台摆供品拜祭灶君。除夕晚，合家一起吃“团年饭”，饭后长者要给孩子“压岁钱”。年初一零时，各家各户放鞭炮，除旧迎新。年初二开始探亲访友。正月十五为元宵节，村民有蒸发糕、做汤圆、做糍粑的习俗，以示庆贺春节圆满结束。

传统婚嫁习俗，仍以担小担、送彩礼、接新娘、摆酒席、闹洞房等仪式为主。传统丧葬习俗以土葬为主，1990年后逐步实行火葬。其程序包括竖灵、收殓、引灵、接体、奠礼、出殡、火化、安葬等。

村有一棵200年树龄的老榕树，村民称为伯公树，在大树脚设社坛。逢年过节，村民带上供品到大榕树下烧香祈福。宗族活动主要有清明祭祖等。

1938年，县城石角圩及附城遭日本侵略军飞机炸毁，县政府迁往该村的国恩寺。村附近山头是1949年10月11日解放佛冈时战场。1975年8月，县政府实施县城河道改造工程，全县有2万名劳动力参与，改造工程从坝仔坑起，至高埔村对面19千米，河堤两岸砌石护堤长17千米，经过该村1千米，保护农田20公顷，河道防洪能力提高到50年一遇。2003年，县政府从建设路287号迁往该村旁北山公园南面。

该村的曾超雄，清中期曾任韶州千总。曾宪荣，1932年在家候任南海县县长期间，将国恩寺和尚赶走，把泥菩萨丢到寺前池塘，在寺内办小学堂。

（资料填报：赖宏仕、赖石崇，初稿撰写：赖宏仕、赖石崇，总纂：李协湖）

青石塘村

◎ 青石塘村村貌（摄于 2016 年）

青石塘村，位于石角镇北面，距镇政府 5 千米。始建于清康熙五十八年（1719 年），由祖先从龙溪村迁移而形成。因附近山塘开采的石头是青石，而取名青石塘村。村坐落于丘陵地带，西面环山，周围有小山头和山塘。村落分成旧围和新围，相距约 200 米。乡道杨梅坪线经过该村。

村落形成时，属清远县吉河乡龙溪堡。清嘉庆十八年（1813 年），属佛冈厅吉河乡龙溪堡。民国时期，属佛冈县第一区卫冈乡。中华人民共和国成立初期，属佛冈县第一区卫冈乡。1958 年，属从化县佛冈人民公社塘二大队。1961 年，属佛冈县石角人民公社塘二大队。1983 年，属石角区塘二乡。1987 年，属石角镇塘二行政村。1989 年，属石角镇塘二管理区。1998 年，属石角镇塘二行政村。2005 年至今，属石角镇莲溪行政村。

世居村民为黄姓。黄姓，元初从江西南丰县龙井乡双井头迁移至广东梅州。明洪武元年（1368 年），黄六峰迁到清远县吉河乡（今佛冈县水头镇）莲瑶东坑村，为佛冈黄姓始祖。明成化元年（1465 年），迁到清远县吉河乡（今佛冈县石角镇）三八猪牯塘村。明正德元年（1506 年），五世祖黄乐耕迁到龙溪村。清康熙五十八年（1719 年），其后裔迁移至该地。

2015 年末，户籍人口 73 人，其中男性 35 人，女性 38 人。60 岁以上 3 人，80 岁以上 1 人，最年长者 82 岁（女）。16 岁以下 16 人。实际在村居住 58 人，生活主要依靠农业收入 36 人，常年在城镇生活和务工 15 人。祖籍该村的港澳台同胞有 10 人。村民均为汉族，广府民系，使用粤方言。

村有山地面积 65.67 公顷，耕地面积 3.8 公顷。

◎ 青石塘村鱼塘（摄于 2016 年）

村域林业资源丰富。春节过后，村民上山采摘枫树芽蕾（嫩叶尚未萌发），锅炒杀青后晒干，为饮用枫木耳茶。此茶沸水泡饮清爽芳香，密封存放三年以上饮用，味道更佳。传统经济以农业为主，主要作物有水稻、番薯、木薯、花生、大豆等。1983年后，许多青壮年村民外出打工。发展种养业是青石塘村的特色。1990年后，村民利用多山塘的特点发展养殖业。利用山头、山塘，走上致富之路。山上种经济林木，山下水塘养鱼、养鹅、养鸭。塘边种果树，养本地鸡。村民主要收入来源为农业、外出务工。传统食品有糯米糍、芋头糕、粽子等。

1978年通电，2005年通电话，2008年通网络，2010年村道实现水泥硬底化。村中建有垃圾收集站。

传统民居为广府围屋。原民居建在村旁的小山丘，因长期无人居住而荒废。1946年，再建民居，现存正座4座，布局是四房一厅、两廊一天井，有人居住。1990年以后，村民经济条件改善，陆续建成钢筋混凝土楼房，建筑风格各有特色。

◎ 青石塘村传统民居（摄于2016年）

传统节日有春节、清明节、四月八、端午节、七夕、七月十四、中秋节、十月朝、冬至等。农历八月十五日为中秋节。晚上，家人一起赏月，品尝月饼、柚子和石螺等食品，在外地工作的亲人尽量都回家与家人团聚，共度佳节。

传统婚嫁习俗，结婚前要担定婚茶、报日子、送聘金、定嫁妆，行结婚礼时要摆酒请客、迎亲和送

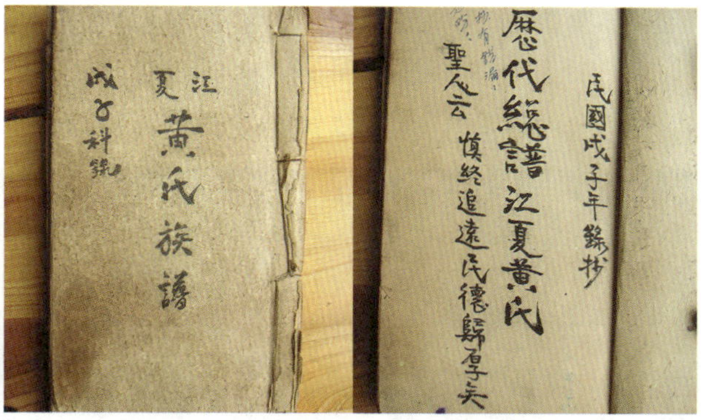

◎《江夏黄氏族谱》（摄于2016年）

亲。传统丧事习俗以土葬为主，1990年以后逐步实行火葬，其程序为举丧、入殓、出殡、送葬和做法事，将亡灵送入祠堂。村中有红白事时，全村村民均自动集中帮忙。

村民黄振球提供《江夏黄氏族谱》，于1948年录抄，收录黄氏家训的内容为敦孝悌、睦宗族、和乡邻、明礼让、务本业、端士品、隆师道、修坟墓、戒犯讳、戒非为、戒犯上、戒异端、戒法律、戒轻谱等。

1977年，县建放牛洞水库引水高架拱桥形水槽，该村农田受益6.67公顷。20世纪70年代后期，在村两旁，利用低畦水地修造多口鱼塘1.34公顷，现鱼塘年产值10万元，增加村集体收入，改善村居周边环境。

◎ 放牛洞水库引水高架拱桥形渡槽（摄于2016年）

（资料填报：赖宏仕、赖石崇，初稿撰写：赖宏仕、赖石崇，总纂：李协湖）

扬群村

◎ 扬群村村貌（摄于2016年）

扬群村，位于石角镇北面。距镇政府5千米。村始建于清嘉庆二十三年（1818年），原名红芹塘，1957年改名为扬群村。现村落分为旧围和新围2个居住点。村坐落于丘陵地带，处于青山环抱之中。村西为青石塘村，北为杨梅坪村，乡道杨梅坪线经过该村。

村落形成时，属佛冈厅吉河乡龙溪堡。民国时期，属佛冈县第一区卫冈乡。中华人民共和国成立初期，属佛冈县第一区卫冈乡。1958年，属从化县佛冈人民公社塘二大队。1961年，属佛冈县石角人民公社塘二大队。1983年，属石角区塘二乡。1987年，属石角镇塘二行政村。1989年，属佛冈县石角镇塘二管理区。1998年，属石角镇塘二行政村。2005年至今，属石角镇莲溪行政村。

世居村民为何姓、张姓。何姓，清初从江西迁到广东南雄珠玑巷，再迁到英德县高台乡（今佛冈县高岗镇）新围，清嘉庆二十三年，迁到该地。张姓，清初期从江西迁到广东南雄珠玑巷，后迁到英德县迳头乡（今佛冈县迳头镇）张屋村，清后期迁居该地。

2015年末，户籍人口180人，其中男性93人，女性87人。60岁及以上7人，其中80岁以上4人，最年长者87岁（男）。16岁以下36人。实际在村居住138人，生活主要依靠农业收入96人。常年在城镇生活和务工42人。村民均为汉族，客家民系，客家方言与粤方言并用。

村有山地面积23公顷，耕地面积6公顷。村域林业资源丰富。村传统经济以农业、林业为主，林业产品有木材、木柴、木炭等，主要作物有水稻、番薯、木薯、大豆、瓜豆，村民兼养鸡、养鸭、制

◎ 扬群村鱼塘（摄于2016年）

◎ 扬群村烧石灰遗址（摄于 2016 年）

豆腐等。1983 年后，许多青壮年外出打工。村民主要收入来源为农业、外出务工。特色农产品是苦麦菜，叶细而尖，口感松软，全年可种植。传统食品有糯米糍、芋头糕、糖环、米饼、油角、酿豆腐、蒸脸肉等。其中“脸肉”是客家人节庆餐桌上的第一道主菜。制作方法：将买回的猪肉（最好带皮的半肥瘦五花肉）先挂起来晾干水，然后切成 100—150 克的肉块，将五香粉、蒜苗、蚝油、陈皮、烧酒、豆豉、南乳、白糖、味精等佐料与猪肉拌匀，装入瓦钵中，放在锅里蒸熟。蒸熟的“脸肉”放在通风干爽处保存，在食用时再蒸一次即成。蒸时加以笋干、冬菇等配料，其味道更加香醇可口。

1978 年通电，2005 年通电话，2008 年通网络，2010 年村道实现水泥硬底化。村中建有文化室和垃圾收集站。

◎ 扬群村文化室（摄于 2016 年）

◎ 扬群村新居（摄于 2016 年）

传统民居坐北向南，由民居、围水屋和门楼组成，门楼采用石板镶嵌，墙体为三合土及砖砌成，硬山顶，盖灰瓦。村里还保存着有人居住的正座 2 座。正座的布局是四门归厅两廊一天井。围水则为单间砖木平房，土木结构，三合土墙（或火砖墙），硬山顶，盖灰瓦，一般每间占地面积 20 平方米。1990 年以后，村民先后搬进自建钢筋混凝土楼房。

宗族活动有清明期间拜祖。传统节日有春节、清明节、四月八、端午节、七夕、七月十四、中秋节、十月朝、冬至等。婴儿出生的第三天称“三朝”，请亲友饮甜酒、吃甜醋。满一个月时称“满月”，亦称“弥月”，很多人家在家中或酒店摆满月酒，设宴款待庆贺的亲友。

传统婚嫁礼仪，要经过相亲、订婚、送亲、迎亲、宴请亲友、结婚后三朝回门等程序。传统丧葬习俗以土葬为主，举丧时孝子要披麻戴孝守灵，跪迎前来参加葬礼的婆家人，亡者入殓后，要到村溪买水为死者洗面，出殡时，长孝子要双手恭抬亡者灵牌，长女婿要抬幡，土葬后，将亡灵送入祠堂，3 天后要到坟前进行复坟。办丧事用简单的饭菜招待参与者，用餐时不坐高台高凳，拆下事主家的门板放于门前的巷地上当饭桌。1990 年以后，逐步实行火葬。

（资料填报：赖宏仕、赖石崇，初稿撰写：赖宏仕、赖石崇，总纂：李协湖）

杨梅坪村

◎ 杨梅坪村村貌（摄于2016年）

杨梅坪村，位于石角镇北部，距镇政府5千米。始建于清道光二年（1822年），因村落建在长满杨梅树的半山坡上，而取名杨梅坪村，曾用名九麓带村。村坐落于丘陵地带，村东为扬群村，西为青石塘村，南北两面紧靠小山丘。乡道杨梅坪线经过该村。

村落形成时，属佛冈厅吉河乡龙溪堡。民国时期，属佛冈县第一区卫冈乡。中华人民共和国成立初期，属佛冈县第一区卫冈乡。1958年，属从化县佛冈人民公社塘二大队。1961年，属佛冈县石角人民公社塘二大队。1983年，属石角区塘二乡。1987年，属石角镇塘二行政村。1989年，属石角镇塘二管理区。1998年，属石角镇塘二行政村。2005年至今，属石角镇莲溪行政村。

世居村民为张姓、郑姓。张姓，清初从江西迁至广东英德县迳头乡（今佛冈县迳头镇）张屋村，清末迁至该地。郑姓，元初从中原迁入福建，再转迁广东连平、翁源、新丰，明洪武年间迁到梅州，并改从母姓（原姓冯，改姓郑）。明正统年间，迁移至英德县迳头乡（今佛冈迳头镇）大陂村。随后，再迁至附近石嘴头村，清道光二年迁至该地。

2015年末，户籍人口52人，其中男性25人，女性27人。60岁以上6人，其中80岁以上2人，最年长者85岁（女）。16岁以下11人。实际在村居住15人，生活主要依靠农业收入8人，常年在城镇生活和务工37人。村民均为汉族，客家民系，客家方言与粤方言并存。

村有山地面积125公顷，耕地面积5.73公顷。村域松树资源丰富。传统经济以农业、林业为主。主要农作物有水稻、番薯、木薯、大豆等，林业产

◎ 绿茗源茶业（摄于2016年）

◎ 杨梅坪村竹林（摄于 2016 年）

品有木材、木柴、木炭、松香等。现多种植水稻、蔬菜、番薯、瓜豆及其他农作物。村旁有绿茗源茶场，其加工的茶叶远销珠三角地区。1983 年后，许多青壮年外出打工。该村多数村民在县城居住和做工、经商，耕种季节骑摩托车回村耕作。村民主要收入来源为贸易经商、外出务工、农业及林业产品经营。传统节庆食品有糯米糍、芋头糕、粽子、舂糍等。其中，舂糍的制作方法：将糯米浸泡数小时，洗净滤干后放入饭笼蒸熟或用锅煮熟，然后倒入石臼里，把糯米饭舂打成黏稠泥状，然后将糍团搓成一个个丸子，放进装有炒熟的芝麻、花生捣碎、糖粉的碗，滚过沾满后即可食用。或把糍粑捏薄，放进芝麻、花生、糖粉作馅，包裹起来食用。糖糍味道清香，软滑甜润。

1984 年通电，1995 年通电话，2008 年通自来水，2010 年通电视。村中建有文化室，设有垃圾收集站。

传统民居为客家民居。旧民居建在山冚口，早已荒废。现民居是民国时期兴建的，房屋有两房一厅或单间排列，硬山顶，盖灰瓦，三合土或砖墙。1980 年后，村民先后自建钢筋混凝土楼房。现村民多数迁入县城居住。

村民有拜观音、拜土地公、祭灶君、清明祭祖的习俗。传统节日有春节、清明节、四月八、端午节、七夕、七月十四、中秋节、十月朝、冬至等。迁入新屋称“进火”。不论贫富人家，“进火”时，都有请客庆贺的习俗。每年清明节是悼念祖先的节日，家家户户门楣插柳枝和桃叶以驱邪，采艾做糍，名为“艾糍”，并进行扫墓活动。一般从清明前的春分起到农历四月初八日，其间在外地谋生的亲人都尽可能赶回来祭扫祖墓。

该村传统婚嫁习俗，中华人民共和国成立前，男婚女嫁为“父母之命，媒妁之言”婚嫁以担小担、送彩礼、接新娘、摆酒席、闹洞房为仪式。中华人民共和国成立后，婚嫁习俗逐渐发生变化，到民政部门登记结婚后，一般都到酒店或在家中宴请宾客。传统丧葬习俗以土葬为主，凡 60 岁以上的人去世称“寿终”或“归天”，未成年人去世称“夭折”或“夭亡”。病人临去世前要移至厅堂或廊下。去世后由子孙要披麻戴孝日夜守灵，跪迎前来参加葬礼的外婆家人，死者入殓前，子孙要到河里取水，为死者擦身、更衣，亲视入殓。出殡时，请巫师开路，吹响牛角，送殡队敲锣打鼓、燃放爆竹送行。死者埋葬后，孝子孝女等从坟上抓回一把黄土，并且同牵一条寿红由另一路线回家。葬后要为死者做头七、二七、三七的法事，亡灵牌送往祠堂入位，三天后要到坟前进行复坟。至此丧事才完结。办丧事用简单的饭菜招待参与者。1990 年以后逐步实行火葬。

1970 年，石角镇在该村山坡地种植茶树 6.67 公顷，创办黄毛洞茶场，所出的黄毛绿茶在当地颇有名气。由于茶树管理不善老化，该场现改为鱼塘基地。1978 年，动工兴建放牛洞水库灌区配套工程，1980 年 12 月竣工。灌区配套工程为东渠、西渠，总长 28.7 千米，其中东干渠的部分渡槽段由村前经过，该村受益农田 2 公顷。

（资料填报：赖宏仕、赖石崇，初稿撰写：赖宏仕、赖石崇，总纂：李协湖）

白坟前村

◎ 白坟前村村貌（摄于2016年）

白坟前村，位于石角镇西部，距镇政府1千米。始建于清康熙四十五年（1706年），因村背仔山有个坟地，故名白坟前村。村坐落于丘陵地带，坐北朝南，东临英佛公路、柯木迳村，南为小山丘，西为青山，村北为县道山湖路。

村落形成时，属清远县吉河乡龙溪堡。清嘉庆十八年(1813年)，属佛冈厅吉河乡龙溪堡。民国时期，属佛冈县第一区卫冈乡。中华人民共和国成立初期，属佛冈县第一区卫冈乡。1958年，属从化县佛冈人民公社龙溪大队。1961年，属佛冈县石角人民公社龙溪大队。1983年，属石角区龙溪乡。1987年，属石角镇龙溪行政村。1989年，属石角镇龙溪管理区。1998年，属石角镇龙溪行政村。2005年至今，属石角镇莲溪行政村。

世居村民为刘姓。据《刘氏族谱》记载。后汉时期，刘氏祖先从福建宁化县迁移至广东南雄珠玑巷，元代迁到从化。明初，迁至清远县吉河乡（今佛冈县石角镇）龙蟠村。清康熙四十五年，迁至该地，刘乳宽为该村开村始祖。

2015年末，户籍人口150人，其中男性78人，女性72人。60岁以上有15人，其中80岁以上5人，最年长者94岁(男)。16岁以下25人。村处县城近郊，村民早上到县城打工，晚上回村居住，实际在村居住107人，生活主要依靠农业收入96人，常年在城镇生活和务工43人。祖籍该村的港澳台同胞8人。村民均为汉族，广府民系，使用粤方言。

村有山地面积21.93公顷，耕地面积8.85公顷。该村传统经济以农业为主，主要作物有水稻、番薯、木薯、大豆等。现多种植水稻、蔬菜、番薯、瓜豆

◎ 白坟前村粉蕉种植基地（摄于2016年）

◎ 佛冈县鑫源恒业电缆科技有限公司（摄于 2016 年）

◎ 刘氏宗祠（摄于 2016 年）

和养鸡、养鸭、制豆腐等。1983 年以后，许多青壮年外出打工。村民主要收入来源为农业和外出务工。2010 年，县政府在该村周边山地开发城西工业园区，建有佛冈县鑫源恒业电缆科技有限公司，该公司专业从事开发和生产碳纤复合蕊电线电缆，2014 年产值 2187 万元。该村传统节庆食品有清明节的艾糍，端午节的粽子，中秋节的月饼，春节的发糍、糯米糍、炒米饼、糖环、油炸角等。

1966 年通电，1986 年通电话，1996 年通自来水，2001 年村道实现水泥硬底化，2008 年通网络。村中建有垃圾收集站。

传统民居为广府民居。村落由门楼、围水屋、正座屋、宗祠组成，以门楼为中心，围水屋包围正座屋，呈“回”字形四点金布局建筑群。正座民居为一厅两廊四房一天井布局，土木结构，三合土墙

◎ 白坟前村传统民居（摄于 2016 年）

（或火砖墙），硬山顶、盖灰瓦，有两廊门为出入口，屋内以方砖铺地，天井用河石铺砌，排水设施完备，一般占地面积 68 平方米。围水屋则为单间砖木平房，土木结构，一般占地面积 20 平方米。现存有正座 7 座，均保存完整。村内有刘氏宗祠，建造结构为两进平房，三合土及砖头墙体，盖灰瓦，内供奉着刘乳宽公牌位。

该村的《刘氏族谱》由从龙公修谱委员会于 1995 年纂修。《刘氏族谱》的刘氏家训，包含敦孝弟、睦宗亲、务本业、修坟墓、戒犯讳、戒轻谱等 6 方面内容。

传统节日有春节、清明节、四月八、端午节、七夕、七月十四、中秋节、十月朝、冬至等。该村男性虚年 51 岁，女性虚年 50 岁做大生日，俗称“男单女双”。做生日时，一家人连同亲友围桌而坐，喝酒庆祝，寿者要派红包给儿孙们，来宾则送寿礼祝贺。

传统婚嫁习俗有看家风、送定婚茶、选日子、交聘金、置嫁妆、接亲、办喜酒等环节。传统丧葬习俗以土葬为主，1990 年后逐步实行火葬。其程序包括竖灵、收殓、引灵、接体、奠礼、出殡、火化、安葬等。宗族活动有清明祭祖。

该村的刘谷社（1943—），曾任佛冈县人大常委会副主任。

（资料填报：黄祯祥、黄南焕，初稿撰写：黄祯祥、黄南焕，总纂：李协湖）

飞鹅塘村

◎ 飞鹅塘村村貌（摄于 2016 年）

飞鹅塘村，位于石角镇西北部。距镇政府 5 千米。始建于清末，因村前有三口鱼塘，村后小山宛如鹅尾部，有人在此地建坟地，挖地时发现几枚鹅蛋，故而取名飞鹅塘村。村坐落于丘陵地带，坐西朝东，呈聚居状分布。村东有龙溪河，与团群村隔溪相望，南连乡道沙冚至飞鹅塘路，西靠省道英佛公路，北为青山。

村落形成时，属佛冈厅吉河乡龙溪堡。民国时期，属佛冈县第一区卫冈乡。1949 年，中华人民共和国成立初期，属佛冈县第一区卫冈乡。1958 年，属从化县佛冈人民公社龙溪大队。1961 年，属佛冈县石角人民公社龙溪大队。1983 年，属石角区龙溪乡。1987 年，属石角镇龙溪行政村。1989 年，属石角镇龙溪管理区。1998 年，属石角镇龙溪行政村。2005 年至今，属石角镇莲溪行政村。

世居村民郑姓。据《大陂郑氏族谱》记载，英德县迳头乡（今佛冈县迳头镇）大陂村，郑氏祖先冯百三之父冯念四由福建迁居新丰廻龙镇塘村。冯念四去世后，年幼的冯百三随母郑氏满娘迁徙到潮州之程乡（今广东省梅州市地域内）。为免遭强房豪族的欺凌，遵母命把冯姓改为郑姓。郑百三之长子郑聪千于明正统初期，携母、妻儿及二弟郑容千、三弟郑成千从潮州之程乡迁韶州之英州迳头落籍。清末，其后裔从佛冈县迳头石嘴头村迁移至该地。

2015 年末，户籍人口 242 人，其中男性 131 人，女性 111 人。60 岁以上 16 人，其中 80 岁以上 10 人，最年长者 89 岁（男）。16 岁以下 25 人。因村处县城近郊，有部分村民早出县城打工，晚上回村居住。实际在村居住 172 人，生活主要依靠农业收入 158 人，常年在城镇生活和务工 70 人。村民均为汉族，客家民系，使用客家方言，有部分人使用粤方言。

村有山地面积 9.33 公顷，耕地面积 8.87 公顷。传统经济以农业为主，主要作物有水稻、番薯、木薯、大豆等。现多种植水稻、蔬菜、番薯、瓜豆，农民养鸡、养鸭、制豆腐等。1998 年后，许多村民种植沙糖桔，2005 年，年产值达 120 万元，2013 年起，沙糖桔产业消退，村民改种蔬菜及其他农作物。1983 年以后，许多青壮年外出打工。村民主要收入来源为农业和外出务工。传统节庆食品有粽子、糯

◎ 飞鹅塘村桂花园（摄于 2016 年）

◎ 飞鹅塘村传统围屋（摄于 2016 年）

米糍、油糍、白切鸡等。油糍是春节的食品和礼品，制作方法：将糯米碾成粉，每 500 克米粉配 200 克糖，把糖煮溶后拌粉搓匀，做成球形或椭圆形糍粑，然后，用油炸熟即成。

1967 年通电，1988 年通电话，2005 年村道实现水泥硬底化，2008 年通网络。村中建有文化室，占地面积 200 平方米。村内设有垃圾收集站。

◎ 飞鹅塘村文化室（摄于 2016 年）

传统民居由民居、围水屋和门楼组成，呈四点金回字形布局，只有一个大门楼进出，围内嵌石巷道，通往各家住屋。民居是一长方形的居室，正中是堂屋，两侧是住房，祠堂首进为过道，二进为议事厅，可容百余人，是村民节日或喜庆聚会的地方。二进与三进之间是天井，三进为香火堂，逢年过节，村民烧香拜祖。供奉祖宗神位。围屋墙体是三合土及砖，硬山顶、盖灰瓦。门楼大门用石板做门框，石条门槛。门楣上两个炮眼，像一对眼睛。1990 年后，许多村民先后建起钢筋混凝土楼房。

村民传统饮食以稻米为主食，辅以番薯。习惯每天早上用稻米煮大锅粥，供人食用或喂养牲口。随着村民生活提高，形成多元化饮食。

该村宗族活动有清明期间拜祖。传统节日有春节、清明节、四月八、端午节、七夕、中秋节、冬至等。婴儿出生的第三天称“三朝”，请亲友饮甜酒、吃甜醋。满月，亦称“弥月”，在家中或酒店摆满月酒，款待前来庆贺的亲友。

传统婚嫁习俗，送定婚茶、选日子、交聘金、置嫁妆、接亲、办喜酒等。丧葬习俗以土葬为主，1990 年后逐步实行火葬。其程序为竖灵、收殓、引灵、接体、奠礼、出殡、火化、安葬等。

2008 年 1 月下旬，发生大面积严重冰灾，导致村中沙糖桔无法采收、外销，村民遭受严重损失。

该村的郑桂洪（1958—），曾任律师、佛冈县人民法院院长、县委政法委常务副书记。在兼任律师时被村民称“郑大状”，村民有事咨询法律知识、写状书，他都乐于帮助。

（资料填报：黄祯祥、黄南焕，初稿撰写：黄祯祥、黄南焕，总纂：李协湖）

柯木迳村

◎ 柯木迳村村貌（摄于 2016 年）

柯木迳村，位于石角镇西北部，距镇政府 2 千米。始建于清嘉庆年间，因村后山上遍布柯木树林，且地处迳口，故取名柯木迳村。村坐于丘陵地带，坐北朝南，呈条状聚居，村东临浬江河，南为县城沿江大道，西为白坟前村，北靠青山。省道英佛路、县道沿江大道、县道山湖路经过村旁。

村落形成时，属佛冈厅吉河乡龙溪堡。民国时期，属佛冈县第一区卫冈乡。中华人民共和国成立初期，属佛冈县第一区卫冈乡。1958 年，属从化县佛冈人民公社龙溪大队。1961 年，属佛冈县石角人民公社龙溪大队。1983 年，属石角区龙溪乡。1987 年，属石角镇龙溪行政村。1989 年，属石角镇龙溪管理区。1998 年，属石角镇龙溪行政村。2005 年至今，属石角镇莲溪行政村。

世居村民有黄姓、李姓、宋姓。黄姓，明末从福建迁移至广东南雄珠玑巷，清初再迁到清远县吉河乡（今佛冈县石角镇）象龙高地村。其分支于清后期迁至该地。李姓，明末从福建宁化迁移至广东南雄珠巷，后迁至英德县烟岭乡（今佛冈县迳头镇）猪湾坝村，其分支于清嘉庆年间迁至该地。宋姓，南宋时期从河南开封府仪封县迁移至广东南雄珠玑巷，清末吉河一世祖宋秀源从佛冈厅三八诚迳迁至该地。村有三本族谱：《黄氏族谱》、《文昌阁李氏族谱》（由文昌阁火德理事会于 1995 年纂修）、柯木迳村《李氏族谱》（李观荣于 2008 年纂修）。

2015 年末，户籍人口 181 人，其中男性 93 人，女性 88 人。60 岁以上 15 人，其中 80 岁以上 9 人，最年长者 82 岁（男）。16 岁以下 25 人。因村为县城近郊，有部分村民早出县城打工，晚上回村居住。

◎《文昌阁李氏族谱》《李氏族谱》（摄于 2016 年）

◎ 柯木迳村旁的佛冈县长风机械厂（摄于 2016 年）

◎ 柯木迳村门楼（摄于 2016 年）

实际在村居住 141 人，生活主要依靠农业收入 131 人，常年在城镇生活和务工 40 人。祖籍该村的港澳台同胞有 30 多人。村民均为汉族，属广府民系，使用粤方言。

村有山地面积 15.2 公顷，耕地面积 7.93 公顷。传统经济以农业为主，主要农作物有水稻、番薯、木薯、大豆等，现多种植水稻、蔬菜、番薯、瓜豆和养鸡、养鸭、养鹅、制豆腐等。1983 年以后，许多青壮年外出打工。村民主要收入来源于农业生产、外出务工、商贸。2010 年，县政府将该村周边山地开发为城西工业园区，其中黄光崇（民营企业家）创办佛冈县长风机械厂，机械产品远销海外，年产值 2000 万元。传统节庆食品有清明节的艾糍，端午节的粽子，中秋节的月饼，春节的发糍、糯米糍、炒米饼、糖环、油炸角等。

1972 年通电，1993 年通电话，2004 年村道实现水泥硬底化，2008 年通网络，2014 年通自来水。村中建有文化室、羽毛球场、垃圾收集站。

传统民居按原迁地家居风格建造房屋。村中祖屋主要有围屋、正座和排屋三种结构形式。围屋建有统一出入的大门楼，里面有多列排屋或正座。围屋里有多户人家居住。正座为四门一厅加两廊（厢房）一天井布局，村中围屋保存完好，尚有村民居住。排屋成一字摆开，整体保存完整的有正座 5 座，已无人居住。后期建的仍在使用。1990 年后，许多村民先后搬进自建钢筋混凝土楼房。

村民有拜观音、拜土地公、祭灶君、清明祭祖的习俗。传统节日以春节、元宵节、清明节、端午

◎ 柯木迳村传统民居（摄于 2016 年）

◎ 柯木迳村旁的绿道驿亭（摄于 2016 年）

节、中秋、冬至为主。其中，农历八月十五为中秋节，或团圆节。每逢中秋之夜，男女老少一起赏月，品尝月饼、柚子及石螺等食品，在外地工作的亲人都尽量回家与家人团聚，共度佳节。村民有舞狮、祭祖习俗。

婚嫁传统习俗有看家风、送定婚茶、选日子、交聘金、置嫁妆、接亲、办喜宴等。传统丧葬习俗以土葬为主，1990年起逐步实行火葬。其程序包括竖灵、收殓、引灵、接体、奠礼、出殡、火化、安葬等。

1949年10月11日早上，解放军三七九团二营攻下柯木径一座山头，歼敌1个连，该村成为解放佛冈县城战斗的战场之一。1975年10月，县政府实施县城河道改造工程，全县有2万个劳动力参与，该改造工程自坝仔坑口起下至高埔村对面，堤长19千米，两岸堤坡砌石护堤长17千米，该工程河道经过柯木迳段有500米。2004年县政府实施“水轴线”工程，投资1.22亿元，按照“城防堤、景观线、休闲路、亲水带”设计建成一河两岸人工湖景观和20千米绿道，使河道防洪能力提高到50年一遇。

该村的李安（1913—2000），民国时期经营商贸运输，曾在广州、清远等地有多间商铺及多艘运货船。黄世林（1923—），中山大学毕业，曾出任越南大使，后调到北京邮电学院。黄伯池（1944—），曾任番禺大石公安局局长。李功平（1974—），一级教师，现任佛冈县石角中学体育教研组长，培养的学生刘文雯参加2015年广东省田径运动会，获学生组铅球冠军，系佛冈县中学生获得的第一个省级运动会冠军。

（资料填报：黄祯祥、黄南焕，初稿撰写：黄祯祥、黄南焕，总纂：李协湖）

沙冚村

◎ 沙冚村村貌（摄于 2016 年）

沙冚村，位于石角镇西北部，距镇政府 2 千米。始建于清光绪十六年（1890 年），因原居地（现县农科所）处在山冚口，村前是溪流转弯处，堆积许多流沙，形成沙丘，故取名沙冚村。村坐落于丘陵地带，村东为龙溪村，南为小山丘，西临佛冈县烈士陵园，北与大群村相望。省道 S252 线、S292 线交汇经过村旁。

村落形成时，属佛冈厅吉河乡龙溪堡。民国时期，属佛冈县第一区卫冈乡。中华人民共和国成立初期，属佛冈县第一区卫冈乡。1958 年，属从化县佛冈人民公社龙溪大队。1961 年，属佛冈县石角人民公社龙溪大队。1983 年，属石角区龙溪乡。1987 年，属石角镇龙溪行政村。1989 年，属石角镇龙溪管理区。1998 年，属石角镇龙溪行政村。2005 年至今，属石角镇莲溪行政村。

世居村民为潘姓。清中期，从江西迁至广东新丰，其后裔于清光绪十六年迁至该地。

2015 年末，户籍人口 102 人，其中男性 54 人，女性 48 人。60 岁以上 10 人，其中 80 岁以上 3 人，最年长者 87 岁（男）。16 岁以下 15 人。实际在村居住 80 人，生活主要依靠农业收入 62 人，常年在城镇生活和务工 22 人。村民均为汉族，广府民系，使用粤方言。

村有山地面积 2.2 公顷，耕地面积 3.6 公顷。传统经济以农业为主，主要作物有水稻、番薯、木薯、大豆等。现多种植水稻、蔬菜、番薯等。特色农产品是苦麦菜，叶细而尖，全年可种植。1998 年后，许多村民种植沙糖桔，2005 年，年产值达 120 万元，2013 年起，沙糖桔产业消退，村民改种蔬菜及其他农作物。1983 年后，许多青壮年外出打工。村民主要收入来源为农业和外出务工。2010 年，县政府将该村周边山地开发为城西工业园区，其中迪米格（佛冈）实业有限公司，占地面积约 6.67 万平方米，生产的高级皮包箱远销海外，年产值 5000 万元。传统节庆食品有清明节的艾糍，端午节的粽子，中秋节的月饼，春节的发糍、糯米糍、炒米饼、糖环、油炸角、油糍等。

1965 年通电，1984 年通电话，1998 年村道实现水泥硬底化，2008 年通网络，2014 年通自来水。村中建有垃圾收集站。

传统民居为广府民居。呈纵横平行排列布局，

◎ 沙屲村传统民居（摄于 2016 年）

◎ 村旁的广东省新农村试验区入口（摄于 2016 年）

民居为单间砖木平房，土木结构，三合土墙（或火砖墙），硬山顶，盖灰瓦，一般占地面积 20 平方米。传统居屋至今保存完好，现仍在使用。1990 年后，随着生活改善，建造混凝土楼房越来越多，许多村民入住新楼房。

2002 年迁建佛冈县革命烈士陵园，迁往该村山麓，整个陵园面积 8.47 公顷，其中，纪念碑范围面积 2184 平方米。烈士陵园主要包括进门牌坊、烈士纪念碑和烈士墓，建筑物坐西向东南。纪念碑为方尖碑，花岗岩饰面，底座镶有汉白玉石，碑高 19.5 米，正面刻有“革命烈士纪念碑”7 个大字。碑座正面刻有碑文。碑座左侧刻有中国人民解放军第四野战军第四十三军第一二七师在解放佛冈县城战斗中牺牲的 56 位烈士英名，碑座右侧刻有在佛冈牺牲的外县籍的 29 位烈士英名，碑座北面刻有佛冈籍的 202 位革命烈士英名。2004 年，被评定为清远市爱国主义教育基地。2011 年 1 月，经县委批准认定该村为县级革命史迹保护单位。

◎ 佛冈县烈士陵园（摄于 2016 年）

传统节日有春节、清明节、四月八、端午节、七夕、七月十四、中秋节、冬至等。春节，俗称“过年”，这是送旧迎新的大节。农历腊月二十三称“小年”，家家户户打扫庭院、做年货，有“小年”晚饭后送灶君、年三十晚接灶君拜祭习俗。除夕一家团聚吃“团年饭”，年初二到亲友家或回娘家探亲，正月十五为元宵节，村民有蒸发糕、做汤圆、做糍的习俗。

传统婚嫁礼仪，男女相识交往后，女方家亲友要到男方家看家风，结婚前要担定婚茶，报日子、送聘金、定嫁妆，行结婚礼时，要摆酒请客，迎亲和送亲。传统丧葬习俗以土葬为主，举丧时孝子要披麻戴孝守灵，跪迎前来参加葬礼的外婆家人，亡者入殓后要到村溪买水为死者洗面，出殡时，长孝子要双手恭抬亡者灵牌，长女婿要抬幡，土葬后，将亡灵牌送入祠堂，三天后要到坟前进行复坟。办丧事用简单的饭菜招待参与者。1990 年以后，逐步实行火葬。

2008 年 1 月下旬，发生大面积严重冰灾，导致村中沙糖桔无法及时采收、外销，大部分沙糖桔霉烂在果园，村民遭受严重损失。

（资料填报：黄祯祥、黄南焕，初稿撰写：黄祯祥、黄南焕，总纂：李协湖）

团群村

◎ 团群村村貌（摄于 2016 年）

团群村，位于石角镇北部，距镇政府 2.5 千米。始建于清嘉庆元年（1796 年），因已有张姓人家在此耕种，故名张田坑。后有多个姓氏到此定居，成为多姓群居地，而取名团群村，曾用名田群村。村坐落于丘陵地带，坐东朝西，靠山呈聚居状分布。村东与龙溪山相邻，南与大群村相望，西为飞鹅塘村，北有观山村。村边有小溪，与观音山的象龙河汇入滘江。有县道（龙溪—放牛洞）从村旁经过。

村落形成时，属清远县吉河乡龙溪堡。清嘉庆十八年（1813 年），属佛冈厅吉河乡龙溪堡。民国时期，属佛冈县第一区卫冈乡。中华人民共和国成立初期，属佛冈县第一区卫冈乡。1958 年，属从化县佛冈人民公社龙溪大队。1961 年，属佛冈县石角人民公社龙溪大队。1983 年，属石角区龙溪乡。1987 年，属石角镇龙溪行政村。1989 年，属石角镇龙溪管理区。1998 年，属石角镇龙溪行政村。2005 年至今，属石角镇莲溪行政村。

世居村民有唐姓、黄姓、朱姓、郑姓。唐姓，宋末元初从江西迁移至广东潮阳，清嘉庆元年迁移至该村。黄姓，元初期从江西南丰县龙井乡双井头迁移至广东梅州，明洪武元年（1368 年），黄六峰迁到清远县吉河乡（佛冈县水头镇）东坑村，为佛冈黄姓始祖，五世祖黄乐耕在明正德元年（1506 年）迁到清远县吉河乡（佛冈县石角镇）龙溪村。其后裔在清光绪十六年（1890 年）迁移至该村。朱姓，据《紫阳朱氏粤北衍传谱》记载，明洪武年间从福建汀州府上杭里蛇孑岇迁移至广东惠州府兴宁县银珠塘，清道光年间，景玉嫡孙三房的一个分支迁入该村。郑姓，清后期从佛冈厅迳头石嘴头迁至该地。

2015 年末，户籍人口 313 人，其中男性 158 人，女性 155 人。60 岁以上 12 人，其中 80 岁以上 5 人，最年长者 93 岁（女）。16 岁以下 30 人。实际在村居住 265 人，生活主要依靠农业收入 245 人，常年在城镇生活和务工 48 人。村民均为汉族，客家与广府民系相融，使用粤方言。

村有山地面积 35 公顷，耕地面积 22 公顷。传统经济以农业为主，主要作物有水稻、番薯、木薯、大豆等，现多种植水稻、蔬菜、番薯、瓜豆及其他农作物。1983 年以后，许多青壮年外出打工。村民主要收入来源为农业和外出务工和商贸。传统食品

◎ 团群村菜园（摄于 2016 年）

◎《唐氏族谱》（摄于 2016 年）

有糯米糍、芋头糕、粽子等。

1975 年通电，1996 年通电话，2000 年村道实现水泥硬底，2006 年通自来水，2010 年通网络。村中建有一间文化室（150 平方米），一个篮球场，一个儿童乐园（300 平方米）。有乡道（龙溪—放牛洞）经过该村。

◎ 团群村文化室（摄于 2016 年）

传统民居因姓氏不同而形式各异。形成各姓氏围屋，但前面住屋的门都向外开，跟大门楼一个方向。黄姓民居为正座，都是四门一厅加两廊一天井布局，每座正座占地面积 100 平方米。朱姓、郑姓民居均为单间排列。1980 年后，村民先后搬进自建楼房。

早期村中建有唐氏祠堂一间，为二进，一进为大门廊房，二进为香火堂供奉祖先神位。后另建新祖祠，新旧祠堂共存。

村中黄姓村民有新版《黄氏族谱》，唐姓村民在 2014 年编修有《新编族训》。

传统婚嫁习俗有看家风、送定婚茶、选日子、交聘金、置嫁妆、接亲、办喜酒等。丧葬习俗以土葬为主，1990 年后逐步实行火葬。其程序包括竖灵、收殓、引灵、接体、奠礼、出殡、火化、安葬等。

宗族活动有正月初一“烧灯炮”、清明拜祖。其中，“烧灯炮”活动形成于清末民国初。“烧灯炮”不分姓氏，以村集体参加活动，由上年添丁家庭，在初一上午，添丁家庭集中到村前，由头丁（上年首个出生婴儿）家长先点燃爆竹，随后，点燃“冲天炮”（放置铜钱、铁环为吉祥物），当“冲天炮”将环状物冲上高空垂下时，围观村民争先恐后抢夺吉祥物，得吉祥物者向主家索取红包。随后再放其他添丁的爆竹和“冲天炮”，直至活动结束。

唐榕南（1944—），曾在石角镇龙溪行政村先后任村干部、党支部书记近 40 年，兴建村委办公大楼，兴修多条水利设施。

（资料填报：黄祯祥、黄南焕，初稿撰写：黄祯祥、黄南焕，总纂：李协湖）

○黄花行政村

中华里村

◎ 中华里村村貌（摄于 2016 年）

中华里村，位于石角镇东南部，距镇政府 21 千米。始建于明末，由南迁移民聚居而成。因村位于黄花地区中心地带而得名中心岗村。1911 年，该村门楼重建，适逢清朝被推翻建立中华民国，而将中心岗村改名为中华里村。

该村坐落于山区，村庄呈聚居分布。村背靠后龙山（海拔 250 米），与铜鼓石山山脉相连，村东相距 1 千米是杨梅坑村和滴水岩村，西为小水村，黄花河绕村环流，县道 X375 线自国道 G106 线经过该村通至水尾村。

村落形成时，属清远县吉河乡黄华堡。清嘉庆十八年(1813 年)，属佛冈厅吉河乡黄华堡。民国时期，属佛冈县一区黄华乡。中华人民共和国成立初期，属佛冈县一区黄花乡。1958 年，属从化县佛冈人民公社黄花大队。1961 年，属佛冈县石角人民公社黄花大队。1976 年，属黄花人民公社黄花大队。1983 年，属黄花区黄华乡。1987 年，属黄花乡黄华行政村。1994 年，属黄花镇黄华管理区。1998 年，属黄花镇黄华行政村。2002 年至今，属石角镇黄花行政村。

世居村民为李姓。据《龙西堂族谱》和《中华里族谱》记载，南宋初期，李安政随中原人口南迁至广东新丰，南宋绍兴年间在广州任刺史。明末，其后裔迁至该村，其中分支外迁。

2015 年末，户籍人口 458 人，其中男性 230 人，女性 228 人。60 岁以上 57 人，其中 80 岁以上 13 人，

◎ 中华里村农家乐（摄于 2016 年）

最年长者90岁（男）。16岁以下72人。实际在村居住和生活主要依靠农业收入423人，常年在城镇生活和务工有35人。村民为汉族，广府民系，佛冈粤方言。

该村有山地面积259.47公顷，耕地面积10.67公顷。矿产资源主要有汉冚、大毛寮、北角山龙井矿泉水3处，其中汉冚矿泉水为村民饮用水，日供量约200立方米，其余两地矿泉水未开发。村域周边山高林密，阔叶杂树资源丰富，野猪、黄猄时有出没。传统经济以农业为主，兼有林产业经营。主要农作物有水稻、番薯、木薯、花生等。特色农产品有水柿、中华里草地鹅。1990年后，许多青壮年外出打工。2015年，村利用当地资源，办农家乐旅游项目，吸收村民做工。村民主要收入来源为农业、林副产品和外出务工。传统节庆食品有糯米糍、油角、大米饼等。

1976年通电，2000年通无线电话，2009年实现村道水泥硬底化，2011年通自来水。2014年10月，建成集健身、体育、休闲于一体公园，占地面积约3000平方米。2015年10月，村设置垃圾回收桶。村中建有文化室，用于聚会、娱乐、喜庆宴席。民国时期有私塾一间，中华人民共和国成立后至1975年，在原址办有初级小学和幼儿园，20世纪70年

◎《龙西堂族谱》《中华里李氏族谱》（摄于2016年）

代后期撤销。

该村为盘状布局。村前正中门楼坐南向北，墙体有两个观察孔。现存传统民居有6座，以3座为1列，共有2列，中间以巷道相隔为布局。正座民居为五龙过脊形，一厅四廊四房三天井布局，每座面积约160平方米。屋顶为硬山顶，盖灰瓦，三合土墙体。1990年后，村民先后搬进自建钢筋混凝土楼房，原传统民房仍有人居住。

村中有宗祠2座，其中帝盛祖堂始建于清中期，重修于1985年，占地面积35平方米。

村编修有《龙西堂族谱》《中华里李氏族谱》，其中《中华里李氏族谱》2014年由李炽环、李焕娟担任主编，内容分为序言、李氏辈序世系、广东李氏辈序世系、村史人文编。

村旁有一间土地庙，位于桥头边。是村民祭祀土地神、拜祭祈福的场所。

民间传统习俗为舞狮子、练武术和拜祖庙、拜土地公、祭灶君。在春节期间，以舞狮子方式与其他村宗亲互相探访，切磋武艺。村民宗族活动为拜祖祠、清明祭祖等。

◎ 中华里村一角（摄于2016年）

◎ 中华里村门楼（摄于 2016 年）

传统婚嫁礼仪为男女相识交往后，女方亲友要到男方家看家风，结婚时要担求亲酒、送礼金、报日子、定嫁妆、行婚礼、摆酒宴客、送亲、迎亲及三朝回娘家等仪式。最隆重的是男方家迎娶。在办婚事当天，男方家会在村门楼和住宅门口贴上喜庆的对联，并准备好迎亲的喜席。传统丧葬以土葬为主，1990 年后逐步实行火葬。其程序包括报丧、守灵、入殓、出殡、送火化、做法事、将灵牌送入祠堂。

该村 1993 年，经清远市人民政府批准被认定为解放战争游击根据地。2011 年 12 月、2012 年 12 月，佛冈县两次举办“广东佛冈中国汽车拉力锦标赛”，40 多支车队、155 辆赛车参赛，比赛车道经过该村，村民踊跃参与赛事相关服务工作。2015 年 5 月 23 日，村遭受百年一遇特大洪灾，农田水利设施被毁坏，近六成良田受淹或被冲毁，18 户农户房屋受浸，村民财产损失严重，由于村民及时转移，无人伤亡。

该村的李振儒（1908—？），1952 年在佛冈县石角镇联诊所当医生，1959 年在佛冈县三八卫生院当医生，1975 年退休，退休后被医院继续留用至 1992 年，从事中医医疗工作 40 年，主要从事中医、风湿、跌打、接（驳）骨治疗，并且将主要医术传其后人，被誉为民间奇医。

（资料填报：李兆腾，初稿撰写：李兆腾，总纂：李协湖）

车头村

◎ 车头村村貌（摄于 2016 年）

车头村，位于石角镇西南部，距镇政府约 20 千米。始建于清康熙年间，因村在黄花洞前，故俗称“扯头”，取谐音为车头村。村坐落于黄花大桥、耕禾冚坑和石公坑的交汇处，村北面是耕禾冚村，村西面是黄花大桥，往西 200 米是黄花行政村办公所地，西南面是坑口村，东面与新围毗邻。县道 X375 线通至该村，乡道经过村落连接中华里、黄梅坑、滴水岩、新田等村。

村主要山岭有石寨尖峰山，海拔 660 米，黄花河在村西南面，自东向西流至黄花湖。《佛冈厅志》佛冈十景记载的“马寨甘泉”“禹门鱼跃”在该村境内。

◎ 石寨尖峰山主峰（摄于 2016 年）

村落形成时，属清远县吉河乡黄华堡。清嘉庆十八年（1813 年），属佛冈厅吉河乡黄华堡。民国时期，属佛冈县一区黄华乡。中华人民共和国成立初期，属佛冈县一区黄花乡。1958 年，属从化县佛冈人民公社黄花大队。1961 年，属佛冈县石角人民公社黄花大队。1976 年，属黄花人民公社车头大队。1983 年，属黄花区车头乡。1987 年，属黄花乡车头行政村。1994 年，属黄花镇车头管理区。1998 年，属黄花镇车头行政村。2002 年至今，属石角镇黄花行政村。

世居村民为黄姓，据《黄氏族谱》记载，南宋嘉定五年（1212 年）由江西、福建迁入广东南雄县珠玑巷，清康熙年间始祖黄金龙由从化东洞松树围迁到该村。

2015 年末，户籍人口 988 人，其中男性 502 人，女性 486 人。60 岁以上 148 人，其中 80 岁以上 51 人，最年长者 97 岁（男）。16 岁以下 250 人，其中留守儿童 12 人。实际在村居住和生活主要依靠农业收入 850 人，常年在城镇生活和务工 138 人。祖籍该村的港澳台同胞约 18 人。祖籍该村的华侨 1 户，居住在加拿大。村民均为汉族，广府民系，使用粤方言。

该村有山地面积 732.6 公顷，耕地面积 17.41 公顷。村域矿产资源主要为硅矿。村域周边山高林密，阔叶杂树资源丰富，野猪、黄猄时有出没。传统经济以农业为主，兼有林副产品经营。主要作物有水稻、番薯、木薯、花生、大豆等。现多种植杉树、沙糖桔。特色农林产品有杉木、水柿。1990 年后，部分青壮年外出打工，村民主要收入来源为农业、林副产品和外出务工。2010 年，引进来料加工项目，吸收村民在工厂做工。传统节庆食品有糯米糍、艾糍、粽子等。

◎ 村民在村办工厂做工（摄于 2016 年）

1984 年通电话，2008 年通网络，2010 年实现村道水泥路面硬底化，2012 年通自来水。村中设有垃圾收集点。村民活动中心为车头村大楼文化室。村有黄花小学，2015 年有 6 个教学班，在校学生 206 人，教职工 12 人。有一所幼儿园，分大、中、小班，2015 年在园幼儿 98 人，教职工 9 人。

◎ 黄花小学（摄于 2016 年）

◎ 车头村古建筑土楼房（摄于 2016 年）

传统民居现存 95 座，基本保存完整。正座布局为一厅两房两廊一天井布局，屋顶为硬山顶，墙体大部分为灰砂、石头，有部分用泥砖砌成，每座占地面积约 120 平方米，现有部分村民居住，大部分闲置或作杂物房使用。1990 年后，许多村民先后搬进自建钢筋混凝土楼房。

村有石涧黄氏宗祠，始建于清康熙年间，占地面积约 120 平方米，1999 年由村民集资重修祖堂，匾额“石涧黄氏宗祠”，刻有门联：“石上苍松千秋劲；涧边翠竹万年青。”楹联上书：“敬奉上香呈如意；堂宗参拜逢吉祥。”

村编修有《车头黄氏族谱》，1998 年由黄国启主编，族谱分为五大部分，族谱序曰：“人之有祖宗如木有本水之有源地，人之有子孙如木之分枝水之分派也。”意思是要告诉后辈：要铭记自己的村史，知祖宗的来源，承前启后，发扬光大。车头村辈序为：“文章达国振朝纲，基业宏开奕世昌。诗礼贞怀循上进，天伦有序永超常。传家忠厚本光立，雅志光明德日扬……信愿英才高棫盛，兰桂毓秀兆腾芳。”

村旁有水口庙，位于车头村的西北方，供奉有十八罗汉、关公等神像，为村民烧香拜祭场所。原水口庙建于清朝中后期，于 1998 年 10 月重建。

◎ 车头村水口庙（摄于 2016 年）

◎ 车头村门楼（摄于 2016 年）

主要宗族活动有拜祖祠祖庙、清明祭祖等。民间习俗活动有舞狮、拜土地公、祭灶君。每逢年节喜庆都会进行舞狮拜贺、采青等活动。拜祭时有抢装头灶香特色民俗。春节时，村民在自家门口或灶君挂上红包召唤醒狮进行采青，以祈求合家安康、丁财两旺。

传统婚嫁习俗礼仪，男女相识交往后，女方亲友要到男方家看家风，结婚时要担求亲酒、送礼金、报日子、定嫁妆、行婚礼、摆酒请客、送亲、迎亲和三朝回娘家等仪式。村民家庭操办迎亲或出嫁的喜事，是该家庭的大事，也是全村人共同关心的事情，大家都会自动帮忙。传统丧葬习俗以土葬为主，1990 年后逐步实行火葬。其程序包括报丧、守灵、入殓、出殡、送葬火化、做法事、将灵牌送入祠堂。

1947 年开始，在中国共产党领导下，该村建立革命武装斗争根据地，成立人民政权，发动群众参军参战支援前线，一直坚持到中华人民共和国成立。1993 年，经清远市人民政府批准被认定为解放战争游击根据地。2011 年 12 月、2012 年 12 月，佛冈县两次举办“广东佛冈中国汽车拉力锦标赛”，40 多支车队、155 辆赛车参赛，比赛车道经过该村。村民踊跃抽参与赛事服务工作。

该村主要人物：明末清初该村的黄钟伦，曾参加科举考试，考为秀才，是当时黄花乡第一位秀才。黄国源（1940—），曾任村治保主任、大队长 10 余年，伺奉卧床母亲 40 年，每天为母亲喂药、喂饭菜，端茶奉水，梳头洗脸、洗澡，清理大小便，数十年如一天，没有一句怨言，2015 年被清远市人民政府评为“道德模范”，同年获“佛冈好人”称号。黄时民（1947—），曾任佛冈县供电局局长、广州芳村区供电局局长。黄小云（1964—），女，曾任佛冈县旅游局局长、佛冈县经信局局长，现任佛冈县人大常委会副主任。

（资料填报：黄钊荣，初稿撰写：黄钊荣，总纂：李协湖）

存久洞村

◎ 存久洞村村貌（摄于 2016 年）

存久洞村，位于石角镇东南部，距镇政府 25 千米。始建于清初，由陈、叶两姓聚居而成。因马口寨里面存有 9 个洞，每个洞有 9 条冚，故取名存久洞村。村坐落于青牛塘、马口寨山间盘地之中，东至青牛塘山（海拔 765 米），南与杨梅坑隔山相接，西托马口寨山（海拔 660 米），西南面相距 2 千米是莲塘村，北靠麻蕉冚村和尖峰山（海拔 670 米）。黄花河发源之一青牛塘溪流，从东往西流经过该村，县道 X375 线从国道 G106 线至黄花行政村，全长 6.2 千米，村道 386 线从黄花行政村至该村 6.4 千米。

村落形成时，属清远县吉河乡黄华堡。清嘉庆十八年（1813 年），属佛冈厅吉河乡黄华堡。民国时期，属佛冈县一区黄华乡。中华人民共和国成立初期，属佛冈县一区黄花乡。1958 年，属从化县佛冈人民公社黄花大队。1961 年，属佛冈县石角人民公社黄花大队。1976 年，属佛冈县黄花人民公社存星大队。1983 年，属黄花区存星乡。1987 年，属黄花乡存星行政村。1994 年，属黄花镇存星管理区。1998 年，属黄花镇存星行政村。2002 年至今，属石角镇黄花行政村。

世居村民为陈姓、叶姓。陈姓，据《陈氏族谱》江西陈畆迁广东番禺凤翔乡，十世祖陈大观因失库银，兄弟避难迁从化流溪河上和洞居住，清初期十二世陈祖光（字玉明）因军务派累，逃迁到该地建村，世居繁衍。叶姓，据《叶氏族谱》记载，清初期由清远县吉河乡（今佛冈县水头镇）潭洞村迁至该村世居繁衍。

2015 年末，户籍人口 755 人，其中男 398 人，女 357 人。60 岁以上 76 人，其中 80 岁以上 14 人，最年长者 92 岁（男）。16 岁以下 70 人，其中留守儿童 3 人。实际在村居住和生活主要依靠农业收入 625 人，常年在城镇生活和务工 130 人。祖籍该村的新加坡华侨陈运雄，回乡时有“有仔勿让去过番，水浪高似棋盘山”之说。村民均为汉族，广府民系，使用粤方言。

该村有山地面积 512.6 公顷，耕地面积 12.65 公顷。林业资源主要有杉树林，兼有杂树林。种植水柿、白榄、杨梅、油茶、桔等。其中，白榄品质肉厚、果大、甘口。近年来村民扩大种植，形成白榄种植产业基地。村民有制酸食品的手艺，制作的

◎ 存久洞村名贵鱼养殖场（摄于 2016 年）

◎ 原北江一支六团团部旧址（摄于 2016 年）

酸菜、酸笋、酸醋成为当地特产。农业以种植水稻、番薯、木薯、花生、豆类、蔬菜等为主。1990 年后，部分青壮年外出打工，村民主要收入来源为农业、林副产品和外出劳务。

1970 年建水电站，1979 年并入国家电网，1995 年通电话，2003 年实现村道水泥硬底化，2010 年通自来水。1997 年，筹建存星凤凰小学，现因生源不足而停办。2013 年，建成村公园和篮球场。

◎ 水电站机房（摄于 2016 年）

传统民居为广府民居。清代建筑 46 座，后陆续加建 20 多座，每座占地总面积 100 平方米，为一厅二房二廊布局。20 世纪 90 年代后，村民开始建设钢筋混凝土楼房，多数楼房都为两层半，现已有 40 多座改建新楼房，原有民居仍有少数居住。

村有祖堂 2 间，占地面积共 100 平方米，门楼 2 间占地面积共 40 平方米，都建于清代。书馆 1 座，建于民国初，面积约 200 平方米，民国时期命名为培智小学，抗日战争后期是东江三支四团以及北江一支六团办公、活动场所，门前有当年革命口号“军民合作，抗战到底”字样，是存久洞村革命老区的标志，小学重修于 2001 年。有 1947 年柯木树粤赣湘边纵队青年干部训练班旧址，其牌匾现在存久洞书馆。

村里原有一块刻有“始通鱼跳陈高仕”字样的

◎ 革命武装部队活动旧址和牌匾（摄于 2016 年）

◎ 冰川遗址（摄于 2016 年）

碑石立于黄花水口，现已毁掉。门楼原有陈伯陶之匾，1966 年被烧毁。民国时期，村水口建有一座古庙，是做庙会、神供、上灯担猪头等活动的场所，1958 年破除迷信时被拆毁。村水口原有两棵古老松树，高近 30 米，于 2014 年相继枯萎。

村陈氏、叶氏各有族谱。《陈氏族谱》于 1996 年由陈庙金、陈国珍两人新纂修，有印刷本存于每家每户。

村民在春节时，有敲锣打鼓、舞狮、烧鞭炮、到村里农户拜年习俗，并伴有拳、棍、刀、枪等多种武术表演。

村里有“马口寨”的传说，唐朝后期，官吏贪赃枉法，苛捐杂税繁重，官逼民反，琼花姐文武双全，在马口寨与官府作对，锄强扶弱。后来冰释前嫌，握手言和。

据广东省地质专家考察，在村水电站旁有冰川活动遗址，是 200 万—300 万年前形成，冰臼发育相当完整，有大有小，有高有低，深浅不一，每个冰臼呈圆形，冲刷的滑溜溜，堪称大自然的杰作。现在有许多游客前来参观。

传统婚嫁习俗，以相亲、六聘、送担，接亲、拜堂、宴客来宾习俗进行。传统丧葬风俗为土葬，传统丧葬称为“白事”，亲人去世，其直系亲属要披麻戴孝，在遗体前守灵，直至出殡为止。1990 年后逐渐实行火葬，其程序有举丧、入殓、丧服、送葬、法事、烧纸钱炮烛送葬，送灵牌进祖堂。

1936 年，有村民感染“天花”病毒，1 个月内就死伤 50 多人，波及相邻村庄，因患病留有后遗症的有 10 多人。2011 年 12 月、2012 年 12 月，佛冈县两次举办“广东佛冈中国汽车拉力锦标赛”，40 多支车队、155 辆赛车参赛，比赛车道经过该村。村民踊跃参与赛事相关服务工作。2014 年 5 月 23 日，发生百年一遇特大洪水，泥石流使黄花河水位超历史 1.4 米，冲毁农田作物 6.67 公顷、陂头多座，受伤群众有 10 多人，被洪水冲塌的房屋大小 40 多间，折合经济损失 80 多万元。由于及时组织村民脱险，无人员伤亡。

1993 年，该村经清远市人民政府批准被认定为解放战争游击根据地。

该村的陈天杨（1851—1939），陈氏十一世祖，有“民间奇才”“铁齿铜牙”之称，现存有肖像。叶庙杨（1913—1947），革命烈士，人民解放军江北支队四团战士，在清远老虎头峡战斗中牺牲。陈炳焕（1922—1947），又名龙文，革命烈士，清从佛义勇军大队战士，在清远老虎头峡战斗中牺牲。陈才金（1952—），现任中共石角镇黄花片区总支书记、中共清远市第六次代会大会代表，2011 年获广东省优秀党务工作者称号。陈月梅（1966—），女，现任石角镇黄花存星村党支部书记，2014 年 5 月 23 日发生洪水险情时，及时组织村民脱险，结果自家财产遭受重大损失。2015 年 6 月，获“佛冈好人”称号。

（资料填报：陈运标，初稿撰写：陈运标，总纂：李协湖）

滴水岩村

◎ 滴水岩村村貌（摄于2016年）

滴水岩村，位于石角镇东南部，距镇政府约25千米。始建于明末，由从化良口九佛村再转到赤薯洞村移民聚居而成，取名陈村。后因村东南面有一复式瀑布，岩石内形成珠帘般的滴水景象，故改名为滴水岩村。

该村坐落于丘陵地带中的山间盆地。村落坐南向北，呈聚居分布。村东有海拔775米高的棋盘山（龟脑山），村南、西为虎影脑山，北为隔河相望的杨梅坑村，有黄花河自东向西从村旁经过。村道沿黄花河北岸自西向东经村旁通往水尾村。

村落形成时，属清远县吉河乡黄华堡。清嘉庆十八年（1813年），属佛冈厅吉河乡黄华堡。民国初期间，属佛冈县一区黄华乡。中华人民共和国成立初期，属佛冈县一区黄花乡。1958年，属从化县佛冈人民公社滴水岩大队。1961年，属佛冈县石角人民公社黄花大队。1976年，属佛冈县黄花人民公社黄花大队。1983年，属黄花区滴水岩乡。1987年，归属黄花乡滴水岩行政村。1989年，属黄花乡滴水岩管理区。1994年，属黄花镇滴水岩管理区。1998年，属黄花镇滴水岩行政村。2002年至今，属石角镇黄花行政村。

世居村民为陈姓，据《陈氏源谱》记载，明天启三年（1623年），陈氏十五世玄孙陈运由江西泰和县迁到从化良口九佛村再迁到赤薯洞村，于明末迁至该村。

2015年末，户籍人口900人，其中男性453人，女性447人。60岁以上125人，其中80岁以上16人，最年长者96岁（女）。16岁以下350人，其中留守儿童3人。实际在村居住和生活主要依靠农业收入813人，常年在城镇生活和务工87人。祖籍该村的海外留学人员2人。世居村民均为汉族，广府民系，使用粤方言。

该村有山地面积550.73公顷，耕地面积12.33公顷。矿产资源主要有稀土矿。动物资源有野猪、果子狸、蛇类等。林业资源有杉树、杂木树等。传统经济以农业为主，兼林产品经营。主要作物有水稻、番薯、木薯、花生、蔬菜。特色水果有水柿、大红柿，素称“水柿之乡”。柿子果大、肉厚、皮薄、核小、爽甜，加工成柿饼，为送礼佳品，年产量10多吨。20世纪90年代，部分青壮年外出打工，村民

◎ 滴水岩村杉树林（摄于 2016 年）

◎ 滴水岩村东门楼（摄于 2016 年）

主要收入来源为农业和外出务工。传统节庆食品有糯米糍、艾糍、粽子等。特色食品有黄花酸菜。

1964 年通电话，2005 年实现村道水泥硬底化，2008 年通网络，2013 年通自来水。村中建有文化室和垃圾回收站。

传统民居为广府民居。民居村落以门楼为中心，围水屋包围正座屋、宗祠，呈“回”字形四点金布局建筑群。现存传统民居 35 座，每座占地面积约 100 平方米。正座为一厅两房两廊一天井布局，屋顶为硬山顶，墙体大部分为三合土墙，有部分用泥砖砌成，围水屋单间连建，每间占地面积约 20 平方米，总占地面积 9200 平方米。部分房屋有五龙过脊，一厅四廊四房三天井布局。20 世纪 90 年代后，村民逐步建成钢筋混凝土楼房，已有大部分居民迁入居住。现存宗祠有一座，始建于明末，重修于 1993 年，占地面积 25 平方米，青砖墙，屋顶盖琉璃瓦。宗祠内有一楹联：“文厅银光争辉呈瑞气；高台香烟盘绕结长云。”

◎ 滴水岩村民居（摄于 2016 年）

村编修有《陈氏谱源》，清康熙五十年（1711 年）由陈伯陶编纂。1961 年由陈明仁编抄新书。村中有一块木匾额，上刻有“国魁”“陈亦南”字样，落款日期为 1938 年，现存石角镇政府。原有私塾一间，始建于明末，后被拆除。

主要宗族活动有拜祖祠、清明祭祖、春节舞狮及正月初四上灯等。传统习俗是拜祖庙、拜土地公、祭灶君。扫墓一般从清明前的春分起到农历四月初八，扫墓期间在外地谋生的人都尽可能赶回祭扫祖墓。

村民注重热热闹闹度过节日，在全年的不同节日中，巧手的农妇会利用稻米和蔬菜做出花样繁多的食品，在外地工作和务工的中青年也尽量在过节时回家团聚，农家节日显得温馨欢乐，充满爱意。传统节日为春节、清明节、四月八、端午节、七夕、七月十四、中秋节、冬至等。其中，清明节是悼念祖先的节日，家家户户门楣插柳枝和桃叶以驱邪，采艾做糍，名为“艾糍”，并进行扫墓活动。传统婚礼习俗是媒妁之言、相互探家、报日子、聘金、举行婚礼。传统丧葬习俗以土葬为主，1990 年后逐步

◎ 滴水岩村西门楼（摄于 2016 年）

实行火葬。程序为入殓、出殡、送葬、请道士、设灵堂、做灵屋、做法事、做头七、将灵牌放入祖屋。

解放战争时期，北江支队驻该村的农户家，建立民兵队伍，村民为游击队做饭、送餐、送水兼放哨等。1993 年，该村经清远市人民政府批准被认定为解放战争游击根据地。2011 年 12 月和 2012 年 12 月，佛冈县两次举办“广东佛冈中国汽车拉力锦标赛”，40 多支车队、155 辆赛车参赛，比赛车道经过该村。2014 年 5 月 23 日，佛冈县地区普降暴雨造成洪灾，该村出现泥石流，大桥被冲毁，村庄农田和民房水浸 2 米多深，农作物及农户财物损毁，造成全村农田基础设施和财物巨大损失，折合人民币 60 多万元。

该村主要人物：陈廷重，明末人，15 岁在清远县考中秀才，其家贫志高，热爱读书的事迹广为流传，成为读书人的榜样。陈老均（1915—1948），又名陈善桓，革命烈士，江北支队四团战士，1948 年在大白洞战斗中牺牲。陈福来（1911—？），在韶关仁化参加抗日游击队，解放后曾任仁化县县长。麦慧雯（1948—），曾任韶关市副市长。

（资料填报：陈森桓，初稿撰写：陈森桓，总纂：李协湖）

耕禾冚村

◎ 耕禾冚村村貌（摄于 2016 年）

耕禾冚村，位于石角镇东南部，距镇政府 18 千米。始建于明后期，由增城移民聚居而成。因村位于山间谷地，栽种水稻而取名耕禾冚村，曾用名东安里村。该村由耕禾冚、会龙 2 个居住点组成。村东为莲塘村，南为车头村，西为黄花行政村旧址，北为丘陵群山。村东北有尖峰山，正北面有石寨山，尖峰山与石寨山两山之间有一条约 3 千米长的小溪流经该村。有县道 X375 线通至该村，乡道并联通往新田、中华里、黄梅坑、滴水岩等村。

◎ 耕禾冚村门楼（摄于 2016 年）

村落形成时，属清远县吉河乡黄华堡。清嘉庆十八年（1813 年），属佛冈厅吉河乡黄华堡。民国时期，属佛冈县一区黄华乡。中华人民共和国成立初期，属佛冈县一区黄花乡。1958 年，隶属从化县佛冈人民公社黄花大队。1961 年，属佛冈县石角人民公社黄华大队。1976 年，属黄花人民公社车头大队。1983 年，属黄花区车头乡。1987 年，属黄花乡车头行政村。1994 年，属黄花镇车头管理区。1998 年，属黄花镇车头行政村。2002 年至今，属石角镇黄花行政村。

世居村民为蒋姓，明后期先祖蒋胜耀从增城先后迁到附近中华里村、走马夫村，后定居该村。

2015 年，户籍人口 730 人，其中男性 400 人，女性 330 人。60 岁以上 26 人，其中 80 岁以上 6 人，最年长者 100 岁（男）。16 岁以下 120 人，其中留守儿童 3 人。实际在村居住和生活主要依靠农业收入 500 人，常年在城镇生活和务工 230 人。村民均为汉族，广府民系，使用粤方言。

◎ 耕禾峃村林区（摄于2016年）

该村有山地面积233.33公顷，耕地面积11.4公顷。林业资源有松树、柯树、枫树、杉树及其他杂树。矿产资源主要有白石矿。动物资源有野猪、黄猄、果子狸、蛇类等。传统农业以种植水稻、蔬菜、番薯、花生、木薯等为主。特色水果有黄花水柿、大红柿，历史悠久，素称“水柿之乡”。柿子果大、肉厚、皮薄、核小、爽甜，加工为柿饼，为送礼佳品，年产量2万千克。1990年后，许多青壮年外出打工，村民主要收入来源为农业、林副产品和外出务工等。节庆传统食品有糯米糍、粽子、艾糍、炒米饼、糖环等。

2003年通自来水、通电话，2004年通网络、实现村道水泥硬底化。村中建有文化室。

传统民居为广府民居。现有传统民居4座，有祖祠一座，占地面积25平方米，现基本保存完好。民居为五龙过脊建筑布局，三合土木结构。村中原有私塾一间，始建于清中期，重修于1968年，现作村民活动中心。

村编修有《蒋氏族谱记录》，由蒋复瑰纂修。2005年，由蒋名稿（蒋星）、蒋君枢两人重新编录。

主要特色习俗为舞狮，每逢年节喜庆都会进行舞狮拜贺、采青等活动。过年时大部分村民在自家门口或灶君挂上红包，召唤醒狮前来采青，以祈求合家安康、丁财两旺。该村宗族活动，有正月初十上灯、清明祭祖等。

传统节日形式多样，内容丰富，是中华民族悠久历史文化的一个组成部分。传统节日为春节、清明节、四月八、端午节、七夕、七月十四、中秋节、十月朝、冬至等。其中，春节俗称“过年”，是送旧迎新的大节。农历腊月二十三称“小年”，家家户户打扫庭院、做年货。有在“小年”晚饭后送灶君、年三十晚接灶君的拜祭习俗。年三十吃“团年饭”，饭后长者要给小孩“压岁钱”。年初一清早，各家各户相互拜年。传统婚嫁礼仪，男女相识交往后，女方家亲友到男方家看家风，结婚时要担求亲酒、送礼金、报日子、定嫁妆、行婚礼、摆酒请客、迎亲、送亲等仪式，然后三朝回娘家。传统丧葬习俗以土葬为主。传统丧葬采用“二次葬”，即先掩埋遗体，若干年后起出遗骨用金埕装盛后，选择

◎ 耕禾峃村公园一角（摄于2016年）

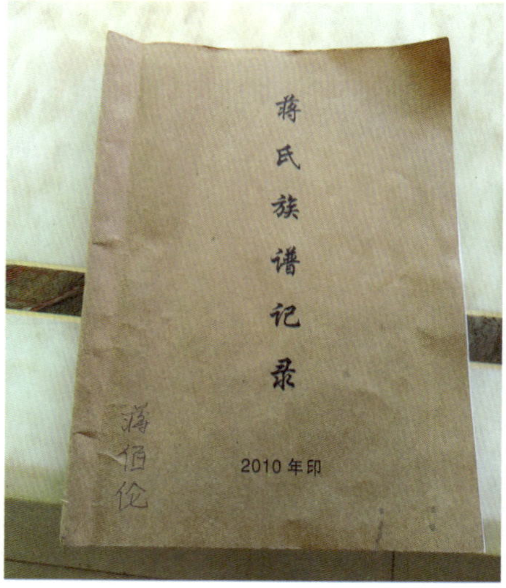

◎《蒋氏族谱记录》（摄于2016年）

◎ 耕禾冚村民居（摄于 2016 年）

地。2011 年 12 月、2012 年 12 月，佛冈县两次举办“广东佛冈中国汽车拉力锦标赛”，40 多支车队、155 辆赛车参赛，比赛车道经过该村。村民踊跃参与赛事相关工作。

该村有多名跌打医术能人，素有跌打医疗村之称，其声誉在佛冈县及附近周边县及广州都颇有传颂。该村的蒋陈贵（1910—1976），跌打医学世家传人，救死扶伤，曾为革命武装东江纵队队员疗过伤，广受尊重，村民们将其誉为民间奇医艺人，《佛冈县志》有记载其事迹。蒋明镜（1936—），曾任韶关农机学校校长。

吉时吉地再安葬。1990 年后逐步实行火葬。其程序包括报丧、守灵、入殓、出殡、送葬火化、做法事、将灵牌送入祠堂等。

1947 年开始，在中国共产党领导下，该村建立革命武装斗争根据地，发动群众踊跃参军参战、支援前线，一直坚持到中华人民共和国成立。1993 年，经清远市人民政府批准被认定为解放战争游击根据

（资料填报：陈森桓，初稿撰写：陈森桓，总纂：李协湖）

冚仔尾村

◎ 冚仔尾村村貌（摄于 2016 年）

冚仔尾村，位于石角镇南部，距镇政府 15 千米。始建于清咸丰五年（1855 年），由附近走马夫村分村迁入聚居形成。因村位于老仁松山谷的尾部，故称老仁松冚仔尾村，后改为冚仔尾村。村坐东南向西北，四面环山，村东、南、北面均是高山，西面是老仁松村。村内有白眉山、蕉冚山、佛仔脑山，村东边有一条小山溪经村前流出汇入黄花河。有县道 X375 线通至该村。

村落形成时，属佛冈厅吉河乡黄华堡。民国时期，属佛冈县一区黄华乡。中华人民共和国成立初期，属佛冈县一区黄花乡。1958 年，属从化县佛冈人民公社黄华大队。1961 年，属佛冈县石角人民公社黄华大队。1976 年，属佛冈县黄花公社车头大队。1983 年，属黄花区车头乡。1987 年，属黄花乡车头行政村。1994 年，属黄花镇黄华管理区。1998 年，属黄花钡车头行政村。2002 年至今，属石角镇黄花行政村。

世居村民为张姓、黄姓。张姓，居广州石井文献里，再迁到从化和顺地、东洞、稔洞、横江村居住，后分迁到清远县吉河乡（今佛冈县石角镇）黄花走马夫村，清咸丰五年由走马夫村分村迁至该村。黄姓，清末民国初由附近车头村迁至该村。

2015 年末，全村户籍人口 98 人，其中男性 52 人，女性 46 人。60 岁以上 7 人，其中 80 岁以上 2 人，最年长者 84 岁（女）。16 以下 8 人，其中留守儿童 2 人。实际在村居住和生活主要依靠农业收入 76 人，常年在城镇生活和务工 22 人。村民为汉族，广府民系，使用粤方言。

该村有山地面积 51.2 公顷，耕地面积 3.72 公顷。林业资源有松树、杉树、柯树、樟树及其他杂树。主要农作物有水稻、番薯、花生、木薯等。主要水果有黄花水柿、沙糖桔、青梅等。村边山地适宜种植木薯，其产品粗大、肉厚、淀粉含量足，而且产

◎ 冚仔尾村养蜂园（摄于 2016 年）

◎ 冚仔尾村种植的木薯（摄于 2016 年）

◎ 冚仔尾村新民居（摄于 2016 年）

量高，成为当地传统特色农产品，是食用、饲料和发酵的工业生产原料。20 世纪 70 年期间，政府曾用 1 千克大米置换 2 千克木薯片，解决村民粮食紧张问题。20 世纪 80 年代，整个黄花地区出产的木薯，是佛冈县味精厂生产味精原料的来源。1990 年后，部分青壮年都外出打工，村民主要收入依靠农业和外出打工等。传统节庆食品有糯米糍、粽子、芋头糍、油糍等。其中，油糍是春节的食品和礼品，制作方法：先将糯米碾成粉，以每 500 克米粉配 200 克糖的比例，把糖煮溶后拌粉搓匀，做成球形或椭圆形糍粑，然后用油炸熟即成。

1986 年通电，1990 年通电话，2008 年通网络，2010 年通自来水，2010 年实现村道水泥硬底化。

传统民居为广府民居。正座民居有 14 座（三间二廊），围水房共 50 多间，围屋占地面积 800 平方米，土木结构，三合土墙，硬山顶，盖灰瓦。正座有两

◎ 冚仔尾村传统民居（摄于 2016 年）

廊门为出入口，屋内以方砖铺地，天井用鹅卵石铺砌，排水设施完备，一般占地面积 68 平方米。

宗族活动是清明祭祖。民间习俗活动有拜观音、拜土地公、祭灶君等。传统节庆活动是民族民间传统文化的组成部分，体现着人与人、人与自然之间的和谐，对构建和谐社会有重要作用。传统节庆习俗为春节、清明节、四月八、端午节、七夕、七月十四、中秋节、冬至等。其中，民间把农历四月初八仍无人祭扫的坟墓视为无主孤坟，村民集中在山岗上祭拜。传统婚嫁仪式有送日子、看家风、接亲送亲、宴请来宾、回门等。传统丧葬风俗以土葬为主，1990 年后逐步实行火葬，有引灵、接体、火化、安葬等程序。办丧事只能用简单的饭菜招待前来送葬或办丧做工的人，吃饭时不能喝酒，不能喧哗谈笑，以示对丧者和办丧事人家的尊重。

该村在中国共产党领导下，1947 年开始建立革命武装斗争根据地，发动群众参军参战、支援前线，一直坚持到中华人民共和国成立。1993 年，经清远市人民政府批准被认定为解放战争游击根据地。20 世纪 90 年代，订有村规民约，实行村民自治，规定村民要做到讲文明、讲道德，做守法公民。2014 年 5 月 23 日，发生百年一遇特大洪水，大部分农田受浸，农作物受损，山上泥石流暴发，造成财物损失达 30 万元。由于村民及时转移，无人员伤亡。

（资料填报：张瑞平，初稿撰写：张瑞平，总纂：李协湖）

坑口村

◎ 坑口村村貌（摄于 2016 年）

坑口村，位于石角镇东南部，距镇政府 20 千米。始建于清中期，由今佛冈三八上莲塘村分村迁入聚居而形成。因村建在黄花河出口处，取名坑口村，曾用名坑尾村。村坐落于六湖山脉的洼地，背山面水，西北面与黄花街相接，南面是水田，主要山岭有高 300 米的六湖山，黄花河自东南向西北流入黄花湖，有县道 X375 线通过。

清嘉庆十八年（1813 年），属佛冈厅吉河乡。民国时期，属佛冈县一区黄华乡。中华人民共和国成立初期，属佛冈县一区黄花乡。1958 年，属从化县佛冈人民公社车头大队。1961 年，属佛冈县石角人民公社车头大队。1976 年，属黄花人民公社车头大队。1983 年，属黄花区车头乡。1987 年，属黄花乡车头行政村。1994 年，属黄花镇车头管理区。1998 年，属黄花镇车头行政村。2002 年至今，属石角镇黄花行政村。

2015 年末，户籍人口 214 人，其中男性 120 人，女性 94 人。60 岁以上 21 人，其中 80 岁以上 7 人，最年长者 87 岁（男）。16 岁以下 30 人，其中留守儿童 3 人。实际在村居住和生活主要依靠农业收入 198 人，常年在城镇生活和务工 16 人。祖籍该村的港澳同胞 1 户。世居村民为汉族，广府民系，使用粤方言。

世居村民为黄姓。据《江夏堂黄氏族谱》记载，南宋嘉定五年（1212 年），黄氏族人由江西经福建迁入广东，清中期黄爱莲后裔由清远县吉河乡（今佛冈县石角镇）三八上莲塘迁到该村。

村有山地面积 145.67 公顷，耕地面积 3.67 公顷。村域林业资源丰富。矿产资源主要有硅矿石。传统经济以农、林业为主，兼林副产品经营。主要农作物有水稻、番薯、木薯、花生、大豆等。水果有黄花水柿、青梅、大红柿等。其中，大红柿（俗称“牛心柿”）种植历史悠久，柿子果大、肉厚、皮薄、核小，是中秋节时令佳果，年产量 2 万千克。现多种植水柿、甘蔗等经济作物。1990 年后，许多

◎ 特色农产品水柿（摄于 1995 年）

青壮村民外出打工，村民主要收入来源为农业生产、林副产经营和外出务工。传统节庆食品有糯米糍、艾糍、粽子等。

1984 年通电，2006 年通自来水，2008 年通电话，2009 年实现村道水泥硬底化。2015 年，村中建有坑口村公园，设有篮球场、池塘及多种文体设施。村中建有垃圾收集点。

◎ 坑口村公园一角（摄于 2016 年）

传统民居现存 24 座，基本保存完整。一厅两房两廊一天井布局，硬山顶，盖灰瓦，墙体大部分由石头夹板舂三合土墙而成，有少部分墙体用泥砖砌成，每座占地面积约 100 平方米，现有部分村民仍居住。1990 年后，村民先后搬进自建钢筋混凝土楼房。村有黄氏祠堂一座，始建于清康熙年间，现主体基本被毁。村西旁有水口庙，建于清中期，于 1998 年 10 月重建，供奉有十八罗汉、关公等神像，为周边

◎ 坑口村传统民居（摄于 2016 年）

◎ 坑口村门楼（摄于 2016 年）

村民烧香拜祭场所，以祈求福佑。

主要宗族活动有拜祖祠，清明祭祖。民间习俗有拜观音、拜土地公、祭灶君等。村有《坑口村黄氏族谱》，是黄氏后人黄灼玲在 2011 年编纂。

传统的节庆文化，内容繁多，异彩纷呈，民众喜爱，积极热情，通过节庆文化的展现，体现人与人、人与自然社会的和谐。传统节日为春节、清明节、四月八、端午节、七夕、七月十四、中秋节、十月朝、冬至等。传统婚嫁习俗，男女相识交往后，女方亲友到男方家探访，结婚时要经担求亲酒、送礼金、报日子、定嫁妆、行婚礼、摆酒请客、送亲、迎亲、三朝回娘家等仪式。传统丧葬以土葬为主，1990 年后逐步实行火葬。其程序包括报丧、守灵、入殓、出殡、送葬火化、做法事、将灵牌送入祠堂。

1947 年开始，该村在中国共产党领导下，建立民兵组织，发动群众参军参战支援前线，一直坚持到中华人民共和国成立。1993 年，经清远市人民政府批准被认定为解放战争游击根据地。

该村的黄东洲（1903—1948），革命烈士，清从佛人民义勇大队战士。1948 年 4 月，在汤塘被捕遇害。

（资料填报：黄钊荣，初稿撰写：黄钊荣，总纂：李协湖）

莲塘村

◎ 莲塘村村貌（摄于2016年）

莲塘村，位于石角镇东南部，距镇政府21千米。始建于清后期，由附近中华里村分村迁入聚居形成，因村旁池塘多种莲藕而得名。村坐落于黄花石寨南鹿山脉脚下，村东为存久洞村，南为耕禾冚村，村西、村北为群山，村前面是乡道直通存星村，乡道南面有溪流自东向西流入黄花河。

清嘉庆十八年（1813年），属佛冈厅吉河乡黄华堡。民国时期，属佛冈县一区黄华乡。中华人民共和国成立初期，属佛冈县第一区黄花乡。1958年，属从化县佛冈人民公社黄花大队。1961年，属佛冈县石角人民公社黄华大队。1976年，属黄花人民公社车头大队。1983年，属黄花区车头乡。1987年，属黄花乡车头行政村。1994年，属黄花镇车头管理区。1998年，属黄花镇车头行政村。2002年至今，属石角镇黄花村。

世居村民为李姓。根据《李氏族谱》记载，南宋年间李氏族人由四川迁入广东从化麻村及水尾洞，明末李陈胜迁到清远县吉河乡（今佛冈县石角镇）黄花中华里村，清末支分迁到该村。

2015年末，户籍人口236人，其中男性120人，女性116人。60岁以上12人，其中80岁以上5人，最年长者94岁（女）。16岁以下48人，其中留守儿童5人。实际在村居住和生活主要依靠农业收入190人，常年在城镇生活和务工46人。祖籍该村的台湾同胞1户。村民为汉族，广府民系，使用粤方言。

村有山地面积126公顷，耕地面积5.19公顷。村落地处山区，林业资源丰富，野生动物时有出没。传统经济以农、林业为主，兼林副产品经营。村周

◎ 莲塘村毛竹园（摄于2016年）

边山林有茂密的杉树和阔叶杂树。主要农作物有水稻、番薯、木薯、花生、大豆、蔬菜等。水果主要有水柿、青梅、大红柿等，其中黄花水柿为村特色产品，黄花水柿种植历史悠久，素称“水柿之乡”，柿子果大、肉厚、皮薄、核小、爽甜，加工为柿饼，为送礼佳品，年产量5吨。1990年后，许多青壮村民外出打工。村民主要收入来源为农业和外出务工。传统食品有糯米糍、艾糍、粽子等。

1985年通电话，2010年实现村道水泥硬底化、通自来水。村中设有垃圾收集点。

传统民居为广府民居，现存传统民居正座26座，建于清末。中华人民共和国成立后，村中民居建筑基本保存完整。正座为五龙过脊建筑布局，硬山顶，墙体大部分用灰砂、石头舂墙而成，有少部分墙体用泥砖砌成，每座占地面积约100平方米，现有部分村民居住。1990年后，许多村民先后搬进自建钢筋水泥楼房。现有宗祠李氏祖堂一座，建于清后期，“文化大革命”期间毁坏，2009年，由该村民集资后经重新修缮，以供村民烧香拜祖。

村民编修《龙西李氏族谱》，1974年由李广森主编。该族谱记述李氏族谱重孙序、李氏宗谱序、原序、重修族谱序、李氏族谱牒序、西平李氏谱序。其中李氏族谱辈序是：“陈主帝文耀，联春日常奇，奕开世业广荣华，耀启文明富贵家，成就鸣基延德泽，钟灵毓修吉祥化。”

◎ 莲塘村门楼（摄于2016年）

传统宗族活动有拜祖祠和清明祭祖。过节庆祝是村民生活习俗的一种，通过节庆活动，可以加强与亲友的联系，愉悦身心。每年四季都有节日，有大小节之分。传统节日为春节、清明节、四月八、端午节、七夕、七月十四、中秋节、冬至等。其中，农历七月初七为七夕。传说这天是七仙女“下凡”的日子，村民杀鸡鸭聚餐，晚间举行“拜七仙”活动。这天清晨各家贮存七月七日水。传说七月七日水可长期贮存而不变质，是夏天的清凉饮料。

◎ 莲塘村传统民居（摄于2016年）

◎ 莲塘村祖堂（摄于2016年）

传统婚嫁习俗，男女相识交往后，女方亲友要到男方家探家风，然后担求亲酒、送礼金、报日子、定嫁妆、行结婚礼、摆酒请客、送亲、迎亲、三朝回娘家等。传统丧葬习俗，以土葬为主，1990年后逐步实行火葬。其程序包括报丧、守灵、入殓、出殡、送葬火化、做法事、将灵牌送入祠堂等。

村民的衣着服饰。中华人民共和国成立前，由于生活较艰辛，村民穿的多为蓝色、黑色比较单调的服饰，衣衫褴褛加补丁。男性服饰为粗麻布唐装衣和水桶形裤，女性服饰为粗麻布沿小边大襟衫和水桶形裤。在探亲访友或赴圩日，才换新衣或较整洁的衣服。中华人民共和国成立后，男女服饰也随时代发展而出新，各有特色。1980年后，衣着不断更新，式样颜色多样化。男士以西装为时髦，有夹克衫、牛仔衫、皮服等，女士更显女性特色，有裙装、西服、牛仔装、羽绒服、毛衣等。

该村是解放战争黄花游击根据地之一，1947年，该村在中国共产党领导下，建立革命武装民兵组织，发动群众参军参战支援前线，一直坚持到中华人民共和国成立。1993年，经清远市人民政府批准被认定为解放战争游击根据地。2011年12月和2012年12月，佛冈县两次举办“广东佛冈中国汽车拉力锦标赛”，40多支车队、155辆赛车参赛，比赛车道经过该村。村民踊跃参与赛事相关服务工作。

◎ 2011年广东佛冈中国汽车拉力锦标赛比赛现场（摄于2011年）

（资料填报：黄钊荣，初稿撰写：黄钊荣，总纂：李协湖）

麻蕉冚村

◎ 麻蕉冚村村貌（摄于 2016 年）

麻蕉冚村，位于石角镇东南部，距离镇政府 25 千米。始建于清中期，由两姓村民移居迁入而成。因村周围多山蕉而取名麻蕉冚村，曾用名共和庄。村坐落于山间丘陵盆地，村落坐西北向东南，东面为清牛塘山脉，南面为存久洞村，西面为马口寨山脉及莲塘村，北靠尖峰山，黄花河支流经村前绕过，村道 386 线从黄花行政村至存久洞村经过该村。

清嘉庆十八年（1813 年），属佛冈县吉河乡黄华堡。民国时期，属佛冈县黄华乡。中华人民共和国成立初期，属佛冈县一区黄花乡。1958 年，属从化县佛冈人民公社存星大队。1961 年，属佛冈县石角人民公社存星大队。1976 年，属黄花人民公社存星大队。1983 年，属黄花区存星乡。1987 年，属黄花乡存星行政村。1994 年，属黄花镇存星管理区。1998 年，属黄花镇存星行政村。2002 年至今，属石角镇黄花行政村。

世居村民为黄姓、陈姓。黄姓，清中期由清远县吉河乡（今佛冈县水头镇）莲瑶东坑村迁入该村。陈姓，清中期由从化背阴村迁入该村。

2015 年底，户籍人口 377 人，其中男性 190 人，女性 187 人。60 岁以上 42 人，其中 80 岁以上 13 人，最年长者 89 岁（男）。16 岁以下 49 人，其中留守儿童 5 人。实际在村居住和生活主要依靠农业收入 250 人，常年在城镇生活和务工 127 人。村民均为汉族，广府民系，使用粤方言。

村有山地面积 179.33 公顷，耕地面积 4.83 公顷。村域自然资源丰富，林业资源有杉树、阔叶杂树、山竹。传统经济以农、林业为主。种植黄花水柿、青梅等果树。主要农作物有水稻、番薯、木薯、芋头、花生、豆类等。清明时令，采摘山上苦竹笋，其味甘带苦，为当地特产。2000 年后，种植沙糖桔，办养猪场、

◎ 村民收获的番薯（摄于 2016 年）

养蜂场等，部分青壮年外出打工。传统节日食品有糯米糍、糯米粽、黄花糯米煎堆。其中，黄花糯米煎堆制作方法：将糯米粉加水拌成粉团，压成片包馅料（用炒熟花生粒、爆谷、芝麻、糖浆拌成小团）后，放入油锅炸熟，即可食用，为春节礼品。

1971 年建成水电站 1 座，装机容量为 2 台、320 千瓦，1979 年并入国家电网，1998 年通电话，2010 年实现村道水泥硬底化，2011 年通自来水，2014 年建成文化室、健身文化公园及垃圾回收站。

◎ 麻蕉凹村文化室（摄于 2016 年）

传统民居现存 32 座，正座为四门归厅一天井二厨房布局，每座占地面积为 120 平方米。许多居民是单间砖瓦房或三合土墙房，村中民居建筑基本保存完好。1990 年后，村民先后搬进自建钢筋混凝土楼房，楼房布局单层，多为三房一厅一厨一卫布局。现在按照统一规划，逐步拆除旧民房，改建水泥钢根结构新楼房 25 座。

◎ 麻蕉凹村传统民居（摄于 2016 年）

◎ 麻蕉凹村门楼（摄于 2016 年）

该村主要宗祖（祖堂）有 2 座，黄姓、陈姓各 1 座，均建于清中期，其中陈姓祖堂于 2008 年重建。村中有门楼，建于清代。民国时期，建有书馆 1 座，2013 年改建为村文化室，占地面积 100 平方米。村西 500 米处原有古庙 1 座，1958 年被拆毁，2000 年村民自筹资金在原庙址处重建简易庙宇 1 间。

该村节庆喜事以敲锣打鼓舞狮为助庆活动，在开展舞狮等集体活动时，全村人都积极参与。传统节日有春节、清明节、四月八、端午节、七夕、七月十四、中秋节、十月朝、冬至等。每年除夕之夜，外出亲人也尽可能赶回家，喜庆团圆。传统婚嫁习俗为媒妁之言，有探家、担定婚茶、报日子、送礼金、定婚嫁、行婚礼等习俗。传统婚嫁礼仪中，最隆重的是男方家迎娶。在办婚事当天，男方家会在村门楼和住宅门口贴上喜庆的对联，并准备好迎亲的喜席。传统丧葬习俗以土葬为主，1990 年后逐步实行火葬。其程序为竖灵、入殓、出殡、送葬、送葬、火化、安放、做法事、将灵牌送入祠堂。丧事次日，有亲友回访等习俗。

1993 年，经清远市人民政府批准被认定为解放战争游击根据地。2011 年 12 月和 2012 年 12 月，佛冈县两次举办“广东佛冈中国汽车拉力锦标赛”，40 多支车队、155 辆赛车参赛，比赛车道经过该村。

（资料填报：陈运标，初稿撰写：陈运标，总纂：李协湖）

水尾村

◎ 水尾村村貌（摄于2016年）

水尾村，位于石角镇东南部，距镇政府26千米。始建于清乾隆三十年（1765年），因该村建于黄花河水的发源地，故取名水尾村，曾用名良兴里村。村坐落于山间谷地，四面高山环抱，主要山岭有大冚山（海拔750米）。村西2千米是新田村、杨梅坑等村。黄花河水流始发于该村山间，自东向西流经村前。有乡道经过该村。

村落形成时，属清远县吉河乡黄华堡。清嘉庆十八年(1813年),属佛冈厅吉河乡黄华堡。民国时期，属佛冈县一区黄华乡。中华人民共和国成立初期，属佛冈一区黄花乡。1958年，属从化县佛冈人民公社黄花大队。1961年，属佛冈县石角人民公社滴水岩大队。1976年,属黄花人民公社滴水岩大队。1983年，属黄花区滴水岩乡。1987年,属黄花乡滴水岩行政村。1989年，属黄花乡滴水岩管理区。1994年，属黄花镇滴水岩村管理区。1998年,属黄花镇滴水岩行政村。2002年至今，属石角镇黄花行政村。

世居村民为巢姓、陈姓、甘姓。巢姓，始祖良土于清乾隆三十年由从化县良口镇冲岭村迁至该村。陈姓，清末民国初由附近滴水岩村分支迁至该村。甘姓，1961年由翁源县周陂随姐嫁黄花迁至该村。

2015年末，户籍人口287人，其中男性145人，女性142人。60岁以上18人，其中80岁以上3人，最年长者83岁（男）。16岁以下91人，其中留守儿童5人。实际在村居住和生活主要依靠农业收入185人,常年在城镇生活和务工102人。世居村民为汉族，广府民系，使用粤方言。

村有山地面积142.13公顷，耕地面积4.67公顷。村域自然资源丰富。传统经济以农、林业为主，

◎ 水尾村旁的古道遗址（摄于2016年）

兼林副产品经营。林业有杉树及杂树、山竹。种植有黄花水柿、青梅等果树。主要农作物有水稻、番薯、木薯、芋头、花生、豆类和蔬菜等。1990年后，许多青壮年村民外出务工，村民主要收入来源为农业和外出务工。特色农产品有青梅、水柿。传统节庆食品有手指糍、粽子、酸菜、黄花酸醋等。村民制作的黄花酸醋颇有名气，制作方法：选用糯米、乌豆炒热后，倒入装有山泉水的埕内封存3个月。食用时配上猪脚煲煎，是妇女坐月子的保健佳品。

村境内有条古道，以石角圩（今县城）为起点，经凤围、大白洞村，翻过羊角山，经走马夫村、水尾村到达从化东洞，全程约25千米路，宽1.5米，有部分为河卵石路面，山路崎岖不平，是明、清时期佛冈县中部通向从化县、龙门县的古盐道。现此道已荒废。

1980年通电，1982年通电话，1994年通电网，2006年实现村道水泥硬底化，2010年通自来水。

村后有一座水库，1972年建成，集雨面积为5.6平方千米，坝高25米，灌溉农田面积10公顷，蓄水77万立方米。为小（二）型水库。2014年，政府投资进行维修加固。

传统民居为广府民居，现存正座6座，建于清末，每座占地面积约100平方米，为一厅两房两廊一天井布局，硬山顶、盖灰瓦、三合土墙体。民居基本保存完好，现仍有人居住。村中有祖堂，建于1941年，1985年重修，占地面积40平方米。

传统民俗为舞狮活动，每逢年节喜庆都会进行舞狮拜贺、采青等活动。春节村民在自家门前或灶君挂上红包召唤醒狮进行采青，以祈求合家安康、丁财两旺。该村宗族活动，有正月初二开年，正月初十上灯，正月十五完灯，清明祭祖、拜土地公、拜灶君。巢氏族人每年农历七月二十三日集中拜始祖巢父。村存有《佛冈黄花·巢氏族谱》，由福龙村巢凤钊于2007年编修。

◎ 水尾村民居（摄于2016年）

过节是村民的一项重要生活内容，一年之中大大小小的节日有许多个。传统节日为春节、清明节、四月八、端午节、七月十四、中秋节、冬至等。传统婚嫁礼仪，男女相识交往后，女方家要到男方家探访，结婚时有担求亲酒、送礼金、报日子、定嫁妆、行婚礼、摆酒请客、迎亲、送亲等仪式，然后还要三朝回娘家。传统丧葬习俗以土葬为主，1990年后逐步实行火葬。其程序包括报丧、守灵、入殓、出殡、送葬火化、做法事、将灵牌送入祠堂等。葬毕，在回去的路上，事主家要派人在路边向送葬人派发花生、糖果，以示吉利。第二天，丧事主家的晚辈要到母亲长辈亲友家中回访。

1947年开始，在中国共产党领导下，建立革命武装民兵组织，发动群众参军参战支援前线，一直坚持到中华人民共和国成立。1993年，经清远市人民政府批准被认定为解放战争游击根据地。2011年12月、2012年12月，佛冈县两次举办“广东佛冈中国汽车拉力锦标赛”，40多支车队、155辆赛车参赛，比赛车道经过村旁，村民参与赛事相关工作。

（资料填报：巢凤钊，初稿撰写：巢凤钊，总纂：李协湖）

松一村

◎ 松一村村貌（摄于 2016 年）

松一村，位于石角镇南部，距镇政府 15 千米。始建于清后期，因村旁有一棵老松树，而取名为松一村，曾用名老仁松村。村坐落于高山仔与大窝山尾之间山间谷地，四面环山，东南面靠冚仔尾村，北面隔 300 米为县道 X375 线和黄花河，国道 G106 线距该村 4 千米。

清嘉庆十八年（1813 年），属佛冈厅吉河乡黄华堡。民国时期，属佛冈县一区黄华乡。中华人民共和国成立初期，属佛冈县一区黄华乡。1958 年，属从化县佛冈人民公社黄花大队。1976 年，属佛冈县黄花人民公社黄华大队。1983 年，属黄花区黄华乡。1987 年，属黄花乡黄华行政村。1994 年，属黄花镇黄华管理区。1998 年，属黄花镇黄华行政村。2002 年至今，属石角镇黄花村。

世居村民为黄姓。据《老仁松黄氏族谱》记载，南宋嘉定五年（1212 年）黄氏族人由江西、福建迁入广东南雄珠玑巷，清康熙年间，黄氏金龙由从化东洞松树围移居到清远县吉河乡（今佛冈县石角镇）黄花车头村，清后期从车头村迁至该村。

2015 年，户籍人口 229 人，其中男性 115 人，女性 114 人。60 岁以上 29 人，其中 80 岁以上 3 人，最年长者 83 岁（男）。16 岁以下 26 人。实际在村居住和生活主要依靠农业收入 195 人。村民均为汉族，广府民系，使用粤方言。

村有山地面积 136.53 公顷，耕地面积 3.87 公顷。村域和自然资源丰富。矿产资源主要有硅矿。传统经济以农、林业为主，兼林副产业经营。主要林业资源有杉树、松树及其他杂树。水果有黄花水柿、青梅等。1980 年后，村民大量种植青梅、橄榄等果树，特色农产品有水柿、青梅。村民种植青梅，其品质肉厚、核小、果大、产量多，是加工凉果首选原料，收成季节时，许多商人前来采购。主要农作物有水稻、番薯、木薯、芋头、花生、豆类、蔬菜等。1990 年后，

◎ 松一村生态林（摄于 2016 年）

许多青壮年村民外出务工，村民主要收入来源为农业和外出务工。传统节庆食品有糯米糍、艾糍、粽子等。

1964年通电话，2008年通网络，2010年实现村道水泥硬底化，2013年通自来水，2015年建成篮球场、公园和文化室等文化设施。村中设有垃圾收集点。

◎ 松一村公园一角（摄于2016年）

传统民居为广府民居。现存传统正座民居20座，基本保存完整。一厅两房两廊一天井布局，为硬山顶，墙体大部分为灰沙、石头混合舂墙，有部分墙体用泥砖砌成，每座占地面积约100平方米，现仍有少数人居住。1990年后，许多村民先后搬进自建钢筋混凝土楼房。

◎ 松一村传统民居（摄于2016年）

村编修有《江夏堂黄氏族谱》，1998年由该村的黄国启主编，该族谱共分为五部分。其中，载有六峰祖祠题联："黄河水从天上来源远流长万派朝东至南海；丹桂种自月中出根深叶茂五子竞秀耀东坑。"黄氏族谱序："人之有祖宗如木有本水之有源地，人之有子孙如木之分枝水之分派也。"

该村主要宗族活动拜祖祠、清明祭祖。民间习俗有拜土地公、祖庙、祭灶君等。

村民注重热热闹闹度过节日，在全年的不同节日中，巧手的农妇会利用稻米和蔬菜做出花样繁多的食品，在外地工作和务工的中青年也尽量在过节时回家团聚，农家节日显得温馨欢乐，充满爱意。传统节日有春节、清明节、四月八、端午节、七夕、七月十四、中秋节、冬至等。其中，正月十五为元宵节，有蒸发糕、食汤圆、做糍的习俗，以示庆贺春节圆满结束。农历八月十五为中秋节，或团圆节。每逢中秋之夜，男女老少一起赏月，品尝月饼、柚子及石螺等食品，在外地工作的亲人都尽量回家与家人团聚，共度佳节，热闹非常。

◎ 松一村晒谷场一角（摄于2016年）

传统婚嫁习俗中，男女相识交往后，女方亲友要到男方家看家风，结婚时有担求亲酒、送礼金、报日子、定嫁妆、行婚礼、摆酒请客、迎亲、送亲等仪式，然后还要三朝回娘家。传统丧葬习俗以土葬为主，1990年后逐步实行火葬。其程序包括报丧、守灵、入殓、出殡、送葬火化、做法事、将灵牌送入祠堂等。丧事办完后，第二天丧主家人要到坟地复坟。复坟时要清理好坟墓的杂草污泥，并用竹篮装载供品供奉，然后烧香、纸钱、纸衣，鸣放鞭炮。

1947年，在中国共产党领导下，该村建立革命武装民兵组织，发动群众参军参战支援前线，一直坚持到中华人民共和国成立。1993年，经清远市人民政府批准被认定为解放战争游击根据地。

（资料填报：黄钊荣，初稿撰写：黄钊荣，总纂：李协湖）

小水村

◎ 小水村村貌（摄于 2016 年）

小水村，位于石角镇东南部，距镇政府 21 千米。始建于明万历十八年（1590 年），因村旁有条小溪经过而取名小水村，曾用名北星村、潮水村。村坐落于山间谷地，主要山岭有后龙山（海拔 300 米），老洪石山（海拔 500 米）。黄花河由北向南绕村前流过，乡道 Y339 线从村经过。村东与中华里村相近，西与走马夫村相邻，南、北都是丘陵群山。

该村始建时，属清远县黄华堡。清嘉庆十八年（1813 年），属佛冈厅吉河乡黄华堡。民国时期，属佛冈县一区黄华乡。中华人民共和国成立初期，属佛冈县一区黄花乡。1958 年，属从化县佛冈人民公社黄花大队。1961 年，属佛冈县石角公社黄花大队。1976 年，属黄花人民公社黄花大队。1983 年，属黄花区黄花乡。1987 年，属黄花乡黄花行政村。1989 年，属黄花乡黄华管理区。1994 年，属黄花乡黄华村行政村。1998 年，属黄花镇黄华村行政村。2002 年至今，属石角镇黄花行政村。

世居村民为巢姓。根据《黄花巢氏族谱》记载，明万历十八年，由从化良口冲岭村分村迁至该村。

2015 年末，户籍人口 477 人，其中男性 237 人，女性 240 人。60 岁以上 69 人，其中 80 岁以上 15 人，最年长者 89 岁（男）。16 岁以下 47 人。实际在村居住和生活主要依靠农业收入 216 人，常年在城镇生活和外出务工 261 人。村民均为汉族，广府民系，使用粤方言。

村有山地面积 221.33 公顷，耕地面积 10.67 公顷。村域林业资源丰富。传统经济以农、林业为主，兼林副产品经营。1980 年后，村民大量种植黄花水柿、青梅、橄榄等果树。其中，橄榄品质肉厚、甘甜、核小，而且产量高。收获季节时，许多商贩前来采购。传统经营以农耕为主，种植水稻、番薯、木薯、花生等。村民主要收入来源以农耕作物、林木经营及外出务工。传统节庆食品有酸菜、米醋、艾糍、芋头糕、黄花鹅等。

1980 年，建有 2 台水电站安装立式发电机组，年发电量 180 万千瓦。1980 年通电，1982 年通电话，1994 年通网络，2006 年实现村道水泥硬底化，2007 年通自来水，2015 年建成 700 平方米的篮球场及活动场所。村旁有棵 200 多年树龄榕树。

传统民居现存 35 座，建于清末，每座占地面积

100平方米，现保存完好，为一厅一天井两房两廊布局，占地面积80平方米。村有祖祠1座，安放君佐祖公神位，两边有祖训及其他装饰。具有代表性碑刻、匾额，为君佐祖祠碑刻和君佐祖祠匾额，均立于清康熙十七年（1678年），现存于君佐祖祠。村编修有《黄花巢氏族谱》，为族人巢凤钊于2007年编修。

宗族活动是拜祖祠、清明祭祖、重阳祭祖和每年农历七月二十三祭拜族宗始祖巢父等。民间习俗有拜观音、拜土地公、拜灶君。村民一年中有5次集中参与民间活动，具体在正月初一、初二开年，初十上灯，正月十五元灯，清明时节。传统节日有春节、清明节、四月八、端午节、七夕、七月十四、中秋节、冬至等。其中，清明节是悼念祖先的节日，家家户户门楣插柳枝和桃叶以驱邪，采艾做糍，名为“艾糍”，并进行扫墓活动。扫墓一般从清明前的春分起到农历四月初八日，扫墓期间在外地谋生的人都尽可能赶回祭扫祖墓。传统婚嫁习俗中，结婚时有担求亲酒、送礼金、报日子、定嫁妆、行婚礼、摆酒请客、迎亲送亲等仪式，然后还要三朝回娘家。传统丧葬习俗以土葬为主，1990年后逐步实行火葬。其程序包括报丧、守灵、入殓、出殡、送葬火化、做法事、将灵牌送入祠堂等。

◎ 小水村门楼（摄于2016年）

◎ 小水村水电站（摄于2016年）

1993年，该村经清远市人民政府批准被认定为解放战争游击根据地。2004年建水泥桥，解放村民出行不便。2007年通自来水并修缮祖堂，2009年建成文化室。2013年，在村门楼口，全体村民讨论宅基地建设决议。现已大部分建好民居，使村容村貌得到改善。

该村的巢润才（1803—？）、巢润章（1805—？），在少林寺学武功，从事医学18年，为村中艺人。巢英传（1903—1983），1933年参加中共地下组织，后任解放军营长，中华人民共和国成立后曾任韶关市武装部长。巢锦枝（1942—），民间艺人，继承巢润才、巢润章的武功、醒狮、医学，医治癌症、中风、奇难杂症等，其医治胆囊炎的处方已得到国家认可。巢锦洪（1949—），曾任中共黄花大队党支部书记、迳头镇党委书记、佛冈县委统战部部长。巢明德（1952—），曾任韶关市公安局副局长，曾当选为全国党代会代表、全国人大代表。

（资料填报：巢凤钊，初稿撰写：巢凤钊，总纂：李协湖）

新田村

◎ 新田村村貌（摄于 2016 年）

新田村，位于石角镇东南部，距镇政府 27 千米。始建于清乾隆年间，因村原有一条榨油的大木槽，是榨花生油、茶子油的工具，称“木油榨”，故取名油榨田村，后改为新田里村，简称为新田村。

该村坐落于山间谷地，坐东向西，黄花河从村南自东向西流向黄花湖，乡道 Y339 线自西向东穿过该村，通往水尾村。村东 2 千米处为水尾村，村南、北两面是群山，村西 500 米处为滴水岩村、杨梅坑村。村东面有主山峰棋盘山（海拔 775 米）。

村落形成时，属清远县吉河乡黄华堡。清嘉庆十八年（1813 年），属佛冈厅吉河乡黄华堡。民国时期，属佛冈县一区黄华乡。中华人民共和国成立初期，属佛冈县一区黄花乡。1958 年，属从化县佛冈人民公社黄花大队。1961 年，属佛冈县石角人民公社黄华大队。1976 年，属黄花人民公社黄华大队。1983 年，属黄花区滴水岩村。1987 年，属黄花乡滴水岩行政村。1994 年，属黄花镇滴水岩管理区。1998 年，属黄花镇滴水岩行政村。2002 年至今，属石角镇黄花行政村。

世居村民为周、吴两姓。周姓，据《周氏族谱》记载，北宋时期，周敦颐次子周焘（濂溪二世）传至濂溪十六世周馀堂，由从化太平镇城贝村上塘田心村迁至清远县浛江乡（今佛冈县汤塘镇）中闸村，清乾隆年间，其后裔周敬仓迁至该村。吴姓，明初期从中原迁入潮州，明中期迁入清远县浛江乡四九（今佛冈县汤塘镇）官山村，清中期其分支由四九官山村迁至该村。

2015 年末，户籍人口 304 人，其中男性 155 人，女性 149 人。60 岁以上 32 人，其中 80 岁以上 5 人，最年长者 89 岁（女）。16 岁以下 22 人，其中留守儿童 2 人。实际在村居住和生活主要依靠农业收入 189 人，常年在城镇生活和外出务工 115 人。村民为汉族，广府民系，使用粤方言。

村有山地面积 126 公顷，耕地面积 3.67 公顷。村域林业资源丰富，有松木、杉木及各种杂木。传统经济以农、林业为主，兼林副产品经营。农业主要作物有水稻、花生、芋头、番薯、木薯等。特色农产品有水柿、白榄、油茶等。油茶是村民传统种植品种，果大、产油率高，而且产量多，土榨的茶油，颇受人们喜爱。村民主要收入来源

◎ 新田村门楼（摄于 2016 年）

◎ 新田村百年枫树（摄于 2016 年）

于农耕、林木经营及外出务工。特色传统食品有糯米糍、灰水糍、油糍、粽子等。

20 世纪 80 年代通电话，1984 年通电，2003 年通自来水，2006 年实现村道水泥硬底化，2008 年通网络，2010 年建村文化室。

传统民居为广府民居，正座为一厅二房二廊一天井布局，占地面积 100 平方米，现存 13 座，保存状态良好，仍有人居住。村里有两座门楼，“新田里”门楼为周氏的，“文昌里”门楼为吴氏的。村内建有祖堂 2 座，占地面积 80 平方米。

在村背后山的北面，有一块巨型的大圆石叠在下边的一块大石上面，非常显眼，当地人称为“沓石”。此石与黄花石寨遥遥相对应，村民说龙脉，庇护着下边的村庄。村左边有一个银缸窝，在路边也有一块大圆石，此石刻有“上斧头劈，下鸡爪石”8 个大字。据村民传说，在此石附近有人埋下数缸白银，曾留有“流水簿”，并传说曾有人在此拾过一些散银。

◎ 新田村传统民居（摄于 2016 年）

传统民俗为舞狮，每逢年节喜庆都会进行舞狮拜贺、采青等活动。过春节时，村民在自家门口挂上红包，醒狮即到各家拜门采青，以祈求合家安康、丁财两旺。该村的民俗活动还有拜祖堂、拜土地公、祭灶君、清明祭祖等。

传统节日有春节、清明节、四月八、端午节、七夕、七月十四、中秋节、重阳节、十月朝、冬至等。其中，农历九月初九重阳节，村民有重阳登高习俗，登高地点多为棋盘山（海拔 775 米）。同时，村里开展敬老活动。

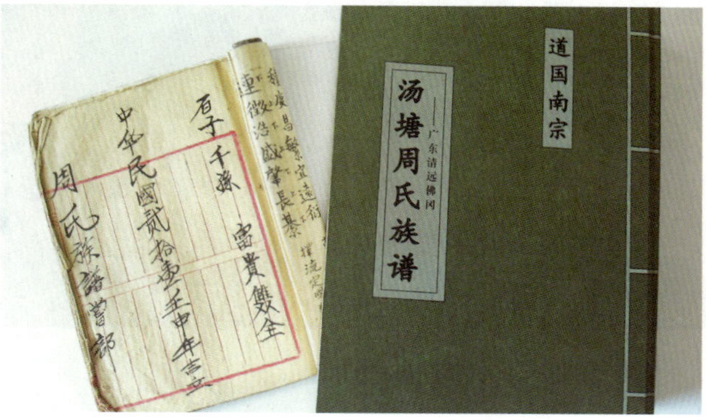

◎《道国南宗汤塘周氏族谱》（摄于 2016 年）

传统婚嫁习俗为媒妁之言、探家、担定婚茶、报日子、送礼金、定婚嫁、行婚礼。传统丧葬习俗以土葬为主，1990 年后逐步实行火葬。其程序为竖灵、入殓、出殡、送葬、送葬、火化、安放、做法事等。办丧事只能用简单的饭菜招待前来送葬或办丧做工的人，吃饭时不能喝酒，不能喧哗谈笑，以示对丧者和办丧事人家的尊重。

1947 年，该村在中国共产党领导下，建立革命武装民兵组织，发动群众参军参战支援前线，一直坚持到中华人民共和国成立。1993 年，经清远市人民政府批准被认定为解放战争游击根据地。

2011 年 12 月、2012 年 12 月，佛冈县两次举办“广东佛冈中国汽车拉力锦标赛”，40 多支车队、155 辆赛车参赛，比赛车道经过该村，村民参与赛事相关工作。

（资料填报：周浩炎，初稿撰写：周浩炎，总纂：李协湖）

新 围

◎ 新围村貌（摄于 2016 年）

新围，位于石角镇东南部，距镇政府约 20 千米。始建于明万历四十七年（1619 年），该村由黄花小水村分村迁出形成，因村后左右角各有一块圆形大石，形似巨龙眼，故取名福龙村。后因村庄建设时间较晚，取名为新围。

该村坐落于山间谷地，主要山岭有海拔 200 米的后龙山，有黄花河自东向西流经该村。村东与小水村相邻，南与走马夫村相邻，西与车头村相接，北为丘陵群山。乡道 Y339 线从村旁经过。

村落形成时，属清远县吉河乡黄华堡。清嘉庆十八年（1813 年），属佛冈厅吉河乡黄华堡。民国时期，属佛冈县一区黄华乡。中华人民共和国成立初期，属佛冈县一区黄花乡。1958 年，属从化县佛冈人民公社黄花大队。1961 年，属佛冈县石角人民公社黄花大队。1976 年，属黄花人民公社黄花大队。1983 年，属黄花区黄华乡。1987 年，属黄花乡黄华行政村。

◎ 新围门楼（摄于 2016 年）

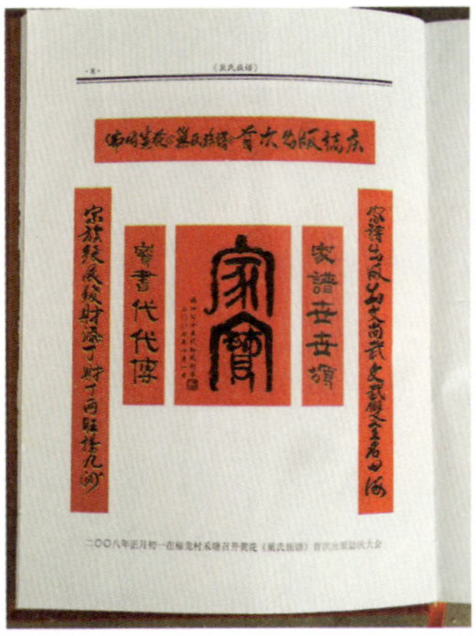

◎《福龙村积贵巢氏族谱》（摄于 2016 年）

1994年，属黄花镇黄华管理区。1998年，属黄花镇黄华行政村。2002年至今，属石角镇黄花行政村。

世居村民为巢姓、郑姓、曾姓。巢姓，据《福龙村积贵巢氏族谱》记载，巢深怀于明万历四十七年从清远县吉河乡黄华堡（今佛冈县石角镇黄花）小水村迁移至该村。郑氏，清咸丰十年（1860年）由英德县迳头乡（今佛冈县迳头镇）大陂村迁入该村。曾姓，清同治三年（1864年）由佛冈厅滑江乡（今佛冈县石角镇风城）凤新村迁至该村。

2015年末，户籍人口393人，其中男性200人，女性193人。62岁以上47人，其中80岁以上16人，最年长者98岁（男）。16岁以下120人，其中留守儿童8人。实际在村居住和生活主要依靠农业收入350人，常年在城镇生活和务工43人。祖籍该村的港澳台同胞50人。村民均为汉族，广府民系，使用粤方言。

村有山地面积182.13公顷，耕地面积10.07公顷。村域自然资源丰富。村域有一处泉源，称福龙泉，水量充沛、清澈甘凉、冬暖夏凉，含多种矿物质，日流量200立方米，属饮用矿泉水。传统经济以农、林业为主，兼林副产品经营。林业资源有杉树、松树及其他杂树、山竹。主要水果有黄花水柿、青梅等。主要农作物有水稻、番薯、木薯、芋头、花生、豆类、蔬菜等。1990年后，许多青壮年外出务工，村民主要收入来源为农业和外出务工。传统美食有黄花酸菜、酸醋、糯米糍、粽子、艾糍等。

◎ 新围山泉水（摄于2016年）

◎ 新围书馆（摄于2016年）

1980年通电，1982年通电话，1994年通网络，2006年实现村道水泥硬底化，2011年通自来水。村中建有村民活动中心，面积180平方米，有一间图书室，藏书200多册。村中建有篮球场。

传统民居现存22座，每座占地面积为100平方米，保存完好，有村民居住。一厅二房二廊一天井布局，硬山顶，盖灰瓦，三合土墙体。清嘉庆二十年（1815年），修建一座书馆，曾培育出巢华秀、巢作奇、巢济川等有识之士。解放战争时期，黄渠成、黄渡江领导的东江游击队，与新围人士巢国辉在此活动。中华人民共和国成立后，曾作为黄花乡政府、黄花大队部驻地。

村有巢氏祖祠，始建于清乾隆四十年（1775年），于2000年重修，占地面积100平方米。厅门上有一块石刻长120厘米，宽68厘米，刻有“巢氏祖祠”字样。厅内正中立深怀公神位，门两边圆柱刻有楹联：“远接阳光添富贵；近纳旺气发丁财。”村中族人每逢时节清明、过年和喜庆事，都去烧香拜祖，祈求先祖保佑风调雨顺。

村编修有《巢积贵家谱》，由巢积贵纂修，记述巢氏起源、来源及家谱沿革。《黄花巢氏族谱》，由巢凤钊于2008年编修，该族谱分为巢氏起源、由来、孝敬篇、该族名人，该族世系图及世系简介，字辈诗及说明等。

传统民俗为舞狮，每逢年节喜庆都会进行舞狮拜贺、采青等活动。春节时村民在自家门口或灶君挂上红包召唤醒狮前来采青，以祈求合家安康、丁财两旺。还有清明祭祖、拜观音、拜土地公、祭灶君、拜榕树庙。巢氏族人每年农历七月二十三举行大型的拜祭始祖巢氏诞辰日活动。2015 年，由巢凤钊发起策划，组织落实重修书馆、门楼、篮球场，共集资 20 多万元。由巢凤钊策划组织部分广东巢氏宗亲以及江西、湖南、安徽等地的宗亲大聚会，祭拜始祖巢父活动。

村民注重热热闹闹度过节日，在全年的不同节日中，巧手的农妇会利用稻米和蔬菜做出花样繁多的食品，在外地工作和务工的中青年也尽量在过节时回家团聚。传统节日为春节、清明节、四月八、端午节、七夕、七月十四、中秋节、十月朝、冬至等。近年来，农历正月初一村民集中团圆拜年、吃团圆饭，由外出务工村民捐资，给 60 岁以上老人发红包，并商谈村公益事业项目。有生儿育女做三朝、满月宴客、老人生日做寿宴、新居乔迁的习俗，这些习俗在村中依然兴盛，场面非常热闹。

传统婚嫁礼仪中，男女相识交往后，女方亲友要到男方家看家风，结婚时要担求亲酒、送礼金、报日子、定嫁妆、行婚礼、摆酒请客、迎亲、送亲等仪式，然后三朝回娘家。传统丧葬习俗以土葬为主，1990 年后殡葬改革，逐步实行火葬。其程序包括守灵、引灵、接体、奠礼、出殡、火化、安葬，复坟“拜三朝”“拜满月”等。办丧事只能用简单的饭菜招待前来送葬或办丧做工的人，吃饭时不能喝酒，不能喧哗谈笑，以示对丧者和办丧事人家的尊重。

该村 1993 年，经清远市人民政府批准被认定为解放战争游击根据地。

◎ 巢汝清的捐赠孔子塑像（摄于 2016 年）

该村的巢华秀（1889—？），又名巢佐才，曾任乳源县县长。巢国辉（1903—1947），又名杨喜，革命烈士，解放军江北支队四团战士，1947 年冬在清远老虎头峡战斗中牺牲。巢汝清（1939—），任职于深圳东深工程供水站，热心捐资家乡助学，捐资 30 万元，并捐赠孔子塑像安立于黄花小学内。巢玉钿（1942—），曾任韶关市印染厂工程师。巢凤钊（1952—），曾任黄花中学校长、中学化学高级教师，主编《黄花巢氏族谱》。巢观生（1970—），现任深圳市石浪实业有限公司董事长，热心捐资助学 30 万元。巢恩泽（1970—），现任广州晟昌机电设备有限公司总裁。巢军民（1976—），现任徐工集团广州公司总经理。

（资料填报：巢凤钊，初稿撰写：巢凤钊，总纂：李协湖）

杨梅坑村

◎ 杨梅坑村村貌（摄于 2016 年）

杨梅坑村，位于石角镇东南部，距镇政府 21.3 千米。始建于清中期，因附近山岭有大量杨梅树，故取名杨梅坑村，曾用名朝阳村、朝阳里村。村坐落于丘陵地带，山岭有棋盘山（海拔 775 米），黄花河自东往西流经村旁。村东与新田村相邻，南与滴水岩村隔河相望，西与中华里村相距，北为丘陵山群。村道 339 线从村旁经过。

清嘉庆十八年（1813 年），属佛冈厅吉河乡黄华堡。民国时期，属佛冈县一区黄华乡。中华人民共和国成立初期，属佛冈县一区黄花乡。1958 年，属从化县佛冈人民公社黄花大队。1961 年，属佛冈县石角人民公社黄花大队。1976 年，属黄花人民公社黄花大队。1983 年，属黄花区黄华乡。1987 年，属黄花乡黄华行政村。1994 年，属黄花镇黄华管理区。1998 年，属黄花镇黄华行政村。2002 年至今，属石角镇黄花行政村。

世居村民为黄姓。黄氏先祖从福建迁到广东南雄珠玑巷，后迁到今佛冈莲瑶东坑、从化坪地、松树围，清中期迁到该村。

2015 年末，户籍人口 547 人，其中男性 287 人，女性 260 人。60 岁以上 67 人，其中 80 岁以上 16 人，最年长者 95 岁（女）。16 岁以下 46 人，其中留守儿童 6 人。实际在村居住和生活主要依靠农业收入 373 人，常年在城镇生活和务工 174 人。世居村民均为汉族，广府民系，使用粤方言。

村有山地面积 313.6 公顷，耕地面积 11.47 公顷。村域自然资源丰富。传统经济以农、林业为主，兼林副产品经营。林业资源有杉树及杂树。主要种植黄花水柿、大红柿、青梅等果树。主要农作物有水稻、

◎ 杨梅坑村门楼（摄于 2016 年）

◎ 朝阳里门楼石刻匾（摄于 2016 年）

◎ 杨梅坑村民居（摄于 2016 年）

番薯、木薯、芋头、花生、豆类和蔬菜等。1990 年后，许多青壮年村民外出务工，村民主要收入来源为农业和外出务工。传统节庆食品有糯米糍、艾糍、粽子等。

1980 年通电，1990 年通自来水、通电话，2004 年实现村道水泥硬底化，2008 年通网络。村中建有 150 平方米的文化室。

传统民居为广府民居。现存传统正座民居 16 座，为三间二廊一天井布局，屋顶为龙船脊，墙体大部分为灰砂、石头舂墙，有部分墙体用泥砖砌成，每座占地面积 100 多平方米，现有少数村民居住，大部分闲置或作杂物房使用。1990 年后，村民逐步建成钢筋混凝土楼房，大部分居民迁入居住。村有祖堂 3 座，分别为朝龙祖堂、秋举祖堂和秋登祖堂，均始建于清末，重建于 2011 年。村有朝阳里门楼，清末建，有石刻“朝阳里”三个字，楼顶有鳌鱼装饰，门楼前有鱼塘。

主要宗族活动有祭拜祖祠、清明祭祖。主要民俗活动有拜土地公、拜观音、祭灶君等。传统节日有春节、清明节、四月八、端午节、七夕、七月十四、中秋节、十月朝、冬至等。其中，春节俗称“过年”，是送旧迎新的大节。农历腊月二十三称“小年”，家家户户打扫庭院、做年货。“小年”的晚饭前，在灶台拜祭灶君。到年三十晚，在灶台拜祭灶君。除夕，合家吃“团年饭”，饭后长者要给小孩“压岁钱”。年初一清早，各家各户相互拜年，现在拜年用电话、贺卡和手机短信进行。年初二探娘家或探亲友。年初七为“人日”，村民有相应的庆贺活动。正月十五为元宵节，有蒸发糕、食汤圆、做糍的习俗，以示庆贺春节圆满结束。

传统婚嫁男女相识交往后，女方亲友要到男方家探访，结婚时要担求亲酒、送礼金、报日子、定嫁妆、行婚礼、摆酒请客、迎亲、送亲等仪式，然后还要三朝回娘家。传统婚嫁礼仪中，最隆重的是男方家迎娶。在办婚事当天，男方家会在村门楼和住宅门口贴上喜庆的对联，并准备好迎亲的喜席。传统丧葬以土葬为主，1990 年后逐步实行火葬。其程序包括报丧、守灵、入殓、出殡、送葬火化、做法事、将灵牌送入祠堂等。丧事办完后，第二天丧主家人要到坟地复坟。复坟时要清理好坟墓的杂草污泥，并用竹篮装载供品供奉，然后烧香、纸钱、纸衣，鸣放鞭炮。

1947 年开始，在中国共产党领导下，该村建立革命武装民兵组织，发动群众参军参战支援前线，一直坚持到中华人民共和国成立。1993 年，经清远市人民政府批准被认定为解放战争游击根据地。

该村的黄炳荣（1927—2012），1952 年参加中国人民志愿军，曾任中共仁化县委组织部部长。黄文淼（1928—2013），1952 年参加中国人民志愿军，曾任红工矿务局一矿主任、调度。黄仕侦（1955—），曾任黄花镇镇长，在佛冈县物价局退休。

（资料填报：黄榕球，初稿撰写：黄榕球，总纂：李协湖）

走马夫村

◎ 走马夫村村貌（摄于2016年）

走马夫村，位于石角镇南部，距镇政府21千米。始建于清康熙年间，由清远县滘江乡（今佛冈县汤塘）四九横江迁居到此，曾用名文献里，后改名为走马夫村。

村坐落在丘陵地带的山间盆地，村庄坐东向西，呈蜂巢状聚居。村东为小水村，村南、村西为耕地，村北为新围。村内有后龙山（野地冚山），南面有崩山，西面有迳口山。县道X375线从村北经过连接国道G106线。

村落形成时，属佛冈厅吉河乡黄华堡。清嘉庆十八年（1813年），属清远县吉河乡。民国时期，属佛冈县第一区黄华乡。中华人民共和国成立初期，属佛冈第一区黄花乡。1958年，属从化县佛冈人民公社黄花大队。1961年，属佛冈县石角人民公社黄华大队。1976年6月，属黄花人民公社黄华大队。1983年12月，属黄花区公所黄华乡。1987年，属黄花乡黄华村。1994年，属黄花镇黄华管理区。1998年，属黄花镇黄华村行政村。2002年至今，属石角镇黄花村。

世居村民为张姓。先祖元初从曲江迁至广州石井，再迁入从化和顺地、东洞，明末迁入清远县滘江乡稳洞（今佛冈县汤塘镇四九）横江村，清康熙年间其后裔迁至该村。

2015年末，户籍人口433人，其中男性221人，女性212人。60岁以上68人，其中80岁以上18人，最年长者95岁（男）。16岁以下63人，其中留守儿童5人。实际在村居住和生活主要依靠农业收入390人，常年在城镇生活和务工33人。村民为汉族，广府民系，使用粤方言。

◎ 走马夫村公园（摄于2016年）

◎ 走马夫村传统民居（摄于 2016 年）

村有山地面积 261.73 公顷，耕地面积 9.13 公顷。主要作物种植有水稻、番薯、木薯、花生等。传统经济以农、林业为主，兼有林副产品经营。林业资源有松树、柯树、枫树杉树及阔叶杂树等。主要水果有黄花水柿、大红柿、青梅等。1990 年后，许多青壮年村民都外出打工，村民主要收入来源靠农业和外出打工。传统节庆食品有糯米糍、粽子、发糍等。

1980 年通电，1990 年通自来水、通电话，2005 年实现村道水泥硬底化，2008 年通网络。2014 年村中建有公园，公园内有观赏喷池和篮球场、羽毛球场等文体设施。

传统民居为广府民居。村落为围屋建筑群，房屋呈蜂巢状分布。占地面积 3000 平方米。有正座民居 24 座，为一厅二房二廊一天井房屋布局。围水屋（平房）有 150 多间，三合墙体、硬山顶、盖灰瓦。村有祖祠一间，始建于清初，20 世纪 90 年代重建，占地面积 30 平方米，红砖黄瓦，有祖宗牌位、骑虎太公神像。村旁有石阶路，建成于清初，原有 33 级，现存 28 级。1958 年“大跃进”时期，黄花大队立意拆除石阶级，后经村民极力阻止才得以保存。村中还存有树龄 300 年以上的梨树和榕树各一棵。

◎ 古道石阶路（摄于 2016 年）

村编修有《走马夫张氏族谱》，记载走马夫张氏祖辈溯源的简历，并记有张氏宗派：伯宗宏之德，经文大廷邦，芳名献可绍，翼世定其昌，历代簪缨日，万派赏文章。

传统婚嫁习俗中，男女相识交往后，女方家亲友要到男方家看家风，结婚时要担求亲酒、送礼金、报日子、定嫁妆、行婚礼、摆酒请客、迎亲、送亲和三朝回娘家等仪式。传统丧葬习俗以土葬为主，1990 年后逐步实行火葬。其程序包括报丧、守灵、入殓、出殡、送葬火化、做法事、将灵牌送入祠堂等。办丧事只能用简单的饭菜招待前来送葬或办丧做工的人，吃饭时不能喝酒，不能喧哗谈笑，以示对丧者和办丧事人家的尊重。主要宗族活动有拜观音、拜土地公、祭灶君、清明祭祖等。

村旁有条古道，以石角圩（今县城）起点，经凤围、大白洞村，翻过羊角山、经走马夫村、水尾村到达从化东洞，全程约 25 千米，宽 1.5 米，有部分河卵石路面，山路崎岖不平，是明清时期佛冈县中部通向从化、龙门县的古盐道。现此道已荒废。

1947 年开始，在中国共产党领导下，该村建立革命武装民兵组级，发动群众参军参战支援前线，一直坚持到中华人民共和国成立。1993 年，该村经清远市人民政府批准被认定为解放战争时期黄花游击根据地。2011 年 12 月、2012 年 12 月，佛冈县两次举办“广东佛冈中国汽车拉力锦标赛”，40 多支车队、155 辆赛车参赛，比赛车道经过该村。村民踊跃参与赛事相关工作。2015 年，政府投资整治黄花河道，防洪灾能力提高到 50 年一遇。

该村的张智坚（1972—），现任广州市从化区交通局局长。

（资料填报：张瑞平，初稿撰写：张瑞平，总纂：李协湖）

水头镇

水头镇地图

比例尺　1:86000

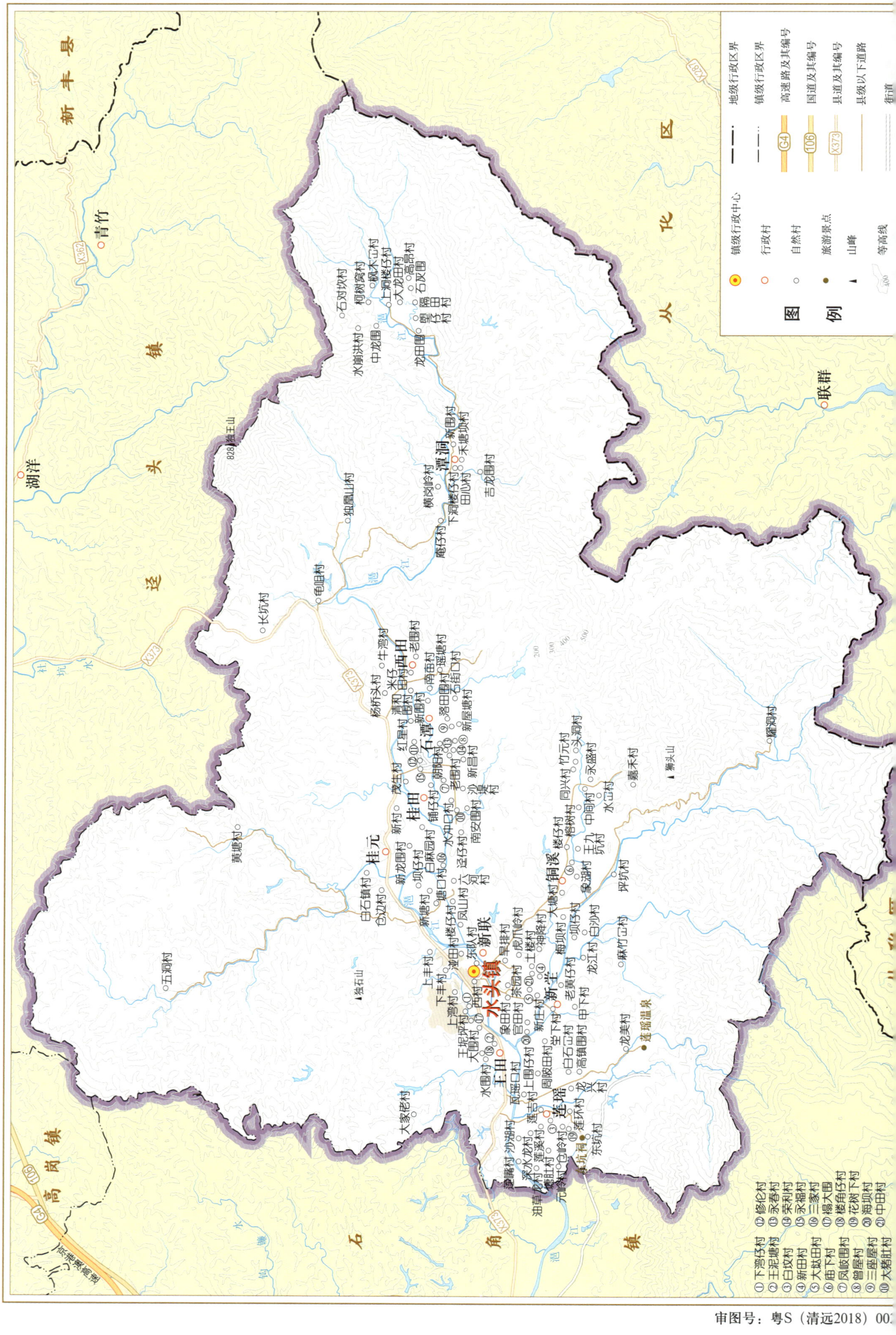

审图号：粤S（清远2018）002

〇潭洞行政村

枫木冚村

◎ 枫木冚村全貌（摄于 2016 年）

枫木冚村，位于水头镇东部，距镇政府 15 千米。始建于 1980 年，因此地多生长枫树，故取名枫木冚村，别名地寮村。该村位于上潭洞村域东部，坐落于通天蜡烛山（海拔 1047 米）西侧 2 千米，东是打死牛坑（俗称），南是原上潭洞学校，西与楼仔村相接，北是虎形地（俗称），村前东南为滙江，西南 160 米是乡道 Y280 线。

◎《陈氏族谱》（摄于 2016 年）

该村在 1980 年 1 月，属佛冈县水头人民公社潭洞大队。1983 年 12 月，属水头区上洞乡。1987 年 1 月，属水头镇上洞行政村。1989 年 11 月，属水头镇上洞管理区。1998 年 11 月，属水头镇上洞行政村。2005 年 5 月至今，属水头镇潭洞行政村。

世居村民为陈姓。据《陈氏族谱》记载，宋末元初，陈氏族人由福建汀州迁入广东新丰遥田桃源洞。清初，六世祖陈仁翁由新丰遥田桃源洞移居清远县吉河乡黄田堡（今佛冈水头）上洞楼仔村。20 世纪 80 年代初，全部陈氏族人由楼仔村分村迁移到枫木冚、高昂、大龙田村居住，楼仔村空无一人，至今已完全荒废。改革开放以后，因地处偏远山区，村民为谋生多迁往外地居住。

2015 年末，户籍人口 71 人，其中男性 37 人，女性 34 人。60 岁以上 15 人，其中 80 岁以上 3 人，最年长者 91 岁（男）。16 岁以下 12 人。实际在村居住和生活主要依靠农业收入 40 人，常年在城镇生活和务工 31 人。村民均为汉族，客家民系，使用粤方言。

村有山地面积 23.4 公顷，耕地面积 6.66 公顷。传统经济以农业为主。村地处于山区，土壤以赤红壤和红壤为主，大部分水田土壤为潴育型水稻土。历来以种植水稻为主粮，同时种植小麦、番薯、麦豆、蚕豆、高粱等，经济作物有花生、油菜，其他作物有芋头、

◎ 通天蜡烛山（摄于 2016 年）

玉米、木薯、生姜及叶类和瓜类蔬菜等。水稻亩产量（单造）200—400 千克，番薯亩产量（单产）1000—1500 千克，小麦亩产（单产）100—150 千克。普遍使用的农具为锄头、铁耙、镰刀、风车柜。林业资源有松树、杉树、柯树、枫树、樟树及其他杂树、毛竹。野生动物有野猪、黄猄、穿山甲、果子狸、蛇类等，以及有白鹇、鹧鸪、画眉、鹰等鸟类。传统节庆食品有白切鸡、烧鸭、焖鹅、蒸扣肉、炒米饼、油炸糖环、糯米糍、艾糍、铜盘糍、粽子、月饼等。

1983 年通电，20 世纪 90 年代初通电话，2008 年通网络、通有线电视，2015 年实现村道实现水泥硬底化。

传统民居现存 42 间，建于 20 世纪 80 年代，基本保存完好。民居为单座并排相连屋，屋顶为硬山顶，墙体多为灰沙舂墙，部分为泥砖砌成，每间占地面积 20 多平方米。

◎ 枫木冚村传统民居（摄于 2016 年）

传统在婚嫁礼仪中，男女双方开始交往时，女方家要到男方家看家风，在双方确定嫁姻关系后，要小担礼，结婚时有担求亲酒、送礼金、报日子、定嫁妆、行婚礼、摆酒请客、迎送亲等仪式，然后行三朝回门礼。村中有老人归寿，办丧事时，传统以土葬为主，20 世纪 90 年代后逐步实行火葬。其程序包括报丧、守灵、入殓、出殡、送火化、将灵位送入祖堂等。新葬坟墓的第一次祭拜在春社日前，清明不再拜祭。

陈凤公祠为当地陈氏村共用公祠，位于楼仔村，建于清光绪十八年（1892 年），2011 年重修。建筑特点为三进院落，两天井，屋顶为硬山顶，琉璃瓦面，墙体为青砖，占地面积 120 多平方米，是陈氏宗亲活动、正月初十上灯、传统节日上香祭祀的活动场所。

村编修有《陈氏族谱》，2005 年编纂。该族谱记载陈氏起源、辈序、清远陈氏世系、陈氏名人。枫木冚陈氏辈序为："复奇上德荣昌大，必生文仕耀宗庭。世衍用中邦国泰，诒谋济美振家声。"枫木冚村主要民俗有正月初十上灯活动。主要宗族活动有清明祭祖、重阳祭祠等。

2003 年，祖籍在西田行政村区域的商人在该村地域修建一座发电站，名为上洞电站，装机 2 台 300 千瓦，售电给国家电网通网。

◎ 上洞电站发电机房（摄于 2016 年）

（资料填报：叶月华，初稿撰写：蒋毅华，总纂：李协湖）

大龙田村

◎ 大龙田村全貌（摄于2016年）

大龙田村，位于水头镇东部，距镇政府15千米。始建于1984年，因此地水田较多，而取名大龙田。村坐落于通天蜡烛山（海拔1047米）的西面2千米，湛江支流潭洞河在村东自东向西流过。县道X373线在村西独凰山村接乡道Y280线（独上线）直通该村。该村由附近楼仔迁村而形成，位于上潭洞村域北面，东与高昂村相接，南与隔田村相邻，西与龙田围接壤，北与为下围相连。

1984年大龙田建成时，属佛冈县水头镇上洞行政村。1987年1月，属水头镇上洞行政村。1989年11月，属水头镇上洞管理区。1998年11月，属水头镇上洞行政村。2005年至今，属水头镇潭洞行政村。

世居村民为陈姓。1984年从附近上洞楼仔村迁入居住。

2015年末，户籍人口48人，其中男性22人，女性26人，最年长者79岁（女）。实际在村居住和生活主要依靠农业收入10人，常年在城镇生活和务工38人。村民均为汉族，广府民系，使用粤方言。

1983年通电，20世纪90年代初通电话，1998年实现村道水泥硬底化，2000年通自来水，2008年通网络、通有线电视。

村有山地面积9.2公顷，耕地面积1.67公顷。该村山地林业资源有松树、杉树、桉树、柯树、枫树、毛竹及其他杂树。野生动物有野猪、黄猄、果子狸、穿山甲、蛇等，以及鹧鸪、竹鸡、画眉、白鹇、鹰等鸟类。传统经济以农业为主，因村地处于山区，土壤以赤红壤和红壤为主，大部分水田土壤为潴育型水稻土。历来以种植水稻为主，其他粮食作物有

◎ 大龙田村制酒作坊（摄于2016年）

小麦、番薯、麦豆、蚕豆、高粱等，经济作物有花生、油菜，其他作物有芋头、玉米、木薯、生姜及叶类和瓜类蔬菜等。水稻亩产量（单造）200—400 千克，番薯亩产量（单产）1000—1500 千克，小麦亩产（单产）100—150 千克。犁地、耕地主要依靠役牛，役牛有水牛和黄牛，多以水牛为主。

传统果类有沙糖桔、大红柿、四月李和三华李、枇杷、黄皮等。收入来源于农业、林业以及外出务工。村中一户村民，利用当地的水资源办起一间酒作坊，专门制作米酒，制出的米酒清淳甘香，年产值 15 万元。传统节庆食品有炒米饼、油炸糖环、糯米糍、艾糍、粽子等。

传统民居现存 40 座，建于 1984 年，基本保存完整。建筑形式为单座并排相连屋，屋顶为硬山顶，墙体多为灰沙舂墙，部分为泥砖砌成，每座占地面积 20 多平方米。该村于 2014 年新建陈氏公祠，占地面积 100 多平方米，是陈氏宗亲联谊、正月初十上灯、传统节日上香祭祀的活动场所。

◎ 陈氏公祠（摄于 2016 年）

◎ 大龙田村传统民居（摄于 2016 年）

村与周边陈姓村民共用建在隔田村的陈氏公祠。公祠单间单进，面积 25 平方米，砖木结构，琉璃瓦。

村编修有《陈氏族谱》（与当地陈姓村合编）。

主要民俗有正月初十上灯活动。主要宗族活动有清明祭祖、重阳祭祖等。

传统在婚嫁礼仪中，男女双方开始交往时，女方家要到男方家看家风，在双方确定嫁姻关系后，要小担礼，结婚时有担求亲酒、送礼金、报日子、定嫁妆、行婚礼、摆酒请客、迎送亲等仪式，然后行三朝回门礼。村中有老人归寿办丧事时，传统以土葬为主，20 世纪 90 年代后逐步实行火葬。其程序包括报丧、守灵、入殓、出殡、送火化、将灵位送入祖堂等。新葬坟墓的第一次祭拜在春社日前，清明不再拜祭。

（资料填报：叶月华，初稿撰写：罗炽辉，总纂：李协湖）

柯树窝村

◎ 柯树窝村村貌（摄于2016年）

柯树窝村，位于水头镇东部，距镇政府15千米。始建于清中期，因村旁山上有很多柯树而取名柯树窝村。该村在上潭洞村域东北部，紧靠通天蜡烛山（海拔1047米），东面与楼仔村相接，南面为中间围，西面旱田龙村，东北面后背山，村前东南面为滘江，有乡道Y280线从县道X373线起至该村为9千米。

村落形成时，属清远县吉河乡。清嘉庆十八年（1813年），属佛冈厅吉河乡天降坪堡。民国时期，属佛冈县一区天水乡。中华人民共和国成立后，属佛冈县二区水头乡。1958年10月，属从化县佛冈人民公社潭洞大队。1961年5月，属佛冈县水头人民公社潭洞大队。1983年12月，属水头区上洞乡。1987年1月，属水头镇上洞行政村。1989年11月，属水头镇上洞管理区。1998年11月，属水头镇上洞行政村。2005年5月至今，属水头镇潭洞行政村。

世居村民为叶姓。据《叶氏本立公族谱》记载，明初，叶氏族人由江西迁入广东。清初，其祖先叶盛由从化县良口茅田村移居今佛冈水头上潭洞。清中期，形成柯树窝（石对坎位于柯树窝西面，后并入柯树窝）。

2015年末，户籍人口229人，其中男性129人，女性100人。60岁以上30人，其中80岁以上3人，最年长者93岁（男）。16岁以下70人。实际在村居住和生活主要依靠农业收入120人，常年在城镇生活和外出务工109人。村民均为汉族，广府民系，使用粤方言。

村有山地面积116.6公顷，耕地面积3.73公顷。林业资源有松树、杉树、柯树及杂树、毛竹等。该村辖内有大山黄金脑，高约988米。野生动物有野猪、黄猄、狐狸、蛇等，以及白鹇、鹧鸪、山竹鸡、画眉、红嘴相思鸟等鸟类。主要收入来源于农业、林业及

◎ 柯树窝村生态林（摄于2016年）

外出务工。因该村地处于山区，土壤以赤红壤和红壤为主，大部分水田土壤为潴育型水稻土。历来的耕作习惯以种植水稻为主粮，同时种植小麦、番薯、麦豆、蚕豆、高粱等，经济作物有花生、油菜，其他作物有芋头、玉米、木薯、生姜及叶类和瓜类蔬菜等。水果类有绿柚、黄皮、枇杷、沙糖桔、龙眼等。水稻亩产量（单造）200—400 千克，番薯亩产量（单产）1000—1500 千克，小麦亩产（单产）100—150 千克。犁地、耙地主要依靠役牛，役牛有水牛和黄牛，多以水牛为主。20 世纪 70 年代初开始，生产队用手扶拖拉机代替役牛进行犁地、耙地。在改革开放和实行家庭联产承包责任制后，使用手扶拖拉机耕作田地更普及。普遍使用的农具为锄头、铁耙、镰刀、风车柜。村里传统节庆食品有白切鸡、烧鸭、焖鹅、蒸扣肉、炒米饼、油炸糖环、糯米糍、角仔糍、艾糍、粽子等。

1983 年通电，20 世纪 90 年代初通电话，2007 年实现村道水泥硬底化，2008 年通网络、有线电视，2014 年通自来水。

传统民居为广府民居，现存传统民居 22 座，建于清末至民国初。村中民居建筑基本保存完整。建筑特点为单座并排相连屋，屋顶为硬山顶，墙体多为夯土，部分为泥砖，每座占地面积 20 多平方米。叶盛公祠，建于清光绪十五年（1889 年），建筑特点为两进院落，两天井，屋顶为硬山顶，墙体为夯土，占地面积 120 多平方米，是叶氏宗亲联谊、正月初十上灯、传统节日上香祭祀的动场所。该村与附近叶姓村编修有《叶氏本立公族谱》，2000 年编纂。该族谱记载叶氏起源、辈序、清远叶氏世系、名人、典故。柯树窝叶氏辈序为：“天开文运，起发龙章，宗世大昌，时良熙裕，德盛生光，崇先衍庆，作善有常。”

◎ 叶盛公祠（摄于 2016 年）

◎ 柯树窝传统民居（摄于 2016 年）

传统婚嫁丧葬礼仪庄重繁杂。婚嫁礼仪，结婚前要看家风、定日子、送聘金、定嫁妆，行结婚礼时要摆酒请客、迎亲和送亲还有三朝新娘回门礼等。传统丧葬习俗以土葬为主，1990 年以后逐步实行火葬。其程序为举丧、入殓、出殡、送葬、做法事、将灵位送入祠堂。

柯树窝主要民俗是正月初十上灯。主要宗族活动有清明祭祖、重阳祭祖等。

1990 年 4 月，该村经清远市人民政府批准被认定为抗日战争时期游击根据地。1990 年，在吉河支流的上洞河建水泥桥，长 12 米，造价 12 万元。

该村主要人物：叶世九（？—1948），革命烈士，1948 年 1 月在水头上潭洞被捕遇害。叶龙章（？—1948），革命烈士，1948 年 4 月在从化街口遇害。叶广章（1952—），曾任中共佛冈县委副书记。

（资料填报：叶月华，初稿撰写：蒋艺华，总纂：李协湖）

石对坎村

◎ 石对坎村村貌（摄于 2016 年）

石对坎村，位于水头镇东部，距镇政府 15 千米。始建于清末，该村地形似对坎（当地人称石臼为碓坎），因而得名碓坎村，后取谐音为石对坎村。村坐落于黄金脑山（海拔 988 米）西北 2 千米处。县道 X373 线在村西 8 千米处通往国道 G106 线，乡道 Y280 线从县道 X373 线通至该村。该村位于上潭洞村域北部牛颈根半山腰，村东为柯树窝村，南为下围，西是崩冈潭（地名），北为牛颈根（地名），村南有滘江。

该村在清末形成时，属佛冈厅吉河乡天降坪堡。民国时期，属佛冈县一区水头乡。1949 年 10 月，佛冈解放后，属佛冈县二区水头。1958 年 10 月，属从化县佛冈人民公社潭洞大队。1961 年 5 月，属佛冈县水头人民公社潭洞大队。1983 年 12 月，属水头区上洞乡。1987 年 1 月，属水头镇上洞村民委员会。1989 年 11 月，属水头镇上洞管理区。1998 年 11 月，属水头镇上洞行政村。2005 年 5 月至今，属水头镇潭洞行政村。

◎ 石对坎村一角（摄于 2016 年）

世居村民为叶姓。根据《叶氏本立公族谱》记载，明初，叶氏族人由江西迁入广东。清初，其祖先叶盛由从化县良口茅田村移居现佛冈水头上洞柯树窝。清末，叶盛后代发标、发庭两兄弟由柯树窝分村，在牛颈根半山腰一片平地居住，后形成石对坎村至今。

2015 年末，户籍人口 41 人，其中男性 23 人，女性 18 人。60 岁以上 3 人，其中 80 岁以上 1 人，最年长者 91 岁（男）。16 岁以下 10 人。实际在村居住和生活主要依靠农业收入 18 人，常年在城镇生活和外出务工 23 人。村民均为汉族，广府民系，使用粤方言。

村有山地面积 22.27 公顷，耕地面积 1.87 公顷。传统经济以农业为主，因地处山区，土壤以赤

◎ 石对坎村鹰嘴桃种植（摄于 2016 年）

◎ 石对坎村传统民居（摄于 2016 年）

红壤和红壤为主，大部分水田土壤为潴育型水稻土。全村历史以来的耕作习惯以种植水稻为主粮，同时种植小麦、番薯、麦豆、蚕豆、高粱等，经济作物有花生、油菜，其他作物有芋头、玉米、木薯、生姜及叶类和瓜类蔬菜等。水稻亩产量（单造）200—400 千克，番薯亩产量（单产）1000—1500 千克，小麦亩产（单产）100—150 千克。犁地、耙地主要依靠役牛，役牛有水牛和黄牛，多以水牛为主。20 世纪 70 年代初开始，生产队用手扶拖拉机代替役牛进行犁地、耙地。改革开放和实行家庭联产承包责任制后，使用手扶拖拉机耕作田地更普及。普遍使用的农具为锄头、铁耙、镰刀。林业资源有柯树、松树、杉树、枫树、毛竹等。野生动物有野猪、黄猄、鹧鸪、画眉、白鹇等。村民其他收入来源是外出经商、务工。传统节庆食品有白切鸡、烧鸭、焖鹅、蒸扣肉、炒米饼、油炸糖环、糯米糍、艾糍、粽子等。

1984 年通电，20 世纪 90 年代初通电话，1998 年实现村道水泥硬底化，2000 年通自来水，2008 年通网络、通有线电视。

现存传统民居 39 座，建于清末至民国初，基本保存完好。民居建筑形式为单座并排相连屋，屋顶为硬山顶，墙体多为夯土，部分为泥砖，每座占地面积 20 多平方米。

村与附近叶姓村编修有《叶氏本立公族谱》，2000 年编纂。该族谱记载叶氏起源、辈序、清远叶氏世系、名人、典故。该村叶氏辈序为："天开文运，起发龙章，宗世大昌，时良熙裕，德盛生光，崇先衍庆，作善有常。"

传统的婚嫁习俗。在婚嫁礼仪中，男女双方开始交往时，女方家要到男方家看家风，在双方确定嫁姻关系后，要小担礼，结婚时有担求亲酒、送礼金、报日子、定嫁妆、行婚礼、摆酒请客、迎送亲等仪式，然后行三朝回门礼。村中有老人归寿办丧事时，传统以土葬为主，20 世纪 90 年代后逐步实行火葬。其程序包括报丧、守灵、入殓、出殡、送火化、将灵位送入祖堂等。新葬坟墓的第一次祭拜都是在春分节气前的春社日前，清明不再拜祭。该村主要民俗有上灯、祭灶君、拜土地公、拜庙神。主要宗族活动有清明祭祖、重阳祭祖等。

1989 年，建水泥拱桥一座，造价 10 万元。1990 年 4 月，经清远市人民政府批准被认定为抗日战争时期游击根据地。

（资料填报：叶月华，初稿撰写：蒋毅华，总纂：李协湖）

中龙围

◎ 中龙围村貌（摄于 2016 年）

中龙围，位于水头镇东部，距镇政府 15 千米。始建于清中期，因在附近的村落中，该村地势比较低洼，建村时取名下围，曾用名新围，民国初更名为中龙围。村坐落于通天蜡烛山（海拔 1047 米）西侧 1 千米，位于上潭洞村域东北面，村前东南为湛江和乡道 Y280 线，东为楼仔村，北为柯树窝村，西为小溪。

村落形成时，属清远县吉河乡。清嘉庆十八年（1813 年），属佛冈厅吉河乡天降坪堡。民国村期，属佛冈县一区天水乡。1949 年 10 月佛冈解放后，属佛冈县二区水头乡。1958 年 10 月，属从化县佛冈人民公社潭洞大队。1961 年 5 月，属佛冈县水头公社潭洞大队。1983 年 12 月，属水头区上洞乡。1987 年 1 月，属水头镇上洞行政村。1989 年 11 月，属水头镇上洞管理区。1998 年 11 月，属水头镇上洞行政村。2005 年至今，属水头镇潭洞行政村。

◎《叶氏本立公族谱》（摄于 2016 年）

世居村民为叶姓。根据《叶氏本立公族谱》记载，明初，叶氏族人由江西迁入广东。清初，叶元、叶盛兄弟又由从化县良口茅田村移居今佛冈水头上潭洞，清中期分村迁至本村。

2015 年末，户籍人口 220 人，其中男性 115 人，女性 105 人。60 岁以上 60 人，其中 80 岁以上 12 人，最年长者 84 岁（男）。16 岁以下 30 人。实际在村居住和生活主要依靠农业收入 102 人，常年在城镇生活和外出务工 118 人。村民均为汉族，广府民系，使用粤方言。

村有山地面积 167.73 公顷，耕地面积 7.93 公顷。村森林资源丰富，有松树、柯树、杉树、樟树、枫

◎ 中龙围生态林（摄于 2016 年）

◎ 中龙围传统民居（摄于 2016 年）

树及杂树、毛竹等。村民主要收入来源是农业、林业和外出务工。村传统农业主要有水稻、玉米、花生、黄豆、蔬菜等。养殖鸡、鸭、鹅、猪、牛以及“四大家鱼”。中华人民共和国成立前，由于种植技术水平低下，品种丰产性能差，该村水稻一般亩产为 200 千克。中华人民共和国成立后，该村先后组织互助组、合作社，参加人民公社，逐步应用推广先进的农业生产技术，农业生产效益有较大的提高。20 世纪 80 年代起实行家庭联产承包责任制后，水稻一般亩产达到 400 千克，农业经济效益有较大的提高。2000 年后逐步调整农村经济结构，并积极发展水果产业。2013 年，该村种植沙糖桔 5 公顷，年收入 33 万元。2014 年以后，由于受柑桔黄龙病的影响，产业消退，村民改种其他经济作物。传统的节庆美食有白切鸡、烧鸭、焖鹅、炒米饼、炸糖环、糯米糍、艾糍、角仔糍、粽子等。

1983 年通电，20 世纪 90 年代初通电话，2007 年实现村道水泥硬底化，2008 年通网络、有线电视，2014 年通自来水。

传统民居现存 42 座，建于清末至民国初，基本保存完整。民居建筑特点为单座并排相连屋，屋顶为硬山顶，墙体多为夯土，部分为泥砖，每座占地面积 20 多平方米，街巷多为鹅卵石铺设而成。该村有叶元公祠，位于村东面，依山而建，始建于清光绪十三年（1887 年）。建筑布局为一进院落，一天井，屋顶为悬山顶，墙体为夯土，占地面积 30 多平方米，是叶氏宗亲联谊、正月初十上灯、传统节日上香祭祀的活动场所。

村与塱仔村、龙田围合编有《叶氏本立公族谱》，2000 年编纂。族谱记载叶氏起源、辈序、清远叶氏世系、名人、典故。该村叶氏辈序为：“天开文运，起发龙章，宗世大昌，时良熙裕，德盛生光，崇先衍庆，作善有常。”

在民间习俗中，传统婚嫁丧葬礼仪庄重繁杂。婚嫁礼仪，结婚前要看家风、定日子、送聘金、定嫁妆，行结婚礼时要摆酒请客、迎亲和送亲，然后行三朝新娘回门礼等。传统丧葬习俗以土葬为主，1990 年以后逐步实行火葬。其程序为举丧、入殓、出殡、送葬、做法事、将灵牌送入祠堂。村中主要民间习俗有上灯、祭灶君、拜土地公、拜庙神。主要宗族活动有清明祭祖、重阳祭祖等。

1990 年 4 月，经清远市人民政府批准被认定为抗日战争时期游击根据地。1994 年，在该村建赤水电站 1 座，装机 2 台，装机容量 300 千瓦，向国家电网售电。20 世纪 90 年代末期，林业部批准该村生态林面积 130 公顷，既能实现封山育林，又能产生经济收益。2013 年 5 月 15 日，遭遇洪水袭击，水深 0.8 米，受灾 22 人，受浸房屋 12 间，折合经济损失 12 万元。

（资料填报：叶流桂，初稿撰写：蒋毅华，总纂：李协湖）

水崩洪村

◎ 水崩洪村村貌（摄于 2016 年）

水崩洪村，位于水头镇东部，距镇政府 15 千米。始建于民国初期，该村曾用名为水均洪。因 40 多年前的一场暴雨，房屋被冲刷，村庄崩乱，后改名为水崩洪村。坐落于猴子地山（海拔 432 米）南面，东与大龙田相接，南为潖江，西为山群，北接下围，村南潖江对岸是乡道 Y280 线。

民国初期该村形成后，属佛冈县一区天水乡。中华人民共和国成立后，属佛冈县二区水头乡。1958 年 10 月，属从化县佛冈人民公社潭洞大队。1961 年 5 月，属佛冈县水头人民公社潭洞大队。1983 年 12 月，属水头区上洞乡。1987 年 1 月，属水头镇上洞行政村。1989 年 11 月，属水头镇上洞管理区。1998 年 11 月，属水头上洞行政村。2005 年 5 月至今，属水头镇潭洞行政村。

◎ 水崩洪村门楼（摄于 2016 年）

世居村民为陈姓。据《陈氏族谱》记载，陈氏于宋末由福建汀州迁广东新丰遥田桃源洞，清初陈氏六世祖任翁由新丰遥田桃源洞迁居清远吉河乡天降坪堡（今佛冈县水头镇上潭洞）隔田村、楼仔村，民国初期再从楼仔村迁居至此。

2015 年末，户籍人口 10 人，其中男性 6 人，女性 4 人。80 岁以上 1 人，其中最年长者 86 岁（男）。16 岁以下 2 人。实际在村居住和生活主要依靠农业收入 10 人。村民均为汉族，广府民系，使用粤方言。

村有山地面积 28.07 公顷，耕地面积 1.87 公顷。森林资源有松树、柯树、杉树、枫树、樟树、桉树和多种杂树。野生动物有山猪、黄猄、穿山甲、各种蛇类及鸟类。传统经济以农业为主，主要种植水稻、玉米、花生、黄豆、蔬菜等。养殖鸡、鸭、鹅、猪、牛以及“四大家鱼”。中华人民共和国成立前，由于种植技术水平低下，品种丰产性能差，该村水稻一

◎ 水崩洪村水稻种植（摄于2016年）

◎ 水崩洪村传统民居（摄于2016年）

般亩产为200千克。中华人民共和国成立后，该村先后组织互助组、合作社，参加人民公社，逐步应用推广先进的农业生产技术，农业生产效益有较大的提高。20世纪80年代起实行家庭联产承包责任制后，水稻一般亩产达到400千克，农业经济效益有较大的提高。同时，逐步调整农村经济结构，并积极发展水果产业。2013年，该村种植沙糖桔面积1.33公顷，年收入10万元。2013年以后，由于受柑桔黄龙病的影响，产业消退，村民改种其他经济作物。村民收入来源主要为外出务工。传统节庆食品有白切鸡、烧鸭、焖鹅、蒸扣肉。节庆小食有炒米饼、油炸糖环、糯米糍、艾糍、粽子等。

1983年通电，20世纪90年代初通电话，1998年实现村道水泥硬底化，2000年通自来水，2008年通网络、通有线电视。

传统民居建于民国期间，现约保存半数。民居建筑形式为单座并排相连屋，屋顶为硬山顶，墙体多为夯土，部分为泥砖，每座占地面积20平方米。

传统民间习俗是拜土地公、祭灶君、逢农历初一和十五烧香奉神。传统的宗族活动是清明祭祖、重阳祭祖醮宗祠。传统的婚嫁丧礼仪仍较庄重繁杂。在婚嫁礼仪中，男女双方开始交往时，女方家要到男方家看家风，在双方确定婚姻关系后要小担礼，结婚时有担求婚酒、送礼金、报日子、定嫁妆、行婚礼、摆酒请客、迎亲、送亲等仪式，然后行三朝回门礼。传统丧葬习俗以土葬为主，20世纪90年代后逐步实行火葬。其程序包括报丧、守灵、入殓、出殡、送火化、将灵牌送入祖祠等。新葬坟墓的第一次祭祀春社日前，清明不再祭祀。

村与附近陈姓村有《陈氏族谱》，2005年编纂。该族谱记载陈氏起源、辈序、世系、名人、典故。

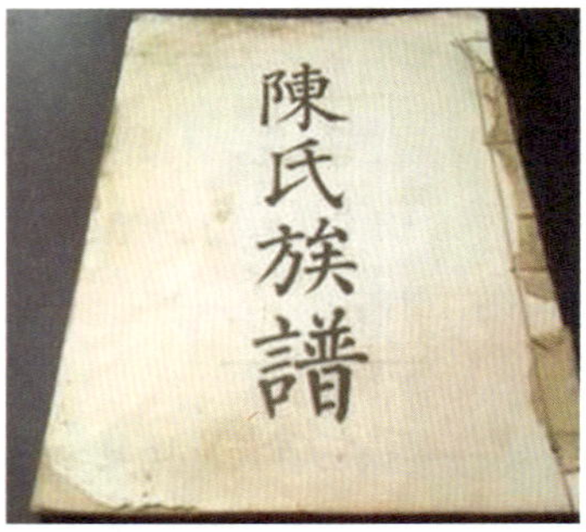

◎《陈氏族谱》（摄于2016年）

1990年4月，经清远市人民政府批准被认定为抗日战争时期游击根据地。1988年，在该村地境的潖江支流的上洞河建一座水泥桥，桥长16米，造价20多万元。

（资料填报：叶流桂，初稿撰写：黄国松，总纂：李协湖）

龙田围

◎ 龙田围村貌（摄于2016年）

龙田围，位于水头镇东部，距镇政府15千米。始建于清中期，由于该村坐落位置像龙形，加上建在田中间，故取名龙田围。村东与大龙田村相接，村南为隔田村，村西为佛仔背（地名），村北为中龙围，村前西南面为滘江，乡道Y280线贯穿其中。东有通天蜡烛山（海拔1047米）。

村落形成时，属清远县吉河乡。清嘉庆十八年（1813年），属佛冈厅吉河乡天降坪堡。民国时期，属佛冈县一区天水乡。中华人民共和国成立后，属佛冈县二区水头乡。1958年10月，属从化县佛冈人民公社潭洞大队。1961年5月，属佛冈县水头人民公社潭洞大队。1983年12月，属水头区上洞乡。1987年1月，属水头镇上洞行政村，1989年11月，属水头镇上洞管理区。1998年12月，属水头上洞行政村。2005年5月至今，属水头镇潭洞行政村。

世居村民为叶姓。据《叶氏族谱》记载，明朝，叶氏族人由江西迁入广东。清初，叶盛由从化县良口茅田村移居今佛冈水头上洞下围，清中期部分族人由下围迁居至龙田围。

2015年末，户籍人口89人，其中男性51人，女性38人。80岁以上3人，最年长者85岁（女）。16岁以下11人。实际在村居住和生活主要依靠农业收入41人，常年在城镇生活和外出务工48人。村民均为汉族，广府民系，使用粤方言。

村有山地面积26.6公顷，耕地面积7.93公顷。传统经济以农业、林业和少许畜牧业为主。农业主要作物有水稻、花生、黄豆、番薯、蔬菜、沙糖桔和其他水果等。森林资源有松树、柯树、杉树、枫

◎ 龙田围传统民居（摄于2016年）

树、樟树、桉树及多种杂树。野生动物有山猪、黄猄、穿山甲、各种蛇类和鸟类。二十世纪八九十年代，许多年轻人都外出打工，务工收入成为村民主要经济来源。传统节庆食品有白切鸡、烧鸭、焖鹅、蒸扣肉。节庆小食有炒米饼、油炸糖环、糯米糍、艾糍、粽子等。

◎ 叶元公祠（摄于 2016 年）

◎ 龙田围赤水电站机房（摄于 2016 年）

1984 年通电，1986 年通电话，1998 年实现村道水泥硬底化，2007 年通网络，2008 年通有线电视，2014 年通自来水。

传统民居建于清末至民国初，基本保存完好。建筑特点为单座并排相连屋，屋顶为硬山顶，墙体多为夯土，部分为泥砖，每座占地面积 70 多平方米。

该村公祠为叶元公祠，建于清光绪十三年（1887 年），建筑形式为两进院落，两天井，屋顶为硬山顶，墙体为夯土，占地面积 120 多平方米，是叶氏宗亲联谊、正月初十上灯、传统节日上香祭祀的活动场所。

村与下围、塱仔村合编有《叶氏本立公族谱》，2000 年编纂。该族谱记载叶氏起源、辈序、清远叶氏世系、名人、典故。

民间文娱活动是舞鸡公狮，所敲打的鼓谱为“十点梅花”，还伴有操演拳、棍、凳、刀、枪等多种武术健身运动，从清朝起流传至今。

传统的民间习俗是拜土地公、祭灶君、逢农历初一和十五烧香奉神。传统的宗族活动是清明祭祖、重阳祭祖醮宗祠。在婚嫁礼仪中，结婚时有担求婚酒、送礼金、报日子、定嫁妆、行婚礼、摆酒请客、迎送亲等仪式，然后行三朝回门礼。传统丧葬习俗以土葬为主，20 世纪 90 年代后逐步实行火葬。其程序包括报丧、守灵、入殓、出殡、送火化、将亡灵送入祖祠等。新亡灵坟墓的第一次祭祀是在春社日前，清明不再祭祀。

1970 年，在该村地域建一座水电站，装机容量 24 千瓦，可供上潭洞全部村民的发电照明和碾米碾糠、锣板等，初步改善当地村民生活条件。1980 年，在该村辖地再建一间赤水电站，安装发电机 2 台，装机容量 350 千瓦。1990 年 4 月，经清远市人民政府批准被认定为抗日战争游击根据地。1980 年，为纪念上潭洞为革命而牺牲的烈士，在该村辖地造立一座烈士纪念碑。2015 年，投资 10 万元重新建造烈士碑。

（资料填报：叶流桂，初稿撰写：黄国松，总纂：李协湖）

塱仔村

◎ 塱仔村村貌（摄于2016年）

塱仔村，位于水头镇东部，距镇政府15千米。始建于民国时期，从中龙围分居迁居而形成，因地势低洼有泉水，故名塱仔村。东与隔田村相接，南与秧板头（地名）相邻，村西与龙田围相近，北是冰江潭（地名）。

民国时期村落形成时，属佛冈县一区天水乡。中华人民共和国成立后，属佛冈县二区水头乡。1958年10月，属从化县佛冈人民公社潭洞大队。1961年5月，属佛冈县水头人民公社潭洞大队。1983年12月，属水头区上洞乡。1987年1月，属水头镇上洞行政村。1989年11月，属水头镇上洞管理区。1998年12月，属水头镇上洞行政村。2005年5月至今，属水头镇潭洞行政村。

世居村民为叶姓。根据《叶氏本立公族谱》记载，明朝，叶氏族人由江西迁入广东。清初，叶盛由从化县良口茅田村移居今佛冈水头上洞。民国期间，因人口增长分村迁移至该址而成村。

2015年末，户籍人口82人，其中男性40人，女性42人。60岁以上9人，其中80岁以上2人，最年长者88岁（男）。16岁以下16人。实际在村居住和生活主要依靠农业收入41人，常年在城镇生活和外出务工41人。村民均为汉族，广府民系，使用粤方言。

村有山地面积16.4公顷，耕地面积4.4公顷。林业资源有松树、柯树、杉树、枫树、樟树、桉树及多种杂树。山中动物有山猪、黄猄、穿山甲及蛇类、鸟类。传统经济以农业、林业和少许畜牧业为主。因村地处山区，土壤以赤红壤和红壤为主，大

◎ 风车柜（摄于2016年）

部分水田土壤为潴育型水稻土。全村历史以来的耕作习惯以种植水稻为主，同时种植小麦、番薯、麦豆、蚕豆、高粱等，经济作物有花生、油菜，其他作物有芋头、玉米、木薯、生姜及叶类和瓜类蔬菜等。水稻亩产量（单造）200—400千克，番薯亩产量（单产）1000—1500千克，小麦亩产（单产）100—150千克。犁地、耙地主要依靠役牛，役牛有水牛和黄牛，多以水牛为主。20世纪70年代初开始，生产队用手扶拖拉机代替役牛进行耕作。改革开放和实行家庭联产承包责任制后，使用手扶拖拉机耕作更普及。普遍使用的农具为锄头、铁耙、镰刀、风车柜。20世纪90年代，许多年轻人都外出打工，务工收入成为主要经济来源。传统节庆食品有白切鸡、烧鸭、焖鹅、蒸扣肉。节庆小食有炒米饼、油炸糖环、糯米糍、艾糍、粽子等。

1984年通电，1985年通电话，2006年实现村道水泥硬底化，2007年通网络，2008年通有线电视，2014年通自来水。

传统民居现存22座，建于清末至民国初。民居基本保存完好，建筑形式为单座并排相连屋，屋顶为硬山顶，墙体多为夯土，部分为泥砖砌成，每座占地面积70多平方米。

村与下围、龙田围合编修有《叶氏本立公族谱》，2000年编纂。该族谱记载叶氏起源、辈序、清远叶氏世系、名人、典故。

◎ 塱仔村传统民居（摄于2016年）

传统的民间习俗有拜土地公、祭灶君、逢农历初一和十五烧香奉神。传统的宗族活动是清明祭祖、重阳祭祖醮宗祠。传统的婚丧嫁娶礼仪仍较庄重繁杂。在婚嫁礼仪中，男女双方开始交往时，女方家要到男方家看家风，在双方确定婚姻关系后要小担礼，结婚时有担求婚酒、送礼金、报日子、定嫁妆、行婚礼、摆酒请客、迎送亲等，然后行三朝回门礼。传统丧葬习俗以土葬为主，20世纪90年代后逐步实行火葬。其程序包括报丧、守灵、入殓、出殡、送火化、将灵位送入祖祠等。新葬坟墓的第一次祭祀在春社日前，清明不再祭拜。

1939—1949年，该村建立武装组织，开展革命斗争，积极宣传抗日，开展地下活动，为游击队的武装斗争作出很大贡献。1972年，在该村建造一间造纸厂，造纸主要原料是芒秆，开厂历时5年，开厂后为当地农民增加了收入，劳动日值从0.30元增至0.50元。1980年，建拦河陂，农田受益面积17公顷。1990年4月，经清远市人民政府批准被认定为抗日战争游击根据地。2013年5月15日，遭遇洪水袭击，水深1米，受灾24人，受浸房屋12间，倒塌房屋2间，折合经济损失10万元。

◎ 吉河永久陂水坝（摄于2016年）

该村的叶世祥（？—1948），革命烈士，1948年1月在水头上潭洞被捕遇害。

（资料填报：叶月华，初稿撰写：赖晶晶，总纂：李协湖）

隔田村

◎ 隔田村村貌（摄于 2016 年）

隔田村，位于水头镇东部，距镇政府 15 千米。始建于清初，因村庄与一片稻田相隔，取名隔田村。该村东与高昂相接，南为南木头山，西为下塘社（地名），北接禾塘坑（地名），村前西南为滘江，东南是乡道 Y280 线。村北面是猴子地山（海拔 432 米）。

村落形成时，属清远县吉河乡。清嘉庆十八年（1813 年），属佛冈厅吉河乡天降坪堡。民国时期，属佛冈县一区天水乡。中华人民共和国成立后，属佛冈县二区水头乡。1958 年 10 月，属从化县佛冈人民公社潭洞大队。1961 年 5 月，属佛冈县水头人民公社潭洞大队。1983 年 12 月，属水头区潭洞乡。1987 年 1 月，属水头镇潭洞行政村。1989 年 11 月，属水头镇潭洞管理区。1998 年 12 月，属水头镇上洞行政村。2005 年 5 月至今，属水头镇潭洞行政村。

◎ 隔田村一角（摄于 2016 年）

世居村民为邓姓、陈姓、黄姓、朱姓、叶姓。邓姓，北宋后期从河南省进广东南雄、广州等地，清乾隆年间从英德迁今佛冈水头上洞隔田村。陈姓，宋末由福建汀州迁广东新丰遥田桃源洞，清初六世祖任翁由新丰遥田桃源洞迁居今佛冈水头上潭洞隔田村。黄姓从桂田老围迁居至该村。朱姓从附近下潭洞吉龙围迁居至该村。叶姓从附近柯树窝村迁居至该村。

2015 年末，户籍人口 135 人，其中男性 67 人，女性 68 人。60 岁以上 13 人，其中 80 岁以上 2 人，最年长者 92 岁（男）。16 岁以下 27 人。实际在村居住和生活主要以农业收入 65 人，常年在城镇生活和外出务工 70 人。村民均为汉族，广府民系，使用粤方言。

村有山地面积 93.13 公顷，耕地面积 7 公顷。森林资源有松树、柯树、杉树、枫树、樟树、桉树及多种杂树。野生动物有山猪、黄猄、穿山甲及各种蛇类和鸟类。传统经济以农业、林业和少许畜牧业为主。因村地处山区，土壤以赤红壤和红壤为主，大部分水田土壤为潴育型水稻土。全村历史以来以种植水稻为主粮，其他粮食作物有小麦、番薯、麦豆、蚕豆、高粱等，经济作物有花生、油菜，其他作物有芋头、玉米、木薯、生姜及叶类和瓜类蔬菜等。水稻亩产量（单造）200—400 千克，番薯亩产量（单产）1000—1500 千克，小麦亩产（单产）100—150 千克。犁地、耙地主要依靠役牛，役牛有水牛和黄牛，多以水牛为主。20 世纪 70 年代初开始，生产队用手扶拖拉机代替役牛进行耕作。改革开放和实行家庭联产承包责任制后，使用手扶拖拉机耕作更普及。普遍使用的农具为锄头、铁耙、镰刀、风车柜。村里部分村民有传统的毛竹匠工技艺，用毛竹制作竹椅、竹床、竹栏、竹梯等毛竹制品，将毛竹制品销向市场。20 世纪 90 年代，年轻人都外出打工，务工收入成为主要经济来源。传统节庆食品有白切鸡、烧鸭、焖鹅、蒸扣肉。节庆小食有炒米饼、油炸糖环、糯米糍、艾糍、粽子等。

1984 年通电，1986 年通电话，2006 年实现村路水泥硬底化，2007 年通网络，2008 年通有线电视，2014 年通自来水。

传统民居为广府民居，建于清末至民国初。民居基本保存完好。建筑形式为单座并排相连屋，屋顶为硬山顶，墙体多为夯土，部分为泥砖，每座占地面积 85 平方米。

◎ 隔田村传统民居（摄于 2016 年）

2004 年，建邓氏宗祠。村中有《邓氏族谱》，2005 年编纂。该族谱记载邓氏起源、辈序、世系、名人、典故。

民间习俗是舞鸡公狮，所敲打的鼓谱为“十点梅花”式，还伴有操演拳、棍、凳、刀、枪等多种武术健身运动，从清朝起流传至今。每到春节和重大喜庆活动，都敲锣打鼓舞狮庆贺。大年初一到各家各户舞狮拜年。村中遇大事喜事、青年应征入伍

◎ 用毛竹制作竹梯（摄于 2016 年）

◎ 邓氏宗祠（摄于 2016 年）

等也都舞狮庆贺。主要的宗族活动是各姓氏于每年清明期间集中祭祖。传统的民间习俗有拜土地公、祭灶君、做神功等。

传统的婚嫁丧葬礼仪仍较庄重繁杂。在婚嫁礼仪中，男女双方开始交往时，女方家要到男方家看家风，在双方确定婚姻关系后要小担礼，结婚时有担求婚酒、送礼金、报日子、定嫁妆、行婚礼、摆酒请客、迎亲、送亲等仪式，然后行三朝回门礼。传统丧葬习俗以土葬为主，20 世纪 90 年代后逐步实行火葬。其程序包括报丧、守灵、入殓、出殡、送火化、将灵位送入祖祠等。新葬坟墓的第一次祭祀都是在春社日前，清明不再祭祀。

1939—1949 年，该村建立武装组织，开展革命斗争，积极宣传抗日，开展中共地下活动，为游击队的武装斗争作出很大贡献。1990 年 4 月，经清远市人民政府批准被认定为抗日战争游击根据地。为纪念上潭洞村的革命烈士，1993 年，在该村地境的佛仔背建造一座革命烈士纪念碑，碑高 5 米，造价 1.5 万元。2015 年，佛冈县民政局再次拨款重新修建烈士纪念碑，碑高保持原来 5 米，造价 10 万元。

为中华人民共和国的成立，该村有一批革命者于 1948 年 1 月在水头上潭洞被捕遇害，他们是朱生财、陈永柱（陈佰钟）、黄成福、陈必生，中华人民共和国成立后被追认为革命烈士。

◎ 革命烈士纪念碑（摄于 2016 年）

（资料填报：叶月华，初稿撰写：黄国松，总纂：李协湖）

石灰围

◎ 石灰围村貌（摄于 2016 年）

石灰围，位于水头镇东部，距镇政府 15 千米。始建于清中期，该村坐落于通天蜡烛山西侧 1.5 千米处，上潭洞村域北面，东与高昂村相近，南是南木头山，西与龙田围接壤，北与柯树窝村相连。潖江在村前自东向西流过，乡道 Y280 线接县道 X373 线通至该村。因该村房屋多用石灰批荡，因而得名石灰围。

村落形成时，属清远县吉河乡。清嘉庆十八年（1813 年），属佛冈厅吉河乡天降坪堡。民国初期，属佛冈县一区水头乡。1949 年 10 月佛冈解放后，属佛冈县二区水头乡。1958 年 10 月，属从化县佛冈人民公社潭洞大队。1961 年 5 月，属佛冈县水头人民公社潭洞大队。1983 年 12 月，属水头区上洞乡。1987 年 1 月，属水头镇上洞行政村。1989 年 11 月，属水头镇上洞管理区。1998 年 11 月，属水头镇上洞行政村。2005 年 5 月至今，属水头镇潭洞行政村。

世居村民为陈姓。根据《陈氏族谱》记载，宋末元初，陈氏族人由福建汀州迁入广东新丰遥田桃源洞。清初，六世祖仁翁由新丰遥田桃源洞移居今佛冈水头上洞楼仔村。该村由楼仔村分村迁入而成。

2015 年末，户籍人口 35 人，其中男性 15 人，女性 20 人。60 岁以上 2 人，最年长者 76 岁（女）。实际在村居住和生活主要依靠农业收入 20 人，常年在城镇生活和务工 15 人。村民均为汉族，客家民系，使用粤方言。

该村有山地面积 11.2 公顷，耕地面积 2.8 公顷，传统经济以农业为主。村地处于山区，土壤以赤红壤和红壤为主，大部分水田土壤为潴育型水稻土。历来的耕作习惯以种植水稻为主，同时种植小麦、番薯、麦豆、蚕豆、高粱等，经济作物有花生、油菜，其他作物有芋头、玉米、木薯、生姜及叶类和瓜类

◎ 石灰围生态林（摄于 2016 年）

蔬菜等。水稻亩产量（单造）200—400 千克，番薯亩产量（单产）1000—1500 千克，小麦亩产（单产）100—150 千克。犁地、耙地主要依靠役牛。20 世纪 70 年代初开始，生产队用手扶拖拉机代替役牛进行犁地、耙地。改革开放和实行家庭联产承包责任制后，使用手扶拖拉机耕作更普及。普遍使用的农具为锄头、铁耙、镰刀、风车柜。主要山峰是通天蜡烛，山高 1047 米，山顶盛产杜鹃花，有野猪、黄猄、白鹇等动物。传统节庆美食有白切鸡、烧鸭、焖鹅、蒸扣肉、炒米饼、油炸糖环、糯米糍、艾糍、铜盘糍、粽子、月饼等。

1983 年通电，2000 年通自来水，2008 年通网络、通有线电视，2013 年实现村道水泥硬底化。

传统民居现存 40 座，建于清末至民国初，基本保存完整。建筑形式为单座并排相连屋，屋顶为硬山顶，墙体多为夯土，部分为泥砖，每座占地面积 20 多平方米。村中有陈凤公祠，建于光绪十八年（1892 年），为三进院落，左右两个庭院，屋顶为硬山顶，墙体为夯土，占地面积 400 多平方米，是陈氏宗亲联谊、正月初十上灯、传统节日上香祭祀的活动场所。该村与附近陈姓村编修有《陈氏族谱》。

◎ 石灰围传统民居（摄于 2016 年）

◎ 陈凤公祠（摄于 2016 年）

村传统的民间习俗是祭祖祠、拜土地公、祭灶君、逢农历初一和十五烧香奉神。传统的宗族活动是清明祭祖、重阳祭祖。传统的婚嫁丧葬礼仪仍较庄重繁杂。在婚嫁礼仪中，男女双方开始交往时，女方家要到男方家看家风，在双方确定婚姻关系后要小担礼，结婚时要担求婚酒、送礼金、报日子、定嫁妆、行婚礼、摆酒请客、迎亲、送亲等仪式，然后行三朝回门礼。村里办丧事，传统以土葬为主，20 世纪 90 年代后逐步实行火葬。其程序包括报丧、守灵、入殓、出殡、送火化、将灵位送入祖祠等。新葬坟墓的第一次祭祀在春社日前，清明不再祭拜。

1990 年 4 月，经清远市人民政府批准被认定为抗日战争游击根据地。

（资料填报：叶月华，初稿撰写：罗炽辉，总纂：李协湖）

高昂村

◎ 高昂村村貌（摄于 2016 年）

高昂村，位于水头镇东部，距镇政府 15 千米。始建于 1984 年，因村地势较高，因而得名高昂村。位于上潭洞村域东南面，坐落于黄金脑山岭西北侧 3 千米，南面为南木头山，西面为龙田围，北面为下围。

1984 年该村形成后，属佛冈县水头区上洞乡。1987 年 1 月，属水头镇上洞行政村。1989 年 11 月，属水头镇上洞管理区。1998 年 11 月，属水头镇上洞行政村。2005 年 5 月至今，属水头镇潭洞行政村。

世居村民为陈姓。2015 年末，户籍人口 158 人，其中男性 85 人，女性 73 人。80 岁以上 3 人，最年长者 92 岁（男）。16 岁以下 35 人。生活主要依靠农业收入和实际在村居住 75 人，常年在城镇生活和务工 83 人。村民均为汉族，广府民系，使用粤方言。

村有山地面积 69.73 公顷，耕地面积 7.73 公顷。林业资源有松树、杉树、桉树、柯树、枫树、毛竹及杂树等。野生动物有野猪、黄猄、果子狸、穿山甲和蛇类等，以及鹧鸪、白鹇、画眉、竹鸡、鹰等鸟类。传统果类有沙糖桔、大红柿、四月李和三华李、枇杷等。该村传统经济以农业为主，主要种植水稻、番薯、玉米、花生、黄豆、蔬菜等。养殖鸡、鸭、鹅、猪、牛以及“四大家鱼”。水稻一般亩产为 200—350 千克，花生亩产 100—200 千克，农业经济效益有较大的提高。2000 年以后，大部分青壮年外出打工，并积极发展水果产业，2013 年种植沙糖桔 1.33 公顷，年产值 10 万元。2013 年以后，由于受柑桔黄龙病的影响，产业消退，村民改种其他作物。村民主要收入来源于农业、外出经商和务工。传统节庆美食有白切鸡、烧鸭、焖鹅、蒸扣肉、炒米饼、油炸糖环、糯米糍、艾糍、铜盘糍、粽子、月饼等。

◎ 高昂村生姜种植（摄于 2016 年）

1983年通电，20世纪90年代初通电话，1998年实现村道水泥硬底化，2000年通自来水，2008年通有线电视、通网络。

传统民居现存20座，建于20世纪80年代以后，基本保存完整。民居建筑形式为单座并排相连屋，屋顶为硬山顶，墙体多为夯土，部分为泥砖，每座占地面积20多平方米。与附近陈姓村共用建在隔田村的陈氏公祠，公祠建于2014年，占地面积100多平方米，是陈氏宗亲联谊、正月初十上灯、传统节日上香祭祀的活动场所。该村与附近陈姓村编修有《陈氏族谱》。

◎ 高昂村传统民居（摄于2016年）

◎ 陈氏公祠（摄于2016年）

传统的民间习俗有祭祖祠、拜土地公、祭灶君、逢农历初一和十五烧香奉神。传统的宗族活动有清明祭祖、重阳祭祖。传统的婚嫁丧葬礼仪仍较庄重繁杂。在婚嫁礼仪中，男女双方开始交往时，女方家要到男方家看家风，在双方确定婚姻关系后要小担礼，结婚时要担求婚酒、送礼金、报日子、定嫁妆、行婚礼、摆酒请客、迎亲、送亲等仪式，然后行三朝回门礼。村里办丧事，传统以土葬为主，20世纪90年代后逐步实行火葬。其程序包括报丧、守灵、入殓、出殡、送火化、将灵位送入祖祠等。新葬坟墓的第一次祭祀在春社日前，清明不再祭祀。

该村的陈心灶（？—1948），革命烈士，1948年1月在水头上潭洞被捕遇害。

（资料填报：叶月华，初稿撰写：罗炽辉，总纂：李协湖）

新 围

◎ 新围村貌（摄于 2016 年）

新围，位于水头镇东部，距镇政府 15 千米。始建于清初，原名梅树脚村，又称塅心围，20 世纪 70 年代整村搬迁，故取名为新围。村坐落于急望脑（海拔 553 米）山下西北侧 1 千米，东是耕地，南是群山，西与禾塘坝村、吉龙围相邻，北是乡道 Y280 线和耕地，有滘江自东向西流过。

村落形成时，属清远县吉河乡。清嘉庆十八年（1813 年），属佛冈厅吉河乡天降坪堡。民国时期，属佛冈县一区天水乡。中华人民共和国成立后，属佛冈县二区水头乡。1958 年 10 月，属从化县佛冈人民公社潭洞大队。1961 年 5 月，属佛冈县水头人民公社潭洞大队。1983 年 12 月，属水头区上洞乡。1987 年 1 月，属水头镇上洞行政村。1989 年 11 月，属水头镇上洞管理区。1998 年 12 月，属水头上洞行政村。2005 年 5 月至今，属水头镇潭洞行政村。

◎ 新围门楼（摄于 2016 年）

世居村民为易姓。易姓自南宋从湖南长沙迁至广东南雄，元中期从新会迁至连州，再迁至清远吉河乡天降坪堡（今佛冈水头）。根据《易氏族谱》记载，清朝初期，易氏元厚由下潭洞高田村迁居下潭洞梅树脚村，后改名为塅心围，20 世纪 70 年代整村搬迁现址，建立新村，改名为新围。

2015 年末，户籍人口 261 人，其中男性 135 人，女性 126 人。60 岁以上 28 人，其中 80 岁以上 2 人，最年长者 91 岁（女）。16 岁以下 55 人。生活主要依靠农业收入和实际在村居住 105 人，常年在城镇生活和务工 156 人。村民均为汉族，广府民系，使用粤方言。

该村有山地面积 73.2 公顷，耕地面积 10.2 公顷。

◎ 水稻抛秧插田（摄于 2016 年）

传统经济以农业、林业和少许畜牧业为主。农业主要种植水稻、玉米、花生、黄豆、蔬菜等。养殖鸡、鸭、鹅、猪、牛以及“四大家鱼”。森林资源有松树、柯树、杉树、枫树、樟树、桉树及多种杂树。山中野生动物有山猪、黄猄、穿山甲及各种蛇类和鸟类。20 世纪 90 年代，许多年轻人都外出打工，务工收入成为主要经济来源。传统节庆食品有白切鸡、烧鸭、焖鹅、蒸扣肉。节庆小食有炒米饼、油炸糖环、糯米糍、艾糍、粽子等。

1984 年通电，1986 年通电话，2007 年实现村道水泥硬底化，2008 年通有线电视、通网络，2014 年通自来水。

◎ 大门楼匾额（摄于 2016 年）

现存传统民居 80 座，建于清末至民国初。基本保存完好。该村的广府围屋建有大门楼，大门的门楣上有石刻匾额，刻有“墩心围”3 个大字。

◎《易氏族谱》（摄于 2016 年）

村与附近易姓村共用元厚易宗祠，宗祠建于清同治十二年（1873 年），2012 年重修，占地面积 666 平方米。与附近易姓村共有《易氏族谱》，该族谱记载易氏起源、辈序、世系、典故。

民间习俗有舞鸡公狮，所敲打的鼓谱为“十点梅花”式，还伴有操演拳、棍、凳、刀、枪等多种武术健身运动，从清朝起流传至今。每到春节和重大喜庆活动，都敲锣打鼓舞狮庆祝。大年初一到各家各户舞狮拜年，村中遇大事喜事、青年应征入伍参军等都舞狮庆贺。

传统的民间习俗还有祭祖祠、拜土地公、祭灶君、逢农历初一和十五烧香奉神。传统的宗族活动是清明祭祖、重阳祭祖醮宗祠。在婚嫁礼仪中，男女双方开始交往时，女方家要到男方家看家风，在双方确定婚姻关系后要小担礼，结婚时有担求婚酒、送礼金、报日子、定嫁妆、行婚礼、摆酒请客、迎送亲等，然后行三朝回门礼。传统丧葬习俗以土葬为主，20 世纪 90 年代后逐步实行火葬。其程序包括报丧、守灵、入殓、出殡、送火化、将灵位送入祖祠等。新葬坟墓的第一次祭祀在春社日前，清明不再祭拜。

2007 年，村道实现水泥硬底化，这是该村的一件历史性大事。通过潭洞行政村设法筹资、全体村民努力捐资、争取国家相关部门支持，建设乡道 Y280 线，全长 7.7 千米。

（资料填报：易素琴，初稿撰写：黄国松，总纂：李协湖）

吉龙围

◎ 吉龙围村貌（摄于 2016 年）

吉龙围，位于水头镇东部，距镇政府 15 千米。始建于清初，祖先建村时择取吉时开工，以祈保佑村庄，故取名吉龙围。村东与新围相接，南为山，西是乡道 Y280 线，北是和平村。

村落形成时，属清远县吉河乡。清嘉庆十八年（1813 年），属佛冈厅吉河乡天降坪堡。民国时期，属佛冈县一区天水乡。中华人民共和国成立后，属佛冈县二区水头乡。1958 年 10 月，属从化县佛冈人民公社潭洞大队。1961 年 5 月，属佛冈县水头人民公社潭洞大队。1983 年 12 月，属水头区下洞乡。1987 年 1 月，属水头镇下洞行政村。1989 年 11 月，属水头镇潭洞管理区。1998 年 12 月，属水头镇下洞行政村。2005 年 5 月至今，属水头镇潭洞行政村。

◎ 吉龙围门楼（摄于 2016 年）

世居村民为朱姓、陈姓、赖姓、谢姓。朱姓，据《朱氏族谱》记载，清末朱氏族人从迳头移居至该村。陈姓，宋末由福建汀州迁广东新丰遥田桃源洞，清初陈氏六世祖任翁由新丰遥田桃源洞迁居该。赖姓，清末从石角饮水塘村迁至该村。谢姓，清末从烟岭深坑村迁至该村。

2015 年末，户籍人口 193 人，其中男性 102 人，女性 91 人。60 岁以上 21 人，其中 80 岁以上 4 人，最年长者 84 岁（女）。生活主要依靠农业收入和实际在村居住 77 人，常年在城镇生活和务工 116 人。村民均为汉族，客家民系和广府民系，使用粤方言。

村有山地面积 98.07 公顷，耕地面积 5.67 公顷。传统经济以农业为主，主要种植水稻、玉米、花生、黄豆和蔬菜等。养殖鸡、鸭、鹅、猪、牛以及“四大家鱼”。中华人民共和国成立后，该村逐步应用推广先进的农业生产技术。20 世纪 80 年代起实行家庭联产承包责任制后，农业经济效益有较大的提高。同时，逐步调整农村经济结构，并积极发展水果产业。2013 年，该村种植沙糖桔面积 4 公顷，年收入 30 万元。2013 年以后，由于受柑桔黄龙病的影响，沙糖桔产业消退，村民改种其他经济作物。传统节庆食品有鸡、鹅、鸭、猪肉、牛肉、鱼。节庆小食有炒米饼、油炸糖环、糯米糍、艾糍、粽子等。

潭洞通往从化古道经过该村，从村后山上石阶路，走急望脑坳（地名）山路，到达从化县东明、二甲、良口。全程约 15 千米，路面宽 1—1.5 米，有部分石阶铺砌，是佛冈县东部及英德东部一带（青塘、桥头、太平）通向从化县的盐道（古时人到龙门担盐所走的路），自清代已使用。20 世纪 50 年代起，各地公路开通改善交通后，此道行人甚少，逐渐废置。

1984 年通电，1986 年通电话，2006 年实现村道水泥硬底化，2007 年通网络，2008 年通有线电视，2014 年通自来水。

◎ 担盐石阶古道（摄于 2016 年）

◎ 吉龙围传统民居（摄于 2016 年）

现存传统民居 75 座，建于清末至民国初。村中民居建筑基本保存完整。建筑形式为单座并排相连屋，屋顶为硬山顶，墙体多为夯土，部分为泥砖砌成，每座占地面积 70 多平方米。

村建有陈甲其公祠，始建于 2015 年。有《陈氏族谱》。该族谱记载陈氏起源、辈序、世系、名人、典故。

村传统的民间习俗有祭祖祠、拜土地公、祭灶君、逢农历初一和十五烧香奉神。传统的宗族活动有清明祭祖、重阳祭祖醮宗祠。在婚嫁礼仪中，在双方确定婚姻关系后要小担礼，结婚时有担求婚酒、送礼金、报日子、定嫁妆、行婚礼、摆酒请客、迎送亲等，然后行三朝回门礼。传统丧葬习俗以土葬为主，20 世纪 90 年代后逐步实行火葬。其程序包括报丧、守灵、入殓、出殡、送火化、将灵牌送入祖祠等。

民间习俗是舞鸡公狮，所敲打的鼓谱为“十点梅花”式，还伴有操演拳、棍、凳、刀、枪等多种武术健身运动，从清朝起流传至今。每逢春节和重大喜庆活动，都敲锣打鼓舞狮庆祝，大年初一到各家各户舞狮拜年，村中遇大事喜事、青年应征入伍参军等也都舞狮庆贺。主要的宗族活动是各姓氏于每年清明期间集中祭祖。

2015 年，村民通过筹集捐资，在村周围疏通排水渠道，用水泥沙石砌筑起防洪护坡、防洪排水渠等防洪设施，使该村的防洪能力达到百年一遇。

（资料填报：易素琴，初稿撰写：黄国松，总纂：李协湖）

禾塘坝村

◎ 禾塘坝村村貌（摄于 2016 年）

禾塘坝村，位于水头镇东部，距镇政府 13 千米。始建于清中期，因以前这里经河水冲渍，生有很多芸草，后逐渐被开田耕种居住，故取名禾坪坝，后改名为禾塘坝（下洞村）。该村东与新围相接，南与吉龙围相邻，西与老围相近，北是村道 280 线和滘江。

村落形成时，属清远县吉河乡。清嘉庆十八年（1813 年），属佛冈厅吉河乡天降坪堡。民国时期，属佛冈县一区水头乡。中华人民共和国成立后，属佛冈县二区水头乡。1958 年 10 月，属从化县佛冈人民公社潭洞大队。1961 年 5 月，属佛冈县水头人民公社潭洞大队。1983 年 12 月，属水头区下洞乡。1987 年 1 月，属水头镇下洞行政村。1989 年 11 月，属水头镇下洞管理区。1998 年 12 月，属水头镇下洞行政村。2005 年 5 月至今，属水头镇潭洞行政村。

世居村民为邓姓。北宋时期，邓姓从河南南阳迁移至广东南雄珠玑巷，清乾隆年间从英德潭头迁至从化东明乌石村高围迁至上洞村，清中期由十二世祖仕元公从附近上洞分村迁到该村。

2015 年末，户籍人口 189 人，其中男性 109 人，女性 80 人。60 岁以上 19 人，其中 80 岁以上 5 人，最年长者 86 岁（女）。16 岁以下 68 人。生活主要依靠农业收入和实际在村居住 50 人，常年在城镇生活和务工 139 人。村民均为汉族，客家民系，使用客家方言和粤方言。

村有山地面积 188.27 公顷，耕地面积 7 公顷。

◎ 禾塘坝村门楼（摄于 2016 年）

◎ 邓氏宗祠（摄于2016年）

传统经济以农业、林业和少许畜牧业为主。该村地处山区，土壤以赤红壤和红壤为主，大部分水田土壤为潴育型水稻土。全村历史以来的耕作习惯以种植水稻为主，同时种植小麦、番薯、麦豆、蚕豆、高粱等，经济作物有花生、油菜，其他作物有芋头、玉米、木薯、生姜、叶类和瓜类蔬菜等。20世纪70年代初开始，生产队用手扶拖拉机代替役牛进行耕作。改革开放和实行家庭联产承包责任制后，使用手扶拖拉机耕作更普及。普遍使用的农具为锄头、铁耙、镰刀、风车柜。传统节庆食品有白切鸡、烧鸭、焖鹅、蒸扣肉、蒸鱼。节庆小食有炒米饼、油炸糖环、糯米糍、艾糍、粽子等。

1960年通电话，1984年通电，2007年实现村道水泥硬底化，2008年通有线电视、通网络，2014年通自来水。

传统民居现存85座，建于二十世纪七八十年代，基本保存完整。民居建筑形式为单座并排相连屋，四门归厅，两门归廊，屋顶为硬山顶，墙体多为夯土，部分为泥砖，每座占地面积70多平方米。

村中建有邓氏宗祠，砖木结构，琉璃瓦，两进院，占地面积80平方米。

传统民间习俗有祭祖祠、拜土地公、祭灶君、逢农历初一和十五烧香奉神。传统的宗族活动有清明祭祖、重阳祭祖醮宗祠。在婚嫁礼仪中，在双方确定婚姻关系后要小担礼，结婚时要历经担求婚酒、送礼金、报日子、定嫁妆、行婚礼、摆酒请客、迎亲、送亲等仪式流程。传统丧葬习俗以土葬为主，20世纪90年代后逐步实行火葬。其程序包括报丧、守灵、入殓、出殡、送火化、将灵位送入祖祠等。新葬坟墓的第一次祭祀在春社日前，清明不再祭拜。

2003年，由外村商人投资，在该村辖地建立新庆电站。电站装机2组，发电功率300千瓦。建站至今运转经营正常。2013年5月15日，遭遇洪水袭击，水深1米，受灾42人，受浸房屋30间，折合经济损失6万元。

◎ 禾塘坝村传统民居（摄于2016年）

◎ 新庆电站发电机房（摄于2016年）

（资料填报：林秀宽，初稿撰写：赖晶晶，总纂：李协湖）

田心围

◎ 田心围村貌（摄于 2016 年）

田心围，曾用名老围，位于水头镇东部，距镇政府 11 千米。始建于明末清初，因在下潭洞是最早建的围，因而得名老围，清末更名为田心围。村坐落于急望脑（海拔 553 米）北面 1 千米，村东为和平村，南为吉龙围，西为楼仔村，北为滘江，乡道 Y280 线穿围而过。

村落形成时，属清远县吉河乡。清嘉庆十八年（1813 年），属佛冈厅吉河乡天降坪堡。民国时期，属佛冈县一区天水乡。中华人民共和国成立后，属佛冈县二区水头乡。1958 年 10 月，属从化县佛冈人民公社潭洞大队。1961 年 5 月，属佛冈县水头公社潭洞大队。1983 年 12 月，属水头区下洞乡。1987 年 1 月，属水头镇下洞行政村。1989 年 11 月，属水头镇下洞管理区。1998 年 11 月，属水头镇下洞行政村。2005 年 5 月至今，属水头镇潭洞行政村。

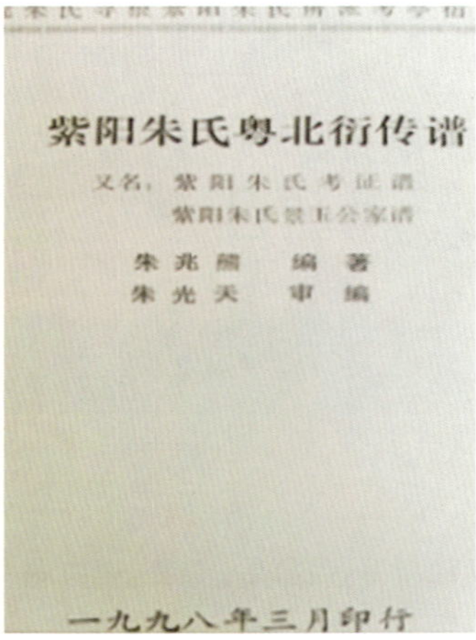

紫阳朱氏粤北衍传谱

又名：紫阳朱氏考证谱

紫阳朱氏景玉公家谱

朱兆熊 编著

朱光天 审编

一九九八年三月印行

◎《紫阳朱氏粤北衍传谱》（摄于 2016 年）

◎ 田心围门楼（摄于 2016 年）

世居村民为易姓、朱姓、袁姓。易姓，根据《易氏族谱》记载，明末易氏十三世祖聪公由从化五洞茅田村迁居今佛冈迳头湖洋棋岭下，然后再迁下潭洞梅树脚，形成老围。朱姓，根据《紫阳朱氏粤北衍传谱》记载，清末朱氏族人一支由今佛冈迳头迁居老围。

2015 年末，户籍人口 218 人，其中男性 118 人，女性 100 人。60 岁以上 28 人，其中 80 岁以上 3 人，年最长者 93 岁（男）。16 岁以下 39 人。生活主要依靠农业收入 93 人，实际在村居住 93 人，常年在城镇生活和务工 125 人。村民均为汉族，广府民系，使用粤方言。

村有山地面积 55.73 公顷，耕地面积 8.33 公顷。传统经济以农业、林业和少许畜牧业为主。森林资源主要有松树、柯树、杉树、枫树及其他杂树。村地处山区，土壤以赤红壤和红壤为主，大部分水田土壤为潴育型水稻土。全村历史以来的耕作习惯以种植水稻为主，同时种植小麦、番薯、麦豆、蚕豆、高粱等，经济作物有花生、油菜，其他作物有芋头、玉米、莲藕及叶类和瓜类蔬菜等。20 世纪 70 年代初开始，部分生产队用手扶拖拉机代替役牛进行犁地、耙地。特别是改革开放和实行家庭联产承包责任制后，使用手扶拖拉机耕作田地更普及。养蜂是该村的传统项目，常年保持养有数百群蜜蜂。村民主要收入来源为外出务工。传统节庆食品有白切鸡、烧鸭、焖鹅、蒸扣肉炒米饼、炸糖环、糯米糍、角仔糍、艾糍、粽子等。

1983 年通电，1994 年初通电话，1998 年实现村道水泥硬底化，2000 年通自来水，2008 年通网络、通有线电视。

◎ 田心围水稻秧苗培育（摄于 2016 年 4 月）

传统民居现存 40 座，建于清末至民国初。村中民居建筑基本保存完好。民居建筑特点为单座并排相连建，屋顶为硬山顶，墙体多为夯土，部分为泥砖，每座占地面积 20 多平方米。改革开放以后，人民生活水平有所提高，经济条件较好的村民建起钢筋水泥混凝土楼房，共 16 座。

◎ 田心围传统民居（摄于 2016 年）

主要民间习俗有正月初十上灯。上灯是族人的喜事，上灯活动大致分为迎灯、接灯、摆放供品、挂灯等，体现祈求人丁兴旺的心愿。主要宗族活动有清明祭祖、重阳祭祖等。祭祖的活动、形式、供品等大致相同，祭品多用猪肉（或烧猪肉）、各种米糍、水果、烧酒、香纸炮烛等，摆放各种供品在坟前，人人向坟墓叩头，意在向先人叩拜，然后鸣放鞭炮，祭祖程序完成。

传统婚嫁丧葬礼仪庄重繁杂。婚嫁礼仪，结婚前要定日子、送聘金，行结婚礼时要摆酒请客、迎亲和送亲。传统丧葬习俗以土葬为主，1990 年以后逐步实行火葬。其程序包括举丧、入殓、出殡、送葬、做法事、将灵位送入祠堂。

2014 年，潭洞行政村在该村辖地建起村委办公大楼及村文化公园。文化公园占地面积 3000 平方米，设有篮球场、羽毛球场及一批健身器材，以及图书阅览室，有图书 5000 册。

（资料填报：林秀宽，初稿撰写：蒋毅华，总纂：李协湖）

下洞楼仔村

◎ 下洞楼仔村村貌（摄于 2016 年）

下洞楼仔村，位于水头镇东部，距镇政府 13 千米。始建于清末，原名龙田村、龙田楼，后称楼仔村。村坐落于山间谷地，村北面有急望脑山（海拔 553 米）。从独凰山与通天蜡烛两山发源的潖江的一条支流从村北面流过。村的北面 7 千米处有县道 X373 线南北通往国道 G106 线，接 X373 线的乡道 Y279 线（龟咀—独凰山）再接乡道 Y280 线（独王山—上潭洞）直通至该村，全长 7 千米。东与老围相邻，南面、西面是水田，北是村道和潖江，对岸是横岗岭村。

村落形成时，属佛冈厅吉河乡天降坪堡。民国时期，属佛冈县一区水头乡。中华人民共和国成立后，属佛冈县二区水头乡。1958 年 10 月，属从化县佛冈人民公社潭洞大队。1961 年 5 月，属佛冈县水头人民公社潭洞大队。1983 年 12 月，属水头区下洞乡。1987 年 1 月，属水头镇下洞行政村。1989 年 11 月，属水头镇下洞管理区。1998 年 11 月，属水头镇下洞行政村。2005 年 5 月至今，属水头镇潭洞行政村。

世居村民为易姓。根据《易氏族谱》记载，明末，易氏十三世祖聪公由从化五洞茅田村迁居下潭洞梅树脚。清初，易氏十七世祖易元厚由下潭洞梅树脚村迁居横岗岭，后形成横岗岭村。清咸丰年间，能敏太公由横岗岭村迁居龙田村，清末分村迁居形成楼仔村。

2015 年末，户籍人口 45 人，其中男性 25 人，女性 20 人。60 岁以上 5 人，其中 80 岁以上 1 人，最年长者 81 岁（男）。16 岁以下 9 人。生活主要依靠农业收入和实际在村居住 25 人，常年在城镇生活和务工 20 人。村民为汉族，广府民系，使用粤方言。

◎ 下洞楼仔村门楼（摄于 2016 年）

村有山地面积100.27公顷，耕地面积3.6公顷。森林资源有松树、柯树、杉树、樟树、枫树及多种杂树。传统经济以农业、林业和少许畜牧业为主。村地处山区，土壤以赤红壤和红壤为主，大部分水田土壤为潴育型水稻土。历来的耕作习惯以种植水稻为主，同时种植小麦、番薯、麦豆、蚕豆、高粱等，经济作物有花生、油菜，其他作物有芋头、玉米、木薯、生姜及叶类和瓜类蔬菜等。水稻亩产量（单造）200—400千克，番薯亩产量（单产）1000—1500千克，小麦亩产（单产）100—150千克。犁地、耙地主要依靠役牛。20世纪70年代初开始，生产队用手扶拖拉机代替役牛进行耕作。改革开放和实行家庭联产承包责任制后，使用手扶拖拉机耕作更普及。普遍使用的农具为锄头、铁耙、镰刀、风车柜。传统节庆美食有白切鸡、烧鸭、焖鹅、蒸扣肉、炒米饼、油炸糖环、糯米糍、艾糍、铜盘糍、粽子、月饼等。

1983年通电，1994年初通电话，1998年实现村道水泥硬底化，2000年通自来水，2008年通网络、通有线电视。

传统民居现存有9座，建于20世纪80年代前后。村中民居建筑基本保存完整。建筑形式为单座并排相连屋，屋顶为硬山顶，墙体多为夯土，部分为泥砖，每座占地面积20多平方米。村的大门楼门楣上有一块刻有“龙田楼”字样的石刻匾额。

◎ 下洞楼仔村传统民居（摄于2016年）

◎ 大门楼匾额（摄于2016年）

在传统婚嫁礼仪中，男女双方开始交往时，女方家要到男方家看家风，在双方确定嫁姻关系后，要小担礼，结婚时有担求亲酒、送礼金、报日子、定嫁妆、行婚礼、摆酒请客、迎送亲友等仪式，然后行三朝回门礼。村中办丧事时，传统以土葬为主，20世纪90年代后逐步实行火葬。其程序包括报丧、守灵、入殓、出殡、送火化、将灵位送入祖堂等。新葬坟墓的第一次祭拜在春社日前，清明不再拜祭。

村编修有《易氏族谱》，清光绪年间编纂，由省城正兴街安昌书局承印，该族谱记载易氏起源、辈序、世系、名人、典故等。主要民间习俗有正月初十上灯、祭灶君、拜土地公、拜庙神。主要宗族活动有清明祭祖。该村为易氏宗亲联谊，每年于清明祭祖，与潭洞多个村一起到元厚易公祠进行拜祭活动。

20世纪90年代末，林业部将潭洞行政村规划为生态公益林保护区。县林业部门指导生态林的管理和保护工作，该村有生态公益林面积53公顷。

该村主要人物：易中立（1948—），曾任清远市中级人民法院副院长、清远市司法局局长。易中强（1963—），现任江门市副市长。

（资料填报：林秀宽，初稿撰写：赖晶晶，总纂：李协湖）

横岗岭村

◎ 横岗岭村村貌（摄于 2016 年）

横岗岭村，位于水头镇东部，距镇政府 11 千米。始建于清初，因村背后的山地形似横卧的山岗，得名横岗岭村。村坐落于罗三妹山下，位于下潭洞的北面，村的东面为潭洞学校，南面为潖江，西面为丘陵山牛根仔，北面为丘陵山群和主峰罗三妹山（海拔 500 多米）。发源于独凰山与通天蜡烛两山发源的潖江的一条支流从村南面流过。村的西北面 7 千米处有县道 X373 线南北通往国道 G106 线，接 X373 线的乡道 Y279 线（龟咀—独凰山）再接乡道 Y280 线（独凰山—上潭洞）直通至该村，里程 7 千米。

村落形成时，属清远县吉河乡。清嘉庆十八年（1813 年），属佛冈厅吉河乡天降坪堡。民国时期，属佛冈县一区天水乡。中华人民共和国成立后，属佛冈县二区水头乡。1958 年 10 月，属从化县佛冈人民公社潭洞大队。1961 年 5 月，属佛冈县水头公社潭洞大队。1983 年 12 月，属水头区下洞乡。1987 年 1 月，属水头镇下洞行政村。1989 年 11 月，属水头镇下洞管理区。1998 年 11 月，属水头镇下洞行政村。2005 年 5 月至今，属水头镇潭洞行政村。

◎ 横岗岭村新修大桥（摄于 2016 年）

世居村民为易姓。根据《易氏族谱》记载，明末，易氏十三世祖易聪由从化五洞茅田村迁居下潭洞梅树脚村。清初，易氏十七世祖元厚公由下潭洞梅树脚村迁居该地，形成横岗岭村。

2015 年末，户籍人口 416 人，其中男性 216 人，女性 200 人。60 岁以上 100 人，其中 80 岁以上 20 人，最年长者 96 岁（女）。16 岁以下 62 人。生活主要依靠农业收入和实际在村居住 200 人，常年在城镇生活和外出务工 216 人。村民均为汉族，广府民系，使用粤方言。

村有山地面积 315.4 公顷，耕地面积 15.6 公顷。传统经济以农业、林业和少许畜牧业为主。村地处山区，土壤以赤红壤和红壤为主，大部分水田土壤为潴育型水稻土。历来的耕作习惯以种植水稻为主粮，同时种植小麦、番薯、麦豆、蚕豆等，经济作物有花生、油菜，其他作物有芋头、玉米、木薯、生姜及叶类和瓜类蔬菜等。水稻亩产量（单造）200—400千克，番薯亩产量（单产）1000—1500千克，小麦亩产（单产）100—150千克。犁地、耙地主要依靠役牛。20世纪70年代初开始，生产队用手扶拖拉机代替役牛进行犁地、耙地。改革开放和实行家庭联产承包责任制后，使用手扶拖拉机耕作田地更普及。普遍使用的农具为锄头、铁钌、铁耙、镰刀、风车柜。森林资源有松树、柯树、杉树、樟树、枫树和多种杂树。传统节庆美食有白切鸡、烧鸭、焖鹅、蒸扣肉、炒米饼、油炸糖环、糯米糍、艾糍、铜盘糍、粽子、月饼等。

1983年通电，20世纪90年代初通电话，1998年实现村道水泥硬底化，2000年通自来水，2008年通网络、通有线电视。

传统民居为广府民居，现存传统民居500座，建于清末至民国初以来。村中民居建筑基本保存完整。建筑形式为单座并排相连建，屋顶为硬山顶，墙体多为夯土，部分为泥砖，每座占地面积20多平方米。该村建有元厚易公祠，建于清同治十二年（1873年），2012年重修，占地面积666平方米。公祠里有一块“泽芳堂”匾牌，刻于清同治十二年。公祠建筑特点为三进院落，左右两个庭院，屋顶为硬山顶，墙体为青砖，占地面积660多平方米，是易氏宗亲联谊、正月初十上灯活动、传统节日上香祭祀的活动场所。

◎ 元厚易公祠（摄于2016年）

◎ 泽芳堂牌匾（摄于2016年）

村编修有《易氏族谱》，清光绪年间编纂，由省城正兴街安昌书局承印，该族谱记载易氏起源、辈序、世系、名人、典故等。传统民间习俗有正月初十上灯、祭灶君、拜土地公、拜庙神。主要宗族活动有清明祭祖、重阳祭祖等。

传统婚嫁丧葬礼仪庄重繁杂。婚嫁礼仪，结婚前要看家风定日子、送聘金、定嫁妆，行结婚礼时要摆酒请客、迎亲和送亲，然后行三朝新娘回门礼等。传统丧葬以土葬为主，1990年以后逐步实行火葬。其程序为举丧、入殓、出殡、送葬、做法事、将灵位送入祠堂。

2004年，一名梁姓商人在该村辖地建存龙电站，设发电机2组，发电功率400千瓦。建站至今运转经营正常。2013年5月15日，因山洪暴发，冲毁通往该村桥梁2座，直接经济损失60万元。

◎ 存龙电站发电机房（摄于2016年）

（资料填报：易耀贵，初稿撰写：罗炽辉，总纂：李协湖）

庵仔村

◎ 庵仔村全貌（摄于 2016 年）

庵仔村，位于水头镇东部，距镇政府 11 千米，始建于清末，因该村村民生儿子比较多，因当地语言之意生育了儿子后要照料，而得名庵仔村，曾用名庚兴围。该村位于水头镇潭洞村域西面，滘江在村中穿流而过，县道在村西北面 4 千米，接乡道 Y279 线、Y280 线经过该村。村东面为入潭洞村道路，南面为策其佬山，西面为出潭洞村道路，北面为山丘。

村落形成时，属佛冈厅吉河乡天降坪堡。民国初期，属佛冈县一区天水乡。中华人民共和国成立后，属佛冈县二区水头乡。1958 年 10 月，属从化县佛冈人民公社潭洞大队。1961 年 5 月，属佛冈县水头公社潭洞大队。1983 年 12 月，属水头区下洞乡。1987 年 1 月，属水头镇下洞行政村。1989 年 11 月，属水头镇下洞管理区。1998 年 11 月，属水头镇下洞行政村。2005 年 5 月至今，属水头镇潭洞行政村。

世居村民为徐姓。清末，从附近西田清和围分村迁入而成。

2015 年末，户籍人口 280 人，其中男性 150 人，女性 130 人。60 岁以上 30 人，其中 80 岁以上 7 人，最年长者 88 岁（女）。16 岁以下 59 人。实际在村居住和生活主要依靠农业收入 110 人，常年在城镇生活和务工 170 人。村民均为汉族，广府民系，使用粤方言。

◎ 徐公有成祠（摄于 2016 年）

村有山地面积237.47公顷，耕地面积8.87公顷。该村的传统经济以农业为主，兼有林业和外出务工。村地处山区，土壤以赤红壤和红壤为主，大部分水田土壤为潴育型水稻土。历来的耕作习惯以种植水稻为主，同时种植小麦、番薯、麦豆、蚕豆、高粱等，经济作物有花生、油菜，其他作物有芋头、玉米、木薯、生姜及叶类和瓜类蔬菜等。传统节庆美食有白切鸡、烧鸭、焖鹅、蒸扣肉、炒米饼、油炸糖环、糯米糍、艾糍、铜盘糍、粽子、月饼等。

1983年通电，20世纪90年代初通电话，1998年实现村道水泥硬底化，2000年通自来水，2008年通网络、通有线电视。村中建有文化室、运动场、公园等。

◎ 庵仔村文化室（摄于2016年）

现存传统民居10座，建于清末至民国初，基本保存完好。民居建筑形式为单座并排相连屋，屋顶为硬山顶，墙体多为夯土，部分为泥砖，每座占地面积20多平方米。徐公有成祠，重建于2006年，建筑特点为屋顶为瓦，墙体为夯土，占地面积100多平方米，是徐氏宗亲联谊、正月初十上灯、传统节日上香祭祀的活动场所。

◎ 庵仔村新民居（摄于2016年）

◎《东海郡·徐氏族谱》（摄于2016年）

村编修有《东海郡·徐氏族谱》，主要宗族活动有清明祭祖、重阳祭祖。传统民间习俗有正月初十上灯、祭灶君、拜土地公、拜庙神。在婚嫁礼仪中，要小担礼，结婚时要历经担求亲酒、送礼金、报日子、定嫁妆、行婚礼、摆酒请客、迎送亲等仪式流程。村中有老人归寿办丧事时，传统以土葬为主，20世纪90年代后逐步实行火葬。其程序包括报丧、守灵、入殓、出殡、送火化、将灵位送入祖堂等。

抗日战争时期，广大村民为中华人民共和国的成立作出了应有的贡献，1990年4月，经清远市人民政府批准被认定为抗日战争时期游击根据地。

2008年，一名徐姓商人在该村辖地建祥潭电站，设发电机2组，发电功率300千瓦。建站至今运转经营正常。2013年5月15日，发生山洪灾害，全村50多间房屋倒塌，100多人受灾。交通、通信一度中断。2013年下半年，各级政府和企业出资500万元，村民自筹资金400万元，将全村倒塌房屋重新规划，新建74套联排别墅式农庄，从而使每家每户入住别墅家园。

该村主要人物：徐庙金（1933—1949），革命烈士，1949年6月在良口战斗中牺牲。徐能业（1922—1949），革命烈士，1949年8月在增城因执行任务牺牲。

（资料填报：易惠多，初稿撰写：罗炽辉，总纂：李协湖）

上洞楼仔村

◎ 上洞楼仔村一角（摄于 2016 年）

上洞楼仔村，位于水头镇东部，距镇政府 15 千米。始建于清初，因在此地先建木楼后成村，故取名楼仔村。该村在上潭洞村域东部，东是茶地寮，南临滘江，西与下围相邻，北与柯树窝村接壤，滘江在村南自东向西流过，西南面是乡道 Y280 线。

村落形成时，属清远县吉河乡。清嘉庆十八年（1813 年），属佛冈厅吉河乡天降坪堡。民国时期，属佛冈县一区水头乡。中华人民共和国成立后，属佛冈县二区水头乡。1958 年 10 月，属从化县佛冈人民公社潭洞大队。1961 年 5 月，属佛冈县水头公社潭洞大队。1983 年 12 月，属水头区上洞乡。1987 年 1 月，属水头镇上洞行政村。1989 年 11 月，属水头镇上洞管理区。1998 年 11 月，属水头镇上洞行政村。2005 年 5 月至今，属水头镇潭洞行政村。

世居村民为陈姓。根据《陈氏族谱》记载，宋末元初，陈氏族人由福建汀州迁入广东新丰遥田桃源洞。清初，六世祖任翁由新丰遥田桃源洞移居今佛冈水头上洞楼仔村。20 世纪 80 年代初，由于各种原因，全部陈氏族人由楼仔分村迁移到枫木冚、高昂、大龙田居住，楼仔村内已空无一人，完全荒弃。该村原居民均为汉族，客家民系，使用粤方言。

2015 年末，该村已无户籍人口。

村有山地面积 12.13 公顷，耕地 4.67 公顷。

现存传统民居 18 座，建于清初以后。民居建筑特点为单座并排相连屋，屋顶为硬山顶，墙体多为夯土，部分为泥砖砌成，每座占地面积 20 多平方米。村中民居至今已完全荒弃。

陈凤公祠，位于楼仔村，建于清光绪十八年（1892 年），2011 年重修。建筑特点为三进院落，两天井，屋顶为硬山顶，琉璃瓦面，墙体为青砖，占地面积 120 多平方米，是陈氏宗亲联谊、正月初十上灯活动、传统节日上香祭祀的活动场所。虽然上洞楼仔村现无人居住，但原村民仍到该村陈凤公祠上香祭祀。

（资料填报：叶月华，初稿撰写：蒋毅华，总纂：李协湖）

○西田行政村

老 围

◎ 老围鸟瞰（摄于 2016 年）

老围，位于水头镇东部，距镇政府 6 千米。始建于清初，坐落于望官坳山下西侧。东是望官坳山，南是潭洞口村和瑶塘村，西是清和围和南亩村，北面滘江自东向西流过，并建有拦河陂。县道 X373 线在村的西北面 1.2 千米处通过，乡道 Y278 线在村旁通过。该村是徐氏在西田村域建村历史最长、定居最早的村，因而取名为老围。

村落形成时，属清远县吉河乡。清嘉庆十八年（1813 年），属佛冈厅吉河乡西田堡。民国期间，属佛冈县一区天水乡。中华人民共和国成立后，属佛冈县水头乡。1958 年，属从化县佛冈人民公社西田大队。1961 年 5 月，属佛冈县水头人民公社西田大队。1983 年 12 月，属水头区西田乡。1987 年 1 月，属水头镇西田行政村。1989 年 11 月，属水头镇西田管理区。1998 年 11 月至今，属水头镇西田行政村。

世居村民为徐姓。清初，徐姓在从化牛屎粪村居住，第三世祖徐云峰大子月涯、二子月畦居西田，三子移居从化温泉。

2015 年末，户籍人口 560 人，其中男性 300 人，女性 260 人。60 岁以上 65 人，其中 80 岁以上 15 人，最年长者 104 岁（女）。16 岁以下 112 人，其中留守儿童 8 人。实际在村居住和生活主要依靠农业收入

◎ 老围门楼（摄于 2016 年）

◎ 拦河陂（摄于 2016 年）

◎ 老围广府民居（摄于 2016 年）

260 人，常年在城镇生活和务工 300 人。村民为汉族，广府民系，使用粤方言。

村有山地面积 89.27 公顷，耕地面积 18.93 公顷。林业资源有松树、杉树、桉树、柯树、枫树及其他杂树。野生动物有野猪、黄猄、果子狸、穿山甲和蛇类等。主要矿产资源为瓷土。瓷土资源分布在老围东北面山岭，为白瓷土，储量大，适宜制作瓷器。20 世纪 70 年代，建佛冈瓷厂和西田大队瓷厂，以此瓷土作主要原料，制作碗、碟、杯等瓷器，部分产品远销国外。佛冈瓷厂直到 20 世纪 80 年代后期才停业。传统经济以农业为主，主要种植水稻、玉米、花生、黄豆、蔬菜、芦笋等。村民主要经济来源于农业、林业以及外出务工收入。2000 年后逐步调整农村经济结构，积极发展水果产业。2013 年，该村种植沙糖桔面积 10 公顷，年收入 66 万元。2014 年以后，由于受柑桔黄龙病的影响，沙糖桔产业消退，村民改种其他经济作物。该村传统的民间技艺有打铁、木（竹）工及磨剪刀等。传统美食有白切鸡、烧鸭、焖鹅、蒸扣肉、炒米饼、油炸糖环、糯米糍、艾糍、铜盘糍、角粉糍、粽子、月饼等。

1963 年通电，1990 年通电话，2008 年实现村道水泥硬底化，2010 年通自来水，2010 年通网络。

传统民居现存 30 座，墙体多以三合土夯实或泥砖砌筑，砖木结构，基本保存完好，有人居住。该村与附近徐姓村共用徐氏祖祠。祖祠位于该村西南 200 米处，始建于清道光二十七年（1847 年），重建于 1924 年，占地面积 250 平方米。

主要宗族活动有祭祖堂、清明祭祖。传统民间习俗有拜土地公、祭灶君、拜庙神等。习俗之一是舞猪头狮，还伴有操演拳、棍、凳、刀、枪等多种武术健身运动，从清朝起流传至今。每到春节和重大喜庆活动，都敲锣打鼓舞狮，大年初一舞狮到各家各户拜年。在婚嫁礼仪中，男女双方开始交往，女方家要到男方家看家风，在双方确定嫁姻关系时，要小担礼，结婚时要历经担求亲酒、送礼金、报日子、定嫁妆、行婚礼、摆酒请客、迎送亲等仪式流程，然后行三朝回门礼。村中有老人归寿办丧事时，传统以土葬为主，20 世纪 90 年代后，逐步实行火葬。其程序包括报丧、守灵、入殓、出殡、送火化、将牌位送入祖堂等。新葬坟墓第一次祭拜都是在春分节气前的春社日前，清明不再拜祭。

1993 年 3 月，该村经清远市人民政府批准被认定为解放战争游击根据地。2010 年，建龙啸峡漂流，由于滘江河河道窄，于 2013 年 5 月 15 日发生一次特大洪水，冲毁了漂流和西田大桥，2014 年末集资重建一座新的西田大桥，同年整治滘江，扩大河床，两边筑起河堤。

该村主要人物：徐英信，清末民国初人，曾考中秀才。徐志权（1931—1949），革命烈士，1949 年 6 月在良口战斗中牺牲。

（资料填报：徐庙荣，初稿撰写：徐贞渭，总纂：李协湖）

南亩村

◎ 南亩村鸟瞰（摄于2016年）

南亩村，位于水头镇东部，距镇政府6千米。始建于清初，坐落于望官坳山（海拔300多米）西面400米，滘江从村北400米处自东向西流过，县道X373线在村北1.1千米通往国道G106线，乡道Y278线自杨桥头村通往该村。村东面100米处是徐氏祠堂，南面是瑶塘村，西面与石潭村交界，建村时因地处西田区域的南边水田中，田以亩为计量，故取名南亩村。

村落形成时，属清远县吉河乡。清嘉庆十八年（1813年），属佛冈厅吉河乡西田堡。民国期间，属佛冈县一区天水乡。中华人民共和国成立后，属佛冈县二区水头乡。1958年10月，属从化佛冈人民公社西田大队。1961年5月，属佛冈县水头人民公社西田大队。1983年12月，属水头区西田乡。1987年1月，属水头镇西田行政村。1989年11月，属水头镇西田管理区。1998年11月至今，属水头镇西田行政村。

◎ 南亩村门楼（摄于2016年6月）

世居村民为徐姓，清中期，从西田老围分居而来。

2015年末，户籍人口360人，其中男性190人，女性170人。60岁以上38人，其中80岁以上10人，最年长者95岁（女）。16岁以下70人，其中留守儿童5人。实际在村居住和生活主要依靠农业270人，常年在城镇生活和务工90人。村民为汉族，广府民系，所用语言为粤方言。

村有山地面积46公顷，耕地面积13.33公顷。林业资源有松树、杉树、桉树、柯树、枫树及其他杂树。野生动物有狐狸、蛇类，以及鹧鸪、画眉、红嘴相思鸟等鸟类。该村所在位置是北半球亚热带南部，属亚热带湿润气候，地处山边，土壤以赤红壤和红

◎ 糯米白糍（摄于 2016 年）

◎ 徐氏公祠（摄于 2016 年）

壤为主，大部分水田土壤为潴育型水稻土，适合农作物生长。全村历史以来的耕作习惯以种植水稻为主粮，同时种植小麦、番薯、麦豆、蚕豆、高粱等，经济作物有花生、油菜，其他作物有芋头、玉米、莲藕、叶类和瓜类蔬菜等。自 21 世纪后，有不少农户改种植水稻为种植水果，水果多以沙糖桔为主。传统果类有沙糖桔、大红柿、四月李和三华李、枇杷等。经济来源于农业、林业以及外出务工收入。该村传统民间技艺有打铁、木（竹）工及磨剪刀等。传统的节庆美食有白切鸡、烧鸭、焖鹅、蒸扣肉、炒米饼、油炸糖环、糯米白糍、艾糍、铜盘糍、角粉糍、粽子、月饼等。

1963 年通电，1990 年通电话，2008 年实现村道水泥硬底化，2010 年通自来水、通网络。

传统民居现存 25 座，墙体多以三合土夯实或泥砖砌筑，砖木结构，基本保存完好，全部有人居住。该村与附近徐姓村共用徐氏祖祠，祖祠始建于清同治十三年（1874 年），重建于 1924 年，占地面积 250 平方米。

◎ 南亩村传统民居（摄于 2016 年）

主要宗族活动是祭祖堂、清明集中祭祖。传统民间习俗有拜土地公、祭灶君、拜庙神等。习俗之一是舞猪头狮，还伴有操演拳、棍、凳、刀、枪等多种武术健身运动。

传统婚嫁礼仪中，男女双方开始交往，女方家要到男方家看家风，在双方确定嫁姻关系时，要小担礼，结婚时要历经担求亲酒、送礼金、报日子、定嫁妆、行婚礼、摆酒请客、迎送亲等仪式流程，然后行三朝回门礼。村中有老人归寿办丧事时，传统以土葬为主，20 世纪 90 年代后逐步实行火葬。其程序包括报丧、守灵、入殓、出殡、送火化、将牌位送入祖堂等。

1993 年，该村经清远市人民政府批准被认定为解放战争游击根据地。2013 年 5 月 15 日，遭遇洪水袭击，水深 1.3 米，受灾 210 人，受浸房屋 100 间。2014 年 5 月 23 日，遭遇洪水袭击，水深 1 米，受灾 210 人，受浸房屋 100 间。2015 年 5 月 6 日，再次遭遇洪水袭击，水深 0.7 米，受灾 100 人，受浸房屋 50 间。

该村主要人物：徐积琴（1949—），曾任佛冈县人民政府副县长、佛冈县人大常委会副主任、清远市第一届人大代表。徐积锐（1950—），转业军人，曾任清远市委组织部副部长。

（资料填报：徐庙荣，初稿撰写：徐贞渭，总纂：李协湖）

清和围

◎ 清和围鸟瞰（摄于 2016 年）

清和围，位于水头镇东部，距镇政府 6 千米。始建于清中期，坐落于望官坳山（海拔 300 多米）西面 800 米，滃江在村北 350 米处，自东向西流过。村西北面有县道 X373 线、乡道 Y278 线从杨桥头村起通往该村。村的东面是老围，南面是南亩围，西边与石潭村交界，北面是米仔田村和滃江。因该村从老围分居而成，北面有河，河水清澈，寓意子孙后代在此地和睦生活之意而取名清和围。因村旁有回龙庙，故别名叫庙角围。

村落形成时，属清远县吉河乡。清嘉庆十八（1813 年），属佛冈厅吉河乡西田堡。民国期间，属佛冈县一区天水乡。中华人民共和国成立后，属佛冈县水头乡。1958 年，属从化佛冈人民公社西田大队。1961 年 5 月，属佛冈县水头人民公社西田大队。1983 年 12 月，属水头区西田乡。1987 年 1 月，属水头镇西田村。1989 年 11 月，属水头镇西田管理区。1998 年 11 月至今，属水头镇西田行政村。

世居村民为徐姓。清中期，从西田老围分出而形成。后来清和围分为黄泥夫、潭洞口、猪仔夫 3 个民居点。

2015 年末，户籍人口 365 人，其中男性 190 人，女性 175 人。60 岁以上 37 人，其中 80 岁以上 8 人，最年长者 84 岁（女）。16 岁以下 69 人，其中留守

◎ 清和围一角（摄于 2016 年）

◎ 清河围门楼（摄于 2016 年）

儿童6人。实际在村居住和生活主要依靠农业收入205人，常年在城镇生活和务工160人。村民均为汉族，广府民系，使用粤方言。

村有山地面积36.53公顷，耕地面积11.8公顷。林业资源有松树、杉树、桉树、柯树、枫树及其他杂树。野生动物有野猪、黄猄、蛇等。主要农作物有水稻、小麦、花生、番薯、芋头、豆类和蔬菜等。水稻亩产量（单造）300—400千克，番薯亩产量（单产）1000—1500千克，小麦亩产（单产）150—200千克。犁地、耙地主要依靠役牛为主，役牛有水牛和黄牛，多以水牛为主。20世纪70年代初开始，部分生产队用手扶拖拉机代替役牛进行耕作。特别是改革开放和实行家庭联产承包责任制后，使用手扶拖拉机耕作的面积增大。传统果类有沙糖桔、大红柿、四月李和三华李、枇杷等。传统经济以农业为主，经济来源于农业、林业以及外出务工收入。村传统的民间技艺有打铁、木（竹）工及磨剪刀等。清末至民国时期，村中过半的男人到珠三角及香港、澳门等经济发达地区做铁工、木工，有的做生意。传统节庆美食有白切鸡、烧鸭、焖鹅、蒸扣肉、炒米饼、油炸糖环、糯米糍、艾糍、铜盘糍、角粉糍、粽子、月饼等。

1963年通电，1990年通电话，2008年实现村道水泥硬底化，2010年通自来水、通网络。

传统民居现存20座，墙体多以三合土夯实或泥砖砌筑，砖木瓦结构，基本保存完好，有人居住。该村与附近徐姓村共用徐氏祖祠，祖祠始建于清同治十三年（1874年），重建于1924年，占地面积250平方米。

村辖区内有一座回龙庙，始建于清朝。建筑面积114平方米，坐北向南，三开间两进两廊一天井格局，面宽7.4米，进深15.4米，高6米。为砖木结构，青砖墙，盖灰瓦，硬山顶，博古脊。正门檐廊由两根石柱支撑，门额上有灰塑“回龙庙”和“光绪二十三年重修”的字样，墙楣有山水人物壁画，里面供奉有多个神像，为村民逢年过节、农历初一和十五烧香拜祭，祈求平安的地方。2012年，被列入佛冈县不可移动文物名录。

主要的宗族活动有祭祖祠、清明集中祭祖。传统的民间习俗是拜土地公、祭灶君、拜庙神等。民间习

◎ 回龙庙（摄于2016年）

俗之一是舞猪头狮，还伴有操演拳、棍、凳、刀、枪等多种武术健身运动，从清朝起流传至今。每逢春节和重大喜庆活动，都是敲锣打鼓舞狮而庆祝的，大年初一舞狮到各家各户拜年，村中遇大事喜事、青年应征入伍参军等都舞狮庆贺。该村传统的婚嫁丧葬礼仪庄重繁杂。在婚嫁礼仪中，男女双方开始交往，女方家要到男方家看家风，在双方确定嫁姻关系时，要小担礼，结婚时要历经担求亲酒、送礼金、报日子、定嫁妆、行婚礼、摆酒请客、迎送亲等仪式流程，然后行三朝回门礼。村中有老人归寿办丧事时，传统以土葬为主，20世纪90年代后逐步实行火葬。其程序包括报丧、守灵、入殓、出殡、送火化、将牌位送入祖堂等。新葬坟墓的第一次祭拜是在春分节气前的春社日前，清明不再拜祭。

1993年3月，该村经清远市人民政府批准被认定为解放战争游击根据地。2013年5月15日，发生一次特大洪水，将位于村旁的西田大桥冲毁。2013年5月15日，遭遇洪水袭击，水深0.8米，受灾100人，受浸房屋50间。2014年5月23日，遭遇洪水袭击，水深0.5米，受浸房屋50间。同年，政府集资重建西田大桥，整治湛江，扩大河床，在两边筑起河堤。

该村主要人物：徐贞锦（1909—1951），革命烈士，1951年在朝鲜战场牺牲。徐延辉（1949—），曾任韶关市军分区参谋。

（资料填报：徐庙荣，初稿撰写：徐庙荣，总纂：李协湖）

米仔田村

◎ 米仔田村村貌（摄于 2016 年）

米仔田村，位于水头镇东部，距镇政府 6 千米。始建于清末，原址在黄霜头大山窝里的群山中，除了建住宅房外，所剩能种植农作物的田地很少。由于方圆几十里都是群山峻岭，只有住宅屋周边的十几亩田能种植水稻碾成大米，显得稀少贵重，山里村民为盼望日后有粮食好过日子，故起名为米仔田。由于地处深山峻岭，交通运输极度不便，极大影响日常生产生活。20 世纪 80 年代初，在政府和西田行政村的规划和帮助下，全村进行移民搬迁。当地村委将 20 世纪 70 年代大搞“围海造田”造出的田地给米仔田村建村、耕作使用。搬迁后，村名仍然使用原村名米仔田村。该村东面是西田小学和西田村委会，南面与清和围相邻，西面是耕地，北面紧靠湛江及西田大桥，河对岸是杨桥村、牛湾村。

村落形成时，属佛冈厅吉河乡西田堡。民国期间，属佛冈县一区天水乡。中华人民共和国成立后，属佛冈县二区水头乡。1958 年 10 月，属从化县佛冈人民公社西田大队。1961 年 5 月，属佛冈县水头人民公社西田大队。1983 年 12 月，属水头区西田乡。1987 年 1 月，属水头镇西田村。1989 年 11 月，属水头镇西田管理区。1998 年 11 月至今，属水头镇西田行政村。

世居村民均为徐姓。清末，从西田清和围分村迁到黄霜头大山中建成米仔田村，20 世纪 80 年代再搬迁到现址，仍为米仔田村。

2015 年末，户籍人口 57 人，其中男性 32 人，

◎ 米仔田村门楼（摄于 2016 年）

女性25人。60岁以上8人，其中80岁以上2人，最年长者88岁（男）。16岁以下12人。实际在村居住和生活主要依靠农业收入的人口31人，常年在城镇生活和务工26人。村民均为汉族，广府民系，使用粤方言。

村有山地面积153.33公顷，耕地面积0.6公顷。林业资源有松树、杉树、桉树、柯树、枫树、毛竹及杂树等。野生动物有野猪、黄猄、果子狸、穿山甲、蛇等。村民主要收入来源于农业、林业以及外出务工。主要农作物有水稻、小麦、花生、番薯、芋头、豆类、蔬菜等。水稻亩产量（单造）300—400千克，番薯亩产量（单产）1000—1500千克，小麦亩产（单产）150—200千克。犁地、耙地主要依靠役牛，役牛有水牛和黄牛，多以水牛为主。20世纪70年代初开始，部分生产队用手扶拖拉机代替役牛进行耕作。特别是改革开放和实行家庭联产承包责任制后，使用手扶拖拉机耕作的面积增大。传统果类有沙糖桔、大红柿、四月李和三华李、枇杷等。传统节庆美食有白切鸡、烧鸭、焖鹅、蒸扣肉、炒米饼、油炸糖环、糯米糍、艾糍、铜盘糍、角粉糍、粽子、月饼等。

1983年通电，1990年通电话，2008年实现村道水泥硬底化，2010年通网络、通自来水。2015年，村旁有水头镇西田小学，班级6个，在校学生230人，教职工11人。体育设施有篮球场1个、乒乓球台1张，羽毛球场1个，健身器材1套。

传统民居现存3座，墙体多以三合土夯实或泥砖砌筑，砖木结构，基本保存完好。

村里主要的宗族活动是祭祖祠、清明集中祭祖。传统的民间习俗是拜土地公、祭灶君、拜庙神等。在婚嫁礼仪中，男女双方开始交往，女方家要到男方家看家风，在双方确定嫁姻关系时，要小担礼，结婚时要历经担求亲酒、送礼金、报日子、定嫁妆、行婚礼、摆酒请客、迎送亲等仪式流程，然后行三朝回门礼。村中有老人归寿办丧事时，传统以土葬为主，20世纪90年代后逐步实行火葬。其程序包括报丧、守灵、入殓、出殡、送火化、将牌位送入祖堂等。新葬坟墓的第一次祭拜都是在春分节气前的春社日前，清明不再拜祭。

20世纪80年代，该村在政府和当地行政村的关怀、资助下，完成搬迁移民这项历史性工程，离开深山，结束“日见大山夜见星，多见树木少见人”的艰辛环境，过上新的生活。1993年3月，原村庄经清远市人民政府批准被认定为解放战争游击根据地。2013年5月15日，遭遇洪水袭击，水深1.5米，受灾30人，受浸房屋50间。2014年5月23日，遭遇洪水袭击，水深1.2米，受灾30人，受浸房屋50间。同年，在村前建起一座长60米的单车道西田大桥。

◎ 米仔田村一角（摄于2016年）

◎ 横跨滘江的西田大桥（摄于2016年）

（资料填报：徐庙荣，初稿撰写：徐庙荣，总纂：李协湖）

瑶塘村

◎ 瑶塘村村貌（摄于 2016 年 6 月）

瑶塘村，位于水头镇东部，距镇政府 6 千米。始建于元末，曾用名南龙围、象田村。据清远地名调查目录表记载，该村建村时背后有一个炭窑，并有一口很大的池塘，因窑字谐音取名为瑶塘村。村的东面是丘陵群山，西南面是石街口村，西面是耕地，北面是南亩村、老围。

村落形成时，属清远县吉河乡。清嘉庆十八年（1813 年），属佛冈厅吉河乡天降坪堡。民国时期，属佛冈县一区天水乡。中华人民共和国成立后，属佛冈县二区水头乡。1958 年 10 月，属从化县佛冈人民公社西田大队。1961 年 5 月，属佛冈县水头人民公社西田大队。1983 年 12 月，属水头区西田乡。1987 年 1 月，属水头镇西田行政村。1989 年 11 月，属水头镇西田管理区。1998 年 11 月至今，属水头镇西田行政村。

◎ 瑶塘村门楼（摄于 2016 年）

世居村民为李姓。李姓于明初从福建迁入广东英德、新丰。元末，从从化麻村迁入该地。村庄坐落于马鞍山（海拔 686 米）下东北面 2 千米，地处丘陵谷地。村北有小溪自东向西流过，于 2 千米处注入滘江。村的西北面有县道 X373 线南北通往，有乡道接 X373 线，长 1034 米。

2015 年末，人口 342 人，其中男性 172 人，女性 170 人。60 岁以上 36 人，其中 80 岁以上 11 人，最年长者 93 岁（男）。16 岁以下 70 人，其中留守儿童 5 人。实际在村居住和生活主要依靠农业收入 172 人，常年在城镇生活和务工 170 人。村民均为汉族，广府民系，使用粤方言。

村有山地面积 41.53 公顷，耕地面积 14.53 公顷。传统经济以农业、林业和少量畜牧业为主。森林资源有松树、柯树、杉树、枫树、樟树、桉树及杂树。

◎ 瑶塘村芭蕉种植（摄于 2016 年）

野生动物有山猪、黄猄、穿山甲及各种蛇类和鸟类。传统农业主要种植水稻、玉米、花生、黄豆、蔬菜等。水果种植有沙糖桔、三华李、黄皮、芭蕉等。养殖鸡、鸭、鹅、猪、牛以及“四大家鱼”。中华人民共和国成立前，由于种植技术水平低下，品种丰产性能差，该村水稻一般亩产为 200 千克。中华人民共和国成立后，该村先后组织互助组、合作社，参加人民公社，逐步推广应用先进的农业生产技术。1968—1976 年，村中办砖瓦厂 2 间（瑶一队、瑶二队各 1 间），烧制的砖瓦除供应村民自用外，还出售给附近村庄的村民。20 世纪 80 年代起实行家庭联产承包责任制后，水稻一般亩产达到 400 千克，农业经济效益有较大的提高。2000 年后逐步调整农村经济结构，并积极发展水果产业。2013 年，该村种植沙糖桔面积 5 公顷，年收入 33 万元。2014 年以后，由于受柑桔黄龙病的影响，沙糖桔产业消退，村民改种其他经济作物。传统节庆食品有炒米饼、油炸糖环、糯米糍、艾糍、粽子等。20 世纪 90 年代，许多年轻人都外出打工，务工收入成为主要收入来源。

1972 年通电，1990 年通电话，2005 年实现村道水泥硬底化，2010 年通自来水、通网络。

瑶塘大围建于清初，是典型的广府民居。大围建有内、外两座门楼，其中外门楼内建有门官墩。大围四周为围水屋，内建有正座民居共 12 座。清中期在围内办起村私塾，民国初期改为小学堂（村民称为学堂仔），由村公尝延师教学。此后村中民居逐渐增多，传统民居现存 75 座，基本保持完好。正座民居有四房二廊一厅一天井，三合土、火砖或泥砖砌墙，砖木瓦结构，硬山顶，占地面积 90 平方米，仍有人居住。

村传统的民间习俗有拜土地公、祭灶君、逢农历初一和十五烧香奉神。传统的宗族活动有祭祖祠、清明祭祖、重阳祭祖。传统的婚嫁丧葬礼仪仍较庄重繁杂。在婚嫁礼仪中，男女双方开始交往，女方家要到男方家看家风，在双方确定婚姻关系时要小担礼，结婚时要历经担求婚酒、送礼金、报日子、定嫁妆、行婚礼、摆酒请客、迎送亲等仪式，然后行三朝回门礼。村里办丧事，传统以土葬为主，20 世纪 90 年代后逐步实行火葬。其程序包括报丧、守灵、入殓、出殡、送火化、将牌位送入祖祠等。新葬坟墓的第一次祭祀是在春分节气前的春社日前，清明不再祭祀。

村习俗还有舞鸡公狮。村民多有练武术健身。从清朝起，每逢春节和重大喜庆活动都是敲鼓舞狮庆祝，大年初一舞狮到各家各户拜年，村中有结婚、青年应征入伍等大喜事也舞狮庆贺。

村背后山有一棵古树名曰黄牛菩萨。传说村民凡有不适，只要在黄牛菩萨烧香祭拜，便可康复（该树于 1994 年枯干）。清中期，该村建有镇龙古庙（后被拆毁，另选址改建为小庙坛）。清光绪十八年（1892 年）建成李氏宗祠，为两进一天井一正厅结构，用于祭祀祖先。1999 年，该村重修《瑶塘村李氏族谱》，李榕根校对。

村南面有一矮山（当地人称背底坪岭）连接石阶口村。解放战争时期，中国共产党领导的游击队夜里常常在此地休整、开会，瑶塘村民兵前来接应，配合开展活动。

◎ 李氏宗祠匾额（摄于 2016 年）

1957 年，村里建起办公室 2 间，占地面积 80 平方米。1958 年，拆毁村里李氏宗祠，宗祠材料用于建设西田大队部。1959 年，建大饭堂，将李氏宗祠

◎ 大饭堂遗址（摄于2016年）

牌匾镶于大饭堂门口，大饭堂占地面积300平方米，1961年，改为瑶塘大队办公室。1969年，建有冲击式12瓦水电站一座，曾生产过照明用电，两年后水电站废弃，至1972年使用电网供电后，用电才恢复正常。1993年，清远市人民政府批准认定为解放战争游击根据地。2000年，结合全县开展扶贫开发“两大会战”，由县交通局规划改造通村道路，将原沙土路改造为水泥硬底化四级村道。建成后通村道路编为Y358线，从县道X373线（杨桥头村）至瑶塘村，全长1.3千米。2013年5月15日，该村遭遇洪水袭击，水深1.3米，受灾160人，受浸房屋100间。2014年5月23日，遭遇洪水袭击，水深1米，受灾160人，受浸房屋100间。

该村主要人物：李求新（1923—2009），在村中辈分最高，曾入过小学堂读书，为人豪爽热情，经常为村民排难解纷。凡遇村中办红白大事，都主动承担写对联、办后勤或主持仪式等责任，深受村民敬重。李南燕（1923—2011），为村中铁匠、木匠、泥水师傅，属于农村多面手人物，村内外的人家建屋或打制器具，很多人找他主持帮助，并主持修建村中的公共饭堂和砖瓦厂等建筑物，在村内及当地享有很高威信。李阳光（1949—），曾任中共佛冈县委办公室副主任，曾获中共清远市委授予的“优秀党务工作者”称号，现任佛冈县史志办编审，参与编纂《佛冈古今》《中国共产党佛冈县历史》《佛冈县电力工业志》《佛冈县交通志》《佛冈县环保和建设志》《石角镇龙塘村志》等一批史志书和地情读物。

（资料填报：李东池，初稿撰写：李东池，总纂：李协湖）

杨桥头村

◎ 杨桥头村村貌（摄于 2016 年）

杨桥头村，位于水头镇东北部，距镇政府约 6 千米。始建于清顺治十六年（1659 年）。该村东面是牛湾村，南面是潖江，对岸是西田清和围，西面是县道 X373 线、公路道班站，北面是上焦冚（地名）。乡道 Y278 线杨瑶线（羊桥头—瑶塘）从村前通过。该村始祖太公是新丰人，太婆是杨屋人。太婆的父亲为了将女儿留在身边，在住屋前建一座桥，故取名杨桥头村。

村落形成时，属清远县吉河乡。清嘉庆十八年（1813 年），属佛冈厅吉河乡西田堡。民国时期，属佛冈县一区天水乡。中华人民共和国成立后，属佛冈县二区水头乡。1958 年 10 月，属从化县佛冈人民公社西田大队。1961 年 5 月，属佛冈县水头人民公社西田大队。1983 年 12 月，属水头区西田乡。1987 年 1 月，属水头镇西田行政村。1989 年 11 月，属水头镇西田管理区。1998 年 11 月至今，属水头镇西田行政村。

世居村民为邹姓。南宋时期，邹姓自从中原迁入广东南雄珠玑巷，后迁南海泌涌都，再迁长宁（今新丰县）。清顺治十六年，邹氏太公由长宁县高陂坑迁至该村。

2015 年末，户籍人口 380 人，其中男性 184 人，女性 196 人。60 岁以上 39 人，其中 80 岁以上 10 人，最年长者 95 岁（女）。16 岁以下 75 人，其中留守儿童 7 人。实际在村居住和生活主要依靠农业收入 257 人，常年在城镇生活和务工 123 人。村民为汉族，客家民系，使用客家方言。

村有山地面积 26 公顷，耕地面积 8.67 公顷。传统经济以农业、林业和少量畜牧业为主。森林资源有松树、柯树、杉树、枫树、樟树、桉树及多种杂树。野生动物有山猪、黄猄、穿山甲及各种蛇类和鸟类。传统农业主要种植水稻、玉米、花生、黄豆和蔬菜等。主要养殖鸡、鸭、鹅、猪、牛以及“四大家鱼”。中华人民共和国成立前，由于种植技术水平低下，品种丰产性能差，该村水稻一般亩产为 200 千克。中华人民共和国成立后，该村先后组织互助组、合作社，参加人民公社，逐步推广应用先进的农业生产技术，农业生产效益有较大的提高。20 世纪 80 年代起实行家庭联产承包责任制后，水稻一般亩产达 400 千克，农业经济效益有较大的提高。2000 年

◎ 杨桥头村人造丰产林（摄于 2016 年）

后逐步调整农村经济结构，并积极发展水果产业。2013 年，该村种植沙糖桔面积 6.67 公顷，年收入 45 万元。2014 年以后，由于受柑桔黄龙病的影响，沙糖桔产业消退，村民改种其他经济作物。传统技艺有打铁、木（竹）工。清末及民国时期，村中过半男人以铸造业为生，铸造犁头、铁锅、铁铲等产品，远销粤北和珠三角一带。20 世纪 90 年代，许多年轻人都外出打工，村民经济来源主要为务工收入。传统节庆食品有葱油鸡、卤水鸭、焖鹅、蒸腍肉炒米饼、油炸糖环、糯米糍、艾糍、粽子、月饼等。

1970 年通电，2000 年通电话，2003 年实现村道水泥硬底化，2008 年通自来水、通网络。

传统民居现存 85 座。民居基本保存完好，多有人居住。民居多为单座相连接，村分上、中、下 3 个村民小组。建有一座邹氏宗祠，占地面积约 300 平方米，祠堂位于村左上方。青砖白瓦，木结构。

◎ 杨桥头村传统民居（摄于 2016 年）

有雕梁、诗画，屋顶有一对龙珠，非常生动，村中有喜庆事均在此设宴招待亲朋。

村传统的民间习俗有拜土地公、祭灶君、逢农历初一和十五烧香奉神。传统的宗族活动有祭祖祠、清明祭祖、重阳祭祖。民间习俗之一是舞猪头狮，还伴有操演拳、棍、凳、刀、枪等多种武术健身运动，从清朝起流传至今。每逢春节和重大喜庆活动，都敲锣打鼓舞狮而庆祝，大年初一舞狮到各家各户拜年，村中遇大事喜事、青年应征入伍参军等都舞狮庆贺。该村传统的婚嫁丧葬礼仪庄重繁杂。在婚嫁礼仪中，男女双方开始交往，女方家要到男方家看家风，在双方确定婚姻关系时要小担礼，结婚时要历经担求婚酒、送礼金、报日子、定嫁妆、行婚礼、摆酒请客、迎送亲等仪式流程，然后行三朝回门礼。村里办丧事，传统以土葬为主，20 世纪 90 年代后逐步实行火葬。其程序包括报丧、守灵、入殓、出殡、送火化、将牌位送入祖祠等。新葬坟墓的第一次祭祀是在春分节气前的春社日前，清明不再祭祀。

◎ 邹氏宗祠（摄于 2016 年）

20 世纪 70 年代初，开展“农业学大寨”运动，大搞农田基本建设，改河造田，平整土地 2.5 公顷。2013 年 5 月 15 日，该村遭遇洪水袭击，水深 0.5 米，受灾 80 人，受浸房屋 50 间。2014 年 5 月 23 日，遭遇洪水袭击，受灾 80 人。

（资料填报：邹志焕，初稿撰写：徐贞渭，总纂：李协湖）

牛湾村

◎ 牛湾村一角（摄于 2016 年 6 月）

牛湾村，位于水头镇东北部，距镇政府 6 千米。始建于清嘉庆十八年（1813 年），曾用名牛肚湾村，因村庄从远望形状如牛肚，而得名牛肚湾村，后改名牛湾村。因迁入人口来源不同，分为上围、下围两个居住区。该村坐北向南，东与上冚仔相接，南面 100 米是滘江，河对岸是西田村，西面杨桥村，北面为丘陵群山。

该村在清嘉庆十八年，属佛冈厅吉河乡西田堡。民国时期，属佛冈县一区天水乡。中华人民共和国成立后，属佛冈县二区水头乡。1958 年 10 月，属从化县佛冈人民公社西田大队。1961 年 5 月，属佛冈县水头人民公社西田大队。1983 年 12 月，属水头区西田乡。1987 年 1 月，属水头镇西田行政村。1989 年 11 月，属水头镇西田管理区。1998 年 12 月至今，属水头西田行政村。

世居村民为谢姓。谢姓明朝从湖南迁入广东南雄珠玑巷，后迁入翁源、今佛冈烟岭。清代中后期，下围从烟岭深坑村迁入该村，上围从附近独凰山村迁入该村。

2015 年末，户籍人口 138 人，其中男性 78 人，女性 60 人。60 岁以上 14 人，其中 80 岁以上 5 人，最年长者 95 岁（女）。16 岁以下 28 人。实际在村居住和生活主要依靠农业收入 105 人，常年在城镇生活和务工 33 人。村民为汉族，客家民系，使用客家方言。

村有山地面积 38 公顷，耕地面积 3.93 公顷。森林资源有松树、柯树、杉树、枫树、樟树、桉树及多种杂树。山中野生动物有山猪、黄猄、穿山甲及各种蛇类和鸟类。传统经济以农业、林业和少许畜牧业为主。村地处山区，土壤以赤红壤和红壤为主，大部分水田土壤为潴育型水稻土。历来的耕作习惯以种植水稻为主，同时种植小麦、番薯、麦豆、蚕豆、高粱等，经济作物有花生、油菜，其他作物有芋头、玉米、木薯、生姜及叶类和瓜类蔬菜等。水稻亩产量（单造）200—400 千克，番薯亩产量（单产）1000—1500 千克，小麦亩产（单产）100—150 千克。犁地、耙地主要依靠役牛，役牛有水牛和黄牛，多以水牛为主。20 世纪 70 年代初开始，生产队用手扶拖拉机代替役牛进行耕作。改革开放和实行家庭联产承包责任制后，使用手扶拖拉机耕作的面积增大。普遍使用的农具为锄头、铁耙、镰刀、风车柜。20

世纪90年代，许多年轻人外出打工，务工收入成为村民主要收入来源。传统节庆食品有葱油鸡、卤水鸭、焖鹅、蒸脍肉、炒米饼、油炸糖环、糯米糍、艾糍、粽子等。

1963年通电，1990年通电话，2008年通自来水、通网络，2012年实现村道水泥硬底化。

◎ 牛湾村新民居（摄于2016年）

传统民居现有12座。建于清末及民国期间，现均保存基本完好。其中，2座有人居住，系砖木结构平房，悬山顶，三合土夯墙或泥砖砌墙，坐南向北，左右间通巷1.8米，均是以鹅卵石铺底的石阶巷，每座占地面积120平方米。围水屋单间连建，现存11间，均保存完好。

传统民间习俗有拜土地公、祭灶君、逢农历初一和十五烧香奉神。传统宗族活动有清明祭祖、重阳节祭宗祠。传统婚嫁丧葬礼仪仍较庄重繁杂。在婚嫁礼仪中，男女双方开始交往，女方家要到男方家看家风，在双方确定婚姻关系时要小担礼，结婚时要担求婚酒、送礼金、报日子、定嫁妆、行婚礼、摆酒请客、迎送亲，然后行三朝回门礼。传统丧葬习俗以土葬为主，20世纪90年代后逐步实行火葬。其程序包括报丧、守灵、入殓、出殡、送火化、将牌位送入祖祠等。新葬坟墓的第一次祭祀是在春分节气前的春社日前，清明不再祭祀。

◎ 牛湾村传统民居（摄于2016年）

村旁有一棵百年老榕树，被村民立为“伯公树”，树头竖有一块“伯公石”。每逢年节和家有喜事，附近村民烧香奉神，以求神灵保佑。

◎ 百年老榕树（摄于2016年）

1947—1949年，在中共地下组织的领导下建立农会、民兵组织，开展各项革命活动，发动群众参军，支援部队打仗，为中华人民共和国的成立作出贡献。1993年，经清远市人民政府批准被认定为解放战争游击根据地。

（资料填报：谢万波，初稿撰写：徐贞渭，总纂：李协湖）

独凰山村

◎ 独凰山村村貌（摄于 2016 年）

独凰山村，位于水头镇东部，距镇政府 10 千米。始建于明正统五年（1440 年），因位于独凰山下而取名为独凰山村，清末民国初曾用名镰坑村。村坐落于独凰山（大独凰）和小独凰山之间的山间谷地，四面环山相抱。独凰山位于村的东北面，海拔高度 828 米，小独凰山位于村东面，海拔高度 711 米。从独凰山发源的潖江的一条支流从村中心自东向西流过 3.5 千米汇入潖江。村的西北面 2 千米处有县道 X373 线通过，乡道 Y279 线（龟咀—独凰山）直通该村。村的东面隔山 4 千米是迳头水尾村，南面隔山 3 千米是潭洞村，西面隔山 3 千米是西田村，北面是独凰山群山。

村落形成时，属清远县吉河乡。清嘉庆十八年（1813 年），属佛冈厅吉河乡西田堡。民国期间，属佛冈县一区天水乡。中华人民共和国成立后，属佛冈县二区水头乡。1958 年 10 月，属从化县佛冈人民公社西田大队。1961 年 5 月，属佛冈县水头人民公社西田大队。1983 年 12 月，属水头区西田乡。1987 年 1 月，属水头镇西田行政村。1989 年 11 月，属水头镇西田管理区。1998 年 11 月至今，属水头镇西田行政村。

世居村民为谢姓、高姓、何姓、朱姓、陈姓。村人相传，该村建村前原有黄姓、唐姓、邓姓居住，后来逐渐迁走。据现聚居的各姓氏族谱记载，谢氏在明初从英德大镇迁到白石乡（今佛冈迳头烟岭）深坑禾田坳后，于明正统五年迁到该村。谢氏分为 3 个小围，其中新屋坐东向西，上围坐北向南，于明正统五年从禾田坳迁到该村。大围坐北向南，于

◎ 独凰山村牌坊（摄于 2016 年）

明万历二十八年（1600年）后从今迳头烟岭深坑迁到该村。高氏于清嘉庆五年（1800年）从今佛冈迳头湖洋村迁到该村，分为2个小围，老围坐南向北，新围坐东南向西北。何氏在明洪武年间从翁源新江迁到英德高台（今佛冈高岗）下湾，于明万历九年（1580年）从下湾分居迁到该村，分为大围、下围、枫树下、船板4个小围，现仅存大围（与谢氏同围）和下围。朱氏围称朱屋，约于清中期从迳头鸭毑坑村迁至该村。陈氏称陈屋，于清中期从迳头荊竹园村迁到该村。5姓氏共聚一个大村庄，各分小围而定居繁衍生息。

2015年末，户籍人口338人，其中男性168人，女性170人。60岁以上29人，其中80岁以上11人，最年长者89岁（女）。16岁以下51人，其中留守儿童5人。实际在村居住和生活主要依靠农业收入126人，常年在城镇生活和务工212人。村民均为汉族，客家民系，使用客家方言。

村有山地面积153.33公顷，耕地面积20.67公顷。主要矿产资源有钼矿、铅锌矿和硫黄矿，林业资源有松树、杉树、柯树、枫树、毛竹以及其他杂树等。传统经济以农业为主，兼有林业和外出务工。村地处山区，土壤以赤红壤和红壤为主，大部分水田土壤为潴育型水稻土。历来的耕作习惯以种植水稻为主，同时种植小麦、番薯、麦豆、蚕豆、高粱等，经济作物有花生、油菜，其他作物有芋头、玉米、木薯、生姜及叶类和瓜类蔬菜等。水稻亩产量（单造）200—400千克，番薯亩产量（单产）1000—1500千克，小麦亩产（单产）100—150千克。犁地、耙地主要依靠役牛，役牛有水牛和黄牛，多以水牛为主。20世纪70年代初开始，生产队用手扶拖拉机代替役牛进行耕作。改革开放和实行家庭联产承包责任制后，使用手扶拖拉机耕作的面积增大。普遍使用的农具为锄头、铁耙、镰刀、风车柜。野生动物有野猪、黄猄、果子狸、穿山甲和蛇类等。传统果类有沙糖桔、大红柿、四月李和三华李、枇杷等。该村传统的民间技艺有打铁、木（竹）工及磨剪刀等。清末及民国时期，村中过半的男人到珠三角及香港、澳门等经济发达地区做铁工、木工，有的做生意。出名的木匠有谢锡规，出名的铁匠有何氏何榕木，其“仟利”牌铁器，流行顺德县一带。传统节庆美食有葱油鸡、卤水鸭、焖鹅、蒸脍肉、炒米饼、油炸糖环、糯米糍、艾糍、客家春白糍、铜盘糍、角粉糍、粽子、月饼等。

◎ 沙排山毛竹种植基地（摄于2016年）

1969年，建旋转式12千瓦水电站一座，同年6月全村通电，1972年另改建冲击式1千瓦水电站一座续通电，1980年通国家电网，此后自建水电站废弃。1960年通手摇电话，2003年通程控电话并通网络，1970年通泥沙公路，2005年实现村道水泥硬底化，列为乡道Y279线（龟咀—独凰山），2015年通自来水。

1957年，建办公室3间，占地面积100平方米，房屋两层，砖木平房结构，三合土夯墙。1958年，建大饭堂，占地面积600平方米，1962年改为民办小学教室，1967年改为大礼堂（会议室），1986年改为文化室至今。体育设施有篮球场一个、乒乓球台一套。2007年，建造村牌坊一座，牌坊中央浮刻有“独王山村”字样。清末民国初，村里开办过私塾学堂，位置在学堂坝，并利用学堂开展革命活

◎ 1957年高级社办公室旧址（摄于2016年）

动和联络点。自佛冈县解放成立县人民政府后，于1951年派出公办教师设立公办小学，至2002年因生源不足而停办。

传统民居中，陈氏居住的客家围屋最具代表性，围屋结构呈“回”字形。全村现存传统民居212座，墙体多以三合土夯实或泥砖砌筑，砖木结构，基本保存完好，并全部有人居住。民居中多为单间相连而建，只有3座是两房两廊一厅一天井的结构。全村有6户村民新建水泥混砖结构楼房。5个姓氏的祖祠各自在小围中设立，占地面积20—40平方米，并各自有本姓氏族谱。

◎ 陈氏客家围屋门楼（摄于2016年）

清朝以来，该村水口有一座古庙，意为守住水口，保佑村民平安，日后添丁发财，香火鼎盛。19世纪50年代，因破除迷信而废坏。在中心岭咀八斗田地南边的河边设一个新社坛。在该村水口河两旁有200年以上古松2棵，树高30多米，左边1棵树干圆周4.3米，2015年枯干，树干现仍存完好；右边一棵树干圆周3.2米，树顶有缨。在村中大围西侧，原有一棵古榕树，树龄超过500年，树高30多米，树身直径超过3米，覆盖半径超过20米，被村民立为伯公树，称为社下伯公，于20世纪70年代末期被砍毁。在独凰山主峰下西面的山窝，俗称“双龙”处原有一座古寺，坐东向西，后因过于偏僻而迁走，因传说是现龙牙寺的先寺，现仍留有供奉茶杯、古寺地坪痕迹。

村主要宗族活动是各姓氏祭祖堂、清明集中祭祖。传统民间习俗有拜土地公，祭灶君，农历初一、十五烧香奉神等。民间习俗之一是舞鸡公狮，所敲打的鼓谱为“十点梅花”式，还伴有操演拳、棍、凳、刀、枪等多种武术健身运动，从清朝起流传至今。每到春节和重大喜庆活动，都敲锣打鼓舞狮庆祝。大年初一舞狮到各家各户拜年，村中遇大事喜事、青年应征入伍参军等都舞狮庆贺。

村传统的婚嫁习俗中保留的中原古制“六礼”，在该村已很少见，但迎亲嫁娶等礼节还存在，传统的婚嫁丧葬礼仪庄重繁杂。在婚嫁礼仪中，男女双方开始交往，女方家要到男方家“探家风”，在双方确定嫁姻关系时，要小担礼，结婚时要历经担求亲酒、送礼金、报日子、定嫁妆、行婚礼、摆酒请客、迎送亲等仪式流程，然后行三朝回门礼。村中有老人归寿办丧事时，传统以土葬为主，20世纪90年代后逐步实行火葬。其程序包括报丧、守灵、入殓、出殡、送火化、将牌位送入祖堂等。新葬坟墓的第一次祭拜是在春分节气前的春社日前，清明不再祭拜。

◎ 鸡公狮拜门庆喜（摄于2016年）

抗日战争时期，独凰山村的革命武装力量在村的头渡河码头坎处击退日本侵略军1个骑兵排的围剿，并击毙1名日本兵。1947—1949年，该村老区军民捐资捐粮支援北江第一支队第六团，其中稻谷2500多千克，其他实物一批，有力地支持前线部队，并保护和护送部队领导人周辉、廖诗淦等人。1949年春夏间，驻水头和桂田的国民政府联防队进剿独凰山革命根据地，被坚守阵地的独凰山革命武装力量在千重皮山以猛烈炮火击退，击毙联防队队员多名，取得反进剿的胜利，受到北一支六团的嘉奖。佛冈解放初期，佛冈县解放后的第一任书记兼县长周辉，为勉励和纪念独凰山村对东江纵队、北一支队的支持，特以县长名义赠送一面亲手书写“劳苦功高”字样的锦旗给独凰山老区人民，该锦旗保存于佛冈县档案馆。1967—1970 年，自力更生，历经 4 年开通独凰山至国道 G106 线 2 千米泥沙路面公路。1969 年元旦，该村自建功率 12 千瓦的旋转式水电站一座，可碾米、锣板、发电。1993 年，经清远市人民政府批准被认定为解放战争游击根据地。2013 年 5 月 15 日，该村遭遇洪水袭击，水深 0.5 米，受灾 80 人，受浸房屋 30 间。2014 年 5 月 23 日遭遇洪水袭击，水深 0.3 米，受灾 80 人，受浸房屋 30 间。自 2015 年夏开始，该村在县、镇政府的领导关心、支持下，召开全体村民大会，通过《实行耕地土地整合，建设农业观光风景旅游区规划》，规划以 5 年时间建设成为包括桃园果国、四季花海世界、一脑两山四瀑布等景点的集旅游观光居住于一体的旅游景地。

◎ 中华人民共和国第一任佛冈县县长周辉赠送的锦旗（摄于 2015 年）

该村主要人物：朱永仁（1925—2014），1945 年参加革命武装东江纵队，曾任佛冈县邮电局局长、县直属机关党委书记、县第三届人大代表等职。何东树（1951—），退伍军人，曾任中共佛冈县纪委常委、纪委办主任、佛冈县第九届和第十届党代会代表，1996 年获中共清远市委“优秀党务工作者”称号，2000 年负责的县纪委信访达标工作获广东省纪委和省监察厅、清远市纪委和市监察局授予的“先进单位”称号。高永秀（1952—），女，曾任广州中山医科大学第一附属医院后勤管理处处长。朱云飞（1953—），曾任佛冈县人大常委办公室主任，佛冈县第十二届、十三届人大代表。谢建辉（1957—1979），革命烈士，1979 年 2 月在中越边境自卫还击作战中牺牲。

（资料填报：谢万诚，初稿撰写：何东树，总纂：李协湖）

龟咀村

◎ 龟咀村村貌（摄于 2016 年）

龟咀村，位于水头镇东部，距镇政府 8 千米。始建于清中期，因村背后的山像龟形而村庄在龟的头部，故取名龟咀村。村坐落于独凰山脚下西南侧，坐北向南，群山环抱。独凰山龙狮水从村中流过，是滘江水源之一。村西北面 200 米处有县道 X373 线南北通往，乡道 Y279 线（龟咀—独凰山）直通该村，全长 300 米。村的东面隔山 6 千米是迳头水尾村，东南面隔山 2 千米是独凰山村，村的西面隔山 3 千米是西田村，北面是独凰山群山。

村落形成时，属清远县吉河乡。清嘉庆十八年（1813 年），属佛冈厅吉河乡西田堡。民国期间，属佛冈县一区天水乡。中华人民共和国成立后，属佛冈县二区水头乡。1958 年 10 月，属从化县佛冈人民公社西田大队。1961 年 5 月，属佛冈县水头人民公社西田大队。1983 年 12 月，属水头区西田乡。1987 年 1 月，属水头镇西田村。1989 年 11 月，属水头镇西田管理区。1998 年 11 月至今，属水头镇西田行政村。

◎ 龟咀村公园（摄于 2016 年）

◎ 客家围屋门楼（摄于 2016 年）

世居村民为朱姓。村民相传，朱姓于清中期从今佛冈县迳头鸭𡌶坑村迁至该村。

2015 年末，户籍人口 225 人，其中男性 116 人，女性 109 人。60 岁以上 23 人，其中 80 岁以上 6 人，最年长者 91 岁（女）。16 岁以下 45 人，其中留守儿童 3 人。实际在村居住和生活主要依靠农业收入 55 人。常年在城镇生活和务工 170 人。村民为汉族，客家民系，使用客家方言。

村有山地面积 287 公顷，耕地面积 12.53 公顷。主要矿产资源有铅锌矿、硫黄矿及金、银矿，20 世纪 50 年代，国家地质队在村驻队探矿，探明有金银矿，至今未开采。林业资源有松树、杉树、桉树、柯树、枫树、毛竹及杂树等。野生动物有野猪、黄猄、果子狸、穿山甲和蛇类等。村地处山区，历来的耕作习惯以种植水稻为主，同时种植小麦、番薯、麦豆、蚕豆、高粱等，经济作物有花生、油菜，其他作物有芋头、玉米、木薯、生姜及叶类和瓜类蔬菜等。犁地、耙地主要依靠役牛，役牛有水牛和黄牛，多以水牛为主。20 世纪 70 年代初开始，生产队用手扶拖拉机代替役牛进行耕作。改革开放和实行家庭联产承包责任制后，使用手扶拖拉机耕作的面积增大。普遍使用的农具为锄头、铁耙、镰刀、风车柜。传统果类有沙糖桔、大红柿、四月李和三华李、枇杷等。经济来源于农业、林业以及外出务工。传统节庆美食有葱油鸡、卤水鸭、焖鹅、蒸脍肉、炒米饼、油炸糖环、糯米糍、艾糍、客家春白糍、铜盘糍、角粉糍粽子、月饼等。

1970 年，建水电站，全村通电。1980 年接国家电网。1984 年 7 月 14 日，该村农民用上自来水。2003 年，通电话。2005 年，建连接旧国道的村道 300 米(现县道 X373 线)，村内实现村道水泥硬底化。2015 年，龟咀建设美丽乡村初见雏形，村中建有文化公园、篮球场、羽毛球场，健身器材齐备，正在兴建文化室。

该村有上围、下围两个小围，村里传统民居为客家围屋，现存传统民居有 70 间。客家民居讲究安全、整齐、凝聚。泥砖、土木结构，呈圆形、“回”字形或方正形结构。一个大门进入围内，四面居屋围护。围内街巷整齐相通，排列一致，整齐划一。村内下围有厅下（祖堂）一间，始建于清光绪二十八年（1902 年），重建于 1970 年，占地面积约 70 平方米，主要用于村内人士的婚嫁丧葬事宜。

◎ 龟咀村传统民居（摄于 2016 年）

在婚嫁礼仪中，男女双方开始交往，女方家要到男方家看家风，在双方确定婚姻关系时，要小担礼，结婚时要历经担求亲酒、送礼金、报日子、定嫁妆、行婚礼、摆酒请客、迎送亲等仪式流程，然后行三朝回门礼。村中有老人归寿办丧事时，传统以土葬为主，20 世纪 90 年代后逐步实行火葬。其程序包括报丧、守灵、入殓、出殡、送火化、将牌位送入祖堂等。新葬坟墓的第一次祭拜是在春分节气前的春社日前，清明不再祭拜。

解放战争时期该村为游击队的中转站，为迳头荆竹园村、水尾村及新丰一带的游击队采购物资。解放战争胜利结束时，在新丰举行庆功大会，该村有代表参加。1987 年，被评为省级文明村。1993 年，经清远市人民政府批准被认定为解放战争时期游击根据地。2013 年 5 月 15 日，该村遭遇洪水袭击，水深 0.7 米，受灾 150 人，受浸房屋 80 间。2014 年 5 月 23 日，遭遇洪水袭击，水深 0.6 米，受灾 150 人，受浸房屋 80 间。

（资料填报：朱玉雄，初稿撰写：朱玉雄，总纂：李协湖）

长坑村

◎ 长坑村村貌（摄于 2016 年）

长坑村，位于水头镇东部，距镇政府 9 千米。建于清光绪六年（1880 年），因村旁溪水向东流，溪小而长，故取名长坑村。村坐落于独凰山山脉的老虎讧口，村中四面环山，县道 X373 线横跨该村，直通迳头镇。该村坐北向南，东面 1 千米与龟咀村相邻，西北面 2 千米与迳头镇丰迳村接壤，南面有小溪自西向东流入潖江。

村落形成时，属佛冈厅吉河乡西田堡。民国期间，属佛冈县一区天水乡。中华人民共和国成立后，属佛冈县二区水头乡。1958 年 10 月，属从化县佛冈人民公社西田大队。1961 年 5 月，属佛冈县水头人民公社西田大队。1983 年 12 月，属水头区西田乡。1987 年 1 月，属水头镇西田村。1989 年 11 月，属水头镇西田管理区。1998 年 11 月至今，属水头镇西田行政村。

◎ 长坑村一角（摄于 2016 年）

世居村民为郑姓。据《郑氏族谱》记载，清光绪六年，由今佛冈县迳头镇石咀头村迁入该村。

2015 年末，户籍人口 148 人，其中男性 94 人，女性 54 人。60 岁以上 15 人，其中 80 岁以上 3 人，最年长者 91 岁（女）。16 岁以下 20 人。实际在村居住和生活主要依靠农业收入 106 人，常年在城镇生活和务工 42 人。村民为汉族，客家民系，使用客家方言。

村有山地面积 113.67 公顷，耕地面积 6.33 公顷。森林资源丰富，主要林业资源有松树、杉树、桉树、柯树、枫树等。传统经济以农业为主，历来的耕作习惯以种植水稻为主，同时种植小麦、番薯、麦豆、蚕豆、高粱等，经济作物有花生、油菜，其他作物有芋头、玉米、木薯、生姜及叶类和瓜类蔬菜等。

犁地、耙地主要依靠役牛，役牛有水牛和黄牛，多以水牛为主。20 世纪 70 年代初开始，生产队用手扶拖拉机代替役牛进行耕作。改革开放和实行家庭联产承包责任制后，使用手扶拖拉机耕作的面积增大。普遍使用的农具为锄头、铁耙、镰刀、风车柜。野生动物有野猪、黄猄、果子狸、穿山甲和蛇类等。传统果类有沙糖桔、大红柿、四月李和三华李、枇杷等。传统的民间技艺有打铁、木（竹）工及磨剪刀等。清末及民国时期，村中过半的男人到珠三角及香港、澳门等经济发达地区做铁工、木工，有的做生意。

村民主要收入来源于农业、林业以及外出务工。传统的节庆美食有葱油鸡、卤水鸭、焖鹅、蒸脍肉、炒米饼、油炸糖环、糯米糍、艾糍、客家舂白糍、铜盘糍、角粉糍。因为客家人来自中原地区（河南、陕西），客家地区做舂糍的方法据说自中原传入。制作时间一般在秋冬季节，天气清凉，打舂不会汗流浃背，糍粑也易于保存。其做法是用优质糯米经水浸泡数小时，洗净滤干后放入饭笼蒸熟或用锅煮熟，然后倒入石臼里，一人用木杵舂打，一人在旁边翻动，一下一下地把糯米饭舂打成黏稠泥状，然后将黏稠泥烂的糍团用盆盛起，加上一些香油点润，用手搓成一个个粉团，表面沾上熟芝麻、花生碎和糖粉后即可食用。另一个做法是把糍粑捏薄，放进芝麻、花生、糖粉，包裹起来，一个个摆放在盘子里，即可食用。这是糖糍，味道清香，软滑甜润。还有一种菜糍，用舂打好的糍粑搓成丸子，和肉丝（或肉片）、笋片、冬菇、菜心等一起拌炒，吃起来甘和可口，增进食欲，也是农家餐桌上的一道美食。

1980 年通电，2000 年通电话，2008 年通网络，2010 年通自来水、实现村道水泥硬底化。

现存传统民居有 18 座，墙体多以三合土夯实或泥砖砌筑，砖木结构，基本保存完好，部分有人居住。改革开放后，大部分村民已在佛冈县城购买商品房，或租房屋居住，村中只剩下几户低保户和五保户老人居住。

◎ 长坑村客家传统围屋（摄于 2016 年）

主要宗族活动有祭祖堂、清明集中祭祖。民间习俗有拜土地公、祭灶君、拜庙神等。民间习俗之一是舞鸡公狮，所敲打的鼓谱为“十点梅花”式，还伴有操演拳、棍、凳、刀、枪等多种武术健身运动，从清朝起流传至今。每逢春节和重大喜庆活动，都敲锣打鼓舞狮而庆祝，大年初一到各家各户舞狮拜年，村中遇大事喜事、青年应征入伍参军等都舞狮庆贺。

传统的婚嫁习俗中保留的中原古制“六礼”，在该村已很少见，但迎亲嫁娶等礼节还存在，传统的婚嫁丧葬礼仪庄重繁杂。在婚嫁礼仪中，男女双方开始交往，女方家要到男方家看家风，在双方确定婚姻关系时，要小担礼，结婚时要历经担求亲酒、送礼金、报日子、定嫁妆、行婚礼、摆酒请客、迎送亲等仪式流程，然后行三朝回门礼。村中有老人归寿办丧事时，传统以土葬为主，20 世纪 90 年代后逐步实行火葬。其程序包括报丧、守灵、入殓、出殡、送火化、将牌位送入祖堂等。新葬坟墓的第一次祭拜都是在春分节气前的春社日前，清明不再祭拜。

1993 年，该村经清远市人民政府批准被认定为解放战争游击根据地。2013 年 5 月 15 日，遭遇洪水袭击，水深 0.7 米，受灾 40 人，受浸房屋 20 间。2014 年 5 月 23 日，遭遇洪水袭击，水深 0.4 米，受灾 40 人，受浸房屋 20 间。

（资料填报：郑石坚，初稿撰写：徐贞渭，总纂：李协湖）

○石潭行政村

石街口村

◎ 石街口村全貌（摄于 2016 年）

石街口村，位于水头镇中部，距镇政府 5 千米。始建于清初，因村里早期铺有石街通往外村而取名石街口村。村坐落于马鞍山（海拔 686 米）北谷地。村北 2 千米县道 X373 线通过，滘江自东向西流过，村东是丘陵山和水田，南与铜溪村的水田接壤，西与落田围相邻，北是新围和廖氏宗祠。

村落形成时，属清远县吉河乡。清嘉庆十八年（1813 年），属佛冈厅吉河乡西田堡。民国期间，属佛冈县一区天水乡。中华人民共和国成立后，属佛冈县二区水头乡。1958 年 10 月，属从化县佛冈人民公社石潭大队。1961 年 5 月，属佛冈县水头人民公社石潭大队。1983 年 12 月，属水头区石潭乡。1987 年 1 月，属水头镇石潭行政村。1989 年 11 月，属水头镇石潭管理区。1998 年 11 月至今，属水头镇石潭行政村。

◎ 石街口村牌坊（摄于 2016 年）

世居村民为廖姓。据《廖氏族谱》记载，宋宝庆元年（1225 年），廖坚（江西廖氏始祖）明经及第，廖坚长子廖宽第十三世孙廖法明于清初迁到该村定居。

2015 年末，户籍人口 900 人，其中男性 460 人，女性 440 人。60 岁以上 180 人，其中 80 岁以上 10 人，最年长者 96 岁（女）。16 岁以下 120 人，其中留守儿童 9 人。实际在村居住和生活主要依靠农业收入 600 人，常年在城镇生活和务工 300 人。村民均为汉族，广府民系，使用粤方言。

村有山地面积 62.73 公顷，耕地面积 30.67 公顷。

◎ 石街口村蔬菜种植（摄于2016年）

◎ 石街口村传统民居（摄于2016年）

主要矿产资源有铁矿。林业资源有松树、杉树、柯树、枫树及杂树等。主要野生动物有山猪、黄猄、蛇类等。传统经济以农业为主，主要种植水稻、小麦、番薯、芋头、玉米、花生、黄豆、蔬菜等。主要养殖鸡、鸭、鹅、猪、牛以及“四大家鱼”。中华人民共和国成立前，由于种植技术水平低下，水稻一般亩产为100千克中华人民共和国成立后，该村先后组织互助组、合作社，参加人民公社，逐步应用推广先进的农业生产技术。20世纪80年代起，实行家庭联产承包责任制后，水稻一般亩产达到400千克，农业经济效益有较大的提高。同时，逐步调整农村经济结构，并积极发展水果产业。2013年，该村种植沙糖桔面积23.33公顷，年收入100万元。2013年以后，由于受柑桔黄龙病的影响，沙糖桔产业消退，村民改种其他经济作物。20世纪80年代后，村中多数青壮年外出经商或务工。村中传统节庆食品有白切鸡、烧鸭、焖鹅、蒸扣肉、炒米饼、油炸糖环、糯米糍、粘米糍、艾糍、月饼、粽子等。

20世纪70年代末通电，1979年初通电话，2007年村道实现水泥硬底化，通网络、有线电视，2015年通自来水。村中建有文化室及垃圾收集池。

传统民居现存300座，其中建于清末的有158座，建于民国期间的有142座，现仍保存较好，有人居住。建筑形式为双座并排相连屋，砖木结构平房，二房（分为四房）二廊一厅一天井，硬山顶，三合土夯墙或泥砖砌墙，座与座之间前后紧接墙体，左右间通巷1.8米，均是以鹅卵石铺底的石阶巷，每座占地面积大多120平方米。分两户人家居住，各有一房（分为两小房）一廊，上房门口向厅，下房通廊，大厅和天井各占一半面积。改革开放后，村民收入提高，逐步离开原村落向四周扩展建房。建成钢筋混凝土结构楼房，其中一层的有25座，二层的有13座，楼房布局多为三房二厅一厨一卫，占地面积约100平方米。

◎ 廖氏荆台公祠匾额（摄于2016年）

◎ 石街口村200年以上树龄的古榕树（摄于2016年）

村有廖氏荆台公祠一座，始建于清初，建筑布局为一进一池院落，砖木结构，硬山顶，占地面积300平方米。宗祠为廖氏宗亲联谊欢聚、传统节日上香祭祀的活动场所。村西面约300米处建有天降坪庙一座，砖木结构，占地面积63平方米。该村编纂有《廖氏族谱》，于2007年重修编纂，该族谱记载了廖氏起源、辈序、世系、典故、名人等内容。在村的中间有三棵200年以上树龄的古榕树，村民们在古树头安放了一块模像人体上半身的石头，作为土地伯公，每逢喜庆年节，村中家家户户都到此烧香、放鞭炮祭祀。

村主要宗族活动有大年初一拜祖、清明祭祖。主要习俗有上灯、祭灶君、拜土地公、拜庙神、拜观音，与吉河乡的10个村庄轮流，每10年举办一次接三王活动。传统婚嫁丧葬礼仪庄重繁杂。婚嫁礼仪中，结婚前要看家风、定日子、送聘金、定嫁妆，行结婚礼时要摆酒请客、迎亲和送亲、三朝新娘回门礼等。传统丧葬习俗以土葬为主，1990年后逐步实行火葬。丧葬程序为举丧、入殓、出殡、送葬、做法事、将牌位送入祠堂。办丧事时只能做白饭、花菜、黄豆煮猪肉等简单的饭菜，用餐时不坐高台高凳，拆下事主家的门板放于门前的巷地上当饭台，以表哀痛。

1990年4月，该村经清远市人民政府批准被认定为抗日战争时期游击根据地。2013年5月15日，遭遇洪水袭击，水深0.79米，受灾600人，受浸房屋100间，倒塌房屋5间，死亡1人，折合经济损失60万元。2014年5月23日，遭遇洪水袭击，水深0.68米，受灾600人，受浸房屋100间，倒塌房屋3间，折合经济损失50万元。2015年5月6日，再次遭遇洪水袭击，水深0.58米，受灾250人，受浸房屋50间，折合经济损失10万元。2015年，潖江水头段河道加固治理工程经过该村1000米，加固完成后，河道宽度比原来增加1倍，河流行洪抗灾能力达到50年一遇标准。

该村的廖岩松（1946—），曾用名廖先添，曾任广东省三茂铁路公司党委委员、董事、工会主席，国家一级作家。

（资料填报：廖成信，初稿撰写：范兰修，总纂：李协湖）

新屋塘村

◎ 新屋塘村一角（摄于2016年）

新屋塘村，位于水头镇中部，距镇政府5千米。始建于清中期，因村的地形像池塘，又是分村后的新建村，故取名新屋塘村。村坐落于马鞍山（海拔686米）北谷地。村北2千米有县道X373线南北向通往国道G106线，乡道接县道通该村，滘江自东向西流过。村东与石街口村接壤，南为丘陵山，西与曾屋村相邻，北与落田围紧连。

◎ 新屋塘村门楼（摄于2016年）

村落形成时，属清远县吉河乡。清嘉庆十八年（1813年），属佛冈厅吉河乡西田堡。民国期间，属佛冈县一区天水乡。中华人民共和国成立后，属佛冈县二区水头乡。1958年10月，属从化县佛冈人民公社石潭大队。1961年5月，属佛冈县水头人民公社石潭大队。1983年12月，属水头区石潭乡。1987年1月，属水头镇石潭行政村。1989年11月，属水头镇石潭管理区。1998年11月至今，属水头镇石潭行政村。

世居村民为廖姓。根据《廖氏族谱》记载，该村开基祖廖以俊，是广东龙门廖坚第十一世孙，约于明宣德年间由从化迁至清远吉河乡西田堡（今佛冈水头石潭），清中期由石街口村分居而来。

2015年末，户籍人口215人，其中男性107人，女性108人。60岁以上25人，其中80岁以上6人，最年长者84岁（男）。16岁以下42人，其中留守儿童3人。实际在村居住和生活主要依靠农业收入97人，常年在城镇生活和务工118人。村中居民均为汉族，广府民系，使用粤方言。

村有山地面积 18 公顷，耕地面积 4.67 公顷。主要林业资源有松树、杉树、柯树、枫树及其他杂树。村民主要收入来源于农业、林业和外出务工。传统农业主要种植水稻、玉米、花生、黄豆和蔬菜等。主要养殖鸡、鸭、鹅、猪、牛以及“四大家鱼”。中华人民共和国成立前，由于种植技术水平低下，品种丰产性能差，该村水稻一般亩产为 100 千克。中华人民共和国成立后，该村先后组织互助组、合作社，参加人民公社，逐步应用推广先进的农业生产技术。20 世纪 80 年代起实行家庭联产承包责任制后，水稻一般亩产达到 400 千克，农业经济效益有较大的提高。2000 年后逐步调整农村经济结构，并积极发展水果产业。2013 年该村种植沙糖桔面积 5 公顷，年收入 33 万元。2014 年以后，由于受柑桔黄龙病的影响，沙糖桔产业消退，村民改种其他经济作物。20 世纪 80 年代后，村中多数青壮年外出经商或务工，务工成为主要收入来源，其次是农业和集体分红。村中传统节庆食品有白切鸡、烧鸭、焖鹅、蒸扣肉、炒米饼、油炸糖环、糯米糍、粘米糍、艾糍、月饼、粽子等。

1979 年初通电话，20 世纪 80 年代通电，2007 年村道实现水泥硬底化，通网络、有线电视。

传统民居现存 22 座，建于清末，现保存较好，无人居住。建筑形式为双座并排相连屋，砖木结构平房，二房（分为四房）二廊一厅一天井，硬山顶，三合土夯墙或有泥砖砌墙，坐东向西，座与座之间前后紧接墙体，左右间通巷 1.8 米，均是以鹅卵石铺底的石阶巷，每座占地面积大多 120 平方米。正座的南、北面有门口，分两户人家居住，各有一房（分为两小房）一廊，各自上房门口向厅，下房通廊，大厅和天井各占一半面积。改革开放以后，村民生活水平不断提高，逐步在原村落周边建楼房。楼房为钢筋混凝土结构，布局多为三房二厅一厨一卫。

村与附近廖姓村共用荊台公祠，该祠建于清初，建筑布局为一进一池一院落，砖木结构，硬山顶。此祠为廖氏宗亲联谊欢聚、添丁贴对联庆贺、传统节日上香祭祀的活动场所。该村南边还有一座共用的天降坪庙，建成于清道光年间，建筑占地面积 63 平方米，坐南向北，面阔 5.8 米，进深 10.8 米，砖木结构。庙堂为单间，龙船脊，硬山顶，五步梁建筑布局。饰博古脊，正门石匾刻有阴文“天降坪庙”。神台上供奉文武将相，左有观音，右有多子夫妻塑像，是当地廖姓人祈福场所，每年大年初一都有拜庙习俗。2012 年，被列入佛冈县不可移动文物名录。该村与附近廖姓村编纂有《廖氏族谱》，该族谱记载了廖氏起源、辈序、世系、典故、名人等内容。

◎ 新屋塘村传统民居（摄于 2016 年）

◎ 天降坪庙（摄于 2016 年）

◎ 天降坪庙石刻匾额（摄于 2016 年）

主要宗族活动有大年初一拜祖、清明祭祖。主要民俗风情与习俗有上灯、祭灶君、拜土地公、拜庙神、观音，与吉河乡的 10 个村庄轮流，每 10 年举办一次接三王活动。该村的传统婚嫁丧葬庄重繁杂。婚嫁礼仪中，结婚前要看家风、定日子、送聘金、定嫁妆，行结婚礼时要摆酒请客、迎亲和送亲、三朝新娘回门礼等。传统丧葬习俗以土葬为主，1990 年后逐步实行火葬。丧葬程序为举丧、入殓、出殡、送葬、做法事、将牌位送入祠堂。办丧事时只能做白饭、花菜、黄豆煮猪肉等简单的饭菜，用餐时不坐高台高凳，拆下事主家的门板放于门前的巷地上当饭台，以表哀痛。

◎ 新屋塘村新民居（摄于 2016 年）

1990 年 4 月，该村经清远市人民政府批准被认定为抗日战争时期游击根据地。

2013 年 5 月 15 日，遭遇洪水袭击，水深 0.38 米，受灾 73 人，受浸房屋 15 间，倒塌房屋 2 间，折合经济损失 12 万元。2014 年 5 月 23 日，遭遇洪水袭击，水深 0.35 米，受灾 70 人，受浸房屋 15 间，倒塌房屋 2 间，折合经济损失 10 万元。

（资料填报：廖成信，初稿撰写：何小燕，总纂：李协湖）

三座屋村

◎ 三座屋村村貌（摄于 2016 年）

三座屋村，位于水头镇中部，距镇政府 5 千米。始建于清中期，建村时先建了三座屋，后来虽然村庄扩大了，仍以三座屋命名。村坐落于桂田朝阳村与石潭落田村之间，南临落田围，东为水田，西是桂田朝阳村，北为乡道和水田。该村北面潖江自东向西流过，县道 X373 线从南向北通往国道 G106 线。

村落形成时，属清远县吉河乡。清嘉庆十八年（1813 年），属佛冈厅吉河乡西田堡。民国时期，属佛冈县一区天水乡。中华人民共和国成立后，属佛冈县二区水头乡。1958 年 10 月，属从化县佛冈人民公社石潭大队。1961 年 5 月，属佛冈县水头人民公社石潭大队。1983 年 12 月，属水头区石潭乡。1987 年 1 月，属水头镇石潭行政村。1989 年 11 月，属水头镇石潭管理区。1998 年 12 月至今，属水头镇石潭行政村。

世居村民为廖姓。根据《廖氏族谱》记载，开基祖廖以俊，为广东龙门廖坚第十一世孙，约于明朝宣德年间由从化迁至清远县吉河乡西田堡（今佛冈县水头石潭）居住，先建石街口村，清中期分支到新屋塘村，再分迁至形成该村。

2015 年，户籍人口 225 人，其中男性 115 人，女性 110 人。60 岁以上 23 人，其中 80 岁以上 3 人，最年长者 83 岁（男）。16 岁以下 40 人。实际在村居住和生活主要依靠农业收入 108 人，常年在城镇生活和务工 117 人。村民均为汉族，广府民系，使用粤方言。

村有山地面积 18 公顷，耕地面积 4.33 公顷。传统经济以农业为主，村地处开阔地带，属亚热带湿润气候，土壤以赤红壤和红壤为主，大部分水田土壤为潴育型水稻土。全村历史以来的耕作习惯以种植水稻为主，其他粮食作物有小麦、番薯、麦豆、蚕豆、高粱等，经济作物有花生、油菜，其他作物有芋头、玉米、莲藕及叶类和瓜类蔬菜等。水稻亩产量（单造）300—400 千克，番薯亩产量（单产）1000—1500 千克，小麦亩产（单产）150—200 千克。犁地、耙地主要依靠役牛，役牛有水牛和黄牛，多以水牛为主。20 世纪 70 年代初开始，部分生产队用手扶拖拉机代替役牛进行耕作。特别是改革开放和实行家庭联产承包责任制后，使用手扶拖拉机耕作的面积增大。传统节庆食品有白切鸡、烧鸭、焖

◎ 粽子（摄于2016年）

◎ 石潭廖氏宗祠（摄于2016年）

鹅、蒸扣肉、炒米饼、油炸糖环、炒米饼、油炸糖环、糯米糍、粘米糍、艾糍、粽子、月饼等。

1975年未通电话，1980年通电，2007年通网络、有线电视，村道实现水泥硬底化。

传统民居现存20座，其中建于清末的有12座，民国期间的8座，基本保存完好，现无人居住。建筑形式为双座并排相连屋，砖木结构平房，二房（分为四房）二廊一厅一天井，硬山顶，三合土夯墙或有泥砖砌墙，座与座之间前后紧接墙体，左右间通巷1.8米，均为鹅卵石铺底的石阶巷，每座占地面积约120平方米。正座的南面、北面有门口，分两户人家居住，各有一房（分为两小房）一廊，各自上房门口向厅，下房通廊，大厅和天井各占一半面积。

村北面有石潭廖氏宗祠，与附近廖姓村共用，建成于1912年，建筑占地面积963.5平方米。宗祠坐东向西，面阔29.5米，进深37.2米。祠堂为砖木结构，三进两廊存青云巷衬祠。主祠为三进三开间两天井，第一进为博古脊硬山顶，第二、三进为龙船脊硬山顶。头门门额上有“廖氏宗祠”石雕匾额。二进盈门有“永昌堂”牌匾。三进为摆放祖先神位处，供奉廖氏历代祖先。2012年，被列入佛冈县不可移动文物名录。村南面有一座与附近村庄共用的天降坪庙，建于清道光年间，村民于每年正月初一祭拜。

◎ 三座屋村传统民居（摄于2016年）

村主要宗族活动有大年初一祭祖、重阳祭祖。主要民间习俗有舞鸡公狮、上灯、祭灶君、拜土地公、拜庙神、拜观音，与吉河乡的10个村庄轮流，每10年举办一次接三王活动。该村传统婚嫁丧葬礼仪庄重繁杂。婚嫁礼仪中，结婚前要看家风、定日子、送聘金、定嫁妆，行结婚礼时要摆酒请客、迎亲和送亲、三朝新娘回门礼等。传统丧葬习俗以土葬为主，1990年后逐步实行火葬。丧葬程序为举丧、入殓、出殡、送葬、做法事、将灵牌送入祠堂。办丧事时只能做白饭、花菜、黄豆煮猪肉等简单的饭菜，用餐时不坐高台高凳，拆下事主家的门板放于门前的巷地上当饭台，以表哀痛。

1993年3月，该村经清远市人民政府批准被认定为解放战争游击根据地。2013年5月15日，遭遇洪水袭击，水深0.4米，受灾55人，受浸房屋10间，倒塌房屋3间，死亡1人，折合经济损失10万元。2014年5月23日，遭遇洪水袭击，水深0.35米，受灾58人，受浸房屋10间，倒塌房屋3间，折合经济损失11万元。

（资料填报：廖成信，初稿撰写：何小燕，总纂：李协湖）

新 围

◎ 新围村貌（摄于 2016 年）

新围，位于水头镇中部，距镇政府 5 千米。始建于清中期，因从石街口村分村迁来新建围，故取名新围。村坐落于马鞍山（海拔 686 米）北谷地。村北面 1.5 千米处县道 X373 线南北向通往国道线，潖江自东向西流过。村东与西田清和围相邻，南是石街口村，西与鸭仔坝村相近。

村落形成时，属清远县吉河乡。清嘉庆十八年（1813 年），属佛冈厅吉河乡西田堡。民国期间，属佛冈县一区天水乡。中华人民共和国成立后，属佛冈县二区水头乡。1958 年 10 月，属从化县佛冈人民公社石潭大队。1961 年 5 月，属佛冈县水头人民公社石潭大队。1983 年 12 月，属水头区石潭乡。1987 年 1 月，属水头镇石潭行政村。1989 年 11 月，属水头镇石潭管理区。1998 年 11 月至今，属水头镇石潭行政村。

◎ 新围门楼（摄于 2016 年）

世居村民为廖姓。据《廖氏族谱》记载，廖坚为江西廖氏始祖，宋宝庆元年（1225 年）明经及第，清初廖坚长子廖宽第十三世孙廖法明迁到石街口村，清中期由景宣祖兰台房从石街口村分支新迁到该地居住，取名新围。

◎ 新围玉米种植基地（摄于 2016 年）

◎ 村民耕作所用的犁（摄于 2016 年）

2015 年末，户籍人口 235 人，其中男性 118 人，女性 117 人。60 岁以上 20 人，其中 80 岁以上 8 人，最年长者 92 岁（女）。16 岁以下 40 人。实际在村居住和生活主要依靠农业收入 103 人，常年在城镇生活和务工 132 人。村民均为汉族，广府民系，使用粤方言。

村有山地面积 33.33 公顷，耕地面积 10 公顷。主要林业资源有松树、杉树、柯树、枫树及其他杂树。传统经济以农业为主，村地处开阔地带，大部分水田土壤为潴育型水稻土，适合种植水稻。历来的耕作习惯以种植水稻为主，其他粮食作物有小麦、番薯、麦豆、蚕豆、高粱等，经济作物有花生、油菜，其他作物有芋头、玉米、木薯、生姜、叶类和瓜类蔬菜等。中华人民共和国成立前，由于种植技术水平低下，品种丰产性能差，该村水稻一般亩产为 100 千克。中华人民共和国成立后，该村先后组织互助组、合作社，参加人民公社，逐步推广应用先进的农业生产技术，农业生产效益有较大的提高。水稻亩产量（单造）200—400 千克，番薯亩产量（单产）1000—1500 千克，小麦亩产（单产）150—200 千克。犁地、耙地主要依靠役牛，役牛有水牛和黄牛，多以水牛为主。20 世纪 70 年代初开始，生产队用手扶拖拉机代替役牛进行耕作。改革开放和实行家庭联产承包责任制后，使用手扶拖拉机耕作的面积增大。普遍使用的农具为锄头、铁耙、镰刀、风车柜。20 世纪 80 年代后，村中多数青壮年外出经商或务工。村中传统节庆食品有白切鸡、烧鸭、焖鹅、蒸扣肉、炒米饼、油炸糖环、糯米糍、粘米糍、艾糍、月饼、粽子等。

20 世纪 70 年代末通电，1979 年初通电话，2007 年村道实现水泥硬底化，通网络、有线电视，2015 年通自来水。村中建有村文化室和垃圾收集池。

传统民居现存 15 座，建于清末，现保存较好，无人居住。建筑形式为双座并排相连屋，砖木结构平房，二房（分为四房）二廊一厅一天井，硬山顶，三合土夯墙或有泥砖砌墙，座与座之间前后紧接墙体，左右间通巷 1.8 米，均是以鹅卵石铺底。每座占地面积约 120 平方米。每座南、北面有门口，分两户人家居住，各有一房（分为两小房）一廊，各自上房门口向厅，下房通廊，大厅和天井各占一半面积。改革开放以后，随着村民生活水平不断提高，村民逐步迁出原村落，向周边扩展建楼房。楼房为

◎ 新围传统民居（摄于 2016 年）

钢筋混凝土结构，布局多为三房二厅一厨一卫。

村有与附近廖姓村共用的廖氏宗祠一座，始建于1912年，建筑特点为一进一池院落，砖木结构，硬山顶。宗祠是为廖氏宗亲联谊欢聚、添丁贴对联庆贺、传统节日上香祭祀的活动场所。该村与附近廖姓村编纂有《廖氏族谱》，于2007年重修编纂，该族谱记载廖氏起源、辈序、世系、典故、名人等内容。

主要宗族活动有大年初一拜祖、清明祭祖。主要民俗风情与习俗有上灯、祭灶君、拜土地公、拜庙神、拜观音，与吉河乡的10个村庄轮流，每10年举办一次接三王活动。该村的传统婚嫁丧葬礼仪庄重繁杂。婚嫁礼仪中，结婚前要看家风、定日子、送聘金、定嫁妆，行结婚礼时要摆酒请客、迎亲和送亲、三朝新娘回门礼等。传统丧葬习俗以土葬为主，1990年后逐步实行火葬。丧葬程序为举丧、入殓、出殡、送葬、做法事、将灵牌送入祠堂。办丧事时只能做白饭、花菜、黄豆煮猪肉等简单的饭菜，用餐时不坐高台高凳，拆下事主家的门板放于门前的巷地上当饭台，以表哀痛。

1993年3月，该村经清远市人民政府批准被认定为解放战争游击根据地。2013年5月15日，该村遭遇洪水袭击，水深0.35米，受灾75人，受浸房屋15间，倒塌房屋4间，折合经济损失15万元。2014年5月23日，遭遇洪水袭击，水深0.35米，受灾65人，受浸房屋15间，倒塌房屋3间，折合经济损失10万元。

该村主要人物：廖陈泽（1946—），1973年毕业于华南师范大学中文系，中学高级教师。1994年起，先后任佛冈中学、佛冈县第一中学校长，先后获评全国优秀教师、广东省普教系统先进教育工作者、广东省山区建设优秀人才、清远市优秀现代公民、佛冈县专业技术拔尖人才等荣誉称号。

（资料填报：廖成信，初稿撰写：何小燕，总纂：李协湖）

红星村

◎ 红星村村貌（摄于 2016 年）

◎ 红星村牌匾（摄于 2016 年）

红星村，位于水头镇中部，距镇政府 5 千米。始建于清初，因位于滘江边的沙滩上，村民多养鸭，故取名鸭仔坝村，中华人民共和国成立后改名为红星村。村坐落于滘江南岸，东与新围水田相近，南与石潭廖氏宗祠相邻，西与桂田村水田相接，北面 80 米处是滘江，1 千米处是县道 X373 线，乡道（石潭至县道 X373 线）经过该村。该村在抗日战争至解放战争时期有 30 多人参加革命队伍，是抗战时期的革命老区。1951 年，东江支队司令员黄信明为激励和怀念革命老区及老区人民，特为鸭仔坝村更名为红星村，并特送刻有“红星村”字样的匾牌赠给鸭仔坝村。

村落形成时，属清远县吉河乡。清嘉庆十八年（1813 年），属佛冈厅吉河乡西田堡。民国期间，属佛冈县一区天水乡。中华人民共和国成立后，属佛冈县二区水头乡。1958 年 10 月，属从化县佛冈人民公社石潭大队。1961 年 5 月，属佛冈县水头人民公社石潭大队。1983 年 12 月，属水区石潭乡。1987 年 1 月，属水头镇石潭行政村。1989 年 11 月，属水头镇石潭管理区。1998 年 11 月至今，属水头镇石潭行政村。

◎ 红星村门楼（摄于 2016 年）

世居村民为廖姓。据《吉河廖氏令台族谱》记载，清初，廖坚为江西廖氏始祖宋宝庆元年（1225年）明经及第，廖坚长子廖宽第十三世孙廖法明于清初迁到此定居，取名鸭仔坝村，中华人民共和国成立后更名为红星村。

2015年末，户籍人口285人，其中男性160人，女性125人。60岁以上30人，其中80岁以上7人，最年长者93岁（男）。16岁以下58人，其中留守儿童6人。实际在村居住和生活主要依靠农业收入117人，常年在城镇生活和务工168人。村民均为汉族，广府民系，使用粤方言。

村有山地面积45.33公顷，耕地面积9公顷。林业资源有松树、杉树、柯树、枫树及杂树等。传统经济以农业为主，主要种植水稻、玉米、花生、黄豆、蔬菜等。主要养殖鸡、鸭、鹅、猪、牛以及“四大家鱼”。中华人民共和国成立前，由于种植技术水平低下，品种丰产性能差，该村水稻一般亩产为200千克。中华人民共和国成立后，该村先后组织互助组、合作社，参加人民公社，逐步应用推广先进的农业生产技术。20世纪80年代起，实行家庭联产承包责任制后，水稻一般亩产达到400千克，农业经济效益有较大的提高。20世纪90年代，许多年轻人都外出打工，村民收入来源主要为务工工资。同时，逐步调整农村经济结构，并积极发展水果产业。2013年，该村种植沙糖桔面积5.67公顷，年收入50万元。2013年以后，由于受柑桔黄龙病的影响，沙糖桔产业消退，村民改种其他经济作物。村中传统节庆食品有白切鸡、烧鸭、焖鹅、蒸扣肉、炒米饼、油炸糖环、糯米糍、粘米糍、艾糍、粽子、月饼等。

◎ 红星村柑桔种植（摄于2016年）

20世纪70年代末通电，1979年初通电话，2007年实现村道水泥硬底化，通网络、有线电视，2015年通自来水。村中建有文化室和垃圾收集池。

传统民居现存98座，其中建于清末的16座，建于民国期间的82座，现保存较好，有人居住。建筑形式为双座并排相连屋，砖木结构平房，二房（分为四房）二廊一厅一天井，硬山顶，三合土夯墙或有泥砖砌墙，座与座之间前后紧接墙体，左右间通巷1.8米，均是以鹅卵石铺底的石阶巷，每座占地面积约120平方米。每座正座的东面、西面无门口，南面、北面有门口，分两户人家居住，各有一房（分为两小房）一廊，各自上房门口向厅，下房通廊，大厅和天井各占一半面积。改革开放以后，村中居民收入提高，村民建房在原村落逐步向四周扩展。村民用钢筋混凝土结构建楼房，其中一层的有15座、二层及以上的有6座，楼房布局多为三房二厅一厨一卫，占地面积约100平方米。

◎ 红星村传统民居（摄于2016年）

村有与廖姓村共用的廖氏宗祠一座，始建于建成于1912年，建筑占地面积963.5平方米。祠堂为砖木结构，三进两廊存青云巷衬祠。主祠为三进三开间两天井，第一进为博古脊硬山顶，第二、三进为龙船脊硬山顶。头门门额上有“廖氏宗祠”石雕匾额。二进盈门有“永昌堂”牌匾。三进为摆放祖先神位处，供奉廖氏历代祖先。宗祠于2012年被列入佛冈县不可移动文物名录。村东面约200米处建有泰山石敢当石碑刻一通，占地面积3平方米。该

◎ 泰山石敢当碑刻（摄于2016年）

村与附近廖姓村编有《吉河廖氏令台族谱》，于2007年重修编纂，该族谱记载廖氏起源、辈序、世系、典故名人等内容。

主要宗族活动有大年初一拜祖、清明祭祖。主要民俗风情与习俗有上灯、祭灶君、拜土地公、拜庙神、拜观音，与吉河乡的10个村庄轮流，每10年举办一次接三王活动。传统婚嫁礼仪、丧葬程序仍庄重繁杂。婚嫁礼仪中，结婚前要看家风、定日子、送聘金、定嫁妆，行结婚礼时要摆酒请客、迎亲和送亲、三朝新娘回门礼等。传统丧葬习俗以土葬为主，1990年后逐步实行火葬。丧葬程序为举丧、入殓、出殡、送葬、做法事、将灵牌送入祠堂。办丧事时只能做白饭、花菜、黄豆煮猪肉等简单的饭菜，用餐时不坐高台高凳，拆下事主家的门板放于门前的巷地上当饭台，以表哀痛。

1990年4月，该村经清远市人民政府批准被认定为抗日战争时期游击根据地。

1996年4月11日，曾获省“优秀企业家”和清远市“创业模范”称号的该村村民廖诗强，捐赠60万元在该村兴建一所小学，校名为“诗强希望小学”。2013年5月15日，遭遇洪水袭击，水深0.7米，受灾400人，受浸房屋50间，倒塌房屋5间，折合经济损失30万元。2014年5月23日，遭遇洪水袭击，水深0.5米，受灾380人，受浸房屋50间，倒塌房屋3间，折合经济损失20万元。2015年5月6日，再次遭遇洪水袭击，水深0.3米，受灾75人，受浸房屋15间，折合经济损失8万元。截至2015年，滘江河道水头段的河道加固治理工程经过该村1000米，加固完成后，河道宽度比原来增加1倍，河流行洪抗灾能力提高到50年一遇标准。

该村主要人物：廖诗标（1919—1948），革命烈士，1938年19岁参加革命并加入中国共产党，曾任中共佛冈一区总支副书记、中共佛冈县委书记，1945年被国民党逮捕，1948年1月保释就医，同年2月病逝，民政部于1983年为其补发烈士证书。廖诗鉴（1926—1950），又名廖诗淦，1940年加入中国共产党，后转入游击队，任北江第一支队组织委员。1949年10月佛冈解放，任县委委员，兼任税务局局长。1950年在佛冈病故，被追认为烈士，民政部于1983年为其补发烈士证书。

（资料填报：廖成信，初稿撰写：范兰修，总纂：李协湖）

曾屋村

◎ 曾屋村鸟瞰（摄于 2016 年）

曾屋村，位于水头镇中部，距镇政府 5 千米。始建于明正统元年（1436 年），以姓起村名，故取名曾屋村。村坐落于马鞍山（海拔 686 米）北谷地。村北 2 千米有县道 X373 线，潖江自东向西流过。该村东与新屋塘村相近，南靠背底山，西接桂田白围，北连村道及桂田朝阳村。

村落形成时，属清远县吉河乡。清嘉庆十八年（1813 年），属佛冈厅吉河乡天降坪堡。民国期间，属佛冈县一区天水乡。中华人民共和国成立后，属佛冈县二区水头乡。1958 年 10 月，属从化县佛冈人民公社石潭大队。1961 年 5 月，属佛冈县水头人民公社石潭大队。1983 年 12 月，属水头区石潭乡。1987 年 1 月，属水头镇石潭村。1989 年 11 月，属水头镇石潭管理区。1998 年 11 月至今，属水头镇石潭行政村。

◎ 曾屋村门楼（摄于 2016 年）

2015 年末，户籍人口 260 人，其中男性 132 人，女性 128 人。60 岁以上 40 人，其中 80 岁以上 8 人，最年长者 82 岁（女）。16 岁以下 40 人。实际在村居住和生活主要依靠农业收入 119 人，常年在城镇生活和务工 141 人。村民均为汉族，为广府民系，使用粤方言。

世居村民为曾姓。曾氏一族起源于山东，明洪武年间从南海九江迁到增城，后部分曾氏族人迁到清远县吉河乡（今佛冈石角）放牛洞，明正统元年迁徙到该村。

村有山地面积 52 公顷，耕地面积 11.67 公顷。主要林业资源有松树、杉树、柯树、枫树及其他杂树。

传统经济以农业为主，村地处开阔地带，属亚热带湿润气候，大部分水田土壤为潴育型水稻土，适合种植水稻。历来的耕作习惯以种植水稻为主，其他粮食作物有小麦、番薯、麦豆、蚕豆、高粱等，经济作物有花生、油菜，其他作物有芋头、玉米、木薯、生姜及叶类和瓜类蔬菜等。中华人民共和国成立前，由于种植技术水平低下，品种丰产性能差，该村水稻一般亩产为100千克。中华人民共和国成立后，该村先后组织互助组、合作社，参加人民公社，逐步应用推广先进的农业生产技术。水稻亩产量（单造）200—400千克，番薯亩产量（单产）1000—1500千克，小麦亩产（单产）150—200千克。犁地、耙地主要依靠役牛，役牛有水牛和黄牛，多以水牛为主。20世纪70年代初开始，生产队用手扶拖拉机代替役牛进行耕作。改革开放和实行家庭联产承包责任制后，使用手扶拖拉机耕作的面积增大。普遍使用的农具为锄头、铁耙、镰刀、风车柜。20世纪80年代后，村中多数青壮年外出经商或务工，并形成主要收入来源，其次是农业及集体分红。村中传统节庆食品有白切鸡、烧鸭、焖鹅、蒸扣肉、炒米饼、油炸糖环、河粉、糯米糍、艾糍、粽子、月饼、糕点等。

20世纪70年代末通电，1979年初通电话，2007年村道实现水泥硬底化，通网络、有线电视，2015年通自来水。村中建有文化室及垃圾收集池。

◎ 曾屋村传统民居（摄于2016年）

传统民居现存105座，建于明朝，现均保存完好，基本无人居住。建筑形式为双座并排相连屋，砖木结构平房，二房（分为四房）二廊一厅一天井，硬山顶，三合土夯墙或有泥砖砌墙，座与座之间前后紧接墙体。左右间通巷1.8米，均是以鹅卵石铺底的石阶巷，每座占地面积约120平方米。每座正座的南、北面有门口，分两户人家居住。各有一房（分为两小房）一廊，各自上房门口向厅，下房通廊，大厅和天井各占一半面积。

改革开放以后，随着村民生活水平不断提高，村民在原村落逐步向周边扩展建楼房。楼房为钢筋混凝土结构，布局多为三房二厅一厨一卫。

村的主要宗族活动有大年初一拜祖、清明祭祖。主要民间习俗有上灯、祭灶君、拜土地公、拜庙神、拜观音。传统婚嫁丧葬礼仪仍较庄重繁杂。婚嫁礼仪中，结婚前要看家风、定日子、送聘金、定嫁妆；行结婚礼时要摆酒请客、迎亲和送亲、三朝新娘回门礼等。传统丧葬习俗以土葬为主，1990年后逐步实行火葬。丧葬程序为举丧、入殓、出殡、送葬、做法事、将牌位送入祠堂。办丧事时只能做白饭、花菜、黄豆煮猪肉等简单的饭菜，用餐时不坐高台高凳，拆下事主家的门板放于门前的巷地上当饭台，以表哀痛。

1993年3月，该村经清远市人民政府批准被认定为解放战争游击根据地。2013年5月15日，该村遭遇洪水袭击，水深0.3米，受灾72人，受浸房屋12间，倒塌房屋3间，折合经济损失8万元。同年，在村南边修筑一条三面光水圳，圳长220米，圳宽0.8米，为防洪及灌溉两用。2014年5月23日，遭遇洪水袭击，水深0.3米，受灾68人，受浸房屋12间，倒塌房屋2间，折合经济损失5万元。

该村的曾繁廷（1926—1948），革命烈士，北江第一支队四团战士，1948年3月在洞仔尾村战斗中牺牲。

（资料填报：廖成信，初稿撰写：何小燕，总纂：李协湖）

落田围

◎ 落田围村貌（摄于 2016 年）

落田围，位于水头镇中部，距镇政府 4 千米。始建于清中期，因地势平坦而取名叫落田围。村坐落于马鞍山（海拔 686 米）西北谷地。村北 2 千米有县道 X373 线，潖江自东向西流过。该村东与石街口村相近，南与新屋塘村相邻，西与三座屋村相连，北是耕地和乡道。

村落形成时，属清远县吉河乡。清嘉庆十八年（1813 年），属佛冈厅吉河乡天降坪堡。民国期间，属佛冈县一区天水乡。中华人民共和国成立后，属佛冈县二区水头乡。1958 年 10 月，属从化县佛冈人民公社石潭大队。1961 年 5 月，属佛冈县水头人民公社石潭大队。1983 年 12 月，属水头区石潭乡。1987 年 1 月，属水头镇石潭村。1989 年 11 月，属水头镇石潭管理区。1998 年 11 月至今，属水头镇石潭行政村。

◎ 落田围门楼（摄于 2016 年）

世居村民为廖姓。据《吉河廖氏令台族谱》记载，清初廖坚为江西廖氏始祖宋宝庆元年（1225 年）明经及第，廖坚长子廖宽第十三世孙廖法明迁到石街口村，清中期从石街口村分支至该村。

2015 年末，户籍人口 98 人，其中男性 49 人，女性 49 人。60 岁以上 10 人，其中 80 岁以上 3 人，最年长者 85 岁（女）。16 岁以下 20 人，其中留守儿童 8 人。实际在村居住和生活主要依靠农业收入 28 人，常年在城镇生活和外出务工 70 人。村民均为汉族，广府民系，使用粤方言。

村有山地面积 12 公顷，耕地面积 4 公顷。林业资源主要有松树、杉树、柯树、枫树及杂树等。

◎ 落田围连片水稻种植（摄于2016年）

传统经济以农业为主，主要种植水稻、玉米、花生、黄豆和蔬菜等。主要养殖鸡、鸭、鹅、猪、牛以及“四大家鱼”。中华人民共和国成立后，该村先后组织互助组、合作社，参加人民公社，逐步应用推广先进的农业生产技术。20世纪80年代起实行家庭联产承包责任制后，农业经济效益有较大的提高。同时，逐步调整农村经济结构，并积极发展水果产业。2013年，该村种植沙糖桔面积5.67公顷，年收入40万元。2013年以后，由于受柑桔黄龙病的影响，产业消退，村民改种其他经济作物。村中传统节庆食品有白切鸡、烧鸭、焖鹅、蒸扣肉、炒米饼、油炸糖环、河粉、糯米糍、艾糍、粽子、月饼、糕点等。

20世纪70年代末通电，1979年初通电话，2007年村道实现水泥硬底化，通网络、有线电视，2015年通自来水。村中建有文化室及垃圾收集池。

传统民居现存5座，其中建于清末的1座、建于民国期间的4座，均保存完好，有人居住。建筑形式为双座并排相连屋，砖木结构平房，二房（分为四房）二廊一厅一天井，硬山顶，三合土夯墙或泥砖砌墙，座与座之间前后紧接墙体，左右间通巷1.8米，均是鹅卵石铺底的石阶巷，每座占地面积约120平方米。正座的南面、北面有门口，分两户人家居住，各有一房（分为两小房）一廊，各自上房门口向厅，下房通廊，大厅和天井各占一半面积。改革开放以后，村中居民生活水平不断提高，逐步迁出原村落向四周扩展建房，建成钢筋混凝土结构楼房，其中一层的11座，二层的6座，楼房布局多为三房二厅一厨一卫，投影面积约100平方米。

◎ 落田围传统民居（摄于2016年）

村从石街口村分支出建村，村民逢年过节共同参拜廖氏荆台公祠。宗祠始建于清代，建筑布局为一进一池院落，砖木结构，硬山顶，占地面积300平方米。该村与附近廖姓村编《吉河廖氏令台族谱》，于2007年重编，该族谱记载廖氏起源、辈序、世系、典故、名人等内容。

村主要宗族活动有大年初一拜祖、清明祭祖。主要民俗风情与习俗有上灯、祭灶君、拜土地公、拜庙神、拜观音，与吉河乡的10个村庄轮流，每10年举办一次接三王活动。传统婚丧嫁娶礼仪仍较庄重繁杂。婚嫁礼仪中，结婚前要看家风、定日子、送聘金、定嫁妆，行结婚礼时要摆酒请客、迎亲和送亲、三朝回门等。传统丧葬习俗以土葬为主，1990年后逐步实行火葬。丧葬程序为举丧、入殓、出殡、送葬、做法事、将灵牌送入祠堂。办丧事时只能做白饭、花菜、黄豆煮猪肉等简单的饭菜，用餐时不坐高台高凳，拆下事主家的门板放于门前的巷地上当饭台，以表哀痛。

1993年3月，该村经清远市人民政府批准被认定为解放战争游击根据地。2013年5月15日，该村遭遇洪水袭击，水深0.3米，受灾30人，受浸房屋5间，倒塌房屋2间，折合经济损失4万元。2014年5月23日，遭遇洪水袭击，水深0.3米，受灾30人，受浸房屋5间，折合经济损失3万元。

（资料填报：廖成信，初稿撰写：范兰修，总纂：李协湖）

〇桂田行政村

迳仔村

◎ 迳仔村鸟瞰（摄于 2016 年）

迳仔村，位于水头镇中部，距镇政府 4 千米。始建于清后期，因村后山上树木茂盛，寓意凤凰栖息之地，故取名凤池村，后又因村西边两山形似渔具（俗称鱼迳），故又改名为迳仔村，一直沿用至今。该村位于桂田村域西部，村庄坐南向北，东与南安围相邻，南是丘陵，西与新联村交界，北与村道相接，

◎ 迳仔村门楼（摄于 2016 年）

湿江自东向西经村北 100 米处流过，县道 X373 线在村前 1000 米处经过。村道从县道 X373 线火屎岭上落站至该村 1.5 千米。

该村形成时，属佛冈厅吉河乡西田堡。民国期间，属佛冈县一区天水乡。中华人民共和国成立后，属佛冈县二区水头乡。1958 年 10 月，属从化县佛冈人民公社桂田大队。1961 年 5 月，属佛冈县水头人民公社桂田大队。1983 年 12 月，属水头区桂田乡。1987 年 1 月，属水头镇桂田村。1989 年 11 月，属水头镇桂田管理区。1998 年 11 月至今，属水头镇桂田行政村。

世居村民为黄姓。清朝光绪年间，黄德正和黄慈正兄弟二人由吉河乡（今佛冈县）水头莲塘村迁居至此，黄德正住东边，黄慈正住西边。

2015 年末，户籍人口 402 人，其中男性 230 人，女性 172 人。60 岁以上 35 人，其中 80 岁以上 5 人，最年长者 88 岁（女）。16 岁以下 40 人，其中留守儿童 3 人。实际在村居住和生活主要依靠农业收入

300 人，常年在城镇生活和务工 102 人。村民均为汉族，广府民系，使用粤方言。

村有山地面积 16 公顷，耕地面积 7.8 公顷。全村历史以来的耕作习惯以种植水稻为主粮，同时种植小麦、番薯、麦豆、蚕豆、高粱等，经济作物有花生、油菜，烟叶等，其他作物有芋头、玉米、莲藕、叶类和瓜类蔬菜等。水稻亩产量（单造）300—500 千克，番薯亩产量（单产）1000—1500 千克，小麦亩产（单产）150—200 千克。20 世纪 70 年代初开始，生产队用手扶拖拉机代替役牛进行耕作。特别是改革开放和实行家庭联产承包责任制后，使用手扶拖拉机耕作面积增多。21 世纪后，有不少农户改种植水稻为种植水果，水果多以沙糖桔为主。特色传统食品有白切鸡、烧鸭、焖鹅、炒米饼、油炸糖环、糯米糍、艾糍、铜盘糍、月饼、粽子等。

1974 年通电，1991 年通电话，2005 年通网络、有线电视，2015 年村道实现水泥硬底化。村中建有凤池文化室和迳仔文化公园，较好地改善村庄环境，为村民提供休闲娱乐、科普教育的场所，成为弘扬当地文化的有效载体。走进该文化公园，可以通过图片、标识墙了解当地传统文化、廉政文化。

◎ 迳仔公园（摄于 2016 年）

传统民居现存 29 座，建于清初，基本保存完好。建筑形式为四房二廊一厅一天井，三合土、火砖或泥砖砌墙，砖木结构，悬山顶，占地面积多为 60 平方米，有人居住。

传统的民间习俗是拜土地公、祭灶君、逢农历初一和十五烧香奉神。传统的宗族活动是祭祖祠、

◎ 迳仔村传统民居（摄于 2016 年）

清明祭祖、重阳祭祖。在婚嫁习俗中，男女双方开始交往时，女方家要到男方家看家风，在双方确定婚姻关系后要担小担礼，结婚时要担求婚酒、送礼金、报日子、定嫁妆、行婚礼、摆酒请客、迎亲、送亲等仪式，然后行三朝回门礼。村里办丧事，传统以土葬为主，20 世纪 90 年代后逐步实行火葬。其程序包括报丧、守灵、入殓、出殡、送火化、将牌位送入祖祠等。新葬坟墓的第一次祭祀在春社日前，清明不再祭拜。

1972 年，水头人民公社发动全社劳动力集中奋战 10 天，劳动力超万人，在铜溪行政村山场白石仔一带开发茶场 53 公顷，部分茶场用地为该村所有，以占用山地面积计算利益分红，茶场于 1982 年停办。2013 年 5 月 15 日，该村遭遇洪水袭击，水深 0.2 米，受灾 185 人，受浸房屋 66 间，死亡 1 人，折合经济损失 15 万元。2015 年冬，由政府投入 1100 万元整治石潭河。该河流上游来自石潭行政村域，经桂田行政村域 4 千米，两旁河堤重新修筑加固，其中 3 千米是水泥砂浆砌石结构、1 千米是水泥混凝土倒浆结构，河床清淤、加宽。整治后可经受百年一遇洪水，是该河段历史以来首次得到整治，使全行政村 80% 的农田、村庄群众受益，该村的水患灾害也相应减少。

（资料填报：黄俊鸿，初稿撰写：刘嘉怡，总纂：李协湖）

大猪肚村

◎ 大猪肚村鸟瞰（摄于 2016 年）

大猪肚村，位于水头镇中部，距镇政府 4 千米。始建于清初，因该村形似猪肚，故取名为大猪肚村。村坐落于恶鸡嶓山（海拔 300 多米）南面 2 千米的开阔谷地。村北 900 米处有县道 X373 线东西向通往国道 G106 线，潖江自东向西流向县城方向，硬底化村道自县道 X373 线火屎岭客运上落站通往该村。该村东与水冲口村相接，南与南安村相邻，西面是迳仔村的农田，北面是铺仔村的农田。

村落形成时，属清远县吉河乡。清嘉庆十八年（1813 年），属佛冈厅吉河乡西田堡。民国期间，属佛冈县一区天水乡。中华人民共和国成立后，属佛冈县二区水头乡。1958 年 10 月，属从化县佛冈人民公社桂田大队。1961 年 5 月，属佛冈县水头人民公社桂田大队。1983 年 12 月，属水头区桂田乡。1987 年 1 月，属水头镇桂田行政村。1989 年 11 月，属水头镇桂田管理区。1998 年 11 月至今，属水头

◎ 大猪肚村门楼（摄于 2016 年）

◎ 大猪肚村一角（摄于 2016 年）

镇桂田行政村。

世居村民为黄姓。据《黄氏松轩公族谱》记载，明朝，黄氏族人由水头镇莲瑶东坑村迁入桂田虎子岭（现火屎岭），后移居到桂田老围、沙堤村。清初，部分村民再由老围移居到大猪肚村定居发展，繁衍生息。

2015年末，户籍人口178人，其中男性92人，女性86人。60岁从上18人，其中80岁以上5人，最年长者92岁（女）。16岁以下55人。实际在村居住和生活主要依靠农业收入79人，常年在城镇生活和务工99人。村民均为汉族，广府民系，使用粤方言。

◎ 大猪肚村香芋种植（摄于2016年）

村有山地面积16公顷，耕地面积6.87公顷。林业资源松树、杉树、柯树。传统经营以农业为主，村地处开阔地带及沿河岸边，大部分水田土壤为带沙质潴育型水稻土，适合农作物生长。全村历史以来的耕作习惯以种植水稻为主，同时种植小麦、番薯、芋头、麦豆、蚕豆、高粱等，经济作物有花生、油菜，其他作物有芋头、玉米、莲藕、叶类和瓜类、蔬菜等。水稻亩产量（单造）300—500千克，番薯亩产量（单产）1000—1500千克，小麦亩产（单产）150—200千克。20世纪70年代初开始，生产队用手扶拖拉机代替役牛进行耕作。特别是改革开放和实行家庭联产承包责任制后，使用手扶拖拉机耕作面积增多。21世纪后，不少农户改种植水稻为种植水果，水果多以沙糖桔为主。21世纪后，村民的主要收入依靠农业和外出务工。特色传统食品有葱油鸡、卤水鸭、芋头焖鹅、蒸扣肉、炒米饼、糯米糍、艾糍、铜盘糍、月饼、粽子等。

◎ 大猪肚村传统民居（摄于2016年）

1974年通电，1991年通电话，2006年通网络、有线电视，2015年村道实现水泥硬底化。

传统民居为现存6座，建于清朝初期，保存较好。布局为四房二廊一厅一天井，三合土夯墙，火砖或泥砖砌墙，砖木结构，悬山顶，每座占地面积110平方米，现仍有人居住。改革开放以后，村中居民生活水平不断提高，建房逐步向村外四周发展。现建有钢筋混凝土结构楼房27座，其中一层的21座，二层的6座。该村的祖祠是当地黄姓共用的松轩黄公祠，为古建筑，建筑占地面积444.3平方米，建成于清同治七年（1868年）。此祠为黄氏后人纪念黄松轩始祖而建。宗祠坐东南向西北。建筑布局为广三路，中路为三进二天井，存两侧青云巷。中路面宽11.6米，总进深38.3米，高8.3米。宗祠为砖木结构，青砖墙，硬山顶，屋脊有灰塑乌兽，筒瓦。头门门额用花岗岩镌刻“松轩黄公祠”字样。祖祠是黄氏宗亲联谊、传统节日上香祭祀的活动场所。宗祠于2012年被列入佛冈县不可移动文物名录。

村与附近黄姓村共用《江厦郡黄氏族史》族谱，该族谱编纂于清乾隆四十六年（1781年），纂修者不详。族谱记载黄氏起源、辈序、世系。据族谱内《六锋子孙字辈诗》，黄氏辈序为：“祖德源流远，宗功派衍长，隆铭遵典则，大义立纲常。序列中帮显，观联上国光。柏槐森植秀，兰桂茂腾芳。世守诗书泽，时登礼乐堂。才华辉壁玉，品质耀圭章。俊智培英杰，深仁育善良。均和昭盛瑞，垂裕集嘉祥。”

传统的民间习俗是拜土地公、祭灶君、逢农历初一和十五烧香奉神。传统的宗族活动是祭祖祠、清明祭祖、重阳祭祖。传统的婚嫁习俗中，男女双方开始交往时，女方家要到男方家看家风，在双方确定婚姻关系后要担小担礼，结婚时要经过担求婚酒、送礼金、报日子、定嫁妆、行婚礼、摆酒请客、迎亲友、送亲友等仪式流程，然后行婚后三朝回门礼。村里办丧事，传统以土葬为主，20世纪90年代后逐步实行火葬。其程序包括报丧、守灵、入殓、出殡、送火化、将牌位送入祖祠等。新葬坟墓的第一次祭祀在春社日前，清明不再祭祀。

该村位于滘江边，常患水灾，1970年该村在滘江上游石潭鸭颈（地名）修筑拦河坝后，水患有所减轻，农田灌溉条件有所改善。2013年5月15日，遭遇百年一遇特大暴雨洪涝灾害袭击，因村地势较低，66间房屋被浸，水深0.2米，受灾人数185人，在当地政府和村委的帮助下，及时转移安置，没有人员伤亡，但房屋、庄稼受浸，损失约15万元。2015年冬，由政府投入1100万元整治石潭河。该河流上游位于石潭行政村域，经桂田行政村域4千米，两旁河堤重新修筑加固，其中3千米是水泥沙浆砌石结构、1千米是水泥混凝土倒浆结构，河床清淤、加宽。整治后可经受百年一遇洪水，是该河段历史以来首次得到整治，使该村最大程度上减少水患危害。

（资料填报：黄俊鸿，初稿撰写：黄旭伦，总纂：李协湖）

南安围

◎ 南安围村貌（摄于 2016 年）

南安围， 位于水头镇中部，距镇政府 5 千米。始建于明嘉靖二十三年（1544 年），因围屋坐南向北，以祈求平安，故起名南安围。该村位于桂田村域中部，东与学校相邻，南是丘陵山，西与高背山毗邻，北与水冲口相接。滘江自东向西经村北 800 米流过，县道 X373 线在村北 1.3 千米处经过。乡道从县道火屎岭至该村约 1.5 千米。

村落形成时，属清远县吉河乡。清嘉庆十八年（1813 年），属佛冈厅吉河乡西田堡。民国期间，属佛冈县一区天水乡。中华人民共和国成立后，属佛冈县二区水头乡。1958 年 10 月，属从化县佛冈人民公社水头大队。1961 年 5 月，属佛冈县水头人民公社桂田大队。1983 年 12 月，属水头区桂田乡。1987 年 1 月，属水头镇桂田行政村。1989 年 11 月，属水头镇桂田管理区。1998 年 11 月至今，属水头镇桂田行政村。

◎ 南安围老屋正门楼（摄于 2015 年）

世居村民为廖姓，廖姓为荆台之后。明嘉靖二十三年，附近石街口村荆台公长子东环公认为此地是发家兴业、子孙兴旺的筑围建屋宝地，故辞别族首长辈，接下香火迁徙到此地定居，至今已传 30 余代。

2015 年，户籍 70 户，人口 306 人，其中男性 147 人，女性 159 人。60 岁以上 31 人，其中 80 岁以上 8 人，最年长者 87 岁（女）。16 岁以下 61 人，其中留守儿童 9 人。实际在村居住和生活主要依靠农业收入 180 人，常年在城镇生活和外出务工 126 人。祖籍该村的台湾同胞 52 人。村民均为汉族，属广府民系，使用粤方言。

◎ 南安围水稻种植（摄于 2016 年）

村有山地面积 16 公顷，耕地面积 7.07 公顷。传统经济以农业为主，地处开阔地带，大部分水田土壤为带沙质潴育型水稻土，适合农作物生长。全村历史以来的耕作习惯以种植水稻为主粮，同时种植小麦、番薯、麦豆、蚕豆、高粱等，经济作物有花生、油菜，其他作物有芋头、玉米、甘蔗、莲藕及叶类和瓜类蔬菜等。水稻亩产量（单造）300—500 千克，番薯亩产量（单产）1000—1500 千克，小麦亩产(单产)150—200 千克。20 世纪 70 年代初开始，生产队用手扶拖拉机代替役牛进行犁耙耕作。特别是改革开放和实行家庭联产承包责任制后，使用手扶拖拉机耕作面积增大。21 世纪后，有不少农户改种植水稻为种植水果，水果多以沙糖桔为主。

◎ 南安围传统民居（摄于 2016 年）

传统节庆食品有糖环、炒米饼、芋头糍、萝卜糍、角仔糍、艾糍、河粉。村民主要收入来源于农业和外出务工。

1974 年通电，1991 年通电话，2005 年通网络，2007 年通有线电视，2015 年村道实现水泥硬底化。

传统民居老屋围址是长方形围屋，四周是围水型屋，四角建有较高的楼角屋，中间建有三座相连、六排相列的正座。有正门楼及东门楼，围屋总建筑面积为 8600 平方米。大部分传统民居基本保存好，但很少有人居住，多数用于堆放农具及杂物。随着人口的不断增加，村民又在围屋西面及前方建设围水式的新围。

主要民间习俗是每逢农历初一和十五烧香烧衣纸拜庙神、拜土地公、拜灶君。宗族活动有祭祖祠、清明祭祖。传统婚婚习俗迎亲嫁娶等礼仪依然存在。传统丧葬习俗以土葬为主，20 世纪 90 年代后逐步实行火葬。其程序包括竖灵、收敛引灵、接体、奠礼、出殡、火化、安葬等。

1970 年，在潖江的石潭鸭颈（俗称）修筑拦河陂，堤坐为水泥混凝土结构，长度为 47 米，灌溉面积 137 公顷，解决桂田行政村 90% 以上农田灌溉需要，其中该村受益。1975 年，全水头人民公社抽调 800 名劳动力整治潖江石潭、桂田河段，进行修筑河堤、河床清淤，河堤为泥、沙、石混合结构。在桂田河段修筑长 2 千米，宽 5 米，高 2.5 米的河堤，保护农田 66.67 公顷，该村农田灌溉条件得到改善。2013 年 5 月 15 日，遭遇特大洪水袭击，该村受灾群众 167 人，受浸房屋 62 间，折合经济损失 15 万元。灾后组织修复重建。

该村的廖勇涛（1947—），曾任佛冈县人民检察院副检察长、佛冈县政协文史委员会委员、文联民间文艺协会会长，是中国民间硬笔书法协会会员。

（资料填报：黄俊鸿，初稿撰写：刘嘉怡，总纂：李协湖）

水冲口村

◎ 水冲口村一角（摄于 2016 年）

水冲口村，位于水头镇中部，距镇政府 5 千米。始建于清中期，曾因暴雨滃江水涨，河水冲击该村的屋舍，出现裂痕，故将该村取名为水冲口村，一直沿用至今。该村位于桂田村域西部，村庄坐南向北，东与凤岐村相邻，南是农田，西与大猪肚村相交，北是农田，滃江自东向西经村西北方向 500 米处流过，县道 X373 线在村前 600 米处从南向北通往国道 G106 线，乡道自县道火屎岭客运上落站通往该村。

村落形成时，属清远县吉河乡。清嘉庆十八年（1813 年），属佛冈厅吉河乡西田堡。民国期间，属佛冈县一区天水乡。中华人民共和国成立后，属佛冈县二区水头乡。1958 年 10 月，属从化县佛冈人民公社水头大队。1961 年 5 月，属佛冈县水头人民公社桂田大队。1983 年 12 月，属水头区桂田乡。1987 年 1 月，属水头镇桂田行政村。1989 年 11 月，属水头镇桂田管理区。1998 年 11 月至今，属水头镇桂田行政村。

世居村民为黄姓、谭姓。黄姓，清中期从附近桂田沙堤分村搬迁至此建屋居住。谭姓，清后期从附近村迁至此地。

2015 年末，户籍人口 172 人，其中男性 98 人，女性 74 人。60 岁以上 9 人，其中 80 岁以上 4 人，最年长者 86 岁（男）。16 岁以下 36 人。实际在村居住和生活主要依靠农业收入 82 人，常年在城镇生活和务工 90 人。村民均为汉族，广府民系，使用粤方言。

村有山地面积 15.07 公顷，耕地面积 6.33 公顷。传统经济以农业为主，村民主要收入来源是农业、林业和外出务工工资。村传统农业主要种植水稻、玉米、花生、黄豆、蔬菜、烟叶等。主要养殖鸡、鸭、鹅、猪、牛以及“四大家鱼”。中华人民共和国成立前，由于种植技术水平低下，品种丰产性能差，该村水稻一般亩产为 200 千克。中华人民共和国成立后，该村先后组织互助组、合作社，参加人民公社，逐步应用推广先进的农业生产技术，农业生产效益有较大的提高。20 世纪 80 年代起实行家庭联产承包责任制后，水稻一般亩产达到 400 千克，农业经济效益有较大的提高。2000 年后逐步调整农村经济结构，并积极发展水果产业。2013 年，该村种植沙糖桔面积 5 公顷，年收入 33 万元。2014 年以后，由于受柑桔黄龙病

◎ 水冲口村传统民居（摄于 2016 年）

的影响，沙糖桔产业消退，村民改种其他经济作物。特色传统食品有炒米饼、糯米糍、艾糍、粽子等。

1974 年通电，1991 年通电话，2005 年通网络、有线电视，2015 年村道实现水泥硬底化。

传统民居现存 8 座，建于清朝初期，保存较好。布局为四房二廊一厅一天井，三合土夯墙，火砖或泥砖砌墙，砖木结构，悬山顶，每座占地面积约 110 平方米，现仍有人居住。改革开放以后，村中居民生活水平不断提高，建房逐步向村外四周发展。现建有钢筋混凝土结构楼房 23 座，其中一层的 15 座，二层的 8 座。

村的祖祠是当地黄姓村共用的松轩黄公祠，为古建筑，建筑占地面积 444.3 平方米，建成于清同治七年（1868 年）。此祠为黄氏后人为纪念黄松轩始祖而建，宗祠坐东南向西北。建筑布局为广三路，中路为三进二天井，存两侧青云巷。中路面宽 11.6 米，总进深 38.3 米，高 8.3 米。公祠为砖木结构，青砖墙，硬山顶，宗祠屋脊有灰塑乌兽，用筒瓦。头门门额有花岗岩镌刻的“松轩黄公祠”字样。祖祠是黄氏宗亲联谊、传统节日上香祭祀的活动场所。宗祠于 2012 年被列入佛冈县不可移动文物名录。

村共用《江夏郡黄氏族史》族谱，该族谱编纂于清乾隆四十六年（1781 年），纂修者不详。族谱记载黄氏起源、辈序、世系。据族谱内《六锋子孙字辈诗》，黄氏辈序为：“祖德源流远，宗功派衍长。隆铭遵典则，大义立纲常。序列中帮显，观联上国光。柏槐森植秀，兰桂茂腾芳。世守诗书泽，时登礼乐堂。

◎ 松轩黄公祠（摄于 2016 年）

◎《江夏堂黄氏族史》《江夏郡黄氏族史》（摄于 2016 年）

才华辉璧玉，品质耀圭章。俊智培英杰，深仁育善良。均和昭盛瑞，垂裕集嘉祥。”

传统的民间习俗是拜土地公、祭灶君、逢农历初一和十五烧香奉神。传统的宗族活动是祭祖祠、清明祭祖、重阳祭祖。传统的婚嫁习俗中，男女双方开始交往时，女方家要到男方家看家风，在双方确定婚姻关系后要担小担礼，结婚时要历经担求婚酒、送礼金、报日子、定嫁妆、行婚礼、摆酒请客、迎送亲等仪式流程，然后行三朝回门礼。村里办丧事，传统以土葬为主，20 世纪 90 年代后逐步实行火葬。其程序包括报丧、守灵、入殓、出殡、送火化、将牌位送入祖祠等。新葬坟墓的第一次祭祀在春社日前，清明不再祭祀。

为解决该地域湛江两岸的水患，1970 年由政府组织在该村湛江上游修筑拦河陂，堤坐为水泥混凝土结构，长度为 47 米，灌溉面积 137 公顷，其中该村农田灌溉条件得到较好改善。1991 年，在桂田火屎岭处修建横跨湛江桥一座，名曰桂田清奇大桥。桥长 60 米，宽 5 米，水泥横跨结构。投资 30 万元，由桂田行政村全体村民集资 40%，外出到香港置业、经营的村民黄清奇捐资 60%。桥梁的修通，为全行政村解决历史上首要交通难题，为当地人民的生产、生活提供方便。2013 年 5 月 15 日，遭遇特大洪水袭击，该村受灾群众 74 人，受浸房屋 36 间，折合经济损失 13 万元。灾后组织复产重建。

◎ 清奇大桥（摄于 2016 年）

祖籍该村的香港同胞黄清奇（1938—），热心资助公益事业和慈善事业，资助 30 多万元支持村里道路、桥梁建设，方便村民出行。

（资料填报：黄俊鸿，初稿撰写：刘嘉怡，总纂：李协湖）

新昌村

◎ 新昌村全貌（摄于 2016 年）

新昌村，位于水头镇中部，距镇政府 5 千米。始建于清初，因该村村民希望日新月异、繁荣昌盛而取名为新昌村。村坐落于恶鸡嵴山下约 2 千米开阔谷地，山高 300 多米。村北约 1100 米有县道 X373 线东西向通往国道 G106 线，湄江自东向西流过，乡道自县道火屎岭客运上落站通往该村。该村东与石潭曾屋村相接，南面是松轩黄公祠，西面是沙堤村的农田，北与白围相接。

村落形成时，属清远县吉河乡。清嘉庆十八年(1813年)，属佛冈厅吉河乡西田堡。民国期间，属佛冈县一区天水乡。中华人民共和国成立后，属佛冈县二区水头乡。1958 年 10 月，属从化县佛冈人民公社桂田大队。1961 年 5 月，属佛冈县水头人民公社桂田大队。1983 年 12 月，属水头区桂田乡。1987 年 1 月，属水头镇桂田行政村。1989 年 11 月，属水头镇桂田管理区。1998 年 11 月至今，属水头镇桂田行政村。

◎ 新昌村门楼（摄于 2016 年 6 月）

世居村民为黄姓。据《黄氏松轩公族谱》记载，黄氏族人明朝由吉河乡（今佛冈县）水头莲瑶东坑村迁入桂田虎子岭（现火屎岭），后移居到桂田老围、沙堤，清初部分村民由老围移居到新昌村定居发展，繁衍生息。

2015 年末，户籍人口 142 人，其中男性 79 人，女性 63 人。60 岁以上 14 人，其中 80 岁以上 4 人，最年长者 87 岁（女）。16 岁以下 39 人，其中留守儿童 3 人。改革开放后，村中多数青壮年外出务工，实际在村居住和生活主要依靠农业收入 64 人，常年住在城镇生活和务工 78 人。村民均为汉族，广府民系，使用粤方言。

村有山地面积 9.33 公顷，耕地面积 5.73 公顷。林业资源有松树、杉树、柯树等。传统的农业作物有水稻、小麦、番薯、花生、蔬菜、水果等。特色传统节庆食品有炒米饼、糯米糍、艾糍、粽子等。由于村的附近没有山地，传统经济以农业为主，主要种植水稻、玉米、花生、黄豆、蔬菜等。主要养殖鸡、鸭、鹅、猪、牛以及“四大家鱼”。中华人民共和国成立后，逐步应用推广先进的农业生产技术，农业生产效益有较大的提高。20 世纪 80 年代起实行家庭联产承包责任制后，农业经济效益有较大的提高。同时，逐步调整农村经济结构，并积极发展水果产业。2013 年，该村种植沙糖桔面积 5.33 公顷，年收入 40 万元。2013 年以后，由于受柑桔黄龙病的影响，沙糖桔产业消退，村民改种其他经济作物。20 世纪 90 年代后，许多年轻人都外出打工，成为村民主要收入来源。特色传统食品有炒米饼、糯米糍、艾糍、粽子等。

1968 年通电，1992 年通电话，2006 年通网络及有线电视，2015 年村道实现水泥硬底化。

传统民居现存 8 座，建于清初，基本保存完好。建筑布局为每座有四房二廊一厅一天井，三合土夯墙，火砖或泥砖砌墙，砖木结构，悬山顶，占地面积 110 平方米，现仍有人居住。改革开放以后，村中居民收入提高，建房逐步向村外四周发展。现村民建起钢筋混凝土结构楼房 21 座，其中一层的 17 座，二层的 4 座。

村祖祠是黄姓村共用的松轩黄公祠，为古建筑，建筑占地面积 444.3 平方米，建成于清同治七年（1868 年）。此祠为黄氏后人纪念黄松轩始祖而建，公祠坐东南向西北。建筑布局为广三路，中路为三进二天井，存两侧青云巷。中路面宽 11.6 米，总进深 38.3 米，高 8.3 米。公祠砖木结构，青砖墙，硬山顶，屋脊有灰塑乌兽，筒瓦。头门门额用花岗岩镌刻“松轩黄公祠”字样。祖祠是黄氏宗亲联谊、传统节日上香祭祀的活动场所。2012 年，被列入佛冈县不可移动文物名录。

村与共用《江厦郡黄氏族史》族谱，该族谱编纂于清乾隆四十六年（1782 年），纂修者不详。族谱介绍了黄氏起源、辈序、世系。据族谱内《六锋子孙字辈诗》，黄氏辈序为：“祖德源流远，宗功派衍长。隆铭遵典则，大义立纲常。序列中帮显，观联上国光。柏槐森植秀，兰桂茂腾芳。世守诗书泽，时登礼乐堂。才华辉壁玉，品质耀圭章。俊智培英杰，深仁育善良。均和昭盛瑞，垂裕集嘉祥。”

◎ 新昌村传统民居（摄于 2016 年 6 月）

传统的民间习俗是拜土地公、祭灶君、逢农历初一和十五烧香奉神。传统的宗族活动是祭祖祠、清明祭祖、重阳祭祖。传统的婚嫁习俗中，男女双方开始交往时，女方家要到男方家看家风，在双方确定婚姻关系后要担小担礼，结婚时要担求婚酒、送礼金、报日子、定嫁妆、行婚礼、摆酒请客、迎亲、送亲等仪式，然后行婚后三朝回门礼。村里办丧事，传统以土葬为主，20 世纪 90 年代后逐步实行火葬。其程序包括报丧、守灵、入殓、出殡、送火化、将牌位送入祖祠等。新葬坟墓的第一次祭祀在春社日前，清明不再祭祀。

1958 年，广州至韶关公路（后改为国道 G106 线）开通，经过桂田行政村境内 2 千米，给当地人民的交通、生产、生活带来极大利益。1970 年，在潖江的石潭鸭颈修筑拦河陂，堤坐为水泥混凝土结构，长度为 47 米，灌溉面积 137 公顷，该村农田灌溉面积扩大。2013 年 5 月 15 日，遭遇特大洪水袭击，受灾群众 63 人，受浸房屋 39 间，折合经济损失 12 万元。

该村的黄文灯（1922—1950），革命烈士，1950 年在水头粮仓与土匪作战中牺牲，现葬于水头镇烈士纪念墓园。

（资料填报：黄俊鸿，初稿撰写：黄旭伦，总纂：李协湖）

老 围

◎ 老围村貌（摄于 2016 年）

老围，位于水头镇中部，距镇政府 5 千米。始建于清初，因该村是该地段滘江南岸最先建成的黄氏围，故起名老围。村坐落于恶鸡髗山南 2.5 千米，位于桂田村域中部。火屎岭村是桂田黄氏最早的村，20 世纪 50 年代已无人居住，现只有几间破旧的房屋和一些旧村痕迹。老围从火屎岭分村搬迁而形成。村东与朝阳村相接，南与白围仔村相邻，西与村道相近，北与沙堤相连。

◎ 老围门楼（摄于 2016 年）

村落形成时，属清远县吉河乡。清嘉庆十八年（1813 年），属佛冈厅吉河乡西田堡。民国期间，属佛冈县一区天水乡。中华人民共和国成立后，属佛冈县二区水头乡。1958 年 10 月，属从化县佛冈人民公社水头大队。1961 年 5 月，属佛冈县水头人民公社桂田大队。1983 年 12 月，属水头区桂田乡。1987 年 1 月，属水头镇桂田行政村。1989 年 11 月，属水头镇桂田管理区。1998 年 11 月至今，属水头镇桂田行政村。

世居村民为黄姓。宋末，黄姓从江西迁移至广东南雄珠玑巷，随着黄氏宗族的繁衍、变迁，明洪武元年（1368 年）黄胜（六峰公）从顺德迁至吉河乡（今佛冈县）水头莲瑶，后迁火屎岭，清初从火石屎岭迁移至该地。

2015 年末，户籍人口 188 人，其中男性 108 人，女性 80 人。60 岁以上 20 人，其中 80 岁以上 7 人，最年长者 88 岁（女）。16 岁以下 38 人，其中留守儿童 3 人。实际在村居住和生活主要依靠农业收入 80 人，常年在城镇生活和务工 67 人。村民均是汉族，广府民系，使用粤方言。

◎ 老围水稻育秧田（摄于 2016 年）

村有山地面积 9.33 公顷，耕地面积 5.47 公顷，传统经济以农业为主。村地处开阔地带，属亚热带湿润气候，大部分水田土壤为潴育型水稻土，适合种植水稻。历来的耕作习惯以种植水稻为主粮，同时种植小麦、番薯、麦豆、蚕豆、高粱等，经济作物有花生、油菜，其他作物有芋头、玉米、木薯、生姜及叶类和瓜类蔬菜等。中华人民共和国成立前，由于种植技术水平低下，品种丰产性能差，该村水稻一般亩产为 100 千克。中华人民共和国成立后，该村先后组织互助组、合作社，参加人民公社，逐步应用推广先进的农业生产技术，农业生产效益有较大的提高。水稻亩产量（单造）200—400 千克，番薯亩产量(单产)1000—1500 千克,小麦亩产(单产)150—200 千克。犁地、耙地主要依靠役牛，役牛有水牛和黄牛,多以水牛为主。20 世纪 70 年代初开始，生产队用手扶拖拉机代替役牛进行耕作。改革开放和实行家庭联产承包责任制后，使用手扶拖拉机耕作面积增大。普遍使用的农具为锄头、铁耙、镰刀、风车柜。进入 21 世纪后，村民多数外出经商和务工。特色传统食品有炒米饼、油炸糖环、糯米糍、艾糍、粽子等。

◎ 油炸糖环（摄于 2016 年）

◎ 楼角屋（摄于 2016 年）

1974 年通电，1991 年通电话，2005 年通网络、有线电视，2015 年村道实现水泥硬底化。

传统民居为长方形围屋结构，四周是围水屋，周统九尺见光，四角建有较高的楼角屋，楼角屋有射击孔，属加固型特殊建筑。围内中间有三座相连、六排相列的正座，建有正门楼和东门楼，总建筑面积 8600 平方米。随着人口的不断增加，村民又在围屋西面建设围水式的新围。

村宗祠为当地黄姓村共用的松轩黄公祠，建成于清同治七年（1868 年），占地面积 444.3 平方米。2012 年，被列入佛冈县不可移动文物名录。现仍作宗祠使用。

传统的民间习俗有拜土地公、祭灶君、逢农历初一和十五烧香奉神。传统的宗族活动有祭祖祠、清明祭祖、重阳祭祖。传统的婚嫁习俗中，男女双方开始交往时，女方家要到男方家看家风，在双方确定婚姻关系后要担小担礼，结婚时有担求婚酒、送礼金、报日子、定嫁妆、行婚礼、摆酒请客、迎送亲等仪式，然后行三朝回门礼。村里办丧事，传

◎ 老围传统民居（摄于 2016 年）

统以土葬为主，20 世纪 90 年代后逐步实行火葬。其程序包括报丧、守灵、入殓、出殡、送火化、将牌位送入祖祠等。新葬坟墓的第一次祭祀在春社日前，清明不再祭祀。

1970 年，在潖江的石潭鸭颈修筑拦河陂，堤坐为水泥混凝土结构，长 47 米，灌溉面积 136.67 公顷，解决桂田行政村 90% 以上灌溉需要，该村受益。1975 年，全水头人民公社抽调 800 名劳动力整治潖江石潭、桂田河段，进行修筑河堤、河床清淤，河堤为泥、沙、石混合结构。在桂田河段修筑长 2 千米、宽 5 米、高 2.5 米的河堤，保护农田 67 公顷，该村深受其益。1991 年，在桂田火屎岭处修建横跨潖江的桂田清奇大桥，桥长 60 米，投资 30 万元，由桂田行政村全体村民集资 40%，祖籍该村的香港同胞黄清奇捐资 60%。桥梁的修通，为全行政村解决历史上的交通难题，为当地人民的交通、生产、生活带来极大利益。2013 年 5 月 15 日，遭遇特大洪水袭击，该村受灾群众 96 人，受浸房屋 31 间，折合经济损失 13 万元，灾后组织复产重建工作。

该村的黄文奇（1947—），曾先后任佛冈县人大常委会副主任、主任，清远市人大第二届、第三届代表。

（资料填报：黄俊鸿，初稿撰写：梁明炜，总纂：李协湖）

沙堤村

◎ 沙堤村村貌（摄于 2016 年）

沙堤村，位于水头镇中部，距镇政府 5 千米。始建于清初，因在一条沙河堤建村而取名沙堤村。该村坐落于恶鸡乪山南约 2.5 千米谷地，位于桂田村域中部，东与朝阳村相接，南与老围相邻，西是村道，北南与永利村相邻。村北 800 米处，有县道 X373 线南北通往国道 G106 线，滘江自东向西流过。

村落形成时，属清远县吉河乡。清嘉庆十八年（1813 年），属佛冈厅吉河乡西田堡。民国期间，属佛冈县一区天水乡。中华人民共和国成立后，属佛冈县二区水头乡。1958 年 10 月，属从化县佛冈人民公社桂田大队。1961 年 5 月，属佛冈县水头人民公社桂田大队。1983 年 12 月，属水头区桂田乡。1987 年 1 月，属水头镇桂田行政村。1989 年 11 月，属水头镇桂田管理区。1998 年 11 月至今，属水头镇桂田行政村。

◎ 沙堤村一角（摄于 2016 年）

世居村民为黄姓。黄姓先祖于宋末从江西迁移至广东南雄珠玑巷，随着黄氏宗族繁衍与变迁，明洪武元年（1368 年）黄胜（六峰公）从顺德迁至吉河乡（今佛冈县）水头莲瑶，清初再从桂田老围迁移至该地。

2015 年末，户籍人口 150 人，其中男性 80 人，女性 70 人。60 岁以上 16 人，其中 80 岁以上 4 人，最年长者 89 岁（男）。16 岁以下 31 人，其中留守儿童 3 人。实际在村居住和生活主要依靠农业收入 69 人，常年在城镇生活和务工 81 人。村民均为汉族，广府民系，使用粤方言。

村有山地面积 9.33 公顷，耕地面积 5.53 公顷。传统经济以农业为主。村地处开阔地带，属亚热带湿润气候，大部分水田土壤为潴育型水稻土，适合

◎ 沙堤村芋头种植（摄于 2016 年）

种植水稻。传统经济以农业为主，主要作物有水稻、小麦、番薯等，其他作物有花生、芋头、玉米、木薯、生姜、莲藕及叶类和瓜类蔬菜等。现多种植沙糖桔、火龙果等水果。中华人民共和国成立前，由于种植技术水平低下，品种丰产性能差，该村水稻一般亩产为 100 千克。中华人民共和国成立后，该村先后组织互助组、合作社，参加人民公社，逐步应用推广先进的农业生产技术，农业生产效益有较大的提高。水稻亩产量（单造）200—400 千克，番薯亩产量（单产）1000—1500 千克，小麦亩产（单产）150—200 千克。犁地、耙地主要依靠役牛，役牛有水牛和黄牛，多以水牛为主。20 世纪 70 年代初开始，生产队用手扶拖拉机代替役牛进行犁耙耕作。改革开放和实行家庭联产承包责任制后，使用手扶拖拉机耕作面积增大。普遍使用的农具为锄头、铁钊、铁耙、镰刀、风车柜。村民其他收入来源于外出经商和务工。特色传统节庆食品有白切鸡、烧鸭、焖鹅、炒米饼、油炸糖环、铜盘糍、糯米糍、艾糍、粽子等。

◎ 沙堤村传统民居（摄于 2016 年）

1968 年通电，1992 年通电话，2006 年通网络、有线电视，2015 年村道实现水泥硬底化。

现存传统民居 2 座，单间平房 39 间，基本保存较好，有人居住。传统民居为四门归厅，四房两廊一厅一天井，三合土夯墙或加泥砖、青砖砌墙，砖木结构，悬山顶。改革开放以后，村中居民生活水平不断提高，建房逐步迁出原村落而向四周扩建。新建楼房为钢筋混凝土结构楼房，一层的有 14 座、二层及以上的有 8 座，楼房布局多为三房二厅一厨一卫，投影面积约 100 平方米。

现存宗祠有 1 座。为当地黄姓共用的松轩黄公祠。该祠建成于清同治七年（1868 年），占地面积 444.3 平方米，现仍作宗祠使用。2012 年，被列入佛冈县不可移动文物名录。

传统的民间习俗有拜土地公、祭灶君、逢农历初一和十五烧香奉神。传统的宗族活动有祭祖祠、清明祭祖、重阳祭祖。传统的婚嫁习俗中，男女双方开始交往时，女方家要到男方家看家风，在双方确定婚姻关系后要担小担礼，结婚时要担求婚酒、送礼金、报日子、定嫁妆、行婚礼、摆酒请客、迎亲、送亲等仪式，然后行三朝回门礼。村里办丧事，传统丧葬习俗以土葬为主，20 世纪 90 年代后逐步实行火葬。其程序包括报丧、守灵、入殓、出殡、送火化、将牌位送入祖祠等。新葬坟墓的第一次祭祀在春社日前，清明不再祭祀。

1970 年，在潖江的石潭鸭颈修筑拦河陂，长度为 47 米，灌溉面积 1.37 平方千米。1991 年，在桂田火屎岭处修建横跨潖江桥 1 座，名曰桂田清奇大桥。桥长 60 米，宽 5 米，水泥横跨结构。投资 30 万元，由桂田行政村全体村民集资 40%，祖籍该村外出到香港置业、经营的村民黄清奇捐资 60%。桥梁的修通，为全行政村解决历史上首要交通难题，为当地人民的交通、生产、生活带来极大利益。2013 年 5 月 15 日，遭遇特大洪水袭击，受灾群众 91 人，受浸房屋 30 间，折合经济损失 13 万元。

（资料填报：黄俊鸿，初稿撰写：梁明炜，总纂：李协湖）

白围仔村

◎ 白围仔村村貌（摄于 2016 年）

白围仔村，位于水头镇中部，距水头镇政府 5 千米。始建于清初，因建村时用白灰涂外墙，整个村庄都白色一片，故起名白围仔村。村坐落于恶鸡嵧山南部 2.5 千米，位于桂田村域东部，东与石潭曾屋村相接，南与新昌村相邻，西是村道，北与老围相连。县道 X373 线在村北方向 1.2 千米南北通往，滘江在村北方向 1.1 千米自东向西流过。

该村清嘉庆十八年（1813 年），属佛冈厅吉河乡西田堡。民国期间，属佛冈县一区天水乡。中华人民共和国成立后，属佛冈县二区水头乡。1958 年 10 月，属从化县佛冈人民公社桂田大队。1961 年 5 月，属佛冈县水头人民公社桂田大队。1983 年 12 月，属水头区桂田乡。1987 年 1 月，属水头镇桂田行政村。1989 年 11 月，属水头镇桂田管理区。1998 年 11 月至今，属水头镇桂田行政村。

◎ 白围仔村门楼（摄于 2016 年）

世居村民为黄姓。黄姓在宋末从江西迁移至广东南雄珠玑巷，随着黄氏宗族的繁衍、变迁，明洪武元年（1368 年）黄胜（六峰公）从顺德迁至吉河乡（今佛冈县）水头莲瑶，清初再从桂田老围迁移至该地。

2015 年末，户籍人口 146 人，其中男性 75 人，女性 71 人。60 岁以上 15 人，其中 80 岁以上 3 人，最年长者 90 岁（女）。16 岁以下 30 人，其中留守儿童 2 人。实际在村居住和生活主要依靠农业收入 73 人，常年在城镇生活和务工 73 人。村民为汉族，广府民系，使用粤方言。

村有山地面积 9.33 公顷，耕地面积 5.87 公顷。传统经济以农业为主，其他收入来源于外出经商和务工。村地处开阔地带，属亚热带湿润气候，大部分水田土壤为潴育型水稻土，适合种植水稻。传统经济以农业为主，主要作物有水稻、小麦、番薯等，

◎ 白围仔村莲藕种植（摄于2016年）

其他作物有花生、芋头、玉米、木薯、生姜、莲藕及叶类和瓜类蔬菜等。现多种植沙糖桔、火龙果等水果。中华人民共和国成立前，由于种植技术水平低下，品种丰产性能差，该村水稻一般亩产为100千克。中华人民共和国成立后，该村先后组织互助组、合作社，参加人民公社，逐步推广应用先进的农业生产技术，农业生产效益有较大的提高。水稻亩产量（单造）200—400千克，番薯亩产量（单产）1000—1500千克，小麦亩产（单产）150—200千克。犁地、耙地主要依靠役牛，役牛有水牛和黄牛，多以水牛为主。20世纪70年代初开始，生产队用手扶拖拉机代替役牛进行犁耙耕作。改革开放和实行家庭联产承包责任制后，使用手扶拖拉机耕作面积增大。普遍使用的农具为锄头、铁耙、镰刀、风车柜。传统节庆食品有葱油鸡、卤水鸭、芋头焖鹅、蒸扣肉、炒米饼、油炸糖环、铜盘糍、糯米糍、艾糍、月饼、粽子等。

1968年通电，1992年通电话，2006年通网络，2015年村道实现水泥硬底化，未通自来水。

现存传统民居6座，平房36间，保存较好，有人居住。与附近黄姓村共用松轩黄公祠，建成于清同治七年(1868年)，占地面积444.3平方米。2012年，被列入佛冈县不可移动文物名录。

传统的民间习俗有拜土地公、祭灶君、逢农历

◎ 白围仔村传统民居（摄于2016年）

初一和十五烧香奉神。传统的宗族活动有祭祖祠、清明祭祖、重阳祭祖。传统的婚嫁习俗中，男女双方开始交往时，女方家要到男方家看家风，在双方确定婚姻关系后要担小担礼，结婚时要担求婚酒、送礼金、报日子、定嫁妆、行婚礼、摆酒请客、迎送亲等仪式，然后行三朝回门礼。传统丧葬习俗以土葬为主，20世纪90年代后，逐步实行火葬。其程序包括报丧、守灵、入殓、出殡、送火化、将牌位送入祖祠等。新葬坟墓的第一次祭祀在春社日前，清明不再祭拜。

1975年，全水头人民公社抽调800名劳动力整治潖江石潭、桂田河段，进行修筑河堤、河床清淤，河堤为泥、沙、石混合结构。在桂田河段修筑长2千米，宽5米，高2.5米的河堤，保护农田约67公顷，该村深受其益。2013年5月15日，遭遇特大洪水袭击，该村受浸房屋29间，折合经济损失13万元。2014年，政府投资整治潖江水头河段，进行修筑河堤、河床清淤，河堤为砌石、水泥混凝土结构。整治后可经受百年一遇洪水，是历史以来规模最大、效果最好的整治。

（资料填报：黄俊鸿，初稿撰写：梁明炜，总纂：李协湖）

茂生村

◎ 茂生村鸟瞰（摄于 2016 年）

茂生村，位于水头镇中部，距镇政府 5 千米。始建于清初，因村民希望子孙兴旺、农作物茂盛生长，故取名茂生村，一直沿用至今。村坐落于恶鸡岫山（山高 200 米）南面约 2 千米，位于桂田村域南部，村庄坐南向北，东是农田，南与永安村相接，西是农田，北与新生村相邻，滘江自东向西从村前 100 米处流过，县道 X373 线在村前 700 米处经过。村道连接县道 X373 线至火屎岭，全长 1 千米。

村落形成时，属清远县吉河乡。清嘉庆十八年（1813 年），属佛冈厅吉河乡西田堡。民国期间，属佛冈县一区天水乡。中华人民共和国成立后，属佛冈县二区水头乡。1958 年 10 月，属从化县佛冈人民公社桂田大队。1961 年 5 月，属佛冈县水头人民公社桂田大队。1983 年 12 月，属水头区桂田乡。1987 年 1 月，属水头镇桂田行政村。1989 年 11 月，属水头镇桂田管理区。1998 年 11 月至今，属水头镇桂田行政村。

◎ 茂生村一角（摄于 2016 年）

世居村民为黄姓。清初，从附近桂田老围分村迁居而成。

2015 年末，户籍人口 148 人，其中男性 88 人，女性 60 人。60 岁以上 7 人，其中 80 岁以上 3 人，最年长者 83 岁（男）。16 岁以下 23 人。实际在村常住和生活主要依靠农业收入 68 人，常年在城镇生活和务工 80 人。村民均为汉族，广府民系，使用粤方言。

村有山地面积 12.67 公顷，耕地面积 4 公顷。传统经济以农业为主，主要作物有水稻、小麦、番薯等，其他作物有花生、芋头、玉米、木薯、生姜、莲藕及叶类和瓜类蔬菜等。现多种植沙糖桔和其他水果。改革开放和实行家庭联产承包责任制后，使

◎ 茂生村莲藕种植（摄于 2016 年）

用手扶拖拉机耕作田地的就更普及。普遍使用的农具为锄头、铁耙、镰刀、风车柜。特色传统食品有葱油鸡、卤水鸭、芋头焖鹅、蒸扣肉、炒米饼、油炸糖环、铜盘糍、糯米糍、艾糍、月饼、粽子等。

1974 年通电，1991 年通电话，2005 年通网络及有线电视，2015 年村道实现水泥硬底化。

传统民居现存 11 座，建于清初，基本保存完好。建筑布局为有四房二廊一厅一天井，三合土夯墙，火砖或泥砖砌墙，砖木结构，悬山顶，一般占地面积 60 平方米，现仍有人居住。

村祖祠是与附近黄姓村共用的松轩黄公祠，为古建筑。该公祠建筑占地面积 444.3 平方米，建成于清同治七年（1868 年），为黄氏后人纪念黄松轩始祖而建。公祠坐东南向西北，建筑布局为广三路，中路为三进二天井，存两侧青云巷。中路面宽 11.6 米，总进深 38.3 米，高 8.3 米。宗祠砖木结构，青砖墙，硬山顶，公祠屋脊有灰塑乌兽，用筒瓦。头门门额用花岗岩镌刻“松轩黄公祠”字样。公祠是黄氏宗亲联谊、传统节日上香祭祀的活动场所。宗祠于 2012 年被列入佛冈县不可移动文物名录。

◎ 茂生村传统民居（摄于 2016 年）

村与附近黄姓村共用《江夏郡黄氏族史》族谱，该族谱编纂于清乾隆四十六年（1781 年），纂修者不详。族谱记载黄氏起源、辈序、世系。据族谱内《六锋子孙字辈诗》。

传统民间习俗有拜土地公、祭灶君、逢农历初一和十五烧香奉神。传统的宗族活动有祭祖祠、清明祭祖、重阳祭祖。传统的婚嫁习俗中，男女双方开始交往时，女方家要到男方家看家风，在双方确定婚姻关系后要担小担礼，结婚时有担求婚酒、送礼金、报日子、定嫁妆、行婚礼、摆酒请客、迎送亲等仪式，然后行三朝回门礼。传统丧葬习俗以土葬为主，20 世纪 90 年代后逐步实行火葬。其程序包括报丧、守灵、入殓、出殡、送火化、将牌位送入祖祠等。新葬坟墓的第一次祭祀在春社日前，清明不再祭拜。

1970 年，在滘江的石潭鸭颈修筑拦河陂，长 47 米，灌溉面积约 137 公顷，使该村灌溉条件得到改善。1975 年，组织村民参加整治滘江石潭、桂田河段，进行修筑河堤、河床清淤。保护农田 67 公顷，该村受益。2013 年 5 月 15 日，该村遭遇洪水袭击，水深 0.3 米，受灾 91 人，受浸房屋 30 间，折合经济损失 13 万元。2015 年冬，由政府投入 1100 万元整治石潭河。该河流两旁河堤重新修筑加固，其中桂田村 3 千米是水泥砂浆砌石结构、1 千米是水泥混凝土倒浆结构，河床清淤、加宽。整治后可经受百年一遇洪水，是该河段历史以来首次得到整治，使该村水灾威胁减少。

（资料填报：黄俊鸿，初稿撰写：刘嘉怡，总纂：李协湖）

修伦村

◎ 修伦村村貌（摄于2016年）

修伦村，位于水头镇中部，距镇政府5千米。始建于清初，因村民都希望后代修身立伦，成长为有用之人而得名修伦村。该村坐落于恶鸡乪山（高300多米）下约2千米开阔谷地。村北600米有县道X373线东西向通往国道G106线，潖江自东向西流过，村道接县道通往该村。该村东与永春村相接，南与荣利村相邻，西与永安村相近，北面30米是小河。

村落形成时，属清远县吉河乡。清嘉庆十八年（1813年），属佛冈厅吉河乡西田堡。民国期间，属佛冈县一区天水乡。中华人民共和国成立后，属佛冈县二区水头乡。1958年10月，属从化县佛冈人民公社桂田大队。1961年5月，属佛冈县水头人民公社桂田大队。1983年12月，属水头区桂田乡。1987年1月，属水头镇桂田行政村。1989年11月，属水头镇桂田管理区。1998年11月至今，属水头镇桂田行政村。

◎ 修伦村门楼（摄于2016年）

世居村民为黄姓。据《黄氏松轩公族谱》记载，明朝，黄氏族人由吉河乡（今佛冈县）水头莲瑶东坑村迁入桂田虎子岭（现火屎岭），后移居到桂田老围、沙堤。清初，部分村民再由老围移居到修伦村定居发展，繁衍生息。

2015年末，户籍人口158人，其中男性87人，女性71人。60岁以上16人，其中80岁以上6人，最年长者87岁（女）。16岁以下35人。实际在村居住50人，常年在城镇生活和务工108人。村民均为汉族，广府民系，使用粤方言。

村有山地面积12.67公顷，耕地面积5公顷。村地处开阔地带，属亚热带湿润气候，大部分水田土壤为潴育型水稻土，适合种植水稻。传统经济以

◎ 修伦村传统民居（摄于 2016 年）

农业为主，主要作物有水稻、小麦、番薯等，其他作物有花生、芋头、玉米、木薯、生姜、莲藕及叶类和瓜类蔬菜等。现多种植沙糖桔和其他水果。中华人民共和国成立前，由于种植技术水平低下，品种丰产性能差，该村水稻一般亩产为 100 千克。中华人民共和国成立后，该村先后组织互助组、合作社，参加人民公社，逐步应用推广先进的农业生产技术，农业生产效益有较大的提高。水稻亩产量（单造）200—400 千克，番薯亩产量（单产）1000—1500 千克，小麦亩产（单产）150—200 千克。犁地、耙地主要依靠役牛，役牛有水牛和黄牛，多以水牛为主。20 世纪 70 年代初开始，生产队用手扶拖拉机代替役牛进行犁耙耕作。改革开放和实行家庭联产承包责任制后，使用手扶拖拉机耕作面积增大。普遍使用的农具为锄头、铁耙、镰刀、风车柜。由于村附近没有山地，故没有矿产资源和林业资源，村民的主要收入来源于农业和外出务工。特色传统食品有白切鸡、烧鸭、焖鹅、炒米饼、油炸糖环、糯米糍、艾糍、铜盘糍、月饼、粽子等。

1968 年通电，1992 年通电话，2006 年通网络、有线电视，2010 年实现村道水泥硬底化，未通自来水。

传统民居现存 6 座，建于清代以后，基本保存完好。建筑布局为四房二廊一厅一天井，三合土夯墙，火砖或泥砖砌墙，砖木结构，悬山顶，占地面积 60 平方米，现仍有人居住。改革开放以后，村中居民生活水平不断提高，建房逐步向村四周发展。现村民建起钢筋混凝土结构楼房 28 座，其中一层的楼房 12 座，二层的 16 座。

◎ 修伦村花生种植（摄于 2016 年）

◎ 修伦村新民居（摄于 2016 年）

村祖祠是与当地黄姓共用的松轩黄公祠，为古建筑，建筑占地面积444.3平方米，建成于清同治七年（1868年）。此祠为黄氏后人怀念黄松轩始祖而建，宗祠坐东南向西北。建筑布局为广三路，中路为三进二天井，存两侧青云巷。中路面宽11.6米，总进深38.3米，高8.3米。公祠砖木结构，青砖墙，硬山顶，公祠屋脊有灰塑乌兽，用筒瓦。头门门额用花岗岩镌刻“松轩黄公祠”字样。公祠是黄氏宗亲联谊、传统节日上香祭祀的活动场所。公祠于2012年被列入佛冈县不可移动文物名录。

村与附近黄姓村共用《江夏郡黄氏族史》族谱，该族谱编纂于乾隆四十六年（1781年），纂修者不详。族谱记载黄氏起源、辈序、世系。据族谱内《六锋子孙字辈诗》，黄氏辈序为：“祖德源流远，宗功派衍长。隆铭遵典则，大义立纲常。序列中帮显，观联上国光。柏槐森植秀，兰桂茂腾芳。世守诗书泽，时登礼乐堂。才华辉璧玉，品质耀圭章。俊智培英杰，深仁育善良。均和昭盛瑞，垂裕集嘉祥。”

传统的民间习俗有拜土地公、祭灶君、逢农历初一和十五烧香奉神。传统的宗族活动有祭祖祠、清明祭祖、重阳祭祖。传统的婚嫁习俗中，男女双方开始交往，女方家要到男方家看家风，在双方确定婚姻关系时要小担礼，结婚时要历经担求婚酒、送礼金、报日子、定嫁妆、行婚礼、摆酒请客、迎送亲友等仪式流程，然后行三朝回门礼。传统丧葬习俗以土葬为主，20世纪90年代后逐步实行火葬。其程序包括报丧、守灵、入殓、出殡、送火化、将牌位送入祖祠等。新葬坟墓的第一次祭祀都是在春分节气前的春社日前祭祀，清明不再祭祀。

2013年5月15日，遭遇特大洪水袭击，该村受灾群众97人，受浸房屋42间，折合经济损失14万元。灾后迅速组织修复。2015年冬，由政府投入1100万元整治石潭河。该河流上游位于石潭行政村域，经桂田行政村域4千米，两旁河堤重新修筑加固，其中3千米是水泥砂浆砌石结构、1千米是水泥混凝土倒浆结构，河床清淤、加宽。整治后可经受百年一遇洪水，是该河段历史以来首次得到整治，使全行政村80%的农田、村庄受益，减少了该村的水患。

（资料填报：黄俊鸿，初稿撰写：黄旭伦，总纂：李协湖）

永春村

◎ 永春村村貌（摄于 2016 年）

永春村，位于水头镇中部，距镇政府 5 千米。始建于清初，村民们都希望该村建村后万事顺利，常年像春天一样，生机勃勃，故起名永春村。该村坐落于恶鸡嶂山南 2.5 千米处谷地，位于桂田村域东部，东与朝阳村相接，南与荣利村相邻，西与修伦村相近，北 10 米是小河。村北 600 米处有县道 X373 线南北通向国道 G106 线，潖江自东向西流过。

村落形成时，属清远县吉河乡。清嘉庆十八年（1813 年），属佛冈厅吉河乡西田堡。民国期间，属佛冈县一区天水乡。中华人民共和国成立后，属佛冈县二区水头乡。1958 年 10 月，属从化县佛冈人民公社桂田大队。1961 年 5 月，属佛冈县水头人民公社桂田大队。1983 年 12 月，属水头区桂田乡。1987 年 1 月，属水头镇桂田行政村。1989 年 11 月，属水头镇桂田管理区。1998 年 11 月至今，属水头镇桂田行政村。

◎ 永春村门楼（摄于 2016 年）

世居村民为黄姓。黄姓先祖于宋末从江西迁移至广东南雄珠玑巷，随着黄氏宗族的繁衍、变迁，明洪武元年（1368 年）黄胜（六峰公）从顺德迁至吉河乡（今佛冈县）水头莲瑶，明朝迁至桂田，清初再从桂田老围分村迁徙至该村。

2015 年末，户籍人口 285 人，其中男性 150 人，女性 135 人。60 岁以上 29 人，其中 80 岁以上 6 人，最年长者 85 岁（女）。16 岁以下 58 人，其中留守儿童 6 人。实际在村居住和生活主要依靠农业收入 143 人，常年在城镇生活和务工 142 人。村民均为汉族，广府民系，使用粤方言。

村有山地面积 18 公顷，耕地面积 8.07 公顷。传统经济以农业为主，村地处开阔地带，属亚热带湿润气候，大部分水田土壤为潴育型水稻土，

◎ 永春村莲藕种植基地（摄于2016年）

◎ 永春村传统民居（摄于2016年）

适合种植水稻。历来的耕作习惯以种植水稻为主粮，同时种植小麦、番薯、麦豆、蚕豆、高粱等，经济作物有花生、油菜，其他作物有芋头、玉米、木薯、生姜、莲藕及叶类和瓜类蔬菜等。中华人民共和国成立前，由于种植技术水平低下，品种丰产性能差，该村水稻一般亩产为100千克。中华人民共和国成立后，该村先后组织互助组、合作社，参加人民公社，逐步应用推广先进的农业生产技术，农业生产效益有较大的提高。水稻亩产量（单造）200—400千克，番薯亩产量（单产）1000—1500千克，小麦亩产（单产）150—200千克。犁地、耙地主要依靠役牛，役牛有水牛和黄牛，多以水牛为主。20世纪70年代初开始，生产队用手扶拖拉机代替役牛进行耕作。改革开放和实行家庭联产承包责任制后，使用手扶拖拉机耕作面积增大。普遍使用的农具为锄头、铁耙、镰刀、风车柜。村民其他收入来源于外出经商和务工。特色传统食品有葱油鸡、卤水鸭、芋头焖鹅、蒸扣肉、炒米饼、糯米糍、艾糍、铜盘糍、月饼、粽子等。

1968年通电，1992年通电话，2006年通网络、有线电视，2015年村道实现水泥硬底化。

现存传统民居10座，平房39间，保存较好，有人居住。该村与附近黄姓村共用松轩黄公祠，建成于清同治七年（1868年），占地面积444.3平方米。2012年，被列入佛冈县不可移动文物名录。

传统的民间习俗有拜土地公、祭灶君、逢农历初一和十五烧香奉神。传统的宗族活动有祭祖祠、清明祭祖、重阳祭祖。传统的婚嫁习俗中，男女双方开始交往时，女方家要到男方家看家风，在双方确定婚姻关系后要担小担礼，结婚时要担求婚酒、送礼金、报日子、定嫁妆、行婚礼、摆酒请客、迎送亲等仪式，然后行三朝回门礼。传统丧葬习俗以土葬为主，20世纪90年代后逐步实行火葬。其程序包括报丧、守灵、入殓、出殡、送火化、将牌位送入祖祠等。新葬坟墓的第一次祭祀在春社日前祭祀，清明不再祭祀。

1970年，在潖江的石潭鸭颈修筑拦河陂，改善该村农田灌溉条件。2013年5月15日，遭遇特大洪水袭击，受灾群众165人，受浸房屋57间，折合经济损失14万元。2014年，政府投资整治潖江水头河段，进行修筑河堤、河床清淤，河堤为砌石、水泥混凝土结构。整治后可经受百年一遇洪水，是历史以来规模最大、效果最好的整治，为该村提供安全保障。

（资料填报：黄俊鸿，初稿撰写：梁明炜，总纂：李协湖）

朝阳村

◎ 朝阳村村貌（摄于 2016 年）

朝阳村，位于水头镇中部，距镇政府 5 千米。始建于清初，因该村位于桂田村域最东边的地方，故起名朝阳村。该村坐落于恶鸡岫山南 2.5 千米，位于桂田村域东部，村庄东与石潭村相接，南与石潭曾屋村相邻，西与永利村相近，北与永春村相连。该村北面 1.3 千米处有县道 X373 线南北通往国道 G106 线，有潖江自东向西流过。

村落形成时，属清远县吉河乡。清嘉庆十八年（1813 年），属佛冈厅吉河乡西田堡。民国期间，属佛冈县一区天水乡。中华人民共和国成立后，属佛冈县二区水头乡。1958 年 10 月，属从化县佛冈人民公社桂田大队。1961 年 5 月，属佛冈县水头人民公社桂田大队。1983 年 12 月，属水头区桂田乡。1987 年 1 月，属水头镇桂田行政村。1989 年 11 月，属水头镇桂田管理区。1998 年 11 月至今，属水头镇桂田行政村。

◎ 朝阳村门楼（摄于 2016 年）

世居村民为黄姓。黄氏先祖于宋末从江西迁移至广东南雄珠玑巷，随着黄氏宗族的繁衍、变迁，明洪武元年（1368 年）黄胜（六峰公）从顺德迁至吉河乡（今佛冈县）水头莲瑶，明朝迁至桂田，清初再从桂田老围分村迁徙至该村。

2015 年末，户籍人口 267 人，其中男性 140 人，女性 127 人。60 岁以上 27 人，其中 80 岁以上 7 人，最年长者 85 岁（女）。16 岁以下 52 人，其中留守儿童 3 人。实际在村居住和生活主要依靠农业收入 84 人，常年在城镇生活和务工 183 人。村民均为汉族，广府民系，使用粤方言。

村有山地面积 18 公顷，耕地面积 8.93 公顷。村地处开阔地带，土壤以赤红壤和红壤为主，大部分水田土壤为潴育型水稻土。传统经济以农业为主，

◎ 朝阳村香芋种植（摄于 2016 年）

全村历史以来的耕作习惯以种植水稻为主，同时种植小麦、番薯、麦豆、蚕豆、高粱等，经济作物有花生、油菜，其他作物有芋头、玉米、莲藕及叶类和瓜类蔬菜等。水稻亩产量（单造）300—400 千克，番薯亩产量(单产)1000—1500 千克，小麦亩产(单产)150—200 千克。犁地、耙地主要依靠役牛，役牛有水牛和黄牛，多以水牛为主。20 世纪 70 年代初开始，部分生产队用手扶拖拉机代替役牛进行耕作。特别是改革开放和实行家庭联产承包责任制后，使用手扶拖拉机耕作面积增大。村民其他收入来源于外出经商和务工。特色传统食品有白切鸡、烧鸭、焖鹅、炒米饼、油炸糖环、糯米糍、艾糍、铜盘糍、月饼、粽子等。

1968 年通电，1992 年通电话，2006 年通网络、有线电视，2015 年村道实现水泥硬底化。

◎ 朝阳村传统民居（摄于 2016 年）

传统民居为正座，现存 6 座，建于清初以后，保存完好。建筑布局为四房二廊一厅一天井，三合土夯墙，火砖或泥砖砌墙，砖木结构，硬山顶，一般占地面积 100 平方米，现仍有人居住。

改革开放以后，生活水平不断提高，村民住房逐步迁出原村落，向四周扩展并建楼房。楼房为钢筋混凝土结构，建一层的有 12 座，二层的有 5 座，三层以上的 2 座。楼房布局多为三房二厅一卫，投影面积约 110 平方米。

村宗祠为与附近黄姓村共用的松轩黄公祠，建成于清同治七年（1868 年），占地面积 444.3 平方米。2012 年，被列入佛冈县不可移动文物名录。

传统的民间习俗有拜土地公、祭灶君、逢农历初一和十五烧香奉神。传统的宗族活动有祭祖祠、清明祭祖、重阳祭祖。传统的婚嫁丧葬礼仪仍较庄重繁杂。在婚嫁礼仪中，男女双方开始交往时，女方家要到男方家看家风，在双方确定婚姻关系后要担小担礼，结婚时有担求婚酒、送礼金、报日子、定嫁妆、行婚礼、摆酒请客、迎亲、送亲等仪式，然后行三朝回门礼。村里办丧事，传统以土葬为主，20 世纪 90 年代后逐步实行火葬。其程序包括报丧、守灵、入殓、出殡、送火化、将牌位送入祖祠等。新葬坟墓的第一次祭祀在春社日前，清明不再祭拜。

1970 年，村民在潖江的石潭鸭颈修筑拦河陂，解决桂田行政村及该村灌溉需要。1975 年，组织村民参加整治潖江石潭、桂田河段，在桂田河段修筑长 2 千米、宽 5 米、高 2.5 米的河堤，保护农田约 67 公顷，该村深受其益。2013 年 5 月 15 日，遭遇特大洪水袭击，受灾群众 138 人，受浸房屋 59 间，折合经济损失 14 万元。2014 年，政府投资整治潖江水头河段，进行修筑河堤、河床清淤，河堤为砌石、水泥混凝土结构。整治后可经受百年一遇洪水，是历史规模最大、效果最好的整治。

该村的黄远明（1941—），曾任仁化县人民法院院长。

（资料填报：黄俊鸿，初稿撰写：梁明炜，总纂：李协湖）

荣利村

◎ 荣利村村貌（摄于 2016 年）

荣利村，位于水头镇中部，距镇政府 5 千米。始建于清初，因该村有一位村民曾担任村内保长，保一方平安，故以其名字作为村落名字，取名荣利村，一直沿用至今。该村位于桂田村域南部，村庄坐南朝北，东与朝阳村相邻，南与新联村相交，西是农田，北与修伦村相接。潖江自东向西经村前 50 米穿过，县道 X373 线在村前 800 米处经过。

村落形成时，属清远县吉河乡。清嘉庆十八年（1813 年），属佛冈厅吉河乡西田堡。民国期间，属佛冈县一区天水乡。中华人民共和国成立后，属佛冈县二区水头乡。1958 年 10 月，属从化县佛冈人民公社桂田大队。1961 年 5 月，属佛冈县水头人民公社桂田大队。1983 年 12 月，属水头区桂田乡。1987 年 1 月，属水头镇桂田行政村。1989 年 11 月，属水头镇桂田管理区。1998 年 11 月至今，属水头镇桂田行政村。

◎ 荣利村门楼（摄于 2016 年）

世居村民为黄姓。清初，该村从附近老围分村迁居至此。

2015 年末，户籍人口 287 人，其中男性 157 人，女性 130 人。60 岁以上 28 人，其中 80 岁以上 9 人，最年长者 91 岁（男）。16 岁以下 112 人。实际在村居住和生活主要依靠农业收入 133 人，常年在城镇生活和外出务工 154 人。村民均为汉族，广府民系，使用粤方言。

村有山地面积 12.67 公顷，耕地面积 6.2 公顷。村地处开阔地带，属亚热带湿润气候，大部分水田土壤为潴育型水稻土，适合种植水稻。传统经济以农业为主，主要作物有水稻、小麦、番薯等，其他作物有花生、香芋、玉米、红烟等。现多种植沙糖

◎ 荣利村香芋种植（摄于2016年）

桔和其他水果。中华人民共和国成立前，由于种植技术水平低下，品种丰产性能差，该村水稻一般亩产为100千克。中华人民共和国成立后，该村先后组织互助组、合作社，参加人民公社，逐步推广应用先进的农业生产技术，农业生产效益有较大的提高。水稻亩产量（单造）200—400千克，番薯亩产量（单产）1000—1500千克，小麦亩产（单产）150—200千克。犁地、耙地主要依靠役牛，役牛有水牛和黄牛，多以水牛为主。20世纪70年代初开始，生产队用手扶拖拉机代替役牛进行耕作。改革开放和实行家庭联产承包责任制后，使用手扶拖拉机耕作面积增大。普遍使用的农具为锄头、铁耙、镰刀、风车柜。村民其他收入来源于外出经商和务工。特色传统食品有白切鸡、烧鸭、焖鹅、炒米饼、油炸糖环、糯米糍、艾糍、粽子等。

1974年通电，1991年通电话，2005年通网络、有线电视，2015年村道实现水泥硬底化。

传统民居现存12座，建于清初以来，保存完好。建筑布局为四房二廊一厅一天井，三合土夯墙，火砖或泥砖砌墙，砖木结构，硬山顶，占地面积100平方米，现仍有人居住。村里有一座特殊建筑物称坪头楼，4层楼高，三合土舂墙到3层，4层用青火砖砌墙，砖木结构，墙的四面有射击孔，占地面积120平方米。20世纪50—70年代，该楼曾用于生产大队部（行政村级）办公室。

村与当地黄姓村共用松轩黄公祠，建筑占地面积444.3平方米，建成于清同治七年（1868年）。此祠为黄氏后人怀念黄松轩始祖而建，公祠坐东南向西北。建筑布局为广三路，中路为三进二天井，存两侧青云巷。中路面宽11.6米，总进深38.3米，高8.3米。公祠砖木结构，青砖墙，硬山顶，公祠屋脊有灰塑乌兽，筒瓦。头门门额用花岗岩镌刻“松轩黄公祠”字样。公祠是黄氏宗亲联谊、传统节日上香祭祀的活动场所。公祠于2012年被列入佛冈县

◎ 荣利村传统民居（摄于2016年）

◎ 坪头楼（摄于2016年）

不可移动文物名录。

村与附近黄姓村共用《江厦郡黄氏族史》族谱，该族谱编纂于乾隆四十六年（1781年），纂修者不详。族谱记载黄氏起源、辈序、世系。据族谱内《六锋子孙字辈诗》，黄氏辈序为："祖德源流远，宗功派衍长。隆铭遵典则，大义立纲常。序列中帮显，观联上国光。柏槐森植秀，兰桂茂腾芳。世守诗书泽，时登礼乐堂。才华辉璧玉，品质耀圭章。俊智培英杰，深仁育善良。均和昭盛瑞，垂裕集嘉祥。"

传统的民间习俗有拜土地公、祭灶君、逢农历初一和十五烧香奉神。传统的宗族活动有祭祖祠、清明祭祖、重阳祭祖。传统的婚嫁习俗中，男女双方开始交往时，女方家要到男方家看家风，在双方确定婚姻关系后要担小担礼，结婚时要担求婚酒、送礼金、报日子、定嫁妆、行婚礼、摆酒请客、迎亲、送亲等仪式，然后行三朝回门礼。传统丧葬习俗以土葬为主，20世纪90年代后逐步实行火葬。其程序包括报丧、守灵、入殓、出殡、送火化、将牌位送入祖祠等。新葬坟墓的第一次祭祀在春社日前，清明不再祭拜。

1970年，村民在滘江的石潭鸭颈修筑拦河陂，灌溉面积136.67公顷，使该村灌溉条件得到改善。1975年，村民参加整治滘江石潭、桂田河段，进行修筑河堤、河床清淤，保护农田约67公顷，该村深受其益。2013年5月15日，遭遇特大洪水袭击，受灾群众126人，受浸房屋48间，折合经济损失14万元。

该村的黄华铮（1973—），现任清远市移动公司副总经理，大力支持家乡建设，资助该村村民建桥、修路。

（资料填报：黄俊鸿，初稿撰写：刘嘉怡，总纂：李协湖）

铺仔村

◎ 铺仔村村貌（摄于 2016 年）

铺仔村，位于水头镇中部，距镇政府 5 千米。始建于清初，因在建村时开设了大小 10 余间商铺而取名为铺仔村。该村坐落于恶鸡嶂山下约 2 千米开阔谷地。村北 550 米有县道 X373 线东西向通往国道 G106 线，滘江自东向西流向，硬底村道自县道 X373 线通往该村。该村东与桂田新村委会办公楼相接，南面是小河流，西面是永福村的农田，北面与永春村农田相接。

村落形成时，属清远县吉河乡。清嘉庆十八年（1813 年），属佛冈厅吉河乡西田堡。民国期间，属佛冈县一区天水乡。中华人民共和国成立后，属佛冈县二区水头乡。1958 年 10 月，属从化县佛冈人民公社水头大队。1961 年 5 月，属佛冈县水头人民公社桂田大队。1983 年 12 月，属水头区桂田乡。1987 年 1 月，属水头镇桂田行政村。1989 年 11 月，属水头镇桂田管理区。1998 年 11 月至今，属水头镇桂田行政村。

◎ 铺仔村门楼（摄于 2016 年）

世居村民为黄姓。据《黄氏松轩公族谱》记载，明朝，黄氏族人由吉河乡（今佛冈

◎ 铺仔村香芋种植（摄于 2016 年）

县）水头莲瑶东坑村迁入桂田虎子岭（现火屎岭），后移居到桂田老围、沙堤村。清初，部分村民由老围移居到铺仔村定居发展，繁衍生息。

2015 年末，户籍人口 68 人，其中男性 37 人，女性 31 人。60 岁以上 7 人，其中 80 岁以上 1 人，最年长者 87 岁（男）。16 岁以下 19 人。实际在村居住和生活主要依靠农业收入 35 人，常年在城镇生活和外出务工 33 人。村民均为汉族，广府民系，使用粤方言。

村有山地面积 15.07 公顷，耕地面积 4.73 公顷。林业资源有松树、杉树、柯树及其他杂树。村地处北半球亚热带南部，地处开阔地带及沿河岸边，大部分水田土壤为带沙质潴育型水稻土，适合农作物生长。全村历史以来的耕作习惯以种植水稻为主，同时种植小麦、番薯、麦豆、蚕豆、高粱等，经济作物有花生、油菜，其他作物有芋头、玉米、莲藕及叶类和瓜类蔬菜等。水稻亩产量（单造）300—500 千克，番薯亩产量（单产）1000—1500 千克，小麦亩产（单产）150—200 千克。20 世纪 70 年代初开始，生产队用手扶拖拉机代替役牛进行耕作。特别是改革开放和实行家庭联产承包责任制后，使用手扶拖拉机耕作面积增大。自 21 世纪后，有不少农户改种植水稻为种植水果，水果多以沙糖桔为主。村民的主要收入来源于农业和外出务工。特色传统食品有白切鸡、烧鸭、焖鹅、炒米饼、油炸糖环、糯米糍、艾糍、铜盘糍、月饼、粽子等。

◎ 铺仔村传统民居（摄于 2016 年）

1968 年通电，1992 年通电话，2006 年通网络、有线电视，2010 年实现村道水泥硬底化。

传统民居现存 4 座，平房 28 间，建于清代，基本保存完好。正座建筑布局为四房二廊一厅一天井，三合土夯墙，火砖或泥砖砌墙，砖木结构，悬山顶，占地面积 60 平方米，现仍有人居住。改革开放以后，随着村民生活水平不断提高，建房逐步向村外四周发展。村民建起钢筋混凝土结构楼房 11 座，其中一层的 8 座，二层的 3 座。

◎ 铺仔村传统民居（摄于 2016 年）

村祖祠是与当地黄姓村共用的松轩黄公祠，该公祠为古建筑，建筑占地面积 444.3 平方米，建成于清同治七年（1868 年）。此祠为黄氏后人纪念黄松轩始祖而建，公祠坐东南向西北。建筑布局为广三路，中路为三进二天井，存两侧青云巷。中路面宽 11.6 米，总进深 38.3 米，高 8.3 米。公祠砖木结构，青砖墙，硬山顶，公祠屋脊有灰塑乌兽，用筒瓦。头门门额用花岗岩镌刻“松轩黄公祠”字样。公祠是黄氏宗亲联谊、传统节日上香祭祀的活动场所。公祠于 2012 年被列入佛冈县不可移动文物名录。

村与附近黄姓村共用《江夏郡黄氏族史》族谱，该族谱编纂于清乾隆四十六年（1781 年），纂修者不详。族谱记载黄氏起源、黄氏辈序、黄氏世系。据族谱内《六锋子孙字辈诗》，黄氏辈序为：“祖德源流远，宗功派衍长。隆铭遵典则，大义立纲常。序列中帮显，观联上国光。柏槐森植秀，兰桂茂腾芳。世守诗书泽，时登礼乐堂。才华辉璧玉，品质耀圭章。俊智培英杰，深仁育善良。均和昭盛瑞，垂裕集嘉祥。”

传统的民间习俗有拜土地公、祭灶君、逢农历初一和十五烧香奉神。传统的宗族活动有祭祖祠、清明祭祖、重阳祭祖。传统的婚嫁习俗中，男女双方开始交往时，女方家要到男方家看家风，在双方确定婚姻关系后要担小担礼，结婚时要担求婚酒、送礼金、报日子、定嫁妆、行婚礼、摆酒请客、迎亲、送亲等仪式，然后行三朝回门礼。传统丧葬习俗以土葬为主，20 世纪 90 年代后逐步实行火葬。其程序包括报丧、守灵、入殓、出殡、送火化、将牌位送入祖祠等。新葬坟墓的第一次祭祀在春社日前，清明不再祭拜。

1991 年，在桂田火屎岭处修建横跨滘江桥 1 座，名曰桂田清奇大桥。桥长 60 米、宽 5 米，水泥横跨结构。投资 30 万元，由桂田行政村全体村民集资 40%，外出到香港置业、经营的村民黄清奇捐资 60%。桥梁的修通，为全行政村解决交通难题，给当地人民的交通、生产、生活带来极大利益。2013 年 5 月 15 日，遭遇洪水袭击，水深 1.1 米，受灾群众 51 人，受浸房屋 23 间，死亡 1 人，折合经济损失 23 万元。2015 年冬，由政府组织整治石潭河，按可经受百年一遇洪水的标准清淤，加宽河道，修筑河堤，使该村安全得到保障。

（资料填报：黄俊鸿，初稿撰写：黄旭伦，总纂：李协湖）

凤岐围

◎ 凤岐围鸟瞰（摄于 2016 年）

凤岐围，位于水头镇中部，距镇政府 5 千米。始建于清初，传说该村的岔路口曾出现一只美丽的凤凰在引吭高歌，故得名凤岐围。该村坐落于恶鸡髗山下南约 2 千米的开阔谷地，山高 300 多米。村北 650 米有县道 X373 线南北向通往国道 G106 线，潖江自东向西流向县城方向，硬底村道自县道 X373 线通往该村。该村东面是荣利村的农田，南与联三村相邻，西靠水冲口村，北 15 米是小河。

◎ 凤岐围门楼（摄于 2016 年）

村落形成时，属清远县吉河乡。清嘉庆十八年（1813 年），属佛冈厅吉河乡西田堡。民国期间，属佛冈县一区天水乡。中华人民共和国成立后，属佛冈县二区水头乡。1958 年 10 月，属从化县佛冈人民公社水头大队。1961 年 5 月，属佛冈县水头人民公社桂田大队。1983 年 12 月，属水头区桂田乡。1987 年 1 月，属水头镇桂田行政村。1989 年 11 月，属水头镇桂田管理区。1998 年 11 月至今，属水头镇桂田行政村。

世居村民为黄姓。据《黄氏松轩公族谱》记载，明朝，黄氏族人由吉河乡（今佛冈县）水头莲瑶东坑村迁入桂田虎子岭（现火屎岭），后移居到桂田老围、沙堤村。清初，部分村民由老围移居到凤岐围。

2015 年末，户籍人口 220 人，其中男性 117 人，女性 103 人。60 岁以上 22 人，其中 80 岁以上 8 人，最年长者 92 岁（女）。16 岁以下 58 人。实际在村居住和生活主要依靠农业收入 130 人，常年在城镇生活和外出务工 90 人。村民均为汉族，广府民系，使用粤方言。

村有山地面积 15.07 公顷，耕地面积 6.13 公顷。

◎ 凤岐围香芋种植（摄于2016年）

村地处开阔地带，属亚热带湿润气候，大部分水田土壤为潴育型水稻土，适合种植水稻。传统经济以农业为主，主要作物有水稻、小麦、番薯等，其他作物有花生、芋头、玉米、木薯、生姜、莲藕及叶类和瓜类蔬菜等。现多种植沙糖桔和其他水果。中华人民共和国成立前，由于种植技术水平低下，品种丰产性能差，该村水稻一般亩产为100千克。中华人民共和国成立后，该村逐步应用推广先进的农业生产技术，农业生产效益有较大的提高。水稻亩产量（单造）200—400千克，番薯亩产量（单产）1000—1500千克，小麦亩产（单产）150—200千克。犁地、耙地主要依靠役牛，役牛有水牛和黄牛，多以水牛为主。20世纪70年代初开始，生产队用手扶拖拉机代替役牛进行耕作。改革开放和实行家庭联产承包责任制后，使用手扶拖拉机耕作面积增大。由于村周边没有山地，故没有矿产资源和林业资源。村民其他收入来源于外出经商和务工。特色传统食品有葱油鸡、卤水鸭、芋头焖鹅、蒸扣肉、炒米饼、油炸糖环、糯米糍、艾糍、铜盘糍、月饼、粽子等。

1968年通电，1992年通电话，2006年通网络、有线电视，2015年实现村道水泥硬底化。

传统民居为广府民居，为正座，现存12座，平房36间，建于清初，基本保存完好。建筑布局为四房二廊一厅一天井，三合土夯墙，火砖或泥砖砌墙，砖木结构，悬山顶，占地面积60平方米，现仍有人居住。改革开放以后，生活水平不断提高，村民建

◎ 凤岐围传统民居（摄于2016年）

◎ 凤岐围新民居（摄于 2016 年）

房逐步向村外四周发展。村民建起钢筋混凝土结构楼房 34 座，其中一层的 23 座，二层的 11 座。

村的祖祠是与当地黄姓村共用的松轩黄公祠，为古建筑，建筑占地面积 444.3 平方米，建成于清同治七年（1868 年）。此祠为黄氏后人怀念黄松轩始祖而建，公祠坐东南向西北。建筑布局为广三路，中路为三进二天井，存两侧青云巷。中路面宽 11.6 米，总进深 38.3 米，高 8.3 米。公祠砖木结构，青砖墙，硬山顶，屋脊有灰塑乌兽，用筒瓦。头门门额用花岗岩镌刻“松轩黄公祠”字样。公祠是黄氏宗亲联谊、传统节日上香祭祀的活动场所。公祠于 2012 年被列入佛冈县不可移动文物名录。

村与附近黄姓村共用《江夏郡黄氏族史》族谱，该族谱编纂于清乾隆四十六年（1781 年），纂修者不详。族谱记载黄氏起源、黄氏辈序、黄氏世系。据族谱内《六锋子孙字辈诗》，黄氏辈序为：“祖德源流远，宗功派衍长。隆铭遵典则，大义立纲常。序列中帮显，观联上国光。柏槐森植秀，兰桂茂腾芳。世守诗书泽，时登礼乐堂。才华辉璧玉，品质耀圭章。俊智培英杰，深仁育善良。均和昭盛瑞，垂裕集嘉祥。”

村传统的民间习俗有拜土地公、祭灶君、逢农历初一和十五烧香奉神。传统的宗族活动有祭祖祠、清明祭祖、重阳祭祖。传统的婚嫁丧葬礼仪仍较庄重繁杂。在婚嫁礼仪中，男女双方开始交往时，女方家要到男方家看家风，在双方确定婚姻关系后要担小担礼，结婚时有担求婚酒、送礼金、报日子、定嫁妆、行婚礼、摆酒请客、迎亲、送亲等仪式，然后行三朝回门礼。村里办丧事，传统以土葬为主，20 世纪 90 年代后逐步实行火葬。其程序包括报丧、守灵、入殓、出殡、送火化、将牌位送入祖祠等。新葬坟墓的第一次祭祀在春社日前，清明不再祭祀。

1970 年，在潖江的石潭鸭颈修筑拦河陂，堤坐为水泥混凝土结构，长 47 米，灌溉面积 137 公顷，解决桂田行政村 90% 以上灌溉需要，该村受益。1991 年，在桂田火屎岭处修建横跨潖江桥 1 座，解决村民出行困难。2013 年 5 月 15 日，遭遇洪水袭击，受灾群众 98 人，受浸房屋 44 间，折合经济损失 13 万元。2015 年冬，由政府设入 1100 万元整治石潭水河流。该河流上游流经石潭行政村域，经桂田行政村域 4 千米，两旁河堤重新修筑加固，其中 3 千米是水泥砂浆砌石结构、1 千米是水泥混凝土倒浆结构，河床清淤、加宽。整治后可经受百年一遇洪水。

（资料填报：黄俊鸿，初稿撰写：黄旭伦，总纂：李协湖）

永福村

◎ 永福村村貌（摄于 2016 年）

永福村，位于水头镇境中部，距镇政府 5 千米。始建于清初，因村民希望全村男女老少及子孙后代在发展中永远都有福气，故起名永福村。该村坐落于恶鸡嶍山南约 2.5 千米谷地，村北约 600 米处，有县道 X373 线南北通往国道 G106 线，潖江自东向西流过，位于桂田村域东部，该村庄东与修伦村相接，南与永利村相邻，西与旧村委相近，北与茂生村相连。

村落形成时，属清远县吉河乡。清嘉庆十八年（1813 年），属佛冈厅吉河乡西田堡。民国期间，属佛冈县一区天水乡。中华人民共和国成立后，属佛冈县二区水头乡。1958 年 10 月，属从化县佛冈人民公社桂田大队。1961 年 5 月，属佛冈县水头人民公社桂田大队。1983 年 12 月，属水头区桂田乡。1987 年 1 月，属水头镇桂田行政村。1989 年 11 月，属水头镇桂田管理区。1998 年 11 月至今，属水头镇桂田行政村。

◎ 永福村门楼（摄于 2016 年）

世居村民为黄姓。黄氏先祖于宋末从江西迁移至广东南雄珠玑巷，随着黄氏宗族的繁衍、变迁，明洪武元年（1368 年）黄胜（六峰公）从顺德迁至吉河乡（今佛冈县）水头莲瑶，清初再从桂田老围迁移至该地。

2015 年末，户籍人口 173 人，其中男性 93 人，女性 80 人。60 岁以上 18 人，其中 80 岁以上 7 人，最年长者 83 岁（男）。16 岁以下 35 人，其中留守儿童 3 人。实际在村居住 76 人，生活主要依靠农业收入 81 人，常年在城镇生活和务工 92 人。村民均为汉族，广府民系，使用粤方言。

村有山地面积 5.33 公顷，耕地面积 3.27 公顷。传统经济以农业为主，该村地处北半球亚热带

◎ 永福村香芋种植（摄于 2016 年）

◎ 永福村传统民居（摄于 2016 年）

南部，属亚热带湿润气候，地处开阔地带及沿河岸边，大部分水田土壤为带沙质潴育型水稻土，适合农作物生长。全村历史以来的耕作习惯以种植水稻为主，同时种植小麦、番薯、麦豆、蚕豆、高粱等，经济作物有花生、油菜，其他作物有芋头、玉米、莲藕及叶类和瓜类蔬菜等。水稻亩产量（单造）300—500 千克，番薯亩产量（单产）1000—1500 千克，小麦亩产（单产）150—200 千克。20 世纪 70 年代初开始，生产队用手扶拖拉机代替役牛进行耕作。特别是改革开放和实行家庭联产承包责任制后，使用手扶拖拉机耕作面积增大。21 世纪后，有不少农户改种植水稻为种植水果，水果多以沙糖桔为主。村民主要收入来源于农业和外出务工。特色传统食品有白切鸡、烧鸭、焖鹅、炒米饼、油炸糖环、油炸糖环、粘米糍、糯米糍、糖糕、铜盘糍、月饼、粽子等。

1968 年通电，1992 年通电话，2006 年通网络、有线电视，2015 年全村村道实现水泥硬底化。

现存传统民居 10 座，单间平房 39 间，基本保持较好，有人居住。永福村公祠为共用的松轩黄公祠，建成于清同治七年（1868 年），占地面积 444.3 平方米。2012 年，被列入佛冈县不可移动文物名录。

传统的民间习俗有祭祖祠、拜土地公、祭灶君、逢农历初一和十五烧香奉神。传统的宗族活动有清明祭祖、重阳祭祖。传统的婚嫁习俗中，男女双方开始交往时，女方家要到男方家看家风，在双方确定婚姻关系后要担小担礼，结婚时要担求婚酒、送礼金、报日子、定嫁妆、行婚礼、摆酒请客、迎亲、送亲等仪式，然后行三朝回门礼。传统丧葬习俗以土葬为主，20 世纪 90 年代后逐步实行火葬。其程序包括报丧、守灵、入殓、出殡、送火化、将牌位送入祖祠等。新葬坟墓的第一次祭祀在春社日前，清明不再祭拜。

1970 年，在滘江的石潭鸭颈修筑拦河陂，堤坐为水泥混凝土结构，长 47 米，灌溉面积 137 公顷，解决桂田行政村 90% 以上灌溉需要，该村受益。2013 年 5 月 15 日，遭遇洪水袭击，水深 0.5 米，受灾 48 人，受浸房屋 16 间，折合经济损失 13 万元。2014 年，政府投资整治滘江水头河段，进行修筑河堤、河床清淤，河堤为砌石、水泥混凝土结构。整治后可经受百年一遇洪水，是历史以来整治规模最大、效果最好的整治，使该村村民的生产、生活和生命财产安全得到保护。

（资料填报：黄俊鸿，初稿撰写：梁明炜，总纂：李协湖）

○桂元行政村

新　村

◎ 新村鸟瞰（摄于 2016 年）

新村，位于水头镇中部偏西北，距镇政府 2.8 千米。始建于清后期，因是新建村，故取名新村。该村东与桂田行政村的火屎岭（原有自然村落）接壤，南面 100 米处是滘江，西与新龙围、白麻园村相邻，北是丘陵山（老庙塘山）和县道 X373 线。据《李氏族谱》记载，李氏昌熙公迁徙到此地，在老庙塘东面建村。该村坐落于丘陵谷地，村北有老庙塘山，（海拔 180 米）。县道 X373 线从村旁北面穿过。

◎ 新村牌坊（摄于 2016 年）

该村于清后期形成后，属佛冈厅吉河乡西田堡。民国期间，属佛冈县一区天水乡。中华人民共和国成立后，属佛冈县二区水头乡。1958 年 10 月，属从化县佛冈人民公社桂元大队。1961 年 5 月，属佛冈县水头人民公社桂元大队。1983 年 12 月，属水头区桂元乡。1987 年 1 月，属水头镇桂元行政村。1989 年 11 月，属水头镇桂元管理区。1998 年 11 月至今，属水头镇桂元行政村。

世居村民为李姓、朱姓。李姓，据《李氏族谱》记载，明嘉靖十七年（1538 年），李氏族人由福建迁入广东。后李氏始祖又自广东新丰移居水头塘口

◎ 新村一角（摄于 2016 年）

村，其后代在塘口村居聚发展。至清后期，人口繁衍发展渐多，经李昌熙分村迁徙至桂元村委东面建村——新村，繁衍至今。后朱景玉自迳头大房村迁至该村。自此两姓人共落户于新村，相互扶持，和睦共处，定居繁衍生息。

2015 年末，户籍人口 913 人，其中男性 462 人，女性 451 人。80 岁以上 35 人。年最长者 95 岁(女)。16 岁以下 103 人，其中留守儿童 8 人。实际在村居住 512 人，常年在城镇生活和外出务工 401 人。祖籍该村的港澳同胞 3 人。祖籍该村的华侨 1 人，现居阿根廷。村民均为汉族，客家民系，使用客家方言。

村有山地面积 86.67 公顷，耕地面积 15.87 公顷。传统经济以农业为主。村地处丘陵山边，土壤以赤红壤和红壤为主，大部分水田土壤为潴育型水稻土。全村历史以来的耕作习惯以种植水稻为主，同时种植小麦、番薯、麦豆、蚕豆、高粱等，经济作物有花生、油菜，其他作物有芋头、玉米、莲藕及叶类和瓜类蔬菜等。村中的传统食品有葱油鸡、卤水鸭、芋头焖鹅、蒸扣肉、炒米饼、油炸糖环、糯米糍、艾糍、铜盘糍、月饼、粽子等。

◎ 新村水稻种植（摄于 2016 年）

20 世纪 60 年代中期通电话，70 年代初通电，1998 年村道实现水泥硬底化，2009 年通自来水，2010 年通网络。村中建有垃圾收集站和文化室。

民居特色是客家围屋，建筑特色是单间连建，三合土夯墙，泥砖砌墙，土木结构平房，共有 252 间，已倒塌 52 间，大部分基本保持好，少数有人居住。20 世纪 90 年代后，村民逐步向村西方向连接扩建住宅，以水泥混砖结构和框架结构楼房为主，单元式建筑结构，多是三房两厅一厨一卫模式，建筑占地面积约 120 平方米，全村建有楼房 112 幢，其中一层的有 23 幢，二层的有 71 幢，三层及以上的有 18 幢。

村有李氏昌熙公祠一座，建于清末。坐落于村的东面，坐西向东，面阔 10.5 米，进深 16 米。宗祠为砖木结构，硬山顶，二进一天井布局，门前有两条圆石柱，门额有“昌熙公祠”石刻匾额，门楣两旁各有山水画一幅。宗祠是村民供奉祖先的主要场所。

◎ 昌熙公祠（摄于 2016 年）

2011 年，由族人李伯青编印《李氏族谱》。1999 年，由族人朱罗央主持编印《朱政公家谱》。族谱主要分三部分：李姓氏来源，新村李氏世系，李氏族规、家训。

主要宗族活动有清明祭祖、重阳祭祖等。传统民间习俗有正月初十上灯活动、春节期间舞狮和采青等。迎亲嫁娶等礼俗依然存在。传统丧葬风俗庄重繁杂，多沿用古中原传统，以土葬为主。20 世纪 90 年代后逐步实行火葬。其程序包括竖灵、收敛、引灵、接体、奠礼、出殡、火化、安葬等。

1993 年，该村经清远市人民政府批准被认定为解放战争游击根据地。2013 年 5 月 15 日，遭遇洪水袭击，水深 0.3 米，受灾 30 人，受浸房屋 36 间，倒塌房屋 2 间，折合经济损失 3.5 万元。2014 年 5 月 23 日，再次遭遇洪水袭击，受灾 20 人，受浸房屋 30 间。

该村的李廷根（1940—），曾任韶关市人民检察院检察长。

（资料填报：李神富，初稿撰写：李神富，总纂：李协湖）

白麻园村

◎ 白麻园村村貌（摄于 2016 年）

白麻园村，位于水头镇中部偏西北，距镇政府3千米。始建于清康熙二十五年（1686年），滘江从村东边自东向南、西两边绕抱流过，长约1千米。东、南和西分别与桂田村、新联村隔江相望，西北和北分别与新龙围、新村相邻。有村道从县道X373线通往该村。因此地多种植白麻，遂取名白麻园村。另传，村落背靠独凰山，独凰山像巨人撒网，村民种植白麻维持巨网，故取名白麻园村。

村落形成时，属清远县吉河乡。清嘉庆十八年（1813年），属佛冈厅吉河乡西田堡。民国时期，属佛冈县一区天西乡。中华人民共和国成立后，属佛冈县二区水头乡。1958年10月，属从化县佛冈人民公社桂元大队。1961年5月，属佛冈县水头人民公社桂元大队。1983年12月，属水头区桂元乡。1987年1月，属水头镇桂元行政村。1989年11月，属水头镇桂元管理区。1998年11月至今，属水头镇桂元行政村。

世居村民为廖姓、黄姓。据《廖氏族谱》记载，清康熙二十五年，廖姓始祖廖冲鹏从新龙围迁至该地建村。清末，黄姓由今石角莲溪村迁至该村。该村以姓氏划分为两个居住点，分别为黄姓、廖姓居住。

2015年末，户籍人口292人，其中男性139人，女性153人。60岁以上30人，其中80岁以上10人，最年长者89岁（女）。16岁以下63人，其中留守儿童5人。实际在村居住和生活主要依靠农业收入159人，常年在城镇生活和外出务工133人。祖籍该村的港澳同胞15人。村民均为汉族，广府民系，使用粤方言。

◎ 白麻园村门楼（摄于 2016 年）

◎ 白麻园村蔬菜种植基地（摄于2016年）

炸糖环、糯米糍、艾糍、铜盘糍、角粉、粽子、月饼等。

1978年通电，1995年通电话，2005年实现村道水泥硬底化，2008年通自来水。村中建有文化室和垃圾收集池。

保存较好的200年以上传统民居有21座。传统民居建筑风格融客家围屋和广府建筑于一体，廖氏、黄氏独立设置围墙，建设门楼（廖氏门楼2座）自成村落而又紧密相连，村落建筑风格相同。中心区域为正座，四周为围水屋。围屋呈“囲”字形，五横三纵的巷道贯通全村。正座为四房两廊一厅一天井，前后两正座相连，四周为巷，每座占地面积约120平方米。每座正座上房向厅，下房向廊，两开侧门进出，两户人共同居住时，厅为两户共用。围水屋为单间并排相连，门口向内，留巷与正座相隔，兼做围墙。建筑材料为三合土夯墙，火砖或泥砖砌墙，砖木结构，悬山顶。

主要宗族活动有祭祖祠、清明祭祖、重阳祭

村有山地面积23.33公顷，耕地面积6.73公顷。传统经济以农业为主，村地处滘江河畔，大部分水田土壤为潴育型水稻土。历来的耕作习惯以种植水稻为主，同时种植小麦、番薯、麦豆、蚕豆、高粱等，经济作物有花生、油菜，其他作物有芋头、玉米、木薯、生姜及叶类和瓜类蔬菜等。中华人民共和国成立前，由于种植技术水平低下，品种丰产性能差，该村水稻一般亩产为100千克。中华人民共和国成立后，该村先后组织互助组、合作社，参加人民公社，逐步应用推广先进的农业生产技术，农业生产效益有较大的提高。水稻亩产量（单造）200—400千克，番薯亩产量（单产）1000—1500千克，小麦亩产（单产）100—150千克。犁地、耙地主要依靠役牛，役牛有水牛和黄牛，多以水牛为主。20世纪70年代初开始，生产队用手扶拖拉机代替役牛进行耕作。在改革开放和实行家庭联产承包责任制后，使用手扶拖拉机耕作的面积增大。普遍使用的农具为锄头、铁耙、镰刀、风车柜。该村每家每户都有制作山水豆腐的技艺，制作品种有水（白）豆腐、油炸豆腐、豆腐云、豆腐花等，并畅销方圆十里村庄和水头圩。传统节庆食品有白切鸡、烧鸭、焖鹅、炒米饼、油

◎ 白麻园村传统民居（摄于2016年）

◎ 天西乡第十保旧址（摄于2016年）

◎ 2006年修建的350米河堤（摄于2016年）

祖等。传统民间习俗有正月初十上灯活动，祭灶君、拜土地公、拜庙神。传统习俗中的古制“六礼”已失传，但迎亲嫁娶等礼俗依然存在。传统丧葬风俗庄重繁杂，多沿用古中原传统，以土葬为主。20世纪90年代后逐步实行火葬。其程序包括竖灵、收敛、引灵、接体、奠礼、出殡、火化、安葬等。该村主要宗族活动有春节期间舞狮、采青，清明、重阳祭祖等。

民国期间，在白麻园曾设立天西乡第十保。中华人民共和国成立后，是天西乡政府所在地。1993年，经清远市人民政府批准被认定为解放战争游击根据地。2005年，组织实施村道硬底化工程，投入28万元，建成5米宽、1千米长的硬底水泥道路。2006年，实施省级小型河道加固工程，投入30多万元，加固堤围350米。2010年，实施县级农田水利基本建设工程，投资80万元，建设三面光排灌水圳2.5千米，全面解决全村基本农田排灌问题。2010年，建三村民小组被广东省爱国卫生运动委员会评为“省级卫生村”。2013年5月15日，特大暴雨引发洪涝，决堤150米，造成全村房屋、农田被浸，水深1米多。

该村主要人物：廖鉴铭（1907—1943），革命烈士，曾任佛冈县一区抗日先锋队队长、中共天西乡支部书记、中共佛冈区委委员，中共佛冈县委委员，早年时期投身革命，为中共佛冈县组织和地方组织创始人之一。廖昌楷（1932—2006），曾任清远市物资局局长。廖光荧（1939—2011），曾任韶关市精选厂副厂长。廖振灵（1963—），曾任佛冈县副县长，现任清远市旅游局副局长。

（资料填报：黄石金，初稿撰写：黄石金，总纂：李协湖）

新龙围

◎ 新龙围村貌（摄于 2016 年）

新龙围，位于水头镇中部偏西北，距镇政府约 3 千米。始建于明后期，称此地为双龙贯月地形，遂取名新龙围。该村坐落于互背山（海拔 200 米）南面，东与新村接壤，南与白麻园村相邻，西是耕地和五洞河，北是县道 X373 线和互背山，滘江从村西南面自东向西流过。

村落形成时，属清远县吉河乡。清嘉庆十八年（1813 年），属佛冈厅吉河乡西田堡。民国期间，属佛冈县一区天水乡。中华人民共和国成立后，属佛冈县二区水头乡。1958 年 10 月，属从化县佛冈人民公社桂元大队。1961 年 5 月，属佛冈县水头人民公社桂元大队。1983 年 12 月，属水头区桂元乡。1987 年 1 月，属水头镇桂元行政村。1989 年 11 月，属水头镇桂元管理区。1998 年 11 月至今，属水头镇桂元行政村。

◎ 新龙围牌坊（摄于 2016 年）

世居村民为廖姓、黄姓。据廖氏族人相传，廖氏于北宋后期宣和年间从江西迁移到广东龙门县，明后期从附近石街口村迁到该村。黄氏，清中期从今石角镇二七田心村迁到该村。两姓共聚一村，相互友好，繁衍生息。

2015 年末，户籍人口 348 人。其中 80 岁以上 10 人，最年长者 93 岁（男）。实际在村居住和生活主要依靠农业收入 248 人。村民均为汉族，属广府民系，使用粤方言。

村有山地面积 100 公顷，耕地面积 10.67 公顷。该村地处开阔地带及沿河岸边，大部分水田土壤为带沙质潴育型水稻土，适合农作物生长。传统经济以农业为主，以种植水稻为主，同时种植小麦、番薯、麦豆、蚕豆、高粱等，经济作物有花生、油菜，

◎ 新龙围水稻种植（摄于 2016 年）

◎ 新龙围广府围屋门楼（摄于 2016 年）

其他作物有芋头、玉米、莲藕及叶类和瓜类蔬菜等。水稻亩产量（单造）300—500 千克，番薯亩产量（单产）1000—1500 千克，小麦亩产（单产）150—200 千克。20 世纪 70 年代初开始，生产队用手扶拖拉机代替役牛进行耕作。特别是改革开放和实行家庭联产承包责任制后，使用手扶拖拉机耕作的面积增大。21 世纪后，有不少农户改种植水稻为种植水果，水果多以沙糖桔为主。村民其他收入来源于外出经商和务工。传统食品有白切鸡、烧鸭、焖鹅、炒米饼、油炸糖环、糯米糍、艾糍、铜盘糍、角粉、粽子、月饼等。

1975 年通电，2000 年通电话，2007 年实现村道水泥硬底化，2010 年通网络、有线电视。

传统民居现存 26 座，始建于清初。清末以后对古建筑缺少保护，一些具有特色的古民居部分已倒塌或重新拆建。民居布局为四房二廊一厅一天井，

◎ 新龙围传统民居（摄于 2016 年）

三合土夯墙，火砖或泥砖砌墙，砖瓦结构，硬山顶，占地面积 90 平方米，少数有人居住。改革开放以后，村中居民收入提高，逐步在村的四周新建民居，建成钢筋混凝土结构楼房 21 座，其中一层的 15 座，二层及以上的 6 座。

主要宗族活动有拜祭宗祠、清明祭祖、重阳祭祖。传统民间习俗有正月初十上灯活动，祭灶君、拜土地公、拜庙神。婚嫁礼仪，结婚前要看家风、定日子、送聘金、定嫁妆，行婚礼时要摆酒请客、迎亲和送亲。三朝新娘回门礼等。丧葬的传统习俗以土葬为主，1990 年以后逐步实行火葬。其程序为举丧、入殓、出殡、送葬、做法事、将亡灵送入祠堂。

1993 年，经清远市人民政府批准被认定为解放战争游击根据地。2013 年 5 月 15 日，遭遇洪水袭击，水深 0.8 米，受灾 156 人，受浸房屋 68 间，倒塌房屋 1 间，折合经济损失 16 万元。2014 年 5 月 23 日，再次遭遇洪水袭击，水深 0.3 米，受灾 100 人，受浸房屋 56 间，折合经济损失 3.2 万元。

该村主要人物：廖北生（1946—），曾任佛冈县总工会主席。廖诗僻（1949—），退伍军人，曾任广州市越秀区卫生局局长。

（资料填报：廖日辉，初稿撰写：廖日辉，总纂：李协湖）

仓边村

◎ 仓边村鸟瞰（摄于 2016 年）

仓边村，位于水头镇中部偏西北，距镇政府约 3 千米。始建于明崇祯十五年（1642 年），因地势如“工”字形，又如谷仓，故取名仓边村。

坐落于旧国道 G106（今县道 X373 线）两边，村东是桂元村委，南是水头新联村，西是水头新联村，北是五洞村。村旁有高脑山（海拔 600 米），潖江流经该村河长约 1000 米。

村落形成时，属清远县吉河乡。清嘉庆十八年（1813 年），属佛冈厅吉河乡西田堡。民国时期，属佛冈县一区天水乡。中华人民共和国成立后，属佛冈县二区水头乡。1958 年 10 月，属从化县佛冈人民公社桂元大队。1961 年 5 月，属佛冈县水头人民公社桂元大队。1983 年 12 月，属水头区桂元乡。1987 年 1 月，属水头镇桂元行政村。1989 年 11 月，属水头镇桂元管理区。1998 年 12 月至今，属水头桂元行政村。

◎ 新龙围门楼（摄于 2016 年）

世居村民为郑姓、温姓。温姓，于明崇祯十五年从新丰遥田迁到该址。郑姓，于清乾隆二十五年（1760 年）从迳头（今佛冈县迳头镇）大陂村分村迁居于该处。该村于 1998 年在原地集体规划扩建，部分村民在佛冈县城或外地居住生活。

2015 年末，户籍人口 600 人，其中男性 320 人，女性 280 人。80 岁以上 6 人，最年长者 94 岁（女）。留守儿童 4 人。实际在村居住和生活主要依靠农业收入 240 人，常年在城镇生活和务工 360 人。村民均为汉族，有广府民系和客家民系，使用粤方言和客家方言。

村有山地面积 70 公顷，耕地面积 15.13 公顷。该村辖区北面隔河，有石榴花山，海拔约 210 米。山中有野猪、黄猄、白鹇、穿山甲等野生动物。传统经济以水稻和蔬菜种植、手工加工、收废品及小本经商为主。主要作物有水稻、番薯、木薯、花生、芋头、沙糖桔等。水稻亩产量（单造）300—500千克，番薯亩产量（单产）1000—1500千克，小麦亩产（单产）150—200千克。20世纪70年代初开始，生产队用手扶拖拉机代替役牛进行耕作。特别是改革开放和实行家庭联产承包责任制后，使用手扶拖拉机耕作的面积增大。21世纪初，村民种植沙糖桔约26公顷，最高收入年份达到200多万元。2013年起，沙糖桔产业因患柑桔黄龙病而消退，村民改种其他果树。2015年，该村村民首次开办百香果园，种植百香果紫香3号优良品种10公顷，亩产达1000千克，年产值达200多万元。现村民主要收入来源于农业和外出务工，2015年人均可支配收入达到1.2万元，略超过全县农村居民收入的平均数。传统节庆食品有糯米糍、艾糍、粽子等。

1967年通电，2000年初通电话，2005年通网络，2011年实现村道水泥硬底化，2013年通自来水。

传统民居现存12座，平房422间，建于清朝，基本保持完好。建筑特点为四房二廊一厅一天井，三合土夯墙，火砖或泥砖砌墙，砖木结构，硬山顶，每座占地面积约90平方米，现仍有人居住。2000年以后，村民逐步改为建造钢筋混凝土结构楼房，多为2—3层。

传统民间习俗有拜土地公、祭灶君、逢农历初一和十五烧香奉神。传统的宗族活动有清明祭祖、重阳祭祖醮宗祠。传统婚丧嫁娶礼仪仍较庄重繁杂。在婚嫁礼仪中，男女双方开始交往，女方家要到男方家看家风，在双方确定婚姻关系时要担小礼，结

◎ 温氏公祠（摄于2016年）

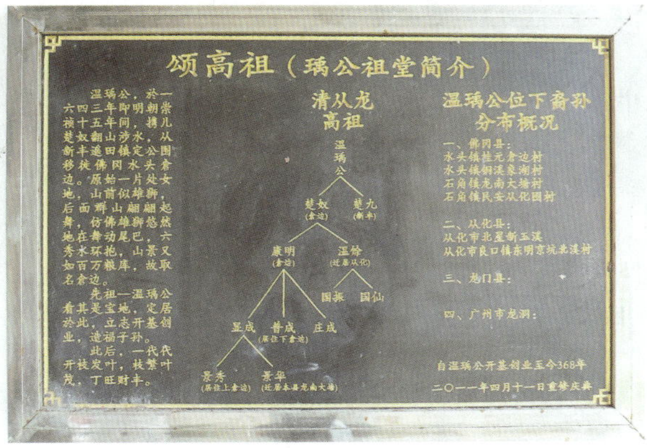

◎ 温氏埚公祖堂简介（摄于2016年）

婚时要历经担求婚酒、送礼金、报日子、定嫁妆、行婚礼、摆酒请客、迎送亲等仪式流程，然后行三朝回门礼。传统丧葬习俗以土葬为主，20世纪90年代后逐步实行火葬。其程序包括报丧、守灵、入殓、出殡、送火化、将灵牌送入祖祠等。新葬坟墓的第一次祭祀都是在春分节气前的春社日前，清明不再祭祀。

1938—1949年，在中国共产党的领导下，建立党组织、农民协会组织，民兵组织进行革命斗争。村民筹集粮款、物资支援部队。1993年3月，该村经清远市人民政府批准被认定为解放战争游击根据地。2013年5月15日，遭遇洪水袭击，水深0.7米，受灾189人，受浸房屋96间，折合经济损失22万元。2014年5月23日，再次遭遇洪水袭击，水深0.1米，受灾11人，受浸房屋10间，折合经济损失0.7万元。

◎ 仓边村百香果种植（摄于2016年）

（资料填报：温则权，初稿撰写：郑从针，总纂：李协湖）

白石镇村

◎ 白石镇村鸟瞰（摄于 2016 年）

白石镇村，位于水头镇中部偏西北，距镇政府约 3 千米。始建于清乾隆十三年（1748 年），因村前有条水圳，故称白石圳村，后村民取谐音改称白石镇村。该村坐落于山间开阔地，坐北向南，三面溪水环绕。村东是新村，村南是新龙围，村西是仓边村，村北是黄塘村。白石镇村背后山海拔约 210 米。村南有县道 X373 线南北通过。

村落形成时，属清远县吉河乡。清嘉庆十八年(1813 年)，属佛冈厅吉河乡西田堡。民国时期，属佛冈县一区天水乡。中华人民共和国成立后，属佛冈县二区水头乡。1958 年 10 月，属从化县佛冈人民公社桂元大队。1961 年 5 月，属佛冈县水头人民公社桂元大队。1983 年 12 月，属水头区桂元乡。1987 年 1 月，属水头镇桂元行政村。1989 年 11 月，属水头镇桂元管理区。1998 年 12 月至今，属水头镇桂元行政村。

世居村民为郑姓。据《通德堂·英州大陂郑氏族谱》记载，清乾隆十三年郑氏太公从迳头大陂分伙迁至咸水塘，再分伙到白石镇村，现咸水塘已全部迁至白石镇村内，至今已繁衍 10 余代。

2015 年，户籍人口 295 人，其中男性 171 人，女性 124 人。60 岁以上 31 人，其中 80 岁以上 5 人，最年长者 89 岁（女）。16 岁以下 63 人，实际在村居住和生活主要依靠农业收入 145 人，常年在城镇生活和外出务工 150 人。村民均为汉族，客家民系，使用客家方言。

村有山地面积 166.67 公顷，耕地面积 12.6 公顷。野生动物有野猪、黄猄、白鹇、穿山甲等。该村辖区北面隔河有石榴花山，海拔约 210 米。农业主要作物有水稻、番薯、木薯、花生、芋头、沙糖桔等。该村历来有人从事打铁、制陶、木作、染布、制革、篾织等行业。清末民国初，在水头圩开有染布作坊、牛皮店、皮鞋店、饼铺等多间多种类店铺。村中还有铁匠、木匠、篾织匠等，不少村民在县内外及珠江三角洲一带务工兴业。21 世纪初期，村民种植沙糖桔 20 多公顷，最高年收入达 120 多万元。2013 年起，沙糖桔产业因患柑桔黄龙病而消退，村民改种其他果树。传统节庆食品有葱油鸡、卤水鸭、芋头焖鹅、蒸扣肉、炒米饼、油炸糖环，糯米糍、艾糍、角子糍、发糍、粘米糍、粽子等。

1983 年通电，1992 年通电话，2006 年通网络，

2015年实现村道水泥硬底化。

传统民居现存清代建筑白石镇围屋，保存较为完整。1940年秋选址于村中修建郑氏公祠，于翌年秋冬之际落成。公祠为二进三合土砖木混合结构，大门楣上有石刻匾额刻有“必岳郑公祠”五个大字，由村人郑中勛书，大门两侧有木刻对联：“必祖功德彰隆垂后世；岳公裔孙贤明振家声。”公祠门楣上方挂存一面刻有“武魁”牌匾，牌匾两端刻有小字，为“武举等十五名”“光绪十二年”。该牌匾是迳头一六街村人郑荣芳比武所得。郑荣芳曾被白石镇村聘请为武术教练，并得到该村村民们的敬重，为感谢村民们敬重，郑荣芳将自己比武所得的牌匾赠送给白石镇村留念。

◎ 光绪十二年（1886年），郑荣芳获武举第十五名匾牌（摄于2016年）

传统的民间习俗有拜土地公、祭灶君、逢农历初一和十五烧香奉神。传统的宗族活动有清明祭祖、重阳祭祖醮宗祠。传统的婚嫁丧葬礼仪仍较庄重繁杂。在婚嫁礼仪中，男女双方开始交往，女方家要到男方家看家风，在双方确定婚姻关系时要小担礼，结婚时要历经担求婚酒、送礼金、报日子、定嫁妆、行婚礼、摆酒请客、迎送亲等仪式流程，然后行三朝回门礼。传统丧葬习俗以土葬为主，20世纪90年代后逐步实行火葬。其程序包括报丧、守灵、入殓、出殡、送火化、将灵牌送入祖祠等。新葬坟墓的第一次祭祀都是在春分节气前的春社日前祭祀，清明不再祭祀。

◎ 白石镇村传统民居（摄于2016年）

1938—1949年，在中国共产党的领导下，建立中共组织、农民协会组织，民兵组织进行革命斗争。村民筹集粮款、物资，支援部队。1982年，水头人民公社企业办在该村辖域西北面大石桥处兴建冲击式发电站一间，名曰大石桥电站。该发电站装配发电机2台，装机容量300千瓦，年产值60万元。1993年3月，经清远市人民政府批准被认定为解放战争游击根据地。2013年5月15日，遭遇洪水袭击，水深0.8米，受灾286人，受浸房屋125间，倒塌房屋1间，折合经济损失262万元。2014年5月23日，再次遭遇洪水袭击。

该村主要人物：郑大山（1881—1952），清翰林学士。郑中禄（1941—），高级工程师，毕业于西安建筑科技大学，曾任佛山市建设委员会副总工程师，在全国建筑刊物上发表过建筑技术专业论文，主要著作有《环球萍踪》《华夏览胜》。

（资料填报：郑中辉，初稿撰写：郑从针，总纂：李协湖）

黄塘村

◎ 黄塘村村貌（摄于 2016 年）

黄塘村，位于水头镇西北部，距镇政府 6 千米。始建于清中期，因地处山间低谷，集雨面积较大，常遇山洪水浸，形似一口池塘，山洪水将黄色的泥石流冲到该村及周围，染成黄色，因而起名为黄塘村。该村地处丘陵山群中，村西有一条小溪自北向南 3 千米汇入潖江。村的四面被丘陵群山包围，南面隔山 3 千米是白石镇村、仓边村，西北方向隔山 5 千米是五洞村，北面 8 千米与迳头镇接壤。县道 X373 线在村南 3 千米处通过，乡道 Y275 线接县道 X373 线直通该村。相传，该村原有王姓、麦姓、朱姓等多姓人居住，当时因山贼猖獗，村民受害，先后迁到外地。清中期由郑姓建村居住。

村落形成时，属清远县吉河乡。清嘉庆十八年(1813年)，属佛冈厅吉河乡西田堡。民国时期，属佛冈县一区天水乡。中华人民共和国成立后，属佛冈县二区水头乡。1958 年 10 月，属从化县佛冈人民公社桂元大队。1961 年 5 月，属佛冈县水头人民公社桂元大队。1983 年 12 月，属水头区桂元乡。1987 年 1 月，属水头镇桂元行政村。1989 年 11 月，属水头镇桂元管理区。1998 年 12 月至今，属水头镇桂元行政村。

世居村民为郑姓、李姓、林姓。郑姓，清中期从迳头大陂迁至该地。李姓，在中华人民共和国成立后的土地改革时期，因分田分房而从桂元新村迁到该地。林姓，是原地主人家在民国时期买来的养子，中华人民共和国成立后养子恢复原林姓。村民均为汉族，客家民系，使用客家方言。

2015 年末，户籍人口 195 人，其中男性 93 人，女性 102 人。60 岁以上 20 人，其中 80 岁以上 5 人，最年长者 93 岁（女）。16 岁以下 40 人。实际在村居住和生活主要依靠农业收入 70 人，常年在城镇生活和务工 125 人。祖籍该村的港澳同胞 5 人。祖籍该村的华人华侨 4 人，现居马来西亚。

村有山地面积 366.67 公顷，耕地面积 17.66 公顷。传统经济以农业、林业和畜牧业为主。森林资源有松树、柯树、杉树、枫树、樟树、桉树及多种杂树。山中野生动物有山猪、黄猄、穿山甲及各种蛇类和鸟类。村地处山区，土壤以赤红壤和红壤为主，大部分水田土壤为潴育型水稻土。历来的耕作习惯以种植水稻为主，同时种植小麦、番薯、麦豆、蚕豆、高粱等，经济作物有花生、油菜，其他作物有芋头、玉米、木

◎ 古围屋门楼（摄于 2016 年）

薯、生姜及叶类和瓜类蔬菜等。中华人民共和国成立前，由于种植技术水平低下，品种丰产性能差，该村水稻一般亩产为 100 千克。中华人民共和国成立后，该村逐步应用推广先进的农业生产技术。农业生产效益有较大的提高。水稻亩产量（单造）200—400 千克，番薯亩产量（单产）1000—1500 千克，小麦亩产（单产）100—150 千克。犁地、耙地主要依靠役牛，役牛有水牛和黄牛，多以水牛为主。20 世纪 70 年代初开始，生产队用手扶拖拉机代替役牛进行耕作。改革开放和实行家庭联产承包责任制后，使用手扶拖拉机耕作的面积增大。普遍使用的农具为锄头、铁耙、镰刀、风车柜。村中许多年轻人都在 20 世纪 90 年代后外出打工或经商。该村山地面积大，有丰富的林木资源，主要有松树、杉树及其他杂树，是县内松脂和蜜蜂的主要生产、养殖基地。21 世纪初期，村民种植沙糖桔 26 公顷，最高年收入达 180 多万元。2013 年起，沙糖桔产业因患柑桔黄龙病而消退，村民改种其他果树。传统节庆食品有葱油鸡、卤水鸭、芋头焖鹅、蒸扣肉、炒米粉印饼、油炸糖环、糯米糍、粘米糍、艾糍、粽子、月饼、糕点等。

1975 年，建有一座小水电站发电照明。1981 年，架设高压电线，使用电网电，同时由村民自筹资金，把羊肠小道改成沙土路。2003 年，实现村道水泥硬底化，并开通有线电话。2008 年，建成村文化室，为村民平时的活动中心，村前建有垃圾池。2011 年，安装移动转播塔。

传统民居为客家古围屋。古围屋坐南向北，砖木结构，面宽 28.1 米，进深 23.6 米，为平脊，悬山顶。设有正门和偏门各一个，正门用花岗岩作门框，有木门和木栅栏，第二进为花厅，主要作议事用，第三进用于供奉祖先。村屋门框用精制打造的花岗岩石板构成，巷道用花岗岩石板铺面。整个围屋呈“回”字形格局，围屋防卫性能良好，是典型的客家围屋结构。20 世纪 90 年代后，村中居民收入不断提高，逐步迁出原村落在四周建起钢筋混凝土结构楼房，其中一层的 12 座、二层的 6 座。楼房布局多为三房二厅一厨一卫，投影面积约 100 平方米。

在村南 150 米水口位置有一条古道，古道上建有一座石拱桥，是古代从水头到迳头的主要通道，建于清代，占地面积 16 平方米，东西走向，粗粒花岗岩结构。桥为单拱，长 11.4 米，宽 1.4 米，高 3 米，桥身厚 0.3 米，桥拱跨度 5.6 米，由 40 多块花岗岩石板组成。据当地人说，石拱桥是清代由迳头郑足音出资建造的。现石拱桥保存完好，2012 年被列入佛冈县不可移动文物名录。

黄塘径古驿道以原古道为基础设置，北起迳头镇风迳村，沿风迳河上溯，翻越梯子级、黄塘径，南至水头镇桂元黄塘村、上车径，出白石村（乡）到水头圩。此古道形成于清代，佛冈北部与中部、南部沟通，主要通过此古道。此道途径梯子级、黄塘径、上车径等山径和要隘，道路崎岖、险要，全长 10 千米，路宽 1.8 米，部分路面由石阶铺砌。黄塘径顶有茶亭 2 间，是农村传统的灰沙夯墙，上盖

◎ 黄塘村古围屋（摄于 2016 年）

◎ 黄塘古道（摄于 2016 年）

小青瓦，每间约 10 平方米，亭内置石台、石凳，供行人歇息。此古道处于大山之中，常有强梁劫掠商旅的现象。20 世纪 50 年代初，广韶公路开通后，此道行人渐少，逐渐废置。20 世纪 70 年代，该村修建村道后，古道基本全被毁坏，现留有点滴痕迹。

村中的民情风俗均来源于客家传统。主要宗族活动有拜祭宗祠、清明祭祖、重阳祭祖。传统民间习俗有正月初十上灯、祭灶君、拜土地公、拜庙神。女子成年出嫁前几天就会召集一些同龄女伴在闺房哭上几个晚上，称“哭嫁”。她们边哭边唱，内容大致说父母养育恩深，感恩父母、留恋家乡、舍不得离开儿时养育之地等。闹婚堂，又称“打堂枚”，这是男子娶新娘闹婚的一种习俗。结婚当晚，全村男

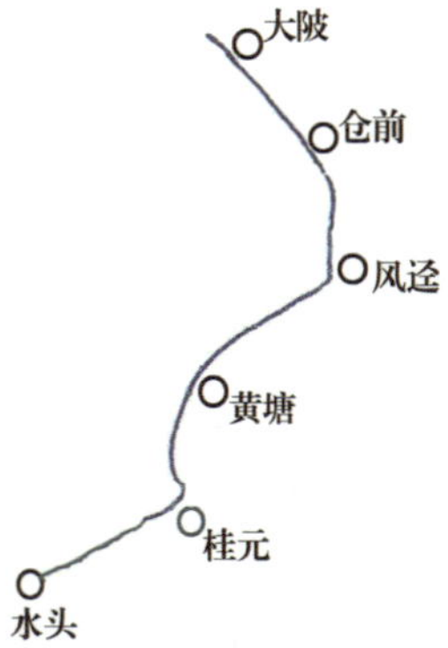

◎ 黄塘径古驿道示意图

客围坐一堂，猜拳喝酒，想方设法考验新娘新郎，有过长凳、咬花生、敬酒、点烟等各种动作，旨在考验新郎新娘的才能和融洽度。传统丧葬习俗以土葬为主，1990 年后逐步实行火葬。丧葬程序为举丧、入殓、出殡、送葬、做法事、将灵牌送入祠堂。

2013 年 5 月 15 日，遭遇洪水袭击，水深 0.8 米，受灾 172 人，受浸房屋 66 间，折合经济损失 20 万元。2014 年 5 月 23 日，再次遭遇洪水袭击，水深 0.1 米，受灾 10 人，受浸房屋 10 间，折合经济损失 9.7 万元。

该村主要人物：郑景初，清末秀才，1916 年出资在水头街建文源学堂（现水头镇中心小学）并任校长，1929 年 2 月出任佛冈县县立师范学校校长，同年冬与朱墨缘、郑镜初等人筹办佛冈县立中学，1932 年参办迳头大陂觉民学校（现大陂中学）。郑国强（1945—），武汉大学毕业后到北京第二外国语学院工作，1982 年任深圳市人事局副局长。

（资料填报：郑中根，初稿撰写：郑中根，总纂：李协湖）

五洞村

◎ 五洞村村貌（摄于 2016 年）

五洞村，位于水头镇西北部，距镇政府 9 千米。始建于清乾隆二十年（1755 年），因当地有五处山冚（俗称洞）而取名五洞村。按当地方言所讲：“洞谷地较为开阔的地方称为洞。”以水流逆上为序，当地分为头、二、三、四、五洞，其中三洞较为适合人居住。五洞村北面为滘江支流五洞水，西面向王牛山分水西流上梅冚水，村前为乡道 Y336 线，村南 7 千米处有县道 X373 线。

村落形成时，属清远县吉河乡。清嘉庆十八年（1813 年），属佛冈厅吉河乡西田堡。民国时期，属佛冈县一区天水乡。中华人民共和国成立后，属佛冈县二区水头乡。1958 年 10 月，属从化县佛冈人民公社桂元大队。1961 年 5 月，属佛冈县水头人民公社桂元大队。1983 年 12 月，属水头区桂元乡。1987 年 1 月，属水头镇桂元行政村。1989 年 11 月，属水头镇桂元管理区。1998 年 12 月至今，属水头镇桂元行政村。

世居村民有多姓，据村中老者所述，因避乱逃难，先由陈姓、画姓、高姓、马姓、罗姓、王姓等姓氏居住于该村，这几姓人先后搬迁至外村，后来逐步由张姓、潘姓、郑姓、朱姓、丘姓、黄姓等 6 姓氏在该村居住。张姓，据《张氏族谱》记载，清乾隆二十年，张氏兆宁由新丰遥田锂鱼涌分伙迁居至该村，建起围屋（张屋）居住，至今已传 10 代。潘姓，据《潘氏族谱》记载，清乾隆四十年（1775 年），潘氏宏天由英德白沙美田分伙迁居该村，建起围屋（廊仔围屋）居住，至今已传 9 代。郑姓，据《通德堂 · 郑氏族谱》记载，清嘉庆五年（1800 年），郑开庭由附近黄塘村迁徙到该村买田买地，建起白屋

◎ 五洞文化室（摄于 2016 年）

（福镇堂）居住，至今已传8代。朱姓，据朱姓村民所述，抗日战争时期因逃避战乱由迳头鸭麻坑迁于该村。丘姓，据丘姓村民所述，抗日战争时期因附近洋洞地处偏僻，屡遭贼人抢劫，部分较有文化的村民迁至五洞村教书然后定居。黄姓，据黄姓村民所述，民国后期黄母带子从石角黄花嫁入五洞村郑氏，后因“文化大革命”搬回原黄花村居住。

2015年，户籍人口562人，其中男性290人，女性272人。60岁以上66人，其中80岁以上10人，最年长者96岁（女）。16岁以下120人。生活主要依靠农业收入310人，常年在城镇生活和外出务工252人。祖籍该村的港澳同胞5人。祖籍该村的华人华侨2人，华侨现居美国。村民均为汉族，客家民系，使用客家方言。

◎ 福镇堂门楼（摄于2016年）

村有山地面积798.67公顷，耕地面积23.06公顷。森林资源主要有松树、柯树、杉树、樟树、枫树、竹及杂树等。主要矿产资源有瓷沙矿。野生动物有野猪、黄獐、白鹇、穿山甲、蛇等。村地处山区，土壤以赤红壤和红壤为主，大部分水田土壤为潴育型水稻土。历来的耕作习惯以种植水稻为主，其他粮食作物有小麦、番薯、麦豆、蚕豆、高粱等，经济作物有花生、油菜，其他作物有芋头、玉米、木薯、生姜及叶类和瓜类蔬菜等。中华人民共和国成立前，由于种植技术水平低下，品种丰产性能差，该村水稻一般亩产为100千克。中华人民共和国成立后，该村先后组织互助组、合作社，参加人民公社，逐步应用推广先进的农业生产技术，农业生产效益有较大的提高。水稻亩产量（单造）200—400千克，番薯亩产量(单产)1000—1500千克，小麦亩产(单产)100—150千克。犁地、耙地主要依靠役牛，役牛有水牛和黄牛，多以水牛为主。20世纪70年代初开始，生产队用手扶拖拉机代替役牛进行耕作。在改革开放和实行家庭联产承包责任制后，使用手扶拖拉机耕作的面积增大。该村山地面积大，有丰富的林木资源，主要有松树、杉树及其他杂树，是县内松脂和蜜蜂的主要生产、养殖基地。进入21世纪后，逐步调整农村经济结构，并积极发展水果产业。2013年，该村种植沙糖桔面积22公顷，年收入150多万元。2013年以后，由于受柑桔黄龙病的影响，沙糖桔产业消退，村民改种其他经济作物。村民主要收入来源于农业和外出务工。传统节庆食品有糯米糍、艾糍、粽子等。

1983年通电，20世纪90年代初通电话，2005年实现村道水泥硬底化，2006年通网络。村中建有文化室、篮球场和五洞公园，供村民日常活动。

◎ 五洞村古围屋门楼（摄于2016年）

◎ 福镇堂匾额（摄于2016年）

传统民居为客家围屋及广府民居，现存清代建筑有潘姓廊子、张姓张屋、郑姓白屋（福镇堂），保存较为完整。传统民居较少，大多于抗日战争时期被日本侵略军队烧毁，有的在20世纪80年代规划新农村建设时拆旧重建。

该村村口有座福兴庙，为清代所建，庙里供奉多座道教神像及骑马五兄弟大神等神像。村的西北面有井公王山，海拔820米，山顶有王牛山神庙及水头、高岗、石角三界碑。东北面有西坑山，西南面有亚婆寨。

村有雷打石（地名）与福兴古庙的传说。传说古时新丰六子神与五洞五兄弟神斗法，六子神想利用两块大石连同小石一起，由新丰相滚至五洞位于二洞铁扇关门（地名）处堵住出水口，准备淹没整个五洞围。五洞五兄弟神得知后，求得雷神相助，将大石古（俗称，又名“雷打石”）劈开两半，现今还保留大石于田中心处，被劈开的痕迹处还留有两个脚印为记。该村村民仍相信五洞五兄弟神保护村民的传说，因此逢年过节或农历初一、十五到福兴庙烧香拜祭。“文化大革命”中古庙被拆除，改革开放后重建，2010年重修。

主要民俗宗族活动有拜祭宗祠、清明祭祖，传统民间习俗有祭灶君、拜土地公、拜庙神、重阳节登山。传统习俗中的古制“六礼”虽较少见，但五洞村传统婚嫁中的担小担大担、择日、接新娘、迎亲过门、三朝回门等风俗习惯仍保留至今。传统丧葬风俗庄严繁杂，沿用古中原传统以土葬为主，20世纪90年代后逐步实行火葬。其程序包括竖灵、收敛、引灵、接体、奠礼、出殡、火化、安葬等。

20世纪70年代初，开展“农业学大寨”运动，大搞农田基本建设，改河造田，平整土地1.67公顷。1993年，经清远市人民政府批准被认定为解放战争游击根据地。2013年5月15日，该村遭遇洪水袭击，水深0.4米，受灾45人，受浸房屋32间，折合经济损失4.5万元。2014年5月23日，再次遭遇洪水袭击，水深0.2米，受灾6人，受浸房屋5间，折合经济损失0.6万元。

该村主要人物：潘启卓（1923—2010），民国时期文化教育界知名人士，曾任湖南省长沙市农垦局局长。潘希能（1957—），曾任佛山市农业银行分行行长。

（资料填报：郑从针，初稿撰写：郑从针，总纂：李协湖）

○新联行政村

塘口村

◎ 塘口村鸟瞰（摄于 2016 年）

塘口村，位于水头镇中部，距镇政府约 1.5 千米，始建于清初。村南面 400 米处有凤山（海拔 150 米）、凤山村，北面 100 米有滘江，河的对岸有县道 X373 线南北通往国道 G106 线，东面与坝仔村、新塘村接壤，东南面与楼仔村相邻，西面与北面是吉河自北向西环绕流过，西边滘江段称龙颈河，河上有 1 座石板桥称龙颈桥。建村时，地形像“乌鸦落塘”，又在村前开挖一口鱼塘，因此后来建村后就引用此地形最后一字塘字，取名塘口村。该村有上塘口、中塘口和下塘口 3 个居住区。

村落形成时，属清远县吉河乡。清嘉庆十八年（1813 年），属佛冈厅吉河乡黄田堡。民国时期，属佛冈县一区水头乡。中华人民共和国成立后，属佛冈县二区水头区。1958 年 10 月，属从化县佛冈人

◎ 塘口村牌坊（摄于 2016 年）

◎ 塘口村门楼（摄于 2016 年）

民公社丰二大队。1961 年 5 月，属佛冈县水头公社公社丰二大队。1983 年 12 月，属水头区丰二乡。1987 年 1 月，属水头镇丰二行政村。1989 年 11 月，属水头镇丰二管理区。1998 年 12 月，属水头镇丰二行政村。2005 年 5 月，丰二村与丰联村合并称新联村，属水头镇新联行政村至今。

世居村民为李姓、江姓、陈姓。据该村手抄旧本《李氏族谱》记载，李儒是唐高祖李渊直系三十三世，即火德公裔孙第十五代，于 17 世纪初自韶州府长宁县（今韶关市新丰县）遥田镇缠岗，迁移今水头镇新联村凤山壁东面定居开枝散叶，娶妻马氏祖婆生四女、妾张妙儒祖婆繁衍生八子，李儒过世后其所生八子为谋求而分居各地。另外，凤山村发展建设占据李氏旧围所在地，所以李氏迁离凤山。其第五子李昌毓中年后又移居今塘口村，成为塘口村的创始人，娶妻叶氏生有二子，长子时隆居中塘口、次子时和居下塘口安居乐业，创下塘口村的发展历史至今。

2015 年，户籍人口 952 人，其中男性 481 人，女性 471 人。60 岁以上 95 人，其中 80 岁以上 16 人，最年长者为 90 岁（男）。16 岁以下 70 人。实际在村居住和生活主要依靠农业收入 504 人，常年在城镇生活和务工 448 人。村民均为汉族，客家民系，使用客家方言和粤方言。

村有山地面积 81 公顷，耕地面积 24.33 公顷。林业冶资源有松树、杉树、柯树、枫树、樟树及其他杂树。野生动物有野猪、黄猄、狐狸、蛇等。鸟类有鹰、白鹇、鹧鸪、山鸡、画眉等。传统经济以农业为主，兼有林业、外出经商和务工。习惯以种植水稻为主，同时种植小麦、番薯、麦豆、蚕豆、高粱等其他粮食作物，经济作物有花生、油菜，其他作物有芋头、玉米、莲藕等。20 世纪 70 年代初开始，生产队用手扶拖拉机代替役牛进行犁地、耙地。改革开放和实行家庭联产承包责任制后，使用手扶拖拉机耕作田地的就更普及。21 世纪后，有不少农户在水田改种水果，种果多以沙糖桔为主。该村大多数村民有传统制作棉胎的技艺，该项技艺从民国初流传至今，村民们依托这项技艺迂回于广东省内及周边省，成为主要经济来源。传统节庆美食有白切鸡、烧鸭、焖鹅、蒸扣肉、炒米饼、油炸糖环、糯米糍、艾糍、铜盘糍、粽子、月饼等。

1980 年通电，2001 年通电话，2006 年建村文化室，2009 年通网络，2012 年通自来水，2013 年实现村道水泥硬底化。

传统民居为客家围屋，部分为广府民居，多建于清朝以后。客家围屋建筑布局是单间连建，呈“回”字形，每间占地面积 20 平方米。广府民居的建筑格局是正座式四房两廊一厅一天井，称四门归厅，每座占地面积 100 平方米。建筑所用的材料主要是三合土夯墙，还用火砖、泥砖砌墙，结构是砖木平房，以瓦盖面，屋顶为悬山顶。该村昌毓祖祠堂，门前有 2 块方形石，建筑布局为两进，占地面积 120 平方米。柱门楣上刻有匾额“昌毓学校”，匾额上 1 米左右写有“如斯校远济济盛与旧，学古贵

◎ 塘口村花生种植（摄于 2016 年）

◎ 塘口村传统民居（摄于 2016 年）

◎ 昌毓祖祠堂（摄于 2016 年）

今新，且奇毓秀文笔抄，宗枝昌隆世代旺”。学校重建于 1927—1930 年，占地面积约 690 平方米，建筑面积 300 平方米。

编修有《李氏族谱》，旧族谱由族人李宗庚书写手抄，2011 年 6 月出版的新族谱由李伯青为主编，新族谱详细记载李氏家族的历史和世系图表。

村主要民间习俗有正月初十上灯、祭灶君、拜土地公、拜庙神、拜观音。主要宗族活动有祭祖祠、清明祭祖、重阳祭祖等。该村的传统婚嫁丧葬礼仪庄重繁杂。婚嫁礼仪中，结婚前要看家风、定日子、送聘金、定嫁妆，行结婚礼时要摆酒请客、迎亲和送亲、三朝新娘回门礼等。传统丧葬习俗以土葬为主，1990 年后逐步实行火葬。丧葬程序为举丧、入殓、出殡、送葬、做法事、将灵牌送入祠堂。

1947—1949 年，在村西北面、潖江河堤处有一间养鹅的鹅嵿场，场旁还有一间水椾（用水车利用水力将稻谷舂成大米），在此地驻有一个排的国民党联防队，经常欺压附近村庄百姓。1949 年夏的一晚，驻在水头独凰山地区的革命武装北江支队派出一个连会同独凰山革命老区民兵，一举全歼反动联防队，缴获轻机枪 1 挺，步枪 20 多支及其他军用物资、粮食物资一批。2013 年 5 月 15 日遭遇洪水袭击，水深 1.5 米，受灾 960 人，受浸房屋 460 间，倒塌房屋 5 间，折合经济损失 130 万元。2015 年，潖江河道水头段的河道加固治理工程经过该村 400 米，加固完成后，河流行洪抗灾能力得到根本改善。

在尊师重教的村风熏陶下，村里有不少人自幼勤学苦读，在学业知识上有所进步，成为社会有用之才。该村的李济浓（1917—1998），曾用名李济容，曾在黄埔军校第十四期学习。李宗集（1914—1996），曾任甘肃省兰州市石油化工公司高级工程师。

（资料填报：李柏青，初稿撰写：冯建成，总纂：李协湖）

坝仔村

◎ 坝仔村村貌（摄于 2016 年）

坝仔村，位于水头镇东部，距镇政府 2 千米，始建于清光绪年间。该村坐落于原丰二村东北面小平原上，地势平坦，东面和北面有湛江环绕，河对岸是县道 X373 线南北通往国道 G106 线。村东面河对岸是桂元村的新龙围、白麻园村，南面是新塘村、楼仔村，西面是塘口村，北面是湛江。建村时当地是一片乱石沙滩，故取名坝仔村。

◎ 塘口村门楼（摄于 2016 年）

该村建成后，属佛冈厅吉河乡黄田堡。民国时期，属佛冈县一区水头乡。中华人民共和国成立后，属佛冈县二区水头乡。1958 年 10 月，属从化县佛冈人民公社丰联大队。1961 年 5 月，属佛冈县水头人民公社丰联大队。1983 年 12 月，属水头区丰联乡。1987 年 1 月，属水头镇丰联行政村。1989 年 11 月，属水头镇丰联管理区。1998 年 12 月，属水头镇丰联行政村。2005 年 5 月至今，属水头镇新联行政村。

世居村民为陈姓。清光绪年间，陈氏祖先在新丰遥田分村迁至该村繁衍生息。

2015 年末，户籍人口 823 人，其中男性 411 人，女性 412 人。60 岁以上 65 人，其中 80 岁以上 18 人，最年长者 95 岁（女）。16 岁以下 198 人。实际在村居住和生活主要依靠农业收入 511 人，常年在城镇生活和务工 312 人。村民均为汉族，客家民系，使用客家方言。

该村有山地面积 52.20 公顷，耕地面积 10.86 公顷。矿产资源主要有萤石矿、石英。全村历史以来以种植水稻为主，其他粮食作物有小麦、番薯、麦豆、蚕豆、高粱等，经济作物有花生、油菜，其

◎ 坝仔村花生种植（摄于 2016 年）

◎ 坝仔村文化室（摄于 2016 年）

他作物有芋头、玉米、莲藕等。水稻亩产量（单造）300—500 千克，番薯亩产量（单产）1000—1500 千克，小麦亩产（单产）150—200 千克。犁田、耙田主要依靠役牛，役牛有水牛和黄牛，多以水牛为主。20 世纪 70 年代初开始，生产队用手扶拖拉机代替役牛进行犁地、耙地。特别是改革开放和实行家庭联产承包责任制后，使用手扶拖拉机耕作田地更普及。21 世纪后，有不少农户改种植水稻为种植水果，种果多以沙糖桔为主。传统民间节庆美食有葱油鸡、卤水鸭、芋头焖鹅、蒸扣肉、芋头糍、萝卜糍、角仔糍、艾糍、河粉，民间有腌制榄角的传统技艺。

1968 年通电，1998 年通电话，2004 年通网络，2010 年实现村道水泥硬底化，2012 年建村文化室，2015 年通自来水。

村文化室在坝仔村旧会议室拆旧重建，结构是水泥混砖楼房，高为一层，面积 250 平方米，占两

◎ 坝仔村传统民居（摄于 2016 年）

座正座屋位置，前面外墙贴瓷片，内设阅览室、会议室，储放各种图书约 800 册，音响、影像设备一套，用于村民会议、文化娱乐、年节大事庆典活动。

传统民居为客家围屋，房屋单间连建，四面围合。所用的材料主要是三合土，还用火砖、泥砖砌墙，结构是砖木平房，以瓦盖面。20 世纪 90 年代后，坝仔村的大部分村民往外搬迁，在古围屋西面另建楼房居住。因此，原古围的房屋还基本保持原样，围内只有数户人家居住，余下大部分居民均迁新居。坝仔村居民的迁居，大部分居民向村西迁，新建住宅多为楼房，多数是水泥混砖结构，少数是水泥框架结构，楼房坐北向南。

村北面河对岸约 800 米处有一座观音庙，附近十里八村的村民逢年过节都前往烧香供祭，坝仔村的村民也多到此庙烧香供祭。族谱《陈传谱》由陈善添执笔，于清光绪三十三年（1907 年）纂修。《颍川陈氏历代族谱》《佛冈陈氏祯元祖支谱》由陈祥林、陈祥喜、陈祥文于 2015 年纂修而成。《颍川陈氏家训》由陈氏祖先于汉朝制定，《新编治家格言》于 2015 年制定。

民俗活动之一是舞狮。坝仔村村民众历来有舞狮的习惯，村里组织有相对稳定的舞狮队近 30 人，并有统一的专用服饰，所舞的是大头狮，当地人又将这款式狮头称为大头狗、艾寨头。每逢喜庆大事和春节，都以舞狮的形式进行庆祝，全村男女老少聚集在一起，既是助兴，又是观赏。舞狮的规例、动作、鼓谱等，与当地邻村基本相仿。

◎ 坝仔村新民居（摄于 2016 年）

传统婚嫁习俗，结婚前要看家风、定日子、送聘金、定嫁妆，行结婚礼时要摆酒请客、迎亲和送亲、三朝新娘回门礼等。丧葬的传统习俗以土葬为主，1990 年以后逐步实行火葬。其程序为举丧、入殓、出殡、送葬、做法事、将灵牌送入祠堂。办丧事只能做白饭、花菜、黄豆煮猪肉等简单的饭菜，用餐时不坐高台高凳，拆下事主家的门板放于门前的巷地上当饭台，以表哀痛。宗族活动主要有清明扫墓祭祖，以寄托对先人的怀念。

村中流有关于选址建村的传说，相传于清光绪元年（1875 年），原在珗土夫村居住时，有村民到现坝仔沙滩割草，刚好遇上山洪暴发。洪水过后，到处田水浑浊，唯有现老屋那三块田的水清澈见底，故觉得该地是宝地，遂与族人商量迁于该地建村，于清光绪八年（1882 年）建成。全房男女 18 人迁于该地居住，而珗土夫古村后已变成河道，不复存在，但在《佛冈县志》的《吉河乡地舆图》中还可以找到。

2013 年 5 月 15 日，遭遇洪水袭击，水深 1.5 米，受灾 293 人，受浸房屋 95 间，倒塌房屋 1 间，折合经济损失 21 万元。2015 年，潖江河道水头段的河道进行加固治理，经过该村 350 米，加固完成后，河流行洪抗灾能力比原来大大提高。

该村主要人物：陈祥林（1952—），曾任佛冈县龙山镇党委书记、佛冈县畜牧局局长、佛冈县农业局副局长。

（资料填报：李啟壮，初稿撰写：冯建成，总纂：李协湖）

新塘村

◎ 新塘村村貌（摄于 2016 年）

新塘村，位于水头镇东部，距镇政府约 1.5 千米。始建于民国年间，因为地处上塘村的北面，为区分上塘村与新建村而取名新塘村。村东面为山，南面为上塘村，西面是农田，北面与坝仔村相接。

民国时期，该村属佛冈县一区天水乡。中华人民共和国成立后，属佛冈县二区水头乡。1958 年 10 月，属从化县佛冈人民公社丰二大队。1961 年 5 月，属佛冈县水头人民公社丰二大队。1983 年 12 月，属水头区丰二乡。1987 年 1 月，属水头镇丰二行政村。1989 年 11 月，属水头镇丰二管理区。1998 年 12 月，属水头丰二行政村。2005 年 5 月至今，属水头镇新联行政村。

世居村民为黄姓。黄姓宋末从江西迁入广东南雄珠玑巷、南海、梅州等地。民国时期，村民从附近三多村而迁到现新塘村。

◎ 新塘村一角（摄于 2016 年）

2015 年末，户籍人口 120 人，其中男性 62 人，女性 58 人。60 岁以上 13 人，其中 80 岁以上 1 人，88 岁（女）。16 岁以下 30 人。实际在村居住和生活主要依靠农业收入 90 人，常年在城镇生活和务工 30 人。村民均为汉族，客家民系，使用客家方言。

村有山地面积 4.87 公顷，耕地面积 1.33 公顷。森林资源有松树、柯树、杉树、枫树、樟树及多种杂树。传统经济以农业、林业和少许畜牧业为主。村地处开阔地带，属亚热带湿润气候，大部分水田土壤为潴育型水稻土，适合种植水稻。历来的耕作习惯以种植水稻为主，同时种植小麦、番薯、麦豆、蚕豆、高粱等，经济作物有花生、油菜，其他作物有芋头、玉米、木薯、生姜及叶类和瓜类蔬菜等，果类有黄皮、枇杷、大蕉等。中华人民共和国成立前，由于种植技术水平低下，品种丰产性能差，该村水稻一般亩产为 100 千克。中华人民共和国成立后，该村先后组织互助组、合作社，参加人民公社，逐步应用推广先进的农业生产技术，农业生产效益有较大的提高。水稻亩产量（单造）200—400 千克，番薯

◎ 新塘村大蕉种植（摄于 2016 年）

◎ 新塘村传统民居（摄于 2016 年）

亩产量（单产）1000—1500 千克，小麦亩产（单产）150—200 千克。犁地、耙地主要依靠役牛，役牛有水牛和黄牛，多以水牛为主。20 世纪 70 年代初开始，生产队用手扶拖拉机代替役牛进行犁地、耙地。改革开放和实行家庭联产承包责任制后，使用手扶拖拉机耕作田地更普及。普遍使用的农具为锄头、铁耙、镰刀、风车柜。20 世纪 90 年代，许多年轻人都外出打工，外出经商及务工成为村民主要收入来源。传统节庆美食有葱油鸡、卤水鸭、焖鹅、蒸脍肉。节庆小食有炒米饼、油炸糖环、糯米糍、铜盘糍、艾糍、粽子等。

1980 年通电，2001 年通电话，2009 年通网络，2012 年通自来水，2013 年实现村道水泥硬底化。

传统民居为客家围屋，建于清初。建筑布局、形式、材料、结构上大体上相同。建房所用的材料主要是三合土，还用火砖、泥砖砌墙，结构是砖木平房，以瓦盖面。建筑特点为单座并排相连屋，屋顶为硬山顶，墙体多为夯土，部分为泥砖砌成，每座占地面积 20 平方米。

传统的民间习俗有拜土地公、祭灶君、逢农历初一和十五烧香奉神。传统的宗族活动有祭祖祠、清明祭祖、重阳祭祖醮宗祠。传统的婚丧嫁娶礼仪仍较庄重繁杂。在婚嫁礼仪中，男女双方开始交往时，女方家要到男方家看家风，在双方确定婚姻关系后要担小担礼，结婚时要历经担求婚酒、送礼金、报日子、定嫁妆、行婚礼、摆酒请客、迎送亲等仪式流程，然后行三朝回门礼。丧事习俗传统以土葬为主，20 世纪 90 年代后逐步实行火葬。其程序包括报丧、守灵、入殓、出殡、送火化、将灵牌送入祖祠等。新葬坟墓的第一次祭祀都是在春分节气前的春社日前，清明不再祭祀。

村民历来有舞狮的习惯，村里有近 30 人组成的舞狮队，配有统一的专用服饰，所舞的是大头狮，当地人又将这款式的狮头称为大头狗、艾寨头。每逢喜庆大事和春节，都以舞狮的形式进行庆祝，全村男女老少聚集在一起，既是助兴，又是观赏。舞狮的规例、动作、鼓谱等，与当地邻村基本相仿。

1940—1949 年，在中国共产党领导下建立农会、民兵组织，开展各项革命活动。同时发动群众参军，支援部队打仗，为中华人民共和国的成立作出贡献。1993 年，经清远市人民政府批准认定该村为解放战争游击根据地。2013 年 5 月 15 日，遭遇洪水袭击，水深 1.5 米，受灾 85 人，受浸房屋 25 间，折合经济损失 6 万元。2015 年，滃江河道水头段的河道进行加固治理，经过该村 400 米，加固完成后，河流行洪抗灾能力比原来明显提高。

（资料填报：李宗启，初稿撰写：冯建成，总纂：李协湖）

六河村

◎ 六河村村貌（摄于 2016 年）

六河村，位于水头镇东南部，距镇政府 2 千米。始建于清初，因由“六河公”从桂元黄塘村迁入形成而得名六河村，曾用名凤山村。四面多为耕地，村北面 1 千米有县道 X373 线东西向通往国道 G106 线，接县道 X373 线的乡道（X373—六河）直通该村，滘江从村北 800 米处自东向西流过，村东面是耕地，南面是丘陵山，西面 600 米是楼仔村，北面是耕地。

村落形成时，属清远县吉河乡。清嘉庆十八年（1813 年），属佛冈厅吉河乡黄田堡。民国时期，属佛冈县一区水头乡。中华人民共和国成立后，属佛冈县二区水头乡。1958 年 10 月，属从化县佛冈人民公社丰二大队。1961 年 5 月，属水头人民公社丰二大队。1983 年 12 月，属水头区丰二乡。1987 年 1 月，属水头镇丰二行政村。1989 年 11 月，属水头镇丰二管理区。1998 年 12 月，属水头镇丰二行政村。2005 年 5 月，丰二村委与丰联村委合并称新联村委，属水头镇新联行政村至今。

◎ 六河村门楼（摄于 2016 年）

世居村民为郑姓。据《大陂郑氏族谱》记载，郑氏元祖宋代中期从福建迁移至广东韶关，明正统年间从英德迁至迳头大陂，清初迁至今佛冈水头黄塘村，清咸丰年间郑六河从黄塘村迁至该村。

2015 年末，户籍人口 170 人，其中男性 83 人，女性 87 人。60 岁以上 45 人，其中 80 岁以上 5 人，最年长者 94 岁（女）。16 岁以下 31 人。实际在村居住和生活主要依靠农业收入 104 人，常年在城镇生活和务工 66 人。村民均为汉族，客家民系，所用客家方言。

村有山地面积 38.33 公顷，耕地面积 4.67 公顷。

主要矿产资源有铅锌矿和硫黄矿，林业资源有松树、杉树、桉树、柯树、枫树、毛竹及杂树等。传统经济以农业为主，村地处开阔地带，属亚热带湿润气候，大部分水田土壤为潴育型水稻土，适合种植水稻。历来的耕作习惯以种植水稻为主粮，同时种植小麦、番薯、麦豆、蚕豆、高粱等，经济作物有花生、油菜，其他作物有芋头、玉米、木薯、生姜及叶类和瓜类蔬菜等。中华人民共和国成立前，由于种植技术水平低下，品种丰产性能差，该村水稻一般亩产为 100 千克。中华人民共和国成立后，该村先后组织互助组、合作社，参加人民公社，逐步应用推广先进的农业生产技术，农业生产效益有较大的提高。水稻亩产量（单造）200—400 千克，番薯亩产量（单产）1000—1500 千克，小麦亩产（单产）150—200 千克。犁地、耙地主要依靠役牛，役牛有水牛和黄牛，多以水牛为主。20 世纪 70 年代初开始，生产队用手扶拖拉机代替役牛进行犁地、耙地。改革开放和实行家庭联产承包责任制后，使用手扶拖拉机耕作田地更普及。自 20 世纪 80 年代后，村中多数青壮年外出经商或务工并形成主要经济来源，其次是农业及集体分红。村中传统节庆食品有葱油鸡、卤水鸭、焖鹅、蒸脍肉、炒米饼、油炸糖环、糯米糍、艾糍、粽子、糕点等。

20 世纪 60 年代末通电，1997 年初通电话，2005 年村道实现水泥硬底化，2008 年通网络、有线电视，2015 年建起村文化室及垃圾收集池。

◎ 六河村古井（摄于 2016 年）

村传统民居为客家围屋，单间连建围水屋四周包围，四个角为楼阁，比围水屋高出约 0.5 米，村前排留一个大门，村中心为正座。正座现存 3 座，建于清末，保存基本完好，砖木结构平房，硬山顶，三合士夯墙或有泥砖砌墙，坐南向北，左右间通巷 1.8 米，均是以鹅卵石铺底的石街巷，每座占地面积 120 平方米。围水屋单间连建，现存 49 间，建于民国时期，保存完好。改革开放以后，村中居民水平不断提高，逐步迁出原村落在周边建起钢筋混凝土结构楼房，其中一层的有 9 座，二层的有 5 座，楼房布局多为三房二厅一厨一卫，投影面积约 100 平方米。村中有古井一口，井口由两块花岗岩石凿成半圆后合砌而成。

村有郑氏福盛堂公祠一座，公祠门楣有“福盛

◎ 六河村传统民居（摄于 2016 年）

◎ 郑氏福盛堂公祠（摄于 2016 年）

◎ 福盛堂匾额（摄于 2016 年）

◎ 六河村一角（摄于 2016 年）

堂”匾额，始建于清初，为一进一池院落，砖木结构，硬山顶，占地面积 200 平方米，为郑氏祭拜纪念祖宗、宗亲联谊欢聚、添丁贴对联庆贺、传统节日上香祭祀的活动场所。该村有《大陂郑氏族谱》，于 2006 年重修编纂，该族谱记载郑氏起源、辈序、大陂郑氏世系、典故、名人等内容。

主要宗族活动有大年初一拜祖堂、清明祭祖。主要民俗风情与习俗有上灯、祭灶君、拜土地公、拜庙神、拜观音，凡是该村子民添丁，都有买禄鼓炮和大公鸡拜祭六河公的习俗。该村的传统婚嫁丧葬礼仪庄重繁杂。婚嫁礼仪中，结婚前要看家风、定日子、送聘金、定嫁妆，行结婚礼时要摆酒请客、迎亲和送亲、三朝新娘回门礼等。传统丧葬习俗以土葬为主，1990 年后逐步实行火葬。丧葬程序为举丧、入殓、出殡、送葬、做法事、将亡灵送入祠堂。

2013 年 5 月 15 日，遭遇洪水袭击，水深 40 厘米，受灾 132 人，受浸房屋 30 间，倒塌房屋 3 间，折合经济损失 10 万元。2015 年，滘江河道水头段的河道进行加固治理，经过该村 30 米，加固完成后，河流行洪抗灾能力比原来明显提高。

（资料填报：李宗启，初稿撰写：廖月桂，总纂：李协湖）

三家村

◎ 三家村村貌（摄于 2016 年）

三家村，位于水头镇东部，距镇政府 1.5 千米。始建于清初，因初时只有三户人家居住，三户人家相亲相爱而得取名为三家村。该村东、南两面是丘山，西与楼仔村相邻，北与六河村相近，县道 X373 线在村西南面 1.5 千米处经过。

村落形成时，属清远县吉河乡。清嘉庆十八年（1813 年），属佛冈厅吉河乡黄田堡。民国时期，属佛冈县一区天水乡。中华人民共和国成立后，属佛冈县二区水头乡。1958 年 10 月，属从化县佛冈人民公社丰二大队。1961 年 5 月，属佛冈县水头人民公社丰二大队。1983 年 12 月，属水头区丰二乡。1987 年 1 月，属水头镇丰二行政村。1989 年 11 月，属水头镇丰二管理区。1998 年 12 月，属水头丰二行政村。2005 年 5 月至今，属水头镇丰联行政村。

◎ 三家村一角（摄于 2016 年）

世居村民为黄姓。宋末从江西迁广东南雄珠玑巷，后迁梅州、南海，入粤始祖黄井。明洪武元年（1368 年），黄胜（六峰公）从顺德迁今佛冈水头莲瑶。明末清初，黄氏族人因从事小商贩制作和买卖由莲瑶迁入三家村定居发展，繁衍生息。

2015 年末，户籍人口 38 人，其中男性 22 人，女性 16 人。60 岁以上 8 人，最年长者 61 岁（男）。16 岁以下 14 人。实际在村居住和生活主要依靠农业收入 20 人，常年在城镇生活和务工 18 人。村民均为汉族，广府民系，使用粤方言。

村有山地面积 4.33 公顷，耕地面积 1 公顷。林业资源有松树、柯树、杉树、枫树、樟树、桉树和多种杂树。传统经济以农业、林业和少许畜牧业为主。农业主要作物有水稻、花生、番薯、蔬菜、沙糖桔、

◎ 三家村火龙果种植基地（摄于 2016 年）

◎ 三家村传统民居（摄于 2016 年）

火龙果及其他水果。水稻亩产量（单造）300—400 千克，番薯亩产量（单产）1000—1500 千克，小麦亩产（单产）150—200 千克。犁地、耙地主要依靠役牛。20 世纪 70 年代初开始，部分生产队用手扶拖拉机代替役牛进行犁地、耙地。特别是改革开放和实行家庭联产承包责任制后，使用手扶拖拉机耕作更普及。二十世纪八九十年代，许多年轻人都外出打工，成为村民主要收入来源之一。传统节庆食品有白切鸡、烧鸭、焖鹅、蒸扣肉、炒米饼、油炸糖环、糯米糍、艾糍、铜盘糍、粽子、月饼等。

1970 年通电，1994 年通电话，2004 年通网络，2005 年实现村道水泥硬底化、通自来水。

传统民居现存 6 座，建于清初，基本保存完好。建筑特点为每座有四房二廊一厅一天井，三合土夯墙，火砖或泥砖砌墙，砖木结构，硬山顶，每座占地面积 90 平方米，现仍有人居住。

村传统的民间习俗有拜土地公、祭灶君、逢农历初一和十五烧香奉神。传统的宗族活动有祭祖祠、清明祭祖、重阳祭祖醮宗祠。传统的婚丧嫁娶礼仪仍较庄重繁杂。在婚嫁礼仪中，男女双方开始交往时，女方家要到男方家看家风，在双方确定婚姻关系后要担小担礼，结婚时要历经担求婚酒、送礼金、报日子、定嫁妆、行婚礼、摆酒请客、迎送亲等仪式流程，然后行三朝回门礼。丧事习俗传统以土葬为主，20 世纪 90 年代后逐步实行火葬。其程序包括报丧、守灵、入殓、出殡、送火化、将灵位送入祖祠等。新葬坟墓的第一次祭祀都是在春分节气前的春社日前，清明不再祭祀。

2005 年，争取政府支持资金、地方行政村及村民筹资，修通水头圩至桂田行政村乡道 4 千米，路面为水泥混凝土结构，从该村通过。2015 年，潖江河道水头段的河道进行加固治理，经过该村 20 米，加固完成后，河流行洪抗灾能力达到 50 年一遇标准。

（资料填报：李啟壮，初稿撰写：冯建成，总纂：李协湖）

楼仔村

◎ 楼仔村村貌（摄于 2016 年）

楼仔村，位于水头镇中部偏东，距镇政府 1.5 千米。始建于明天启年间，建村后，一位财主在村中建有一间楼阁，后人称为楼仔，由此而取名为楼仔村。

该村东面靠丘陵山、绿树成荫，南面与六河村相邻，西面与东村相近，东北面与湴田村相近。县道 X373 线在村西南面 1.5 千米处经过。

村落形成时，属清远县吉河乡。清嘉庆十八年（1813 年），属佛冈厅吉河乡黄田堡。民国时期，属佛冈县一区天水乡。中华人民共和国成立后，属佛冈县二区水头乡。1958 年 10 月，属从化县佛冈人民公社丰二大队。1961 年 5 月，属佛冈县水头人民公社丰二大队。1983 年 12 月，属水头区丰二乡。1987 年 1 月，属水头镇丰二行政村。1989 年 11 月，属水头镇丰二管理区。1998 年 12 月，属水头镇丰二行政村。2005 年 5 月至今，属水头镇丰联行政村。

◎ 楼仔村客家围屋门楼（摄于 2016 年）

世居村民为陈姓。陈姓宋末从福建迁至广东新丰，明中期陈思盛后人八大房系，其中有房系在明天启年间迁至该村。

2015 年末，户籍人口 165 人，其中男性 95 人，女性 70 人。60 岁以上 42 人，其中 80 岁以上 3 人，最年长者 89 岁（女）。16 岁以下 32 人。实际在村居住和生活主要依靠农业收入 78 人，常年在城镇生活和外出务工 87 人。村中居民均为汉族，客家民系，使用客家方言。

村有山地面积 30.53 公顷，耕地面积 4.33 公顷。森林资源有松树、柯树、杉树、枫树、樟树、桉树及多种杂树。传统经济以农业、林业和少许畜牧业为主。主要作物有水稻、小麦、番薯等，其他作物有花生、芋头、玉米、木薯、生姜、莲藕及叶类和瓜类蔬菜等。

现多种植沙糖桔和其他水果。中华人民共和国成立前，由于种植技术水平低下，品种丰产性能差，该村水稻一般亩产为100千克。中华人民共和国成立后，该村先后组织互助组、合作社，参加人民公社，逐步应用推广先进的农业生产技术，农业生产效益有较大的提高。水稻亩产量(单造)200—400千克，番薯亩产量(单产)1000—1500千克，小麦亩产(单产)150—200千克。犁地、耙地主要依靠役牛，役牛有水牛和黄牛，多以水牛为主。20世纪70年代初开始，生产队用手扶拖拉机代替役牛进行犁地、耙地。改革开放和实行家庭联产承包责任制后，使用手扶拖拉机耕作田地更普及。20世纪90年代，许多年轻人都外出打工，成为村民主要收入来源。传统节庆食品有葱油鸡、卤水鸭、芋头焖鹅、蒸扣肉。节庆小食有炒米饼、油炸糖环、糯米糍、铜盘糍、艾糍、粽子等。

1965年通电，1994年通电话，2000年通网络，2005年实现村道水泥硬底化，2015年通自来水。村中建有文化室、垃圾收集池以及楼仔公园、楼仔篮球场等设施。

◎ 楼仔公园（摄于2016年）

传统民居为客家围屋，房屋单间连建，四面围合。所用的材料主要是三合土，还用火砖、泥砖砌墙，结构是砖木平房，以瓦盖面。20世纪90年代后，坝仔村的大部分村民往外搬迁，在古围屋西面另建楼房居住。因此，原古围屋围的房屋还基本保持原样，旧围内只有数户人家居住，余下大部分居民均

◎ 楼仔村传统民居（摄于2016年）

迁新居。新建住宅多为楼房，多数是水泥混砖结构，少数是水泥框架结构。

村里现存宗祠1座，始建于1929年，重修于1985年，占地面积约380平方米，现仍作宗祠使用。

传统的民间习俗有拜土地公、祭灶君、逢农历初一和十五烧香奉神。传统的宗族活动有清明祭祖、重阳祭祖醮宗祠。传统的婚嫁丧葬礼仪仍较庄重繁杂。在婚嫁礼仪中，男女双方开始交往，女方家要到男方家看家风，在双方确定婚姻关系时要担小担礼，结婚时要历经担求婚酒、送礼金、报日子、定嫁妆、行婚礼、摆酒请客、迎送亲等仪式流程，然后行三朝回门礼。丧事习俗传统以土葬为主，20世纪90年代后逐步实行火葬。其程序包括报丧、守灵、入殓、出殡、送火化、将灵位送入祖祠等。新葬坟墓的第一次祭祀都是在春分节气前的春社日前祭祀，清明不再祭祀。

1940—1949年，在中共组织的领导下，建立农会、民兵组织，开展革命活动。1993年，该村经清远市人民政府批准被认定为解放战争游击根据地。2013年5月15日，遇特大洪灾，经过该村的潖江河段50米受到严重损坏。2015年，对潖江河道水头段的河道进行加固治理，加固完成后，河流排洪抗灾能力得到根本改善。

（资料填报：陈昌洪，初稿撰写：温清清，总纂：李协湖）

凤山村

◎ 凤山村全貌（摄于 2016 年）

凤山村，位于水头镇中部偏东，距镇政府 1 千米。始建于明中期，因村南面有一凤形的山故取名凤山村，曾用名塘坐下村。该村坐落于凤山下的开阔丘陵谷地，东北面与六河村相邻，南面靠凤山、绿树成荫，西面是滘江，北面与塘口村相邻，县道 X373 线在村西北面 1.5 千米处经过，凤山乡道从该村经过。

村落形成时，属清远县吉河乡。清嘉庆十八年（1813 年），属佛冈厅吉河乡黄田堡。民国时期，属佛冈县一区天水乡。中华人民共和国成立后，属佛冈县二区水头乡。1958 年 10 月，属从化县佛冈人民公社丰二大队。1961 年 5 月，属佛冈县水头人民公社丰二大队。1983 年 12 月，属水头区丰二乡。1987 年 1 月，属水头镇丰二行政村。1989 年 11 月，属水头镇丰二管理区。1998 年 12 月，属水头镇丰二行政村。2005 年 5 月至今，属水头镇新联行政村。

世居村民原为陈姓、朱姓、李姓、禤姓、高姓、温姓、赖姓、丘姓，自清初后只有陈姓。陈姓，宋末从福建迁入广东新丰，明中期从新丰迁入该村。朱姓，明初从福建迁入广东增城，明中期迁入该村。李姓，明初从福建迁入广东英德，明中期从从化迁入该村。禤姓，汉代从广西迁入广东三水，明中期迁入该村。高姓，南宋初从中原迁入广东南雄珠玑巷，明中期从花县迁入该村。温姓，元末明初从福建迁入广东梅县，明中期从新丰迁入该村。赖姓，明初从江西迁入广东英州，明中期从英德迁入该村。丘姓，宋代从福建迁入广东韶关、新丰、英德，明中期从新丰迁入该村。

2015 年末，户籍人口 245 人，其中男性 130 人，女性 115 人。60 岁以上 27 人，其中 80 岁以上 7 人，最年长者 87 岁（女）。16 岁以下 55 人，其中留守儿童 5 人。实际在村居住和生活主要依靠农业收入 108 人，常年在城镇生活和外出务工 137 人。村民均为汉族，客家民系，使用客家方言。

村有山地面积 43.33 公顷，耕地面积 9 公顷。林业资源有松树、柯树、杉树、枫树、樟树、桉树及多种杂树。野生动物有山猪、黄猄、穿山甲及各种蛇类和鸟类。村传统农业主要种植水稻、玉米、花生、黄豆、蔬菜等。养殖鸡、鸭、鹅、猪、牛以及“四大家鱼”。中华人民共和国成立前，由于种植技术水平低下，品种丰产性能差。中华人民共和国成立后，逐步应用推广先进的农业生产技术，农业生产效益有较大的提高。20 世纪 80 年代起实行农村联产承包责任制后，水稻一般亩产达到 400 千克，农业经济效益有较大的提高。2000 年后逐步调整农村经济结构，并积极发展水果产业。2013 年，该村种植沙糖桔面积 5 公顷，年收入 33 万元。2014 年以后，由于受柑桔黄龙病的影响，产业消退，村民改种其他经济作物。传统节庆食品有白切鸡、烧鸭、焖鹅、蒸扣肉。节庆小食有炒米饼、油炸糖环、糯米糍、艾糍、粽子等。

1985 年通电，1994 年通电话，2005 年实现村道水泥硬底化，2005 年通网络，2015 年通自来水。村里新建凤山文化室、凤山篮球场等设施，还建有垃圾收集池。

◎ 凤山村文化室（摄于 2016 年）

村传统民居为客家围屋，现存 12 座，现均保存完好，部分有人居住。建筑布局为双座并排相连屋，砖木结构平房，悬山顶，三合士夯墙或有泥砖砌墙。坐东向西，通巷 1.5 米，均是以鹅卵石铺底的石街巷，每座占地面积 120 平方米。村现存陈氏宗祠，始建于 1929 年，曾作私塾使用，重修于 1985 年，占地面积约 930 平方米。前后分三栋，旁边有一排房屋。前栋高 5.8 米，后栋高 6.38 米。全部精梁、青砖白瓦，部分琉璃瓦。前门三级台阶，左右两条石柱支撑担抖和精梁。石门匾上刻有“陈氏宗祠”4 个大字。《陈氏族谱》于 2004 年纂修。

村传统的民间习俗有拜土地公、祭灶君、逢农历初一和十五烧香奉神。传统的宗族活动有清明祭祖、重阳祭祖醮宗祠。在婚嫁礼仪中，男女双方开始交往，女方家要到男方家看家风，在双方确定婚姻关系时要

◎ 凤山村陈氏宗祠（摄于 2016 年）

◎ 凤山民兵班四好单位奖状（摄于 2016 年）

担小担礼，结婚时要历经担求婚酒、送礼金、报日子、定嫁妆、行婚礼、摆酒请客、迎送亲等仪式流程，然后行三朝回门礼。丧事习俗传统以土葬为主，20 世纪 90 年代后逐步实行火葬。其程序包括报丧、守灵、入殓、出殡、送火化、将亡灵送入祖祠等。新亡灵坟墓的第一次祭祀都是在春分节气前的春社日前祭祀，清明不再祭祀。

清末，曾因土地争议，陈、李两姓发生姓氏械斗，原塘坣下村房屋被烧毁，后搬迁到现在的凤山村聚居。1940—1949 年，在中共地方党组织的领导下，建立农会、民兵组织，开展革命活动，为建立红色政权作出贡献。1993 年，该村经清远市人民政府批准被认定为解放战争游击根据地。

（资料填报：陈昌洪，初稿撰写：温清清，总纂：李协湖）

上丰村

◎ 上丰村村貌（摄于 2016 年）

上丰村，位于水头镇中部偏东，距镇政府 1 千米。始建于明中期，后于清咸丰元年（1851 年），取“丰”和“年”字定名丰年村，简称丰村。随着人口增多，村民分居形成上丰年村、下丰年村，而上丰年村则是最早形成的村落。村东与桂元仓边村交界，南面是县道 X373 线和滘江，河对岸是塘口村，西与下丰村相邻，北是山脉、丘陵，主峰是独石山（海拔 300 米）。

村落形成时，属清远县吉河乡。清嘉庆十八年（1813 年），属佛冈厅吉河乡黄田堡。民国时期，属佛冈县一区水头乡。中华人民共和国成立后，属佛冈县二区水头乡。1958 年 10 月，属从化县佛冈人民公社丰联大队。1961 年 5 月，属佛冈县水头人民公社丰联大队。1983 年 12 月，属水头区水头镇。1987 年 1 月，属水头镇丰联行政村。1989 年 11 月，属水头镇丰联管理区。1998 年 12 月，属水头镇丰联行政村。2005 年 5 月至今，属水头镇新联行政村。

◎ 上丰村门楼（摄于 2016 年）

世居村民为崔姓。崔氏为吕望之后，吕望辅佐周朝，其后代由河南汴（今开封）迁到江右（今江西）。四世祖崔与之迁广东增城，九世祖崔菊源转迁中宿滘江（今佛冈县龙山镇）关前、官路唇，后又移迁吉河乡（在今水头镇）丰村定居，随着人口增多，村民分居形成上丰年村，至今已传 30 余代。

2015 年末，户籍人口 340 人，其中男性 180 人，女性 160 人。60 岁以上 34 人，其中 80 岁以上 5 人，最年长者 87 岁（女）。16 岁以下 82 人，其中留守儿童 7 人。实际在村居住和生活主要依靠农业收入 148 人，常年在城镇生活和外出务工 192 人。全村居民为汉族，广府民系，使用粤方言。

◎ 上丰村夹板干燥工地（摄于2016年）

村有山地面积80.53公顷，耕地面积13.2公顷。北面的丘陵山地，土壤以赤红壤和红壤为主，大部分水田土壤为潴育型水稻土。矿产资源主要是萤石矿、石英。全村历史以来的耕作习惯以种植水稻为主，其他粮食作物有小麦、番薯、麦豆、蚕豆、高粱等，经济作物有花生、油菜，其他作物有芋头、玉米、莲藕等。水稻亩产量（单造）300—500千克，番薯亩产量（单产）1000—1500千克，小麦亩产（单产）150—200千克。犁地、耙地主要依靠役牛，役牛有水牛和黄牛，多以水牛为主。20世纪70年代初开始，部分生产队用手扶拖拉机代替役牛进行犁地、耙地。特别是改革开放和实行家庭联产承包责任制后，使用手扶拖拉机耕作田地更普及。2012年，与邻村湴田村一起在村东面办起一间刨木工厂，专制夹板原材料，工厂年产值150多万元。民间有腌制榄角的传统技艺，传统节庆美食有白切鸡、烧鸭、焖鹅、蒸扣肉、炒米饼、油炸糖环、糯米糍、艾糍、铜盘糍、粽子、月饼等。

◎ 上丰村门楼（摄于2016年）

20世纪60年代末通电，1994年通电话，2000年通网络及有线电视，2005年实现村道水泥硬底化，2015年通自来水。村中建有文化室，面积180平方米，内设阅览室、会议室，储放各种图书约1000套，音响、影像设备一套。文化室用于村民会议、文化娱乐、年节大事庆典活动。

传统民居为广府民居，称为围屋，围屋为四周围水屋，内为正座。围屋的四个角称为楼角，比围水屋约高0.5米。围屋前建有门楼，供村民进出。围内全是统一规格的正座屋和通巷，巷宽2米，全是以石铺底的石街巷。建房所用的材料主要是三合土，还用火砖、泥砖砌墙，结构是砖木平房，以瓦盖面。

◎ 上丰村新民居（摄于2016年）

20世纪90年代后，村民大部分迁出古居建立新居。新建住宅多为楼房，多数是水泥混砖结构，少数是水泥框架结构。

上丰村、下丰村共用清献崔公祠，该祠为古建筑（坛庙祠堂），建成于明洪武元年（1368年），占地面积364平方米。1986年，被认定为县级文物保护单位。坐北朝南，原为三进建筑物，清末毁于火灾，1917年重建为一进半建筑物，砖木结构。2008年重修，重修后为砖木结构，面宽23.4米，进深15.5米，两进一天井，三开间三间两廊，两侧有衬祠，头门前上方有木雕牌匾“清献崔公祠”，是明代名儒陈献章先生亲笔书。祠前有石檐柱支撑，前墙楣有山水人物画。头门经过天井到二进，穿斗拱梁架。二进为晚节堂兼先祖神位，二进前檐悬挂一件木雕“岭南间气”牌匾。增城崔氏四世崔与之，为宋绍熙年间进士，曾任广西提点刑狱，嘉熙中以观文殿大学士卒，后赐封谥号清献，其水头崔氏后裔立祠，名为清献崔公祠，以资纪念。

大门楼内是该村的南圃祖祠，居于全围的中心线上。上丰村的祖祠“南圃祖祠”保存良好。祖祠为两进，由大门楼口至祖祠有 10.5 米，有一块长 10.5 米、宽 9.5 米的露天空地，前一进大门门额有“南圃祖祠”4 个大字。主要宗族活动有大年初一拜祖祠、清明祭祖。

◎ 南圃祖祠（摄于 2016 年）

村中有《崔氏族谱》，族谱记载先祖留给后代的字派诗及遗训。清献公为后代子孙定下二十字派诗：“叔孙祖宗子，伯仲应公存。士法传正学，友尚贵崇元。”佛冈房祖先为后代定下七言字派诗：“文华显耀步青云，敏捷词峰冠万军。才德致君尧舜尚，恩播海宇颂功勋。”前人遗训告诫后人：“为恶必败，为恶不败，先祖有余德，德尽必败。为善必昌，为善不昌，先祖有余殃，殃尽心昌。”前人训语：“洋烟二分，盖世英雄寻绝路；石子四个，富家兄弟入穷门。”

村民多有祭祀土地神、拜观世音菩萨、拜庙神习。在村的东边相距约 800 米与桂元村交界处原建有观音庙，在 20 世纪 50 年代修建公路拆毁，90 年代间由民间集资重建。村民逢年过节，多数人都前往观音庙祭祀，香火鼎盛。

在丰年村西约 400 米、省道 S373 线水头圩段北侧约 30 米入上湾仔村的中途路旁有一文昌楼，形似毛笔，圆形建筑，在 1966 年“文化大革命”的“破四旧”中被毁坏，1990 年重建。文昌楼有悠久历史，丰年村的居民自古以来便在此烧香奉神。因为文昌楼形如毛笔，传说村民们在此烧香祭神，这里的菩萨神灵护佑村里的子孙后代读书聪明，学业成才，因此香火鼎盛，前来祭祀的村民很多。

村民历来有舞狮的习惯，与下丰村一起，组成近 30 人的相对稳定的舞狮队，并有统一的专用服饰，所舞的是大头狮，当地人又将这款式的狮头称为大头狗、艾寨头。每逢喜庆大事和春节，都以舞狮的形式进行庆祝，全村男女老少聚集在一起，既是助兴，又是观赏。舞狮的规例、动作、鼓谱等，与当地邻村基本相仿。

村中有茅篮水碗的传说。传说一位仙人经过村后独石山，在大石上留下两个洞，村人称为茅篮水碗，至今仍在。

1940 年的一天，村里有部分人利用平时节衣省食的节约钱买来枪支子弹，备用于联防应急除暴。当天，获知一队日本侵略军从东往西开往水头方向，于是组织 7 人埋伏于村南龙颈河堤，其中有崔社珍、崔安步等。当日本侵略军过到龙颈河桥半桥时，埋伏人员立即开枪猛烈射击，击毙 3 名日本兵。1993 年 3 月，该村经清远市人民政府批准被认定为解放战争游击根据地。2013 年 5 月 15 日，遭遇洪水袭击，水深 80 厘米，旧围 1.7 米，受灾 280 人，受浸房屋 50 间，倒塌房屋 10 间，折合经济损失 30 万元。

该村主要人物：崔玉翼，人称“飞翼公”，曾任明军副元帅，武功高强，力大过人，身轻如燕。崔清新（1945—），曾任海南省通什市委机要处处长、深圳市委机要处处长级。崔格良，曾任韶关钢铁大学教授、党委书记。

（资料填报：郑中扬，初稿撰写：胡辰浩，总纂：李协湖）

下丰村

◎ 下丰村鸟瞰（摄于 2016 年）

下丰村，位于水头镇中部偏东，距镇政府 1 千米。始建于明代，为丰年村的一部分，丰年村形成时为一个自然村，后随着人口增多，村民分居形成上丰年村、下丰年村，清咸丰元年（1851 年）确定名称，取“丰”和“年”两字即丰年村，简称为丰村，分村后因分上、下片而取名为下丰年村，简称为下丰村。该村坐落于独石山（300 余米）南面 2 千米，东与上丰村接壤，南与涖田、东队接连，西与水头圩和下湾仔村相邻，北是丘陵群山。县道 X373 线从村中穿过南北通往国道 G106 线，滘江在村南 300 米处自东向西流过。

◎ 丰年村牌坊（摄于 2016 年）

村落形成时，属清远县吉河乡。清嘉庆十八年（1813 年），属佛冈厅吉河乡黄田堡。民国时期，属佛冈县一区水头乡。中华人民共和国成立后，属佛冈县二区水头乡。1958 年 10 月，属从化县佛冈人民公社丰联大队。1961 年 5 月，属佛冈县水头人民公社丰联大队。1983 年 12 月，属水头区水头镇。1987 年 1 月，属水头镇丰联行政村。1989 年 11 月，属水头镇丰联管理区。1998 年 12 月，属水头镇丰联行政村。2005 年 5 月至今，属水头镇新联行政村。

村中居民为崔姓。崔姓为吕望之后，吕望辅佐周朝，其后代由河南开封迁到江右（今江西）。四世祖崔与之迁广东增城，九世祖崔菊源转迁中宿滘江（今佛冈县龙山镇）关前、官路唇，后又移迁清远县吉河乡（今佛冈县水头镇）丰村定居。

2015 年末，户籍人口 359 人，其中男性 189 人，女性 170 人。60 岁以上 43 人，其中 80 岁以上 5 人，最年长者 93 岁（女）。16 岁以下 88 人，其中留守儿童9人。实际在村居住和生活主要依靠农业收入169人，常年在城镇生活和外出务工190人。村民为汉族，广府民系，所用语言为粤方言。

该村有山地面积221.33公顷，耕地面积9公顷。附近的丘陵山地，土壤以赤红壤和红壤为主，大部分水田土壤为潴育型水稻土。全村的矿产资源主要是萤石矿、石英。全村历史以来的耕作习惯以种植水稻为主，同时种植小麦、番薯、麦豆、蚕豆、高粱等，经济作物有花生、油菜，其他作物有芋头、玉米、莲藕等。水稻亩产量（单造）300—500千克，番薯亩产量(单产)1000—1500千克，小麦亩产(单产)150—200千克。犁地、耙地主要依靠役牛，役牛有水牛和黄牛，多以水牛为主。20世纪70年代初开始，部分生产队用手扶拖拉机代替役牛进行犁地、耙地。特别是改革开放和实行家庭联产承包责任制后，使用手扶拖拉机耕作田地更普及。

◎ 下丰村门楼（摄于2016年）

20世纪60年代末通电，1994年初通电话，2000年通网络及有线电视，2005年实现村道水泥硬底化，2015年通自来水。村中建有文化室和垃圾收集池。

传统民居为广府民居，上丰村和下丰村围屋的建筑布局、形式、材料、结构均大体相同。围屋的四个角称为楼角。围屋前排的围水屋中心处建有大门搂，为全村居民进出围屋的唯一出口。围屋内巷宽约2米，全是以石铺底的石街巷。建房所用的材料主要是三合土，还用火砖、泥砖砌墙，结构是砖木平房，以瓦盖面。

古围屋坐北向南，为长方形，围水屋包围正座屋布局，砖木平房。围屋的前排围水以大门楼口为中心，左右两边围水屋加2间楼角屋，围场的后排是围水屋加4间楼角屋，围屋的左右两边是围水屋，无旁门和后门，居民统一由大门楼口出入。围屋的右前方约50米还有散围屋。散围屋有门楼口一个，围水屋数间，正座2座，散围的东侧，是下丰村大围大门楼正南面，建有一个大牌坊，上有“丰年杠”3个大字。

20世纪90年代后，该村的大部分村民往外搬迁，在古围屋西南面约200米处另建楼房居住。原古围屋以大门楼为界，围内左侧的房屋还基本保持原样，

◎ 清献崔公祠壁画（摄于2006年）

◎ 清献崔公祠全景（摄于2016年）

◎ 清献崔公祠正门（摄于 2016 年）

围内右侧的房屋及大门楼右侧的围水屋已全部倒塌。围内只有数户人家居住，余下大部分居民均迁新居。

上丰村与下丰村共用清献崔公祠，为古建筑（坛庙祠堂），建成于明洪武元年（1368 年）。建筑占地面积 364 平方米。1986 年被核定为县级文物保护单位，保存情况完好。

宗族主要活动有拜祭宗祠、清明祭祖、重阳祭祖。在村东约 800 米与桂元村交界处建有观音庙，20 世纪 50 年代修建公路时被拆毁，90 年代由民间集资重建。村民逢年过节前往观音庙祭祀。

丰年村西约 400 米、省道 S373 线水头圩段北面约 30 米入上湾仔村的中途路旁有一座文昌楼，形如一支写字的毛笔，圆形建筑，供丰年村居民烧香拜神祀用。在 1966 年“文化大革命”的“破四旧”中，文昌楼被彻底毁坏，后在 1990 年重建。村里撰有《崔氏族谱》，由下丰村崔氏第三十四世孙崔耀团执笔，于 2009 年冬修编，2010 年 7 月编印成书。

村民众历来有舞狮的习惯，与上丰村一起，组成近 30 人的相对稳定的舞狮队，并有统一的专用服饰，所舞的是大头狮，当地人又将这款式的狮头

◎ 文昌楼（摄于 2016 年）

称为大头狗、艾寨头。每逢喜庆大事和春节，都以舞狮的形式进行庆祝。民间有腌制榄角的传统技艺，传统节庆美食有白切鸡、烧鸭、焖鹅、蒸扣肉、炒米饼、油炸糖环、糯米糍、艾糍、铜盘糍、粽子、月饼等。

1954 年，该村进行水稻种植试验，将“黄冬”和“白冬”品种插单、双株植，创亩产 269 千克的纪录。1993 年 3 月，该村经清远市人民政府批准被认定为解放战争游击根据地。2009 年，该村被广东省爱国卫生运动委员会评为省卫生村。2013 年 5 月 15 日，遭遇洪水袭击，水深 80 厘米，受灾 380 人，受浸房屋 50 间，折合经济损失 20 万元。

（资料填报：朱小聪，初稿撰写：胡辰浩，总纂：李协湖）

湴田村

◎ 湴田村村貌（摄于 2016 年）

湴田村，位于水头镇中部偏东，距镇政府 0.6 千米。始建于清宣统元年（1909 年），因建村时所在位置到处都是田地，所以取名湴田村。

坐落于独石山下南侧 2 千米处。村的东面和南面均由潖江环绕，西面与水头圩相接，北面与丰年村相连。

村落形成时，属佛冈厅吉河乡黄田堡。民国时期，属佛冈县一区水头乡。中华人民共和国成立后，属佛冈县二区水头乡。1958 年 10 月，属从化县佛冈人民公社丰联大队。1961 年 5 月，属佛冈县水头人民公社丰联大队。1983 年 12 月，属水头区丰联乡。1987 年 1 月，属水头镇丰联行政村。1989 年 11 月，属水头镇丰联管理区。1998 年 12 月，属水头镇丰联行政村。2005 年 5 月至今，属水头镇新联行政村。

◎ 湴田村牌坊（摄于 2016 年）

世居村民为郑姓、崔姓。郑姓，湴田郑氏于清宣统元年从迳头大陂迁到该村。崔姓，20 世纪 60 年代从丰年村迁到该村。

2015 年末，户籍人口 220 人，其中男性 114 人，女性 106 人。60 岁以上 23 人，其中 80 岁以上 4 人，最年长者 88 岁（男）。16 岁以下 70 人。实际在村居住和生活主要依靠农业收入 98 人，常年在城镇生活和外出务工 122 人。村民均为汉族，客家民系、广府民系，使用客家方言、粤方言。

村有山地面积 25.67 公顷，耕地面积 5.33 公顷。传统经济以农业为主，土壤以赤红壤和红壤为主，大部分水田土壤为潴育型水稻土。该村所在位置是北半球亚热带南部，属亚热带湿润气候。矿产资源主要有稀土、萤石、石英石。全村历史以来的耕作

◎ 夹板刨削制作（摄于 2016 年）

习惯以种植水稻为主，同时种植小麦、番薯、麦豆、蚕豆、高粱等，经济作物有花生、油菜，其他作物有芋头、玉米、莲藕等。20 世纪 70 年代初开始，部分生产队用手扶拖拉机代替役牛进行犁地、耙地。特别是改革开放和实行家庭联产承包责任制后，使用手扶拖拉机耕作田地更普及。21 世纪后，有不少农户改种植水稻为种植水果，水果多以沙糖桔为主。2012 年，与邻村上丰村一起在村东面办起一间刨木工厂，专制夹板原材料，工厂年产值 150 多万元。

1980 年通电，1990 年通电话，2009 年通网络，2012 年通自来水，2013 年实现村道水泥硬底化，2015 年建村文室。

传统民居为客家围屋，建于清末至民国期间。

◎ 涖田村客家围屋（摄于 2016 年）

建房所用的材料主要是三合土，还用火砖、泥砖砌墙，为砖木平房，以瓦盖面。建筑布局为单座并排相连屋，屋顶为悬山顶，每座占地面积 20 多平方米，共 23 座。

村与迳头大陂郑氏合编有《大陂郑氏族谱》，族谱由大陂郑氏族谱编纂委员会纂修，族谱详细记载郑氏家族的历史和世系图表。

村民历来有舞狮的习惯，村里有近 30 人组成的相对稳定的舞狮队，配有统一的专用服饰，所舞的是大头狮，当地人又将这款式的狮头称为大头狗、艾寨头。每逢喜庆大事和春节，都以舞狮的形式进行庆祝，全村男女老少都聚集在一起，既是助兴，又是观赏。舞狮的规例、动作、鼓谱等，与当地邻村基本相仿。

传统习俗有拜土地公、祭灶君、逢农历初一和十五烧香奉神。传统的宗族活动有清明祭祖、重阳祭祖醮宗祠、大年初二集体到迳头大陂拜郑氏祠堂等。传统的婚丧嫁娶礼仪仍较庄重繁杂。在婚嫁礼仪中，男女双方开始交往，女方家要到男方家看家风，在双方确定婚姻关系时要小担礼，结婚时要历经担求婚酒、送礼金、报日子、定嫁妆、行婚礼、摆酒请客、迎送亲等仪式流程，然后行三朝回门礼。传统丧葬以土葬为主，20 世纪 90 年代后逐步实行火葬。其程序包括报丧、守灵、入殓、出殡、送火化、将灵位送入祖祠等。新葬坟墓的第一次祭祀都是在春分节气前的春社日前祭祀，清明不再祭祀。民间有腌制榄角的传统技艺。传统节庆美食有白切鸡、烧鸭、焖鹅、蒸扣肉、炒米饼、油炸糖环、糯米糍、艾糍、铜盘糍、粽子、月饼等。

2013 年 5 月 15 日，遭遇洪水袭击，水深 65 厘米，下围深 1.7 米，受灾 215 人，受浸房屋 95 间，倒塌房屋 8 间，折合经济损失 28 万元。

该村的郑中良（1931—1953），革命烈士，志愿军文化教员，1953 年在抗美援朝战争中牺牲。

（资料填报：郑中杨，初稿撰写：冯建成，总纂：李协湖）

上湾村

◎ 上湾村村貌（摄于2016年）

上湾村， 位于水头镇中部偏东，距镇政府0.8千米。始建于清初，因坐落于湾型山下而得名上湾村，曾用名上湾仔村。该村坐落于独石山南面2千米，背靠湾型山，村南面500米有县道X373线东西向通往国道G106线、1千米外湟江自东向西流过，东与下丰村相接，南是水头圩，西1千米是下湾仔（近年来该村房屋扩建至县道X373线北边），北是丘陵群山。

村落形成时，属清远县吉河乡。清嘉庆十八年（1813年），属佛冈厅吉河乡黄田堡。民国时期，属佛冈县一区水头乡。中华人民共和国成立后，属佛冈县二区水头乡。1958年10月，属从化县佛冈人民公社丰联大队。1961年5月，属佛冈县水头人民公社丰联大队。1983年12月，属水头区丰联乡。1987年1月，属水头镇丰联行政村，1989年11月，属水头镇丰联管理区。1998年12月，属水头镇丰联行政村。2005年5月至今，属水头镇新联行政村。

◎ 上湾村门楼（摄于2016年）

世居村民为邹姓、钟姓、霍姓，邹姓先到该村，钟姓、霍姓后到。据各姓氏族谱记载：邹姓先祖邹浩，南宋末居南雄珠玑巷沙水村，邹浩子邹相迁南海泌涌都。邹相次子邹继孔，邹继孔七世孙邹禄荫于明初迁今佛冈水头王田，清初有分支迁至该村定居。钟姓，于清康熙中期从英德白石乡迁至上青洞，清末从迳头青竹迁移至该村。霍姓，明代从江西迁移至广东韶州，清末从顺德大良迁移至该村。三姓共聚一个大村庄，各分小围而定居，繁衍生息。

2015年末，户籍人口198人，其中男性109人，女性89人。60岁以上59人，其中80岁以上3人，最年长者86岁（女）。16岁以下29人。实际在村居住和生活主要依靠农业收入93人，常年在城镇生活和外出务工105人。村中居民均为汉族。钟姓为客家民系，使用客家方言。邹姓、霍姓为广府民系，使用粤方言。

村有山地面积13公顷，耕地面积3公顷。主要矿产资源有铅锌矿和硫黄矿，林业资源有松树、杉树、桉树、柯树、枫树及杂树等。全村历史以来的耕作习惯以种植水稻为主，同时种植小麦、番薯、麦豆、蚕豆、高粱等，经济作物有花生、油菜，其他作物有芋头、木薯、莲藕及叶类和瓜类蔬菜等。传统节庆食品有白切鸡、烧鸭、焖鹅、蒸扣肉、炒米饼、油炸糖环、糯米糍、艾糍、粽子、铜盆糍、糕点等。

◎ 上湾村木薯种植（摄于2016年）

20世纪60年代末通电，1997年初通电话，2005年实现村道水泥硬底化，2008年通网络、有线电视，2013年建起村文化室和垃圾收集池。

传统民居现存5座，建于清末，现均保存完好，其中3座有人居住。建筑形式为双座并排相连屋，砖木结构平房，二房（分为四房）二廊一厅一天井，硬山顶，三合士夯墙或有泥砖砌墙，坐北向南，座与座之间前后紧接墙体、左右间通巷1.8米，均是以鹅卵石铺底的石阶巷，每座占地面积120平方米。每座正座的南、北面无门口，东面、西面有门口，分两户人家居住，各有一房（分为两小房）一廊，各自上房门口向厅，下房通廊，大厅和天井各占一半面积，两户同居不同户。单间连建，现存61间，建于民国时期，现均保存完好。改革开放以后，村中居民生活水平不断提高，村民逐步迁出原村落在周边建起钢筋混凝土

◎ 上湾村传统民居（摄于2016年）

结构楼房，其中一层的21座、二层的19座，有少数三四层楼。楼房布局多为三房二厅一厨一卫，投影面积约100平方米。

村有邹氏厅下、钟氏厅下、霍氏厅下各一间，分别为三姓氏祭祀祖宗先人、添丁贴对联庆贺、传统节日上香祭祀的活动场所。该村邹氏与王田村邹氏共编《王田邹氏族谱》，于2008年重修编纂，该族谱记载邹氏起源、辈序、典故、名人等内容。钟氏村民有《钟氏溯源》，于1996年重修编纂。霍氏族谱因搬迁已丢失。

村里宗族主要活动有大年初一拜祖堂、清明祭祖。主要民俗风情与习俗有凡是每家子孙添丁，都有买鞭炮和大公鸡到厅下上香的惯例。婚嫁礼仪中，结婚前要看家风、定日子、送聘金、定嫁妆，行结婚礼时要摆酒请客、迎亲和送亲、三朝新娘回门礼等。丧葬的传统习俗以土葬为主，1990年后逐步实行火葬。丧葬程序为举丧、入殓、出殡、送葬、做法事、将灵位送入祠堂。办丧事时只能做白饭、花菜、黄豆煮猪肉等简单的饭菜，用餐时不坐高台高凳，拆下事主家的门板放于门前的巷地上当饭台，以表哀痛。

1993年3月，该村经清远市人民政府批准被认定为解放战争游击根据地。2013年5月15日，遭遇洪水袭击，水深1米，受灾125人，受浸房屋35间，倒塌房屋4间，折合经济损失20万元。

（资料填报：黄泽炎，初稿撰写：廖月桂，总纂：李协湖）

东队村

◎ 东队村村貌（摄于 2016 年）

东队村，位于水头镇中部偏东，水头圩的东部，距镇政府 0.2 千米。始建于明末。该村原是圩地边的多姓氏聚居的百家村，村民多在清末至民国初入住该村。1960 年初，将圩地邻近旳村分为东队、西队，该村取名东队。该村坐落于丘陵谷地，县道 X373 线从村北边南北通往国道 G106 线，滘江（龙颈河）从村南 300 米自东向西流过。村东与湴田村相接，南是耕地，西与水头圩相连，北面与上湾村相近并有县道 X373 线穿过。

村落形成时，属清远县吉河乡。清嘉庆十八年（1813 年），属佛冈厅吉河乡黄田堡。民国时期，属佛冈县一区天水乡。中华人民共和国成立后，属佛冈县二区水头乡。1958 年 10 月，属从化县佛冈人民公社丰联大队。1961 年 5 月，属佛冈县水头人民公社丰联大队。1983 年 12 月，属水头区丰联乡。1987 年 1 月，属水头镇丰联行政村。1989 年 11 月，属水头镇丰联管理区。1998 年 12 月，属水头镇丰联行政村。2005 年 5 月至今，属水头镇新联行政村。

世居村民为朱姓、黄姓、邹姓、郑姓。朱姓，据《沛国郡族谱》记载，明初从福建迁广东增城，后迁今佛冈县石角吉田，吉田朱氏开基祖先念五郎，先迁迳头，后迁水头圩该村。黄姓，1945 年后从佛冈县水头坣下、莲瑶迁移至该村。邹姓，1945 年后从佛冈县王田村、铜溪村迁移至该村。郑姓自清末从佛冈县黄花村迁至该村。

2015 年末，户籍人口 148 人，其中男性 79 人，女性 69 人。60 岁以上 42 人，其中 80 岁以上 5 人，最年长者 90 岁（女）。16 岁以下 46 人。实际在村居住和生活主要依靠农业收入 58 人，常年在城镇生活和外出务工 90 人。村民均为汉族，广府民系，使用粤方言。

村有山地面积 6.33 公顷，耕地面积 2.53 公顷。该村原以水头圩地为主，多数村民的收入来源于做生意、小型经商。水头圩地是水头地区的经济、文化等发展中心地。圩地原建有关帝庙、护国寺、当铺等，20 世纪 50 年代初期被拆毁。现仍有多间旧店铺在使用中。圩地有多棵百年古榕树，现仍存活 2 棵。

耕作习惯以种植水稻为主，其他粮食作物有小麦、番薯、麦豆、蚕豆、高粱等，经济作物有花生、油菜，其他作物有芋头、玉米、莲藕及叶类和瓜类蔬菜等。水稻亩产量（单造）300—500 千克，番薯亩产量（单产）1000—1500 千克，小麦亩产（单产）150—200 千克。20 世纪 70 年代初开始，生产队用手扶拖拉机代替役牛进行犁地、耙地。特别是改革开放和实行家庭联产承包责任制后，使用手扶拖拉机耕作田地更普及。20 世纪 80 年代后，村中多数青壮年外出经商或务工，形成村民主要经济来源，其次是农业。传统节日特色美食有打炒米饼、做油角、糖环，端午节包粽子祭河神，一般节日做粘米糍、糯米糍，清明节做艾糍。

20 世纪 60 年代末通电，1989 年初通电话，2007 年实现村道水泥硬底化，2010 年通网络、有线电视，2015 年通自来水。村中建有文化室和垃圾收集池。村域内有水头镇中心小学，设 6 个年级，20 个班级，2015 年在校学生 898 人，教职工 37 人。有水头镇中心幼儿园，在园幼儿 360 人，教职工 30 人。

◎ 水头镇中心小学（摄于 2016 年）

传统民居现存 4 座，建于清末，现均保存较好，已无人居住。建筑形式为双座并排相连屋，砖木结构平房，二房（分为四房）二廊一厅一天井，硬山顶，三合士夯墙或有泥砖砌墙，坐东向西，座与座之间前后紧接墙体没有巷、左右间通巷 1.8 米，均是以鹅卵石铺底的石阶巷，每座占地面积 120 平方米。每座正座的东面、西面无门口，南面、北面有门口，

◎ 东队村传统民居（摄于 2016 年）

分两户人家居住，各有一房（分为两小房）一廊，各自上房门口向厅，下房通廊，大厅和天井各占一半面积，两户同居不同户。1990 年 2 月，由朱永容编写该村族谱《沛国郡族谱》，族谱中收录《朱文公家训》。原有一座朱公祠，建于清嘉庆年间，是村民供奉神灵、祈福的场所，后因“文化大革命”被摧毁。

传统的节日活动，大年初一到各家各户舞狮拜年，向村中老少来年报平安。村里的宗族活动是清明祭祖，传统的民间习俗是拜土地公、腊月二十三送灶君。

民俗有抢花炮。自民国时期起，每年正月初九民间都举办抢花炮活动。民间认为抢到花炮为“好意”“好运”。抢花炮的地点在关帝庙前（现水头镇政府大楼旁），前来参与抢花炮的有现县内的汤塘、龙山、石角、迳头、烟岭、英德市白沙等地及当地村民。花炮的名称有丁、财、贵、福、禄、寿，用铜圈刻上这 6 个字，然后放入装有火药的铁铸炮筒里（俗称地墩），点火发射升空。花炮（铜圈）落地时，抢炮人凭体力、速度和灵巧，将花炮捡到，即到举办捡炮处登记，然后由众人拥送到村祠堂供奉。抢花炮活动举办至 1951 年，1952 年后停办。

传统婚嫁丧葬礼仪庄重繁杂。婚嫁礼仪，结婚前要看家风、定日子、送聘金、定嫁妆，行结婚礼时要摆酒请客、迎亲和送亲、三朝新娘回门礼等。传统丧葬习俗以土葬为主，1990 年以后逐步实行火葬。其程序包括举丧、入殓、出殡、送葬、做法事、

◎ 清代功全闾牌匾（摄于 2016 年）

◎ 清代盗靖萑符牌（摄于 2016 年）

将亡灵送入祠堂。办丧事只能做白饭、花菜、黄豆煮猪肉等简单的饭菜，用餐时不坐高台高凳，拆下事主家的门板放于门前的巷地上当饭台，以表哀痛，以寄托对先人的怀念。

2002—2003 年，在该村域的水头镇中心小学进行改造和扩建，将原来的水头粮所划入中心小学，校址面积北原来增加 2 倍，新建教学大楼 4 幢，可容纳教学班 20 个，学生 800 人。增加学生运动场所 1500 平方米。2013 年 5 月 15 日，遭遇洪水袭

◎ 东队村一角（摄于 2016 年）

击，水深 1.8 米，受灾 145 人，受浸房屋 100 间，倒塌房屋 10 间，死亡 1 人，折合经济损失 35 万元。2015 年，潖江河道水头段的河道进行加固治理，经过该村 70 米，加固完成后，河流行洪抗灾能力比原来明显提高。

该村的郑清（1915—2001），木匠，手艺精糙，在水头、迳头、新丰遥田地区颇有名望，擅长制作风柜等各式家具。

（资料填报：黄泽炎，初稿撰写：温清清，总纂：李协湖）

西 村

◎ 西村村貌（摄于 2016 年）

西村，位于水头圩西部，距镇政府 0.3 千米。始建于清初，建村时村名为五福堂，1958 年五福堂改名为西村。村东面是水头圩地、东队，南面是耕地、150 米处是潖江，西面是耕地，北面是县道 X373 线和王田下湾仔村。

◎ 西村门楼（摄于 2016 年）

村落形成时，属清远县吉河乡。清嘉庆十八年（1813 年），属佛冈厅吉河乡黄田堡。民国时期，属佛冈县一区水头乡。中华人民共和国成立后，属佛冈县二区水头乡。1958 年 10 月，属从化县佛冈人民公社丰联大队。1961 年 5 月，属佛冈县水头人民公社丰联大队。1983 年 12 月，属水头区水头镇。1987 年 1 月，属水头镇丰联行政村。1989 年 11 月，属水头镇丰联管理区。1998 年 12 月，属水头镇丰联行政村。2005 年 5 月至今，属水头镇新联行政村。

世居村民为黄、温、朱三姓。黄姓，西村黄姓有两支，一支于清初从今佛冈石角二七村迁到该村，另一支于清中期从佛冈水头坐下棉塘村迁到该村。温姓，清末从新丰遥田迁到该村。朱姓，清中期从新丰迁到该村。

2015 年末，户籍人口 250 人，其中男性 130 人，女性 120 人。60 岁以上 28 人，其中 80 岁以上 4 人，最年长者为 90 岁（女）。16 岁以下 70 人。实际在村居住和生活主要依靠农业收入 160 人。非户籍外来人口 28 人。村民均为汉族，广府民系，使用粤方言。

◎ 西村花生种植（摄于 2016 年）

◎ 西村传统民居（摄于 2016 年）

村有山地面积 13.2 公顷，耕地面积 4.80 公顷。传统经济以农业为主，历史以来的耕作习惯以种植水稻为主，同时种植小麦、番薯、麦豆、蚕豆、高粱等，经济作物有花生、油菜，其他作物有芋头、玉米、莲藕等。20 世纪 70 年代初开始，部分生产队用手扶拖拉机代替役牛进行犁地、耙地。特别是改革开放和实行家庭联产承包责任制后，使用手扶拖拉机耕作田地更普及。21 世纪后，有不少农户改种植水稻为种植水果，水果多以沙糖桔为主。传统节庆美食有白切鸡、烧鸭、焖鹅、蒸扣肉、炒米饼、油炸糖环、糯米糍、艾糍、铜盘糍、粽子、月饼等。民间有腌制榄角的传统技艺。

20 世纪 60 年代通电，80 年代通电话，21 世纪初村道实现水泥硬底化，2006 年通网络、有线电视，2012 年通自来水。

传统民居为广府围屋，建于清初，建房所用的材料主要是三合土，还用火砖、泥砖砌墙，结构是砖木平房，以瓦盖面。建筑形式为单座并排相连屋，屋顶为硬山顶，墙体多为夯土，部分为泥砖砌成，每座占地面积 20 多平方米，整体村庄为包围形。

宗族主要活动有拜祭宗祠、清明祭祖、重阳祭祖。传统民间习俗有逢农历初一和十五烧香烧衣纸、祭灶君、拜土地公、拜庙神。村民众历来有舞狮的习惯，村里有近 30 人组成的相对稳定的舞狮队，并有统一的专用服饰，所舞的是大头狮，当地人又将这款式的狮头称为大头狗、艾寨头。每逢喜庆大事和春节，都以舞狮的形式进行庆祝，全村男女老少都聚集在一起，既是助兴，又是观赏。舞狮的规例、动作、鼓谱等，与当地邻村基本相仿。传统婚嫁习俗迎亲嫁娶等礼仪依然存在。在婚嫁礼仪中，男女双方开始交往时，女方家要到男方家看家风，在双方确定婚姻关系后要担小担礼，结婚时要历经担求婚酒、送礼金、报日子、定嫁妆、行婚礼、摆酒请客、迎送亲等仪式流程，然后行三朝回门礼。传统丧葬习俗以土葬为主，20 世纪 90 年代后逐步实行火葬。其程序包括竖灵、收敛引灵、接体、奠礼、出殡、火化、安葬等。

2013 年 5 月 15 日，遭遇洪水袭击，水深 1 米，受灾 225 人，受浸房屋 95 间，倒塌房屋 7 间，折合经济损失 30 万元。2015 年，湛江河道水头段的河道进行加固治理，经过该村 150 米，加固完成后，河流行洪抗灾能力比原来明显提高。

（资料填报：黄泽炎，初稿撰写：冯建成，总纂：李协湖）

○铜溪行政村

嘉禾村

◎ 嘉禾村村貌（摄于 2016 年）

嘉禾村，位于水头镇南部，距镇政府 2 千米。始建于清初，由西田杨桥头和新联上湾仔分村迁居而成。原名耕禾冚村。1990 年，更名为嘉禾村。该村坐落于村南面海拔 343 米的尖锋仔北面山下丘陵地带，村的南面为大塘村和村道 271 线水铜线（水头—铜溪，四级公路），村北面与新联行政村、石潭行政村、桂田行政村三个行政村接壤。滘江支流铜溪河在村南 1 千米处流过。

村落形成时，属清远县吉河乡。清嘉庆十八年（1813 年），属佛冈厅吉河乡黄田堡。民国时期，属佛冈县二区天水乡。中华人民共和国成立后，属佛冈县二区水头乡。1958 年 10 月，属从化县佛冈人民公社铜二大队。1961 年 5 月，属佛冈县水头人民公社铜溪大队。1983 年 12 月，属水头区铜溪乡。1987 年 1 月，属水头镇铜溪行政村。1989 年 11 月，属水头镇铜溪管理区。1998 年 11 月至今，属水头镇铜溪行政村。

世居村民为邹姓。邹姓先人于南宋时期从中原迁广东南雄珠玑巷，后迁南海泌涌都，明初迁清远县吉河乡黄田都（今佛冈县水头镇）。耕禾冚村邹氏分为上角邹氏和下角邹氏，上角邹氏是清初从今佛冈西田杨桥村迁到该村，下角邹氏是清初从今佛冈水头上湾村迁到该村定居。

2015 年末，户籍人口 196 人，其中男性 101 人，女性 95 人。60 岁以上 28 人，其中 80 岁以上 2 人，最年长者 83 岁（女）。16 岁以下 33 人。实际在村居住和生活主要依靠农业收入 106 人，常年在城镇生活和务工 90 人。村民为汉族，客家民系，使用客家方言。

该村有山地面积 29.13 公顷，耕地面积 8.33 公顷。森林资源有松树、柯树、杉树、桉树、簕竹、厘竹、撑篙竹等。野生动物有野猪、黄猄、果狸、穿山甲、蛇、鹧鸪、竹鼠等。传统经济以农业为主。主要农作物有水稻、花生、番薯、芋头、粉葛、莲藕、木薯及各种豆类和叶类蔬菜等。传统果类有大红柿、大蕉、枇杷、杨梅、阳桃等。20 世纪 70 年代初开始，生产队用手

◎ 嘉禾村粉葛种植（摄于 2016 年）

扶拖拉机代替役牛进行耕作。特别是改革开放和实行家庭联产承包责任制后，使用手扶拖拉机耕作的面积增大。21 世纪后，有不少农户改种植水稻为种植水果，水果多以沙糖桔为主，村民的收入来源于农业、林业以及外出务工。传统节庆美食有白切鸡、烧鸭、焖鹅、蒸扣肉、炒米饼、油炸糖环、糯米糍、艾糍、铜盘糍、粽子、月饼等。

1969 年通公路（沙面），1979 年通电，1990 年通程控电话，2005 年实现村道水泥硬底化，2008 年通网络，2009 年通自来水。

传统民居现存 43 座，墙体多以三合土夯实或泥砖砌筑，砖木结构，保存基本完好，部分有人居住。全村有 24 户村民先后新建水泥混砖结构楼房。

传统的民间技艺有打铁匠、木(竹)工及磨剪刀等。清末民国初，村中过半的男人是铁匠、木匠，流动在珠三角、香港、澳门等地区施艺、做生意。该村的民间习俗是舞鸡公狮，所敲打的鼓谱为“十点梅花”式，还有操演拳、棍、刀、枪、凳等多种健身武艺，从清初起流传至今。每逢喜庆日子及村里的青年应征参军等都舞狮庆贺。年初一舞狮到各家各户，以向村中老少来年报平安。村里的宗族活动有祭祖堂、清明祭祖，传统的习俗是逢农历初一和十五烧香奉神、拜土地公，腊月二十三送灶君。

◎ 嘉禾村传统民居（摄于 2016 年）

◎ 嘉禾村新民居（摄于 2016 年）

村中传统的婚嫁习俗。在男女相识交往后，女方家亲友要到男方家看家风，确定关系后，要担小礼、定嫁妆、送礼金、报日子、担亲酒、请亲友、行婚礼，婚后三朝新娘子回娘家。传统丧葬为土葬，20 世纪 90 年代逐步推行火葬。丧事操办程序包括报丧、守灵、入殓、出殡、送火化、将灵牌送入祖堂。在春社日前第一次祭拜新坟，清明不再祭拜。

1947—1949 年，村民在中共地下组织的领导下开展革命斗争，建立农会、民兵组织，开展各项革命活动，发动群众参军，支援部队打仗，为中华人民共和国的成立作出贡献。1968 年，开通水头圩至铜溪乡村公路 5.1 千米，公路为沙面路，2005 年全线实现水泥混凝土结构，属四级公路。1972 年，水头人民公社发动全社劳动力集中奋战 10 天，劳动力超万人，在铜溪行政村山场白石仔一带开发茶场 53.33 公顷，茶场用地涉及该村，以占用山地面积计算利益分红，茶场于 1982 年停办。1993 年，该村经清远市人民政府批准被认定为解放战争游击根据地。2013 年 5 月 15 日，遭遇洪水袭击，受浸房屋 10 间，受灾 50 人，折合经济损失 8 万元。2014 年 5 月 23 日，遭遇洪水袭击，受浸房屋 10 间，受灾 50 人，折合经济损失 4 万元。

（资料填报：黄锦波，谢先强，初稿撰写：黄锦波，谢先强，总纂：李协湖）

大塘村

◎ 大塘村鸟瞰（摄于2016年）

大塘村，位于水头镇南部，距镇政府2千米。始建于清初，因村旁有一口大水塘，故取名大塘村。该村坐落于尖峰仔（海拔330米）北面的丘陵地带，村东北面接近村道水铜线（水头—铜溪），西南面与梅坝村相邻，西面与新坐神降村相近，北面与嘉禾村相邻。

村落形成时，属清远县吉河乡。清嘉庆十八年（1813年），属佛冈厅吉河乡黄田堡。民国时期，属佛冈县一区天水乡。中华人民共和国成立后，属佛冈县二区水头乡。1958年10月，属从化县佛冈人民公社铜溪大队。1961年5月，属佛冈县水头人民公社铜溪大队。1983年12月，属水头区铜溪乡。1987年1月，属水头镇铜溪行政村。1989年11月，属水头镇铜溪管理区。1998年12月至今，属水头镇铜溪行政村。

该村原为邓姓人居住，邓姓迁居现佛冈县石角镇邓宅后，有丘姓、谢姓、张姓、蔡姓迁入该村。清初，丘文炳从阳山七拱迁至该村，谢姓从烟岭大村深坑（今佛冈县迳头镇）迁至该村，张姓从新丰英雄坪迁至该村，蔡姓从附近水头新联三家村迁到该村。

2015年末，户籍人口268人，其中男性143人，女性125人。80岁以上3人，最年长者90岁（女）。16岁以下53人。实际在村居住和生活主要依靠农业收入103人，常年在城镇生活和务工165人。村民均为汉族，客家民系，使用客家方言。

村有山地面积24.33公顷，耕地面积13.53公顷。矿产资源主要有煤矿。林业有松树、荷树、杉树、桉树等及其他杂树，还有簕竹、厘竹等。野生动物有野

◎ 大塘村丰产林（摄于2016年）

猪、黄猄、果狸、穿山甲、蛇类、鹧鸪、竹鼠。传统经济以农业为主，主要农作物有水稻、花生、番薯、芋头、莲藕、木薯及各种豆类、叶类蔬菜，普通水果有大红柿、大蕉、枇杷、杨梅、阳桃等。水稻亩产量（单造）300—500千克，番薯亩产量（单产）1000—1500千克，小麦亩产（单产）150—200千克。20世纪70年代初开始，生产队用手扶拖拉机代替役牛进行耕作。改革开放和实行家庭联产承包责任制后，使用手扶拖拉机耕作的面积增大。21世纪后，很多农户改种植水稻为种植水果，水果多以沙糖桔为主，村民的收入来源于农业、林业以及务工。传统美食有白切鸡、烧鸭、焖鹅、蒸扣肉、炒米饼、油炸糖环、糯米糍、艾糍、铜盘糍、粽子、月饼等。

1969年通公路（沙面），1979年通电，1990年通程控电话，2005年实现村道水泥硬底化，2008年通网络，2009年通自来水。2014年，建起文化室、篮球场，配有乒乓球桌等健身器材。

◎ 大塘村甘蔗种植（摄于2016年）

传统民居现存4座，平房135间，墙体多以三合

◎ 大塘村传统民居（摄于2016年）

◎ 宗荣张公祠（摄于 2016 年）

◎ 文炳丘公祠（摄于 2016 年）

土夯实或泥砖砌筑，砖木结构，基本完好，部分有人居住。1990 年后，大部分村民新建并已入住水泥混砖结构楼房。

村里的民间习俗是舞鸡公狮，所敲打的鼓谱为“十点梅花”式，还有操演拳、棍、刀、枪、凳等多种健身武艺。此民间习俗从清初起流传至今。每逢喜庆日子或青年应征入伍等都舞狮庆贺。年初一舞狮到各家各户，以示向村中老少来年报平安。村里的宗族活动有祭祖堂、清明祭祖，传统的习俗是逢农历初一和十五烧香奉神、拜土地公、腊月二十三送灶君。

传统婚嫁礼仪中，男女双方开始交往，女方家要到男方家看家风。确定关系后，要担小礼、定嫁妆、送礼金、报日子、担亲酒、请亲友、行婚礼、三朝回娘家。传统丧葬习俗为土葬，20 世纪 90 年后逐步推行火葬。其程序为报丧、守灵、入殓、出殡、送火化，将灵牌送入祖堂。第一次祭拜新坟在春社日前，清明不再拜祭。

该村西面有座关帝庙，意为守住水口，保佑村民平安，添丁发财，常年香火鼎盛。关帝庙在抗日战争时期为国民党军队与日本侵略军在耀洞新路埂战斗时的作战指挥部，20 世纪 60 年代因破除迷信而一度荒废。后来重修。

关帝庙西，有一条通往从化的古道，古道上有一座长 20 米、宽 1.3 米的石板桥，是附近梅坝村在广州做生意的村民出资修建的，该石板桥现仍在使用中。

1968 年，开通水头圩至铜溪乡村公路 5.1 千米，公路为沙面路，通过该村。2005 年，全线实现水泥混凝土结构，属四级公路。1972 年，水头人民公社发动全社劳动力集中奋战 10 天，劳动力超万人，在铜溪行政村山场白石仔一带开发茶场 53.6 公顷，茶场用地涉及该村，以占用山地面积计算利益分红，茶场于 1982 年停办。1993 年，该村经清远市人民政府批准被认定为解放战争游击根据地。2013 年 5 月 15 日，遭遇洪水袭击，受浸房屋 13 间，受灾 50 人，折合经济损失 25 万元。2014 年 5 月 23 日，遭遇洪水袭击，折合经济损失 30 万元。

（资料填报：黄锦波、谢先强，初稿撰写：黄锦波、谢先强，总纂：李协湖）

梅坝村

◎ 梅坝村鸟瞰（摄于 2016 年）

梅坝村，位于水头镇南部，距镇政府 2 千米。始建于明末，因附近有一沙坝，坝上种有很多梅树，故名梅仔坝，曾用名龙田围。该村坐落于高的尖峰仔（海拔 330 米）山北面的丘陵地带，村东面为高星（象湖）村，南面为滃江支流耀洞河，西面为新坣神降村，村道耕耀线（四级公路）从村中心经过，连接县道 X373 线，村北为大塘村。该村分为上梅、下梅两个居住点。

◎ 梅坝村门楼（摄于 2016 年）

村落形成时，属清远县吉河乡。清嘉庆十八年（1813 年），属佛冈厅吉河乡黄田堡。民国时期，属佛冈县一区天水乡。中华人民共和国成立后，属佛冈县二区水头乡。1958 年 10 月，属从化县佛冈人民公社铜溪大队。1961 年 5 月，属佛冈县水头人民公社铜溪大队。1983 年 12 月，属水头区铜溪乡。1987 年 1 月，属水头镇铜溪行政村。1989 年 11 月，属水头镇铜溪管理区。1998 年 12 月至今，属水头镇铜溪行政村。

世居村民为陈姓。陈姓于宋末从福建迁入广东新丰，明末，开村始祖陈永玺从附近水头新联楼仔村处迁到该村定居，繁衍生息至今。

2015 年末，户籍人口 367 人，其中男性 196 人，女性 171 人。80 岁以上 9 人，最年长者 87 岁（女）。16 岁以下 77 人。实际在村居住和生活主要依靠农业收入 131 人，常年在城镇生活和务工 236 人。村民均为汉族，客家民系，使用客家方言。

◎ 梅坝村芭蕉种植（摄于2016年）

村有山地面积52.33公顷，耕地面积19公顷。矿产资源主要有煤矿。林业有松树、柯树、杉树、桉树及其他杂树，还有簕竹、厘竹等。野生动物有野猪、黄猄、果狸、穿山甲、蛇类、鹧鸪、竹鼠。传统经济以农业为主，主要农作物有水稻、花生、番薯、芋头、莲藕、木薯及各种豆类、叶类蔬菜。普通水果有大红柿、大蕉、枇杷、杨梅、阳桃等。20世纪70年代初开始，生产队用手扶拖拉机代替役牛进行耕作。特别是改革开放和实行家庭联产承包责任制后，使用手扶拖拉机耕作的面积增大。21世纪后，有许多农户改种植水稻为种植水果，水果多以沙糖桔、大蕉为主。村民的收入来源于农业、林业以及外出务工。传统节庆美食有葱油鸡、卤水鸭、芋头焖鹅、蒸扣肉，春节制作炒米饼，端午节包粽子祭河神。一般节日做粘米糍、糯米糍，清明节做艾糍。

◎ 梅坝村文化公园（摄于2016年）

1969年通公路（沙面），1979年通电，1990年通程控电话，2005年实现村道水泥硬底化，2008年通互联网，2009年10月通自来水，2014年建起村文化公园。

传统民居为客家围屋，现存传统民居55座，墙体多以三合土夯实或泥砖砌筑，砖木结构，基本完好，部分有人居住。1990年后，部分村民先后新建并已入住水泥混砖结构楼房。

民间习俗是舞鸡公狮，所敲打的鼓谱为“十点梅花”式，还有操演拳、棍、刀、枪、凳等多种健身武艺。此民间习俗从清初起流传至今。每逢重大喜庆日子或青年应征入伍等都舞狮庆贺。年初一舞狮到各家各户，以示向村中老少来年报平安。村里的宗族活动有祭祖堂、清明祭祖，传统的民间习俗是逢农历初一和十五烧香奉神、拜土地公、腊月二十三送灶君。

传统的婚嫁丧葬习俗。在婚嫁礼仪中，男女双方开始交往时，女方家要到男方家看家风。确定关系后，要担小礼、定嫁妆、送礼金、报日子、担亲酒、请亲友、行婚礼、三朝回娘家。传统丧葬习俗为土葬，20世纪90年后逐步推行火葬。其程序为报丧、守灵、入殓、出殡、送火化，将灵位送入祖堂。第一次祭拜新坟在春社日前，清明不再拜祭。

1968年，开通水头圩至铜溪乡村公路5.1千米，公路为沙面路，2005年全线实现水泥混凝土结构，属四级公路。1971年，在耀洞河铁门处筑建拦河陂，沿山体开发一条长5.5千米的引水圳，当中开挖隧道3条，共长103米，受益灌溉面积60公顷，该村受益。1993年，该村经清远市人民政府批准被认定为解放战争游击根据地。2013年5月15日，遭遇洪水袭击，受浸房屋50间，受灾150人，折合经济损失25万元。2014年5月23日，遭遇洪水袭击，受浸房屋21间，受灾150人，折合经济损失10万元。

（资料填报：黄锦波，初稿撰写：谢先强，总纂：李协湖）

白沙村

◎ 白沙村村貌（摄于 2016 年）

白沙村，位于水头镇南部，距镇政府 2.5 千米。始建于明末，含上白沙、下白沙、旗心围、小坑围、怡新五个居住区。相传有一伙讨饭的人到该村的河边，一个小孩见河里的沙石洁白如玉，还问“这是什么地方”，有口快的人指河里的白色的砂石说“白砂”，这伙讨饭的人最后定居于此。该村东面与坪坑村相接，南面是尖仔峰山，西面与新坣龙江村相近，北面与梅坝村相邻。

◎ 白沙村门楼（摄于 2016 年）

村落形成时，属清远县吉河乡。清嘉庆十八年(1813 年)，属佛冈厅吉河乡黄田堡。民国时期，属佛冈县一区天水乡。1949 年 10 月中华人民共和国成立后，属佛冈县二区水头乡。1958 年 10 月，属从化县佛冈人民公社铜溪大队。1961 年 5 月，属水头公社铜溪大队。1983 年 12 月，属水头区铜溪乡。1987 年 1 月，属水头镇铜溪行政村。1989 年 11 月，属水头镇铜溪管理区。1998 年 12 月至今，属水头镇铜溪行政村。

世居村民为郑姓、黄姓、陈姓、杨姓、温姓。郑姓从迳头大陂处迁到该村，黄姓由从化团丰村迁到该村，陈姓由从化达溪村迁到该村，杨姓由从化良口杨村迁到该村，温氏由新丰遥田迁徙到该村。

2015 年末，户籍人口 615 人，其中男性 313 人，女性 302 人。80 岁以上 9 人，最年长者 89 岁（男）。16 岁以下 135 人。实际在村居住和生活主要依靠农业收入 142 人，常年在城镇生活和务工 473 人。村民均为汉族，郑姓、杨姓为客家民系，使用客家方言；

◎ 梅坝村百香果种植（摄于 2016 年）

◎ 白沙村传统民居（摄于 2016 年）

黄姓、陈姓、温姓为广府民系，使用粤方言。

村有山地面积 180.2 公顷，耕地面积 27.53 公顷。矿产资源主要有石英矿，林业有松树、荷树、杉树、桉树及其他杂树，还有簕竹、厘竹、撑篙竹等。野生动物有野猪、黄猄、果狸、穿山甲、蛇、鹧鸪、竹鼠。传统经济以农业为主，主要农作物有水稻、花生、番薯、芋头、莲藕、木薯及各种豆类、叶类蔬菜。水果有大红柿、大蕉、枇杷、杨梅、百香果等。中华人民共和国成立前，由于种植技术水平低下，品种丰产性能差，该村水稻一般亩产为 200 千克。中华人民共和国成立后，该村先后组织互助组、合作社，参加人民公社，逐步应用推广先进的农业生产技术。20 世纪 80 年代起实行家庭联产承包责任制后，水稻一般亩产达到 400 千克，农业经济效益有较大的提高。村民的收入来源于农业、林业及务工。传统节庆美食有白切鸡、烧鸭、焖鹅、蒸扣肉、炒米饼、油炸糖环、糯米糍、艾糍、铜盘糍、粽子、月饼等。

1969 年通公路（沙面），1979 年通国家电网。1990 年通程控电话，2005 年实现村道水泥硬底化，2008 年通互联网，2009 年 10 月通自来水。

传统民居墙体为三合土夯实或泥砖、火砖砌墙，砖木结构，大部分较好，部分仍有人住。村中大部分村民已住入钢筋混凝土楼房。

民间习俗是舞鸡公狮，所敲打的鼓谱为“十点梅花”式，还有操演拳、棍、刀、枪、凳等多种健身武艺，从清初起流传至今。每逢重大喜庆好事及村里的青年应征入伍也都舞狮庆贺。春节舞狮是一项不可缺少的活动，年初一舞狮到各家各户，以示向村中老少来年报平安。村里的宗族活动有祭祖堂、清明祭祖，传统的习俗是逢农历初一和十五烧香奉神、拜土地公、腊月二十三送灶君。

在传统婚嫁礼仪中，男女双方开始交往时，女方家要到男方家看家风，确定关系后，要担小礼、定嫁妆、送礼金、报日子、担亲酒、请亲友、行婚礼、三朝回娘家。老人归寿时，传统为土葬，20 世纪 90 年代后逐步推行火葬。其程序为报丧、守灵、入殓、出殡、送火化，将灵牌送入祖堂，祭拜新葬坟墓在春社日前，清明不再拜祭。

1968 年，开通水头圩至铜溪乡村公路 5.1 千米，公路为沙面路，通过该村。2005 年全线实现水泥硬底化，属四级公路。1971 年，在耀洞河铁门处筑建拦河陂，沿山体开发一条长 5.5 千米的引水圳，当中开挖隧道 3 条，共长 103 米，农田受益面积 60 公顷，该村受益。1993 年，该村经清远市人民政府批准被认定为解放战争游击根据地。2013 年 5 月 15 日，遭遇洪水袭击，水深 1.25 米，受灾 175 人，受浸房屋 33 间，折合经济损失 45 万元。2014 年 5 月 23 日，遭遇洪水袭击，水深米 0.9 米，受浸房屋 21 间，受灾 175 人，折合经济损失 21 万元。

该村的陈石义（1926—1947），又名陈义，革命烈士，为掩护游击大队黄渠成部转移被国民党军队包围而壮烈牺牲。

（资料填报：黄锦波，初稿撰写：谢先强，总纂：李协湖）

坪坑村

◎ 坪坑村村貌（摄于 2016 年）

坪坑村，位于水头镇南部，距镇政府 3 千米。始建于明末，因村中有一条平缓的小河流过，5 个居住区都在一条小河的两边，故名坪坑村。该村坐落于尖峰仔（海拔 330 米）北面的丘陵地带。东北面为高星王九坑村，南面是尖峰仔山，西面为白沙村。村道耕耀线（四级公路）从村中心经过，连接县道 X373 线。该村由上坪、下坪、桐油坝、全圣里、河背 5 个居住点组成。

◎ 坪坑村门楼（摄于 2016 年）

村落形成时，属清远县吉河乡。清嘉庆十八年（1813 年），属佛冈厅吉河乡黄田堡。民国时期，属佛冈县一区天水乡。中华人民共和国成立后，属佛冈县二区水头乡。1958 年 10 月，属从化县佛冈人民公社铜溪大队。1961 年 5 月，属佛冈县水头人民公社铜溪大队。1983 年 12 月，属水头区铜溪乡。1987 年 1 月，属水头镇铜溪行政村。1989 年 11 月，属水头镇铜溪管理区。1998 年 12 月至今，属水头镇铜溪行政村。

世居村民为郑姓、黄姓。郑姓，宋中期从福建迁入广东翁源，明末从迳头大陂村（今佛冈县迳头镇）迁至该村。黄姓，宋末从江西迁入广东南雄珠玑巷，明末从从化良口团丰迁至该村。

2015 年末，户籍人口 348 人，其中男性 183 人，女性 165 人。80 岁以上 6 人，最年长者 94 岁（男）。16 岁以下 71 人。实际在村居住和生活主要依靠农业收入125人，常年在城镇生活和务工223人。村民均为汉族，郑姓为客家民系，使用客家方言；黄姓为广府民系，使用粤方言。

村有山地面积162.33公顷，耕地面积25.80公顷。矿产资源主要有石英砂。林业有松树、荷树、杉树、桉树及其他杂树，还有簕竹、厘竹、撑篙竹等。野生动物有野猪、黄猄、果狸、穿山甲、蛇、鹧鸪、竹鼠。村地处山区，传统经济以农业为主，以种植水稻为主，其他粮食作物有小麦、番薯、麦豆、蚕豆、高粱等，经济作物有花生、油菜，其他作物有芋头、玉米、木薯、生姜、叶类和瓜类蔬菜等。中华人民共和国成立前，由于种植技术水平低下，品种丰产性能差，水稻一般亩产为200千克。中华人民共和国成立后，逐步应用推广先进的农业生产技术，农业生产效益有较大的提高。水稻亩产量（单造）200—400千克，番薯亩产量（单产）1000—1500千克，小麦亩产（单产）100—150千克。犁地、耙地主要依靠役牛。20世纪70年代初开始，生产队用手扶拖拉机代替役牛进行耕作。改革开放和实行家庭联产承包责任制后，使用手扶拖拉机耕作的面积增大。普遍使用的农具为锄头、铁耙、镰刀、风车柜。村民的其他收入来源于林业以及外出务工。村里的节庆美食有白切鸡、烧鸭、焖鹅、蒸扣肉，端午节包粽子祭河神。一般节日做粘米糍、糯米糍，清明节做艾糍。

1969年通公路（沙面），1979年通电，1990年通程控电话，2005年实现村道水泥硬底化，2008年通网络，2009年通自来水。2014年，建起文化室、

◎ 坪坑村新民居（摄于2016年）

篮球场，配有乒乓球桌等健身器材，丰富村民文体生活。

传统民居现存150座，墙体多以三合土夯实或泥砖砌筑，砖木结构，基本完好，部分有人居住。1990年后，部分村民先后新建并入住水泥混砖结构楼房。

村东南面有求仔庙，在海拔530米高的芒顶山脚下，滘江支流（耀洞）河的岸边。庙结构十分简单，没有一根梁桷柱子和一块瓦片，倒是像一座山坟。神坛背后长着一棵高约30米，直径1米多的古松。传说古代有个国师叫赖布衣，由从化良口去水头，在此驻足休息时与村民聊天，对村人说，在此立一神坛，能保佑村民发家平安。由于当时村人生活十分困难，只是在那里堆起一个土堆，插上灶香。不久，此堆土堆插香的家人的生活果然好起来了。从此，村里的人逢年过节都到此烧香朝拜，香火一直旺盛。

◎ 坪坑村求仔庙（摄于2016年）

民间习俗是舞鸡公狮，所敲打的鼓谱为“十点梅花”式，还有操演拳、棍、刀、枪、凳等多种健身武艺。此民间习俗从清初起流传至今。每逢重大喜庆日子或青年应征入伍等都舞狮庆贺。年初一舞狮到各家各户，以示向村中老少来年报个平安。村里的宗族活动有祭祖堂、清明祭祖，传统的民间习俗是逢农历初一和十五烧香奉神、拜土地公、腊月二十三送灶君。

在传统婚嫁礼仪中，男女双方开始交往，女方家要到男方家看家风。确定关系后，要担小礼、定嫁妆、

送礼金、报日子、担亲酒、请亲友、行婚礼、三朝回娘家。传统丧葬习俗为土葬，20 世纪 90 年代后逐步推行火葬。其程序包括报丧、守灵、入殓、出殡、送火化、将灵位送入祖堂。首次祭拜新坟在春社日前，清明不再拜祭。

◎ 坪坑村古道（摄于 2016 年）

该村有一条古道经过，以铜溪村域为起点，经过该村及求仔庙、大石岩通往耀洞村，再经过石岭山路，到达从化县东洞。全长约 20 千米，路宽 1.5 米，有部分为石阶路面铺砌，是古代佛冈中部通向从化的盐道。在大石岩古道路段建有一间凉亭，三合土舂墙，砖木结构平房，面积约 40 平方米。20 世纪 50 年代后，由于周边公路开通，交通运输不断改善，此古道逐渐废弃。

1978 年，水头人民公社企业办在该村东面 200 米处的铁线关门处，修建发电站一座，名为铁门电站，装配发电机 2 台，装机容量 300 千瓦，年产值 80 万元。1978—1980 年，开通嘉禾村至耀洞村乡村公路 7.1 千米，公路经过该村，为沙面路，2007 年全线实现水泥硬底化，属四级公路。1993 年，该村经清远市人民政府批准被认定为解放战争游击根据地。2013 年 5 月 15 日，遭遇洪水袭击，水深 0.8 米，受浸房屋 63 间，受灾 256 人，折合经济损失 40 万元。2014 年 5 月 23 日，遭遇洪水袭击，水深 0.7 米，浸房屋 53 间，受灾 231 人，受折合经济损失 16 万元。

（资料填报：黄锦波，初稿撰写：谢先强，总纂：李协湖）

象湖村

◎ 象湖村村貌（摄于2016年）

象湖村，位于水头镇南部，距镇政府3千米。始建于明末，因村背面酷似一头大象，南面有一口泥塘，故取名象湖村。该村坐落在尖峰山（海拔330米）北面、网顶山脉西面的丘陵地带。村东北面为王九坑村、楼仔村、庙下村，南面为铜溪小学、坪坑村，西面为梅坝村、大塘村，北面为村道水铜线（四级公路），连接县道X373线。

◎ 象瑚村门楼（摄于2016年）

村落形成时，属清远县吉河乡。清嘉庆十八年（1813年），属佛冈厅吉河乡黄田堡。民国时期，属佛冈县一区天水乡。中华人民共和国成立后，属佛冈县二区水头乡。1958年10月，属从化县佛冈人民公社铜溪大队。1961年5月，属佛冈县水头人民公社铜溪大队。1983年12月，属水头区铜溪乡。1987年1月，属水头镇铜溪行政村。1989年11月，属水头镇铜溪管理区。1998年12月至今，属水头镇铜溪行政村。

世居村民为温姓。温氏先祖元末明初从福建迁入广东梅县，明末从新丰遥田迁到该村，繁衍生息至今。

2015年末，户籍人口45人，其中男性23人，女性22人。最年长者71岁（女）。16岁以下9人。实际在村居住和生活主要依靠农业收入22人，常年在城镇生活和务工23人。村民均为汉族，客家民系，使用客家方言。

村有山地面积8.33公顷，耕地面积3公顷。矿

◎ 象瑚村水稻种植（摄于 2016 年）

◎ 象湖村传统民居（摄于 2016 年）

产资源主要有煤矿，林业有松树、荷树、杉树、桉树及其他杂树，还有簕竹、厘竹、撑篙竹等。野生动物有野猪、黄猄、果狸、穿山甲、蛇类、鹧鸪、竹鼠。传统经济以农业为主，其他收入来源于林业和外出务工。该村地处丘陵山地，土壤以赤红壤和红壤为主，大部分水田土壤为潴育型水稻土。全村历史以来以种植水稻为主，其他粮食作物有小麦、番薯、麦豆、蚕豆、高粱等，经济作物有花生、油菜，其他作物有芋头、玉米、莲藕及叶类和瓜类蔬菜等。水稻亩产量（单造）300—400 千克，番薯亩产量（单产）1000—1500 千克，小麦亩产（单产）150—200 千克。犁地、耙地主要依靠役牛，役牛有水牛和黄牛，多以水牛为主。20 世纪 70 年代初开始，生产队用手扶拖拉机代替役牛进行耕作。特别是改革开放和实行家庭联产承包责任制后，使用手扶拖拉机耕作的面积增大。传统美食有白切鸡、烧鸭、焖鹅、蒸扣肉、炒米饼、油炸糖环、糯米糍、艾糍、铜盘糍、粽子、月饼等。

1969 年通公路（沙面），1979 年通电，1990 年通程控电话，2005 年实现村道水泥硬底化，2008 年通网络，2009 年通自来水。

村里传统民居现存 26 座，墙体多以三合土夯实或泥砖砌筑，砖木结构，全部完好，部分有人居住。1995 年后，大部分村民先后新建并已入住水泥混砖结构楼房。

民间习俗是舞鸡公狮，所敲打的鼓谱为“十点梅花”式，还有操演拳、棍、刀、枪、凳等多种健身武艺。此民间习俗从清初起流传至今。每逢重大喜庆日子或青年应征入伍等都舞狮庆贺。年初一舞狮到各家各户，以示向村中老少来年报平安。村里的宗族活动有祭祖堂、清明祭祖，传统的习俗是逢农历初一和十五烧香奉神、拜土地公、腊月二十三送灶君。

在传统婚嫁礼仪中，男女双方开始交往，女方家要到男方家看家风。确定关系后，要担小礼、定嫁妆、送礼金、报日子、担亲酒、请亲友、行婚礼、三朝回娘家。传统丧葬习俗为土葬，20 世纪 90 年代后逐步推行火葬。其程序为报丧、守灵、入殓、出殡、送火化、将灵位送入祖堂。首次祭拜新坟在春社日前，清明不再拜祭。

1971 年，在耀洞河铁门处筑建拦河陂，沿山体开发一条长 5.5 千米的引水圳，当中开挖隧道 3 条，共长 103 米，农田受益面积 60 公顷，该村受益。1972 年，水头人民公社发动全社劳动力集中奋战 10 天，劳动力超万人，在铜溪行政村山场白石仔一带开发茶场 53 公顷，茶场用地涉及该村，以占用山地面积计算利益分红，茶场于 1982 年停办。1993 年，该村经清远市人民政府批准被认定为解放战争游击根据地。2013 年 5 月 15 日，遭遇洪水袭击，农作物受损严重，直接经济损失 3 万元。2014 年 5 月 23 日，遭遇洪水袭击，农作物水浸严重，直接经济损失 2 万元。

（资料填报：谢先强，初稿撰写：黄锦波，总纂：李协湖）

庙下村

◎ 庙下村全貌（摄于2016年）

庙下村，位于水头镇南部，距镇政府3千米。始建于明末，因村北有一座庙，故称庙下村。坐落在尖峰山（海拔330米）北面、网顶山脉西面的丘陵地带，村东北面为王九坑村、楼仔村，西南面为坪坑村、象湖村，北面为村道水铜线（四级公路），连接县道373线。

村落形成时，属清远县吉河乡。清嘉庆十八年（1813年），属佛冈厅吉河乡黄田堡。民国时期，属佛冈县一区天水乡。中华人民共和国成立后，属佛冈县二区水头乡。1958年10月，属从化县佛冈人民公社铜溪大队。1961年5月，属佛冈县水头人民公社铜溪大队。1983年12月，属水头区铜溪乡。1987年1月，属水头镇铜溪行政村。1989年11月，属水头镇铜溪管理区。1998年12月至今，属水头镇铜溪行政村。

◎ 庙下村民居（摄于2016年）

世居村民为赖姓。赖姓祖先于明初从江西迁入广东英州（今英德），入粤始祖念八郎。据村人传说，村始建于明末，其后裔从新丰县遥田迁至该村，繁衍生息至今。

2015年末，户籍人口45人，其中男性31人，女性14人。最年长者77岁（女）。16岁以下9人。实际在村居住和生活主要依靠农业收入14人，常年在城镇生活和务工31人。村民均为汉族，客家民系，使用客家方言。

村有山地面积10.67公顷，耕地面积2公顷。矿产资源主要有煤矿。林业有松树、荷树、杉树、桉树及其他杂树，还有簕竹、厘竹、撑篙竹等。野生动物有野猪、黄猄、果狸、穿山甲、蛇、鹧鸪、竹鼠。村地处山区，土壤以赤红壤和红壤为主，大

◎ 庙下村芭蕉种植（摄于 2016 年）

◎ 庙下村传统民居（摄于 2016 年）

部分水田土壤为潴育型水稻土。历来的耕作习惯以种植水稻为主，同时种植小麦、番薯、麦豆、蚕豆、高粱等，经济作物有花生、油菜，其他作物有芋头、玉米、木薯、生姜及叶类和瓜类蔬菜等。中华人民共和国成立前，由于种植技术水平低下，品种丰产性能差，该村水稻一般亩产为 100 千克。中华人民共和国成立后，该村先后组织互助组、合作社，参加人民公社，逐步应用推广先进的农业生产技术，农业生产效益有较大的提高。水稻亩产量（单造）200—400 千克，番薯亩产量（单产）1000—1500 千克，小麦亩产（单产）100—150 千克。犁地、耙地主要依靠役牛。20 世纪 70 年代初开始，生产队用手扶拖拉机代替役牛进行耕作。改革开放和实行家庭联产承包责任制后，使用手扶拖拉机耕作的面积增大。普遍使用的农具为锄头、铁耙、镰刀、风车柜。传统美食有葱油鸡、卤水鸭、焖鹅、蒸脍肉、炒米饼、粽子、粘米糍、糯米糍、艾糍。

1969 年通公路（沙面），1979 年通电，1990 年通程控电话，2005 年实现村道水泥硬底化，2008 年通网络，2009 年通自来水。

传统民居为客家围屋，现存传统民居有 35 间，墙体多以三合土夯实或泥砖砌筑，砖木结构，全部完好，部分有人居住。1995 年后，大部分村民先后入住新建的水泥混砖结构楼房。

民间习俗是舞鸡公狮，所敲打的鼓谱为“十点梅花”式，还有操演拳、棍、刀、枪、凳等多种健身武艺。此民间习俗从清初起流传至今。每逢重大喜庆日子或青年应征入伍等都舞狮庆贺。春节舞狮是一项不可缺少的活动，年初一舞狮到各家各户，以示向村中老少来年报个平安。村里的宗族活动有清明祭祖，传统的习俗是逢农历初一和十五烧香奉神、祭祖堂、拜土地公、腊月二十三送灶君。

传统的婚嫁习俗，男女双方开始交往，女方家要到男方家看家风。确定关系后，要担小礼、定嫁妆、送礼金、报日子、担亲酒、请亲友、行婚礼、三朝回娘家。传统丧葬习俗为土葬，20 世纪 90 年代后逐步推行火葬。其程序为报丧、守灵、入殓、出殡、送火化，将灵位送入祖堂。首次祭拜新坟在春社日前，清明不再拜祭。

1947—1949 年，村民在中国共产党的领导下开展革命斗争，建立农会、民兵组织，开展各项革命活动，发动群众参军，支援部队打仗，为中华人民共和国的成立作出贡献。1968 年，开通水头圩至铜溪乡村公路 5.1 千米，公路为沙面路，通过该村。2005 年，全线实现水泥硬底化，属四级公路。1972 年，水头人民公社发动全社劳动力超万人集中奋战 10 天，在铜溪行政村山场白石仔一带开发茶场 53 公顷，茶场用地涉及该村，以占用山地面积计算利益分红，茶场于 1982 年停办。1993 年，该村经清远市人民政府批准被认定为解放战争游击根据地。

（资料填报：谢先强，初稿撰写：黄锦波，总纂：李协湖）

楼仔村

◎ 楼仔村村貌（摄于 2016 年）

楼仔村，位于水头镇南部，距镇政府 3 千米。始建于明末，因该村原有一处高大的建筑，墙体厚而高并有枪眼，用于防御，很像炮楼，故名楼仔村。该村坐落在尖峰山（海拔 330 米）北面、网顶山脉西面的丘陵地带，村的东面为榕树村，南面为王九坑村，西面为庙下村，北面为村道水铜线（四级公路），连接县道 X373 线。

村落形成时，属清远县吉河乡。清嘉庆十八年（1813 年），属佛冈厅吉河乡黄田堡。民国时期，属佛冈县一区天水乡。中华人民共和国成立后，属佛冈县二区水头乡。1958 年 10 月，属从化县佛冈人民公社铜溪大队。1961 年 5 月，属佛冈县水头人民公社铜溪大队。1983 年 12 月，属水头区铜溪乡。1987 年 1 月，属水头镇铜溪行政村。1989 年 11 月，属水头镇铜溪管理区。1998 年 12 月至今，属水头镇铜溪行政村。

◎ 楼仔村门楼（摄于 2016 年）

世居村民为丘姓。丘姓宋代从福建迁广东韶关、新丰、英德等地，明末从阳山县七拱镇处迁至该村。

2015 年末，户籍人口 63 人，其中男性 34 人，女性 29 人。80 岁以上 1 人，最年长者 84 岁（女）。实际在村居住和生活主要依靠农业收入 27 人，常年在城镇生活和务工的有 36 人。村民均为汉族，客家民系，使用客家方言。

村有山地面积 15.13 公顷，耕地面积 2.87 公顷。矿产资源主要有煤矿。林业有松树、荷树、杉树、桉树及其他杂树，还有簕竹、厘竹等。野生动物有野猪、黄猄、果狸、穿山甲、蛇、鹧鸪、竹鼠。村处丘陵山地，传统经济以农业为主，其次为林业以及外出务工。土壤以赤红壤和红壤为主，大部分

◎ 楼仔村水稻种植（摄于 2016 年）

◎ 楼仔村传统民居（摄于 2016 年）

水田土壤为潴育型水稻土。全村历史以来以种植水稻为主，其他粮食作物有小麦、番薯、麦豆、蚕豆、高粱等，经济作物有花生、油菜，其他作物有芋头、玉米、莲藕及叶类和瓜类蔬菜等。普通水果有大红柿、大蕉、枇杷、杨梅、阳桃等。水稻亩产量（单造）300—400 千克，番薯亩产量（单产）1000—1500 千克，小麦亩产（单产）150—200 千克。犁地、耙地主要依靠役牛。20 世纪 70 年代初开始，部分生产队用手扶拖拉机代替役牛进行耕作。特别是改革开放和实行家庭联产承包责任制后，使用手扶拖拉机耕作的面积增大。传统美食有葱油鸡、卤水鸭、焖鹅、蒸腍肉、炒米饼、粽子、粘米糍、糯米糍、艾糍等。

1969 年通公路（沙面），1979 年通电，1990 年通程控电话，2005 年实现村道水泥硬底化，2008 年通网络，2009 年通自来水。

传统民居现存 35 间，墙体多以三合土夯实或泥砖砌筑，砖木结构，基本完好，部分有人居住。1995 年后，村民先后新建并入住水泥混砖结构楼房。

民间习俗是舞鸡公狮，所敲打的鼓谱为“十点梅花”式，还有操演拳、棍、刀、枪、凳等多种健身武艺。此民间习俗从清初起流传至今。每逢重大喜庆日子或青年应征入伍等都舞狮庆贺。年初一舞狮到各家各户，以示向村中老少报平安。村里的宗族活动有清明祭祖，传统的习俗是逢农历初一和十五烧香奉神、祭祖堂、拜土地公、腊月二十三送灶君。

传统婚嫁礼仪中，男女双方开始交往，女方家要到男方家看家风。确定关系后，要担小礼、定嫁妆、送礼金、报日子、担亲酒、请亲友、行婚礼、三朝回娘家。传统丧葬习俗为土葬，20 世纪 90 年代后逐步推行火葬。其程序包括报丧、守灵、入殓、出殡、送火化，将灵位送入祖堂。首次祭拜新坟在春社日前，清明不再拜祭。

1968 年，开通水头圩至铜溪乡村公路 5.1 千米，公路为沙面路，通过该村。2005 年，全线实现水泥混凝土结构，属四级公路。1972 年，水头人民公社发动全社劳动力超万人集中奋战 10 天，在铜溪行政村山场白石仔一带开发茶场 53 公顷，茶场用地涉及该村，以占用山地面积计算利益分红，茶场于 1982 年停办。1993 年，该村经清远市人民政府批准被认定为解放战争游击根据地。2013 年 5 月 15 日，遭遇洪水袭击，直接经济损失 3 万元。2014 年 5 月 23 日，遭遇洪水袭击，直接经济损失 5 万元。

（资料填报：谢先强，初稿撰写：黄锦波，总纂：李协湖）

王九坑村

◎ 王九坑村村貌（摄于 2016 年）

王九坑村，位于水头镇南部，距镇政府 3 千米。始建于明末，坐落在尖峰山（海拔 343 米）北面的丘陵地带，村的东面为榕树村、枫树村，南面为坪坑村，西面为庙下村、象湖村，北面为楼仔。村道水铜线（四级公路），连接县道 X373 线通至该村，潖江从村西北面 3 千米处自东向西流过。王九坑村原名叫旺阜里，因其村边有一条小溪，弯弯曲曲迂回村边，故名王九坑。

世居村民为朱姓。明末，朱姓从英德县大陂乡（今佛冈县迳头镇）鸭嶰坑村迁至该村。

◎ 王久坑村门楼（摄于 2016 年）

村落形成时，属清远县吉河乡。清嘉庆十八年（1813 年），属佛冈厅吉河乡黄田堡。民国时期，属佛冈县二区天水乡。中华人民共和国成立后，属佛冈县二区水头乡。1958 年 10 月，属从化县佛冈人民公社铜溪大队。1961 年 5 月，属佛冈县水头人民公社铜溪大队。1983 年 12 月，属水头区铜溪乡。1987 年 1 月，属水头镇铜溪行政村。1989 年 11 月，属水头镇铜溪管理区。1998 年 11 月至今，属水头镇铜溪行政村。

2015 年末，户籍人口 135 人，其中男性 68 人，女性 67 人。80 岁以上 2 人，最年长者 86 岁（女）。16 岁以下 28 人。实际在村居住和生活主要依靠农业收入 49 人，常年在城镇生活和务工 86 人。村民均为汉族，客家民系，使用客家方言。

村有山地面积 43.6 公顷，耕地面积 9.4 公顷。矿产资源有铜、铁、铅锌、硫黄、锰等。森林资源有松树、荷树、杉树、桉树及其他杂树，还有簕竹、厘竹等。主要野生动物有山猪、黄猄、果狸、穿山甲、蛇类、鹧鸪、竹鼠。传统经济以农业为主，主要农作物有水稻、花生、番薯、芋头、淮山、莲藕、木薯及各种豆

◎ 王九坑村淮山种植（摄于 2016 年）

类、叶类蔬菜等。水果有大红柿、大蕉、枇杷等。中华人民共和国成立前，由于种植技术水平落后，品种丰产性能差，该村水稻一般亩产为 100 千克。中华人民共和国成立后，该村逐步应用推广先进的农业生产技术，农业生产效益有较大的提高。水稻亩产量（单造）200—400 千克，番薯亩产量（单产）1000—1500 千克，小麦亩产（单产）150—200 千克。犁地、耙地主要依靠役牛。20 世纪 70 年代初开始，生产队用手扶拖拉机代替役牛进行耕作。改革开放和实行家庭联产承包责任制后，使用手扶拖拉机耕作的面积增大。普遍使用的农具为锄头、铁耙、镰刀、风车柜。村民的收入主要来源于农业、林业以及外出务工。传统美食有过春节的蒸腍肉、葱油鸡、炒米饼，端午节的粽子，清明节的艾糍、糯米糍，此外还有铜盘糍、粘米糍等。

◎ 王九坑村传统民居（摄于 2016 年）

1969 年通公路（沙面），1979 年通电。1990 年通程控电话，2005 年实现村道水泥硬底化，2008 年通网络，2009 年通自来水。

传统民居现存 95 间，四周围水屋平房单间连建，包围村中主体房屋，墙体为三合土夯实或泥砖，火砖木结构，全部完好，部分有人住。1990 年后，大部分村民先后搬进自建钢筋混凝土楼房。

民间习俗是舞鸡公狮，所敲打的鼓谱为“十点梅花”式，还有操演拳、棍、刀、枪、凳等多种健身武艺。此民间习俗从清初起流传至今。每逢喜庆日或青年应征入伍等都舞狮庆贺。年初一舞狮到各家各户，以示向村中老少报平安。村里的宗族活动有清明祭祖，传统的习俗是祭祖堂、逢初一和十五烧香奉神、拜土地公、腊月二十三送灶君。

传统婚嫁丧葬习俗。在婚嫁礼仪中，男女双方开始交往，女方家要到男方家看家风。确定关系后，要担小礼、定嫁妆、送礼金、报日子、担亲酒、请亲友、行婚礼、三朝回娘家。传统丧葬习俗为土葬，20 世纪 90 年代后逐步推行火葬。其程序为报丧、守灵、入殓、出殡、送火化，将灵位送入祖堂。首次祭拜新坟在春社日前，清明不再拜祭。

1971 年，在耀洞河铁门处筑建拦河陂，沿山体开发一条长 5.5 千米的引水圳，当中开挖隧道 3 条，共长 103 米，受益灌溉面积 60 公顷，该村受益。1972 年，水头人民公社发动全社劳动力超万人集中奋战 10 天，在铜溪行政村山场白石仔一带开发茶场 53 公顷，茶场用地涉及该村，以占用山地面积计算利益分红，茶场于 1982 年停办。1993 年，该村经清远市人民政府批准被认定为解放战争游击根据地。2013 年 5 月 15 日，遭遇洪水袭击，水深 0.4 米，受浸房屋 8 间，受灾 32 人，折合经济损失 8 万元。2014 年 5 月 23 日，遭遇洪水袭击，水深 0.3 米受浸房屋 8 间，受灾 32 人，折合经济损失 6 万元。

（资料填报：谢先强，初稿撰写：黄锦波，总纂：李协湖）

榕树村

◎ 榕树村村貌（摄于2016年）

榕树村，位于水头镇南部，距镇政府3.5千米。始建于明末，因村中有榕树和水塘，故取名榕树塘村，后改为榕树村。该村坐落在芒顶山（海拔552米）西北面丘陵地带，村的西面为高星村，东面为梁屋村、中间村，东北面乡道Y271线水铜线（水头—铜溪，四级公路）从村中经过，连接县道X373线。该村由榕树塘、新屋、枫树下、簕竹4个居住点组成，1958年人民公社化以来合并后统称为榕树村。

村落形成时，属清远县吉河乡。清嘉庆十八年（1813年），属佛冈厅吉河乡黄田堡。民国时期，属佛冈县二区天水乡。中华人民共和国成立后，属佛冈县二区水头乡。1958年10月，属从化县佛冈人民公社铜溪大队。1961年5月，属佛冈县水头人民公社铜溪大队。1983年12月，属水头区铜溪乡。1987年1月，属水头镇铜溪行政村。1989年11月，属水头镇铜溪管理区。1998年11月至今，属水头镇铜溪行政村。

◎ 榕树村一角（摄于2016年）

世居村民为丘姓、郑姓、朱姓、温姓。据村人传说，村子始建于明末，丘姓，从阳山七拱迁到该村定居。郑姓，从英德县大陂乡（今佛冈县迳头镇大陂村）迁至该村定居。温姓从新丰遥田迁到该村定居。朱姓，从迳头鸭乸坑村迁到该村定居。

2015年末，户籍人口196人，其中男性103人，女性有93人。60岁以上29人，其中80岁以上2人，最年长者90岁（女）。16岁以下35人，其中留守儿童3人。实际在村居住和主要依靠农业收入80人，常年在城镇生活和务工116人。村民为汉族，客家民系，使用客家方言。

村有山地面积56.20公顷，耕地面积15.13公顷。

◎ 榕树村柑桔种植（摄于 2016 年）

矿产资源有铜、铁、铅锌、硫黄矿、锰等。林业资源有松树、荷树、杉树、桉树等其他杂树，还有簕竹、厘竹、撑篙竹、毛竹等。野生动物有野猪、黄猄、果狸、穿山甲、蛇类、鹧鸪、竹鼠等。传统经济以农业为主，主要种植水稻、玉米、花生、黄豆、蔬菜等。主要养殖鸡、鸭、鹅、猪、牛以及“四大家鱼”。20 世纪 80 年代起实行家庭联产承包责任制后，农业经济效益有较大的提高。同时，逐步调整农村经济结构，并积极发展水果产业。2013 年该村种植沙糖桔面积 5.33 公顷，年收入 40 万元。2013 年后，由于受柑桔黄龙病的影响，产业消退，村民改种其他经济作物。传统节庆美食有白切鸡、烧鸭、焖鹅、蒸脍肉、炒米饼、油炸糖环、糯米糍、艾糍、铜盘糍、粽子、月饼等。

1969 年通公路（沙面），1979 年通国家电网，1990 年通程控电话，2005 年实现村公路水泥硬底化，列为乡道水铜线，2008 年通网络，2009 年通自来水。

◎ 榕树村传统民居（摄于 2016 年）

传统民居现存 59 座，墙体多以三合土夯实或泥砖砌筑，砖木结构，基本完好，部分有人居住。有 23 户村民新建并入住水泥混砖结构楼房。

传统的民间技艺有铁匠、木匠、竹匠及磨剪刀等。清末民国初，村中过半的男人都以打铁、木工等手艺为生，多在珠三角、香港、澳门等经济发达地区施艺、做生意。

民间习俗是舞鸡公狮，所敲打的鼓谱为“十点梅花”式，还有操演拳、棍、刀、枪、凳等多种健身武艺，从清初起流传至今。每逢喜庆日子及村里的青年应征入伍等都舞狮庆贺。春节舞狮是一项习俗活动，年初一舞狮到各家各户，以示向村中老少报平安。村里的宗族活动有清明祭祖，传统的习俗是祭祖堂、逢农历初一和十五烧香奉神、拜土地公、腊月二十三送灶君。

传统的中原婚嫁习俗在该村已很少见，但迎亲嫁娶礼仪还存在，在婚嫁礼仪中，要担小礼、定嫁妆、送礼金、报日子、担亲酒、请亲友、行婚礼、三朝回娘家。传统丧葬习俗为土葬，20 世纪 90 年代后逐步推行火葬。其程序包括报丧、守灵、入殓、出殡、送火化，将灵位送入祖堂。须在春社日前祭拜新坟，清明不再拜祭。

1968 年，开通水头圩至铜溪乡村公路 5.1 千米，公路为沙面路，通过该村。2005 年，全线实现村道水泥硬底化，属四级公路。1971 年，在耀洞河铁门处筑建拦河陂，沿山体开发一条长 5.5 千米的引水圳，当中开挖隧道 3 条，共长 103 米，农田受益面积 60 公顷，该村受益。1972 年，水头人民公社发动全社劳动力超万人集中奋战 10 天，在铜溪行政村山场白石仔一带开发茶场 53 公顷，茶场用地涉及该村，以占用山地面积计算利益分红，茶场于 1982 年停办。1993 年，经清远市人民政府批准被认定为解放战争游击根据地。2013 年 5 月 15 日，遭遇洪水袭击，水深 1.3 米，受浸房屋 21 间，受灾 85 人，折合经济损失 18 万元。2014 年 5 月 23 日，遭遇洪水袭击，水深 0.8 米，受浸房屋 8 间，受灾 35 人，折合经济损失 10 万元。

（资料填报：谢先强，初稿撰写：黄锦波，总纂：李协湖）

同兴村

◎ 同兴村村貌（摄于2016年）

同兴村，位于水头镇东南部，距镇政府3千米。始建于明末，该村地下有大量的铜、铁矿故名同兴村（铜的谐音），明清时村名曰铜屎围。该村坐落于芒顶山（海拔552米）北面的丘陵地带，村的东面为竹元围、头洞村，西面为村道271线水铜线（水头—铜溪，四级公路），连接县道X373线，村北面与桂田行政村、石潭行政村两个行政村接壤。

村落形成时，属清远县吉河乡。清嘉庆十八年（1813年），属佛冈厅吉河乡黄田堡。民国时期，属佛冈县二区天水乡。中华人民共和国成立后，属佛冈县二区水头乡。1958年10月，属从化县佛冈人民公社铜溪大队。1961年5月，属佛冈县水头人民公社铜溪大队。1983年12月，属水头区铜溪乡。1987年1月，属水头镇铜溪行政村。1989年11月，属水头镇铜溪管理区。1998年11月至今，属水头镇铜溪行政村。

◎ 同兴村门楼（摄于2016年）

世居村民为朱姓。明初，朱姓从江西迁到广东惠州、和平、兴宁、南雄，后迁今佛冈迳头鸭嶋坑村，明末迁到该村定居生活，繁衍生息一直到现在。

2015年末，户籍人口148人，其中男性78人，女性70人。60岁以上21人，其中80岁以上2人，最年长者86岁（女）。16岁以下24人。实际在村居住和生活主要依靠农业收入75人，常年在城镇生活和务工73人。村民为汉族，世居村民为客家民系，所用语言为客家方言。

村有山地面积34.27公顷，耕地面积8.33公顷。矿产资源有铜、铁、铅锌、硫黄、锰等。林业资源有松树、荷树、杉树、桉树及其他杂树，还有簕竹、厘竹、撑篙竹、毛竹等。野生动物有野猪、黄猄、果狸、穿山甲、蛇、鹧鸪、竹鼠等。主要农作物有水稻、花生、番薯、芋头、莲藕、木薯及各种豆类、叶类蔬菜等。水果有大红柿、大蕉、枇杷、杨梅、鹰嘴桃等。清末民国初，村中过半的男人都以打铁、做木工等手艺为生，在珠三角、香港、澳门等地区施艺、做生意。传统节庆美食有葱油鸡、卤水鸭、焖鹅、蒸脍肉、炒米饼、油炸糖环、粽子、粘米糍、糯米糍、艾糍等。

1968 年通公路（沙面），1979 年通电，1990 年通程控电话，2005 年实现村道水泥硬底化，2008 年通网络，2009 年通自来水。2014 年建文化室，篮球场，购置乒乓球台等健身器材。

传统民居现存 77 座，墙体多以三合土夯实或泥砖砌筑，砖木结构，基本保存完好，部分有人居住。全村有 18 户村民新建水泥混砖结构楼房。

◎ 同兴村传统民居（摄于 2016 年）

20 世纪 90 年代中期，在村建有朱氏祠堂——奇公祠。

民间习俗是舞鸡公狮，所敲打的鼓谱为“十点梅花”式，还有操演拳、棍、刀、枪、凳等多种健身武艺。这些民间习俗从清初起流传至今。每逢重大喜庆好事和日子及村里的青年应征入伍等都舞狮庆贺，春节舞狮是一项习俗。年初一到各家各户舞狮，以示向村中老少报平安。村里的宗族活动有清明祭祖，传统的习俗是祭祖堂、逢农历初一和十五烧香奉神、拜土地公、腊月二十三送灶君。

传统的中原婚嫁习俗在该村已很少见，但迎亲嫁

◎ 奇公祠（摄于 2016 年）

娶礼仪还存在，在婚嫁礼仪中，男女双方开始交往，女方家要到男方家看家风，确定关系后，要担小礼、定嫁妆、送礼金、报日子、担亲酒、请亲友、行婚礼、三朝回娘家。传统丧葬习俗为土葬，20 世纪 90 年代后逐步推行火葬。其程序包括报丧、守灵、入殓、出殡、送火化，将灵位送入祖堂。须在春社日前祭拜新坟，清明不再拜祭。

1968 年，开通水头圩至铜溪乡村公路 5.1 千米，公路为沙面路，通过该村。2005 年，全线实现水泥路面硬底化，属四级公路。1972 年，水头人民公社发动全社劳动力超万人集中奋战 10 天，在铜溪行政村山场白石仔一带开发茶场 53 公顷，茶场用地涉及该村，以占用山地面积计算利益分红，茶场于 1982 年停办。1993 年，该村经清远市人民政府批准被认定为解放战争游击根据地。2013 年 5 月 15 日，遭遇洪水袭击，水深 0.5 米，受浸房屋 7 间，受灾 35 人，折合经济损失 12 万元。2014 年 5 月 23 日，遭遇洪水袭击，水深 0.5 米，受浸房屋 7 间，受灾 35 人折合经济损失 5 万元。

（资料填报：谢先强，初稿撰写：黄锦波，总纂：李协湖）

竹元村

◎ 竹元村全貌（摄于2016年）

竹元村，位于水头镇东南部，距镇政府4千米。始建于明末，因村旁有一个旧竹园而取名竹园村，后改写为竹元村。该村坐落于芒顶山（海拔552米）北面的丘陵地带，村的东北面为同兴村，东南面为头洞、永胜村，西面为村道水铜线（四级公路），连接县道X373线。该村包括竹元、头洞两个住宅区。

村落形成时，属清远县吉河乡。清嘉庆十八年（1813年），属佛冈厅吉河乡黄田堡。民国时期，属佛冈县一区天水乡。中华人民共和国成立后，属佛冈县二区水头乡。1958年10月，属从化县佛冈人民公社铜溪大队。1961年5月，属佛冈县水头人民公社铜溪大队。1983年12月，属水头区铜溪乡。1987年1月，属水头镇铜溪行政村。1989年11月，属水头镇铜溪管理区。1998年12月至今，属水头镇铜溪行政村。

世居村民为温姓、廖姓。温姓，元末明初从福建迁入广东梅县，明末从新丰遥田迁入该村。廖姓，元代从浙江迁入广东增城，明末从水头石潭村迁到该村。

2015年末，户籍人口153人，其中男性87人，女性66人。60岁以上17人，其中80岁以上2人，最年长者83岁（女）。16岁以下53人，其中留守儿童2人。实际在村居住和生活主要依靠农业收入43人，常年在城镇生活和务工110人。村民均为汉族，客家民系，使用客家方言。

该村有山地面积35.73公顷，耕地面积9.67公顷。矿产资源主要有煤。林业有松树、荷树、杉树、桉树及其他杂树，还有簕竹、厘竹、撑篙竹等。野生动物有野猪、黄猄、果狸、穿山甲、蛇类、鹧鸪、竹鼠。传统经济以农业为主，主要农作物有水稻、花生、番薯、

◎ 竹元村黄牛养殖（摄于2016年）

芋头、莲藕、木薯及各种豆类、叶类蔬菜。养殖业主要养“三鸟”、猪、牛、“四大家鱼”。水果有大红柿、大蕉、枇杷、杨梅、阳桃等。村民的收入来源于农业、林业以及外出务工。该村有 3 户养牛大户，每户 30 头以上，以养黄牛为主。因黄牛繁殖快，收入高，是村民主要收入来源。

1969 年通公路（沙面），1979 年通电，1990 年通程控电话，2005 年实现村道水泥硬底化，2008 年通网络，2009 年通自来水。2014 年，建文化室、篮球场，配有乒乓球桌等健身器材。

◎ 竹元村传统民居（摄于 2016 年）

◎ 竹元村百年树龄荔枝树（摄于 2016 年）

传统民居为客家围屋，现存 40 座，墙体多以三合土夯实或泥砖砌筑，砖木瓦结构，基本完好，部分有人居住。部分村民新建并已入住水泥混砖结构楼房。村的东南面靠近小河旁有一棵百年以上树龄的荔枝树，逢收成好的年景，可收获 150 多千克果实。平时，村民们喜欢在老荔枝树下闲聊、乘凉。

民间习俗是舞鸡公狮，所敲打的鼓谱为“十点梅花”式，还有操演拳、棍、刀、枪、凳等多种健身武艺。此民间习俗从清初起流传至今。每逢喜庆日子或青年应征入伍等都舞狮庆贺。春节舞狮是一项习俗活动，年初一舞狮到各家各户，以示向村中老少报平安。村里的宗族活动为清明祭祖，传统的习俗是祭祖堂、逢农历初一和十五烧香奉神、拜土地公、腊月二十三送灶君。

村传统婚嫁丧葬习俗。在婚嫁礼仪中，男女双方开始交往时，女方家要到男方家看家风。确定关系后，要担小礼、定嫁妆、送礼金、报日子、担亲酒、请亲友、行婚礼、三朝回娘家。传统丧葬习俗为土葬，20 世纪 90 年代后逐步推行火葬。其程序包括报丧、守灵、入殓、出殡、送火化，将灵位送入祖堂。祭拜新坟须在春社日前，清明不再拜祭。

1968 年，开通水头圩至铜溪乡村公路 5.1 千米，公路为沙面路，通过该村。2005 年，全线实现水泥混凝土结构，属四级公路。1971 年，在耀洞河铁门处筑建拦河陂，沿山体开发一条长 5.5 千米的引水圳，当中开挖隧道 3 条，共长 103 米，农田受益面积 60 公顷，该村受益。1993 年，该村经清远市人民政府批准被认定为解放战争游击根据地。2013 年 5 月 15 日，遭遇洪水袭击，水深 1.3 米，受浸房屋 11 间，受灾 85 人，折合经济损失 18 万元。2014 年 5 月 23 日，遭遇洪水袭击，0.8 米，受浸房屋 8 间，受灾 35 人，折合经济损失 10 万元。

该村的温继军（1976—），现任南方电网公司广州开发副总经理。

（资料填报：谢先强，初稿撰写：黄锦波，总纂：李协湖）

头洞村

◎ 头洞村全貌（摄于 2016 年）

头洞村，位于水头镇东南部，距镇政府 5 千米。始建于明末，因该村建在流水的最上方而得名头洞村。坐落于芒顶山（海拔 552 米）北面的丘陵地带，村的西南面为竹元村、永胜村，西北面为同兴村，西面为村道水铜线（四级公路），连接县道 X373 线。

村落形成时，属清远县吉诃乡。清嘉庆十八年（1813 年），属佛冈厅吉河乡黄田堡。民国时期，属佛冈县一区天水乡。中华人民共和国成立后，属佛冈县二区水头乡。1958 年 10 月，属从化县佛冈人民公社铜溪大队。1961 年 5 月，属佛冈县水头人民公社铜溪大队。1983 年 12 月，属水头区铜溪乡。1987 年 1 月，属水头镇铜溪行政村。1989 年 11 月，属水头镇铜溪管理区。1998 年 11 月至今，属水头镇铜溪行政村。

世居村民为温姓。温氏祖先元末明初从福建迁入广东梅县，明末从新丰县遥田迁到该村定居至今。

2015 年末，户籍人口 32 人，其中男性 18 人，女性 14 人。60 岁以上 4 人，其中 80 岁以上 1 人，最年长者 82 岁（女）。16 岁以下 7 人。实际在村居住和生活主要依靠农业收入 21 人，常年在城镇生活和务工 11 人。村民均为汉族，客家民系，使用客家方言。

村有山地面积 14.4 公顷，耕地面积 2.13 公顷。矿产资源主要有煤。林业有松树、荷树、杉树、桉树及其他杂树，还有簕竹、厘竹、撑篙竹等。野生动物有野猪、黄猄、果狸、穿山甲、蛇类、鹧鸪、竹鼠。传统经济以农业为主，村地处山区，土壤以赤红壤和红壤为主，大部分水田土壤为潴育型水稻土。历来以种植水稻为主，其他粮食作物有小麦、番薯、麦豆、

◎ 传统民间生活用品石磨（摄于 2016 年）

◎ 头洞村茄子种植（摄于 2016 年）

◎ 头洞村传统民居（摄于 2016 年）

蚕豆、高粱等，经济作物有花生、油菜，其他作物有芋头、玉米、木薯、生姜及叶类和瓜类蔬菜等。中华人民共和国成立前，由于种植技术水平低下，品种丰产性能差，该村水稻一般亩产为 100 千克。中华人民共和国成立后，该村逐步应用推广先进的农业生产技术，农业生产效益有较大的提高。水稻亩产量（单造）200—400 千克，番薯亩产量（单产）1000—1500 千克，小麦亩产（单产）100—150 千克。犁地、耙地主要依靠役牛，役牛有水牛和黄牛，多以水牛为主。20 世纪 70 年代初开始，生产队用手扶拖拉机代替役牛进行耕作。改革开放和实行家庭联产承包责任制后，使用手扶拖拉机耕作的面积增大。普遍使用的农具为锄头、铁耙、镰刀、风车柜。传统节庆美食有葱油鸡、卤水鸭、焖鹅、蒸脍肉、打炒米饼、包粽子、粘米糍、糯米糍、艾糍等。

1969 年通公路（沙面），1979 年通电，1990 年通程控电话，2005 年实现村道水泥硬底化，2008 年通网络，2009 年通自来水。2014 年，建文化室、篮球场，配有乒乓球桌等健身器材。

传统民居现存 24 座，墙体多以三合土夯实或泥砖砌筑，砖木结构，基本完好，部分有人居住。大部分村民新建并入住水泥混砖结构楼房。

民间习俗是舞鸡公狮，所敲打的鼓谱为“十点梅花”式，还有操演拳、棍、刀、枪、凳等多种健身武艺。此民间习俗从清初起流传至今。每逢喜庆日子或青年应征入伍等都舞狮庆贺。春节舞狮是一项习俗活动，年初一到各家各户舞狮，以示向村中老少报平安。村里的宗族活动有清明祭祖，传统的习俗是祭祖堂、逢初一和十五烧香奉神、拜土地公、腊月二十三送灶君。

传统婚嫁丧葬习俗，男女双方开始交往，女方家要到男方家看家风。确定关系后，要担小礼、定嫁妆、送礼金、报日子、担亲酒、请亲友、行婚礼、三朝回娘家。传统丧葬习俗为土葬，20 世纪 90 年代后逐步推行火葬。其程序包括报丧、守灵、入殓、出殡、送火化、将灵位送入祖堂。祭拜新攻须在春社日前，清明不再拜祭。

1968 年，开通水头圩至铜溪乡村公路 5.1 千米，公路为沙面路，通过该村。2005 年，全线实现水泥混凝土结构，属四级公路。1972 年，水头人民公社发动全社劳动力超万人集中奋战 10 天，在铜溪行政村山场白石仔一带开发茶场 53 公顷，茶场用地涉及该村，以占用山地面积计算利益分红，茶场于 1982 年停办。1993 年，该村经清远市人民政府批准被认定为解放战争游击根据地。

（资料填报：谢先强，初稿撰写：黄锦波，总纂：李协湖）

中间村

◎ 中间村村貌（摄于 2016 年）

中间村，位于水头镇东南部，距镇政府 4 千米。始建于明末，由于处在耕地中间而得名中间村。该村坐落于芒顶山（海拔 552 米）北面的丘陵地带，村东面为竹元村、同兴村、永胜村，南面为水冚村，西面为榕树村，北面为村道水铜线（四级公路），连接县道 X373 线。该村包括中间、梁屋 2 个居住点。

村落形成时，属清远县吉河乡。清嘉庆十八年（1813 年），属佛冈厅吉河乡黄田堡。民国时期，属佛冈县一区天水乡。中华人民共和国成立后，属佛冈县二区水头乡。1958 年 10 月，属从化县佛冈人民公社铜溪大队。1961 年 5 月，属佛冈县水头人民公社铜溪大队。1983 年 12 月，属水头区铜溪乡。1987 年 1 月，属水头镇铜溪行政村。1989 年 11 月，属水头镇铜溪管理区。1998 年 12 月至今，属水头镇铜溪行政村。

◎ 中间村一角（摄于 2016 年）

世居村民为郑姓、梁姓。郑姓，宋代中期从福建迁入广东韶关，明末从佛冈县迳头圩大陂迁到该村定居。梁姓，宋末从中原迁入广东南雄珠玑巷，明末从广东省郁南、从化东明迁到该村。

2015 年末，户籍人口 56 人，其中男性 32 人，女性 24 人。60 岁以上 6 人，其中 80 岁以上 2 人，最年长者 80 岁（女）。16 岁以下 12 人。实际在村居住和生活主要依靠农业收入 27 人，常年在城镇生活和外出务工 29 人。村民均为汉族，客家民系，使用客家方言。

村有山地面积 14.33 公顷，耕地面积 3.40 公顷。矿产资源主要是煤。林业有松树、荷树、杉树、桉树及其他杂树，还有簕竹、厘竹、撑篙竹等。传统经济以农业为主，主要农作物有水稻、花生、番薯、芋头、莲藕、木薯及各种豆类、叶类蔬菜。野生动物有野猪、黄猄、果狸、穿山甲、蛇类、鹧鸪、竹鼠。水果有大红柿、大蕉、枇杷、杨梅、阳桃等。中华人民共和国成立前，由于种植技术水平低下，品种丰产性能

◎ 中间村水稻种植（摄于2016年）

◎ 中间村传统民居（摄于2016年）

差，该村水稻一般亩产为100千克。中华人民共和国成立后，该村先后组织互助组、合作社，参加人民公社，逐步应用推广先进的农业生产技术，农业生产效益有较大的提高。水稻亩产量（单造）200—400千克，番薯亩产量（单产）1000—1500千克，小麦亩产（单产）100—150千克。犁地、耙地主要依靠役牛。20世纪70年代初开始，生产队用手扶拖拉机代替役牛进行耕作。改革开放和实行家庭联产承包责任制后，使用手扶拖拉机耕作的面积增大。普遍使用的农具为锄头、铁耙、镰刀、风车柜。其他收入来源于林业以及外出务工。村里节庆美食有白切鸡、烧鸭、焖鹅、蒸扣肉、炒米饼、油炸糖环、糯米糍、艾糍、铜盘糍、粽子、月饼等。

1968年通公路（沙面），1979年通电，1990年通程控电话，2005年实现村道水泥硬底化，2008年通网络，2009年通自来水。

传统民居为客家围屋，现存传统民居有29座，墙体多以三合土夯实或泥砖砌筑，砖木结构，基本完好，部分有人居住。1995年后，部分村民先后新建并入住水泥混砖结构楼房。

民间习俗是舞鸡公狮，所敲打的鼓谱为“十点梅花”式，还有操演拳、棍、刀、枪、凳等多种健身武艺。此民间习俗从清初起流传至今。每逢重大喜庆日子或青年应征入伍等都舞狮庆贺。春节舞狮是一项习俗活动，年初一到各家各户舞狮，以示向村中老少报平安。村里的宗族活动有清明祭祖，传统的习俗是祭祖堂、逢农历初一和十五烧香奉神、拜土地公、腊月二十三送灶君。

该村传统婚嫁丧葬习俗。在婚嫁礼仪中，男女双方开始交往时，女方家要到男方家看家风。确定关系后，要担小礼、定嫁妆、送礼金、报日子、担亲酒、请亲友、行婚礼、三朝回娘家。传统丧葬习俗为土葬，20世纪90年代后逐步推行火葬。其程序包括报丧、守灵、入殓、出殡、送火化、将灵位送入祖堂。祭拜新坟须在春社日前，清明不再拜祭。

1968年，开通水头圩至铜溪乡村公路5.1千米，公路为沙面路，通过该村。2005年，村道实现水泥路面硬底化，属四级公路。1969年，佛冈县在该村山地水冚坑开办矿场，开采硫铁矿，用地占用该村山地。至1974年，因硫铁矿量缺少，同时又发现煤矿，逐转开采煤矿，至1994年停止开采，撤走矿场。1971年，在耀洞河铁门处筑建拦河陂，沿山体开发一条长5.5千米的引水圳，当中开挖隧道3条，共长103米，受益灌溉面积60公顷，该村受益。1993年，该村经清远市人民政府批准被认定为解放战争游击根据地。2013年5月15日，遭遇洪水袭击，折合经济损失5万元。2014年5月23日，遭遇洪水袭击，折合经济损失5万元。

（资料填报：谢先强，初稿撰写：黄锦波，总纂：李协湖）

永胜村

◎ 永胜村全貌（摄于 2016 年）

永胜村，原名深湴村，位于水头镇东南部，距镇政府 4.5 千米。始建于清初，建村时由于地处沼泽之地，因而得名深湴村。建村时是马姓人居住，后迁走。温姓于清初从附近的头洞村迁至该村定居，后更名为永胜村。该村坐落于芒顶山（海拔 552 米）北面的丘陵地带，村的西南面为水冚村，北面为竹元围，西面为乡道 Y271 线水铜线（水头—铜溪，四级公路），连接县道 X373 线。

◎ 永胜村门楼（摄于 2016 年）

村落形成时，属清远县吉河乡。清嘉庆十八年（1813 年），属佛冈厅吉河乡黄田堡。民国期间，属佛冈县二区天水乡。中华人民共和国成立后，属佛冈县二区水头乡。1958 年 10 月，属从化县佛冈人民公社铜溪大队。1961 年 5 月，属佛冈县水头人民公社铜溪大队。1983 年 12 月，属水头区铜溪乡。1987 年 1 月，属水头镇铜溪行政村。1989 年 11 月，属水头镇铜溪管理区。1998 年 11 月至今，属水头镇铜溪行政村。

世居村民为温姓。温姓明末从新丰遥田迁到附近头洞村居住，清初迁至该村定居。

2015 年末，户籍人口 148 人，其中男性 75 人，女性 73 人。60 岁以上 23 人，其中 80 岁以上 2 人，最年长者 87 岁（女）。16 岁以下 25 人，其中留守儿童 3 人。实际在村居住和生活主要依靠农业收入 55 人，常年在城镇生活和务工 93 人，村民为汉族，客家民系，使用客家方言。

该村有山地面积 41 公顷，耕地面积 6 公顷。矿产资源有铜、铁、铅锌、硫黄、锰等。林业资源有松树、荷树、杉树、桉树及其他杂树，还有簕竹、厘竹、撑篙竹、毛竹等。野生动物有野猪、黄猄、果狸、穿山甲、蛇类、鹧鸪、竹鼠等。村地处丘陵山边，土壤以赤红壤和红壤为主，大部分水田土壤为潴育型水稻土。全村历史以来以种植水稻为主，其他粮食作物有小麦、番薯、麦豆、蚕豆、高粱等，经济作物有花生、油菜，其他作物有芋头、玉米、莲藕及叶类和瓜类蔬菜等。水果有大红柿、大蕉、枇杷、杨梅、阳桃等。水稻亩产量（单造）300—400 千克，番薯亩产量（单产）1000—1500 千克，小麦亩产（单产）150—200 千克。犁地、耙地主要依靠役牛。20 世纪 70 年代初开始，部分生产队用手扶拖拉机代替役牛进行耕作。特别是改革开放和实行家庭联产承包责任制后，使用手扶拖拉机耕作更普及。传统的民间技艺有铁匠工艺、木匠工艺、竹匠工艺及磨剪刀等。清末民国初，村中过半男人都以打铁匠、木工等手艺为生，大多在珠三角、香港、澳门等地区施艺、做生意。传统节庆美食有葱油鸡、卤水鸭、焖鹅、蒸脍肉、炒米饼、油炸糖环、糯米糍、艾糍、铜盘糍、粽子、月饼等。

1968 年通公路（沙面），1979 年通电，1990 年通程控电话，2005 年实现村公路水泥硬底化，被列为乡道 Y271 线水铜线，2008 年通网络，2009 年通自来水。2015 年，建村公园、文化室、篮球场，配有乒乓球台等健身器材。

◎ 永胜村公园（摄于 2016 年）

传统民居为客家围屋，现存传统民居有 59 座，墙体多以三合土夯实或泥砖砌筑，砖木瓦结构，基本完好，部分有人居住。部分村民新建并入住水泥混砖结构楼房。

民间习俗是舞鸡公狮，所敲打的鼓谱为“十点梅花”式，还有操演拳、棍、刀、枪、凳等多种健身武艺。这些民间习俗从清初起流传至今。每逢喜庆日子及村里的青年应征入伍参军等都舞狮庆贺，春节舞狮是一习俗活动。年初一舞狮到各家各户，以示向村中老少报平安。村里的宗族活动有清明祭祖，传统的习俗是祭祖堂、逢农历初一和十五烧香奉神、拜土地公、腊月二十三送灶君。

◎ 永胜村传统民居（摄于 2016 年）

在婚嫁礼仪中，男女双方交往开始，女方家要到男方家看家风，确定关系时，要担小礼、定嫁妆、送礼金、报日子、担亲酒、请亲友、行婚礼、三朝回娘家。传统丧葬为土葬，20 世纪 90 年代逐渐推行火葬。其程序包括报丧、守灵、入殓、出殡、送火化，将灵位送入祖堂。须在春社日前祭拜新坟，清明不再祭拜。

1968 年，开通水头圩至铜溪乡村公路 5.1 千米，公路为沙面路，通过该村。2005 年，全线实现水泥混凝土结构，属四级公路。1971 年，在耀洞河铁门处筑建拦河陂，沿山体开发一条长 5.5 千米的引水圳，当中开挖隧道 3 条，共长 103 米，农田受益面积 60 公顷，该村受益。1972 年，水头人民公社发动全社劳动力超万人集中奋战 10 天，在铜溪行政村山场白石仔一带开发茶场 53 公顷，茶场用地涉及该村，以占用山地面积计算利益分红，茶场于 1982 年停办。1993 年，该村经清远市人民政府批准被认定为解放战争游击根据地。2013 年 5 月 15 日，遭遇洪水袭击，水深 0.5 米，受浸房屋 10 间，受灾 30 人，折合经济损失 5 万元。2014 年 5 月 23 日，遭遇洪水袭击，水深 0.3 米，受浸房屋 10 间，受灾 30 人，折合经济损失 8 万元。

（资料填报：谢先强，初稿撰写：黄锦波，总纂：李协湖）

水冚村

◎ 水冚村全貌（摄于 2016 年）

水冚村，位于水头镇东南部，距镇政府 4.5 千米。始建于清初，因有山冚水流而取名水冚村。该村坐落在海拔 552 米高的芒顶山北面山下丘陵地带，村东北面为深涖村，北面为中间村，西面榕树塘村，东北面为村道 271 线水铜线（水头—铜溪，四级公路），连接县道 X373 线。

村落形成时，属清远县吉河乡。清嘉庆十八年（1813 年），属佛冈厅吉河乡黄田堡。民国时期，属佛冈县二区天水乡。中华人民共和国成立后，属佛冈县二区水头乡。1958 年 10 月，属从化县佛冈人民公社铜溪大队。1961 年 5 月，属佛冈县水头人民公社铜溪大队。1983 年 12 月，属水头区铜溪乡。1987 年 1 月，属水头镇铜溪行政村。1989 年 11 月，属水头镇铜溪管理区。1998 年 11 月至今，属水头镇铜溪行政村。

世居村民为丘姓。清初，丘氏从阳山七拱处迁到该村定居生活，繁衍生息至今。

2015 年末，户籍人口 153 人，其中男性 81 人，女性 72 人。60 岁以上 22 人，其中 80 岁以上 3 人，最年长者 88 岁（女）。16 岁以下 27 人。实际在村居住和生活主要依靠农业收入 43 人，常年在城镇生活和务工 110 人。村民均为汉族，客家民系，使用客家方言。

村有山地面积 48.94 公顷，耕地面积 70 公顷。矿产资源有铜、铁、铅锌、硫黄矿、锰等。林业资源有松树、荷树、杉树、桉树及其他杂树，还有簕竹、厘竹、撑篙竹、毛竹等。野生动物有野猪、黄猄、果狸、穿山甲、蛇类、鹧鸪、竹鼠等。传统经济以农业为主，主要农作物有水稻、花生、番薯、芋头、莲藕、

◎ 水冚村鱼塘、养鸭场（摄于 2016 年）

木薯及各种豆类、叶类蔬菜等。传统果类有大红柿、大蕉、枇杷、杨梅、阳桃等。村民的收入来源于农业、林业以及外出务工。2014年开始，有2户农户承包该村集体山冚耕地2公顷，用于开挖鱼塘，进行养鱼、养鸭。传统的民间技艺有打铁、木（竹）工及磨剪刀等。清末民国初起，村中过半的男人都以打铁、木工等手艺为生，大多在珠三角、香港、澳门等经发达地区施艺、做生意。传统美食有葱油鸡、卤水鸭、焖鹅、蒸脍肉、炒米饼、粽子、粘米糍、糯米糍、艾糍等。

1968年通公路（沙面），1979年通电，1990年通程控电话，2005年实现村公路水泥硬底化，2008年通网络，2009年通自来水。

传统民居现存46座，墙体多以三合土夯实或泥砖砌筑，砖木结构，每座建筑面积20平方米，基本保存完好，部分有人居住。全村有21户村民先后新建水泥混砖结构楼房。

◎ 水冚村传统民居（摄于2016年）

民间习俗是舞鸡公狮，所敲打的鼓谱为“十点梅花”式，还有操演拳、棍、刀、枪、凳等多种健身武艺。这些民间习俗从清初起流传至今。每逢喜庆日子及村里的青年应征入伍等都舞狮庆贺，春节舞狮是一项习俗活动。年初一到各家各户舞狮，以示向村中老少报平安。村里的宗族活动有清明祭祖，传统的习俗是祭祖堂、逢农历初一和十五烧香奉神、拜土地公、腊月二十三送灶君。

村传统婚嫁丧葬习俗。在婚嫁礼仪中，男女双方交往开始，女方家要到男方家看家风，确定关系时，要担小礼、定嫁妆、送礼金、报日子、担亲酒、请亲友、行婚礼、三朝回娘家。传统丧葬习俗为土葬，20世纪90年代后逐步实行火葬。其程序包括报丧、守灵、入殓、出殡、送火化、将灵位送入祖堂。须在春社日前祭拜新坟，清明不再祭拜。

1968年，开通水头圩至铜溪乡村公路5.1千米，公路为沙面路，通过该村。2005年，全线实现水泥路面硬底化，属四级公路。1969年，佛冈县在该村山地水冚坑开办矿场，开采硫铁矿，用地占用该村山地。至1974年，因硫铁矿量缺少，同时又发现煤矿，逐转开采煤矿，至1994年停止开采。1971年，在耀洞河铁门处筑建拦河陂，沿山体开发一条长5.5千米的引水圳，当中开挖隧道3条，共长103米，农田受益面积60公顷，该村受益。1993年，该村经清远市人民政府被认定为解放战争游击根据地。2013年5月15日，遭遇洪水袭击，水深0.5米，受浸房屋30间，受灾145人，折合经济损失30万元。2014年5月23日，遭遇洪水袭击，受浸房屋20间，受灾145人，折合经济损失12万元。

该村的丘克楠（1963—），曾任广东省军区作训处处长、广州军区作训处副处长、汕头警备区司令员，现任广州军区联勤部副部长。

（资料填报：谢先强，初稿撰写：黄锦波，总纂：李协湖）

耀洞村

◎ 耀洞村全景（摄于2016年）

耀洞村，位于水头镇东南部，距镇政府8千米。始建于明末，原叫流济洞，后来村民认为村名不雅，改为耀洞村。该村坐落于芒顶山（海拔552米）以南的山沟谷地，村北面为乡道Y276线（耕耀线、四级公路），连接县道X373线。该村包括福兴、许屋、郑屋、曾屋、下角、禾塘岗、瓦窑7个居住点。

村落形成时，属清远县吉河乡。清嘉庆十八年（1813年），属佛冈厅吉河乡黄田堡。民国时期，属佛冈县一区天水乡。中华人民共和国成立后，属佛冈县二区水头乡。1958年10月，属从化县佛冈人民公社铜溪大队。1961年5月，属佛冈县水头人民公社铜溪大队。1983年12月，属水头区铜溪乡。1987年1月，属水头镇铜溪行政村。1989年11月，属水头镇铜溪管理区。1998年12月至今，属水头镇铜溪行政村。

世居村民有许姓、郑姓、徐姓、曾姓、胡姓、涂姓、陆姓。许姓，明初从广西迁广东翁源、英德等地，明末从从新丰遥田迁至该村。郑姓，宋代中期从福建迁至广东韶关、翁源，明末从新丰遥田迁至该村。徐姓，南宋中期从江西迁至广东南雄珠玑巷，明末从新丰遥田迁至该村。曾姓，明初从江西迁至广东南雄珠玑巷，明末从新丰遥田迁至该村。胡姓，南宋末期从湖南迁至广东连州，明末从新丰遥田迁至该村。涂姓，明末从广东省翁源六里迁到该村。陆姓，明正统三年（1438年）从福建迁至广东南雄珠玑巷，明末从佛山市南海迁到该村。

2015年，户籍人口293人，其中男性152人，女性141人。60岁以上18人，其中80岁以上3人，最年长者83岁（男）。16岁以下51人，其中留守儿童5人。实际在村居住和生活主要依靠农业收入31人，常年在城镇生活和务工262人。村民为汉族，客家民系，使用客家方言。

村有山地面积542.13公顷，耕地面积18.2公顷。矿产资源主要有石英、水晶、瓷沙等。林业资源有松树、荷树、杉树、桉树及其他杂树，还有簕竹、厘竹、撑篙竹等。野生动物有野猪、黄猄、果狸、穿山甲、蛇类、鹧鸪、竹鼠。传统经济以农业为主，主要农作物有水稻、花生、番薯、芋头、莲藕、木薯及各种豆类、叶类蔬菜。水果有水柿、大红柿、大蕉、枇杷、杨梅、阳桃等。中华人民共和国成立前，由于种植技术水平低下，品种丰产性能差，该村水稻一般亩产为100千克。中华人民共和国成立后，该村先后组织互助组、合作社，参加人民公社，逐步应用推广先进的农业生产技术。20世纪80年代起实行家庭联产承包责任制后，水稻一般亩产达到300—400千克，农业经济效益有较大的提高。该村栽植水柿有100多年历史，盛产期在20世纪50—70年代。全村有水柿4000余棵，其中超百年的树龄20多棵，年产水柿10万千克以上，每户都种有水柿，多的达百余棵。村民的收入来源于农业、林业以及外出务工。传统节庆美食有葱油鸡、卤水鸭、焖鹅、蒸腍肉、炒米饼、油炸糖环、糯米糍、艾糍、铜盘糍、粽子、月饼等。

村旁有一条水头圩、耀洞至从化东洞的古道（盐道）经过，此古道建于明代，以水头圩为起点，经铜溪村、耀洞村，石岭山路，到达从化县东洞，全程约20千米，路宽1.5米，有部分为石阶路面铺砌。此古道是佛冈县中部通向从化县盐道，主要为古代挑盐工人到龙门担盐所走，同时也是村民过往从化县的道路之一。20世纪50年代初，广韶公路开通后，此道行人甚少，逐渐废置。

1963—1992年，建有铜溪小学耀洞分校，后因生源不足而停办。1966—1969年，办起水头农业中学，后来停办。1980年通公路（沙面），1996年通电，2005年通程控电话，2008年通网络，2010年实现村道水泥硬底化。

传统民居现存145座，墙体多以三合土夯实或泥砖砌筑，砖木结构，基本保存完好，部分有人居住。全村有18户村民新建并入住水泥混砖结构楼房。

◎ 耀洞村民居（摄于2016年）

民间习俗是舞鸡公狮，所敲打的鼓谱为“十点梅花”式，还有操演拳、棍、刀、枪、凳等多种健身武艺。此民间习俗从清初起流传至今。每逢喜庆日子或青年应征入伍等都舞狮庆贺。春节舞狮是一项习俗活动，年初一到各家各户舞狮，以示向村中老少报平安。村里的宗族活动有清明祭祖，传统的习俗是祭祖堂、逢农历初一和十五烧香奉神、拜土地公、腊月二十三送灶君。

◎ 奇容曾公祠（摄于2016年）

传统婚嫁习俗，男女双方开始交往时，女方家要到男方家看家风。确定关系后，要担小礼、定嫁妆、送礼金、报日子、担亲酒、请亲友、行婚礼、三朝回娘家。传统丧葬习俗为土葬，20世纪90年代后逐步推行火葬。其程序包括报丧、守灵、入殓、出殡、送火化、将灵位送入祖堂。首次祭拜新坟须在春社日前，清明不再拜祭。

村主要事件：抗日战争时期，国民政府军队一二九师在耀洞新路埂与进犯佛冈的日本侵略军发生激烈战斗，该村村民积极支援抗日。1978—1980年，开通嘉禾村至耀洞村乡村公路7.1千米，公路为沙面路。2007年，村道实现水泥混凝土结构，属四级公路。1993年，该村经清远市人民政府批准被认定为解放战争游击根据地。2013年5月15日，遭遇洪水袭击，水深1米，受浸房屋15间，受灾61人，折合经济损失16万元。2014年5月23日，遭遇洪水袭击，受浸房屋15间，受灾61人，折合经济损失6万元。

（资料填报：谢先强，初稿撰写：黄锦波，总纂：李协湖）

〇王田行政村

禤大围

◎ 禤大围村貌（摄于2016年）

禤大围，位于水头镇西南部，距镇政府1.2千米。始建于元至正年间，原是麦姓居住，称大围，禤姓始居于围仔墩，由于居住环境局限，将麦姓大围整个围场买下来居住，而更名为禤大围，又称越兴围。该村坐北向南，东边是村道硬底化水泥路，与东星村相邻。南边是两口鱼塘和硬底化村道，接县道X373线和邹大围，北边是农田、自来水厂蓄水池和鲤鱼冲水库，1.5千米处有大琴脑山（海拔411米）。

村落形成时，属清远县吉河乡。清嘉庆十八年（1813年），属佛冈厅吉河乡黄田堡。民国时期，属佛冈县一区天水乡。中华人民共和国成立后，属佛冈县二区水头乡。1958年10月，属从化县佛冈人民公社王田大队。1961年5月，属佛冈县水头人民公社王田大队。1983年12月，属水头区王田乡。1987年1月，属水头镇王田行政村。1989年11月，属水头镇王田管理区。1998年11月至今，属水头镇王田行政村。

世居村民为禤姓。禤姓始祖禤彻清，南宋期间其后辈从山东青州签都县移居南雄珠玑巷，后移居三水大片地。王田禤姓始祖茂珠于元至正年间由三水大片地北上定居该村，第四传长子南盛分居井头（东星村），第十二传次子分居禤大围（新兴村）。

2015年末，户籍人口127户508人，其中男性251人，女性257人。60岁以上59人，其中80岁

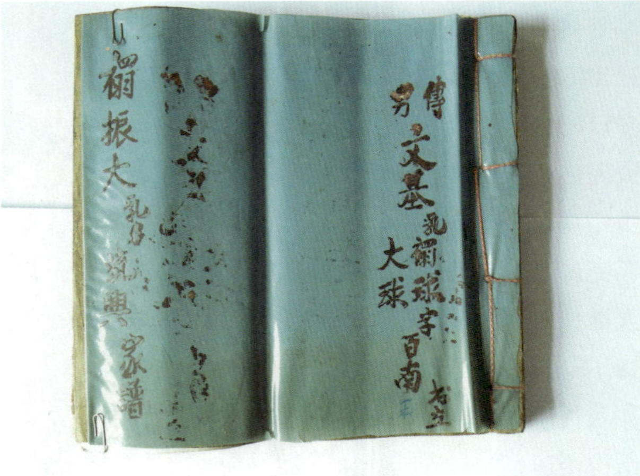

◎《禤振大流兴家谱》（摄于2016年）

◎ 禤大围水稻秧苗培育（摄于2016年）

以上的有9人，最年长者88岁（女）。16岁以下的76人，其中留守儿童3人。实际在村居住和生活主要依靠农业收入405人，常年在城镇生活和务工103人。祖籍该村的香港同胞38人。世居村民为汉族，居广府民系，使用粤方言。

村有山地面积8.67公顷，耕地面积5.8公顷。传统经济来源主要以农业种植，个体经商及务工为主。主要种植水稻、玉米、花生、黄豆、蔬菜等。养殖鸡、鸭、鹅、猪、牛以及“四大家鱼”。种植花生是该村农业收入的重要来源。过去，花生油料产量极低，根本满足不了村民的生活需求。20世纪80年代起，实行家庭联产承包责任制，花生亩产达到150—170千克（干荚）。同时，该村逐步调整农村经济结构，并积极发展水果产业。2013年，该村种植沙糖桔面积4公顷，年收入40多万元。2013年以后，由于受柑桔黄龙病的影响，沙糖桔产业消退，村民改种其他经济作物。节庆传统美食有白切鸡、烧鸭、焖鹅、蒸扣肉、打炒米饼、油炸糖环、包粽子、粘米糍、糯米糍、艾糍等。

1980年通电，1996年通电话，2006年通自来水、通网络，2007年村道实现水泥硬底化。村中建有乡村小公园，配有健身器材等设备，面积约350平方米。

村的建筑布局为方形，四周围水屋包围整座屋，围的四个角都建有楼角屋两间，楼角屋比围水屋高出0.5米，前后围水屋面宽50米，左右围水屋面宽52.8米。围内有二房一厅二廊一天井正座18座。从东往西分三纵排列，建筑南北延伸连接，有巷2条，长37.8米，宽2.1米。正座屋规格为宽9.8米，深7.3米。围水屋规格为宽3.3米，深5.6米。别具一格的大门楼，建筑在前排围水中间，左右各5间围水屋和2间楼角屋，与众不同。门楼比围水屋高出1.5米，三合土筑墙到顶。用花岗石板做门框，门楣比墙体缩入约3厘米，并修建成半圆形，门楣花岗岩石凿成的“眼”如同一双眼睛。门楼的前檐用火砖砌出檐，檐下有彩色图案，现因残旧已辨别不清。门楼的两旁瓦不出檐。这样的建筑模式还具有防火功能。瓦两屋顶是龙船脊，硬山顶，并有灰塑花与图案，现屋顶已显得残缺，但墙体仍完好。

村中有禤氏宗祠，始建于元至正二十六年（1366年），建筑面积135平方米，位于起兴大围东边，相

◎ 禤大围门楼（摄于2016年）

◎ 禤氏宗祠（摄于2016年）

隔 1.5 米。坐北向南，正面宽 9 米，梁 15 米。分前后两栋，前栋高 4.8 米，后栋高 5.3 米。后栋四条木柱用花岗岩石为柱脚墩，支撑着全部精梁，前后栋有天井隔开，后栋为供奉祖先神位，四周墙体以三合土舂成。

村建有镇田古庙，又称王田庙，建于明朝，重修于 2007 年。村民每逢年三十晚吃团圆饭前都要到王田庙酬神。每年正月初一，男女老少敲锣打鼓、舞狮、放鞭炮到王田庙拜祭。正月初十是丁日，上一年添丁的人家都在这天敲锣打鼓、舞狮、放鞭炮，担着猪头和花灯到王田庙挂灯，用花生油作花灯燃料，点燃花灯（内有灯盘生火），将花灯高高挂起。然后烧香拜祭，祈望新生儿健康平安成长。

村特色民俗活动有舞春牛和舞狮、接三王。舞春牛有着悠久历史，起源于明天顺年间。每逢正月十五，每村男女老少身穿节日盛装，兴高采烈舞春牛，闹元宵，以祈求六畜兴旺，人寿年丰。同时通过舞春牛活动，使村民都知道舞过春牛之后便要下田耕种。随着岁月的推移，舞春牛便成为群众喜闻乐见的娱乐活动。解放战争时期，北部山区游击队曾以舞春牛活动宣传群众，发动群众参加革命。2013 年，舞春牛被列入佛冈县级非物质文化遗产名录。该村有舞狮习惯。舞狮活动有多人参与，由男性青壮年 20 多人组成舞狮队，队员穿着舞狮服装，展开不同的舞技。每年春节初一至初四，狮队便到各村小组拜年，需要拜门口的家户，只要在家门口烧响鞭炮，狮队领队就会将狮子引到，在门口拜年采青。舞完狮后，在门口贴上一张狮拜兴旺的小贴，贴在门口左边。接三王是与附近村庄一起，逢 10 年轮流一次。

传统的婚嫁习俗中，男女双方开始交往时，女方家要到男方家看家风，在双方确定婚姻关系后要担小担礼，结婚时要历经担求婚酒、送礼金、报日子、定嫁妆、行婚礼、摆酒请客、迎送亲等仪式流程，然后行三朝回门礼。村里办丧事，传统以土葬为主，20 世纪 90 年代后逐步实行火葬。其程序包括报丧、守灵、入殓、出殡、送火化、将牌位送入祖祠等。新葬坟墓的第一次祭祀在春社日前，清明不再祭祀。

1981 年，该村实行家庭联产承包责任制，结束生产队统一分配经济形式。2013 年 5 月 15 日，遭遇洪水袭击，农作物受损严重，房屋倒塌多间。2015 年，潖江河道水头段加固治理工程经过该村 200 米，加固完成后，河道宽度比原来增加 1 倍，河流行洪抗灾能力提高至 50 年一遇标准。2015 年，该村红卫小围被广东省爱国卫生运动委员会评为“省级卫生村”。

（资料填报：禤石宝，初稿撰写：禤石宝，总纂：李协湖）

下湾仔村

◎ 下湾仔村全貌（摄于 2016 年）

下湾仔村，位于水头镇西南部，距镇政府 0.5 千米。始建于民国初，第十三世祖由上湾村分居而建，因在水流下游，故取名下湾仔村。该村坐落于铜钱山（海拔 120 多米）南侧，坐北向南，东边、南边、西边是农田，东面 300 米处是水头圩，南面 300 米处是县道 X373 线，西面 300 米处是王泥坪，北面约 20 米是水圳。

该村在民国期间，属佛冈县一区天水乡。中华人民共和国成立后，属佛冈县二区水头乡。1958 年 10 月，属从化县佛冈人民公社王田大队。1961 年 5 月，属佛冈县水头人民公社王田大队。1983 年 12 月，属水头区王田乡。1987 年 1 月，属水头镇王田村。1989 年 11 月，属水头镇王田管理区。1998 年 11 月至今，属水头镇王田行政村。

世居村民为邹姓，民国初期从上湾仔村迁来，其后代在下湾村繁衍生息。

2015 年末，户籍人口 29 人，其中男性 15 人，女性 14 人。60 岁以上的 3 人，最年长者 71 岁（女）。16 岁以下的 6 人。实际在村居住和主要依靠农业收入 12 人。常年在城镇生活和务工的 17 人。村民均为汉族，广府民系，使用粤方言。

村有山地面积 2 公顷，耕地面积 1.6 公顷。传统经济来源以农业、经商、务工为主，农业种植有水稻、番薯、木薯、花生及豆类、蔬菜类、果类等。中华人民共和国成立后，该村先后组织互助组、合作社，参加人民公社，逐步应用推广先进的农业生产技术。20 世纪 80 年代起实行家庭联产承包责任制后，水稻一般亩产达到 400 千克，农业经济效益有较大的提高。节

◎ 下湾仔村木薯种植（摄于 2016 年）

庆传统美食有白切鸡、烧鸭、焖鹅、蒸扣肉、打炒米饼、油炸糖环、包粽子、粘米糍、糯米糍、艾糍等。

1980年通电，1996年通电话，2000年通自来水，2006年通网络，2012年建成150平方米的文化娱乐室。

传统民居为广府民居，中间正座（二房一厅二廊一天井）4座、中间巷2.5米宽分开各两座，左右两边均为围水屋，左边围水屋同样坐北向南，右边围水屋坐西向东，左、右各5间，三合土和石头组合筑墙、土木结构，现有正座4座及左边围水屋，基本完好但无人居住，右边围水屋均倒塌，现新居于1997年迁移到镇市场附近县道X373线旁北侧。

村有王田邹氏共用的邹氏宗祠，建于明朝，建筑面积近200平方米，重修于清光绪二十三年（1897年）冬，前后分两栋，前栋高5.8米，后栋高6.3米，青砖白瓦，部分琉璃瓦，前门三级台阶，左右两条石柱支撑，石门楣上有邹鲁执笔书写“邹氏宗祠”4个大字和朱业生的诗画《英雄得鹿》。还有南海泌冲永先堂赠送的木刻对联：“南海衣冠；道乡世泽。”现仍作宗祠使用。村中《邹氏族谱》，2008年由邹子钊纂修。

◎ 下湾仔村传统民居（摄于2016年）

村现有王田庙（镇田古庙），建于明朝，重修于2007年。每逢春节大年三十晚，都要到王田庙酬神。每年正月初二男女老少敲锣打鼓、舞狮、放鞭炮到王田庙拜祭。正月初十是丁日，由上一年添丁人家敲锣打鼓、舞狮、放鞭炮，担着猪头和花灯到王田庙挂灯，用花生油作花灯燃料，点燃花灯，将花灯高高挂起。然后烧香拜祭，祈望新生儿健康平安成长。

村特色民俗活动有舞春牛、接三王。舞春牛有着悠久历史，起源于明天顺年间，有兴龙旺脉，纳吉祥之举。每逢正月十五，每村男女老少身穿节日盛装，兴高采烈舞春牛，闹元宵，求得六畜兴旺，人寿年丰。随着岁月的推移，舞春牛便成为群众喜闻乐见的娱乐活动。解放战时期，北部山区游击队曾以舞春牛活动宣传群众，发动群众参加革命。2013年，舞春牛被列入佛冈县级非物质文化遗产名录。村里主要宗族活动是每年正月十六，邹氏兄弟前往南海泌冲祭祖。接三王是与附近村庄一起，逢10年轮流一次。

◎ 王田舞春牛（摄于2014年）

传统的婚嫁习俗中，男女双方开始交往时，女方家要到男方家看家风，在双方确定婚姻关系后要担小担礼，结婚时要历经担求婚酒、送礼金、报日子、定嫁妆、行婚礼、摆酒请客、迎送亲等仪式流程，然后行三朝回门礼。村里办丧事，传统以土葬为主，20世纪90年代后逐步实行火葬。其程序包括报丧、守灵、入殓、出殡、送火化、将牌位送入祖祠等。新葬坟墓的第一次祭祀在春社日前，清明不再祭祀。

2014年5月23日，遭遇洪水袭击，一批农田、水利设施严重受损。截至2015年，潖江河道水头段进行加固治理，经过该村300米，加固完成后，河道宽度比原来增加1倍，河流行洪抗灾能力提高50年一遇。

（资料填报：禤石宝，初稿撰写：禤石宝，总纂：李协湖）

王泥坪村

◎ 王泥坪村村貌（摄于 2016 年）

王泥坪村，位于水头镇西南部，距镇政府 0.5 千米。始建于清末，该村在形嘴（山名）延伸而下的一块黄泥地，故取名黄泥坪村，后写作王泥坪村。该村坐落于大琴脑山（主峰 411 米）南面 2.5 千米处开阔谷地，村落坐东向西，东边、北边是硬底化水泥路村道，南边 10 米处是县道 X373 线，东西向通往在村前穿过，50 米处是潖江由东往西流过，西边是农田。

该村在清末建成时，属佛冈厅吉河乡黄田堡。民国时期，属佛冈县一区天水乡。中华人民共和国成立后，属佛冈县二区水头乡。1958 年 10 月，属从化县佛冈人民公社王田大队。1961 年 5 月，属佛冈县水头人民公社王田大队。1983 年 12 月，属水头区王田乡。1987 年 1 月，属水头镇王田村。1989 年 11 月，属水头镇王田管理区。1998 年 11 月至今，属水头镇王田行政村。

世居村民为邹姓。据《邹氏族谱》记载，始祖邹浩，南宋末居住于南雄珠玑巷沙水村，因胡妃事件南迁南海泌冲都。明弘治十七年（1504 年），王田始祖邹馨（禄荫）由南海泌冲迁居王田水围。清末，由于人口增长，居住环境局限，由邹大围分居于王泥坪定居发展，繁衍生息。

2015 年末，户籍人口 340 人，其中男性 184 人，女性 156 人。60 岁以上 26 人，其中 80 岁以上 11 人，最年长者 92 岁（女）。16 岁以下 62 人，其中留守儿童 2 人。实际在村居住和生活依靠农业收入 220 人，常年在城镇生活和务工 120 人。祖籍该村的香港同胞有 3 户，共 21 人。村内居民为汉族，广府民系，使用粤方言。

村有山地面积 16.67 公顷，耕地面积 10.87 公顷。村址所在位置是开阔地带及沿河岸边，大部分水田土壤为带沙质潴育型水稻土，适合农作物生长。全村历史以来的耕作习惯以种植水稻为主，同时种植其他粮食作物小麦、番薯、麦豆、蚕豆、高粱等，经济作物有花生、油菜，其他作物有芋头、玉米、莲藕及叶类和瓜类蔬菜等。水稻亩产量（单造）300—500 千克，番薯亩产量（单产）1000—1500 千克，小麦亩产（单产）150—200 千克。20 世纪 70 年代初开始，生产队用手扶拖拉机代替役牛进行犁地、耙地。特别是改革开放和实行家庭联产承包

◎ 王泥坪村百香果种植基地（摄于 2016 年）

责任制后，使用手扶拖拉机耕作田地更普及。21 世纪后，许多农户改种植水稻为种植水果，水果多以沙糖桔为主。节庆传统美食有葱油鸡、卤水鸭、芋头焖鹅、蒸扣肉、炒米饼、油炸糖环、粽子、粘米糍、糯米糍、艾糍等。

1980 年通电，1993 年通电话，2006 年通自来水、通网络，2007 年实现村道水泥硬底化。2014 年，建成 300 平方米（双层）的文化室活动中心，有标准体育广场、篮球场、球场照明、石凳、无害化公厕等配套设施。

传统民居为正座，建于清末的有 12 座，布局为二房一厅二廊一天井，每座建筑面积约 100 平方米。建于民国初期的正座，又称“天座屋”，规格一致，分为三行，每行两座，每行之间有宽 3.15 米的巷道。

◎ 王泥坪村传统民居（摄于 2016 年）

民居至今保存完好，无人居住，闲置或堆放杂物使用。20 世纪 80 年代改革开放以后，村中居民生活水平不断提高，村民逐步在原村落四周建房。建成钢筋混凝土结构楼房，其中一层的有 5 座，五层以上的有 1 座，楼房布局多为三房二厅一卫，投影面积约 100 平方米。

◎ 王泥坪村新民居（摄于 2016 年）

村与王田邹姓村共用邹氏宗祠、王田庙（镇田古庙）。王田庙建于明朝，重修于 2007 年。每逢春节大年三十晚吃团圆饭前村民都要到王田庙酬神，感谢神灵赐福使这一年来风调雨顺，人们健康平安。每年正月初二男女老少敲锣打鼓、舞狮、放鞭炮到王田庙拜祭，表达对新年新景新岁月的祝福。正月初十是丁日，由上一年添丁的人家敲锣打鼓、舞狮、放鞭炮，担着猪头和花灯到王田庙挂灯，用花生油

◎ 镇田古庙（摄于 2016 年）

作花灯燃料，点燃花灯，将花灯高高挂起。然后烧香拜祭，祈望新生儿健康平安成长。

特色习俗有舞狮子、舞春牛和接三王。舞春牛有着悠久历史，起源于明朝天顺年间。每逢正月十五，每村男女老少身穿节日盛装，兴高采烈舞春牛，闹元宵，求得六畜兴旺，人寿年丰。同时通过舞春牛活动，村民都知道舞过春牛之后便要下田耕种。随着岁月的推移，舞春牛便成为群众喜闻乐见的娱乐活动。解放战争时期，北部山区游击队曾以舞春牛活动宣传群众，发动群众参加革命。2013 年，舞春牛被列入佛冈县级非物质文化遗产名录。该村主要宗族活动是每年正月初十都前往南海泌冲祭祖。接三王是与附近村庄一起，逢 10 年轮流一次。

传统的婚嫁习俗中，男女双方开始交往时，女方家要到男方家看家风，在双方确定婚姻关系后要担小担礼，结婚时要历经担求婚酒、送礼金、报日子、定嫁妆、行婚礼、摆酒请客、迎送亲等仪式流程，然后行三朝回门礼。村里办丧事，传统以土葬为主，20 世纪 90 年代后逐步实行火葬。其程序包括报丧、守灵、入殓、出殡、送火化、将牌位送入祖祠等。新葬坟墓的第一次祭祀在春社日前，清明不再祭祀。

2013 年 5 月 15 日，遭遇洪水袭击，村民牲畜、财物受损。2014 年 5 月 23 日，遭遇洪水袭击，水利设施受损，农田受浸。2015 年，潖江河道水头段进行加固治理，经过该村 300 米，加固完成后，河道宽度比原来增加 1 倍，河流行洪抗灾能力比原来明显提高。

该村主要人物：邹华文（1936—），曾任中国人民解放军海军黄埔军械修理厂副厂长、工程师。邹煬林（1940—），曾任中国人民解放军某部排长，立三等功一次，曾任从化县政法委办公室主任、从化市人大常委会法制工作委员会主任。

（资料填报：禤石宝，初稿撰写：禤石宝，总纂：李协湖）

大 围

◎ 大围村貌（摄于 2016 年）

大围，位于水头镇西南部，距镇政府 1.2 千米。始建于清乾隆四十五年（1780 年），由大家佬村分居至此，在当时邹氏村落中，大围占地面积最大，居住人口最多，故名大围，又称永兴围、邹大围。该村坐落于大琴脑山（海拔 411 米）南面 2 千米处，村南 500 多米处有县道东西通向、潖江自东向西流过。村东为禤大围，南有一口鱼塘，西南为楼角村，北为王泥塘村。

◎ 华衍亭（摄于 2016 年）

村落形成时，属清远县吉河乡。清嘉庆十八年（1813 年），属佛冈厅吉河乡黄田堡。民国期间，属佛冈县一区天水乡。中华人民共和国成立后，属佛冈县二区水头乡。1958 年 10 月，属从化县佛冈人民公社王田大队。1961 年 5 月，属佛冈县水头人民公社王田大队。1983 年 12 月，属水头区王田乡。1987 年 1 月，属水头镇王田行政村。1989 年 11 月，属水头镇王田管理区。1998 年 11 月至今，属水头镇王田行政村。

世居村民为邹姓。据《邹氏族谱》记载，始祖邹浩，南宋末居于南雄珠玑巷沙水村，后南迁南海泌冲都。明弘治十七年（1504 年），王田始祖邹馨（禄荫）由南海泌冲迁居王田水围，后迁大家佬村。清乾隆四十五年由大家佬村分居于此地定居发展，繁衍生息。

2015 年末，户籍人口 540 人，其中男性 267 人，女性 273 人。60 岁以上 42 人，其中 80 岁以上 13 人，最年长者 91 岁（女）。16 岁以下 102 人，其中留守儿童 3 人。实际在村居住和生活主要依靠农业收入 417 人，常年在城镇生活和务工 123 人。村民均为汉族，广府民系，使用粤方言。

村有山地面积 8.67 公顷，耕地面积 7.33 公顷。村民主要收入来源是农业和外出务工。传统农业主要种植水稻、玉米、花生、黄豆、蔬菜等。主要养殖鸡、鸭、鹅、猪、牛以及“四大家鱼”。中华人民共和国成立前，由于种植技术水平低下，品种丰产性能差，该村水稻一般亩产为 200 千克。中华人民共和国成立后，该村逐步应用推广先进的农业生产技术，农业生产效益有较大的提高。20 世纪 80 年代起农村实行家庭联产承包责任制后，水稻一般亩产达到 200 千克，农业经济效益有较大的提高。2000 年后逐步调整农村经济结构，并积极发展水果产业。节庆传统美食有白切鸡、烧鸭、焖鹅、蒸扣肉、炒米饼、油炸糖环、粽子、粘米糍、糯米糍、艾糍等。

1980 年通电，1996 年通电话，2005 年建成 100 平方米文化娱乐室 1 间，2006 年通自来水、通网络，2007 年实现村道水泥硬底化。

围场建设格局为长方形，南北延伸，东西围水屋，中间正座（二房一厅二廊一天井）。门楼、中巷居中，宽 3 米，左、右各有两座并列，中间有 2 米宽小巷，每座向后伸。现村有传统民居 16 座，其中 4 座为公用厅，用于供奉祖先灵位之用，已倒塌 5 座。居民于 20 世纪 80 年代迁居于围东新建楼房定居。

◎ 大围传统民居（摄于 2016 年）

该村现有与邹氏各村共用宗祠一座，建于明朝，建筑面积近 200 平方米，重修于清光绪二十三年（1897 年）冬。前后分两栋，前栋高 5.8 米，后栋高 6.3

◎ 乡村公园（摄于 2016 年）

米，青砖白瓦，部分琉璃瓦，前门三级台阶，左右两条石柱支撑，石门楹上有邹鲁执笔书写“邹氏宗祠”4 个大字和朱业生的诗画《英雄得鹿》。还有南海泌冲永先堂赠送的大木对联：“道乡世泽；南海衣冠。”现仍作宗祠使用。村中有《邹氏族谱》，2008 年由邹子钊纂修。

村现有共用王田庙（镇田古庙），建于明朝，重修于 2007 年。每逢春节大年三十晚，团圆饭前都要到王田庙酬神，感谢神灵赐福使一年来风调雨顺，人们健康平安。每年正月初二男女老少敲锣打鼓、舞狮、放鞭炮到王田庙拜祭。正月初十是丁日，田上一年添丁的人家敲锣打鼓、舞狮、放鞭炮，担着猪头和花灯到王田庙挂灯，用花生油作花灯燃料，点燃花灯，将花灯高高挂起。然后烧香拜祭，祈望新生儿健康平安成长。

特色民俗活动与相邻村一样，有舞狮、舞春牛、接三王。舞春牛的历史，起源于明朝天顺年间，有兴龙旺脉、纳吉祥之举。每逢正月十五，每村男女老少身穿节日盛装，兴高采烈舞春牛，闹元宵，祈求六畜兴旺、人寿年丰。同时，通过舞春牛活动使村民都知道舞过春牛之后便要下田耕种，不失时机夺丰收。随着岁月的推移，舞春牛便成为群众喜闻乐见的娱乐活动。解放战争时期，北部山区游击队曾以舞春牛活动宣传群众，发动群众参加革命。2013 年，舞春牛被列入佛冈县级非物质文化遗产名录。接三王是与附近村庄一起，逢 10 年轮流一次。主要宗族活动有每年正月十六，邹氏兄弟都前往南海泌冲祭祖。

传统的婚嫁习俗中，男女双方开始交往时，女方家要到男方家看家风，在双方确定婚姻关系后要担小担礼，结婚时要历经担求婚酒、送礼金、报日子、定嫁妆、行婚礼、摆酒请客、迎送亲等仪式流程，然后行三朝回门礼。村里办丧事，传统以土葬为主，20世纪90年代后逐步实行火葬。其程序包括报丧、守灵、入殓、出殡、送火化、将牌位送入祖祠等。新葬坟墓的第一次祭祀在春社日前，清明不再祭祀。

2009年，该村永兴村民小组被广东省爱国卫生运动委员会评为“广东省卫生村”。2013年5月15日，遭遇洪水袭击，水深0.8米，受灾32人，受浸房屋7间，倒塌房屋1间，折合经济损失1.6万元。2014年5月23日，遭遇洪水袭击，水深0.2米，受灾32人，受浸房屋7间，折合经济损失7万元。

◎ 中共佛冈特支、中共佛冈区委、中共佛冈县委旧址（摄于2016年）

该村的邹华衍（1916—1942），又名邹北诊，曾用名邹荣，革命烈士，1936年冬加入中国共产党，曾任中共佛冈县委第一任书记，是中共佛冈地方组织创始人之一。1937年，邹华衍由广州回水头王田村组织闹钟剧社，宣传抗日，并开展中国共产党工作。1939年初，成立中共佛冈特别支部，5月成立中共佛冈区委，9月成立中共佛冈县委，邹华衍担任佛冈县委书记，并以其家为革命活动地点。1941年10月，在一次执行革命工作任务过程中，被国民党军暂八师扣押，转押到韶关芙蓉山脚七战区军法总监狱看管，1942年5月，在狱中遇害。2007年，王田村村民集资兴建华衍亭，2011年该亭被列为佛冈县级革命史迹。

◎ 邹华衍（翻拍于2016年）

（资料填报：禤石宝，初稿撰写：禤石宝，总纂：李协湖）

大家佬村

◎ 大家佬村全貌（摄于2016年）

大家佬村，位于水头镇西南部，距镇政府1.5千米。始建于清初，因邹姓祖先在水围居住，随着水围人口增长，长子择地分居，“长”为大，而取名大家佬村。该村坐落于大琴脑（主峰海拔411米）南面2千米处，村东100米处是红心村，南与水围相邻，西50米与永兴村相望，北与楼角村相接。县道X373线、滘江在村南0.5千米处，邹氏宗祠在村西200米处，鲤鱼冲水库在村北1千米处。

◎ 大家佬村门楼（摄于2016年）

村落形成时，属清远县吉河乡。清嘉庆十八年（1813年），属佛冈县吉河乡黄田堡。民国期间，属佛冈县一区天水乡。中华人民共和国成立后，属佛冈县二区水头乡。1958年10月，属从化县佛冈人民公社王田大队。1961年5月，属佛冈县水头人民公社王田大队。1983年12月，属水头区王田乡。1987年1月，属水头镇王田行政村。1989年11月，属水头镇王田管理区。1998年11月至今，属水头镇王田行政村。

世居村民为邹姓。明弘治十七年（1504年）由南海泌冲迁至今佛冈王田水围，清初由水围分居大家佬村。

2015年末，户籍人口198人，其中男性97人，女性101人。60岁以上21人，其中80岁以上的4人，最年长者90岁（女）。16岁以下49人，其中留守儿童1人。实际在村居住和生活主要依靠农业收入152人，常年在城镇生活和务工46人。祖籍该村的香港同胞3人。村民均为汉族，广府民系，使用粤方言。

村有山地面积13.33公顷，耕地面积14.6公

◎ 大家佬村连片百亩百香果园（摄于 2016 年）

◎ 大家佬村传统民居（摄于 2016 年）

顷。传统经营以农业种植为主，村地处开阔地带，大部分水田土壤为潴育型水稻土，适合种植水稻。传统经济以农业为主，主要作物有水稻、小麦、番薯等，其他作物有花生、芋头、玉米、木薯、生姜、莲藕及叶类和瓜类蔬菜等。现多种植沙糖桔和其他水果。中华人民共和国成立前，由于种植技术水平低下，品种丰产性能差，该村水稻一般亩产为 100 千克。中华人民共和国成立后，该村先后组织互助组、合作社，参加人民公社，逐步推广应用先进的农业生产技术，农业生产效益有较大的提高。水稻亩产量（单造）200—400 千克，番薯亩产量（单产）1000—1500 千克，小麦亩产（单产）150—200 千克。犁地、耙地主要依靠役牛。20 世纪 70 年代初开始，生产队用手扶拖拉机代替役牛进行耕作。改革开放和实行家庭联产承包责任制后，使用手扶拖拉机耕作的面积增大。普遍使用的农具为锄头、铁耙、镰刀、风车柜。2015 年，连片种植百香果 13 公顷。经营方式以家庭联产承包责任制及个体经营为主，个体经营以饮食业、商业零售为主。节庆传统美食有白切鸡、烧鸭、焖鹅、蒸扣肉、炒米饼、油炸糖环、包粽子、粘米糍、糯米糍、艾糍等。

1980 年通电，1996 年通电话，2006 年通自来水、通网络，2007 年实现村道水泥硬底化。2009 年，建成 160 平方米的文化娱乐室及体育广场，有篮球场、健身器材等设施。

传统民居为广府民居，代表性民居有正座（二房一厅二廊一天井）12 座，每座面积约 100 平方米，保存良好的有 7 座，用于堆放杂物，有 5 座的墙体、瓦面已脱落，无人居住。20 世纪 80 年代，全村迁至横龙坑定居。

有王田邹氏共用宗祠一座，建于明朝，建筑面积近 200 平方米，重修于清光绪二十三年（1897 年）冬，前后分为两栋，前栋高 5.8 米，后栋高 6.3 米，青砖白瓦，部分琉璃瓦，前门三级台阶，左右两条石柱支撑，石门框上有邹鲁执笔书写“邹氏宗祠”四个大字和朱业生的诗画《英雄得鹿》。还有南海泌冲永先堂赠送的木刻对联：“南海衣冠；道乡世泽。”现仍作宗祠使用。村中有《邹氏族谱》，2008 年由邹子钊纂修。

村有与附近村庄共用的王田庙（镇田古庙），建于明朝，重修于 2007 年。每逢春节大年三十晚，团圆饭前都要到王田庙酬神。每年正月初二男女老少敲锣打鼓、舞狮、放鞭炮到王田庙拜祭。正月初十是丁日，该村村民凡是在过去的一年添丁的人家都在这一天敲锣打鼓、舞狮、放鞭炮，担着猪头和花灯到王田庙挂灯，用花生油作花灯燃料，点燃花灯，将花灯高高挂起。然后烧香拜祭，祈望新生儿健康平安成长。

该村特色民俗活动与相邻村一样有舞狮、舞春牛和接三王的习俗。舞春牛起源于明朝天顺年间，有兴龙旺脉，纳吉祥之举。每逢正月十五，每村男女老少身穿节日盛装，兴高采烈舞春牛，闹元

◎ 舞春牛（摄于 2014 年）

宵，求得六畜兴旺，人寿年丰。同时，通过舞春牛活动使村民知道舞过春牛之后便要下田耕种，不失时机等丰收。随着岁月的推移，舞春牛便成为群众喜闻乐见的娱乐活动，解放战争时期，北部山区游击队曾以舞春牛活动宣传群众，发动群众参加革命。2013 年，舞春牛被列入佛冈县级非物质文化遗产名录。宗族主要活动有每年正月十六，邹氏族人前往南海泌冲祭祖。

传统的婚嫁习俗中，男女双方开始交往时，女方家要到男方家看家风，在双方确定婚姻关系后要担小担礼，结婚时要历经担求婚酒、送礼金、报日子、定嫁妆、行婚礼、摆酒请客、迎送亲等仪式流程，然后行三朝回门礼。村里办丧事，传统以土葬为主，20 世纪 90 年代后逐步实行火葬。其程序包括报丧、守灵、入殓、出殡、送火化、将牌位送入祖祠等。新葬坟墓的第一次祭祀在春社日前，清明不再祭祀。

2013 年 5 月 15 日，遭遇洪水袭击，水深 0.3 米，受灾 100 人，受浸房屋 48 间，折合经济损失 2.3 万元。2014 年 5 月 23 日，遭遇洪水袭击，水深 20 厘米，受灾 100 人，受浸房屋 48 间，折合经济损失 1.2 万元。

（资料填报：禤石宝，初稿撰写：禤石宝，总纂：李协湖）

水 围

◎ 水围村貌（摄于 2016 年）

水围，位于水头镇西南部，距镇政府 1.5 千米。始建于明弘治十七年（1504 年），因村三面环水，起名水围。该村坐落于大琴脑山（海拔 411 米）南面 3 千米，东是硬底化村道，南是和新楼角村，西是鱼塘边硬化村道，与永兴村相望，北有四勤和四爱两村，1.5 千米处有鲤鱼冲水库，村南 100 米处是县道 X373 线、潖江。

村落形成时，属清远县吉河乡。清嘉庆十八年（1813 年），属佛冈县吉河乡黄田堡。民国期间，属佛冈县一区天水乡。中华人民共和国成立后，属佛冈县二区水头乡。1958 年 10 月，属从化县佛冈人民公社王田大队。1961 年 5 月，属佛冈县水头人民公社王田大队。1983 年 12 月，属水头区王田乡。1987 年 1 月，属水头镇王田行政村。1989 年 11 月，属水头镇王田管理区。1998 年 11 月至今，属水头镇王田行政村。

◎ 水围门楼（摄于 2016 年）

世居村民为邹姓。明弘治十七年由南海泌冲迁至今佛冈王田村，王田邹氏以该村为先居村，再由该村迁徙到周边村落。

2015 年末，户籍人口 67 人，其中男性 34 人，女性 33 人。60 岁以上 8 人，其中 80 岁以上 2 人，最年长者 87 岁（女）。16 岁以下 18 人。实际在村居住和生活主要依靠农业收入 18 人，常年在城镇生活和务工 49 人。村民均为汉族，属广府民系，使用粤方言。

村有山地面积 5.33 公顷，耕地面积 1.47 公顷。传统经济以农业为主，主要作物有水稻、小麦、番薯等，其他作物有花生、芋头、玉米、木薯、生姜、

◎ 水围百香果生产基地（摄于2016年）

莲藕及叶类和瓜类蔬菜等。犁地、耙地主要依靠役牛，役牛有水牛和黄牛，多以水牛为主。20世纪70年代初开始，生产队用手扶拖拉机代替役牛进行犁地、耙地。改革开放和实行家庭联产承包责任制后，使用手扶拖拉机耕作田地更普及。2015年，该村与邻村一起，连片发展种植百香果13公顷。个体经营以水泥预制件制作为主。节庆传统美食有白切鸡、烧鸭、焖鹅、蒸扣肉、炒米饼、油炸糖环、包粽子、粘米糍、糯米糍、艾糍等。

1980年通电，1996年通电话，2006年通自来水、通网络，2007年实现村道水泥硬底化。

传统民居为广府民居，围场建设格局为长方形，南北延伸，四周围水中间正座，门楼建在前面围水中间，左右各5间围水，围内正座8座，中基宽2米，与门楼门口对齐，中巷两边分别有正座4座，后面4座墙体、瓦、木已脱落，前面4座破旧但完整，四周围水靠后房屋已倒塌，其他围水已无人居住，用于置放闲杂物，正座仍有一位老人居住。20世纪80年代后，少部分村民在围前东侧建房居住，大部分村民到城镇购房居住。

村与王田邹氏共用一座宗祠，始建于明朝，建筑面积近200平方米，重修于清光绪二十三年（1897年）冬，前后分两栋，前栋高5.8米，后栋高6.3米，青砖白瓦，部分琉璃瓦，前门三级台阶，左右两条石柱支撑，石门楹上有邹鲁执笔书写“邹氏宗祠”四个大字和朱业生的诗画《英雄得鹿》。还有南海泌冲永先堂赠送的木刻对联：“南海衣冠；道乡世泽。”现仍作宗祠使用。村中有《邹氏族谱》，2008年由邹子钊纂修。

村有与附近村庄共用的王田庙（镇田古庙），建于明朝，重修于2007年。每逢春节大年三十晚，团圆饭前都要到王田庙酬神，感谢神灵赐福使这一年来风调雨顺，人们健康平安。每年正月初二男女老少敲锣打鼓、舞狮、放鞭炮到王田庙拜祭，非常热闹。通过拜祭，表达对新年、新景、新岁月的祝福。正月初十是丁日，由上一年添丁人家敲锣打鼓、舞狮、放鞭炮，担着猪头和花灯到王田庙挂灯，用花生油作花灯燃料，点燃花灯，将花灯高高挂起。然后烧香拜祭，祈望新生儿健康平安成长。每年正月十六，邹氏兄弟前往南海泌冲祭祖。

特色习俗活动有舞狮、舞春牛和接三王。舞春牛有着悠久历史，起源于明朝天顺年间，有兴龙旺脉、纳吉祥之意。2013年，舞春牛被列入佛冈县级非物质文化遗产名录。主要宗族活动有每年正月十六，邹氏族人前往南海泌冲祭祖。

传统的婚嫁习俗中，男女双方开始交往时，女方家要到男方家看家风，在双方确定婚姻关系后要担小担礼，结婚时要历经担求婚酒、送礼金、报日子、定嫁妆、行婚礼、摆酒请客、迎送亲等仪式流程，然后行三朝回门礼。村里办丧事，传统以土葬为主，20世纪90年代后逐步实行火葬。其程序包括报丧、守灵、入殓、出殡、送火化、将牌位送入祖祠等。新葬坟墓的第一次祭祀在春社日前，清明不再祭祀。

2013年5月15日，遭遇洪水袭击，受灾30人，受浸房屋12间。2014年5月23日，遭遇洪水袭击，受灾30人，受浸房屋12间，折合经济损失7万元。

（资料填报：禤石宝，初稿撰写：禤石宝，总纂：李协湖）

楼角仔村

◎ 楼角仔村村貌（摄于 2016 年）

楼角仔村，位于水头镇西南部，距镇政府 1.5 千米。始建于民国初期，因村布局为长方形，门楼坐西向东，村的西北角建有突出高位建筑物楼角，而取名楼角仔村。该村坐落于主峄大琴脑山（海拔 411 米）南面 3 千米处，村南 500 多米处有县道南北通向，潖江自东向西流过，村北 500 米处有自来水厂蓄水池，该村东面 100 米处有邹大围，南与水围相邻，西与永兴村相接，北与祥兴村相连。

民国初期村落形成时，属佛冈县一区天水乡。中华人民共和国成立后，属佛冈县二区水头乡。1958 年 10 月，属从化县佛冈人民公社王田大队。1961 年 5 月，属佛冈县水头人民公社王田大队。1983 年 12 月，属水头区王田乡。1987 年 1 月，属水头镇王田行政村。1989 年 11 月，居水头镇王田管理区。1998 年 11 月至今，属水头镇王田行政村。

世居村民为邹姓。明弘治十七年（1504 年）由南海泌冲迁移王田水围，民国初期王田邹氏以水围为先居村，由水围迁徙到永兴围，由永兴围分居该村。

2015 年末，户籍人口 45 人，其中男性 22 人，女性 23 人。60 岁以上 11 人，其中 80 岁以上的 2 人，最年长者 89 岁（女）。16 岁以下的 11 人。实际在村居住和生活主要依靠农业收入 29 人，常年在城镇生活和务工 16 人。村民均为汉族，属广府民系，使

◎ 楼角仔村门楼（摄于 2016 年）

用粤方言。

村有山地面积6公顷，耕地面积2.6公顷。村地处开阔地带，属亚热带湿润气候，大部分水田土壤为潴育型水稻土，适合种植水稻。历来以种植水稻为主，其他粮食作物有小麦、番薯、麦豆、蚕豆、高粱等，经济作物有花生、油菜，其他作物有芋头、玉米、木薯、生姜及叶类和瓜类蔬菜等。中华人民共和国成立前，由于种植技术水平低下，品种丰产性能差，该村水稻一般亩产为100千克。中华人民共和国成立后，该村先后组织互助组、合作社，参加人民公社，逐步应用推广先进的农业生产技术，农业生产效益有较大的提高。水稻亩产量（单造）200—400千克，番薯亩产量（单产）1000—1500千克，小麦亩产（单产）150—200千克。犁地、耙地主要依靠役牛，20世纪70年代初开始，生产队用手扶拖拉机代替役牛进行耕作。改革开放和实行家庭联产承包责任制后，使用手扶拖拉机耕作的面积增大。2015年冬，新增13.33公顷百香园基地。节庆传统美食有白切鸡、烧鸭、焖鹅、蒸扣肉、炒米饼、油炸糖环、粽子、粘米糍、糯米糍、艾糍等。

◎ 楼角仔村百香果园（摄于2016年）

1980年通电，1996年通电话，2006年通自来水、通网络，2007年实现村道水泥硬底化。2012年，建成村小公园，面积1500平方米，配有健身器材和娱乐活动设施。

传统民居为广府民居，建筑布局以围水包正座，土木平房结构，多以三合土和石头组合筑墙，也有

◎ 楼角仔村传统民居（摄于2016年）

用青砖筑墙的，中间正座2座，前围水、后围水各7间，左右各11间。2012年，右边的围水屋已全部倒塌，其他房屋基本完好，但已无人居住，村民已全部迁移至水围门口建房定居。村有一座三层高建筑物，建在左围水屋角，深8米，宽5米，高10米，称为楼阁。其中，第一、二层以三合土筑墙，第三层以火砖筑墙，房顶盖瓦，起着护卫作用。第二、三层在不同的方位都设有放哨、瞭望、射击窗口，是民

◎ 楼角仔村楼阁（摄于2016年）

国期间用于防范自卫的建筑物，国民政府治安联防队曾在此驻扎。中华人民共和国成立以后，楼阁曾用作民兵营办公室。

该村与附近邹姓村庄共用邹氏宗祠和王田庙（镇田古庙）。王田庙建于明朝，重修于2007年。每逢春节大年三十晚，团圆饭前都要到王田庙酬神。每年正月初二男女老少敲锣打鼓、舞狮、放鞭炮到王田庙拜祭。通过拜祭，表达对新年新景新岁月的祝福。正月初十是丁日，由上一年添丁人家敲锣打鼓、舞狮、放鞭炮，担着猪头和花灯到王田庙挂灯，用花生油作花灯燃料，点燃花灯，将花灯高高挂起。然后烧香拜祭，祈望新生儿健康平安成长。

特色习俗活动有舞狮、舞春牛接三王。舞春牛有着悠久历史，起源于明天顺年间，有兴龙旺脉、纳吉祥之意。2013年，舞春牛被列入佛冈县级非物质文化遗产名录。元末明初以来，在佛冈境内吉河洞，每年农历十月初一都会举办接三王传统活动。吉河洞是指古代佛冈滘江上游的地域，包括现在的水头、石角（含三八、龙南）一带。这项活动跨及地域广，参与群众多，仪式严密，场面热闹，从起源至今已有600多年，成为当地具有鲜明特色的民间传统活动。当时吉河洞十个甲（自然村）按顺序轮流接送，每年接送一次，循环不断，每个甲接送周期为十年。参加接三王活动的十个村分别是小坑、凤围、龙蟠、古塘、莲塘、大塘、坐下、石街口、小坑（其中小坑每周期2次）、王田。王田排为第十，称为第十甲。每年正月十六日，邹氏兄弟都前往南海泌冲祭祖。

传统的婚嫁习俗中，男女双方开始交往时，女方家要到男方家看家风，在双方确定婚姻关系后要担小担礼，结婚时要历经担求婚酒、送礼金、报日子、定嫁妆、行婚礼、摆酒请客、迎送亲等仪式流程，然后行三朝回门礼。村里办丧事，传统以土葬为主，20世纪90年代后逐步实行火葬。其程序包括报丧、守灵、入殓、出殡、送火化、将牌位送入祖祠等。新葬坟墓的第一次祭祀在春社日前，清明不再祭祀。

2013年5月15日，遭遇洪水袭击，水深1.5米，受灾35人，受浸房屋31间，倒塌房屋2间，折合经济损失25万元。2014年5月23日，遭遇洪水袭击，受灾26人，受浸房屋28间，折合经济损失12万元。

（资料填报：禤石宝，初稿撰写：禤石宝，总纂：李协湖）

王泥塘村

◎ 王泥塘村村貌（摄于 2016 年）

王泥塘村，位于水头镇西南部，距镇政府 2 千米。始建于清末，因建村时此地土质呈黄色，并有一个水塘，因而取名王泥塘。该村坐落于大琴脑山（海拔 411 米）南面 2 千米，东与禤大围相邻，南与祥兴村相连，西是农田，北是农田，500 米处是村水厂蓄水水池及鲤鱼冲水库，村中有硬底化水泥路及水坑，由北往南贯穿而过。村南 1.5 千米处有县道 X373 线通过，滘江自东向西流过。

村落形成时，属佛冈厅吉河乡黄田堡。民国期间，属佛冈县一区天水乡。中华人民共和国成立后，属佛冈县二区水头乡。1958 年 10 月，属从化县佛冈人民公社王田大队。1961 年 5 月，属佛冈县水头人民公社王田大队。1983 年 12 月，属水头区王田乡。1987 年 1 月，属水头镇王田行政村。1989 年 11 月，属水头镇王田管理区。1998 年 11 月至今，属水头镇王田行政村。

世居村民为邹姓、郑姓。邹姓，明弘治十七年（1504 年）由南海泌冲迁移至该村，祖先居住邹大围，由于人口增长分居迁徙而成。郑姓，清嘉庆五年（1800 年）从迳头九龙围迁移到该村。

2015 年末，户籍人口 457 人，其中男性 216 人，女性 241 人。80 岁以上的 8 人，最年长者 89 岁（女）。留守儿童 8 人。实际在村居住和生活主要依靠农业收入 300 人，常年在城镇生活和务工 157 人，实际在该村人口 380 人。祖籍该村的香港同胞 19 人。村民均为汉族，邹氏为广府民系，使用粤方言；郑氏为客家民系，使用客家方言。

村有山地面积 21.33 公顷，耕地面积 15.4 公顷。村地处丘陵山边，土壤以赤红壤和红壤为主，大部分水田土壤为潴育型水稻土。全村历史以来的耕作

◎ 王泥塘村鹰嘴桃果园（摄于 2016 年）

◎ 王泥塘村百香果种植基地（摄于 2016 年）

◎ 王泥塘村传统民居（摄于 2016 年）

习惯以种植水稻为主，同时种植小麦、番薯、麦豆、蚕豆、高粱等，经济作物有花生、油菜，其他作物有芋头、玉米、莲藕及叶类和瓜类蔬菜等。水稻亩产量（单造）300—400 千克，番薯亩产量（单产）1000—1500 千克，小麦亩产（单产）150—200 千克。犁地、耙地主要依靠役牛。20 世纪 70 年代初开始，部分生产队用手扶拖拉机代替役牛进行耕作。特别是改革开放和实行家庭联产承包责任制后，使用手扶拖拉机耕作的面积增大。2014 年，果类改种鹰嘴桃，连片种植 7 公顷。个体经营以饮食、商业零售为主。传统节庆传统美食有炒米饼、油炸糖环、粽子、粘米糍、糯米糍、艾糍等。

1980 年通电，1996 年通电话，2006 年通自来水、通网络，2007 年实现村道水泥硬底化。2006 年和 2008 年红卫、卫联两个村小组分别建成 100 平方米、130 平方米的文化娱乐室。

代表性民居有广府民居，也有客家围屋。广府民居为正座（二房一厅二廊一天井），每座 100 平方米，现存 15 座，保存良好。该村民国时期的民居建筑以围水平房为主，宽 3 米，深 6—7 米不等，房与房相连。20 世纪 80 年代后，许多村民已搬至娥眉新建新居，以楼房为主，传统民居仍有老人居住，大部分已用作堆放杂物。

村与附近邹姓村共用邹氏宗祠，建于明朝，宗祠建筑面积近 200 平方米，重修于清光绪二十三年（1897 年）冬，前后分两栋，前栋高 5.8 米，后栋高 6.3 米，青砖白瓦，部分琉璃瓦，前门三级台阶，左右两条石柱支撑着担抖和精梁，石门楹上有邹鲁挥笔书写“邹氏宗祠”四个大字和朱业生大师的诗画杰作《英雄得鹿》。还有南海泌冲永先堂赠送的大木对联：“南海衣冠；道乡世泽。”现仍作宗祠使用。村中有《邹氏族谱》，2008 年由邹子钊纂修。

村有王田庙（镇田古庙），为与附近邹、禤两姓村庄共用，建于明朝，重修于 2007 年。每逢春节大年三十晚吃团圆饭前都要到王田庙酬神，感谢神灵赐福使这一年来风调雨顺，人们健康平安。每年正月初二男女老少敲锣打鼓、舞狮、放鞭炮到王田庙拜祭。通过拜祭，表达对新年、新景、新岁月的祝福。主要宗族活动有每年正月十六，邹氏兄弟都前往南

◎ 邹氏宗祠（摄于 2016 年）

海泌冲祭祖。

特色民俗活动为舞春牛。舞春牛有着悠久历史，起源于明朝天顺年间。每逢正月十五，每村男女老少身穿节日盛装，兴高采烈舞春牛，闹元宵，求得六畜兴旺，人寿年丰。同时，通过舞春牛活动使村民知道舞过春牛之后便要下田耕种，不失时机夺丰收。随着岁月的推移，舞春牛便成为群众喜闻乐见的娱乐活动，解放战争时期，北部山区游击队曾以舞春牛活动宣传群众，发动群众参加革命。2013 年，舞春牛被列为县级非物质文化遗产名录。承传人为王田村委。接三王是与附近村庄一起，逢 10 年轮流一次，主要宗族活动有每年正月十六，邹氏族人前往南海泌冲祭祖。

传统的婚嫁习俗中，男女双方开始交往时，女方家要到男方家看家风，在双方确定婚姻关系后要担小担礼，结婚时要历经担求婚酒、送礼金、报日子、定嫁妆、行婚礼、摆酒请客、迎送亲等仪式流程，然后行三朝回门礼。村里办丧事，传统以土葬为主，20 世纪 90 年代后逐步实行火葬。其程序包括报丧、守灵、入殓、出殡、送火化、将牌位送入祖祠等。新葬坟墓的第一次祭祀在春社日前，清明不再祭祀。

20 世纪 70 年代初，开展“农业学大寨”运动，改河造田，平整土地，大搞农田基本建设。1981 年，实行家庭联产承包责任制，结束生产队统一分配经济形式。2013 年 5 月 15 日，遭遇洪水袭击，水深 1.5 米，受灾 35 人，受浸房屋 31 间，倒塌房屋 2 间，折合经济损失 25 万元。2014 年 5 月 23 日，遭遇洪水袭击，受灾 26 人，受浸房屋 28 间，折合经济损失 12 万元。2015 年，该村辖内的红卫居住点被广东省爱国卫生运动委员会评为“广东省卫生村”。

该村主要人物：邹昌军（1963—），现任佛冈县人大常委会农村农业工作委员会主任。邹永成（1976—），现任佛冈县交通运输局党组成员，总工程师。

（资料填报：禤石宝，初稿撰写：禤石宝，总纂：李协湖）

○莲瑶行政村

龙美村

◎ 龙美村村貌（摄于 2016 年）

龙美村，位于水头镇西南部，距镇政府 5 千米。始建于清初，因客家语言与粤方言不同“谐音”演变曾用名冚尾村。该村坐落于羊角山（海拔 675 米）北部石离山下谷地，四面环山。村北有县道 X373 线通往国道 G106 线、滘江自东向西流过，从县道 X373 线莲瑶上落站到该村 2 千米。村东是石离山，南 100 米与碧桂园清泉城接壤，西面是稻田，北 100 米是岗板岭山地。

村落形成时，属清远县吉河乡。清嘉庆十八年（1813 年），属佛冈厅吉河乡田心堡。民国期间，属佛冈县一区天水乡。中华人民共和国成立后，属佛冈县二区水头乡。1958 年 10 月，属从化县佛冈人民公社莲瑶大队。1961 年 5 月，属佛冈县水头人民公社莲瑶大队。1983 年 12 月，属水头区莲瑶乡。1987 年 1 月，属水头镇莲瑶行政村。1989 年 11 月，属水头镇莲瑶管理区。1998 年 11 月至今，属水头镇莲瑶行政村。

世居村民由郑、黄两姓聚居，黄姓先到该村，郑姓后到。据大陂《郑氏族谱》记载，清中期，郑姓先祖郑玉书之子郑伯柬由今佛冈迳头大陂迁到该村定居。黄姓，清初从附近莲瑶村迁到该村定居。两姓共聚一个大村庄，繁衍生息。

2015 年末，户籍人口 464 人，其中男性 236 人，女性 228 人。60 岁以上 62 人，其中 80 岁以上 11 人，

◎ 龙美村牌坊（摄于 2016 年）

◎ 龙美村一角（摄于2016年）

最年长者96岁（女）。16岁以下65人。实际在村居住和生活主要依靠农业收入250人，常年在城镇生活和务工214人。村民均为汉族，郑姓为客家民系，使用客家方言。黄姓为广府民系，使用粤方言。

村有山地面积49.33公顷，耕地面积12.13公顷。林业资源有松树、杉树、柯树、枫树等，主要野生动物有山猪、黄猄、蛇类等。村地处丘陵地带，土壤以赤红壤为主，大部分水田土壤为潴育型水稻土。全村历史以来以种植水稻为主，其他粮食作物有小麦、番薯、麦豆、蚕豆、高粱等，经济作物有花生、油菜，其他作物有芋头、玉米、莲藕及叶类和瓜类蔬菜等。水稻亩产量（单造）300—400千克，番薯亩产量（单产）1000—1500千克，小麦亩产（单产）150—200千克。犁地、耙地主要依靠役牛。20世纪70年代初开始，部分生产队用手扶拖拉机代替役牛进行犁地、耙地。特别是改革开放和实行家庭联产承包责任制后，使用手扶拖拉机耕作田地的就更普及。20世纪80年代后，村中多数青壮年外出经商或务工，形成村民主要收入来源，其次是农业及集体分红。进入21世纪后，有不少农户改种植水稻为种植水果，水果多以沙糖桔为主。村中传统节庆食品有葱油鸡、卤水鸭、焖鹅、蒸脍肉、炒米饼、油炸糖环、糯米糍、艾糍、粽子、糕点等。

20世纪60年代末通电，1997年初通电话，2005年村道实现水泥硬底化，2008年通网络、有线电视，2015年通自来水。村中建有文化室和垃圾收集池。

传统民居现存32座，其中建于清末的14座、民国期间的18座，现均保存完好，有人居住。民居为双座并排相连屋布局，砖木结构平房，二房（分为四房）二廊一厅一天井，硬山顶，三合土夯墙或有泥砖砌墙，座与座之间前后紧接墙体，左右间通巷1.8米，均是以鹅卵石铺底的石街巷，每座占地面积120平方米。每座正座的东、西面无门口，南、北面有门口，分两户人家居住，各有一房（分为二小房）一廊，各自上房门口向厅，下房通廊，大厅和天井各占一半面积，两户同居不同户。改革开放以后，村中居民生活水平不断提高，村民逐步迁出原村落向四周建房，建成钢筋混凝土结构，楼房一层的有29座、二层的有15座，楼房布局多为三房

◎ 村民在插秧（摄于2016年）

◎ 龙美村传统民居（摄于2016年）

二厅一厨一卫，占地面积约100平方米。

村有郑氏宗祠一座，始建于清初，为一进一池院落，砖木结构，硬山顶，占地面积180平方米。村西面约300米处建有文武庙（又称水口庙）一座，砖瓦木结构，占地面积20平方米。此庙是郑氏保平安、郑氏宗亲联谊欢聚、添丁贴对联庆贺、传统节日上香祭祀的活动场所。该村与迳头大陂合编有《大陂郑氏族谱•玉书世系》，于2006年重修编纂，该族谱记载郑氏起源、辈序、大陂郑氏世系、典故、名人等内容。

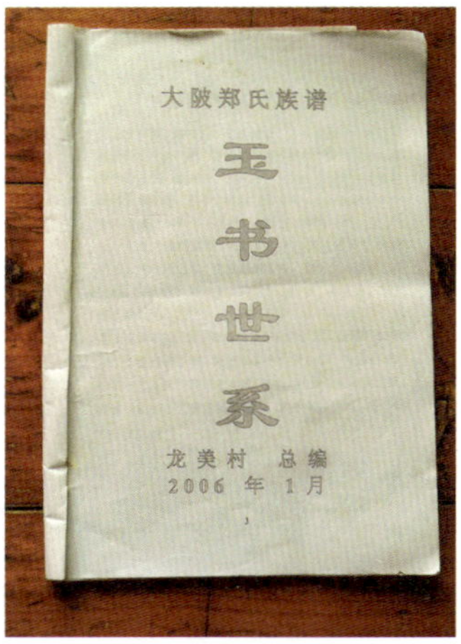

◎《大陂郑氏族谱・玉书世系》（摄于2016年）

该村习俗有上灯、祭灶君、拜土地公、拜庙神、拜观音。凡是开富公子孙添丁，都要买鞭炮和大公鸡拜祭开富公的惯例，主家收受一个红包和一只鸡腿，其余分给族中众人。清明节扫墓最先拜伯柬公，其墓地坐西向东，属虎形。拜祭时不准放鞭炮，以免吓走此虎，只允许供祭品。传统婚嫁丧葬习俗。婚嫁习俗中，结婚前要看家风、定日子、送聘金、定嫁妆，行结婚礼时要摆酒请客、迎亲和送亲、三朝新娘回门礼等。传统丧葬习俗以土葬为主，1990年后逐步实行火葬。丧葬程序为举丧、入殓、出殡、送葬、做法事、将牌位送入祠堂。办丧事时只能做白饭、花菜、黄豆煮猪肉等简单的饭菜，用餐时不坐高台高凳，拆下事主家的门板放于门前的巷地上当饭台，以表哀痛。

据《佛冈革命老区》记载，自1939年起，中国共产党就开始在该村发展组织和发动群众组织武装队伍。由于中共地下党和游击队常驻该村，因此被敌人称为“土匪巢”。在长期的革命斗争中，该村人民为抗日战争和解放战争的胜利作出了很大的牺牲和贡献。1993年，该村经清远市人民政府批准被认定为解放战争时期的游击根据地。2009年，佛冈县在水头镇与石角镇交界处开发建设碧桂园商品房，该村辖内的茶仔地山、牛颈筋山等大部分200米高的丘陵山地及部分耕地已被当地政府征收，用于开发建设碧桂园清泉城。2014年，政府和碧桂园投资200万元，在全行政村实现饮用自来水供给，该村深受其益，饮用卫生自来水。2015年得到省水利厅的支持和资助，在全行政村进行灌溉设施建设，灌溉水圳按水泥混凝土灌浆的“三面光”标准施工，达到省高标准工程要求，为全村农业生产提供水源灌溉保障。

该村主要人物：郑日恒（1923—1993），笔名郑江萍，1938年10月加入中国共产党，从事学生运动和革命工作。中华人民共和国成立后，曾任中共连县县委宣传部部长、清远县委副书记。主要著作有《郑江萍作品选萃》《郑江萍文集》。郑浩清（1950—），曾任广州外语学院教师，擅长绘画、书法，曾出版《天静画册》赠送佛冈中学、水头中学。

（资料填报：黄潮东、胡长浩，初稿撰写：黄潮东，总纂：李协湖）

高镇围

◎ 高镇围村貌（摄于 2016 年）

高镇围，位于水头镇西南部，距镇政府 4.3 千米。始建于清中期，因村民姓高，当地称为高镇佬，故取名为高镇围。该村坐落于羊角山北部，村北面 1.3 千米有县道 X373 线东西向经过，滘江在村北 800 米处自东向西流过，从县道 X373 线古田上落站通往该村。村东是背后山，村南面 800 米是碧桂园清泉城，村西面是新围，背面与白石冚村相邻。

◎ 高镇围门楼（摄于 2016 年）

村落形成时，属清远县吉河乡。清嘉庆十八年（1813 年），属佛冈厅吉河乡田心堡。民国期间，属佛冈县一区天水乡。中华人民共和国成立后，属佛冈县二区水头乡。1958 年 10 月，属从化县佛冈人民公社莲瑶大队。1961 年 5 月，属佛冈县水头人民公社莲瑶大队。1983 年 12 月，属水头区莲瑶乡。1987 年 1 月，属水头镇莲瑶行政村，1989 年 11 月，属水头镇莲瑶管理区。1998 年 11 月至今，属水头镇莲瑶行政村。

世居村民为高姓。据村民相传，清中期，高氏从今佛冈迳头湖洋迁到高镇围定居，繁衍生息。

2015 年末，户籍人口 29 人，其中男性 17 人，女性 12 人。60 岁以上 4 人，其中 80 岁以上 1 人，最年长者 92 岁（女）。16 岁以下 10 人。实际在村居住和生活主要依靠农业收入 12 人，常年在城镇生

◎ 高镇围水稻种植（摄于 2016 年）

◎ 高镇围传统民居（摄于 2016 年）

活和务工 17 人。村民均为汉族，广府民系，使用粤方言。

村有山地面积 1.33 公顷，耕地面积 3.47 公顷。林业资源有桉树、松树、杉树、柯树、枫树等。全村历史以来的耕作习惯以种植水稻为主，同时种植小麦、番薯、麦豆、蚕豆、高粱等，经济作物有花生、油菜，其他作物有芋头、玉米、莲藕及叶类和瓜类蔬菜等。村中传统节庆食品有白切鸡、烧鸭、焖鹅、蒸扣肉、炒米饼、糯米糍、艾糍、粽子、糕点等。

20 世纪 60 年代末通电，1997 年初通电话，2005 年村道实现水泥硬底化，2008 年通网络、有线电视，2015 年通自来水。村中建有文化室、垃圾收集池。

传统民居为广府民居，现在正座 3 座，倒塌 6 座，保存不完整，无人居住。平房建筑形式为东南西北四周单间相连，泥砖瓦木结构，俗称围水屋，每间面积为 12 平方米，包围 8 座正座屋。正座面积为 60 平方米，分三排双座并排相连屋，砖木结构平房，一房（分为二房）二廊一厅一天井，悬山顶，三合土夯墙兼有泥砖砌墙。座与座之间前后紧接墙体，左右间通巷 1.5 米，均是泥沙巷。围门口有池塘。改革开放以后，村中居民生活水平不断提高，逐步迁出原村落向四周建房，建成用钢筋混凝土结构，楼房一层的有 6 座，二层楼以上的有 5 座，围有院子，楼房布局多为三房二厅一卫，投影面积约 110 平方米。

村有高氏宗祠，始建于清中期，2000 年重修，建筑布局为一进一池院落。砖木结构，硬山顶，占地面积 160 平方米。此祠是为高氏宗亲联谊欢聚，添丁贴对联庆贺，农历初一和十五、传统节日上香祭祀的活动场所。

传统婚嫁礼仪，结婚前要看家风、定日子、送聘金、定嫁妆，行结婚礼时要摆酒请客、迎亲和送亲。三朝新娘回门礼等。传统丧葬以土葬为主，1990 年以后逐步实行火葬。其程序为举丧、入殓、出殡、送葬、做法事、将牌位送入祠堂。办丧事只能做白饭、花菜、黄豆煮猪肉等简单的饭菜，用餐时不坐高台高凳，拆下事主家的门板放于门前的巷地上当饭台，以表哀痛。宗族活动主要有清明扫墓祭祖，以寄托对先人的怀念。

2009 年，佛冈县在水头镇与石角镇交界处开发建设碧桂园商品房，该村辖内山地及部分耕地已被当地政府征收，用于开发建设碧桂园清泉城。2014 年，政府和碧桂园投资 200 万元，在全行政村实现饮用自来水供给，该村深受其益。2015 年，得到省水利厅的支持和资助，在全行政村进行灌溉设施建设，灌溉水圳按水泥混凝土灌浆的“三面光”标准施工，达到省高标准工程要求，为全村农业生产提供水源灌溉保障。

（资料填报：黄潮东、黄东升，初稿撰写：黄潮东，总纂：李协湖）

白石冚村

◎ 白石冚村村貌（摄于 2016 年）

白石冚村，位于水头镇西南部，距镇政府 4.2 千米。始建于清初，因村址地名是白石冚，故取名白石冚村，曾用名为龙田村。该村坐落于羊角山北部，村北面 1.2 千米有县道 X373 线东西向通往国道 G106 线，滘江自东向西流过。村东面是背底山，村南面是碧桂园清泉城，村西面是新围，村北面与瓦窑口村接壤。

村落形成时，属清远县吉河乡。清嘉庆十八年（1813 年），属佛冈厅吉河乡田心堡。民国期间，属佛冈县一区天水乡。中华人民共和国成立后，属佛冈县二区水头乡。1958 年 10 月，属从化县佛冈人民公社莲瑶大队。1961 年 5 月，属佛冈县水头人民公社莲瑶大队。1983 年 12 月，属水头区莲瑶乡。1987 年 1 月，属水头镇莲瑶行政村。1989 年 11 月，属水头镇莲瑶管理区。1998 年 11 月至今，属水头镇莲瑶行政村。

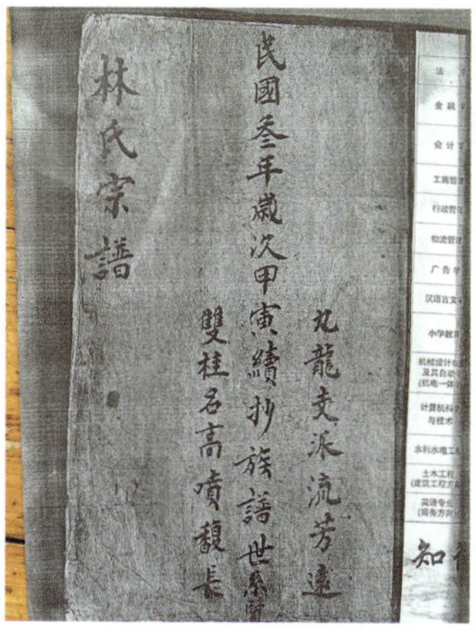

◎《林氏宗谱》（摄于 2016 年）

世居村民为林姓。宋末从中原迁福建迁广东南雄珠玑巷，后迁清远、翁源。据《林氏宗谱》记载，清初，林氏世祖林梅，生四男，长子林松振为该村林姓始祖，由翁源周陂迁到白石冚村定居，繁衍生息。

2015 年末，户籍人口 114 人，其中男性 60 人，女性 54 人。60 岁以上 22 人，其中 80 岁以上 5 人，最年长者 86 岁（女）。16 岁以下 19 人。实际在村居住和生活主要依靠农业收入 70 人，常年在城镇生活和外出务工 44 人。村民均为汉族，广府民系，使用粤方言。

村有山地面积 2.93 公顷，耕地面积 3.47 公顷。林业资源有松树、杉树、柯树、枫树等。传统经济以农业为主，主要种植水稻、玉米、花生、黄豆、蔬菜等。主要养殖鸡、鸭、鹅、猪、牛以及“四大家鱼”。生猪养殖是该村农业经济的重要来源。中华人民共和国成立前，由于养殖技术水平低下，品种丰产性能差，畜牧养殖成活率低。20 世纪 80 年代起，多数青壮年外出经商或务工，形成村民主要收

◎ 白石冚村大蕉种植（摄于 2016 年）

入来源，其次是农业及集体分红。该村出现生猪养殖专业户，年出售 300 头生猪以上。2013 年，种植沙糖桔面积 2.6 公顷，年收入 20 万元。2013 年以后，由于受柑桔黄龙病的影响，产业消退，村民改种大蕉及其他作物。村中传统节庆食品有白切鸡、烧鸭、焖鹅、蒸扣肉、炒米饼、油炸糖环、糯米糍、艾糍、粽子等。

20 世纪 60 年代末通电，1997 年初通电话，2005 年村道实现水泥硬底化，2008 年通网络、有线电视，2015 年通自来水。村中建有文化室、篮球场及垃圾收集池。

传统广府民居现存 50 间，倒塌 8 间，保存不完整，有的还有老人居住。建筑形式为单间并排相连屋，砖木结构平房，坐东向西，四条石街通巷，巷宽 1.2 米，均是泥沙巷。改革开放以后，村中居民生活水平不断提高，逐步迁出原村落向四周建房，建成钢筋混凝土结构楼房，一层的有 7 座、二层的有 3 座，楼房布局多为三房两厅一卫，投影面积约 110 平方米。

◎ 白石冚传统民居（摄于 2016 年）

村有林氏宗祠，始建于清初，2009 年重修，建筑布局为一进一池院落。砖木结构，硬山顶，占地面积 150 平方米。此祠是为林氏宗亲联谊欢聚，添丁贴对联庆贺，农历初一和十五、传统节日上香祭祀的活动场所。

传统婚嫁丧葬礼仪庄重繁杂。婚嫁礼仪中，结婚前要看家风、定日子、送聘金、定嫁妆，行结婚礼时要摆酒请客、迎亲和送亲、三朝新娘回门礼等。传统丧葬习俗以土葬为主，1990 年后逐步实行火葬。丧葬程序包括举丧、入殓、出殡、送葬、做法事、将牌位送入祠堂。办丧事时只能做白饭、花菜、黄豆煮猪肉等简单的饭菜，用餐时不坐高台高凳，拆下事主家的门板放于门前的巷地上当饭台，以表哀痛。宗族活动主要有清明扫墓祭祖，以寄托对先人的怀念。

2009 年，佛冈县在水头镇与石角镇交界处开发建设碧桂园商品房，该村辖内山地及部分耕地已被当地政府征收，用于开发建设碧桂园清泉城。2014 年，政府和碧桂园投资 200 万元，在全行政村实现饮用自来水供给，该村深受其益，饮用卫生自来水。2015 年，得到省水利厅的支持和资助，在全行政村进行灌溉设施建设，灌溉水圳按水泥混凝土灌浆的“三面光”标准施工，达到省高标准工程要求，为全村农业生产提供水源灌溉保障。

该村的林社祥（1950—），退伍军人，曾任中国工商银行韶关市支行行长。

（资料填报：黄潮东、郑龙舟，初稿撰写：黄潮东，总纂：李协湖）

龙兴村

◎ 龙兴村村貌（摄于 2016 年）

龙兴村，位于水头镇西南部，距镇政府 4.2 千米。始建于清中期，因村民们盼望后辈体猛如龙，事业兴旺繁荣，故取名为龙兴村。中华人民共和国成立后曾改名新围。该村坐落于羊角山（主峰海拔 675 米）北部，村北面 1.2 千米，有县道 X373 线东西向通往国道 G106 线，滘江自东向西流过，村东面与白石冚村相邻，村南面是碧桂园清泉城，村西面是莲环村，村北面是瓦瑶口村。

◎ 龙兴村门楼（摄于 2016 年）

村落形成时，属清远县吉河乡。清嘉庆十八年（1813 年），属佛冈厅吉河乡田心堡。民国期间，属佛冈县一区天水乡。中华人民共和国成立后属佛冈县二区水头乡。1958 年 10 月，属从化县佛冈人民公社莲瑶大队。1961 年 5 月，属佛冈县水头人民公社莲瑶大队。1983 年 12 月，属水头区莲瑶乡。1987 年 1 月，属水头镇莲瑶行政村。1989 年 11 月，属水头镇莲瑶管理区。1998 年 11 月至今，属水头镇莲瑶行政村。

世居村民为林姓。宋末，从中原迁福建广东南雄珠玑巷，后迁清远、翁源。据《林氏族谱》记载，清初期，林氏世祖林梅公，生四男，长子松振为当地林姓始祖，由翁源周陂迁到白石冚村定居。据村民相传，该村曾居住过麦姓，麦姓将房屋转让给林氏长子后迁走。清中期，林氏从附近白石冚龙田村迁到该村，繁衍生息。

2015 年末，户籍人口 185 人，其中男性 99 人，女性 86 人。80 岁以上 2 人，最年长者 85 岁（女）。16 岁以下 34 人。生活主要依靠农业收入 110 人，常年在城镇生活和外出务工 75 人。村民均为汉族，广

◎ 龙兴村莲藕种植（摄于 2016 年）

府民系，使用粤方言。

村有山地面积 2 公顷，耕地面积 2.07 公顷。林业资源有松树、杉树、柯树、枫树等。村地处开阔地带，属亚热带湿润气候，大部分水田土壤为潴育型水稻土，适合种植水稻。历来的耕作习惯以种植水稻为主，同时种植小麦、番薯、麦豆、蚕豆、高粱等，经济作物有花生、油菜，其他作物有芋头、玉米、木薯、生姜、莲藕及叶类和瓜类蔬菜等。中华人民共和国成立前，由于种植技术水平低下，品种丰产性能差，该村水稻一般亩产为 100 千克。中华人民共和国成立后，该村先后组织互助组、合作社，参加人民公社，逐步推广应用先进的农业生产技术，农业生产效益有较大的提高。水稻亩产量（单造）200—400 千克，番薯亩产量（单产）1000—1500 千克，小麦亩产（单产）150—200 千克。犁地、耙地主要依靠役牛。20 世纪 70 年代初开始，生产队用手扶拖拉机代替役牛进行犁地、耙地。改革开放和实行家庭联产承包责任制后，使用手扶拖拉机耕作田地更普及。普遍使用的农具为锄头、铁耙、镰刀、风车柜。20 世纪 80 年代后，村中多数青壮年外出经商或务工，形成村民主要收入来源，其次是农业和集体分红。村中传统节庆食品有白切鸡、烧鸭、焖鹅、蒸扣肉、炒米饼、油炸糖环、糯米糍、艾糍、粽子、糕点等。

20 世纪 60 年代末通电，1997 年初通电话，2005 年村道实现水泥硬底化，2008 年通网络、有线电视，2015 年通自来水。村中建有文化室、篮球场、垃圾收集池。

传统广府民居，现存 16 座，建于清代，保存完好，有人居住。平房建筑形式为东南西北四周单间相连，泥砖瓦木结构，每间面积为 12 平方米，包围 16 座正座。正座占地面积为 90 平方米，分四排双座并排相连屋，砖木结构平房，二房（分为四房）二廊一厅一天井，悬山顶，三合土夯墙兼有泥砖砌墙。坐南向北，座与座之间前后紧接墙体，左右间通巷 1.5 米，均是泥沙巷。围门口有池塘。改革开放以后，村中居民生活水平不断提高，逐步迁出原村落向四周建房，建成钢筋混凝土结构楼房一层的有 18 座，

◎ 龙兴村蔬菜种植（摄于 2016 年）

◎ 龙兴村传统民居（摄于 2016 年）

二层楼的有5座，楼房布局多为三房二厅一卫，投影面积约100平方米。

村有林氏宗祠，始建于清初，2009年重修，建筑布局为一进一池院落，砖木结构，硬山顶，占地面积150平方米。该祠是为林氏宗亲联谊欢聚、添丁贴对联庆贺、农历初一和十五传统节日上香祭祀的活动场所。

该村的传统婚嫁丧葬礼仪庄重繁杂。婚嫁礼仪，结婚前要看家风、定日子、送聘金、定嫁妆，行婚礼时要摆酒请客、迎亲和送亲。三朝新娘回门礼等。传统丧葬习俗以土葬为主，1990年以后逐步实行火葬。其程序包括举丧、入殓、出殡、送葬、做法事、将牌位送入祠堂。办丧事只能做白饭、花菜、黄豆煮猪肉等简单的饭菜，用餐时不坐高台高凳，拆下事主家的门板放于门前的巷地上当饭台，以表哀痛。宗族活动主要有清明扫墓祭祖，以寄托对先人的怀念。

2009年，佛冈县在水头镇与石角镇交界处开发建设碧桂园商品房，该村辖区山地及部分耕地已被当地政府征收，用于开发建设碧桂园清泉城。2014年，政府和碧桂园投资200万元，在全行政村实现饮用自来水供给，该村深受其益，饮用卫生自来水。2015年，得到省水利厅的支持和资助，在全行政村进行灌溉设施建设，灌溉水圳按水泥混凝土灌浆的“三面光”标准施工，达到省高标准工程要求，为全村农业生产提供水源灌溉保障。

（资料填报：黄潮东、黄石香，稿撰写：黄潮东，总纂：李协湖）

上围仔村

◎ 上围仔村村貌（摄于 2016 年）

上围仔村，位于水头镇西南部，距镇政府 3 千米。始建于清中期，因该村位于莲瑶村辖区最上边沿，故名上围仔村，中华人民共和国成立后曾改名为莲凤村。该村坐落于羊角山（海拔 675 米）北部。村北面 1 千米有县道 X373 线东西向通往国道 G106 线，滘江自东向西流过，从县道水头中学东侧的乡道通往该村 800 米。村东面是新坐下周村，南面是背底山（丘陵山），西面与瓦瑶口村相接，北面是吉河及县道。

世居村民为黄姓。据村民相传，十二世黄奕伦于清中期从今佛冈水头莲瑶村莲溪老围迁到该村定居，繁衍生息。

村落形成时，属清远县吉河乡。清嘉庆十八年（1813 年），属佛冈厅吉河乡田心堡。民国期间，属佛冈县一区天水乡。中华人民共和国成立后，属佛冈县二区水头乡。1958 年 10 月，属从化县佛冈人民公社莲瑶大队。1961 年 5 月，属佛冈县水头人民公社莲瑶大队。1983 年 12 月，属水头区莲瑶乡。1987 年 1 月，属水头镇莲瑶行政村。1989 年 11 月，属水头镇莲瑶管理区。1998 年 11 月至今，属水头镇莲瑶行政村。

2015 年末，户籍人口 381 人，其中男性 187 人，女性 194 人。60 岁以上 59 人，其中 80 岁以上 11 人，最年长者 90 岁（女）。16 岁以下 65 人。实际在村居住和生活主要依靠农业收入 220 人，在城镇生活和务工 161 人。村民均为汉族，广府民系，使用粤方言。

村有山地面积 13.33 公顷，耕地面积 9.4 公顷。林业资源有松树、杉树，柯树、枫树等。村地处开阔地带，属亚热带湿润气候，大部分水田土壤为潴育型水稻土，适合种植水稻。历来的耕作习惯以种植水稻为主，同时种植小麦、番薯、麦豆、蚕豆、高粱等，经济作物有花生、油菜，其他作物有芋头、玉米、木薯、生姜及叶类和瓜类蔬菜等。中华人民共和国成立前，由于种植技术水平低下，品种丰产性能差，该村水稻一般亩产为 100 千克。中华人民共和国成立后，该村先后组织互助组、合作社，参加人民公社，逐步推广应用先进的农业生产技术，农业生产效益有较大的提高。水稻亩产量（单造）200—400 千克，番薯亩产量（单产）1000—1500 千克，小麦亩产（单产）150—200千克。犁地、耙地主要依靠役牛。20世纪70年代初开始，生产队用手扶拖拉机代替役牛进行犁地、耙地。改革开放和实行家庭联产承包责任制后，使用手扶拖拉机耕作田地更普及。20世纪80年代后，村中多数青壮年外出经商或务工，成为村民主要收入来源，其次是农业及集体分红。村中传统节庆食品有白切鸡、烧鸭、焖鹅、蒸扣肉、炒米饼、炸糖环、糯米糍、手指糍、艾糍、粽子、糕点等。

20世纪60年代末通电，1997年初通电话，2005年村道实现水泥硬底化，2008年通网络、有线电视，2015年通自来水。村中建有两层文化室、篮球场、文化公园、垃圾收集池。

传统广府民居，称为正座四门归厅，现存传统民居有38座，建于民国时期有6座，建于解放后有32座。村中民居建筑基本保存完好。并排相连的正座屋分8排，每排4座，坐南向北，通巷1.8米。全是以鹅卵石铺底的石街巷。正座屋连成一体，东面、西面有门，南面、北面无门，分两户人家居住，各有一房（分为一小房）一廊，各自上房门口向厅，下房通廊，大厅和天井各占一半面积，两户同居不同户。多为三合土夯墙兼有泥砖砌墙，硬山顶。每座占地面积100平方米。改革开放以后，村中居民生活水平不断提高，逐步迁出原村落向四周建房，建成钢筋混凝土结构楼房一层的有22座，二层楼以上的有65座，楼房布局多为三房二厅一卫，投影面积约100平方米。

◎ 上围仔村民居巷道（摄于2016年）

◎ 黄氏二祖宗祠（摄于2016年）

村有黄氏二祖宗祠，又名崇本堂，始建于清光绪三十一年（1905年），建成于清宣统元年（1909年），为黄氏迁入佛冈的第二祖祠，2012年被列入佛冈县不可移动文物名录。宗祠坐南向北，砖木结构，三进两天井，三间两廊，面宽62米，进深44米。头门为花岗岩精制门框，前檐石檐柱上有虾拱梁。第一进博古脊硬山顶，第二、三进为龙船脊硬山顶。其中，第二进由4根石柱撑梁，八铺穿斗拱；第三进为九铺穿斗拱，主要摆放祖先神位。该祠原来取名叫“崇本堂”，曾作过崇本学校，后改名莲瑶中学、水头中学。学校搬迁后，族人每逢节日来此上香祭祀。该祠于1923年重修。原建筑规模为三进二天井，左右各有两栋衬祠，两边有青云巷与衬祠相连。作学校使用时，衬祠被改建为教室。

传统婚嫁礼仪、丧葬程序庄重繁杂。婚嫁礼仪，结婚前要看家风、定日子，送聘金，定嫁妆，行结婚礼时要摆酒请客，迎亲和送亲。三朝新娘回门礼等。传统丧葬习俗以土葬为主，1990年以后逐步实行火葬。其程序包括举丧、入殓、出殡、送葬做法事、将牌位送入祠堂。办丧事只能做白饭、花菜、黄豆煮猪肉等简单的饭菜，用餐时不坐高台高凳，拆下事主家的门板放于门前的巷地上当饭台，以表哀痛。宗族活动主要有清明扫墓祭祖，以寄托对先人的怀念。

民间习俗是舞鸡公狮。村里有一支由8人组成的舞狮队，年节喜庆大事村民都会请舞狮队敲锣打鼓放鞭炮助兴，过新年村民习惯请狮队拜年采青。采青习俗一般都是家门口悬挂生菜和红包，舞狮人会搭人梯，2—3 人配合登高采摘，用狮嘴采青，摘采红包，富有节日气氛和娱乐情趣。

1993 年，政府投资 50 万元，在水头中学南侧建一座横跨潖江的大桥——百佳大桥，解决历史以来无桥难题，为当地村民的交通、生产、生活带来方便。2009 年，佛冈县在水头镇与石角镇交界处开发建设碧桂园商品房，该村辖内山地及部分耕地已被当地政府征收，用于开发建设碧桂园清泉城。2013 年 5 月 15 日，遭遇一场百年一遇特大暴雨，引发洪灾，水深 2.5 米，全村受浸，受灾 390 人。倒塌房屋 11 间，家畜家禽死亡 300 头（只），家具、财物及大片农田作物被淹，共计经济损失 350 万元。2014 年 5 月 23 日，遭遇洪水袭击，水深 0.8 米，受灾 190 人，受浸房屋 50 间，折合经济损失 60 万元。2014 年，政府再投资 30 万元，修复因 2013 年“5·15”洪水冲垮的该座大桥。2014 年，政府和碧桂园投资 200 万元，在全行政村实现饮用自来水供给，该村深受其益，饮用卫生自来水。2015 年，得到省水利厅的支持和资助，在全行政村进行灌溉设施建设，灌溉水圳按水泥混凝土灌浆的“三面光”标准施工，达到省高标准工程要求，为全村农业生产提供水源灌溉保障。同年，被列入国家级耕地地力示范区。

◎ 国家级耕地地力培育与提升项目示范区（摄于 2016 年）

该村的黄运全（1964—），曾任广东省连州市副市长，现任清远市财政局副局长。

（资料填报：黄潮东、胡辰浩，初稿撰写：黄潮东，总纂：李协湖）

瓦瑶口村

◎ 瓦瑶口村村貌（摄于 2016 年）

瓦瑶口村，位于水头镇西南部，距镇政府 3 千米。始建清中期，因该地有多间传统烧砖瓦的窑而得名瓦瑶口村。该村坐落于羊角山（海拔 675 米）北部。村北面 300 米有县道 X373 线东西向通往国道 G106 线，滘江自东向西流过，从县道 X373 线莲瑶站经水头中学沿乡道通往该村。村东面是莲凤村，南面与白石冚村接壤，西面与村委会办公楼、纸箱厂及莲吉、莲环村相接。北面是滘江、水头中学及县道 X373 线。

村落形成时，属清远县吉河乡。清嘉庆十八年（1813 年），属佛冈厅吉河乡田心堡。民国期间，属佛冈县一区天水乡。中华人民共和国成立后，属佛冈县水头二区水头乡。1958 年 10 月，属从化县佛冈人民公社莲瑶大队。1961 年 5 月，属佛冈县水头人民公社莲瑶大队。1983 年 12 月，属水头区莲瑶乡。

◎ 瓦瑶口村一角（摄于 2016 年）

◎ 瓦瑶口村门楼（摄于 2016 年）

1987年1月，属水头镇莲瑶行政村。1989年11月，属水头镇莲瑶管理区。1998年11月至今，属水头镇莲瑶行政村。

世居村民为黄姓。据《黄氏族谱》记载，黄氏五世祖黄翰，三子黄经于清中期从附近诚迳南楼仔村迁到瓦瑶口村定居，繁衍生息。

2015年末，户籍人口974人，其中男性542人，女性432人。60岁以上159人，其中80岁以上15人，最年长者93岁（女）。16岁以下395人，其中留守儿童6人。实际在村居住和生活主要依靠农业收入390人，常年在城镇生活和外出务工584人。村民均为汉族，广府民系，使用粤方言。

村有山地面积108.33公顷，耕地面积19公顷。林业资源有松树、杉树、柯树、枫树等。主要野生动物有山猪、黄猄、蛇类等。村地处开阔地带，属亚热带湿润气候，大部分水田土壤为潴育型水稻土，适合种植水稻。传统经济以农业为主，主要作物有水稻、小麦、番薯等，其他作物有花生、芋头、玉米、木薯、生姜、莲藕及叶类和瓜类蔬菜等。现多种植沙糖桔和其他水果。中华人民共和国成立前，由于种植技术水平低下，品种丰产性能差，该村水稻一般亩产为100千克。中华人民共和国成立后，该村先后组织互助组、合作社，参加人民公社，逐步推广应用先进的农业生产技术，农业生产效益有较大的提高。水稻亩产量（单造）200—400千克，番薯亩产量（单产）1000—1500千克，小麦亩产（单产）150—200千克。犁地、耙地主要依靠役牛。20世纪70年代初开始，生产队用手扶拖拉机代替役牛进行犁地、耙地。改革开放和实行家庭联产承包责任制后，使用手扶拖拉机耕作田地更普及。普遍使用的农具为锄头、铁耙、镰刀、风车柜。20世纪80年代后，有生猪养殖专业户2户，年出售生猪700头以上。村中多数青壮年外出经商或务工，成为村民主要收入来源，其次是农业及集体分红。传统节庆食品有白切鸡、烧鸭、焖鹅、蒸扣肉、炒米饼、油炸糖环、糯米糍、艾糍、粽子、糕点等。

传统民居布局是围水屋包围9座正座屋，四面平房围水屋面积很小，只有9平方米。东部围水屋中心位设大门楼，门楼外有一池塘，面积70平方米，门楼为全村居民进出围场的唯一出口，占地面积35平方米。围内全是统一规格的正座屋，坐东向西，通巷宽1米。建筑布局为一厅一天井，占地面积28平方米，屋顶为瓦木结构，墙体用泥砖砌成。村中建筑基本倒塌。丢弃无人居住。改革开放以后，村中居民生活水平不断提高，逐步迁出原村落向四周建房，建成钢筋混凝土结构楼房，一层的有112座，二层楼以上的有45座，有院子的24座，楼房布局多为三房二厅一卫，投影面积约110平方米。

20世纪60年代末通电，1997年初通电话，2005年村道实现水泥硬底化，2008年通网络、有线电视，2015年通自来水。村中建有两层文化室、篮球场、文化公园及垃圾收集池。

村南部设有莲瑶小学，始建于1962年，砖木结构平房，6间课室，每间教室面积50平方米。1993年，由村民集资兴建3幢教学大楼，面积2000平方米，可容纳600名学生读书。

◎ 莲瑶学校（摄于2016年）

2001年，由村民筹集资金，在大围修建厅下（香火堂），立神牌神位，此香火堂是为该村保平安，村民宗亲联谊欢聚、添丁，正月初十在此起丁庆贺，农历初一和十五及传统节日上香祭祀的活动场所。

村里的传统婚嫁礼仪、丧葬习俗庄重繁杂。婚嫁礼仪，结婚前要看家风、定日子、送聘金、定嫁妆，行结婚礼时要摆酒请客、迎亲和送亲。三朝新娘回门礼等。传统丧葬以土葬为主，1990年以后逐步实行火葬。其程序包括举丧、入殓、出殡、送葬、做法事、将牌位送入祠堂。办丧事只能做白饭、花菜、黄豆煮猪肉等简单的饭菜，用餐时不坐高台高凳，拆下事主家的门板放于门前的巷地上当饭台，以表哀痛。宗族活动主要有清明扫墓祭祖，以寄托对先人的怀念。

该村有一支由10人组成的舞狮队，年节喜庆大事村民都会请舞狮队敲锣打鼓放鞭炮助兴，过新年村民习惯请狮队拜年采青。采青习俗一般都是家门口悬挂生菜和红包，舞狮人会搭人梯，2—3个人配合登高采摘，舞狮者通过狮嘴上咬得青，摘采红包，富有节日气氛和娱乐情趣。

1926年，该村黄细全在石角圩开设一间共和全染织厂，当时有工人10多人，有10多台较为先进的织染机，进行纺纱、织布、漂染。2009年，佛冈县在水头镇与石角镇交界处开发建设碧桂园商品房，该村辖内山地及部分耕地已被当地政府征收，用于开发建设碧桂园清泉城。2013年5月15日，遭遇一场百年一遇特大暴雨引发洪灾，水深1.5米，全村受浸，受灾527人，倒塌房屋8间，家畜家禽死亡200头（只），家具、财物及大片农田作物被淹，折合经济损失500万元。2014年，政府和碧桂园投资200万元，在全行政村实现饮用自来水供给，该村深受其益，饮用卫生自来水。2015年，由政府投资整治潖江，对河床加宽、清淤，加固加大两岸河堤，莲瑶河段经整治后抗洪能力提高到百年一遇，沿河两岸村民的生产、生活和人民生命财产得到更进一步保障。2015年，得到省水利厅的支持和资助，在全行政村进行灌溉设施建设，灌溉水圳按水泥混凝土灌浆的“三面光”标准施工，达到省高标准工程要求，为全村农业生产提供水源灌溉保障。

该村主要人物：黄国泰（1914—2006），民间艺人，自幼学艺专门制作狮头，制作的产品有鸡公狮、猪头狮、大头狮等，手艺精湛，产品销往翁源县、英德市、新丰县、从化市及当地乡镇，在周边市县很有名气。黄裕忠（1936—），曾任佛冈一中校长，1989年被评为全国优秀教师、全国中学特级教师。黄国平（1958—），跟随父亲黄荣泰祖传制作狮头，继承父业，产品畅销。黄裕团（1963—），曾任中共佛冈县委副书记、佛冈县常务副县长、中共连州市委书记、连州市人大常委会主任，现任清远市政协副主席。

（资料填报：黄潮东、黄东升，初稿撰写：黄潮东，总纂：李协湖）

东坑村

◎ 东坑村村貌（摄于 2016 年）

东坑村，位于水头镇西南部，距镇政府 6 千米，始建清中期，因村地名东坑而得名东坑村。该村坐落于羊角山（海拔 675 米）北部。村北面 2 千米有县道 X373 线东西向通往龙牙古寺，潖江自东向西流过，从县道 X373 线莲瑶站候车亭沿乡道 Y370 线通往该村 2 千米。村东是竹仔山，南与碧桂园清泉城相壤，西面是农田，北 20 米是东坑黄氏宗祠。

村落形成时，属清远县吉河乡。清嘉庆十八年（1813 年），属佛冈厅吉河乡田心堡。民国期间，属佛冈一区天水乡。中华人民共和国成立后，属佛冈县二区水头乡。1958 年 10 月，属从化县佛冈人民公社莲瑶大队。1961 年 5 月，属佛冈县水头人民公社莲瑶大队。1983 年 12 月，属水头区莲瑶乡。1987 年 1 月，属水头镇莲瑶行政村。1989 年 11 月，属水头镇莲瑶管理区。1998 年 11 月至今，属水头镇莲瑶行政村。

◎ 东坑村古围门楼（摄于 2016 年）

世居村民为黄姓。据《黄氏族谱》记载，明洪武元年（1368 年），黄胜（六峰公）从顺德迁今佛冈水头莲瑶，开基祖先黄胜（六峰公）。据村民相传，清中期，黄姓从莲瑶村莲溪老围迁到东坑村定居，繁衍生息。

2015 年末，户籍人口 49 人，其中男性 28 人，女性 21 人。60 岁以上 11 人，其中 80 岁以上 1 人，最年长者 90 岁（女）。16 岁以下 7 人。实际在村居住和生活主要依靠农业收入 30 人，常年在城镇生活和外出务工 19 人。村民均为汉族，广府民系，使用粤方言。

村有耕地面积 1.53 公顷，传统经济以农业为主，主要种植水稻、玉米、花生、黄豆、蔬菜等，主要

◎ 东坑黄氏宗祠（摄于 2016 年）

养殖鸡、鸭、鹅、兔、猪、牛等。中华人民共和国成立前，由于种植技术水平低下，品种丰产性能差，水稻一般亩产为 100 千克。中华人民共和国成立后，该村先后组织互助组、合作社，参加人民公社，逐步推广应用先进的农业生产技术。20 世纪 80 年代起实行家庭联产承包责任制后，水稻一般亩产达到 400 千克，农业经济效益有较大的提高。村中多数青壮年外出经商或务工，成为村民主要收入来源，其次是农业及集体分红。村中传统节庆食品有白切鸡、烧鸭、焖鹅、蒸扣肉、炒米饼、油炸糖环、糯米糍、艾糍、粽子、糕点等。

20 世纪 60 年代末通电，1997 年初通电话，2005 年村道实现水泥硬底化，2008 年通网络、有线电视，2015 年通自来水。村中建有垃圾收集池。

传统广府民居，现在 9 座，保存完好，有人居住。建筑布局为南北两边单间相连，泥砖瓦木平房，面积为 18 平方米，西边是围墙，中间是 9 座分三排双座并排相连的正座，砖木结构平房，二房（分为四房）二廊一厅一天井，悬山顶，三合土夯墙兼有泥砖砌墙。座与座之间前后紧接墙体，左右间通巷 1.8 米，均是以鹅蛋石铺底的石街巷，每座占地面积 100 平方米，每座正座的南向、北向有门口，分两户人家居住，各有一房（分为两小房）一廊，各自上房门口向厅，下房通廊，大厅和天井各占一半面积。村中南向、西向建有门楼，方便村民出入。西门口楼前有池塘。20 世纪 80 年代改革开放以后，村中居民生活水平不断提高，逐步迁出原村落向四周建钢筋混凝土结构楼房，一层的有 5 座，五层楼以上的有 1 座，楼房布局多为三房二厅一卫，投影面积约 100 平方米。

主要文物是坐落于东坑村北面 20 米的东坑黄氏宗祠，是广东省文物保护单位。该祠建于明嘉靖元年（1522 年）。后多次重修。东坑祠坐东向西，纵深 57 米，宽 26.8 米，占地面积 1530 平方米，属明代典型建筑，三进三间两廊二天井布局。有石柱、石门、天池、琉璃瓦、石刻、木构梁架，梁枋上饰

◎ 刻有“钦赐举人黄昌祚立”的旗杆石夹（摄于 2016 年）

◎ 东坑黄氏宗祠堂内匾牌（摄于 2016 年）

以精致的雕刻，祠正面檐下墙体上有花，鸟、草、木、人物壁画，祠正门屋脊有鳌鱼瓷塑，建筑保存完好。每年农历正月初一、十五，各地黄氏族人舞瑞狮并携带供品前来祭拜供奉。

传统婚嫁习俗中，结婚前要看家风、定日子、送聘金、定嫁妆，行结婚礼时要摆酒请客、迎亲、送亲和三朝新娘回门礼等。传统丧葬以土葬为主，1990年以后逐步实行火葬。其程序为举丧、入殓、出殡、送葬、做法事、将牌位送入祠堂。办丧事只能做白饭、花菜、黄豆煮猪肉等简单的饭菜，用餐时不坐高台高凳，拆下事主家的门板放于门前的巷地上当饭台，以表哀痛。宗族活动主要有清明扫墓祭祖，以寄托对先人的怀念。

2009年，佛冈县在水头镇与石角镇交界外开发建设碧桂园商品房，该村辖内的牛眼擎、黄坭斜、大坑底山地4.47公顷及部分耕地被当地政府征收，用于开发建设碧桂园清泉城。2014年，政府和碧桂园投资200万元，在全行政村实现饮用自来水供给，该村深受其益，饮用卫生自来水。2015年，得到省水利厅的支持和资助，在全行政村进行灌溉基础设施建设，灌溉水圳按水泥混凝土灌浆的“三面光”标准施工，达到省高标准工程要求，为全村农业生产提供水源灌溉保障。

该村的黄安阜（1987—），是该村第一个清华大学毕业的硕士研究生，现任深圳市某公司科研组组长。

（资料填报：黄潮东、黄东升，初稿撰写：黄潮东，总纂：李协湖）

花树下村

◎ 花树下村鸟瞰（摄于 2016 年）

花树下村，位于水头镇西南部，距镇政府 5 千米。始建于清初，因村中生长着一棵桂花树而得名花树下村。该村坐落于羊角山（海拔 675 米）北部，村北面 1.5 千米有县道 X373 线东西向通往国道 G106 线，潖江自东向西流过，从县道莲瑶站候车亭沿乡道 Y370 线路经该村 1.5 千米。村东是耕地及沙罗坑，南面是硫黄矿采矿废址，往南 300 米是东坑黄氏宗祠，西面与仓岭围相接，北面与白坟村相邻。

世居村民为黄姓、朱姓、林姓。据村民相传，清初，黄姓从广东顺德迁入，朱姓从今佛冈龙山下岳村迁入，林姓从英德太平迁入。

◎ 花树下村门楼（摄于 2016 年）

村落形成时，属清远县吉河乡。清嘉庆十八年（1813 年），属佛冈厅吉河乡田心堡。民国期间，属佛冈县一区天水乡。中华人民共和国成立后，属佛冈县二区水头乡。1958 年 10 月，属从化县佛冈人民公社莲瑶大队。1961 年 5 月，属佛冈县水头人民公社莲瑶大队。1983 年 12 月，属水头区莲瑶乡。1987 年 1 月，属水头镇莲瑶行政村，1989 年 11 月，属水头镇莲瑶管理区。1998 年 12 月至今，属水头镇莲瑶行政村辖域。

2015 年末，户籍人口 158 人，其中男性 77 人，女性 81 人。60 岁以上 22 人，其中 80 岁以上 3 人，最年长者 90 岁（女）。16 岁以下 25 人。实际在村居住和生活主要依靠农业收入 63 人，常年在城镇生活和务工 95 人。村民均为汉族，广府民系，使用粤方言。

该村有耕地面积 2.4 公顷。传统经济以农业为主，村地处丘陵山边，土壤以赤红壤和红壤为主，大部分水田土壤为潴育型水稻土。全村历史以来的

◎ 村民使用手扶拖拉机插秧（摄于 2016 年）

◎ 花树下村一角（摄于 2016 年）

耕作习惯以种植水稻为主，同时种植小麦、番薯、麦豆、蚕豆、高粱等，经济作物有花生、油菜，其他作物有芋头、玉米、莲藕及叶类和瓜类蔬菜等。20 世纪 70 年代初开始，部分生产队用手扶拖拉机代替役牛进行犁地、耙地。特别是改革开放和实行家庭联产承包责任制后，使用手扶拖拉机耕作田地更普及。村中多数青壮年自 20 世纪 90 年代后外出经商或务工，并成为主要收入来源，其次是农业和集体分红。村中传统节庆食品有白切鸡、烧鸭、焖鹅、蒸扣肉、炒米饼、油炸糖环、糯米糍、手指糍、艾糍、粽子、糕点等。

20 世纪 60 年代末通电，1997 年初通电话，2005 年村道实现水泥硬底化，2008 年通网络、有线电视，2015 年通自来水。村中建有垃圾收集池。

传统民居现存 24 座，保存完好，无人居住。建筑形式为坐东向西，泥砖瓦木结构平房，正座布局为二房（二分为四房）二廊一厅一天井，硬山顶，三合土夯墙兼有泥砖砌墙。巷道宽 1.5 米，均以鹅卵石铺底的石阶巷。每座占地面积 100 平方米。每座正座屋连在一起，南面、北面有门，分两户人家居住，各有一房（分为两小房）一廊，各自上房门口向厅，下房通廊，大厅和天井各占一半面积，两户同居不同户。改革开放以后，村中居民生活水平不断提高，逐步迁出原村落向四周建房，建成钢筋混凝土结构楼房一层的有 12 座，二层的有 8 座，楼房布局多为三房二厅一卫，投影面积约 110 平方米。

传统婚嫁丧葬习俗。婚嫁习俗中，结婚前要看家风、定日子、送聘金、定嫁妆，行婚礼时要摆酒请客、迎亲和送亲、三朝新娘回门礼等。传统丧葬习俗以土葬为主，1990 年以后逐步实行火葬。其程序包括举丧、入殓、出殡、送葬、做法事，将牌位送入祠堂。办丧事只能做白饭、花菜、黄豆煮猪肉等简单的饭菜，用餐时不坐高台高凳，拆下事主家的门板放于门前的巷地上当饭台，以表哀痛。宗族活动主要有清明扫墓祭祖，以寄托对先人的怀念。

2009 年，佛冈县在水头镇与石角镇交界处开发建设碧桂园商品房，该村辖区山地及部分耕地已被当地政府征收，用于开发建设碧桂园清泉城。2014 年，政府和碧桂园投资 200 万元，在全行政村实现饮用自来水供给，该村深受其益，饮用卫生自来水。2015 年，得到省水利厅的支持和资助，在全行政村进行灌溉基础设施建设，灌溉水圳按水泥混凝土灌浆的“三面光”标准施工，达到省高标准工程要求，为全村农业生产提供水源灌溉保障。同年，争取国家相关部门投资 100 万元，在被 2013 年“5·15”洪水冲毁的大桥原址重新修筑一座大桥，名曰莲瑶村大桥。该桥长 76 米，宽 4.5 米，横跨滘江，为全行政村村民解决了交通、生产、生活的难题。

该村的黄佑明（1931—），曾任广州工学院教授。

（资料填报：黄潮东、黄石香，初稿撰写：黄潮东，总纂：李协湖）

仓岭村

◎ 仓岭村村貌（摄于 2016 年）

仓岭村，位于水头镇西南部，距镇政府 4 千米。始建于清中期，因此山岭俗称仓岭，因此得名仓岭村。该村坐落于羊角山（海拔 675 米）北部，村北面 1 千米有县道 X373 线东西向通往国道 G106 线、龙牙古寺，滘江自东向西流过，从县道莲瑶站候车亭沿乡道 Y370 线路经该村 1 千米。村东面与花树下村相邻，南面 150 米是西矿湖，往南 200 米是东坑黄氏宗祠，西面是后背山，北面与旧下围相邻。

◎ 仓岭村门楼（摄于 2016 年）

村落形成时，属清远县吉河乡。清嘉庆十八年（1813 年），属佛冈厅吉河乡田心堡。民国期间，属佛冈县一区天水乡。中华人民共和国成立后，属佛冈县二区水头乡。1958 年 10 月，属从化县佛冈人民公社莲瑶大队。1961 年 5 月，属佛冈县水头人民公社莲瑶大队。1983 年 12 月，属水头区莲瑶乡。1987 年 1 月，属水头镇莲瑶行政村。1989 年 11 月，属水头镇莲瑶管理区。1998 年 11 月至今，属水头镇莲瑶行政村。

世居村民原为黄姓，据村民相传，清中期，一部分由黄姓奕文、奕鸿两兄弟从今佛冈水头莲瑶村莲溪老围迁到该地定居，另一部分黄姓从广东顺德迁入。中华人民共和国成立后，仓岭村与花树下村合并为花仓村，花仓村姓氏有黄姓、朱姓、林姓。

2015 年末，户籍人口 158 人，其中男性 77 人，女性 81 人。60 岁以上 22 人，其中 80 岁以上 3 人，最年长者 84 岁（男）。16 岁以下 25 人。实际在村居住和生活主要依靠农业收入 95 人，常年在城镇生活和外出务工 63 人。村民均为汉族，广府民系，使

◎ 仓岭村果蔗种植（摄于 2016 年）

◎ 仓岭村传统民居（摄于 2016 年）

用粤方言。

村有耕地面积 1.73 公顷。村地处丘陵山边，土壤以赤红壤和红壤为主，大部分水田土壤为潴育型水稻土。全村历史以来的耕作习惯以种植水稻为主，同时种植小麦、番薯、麦豆、蚕豆、高粱等，经济作物有花生、油菜，其他作物有甘蔗、芋头、玉米、莲藕及叶类和瓜类蔬菜等。水稻亩产量（单造）300—400 千克，番薯亩产量（单产）1000—1500 千克，小麦亩产（单产）150—200 千克。犁地、耙地主要依靠役牛。20 世纪 70 年代初开始，部分生产队用手扶拖拉机代替役牛进行犁地、耙地。特别是改革开放和实行家庭联产承包责任制后，使用手扶拖拉机耕作田地更普及。20 世纪 80 年代后，村中多数青壮年外出经商或务工，形成村民主要收入来源，其次是农业及集体分红。村中传统节庆食品有白切鸡、烧鸭、焖鹅、蒸扣肉、炒米饼、油炸糖环、糯米糍、手指糍、角仔糍、艾糍、粽子、糕点等。

◎ 仓岭村新民居（摄于 2016 年）

20 世纪 60 年代末通电，1997 年初通电话，2005 年村道实现水泥硬底化，2008 年通网络、有线电视，2015 年通自来水。村中建有垃圾收集池。

传统民居现存正座 24 座，砖瓦平房 8 间，保存完好。正座屋建筑形式为坐东向西，泥砖瓦结构平房，每座为二房（二分为四房）二廊一厅一天井，悬山顶，三合土夯墙兼有泥砖砌墙。巷道宽 1.5 米，均以鹅卵石铺底的石阶巷。每座占地面积 100 平方米。每座正座屋连在一起，东面、西面无门，南面、北面有门，分两户居住，各有一房（分为两小房）一廊，各自上房门口向厅，下房通廊，大厅和天井各占一半面积。改革开放以后，村中居民生活水平不断提高，逐步迁出原村落向四周建钢筋混凝土结构楼房，一层的有 12 座，二层的有 8 座，围有院子的有 4 座，楼房布局多为三房二厅一卫，建筑面积约 110 平方米。

2010 年，在村中央重修香火堂，砖木结构，建筑面积 110 平方米。为该村村民宗亲联谊欢聚、庆贺、传统节日上香祭祀保平安的活动场所。

传统婚嫁习俗，结婚前要看家风、定日子、送聘金、定嫁妆，行婚礼时要摆酒请客、迎亲和送亲、三朝新娘回门礼等。传统丧葬习俗以土葬为主，1990 年以后逐步实行火葬。其程序包括举丧、入殓、出殡、送葬、做法事，将牌位送入祠堂。办丧事只能做白饭、花菜、黄豆煮猪肉等简单的饭菜，用餐时不坐高台高凳，拆下事主家的门板放于门前的巷地上当饭台，以表哀痛。宗族活动主要有清明扫墓祭祖，以寄托对先人的怀念。

2009年，佛冈县在水头镇与石角镇交界处开发建设碧桂园商品房，该村辖区山地及部分耕地已被当地政府征收，用于开发建设碧桂园清泉城。2014年，政府和碧桂园投资200万元，在全行政村实现饮用自来水供给，该村深受其益，饮用卫生自来水。2015年，争取国家相关部门投资100万元，在被2013年“5•15”洪水冲毁的大桥原址重新修筑一座大桥，名曰莲瑶村大桥。该桥长76米，宽4.5米，横跨潖江，为全行政村村民解决了交通、生产、生活的难题。同年，得到省水利厅的支持和资助，在全行政村进行灌溉设施建设，灌溉水圳按水泥混凝土灌浆的“三面光”标准施工，达到省高标准工程要求，为全村农业生产提供水源灌溉保障。

该村主要人物：黄石森（1946—），曾任佛冈县汤塘镇党委书记，佛冈县计划生育委员会主任，佛冈县农委副主任，佛冈县第七届、第八届人大代表。黄常远（1952—），曾任三八镇党委副书记，1987年获广州市信访工作“先进工作者”称号，2002年获广东省爱国卫生“先进工作者”称号。

（资料填报：黄潮东、黄石香，初稿撰写：黄潮东，总纂：李协湖）

白坟村

◎ 白坟村村貌（摄于 2016 年）

白坟村，位于水头镇西南部，距镇政府 5 千米。始建于清末，因此地有一座白色坟墓而得名白坟村。该村坐落于羊角山下北部，县道 X373 线东西向通往龙牙古寺，潖江自东向西流过，从县道 X373 线莲瑶站候车亭沿乡道 Y370 线通往该村 1 千米。村东面与瓦瑶口山咀接壤，村南面与花仓村相邻，村西面与旧下围接壤，村北面与新屋村相邻。该村包括白坟、新屋两个住宅点。

村落形成时，属佛冈厅吉河乡田心堡。民国期间，属佛冈县一区天水乡。中华人民共和国成立后，属佛冈县二区水头乡。1958 年 10 月，属从化县佛冈人民公社莲瑶大队。1961 年 5 月，属佛冈县水头人民公社莲瑶大队。1983 年 12 月，属水头区莲瑶乡，1987 年 1 月，属水头镇莲瑶行政村。1989 年 11 月，属水头镇莲瑶管理区。1998 年 11 月至今，属水头镇莲瑶行政村。

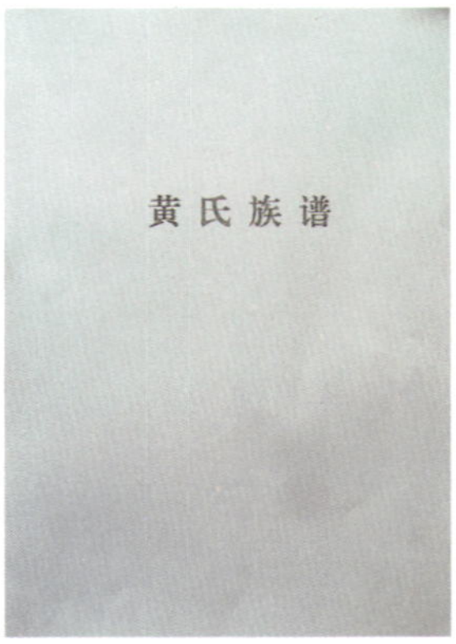

◎《黄氏族谱》（摄于 2016 年）

世居村民为黄姓、朱姓。黄姓，据《佛冈县志》姓氏源流记载，明洪武元年（1368 年）黄胜（六峰公）从顺德迁今佛冈水头莲瑶开基，清末十二世黄奕鸿长子金瑰从莲瑶村仓岭围迁到该村定居。朱姓，明初从中原迁清远县潖江乡（今佛冈县龙山镇）下岳村，后从下岳迁至该村，繁衍生息。

2015 年末，户籍人口 173 人，其中男性 81 人，女性 92 人。60 岁以上 24 人，其中 80 岁以上 7 人，最年长者 87 岁（女）。16 岁以下 40 人，其中留守儿童 1 人。实际在村居住和生活主要依靠农业收入 60 人。村民均为汉族。广府民系，使用粤方言。

该村有耕地面积 2.8 公顷。地处开阔地带，属亚热带湿润气候，大部分水田土壤为带沙质潴育型水稻土，适合农作物生长。全村历史以来的耕作习惯以种植水稻为主，同时种植小麦、番薯、麦豆、蚕豆等，经济作物有花生、油菜，其他作物有芋头、玉米、莲藕及叶类和瓜类蔬菜等。水稻亩产量（单造）300—500 千克，番薯亩产量（单产）1000—1500 千克，小麦亩产（单产）150—200 千克。20 世纪 70

◎ 白坟墓（摄于 2016 年）

年代初开始，生产队用手扶拖拉机代替役牛进行犁地、耙地。特别是改革开放和实行家庭联产承包责任制后，使用手扶拖拉机耕作田地更普及。21 世纪后，有不少农户改种植水稻为种植水果，水果多以沙糖桔为主。因村无山地及耕地少，20 世纪 80 年代后，村中多数青壮年外出经商或务工成为主要收入来源，其次是农业。村中传统节庆食品有白切鸡、烧鸭、焖鹅、蒸扣肉、炒米饼、油炸糖环、糯米糍、艾糍、粽子、糕点等。

20 世纪 60 年代末通电，1997 年初通电话，2005 年村道实现水泥硬底化，2008 年通网络、有线电视，2015 年通自来水。村中建有垃圾收集池。

传统民居现存 10 座，保存完好，有人居住。建筑形式为东、南、西、北四周单间相连，泥砖瓦木平房（俗称围水屋），每间面积为 20 平方米，包围 2 座正座屋，坐西向东，泥砖木结构平房。正座布局为二房（二分为四房）二廊一厅一天井，硬山顶，三合土夯墙兼有泥砖砌墙。巷道宽 1.5 米，均是鹅卵石铺地的石街巷。每座占地面积 90 平方米。每座正座屋连在一起，东面、西面无门，南面、北面有门，分两户人家居住，各有一房（分为两小房）一廊，各自上房门向厅，下房通廊，大厅和天井各占一半面积。改革开放以后，村中居民收入生活水平不断提高，逐步迁出原村落向四周建钢筋混凝土结构楼房，一层的有 10 座、二层的有 5 座，三层的有一座，楼房布局多为三房两厅一卫，投影面积约 110 平方米。

◎ 白坟村传统民居（摄于 2016 年）

婚嫁习俗中，结婚前要看家风、定日子、送聘金、定嫁妆，行结婚礼时要摆酒请客、迎亲和送亲、三朝新娘回门礼等。传统丧葬习俗以土葬为主，1990 年后逐步实行火葬。丧葬程序包括举丧、入殓、出殡、送葬、做法事、将牌位送入祠堂。办丧事时只能做白饭、花菜、黄豆煮猪肉等简单的饭菜，用餐时不坐高台高凳，拆下事主家的门板放于门前的巷地上当饭台，以表哀痛。崇祖活动主要有清明扫墓祭祖，以寄托对先人的怀念。

1991 年，该村大面积种植芦笋，引进太阳牌 72 号优良品种，面积 1.5 公顷，亩产值 0.6 万—0.8 万元。2008 年后，改种美国 308 杂交一代品种，以增加产量。2009 年，佛冈县在水头镇与石角镇交界处开发建设碧桂园商品房，该村辖内山地及部分耕地已被当地政府征收，用于开发建设碧桂园清泉城。2014 年，政府和碧桂园投资 200 万元，在全行政村实现饮用自来水供给，该村深受其益，饮用卫生自来水。2015 年，由政府投资整治湛江，对河床加宽、清淤，加固加大两岸河堤，莲瑶河段经整治后抗洪能力提高到百年一遇，沿河两岸村民的生产、生活和人民生命财产得到更进一步保障。同年，得到省水利厅的支持和资助，在全行政村进行灌溉基础设施建设，灌溉水圳按水泥混凝土灌浆的“三面光”标准施工，达到省高标准工程要求，为全村农业生产提供水源灌溉保障。

（资料填报：黄潮东、郑龙舟，初稿撰写：黄潮东，总纂：李协湖）

莲溪村

◎ 莲溪村村貌（摄于 2016 年）

莲溪村，位于水头镇西南部，距镇政府 4.3 千米。始建于清初，因村旁有一条小溪，水流量较大且水质清晰，故而当地以“莲”为引名，取名莲溪村。该村坐落于羊角山（海拔 675 米）北部。村北面 1.3 千米有县道 X373 线东西向通往国道 G106 线和龙牙古寺，潖江自东向西流过，从县道 X373 线莲瑶站候车亭沿乡道 Y370 线通往该村 1.3 千米。村东与新屋村接壤，村南面是旧下围，村西面 300 米是塘肚村及元岭山，村北面是婆坟小学。

村落形成时，属清远县吉河乡。清嘉庆十八年（1813 年），属佛冈厅吉河乡田心堡。民国期间，属佛冈县一区天水乡。中华人民共和国成立后，属佛冈县二区水头乡。1958 年 10 月，属从化县佛冈人民公社莲瑶大队。1961 年 5 月，属佛冈县水头人民公社莲瑶大队。1983 年 12 月，属水头区莲瑶乡。

◎ 莲溪村门楼（摄于 2016 年）

◎ 莲溪村一角（摄于 2016 年）

1987年1月，属水头镇莲瑶行政村。1989年11月，属水头镇莲瑶管理区。1998年11月至今，属水头镇莲瑶行政村辖域。

世居村民为黄姓。据《佛冈县志》姓氏源流记载，明洪武元年（1368年），黄胜（六峰公）从顺德迁今佛冈水头莲瑶，后迁到莲溪村定居，繁衍生息。

2015年末，户籍人口89人，其中男性43人，女性46人。60岁以上20人，其中80岁以上2人，最年长者87岁（女）。16岁以下14人。生活主要依靠农业收入50人，常年在城镇生活和外出务工39人。村民均为汉族，为广府民系，使用粤方言。

村有耕地面积1.6公顷。村地处开阔地带，属亚热带湿润气候，大部分水田土壤为潴育型水稻土，适应种植水稻。历来的耕作习惯以种植水稻为主，同时种植小麦、番薯、麦豆、蚕豆、高粱等，经济作物有花生、油菜，其他作物有芋头、玉米、木薯、生姜及叶类和瓜类蔬菜等。中华人民共和国成立前，由于种植技术水平低下，品种丰产性能差，该村水稻一般亩产为100千克。中华人民共和国成立后，该村先后组织互助组、合作社，参加人民公社，逐步应用推广先进的农业生产技术，农业生产效益有较大的提高。水稻亩产量（单造）200—400千克，番薯亩产量(单产)1000—1500千克,小麦亩产(单产)150—200千克。犁地、耙地主要依靠役牛。20世纪70年代初开始，生产队用手扶拖拉机代替役牛进行犁地、耙地。改革开放和实行家庭联产承包责任制后，使用手扶拖拉机耕作田地更普及。普遍使用的农具为锄头、铁耙、镰刀、风车柜。因村无山地及耕地缺少，20世纪80年代后，村中多数青壮年外出经商或务工，成为村民主要收入来源，其次是农业及集体分红。村中传统节庆食品有白切鸡、烧鸭、焖鹅、蒸扣肉、炒米饼、油炸糖环、糯米糍、艾糍、粽子、糕点等。

◎ 莲溪村水稻种植（摄于2016年）

20世纪60年代末通电，1997年初通电话，2005年村道实现水泥硬底化，2008年通网络、有线电视，2015年通自来水。村中建有垃圾收集池。

传统民居现存8座。建筑形式为东、南、西、北四周单间相连，泥砖瓦木平房，每间面积为17平方米，包围8座正座屋。正座分四排双座并排相连，二房二廊一厅一天井，厅和天井各占一半面积，两户同居不同户。硬山顶，三合土夯墙兼有泥砖砌墙。坐东向西，座与座之间前后紧接墙体，左右间通巷1.5米，均是鹅卵石铺地的石街巷。改革开放以后，村中居民生活水平不断提高，逐步迁出原村落向四周建房，建成钢筋混凝土结构楼房一层的有6座，二层的有5座，三层的有1座，楼房布局多为三房两厅一卫，投影面积约110平方米。

◎ 莲溪村一角（摄于2016年）

村有兰轩黄公祠，始建于清初，建筑布局为三进四合院布局，正中大厅有木柱、木门，有于2002

◎ 兰轩黄公祠匾额（摄于2016年）

年刻立的“兰轩黄公祠”“文达堂”两块木刻匾额。有2个天池，砖木结构，硬山顶，占地面积350平方米。该祠是为黄氏兰轩公后裔宗亲联谊欢聚、添丁贴对联庆贺、传统节日上香祭祀的活动场所。

传统婚嫁习俗中，结婚前要看家风、定日子、送聘金、定嫁妆，行结婚礼时要摆酒请客、迎亲和送亲、三朝新娘回门礼等。传统丧葬习俗以土葬为主，1990年后逐步实行火葬。丧葬程序为举丧、入殓、出殡、送葬、做法事、将牌位送入祠堂。办丧事时只能做白饭、花菜、黄豆煮猪肉等简单的饭菜，用餐时不坐高台高凳，拆下事主家的门板放于门前的巷地上当饭台，以表哀痛。崇祖活动主要有清明扫墓祭祖，以寄托对先人的怀念。

1991年，该村大面积种植芦笋，引进太阳牌72号优良品种，面积1.1公顷，亩产值0.6万—0.8万元。2008年后，改种美国308杂交一代品种，以保持产量。2009年，佛冈县在水头镇与石角镇交界处开发建设碧桂园商品房，该村辖内山地及部分耕地已被当地政府征收，用于开发建设碧桂园。2014年，政府和碧桂园投资200万元，在全行政村实现饮用自来水供给，该村深受其益，饮用卫生自来水。2015年，得到省水利厅的支持和资助，在全行政村进行灌溉基础设施建设，实现灌溉水圳按水泥混凝土灌浆的“三面光”标准施工，达到省高标准工程要求，为全村农业生产提供水源灌溉保障。同年，争取国家相关部门投资100万元，在被2013年“5·15”洪水冲毁的大桥原址重新修筑一座大桥，名曰莲瑶村大桥。该桥长76米，宽4.5米，横跨滘江，为全行政村村民解决了交通、生产、生活的难题。

该村的黄纯炽（1961—），现任南方医科大学珠江医院主任医师、消化内科主任、教授。

（资料填报：黄潮东、郑龙舟，初稿撰写：黄潮东，总纂：李协湖）

莲环村

◎ 莲环村村貌（摄于 2016 年）

莲环村，位于水头镇西南部，距镇政府 5 千米。始建于清中期，因村前有一条弯弯的小溪绕村流过，形似抱缆着村庄而取名缆围，后来一些村中有文化的人以“环”代替“缆”之意，又以莲瑶大地名为引而更名莲环村。该村坐落于羊角山（海拔 675 米）北部。村北面 1 千米有县道 X373 线东西向通往国道 G106 线，滘江自东向西流过，从县道莲瑶站候车亭沿乡道 Y370 线路经该村 1 千米。村东与瓦瑶口山咀村接壤，南面是水田，西面与莲吉村相邻，北面 300 米是纸箱厂及村委会办公大楼。

◎ 莲环村门楼（摄于 2016 年）

村落形成时，属清远县吉河乡。清嘉庆十八年（1813 年），属佛冈厅吉河乡田心堡。民国期间，属佛冈县一区天水乡。中华人民共和国成立后，属佛冈县二区水头乡。1958 年 10 月，属从化县佛冈人民公社莲瑶大队。1961 年 5 月，属佛冈县水头人民公社莲瑶大队。1983 年 12 月，属水头区莲瑶乡。1987 年 1 月，属水头镇莲瑶行政村。1989 年 11 月，属水头镇莲瑶管理区。1998 年 11 月至今，属水头镇莲瑶行政村辖域。

世居村民为黄姓。据《佛冈县志》姓氏源流记载，明洪武元年（1368 年），黄胜（六峰公）从顺德迁今佛冈水头莲瑶，清中期黄姓十二世奕文公四个儿子由莲瑶村仓岭老围迁徙到该村定居，繁衍生息。

2015 年末，户籍人口 188 人，其中男性 100 人，女性 88 人。60 岁以上 25 人，其中 80 岁以上 3 人，最年长者 89 岁（男）。16 岁以下 39 人，其中留守儿童 1 人。实际在村居住和生活主要依靠农业收入

◎ 莲环村果蔗种植（摄于 2016 年）

◎ 莲环村传统民居（摄于 2016 年）

68 人，常年在城镇生活和外出务工 120 人。村民均为汉族。广府民系，使用粤方言。

村有耕地面积 1.93 公顷。村地处开阔地带，属亚热带湿润气候，大部分水田土壤为潴育型水稻土，适合种植水稻。传统经济以农业为主，主要作物有水稻、小麦、番薯等，其他作物有花生、芋头、玉米、木薯、生姜、莲藕及叶类和瓜类蔬菜等。现多种植沙糖桔和其他水果。中华人民共和国成立前，由于种植技术水平低下，品种丰产性能差，该村水稻一般亩产为 100 千克。中华人民共和国成立后，该村先后组织互助组、合作社，参加人民公社，逐步推广应用先进的农业生产技术，农业生产效益有较大的提高。水稻亩产量（单造）200—400 千克，番薯亩产量（单产）1000—1500 千克，小麦亩产（单产）150—200 千克。犁地、耙地主要依靠役牛。20 世纪 70 年代初开始，生产队用手扶拖拉机代替役牛进行犁地、耙地。改革开放和实行家庭联产承包责任制后，使用手扶拖拉机耕作田地更普及。因村无山地及耕地缺少，自 20 世纪 80 年代后，村中多数青壮年外出经商或务工，成为村民主要收入来源，其次是农业及集体分红。村中传统节庆食品有白切鸡、烧鸭、焖鹅、蒸扣肉、炒米饼、油炸糖环、糯米糍、艾糍、铜盘糍、粽子、糕点等。

20 世纪 60 年代末通电，1997 年初通电话，2005 年村道实现水泥硬底化，2008 年通网络、有线电视，2015 年通自来水。村中建有文化室和垃圾收集池。

传统广府民居，现存简陋平房 52 间，正座 6 座，保存较好，有人居住。建筑形式为东、南、西、北四周单间相连泥砖木平房，每间面积为 18 平方米，包围 6 座正座屋，分四排双座并排相连屋，砖木结构平房。正座布局为二房（二分为四房）二廊一厅一天井，硬山顶，三合土夯墙兼有泥砖砌墙。建有门楼口向东通巷 1.8 米，均是鹅卵石铺地的石街巷。每座占地面积 120 平方米。每座正座屋连在一起，东面、西面无门，南面、北面有门，分两户人家居住，各有一房（分为两小房）一廊，各自上房门口向厅，下房通廊，大厅和天井各占一半面积。改革开放以后，村中居民生活水平不断提高，逐步迁出原村落向四周建钢筋混凝土结构楼房，一层的有 10 座、二层的有 12 座，其中二座围有院子，楼房布局多为三房两厅一卫，底层面积约 110 平方米。

传统婚嫁习俗中，结婚前要看家风、定日子、

◎ 莲环村一角（摄于 2016 年）

送聘金、定嫁妆，行结婚礼时要摆酒请客、迎亲和送亲、三朝新娘回门礼等。传统丧葬习俗以土葬为主，1990 年后逐步实行火葬。丧葬程序为举丧、入殓、出殡、送葬、做法事、将牌位送入祠堂。办丧事时只能做白饭、花菜、黄豆煮猪肉等简单的饭菜，用餐时不坐高台高凳，拆下事主家的门板放于门前的巷地上当饭台，以表哀痛。宗族活动主要有清明扫墓祭祖，以寄托对先人的怀念。

1991 年，该村大面积种植芦笋，引进太阳牌 72 号优良品种，面积 1.5 公顷，亩产值 0.6 万—0.8 万元。2008 年后，改种美国 308 杂交一代品种，以增加产量。2009 年，佛冈县在水头镇与石角镇交界处开发建设碧桂园商品房，该村辖内山地及部分耕地已被当地政府征收，用于开发建设碧桂园清泉城。2014 年，政府和碧桂园投资 200 万元，在全行政村实现饮用自来水供给，该村深受其益，饮用卫生自来水。2015 年，由政府投资整治潖江，对河床加宽、清淤，加固加大两岸河堤，莲瑶河段经整治后抗洪能力提高到百年一遇，沿河两岸村民的生产、生活和人民生命财产得到更进一步保障。同年，得到省水利厅的支持和资助，在全行政村进行灌溉基础设施建设，灌溉水圳按水泥混凝土灌浆的“三面光”标准施工，达到省高标准工程要求，为全村农业生产提供水源灌溉保障。同年，争取国家相关部门投资 100 万元，在被 2013 年“5・15”洪水冲毁的大桥原址重新修筑一座大桥，名曰莲瑶村大桥。该桥长 76 米，宽 4.5 米，横跨潖江，为全行政村村民解决了交通、生产、生活的难题。

（资料填报：黄潮东、郑龙舟，初稿撰写：黄潮东，总纂：李协湖）

塘肚村

◎ 塘肚村村貌（摄于 2016 年）

塘肚村，位于水头镇西南部，距镇政府 4.5 千米。原村建于清中期，坐落于东坑黄氏宗祠西面 200 米处。因该村北面 100 米处地下有硫铁矿，国家实施开采，1964 年当地政府将全村搬迁到力契塱（俗称）新村定居。因原老围地名称为塘肚，村名由地名而得塘肚村。曾用名为大林庄。该村坐落于羊角山（海拔 675 米）北部。村北面 1 千米有县道 X373 线东西向通往国道 G106 线，潖江自东向西流过，从县道莲瑶站候车亭沿乡道 Y370 线莲环村往西 500 米到达该村。村东面 100 米是莲溪村，村南面是村道、水稻田，800 米处是碧桂园清泉城，村西面是水田和元岭村，村北面 500 米是莲发村。

村落形成时，属清远县吉河乡。清嘉庆十八年（1813 年），属佛冈厅吉河乡田心堡。民国期间，属佛冈一区天水乡。中华人民共和国成立后，属佛冈县二区水头乡。1958 年 10 月，属从化县佛冈人民公社莲瑶大队。1961 年 5 月，属佛冈县水头人民公社莲瑶大队。1983 年 12 月，属水头区莲瑶乡。1987 年 1 月，属水头镇莲瑶行政村。1989 年 11 月，属水头镇莲瑶管理区。1998 年 11 月至今，属水头镇莲瑶行政村。

世居村民为黄姓。据村民相传，清中期黄姓分别从附近莲溪老围、石角大白洞村、水头新坣麻雀冚村迁到该村定居，繁衍生息。

2015 年末，户籍人口 146 人，其中男性 77 人，女性 69 人。80 岁以上 1 人，最年长者 81 岁（女）。16 岁以下 27 人，其中留守儿童 1 人。实际在村居住和生活主要依靠农业收入 70 人。村民均为汉族，广府民系，使用粤方言。

村有耕地面积 1.53 公顷。主要矿产资源是硫铁矿。历来的耕作习惯以种植水稻为主，同时种植小麦、番薯、麦豆、蚕豆、高粱等，经济作物有花生、油菜，其他作物有芋头、玉米、甘蔗、木薯、生姜及叶类和瓜类蔬菜等。犁地、耙地主要依靠役牛。20 世纪 70 年代初开始，生产队用手扶拖拉机代替役牛进行犁地、耙地。改革开放和实行家庭联产承包责任制后，使用手扶拖拉机耕作田地更普及。普遍使用的农具为锄头、铁钊、铁耙、镰刀、风车柜。村中传统节庆食品有葱油鸡、卤水鸭、芋头焖鹅、蒸扣肉、炒米饼、糯米糍、艾糍、粽子、糕点等。

◎ 塘肚村果蔗种植（摄于 2016 年）

◎ 塘肚村传统民居（摄于 2016 年）

20 世纪 60 年代末通电，1997 年初通电话，2005 年村道实现水泥硬底化，2008 年通网络、有线电视，2015 年通自来水。村中建有文化室、垃圾收集池。

传统广府民居，保存完整，有人居住。建筑形式为东面是围墙，南、西两面为单间相连，泥砖瓦木平房，中间有 5 排，每排分列，每列有 5 间，每间面积为 20 平方米。主巷 3 米，横巷 2.5 米，均是泥沙巷，围中有一条小溪。改革开放以后，村中居民生活水平不断提高，逐步迁出原村落向四周建房，建成钢筋混凝土结构楼房一层的有 3 座，二层以上的有 7 座，楼房布局多为二房一厅一卫，投影面积约 60 平方米。

婚嫁习俗中，结婚前要看家风定日子、送聘金、定嫁妆，行结婚礼时要摆酒请客、迎亲和送亲、三朝新娘回门礼等。传统丧葬习俗以土葬为主，1990 年以后逐步实行火葬。其程序包括举丧、入殓、出殡、送葬、做法事、将牌位送入祠堂。办丧事只能做白饭、花菜、黄豆煮猪肉等简单的饭菜，用餐时不坐高台高凳，拆下事主家的门板放于门前的巷地上当饭台，以表哀痛。宗族活动主要有清明扫墓祭祖，以寄托对先人的怀念。

2009 年，佛冈县在水头镇与石角镇交界处开发建设碧桂园商品房，该村辖内山地及部分耕地已被

◎ 塘肚村民居巷道（摄于 2016 年）

当地政府征收，用于开发建设碧桂园清泉城。2014 年，政府和碧桂园投资 200 万元，在全行政村实现饮用自来水供给，该村深受其益，饮用卫生自来水。2015 年，得到省水利厅的支持和资助，在全行政村进行灌溉设施建设，灌溉水圳按水泥混凝土灌浆的“三面光”标准施工，达到省高标准工程要求，为全村农业生产提供水源灌溉保障。

该村的黄炳新（1923—），曾任广州市第一人民医院副院长。

（资料填报：黄潮东、黄东升，初稿撰写：黄潮东，总纂：李协湖）

莲吉村

◎ 莲吉村村貌（摄于 2016 年）

莲吉村，位于水头镇西南部，距镇政府 5 千米。始建于清中期，因村民盼望大吉大利，且在莲瑶地域所建，于是取名莲吉村。该村坐落于羊角山（海拔 675 米）北部。村北面 1 千米有县道 X373 线东西向通往国道 G106 线，滘江自东向西流过，从县道莲瑶站候车亭沿乡道 Y370 线路经该村 1 千米。村东与莲环村相邻，南面与新屋村接壤，西面与新屋相近，北面与莲星村相傍，往北 100 米是五福楼。该村由黄荣茂、黄茶达两兄弟始建。该村包括莲吉、莲星两个居住点。

村落形成时，属清远县吉河乡。清嘉庆十八年（1813 年），属佛冈厅吉河乡田心堡。民国期间，属佛冈县一区天水乡。中华人民共和国成立后，属佛冈县二区水头乡。1958 年 10 月，属从化县佛冈人民公社莲瑶大队。1961 年 5 月，属佛冈县水头公社莲瑶大队。1983 年 12 月，属水头区莲瑶乡。1987 年 1 月，属水头镇莲瑶行政村。1989 年 11 月，属水头镇莲瑶管理区。1998 年 11 月至今，属水头镇莲瑶行政村。

世居村民为黄姓、李姓、朱姓、刘姓。黄姓，清中期从附近莲瑶村缆围坝老围迁到该村定居。李姓，清末从英德柯木江村迁到该村定居。朱姓，清末从清远县滘江乡（今佛冈县龙山镇）下岳村迁到该村定居。刘姓，中华人民共和国成立初从翁源随母改嫁到该村定居。

◎ 莲吉村大门楼（摄于 2016 年）

2015年末，户籍人口356人，其中男性183人，女性173人。60岁以上40人，其中80岁以上7人，最年长者92岁（女）。16岁以下22人，其中留守儿童5人。实际在村居住和生活主要依靠农业收入142人。村民均为汉族，广府民系，使用粤方言。

村有山地面积1.86公顷，耕地面积5.73公顷。林业资源有松树、杉树，柯树、枫树及杂树等。传统经济以农业为主，主要种植水稻、玉米、花生、黄豆、蔬菜等。养殖鸡、鸭、鹅、猪、牛以及“四大家鱼”。中华人民共和国成立前，由于种植技术水平低下，品种丰产性能差，该村水稻一般亩产为200千克。中华人民共和国成立后，该村先后组织互助组、合作社，参加人民公社，逐步推广应用先进的农业生产技术。20世纪80年代起实行家庭联产承包责任制后，水稻一般亩产达到400千克，农业经济效益有较大的提高。许多年轻人都外出打工，村民收入来源主要为务工工资。同时，逐步调整农村经济结构，并积极发展水果产业。2013年，该村种植沙糖桔面积2.7公顷，年收入25万元。2013年以后，由于受柑桔黄龙病的影响，产业消退，村民改种其他经济作物。村中传统节庆食品有白切鸡、烧鸭、焖鹅、蒸扣肉、炒米饼、糯米糍、艾糍、粽子、糕点等。

20世纪60年代末通电，1997年初通电话，2005年村道实现水泥硬底化，2008年通网络、有线电视，2015年通自来水。村中建有文化室、垃圾收集池。

◎ 莲吉村古井（摄于2016年）

传统民居现存30座，简陋泥砖瓦平房（俗称围水屋）65间，每间面积为20平方米，砖木结构。正座布局为二房（二分为四房）二廊一厅一天井，硬山顶，三合土夯墙兼有泥砖砌墙。坐南向北，座与座之间前后紧接墙体，左右间通巷1.8米，门楼口直入主巷3米，均是鹅卵石铺底的石街巷。每座占地面积120平方米。每座正座的东、西面有门口，南、北面无门口。分两户人家居住，各有一房（分为两小房）一廊，各自上房门口向厅，下房通廊，大厅和天井各占一半面积。改革开放以后，村中居民生活水平不断提高，逐步迁出原村落向四周建钢筋混凝土结构楼房，一层的12座，二层的5座，其中三座围有院子，三层以上的2座，有院子。楼房布局多为三房二厅一卫，投影面积约110平方米。

◎ 莲吉村传统民居（摄于2016年）

该村北面100米处有五福楼，建于清末民国初。建筑特点四座五层楼房包围一座会议厅，总面宽33米，总进深29.2米，高16米，建筑面积963.6平方米，砖木结构。厅四周均是以鹅卵石铺底的石阶巷。巷宽3米，东边巷有水井。四座五层楼的楼层以楼层之间板木结构构建。每层楼层建有枪炮口。三合土夯墙，墙厚度0.8米，硬山顶。五福楼其含意是“寿、富、康、德、命”五个方面，“寿”是长寿，八九十岁；“富”是勤恳致富，赶走贫穷；“康”是康宁，没疾病、灾祸；“德”是有高尚的道德情操；“命”是寿终于正常，自然天命，不横死，不夭亡，活到高寿而善终。

◎ 五福楼（摄于 2016 年）

黄氏族人建此楼防御盗匪。此楼于 2012 年被列入佛冈县不可移动文物名录。

该村的传统婚嫁习俗，结婚前要看家风、定日子、送聘金、定嫁妆，行结婚礼时要摆酒请客、迎亲和送亲、三朝新娘回门礼等。传统丧葬习俗以土葬为主，1990 年以后逐步实行火葬。其程序为举丧、入殓、出殡、送葬、做法事、将牌位送入祠堂。办丧事只能做白饭、花菜、黄豆煮猪肉等简单的饭菜，用餐时不坐高台高凳，拆下事主家的门板放于门前的巷地上当饭台，以表哀痛。宗族活动主要有清明扫墓祭祖，以寄托对先人的怀念。

1991 年，该村大面积种植芦笋，引进太阳牌 72 号优良品种，面积 1.5 公顷，亩产值 0.6 万—0.8 万元。2008 年后，改种美国 308 杂交一代品种，以增加产量。2009 年，佛冈县在水头镇与石角镇交界处开发建设碧桂园商品房，该村辖内山地及部分农田已被当地政府征收，用于开发建设碧桂园清泉城。2014 年，政府和碧桂园投资 200 万元，在全行政村实现饮用自来水供给，该村深受其益，饮用卫生自来水。2015 年，得到省水利厅的支持和资助，在全行政村进行灌溉设施建设，实现灌溉水圳按水泥混凝土灌浆的“三面光”标准施工，达到省高标准工程要求，为全村农业生产提供水源灌溉保障。同年，争取国家相关部门投资 100 万元，在被 2013 年“5•15”洪水冲毁的大桥原址重新修筑一座大桥，名曰莲瑶村大桥。该桥长 76 米，宽 4.5 米，横跨滘江，为全行政村村民解决了交通、生产、生活的难题。

该村的黄东振（1936—），曾任空军某部飞行大队长、江苏省民政厅副厅长等职。

（资料填报：黄潮东、胡辰浩，初稿撰写：黄潮东，总纂：李协湖）

深水龙村

◎ 深水龙村全貌（摄于 2016 年）

深水龙村，位于水头镇境西南部，距镇政府 4.5 千米。始建于 1936 年，是当地村民黄露田所建。因村址地势低畦经常积水，周围村民将此地称为深水龙，故取名深水龙村，曾用名龙湖村。该村坐落于羊角山（海拔 675 米）北部。村北面有县道 X373 线莲瑶站候车亭东西向通往国道 G106 线，滘江自东向西流过。从县道 X373 线沿乡道 Y370 线通往该村 1.3 千米。村东面是莲瑶行政村办公楼和纸筒厂，南面是婆坟小学及莲溪村、下围，西面是莲嘴村，北面与莲发村、沙湖村相邻。

民国期间，该村形成后属佛冈县一区天水乡。中华人民共和国成立后，属佛冈县二区水头乡。1958 年 10 月，属从化县佛冈人民公社莲瑶大队。1961 年 5 月，属佛冈县水头人民公社莲瑶大队。1983 年 12 月，属水头区莲瑶乡。1987 年 1 月，属水头镇莲瑶行政村。1989 年 11 月，属水头镇莲瑶管理区。1998 年 11 月至今，属水头镇莲瑶行政村。

◎ 深水龙村新民居（摄于 2016 年）

世居村民为黄姓。据村民相传，黄姓于中华人民共和国成立后分别从附近莲瑶村莲溪村、莲吉村缆围坝村、塘肚村迁到该村定居，繁衍生息。

2015 年末，户籍人口 142 人，其中男性 74 人，女性 68 人。60 岁以上 15 人，其中 80 岁以上 5 人，最年长者 88 岁（男）。16 岁以下 22 人。实际在村居住和生活主要依靠农业收入 85 人，常年在城镇生活和外出务工 57 人。村民均为汉族，广府民系，使用粤方言。

村有耕地面积 1.73 公顷。传统经济以农业为主，主要农作物有水稻、番薯、木薯、花生、芦笋等。中华人民共和国成立前，由于种植技术水平低下，品种丰产性能差，该村水稻一般亩产为 200 千克。中华人民共和国成立后，该村先后组织互助组、合

◎ 深水龙村芦笋种植（摄于 2016 年）

作社，参加人民公社，逐步应用推广先进的农业生产技术。20 世纪 80 年代起实行家庭联产承包责任制后，水稻一般亩产达到 400 千克，农业经济效益有较大的提高。许多年轻人都外出打工，村民收入来源主要为外出务工。村中传统节庆食品有白切鸡、烧鸭、焖鹅、蒸扣肉、炒米饼、油炸糖环、糯米糍、艾糍、粽子、糕点等。

20 世纪 60 年代末通电，1997 年初通电话，2005 年村道实现水泥路面硬底化，2008 年通网络、有线电视，2015 年通自来水。村中建有文化室、垃圾收集池。

传统民居现存 6 座，有人居住。正座为双排座并排双连屋，坐东向西，砖木结构平房，二房（二分为四房）二廊一厅一天井，硬山顶，三合土夯墙到顶，每座正座东、西面无门口，分两户人家居住，各有一房（分为两小房）一廊，各自上房门口向厅，下房通廊，大厅和天井各占一半面积，两户同居不同户。改革开放以后，村中居民生活水平不断提高，逐步迁出原村落向四周建房，建成钢筋混凝土结构楼房，一层的有 11 座，二层的有 5 座，楼房布局多为三房二厅一卫，投影面积约 110 平方米。

◎ 深水龙村传统民居（摄于 2016 年）

传统婚嫁习俗中，结婚前要看家风、定日子，送聘金、定嫁妆，行婚礼时要摆酒请客、迎亲和送亲、三朝新娘回门礼等。传统丧葬习俗以土葬为主，1990 年以后逐步实行火葬。其程序为举丧、入殓、出殡、送葬、做法事，将牌位送入祠堂。办丧事只能做白饭、花菜、黄豆煮猪肉等简单的饭菜，用餐时不坐高台高凳，拆下事主家的门板放于门前的巷地上当饭台，以表哀痛。宗族活动主要有清明扫墓祭祖，以寄托对先人的怀念。

1991 年，该村大面积种植芦笋，带动周边多个村庄种植，引进太阳牌 72 号优良品种，面积 1.5 公顷，亩产值 0.6 万—0.8 万元。2008 年后，改种美国 308 杂交一代品种，以增加产量。2014 年，政府和碧桂园投资 200 万元，在全行政村实现饮用自来水供给，该村深受其益，饮用卫生自来水。2015 年，得到省水利厅的支持和资助，在全行政村进行灌溉设施建设，灌溉水圳按水泥混凝土灌浆的“三面光”标准施工，达到省高标准工程要求，为全村农业生产提供水源灌溉保障。2013 年 5 月 15 日，遭遇特大洪水袭击，全村受浸，受灾群众 120 人，牲畜以及农作物受损严重，折合经济损失 10 万元。

（资料填报：黄潮东、黄石香，初稿撰写：黄潮东，总纂：李协湖）

沙湖村

◎ 沙湖村村貌（摄于 2016 年）

沙湖村，位于水头镇境西南部，距镇政府 4.5 千米。始建于清末，因此地处沙湖坝而得名沙湖村。该村坐落于羊角山（海拔 675 米）北部。村北面 300 米有滘江自东向西流过，县道 X373 线东西向通过。从县道 X373 线莲瑶站候车亭经乡道 Y350 米通达该村。村东面 100 米是莲瑶行政村委办公楼和纸箱厂，村南面与莲发村相邻，村西面 200 米是莲嘴村，村北面 300 米是滘江和寨仔山。该村包括沙湖、莲发老围住宅点。

清末村落形成时，属佛冈厅吉河乡田心堡。民国期间，属佛冈县一区天水乡。中华人民共和国成立后，属佛冈县二区水头乡。1958 年 10 月，属从化县佛冈人民公社莲瑶大队。1961 年 5 月，属佛冈县水头人民公社莲瑶大队。1983 年 12 月，属水头区莲瑶乡。1987 年 1 月，属水头镇莲瑶行政村。1989 年 11 月，属水头镇莲瑶管理区。1998 年 11 月至今，属水头镇莲瑶行政村。

沙湖村世居村民为黄姓。据《佛冈县志》姓氏源流记载，明洪武元年（1368 年），黄胜（六峰公）从顺德迁今佛冈水头莲瑶，后迁到莲溪村定居。清中期从莲溪和缆围坝老围迁到该村定居，繁衍生息。

2015 年末，户籍人口 325 人，其中男性 160 人，女性 165 人。60 岁以上 24 人，其中 80 岁以上 5 人，最年长者 89 岁（男）。16 岁以下 72 人。常年在城镇生活和外出务工 97 人。村民均为汉族，广府民系，使用粤方言。

村有山地面积 17.06 公顷，耕地面积 12.40 公顷。林业资源有松树、杉树、柯树、枫树及杂树等。村地处开阔地带、滘江河畔，属亚热带湿润气候，大部分水田土壤为潴育型水稻土。历来以种植水稻为主，其他粮食作物有小麦、番薯、麦豆、蚕豆、高粱等，经济作物有花生、油菜，其他作物有芋头、玉米、甘蔗、木薯、生姜及叶类和瓜类蔬菜等。中华人民共和国成立前，由于种植技术水平低下，品种丰产性能差，该村水稻一般亩产为 100 千克。中华人民共和国成立后，该村先后组织互助组、合作社，参加人民公社，逐步应用推广先进的农业生产技术，农业生产效益有较大的提高。水稻亩产量（单造）200—400 千克，番薯亩产量（单产）1000—1500 千克，小麦亩产（单产）150—200 千克。犁地、耙地主要依靠役牛。20

◎ 沙湖村水稻种植（摄于 2016 年）

世纪 70 年代初开始，生产队用手扶拖拉机代替役牛进行犁地、耙地。改革开放和实行家庭联产承包责任制后，使用手扶拖拉机耕作田地更普及。普遍使用的农具为锄头、铁耙、镰刀、风车柜。20 世纪 80 年代后，村中多数青壮年外出经商或务工，成为村民主要收入来源，其次是农业及集体分红。村中传统节庆食品有白切鸡、烧鸭、焖鹅、蒸扣肉、炒米饼、油炸糖环、糯米糍、艾糍、粽子、糕点等。

20 世纪 60 年代末通电，1997 年初通电话，2005 年村道实现水泥硬底化，2008 年通网络、有线电视，2015 年通自来水。村中建有文化室、篮球场、文化公园和垃圾收集池。

◎ 沙湖文化室（摄于 2016 年）

传统民居现存正座 9 座，平房（围水屋）90 间。建筑形式为单座并排相连屋，正座屋不集中，为东西向“一”字形排列，坐北向南，有的坐南向北。门口地是禾坪，正座屋建筑面积为 110 平方米，平房屋为 26 平方米。墙体多为夯土，部分为泥砖砌成，悬山顶。改革开放以后，村中居民生活水平不断提高，逐步迁出原村落向四周建房，建成钢筋混凝土结构楼房一层的有 13 座，设有院子的有 3 座，二层的有 5 座，楼房布局多为三房两厅一卫，投影面积约 110 平方米。

◎ 沙湖村传统民居（摄于 2016 年）

村东北面 400 米处龙牙寺山下，建有龙牙古寺一座，建于清中期，建筑特点为三合土夯墙及泥砖砌墙，瓦木结构，硬山顶，布局有 5 间大房、6 间小房、二大厅二天井，寺中东面建有食堂、厨房、水井及两小房，西面建有 1 米宽石街巷进入 4 间小房，寺坐北向南，占地面积 400 平方米。2015 年开始，此寺拆旧重建。

◎ 龙牙寺旧址（摄于 2010 年）

传统婚嫁丧葬习俗。婚嫁习俗中，结婚前要看家风、定日子、送聘金、定嫁妆，行结婚礼时要摆酒请客、迎亲和送亲、三朝新娘回门礼等。传统丧葬习俗以土葬为主，1990 年后逐步实行火葬。丧葬程序为举丧、入殓、出殡、送葬、做法事、将牌位送入祠堂。办丧事时只能做白饭、花菜、黄豆煮猪肉等简单的饭菜，用餐时不坐高台高凳，拆下事主家的门板放于门前的巷地上当饭台，以表哀痛。崇祖活动主要有清明扫墓祭祖，以寄托对先人的怀念。

1991年，该村大面积种植芦笋，引进太阳牌72号优良品种，面积2.1公顷，亩产值0.6万—0.8万元。2008年后改种美国308杂交一代品种，以增加产量。2013年5月15日，该村遭遇一场百年一遇的特大暴雨，引发洪灾，水深1.6米，全村房屋受浸，受灾群众180人，倒塌房屋3间，家畜死亡200头（只），家具、电器、日常生活用品及全村大片农田作物被淹，共计直接造成经济损失80万元。2014年5月23日，遭遇洪水袭击，受灾群众70人，受浸房屋70间，折合经济损失10万。2014年，政府和碧桂园投资200万元，在全行政村实现饮用自来水供给，该村深受其益，饮用卫生自来水。2015年，争取国家相关部门投资100万元，在被2013年“5•15”洪水冲毁的大桥原址重新修筑一座大桥，名曰莲瑶村大桥。该桥长76米，宽4.5米，横跨湛江，为全行政村村民解决了交通、生产、生活的难题。同年，得到省水利厅的支持和资助，在全行政村进行灌溉设施建设，实现灌溉水圳按水泥混凝土灌浆的“三面光”标准施工，达到省高标准工程要求，为全村农业生产提供水源灌溉保障。

（资料填报：黄潮东、郑龙舟，初稿撰写：黄潮东，总纂：李协湖）

莲嘴村

◎ 莲嘴村村貌（摄于 2016 年）

莲嘴村，位于水头镇境西部，距镇政府 4.9 千米。始建于清中期，因黄姓在石角做生意，铺名“莲聚”，以莲聚谐音而取名莲嘴村，曾用名远星村。该村坐落于羊角山（海拔 675 米）北部。村北面 20 米有潖江自东向西流过，翻过土楼山 150 米是县道 X373 线东西向通过。从县道 X373 线莲瑶站候车亭沿乡道 Y370 线过村委大桥，往西沿潖江下行 500 米到达该村。村东与莲发村、沙湖村相接，南面与莲庆村相邻，西面是耕地水稻田，北面是潖江。

◎ 莲嘴村门楼（摄于 2016 年）

世居村民为黄姓、程姓、何姓。清中期，程姓从英德先迁到该村。后黄姓从附近大白洞村迁入莲嘴村定居，何姓由高岗随母改嫁该村定居。

村落形成时，属清远县吉河乡。清嘉庆十八年（1813 年），属佛冈厅吉河乡田心堡。民国期间，属佛冈一区天水乡。中华人民共和国成立后，属佛冈县二区水头乡。1958 年 10 月，属从化县佛冈人民公社莲瑶大队。1961 年 5 月，属佛冈县水头人民公社莲瑶大队。1987 年 1 月，属水头镇莲瑶行政村。1989 年 11 月，属水头镇莲瑶管理区。1998 年 11 月至今，属水头镇莲瑶行政村。

2015 年末，户籍人口 169 人，其中男性 87 人，女性 82 人。60 岁以上 28 人，其中 80 岁以上老人 6 人，最年长者 90 岁（女）。16 岁以下 21 人。实际在村居住和生活主要依靠农业收入 98 人，常年在城镇生活和外出务工 71 人。村民均为汉族，广府民系，使用粤方言。

村有山地面积 7.66 公顷，耕地面积 5.26 公顷。林业资源有桉树、松树、杉树、柯树、枫树等。传统经济以农业为主，主要农作物有水稻、番薯、木薯、花生、芦笋等。中华人民共和国成立前，由于种植技

◎ 莲嘴村芦笋种植（摄于 2016 年）

◎ 莲嘴村一角（摄于 2016 年）

术水平低下，品种丰产性能差，该村水稻一般亩产为 100 千克。中华人民共和国成立后，该村先后组织互助组、合作社，参加人民公社，逐步推广应用先进的农业生产技术，农业生产效益有较大的提高。水稻亩产量（单造）200—400 千克，番薯亩产量（单产）1000—1500 千克，小麦亩产（单产）150—200 千克。犁地、耙地主要依靠役牛。20 世纪 70 年代初开始，生产队用手扶拖拉机代替役牛进行犁地、耙地。改革开放和实行家庭联产承包责任制后，使用手扶拖拉机耕作田地的就更普及。普遍使用的农具为锄头、铁耙、镰刀、风车柜。自 20 世纪 80 年代后，村中多数青壮年外出经商或务工，成为村民主要收入来源，其次是农业和集体分红。村中传统节庆食品有白切鸡、烧鸭、焖鹅、蒸扣肉、炒米饼、油炸糖环、糯米糍、艾糍、粽子、糕点等。

20 世纪 60 年代末通电，1997 年初通电话，2005 年村道实现水泥硬底化，2008 年通网络、有线电视，2015 年通自来水。村中建有文化室、垃圾收集池。

传统民居现存 8 座，保存完好，有人居住。建筑形式为东、南、西、北都是单间相连泥砖瓦木平房，面积 17 平方米，中间是正座 8 座，分三排双座并排相连，砖木结构平房。正座布局为二房（分为四房）二廊一厅一天井，硬山顶，三合土夯墙兼有泥砖砌墙。坐东向西，座与座之间前后紧接墙体，左右间通巷 1.8 米。均是以鹅蛋石铺底的石街巷，每座占地面积 100 平方米，每座正座的东面、西面无门口，南面、北面有门口，分两户人家居住，各有一房（分为两小房）一廊，各自上房门口向厅，下房通廊，大厅和天井各占一半面积，两户同居不同户。村西建有门楼，方便村民出入。改革开放以后，村中居民生活水平不断提高，逐步迁出原村落向四周建房，建成钢筋混凝土结构楼房一层的有 9 座，二层以上的有 12 座，三层的有 1 座，楼房布局多为三房二厅一

◎ 莲嘴村新民居（摄于 2016 年）

卫，投影面积约 100 平方米。

传统婚嫁习俗中，结婚前要看家风、定日子、送聘金、定嫁妆，行结婚礼时要摆酒请客、迎亲和送亲、三朝新娘回门礼等。传统丧葬习俗以土葬为主，1990 年以后逐步实行火葬。其程序包括举丧、入殓、出殡、送葬、做法事、将牌位送入祠堂。办丧事只能做白饭、花菜、黄豆煮猪肉等简单的饭菜，用餐时不坐高台高凳，只能拆下事主家的门板放于门前的巷地上当饭台，以表哀痛。宗族活动主要有清明扫墓祭祖，以寄托对先人的怀念。

2013 年 5 月 15 日，村遭遇特大洪水袭击，水深 2 米，全村房屋受浸，受灾群众 270 人，倒塌房屋 3 间，折合经济损失 300 万元。2014 年 5 月 23 日，遭遇洪水袭击，受灾群众 100 人，折合经济损失 4 万元。同年，政府和碧桂园投资 200 万元，在全行政村实现饮用自来水供给，该村深受其益，饮用卫生自来水。2015 年，得到省水利厅的支持和资助，在全行政村进行灌溉设施建设，实现灌溉水圳按水泥混凝土灌浆的“三面光”标准施工，达到省高标准工程要求，为全村农业生产提供水源灌溉保障。

（资料填报：黄潮东、黄东升，初稿撰写：黄潮东，总纂：李协湖）

油草龙村

◎ 油草龙村村貌（摄于 2016 年）

油草龙村，位于水头镇境西部，距镇政府 5 千米。始建于清后期，因地名油草龙，而得名油草龙村，中华人民共和国成立后曾改名为莲庆村。该村坐落于羊角山（海拔 675 米）北部，村北面 300 米有潖江自东向西流过，再翻过寨仔山是县道 X373 线东西向通往国道 G106 线。从县道莲瑶站候车亭经乡道往西到达该村。村东面是莲溪村、下围，南面是元岭山，西面是耕地，北面与莲嘴村相邻。

清后期村落形成时，属佛冈厅吉河乡田心堡。民国期间，属佛冈县一区天水乡。中华人民共和国成立后，属佛冈县二区水头乡。1958 年 10 月，属从化县佛冈人民公社莲瑶大队。1961 年 5 月，属佛冈县水头人民公社莲瑶大队。1983 年 12 月，属水头区莲瑶乡。1987 年 1 月，属水头镇莲瑶行政村。1989 年 11 月，属水头镇莲瑶管理区。1998 年 11 月至今，属水头镇莲瑶行政村。

世居村民为黄姓。据《佛冈县志》姓氏源流记载，明洪武元年（1368 年），黄胜（六峰公）从顺德迁今佛冈水头，后迁到莲溪村定居。清后期，再从莲溪老围迁到该村定居，繁衍生息。在村中建有“珪璋堂”，是该村的祖堂，供奉祖先神位之地。

2015 年末，户籍人口 138 人，其中男性 68 人，女性 70 人。60 岁以上 26 人，其中 80 岁以上 4 人，最年长者 85 岁（女）。16 岁以下 27 人。实际在村居住和生活主要依靠农业收入 76 人，常年在城镇生活和外出务工 62 人。村民均为汉族，广府民系，使用粤方言。

村有山地面积 6.66 公顷，耕地面积 4.26 公顷。林业资源有松树、杉树、柯树、枫树等。传统经济

◎ 油草龙村果蔗种植（摄于 2016 年）

以农业为主，主要农作物有水稻、番薯、木薯、花生、果蔗等。20世纪70年代初开始，生产队用手扶拖拉机代替役牛进行犁地、耙地。改革开放和实行家庭联产承包责任制后，村中多数青壮年外出经商或务工，成为村民主要收入来源，其次是农业和集体分红。村中传统节庆食品有葱油鸡、卤水鸭、芋头焖鹅、蒸扣肉、炒米饼、油炸糖环、糯米糍、艾糍、粽子、糕点等。

20世纪60年代末通电，1997年初通电话，2005年村道实现水泥硬底化，2008年通网络、有线电视，2015年通自来水。村中建有垃圾收集池。

传统民居现存24座，建于清末的11座，民国后期的13座，保存完好，有人居住。建筑形式为双排座并排座并排相连屋，坐东向西，砖木结构平房，正座布局为二房（二分为四房）二廊一厅一天井，硬山顶，三合土夯墙兼有泥砖砌墙。座与座之间前后紧接墙体，左右间通巷1.8米，均以鹅卵石铺底的石街巷。每座占地面积120平方米。每座正座东面、西面无门口，南面、北面有门口，分两户人家居住，各有一房（分为两小房）一廊，各自上房门口向厅，下房通廊，大厅和天井各占一半面积，两户同居不同户。改革开放以后，村中居民生活水平不断提高，逐步迁出原村落向四周建房，建成钢筋混凝土结构楼房一层的有12座，二层的有5座，楼房布局多为三房二厅一卫，占地面积约110平方米。

传统婚嫁习俗中，结婚前要看家风定、定日子、

◎ 油草龙村传统民居（摄于2016年）

◎ 油草龙村珪璋堂（摄于2016年）

送聘金、定嫁妆，行婚礼时要摆酒请客、迎亲和送亲、三朝新娘回门礼等。传统丧葬习俗以土葬为主，1990年以后逐步实行火葬。其程序包括举丧、入殓、出殡、送葬、做法事，将牌位送入祠堂。办丧事只能做白饭、花菜、黄豆煮猪肉等简单的饭菜，用餐时不坐高台高凳，拆下事主家的门板放于门前的巷地上当饭台，以表哀痛。宗族活动主要有清明扫墓祭祖，以寄托对先人的怀念。

2009年，佛冈县在水头镇与石角镇交界处开发建设碧桂园商品房，油草龙村辖区山地及部分耕地已被当地政府征收，用于开发建设碧桂园清泉城。2013年5月15日，遭遇特大洪水袭击，水深0.5米，全村受灾房屋受浸，受灾群众200人，造成牲畜以及农作物受损达30万元。2014年，政府和碧桂园投资200万元，在全行政村实现饮用自来水供给，该村深受其益，饮用卫生自来水。2015年，得到省水利厅的支持和资助，在全行政村进行灌溉设施建设，实现灌溉水圳按水泥混凝土灌浆的“三面光”标准施工，达到省高标准工程要求，为全村农业生产提供水源灌溉保障。同年，争取国家相关部门投资100万元，在被2013年“5·15”洪水冲毁的大桥原址重新修筑一座大桥，名曰莲瑶村大桥。该桥长76米，宽4.5米，横跨滘江，为全行政村村民解决了交通、生产、生活的难题。

（资料填报：黄潮东、黄石香，初稿撰写：黄潮东，总纂：李协湖）

元岭村

◎ 元岭村村貌（摄于 2016 年）

元岭村，位于水头镇境西南部，距镇政府 5.2 千米。始建于清末，因村旁有元岭山而取名元岭村。该村坐落于羊角山（海拔 675 米）北部。村北面 400 米处有滘江自东向西流过，翻过土楼山 150 米是县道 X373 线，东西向通过。从县道莲瑶站候车亭沿乡道 1 千米到达该村。村东面 300 米是塘肚村，南面是元岭山，西面与石角镇三八上莲塘村接壤，北面与莲庆村相邻。

清末村落形成时，属佛冈厅吉河乡田心堡。民国期间，属佛冈县一区天水乡。中华人民共和国成立后，属佛冈县二区水头乡。1958 年 10 月，属从化县佛冈人民公社莲瑶大队。1961 年 5 月，属佛冈县水头人民公社莲瑶大队。1983 年 12 月，属水头区莲瑶乡。1987 年 1 月，属水头镇莲瑶行政村。1989 年 11 月，属水头镇莲瑶管理区。1998 年 11 月至今，属水头镇莲瑶行政村。

◎ 元岭村新民居（摄于 2016 年）

世居村民是黄姓。据村民相传，清末黄姓族人先后从水头堂下村、莲瑶村莲溪老围、东坑、塘肚村迁到该村定居。定居后分为老围、莲福围、莲旺围、元岭围等几个小围。中华人民共和国成立后，四围合并为元岭村。

2015 年末，户籍人口 163 人，其中男性 88 人，女性 75 人。80 岁以上老人 4 人，最年长者 85 岁（女）。16 岁以下 27 人，其中留守儿童 1 人。实际在村居住和生活主要依靠农业收入 65 人，常年在城镇生活和外出务工 98 人。村民均为汉族，广府民系，使用粤方言。

村有耕地面积 5.06 公顷。主要矿产资源有硫黄。村地处丘陵山边，土壤以赤红壤和红壤为主，大部分水田土壤为潴育型水稻土。全村历史以来的耕作习惯以种植水稻为主，同时种植小麦、番薯、麦豆、蚕豆、高粱等，经济作物有花生、油菜，其他作物

◎ 元岭村果蔗种植（摄于 2016 年）

◎ 元岭村传统民居（摄于 2016 年）

有芋头、甘蔗、玉米、莲藕及叶类和瓜类蔬菜等。水稻亩产量（单造）300—400 千克，番薯亩产量（单产）1000—1500 千克，小麦亩产（单产）150—200 千克。犁地、耙地主要依靠役牛。20 世纪 70 年代初开始，部分生产队用手扶拖拉机代替役牛进行犁地、耙地。特别是改革开放和实行家庭联产承包责任制后，使用手扶拖拉机耕作田地更普及。20 世纪 80 年代后，村中多数青壮年外出经商或务工，形成村民主要经济来源，其次是农业和集体分红。村中传统节庆食品有葱油鸡、卤水鸭、芋头焖鹅、蒸扣肉、炒米饼、油炸糖环、糯米糍、艾糍、粽子、糕点等。

20 世纪 60 年代末通电，1997 年初通电话，2005 年村道实现水泥硬底化，2008 年通网络、有线电视，2015 年通自来水。村中建有垃圾收集池。

传统民居现存 8 座，建于清末，保存完好，有人居住。建筑布局为双排座并排相连屋，房屋较分散。正座为砖木结构平房，二房（二分为四房）二廊一厅一天井，悬山顶，三合土夯墙或有砖砌墙，坐南向北，座与座之间前后紧接墙体，左右间通巷 1.8 米，均是以鹅卵石铺底的石街巷。每座占地面积 120 平方米。每座正座东、西面有门口，分两户人家居住，各有一房（分为两小房）一廊，各自上房门口向厅，下房通廊，大厅和天井各占一半面积。改革开放以后，村中居民生活水平提高，逐步迁出原村落向四周建房，建成钢筋混凝土结构楼房，一层的 14 座，二层楼以上有 5 座，楼房布局多为三房二厅一卫，底层面积约 110 平方米。

该村西面 100 米处有棵 100 年树龄的老榕树，村民称之为伯公树，每逢农历初一和十五及添丁、传统节日，村民都到此上香拜祭。

传统婚嫁习俗中，结婚前要看家风、定日子、送聘金、定嫁妆，行结婚礼时要摆酒请客、迎亲和送亲、三朝新娘回门礼等。传统丧葬习俗以土葬为主，1990 年以后逐步实行火葬。其程序包括举丧、入殓、出殡、送葬，做法事，将牌位送入祠堂。办丧事只能做白饭、花菜、黄豆煮猪肉等简单的饭菜，用餐时不坐高台高凳，拆下事主家的门板放于门前的巷地上当饭台，以表哀痛。宗族活动主要有清明扫墓、重阳祭祖，以寄托对先人的怀念。

1991 年，该村大面积种植芦笋，引进太阳牌 72 号优良品种，面积 1.67 公顷，亩产值达 0.6 万—0.8 万元。2008 年后，改种美国 308 杂交一代品种，以增加产量。2009 年，佛冈县在水头镇与石角镇交界处开发建设碧桂园商品房，元岭村辖内 200 米高的丘陵山地和部分耕地已全部被当地政府征收，用于开发建设碧桂园清泉城。2014 年，政府和碧桂园投资 200 万元，在全行政村实现饮用自来水供给，该村深受其益，饮用卫生自来水。2015 年，得到省水利厅的支持和资助，在全行政村进行灌溉设施建设，实现灌溉水圳按水泥混凝土灌浆的“三面光”标准施工，达到省高标准工程要求，为全村农业生产提供水源灌溉保障。

（资料填报：黄潮东、胡辰浩，初稿撰写：黄潮东，总纂：李协湖）

○新坐行政村

虎爪岭村

◎ 虎爪岭村村貌（摄于 2016 年）

虎爪岭村，位于水头镇境西南部，距镇政府 0.3 千米。始建于清初，因村附近有一座小山，该山形似虎状，而村子建在虎爪方位，故名虎爪岭村。

该村坐落于尖峰仔（海拔 343 米）北 4 千米，东是骏兴碳素厂（2015 年倒闭），南邻中田村，西与茶园村相近，北面 200 米处是自东向西流向的滘江。

村落形成时，属清远县吉河乡。清嘉庆十八年（1813 年），属佛冈厅吉河乡黄田堡。民国时期，属佛冈县一区天水乡。中华人民共和国成立后，属佛冈县二区水头乡。1958 年 10 月，属从化县佛冈人民公社新田大队。1961 年 5 月，属佛冈县水头人民公社新田大队。1983 年 12 月，属水头区新田乡。1987 年 1 月，属水头镇新田行政村。1989 年 11 月，属水头镇新田管理区。1998 年 11 月，属水头镇新田行政村。2005 年 5 月至今，属水头镇新坐行政村。

世居村民为黎姓、黄姓、许姓。最早到该村的是黎姓，清初从相邻的茶园村迁入。黄姓，民国初期从今石角二七田心村迁到该村。许姓，民国初期从附近铜溪耀洞村迁到该村。3 个姓氏共聚一个村庄，分小围而定居，繁衍生息。

2015 年末，户籍人口 189 人，其中男性 93 人，女性 96 人。60 岁以上 25 人，其中 80 岁以上 7 人，最年长者 92 岁（女）。16 岁以下 39 人。实际在村居住和生活主要依靠农业收入 105 人。常年在城镇生活和外出务工 84 人。村中居民均为汉族，为广府民系，使用粤方言。

村有山地面积 6.73 公顷，耕地面积 4.13 公顷。传统经济以农业为主，村地处丘陵山边，土壤以赤红壤和红壤为主，大部分水田土壤为潴育型水稻土。全村历史以来以种植水稻为主，其他粮食作物有小麦、番薯、麦豆、蚕豆、高粱等，经济作物有花生、油菜，其他作物有芋头、玉米、莲藕及叶类和瓜类蔬菜、水果等。水稻亩产量（单造）300—400 千克，番薯亩产量（单产）1000—1500 千克，小麦亩产（单产）150—200 千克。犁地、耙地主要依靠役牛耕作。20 世纪 70 年代初开始，部分生产队用手扶拖拉机代替役牛进行耕作。特别是改革开放和实行家庭联产承包责任制后，使用手扶拖拉机耕作的面积增大。20世纪80年代后，村中多数青壮年外出经商或外出务工，形成村民主要收入来源，其次是农业和集体分红。村中传统节庆食品有白切鸡、烧鸭、焖鹅、蒸扣肉、炒米饼、炸糖环，炸油糍、糯米糍、艾糍、粽子、糕点等。

1968年通电，1997年初通电话，2008年通网络、有线电视，2011年实现村道水泥路面硬底化，2015年通自来水。村中建有文化室和垃圾收集池，有一间文化书屋，藏书500多册。

◎ 虎爪岭村文化室（摄于2016年）

传统广府民居，现存正座1座，建于清末，现保存完好，有人居住。建筑形式是二房（分为四房）二廊一厅一天井，硬山顶，三合土夯墙或有泥砖砌墙，砖木结构平房，坐东向西。单间连建50间，其中31间有人居住。1990年后，村民逐步迁出原村落，在周边建起钢筋混凝土结构楼房，其中一层的15座，二层的9座，楼房布局多为三房二厅一厨一卫，占地面积约110平方米。

村有元戴黎公祠，始建于清末，1997年重修。建筑布局为一进一池院落，砖木结构，硬山顶，占地面积60平方米，是黎氏祭祀祖先、保平安、宗亲

◎ 虎爪岭村传统民居（摄于2016年）

联谊欢聚、添丁贴对联庆贺、传统节日上香祭祀的活动场所。

凡是村中后裔子孙添丁，都有买鞭炮和大公鸡到元戴黎公祠拜祭的习俗。传统祭祀活动有清明、重阳扫墓。传统婚嫁习俗中，结婚前要看家风、定日子、送聘金、定嫁妆，行结婚礼时要摆酒请客、迎亲和送亲、三朝新娘回门礼等。传统丧葬以土葬为主，1990年后逐步实行火葬。丧葬程序为举丧、入殓、出殡、送葬、做法事、将灵钟送入祠堂。办丧事时只能做白饭、花菜、黄豆煮猪肉等简单的饭菜，用餐时不坐高台高凳，拆下事主家的门板放于门前的巷地上当饭台，以表哀痛。

20世纪70年代初，开展“农业学大寨”运动，改河造田，平整土地1.3公顷。1993年3月，经清远市人民政府批准被认定为解放战争游击根据地。2013年5月15日，遭遇特大洪水袭击，受灾群众70人，受浸房屋30间，直接经济损失10万元。2014年5月23日，遭遇洪水袭击，受灾群众20人，受浸房屋10间，直接经济损失8万元。

（资料填报：廖玉汉，初稿撰写：廖玉汉，总纂：李协湖）

旱排村

◎ 旱排村村貌（摄于 2016 年）

旱排村，位于水头镇境西南部，距镇政府 0.7 千米。始建于清初，因村子建在一排排的旱地上，同时耕地水源较缺乏，常遇干旱而得名旱排村。该村坐落于茶园山东北面，山高近 200 米，东南与虎爪岭相连，西南与茶园山相邻，北有滘江自东向西流过，县道 X373 线（旱排—水头圩）直通该村。

村落形成时，属清远县吉河乡。清嘉庆十八年（1813 年），属佛冈厅吉河乡黄田堡。民国时期，属佛冈县一区天水乡。中华人民共和国成立后，属佛冈县二区水头乡。1958 年 10 月，属从化县佛冈人民公社新田大队。1961 年 5 月，属佛冈县水头人民公社新田大队。1983 年 12 月，属水头区新田乡。1987 年 1 月，属水头镇新田行政村。1989 年 11 月，属水头镇新田管理区。1998 年 11 月，属水头镇新田行政村。2005 年 5 月至今，属水头镇新坐行政村。

世居村民为丘姓。据《中华丘氏大宗谱·广东佛冈分谱》记载，宋代从福建迁广东新丰，清初从新丰遥田迁到该村定居，繁衍生息。

2015 年末，户籍人口 89 人，其中男性 44 人，女性 45 人。60 岁以上 15 人，最年长者 75 岁（女）。16 岁以下 20 人。实际在村居住和生活主要依靠农业收入 50 人，常年在城镇生活和务工 39 人。村民均为汉族，广府民系，使用粤方言。

村有山地面积 1.87 公顷，耕地面积 2.53 公顷。主要矿产资源有铅锌矿和铁矿。林业资源有松树、杉树、柯树、枫树等。传统经济以农业为主，村位于北半球亚热带南部，属亚热带湿润气候，地处山边，土壤以赤红壤和红壤为主，大部分水田土壤为潴育型水稻土，适合农作物生长。全村历史以来的耕作习惯以种植水稻为主，同时种植小麦、番薯、麦豆、蚕豆、高粱等，经济作物有花生、油菜，其他作物有芋头、玉米、莲藕及叶类和瓜类蔬菜等。水稻亩产量（单造）300—500 千克，番薯亩产量（单产）1000—1500 千克，小麦亩产（单产）150—200 千克。20 世纪 70 年代初开始，生产队用手扶拖拉机代替役牛进行耕作。特别是改革开放和实行家庭联产承包责任制后，使用手扶拖拉机耕作的面积增大。21 世纪后，许多农户改种植水稻为种植水果，水果以沙糖桔为主。自 20 世纪 80 年代后，村中多数青壮年外出经商或务工，形成村民主要收入来源，其次是农业和集体分红。村中传统节庆食品有白切鸡、烧鸭、焖鹅、蒸扣肉、炒米饼、油炸糖环、炸油糍、糯米糍、艾糍、粽子等。

1968年通电，1997年初通电话，2005年村道实现水泥路面硬底化，2008年通网络、有线电视，2015年通自来水。村中建有文化室和垃圾收集池。

传统民居为广府民居，正座现存3座，建于清末，现均保存完好，有人居住。建筑形式为双座并排相连屋，砖木结构平房，二房（分为四房）二廊一厅一天井，硬山顶，三合土夯墙或有泥砖砌墙，坐东向西，座与座之间前后紧接，墙体没有巷，左右间通巷1.8米，均是以鹅卵石铺底的石阶巷，每座占地面积120平方米。每座正座的东、西面无门口，南、北面有门口，分两户人家居住，各有一房（分为两小房）一廊，各自上房门口向厅，下房通廊，大厅和天井各占一半面积，两户同居不同户。单间连建20间，11间有人居住。1990年后，村民逐步迁出原村落，在周边建起钢筋混凝土结构楼房，其中一层的有10座，二层的有5座，楼房布局多为三房二厅一厨一卫，占地面积约100平方米。

◎ 旱排村传统民居（摄于2016年）

村有丘氏祖堂，始建于清末，2013年重修。建筑布局为一进一池院落，砖木结构，硬山顶，占地面积50平方米。此祖堂是丘氏祭祀祖先、宗亲联谊

◎ 旱排村新民居一角（摄于2016年）

欢聚、添丁贴对联庆贺、传统节日上香祭祀场所。该村丘氏村民有《中华丘氏大宗谱·广东佛冈分谱》，于2010年重修编纂，该族谱记载丘氏起源、辈序、世系等内容。

主要宗族活动有拜祭宗祠、清明祭祖、重阳祭祖。主要民俗风情与习俗有上灯、祭灶君、拜土地公、拜庙神、拜观音。凡是村里子民添丁，都有买鞭炮和大公鸡到祖堂拜祭的惯例，主家收受一个红包和一只鸡腿，其余分给族中众人。传统婚嫁习俗中，结婚前要看家风、定日子、送聘金、定嫁妆，行结婚礼时要摆酒请客、迎亲、送亲和三朝新娘回门礼等。传统的丧葬以土葬为主，1990年后逐步实行火葬。丧葬程序为举丧、入殓、出殡、送葬、做法事、将灵牌送入祠堂。办丧事时只能做白饭、花菜、黄豆煮猪肉等简单的饭菜，用餐时不坐高台高凳，拆下事主家的门板放于门前的巷地上当饭台，以表哀痛。

20世纪70年代初，开展“农业学大寨”运动，改河造田，平整土地1.2公顷。1993年，经清远市人民政府批准被认定为解放战争游击根据地。2013年5月15日，遭遇特大洪水袭击，受灾群众80人，受浸房屋15间，牲畜和农作物受损严重，直接经济损失23万元。

（资料填报：廖玉汉，初稿撰写：廖玉汉，总纂：李协湖）

土楼村

◎ 土楼村村貌（摄于2016年）

土楼村，位于水头镇境西南部，距镇政府1.5千米。始建于清初，村名为塘楼村，曾用名塘楼村，门楼口上方有“塘楼村”三个字。该村始建时，背后南北两个围角各有一个比其他平房稍高的屋，称为楼角，围的前面有一口较大的塘。20世纪50年代，为了书写方便，去唐留土，形成现在的土楼村。该村坐落于土楼山西山脚下。东南150米是神岗村，南偏西150米是新田村的上围，西200米与中田村相望，北300米是虎爪村。该村距县道X373线1.5千米，乡道Y272线接县道X373线经过该村。

◎ 土楼村一角（摄于2016年）

村落形成时，属清远县吉河乡。清嘉庆十八年（1813年），属佛冈厅吉河乡黄田堡。民国期间，属佛冈县一区天水乡。中华人民共和国成立后，属佛冈二区水头乡。1958年10月，属从化县佛冈人民公社新田大队。1961年5月，属佛冈县水头人民公社新田大队。1983年12月，属水头区新田乡。1987年1月，属水头镇新田行政村。1989年11月，属水头镇新田管理区。1998年11月，属水头镇新田行政村。2005年5月至今，属水头镇新坐行政村。

世居村民为曾姓、黄姓。曾姓，据族谱记载，曾公之子日魁公由长宁梅坑（现新丰遥田）迁居清远县吉河乡（今佛冈县水头镇）塘楼村定居。1952年土地改革分房屋，黄姓由新田村迁至土楼村。历史上胡氏曾在此地居住，建村时胡姓与曾姓一同迁至此地，后胡姓外迁，至20世纪60年代胡姓已无人在该村居住。

2015年末，户籍人口70人，其中男性42人，女性28人。60岁以上15人，其中80岁以上1人，最年长者88岁（女）。16岁以下11人。实际在村人口居住和生活主要依靠农业收入33人，常年在城镇生活和外出务工 37 人。村民均为汉族，广府民系，使用粤方言。

村有山地面积 0.66 公顷，耕地面积 2.6 公顷。村背底山有矿产资源煤矿，林业资源有松树等。野生动物有蛇类、鸟类。传统经济以农业为主，主要种植水稻、玉米、花生、黄豆、蔬菜等。主要养殖鸡、鸭、鹅、猪、牛以及“四大家鱼”。中华人民共和国成立前，由于种植技术水平落后，品种丰产性能差，该村水稻一般亩产为 150 千克。中华人民共和国成立后，该村先后组织互助组、合作社，参加人民公社，逐步应用推广先进的农业生产技术。20 世纪 80 年代起实行家庭联产承包责任制后，水稻一般亩产达到 400 千克，农业经济效益有较大的提高。同时，逐步调整农村经济结构，并积极发展水果产业。20 世纪 80 年代，改革开放后，村里的青壮年大部分都外出务工，形成村民主要收入来源，其次是农业。

1968 年通电，1998 年通电话，2004 年通网络，2010 年村道实现水泥硬底化，2015 年通自来水。村中建有垃圾收集地。

传统民居，现存正座 4 座，平房 37 间，建于清末至民国期间，现保存完好，有人居住。正座民居是土夯墙加泥砖结构，二房二廊一厅天井，硬山顶，坐北向南，占地面积 120 平方米。另外，原有平房 21 间，20 世纪 70 年代后建 30 间，1990 年后村民逐步迁出原村落，在周边建起钢筋混凝土结构楼房，有一层的，有二层的，楼房布局多为三房一厅一厨一卫，投影面积 70—100 平方米不等。该村在清末

◎ 土楼村传统民居（摄于 2016 年）

◎ 曾氏宗祠（摄于 2016 年）

民国初就建有门楼及曾氏宗祠，门楼于 2013 年重修，宗祠分别在 1918 年和 1966 年重修，占地面积 70 平方米。建筑布局，门口一进就是天池，分上、下厅，土墙和泥砖墙，硬山顶。坐落于原村的中心，坐东向西，门口在侧面，向南。宗祠门口上方挂有“曾氏宗祠”木匾额，牌匾“曾氏宗祠”由曾世铨（清末民国初人）书写。

节庆习俗有春节、清明节、端午节、中秋节、十月朝、冬至等。春节，又叫过年。农历腊月二十三过小年，家家户户打扫室内外卫生，送灶君、办年货、印炒米饼、做糖环、油糍等等。大年三十除夕，贴对联、接灶君、吃团年饭，饭后长者给孩子发压岁钱。大年初一清早，烧香奉神，各家各户相互拜年。过年期间，各家各户有做发糕和各种菜糍的习俗。清明节至农历四月初八，各家门楣上都插上桃叶或柳枝以驱邪，并取艾草做艾糍。在外打工的村中子民都回村扫墓以祭祀祖先。农历五月初五端午节，各家各户都包粽子，纪念爱国诗人屈原。农历七月初七，传说是仙女下

凡的日子，各家都担水贮存，传说农历七月七的水贮存不变质，因而成为村民夏天的清凉饮料。中秋节，农历八月十五，俗称团圆节。男女老少一起赏月，用月饼和柚子等食品拜月。在外地务工的都回家与家人团聚，共度佳节。农历九月初九重阳节，有登高的习俗，登高地点为附近稍为比较出名的山，如尖峰仔。十月朝，农历十月初一，称“牛生日”。过去，牛是农村耕作的畜力，有做“牛生日”的习俗，农家做糯米糍贴在牛角、牛背、牛腰、牛尾巴上。佛冈解放后，这一习俗已消失。冬至，是农历二十四个节气之一，称“过冬”，这个节日意味着一年的农事已做完，全家欢聚吃顿晚餐表示庆贺。俗话说“冬大过年”，可见村民极其重视冬至。

中华人民共和国成立前，男婚女嫁为“父母之命，媒妁之言”。男女婚嫁是终身大事，都要经过相亲、订婚、迎亲等程序。有些穷人家将几岁的女儿给人家作童养媳。相亲是由媒人牵线，约男方家的人到女方家看人，若男方家有意，即授意媒人向女方家长索取其女儿的生辰八字带回男方家，男方家长请人卜算后，如男女“相生”，男方家叫媒人陪伴去女方家报合。如男女“相克”，则将女子生辰八字退回女方家，婚事作罢。订婚的第一步是下定礼，即男方送酒米、定金、肉类给女方，表示合成婚事，商定成亲日期、礼金。然后按礼规过礼，由男方出具礼帖，把礼物、聘金送给女方，女方要回一份礼帖给男方。迎亲是由男方迎亲队伍敲锣打鼓去迎亲，女方家把嫁妆、礼物随新娘一起送回男方家，新娘到达男方家后举行拜堂仪式。中华人民共和国成立后，婚事新办，男女自由恋爱到结婚。

丧葬习俗，凡 60 岁以上的人去世称“寿终”或“归天”，未成年人去世称“夭折”或“夭亡”，死后用木棺土葬。死者未满 16 岁的，只能用普通木料做棺材，用竹扛抬，不上肩。死者 50 岁以上的，在临去世之前移到祖堂由子孙日夜守孝，死者葬后，孝子孝女等人同牵一条寿红由另一条路回来，返祖堂，由法师做头七、二七、三七等法事。将死者灵牌送入祠堂入位，至此丧事才结束。其他习俗有做生日，新居入伙请亲朋好友来庆贺等。

20 世纪 70 年代初，开展“农业学大寨”运动，改河造田，平整土地 0.8 公顷，大搞农田基本建设。2013 年 5 月 15 日，遭遇特大洪水袭击，受灾群众 30 人，受浸房屋 10 间，直接经济损失 5 万元。

（资料填报：曾文彬，初稿撰写：曾文彬，总纂：李协湖）

茶园村

◎ 茶园村村貌（摄于 2016 年）

茶园村，位于水头镇西南部，距镇政府 0.5 千米。始建于明成化年间，建在茶园山脚下，因建村时此地有很多野生茶树而得名茶园。该村坐落于尖峰仔北侧 3 千米，主峰海拔 343 米，东邻虎爪岭村，南临大埲田村，西近象田村，北紧靠茶园山，吉河在村北 400 米处，自东向西流向。县道 X373 线在村北 1 千米处，南北通往国道 G106 线，村道从该村直通县道 X373 线。

◎ 茶园村门楼（摄于 2016 年）

村落形成时，属清远县吉河乡。清嘉庆十八年（1813 年），属佛冈厅吉河乡黄田堡。民国时期，属佛冈县一区天水乡。中华人民共和国成立后，属佛冈县二区水头乡。1958 年 10 月，属从化县佛冈人民公社新田大队。1961 年 5 月，属佛冈县水头人民公社新田大队。1983 年 12 月，属水头区新田乡。1987 年 1 月，属水头镇新田行政村。1989 年 11 月，属水头镇新田管理区。1998 年 11 月，属水头镇新田行政村。2005 年 5 月至今，属水头镇新坐行政村。

世居村民为黎姓。据村民相传，明成化年间由从化江浦迁至该村定居，繁衍生息。

2015 年末，户籍人口 161 人，其中男性 79 人，女性 82 人。60 岁以上 21 人，其中 80 岁以上 2 人，最年长者 85 岁（女）。16 岁以下 29 人。实际在村居住和生活主要依靠农业收入 90 人。常年在城镇生活和务工 71 人，村民均为汉族，广府民系，使用粤方言。

村有山地面积 6.66 公顷，耕地面积 6.07 公顷。主要矿产资源有铅锌矿和褐铁矿。林业资源有松树、杉树、柯树、枫树及杂树等。主要种植水稻、玉米、花生、黄豆、蔬菜等。主要养殖鸡、鸭、鹅、猪、牛以及“四大家鱼”。中华人民共和国成立后，逐步应用推广先进的农业生产技术。同时，逐步调整农村经济结构，并积极发展水果产业。2013 年，种植沙糖桔面积 4 公顷，年收入 30 万元。2013 年以后，由于受柑桔黄龙病的影响，沙糖桔产业消退，村民改种其他经济作物。传统节庆美食有白切鸡、烧鸭、焖鹅、蒸扣肉、炒米饼、油炸糖环、糯米糍、艾糍、铜盘糍、粽子、月饼等。

传统民居为广府民居，正座现存 8 座，建于清末的有 3 座，民国期间的有 5 座，现均保存完好，有人居住。建筑形式为双座并排相连屋，砖木结构平房，二房（分为四房）二廊一厅一天井，硬山顶，三合土夯墙或有泥砖砌墙，坐东向西，座与座之间前后紧接墙体，左右之间通巷 1.8 米，均是以鹅卵石铺底的石街巷，每座占地面积约 120 平方米。每座正座的东、西面无门口，南、北面有门口，分两户人家居住，各有一房（分为两小房）一廊，各自上房门口向厅，下房通廊，大厅和天井各占一半面积，两户同居不同户。单间房连建 28 间，24 间有人居住。1990 年后，村民逐步迁出原村落，在周边建起钢筋混凝土结构楼房，其中一层的有 15 座、二层的有 5 座，楼房布局多为三房二厅一厨一卫，占地面积约 110 平方米。

1968 年通电，1997 年初通电话，2008 年通网络、有线电视，2011 年村道实现水泥硬底化，2015 年通自来水。村中建有文化室及垃圾收集池。

◎ 茶园村新民居（摄于 2016 年）

村有黎氏宗祠一座，始建于清末，2011 年重修。建筑布局为一进一池院落，砖木结构，硬山顶，占地面积 120 平方米，是黎氏祭祀祖宗先辈、保平安、宗亲联谊欢聚、添丁贴对联庆贺、传统节日上香祭祀的活动场所。

◎ 黎氏宗祠（摄于 2016 年）

主要宗族活动有大年初一拜祖堂、清明祭祖。主要民俗风情与习俗有上灯、祭灶君、拜土地公、拜庙神、拜观音。凡是村人子孙添丁，都有买鞭炮和大公鸡到黎氏宗祠拜祭的习俗，主家收受一个红包和一只鸡腿，其余分给族中众人。传统婚嫁习俗中，行结婚礼时要摆酒请客、迎亲和送亲。传统丧葬以土葬为主，1990 年后逐步实行火葬。丧葬程序包括举丧、入殓、出殡、送葬、做法事、将亡灵送入祠堂。

20 世纪 70 年代初，开展“农业学大寨”运动，改河造田，平整土地 1 公顷，大搞农田基本建设。该村在解放战争时期，为中华人民共和国的独立和解放作出了努力和贡献，1993 年 3 月，经清远市人民政府批准被认定为解放战争游击根据地。2013 年 5 月 15 日，遭遇特大洪水袭击，受灾群众 50 人，受浸房屋 40 间，直接经济损失 15 万元。2014 年 5 月 23 日遭遇洪水袭击，受灾群众 40 人，受浸房屋 35 间，直接经济损失 10 万元。

该村的黎国强（1927—1948），革命烈士，1948 年 3 月在洞仔尾村战斗中牺牲。

（资料填报：廖玉汉，初稿撰写：廖玉汉，总纂：李协湖）

象田村

◎ 象田村鸟瞰（摄于 2016 年）

象田村，位于水头镇境西南部，距镇政府 1 千米。始建于清初，因祖先在老围（海坝村）、大围（官田村）居住，后来人口增多，地方有限，成连祖和他的四个儿子建村于茶园山脚下，茶园山形似大象，称“大象下田”，又称象田村。该村东南与茶园村相接，西是官田村，西北与小河相连，村前有乡道 Y272 线经过，北 150 米处是自东向西流向的滘江。大门楼前有宽广的两河三角洲，面朝王田庙，形成一个顺水围村的格局。

◎ 象田村门楼（摄于 2016 年）

村落形成时，属清远县吉河乡。清嘉庆十八年（1813 年），属佛冈厅吉河乡黄田堡。民国时期，属佛冈县一区天水乡。中华人民共和国成立后，属佛冈县二区水头乡。1958 年 10 月，属从化县佛冈人民公社新田大队。1961 年 5 月，属佛冈县水头人民公社新田大队。1983 年 12 月，属水头区新田乡。1987 年 1 月，属水头镇新田行政村。1989 年 11 月，属水头镇新田管理区。1998 年 11 月，属水头镇新田行政村。2005 年 5 月至今，属水头镇新坐行政村。

世居村民为邹姓。据族谱记载，邹禄荫明朝由南海泌涌迁移至水头镇王田都定居后，世代繁盛扩展居住范围，邹悦峰迁居到隔河的大围（官田村）和老围（海坝村），十五世在成祖及其四个儿子（国元、国佐、国仁、国朗）建设另一个新屋（象田村）。

2015 年末，户籍人口 61 人，其中男性 30 人，女性 31 人。60 岁以上 8 人，其中 80 岁以上 3 人，年最长者 90 岁（女）。16 岁以下 7 人。实际在村居住和生活主要依靠农业收入 11 人，常年在城镇生活和务工 50 人。改革开放后，因地处偏远山区，村民多迁往外地居住或外出经商务工，至今该村超过 1/2

的村民在佛冈县城或外地居住生活。村民均为汉族，广府民系，使用粤方言。

村有山地面积5.47公顷，耕地面积2.40公顷。该村传统经济以农业为主，主要种植水稻、玉米、花生、黄豆、蔬菜等。主要养殖鸡、鸭、鹅、猪、牛以及“四大家鱼”。中华人民共和国成立前，由于种植技术水平落后，品种丰产性能差，水稻一般亩产为100千克。中华人民共和国成立后，该村先后组织互助组、合作社，参加人民公社，逐步应用推广先进的农业生产技术。20世纪80年代起，实行家庭联产承包责任制后，水稻一般亩产达到400千克，农业经济效益有较大的提高。同时，逐步调整农村经济结构，并积极发展水果产业。2013年，该村种植沙糖桔面积2公顷，年收入20万元。2013年以后，由于受柑桔黄龙病的影响，产业消退，村民改种其他经济作物。20世纪80年代后，村中多数青壮年外出经商或务工，形成村民主要收入来源，其次是农业和集体分红。传统节庆美食有白切鸡、烧鸭、焖鹅、蒸扣肉、炒米饼、油炸糖环，炸油糍、糯米糍、艾糍、粽子、糕点等。

1968年通电，1998年通电话，2004年通网络，2010年村道实现水泥硬底化，2015年通自来水。

传统民居为广府围屋，现存传统民居55座，建于清末至民国初年。围屋坐东向西，面宽45.5米，进深40米。为砖木结构，青砖墙素胎瓦。门楼为花岗岩门框，门额上有“象田村”匾额。村建筑布局呈“田”字形。门楼与祠堂共三栋，为龙船背，硬山顶，左右各两座为三间两廊民居。村中民居建筑基本保存完整。建筑布局为两进院落，中间为祖祠，前楼、后楼各一间。前街巷宽7米，后街巷宽4米，村中有泉井一口，冬暖夏凉，供全村村民使用，南面10多米处有一棵几百年树龄的大榕树。村中房屋保存完好，现有少数村民居住。邹成连祖祠是该村现存并仍使用的一座宗祠，始建于清代，占地面积约30平方米。改革开放以后，村民生活水平不断提高，村民在门楼前按规划新建钢筋混凝土结构楼房，四座一排，共建成16座，十分整齐美观。

◎ 象田村门楼石匾（摄于2016年）

◎ 象田村传统民居（摄于2016年）

该村逢年过节到王田村祖祠拜祭，农历正月十六到南海泌冲村拜祖先，清明节去“蛇尾”（地名，位于今水头镇独凰山村水口处）拜祭禄荫（水头镇王田村邹氏始祖坟），拜“壁上挂灯”（象田村祖坟名称），并与王田村一起接三王活动。该村新添丁户，在农历腊月二十五上街买花灯，年三十晚担猪头到祖堂上灯，年初一点灯至年十二，年初十请海坝村、官田村和该村宗亲一起欢聚、庆祝。

20世纪70年代初开展“农业学大寨”运动，改河造田，平整土地0.87公顷。1993年3月，经清远市人民政府批准被认定为解放战争游击根据地。2013年5月15日，遭遇洪水袭击，受灾群众40人，受浸房屋20间，直接经济损失15万元。2014年5月23日，遭遇洪水袭击，受灾群众40人，受浸房屋15间，直接经济损失5万元。

该村主要人物：邹国仁，十五世祖，曾在江西省任职，位居清朝正六品官。邹子明（1930—2012），曾任中国人民解放军武汉军区八一军垦农场场长。邹创秀（1931—），女，曾任韶关市商业局局长。

（资料填报：邹君焕，初稿撰写：邹君焕，总纂：李协湖）

神降村

◎ 神降村村貌（摄于 2016 年）

神降村，位于水头镇境西南部，距镇政府约 2 千米。始建于清初，由于该村背后是山，三面是塘，在中间建屋，好似蓬莱仙居一样，故名神降村。该村坐落于神降山（海拔 200 米）西南面，南面 150 米与君鼎公祠相连，西面 250 米与新田仔上围相连，北面 200 米与土楼村相邻。该村外出道路通往县道 X373 线和乡道 Y272 线。

村落形成时，属清远县吉河乡。清嘉庆十八年（1813 年），属佛冈厅吉河乡黄田堡。民国期间，属佛冈县一区天水乡。中华人民共和国成立后，属佛冈二区水头乡。1958 年 10 月，属从化县佛冈人民公社新田大队。1961 年 5 月，属佛冈县水头人民公社新田大队。1983 年 12 月，属水头区新田乡。1987 年 1 月，属水头镇新田乡。1989 年 11 月，属水头镇新田管理区。1998 年 11 月，属水头镇新田行政村。2005 年 3 月至今，属水头镇新坣行政村。

世居村民为张姓、黄姓。张姓在清初由新丰遥田迁到神降村定居，黄姓在同一时间由附近坣下龙江村迁至该村定居。在建村初期，原有杨姓于明末最先建村，民国期间，杨姓全族迁出该村，在铜溪小坑仔建村。

◎ 神降村门楼（摄于 2016 年）

2015年末，户籍人口56人，其中男性30人，女性26人。60岁以上4人，其中80岁以上2人，最年长者85岁（女）。16岁以下12人。实际在村居住和生活主要依靠农业收入26人，常年在城镇生活和外出务工30人。村民均为汉族，广府民系，使用粤方言。祖籍该村的华人华侨5人，主要分布在新加坡。

村有山地面积1.13公顷，耕地面积1.53公顷。该村背底山有矿产资源煤矿，林业资源有松树及杂树等。主要野生动物有蛇类、鸟类等。20世纪90年代，改革开放和实行家庭联产承包责任制后，村里的青壮年大部分都外出务工，形成主要收入来源，其次是农业。传统节庆美食有白切鸡、烧鸭、焖鹅、蒸扣肉、炒米饼、油炸糖环、炸油糍、糯米糍、艾糍、粽子等。

1968年通电，1998年通电话，2004年通网络，2010年实现村道水泥硬底化，2015年通自来水。村中建有垃圾收集地。

传统民居现存1座，平房21间，建于清末至民国期间，现保存较好，有人居住，是土夯墙加泥砖结构，二房二廊一厅天井，硬山顶，坐北向南，占地面积120平方米。

村有张、黄两姓公祠各一座。为一进一小池院落布局，砖木结构，硬山顶，占地面积分别为70平方米、100平方米。村南面偏西100米有社坛一间，

◎ 神降村传统民居（摄于2016年）

◎ 神降村新民居（摄于2016年）

名为花坛仔，占地面积30平方米，经常有人到社坛上香拜祭。

节庆习俗有春节、端午节、中秋节、重阳节、冬至等传统节日。端午节，当地村民又称“五月节”。村民与附近村庄一样包粽子（粽子料为糯米、花生、红豆、猪肉、冬菇、干贝等，用粽叶包扎，然后煲熟）。村妇用篮子装上粽子、猪肉、鸡（全只泡熟）、水果等去社坛拜神供奉。节日的晚餐有鱼、肉、“三鸟”、豆腐、烧酒等上乘佳肴，非常丰富。

中华人民共和国成立前，男婚女嫁为“父母之命，媒妁之言”。男女婚嫁是终身大事，要经过相亲、订婚、迎亲等程序。丧葬习俗，凡60岁以上的人去世称“寿终”或“归天”，未成年人去世称“夭折”或“夭亡”，死后用木棺土葬，死者未满16岁的，只能用普通木料做棺材，用竹扛抬，不上肩。死者50岁以上的，临去世之前移到祖堂，由子孙日夜守孝，死者葬后，孝子孝女等人同牵一条寿红由另一条路回去，返回祖堂，由法师做头七、二七、三七等法事。将死者灵牌送入祠堂入位，至此丧事才结束。

2013年5月15日，遭遇特大洪水袭击，受灾群众35人，受浸房屋10间，直接经济损失5万元。2014年5月23日，遭遇洪水袭击，受灾群众35人，受浸房屋10间，直接经济损失10多万元。

该村的张纯涛（1954—），曾任工商银行佛冈县支行行长、工商银行清远市分行行长。

（资料填报：曾文彬，初稿撰写：曾文彬，总纂：李协湖）

中田村

◎ 中田村全貌（摄于 2016 年）

中田村，位于水头镇境西南部，距镇政府 1 千米。始建于民国初期，由中南、中北两个小村落组成。始建之时，四面均是水田，村庄处于大片水田的中央，因而得名中田村。该村坐落于尖峰仔（海拔 343 米）北面 2 千米，村东是土楼村，南是新田村，西、北边是一片开阔的水田。村北 1.8 千米处，县道 X373 线自东向西贯穿而过、潖江自东向西流过。

民国初期村落形成时，属佛冈县一区天水乡。中华人民共和国成立后，属佛冈县二区水头乡。1958 年 10 月，属从化县佛冈人民公社新田大队。1961 年 5 月，属佛冈县水头人民公社新田大队。1983 年 12 月，属水头区新田乡。1987 年 1 月，属水头镇新田行政村。1989 年 11 月，属水头镇新田管理区。1998 年 12 月，属水头镇新田行政村。2005 年 5 月至今，属水头镇新坐行政村。

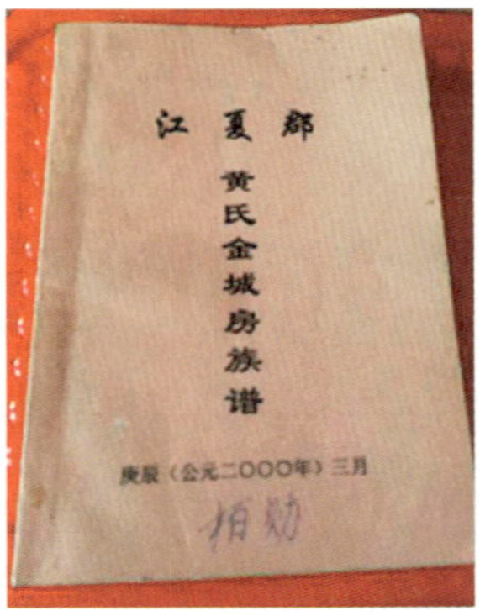

◎《江夏郡黄氏金城房族谱》（摄于 2016 年）

世居村民为黄姓、曾姓。黄姓，宋末从江西迁入广东南雄珠玑巷，后迁入梅州、南海等地，明洪武元年（1368 年）从顺德迁入水头莲瑶后，民国初期从坐下村再迁入该村。曾姓，明洪武年间从江西迁入广东南雄珠玑巷，民国初期从水头迁入该村。

2015 年末，户籍人口 225 人，其中男性 115 人，女性 110 人。80 岁以上 4 人，最年长者 85 岁（女）。16 岁以下 45 人，其中留守儿童 4 人。实际在村居住和生活主要依靠农业收入 80 人，常年在城镇生活和务工 145 人。村民均为汉族，广府民系，使用粤方言。

村有山地面积 0.86 公顷，耕地面积 4.67 公顷。传统经济以农业、林业和少许畜牧业为主。森林资源有松树、柯树、杉树、枫树、樟树、桉树及多种杂树。山中野生动物有蛇类、鸟类。农业主要作物有水稻、花生、番薯、蔬菜，水果有沙糖桔、鹰嘴桃等。中华人民共和国成立前，由于种植技术水平低下，品种丰产性能差，该村水稻一般亩产为 100 千克。中华人民共和国成立后，该村先后组织互助组、合作社，参加人民公社，逐步应用推广先进的农业

◎ 中田村鹰嘴桃种植（摄于2016年）

生产技术。20世纪80年代起，实行家庭联产承包责任制后，水稻一般亩产达到400千克，农业经济效益有较大的提高。20世纪90年代，许多年轻人外出打工，成为村民主要收入来源。传统节庆食品有白切鸡、烧鸭、焖鹅、蒸扣肉、炒米饼、油炸糖环、

◎ 中田村传统民居（摄于2016年）

糯米糍、艾糍、粽子等。

1970年通电，1998年通电话，2004年通网络，2010年实现村道水泥硬底化，2015年通自来水。村中建有文化室和垃圾集中池。

民国期间建起的传统民居正座12座，平房68间，民居保持完好，均坐东向西。正座建筑布局为双座并排相连，砖木结构，三合土结构，二房（分四房），二廊一厅一天井。悬山顶，三合土夯墙或火砖泥砖砌墙，座与座之间紧靠相接，排与排之间留1.5米的巷道。每座占地120平方米，街巷均以鹅卵石平整铺底。改革开放以后，村民的收入较好，生活有了较大的改善，村民的住宅由原村落向北边和西边扩建，建成钢筋混凝土楼房，其中一层的有30座，二层的有10座，三层的有1座，每座投影面积约90平方米。

传统的民间习俗是拜土地公、祭灶君、逢农历初一和十五烧香奉神。传统的宗族活动是祭祖祠、清明祭祖、重阳祭祖醮宗祠。传统的婚丧嫁娶礼仪仍较庄重繁杂。在婚嫁礼仪中，男女双方开始交往，女方家要到男方家看家风，在双方确定婚姻关系时要小担礼，结婚时要历经担求婚酒、送礼金、报日子、定嫁妆、行婚礼、摆酒请客、迎送亲等仪式流程，然后行三朝回门礼。丧事习俗传统以土葬为主，20世纪90年代后，逐步实行火葬。其程序包括报丧、守灵、入殓、出殡、送火化、将灵牌送入祖祠等。新葬坟墓第一次祭祀在春分节气前的春社日前，清明不再祭祀。

该村在解放战争时期，为中华人民共和国的独立和解放作出了努力和贡献，1993年3月，经清远市人民政府批准被认定为解放战争游击根据地。2013年5月15日，遭遇特大洪水袭击，受灾群众155人，受浸房屋40间，直接经济损失25万元。2014年5月23日，遭遇洪水袭击，受灾群众150人，受浸房屋40间，直接经济损失23万元。

（资料填报：黄庙胜，初稿撰写：黄庙胜，总纂：李协湖）

新田村

◎ 新田村村貌（摄于2016年）

新田村，位于水头镇境西南部，距镇政府约1.5千米。始建于明崇祯年间，村民从附近铜溪上白沙迁入，在建村时，此地是一片开阔的田地，以“新”为好意兆，因而起名为新田村。新田村是由新田（称老围、中新）、新朝（称上新、上围）、新兴（称新屋）、新安（称下新）4个居住点组成的连片自然村。该村坐落于神岗山谷地，每幢民居均坐北朝南，距神岗山120米，西距大埗田村80米，北距中田村80米，南距沃洞河与尖峰仔河交合处200米。县道X373线距村2千米，乡道Y272线从村边横贯而过。

村落形成时，属清远县吉河乡。清嘉庆十八年（1813年），属佛冈厅吉河乡黄田堡。民国时期，属佛冈县一区天水乡。中华人民共和国成立后，属佛冈县二区水头乡。1958年10月，属从化县佛冈人民公社新田大队。1961年5月，属佛冈县水头人民公社新田大队。1983年12月，属水头区新田乡。1987年1月，属水头镇新田行政村。1989年12月，属水头镇新田管理区。1998年12月，属水头镇新田行政村。2005年5月至今，属水头镇新坐行政村。

村世居村民为黄姓。明崇祯年间，开村始祖黄子霞从铜溪上白沙迁至，形成新田村。

2015年末，户籍人口371人，其中男性189人，女性182人。80岁以上9人，最年长者91岁（女）。16岁以下45人，其中留守儿童5人。实际在村居住和生活主要依靠农业收入211人，常年在城镇生活和外出务工160人。村民均为汉族，广府民系，使用粤方言。

该村有山地面积17.40公顷，耕地面积11.33公顷。传统经济以制香（用于拜祭用的香）为主，以农业为辅。村地处开阔地带，属亚热带湿润气候，大部分水田土壤为潴育型水稻土，适合种植水稻。历来的耕作习惯以种植水稻为主，同时种植小麦、番薯、麦豆、蚕豆、高粱等，经济作物有花生、油菜，其他作物有芋头、玉米、木薯、生姜及叶类和瓜类蔬菜等。中华人民共和国成立前，由于种植技术水平低下，品种丰产性能差，该村水稻一般亩产为100千克。中华人民共和国成立后，该村先后组织互助组、合作社，参加人民公社，逐步推广应用先进的农业生产技术，农业生产效益有较大的提高。水稻亩产量（单造）200—400千克，番薯亩产量（单产）1000—1500千克，小麦亩产（单产）150—200千克。20世纪70年代初开始，生产队用手扶拖拉机代替役牛进行犁地、耙地。改革开放和实行家庭联产承包责任制后，使用手扶拖拉机耕作田地更普及。多数农户有传统制香的技术，把适宜做香的多种树叶采回碾成粉末，用细小的竹签把粉末沾上，晒干后便成香。传统节日食品有白切鸡、烧鸭、焖鹅、蒸扣肉、炒米饼、油炸糖环、糯米糍、艾糍、粽子等。村民主要收入来源是外出务工。

1968 年通电，1998 年通电话，2004 年通网络，2010 年村道实现水泥硬底化，2015 年通自来水。村中建有 120 平方米混凝土结构的文化室。

现存传统民居 40 多座，建于清末民国初。由于整个老围无人居住，村中民居建筑多已破烂。民居现存较好的是老围（称新田、中新），始建于清康熙九年（1670 年），四边以门朝内、窗朝外的围水屋包围街巷，巷道以鹅卵石作铺设。围内有正座 4 座，每座前后一墙相连，以侧边的廊贯通，中有一天井以透光，下房与廊相连，上房门口与厅相接，生活休息互不影响。

◎ 新田村传统民居（摄于 2016 年）

◎ 新田村新民居（摄于 2016 年）

龙牙寺，建于明中期，占地面积 100 多平方米，原建筑布局为一进一天井两廊两房一正厅，东边是厨房水井，西边是僧舍，门前有一棵古龙眼树和 0.2

◎ 君鼎公祠（摄于 2016 年）

公顷农田，正厅供奉该村第八代祖先黄河清及末代法师“宝山”师的牌位。

村有百年古祠堂 2 座。其中，君鼎公祠始建于民国初期，占地面积 240 多平方米，建筑布局为三进两天井四回廊。曾作为私塾，用于教学，该村现 80 岁以上的男性都曾在此祠读书，祠堂供奉该村历代祖先牌位。“崇厚堂”楹联，书于民国时期，现存于君鼎公祠。昌华公祠，位于下新村，始建于清末，2015 年倒塌，同年用钢筋混凝土重建。榕仔树菩萨，为百年古树，长相异特，根系向地面突起，纵横交错，形似一个巨大的鸟笼，主干百年无枯枝，树叶常青常绿，覆盖面积 0.07 公顷。

主要宗族活动有农历三月初三到子霞墓地祭拜，清明祭祖，重阳祭祖。传统民间习俗有正月初十上灯、祭灶君、拜土地公、拜庙神。

1993 年 3 月，经清远市人民政府批准被认定为解放战争游击根据地。2013 年 5 月 15 日，遭遇持大洪水袭击，水深 0.6 米，受灾群众 210 人，受浸房屋 60 间，直接经济损失 40 万元。2014 年 5 月 23 日，遭遇洪水袭击，受浸房屋 55 间，水深 0.6 米，受灾群众 210 人，直接经济损失 35 万元。

该村主要人物：黄河清，明崇祯年间恩贡，曾任江西鄱阳主簿。黄银带（1947—），曾任中共佛冈县委副书记、佛冈县政协主席，现佛冈县关工委主任。黄庙音（1949—），曾任中共广州市直属机关工委办公室主任。

（资料填报：黄庙胜，初稿撰写：黄庙胜，总纂：李协湖）

大埗田村

◎ 大埗田村村貌（摄于2016年）

大埗田村，位于水头镇境西南部，距镇政府1千米。村始建于清中期，因该村初建时候，该地是一大片良田，因俗语“一大埗良田”而得名大埗田村。该村坐落于尖峰仔（海拔343米）西北4千米，东与新田仔相邻，南与新庄村相接，西有官田村近，北与茶园村相连，500米处是滘江，1千米处是县道X373线。

村落形成时，属清远县吉河乡。清嘉庆十八年（1813年），属佛冈厅吉河乡黄田堡。民国时期，属佛冈县一区天水乡。中华人民共和国成立后，属佛冈县二区水头乡。1958年10月，属从化县佛冈人民公社新田大队。1961年5月，属佛冈县水头人民公社新田大队。1983年12月，属水头区新田乡。1987年1月，属水头镇新田行政村。1989年11月，属水头镇新田管理区。1998年11月，属水头镇新田行政村。2005年5月至今，属水头镇新坐行政村。

◎ 大埗田村门楼（摄于2016年）

世居村民为黄姓。据《黄氏金城房族谱》记载，明洪武元年（1368年）黄胜（六峰公）从顺德迁水头莲瑶，清中期其祖先黄金城从附近莲瑶仓岭村迁至该村定居。

2015年末，户籍人口245人，其中男性120人，女性125人。60岁以上45人，其中80岁以上6人，最年长者92岁（女）。16岁以下41人。实际在村居住和生活主要依靠农业收入108人，常年在城镇生活和务工137人。村民均为汉族，广府民系，使用粤方言。

村有山地面积4.13公顷，耕地面积11.33公顷。主要矿产资源有铅锌矿和褐铁矿，林业资源有松树、杉树、柯树、枫树等。村地处开阔地带，属亚热带湿润气候，大部分水田土壤为潴育型水稻土，适合种植水稻。传统经济以农业为主，主要作物有水稻、

◎ 大埮田村火龙果种植越冬防寒冻处理（摄于 2016 年）

◎ 大埮田村新民居（摄于 2016 年）

小麦、番薯等，其他作物有花生、芋头、玉米、木薯、生姜、莲藕及叶类和瓜类蔬菜等。现多种植沙糖桔和其他水果。中华人民共和国成立前，由于种植技术水平低下，品种丰产性能差，该村水稻一般亩产为 100 千克。中华人民共和国成立后，该村先后组织互助组、合作社，参加人民公社，逐步推广应用先进的农业生产技术，农业生产效益有较大的提高。水稻亩产量（单造）200—400 千克，番薯亩产量（单产）1000—1500 千克，小麦亩产（单产）150—200 千克。犁地、耙地主要依靠役牛，役牛有水牛和黄牛，多以水牛为主。20 世纪 70 年代初开始，生产队用手扶拖拉机代替役牛进行犁地、耙地。改革开放和实行家庭联产承包责任制后，使用手扶拖拉机耕作田地更普及。普遍使用的农具为锄头、铁耙、镰刀、风车柜。村中传统节庆食品有白切鸡、烧鸭、焖鹅、蒸扣肉、炒米饼、油炸糖环、糯米糍、艾糍、粽子、糕点等。

20 世纪 80 年代后，村中多数青壮年外出经商或务工，形成主要收入来源，其次是农业和集体分红。

1968 年通电，1997 年初通电话，2008 年通网络、有线电视，2011 年村道实现水泥硬底化，2015 年通自来水。村中建有文化室及垃圾收集池。

传统民居现存 20 座，建于清末的有 8 座、民国期间的有 12 座，现均保存完好，有人居住。建筑布局为双座并排相连屋，砖木结构平房，二房（分为四房）二廊一厅一天井，硬山顶，三合土夯墙或有泥砖砌墙，坐东向西，座与座之间前后紧接墙体，左右间通巷 1.8 米，均是以鹅卵石铺底的石街巷，每座占地面积 120 平方米。每座正座的东、西面无门口，南、北面有门口，分两户人家居住，各有一房（分为两小房）一廊，各自上房门口向厅，下房通廊，大厅和天井各占一半面积，两户同居不同户。平房单间连建 40 间，其中 28 间有人居住。改革开放以后，村中居民生活水平不断提高，逐步迁出原

◎ 大埮田村传统民居（摄于 2016 年）

◎ 春堂黄公祠（摄于 2016 年）

村落，在周边建起钢筋混凝土结构楼房，其中一层的有19座、二层的有13座，楼房布局多为三房二厅一厨一卫，占地面积约110平方米。

该村有春堂黄公祠，始建于清末，2014年重修，建筑布局为一进一池院落，砖木结构，硬山顶，占地面积150平方米，是黄氏宗亲联谊欢聚、祭祀的活动场所。村中有《黄氏金城房族谱》，于2000年重修编纂，记载黄氏起源、金城房辈序、典故等内容。

村主要宗族活动有大年初一拜祖堂、清明祭祖。主要民俗风情与习俗有上灯、祭灶君、拜土地公、拜庙神。凡是村中族人添丁，都有买鞭炮、买大公鸡到春堂黄公祠拜祭的惯例，主家收受一个红包和一只鸡腿，其余分给族中众人。婚嫁传统习俗中，结婚前要看家风、定日子、送聘金、定嫁妆，行结婚礼时要摆酒请客、迎亲和送亲、三朝新娘回门礼等。传统丧葬以土葬为主，1990年后逐步实行火葬。丧葬程序为举丧、入殓、出殡、送葬、做法事、将灵位送入祠堂。办丧事时只能做白饭、花菜、黄豆煮猪肉等简单的饭菜，用餐时不坐高台高凳，用主家的门板放于门前的巷地上当饭台，以表哀痛。

1993年3月，该村经清远市人民政府批准被认定为解放战争游击根据地。2013年5月15日，遭遇特大洪水袭击，受灾群众75人，受浸房屋20间，直接经济损失10万元。2014年5月23日，遭遇洪水袭击，受灾群众75人，受浸房屋20间，直接经济损失8万元。2015年，遭遇洪水袭击，受灾群40人，受浸房屋10间，直接经济损失5万元。

该村的黄常衍（1929—2002），曾任中国航天局桂林分厂厂长。

（资料填报：廖玉汉，初稿撰写：廖玉汉，总纂：李协湖）

海坝村

◎ 海坝村村貌（摄于 2016 年）

海坝村，位于水头镇境西南部，距镇政府 2 千米。始建于清初，因建在耀洞河坝边，故名为海坝村。该村坐落于尖峰仔山（海拔 343 米）北 4 千米，东北与官田村相邻，南紧靠耀洞河，西、北均为耕地。村道接县道 X373 线从水头圩直通该村。

村落形成时，属清远县吉河乡。清嘉庆十八年（1813 年），属佛冈厅吉河乡黄田堡。民国时期，属佛冈县一区天水乡。中华人民共和国成立后，属佛冈县二区水头乡。1958 年 10 月，属从化县佛冈人民公社新田大队。1961 年 5 月，属佛冈县水头人民公社新田大队。1983 年 12 月，属水头区新田乡。1987 年 1 月，属水头镇新田行政村。1989 年 11 月，属水头镇新田管理区。1998 年 11 月，属水头镇新田行政村。2005 年 5 月至今，属水头镇新坣行政村。

世居村民为邹姓。据《王田邹氏族谱》记载，邹氏先祖于南宋从中原迁移至广东南雄珠玑巷，后迁南海泌涌都，明初迁至清远县吉河乡黄田都（今佛冈县水头镇），清初从王田迁至该村定居，繁衍生息。

2015 年末，户籍人口 49 人，其中男性 25 人，女性 24 人。60 岁以上 11 人，其中 80 岁以上 2 人，最年长者 88 岁（女）。16 岁以下 8 人。生活主要依靠农业收入 30 人，常年在城镇生活和务工 19 人。村民均为汉族，广府民系，使用粤方言。

该村有山地面积 1.2 公顷，耕地面积 1.4 公顷。传统经济以农业为主，主要作物有水稻、小麦、番薯等，其他作物有花生、芋头、甘蔗、木薯、生姜、莲藕及叶类和瓜类蔬菜等。犁地、耙地主要依靠役牛，役牛有水牛和黄牛，多以水牛为主。20 世纪 70

◎ 海坝村果蔗种植（摄于 2016 年）

年代初开始，生产队用手扶拖拉机代替役牛进行犁地、耙地。改革开放和实行家庭联产承包责任制后，使用手扶拖拉机耕作田地更普及。20世纪90年代后，村中多数青壮年外出经商或务工，形成村民主要收入来源，其次是农业及集体分红。村中传统节庆食品有白切鸡、烧鸭、焖鹅、蒸扣肉、炒米饼、油炸糖环、糯米糍、粘米糍、艾糍、粽子、月饼等。

1968年通电，1997年初通电话，2008年通网络、有线电视，2011年村道实现水泥硬底化，2015年通自来水。村中建有文化室及垃圾收集池。

传统民居正座现存1座，建于清末，均保存完好，有人居住。建筑特点为双座并排相连屋，砖木结构平房，二房（分为四房）二廊一厅一天井，硬山顶，三合土夯墙或有泥砖砌墙，坐东向西，占地面积120平方米。平房单间连建23间，其中11间有人居住。改革开放后，村民逐步迁出原村落，在周边建起钢筋混凝土结构楼房，其中一层的3座、二层的2座，楼房布局多为三房二厅一厨一卫，占地面积约100平方米。

村有邹氏祖堂，始建于清末，1995年重修，建筑布局为一进一池院落，砖木结构，硬山顶，占地

◎ 海坝村门楼（摄于2016年）

◎ 邹氏祖堂（摄于2016年）

面积70平方米。此祖堂为邹氏祭祀祖先、保平安、宗亲联谊欢聚、添丁贴对联庆贺、传统节日上香祭祀的活动场所。该村邹氏村民有《王田邹氏族谱》，与王田村邹姓共用，于2008年重修编纂，该族谱记载了邹氏起源、邹氏辈序、邹氏世系、邹氏名人典故等内容。

宗族主要活动有大年初一拜祖堂、清明祭祖。主要民俗风情与习俗有上灯、祭灶君、拜土地公、拜庙神。凡是村中后裔子孙添丁，都要到祖堂拜祭的惯例。婚嫁传统习俗中，结婚前要看家风、定日子、送聘金、定嫁妆，行结婚礼时要摆酒请客、迎亲和送亲、三朝新娘回门礼等。传统丧葬习俗以土葬为主，1990年后逐步实行火葬。其程序包括举丧、入殓、出殡、送葬、做法事、将灵位送入祠堂。

1993年3月，该村经清远市人民政府批准被认定为解放战争游击根据地。2013年5月15日，遭遇特大洪水袭击，水深0.8米，受灾群众60人，受浸房屋12间，直接经济损失12万元。2015年，遭遇洪水袭击，受灾群众60人，受浸房屋12间，直接经济损失6万元。

（资料填报：廖玉汉，初稿撰写：廖玉汉，总纂：李协湖）

官田村

◎ 官田村村貌（摄于 2016 年）

官田村，位于水头镇境西南部，距镇政府 2 千米。始建于清初，初建时人口从四方流入，其中有钱人有几户，但几代都没有做官的人，为求有朝一日能有人出来当官，而取名为官田村。该村坐落于尖峰仔（海拔 343 米）北 4 千米，东是大埗田村，南是耕地，西与海坝村相邻，北面 300 米处是潖江。

村落形成时，属清远县吉河乡。清嘉庆十八年（1813 年），属佛冈厅吉河乡黄田堡。民国时期，属佛冈县一区天水乡。中华人民共和国成立后，属佛冈县二区水头区。1958 年 10 月，属从化县佛冈人民公社新田大队。1961 年 5 月，属佛冈县水头人民公社新田大队。1983 年 12 月，属水头区新田乡。1987 年 1 月，属水头镇新田行政村。1989 年 11 月，属水头镇新田管理区。1998 年 11 月，属水头镇新田行政村。2005 年 5 月至今，属水头镇新坣行政村。

世居村民为袁姓、陈姓、邹姓。村人相传，袁姓在东汉末期从江西迁至广东清远，清初从英德斑鸠郎迁至该村。陈姓，清初从今白云区九佛黄田村迁入该村。邹姓，南宋从中原迁至广东南雄珠玑巷，后迁南海泌冲都，明初迁水头王田村，清初从王田村迁入该村。3 个姓氏共聚一个大村庄定居繁衍生息。

2015 年末，户籍人口 121 人，其中男性 59 人，女性 62 人。60 岁以上 21 人，其中 80 岁以上 2 人，最年长者 81 岁（女）。16 岁以下 17 人。实际在村

◎ 官田村门楼（摄于 2016 年）

居住和生活主要依靠农业收入 60 人，常年在城镇生活和务工 61 人。村民均为汉族，广府民系，使用粤方言。

村有山地面积 0.4 公顷，耕地面积 4.27 公顷。林业资源有松树、桉树、柯树及杂树等。传统经济以农业为主，主要农作物有水稻、花生、番薯、芋头、豆类、蔬菜等，传统果类有沙糖桔、大红柿、四月李和三华李、枇杷等。1980 年后，村中多数青壮年外出经商或务工，形成主要收入来源，其次是农业和集体分红。村中传统节庆食品有白切鸡、烧鸭、焖鹅、蒸扣肉、炒米饼、糯米糍、粘米糍、艾糍、粽子、糕点等。

20 世纪 60 年代末通电，1997 年通电话，2011 年村道实现水泥硬底化，2008 年通网络、有线电视，2015 年通自来水。村中建有文化室和垃圾收集池。

传统民居现存 42 间，墙体多为三合土夯实或泥砖砌筑，砖木结构，基本保存完好，少数有人居住。改革开放后，村民逐步迁出原村落在周边建起钢筋混凝土结构楼房，其中一层的有 8 座、二层的有 4 座，楼房布局多为三房二厅一厨一卫，投影面积约 100 平方米。

◎ 官田村传统民居（摄于 2016 年）

该村有袁氏宗祠、陈氏祖堂、邹氏祖堂各一座。袁氏宗祠建筑布局为一进一池院落，砖木结构，硬山顶，占地面积 50 平方米。陈氏祖堂、邹氏祖堂均 30 平方米。祠堂分别为三个姓氏祭祀的活动场所。该村有《王田邹氏族谱》，与附近邹姓村共用，于 2008 年重修编纂，该族谱记载了邹氏起源、辈序、名人典故等内容。

◎ 排洪、灌溉两用水圳（摄于 2016 年）

该村的主要习俗有上灯、祭灶君、拜土地公、拜庙神、拜观音，凡是村中后裔子孙添丁，都要买鞭炮和大公鸡到各自祖堂拜祭，主家收受一个红包和一只鸡腿，其余分给族中众人。传统祭祀活动有清明节、重阳祭祖。婚嫁习俗中，结婚前要看家风、定日子、送聘金、定嫁妆，行结婚礼时要摆酒请客、迎亲和送亲、三朝新娘回门礼等。传统丧葬习俗以土葬为主，1990 年后逐步实行火葬。丧葬程序包括举丧、入殓、出殡、送葬、做法事、将灵牌送入祠堂。办丧事时只能做白饭、花菜、黄豆煮猪肉等简单的饭菜，用餐时不坐高台高凳，拆下事主家的门板放于门前的巷地上当饭台，以表哀痛。

1993 年 3 月，该村经清远市人民政府批准被认定为解放战争游击根据地。2013 年 5 月 15 日，遭遇特大洪水袭击，受灾群众 120 人，受浸房屋 25 间，直接经济损失 15 万元。同年，在村前修建一条排洪与灌溉共用的“三面光”水泥圳，圳长 300 米。2014 年 5 月 23 日，遭遇洪水袭击，受灾群众 100 人，受浸房屋 20 间，直接经济损失 10 万元。

（资料填报：廖玉汉，初稿撰写：廖玉汉，总纂：李协湖）

新庄村

◎ 新庄村全貌（摄于 2016 年）

新庄村，位于水头镇境西南部，距镇政府 1.5 千米。始建于清初，村人相传，三个异性兄弟为躲避强盗而逃入深山聚居，后来找到该地，建立新村庄而取名为新庄村。该村东是新田仔村，南 1 千米滘江自东向西流过，西是海坝村，北与大埖田村相邻，县道 X373 至新庄线直通水头圩。

村落形成时，属清远县吉河乡。清嘉庆十八年（1813 年），属佛冈厅吉河乡黄田堡。民国时期，属佛冈县一区天水乡。中华人民共和国成立后，属佛冈县二区水头乡。1958 年 10 月，属从化县佛冈人民公社新田大队。1961 年 5 月，属佛冈县水头人民公社新田大队。1983 年 12 月，属水头区新田乡。1987 年 1 月，属水头镇新田行政村。1989 年 11 月，属水头镇新田管理区。1998 年 11 月，属水头镇新田行政村。2005 年 5 月，新田村与坐下村合并称为新坐行政村，属水头镇新坐行政村至今。

世居村民为袁姓、罗姓、刘姓、易姓。袁姓，东汉末期从江西迁移至广东清远，清初从英德上下太迁移至该村。罗姓，清初从新丰迁至该村。刘姓，清初从英德迁至该村。易姓，20 世纪 50 年代从佛冈水头潭洞村迁至该村。四姓氏共聚一个村庄，各分小围而定居，繁衍生息。

2015 年末，户籍人口 79 人，其中男性 40 人，女性 39 人。80 岁以上 4 人，最年长者 83 岁（男）。实际在村居住和生活主要依靠农业收入 50 人，常年在外生活和务工 29 人。村民均为汉族，广府民系，使用粤方言。

村有山地面积 1.13 公顷，耕地面积 2.53 公顷。主要矿产资源有铅锌矿和褐铁矿，林业资源有松树、

◎ 新庄村禾笋种植（摄于 2016 年）

杉树、桉树、柯树、枫树及其他杂树。该村传统经济以农业为主，主要种植水稻、玉米、花生、黄豆、蔬菜等。养殖鸡、鸭、鹅、猪、牛以及“四大家鱼”。种植花生是该村农业经济的重要来源。过去花生产量极低，根本满足不了村民的生活需求。20 世纪 80 年代起，实行家庭联产承包责任制，花生（干荚）亩产达到 100—150 千克。同时，该村逐步调整农村经济结构，并积极发展水果产业。2013 年，该村种植沙糖桔面积 2 公顷，年收入 20 万元。2013 年以后，由于受柑桔黄龙病的影响，沙糖桔产业消退，村民改种其他经济作物。20 世纪 80 年代后，村中多数青壮年外出经商或务工，形成村民主要收入来源，其次是农业和集体分红。村中传统节庆食品有白切鸡、烧鸭、焖鹅、蒸扣肉、炒米饼、油炸糖环、糯米糍、艾糍、粽子、糕点等。

20 世纪 60 年代末通电，1997 年初通电话，2005 年实现村道水泥硬底化，2008 年通网络、有线电视，2015 年通自来水。村中建有文化室及垃圾收集池。

传统民居正座现存 2 座，建于清末的平房 26 间，现均保存完好，有人居住。正座建筑形式为双座并排相连屋，砖木结构平房，二房（分为四房）二廊一厅一天井，硬山顶，三合土夯墙或泥砖砌墙，座与座之间前后紧接墙体，左右间通巷 1.8 米，均是以鹅卵石铺底的石街巷，每座占地面积 100 平方米。每座正座的东、西面无门口，南、北面有门口，分两户人家居住，各有一房（分为两小房）一廊，各自上房门口向厅，下房通廊，大厅和天井各占一半面积，两户同居不同户。村民逐步迁出原村落在周边建起钢筋混凝土结构楼房，其中一层的有 8 座、二层的有 5 座，楼房布局多为三房二厅一厨一卫，占地面积约 100 平方米。

◎ 新庄村一角（摄于 2016 年）

◎ 新庄村传统民居（摄于 2016 年）

村有袁氏祖堂、罗氏祖堂、刘氏祖堂各一间，但均比较简陋，分别为三个姓氏祭祀祖宗、添丁贴对联庆贺、传统节日上香祭祀、宗亲欢聚的活动场所。

村中凡是族人添丁，都要买鞭炮和大公鸡到厅下拜祭惯例，主家收受一个红包和一只鸡腿，其余分给族中众人。每年清明节、重阳节该村都要去祭祖。该村婚嫁习俗中，结婚前要看家风、定日子、送聘金、定嫁妆，行结婚礼时要摆酒请客、迎亲和送亲、三朝新娘回门礼等。传统丧葬以土葬为主，1990 年后逐步实行火葬。丧葬程序包括举丧、入殓、出殡、送葬、做法事、将灵位送入祠堂。办丧事时只能做白饭、花菜、黄豆煮猪肉等简单的饭菜，用餐时不坐高台高凳，拆下事主家的门板放于门前的巷地上当饭台，以表哀痛。

1993 年，经清远市人民政府批准被认定为解放战争游击根据地。2013 年 5 月 15 日，遭遇洪水袭击，水深 0.7 米，受灾 70 人，受浸房屋 30 间，直接经济损失 12 万元。2014 年 5 月 23 日，遭遇洪水，受灾 50 人，受浸房屋 20 间，直接经济损失 8 万元。

（资料填报：廖玉汉，初稿撰写：廖玉汉，总纂：李协湖）

麻竹冚村

◎ 麻竹冚村村貌（摄于 2016 年）

麻竹冚村，位于水头镇境西南部，距镇政府 5 千米。始建于清末，因四面环山，由竹林所包围，竹子品种繁多，面积大，长势青翠，因而取名麻竹冚村。该村坐落于尖峰仔（海拔 343 米）西北 2 千米。村西北 1 千米是坣下村。

清末村落形成时，属佛冈厅吉河乡黄田堡。民国时期，属佛冈县一区天水乡。中华人民共和国成立后，属佛冈县二区水头乡。1958 年 10 月，属从化县佛冈人民公社坣下大队。1961 年 5 月，属佛冈县水头人民公社坣下大队。1983 年 12 月，属水头区坣下乡。1987 年 1 月，属水头镇坣下行政村。1989 年 11 月，属水头镇坣下管理区。1998 年 11 月，属水头镇坣下行政村。2005 年 5 月至今，属水头镇新坣行政村。

◎ 麻竹冚村门楼（摄于 2016 年）

世居村民为黄姓。清末，开村师祖黄德珍携儿媳耕种于该地，见该地环境优美，于是从附近龙江村迁入建村。

2015 年末，户籍人口 89 人，其中男性 40 人，女性 49 人。60 岁以上 15 人，其中 80 岁以上 2 人，最年长者 88 岁（男）。实际在村居住和生活主要依靠农业收入 67 人，常年在城镇生活和务工 28 人。村民均为汉族，广府民系，使用粤方言。

该村有山地面积 4 公顷，耕地面积 4.67 公顷。该村山林种有松树、杉树、柯树以及各种杂树。有山兔、蛇类等野生动物。村处于山区，历来以种植水稻为主，其他粮食作物有小麦、番薯、麦豆、蚕豆、高粱等，经济作物有花生、油菜，其他作物有芋头、玉米、木薯、生姜及叶类和瓜类蔬菜等。中华人民共和国成立前，由于种植技术水平低下，品种丰产性能差，该村水稻一般亩产为 100 千克。中

◎ 麻竹冚村沙糖桔种植（摄于 2016 年）

华人民共和国成立后，该村先后组织互助组、合作社，参加人民公社，逐步应用推广先进的农业生产技术，农业生产效益有较大的提高。水稻亩产量（单造）200—400 千克，番薯亩产量（单产）1000—1500 千克，小麦亩产（单产）100—150 千克。犁地、耙地主要依靠役牛。20 世纪 70 年代初开始，生产队用手扶拖拉机代替役牛进行耕作。改革开放和实行家庭联产承包责任制后，使用手扶拖拉机耕作的面积增大。普遍使用的农具为锄头、铁耙、镰刀、风车柜。水果种植主要有沙糖桔，2013 年，该村种植沙糖桔面积 40.02 公顷，年收入 30 万元。2013 年以后，由于受柑桔黄龙病的影响，产业消退，村民改种其他经济作物。传统节庆食品有白切鸡、烧鸭、焖鹅、蒸扣肉、炒米饼、油炸糖环、糯米糍、艾糍、粽子等。

◎ 麻竹冚村传统民居（摄于 2016 年）

1968 年通电，1998 年通电话，2004 年通网络，2010 年村道实现水泥硬底化，2015 年通自来水。

传统民居现存正座 2 座，平房 42 间，建于清末至民国初。村中民居建筑基本保存完整。正座建筑形式为双座并排的双连屋，砖木结构，平房二房（分四房），二廊一厅一天井，硬山顶，三合土夯墙或泥砖砌墙，座与座相连接，左右间通巷 1.8 米，每座占地面积 100 平方米，分两户人居住，各有一房（分二房）一廊，各自上房门口通厅，下房门口通廊，大厅和天井各占一半，两户人通居不同户。

该村与坐下村共用梅轩公祠，始建于清代，建筑布局为三进二厅二巷二池大院，砖木瓦，硬山顶，占地面积 400 平方米，六厢房，后人曾在此办学。

该村主要民俗为正月初十村中添丁村民，均到梅轩公祠烧鞭炮，挂彩灯庆贺。主要宗族活动为清明祭祖，其中丧葬当天用餐，不能坐高台高凳，需拆下事主家门板放于巷地作饭桌，以表哀痛。

1993 年 3 月，经清远市人民政府批准被认定为解放战争游击根据地。

（资料填报：黄常泉，初稿撰写：黄常泉，总纂：李协湖）

坝仔村

◎ 坝仔村全貌（摄于 2016 年）

坝仔村，位于水头镇境西南部，距镇政府 2 千米。始建于 1940 年，因当时居住在较低洼的龙江村常被水冲浸而搬迁至此。因此地是一片平坦的沙坝，故而取名坝仔村。该村坐落于尖峰仔（海拔 343 米）北部 1.8 千米。村北 2 千米处为县道 X373 线，接县道 X373 线的乡道直通该村。村东是铜溪村落元新村，南是白沙村，西南是龙江村，北隔耀洞河是新田成岗村。

民国时期村落形成时，属佛冈县一区天水乡。中华人民共和国成立后，属佛冈县二区水头乡。1958 年 10 月，属从化县佛冈人民公社坣下大队。1961 年 5 月，属佛冈县水头人民公社坣下大队。1983 年 12 月，属水头区坣下乡。1987 年 1 月，属水头镇坣下行政村。1989 年 11 月，属水头镇坣下管理区。1998 年 11 月，属水头镇坣下行政村。2005 年 5 月至今，属水头镇新坣行政村。

世居村民为黄姓、廖姓。黄姓，明洪武元年（1368 年）黄胜（六锋公）从顺德迁于水头莲瑶，1940 年分迁至该村。廖姓，1958 年从附近麻竹冚村迁至该村。两姓共聚一个大村。

2015 年末，户籍人口 151 人，其中男性 70 人，女性 81 人。60 岁以上 15 人，其中 80 岁以上 3 人，最年长者 87 岁（女）。16 岁以下 32 人。实际在村

◎ 坝仔村门楼（摄于 2016 年）

居住和生活主要依靠农业收入90人，常年在城镇生活和外出务工61人。村民均为汉族，广府民系，使用粤方言。

村有山地面积1.2公顷，耕地面积5.4公顷。林业资源较为丰富，有松树、杉树、柯树、枫树等。农业生产主要以种植水稻为主，同时还种植小麦、豆类、花生、淮山、禾笋、蔬菜等作物。中华人民共和国成立前，由于种植技术水平低下，品种丰产性能差，该村水稻一般亩产为100千克。中华人民共和国成立后，该村先后组织互助组、合作社，参加人民公社，逐步应用推广先进的农业生产技术，农业生产效益有较大的提高。水稻亩产量（单造）200—400千克，番薯亩产量（单产）1000—1500千克，小麦亩产（单产）100—150千克。犁地、耙地主要依靠役牛，役牛有水牛和黄牛，

◎ 坝仔村淮山种植基地（摄于2016年）

多以水牛为主。20世纪70年代初开始，生产队用手扶拖拉机代替役牛进行犁地、耙地。改革开放和实行家庭联产承包责任制后，使用手扶拖拉机耕作田地更普及。村民在自给自足的同时，还到附近的集市出售农产品。随着形势的发展，村民开始种植特色产品沙糖桔，每逢春节临近，沙糖桔极为畅销。村中许多青壮年外出打工、经商，增加家庭收入。传统节庆美食有白切鸡、烧鸭、焖鹅、蒸扣肉、炒米饼、油炸糖环、糯米糍、艾糍、铜盘糍、粽子、月饼等。

1968年通电，1998年通电话，2010年村道实现水泥硬底化，2014年通网络，2015年通自来水。

传统民居现存正座15座，平房43间，保存完好，有人居住。正座均为双座并排相连屋。砖木结构平房，两房归厅，中间天井，坐东向西，每座之间前后紧接，左右间通巷1.8米，均是石街巷。现在是水泥巷，每座占地面的120平方米，西面无门，南北出入，分两户人家居住，各有两小房占半厅，上房进厅，下房进厨。天井各占一半面积，两户同居不同户。自改革开放以后，村里居民的收入增加，生活水平和居住环境也不断改善。现在全村新建楼房16栋，新农村的面貌发生根本改变。

民间风俗有家中添丁要做三朝、满月，请饮甜酒，邀请亲戚朋友前来助兴。婚嫁礼仪，先看家风，若男女双方无异议，则叫人选取良辰吉日、预送请帖、定礼金、定嫁妆。举行婚礼时，要设席请客。迎娶

◎ 坝仔村禾笋种植（摄于2016年）

◎ 坝仔村传统民居（摄于2016年）

时要敲锣打鼓，燃放鞭炮。婚礼散后，晚上要“打糖梅”，托心结。在20世纪60年代“破四旧”“立四新”的浪潮冲击下，“打糖梅”的习俗逐渐消失。新人在婚后三天要回娘家，以示对娘家父母的孝敬和报答养育之恩。娘家回送女儿生鸡、谷米等礼物，祝福新人幸福美满，白头偕老。传统丧葬以土葬为主，1990年后按照国家政策实行火葬。办丧事饭食简单，以白色的菜为主。吃饭时不坐正规的桌，而是拆下事主家的门板，放在门前的街巷上当饭桌吃饭。

村民在大年初二，敲锣打鼓，舞着狮子，扛着族旗，放着鞭炮，成群结队前往黄氏公祠（东坑祠）拜年。不少妇女挑着鸡等供品，供在黄氏灵台，插香祈福，表达黄氏后代对祖先的敬仰和怀念之情，以及祈求后人繁荣昌盛。还有接三王，与其他村每10年轮一次，更是一番热闹景象。在轮接年的农历十月初一，该村与邻村1000多名村民，敲锣打鼓，放鞭炮，长龙般的队伍前行迎接。双方交接互礼互让。事后接方杀猪、杀鸡盛情款待。双方畅饮，举杯祝福，凝聚了乡亲情感。

村里90%的男人都会土木建筑技术。自1946年，村中就有工匠艺人，把手艺传给后人。后人勤奋好学，人才辈出。现在能建正座、平房、寺庙、楼房，会装修、做灶等，个个都是能手。

1993年3月，该村经清远市人民政府批准被认定为解放战争游击根据地。2013年5月15日，遭遇洪水袭击，水深0.4米，受灾15人，受浸房屋3间，直接经济损失3万元。2014年5月23日，遭遇山洪，受浸房屋3间，直接经济损失3万元。

（资料填报：黄圣光，初稿撰写：黄圣光，总纂：李协湖）

龙江村

◎ 龙江村村貌（摄于2016年）

龙江村，位于水头镇境西南部，距镇政府2千米。始建于清初，因村庄位于黄婆陵基山龙脉处，故取名龙江村。该村坐落于丘陵地带，村东是铜溪怡新村、坝仔村，南是农田，西是也是农田，北是隔河的成岗村。

村落形成时，属清远县吉河乡。清嘉庆十八年（1813年），属佛冈厅吉河乡黄田堡。民国时期，属佛冈县一区天水乡。中华人民共和国成立后，属佛冈县二区坣下乡。1958年10月，属从化县佛冈人民公社坣下大队。1961年5月，属佛冈县水头人民公社坣下大队。1983年12月，属水头区坣下乡。1987年1月，属水头镇坣下行政村。1989年11月，属水头镇坣下管理区。1998年11月，属水头镇坣下行政村。2005年5月至今，属水头镇新坣行政村。

世居村民为黄姓。黄姓，宋末从江西迁入广东南雄珠玑巷，后迁入梅州等地，明洪武元年（1368年）黄胜（六锋公）从顺德迁入今佛冈水头莲瑶，清初在龙江村原址建村，1940年因原址常被大水冲浸而搬迁至现址。

2015年末，户籍人口95人，其中男性45人，女性50人。60岁以上11人，其中80岁以上5人，最年长者89岁（男）。16岁以下20人。实际在村居住和生活主要依靠农业收入40人，常年在城镇生活和外出务工55人。村民均为汉族，广府民系，使用粤方言。

村有山地面积3.6公顷，耕地面积5公顷。传统经济以农业、林业和少许畜牧业为主。农业主要作物有水稻、花生、番薯、蔬菜、沙糖桔等。森林资源有松树、柯树、杉树、枫树、樟树、桉树及多

◎ 龙江村鸭养场（摄于2016年）

种杂树。山中野生动物有山猪、黄猄、穿山甲及各种蛇类和鸟类。传统经济以农业为主，农业主要作物有水稻、花生、番薯、蔬菜、沙糖桔及其他水果等。犁地、耙地主要依靠役牛，役牛有水牛和黄牛，多以水牛为主。20世纪70年代初开始，生产队用手扶拖拉机代替役牛进行耕作。改革开放和实行家庭联产承包责任制后，使用手扶拖拉机耕作的面积增大。二十世纪八九十年代，许多年轻人都外出打工，村民收入来源主要为务工工资。2015年，在该村附近开挖一口面积0.33公顷的鱼塘，进行养鱼、养鸭等立体养殖，利用鸭粪为部分养鱼饲料，实现综合利用。传统节庆食品有白切鸡、烧鸭、焖鹅、蒸扣肉、炒米饼、油炸糖环、糯米糍、艾糍、铜盘糍、粽子、月饼等。

1968年通电，1998年通电话，2010年村道实现水泥硬底化，2014年通网络，2015年通自来水。

传统民居现存正座5座，平房21间，建于清朝初期，基本保持完好。正座建筑布局为每座有四房二廊一厅一天井，三合土夯墙，火砖或泥砖砌墙，砖木结构，硬山顶，每座占地面积90平方米，现仍有人居住。该村有一座阁英祖堂，始建于1940年，重修于2000年，砖木结构，占地面积20平方米，村民凡添丁、嫁娶、丧事，都到此烧香、祭祀，祈求平安吉祥。

◎ 龙江村传统民居（摄于2016年）

◎ 阁英祖堂（摄于2016年）

传统民间习俗是拜土地公、祭灶君、农历逢初一和十五烧香奉神。传统的宗族活动是清明祭祖、重阳祭祖祠。传统的婚嫁习俗中，男女相识交往后，女方家要到男方家看家风，在双方确定婚姻关系时要小担礼，结婚时要历经担求婚酒、送礼金、报日子、定嫁妆、行婚礼、摆酒请客、迎送亲等仪式流程，然后行三朝回门礼。传统丧葬习俗以土葬为主，20世纪90年代后逐步实行火葬。其程序包括报丧、守灵、入殓、出殡、送火化、将灵牌送入祖祠等。

接三王活动，与相关村每10年轮一次。该活动有1000多人参加，敲锣打鼓，放鞭炮，长龙般的队伍前行迎接。双方交接互礼互让，热闹非凡，情景感人。

1993年3月，经清远市人民政府批准被认定为解放战争游击根据地。2013年5月15日，遭遇洪水袭击，水深0.4米，受灾10人，受浸房屋2间，直接经济损失3万元。2014年5月23日，遭遇洪水，受灾10人，受浸房屋2间，直接经济损失5万元。

（资料填报：黄圣光，初稿撰写：黄圣光，总纂：李协湖）

老黄仔村

◎ 老黄仔村全貌（摄于2016年）

老黄仔村，位于水头镇境西南部，距镇政府2千米。始建于清初，因石角科旺老黄村黄氏三兄弟迁到该村，因而取名老黄仔村。该村坐落于山间谷地，坐南向北，村东与龙江村为邻，东南方向4千米有尖峰仔山（海拔375米），西边与坣下村为邻，北为耀洞河，自东向西流入滘江。

村落形成时，属清远县吉河乡。清嘉庆十八年（1813年），属佛冈厅吉河乡黄田堡。民国时期，属佛冈县一区水头乡。中华人民共和国成立后，属佛冈县二区水头区。1958年10月，属从化县佛冈人民公社坣下大队。1961年5月，属佛冈县水头人民公社坣下大队。1983年12月，属水头区坣下乡。1987年1月，属水头镇坣下行政村。1989年11月，属水头镇坣下管理区。1998年12月，属水头坣下行政村。2005年5月至今，属水头镇新坣行政村。

世居村民为黄姓。黄姓于宋末从江西迁移至广东南雄珠玑巷，明洪武元年（1368年），黄胜（六峰公）从顺德迁移至今佛冈水头莲瑶，清初从坣下龙江村迁到石角科旺老黄村再迁到该村。

2015年末，户籍人口63人，其中男性30人，女性33人。60岁以上6人，其中80岁以上1人，最年长者85岁（女）。16岁以下12人。实际在村居住和生活主要依靠农业收入20人，常年在城镇生活和务工43人。村民均为汉族，为广府民系，使用粤方言。

村有山地面积1.47公顷，耕地面积2.13公顷。森林资源有松树、柯树、杉树、枫树、樟树、桉树。传统经济以农业、林业和少许畜牧业为主。农业主要作物有水稻、花生、番薯、蔬菜、沙糖桔及其他水果等。中华人民共和国成立前，由于种植技术水

◎ 老黄仔村水稻种植（摄于2016年）

平低下，品种丰产性能差。中华人民共和国成立后，该村先后组织互助组、合作社，参加人民公社，逐步应用推广先进的农业生产技术，农业生产效益有较大的提高。改革开放和实行家庭联产承包责任制后，使用手扶拖拉机耕作的面积增大。普遍使用的农具为锄头、铁耙、镰刀、风车柜。20世纪90年代，许多年轻人都外出打工，村民收入来源主要为外出务工和农业。传统节庆美食有白切鸡、烧鸭、焖鹅、蒸扣肉、炒米饼、油炸糖环、糯米糍、艾糍、铜盘糍、粽子、月饼等。

1968年通电，1998年初通电话，2011年村道实现水泥硬底化，2012年装上太阳能路灯，2015年通自来水。

传统民居为广府民居。村巷纵横交错，300年以上历史的正座有3座，平房部分完好，部分有人居住。正座为砖木结构，四房二廊一厅一天井。硬山顶，灰沙夯墙，坐南向北，座与座之间前后墙体相连，左右间通巷2米，均是以鹅卵石铺底的石街巷，每座占地面积120平方米。改革开放后，村民逐步迁出原村落，在周边建起钢筋混凝土结构楼房，其中一层的有5座，二层以上的有6座，有的楼房设施完善，并装有太阳能热水器。

◎ 老黄仔村新民居（摄于2016年）

宗祠为梅轩黄公祠，始建于清初，建筑布局为一进一池院落，两侧有巷，每边有四房。砖木结构，硬山顶，占地面积300平方米。村民逢年过节或婚姻嫁娶、生子添丁都在此处烧香拜祭祈福。与相关村每逢10年轮一次接三王到宗祠，供村民拜祭供奉，祈求平安。

传统民间习俗是拜土地公、祭灶君、逢农历初一和十五烧香奉神。传统的宗族活动是清明祭祖、重阳祭祖醮宗祠。传统的婚嫁习俗中，在双方确定婚姻关系时要小担礼，结婚时要历经担求婚酒、送礼金、报日子、定嫁妆、行婚礼、摆酒请客、迎送亲等仪式流程，然后行三朝回门礼。丧事习俗传统以土葬为主，20世纪90年代后逐步实行火葬。其程序包括报丧、守灵、入殓、出殡、送火化、将灵牌送入祖祠等。

1993年3月，经清远市人民政府批准被认定为解放战争游击根据地。2013年5月15日，遭遇洪水袭击，水深0.6米，受灾5人，受浸房屋3间，直接经济损失2万元。2014年5月23日，遭遇山洪，受浸房屋3间，直接经济损失5万元。同年10月，在该村边修筑一条“三面光”防洪、排灌渠道，长300米，宽0.8米，深0.6米，改善防洪排灌条件。

◎ 防洪、排灌两用渠道（摄于2016年）

（资料填报：廖玉汉，初稿撰写：廖玉汉，总纂：李协湖）

甲下村

◎ 甲下村村貌（摄于2016年）

甲下村，位于水头镇境西南部，距镇政府2.5千米。始建于清中期，据村民叙述，当初村民到该地时，决定在该地押下来，“押下”是“暂时将就住下来”的意思，后用“甲”字代替“押”而得名甲下村。该村坐落于尖峰仔山（海拔350米）北面4千米，东与老黄仔村相接，南是丘陵山，西北与坣下村相近，北200米是自东向西流过的瑶洞河，村道272线往北直通水头圩及县道X373线。

村落形成时，属清远县吉河乡。清嘉庆十八年（1813年），属佛冈厅吉河乡黄田堡。民国时期，属佛冈县一区天水乡。中华人民共和国成立后，属佛冈县二区水头乡。1958年10月，属从化县佛冈人民公社坣下大队。1961年5月，属佛冈县水头人民公社坣下大队。1983年12月，属水头区坣下乡。1987年1月，属水头镇坣下行政村。1989年11月，属水头镇坣下管理区。1998年11月，属水头镇坣下行政村。2005年5月至今，属水头镇新坣行政村。

世居村民为黄姓。据村民叙述，明洪武元年（1368年）黄胜（六峰公）从顺德迁今佛冈水头莲瑶，后梅轩公迁至坣下村，清中期因兄弟分家迁至该村定居，繁衍生息。

2015年末，户籍人口188人，其中男性92人，女性96人。60岁以上39人，其中80岁以上6人，最年长者88岁（女）。16岁以下25人。常年在城镇生活和务工108人。村民均为汉族，为广府民系，使用粤方言。

村有山地面积3.33公顷，耕地面积8.67公顷。矿产资源有铅锌矿和硫黄矿，林业资源有松树、杉树、柯树、枫树等。果类有大红柿、四月李和三华李、枇杷等。传统经济以农业为主，主要农作物有水稻、番薯、木薯、花生等。中华人民共和国成立前，由于种植技术水平落后，品种丰产性能差，水稻一般亩产为100千克。中华人民共和国成立后，该村先后组织互助组、合作社，参加人民公社，逐步应用推广先进的农业生产技术，农业生产效益有较大的提高。水稻亩产量（单造）200—400千克，番薯亩产量（单产）1000—1500千克，小麦亩产（单产）100—150千克。犁地、耙地主要依靠役牛，役牛有水牛和黄牛，多以水牛为主。20世纪70年代初开始，生产队用手扶拖拉机代替役牛进行犁地、耙地。改革开放和实行家庭联产承包责任制后，使用手扶拖拉机耕作田地更普及。20世纪80年代后，村中多数青壮年外出经商或务工，形成主要收入来源，其次是农业及集体分红。村中传统节庆食品有白切鸡、烧鸭、焖鹅、蒸扣肉、炒米饼、油炸糖环、河粉、糯米糍、艾糍、粽子、糕点等。

1968年通电，1997年初通电话，2005年村道实现水泥硬底化，2008年通网络、有线电视，2015年通自来水。村中建有文化室和垃圾收集池。

传统民居正座现存7座，建于清末的4座、民国期间的3座，平房66间，现均保存完好，有人居住。正座为双座并排相连屋，砖木结构平房，二房（分为四房）二廊一厅一天井，硬山顶，三合土夯墙或有泥砖砌墙，坐东向西，座与座之间前后紧接墙体，左右间通巷1.8米，均是以鹅卵石铺底的石街巷，每座占地面积120平方米。每座正座的东、西面无门口，南、北面有门口，分两户人家居住，各有一房（分为两小房）一廊，各自上房门口向厅，下房通廊，大厅和天井各占一半面积，两户同居不同户。单间房连建，建于民国时期，现均保存完好，15间有人居住。改革开放以后，村民生活水平不断提高，逐步迁出原村落，在周边建起钢筋混凝土结构楼房，其中一层的有15座、二层的有9座，楼房布局多为三房二厅一厨一卫，占地面积约100平方米。

该村因从附近坣下村迁入形成，至今仍与坣下村共用梅轩黄公祠，黄公祠始建于清初，建筑布局为三进二厅二巷二池大院，砖木结构，硬山顶，占

◎ 甲下村传统民居（摄于2016年）

◎ 甲下村新民居（摄于2016年）

◎ 梅轩黄公祠（摄于2016年）

地面积300平方米，六厢房，民国至20世纪90年代，曾作为私塾。此公祠是黄氏宗亲联谊欢聚、添丁贴对联庆贺、传统节日上香祭祀的活动场所。

主要宗族活动有拜祭宗祠、清明祭祖、重阳祭祖。传统民间习俗有拜土地公、祭灶君、逢农历初一和十五烧香奉神。凡是村中人家添丁，都要买鞭炮和大公鸡拜祭梅轩公，清明祭祖扫墓。该村的传统婚嫁习俗中，结婚前要看家风、定日子、送聘金、定嫁妆，行结婚礼时要摆酒请客、迎亲和送亲、三朝新娘回门礼等。传统丧葬习俗以土葬为主，1990年后逐步实行火葬。其程序包括举丧、入殓、出殡、送葬、做法事、将亡灵送入祠堂。办丧事时只能做白饭、花菜、黄豆煮猪肉等简单的饭菜，用餐时不坐高台高凳，拆下事主家的门板放于门前的巷地上当饭台，以表哀痛。

1993年，该村经清远市人民政府批准被认定为解放战争游击根据地。

（资料填报：廖玉汉，初稿撰写：廖玉汉，总纂：李协湖）

坣下村

◎ 坣下村村貌（摄于 2016 年）

坣下村，位于水头镇西南部，距镇政府约 2 千米。始建于明正德后期，因建村于天然水库坝坣下，因而得名坣下村。该村坐落于尖峰仔（海拔 343 米）北面 3 千米，村东是丘陵山，1 千米处是龙江村，南是甲下村，西与周陂田相邻，北与新田新庄围隔河相望。瑶洞河自东向西横贯坣下村。县道 X373 线在村北 2 千米南北通往国道 G106 线，乡道 Y272 线接县道经过该村。

◎ 坣下村门楼（摄于 2016 年）

村落形成时，属清远县吉河乡。清嘉庆十八年（1813 年），属佛冈厅吉河乡黄田堡。民国时期，属佛冈县一区天水乡。1949 年 10 月，佛冈解放后属佛冈县二区水头乡。1958 年 10 月，属从化县佛冈人民公社坣下大队。1961 年 5 月，属佛冈县水头人民公社坣下大队。1983 年 12 月，属水头区坣下乡。1987 年 1 月，属水头镇行政村。1989 年 11 月，属水头镇坣下管理区。1998 年 11 月，属水头镇坣下行政村。2005 年 5 月至今，属水头镇新坣行政村。

世居村民为黄姓。据族谱记载，洪武元年（1368 年），黄氏先祖黄胜（六峰公）由顺德迁到今佛冈水头莲瑶，梅轩公后裔在明正德后期从莲瑶迁到坣下村。

2015 年末，户籍人口 923 人，其中男性 503 人，女性 420 人。60 岁以上 93 人，其中 80 岁以上 15 人，最年长者 94 岁（女）。16 岁以下 184 人。实际在村居住和生活主要依靠农业收入 723 人。常年在城镇生活和务工 200 人。村民均为汉族，广府民系，使用粤方言。

该村有山地面积 23.33 公顷，耕地面积 30 公顷。林业资源有松树、杉树、柯树以及各种杂树，野生动物有野猪、黄猄、山兔、蛇等。传统经济以农业为主，

◎ 坣下村鱼塘养鱼、养鸭综合利用（摄于 2016 年）

主要种植水稻、玉米、花生、黄豆、蔬菜等。主要养殖鸡、鸭、鹅、猪、牛以及“四大家鱼”。20 世纪 80 年代起，实行家庭联产承包责任制后，水稻一般亩产达到 400 千克，农业经济效益有较大的提高。同时，逐步调整农村经济结构，并积极发展水果产业。2013 年该村种植沙糖桔面积 5.5 公顷，年收入 40 万元。2013 年以后，由于受柑桔黄龙病的影响，沙糖桔产业消退，村民改种其他经济作物。2014 年，在村前开挖鱼塘 0.4 公顷，利用鱼塘养鱼、养鸭，实现综合养殖和利用。传统节庆食品有白切鸡、烧鸭、焖鹅、蒸扣肉、炒米饼、油炸糖环、糯米糍、艾糍、铜盘糍、粽子、月饼等。

1968 年通电，1998 年通电话，2004 年通网络、有线电视，2005 年村道实现水泥硬底化，2015 年通自来水。

现存传统民居正座 120 座，平房 466 间，建于清代至民国年间。村中民居建筑基本保存完整。正座为双座并排的双连屋，砖木结构，平房二房（分四房），二廊一厅一天井，硬山顶，三合土夯墙或泥砖砌墙，座一座相连接，左右间通巷 1.8 米，每座占地面积 120 平方米，分两户人居住，各有一房（分两房）一廊，各自上房门口通厅，下房门口通廊，大厅和天井各半占有，两户人通居不同户。梅轩黄公祠，始建于清代，建筑特点为三进二厅二巷二池大院，砖木瓦，硬山顶，占地面积 400 多平方米，六厢房，其设计为后人办学之需。村后有一间古祠堂，凡村中举办各种喜庆好事，都到这古祠堂贴对联，烧香祈祷。村中央有一间古庙，有 2 棵参天古树，是全村人祈祷保平安的地方。

◎ 坣下村新民居（摄于 2016 年）

该村的宗族主要活动有大年初一拜祖堂、清明祭祖。村中正月初十是丁日，凡梅轩公子孙添丁，均到梅轩公祠烧鞭炮，挂彩灯庆贺。传统的民间习俗是拜土地公、祭灶君、逢农历初一和十五烧香奉神。传统的婚嫁习俗中，男女相识交往后，女方家要到男方家看家风，在双方确定婚姻关系时要小担礼，结婚时要历经担求婚酒、送礼金、报日子、定嫁妆、行婚礼、摆酒请客、迎送亲等仪式流程，然后行三朝回门礼。村里办丧事，传统以土葬为主，20 世纪 90 年代后逐步实行火葬。其程序包括报丧、守灵、入殓、出殡、送火化、将灵牌送入祖祠等。其中，丧葬当天用餐，不能坐高台高凳，拆下事主家门板放于巷地作饭桌以表哀痛。

该村人民为中华人民共和国解成立出了积极贡献，1993 年 3 月，清远市人民政府认定该村为解放战争游击根据地。2013 年 5 月 15 日，遭遇洪水袭击，水深 0.6 米，受灾 250 人，受浸房屋 55 间，倒塌房屋 1 间，直接经济损失 100 万元。2014 年 5 月 23 日，遭遇洪水袭击，水深 0.4 米，受灾 135 人，受浸房屋 35 间，直接经济损失 50 万元。

该村主要人物：黄超玲（1903—1948），革命烈士，1948 年 3 月在从化坪地村牺牲。黄光明（1925—1948），革命烈士，1948 年在汤塘战斗中牺牲。黄超然（1924—2006），曾任从化市交通局副局长。

（资料填报：黄常泉，初稿撰写：黄常泉，总纂：李协湖）

周陂田村

◎ 周陂田村村貌（摄于 2016 年）

周陂田村，位于水头镇境西南部，新坐村域西部，距镇政府 1.5 千米。始建于清中期，因该村在周边开垦造田，拦水造陂，因而得名周陂田村。该村分上周、中周、下周三条围居住。该村坐落于山间谷地，坐南向北，东与坐下村为邻，西边与莲瑶上围仔村相连，村的西南方向 6 千米有羊角山（海拔 675 米），村背后山丘绵延，北 300 米处是耀洞河，自东向西经过村前流入潖江。

◎ 周陂田村门楼（摄于 2016 年）

村落形成时，属清远县吉河乡。清嘉庆十八年（1813 年），属佛冈厅吉河乡黄田堡。民国时期，属佛冈县一区夫水乡。中华人民共和国成立后，属佛冈县二区水头乡。1958 年 10 月，属从化县佛冈人民公社坐下大队。1961 年 5 月，属佛冈县水头人民公社坐下大队。1983 年 12 月，属水头区坐下乡。1987 年 1 月，属水头镇坐下行政村。1989 年 11 月，属水头镇坐下管理区。1998 年 11 月，属水头镇坐下行政村。2005 年 5 月至今，属水头镇新坐行政村。

村始建于清中期，由廖、黄两姓村民聚居而成。廖姓先由水头石街口村迁移到该村，黄姓由龙江村随迁到此地。廖、黄两姓定居后繁衍生息。

2015 年末，户籍人口 533 人，其中男性 279 人，女性 254 人。80 岁以上 8 人，最年长者 90 岁（女）。实际在村居住和生活主要依靠农业收入 290 人，常年在城镇生活和务工 278 人。廖姓人口 283 人，黄姓人口 250 人。村民均为汉族，为广府民系，使用粤方言。

该村有山地面积 14.67 公顷，耕地面积 27.33

公顷。林业资源有松树、杉树、柯树、枫树、水竹、厘竹等。村地处开阔地带，大部分水田土壤为潴育型水稻土，适合种植水稻。历来的耕作习惯以种植水稻为主，同时种植小麦、番薯、麦豆、蚕豆、高粱等，经济作物有花生、油菜，其他作物有芋头、玉米、木薯、生姜及叶类和瓜类蔬菜等。中华人民共和国成立前，由于种植技术水平落后，该村水稻一般亩产为 100 千克。中华人民共和国成立后，该村先后组织互助组、合作社，参加人民公社，逐步应用推广先进的农业生产技术，农业生产效益有较大的提高。水稻亩产量（单造）200—400 千克，番薯亩产量（单产）1000—1500 千克，小麦亩产（单产）150—200 千克。犁地、耙地主要依靠役牛，役牛有水牛和黄牛，多以水牛为主。20 世纪 70 年代初开始，生产队用手扶拖拉机代替役牛进行耕作。改革开放和实行家庭联产承包责任制后，使用手扶拖拉机耕作的面积增大。普遍使用的农具为锄头、铁耙、镰刀、风车柜。20 世纪 80 年代后，村中多数青壮年外出经商或务工，

◎ 周陂田村传统民居（摄于 2016 年）

◎ 乡村公园（摄于 2016 年）

形成主要收入来源。1970 年，村办有经济联队，加工木制产品。村中传统食品有白切鸡、烧鸭、焖鹅、蒸扣肉、炒米饼、油炸糖环、糯米糍、艾糍、粽子、糕点等。

1968 年通电，1997 年初通电话，2011 年村道实现水泥硬底化，2012 年安装路灯，2015 年通自来水。村中建有文化室和乡村公园。

传统民居为广府民居。村巷纵横交错，300 年以上历史正座 6 座，200 年以上历史的正座 30 座，平房 356 间，基本完好，部分有人住。正座为双座并排相连屋，砖木结构，四房二廊一厅一天井，硬山顶，灰沙夯墙，坐南向北，座与座之间前后墙体相连，没有巷，左右间通巷 2.5 米，均是以鹅卵石铺底的石阶巷，每座占地面积 120 平方米。每座正座的南北无门口，东西面有门口分两户人家居住，各有二房一廊，各自上房门口向厅，下房通廊。大厅前是天井，各占一半面积，两户人共用。1990 年后，村民逐步迁出原村落，在周边建起钢筋混凝土结构楼房，其中一层的 18 座，二层以上的 38 座，有的楼房内外装修华丽，并装有太阳能热水器。

村有廖氏、黄氏两座宗祠，始建于清中期，两姓宗祠只隔一巷。建筑布局均为一进一池院落，砖木结构，硬山顶，占地面积80平方米。村中有一座庙宇，位于中周围与下周围之间，供有观音神位，是该村村民众烧香拜神的场所。每逢农历初一和十五，村民都会去庙宇拜祭、祈福，每年大年初二，全村民众集中一起烧香、打锣鼓、放鞭炮拜祭祈福。

传统婚嫁习俗中，结婚前要看家风、定日子、送聘金、定嫁妆，行结婚礼时要摆酒请客、迎亲和送亲、三朝新娘回门等。传统丧葬习俗以土葬为主，1990年后逐步实行火葬。丧葬程序包括举丧、入殓、出殡、送葬、做法事、将灵位送入祠堂。办丧事时只能做白饭、花菜、黄豆煮猪肉等简单的饭菜，用餐时不坐高台高凳，拆下事主家的门板放于门前的巷地上当饭台，以表哀痛。

1993年3月，该村经清远市人民政府批准被认定为解放战争游击根据地。2013年5月15日，遭遇洪水袭击，水深0.6米，受灾75人，受浸房屋18间，直接经济损失20万元。2014年5月23日，遭遇山洪，受灾50人，受浸房屋10间，直接经济损失10万元。

该村主要人物：廖妙儒（1947—），转业军人，1989—1998年任佛冈县人民武装部政委，曾任佛冈县政协副主席。廖耀平（1956—），现任广东省农科院水稻研究所二级研究员、研究室主任、广东省第十一次党代会代表。廖耀恒（1963—），现任广州市人寿保险总公司副总经理。

（资料填报：廖玉汉，初稿撰写：廖玉汉，总纂：李协湖）